Peter Priskil

Der Kalte Krieg
Wie der Mono-Imperialismus in die Welt kam

Peter Priskil

Der Kalte Krieg
Wie der Mono-Imperialismus in die Welt kam

Band 1

AHRIMAN-Verlag
Unser Programm ist die
Wiederkehr des Verdrängten

Bibliographische Information der Deutschen Nationalbibliothek
Die deutsche Nationalbibliothek verzeichnet diese Publikation in
der Deutschen Nationalbibliographie; detaillierte bibliographische
Daten sind im Internet über http://dnb.d-nb.de abrufbar.

PETER PRISKIL

Der Kalte Krieg
Wie der Mono-Imperialismus in die Welt kam

AHRIMAN-Verlag GmbH
Postfach 6569, D-79041 Freiburg
Tel. 0761/502303, Fax 0761/502247

www.ahriman.com

Bestellungen per e-mail: ahriman@t-online.de oder
einfacher über den Warenkorb auf unserer Homepage.
(Bitte geben Sie bei e-mail-Bestellungen Ihre vollständige Postanschrift an.)

ISBN 978-3-89484-822-4

Gedruckt auf säurefreiem und alterungsbeständigem Papier.

Bestellungen an den Verlag werden innerhalb einer Woche bearbeitet.
Nichtantwort beweist NATO-Postzensur.
(In diesem Falle Bestellung per Einschreiben wiederholen – Lektion für
fdGO- und Zufallsgläubige, ein Nachhilfeunterricht in Staatsbürgerkunde.)

•

Das hintere Umschlagbild von Band 1 zeigt ein nordvietnamesisches Plakat gegen die US-Aggression.
Text: Imperialisten und Aggressoren! Seid nicht so dumm, Euch an diesem Land zu vergreifen!

Das Titelbild von Band 2 zeigt das Motiv des Plakates zur Amerika-Woche der Bunten Liste Freiburg
1982, das von der lokalen CDU wegen »Verunglimpfung der Vereinigten Staaten« vergebens strafrechtlich beanstandet wurde.

Inhalt Band 1

Inhalt Band 2

Der Wahlspruch unseres Landes ist »In God we trust«, und jedesmal, wenn wir dieses schöne Wort auf einer Dollarmünze (Wert sechzig Cents) lesen, scheint uns, als bebte und winselte es vor frommer Rührung. Das ist unser öffentliches Motto. Unser privates ist offenbar: Wenn der Angelsachse etwas haben will, *nimmt er sich's einfach.* Unsere öffentliche Moral spricht ergreifend aus der erhabenen und dennoch milden, gütigen Devise, die besagt, daß unsere Nation viele herzensgute, liebevolle Brüder vereint – »e pluribus unum«. Unsere private Moral wird von dem geheiligten Satz ins rechte Licht gerückt, der lautet: »Los, immer feste *treten!*«

Mark Twain, Autobiographie

Will man einem etwas Gutes wünschen, so wünscht man ihm nicht Glück und Gesundheit, sondern prosperity. [...] Die Amerikaner waren gesund, die Amerikanerinnen schön, der Sport wichtig, die Zeit kostbar, die Armut ein Laster, der Reichtum ein Verdienst, die Tugend der halbe Erfolg, der Glaube an sich selbst ein ganzer, der Tanz hygienisch, Rollschuhlaufen eine Pflicht, Wohltätigkeit eine Kapitalanlage, Anarchismus ein Verbrechen, Streikende die Feinde der Menschheit, Aufwiegler Verbündete des Teufels ...

Joseph Roth, Hiob

Aber wie viele Menschen und zumal Politiker haben schon Gründe, auf den Einwurf ihres Gewissens zu hören, da ja nun doch einmal das Leben, und zumal das politische Leben, ein Kampf ist und es zudem, da die Bösen mit Waffen aller Art ausgerüstet sind, den Gerechten obliegt, es ebenfalls zu sein, und wäre es nur, um die Gerechtigkeit am Leben zu erhalten.

Marcel Proust, Jean Santeuil

Ein ungerüstetes Land inmitten einer hochgerüsteten Welt ist eine stete Aufforderung zum Krieg.

Joseph Goebbels

Also, also, also fickt die Wichser!

Richard Nixon

Warum dieses Buch?

Gerade die große Verbreitung des bedruckten Blattes gehört zu den Ruhmestaten dieses fortschrittlichen Jahrhunderts; und auf jeden Fall besteht kein Zweifel daran, daß diese Ware sich weitaus häufiger nachweisen läßt als die Gehirnsubstanz.

Alfred Jarry

》Rückblickend betrachtet, war der Kommunismus eine interessante Episode, die letztlich unblutig scheiterte.« Diese Worte, in selbstgefälliger Adipositas gesprochen, stammen von einem völlig unbedeutenden Zeitgenossen, dem die historische Namenlosigkeit gewiß ist. Ich schnappte sie mehr oder weniger beiläufig auf, und doch gingen sie mir viele Tage lang nach. Was mochte in einem solchen Kopf vorgehen? Taugte er in seiner Hohlheit nur dazu, als tönender Resonanzkörper der Staatspropaganda zu dienen? Stand mir hier der fleischliche Widerhall des Pressegetöns gegenüber, ein menschgewordener Papagei auf dem Boden der fdGO, ein auf zwei Beinen wandelndes Herrschafts-Echo, das seinem Gattungsnamen Hohn spricht, das aber, in Anbetracht seiner billigen Äußerungen von der Stange, im Laufe mehrerer Jahrzehnte ganz schön viele teure Ressourcen verschlungen hat? Rechnet sich das, lohnt sich so ein Leben? Objektiv betrachtet sicherlich nicht, denn davon gibt es einfach zu viele, viel zu viele, so daß man mit Arnold Hau, allerdings in leichter Abwandlung, ausrufen könnte: schade um das schöne Erdöl! Aus der Sicht der Herrschaftsträger scheint sich die massenhafte Produktion solcher Nachplapperer schon viel eher zu lohnen, zumal diese, in Massen gehalten, so spottbillig sind im Vergleich zu den ungeheuren Profiten, die sie mit ihrer gesteuerten Dummstellerei ermöglichen.

Nein, eine solche Äußerung läßt sich nicht allein mit Gedanken- oder Hirnlosigkeit erklären. Mir gegenüber befand sich ein feister »Herr Karl« im Sinne des genialen Schauspielers und Schriftstellers Helmut Qualtinger, mit der behäbigen Jovialität des noch einmal davongekommenen Mitläufers, des zynisch feixenden Augenzeugen und Dulders von Massenverbrechen, des selbstgefälligen Spießers und Spießgesellen von systematischem Unrecht, der in sattgefressener Zufriedenheit seine Bereitschaft zur Wiederholungstäterschaft bekundet. Und diese hinter den billigen Wortschablonen verborgene Haltung war es auch, die mich so aufbrachte. Obwohl kein Publikum zugegen war und ich wußte, daß meine Einwände an der öligen Außenfassade meines Gegenübers abgleiten würden, brachte ich, um wenigstens dem Gesetz zur Erhaltung der psychischen Energie seinen Tribut abzustatten, durchaus mit Schärfe hervor: »Und was ist mit den ermordeten deutschen Arbeitern in den Konzentrationslagern der Faschisten – auch dies eine interessante, aber unblutige Episode?« Da mein Gegenüber wie zu erwarten stumm blieb, vergeudete ich keine weiteren Worte an einen Unwürdigen, aber mir fielen die *Haymarket Explosion* ein und Sacco und Vanzetti, ich dachte an die heroischen russischen Arbeiter und chinesischen Bauern, die sich schlecht bewaffnet der haushoch überlegenen Vernichtungsmaschinerie der europäischen, amerikanischen und japanischen Imperialisten entgegenstellten und mit einem ungeheuren Blutzoll nur deshalb standhalten konnten, weil diese Räuber untereinander zerstritten waren. Das wußte ich aus Büchern. Aber was war mit Lumumba, mit Allende? Waren drei bis vier Millionen Koreaner, eineinhalb Millionen Vietnamesen, feige aus der Luft massakriert, mit Napalm zusammengeschmolzen, mit hochtoxischen Agenzien vergiftet und übel dahinkrepierend, eine *quantité négligeable*? War, wenn man das Unrecht schon in Hektolitern von Blut messen will, das Leichenquantum von Auschwitz mit den ersten drei Jahrzehnten des Kalten Krieges nicht erreicht und seitdem längst überschritten, und dies alles straflos, weil siegreich? Kann das Unrecht nur als solches erkannt und benannt werden, wenn der Täter das Pech hatte, zu verlieren? Ist, bei völliger Struktur- und Substanzgleichheit des Verbrechens – d. h., bei identischem Haßschwerpunkt und gleicher Jagdstrecke der Opfer – derjenige aber ein edelmütiger Freiheitsheld, der nach getaner Tat mit megatonnenschweren Atomwaffen fuchtelt? Ist das nicht, um mit Orwell zu sprechen, niederträchtigstes Doppeldenk, abgesondert aus verächtlichem Plappermaul? Hier keimte die erste Idee zu diesem Buch.

Mein aufgrund seines Massenvorkommens fast schon beliebiges und gesichtsloses Gegenüber wies jedoch noch eine weitere äußerst unangenehme Eigenheit auf: Er erinnerte in fataler Weise an die eigene Elterngeneration, die, wenn sie zu ihren Erinnerungen und Eindrücken während des Faschismus befragt wurde, nur nichtssagende Anekdoten, weinerliche Sentimentalitäten oder abwiegelnde Allgemeinplätze von sich gab: »Das war halt so.« Allenfalls bei gestiegenem Alkoholpegel konnte man hin und wieder einige aufschlußreiche Satzfetzen aufschnappen, etwa dergestalt, daß man seinerzeit »ein paar durch den Kamin gejagt« hatte. Aha! Aber wer waren die »paar«, wieviele waren es wirklich, und warum hatte man sie umgebracht? Hatten diese Zeitzeugen, deren Zunge sich nur im Suff löste, diese Verbrechen mit Genugtuung oder mit Angst registriert? Standen sie repräsentativ für »die Deutschen« oder waren sie nur deren Bodensatz? Hatte es nie Widerstand gegen Hitler gegeben? Auf diese und ähnliche Fragen erhielten wir Kinder und Jugendliche jedenfalls keine zufriedenstellenden Antworten – immer noch regierten ja die Altnazis unter christ- und sozialdemokratischer Camouflage –, und es mußten Jahre vergehen, bis man auf Bücher stieß, welche erschöpfende Antworten enthielten, die aber nur aufgrund besonderer historischer Gegebenheiten für kurze Zeit zugänglich waren. Welcher Schüler aber greift heute noch zu Peter Weiss' Bühnenstück ›Die Ermittlung‹, um Aufschluß über die faschistischen Massenverbrechen zu erhalten? Welcher Student greift zum ›Braunbuch‹, um die Kontinuität vom Dritten Reich zum Vierten Unreich besser zu verstehen? Das willentliche, in seiner Motivation heimtückische Dummstellen der Erwachsenen bildet das mentale Gegenstück zu diesen Massenverbrechen; es machte diese erst möglich und half nachträglich, sie zu vertuschen. Die Glotzer, Mitläufer und Dummsteller sind also schlimmer als die Täter, denn sie eröffnen diesen erst die Bahn, und sie sind verächtlicher. Ein Verbrecher geht immerhin ein gewisses Risiko ein, und er erweckt Furcht; seine Helfershelfer im Hintergrund, die einfach abwarten, wie die Sache ausgeht, und sich dann arrangieren, erwecken einfach nur Ekel.

Wer heute zwanzig oder fünfundzwanzig Jahre zählt, besitzt keinerlei Vorstellung – denn sie wird ihm ja nicht vermittelt –, in welchem Ausmaß die Konfrontation der Blöcke und die Gefahr eines Atomkriegs das Denken und Empfinden der Menschen seinerzeit prägten. Zur Illustration dieses Tatbestandes sei ein Zitat aus einem entlegenen, speziellen Themenbereich vorgeführt, einem 1964 erschienenen gelehrten Werk über die Architekturgeschichte des europäischen Kirchenbaus. Dort, in einem Buch über die christlichen Sakralbauten, heißt es in der Einleitung (DITTMAR 1964, S. 7.):

> Was unserer Zeit das besondere Gepräge gibt, ist das globale Ausmaß des west-östlichen Weltkonflikts, dazu die Schreckensvision einer totalen Vernichtung aller Zivilisation im Falle eines Krieges der beiden Atommächte. Eine Situation, die, bis zum Überdruß beschworen, dennoch nichts von ihrer Unerbittlichkeit der Alternative verloren hat.
>
> Die Zukunft jedoch liegt offen. Niemand könnte sagen, ob die Ost-West-Spannung, die uns in Atem hält, tatsächlich ein Durchgangsstadium auf dem Wege zur »One World« darstellt, wie es gelegentlich scheint, ob es wirklich auf die Frage hinausläuft, welche der beiden entgegengesetzten Konzeptionen die Zukunft bestimmen wird, oder ob möglicherweise mit dem Erwachen des Schwarzen und des Gelben Kontinents zu politischer und geistiger Autonomie völlig neue Fragen aufgeworfen werden, die jenseits der heutigen West-Ost-Problematik liegen.

Heute, über ein halbes Jahrhundert später, wissen wir es besser: es ist die *One World* US-amerikanischer Prägung geworden. Das vorliegende Buch zeichnet diese Entwicklung nach, und der Leser wird dem Paradoxon begegnen, daß die Epoche des Kalten Krieges trotz der allgegenwärtigen – und sehr berechtigten! – Furcht vor atomarer Vernichtung im Vergleich zu heute die Bessere Zeit war. Das »Gleichgewicht des Schreckens« wirkte freiheitsfördernd, wie an den nationalen Befreiungskämpfen der sogenannten »Dritten Welt« zu sehen ist, die deshalb hier eine zentrale Stellung einnehmen (das 5. Kapitel). Uneingeschränkte Weltherrschaft hingegen, wie wir sie gegenwärtig erleben und zukünftige Generationen auf vielleicht unabsehbare Zeit erleben werden – wie lange dauerte das Mittelalter? –, bedeutet weltumspannenden, hochtechnisierten Neobyzantinismus. Hier ist das oft mißbrauchte Schlagwort »Totalitarismus« am Platze.

Damit zurück zu unserem Herrn Karl der Gegenwart, der sich nach der »interessanten, letztlich unblutigen« Episode des Kommunismus in der besten aller Welten wähnt. Um die Niedertracht eines solchen Kultivierens von Scheuklappen zu illustrieren, sei eine weitere persönliche Beobachtung gestattet (auch sie ist als historischer Mikroprozeß repräsentativ für komplexe gesellschaftliche Abläufe). Vor einigen Jahren schaute ich, um der reinen Unterhaltung willen, im Kino eine Folge des Streifens »Fluch der Karibik« an. Johnny Depp ist ein exzellenter Schauspieler, der Plot versprach Witz, Schwung und Dramatik, und überdies brillierte der Rolling Stone Keith

Richards in einer kleinen Nebenrolle – Gründe genug, ein paar Euro für einen vergnüglichen Nachmittag springen zu lassen. Es muß sich um eine Fortsetzungsfolge gehandelt haben; die Piraten fungierten als sympathische, aber gesetzlose Außenseiter, als Vogelfreie, als *outlaws*, gegen die die Marine des britischen Empire, das nahezu die ganze Welt umspannte, mit eiserner Faust vorging. Ganz entgegen der allgemeinen Erwartung startete der Film mit Szenen einer Massenhinrichtung; Scharen zerlumpter Gestalten schleppten sich, schwermütige Gesänge anstimmend, zur Hinrichtungsstätte, unterschiedslos wurden Männer, Frauen und Jugendliche gehängt, während britische Offiziere ihre Entschlossenheit bekundeten, diese Brut bis ins letzte Glied auszurotten. Eine Reihe vor mir beugte sich ein etwa Vierzehnjähriger zu seiner älteren Schwester hinüber und flüsterte ihr ins Ohr: »So ist es auch mit Saddam Hussein passiert!« In der Tat, der niederträchtige Justizmord am legalen irakischen Präsidenten durch irgendwelche US-amerikanischen Quislinge lag erst wenige Wochen zurück und haftete noch frisch in der Erinnerung, und der Junge hatte die – hundertprozentig intendierte, wie mir schlagartig klar wurde – Botschaft des Streifens erfaßt: »Schaut her, wir Beherrscher der Welt« – Briten in der filmischen Fiktion, US-Amerikaner in der Realität, wie der Zuschauer ergänzen soll (die Brücke hierzu bildete der gemeinsame Nenner »Angelsachsen«) – »machen mit jedem kurzen Prozeß, der es wagen sollte, sich uns in den Weg zu stellen! Und mag es ein gewähltes Staatsoberhaupt sein, gleichviel, wir knüpfen ihn auf wie einen dahergelaufenen Lumpen! Habt Ihr schon vergessen, daß der Serbe unseren Kerker nur als Leiche verließ? Zweifelt Ihr an unserer Entschlossenheit, mit Iranern, Koreanern oder Chinesen in gleicher Weise zu verfahren? Wir töten Afghanen zum Spaß, kraft unserer Macht, die für Euch Begründung genug zu sein hat!«

Dies ist keine Fiktion mehr, sondern Lebensrealität für alle heute Zwanzig- bis Fünfundzwanzigjährigen, die nie etwas anderes gekannt haben als diese eine Weltmacht, den Mono-Imperialismus, dessen Schalten und Walten, dessen Verbrechen sie als normal empfinden sollen: denn es gibt nichts anderes (und, so wird es für alle nachfolgenden Generationen suggeriert, es hat auch nie etwas anderes gegeben: Eurasien und Ozeanien waren schon immer verfeindet, heißt es in Orwells ›1984‹). Erstmals in der Menschheitsgeschichte hat ein Land die weltumspannende, uneingeschränkte Herrschaft über den Globus erlangt, und diese globale Diktatur des US-Imperialismus samt deren häßliche Begleiterscheinungen als »normal« und schon immer existent zu empfinden, ist das vorherrschende Lebensgefühl unter dem Mono-Imperialismus, das permanent zu evozieren Aufgabe der weltweit einheitlich orchestrierten Massenmedien ist. Dabei stört nur die Erinnerung, daß dieser Ödnis eine andere Zeit vorausgegangen ist, geprägt von zwei verfeindeten Blöcken, zwei Staatenbündnissen mit unterschiedlichen Wirtschaftssystemen, deren militärische Konfrontation bei allen Gefahren ein so ungleich höheres Freiheitspotential als in der trüben Jetztzeit barg. Dies ist die Zeit des Kalten Krieges, und daran zu erinnern, ist »undenkvoll«, um abermals Orwell zu zitieren. Ein Bekannter erzählte mir unlängst von einer politischen Veranstaltung an der Freiburger Universität, in deren Verlauf ein überzeugter Antikommunist gegen die Sowjetunion vom Leder zog. Er wurde von den Studenten mit der Bemerkung unterbrochen, das tue hier nichts zur Sache, wir lebten jetzt in einer anderen Epoche. Vor etwas mehr als zwanzig Jahren noch hätte sich der Redner der Sympathie jeden universitären Podiums gewiß sein und in aller Ruhe ausreden können; jetzt aber rührte er mit der bloßen Erwähnung der Sowjetunion an den heute undenkvollen Tatbestand, daß es wirklich eine – wie auch immer beschaffene – Alternative zu den heutigen Machtverhältnissen gegeben hatte. Nicht gedacht soll ihrer werden! So wurde aus der Idee der feste Vorsatz, dieses Buch zu schreiben.

Um jede Erinnerung an jene Epoche zu verunklaren und zukünftigen Generationen jede Hoffnung auf Freiheit zu nehmen, braucht man jenen »Herrn Karl« in millionenfacher Ausfertigung, auf daß er sein Mantra von der »interessanten, aber letztlich unblutigen Episode« herunterleiere. Er wird sekundiert von einem Heer gut dotierter, maulfertiger Lakaien, von wieseligen Fürsprechern des Jetztzustands, die allezeit etwas von der unendlichen Überlegenheit der »freien Marktwirtschaft« und der »Demokratie«, von denen wundersamerweise nicht das geringste zu verspüren ist, echte Phantome also, zu faseln wissen. Dieses Buch ist geschrieben worden, damit diese Schwätzercorona nicht das letzte Wort behält und der Interessierte eine möglichst realitätsgerechte Vorstellung von den historischen Abläufen erhält, die in den tristen Zustand der Gegenwart mündeten. Sie sind nachvollziehbar, da wirklich geschehen, sie sind handfest und durchaus blutig. Es ist die Geschichte der Gewalt, und zwar der siegreichen imperialistischen Gewalt, und keineswegs einer »per se« überlegenen Idee, wie allerorten soufflliert wird.

Mein in der Anpassung gestrandetes, dort wie ein Hefeteig aufgegangenes Gegenüber war, wie ich wußte, Mitte der fünfziger Jahre des vergangenen Jahrhunderts zur Welt gekommen. Längst existierten seinerzeit die ersten US-Pläne für einen atomaren Überfall auf die Sowjetunion; eine antikommunistische Massenhysterie, angeschürt von dem Senator McCarthy, der in jedem zaghaften Liberalen einen Handlanger Moskaus sah und als solchen verfolgte, sollte für Ruhe an der Heimatfront sorgen.* Die BRD, jener Bastardstaat der Siegermächte, wurde von einem klerikalen Dunkelmann regiert, der vor 1933 in seiner Eigenschaft als Kölner Oberbürgermeister der NSDAP selektiv städtische Räume zur Verfügung gestellt und das großartige Ballett »Der wunderbare Mandarin« von Béla Bartók verboten hatte. Als er nach Kriegsende als Pensionär seine Rosen schnitt, erhielt er Besuch von einer Handvoll US-Soldaten – aber nicht um ihn zu verhaften, wie er begründeterweise befürchtete, sondern um ihm zu seiner eigenen größten Überraschung seine Erwählung zum Bundeskanzler mitzuteilen. Und so berief er denn Hans-Maria Globke zu seiner rechten Hand, den Verfasser des Ermächtigungsgesetzes und vor allem der Nürnberger Rassengesetze (die DDR, so ein Unrechtsstaat aber auch, hatte ihn deswegen in Abwesenheit zu lebenslanger Haft verurteilt), und holte Altnazis in die Ministerien, auf daß seine Herren in Übersee einen Gefallen an ihm hätten. Wie die Nazis verbot er die Abtreibungen, wie die Nazis verfolgte er die Homosexuellen, sofern sie die Konzentrationslager überlebt hatten. Kommunisten erhielten Aufenthalts- und Wohnverbot in den großen Industriestädten und konnten wie der 21jährige Philipp Müller aus München bei Demonstrationen straflos erschossen werden. Wie für den Allmächtigen gebrauchte der Katholik Adenauer bei zwei besonderen Gelegenheiten nie den bestimmten Artikel: »Gott hat in seiner Güte bewirkt – NATO hat beschlossen …«. Und so organisierte er die Wiederbewaffnung des Frontstaats BRD und seine Zwangseingliederung in die NATO, auf daß er, mit Dollarmillionen zum Schaufenster gegenüber dem Ostblock aufgepeppt, zugleich als Aufmarschrampe gegen die Sowjetunion diene. Diese hatte ein neutrales Gesamtdeutschland bevorzugt, aber nun zementierte die Stationierung US-amerikanischer Truppen und Atomwaffen in der westlichen Besatzungszone

---

*   Welche wahnhaften Züge diese Kommunistenhetze annehmen konnte, sei anhand eines Zitates des damaligen Generalbundesanwaltes McGrath illustriert, der die *commies* allerorten witterte: »Sie sind überall – in Fabriken, Büros, Metzgereien, an Straßenecken, in selbständigen, freien Berufen. Und jeder trägt den Bazillus des Todes für die Gesellschaft in sich.« Der Metaphorik von Krankheitserregern, Infektionen und Epidemien in bezug auf den »Kommunismus« (oder was man dafür hielt) sowie die Notwendigkeit, diese gefährlichen Herde einzudämmen und auszurotten, werden wir noch häufiger begegnen. Dieser Wahn, der natürlich bewußt geschürt wurde, um die massenpsychologische Voraussetzung für einen atomaren Angriffskrieg gegen die Sowjetunion zu schaffen, verschonte selbst höhere Regierungsbeamte, Richter und populäre Kunstschaffende nicht; so legten die amerikanischen Geheimdienste über den »verdächtigen« Ausländer Charlie Chaplin ein Dossier von über 10 000 Seiten an!

die Teilung: »Lieber ein halbes Deutschland ganz als ein ganzes Deutschland halb«, lautete die Maxime der Amiknechte. Willfährige und geistesverwandte Diener ihres Herrn, verboten sie die KPD, auf daß Friedhofsruhe herrsche in diesem Hitlerschen Nachfolgestaat, den den »freiesten« zu apostrophieren sie sich nicht schämten. Und noch über ein halbes Jahrhundert nach dem am 17. August 1956 verhängten Verbot der KPD weigern sich sämtliche Bundesregierungen, zuletzt im Juli 2010, die etwa 10 000 Opfer des Kalten Krieges in der BRD – überwiegend KPD-Mitglieder; nicht zu verwechseln mit den 10 000 Berufsverbote-Opfern des Verfassungsbrechers Willy Brandt – zu rehabilitieren. Die entsprechenden Anträge enthielten die Forderungen, diesen Personenkreis für die Haft zu entschädigen und die oft mehrjährigen Zuchthausstrafen für die Rentenberechnung anzuerkennen. Ein Bundestagsausschuß »erkannte« mit der menschenvernichtenden Spröde eines gut geölten bürokratischen Apparats, es bestehe »keine Veranlassung, gesetzgeberisch tätig zu werden«, und lehnte den Antrag »ohne Aussprache im Eilverfahren« ab. Die BRD, »der freieste Staat ...«? Manche sollen ja noch an die Transsubstantiation glauben ...

Wir wollen nicht ungerecht sein: All dies hätte unser »Herr Karl« nicht als Augenzeuge memorieren können, weil er seinerzeit in den Windeln lag und andere Interessen hatte. Aber er hätte sich nachträglich über die Auspizien kundig machen können, die ihm in düsterer Zeit eine noch düsterere Zukunft ankündigten. Er hätte als Sechs- oder Siebenjähriger beobachten können, wie die Erwachsenen Angst bekamen und in freilich medial angekurbelten Panikanfällen Hamsterkäufe tätigten – es war die Zeit der sogenannten »Kuba-Krise«, als viele Zeichen auf einen atomaren Schlagabtausch der »Supermächte« deuteten, und da sollten die Russen natürlich die Bösen gewesen sein. Er hätte als Vierzehnjähriger einen Atlas zur Hand nehmen und begreifen können, daß dieser dünne Streifen Landes namens Vietnam, ja sogar nur dessen nördliche Hälfte, nie und nimmer jene Bedrohung für »die freie Welt« darstellte, wie die Medien sie tagtäglich hinausröhrten, nie und nimmer eine Rechtfertigung sein konnte für die aus der Luft verübten Massaker an der Zivilbevölkerung, für die Entlaubung von Urwäldern, Folterungen und Massenerschießungen. Als Fünfundzwanzigjähriger hätte ihm dämmern müssen, daß Europa von den USA als Rampe für eine neue Generation atomarer Erstschlagswaffen ausersehen war und damit seine Existenz wie eine Kugel im imperialistischen Roulette aufs Spiel gesetzt wurde; ihm hätte dämmern müssen, daß auch sein fettes Fleisch in einem atomaren Armageddon gegrillt oder – falls er der gerade neu entwickelten US-Neutronenbombe zum Opfer fiele – versaftet würde;

er hätte beobachten und an sich selbst verspüren können, wie die achtziger Jahre, die jetzt in musikalischen Retrospektiven als »goldene 8oer« gefeiert werden, in Wirklichkeit ein Jahrzehnt der Angst waren; er hätte bemerken müssen, daß mit der näherrückenden militärischen Endlösung des globalen Feindes des Kapitalismus, der sich schon zum Monopolismus transformierte, auch die Endlösung der politischen Opposition im Westblock betrieben wurde: denn auch dies waren die 8oer Jahre – das Jahrzehnt, in dem der Pogrom gesellschaftsfähig wurde, das Jahrzehnt der Spontis und des Schwarzen Blocks, die mit originär faschistischem Haßschwerpunkt gegen alles und jeden losschlugen, der im Verdacht des bald nicht mehr nur politisch, sondern auch religiös Oppositionellen stand: die Kommunisten- mutierte zur Sektenhetze. Durch den Untergang des Ostblocks demaskierte sich der Westblock bis zur Kenntlichkeit: als ein ruchloses Raubsystem an seinen eigenen wie an den fremden Heloten, das vor keiner Lüge und vor keinem Gewaltverbrechen, vor keinen völkerrechtswidrigen Überfällen und Besetzungen fremder Länder zurückschreckt. All dies war mit Händen zu greifen in der Epoche, die unter der Bezeichnung »Kalter Krieg« firmiert. Aber nein: unser »Herr Karl«, der mit tatkräftiger Unterstützung der medialen Stichwortgeber sein bißchen Gehirn hat verkommen lassen zugunsten eines sozialverträglichen und »ökologischen« Dahinvegetierens, maßt sich an, Altersweisheiten von sich zu geben, damit das Leben zukünftiger Generationen genauso versaut sein werde wie sein eigenes.

Dieses Buch soll ein Strich durch diese miese Rechnung sein.

Noch ein Wort zum Aufbau und Stil des Buches: Die Stoffülle, die Vielzahl der Stimmen von Tätern und Opfern, die falschen Flötentöne und das drohende Orgeldröhnen der Massenmedien, die Notwendigkeit der Auswahl und Gewichtung des Materials haben eine Darstellungsform bewirkt, die ich, ohne daß dies ursprünglich beabsichtigt gewesen wäre, »Fakten-Collage« nennen möchte. Das klingt nun nicht besonders prickelnd, hat aber durchaus seinen Reiz. Die unvermutete Zusammenstellung vermeintlich nicht zueinander passender und bislang weitgehend unbekannter, da gewöhnlich unterschlagener und zensierter Teile kann in einer Art von gedanklichem Kurzschluß verblüffende Einsichten gewähren, die ansonsten nicht möglich, weil verschüttet geblieben wären: Was auf den ersten Blick nicht zur Sache gehörig, unlogisch, unwichtig oder anstößig erscheint, gewinnt urplötzlich einen neuen, verborgenen und, wie sich letztlich herausstellt: mit Denkverboten belasteten Sinn. So ist es gewiß kein Zufall, daß gerade die Surrealisten die Collage als künstlerisches Medium begrüßten, das sie zu neuen Ufern jenseits des alltäglichen beschränkten Gedankenhorizontes führte. André Breton schrieb in einem Vorwort zu Max Ernsts genialem Bildcollagen-Roman ›La femme 100 têtes‹: »Nehmen wir zum Beispiel eine Flasche: Die Leute glauben sofort, daß wir trinken wollen. Aber nein. Sie ist leer und verkorkt und tanzt auf den Wellen. Jetzt sind sie dahintergekommen: das ist eine Flaschenpost …« Und so soll diese Form der Darbietung neugierig darauf machen, welcher Geist wohl dieser Flasche entsteigt.

Aber weil es mit den Zitaten in jüngster Zeit so eine Sache ist, weil ein Freiherr von Richthofen – oder war's ein Freiherr von Eichendorff? oder hieß er schlicht und ergreifend nur Eichmann? Egal: Im Gegensatz zu dem seiner Doktorarbeit sind die Zitate hier korrekt und die Nachweise überprüfbar. Dafür verbürgt sich

im März 2013   *Peter Priskil*

Eine notwendige Begriffsklärung und ein nicht minder notwendiger historischer Rückgriff

DER TERMINUS »Kalter Krieg« bezeichnet die Konfrontation der beiden »Supermächte« USA und Sowjetunion bzw. der von diesen beiden Staaten angeführten Militärbündnisse NATO und Warschauer Pakt. Diese Konfrontation erfaßte die ganze Welt und erstreckte sich über viereinhalb Jahrzehnte, vom Ende des 2. Weltkriegs bis zum Zusammenbruch und Zerfall der Sowjetunion und der Auflösung des sogenannten »Ostblocks« in den Jahren 1989 bis 1991. So weit dürfte, ungeachtet aller sonstigen denkbaren politischen Differenzen, Einigkeit herrschen, aber damit ist der Konsens auch bereits erschöpft. Schon die mit Händen zu greifende Antwort auf die Frage, wer aus dieser Konfrontation als Sieger hervorgegangen ist, wird mit ideologischen Nebelkerzen eingedeckt und mit propagandistischen Verwirrmanövern verdunkelt. Nur der Sieger hat damit keine Probleme: Am 28. Januar 1992 reklamierte US-Präsident George Bush sen. in seiner Regierungserklärung den Sieg im Kalten Krieg, den er kurz zuvor durch ein besonderes Ausrufezeichen bekräftigt hatte, nämlich den völkerrechtswidrigen und militärisch völlig risikolosen Überfall auf den Irak im sogenannten 2. Golfkrieg. Dieses Ausrufezeichen kostete mehreren hunderttausend Irakern das Leben und ließ ein völlig zerstörtes Land zurück, aber das war es dem Sieger wert, darüber läßt er sich keine grauen Haare wachsen und seine gesegnete Nachtruhe nicht stören. Nach 40tägigem Luftterror, dem bis dahin »größten Bombardement der Kriegsgeschichte« – so der Siegersprech – und zu Beginn der Bodenoffensive gegen flüchtende irakische Truppen mit der »größten Feuerkraft aller Zeiten« – so abermals der Siegersprech – unterzeichnete der Sowjetgeneral Jasov die

Urkunde über die Auflösung des Warschauer Pakts, neben ihm der bedröppelt dreinblickende sowjetische Außenminister Bessmertnych, dem man ansah, daß seine Tage ebenfalls gezählt waren. Und doch, man glaubt es kaum: Michail Gorbatschow, der winselnde Kapitulant, der seine Feigheit und Prinzipienlosigkeit mit tönendem Wortgeklingel umgab und der für seine Unterwerfung mit dem Friedens-Nobelpreis belohnt wurde (so generös kann der Westen sein: 100 000 Dollar und ein Arschtritt), dieser Gorbatschow insistierte doch tatsächlich darauf, daß keine Seite den Kalten Krieg gewonnen habe und nunmehr eine »multipolare« Ära angebrochen sei. Dieser ehrlose Hauden-Lukas hat heute noch Anhänger. Sie tun so, als sei nicht die Sowjetunion der Ukraine, Armeniens, Aserbaidschans, Kasachstans, Tadschikistans, Turkmenistans, Kirgistans usw. verlustig gegangen und als müsse sie nicht sogar ihr Rumpfgebiet mühsam zusammenhalten, sondern sie prognostizieren den USA ein baldiges Ende, als hätten sich bereits Texas, Arizona und Kalifornien abgespalten, als ob der einzig verbliebene, immer hemmungsloser agierende Weltbeherrscher an der eigenen Kraft zugrunde ginge, an den geraubten Ländern und Geldern sich überfressen habe und nun das Zeitliche segne wie ein Kapitalist, der sich an seiner eigenen Erfolgsbilanz aufknüpft. Leider hat man das noch nie gesehen und erlebt, aber solche Leute gibt's. Sie behaupten, die Sowjetunion und der Ostblock »wären in der Lage gewesen, in irgendeiner Form weiterzubestehen« – was sie ja aber gerade nicht taten –, und sie führen das Ende des Kalten Krieges doch tatsächlich auf einen »historischen Zufall« zurück[1] – und werden dafür mit einem Professorenamt belohnt. Sie übersehen ob der scheinbaren »Kompliziertheit« und »Komplexität« der »Gemengelage« eine Klitzekleinigkeit, die als Motor dieses Prozesses wirkte: die Gewalt – und unterwerfen sich ihr. Und da sie so kluge Köpfchen sind, sagen sie, daß der Sieger, der »eigentlich« kein Sieger ist, an seinem eigenen Sieg zugrunde gehe, »letztendlich« und irgendwann, spätestens aber dann, wenn unser Stern, die Sonne, sich zum Roten Riesen wandelt. Die anderthalb Milliarden Jahre bis dahin muß man halt absitzen.

Wenn schon über den Ausgang des Kalten Krieges, zu dessen Verständnis bloße Empirie genügt, so abstruse Ansichten zirkulieren – sie werden von starken Sendern kalkuliert in Umlauf gebracht und von angstblockierten Gehirnen aufgesogen (nach dem Modell von Orwells ›1984‹: »Winston, wie viele Finger sehen Sie?«) –, dann wird es kaum wunder nehmen, daß über die innere Mechanik dieser Geschehnisse die absonderlichsten, abwegigsten und krudesten Gedankeninhalte oder Meme[2] anzutreffen sind. Auch sie sind gewaltinduziert und werden in griffige Worthülsen gepackt, sind also Ideologeme, d. h. logische Fehler – dies die beiden Kernbestandteile jeder Ideologie.[3] Die vielleicht geläufigste und der historischen Wirklichkeit am nächsten kommende Charakterisierung der hier zur Untersuchung stehenden Epoche lautet »Gleichgewicht des Schreckens«. Dieser Schrecken war real, denn er entsprang der Tatsache, daß die tödlich verfeindeten Blöcke jeweils über ein Potential von Atomwaffen verfügten, das im Falle eines militärischen Schlagabtausches ausgereicht hätte, den Gegner mehrfach zu vernichten, selbst wenn man zuerst angegriffen worden wäre (»*overkill*-Kapazität«, »wer zuerst schießt, stirbt als zweiter«). Dieser Schrecken war auch insofern begründet, als die Welt in der umrissenen Zeitspanne mehrmals an der Schwelle zu einem Atomkrieg stand. Aber diese Metapher ist ungenau, und man muß präziser sein: Neunzehnmal erwogen die US-Regierungen den Einsatz von Atomwaffen, und anläßlich von vier Konflikten zogen sie einen atomaren Überfall auf die Sowjetunion in Betracht: in der Suezkrise 1956, beim Überfall der USA auf den Libanon 1958, während der Kubakrise 1962 und im Nahostkrieg 1973. An die letzte Androhung atomarer Enthauptung in der Ära Reagan, die mit dem Nachdruck einer neuen Generation nuklearer Erstschlagswaffen erfolgte, schloß sich das Trauerspiel der sowjetischen Kapitulation an. Man sieht also: Die Anteile an diesem Schrecken waren nicht gleich, »hüben wie drüben«, verteilt. Stets waren es die USA, die mit einem atomaren Erstschlag drohten und daraus auch nie einen Hehl machten, wie aus den Äußerungen ihrer politischen Führer und den Planungen ihrer Militärstäbe zur Genüge hervorgeht. Man schreibt diese Worte und hört im Geist den Quengeleinwand: »Dann war die Sowjetunion wohl Friedensengelchen und Unschuldslamm in einem, oder was?!« – Gemach. Um einen atomaren Angriffskrieg zu führen, muß man ihn führen *können*, und dies überstieg die Kapazitäten der Sowjetunion zeit ihrer Existenz, weshalb ihre Strategie stets defensiv ausgerichtet war (obwohl es sich im Land der Schachgenies doch hätte herumsprechen müssen, daß eine ungebrochen defensive Strategie stets in eine Niederlage mündet). Hier wird der Terminus vom »Gleichgewicht des Schreckens« zum Ideologem, denn dieses Gleichgewicht existierte keineswegs immer: weder zu Beginn des Kalten Krieges, in den Jahren 1945–1949, als die USA ein Atomwaffenmonopol besaßen, noch in den achtziger Jahren des 20. Jahrhunderts, als die Sowjetunion ins Hintertreffen geriet und schließlich von der Landkarte verschwand. Die Zwischenzeit war angefüllt mit waffentechnologischen Neuerungen der USA, welche die Sowjetunion nur mit größter Mühe und zu Lasten der leichtindustriellen und Konsumgüterproduktion kompensieren konnte. Solange das Gleichgewicht leidlich existierte, war ein »heißer« atomarer Schlagabtausch eher unwahrscheinlich; sobald es aber zu kippen begann – und dies stets zuungunsten Sowjetrußlands –, saßen den Yankees die Atomraketen locker (*quod erat demonstrandum*). Und nicht zuletzt zeitigte dieses annähernde atomare Patt die angenehme Konsequenz, daß es eine Vielzahl souveräner Staaten gab, die bei einer schlechten Behandlung durch die eine zur anderen Seite wechseln konnten, bei steter Gefahr der Subversion, der gezielten Ermordung ihrer Führer, des Putsches und der militärischen Intervention. Das waren die »blockfreien« Länder, die mit der Sowjetunion verschwunden sind.

Zieht man schließlich in Erwägung, daß die Sowjetunion trotz eines respektablen Arsenals an Atomsprengköpfen und Trägersystemen letztendlich nicht in der Lage gewesen war, dem aggressiven Kriegskurs der USA standzuhalten, dann wird das Ausmaß der Lüge um so deutlicher, mit der gegenwärtig eine angebliche Bedrohung der Welt durch einen angeblich nach Atomwaffenbesitz strebenden Iran herbeideliriert wird (wie es einige »Bellizisten« tun, die zu vornehm sind, um sich »Kriegshetzer« zu nennen, was dieser Neologismus ja eigentlich bedeutet; »pro-imperialistische Kläffer« wäre allerdings auch nicht schlecht). Nein – da sind die USA mit ganz anderen Gegnern fertiggeworden. Und wenn die atomar bestückte, aber dennoch unterlegene Sowjetunion nachträglich mit hämischer Genugtuung ob ihrer ökonomischen Unterlegenheit, welche das militärische Hinterherhinken erst bewirkte, als »Obervolta mit Atomwaffen« bezeichnet wurde – so feixte der Geheimdienst-General Vernon Walters, der als US-Botschafter in Bonn die Annexion der DDR einfädelte –, was ist dann der Iran der Gegenwart, wenn nicht ein Entwicklungsland, ein »Obervolta« – aber ohne Atomwaffen? Um dies nicht zu sehen, bedarf es dicker Bretter vor dem Kopf, aus Hickory-Holz, massiv. Ansonsten sind diese Kriegshetzer einfach nur Zyniker, die ihre Schäfchen im Trockenen haben.

Weitere Begriffe, mit denen die Epoche des Kalten Krieges gekennzeichnet werden soll, lauten »Rüstungswettlauf« und »Rüstungsspirale«. Sie evozieren in den Köpfen folgende

☞ **Legende:** Der Kalte Krieg eskalierte aufgrund eines inhärenten, rätselhaften Sachzwangs, dem die Beteiligten unterworfen, ja hilflos ausgeliefert waren.

Bei einem »Wettlauf« befolgen die Teilnehmer Regeln, die sie sich nicht selbst gegeben haben, sondern denen sie sich unterwerfen, gleichsam willenlos gehorchen. Die »Spirale« suggeriert das Bild eines sich steigernden, beschleunigenden, unaufhaltsamen Prozesses, der alle Beteiligten in schwindelerregende Höhen mit sich reißt (in strengem Sinne ist hier also keine ebene, sich um einen Punkt unendlich windende Kurve, sondern eine Schraubenlinie wie bei einem Schneckengehäuse gemeint). Ein weiteres Wortmonster, das auf formal-strukturalistische Weise angebliche Sachzwänge beschwört, ist die »Blocklogik«. Hier wird nicht nach der Beschaffenheit und den Wesensmerkmalen der »Blöcke« gefragt, die ja immerhin unterschiedliche, ja antagonistische Gebilde hinsichtlich ihrer ökonomischen und politischen Strukturen waren, sondern es soll die bloße Existenz der Blöcke als solche sein, die alles Übel in der Welt bewirkt. Das Heil besteht hier in der »Auflösung« der Blöcke, und da beide dies höchstwahrscheinlich nicht freiwillig und zur selben Zeit tun würden, sollte einer eben damit anfangen, am besten der feindliche. So lautete die perfide Logik der westdeutschen Pazifisten, die die »Kriegserziehung« in der DDR bemäkelten, das Spielen mit Papp-Panzern in den dortigen Kinderhorten beanstandeten, während in der BRD die atomaren Erstschlagswaffen der USA, Pershing II und Cruise-Missiles, stationiert wurden. Abkehr von der »Blocklogik« hieß in prosaischer praktischer Konsequenz: Es soll nur ein Block herrschen, und zwar der stärkere, brutalere, westliche; dann hat die Welt a Ruah, und das Leben wird ein ewiger Feierabend sein. Nun – der eine Block hat gesiegt und überzieht die widerstrebenden Reste der Welt mit seinen militärischen Überfällen; die Nibelungentreue der westlichen Völker, das US-amerikanische Herrenvolk inklusive, zu ihren Kriegstreiber-Regierungen wurde mit der Halbierung des Lebensstandards belohnt, Tendenz weiter fallend. Dieser idyllische Zustand währt nun schon seit zwei Dezennien.

Die Legende von den angeblichen internen Sachzwängen folgt einem durchsichtigen Kalkül: Es gibt keine Täter, deren Handeln von gewissen Motiven und Interessen bestimmt wird und die bestimmte Absichten verfolgen – wie etwa bei einem ganz gewöhnlichen Raubmord –, sondern nur Opfer eines blind waltenden Schicksals. Diese Legendenbildung ist apologetisch, denn sie nimmt die Täter aus der Schußbahn der Kritik und der effektiven Bekämpfung, und deshalb wird sie in der einschlägigen Literatur zum Thema kultiviert. So resümiert ein schmales Bändchen, das dem Kalten Krieg gewidmet ist, dessen ersten Jahre wie folgt: »All dies zeigte, daß ein Rüstungswettlauf im Gange war, der sich von selbst fortsetzte und keines äußeren Anstoßes mehr bedurfte.«[4] Und in einer ansonsten sehr instruktiven Studie über die atomaren Massaker von Hiroshima und Nagasaki stößt man auf folgende ideologiegetränkten Sätze: »Unterdessen entwickelte der wissenschaftlich-technische

Fortschritt seine eigene Logik, der die Politik mehr gehorchte, als daß sie sie kontrollierte. Es ist die Logik des Wettrüstens und der weiteren Verbreitung von Atomwaffen. […] Die Absurdität des Wettrüstens, das bald das Potential erreichte, die gesamte Menschheit zu vernichten, überforderte freilich die Politik. Von gegenseitigem Mißtrauen beseelt, waren die Politiker der Supermächte nicht in der Lage, den Punkt zu erkennen, an dem das Gleichgewicht des Schreckens tatsächlich erreicht war.«[5] Man wähnt sich in Goethes Gedicht ›Der Zauberlehrling‹, der die Geister, die er rief, ja ebenfalls nicht loswurde. Ach du arme, du bedauernswerte, von Sachzwängen genotzüchtigte Politik!

Kehren wir vom Reich der Geister und Legenden auf den Boden der nüchternen Tatsachen zurück. Es geht um wirkliche Länder, deren aus namentlich bekannten Personen bestehenden Regierungen ihren leibhaftig existierenden Völkern Milliardensummen abnötigten, um Waffen von bis dahin unbekannter Vernichtungskraft herzustellen. Die Weltherrschaft ist eine ernste Angelegenheit, es geht um Leben und Tod, um Angriff und Verteidigung. Und hier war bereits die Rede von Tätern und Opfern, von Siegern und Verlierern. Ist, wie ein gängiges Mantra lautet, die Realität tatsächlich so »kompliziert«, die »Gemengelage« tatsächlich so »komplex«, daß keine eindeutigen Aussagen über die Täter, das von ihnen begangene Unrecht, die von ihnen angestrebten Massenverbrechen möglich sind? Ist alles hier Gesagte mal wieder völlig einseitig und parteiisch, voreingenommen und eitel Schwarz-Weiß-Malerei in dieser ach so knallebunten Welt? Gestatten wir uns einen kleinen thematischen Vorgriff und präsentieren einige Zitate – es sind Primärquellen –, welche die Verhältnisse ins richtige Lot rücken.

»Die Niederschlagung der Kräfte des sowjetisch gelenkten Weltkommunismus ist für die Sicherheit der Vereinigten Staaten lebenswichtig […] Dieses Ziel kann durch eine defensive Politik nicht erreicht werden […] Die Vereinigten Staaten sollten daher die Führung bei der Organisation einer weltweiten Gegenoffensive zur Mobilisierung und Stärkung unserer eigenen und der antikommunistischen Kräfte der nichtsowjetischen Welt sowie zur Untergrabung der Stärke der kommunistischen Kräfte der sowjetischen Welt übernehmen.«[6] So äußerte sich, bereits im März 1948, der amerikanische *National Security Council* (NSC, »Nationaler Sicherheitsrat«), ein Gremium führender Militärs und Politiker, zu den Hauptzielen der US-amerikanischen Außenpolitik. Nun könnte unser bereits zitierter, um keine verharmlosende Rechtfertigung verlegener Apologet sagen: »Nur eine Minderheit von Radikalen wollte tatsächlich den nuklearen Waffengang …«[7] Seltsam aber, daß diese »radikale Minderheit« stets die militärischen Befehlsposten und die politische Führung stellte! Seltsam auch, daß sie sich über dieses strategische Ziel stets einig waren und eventuelle Meinungsunterschiede nur in taktischen Differenzen, bei bestimmten heiklen Situationen, bestanden (unübersichtliche Lage, Notwendigkeit schneller Entscheidungen usw.), um zu eben diesem Ziel zu gelangen. Seltsam schließlich, daß es immer nur die US-amerikanische Führung ist, welche die Notwendigkeit einer offensiven, aggressiven Politik einschließlich des atomaren Erstschlags betont, und seltsam abermals, daß dieses Ziel unisono während der viereinhalb Jahrzehnte des Kalten Krieges auf die Kapitulation der Sowjetunion respektive, falls diese nicht eintreten sollte, auf deren militärische Vernichtung abhob. Hören wir eine weitere Stimme, die keinen Raum für Zweifel läßt, wer der Aggressor und wer der Angegriffene im Kalten und eventuell heißen atomaren Krieg war. John Foster Dulles, erst Berater, dann Außenminister unter US-Präsident Eisenhower, äußerte am 15. Januar 1953 in aller wünschenswerten Klarheit: »Eine Politik, die nur zum Ziel hat, Rußland dort zu halten, wo es jetzt ist, ist zum Scheitern verurteilt, weil eine Politik mit rein defensivem Charakter niemals über eine aggressive Politik siegen kann. Wenn unsere Politik darin besteht, dort zu bleiben, wo wir heute sind, dann werden wir zurückgedrängt werden. Nur indem wir die Hoffnung auf Befreiung aufrechterhalten und indem wir aus jeder sich bietenden Möglichkeit Nutzen ziehen, können wir dieser furchtbaren Gefahr ein Ende bereiten.«[8] Um die einzelnen praktischen Schritte, mit denen wir uns in den nachfolgenden Kapiteln ausführlicher befassen werden, zu koordinieren, richtete ein Kalter Krieger namens James B. Conant das *Committee on the Present Danger* (Komitee über die gegenwärtige Gefahr) ein, das bis zum Ende der Ära Reagan, also bis zum Endsieg über die Sowjetunion, tätig war. Nur für die Begriffsstutzigsten unter seinen Lesern konkretisierte ein Autor Anfang der achtziger Jahre diese Gefahr: »Die gegenwärtige Gefahr war und ist natürlich die Sowjetunion.«[9]

Durch diese wenigen, aber fürs erste ausreichend erhellenden Schlaglichter sind wir in den Stand gesetzt, die dem Kalten Krieg zugrunde liegende Mechanik zu definieren: Sie bestand in der Bündelung aller unterhalb der Schwelle eines atomaren Krieges liegenden Mittel propagandistischer, ökonomischer, politischer und militärischer Art seitens des US-Imperialismus, um die Sowjetunion zur Kapitulation zu zwingen. Dieses Ziel sollte über zwei Etappen erreicht werden:

a) *roll back* (weltweites Zurückdrängen des sowjetischen Einflusses);
b) *containment* (Eindämmung, Umkreisung, Umzingelung der Sowjetunion).

Sollte das Ziel der sowjetischen Kapitulation dennoch verfehlt werden, hat der atomare »heiße« an die Stelle des Kalten Krieges zu treten. Diesen galt es durch permanente Hochrüstung vorzubereiten.

Alles wieder einmal viel zu einfach? Man sollte nicht den Spiegel schelten, wenn er ein häßliches Gesicht wiedergibt. Die Realität der amerikanischen Kriegsplanungen bis zum Endsieg geht aus einem weiteren frühen Memorandum des »Nationalen Sicherheitsrates« hervor, dem NSC-Dokument 68 vom 7. April 1950, das einen berüchtigten Ruf, und völlig zu Recht, erlangen sollte. Dort heißt es: »Was die Politik der ›Eindämmung‹ betrifft, so ist sie mit allen Mitteln bis hin zum Krieg bestrebt, erstens: eine weitere Expansion der sowjetischen Macht zu blockieren; zweitens: die wahren sowjetischen Absichten aufzudecken; drittens: eine Zurücknahme der Kontrolle und des Einflusses des Kreml herbeizuführen; und viertens: ganz allgemein die Saat der Zerstörung innerhalb des sowjetischen Systems so zu fördern, daß der Kreml schließlich dahin gebracht wird, sein Verhalten so zu verändern, daß es mit den allgemein akzeptierten internationalen Maßstäben übereinstimmt.«[10] *Nota bene*: Nie ist in diesem und gleichlautenden Dokumenten von »friedlichen Mitteln« oder »Verhandlungen« die Rede, und dieses Desiderat brachte einige westliche Friedensgurrer auf die knallköpfige Idee, man müsse die US-Regierung von einem »realistischen Sicherheitskonzept« überzeugen. Kukurridu! Mit denselben Erfolgsaussichten könnte man auch versuchen, einen Wolf zum Vegetarismus zu bekehren. Und man goutiere schließlich die rhetorischen Zynismen des zitierten Textes: Ist »sein Verhalten verändern« nicht ein schier unübertrefflicher Euphemismus für »Kapitulation«? Diese Formulierung kam so gut an, daß Henry Kissinger, Außenminister unter Präsident Nixon, »Sicherheits-Architekt« und Friedens-Nobelpreisträger wegen der Flächenbombardierung Nordvietnams, sie mehrmals verwendete. Und erst die »Übereinstimmung mit den allgemein akzeptierten internationalen Maßstäben«: Könnte man schöner zum Ausdruck bringen, daß die Welt nach der US-Pfeife zu tanzen hat? Diese Floskel könnte direkt aus einem Redemanuskript Barack Obamas zu Afghanistan oder Irak entnommen sein (und bei den von NATO-Söldnern angezettelten Unruhen in Libyen zu Anfang des Jahres 2011 bekrittelte er doch tatsächlich, die vom libyschen Präsidenten Ghaddafi angewandte Gewalt entspreche nicht »internationalen Normen«; Obama der Gute muß wissen, wovon er redet).

Nun soll aber, vorläufig zum letzten Mal, unser quecksilbriger Apologet zu Wort kommen: Es sei zugestanden, mag er sagen, daß die US-amerikanische Militärplanung auf die Unschädlichmachung, ja Vernichtung der Sowjetunion abzielte. Aber liegt hier nicht eine verständliche und legitime Notwehr vor? Wiesen die Initiatoren der Oktoberrevolution, Lenin und Trotzki, nicht unermüdlich auf die Notwendigkeit der Weltrevolution hin, betonten sie nicht immer wieder, daß mit dem Umsturz in Rußland nur das schwächste Glied in der Kette des Weltimperialismus zerbrochen worden sei? Hatten es die bürgerlichen Demokratien des Westens nicht mit einem aggressiven, auf weltweite Expansion bedachten Gegner zu tun, der – Stichwort »kommunistische Internationale« – allerorten konspirative Zellen einrichtete, welche im Untergrund ihre Wühlarbeit verrichteten, bis die solchermaßen untergrabenen Länder sturmreif für die Rote Armee waren? – Fassen wir diese Einwände in folgende

☞ **Legende:**   Die Rüstungsanstrengungen der USA dienten der Verteidigung gegen eine expansive Sowjetunion, die mit allen Mitteln einschließlich militärischer Gewalt die kommunistische Weltherrschaft zu etablieren versuchte.

Hier helfen nur Geschichtskenntnisse weiter, um diese Legende zu durchschauen und ihre Haltlosigkeit zu erweisen. Halten wir in einem vorläufigen Überblick fest: Der revolutionäre Arbeiterstaat unter der Führung von Lenin und Trotzki – er war das Resultat der einzigen erfolgreichen *proletarischen* Revolution in der Geschichte; alle anderen sogenannten kommunistischen Staaten wie der chinesische oder vietnamesische entstanden im Zuge nationaler Unabhängigkeitskämpfe, die mit Bauernarmeen gegen ausländische Aggressoren geführt wurden – stellte zu keiner Phase seiner Existenz, vom Oktoberumsturz bis zu Lenins Tod 1924, eine Bedrohung für die Nachbarstaaten, geschweige denn für die ganze Welt dar. Im Gegenteil: Die junge Sowjetunion, ausgeblutet und erschöpft wie sie war, wurde in der Endphase des Ersten Weltkriegs und in den Jahren danach von fünf imperialistischen Staaten – dem Deutschen Reich, Frankreich, England, Japan und den Vereinigten Staaten – überfallen, so daß die revolutionäre Sowjetunion in ihren ersten Jahren auf die Größe des mittelalterlichen russischen Fürstentums diesseits des Urals zusammenschmolz. Die ausländischen Besatzer schürten den russischen Bürgerkrieg zusätzlich an, indem sie marodierende Truppenverbände zaristischer Generäle mit Geld und Waffen unterstützten. Welchen Umständen die Sowjetunion überhaupt ihr Überleben verdankte, wird uns gleich näher beschäftigen; hier möge die Feststellung genügen, daß dieser Verteidigungskampf um die bloße Selbstbehauptung zwei Dritteln der russischen revolutionären Arbeiter, die das Rückgrat der Roten Armee bildeten, das Leben kostete. Erschöpft, der besten materiellen und menschlichen Ressourcen beraubt, in der Weltarena isoliert und militärisch eingekesselt, bildete sich rasch eine Bürokratie heraus, die mittels Notmaßnahmen den Mangel zu verteilen suchte; diese über das dürftige Mehrprodukt, aber noch nicht über die Produktionsmittel wie Grund und Boden oder Fabriken verfügende Bürokratie putschte gegen die am Boden liegende Arbeiterschaft und deren politische Führung. Stalin, der Generalsekretär der KP, leitete diese »interne«, »von links« kommende Konterrevolution, ließ die bolschewistischen Führer nach Schauprozessen hinrichten, die gesamte Anhängerschaft Lenins liquidieren und dekretierte den – von Lenin und Trotzki mit guten Gründen als unmöglich erklärten – »Sozialismus in einem Lande«. Spätestens ab 1930 konnte von einer »kommunistischen« Bedrohung also keine Rede mehr sein. Das stalinistische, nur noch nenn-kommunistische Regime verzichtete mit dieser Formel auf die Unterstützung aller revolutionären Bewegungen, mehr noch: behinderte sie aktiv, wie in China Ende der zwanziger und im republikanischen Spanien während der dreißiger Jahre. Stalin wollte einfach seine Ruhe haben und auf keinen Fall eine linke Konkurrenz, doch die Ruhe ließ man ihm dennoch nicht – zu sehr erinnerte sein Regime, allein schon der zeitlichen Kontinuität und der Namensgleichheit, vor allem aber seiner Autonomie ohne die triumphale Rückkehr der vor der Revolution Herrschenden wegen, an die von ihm gewaltsam und flächendeckend ausgetilgten revolutionären Ursprünge. So nützte es ihm auch nichts, daß er die »Kommunistische Internationale« – längst Schatten ihrer selbst bzw. Instrument der stalinistischen Revolutionsprophylaxe – 1943 offiziell auflöste, so wenig es seinen schwächlichen Nachfolgern seit Chruschtschow nutzte, wenn sie unermüdlich die »friedliche Koexistenz« mit dem imperialistischen Todfeind beschworen, denn das reizte dessen Appetit wie jedes Schwächezeichen nur noch mehr. Halten wir also fest: Zu keiner Zeit – weder in ihren revolutionären Anfangsjahren, als sie um ihre Existenz rang und nur äußerst knapp und beschädigt überlebte, noch während der stalinistischen Entartung und Erstarrung – ging von der Sowjetunion eine militärische Bedrohung aus. Diese so unermüdlich beschworene »Bedrohung« bestand alleine und ausschließlich in ihrer bloßen Existenz (bzw. in der Erinnerung an deren Anfang). Die logische Konsequenz lautete für den Imperialismus, daß es die Sowjetunion – sei es als revolutionärer Arbeiterstaat, sei es als stalinistischer Frankenstein – so schnell und gründlich wie möglich auszulöschen galt. Von diesem Betriebsunfall in der Geschichte sollte keine Spur im Gedächtnis der Menschheit überdauern, hatte er doch immerhin den Entrechteten der Welt einmal Hoffnung gegeben, was prinzipiell störend ist. Und so könnte man, entgegen aller Legendenbildung, sagen: Der stets einseitig geführte Kalte Krieg gegen die Sowjetunion begann nicht erst 1945, sondern bereits bei deren revolutionären Feuertaufe 1917. Nur war es für die imperialistischen Kalten Krieger zu dieser Zeit, trotz ihrer geradezu unglaublichen ökonomischen und militärischen Überlegenheit, nicht so einfach, der Sowjetunion den Garaus zu machen – warum, das soll uns nun etwas näher beschäftigen.

Die Vereinigten Staaten griffen als letztes Land in den Ersten Weltkrieg ein und gingen, mit den geringsten Verlusten an Material und Menschenleben, dafür mit den höchsten Profiten, als alleinige Sieger aus ihm hervor. Daß sie überhaupt intervenierten, lag nicht, wie behauptet, an einer provokanten diplomatischen Note des Deutschen Reiches, dem sogenannten Zimmermann-Telegramm, in dem der mexikanischen Regierung für den Fall, daß sie an der Seite der Mittelmächte gegen die USA in den Krieg einträte, zugesichert wurde, daß sie bei erfolgreichem Abschluß die an die USA verlorenen Gebiete Texas, Arizona und Neu-Mexiko zurückerstattet bekäme. Nein, die US-Regierung wußte genau, daß ihr von seiten Mexikos keine Gefahr drohte, hatte sie doch dorthin gerade erst 15 000 Soldaten unter dem Kommando des Generals Pershing, genannt »Black Jack«, entsandt, die sich vor allem durch Massaker an der Zivilbevölkerung hervorgetan hatten. Die USA intervenierten auch nicht deswegen, weil das Deutsche Reich den totalen U-Boot-Krieg erklärte hatte, dem nicht nur alliierte Schlachtkreuzer, sondern auch redlich vorgewarnt und unbeabsichtigt, Transportschiffe und ein Passagierdampfer zum Opfer fielen. Nein, es war nicht die »Freiheit der Seewege« und schon gar nicht die Freiheit als solche, weshalb die USA in das Völkergemetzel eingriffen, sondern dies war einer Eigenheit der Kriegsereignisse geschuldet, die unvorhersehbar war und unvorhergesehene Konsequenzen zeitigen konnte: Am 22. Dezember 1917 eröffnete die sowjetische Revolutionsregierung, der »Rat der Volkskommissare«, separate Friedensverhandlungen mit dem Deutschen Reich. Gerade ein Vierteljahr »im Amt«, wenn man die turbulenten Revolutionsereignisse so bezeichnen will, war der Sowjetführung nichts anderes übriggeblieben: Die russische Westfront befand sich im Zustand völliger Auflösung; die russischen Soldaten, überwiegend Bauern, hatten sich mit den Füßen gegen den Krieg entschieden und waren nach Hause geeilt, um bei der nun endlich möglichen Verteilung des feudalen Grundbesitzes zugegen zu sein. Die immer noch intakte deutsche Militärmaschinerie drang unerbittlich in dieses Vakuum vor und stellte an die schwache Revolutionsregierung erpresserische Bedingungen. Die separaten Friedensverhandlungen in Brest-Litowsk mit dem sowjetischen Delegationschef Leo Trotzki, der in den Verhandlungspausen sein grundlegendes und grandioses Werk ›Geschichte der russischen Revolution‹ skizzierte, war in den Reihen der Bolschewiki heftig umstritten: Eine »ultralinke« Fraktion verlangte die Fortsetzung des »revolutionären Krieges« gegen die Deutschen, ohne darzulegen, wie dies ohne Soldaten und Material geschehen könnte, während sich Trotzki auf ein abwartendes »weder Krieg noch Frieden« verlegte und allein Lenin einen sofortigen Friedensschluß, wenn auch unter verheerenden Bedingungen, befürwortete. Den Ausschlag gaben die deutschen Truppen – »diese Bestie springt schnell«, kommentierte Lenin deren Vordringen und setzte schließlich am 3. März 1918 die sowjetische Unterschrift unter das deutsche Friedensdiktat durch. Damit konnten die an der Ostfront gebundenen deutschen Heere nach Westen geworfen werden und Bewegung in den festgefahrenen Stellungskrieg bringen; die Waagschale der Schlächterei neigte sich also zugunsten der Mittelmächte. Exakt dies war der Zeitpunkt, zu dem die USA eingriffen: mit frischen, ausgeruhten Truppen in Millionenstärke, unter denen der Eliteverband von »Black Jack« Pershing, dem Namenspatron der späteren atomaren Erstschlagsrakete, natürlich nicht fehlen durfte, und einer wahrhaftigen Materiallawine, der das ausgelaugte Deutsche Reich – Stichwort »Rübenwinter« – nichts Nennenswertes mehr entgegenzusetzen hatte. So ging aus der jahrelangen blutigen Prügelei der Räuber der Stärkste, der bis zum Schluß klug abzuwarten verstand, als Sieger hervor und dominierte von nun an über »Verbündete« wie »Besiegte«.

Der Aderlaß für die Sowjetunion, die als einziger Staat einen »Frieden ohne Annexionen und Kontributionen« sowie die Abschaffung der Geheimdiplomatie forderte, war schon allein durch die Verluste aufgrund des Brester Diktats enorm: »Rußland verlor durch den Frieden von Brest-Litowsk die an Deutschland angelehnten Pufferstaaten, von Finnland über die baltischen Länder, Litauen, Polen, die Ukraine bis nach Georgien. Es verlor ein Drittel seiner landwirtschaftlichen Produktion sowie 70 % seiner Kohle- und Erzförderung.« Und es verlor noch mehr, wie die deutsche ›Allgemeine Evangelisch-Lutherische Kirchenzeitung‹ frohlockend vermerkte: »... Rußland, das keine Entschädigung geben wollte, mußte in letzter Minute unermeßliche Beute hergeben: 800 Lokomotiven, 8000 Eisenbahnwaggons mit allerlei Schätzen und Lebensmitteln; Gott wußte, daß wir es brauchten. Und weiter brauchten wir Geschütze und Munition, zum letzten Schlag gegen den Feind im Westen. Auch das wußte Gott. So schenkte er uns aus freier Hand, denn Gott ist reich, 2600 Geschütze, 5000 Maschinengewehre, 2 Millionen Schuß für die Artillerie, Gewehre, Flugzeuge, Kraftwagen und ungezähltes andere.«[11] Aber, so könnte man in Anlehnung an einen berühmten Western sagen: Gott haßt solche Idioten wie die deutschen Protestanten, denn er hält es immer mit den Stärkeren, die sich nun plötzlich »gezwungen« sahen, in Europa den Bankier und die Ordnungsmacht zu geben. »Wer hat Amerika dazu gezwungen?« fragt Trotzki, die Antwort gleich hinterherschiebend: »Die Barbaren, der Kaiser, die deutschen Imperialisten, jene Menschen, die nicht die Segnungen der presbyterianischen und der Quäkerreligion erfahren haben.«[12]

So drückend das Joch von Brest-Litowsk auch auf den Schultern des jungen Sowjetstaates lastete: es war ihm nichts anderes übriggeblieben, als das Diktat mit dem Revolver an der Schläfe zu unterzeichnen. Diese offenkundige Tatsache blanker Erpressung hinderte die Alliierten jedoch nicht daran, die Sowjetregierung der »Kollaboration« mit dem Deutschen Reich zu beschuldigen. Lenin, der diese immensen Verluste in Kauf genommen hatte, um die in äußerste Bedrängnis geratene Revolution wenigstens so lange über die Runden zu retten, bis das westeuropäische (und vor allem das deutsche) Proletariat sich gegen seine Regierungen erhob, legte in seinem ›Brief an die amerikanischen Arbeiter‹ vom August 1918 seine Motive nochmals öffentlich dar und demaskierte mit nur allzu berechtigter Empörung die diplomatischen Ranküne der Alliierten:

> Der ist kein Sozialist, der nicht begreift, daß man um des Sieges über die Bourgeoisie, um des Übergangs der Macht an die Arbeiter, um des Beginns der internationalen proletarischen Revolution willen keinerlei Opfer scheuen darf und soll, selbst nicht das Opfer, einen Teil des Territoriums zu verlieren oder schwere Niederlagen hinzunehmen, die uns die Imperialisten beibringen können. Der ist kein Sozialist, der nicht durch Taten bewiesen hat, daß er zu schwersten Opfern von seiten »seines« Vaterlands bereit ist, wenn nur die Sache der sozialistischen Revolution tatsächlich vorankommt. [...]
>
> Die englischen, französischen und amerikanischen imperialistischen Räuber »klagen uns an«, ein »Übereinkommen« mit dem deutschen Imperialismus getroffen zu haben. O diese Heuchler! O diese Schufte, die die Arbeiterregierung verleumden, während sie selber vor Angst schlottern, wenn sie sehen, welche Sympathien uns die Arbeiter »ihrer« eigenen Länder entgegenbringen! Aber ihre Heuchelei wird entlarvt werden. Sie tun so, als verstünden sie nicht den Unterschied zwischen einem Übereinkommen der »Sozialisten« mit der Bourgeoisie (der einheimischen wie der fremden) *gegen die Arbeiter*, gegen die

Werktätigen, und einem Übereinkommen, das getroffen wird *zum Schutz* der Arbeiter, die ihre Bourgeoisie bezwungen haben, mit der Bourgeoisie einer Landesfarbe *gegen die Bourgeoisie* einer anderen Landesfarbe, um die Gegensätze zwischen den verschiedenen Gruppen der Bourgeoisie auszunutzen.[13]

Gerade darin bestand eines der Geheimnisse, warum die Sowjetunion ihre stürmische Anfangszeit überstehen konnte: in den Interessensgegensätzen der verschiedenen imperialistischen Staaten, die es geschickt auszunutzen galt. Dies war schwierig genug und erfolgte stets am Rande des Untergangs, denn in bezug auf das revolutionäre Rußland galt für alle verfeindeten Kriegsparteien, die ihre Soldaten bedenkenlos verheizten – es waren immerhin 10 Millionen –: Pack schlägt sich, Pack verträgt sich. Warum es gerade die Vereinigten Staaten waren, die das Kommando über das kurz zuvor noch erbittert verfeindete Räuberpack im Feldzug gegen die Sowjetunion übernahmen, erklärt Trotzki wie folgt:

> Der Bolschewismus hat keinen grundsätzlicheren und unversöhnlicheren Feind als den amerikanischen Kapitalismus. [US-Außenminister] Hughes, seine Politik – das ist keine zufällige Laune, das ist der Willensausdruck des konzentriertesten Kapitals, das jetzt den offenen Kampf um seine Weltherrschaft eröffnet. Wir sind ihm allein schon deshalb ein Hindernis, weil die Wege über den Stillen Ozean nach China und Sibirien führen. Der Gedanke an die Kolonisierung Sibiriens ist eine der liebsten Ideen des amerikanischen Imperialismus. Aber der Weg dorthin wird ihm von einem Wachtposten verwehrt. Wir haben das Monopol des Außenhandels. Wir haben die sozialistischen Grundlagen der Wirtschaftspolitik. Das ist das erste Hindernis auf dem Wege zur absolutistischen Weltherrschaft des amerikanischen Kapitals. […] Immer und überall, in Europa und Asien, stößt der imperialistische Amerikanismus auf den revolutionären Bolschewismus. […] Leninismus und amerikanischer Imperialismus – nur diese zwei Grundideen durchschneiden die Atlantis und den Stillen Ozean. Von dem Ausgang ihres Kampfes hängt das Schicksal der Menschheit ab.[14]

Was aus der zeitlichen Distanz wie eine Übertreibung, wie eine selbstgefällige Überschätzung der Kräfte der jungen Sowjetunion anmutet, hat nichtsdestoweniger alle Argumente für sich; Trotzki hat auch hier den Grundkonflikt seiner Zeit in ganzer Tiefe erfaßt. Als unverdächtiger Gewährsmann möge der englische Schriftsteller D. H. Lawrence dienen, der im Jahre 1928 den skandalumwitterten und über drei Jahrzehnte verbotenen Roman »Lady Chatterleys Liebhaber« veröffentlicht hatte. Dort fällt in einer Diskussion unter Akademikern der Satz: »Wir sind allesamt Bolschewisten, wir nennen es nur anders. […] Man muß Mensch sein, Herz und Penis haben, wenn man weder ein Gott noch ein Bolschewist werden will … denn sie sind ein und dasselbe: beide zu gut, um wahr zu sein.« (S. 54) Entnehmen wir dieser etwas wirren Aussage nur so viel: Der grundsätzliche weltpolitische Antagonismus in den 20er Jahren des 20. Jahrhunderts lautete Lenin vs. Wilson, Kommunismus vs. Kapitalismus, Bolschewismus gegen »Gott« als Inbegriff jeglichen Irrationalismus; das sahen auch gebildete aristokratische Kreise im Großbritannien jener Zeit nicht anders. –

US-Präsident Wilson trat nach dem Ersten Weltkrieg mit seinem wolkigen 14-Punkte-Programm, das so hehre Dinge wie Friede, Freiheit, nationale Souveränität und Demokratie enthielt, als Weltbeglücker auf, wurde in Europa wie ein Messias gefeiert und selbstverständlich mit einem Friedens-Nobelpreis belohnt. Aber unter dem diplomatischen Samthandschuh Wilsons verbarg sich ein eiserner Schlagring. Die sowjetische Forderung nach einem Frieden ohne die gewaltsame Aneignung von Gebieten der Kriegsverlierer (Annexionen) und ohne von diesen abgepreßte Geldzahlungen (Kontributionen) wurde einfach ignoriert. Das besiegte Deutschland wurde durch den Versailler Knebelvertrag über die europäische Bühne geschleift wie der unterlegene Hektor am Kriegswagen des Achill – damit war die Saat für den Zweiten Weltkrieg gelegt –; die auf seiten Deutschlands kämpfende Türkei sollte nach dem Abkommen von Sèvres (1920) in nicht weniger als sieben Teile zerstückelt werden; allein der heroische Unabhängigkeitskrieg unter der Führung von Mustafa Kemal Atatürk verhinderte dieses konzertierte imperialistische Banditenstück.[15] Für die Sowjetunion hatte die US-Führung einen speziellen Plan ausgeheckt; ganz anders als die diplomatischen Friedensschalmeien spricht aus diesem Dokument die harte imperialistische Alltagsprosa: »ganz Rußland [ist] in große natürliche Gebiete zu teilen, ein jedes mit seinem eigenen Wirtschaftsleben. Dabei darf kein Gebiet selbständig genug sein, um einen starken Staat bilden zu können.«[16] Aber ach – noch ganze siebzig lange Jahre mußten sich die USA gedulden, bis es endlich so weit war; wir wiederum kennen nach Ablauf des ersten Jahrzehnts im 21. Jahrhundert diesen Zustand als fast selbstverständliche Lebensrealität im Mono-Imperialismus; mit dem Namen »Sowjetunion« kann die jüngere Generation unmöglich mehr als nebelhafte Vorstellungen verbinden, kontaminiert mit dem propagandistischen Zeug, das Schule, Universität und Medien in die Köpfe trichtern – also »totalitäres System«, Mangelwirtschaft, keine Reisefreiheit, Hochrüstung und schlußendliches Verlierertum, hähä.

Zwischen November 1917 und November 1919 sagte die ›New York Times‹ durchschnittlich einmal pro Woche, insgesamt 91mal, den Untergang der Sowjetunion voraus, aber der verfluchte Bolschewismus wollte ihr diesen Gefallen nicht tun. Also mußte man nachhelfen, zuerst mit einer Wirtschaftsblockade. Unter dem Vorwand, den Warenverkehr nach Deutschland über die Sowjetunion zu unterbinden, wurde die Handelsschiffahrt durch alliierte Kriegsschiffe vollständig blockiert. Wie bei der Republik Irak unter dem Präsidenten Saddam Hussein, wie bei Kuba und beim Iran der Gegenwart, wurden sehr schnell der gesamte sowjetrussische Handel, das Finanzwesen, der Post- und Telegrafenverkehr und schließlich selbst die persönlichen Kontakte ins Ausland von dieser ökonomischen, politischen und militärischen Garotte erfaßt. Derweil ließ US-Botschafter Francis in Petrograd zweieinhalb Millionen Flugblätter und Plakate mit Hetzpropaganda gegen die Sowjetregierung drucken. Als alle diese Obstruktionen nichts fruchteten, folgten Interventionen, Besetzungen, Raubzüge, Zerstörung der ohnehin dürftigen Infrastruktur und Massaker an der russischen Bevölkerung. Von dem ungeheuren Aderlaß der Sowjetunion an den deutschen Imperialismus im Diktatfrieden von Brest-Litowsk war bereits die Rede; im März 1918 folgte die Besetzung der nordrussischen, an der Barentssee gelegenen Stadt Murmansk durch französische und britische Truppen. Im Juni lud dort der US-Kreuzer »Olympia« amerikanische Soldaten ab, die im August durch eine ganze Infanteriedivision verstärkt wurden. Allein die USA hatten nun im Norden Rußlands 5000 Soldaten stationiert, die zusammen mit den europäischen Interventionstruppen zügig ins Landesinnere vorstießen. Der Plan bestand darin, die Großstadt Archangelsk zu erobern – was bereits im Juli 1918 der Fall war; dort wurde ein alliiertes Oberkommando unter dem britischen Generalmajor Pool eingerichtet –, sich sodann mit den konterrevolutionären Einheiten unter dem Befehl zaristischer Generäle zusammenzuschließen und zum revolutionären Zentrum Petrograd vorzustoßen. Die Sowjetregierung reagierte mit der Generalmobilmachung in sämtlichen Betrieben; der Oberkommandierende Trotzki hatte die Parole »Arbeiter aufs Pferd!« ausgegeben, um eine schlagkräftige Kavallerie zusammenzustellen, und tatsächlich gelang es der nach Norden geworfenen 6. Roten Armee, den Vormarsch der Angreifer zum Stillstand zu bringen. Doch bis zu ihrer Vertreibung im Jahr 1920 installierten die Besatzungstruppen ein Terrorregime: Allein in Archangelsk wurden 4000 Personen, meist gruppenweise, hingerichtet; in neu errichteten Gefängnissen und zwei Konzentrationslagern wurden über 50 000 Menschen, ein Sechstel der Bevölkerung dieses Territoriums, interniert. 38 000 Tonnen an Waren, dazu Hafenausrüstungen und 50 Schiffe rissen sich die Angreifer außerdem unter den Nagel.

Derweil landeten im Fernen Osten, in der pazifischen Hafenstadt Wladiwostok, weitere Interventionstruppen, die formal dem Oberbefehl des japanischen Generals Otani unterstellt waren. Die US-Marineinfanterie landete dort am 29. Juni und besetzte die Werft; weitere Truppen rückten nach, und im Herbst 1918 unterhielten die Vereinigten Staaten ein Interventionsheer von knapp 100 000 Mann, das unter dem Generalmajor William S. Graves auf eigene Faust operierte. Die Aggressoren stießen entlang der transsibirischen Eisenbahn zunächst nach Norden, dann ins Innere Sibiriens vor mit dem Ziel, sich mit den

»Schließt Euch der Roten Kavallerie an!« (Plakat)

Truppen des weißgardistischen Admirals Koltschak zu vereinigen und nach Moskau vorzustoßen, wohin sich die Sowjetregierung zurückgezogen hatte. Koltschak war im November 1918 aus den USA nach Sibirien zurückgekehrt – besaß auch er wie der afghanische US-Quisling Karsai einen amerikanischen Paß? – und hatte sich zum »Obersten Regenten Rußlands« ernannt; nach ersten militärischen Erfolgen im März und April 1919 anerkannte Washington am 12. Juni 1919 das fernöstliche Koltschak-Regime als gesamtrussische Regierung, ein uraltes Handlungsmuster der USA, dem z. B. der »Staat« Panama seine Existenz verdankt. Auch hier gingen die ausländischen Interventen und die inländischen Konterrevolutionäre mit blankem Terror vor: 80 000 Menschen wurden interniert und ganze Dörfer ausradiert, so daß US-General Graves rückblickend festhalten konnte: »Die Grausamkeiten und Mißhandlungen waren derart, daß die russische Bevölkerung sich zweifellos noch nach fünfzig Jahren daran erinnern und davon sprechen wird.« Und dies alles, wohlgemerkt, rund zwanzig Jahre vor Hitlers Überfall auf die Sowjetunion! Winston Churchill, der zynische Zigarrenraucher, der Zerstörer von Städten und Ländern, assistierte dem US-General mit der folgenden Bemerkung über die imperialistische Einmischung in den russischen Bürgerkrieg: »Befanden sich die Alliierten in einem Zustand des Krieges gegen Sowjetrußland? Natürlich nicht, aber sie ermordeten sowjetische Menschen, sobald sie ihnen in den Weg kamen; sie blieben auf dem russischen Boden als Eroberer; sie lieferten Waffen an die Feinde der Sowjetregierung; sie sperrten ihre Häfen; sie versenkten ihre Kriegsschiffe. Sie strebten mit allen ihren Kräften den Untergang der Sowjetregierung an und schmiedeten dazu ihre Pläne.«[17] Gerade die britischen Besatzer taten sich durch die systematische Zerstörung des russischen Eisenbahnnetzes hervor, die furchtbare Hungersnöte zur Folge hatte. Ihnen fielen zwischen drei und fünf Millionen Menschen zum Opfer, und es kam sogar zu Fällen von Kannibalismus, die vereinzelt fotografisch festgehalten wurden. Die Botschaft ist unschwer zu erraten: Schaut her, das ist euer Kommunismus! Wohl bekomm's! – Auch wenn der Dichter Ezra Pound bei den folgenden Zeilen in erster Linie an seine im 1. Weltkrieg gefallenen Künstlerkollegen dachte, so sind sie doch nicht weniger für die revolutionären Arbeiter und Bauern in der Roten Armee am Platze:

> Es starben Millionen,
> Darunter die Besten,
> Für eine alte Sau mit Zahnfäule,
> Eine verfahrene Zivilisation.[18]

Mutet es in Anbetracht dieser Umstände nicht geradezu wie ein Wunder an, daß die russische Revolution diese extreme Bedrängnis überstand und nicht erwürgt wurde? Die Sowjetregierung reagierte mit der Ausrufung des »Kriegskommunismus«, d. h. der Mobilisierung aller verfügbaren Kräfte, um die Aggressoren aus dem Land zu treiben. Die entsprechende Parole lautete: »Rettung des Arbeiters mit Kohle und Brot«, d. h. es war oberstes Gebot, daß die Arbeiter, die zugleich das Rückgrat der Roten Armee bildeten, nicht erfroren und verhungerten. Nur jeder dreihundertste Russe trug in dieser Zeit festes Schuhwerk aus Leder, und es war klar, daß dieses seltene Gut an der Front am dringendsten benötigt wurde – also Requisitionen. In einer Anspannung der letzten Kräfte wurde eine rote Partisanenarmee von rund 150 000 Mann aufgestellt, die hinter den feindlichen Linien operierte; gemeinsam mit der Roten Armee gelang es so, die Koltschak-Truppen im Mai 1918 weitgehend zu zerschlagen. Aber damit war noch lange keine Ruhe eingekehrt: Großbritannien, Frankreich und die USA unterstützten nun den weißgardistischen General Denikin, dessen 250 000 Mann starke Armee sie mit Panzern, Flugzeugen, Artillerie, Maschinengewehren und Munition versorgten. Im Stab Denikins befand sich eine vom US-Admiral McKelly geleitete amerikanische Militärmission; auch Denikin erhielt den Auftrag, Moskau zu erobern, aber auch er holte sich im Herbst 1919 eine blutige Nase. Zu Anfang des Jahres 1920 waren die meisten ausländischen Interventionstruppen vertrieben und die internen konterrevolutionären Kräfte niedergerungen; was es für die junge Sowjetunion bedeutete, mit diesen insgesamt etwa eine Million Mann umfassenden feindlichen Armeen fertigzuwerden, mag nun ein wenig deutlicher geworden sein, unser gequältes gegenwärtiges Syrien ist ein Miniatürchen dagegen. Am 16. Januar 1920 hoben die Alliierten enttäuscht und vor allem von ihren eigenen Völkern gedrängt die Blockade gegen Sowjetrußland auf und riefen ihre Truppen zurück, verweigerten aber die offizielle Anerkennung des revolutionären Staates. Die letzten ausländischen Truppen verließen indessen erst Ende 1922 das sowjetrussische Gebiet im Fernen Osten: nämlich auf dem US-Kreuzer »Brooklyn«, von dem sie gekommen waren, im November 1922. Zwischen 1920 und 1922 verlegten sich die imperialistischen Mächte auf eine andere Strategie der Einmischung: sie organisierten und finanzierten Sabotageanschläge sowie regionale Putsche und Aufstände. Der ukrainische Reaktionär Petljura wurde mit 5 Millionen Dollar geschmiert; das feudalklerikale Pilsudski-Regime in Polen erhielt eine 50 Millionen Dollar-Anleihe und Waffenlieferungen im Wert von 1,7 Millionen Dollar, die über den Danziger Hafen abgewickelt wurden, um vom April bis Oktober 1920 den Westen Sowjetrußlands mit Krieg zu überziehen. Der sowjetrussische Gegenangriff auf Warschau scheiterte zum Teil an der tödlichen Erschöpfung der Truppen – hier liefert der Erzählband ›Die Reiterarmee‹ des Zeitzeugen und Teilnehmers Isaak Babel ergreifendes und erschreckendes Anschauungsmaterial –, teilweise aber auch an den Eigenmächtigkeiten eines zivilen politischen Kommissars, des zu jener Zeit der Öffentlichkeit noch kaum bekannten Stalin, der sich den Befehlen des Oberkommandierenden Trotzki widersetzte. – Noch 1931 bekannte der US-Präsident Hoover in einem Interview, daß sein Ziel »die Vernichtung der UdSSR« sei.[19] 1933 schließlich beugte sich sein Nachfolger Roosevelt zähneknirschend den Realitäten und ordnete die Aufnahme diplomatischer Beziehungen zur Sowjetunion an, kennzeichnenderweise erst, nachdem die Revolution von Stalin stranguliert worden war. – So weit der Kalte Krieg *ante verbum* gegen den revolutionären russischen Arbeiter- und Bauernstaat.

Es ist in höchstem Maße aufschlußreich, diese Phase der imperialistischen Aggression aus einer gänzlich ungewohnten Perspektive zu betrachten, nämlich jener des Revolutionsführers Lenin. Seine Reden, Ansprachen, Analysen und Interviews, die er bei leidlicher Gesundheit noch geben konnte – er starb im Alter von 54 Jahren nach zweijährigem Siechtum 1924 als

Wladimir Iljitsch Lenin

einer der ganz wenigen, vielleicht sogar als einziger Mensch an Überanstrengung des Gehirns –, geben viel von der Dramatik der Geschehnisse wieder, aber auch vom Geschick, der Gedankenschärfe, Entschlossenheit und Unbeugsamkeit dieses großen und bedingungslos bewundernswerten Revolutionärs. Da diese Perspektive mittlerweile weltweit unbekannt ist und »undenkvoll« bleiben soll, weil sie des Teufels ist und der Teufel zugleich das Signet des Verlages ist, in dem alleine dieses Buch erscheinen kann, sei sie mit einigen Textbeispielen nachfolgend illustriert. Als widerlegt angesehen werden kann jedenfalls jetzt schon der Dummschnack von

☞ **Legende:** Die russische Revolution bestand in der Verschwörung einer Handvoll Revolutionäre gegen ein ahnungsloses Volk von 130 Millionen.

So hatte man es nämlich meinen Mitschülern und mir in der Schule beigebracht. Gänzlich unbekannt müssen hierbei jedoch – solange man die Originalquellen und die Aussagen der führend Beteiligten und Verantwortlichen ignoriert – der ungeheure Heroismus und die Opferbereitschaft der Massen sein, die das Überleben der Revolution in den ersten Jahren überhaupt erst ermöglichten. Lenin faßte dies in die Worte: »Der Krieg lehrte uns, die D i s z i p l i n a u f d a s M a x i m u m zu bringen und Zehn- und Hunderttausende von Menschen, Genossen zu zentralisieren, die, um die Sowjetrepublik zu retten, umkamen. Ohne dies alles wären wir beim Teufel.«[20] Allein die Kenntnis eines solchen Zitats hätte uns Schülern das Verständnis zentraler historischer Vorgänge wesentlich erleichtert. Aber wir sollten ja nützliche Soldaten im Kalten Krieg und im besten schlechten Falle selbst antisowjetische Propagandisten werden.

Ein Jahr nach der Oktoberrevolution, am 8. November 1918, erläuterte Lenin vor dem Gesamtrussischen Außerordentlichen Sowjetkongreß in Moskau die internationale Lage sowie die Position und die Aufgabe der Sowjetunion:

> Seit den ersten Tagen der Oktoberrevolution sind die Außenpolitik und die internationalen Beziehungen für uns die wichtigste Frage geworden, nicht nur, weil der Imperialismus von nun an eine enge und feste Verkettung der Welt zu *einem* System – um nicht zu sagen, zu einem schmutzigen blutigen Knäuel – bedeutet, sondern auch, weil der volle Sieg der sozialistischen Revolution in *einem* Lande unmöglich ist, weil er die aktivste Zusammenarbeit mindestens einiger fortgeschrittener Länder erfordert, zu denen wir Rußland nicht zählen können. Das ist es eben, warum die Frage, inwieweit wir auch in anderen Ländern eine Ausbreitung der Revolution erreichen werden und inwieweit es uns gelingen wird, dem Imperialismus bis dahin Widerstand zu leisten, zu einer der Hauptfragen der Revolution geworden ist.[21]

Der »Sozialismus in einem Land«, später von Stalin zur Staatsdoktrin seines nach innen blutigen, nach außen abwiegelnden und konterrevolutionären Bürokratenregimes erhoben, ist laut Lenin also ein Ding der Unmöglichkeit, und zwar nicht nur aus militärischen Gründen. Der Aufbau des Sozialismus setzt eine entwickelte Industrie, eine weitgehende Mechanisierung der Produktion und eine breite Palette zu verteilender Güter voraus, und all dies war in Rußland, einem überwiegend agrarischen Land, das sich gerade aus seinen halbfeudalen Fesseln befreit hatte, nicht gegeben. Bodenschätze und Getreide aus Rußland gegen Maschinen aus Europa – nur auf dieser Grundlage hätte der sozialistische Aufbau in Angriff genommen werden können, aber dies setzte zugleich die erfolgreiche kommunistische Revolution in Mitteleuropa, insbesondere in Deutschland voraus, und die einzige wesentliche Aufgabe der bolschewistischen Regierung bestand darin, bis zu diesem Zeitpunkt durchzuhalten. Wenige Wochen nach dieser Ansprache Lenins hatte die deutsche Sozialdemokratie die Novemberrevolution erwürgt, hatten Ebert, Scheidemann und der »Bluthund« – stolze Selbstbezeichnung – Noske die entscheidenden revolutionären Führer, Karl Liebknecht und die (häufig überschätzte) Rosa Luxemburg umbringen lassen. Die Sowjetunion blieb weiterhin isoliert, militärisch umzingelt und dem Würgegriff des Mangels preisgegeben; erst dadurch wurden, wie sich in den Folgejahren schnell zeigen sollte, die stalinistische Konterrevolution in der Sowjetunion und der Durchmarsch der deutschen Faschisten zur Machtergreifung möglich. Ohne SPD kein Stalin und kein Hitler – dies ist die weltgeschichtliche Verantwortung, der unaustilgbare, aber noch kein bißchen gesühnte Schandfleck der deutschen Sozialdemokratie, deren Name allein spätestens seit der Bewilligung der Kriegskredite 1914 bei jedem aufrichtigen Menschen nur abgrundtiefen Ekel auslösen kann. In der Ermöglichung von Stalin und Hitler besteht das Hauptverbrechen der SPD, und hierin war sie effektiver, als es zu diesem Zeitpunkt ein US-amerikanischer Geheimdienst je hätte sein können. – Lenins Resümee nach einem Jahr Revolution lautet wie folgt:

> Die Ergebnisse unserer internationalen Politik sind dergestalt, daß wir ein halbes Jahr nach dem Brester Frieden vom Standpunkt der Bourgeoisie ein geschlagenes Land waren, vom Standpunkt des Proletariats jedoch den Weg des schnellen Wachstums beschritten haben und an der Spitze der proletarischen Armee stehen, die begonnen hat, Österreich und Deutschland ins Wanken zu bringen. [Leider nur ins Wanken; im Lichte der obigen Ausführungen wäre es indessen gerechtfertigt, von einem sozialdemokratischen Dolchstoß in den Rücken der internationalen Arbeiterbewegung zu sprechen; P. P.] Dieser Erfolg hat in den Augen eines jeden Vertreters der proletarischen Massen alle gebrachten Opfer vollauf gerechtfertigt. Nehmen wir an, wir würden plötzlich hinweggefegt [...], dann dürften wir mit vollem Recht sagen, ohne unsere Fehler zu verhehlen, daß wir die Zeitspanne, die uns vom Schicksal vergönnt war, voll und ganz für die sozialistische Weltrevolution ausgenutzt haben. [22]

Aus diesen Worten, so kraftvoll und zuversichtlich sie auch geäußert wurden, spricht die Bedrängnis, in welcher sich die junge Sowjetunion befand. Hierzu heißt es in derselben Rede:

> Die Imperialisten hatten miteinander zu tun. Jetzt aber ist die eine Gruppierung von der englisch-französisch-amerikanischen Gruppe hinweggefegt worden. Diese sieht ihre Hauptaufgabe darin, den Weltbolschewismus zu erwürgen, seine Hauptzelle, die Russische Sowjetrepublik, zu erwürgen. Zu diesem Zweck wollen sie eine chinesische Mauer errichten, um sich, wie durch eine Quarantäne vor der Pest, vor dem Bolschewismus zu schützen [...] aber das ist unmöglich. Sollte es den Herren englischen und französischen Imperialisten, diesen Gebietern über die modernste Technik der Welt, sollte es ihnen gelingen, solch eine chinesische Mauer rund um unsere Republik zu errichten, so wird der Bazillus des Bolschewismus auch durch diese Mauer hindurchdringen und die Arbeiter aller Länder anstecken. [23]

Beginn des Kalten Krieges in Deutschland (1918): Nach dem imperialistischen Völkergemetzel und im Zeitalter der Massenarbeitslosigkeit in den kapitalistischen Ländern ist der Feind eine reißzahnbewehrte, mit Dolch und Bombe bewaffnete Bestie namens »Bolschewismus«. Der Monopolist Hugo Stinnes finanzierte diesen Kampf mit 500 Mio. Reichsmark.

Angesichts der ungeheuren technischen und militärischen Überlegenheit der feindlichen Staaten hing das Schicksal der Sowjetunion an einem seidenen Faden, und es verblieb ihr nur wenig Handlungsspielraum. Eine Möglichkeit, die eigene Existenz bis zum Eintreten weiterer revolutionärer Ereignisse zu verlängern, bestand, wie bereits erwähnt, in der Ausnutzung der innerimperialistischen Konkurrenzen und Interessensgegensätze, die natürlich auch bei dem siegreichen Block persistierten. Lenin hat, am Beispiel der Konflikte mit dem Deutschen Reich, anschaulich vor Augen geführt, wie so etwas funktionieren kann:

> Als die deutschen imperialistischen Räuber im Februar 1918 ihre Heere gegen das wehrlose Rußland warfen, das seine Armee demobilisiert und sich der internationalen Solidarität des Proletariats anvertraut hatte, noch bevor die internationale Revolution voll ausgereift war, da schwankte ich nicht im geringsten, mit den französischen Monarchisten ein gewisses »Übereinkommen« zu treffen. Der französische Hauptmann Sadoul, der in Worten mit den Bolschewiki sympathisierte, in Wirklichkeit aber dem französischen Imperialismus treu ergeben war, brachte den französischen Offizier de Lubersac zu mir. »Ich bin Monarchist, mein einziges Ziel ist die Niederwerfung Deutschlands«, erklärte mir de Lubersac. »Das versteht sich von selbst« (*cela va sans dire*), erwiderte ich. Das hinderte mich nicht im geringsten, mit de Lubersac in bezug auf Dienste »übereinzukommen«, die uns französische Offiziere, Fachleute im Sprengwesen, bei der Sprengung von Eisenbahnlinien erweisen wollten, um dadurch die deutsche Invasion aufzuhalten. Das war das Muster eines »Übereinkommens«, das jeder klassenbewußte Arbeiter billigen wird, eines Übereinkommens im Interesse des Sozialismus. Der französische Monarchist und ich, wir drückten einander die Hand, obwohl wir wußten, daß jeder von uns seinen »Partner« gern hätte aufknüpfen lassen.[24]

Auf dem Höhepunkt der imperialistischen Intervention im Frühjahr 1919 bleibt Lenins Siegeszuversicht ungebrochen, und er nennt hierfür – in einer Rede vor dem Moskauer Sowjet – neben der innerimperialistischen Konkurrenz den zweiten wesentlichen Punkt:

> Ich sage, daß die Imperialisten Englands, Frankreichs und Amerikas den letzten Versuch unternehmen, uns an der Gurgel zu packen, aber es wird ihnen nicht gelingen. Wie schwierig unsere Lage auch sein mag, wir können mit Gewißheit sagen, daß wir den internationalen Imperialismus besiegen werden. Wir werden die Milliardäre der ganzen Welt besiegen. Aus zwei Gründen können wir sie besiegen. Erstens, weil das Bestien sind, die sich in

gegenseitigem Kampfe derart ineinander verbissen haben, daß sie fortfahren, einander zu zerfleischen, ohne zu bemerken, daß sie am Rande des Abgrunds stehen. Und zweitens, weil die Sowjetmacht ununterbrochen in der ganzen Welt wächst. Es vergeht kein Tag, an dem wir nicht davon in den Zeitungen lesen. […] Ein französischer Genosse, der mit französischen Kriegsgefangenen zusammengetroffen ist, erzählte mir, wie diese Gefangenen sprechen: »Man hat uns gesagt, wir müßten nach Rußland fahren, um gegen die Deutschen zu kämpfen, da die Deutschen unser Land erwürgten. Aber jetzt gibt es doch mit Deutschland einen Waffenstillstand, gegen wen ziehe ich denn nun in den Kampf?« Darüber hat man ihm kein Wort gesagt. Und die Zahl der Menschen, die sich diese Frage stellen, wächst mit jedem Tag um Millionen und aber Millionen. Diese Menschen haben die Schrecken des imperialistischen Krieges durchgemacht, und sie sagen: »Wofür ziehen wir in den Kampf?«[25]

Es ist weniger die Kriegsmüdigkeit bei den Soldaten der alliierten Armeen, die sie an den offiziellen Verlautbarungen zu ihrer Mission zweifeln läßt, sondern das aufkeimende Klassenbewußtsein der Arbeiter, das sie fragen läßt, wozu sie ein Land bekämpfen und besetzen sollten, das ihnen nicht nur nichts getan hat – so wenig wie etwa Afghanistan jemals der BRD –, sondern in dem darüber hinaus die Arbeiter und Bauern zum ersten Mal in der Geschichte die Macht ergriffen hatten. An diesem Punkt – wenn der Soldat zögert, die Waffe einzusetzen, ja wenn sich der Gedanke aufdrängt, diese Waffe gegen die eigenen Peiniger und Bedrücker einzusetzen (dies sind die seltensten und interessantesten Augenblicke in der Menschheitsgeschichte) – wird ein Angriffskrieg für den Aggressor zu einem unabwägbaren Risiko. Es ist diese Gärung in sämtlichen Truppen der imperialistischen Staaten, die sie zunehmend zögerlich – und Lenin so zuversichtlich – macht. Nicht nur einzelne US-amerikanische Bürger wie John Reed, der ein ausgezeichnetes Buch über die Oktobertage des Umsturzes 1917 geschrieben hat, besuchen die Sowjetunion, sondern selbst amerikanische Nachrichtenagenturen wie die *United Press* finden nun den Weg in den Kreml. Auf die Frage, welche politischen und ökonomischen Ziele er gegenüber den USA und Japan verfolge, antwortete Lenin:

Den Vereinigten Staaten und Japan gegenüber verfolgen wir vor allem das politische Ziel, ihren frechen, verbrecherischen, räuberischen, nur der Bereicherung ihrer Kapitalisten dienenden Einfall in Rußland abzuwehren. Diesen beiden Staaten haben wir schon mehrfach und feierlich Frieden angeboten, aber sie haben uns nicht einmal geantwortet und setzen den Krieg gegen uns fort, sie unterstützen Denikin und Koltschak, plündern die Murmanküste und Archangelsk, verheeren und verwüsten vor allem Ostsibirien, wo die russischen Bauern den kapitalistischen Räubern Japans und der Vereinigten Staaten von Nordamerika heldenmütigen Widerstand leisten.

Unser weiteres politisches und wirtschaftliches Ziel in bezug auf alle Völker, auch auf die Vereinigten Staaten und Japan, ist das eine: ein brüderliches Bündnis mit den Arbeitern und Werktätigen aller Länder ohne Ausnahme.

Zu den konkreten Friedensbedingungen gefragt, antwortete Lenin:

Die Bedingungen, unter denen wir einverstanden sind, mit Koltschak, Denikin und Mannerheim Frieden zu schließen, haben wir schon mehrfach genau und in aller Klarheit schriftlich dargelegt, zum Beispiel gegenüber Bullitt, der im Namen der Regierung der Vereinigten Staaten mit uns (und mit mir persönlich in Moskau) Verhandlungen geführt hat […]. Es ist nicht unsere Schuld, wenn die Regierungen der Vereinigten Staaten und der anderen Länder Angst haben, diese Dokumente vollständig zu veröffentlichen, wenn sie die Wahrheit vor dem Volk verbergen. Ich will nur an unsere Grundbedingung erinnern: Wir sind bereit, Frankreich und den anderen Staaten alle Schulden zu bezahlen, wenn nur der Frieden ein Frieden in der Tat und nicht bloß in Worten ist, d. h., wenn er von den Regierungen Englands, Frankreichs, der Vereinigten Staaten, Japans, Italiens formell unterzeichnet und bestätigt wird, denn Denikin, Koltschak, Mannerheim usw. sind nichts als Schachfiguren in den Händen dieser Regierungen.

Auf die Frage, was er der amerikanischen Öffentlichkeit sonst noch mitzuteilen habe, folgen aufschlußreiche Ausführungen, deren Anfang und Ende hier mitgeteilt seien:

Vor allem möchte ich der Öffentlichkeit Amerikas folgendes zur Kenntnis bringen:

Im Vergleich zum Feudalismus war der Kapitalismus ein welthistorischer Schritt vorwärts auf dem Wege der »Freiheit«, »Gleichheit«, »Demokratie«, »Zivilisation«. Nichtsdestoweniger aber war und bleibt der Kapitalismus ein System der *Lohnsklaverei*, der Versklavung von Millionen Werktätigen, Arbeitern und Bauern durch eine winzige Minderheit moderner Sklavenhalter, die Gutsbesitzer und Kapitalisten. Die bürgerliche Demokratie hat die Form dieser ökonomischen Sklaverei im Vergleich zum Feudalismus verändert, hat einen besonders prächtigen Deckmantel für sie geschaffen, aber ihr Wesen hat sie nicht geändert und konnte sie nicht ändern. Kapitalismus und bürgerliche Demokratie bedeuten Lohnsklaverei. […]

Zum Schluß eine kleine Illustration: Die amerikanische Bourgeoisie betrügt das Volk und brüstet sich mit der Freiheit, Gleichheit und Demokratie in ihrem Lande. Aber weder diese noch irgendeine andere Bourgeoisie, keine einzige Regierung in der Welt wird auf einen Wettbewerb mit unserer Regierung auf der Grundlage wirklicher Freiheit, Gleichheit und Demokratie eingehen können, sie wird sich fürchten, darauf einzugehen: Angenommen, ein Vertrag würde unserer Regierung und jeder beliebigen anderen Regierung die Freiheit des Austausches … von Broschüren zusichern, die im Namen der Regierung in jeder beliebigen Sprache herausgegeben werden und den Wortlaut der Gesetze des betreffenden Landes, den Wortlaut der Verfassung mit einer Erläuterung ihrer Vorzüge vor den anderen enthalten.

Keine einzige bürgerliche Regierung in der Welt wird es wagen, einen solchen friedlichen, zivilisierten, freien, auf Gleichberechtigung beruhenden, demokratischen Vertrag mit uns einzugehen.

Warum? Weil alle Regierungen außer der Sowjetregierung sich nur durch die Unterdrückung und den Betrug der Massen halten. Aber der große Krieg von 1914-1918 hat den großen Betrug zerschlagen.[26]

Die letzte Antwort Lenins wurde, da »rein bolschewistische Propaganda«, von *United Press* nicht an die amerikanischen Tageszeitungen weitergeleitet – so verhält es sich eben in den Ländern, die mit vermeintlicher »Meinungsfreiheit« und »Demokratie« herumwedeln, bis heute. Im übrigen hat ein späterer US-Präsident, George Bush sen., ein ähnliches Anliegen Saddam Husseins rundum zurückgewiesen. Der irakische Präsident hatte im Vorfeld des ersten militärischen Überfalls der USA auf sein Land vorgeschlagen, jeder der beiden Präsidenten solle eine gleich lange und unzensierte Ansprache im Fernsehen des jeweils anderen Landes halten. So war das aber nicht gemeint mit »freedom and democracy«! An diesen beiden Beispielen zeigt sich einmal mehr, daß Gewalt und Lüge, hier in Form der Zensur, siamesische Zwillinge sind.

In einem weiteren Interview mit dem *New York Evening Journal* ein knappes Jahr später beantwortet Lenin die Frage nach den »Grundlagen des Friedens mit Amerika« wie folgt:

Sollen die amerikanischen Kapitalisten uns in Ruhe lassen. Wir werden sie in Ruhe lassen. Wir sind sogar bereit, ihnen mit Gold für Maschinen, Werkzeuge u. dgl. zu zahlen, die für Verkehrswesen und Produktion nützlich sind. Ja, nicht nur mit Gold, sondern auch mit Rohstoffen.[27]

In einem Thesenentwurf zur nationalen und kolonialen Frage umreißt Lenin nochmals den grundlegenden Konflikt in der Weltarena:

ТОВ. Ленин ОЧИЩАЕТ
землю от нечисти.

»Lenin säubert den Erdball« (Plakat)

Die weltpolitische Lage hat jetzt die Diktatur des Proletariats auf die Tagesordnung gesetzt, und alle Ereignisse der Weltpolitik ballen sich notwendigerweise um einen Mittelpunkt zusammen, nämlich um den Kampf der Weltbourgeoisie gegen die Russische Sowjetrepublik. Diese gruppiert um sich unvermeidlich einerseits die Rätebewegungen der fortgeschrittenen Arbeiter aller Länder, andererseits alle nationalen Befreiungsbewegungen der Kolonien und der unterdrückten Völker, die sich durch bittere Erfahrung davon überzeugen, daß es für sie keine andere Rettung gibt als den Sieg der Sowjetmacht über den Weltimperialismus.[28]

Es dürfte deutlich geworden sein: Solange Lenin lebte, konnte keine Rede sein vom »Sozialismus in einem Lande« oder dem gläubigen Gesäusel von der »friedlichen Koexistenz« (ein Wort, das Lenin in der Tat ein- oder zweimal verwendete, aber eben ungläubig). Lenin erfaßte die verwickeltsten Situationen illusionslos und scharf, verlor nie den Blick für das Machbare, ohne daß dabei das anzustrebende Endziel, die weltweite Freiheit und Selbstbestimmung, aus dem Blick geriet. Für alle Zeitgenossen, sofern sie nicht geistig behindert waren, lag auf der Hand: An diesem Mann, an diesem jungen revolutionären Staat bissen sich deren Feinde die Zähne aus. Es war etwas Neues in die Welt gekommen, vergleichbar mit dem Epochenjahr 1789, der bürgerlichen Revolution. In der Ausnahmeerscheinung, die Lenin darstellte – in der Klarheit und Tiefe seiner Analysen, in der Unbeugsamkeit und Unerschrockenheit seines Charakters, in der Kühnheit seiner Taten – verkörpert sich der Schwung einer ganzen Epoche, der schon längst restlos zum Erliegen gekommen ist.

Im Jahr 1996, als die ehemalige Sowjetunion in ihre Einzelteile zerhackstückt war, wie dies von Anfang an ja von Feindesseite vorgesehen gewesen war, als die nun mono-imperialistische Walze über den Balkan sowie über den Nahen und den Mittleren Osten rollte, traf die Redaktion des US-amerikanischen Wochenjournals *Newsweek* eine erstaunliche Wahl der Persönlichkeit des 20. Jahrhunderts: es war Lenin, *Man of the Century*, mit Hinzufügung eines deutlichen und lauten *Alas*. Ja, Lenin war es, der als »politischer Pionier« mit all seiner »Gnadenlosigkeit« diesem »blutgetränkten Jahrhundert« den Weg gewiesen habe und als Begründer des »Totalitarismus« mit dem schlechten Beispiel des Terrors und – man höre und staune – mit dem »Völkermord als Grundlage der Staatspolitik« vorangegangen sei. Aber ach, so stöhnt und wehklagt das Magazin weiter, es gebe noch »eine ganze Menge kleiner Lenins«, nämlich »von Bagdad bis zu den Überbleibseln Jugoslawiens«, und diesmal gelte es nicht lange zu fackeln. Aber ach, weh und nochmals ach: Lenin – er ist und bleibt *Man of the Century, Alas*! »Weil wir«, so ergänze man den Klagelaut der Schreiberlinge, »weil wir es verabsäumt haben, ihn rechtzeitig umzubringen!«

Es ist in diesem Zusammenhang bemerkenswert, welche Jauchewelle aus Haß und Häme sich anläßlich des 70. Todestages von Leo Trotzki über diesen nach Lenin wichtigsten Revolutionär ergoß. Lenin war das Hirn der Revolution, Trotzki, der Gründer der Roten Armee, der die konterrevolutionären Anschläge von innen wie außen erfolgreich vereitelte, deren Faust (was sein intellektuelles Format nicht schmälern soll, aber hinter Lenin stand er zurück). Wie hört sich nun ein Nachruf auf diese Person aus dem übelriechenden Mund eines professionellen Stänkerers an? Es ist eine Mischung aus Wertung und Lüge, frei von jeder Bodenhaftung an die historische Realität. So johlt es in der ›Welt online‹ vom 19. August 2010 unter der Überschrift »Das gute Wirken des Verbrechers Leo Trotzki«: »Leo Trotzki war Kriegsverbrecher und Revolutionär. […] Seine Taten zählen zu den schlimmsten Verbrechen des 20. Jahrhunderts. Er hat als Führer der Oktoberrevolution und als oberster Befehlshaben [sic] der Roten Armee im russischen Bürgerkrieg Massenmorde befohlen.« Aber wann, wo, wie? Diesen Nachweis bleiben die Schmierfinken schuldig, aus dem schlichten Grund, weil sie ihn nicht erbringen können. Aber worin bestand nun das »gute Wirken« dieses vorgeblichen »Verbrechers«? Hören wir: »In seinem letzten [sic] Lebensabschnitt schuf der alte Revolutionär eine geistige Durchgangsstation, die einigen der klügsten Köpfe des 20. Jahrhunderts eine Weile Obdach bot. […] Die Kritik des Exilanten Trotzki am Unterdrückungsapparat der Sowjetunion ermöglichte es nachdenklichen Linken, darüber zu reden, was falsch lief, ohne vor sich selbst als Verräter dazustehen. Zehntausende Ex-Kommunisten in aller Welt haben so eine trotzkistische Phase durchlaufen, bevor sie zu Demokraten wurden. […] So betrachtet, zum 70. Todestag sei diese Würdigung gestattet, hat Leo Trotzki zwar nichts Gutes getan, aber Gutes bewirkt.« Es ist das Hohelied der Anpassung, plump und häßlich im Gehalt, seicht und orthographisch fehlerhaft wie ein schlechter Schulaufsatz. In einer elaborierteren Variante dieses Jauche-Artikels für Leser, die mehr als fünf Zeilen ohne zu ermüden zu lesen in der Lage sind, wird immerhin konzediert, daß Trotzki »aufgrund seiner literarischen Fähigkeiten und kulturellen Bildung als eine Art Schöngeist der Weltrevolution« gelte. Aber, so heißt es bezugnehmend auf das Theaterstück ›Trotzki im Exil‹ von Peter Weiss zum Abschluß mahnend: »Dieses geschönte Idealbild Trotzkis wird wohl weiterwirken, solange der romantische Glaube fortlebt, es könne jenseits der totalitären realen Sozialismen aller Couleur dereinst doch noch so etwas wie die wahre egalitäre Befreiung der Menschheit geben.« Welche Furcht vor, welcher Haß auf die Freiheit! Und so wird unermüdlich die Leier bemüht, daß sich dieser vermeintliche »Schöngeist« in Wirklichkeit als »gnaden- und skrupelloser Gewaltmensch entpuppt hatte«. Da erscheint es nur recht und billig, wenn, wie es in der Überschrift vor Häme trieft, »Ein Eispickel gegen den Kopf der Weltrevolution« geschwungen wurde – möge es allen Freunden und Verteidigern der Freiheit so ergehen. Die Gewalt als *ultima ratio*, garniert mit Lügengerank – kann eine Botschaft plumper sein? Und wo ist hier der Unterschied zum ›Völkischen Beobachter‹? – Der britische Oxford-Professor Robert Service liefert mit seiner aus Lügen, Verdrehungen und Schmähungen bestehenden Trotzki-Biographie ein anschauliches Beispiel dafür, daß der (Ruf)Mord mittels des gedruckten Wortes die ideale Ergänzung zu einem tatsächlichen Mord sein kann, anstatt wie im Falle Lenins nur ein unbefriedigender Ersatz. Der *Evening Standard* zitierte den Historiker anläßlich der Vorstellung seines Buches über den Zweck seiner Publikation: »Noch ist Leben in dem alten Kerl Trotzki – aber wenn der Eispickel nicht gereicht hat, ihn endgültig zu erledigen, habe ich das nun hoffentlich geschafft.«[29] Der stalinistische Meuchelmörder und der britische Professor, der sich sicherlich nicht scheut, sich als »Demokraten« zu bezeichnen – sie sind beide aus demselben Koprolithen geschnitzt.

Widmen wir uns abschließend den »Verbrechen«, derer sich Leo Trotzki angeblich schuldig gemacht haben soll. Sie bestehen schlicht und ergreifend darin, daß er dem Angreifer eins auf die Nase gegeben hat, so daß sie blutete und der Schläger nach Hause torkeln mußte. Auf die Ebene der Staaten übertragen, bedeutet dies: der militärische Überfall der imperialistischen Staaten auf die Sowjetunion wurde unter der Leitung Trotzkis abgewehrt.

Dies geschah mittels Krieg, in dem, man glaubt es kaum, sogar Soldaten sterben können. Arme, bedauernswerte Angreifer, bemitleidenswerte Aggressoren! Was mußtet ihr doch bluten damals, als das Töten noch nicht so risikolos war wie heute in Afghanistan und Irak! Was für ein Verbrechen, Mördern auf die blutrünstigen Pfoten zu klopfen! Der diese verdienstvolle Leistung vollbracht hatte, resümierte selbst in aller Bescheidenheit: »Wir, Völker des zaristischen Rußlands, haben uns in den Jahren der Blockade und des Bürgerkrieges gehalten. In Not, Armut, Epidemien – aber wir haben uns halten können. Unsere Zurückgebliebenheit erwies sich bei dieser Gelegenheit als Vorzug. Die Revolution hielt sich, gestützt auf ihr gigantisches Bauernhinterland. Hungernd, Epidemien ausgeliefert – bestand die Revolution die Prüfung.«[30]

Um diese gigantische Aufgabe zu bewältigen, bedurfte es nicht nur des organisatorischen Geschicks und des militärischen Genies, sondern der Gabe, aus hungernden Arbeitern hochmotivierte Kämpfer zu machen. Trotzki verfügte über alle diese Eigenschaften, besonders über die letztere, und das macht ihn für alle Propagandisten der Unfreiheit, für alle Lügner, Verdreher und Lohnstinker so verhaßt. Fügen wir zur Bestätigung dieses Sachverhalts und zum Ärger des Gesockses ein längeres Lenin-Zitat an. Der Revolutionsführer erläuterte zu einem Zeitpunkt, als die Sowjetunion nicht mehr militärisch besiegt werden konnte, aber in diplomatischen Konferenzen wie in Cannes und Genua eingeschüchtert und über den Tisch gezogen werden sollte, die internationale Lage und die Verdienste Trotzkis in einer Rede vor Metallarbeitern wie folgt:

Der Kommandeur der Roten Armee, Leo Trotzki, mit Soldaten und Offizieren

Am richtigsten hat deshalb, unter dem Gesichtspunkt der praktischen Aufgaben und nicht des diplomatischen Bockspringens, Genosse Trotzki die Lage definiert. Am Tage nach der Nachricht, daß in bezug auf Genua alles in bester Ordnung, alles restlos vereinbart sei, daß über Genua volles Einvernehmen herrsche, daß aber die labile Stellung einer der bürgerlichen Regierungen (sie sind so verdächtig labil geworden) einen zeitweiligen Aufschub nötig gemacht habe, veröffentlichte er einen Befehl: »Jeder Rotarmist soll sich mit der internationalen Lage vertraut machen; wir wissen genau, daß es bei ihnen eine stabile Gruppe gibt, die ihr Glück in einer Intervention versuchen will; wir werden auf der Hut sein, und jeder Rotarmist soll wissen, was das diplomatische Spiel bedeutet und was die Gewalt der Waffen bedeutet, die bisher stets alle Klassenkonflikte entschieden hat.«

Jeder Rotarmist soll wissen, was dieses Spiel bedeutet und was die Gewalt der Waffen bedeutet, und dann wollen wir sehen. Wie sehr auch der Kapitalismus in allen kapitalistischen Ländern darniederliegt, so können doch viele Parteien, die nicht ohne Einfluß sind, ihr Glück in einem solchen Abenteuer versuchen. […] Wir haben ungewöhnlich viel Schweres zu erdulden gehabt und wissen, was für Leiden und Qualen uns ein neuer Krieg auferlegen kann, aber wir sagen, daß wir *das noch einmal ertragen werden, versucht nur einmal, das auszuprobieren!* Die Schlußfolgerung, die Genosse Trotzki zog, als er, anstatt Erwägungen nach Art des diplomatischen Bockspringens anzustellen, seinen kategorischen Befehl veröffentlichte, besteht darin, daß man jedem Rotarmisten von neuem die internationale Lage klarmachen muß, weil die Vertagung der Genueser Konferenz wegen der labilen Stellung der italienischen Regierung die Gefahr eines Krieges bedeutet. *Wir werden erreichen, daß jeder unserer Rotarmisten das weiß.* Das ist für uns um so leichter zu erreichen, als man in Rußland selten eine Familie, einen Rotarmisten antrifft, die das nicht wüßten, und zwar nicht nur aus Zeitungen, Rundschreiben oder Befehlen, sondern aus dem eigenen Dorf, wo der Rotarmist die Krüppel, die Familien gesehen hat, die diesen Krieg durchgehalten haben, wo er die Mißernte, den qualvollen Hunger und Ruin, die höllische Not sieht und weiß, wodurch das alles hervorgerufen worden ist … [31]

Die autochthone Stärke der Revolution beruhte in der Aufklärung der Bevölkerung, in deren Bewaffnung und Anleitung im Abwehrkampf gegen die imperialistischen Aggressoren. Doch die Verankerung der revolutionären Führung im Volk und die Entschlossenheit, mit der die Verteidigungskriege geführt wurden, hätten nicht ausgereicht, wären sie nicht durch eine besondere historische Situation begünstigt worden. Diese war, abermals in den Worten Lenins, wie folgt beschaffen:

Das schwache, ruinierte, am Boden liegende Rußland, das zurückgebliebenste aller Länder, erwies sich als Sieger im Kampf gegen alle Nationen, gegen den Bund der reichen, mächtigen Staaten, die den ganzen Erdball beherrschen. Wir konnten ihnen keine halbwegs ebenbürtigen Kräfte entgegenstellen, sind aber dennoch Sieger geblieben. Warum? Weil unter ihnen keine Spur von Einigkeit bestand, weil ein Staat gegen den anderen auftrat.[32]

Die innerimperialistische Konkurrenz und Rivalität war also eine der wichtigsten Voraussetzungen für die bedrängte Sowjetunion, um die ersten Jahre überhaupt zu überstehen. Ja, es wurde ihr, sobald sich die Lage leidlich konsolidierte, sogar möglich, in bescheidenem Maße in die europäischen Ereignisse einzugreifen, denn allein die Revolution in Deutschland war der sicherste Garant für das Überleben des russischen Arbeiter- und Bauernstaates. Gerade Trotzki hat diese Perspektive, allen Bedrängnissen zum Trotz, nie aus den Augen verloren, wie aus einer seiner Reden Mitte der zwanziger Jahre hervorgeht: »Nur das siegreiche Proletariat wird Europa vereinigen können. […] Die Komintern hat das 1923 bereits gesagt: Alle jene, die Europa zersplittert haben, müssen zum Teufel gejagt werden, die Macht des zersplitterten Europa muß erobert werden, um Europa zu vereinigen, um die *Vereinigten* Sozialistischen Staaten Europas zu schaffen. Wir sind inzwischen stark genug geworden, um dem revolutionären Europa in den schwierigsten Tagen und Monaten hier und da helfen zu können.«[33] Eben dies hat man den beiden Revolutionsführern nie verzeihen können, daher das giftige Geifern noch Jahrzehnte nach deren Tod, zwei Dezennien nach dem würdelosen Untergang der stalinistisch verkrebsten Sowjetunion, die mit ihren revolutionären Ursprüngen nichts außer der Namenshülse gemeinsam hatte.

Aus dem historischen Rückblick dürfte deutlich geworden sein, daß der Kalte Krieg mit der Gründung der revolutionären Sowjetunion im Jahre 1917 einsetzte. Von Anfang an bestand dieser Kalte Krieg in den Eroberungsgelüsten der aggressiven imperialistischen Mächte gegen eine schwache, in die Defensive gedrängte Sowjetunion, die nur aufgrund innerimperialistischer Streitigkeiten überleben konnte. Auch nach der stalinistischen Konterrevolution änderte sich an diesem Schema nicht das geringste; Angreifer war abermals der Imperialismus, nun in Gestalt des deutschen Faschismus, der neben der heldenhaften russischen Gegenwehr vor allem an der Überlegenheit der alliierten imperialistischen Konkurrenz scheiterte. Es liegt auf der Hand, daß die Aufhebung der imperialistischen Rivalität, die Bündelung des imperialistischen Angriffspotentials unter US-amerikanischer Führung, die existentielle Bedrohung der Sowjetunion extrem steigern mußte, um so mehr, als dort die revolutionären Kader liquidiert waren, jede Initiative unter einem verkrusteten bürokratischen Regime längst erstickt war, das Land ausgeblutet und zerstört darniederlag. Nun begann der Kalte Krieg offiziell, unter eben dieser Bezeichnung, und zwar mit einem Donnerschlag, der keinen Zweifel daran ließ, daß Hekatomben der Preis für den imperialistischen Endsieg sein würden. Ein Rüpel mit Atomwaffen betrat die Weltarena.

Anmerkungen:

1 Vgl. STÖVER 2008, S. 118 f.

2 Vgl. HOEVELS 2009a, S. 109–116.

3 Ebd., S. 122 f.

4 STÖVER 2008, S. 53.

5 COULMAS 2010, S. 114 f.

6 Zit. in: SZCZESNY 1986, S. 80 f.

7 STÖVER 2008, S. 52 f.

8 Zit. in: KADE 1981, S. 140.

9 BRUHN 1983, S. 60.

10 Zit. in: ebd., S. 61 f.

11 Beide Zitate in: DESCHNER 1995, S. 189.

12 TROTZKI 1924 [1972], S. 25.

13 LENIN 1918a, S. 52 f.

14 TROTZKI 1924 (1972), S. 47 f.

15 Vgl. GLASNECK 2010, S. 103 f.

16 Zit. in: GREINER / STEINHAUS 1980, S. 13 f.

17 Beide Zitate und die Einzelheiten zur imperialistischen Aggression gegen Sowjetrußland in: CHARISIUS / LAMBRECHT / DORST 1983, S. 41 ff.

18 In dem Gedicht ›Hugh Selbyn Mauberly‹, in: HESSE (Hg.) 1997, S. 101.

19 Zit. in: GREINER / STEINHAUS 1980, S. 14.

20 Zit. in: TROTZKI 1927 (1973), S. 45.

21 LENIN 1918b, S. 145.

22 Ebd., S. 148.

23 Ebd., S. 156.

24 LENIN 1918a, S. 53.

25 LENIN 1919a, S. 255 f.

26 LENIN 1919b, S. 508 ff.

27 LENIN 1920a, S. 357.

28 LENIN 1920b, S. 134.

29 Zit. in: WEBER / DAHMER, in: NORTH 2012, S. 334.

30 TROTZKI 1926 [1972], S. 90.

31 LENIN 1922, S. 202 f.

32 LENIN 1920c, S. 213 f.

33 TROTZKI 1926 (1972), S. 90.

Der Auftakt: die Atombombenabwürfe auf Hiroshima und Nagasaki

Präludien (1920–1945)

Das historische Phänomen »Kalter Krieg« ist, wie wir gesehen haben, älter als die entsprechende Wortschöpfung, die drei Jahrzehnte nach der Oktoberrevolution erfolgte: Bernard Baruch, ein Berater des US-Präsidenten Truman, »verwendete den Begriff im Juni 1947 zum ersten Mal öffentlich. In die politische Debatte brachte ihn jedoch der amerikanische Publizist Walter Lippmann, der unter anderem für die vielgelesene *New York Herald Tribune* schrieb. 1947 erschien seine Broschüre *The Cold War. A Study in U.S. Foreign Policy.*«[1] Halten wir fest: Die Intention der imperialistischen Mächte, die Sowjetunion militärisch zu vernichten und dafür alle zur Verfügung stehenden ökonomischen, militärischen, politischen und propagandistischen Mittel einzusetzen – so lautet die exakte, gleichwohl kaum anzutreffende Definition des »Kalten Krieges« –, existierte seit 1917 und hielt auch während wie nach der Stalinschen Konterrevolution ungebrochen an. Um dieses Vorhaben jedoch erfolgreich in die Tat umsetzen zu können, war es erforderlich, die auf nationalstaatlicher Konkurrenz beruhenden imperialistischen Antagonismen zu beseitigen und die antikommunistischen Kräfte unter einheitlichem Kommando zu bündeln. Dieser Zustand wurde nach dem und durch den 2. Weltkrieg erreicht und mit dem Leben von über 50 Millionen Menschen erkauft. Der Gewinner war nicht der aggressive, weil verspätete deutsche Imperialismus (obwohl es bis 1942 ganz danach aussah), dessen historisches Gastspiel so kurz ausfiel, auch nicht seine europäische, insbesondere britische Konkurrenz, sondern die Vereinigten

Staaten, die aus dem ersten, erst recht aber aus dem zweiten Völkergemetzel nach ihrem eiskalten Kalkül und aufgrund ihrer mitgebrachten Vorteile als Profiteur und Sieger hervorgingen. Bevor wir uns mit der zweiten Phase des Kalten Krieges befassen, welche, wie in diesem Kapitel dargelegt werden soll, mit den atomaren Vernichtungsschlägen gegen zwei japanische Großstädte eingeleitet wurde, sollen die Akteure in diesem Drama kurz skizziert werden. Es sind nur wenige, aber dafür kräftige Striche.

Im Jahre 1928 erschien die erste vollständige englische Übersetzung des ›Hexenhammers‹, jenes von zwei Dominikanermönchen verfaßten Kompendiums für inquisitorischen Massenmord, düsteres Phänomen des feudalreaktionären Abwehrkampfes gegen die europäische Neuzeit, als die klerikalen und adeligen Nutznießer der Leibeigenschaft alle Kräfte gegen das aufstrebende Stadtbürgertum als revolutionäre Klasse mobilisierten. Der Übersetzer dieses Handbuches für fromme Schlächter, Montague Summers, verfaßte auch eine Einleitung, deren schrille Töne aufhorchen lassen: »Darin lobt Summers die Bemühungen der Hexenjäger und gibt dem Wunsch Ausdruck, sie wären noch am Leben und würden das um sich greifende Gespenst des Sozialismus austreiben, dessen Vorbote das Hexenunwesen gewesen sei.«[2] Das ist, bedenkt man das Erscheinungsjahr, erstaunlich, auf den ersten Blick makaber, sollte jedoch eine tiefergehende Reflexion wert sein. Definieren wir »Sozialismus« als einen gesellschaftlichen Zustand, in dem »das größte Glück der größten Zahl« (Jeremy Bentham) realisiert ist, und zwar durch Überführung der Produktionsmittel in die Hände der produktiv Tätigen sowie deren umfassende Selbstbestimmung (durch Abstimmung, nicht durch »Wahlen«), welche an die Stelle der Fremdbestimmung durch die ehemals herrschende(n) Klasse(n) tritt – »Mitbestimmung« ist ein kindliches, Schülervertretungen nachempfundenes Ideologem für denkfaule Besitzlose (nach dem Motto: »Machen wir ’ne Einheitsfront«, sagte die Ameise zum Elefanten) –, so fällt vor allem ein Tatbestand ins Auge: Hier wird ein rationales Konstrukt, nämlich die Frage nach dem wünschens- und erstrebenswerten Gesellschaftszustand, welcher Resultat einer Zwecksetzung ist (Zwecke setzen kann nur ein bewußtseinfähiges Subjekt) und nicht das Ergebnis eines naturwüchsigen Prozesses, gleichgesetzt mit der kruden Phantasie religiöser Fanatiker, wonach die schlimmste Schmähung Gottes im Sexualverkehr bestimmter Frauen mit dem Leibhaftigen bestehe (»Teufelsbuhlschaft«), ergo: »Sozialismus« = »Hexenunwesen«! Hier liegt der eher seltene Fall vor, daß ein propagandistisches Abwehrstrategem gegen eine aufsteigende (»revolutionäre«) Klasse unverändert von einer historischen Epoche zur nächsten übernommen wird, obwohl sich die gesellschaftlichen Verhältnisse grundlegend verändert haben, und deshalb empfindet man diese Gleichsetzung als anachronistisch und obsolet. Der intensive Haß, der die Inquisitoren zum Verbrennen ihrer Opfer anfeuerte, speist sich aus der sexuellen Projektion, d. h. der Verfolgung eigener Wünsche in fremden Personen[3], und er dürfte im Fall des modernen Sozialistenjägers durch die gar nicht so seltene Phantasie der »Weibergemeinschaft« im Sozialismus Nahrung erhalten haben. Jedenfalls mag dieses Beispiel als Illustration einer häufig zitierten Aussage von Rosa Luxemburg dienen: »Sozialismus oder Barbarei!« Das Besondere besteht hier lediglich darin, daß sich diese Barbarei, die ihr Wesen ja nicht zugeben darf, ohne Not altertümlicher, scheinbar aus der Mode gekommener Formen bediente. Der klassische Faschismus Hitlerscher Prägung scheint wesentlich zeitgemäßer getrimmt gewesen zu sein: er war explizit antikommunistisch und ausschließlich zur Bekämpfung der modernen Arbeiterbewegung gegründet, was sich in seinen größten Verbrechen manifestierte: der Zerschlagung der KPD, der Inhaftierung der Kommunisten in Konzentrationslagern, dem Überfall auf die Sowjetunion sowie schließlich – doch dies ist kein konstitutives Element des Faschismus, eher deutsche Sonderform – die mitgeschleppte katholische Marotte der Judenvernichtung. Diese modernen Barbaren bedienten sich gerne bei ihren klerikalen Vorläufern: In den traditionell katholischen Ländern Italien und Spanien übernahmen Mussolini und Franco – neben Hitler die beiden anderen »klassischen« faschistischen Diktatoren – den Katholizismus als Staatsideologie, und selbst Heinrich Himmler, der die »Endlösung der Judenfrage« durch quasi-industrialisierten Massenmord in die Tat umsetzte, ließ zu diesem Zweck im Jahre 1935 ein »Hexen-Sonderkommando« einrichten, das die archivalische Erfassung und statistische Auswertung der klerikalen Hexenjagden zur Aufgabe hatte.[4] Für die moderne Barbarei des Faschismus war die klerikale Barbarei des ausgehenden Mittelalters vorbildstiftend. Und selbst was den deutschen Faschismus so furchtbar und angeblich »inkommensurabel« erscheinen läßt – »Rassen«ideologie und Judenhaß (was nur Hitlers gänzliche Ahnungslosigkeit in biologischen Grundkenntnissen belegt, wobei der übergeordnete Begriff »Antisemitismus« schon deswegen unzutreffend ist, weil er ja die Araber mit einschließt) –, war es in Wirklichkeit nicht. Diese verzerrte Wahrnehmung ist dem Ausgang des 2. Weltkriegs geschuldet und Ausdruck der

☞ **Legende:**   Hitler ist ein aus Höllenschlünden auferstandener Dämon. Seine Verbrechen und deren Rechtfertigungen stehen einzigartig da und sind mit nichts zu vergleichen. Nur dank der gemeinsamen Anstrengungen der westlichen Demokratien gelang es, diesen Dämon auszutreiben.

Wer das Weltgeschehen in den letzten 10–15 Jahren aufmerksam beobachtet hat, wird festgestellt haben, daß die Verbrechen Hitlers durchaus mit vielen anderen vergleichbar sind, wenn es den Herrschenden der Jetztzeit in den Kram paßt: Wurde nicht die elfwöchige Bombardierung Jugoslawiens durch die NATO im Jahre 1999 damit begründet, daß die Serben im von ihr selbst geschürten jugoslawischen Bürgerkrieg, insbesondere im bosnisch-herzegowinischen Srebrenica, »die schlimmsten Verbrechen seit Auschwitz« begangen hätten? Sehen wir einmal davon ab, daß in Auschwitz etwa eineinhalb Millionen Menschen ermordet worden sind, in Srebrenica, dem Mediengebelle zufolge, etwas mehr als 8000 moslemische »Zivilisten« umgebracht worden sein sollen – ganz unbedeutend ist die Differenz zwischen einer vier- und einer siebenstelligen Opferzahl sicherlich nicht, zumal dann, wenn es sich bei den moslemischen »Opfern« entweder um Phantasietote oder Gefechtstote handelt, aber das ist ein anderes Thema[5] –, so ganz »inkommensurabel« scheinen Hitlers Verbrechen jedenfalls nicht zu sein, wenngleich die Ermordung von über einer Million irakischer Zivilisten durch US-Streitkräfte seit 1990 eher zum Vergleich passen würde, aber auch das ist ein anderes Thema… Und wenn Quantität anöden sollte, ein Blick auf die Qualität: wurde in irgendeinem KZ Hitlers etwa übler, die Menschenwürde gezielter verachtend gefoltert als in Guantánamo, und geht das überhaupt? … Oje, muß da die Differenziiiierungsautomatik wieder heißlaufen, Fragen über Fragen… Kehren wir also zur Zeit zwischen den beiden Weltkriegen zurück.

Zum Spannungsabbau und zur mentalen Entkrampfung bei diesem hochbrisanten und strafparagraphenbewehrten Reizthema greifen wir zu einer populärwissenschaftlich gehaltenen sprachwissenschaftlich-welthistorischen Abhandlung aus akademischer und daher gewiß unverdächtiger Feder. Dort heißt es:

Die Selbstidentifizierung der Europäer als Arier im Sinn einer Völkerbezeichnung war – entgegen allen neuen sprachwissenschaftlichen Erkenntnissen – fest im westlichen Kulturbewußtsein verwurzelt. […] Damit standen die Deutschen nicht allein. Auch französische und britische Intellektuelle werkelten am Fundament einer europazentrierten Rassenkunde. Joseph Arthur Gobineau legte mit seiner Studie über die Ungleichheit der Rassen (*Essai sur l'inégalité des races humaines*, 1853–55) die Grundlagen für den Mythos von der Überlegenheit der arischen Rasse, und der Begründer des Sozialdarwinismus, Herbert Spencer (*Social statistics* von 1851, *Synthetic philosophy*, 1896), untermauerte den vermeintlichen Anspruch auf Weltherrschaft der weißen Rasse. Dieses Ideengut fand weite Verbreitung vor allem in den Ländern des britischen Kolonialreichs. Die Essenz des Arier-Mythos als Deutung und Legitimation für die imperial-koloniale Überlegenheit der Europäer in der Welt wurde schließlich um die Wende vom 19. zum 20. Jahrhundert schlichtweg als »Axiom« gehandelt, also als Gesetzmäßigkeit, die keiner Begründung bedurfte. […]

   Im deutschen Sprachraum ist der Arier-Begriff bis heute durch die Auswüchse der NS-Zeit belastet. Im angelsächsischen Kulturkreis sowie in anderen Kulturen (so auch in Indien) ist der traditionelle Umgang mit den Ariern als historischer Realität ungebrochen. Dies gilt auch für die Symbolkraft des Hakenkreuzmotivs […].[6]

Bei aller Spröde des sprachlichen Ausdrucks – diese Mitteilungen sind doch aufschlußreich! Dem Arier-Kult des ausgehenden 19. Jahrhunderts liegt, dies sei hier hervorgehoben, eine wissenschaftliche Glanztat zugrunde, nämlich die mittels linguistischer und sprachvergleichender Forschungen bewerkstelligte Erkenntnis, daß sämtliche Sprachen zwischen Island und Ceylon – mit Ausnahme des semitischen Sprachgebiets und winziger Einsprengsel oder Relikte – auf eine gemeinsame Ursprache zurückgehen: das Indoeuropäische bzw. -germanische. Die beiden Wortbestandteile kennzeichnen die östlichen und westlichen Ausläufer dieser Sprachfamilie, Indien und Europa eben, und da »germanisch« und »indisch« nur die maximale Nord-Süd-Ausdehnung dieser Sprachfamilie bezeichnen sollen (auf W-O-Basis war entsprechend »indokeltisch« vorgeschlagen worden), dadurch aber die störende, weil verkehrte Vorstellung gefördert wurde, zwischen indischen und germanischen Sprachen bestehe eine nähere Verwandtschaft, kam man mittlerweile vom Terminus »Indogermanisch« ab. Als Träger dieser Ursprache konnten Viehnomaden in der ukrainisch-südrussischen Steppe zwischen Schwarzem und Kaspischem Meer eruiert werden, die sich um 7000 v. u. Z. als einheitlicher Verband konstituierten und nachfolgend konzentrisch, d.h. nach Westen, Osten und Süden ausbreiteten (so Marija Gimbutas in den 1970er Jahren; die etwas jüngere Anatolien-Hypothese von Colin Renfrew scheint dem gegenwärtigen Wissensstand zufolge nicht zuzutreffen). Die Zeugnisse der materiellen Kultur dieser in mehreren Schüben wandernden und erobernden Indoeuropäer sind Hügelgräber (Kurgane), der vierrädrige Wagen und das Bronzebeil. Um 3500 v. u. Z. beginnt mutmaßlich die Ausgliederung der einzelnen Sprachzweige, ins 2. Jahrtausend v. u. Z. fallen die ersten schriftlichen Dokumente der indoeuropäischen Sprachen (Mykenisch = urgriechisch, 17. Jh., Hethitisch [†] 16. Jh. v. u. Z.). Iran und Indien, die im Zuge der kolonialistischen und imperialistischen Eroberungen ins Blickfeld der Europäer gerieten, bildeten mit dem Avestischen bzw. Vedischen die ältesten östlichen Sprachzweige des Indoeuropäischen. Das Vedische, die Sprache der indoeuropäischen Eroberer, wandelte sich zur Sakralsprache Sanskrit, das erstmals im 2. Jahrhundert v. u. Z. schriftlich fixiert wurde und deren durch Vergleich und Indizienschluß gewonnene Frühform (die gesprochen, nicht geschrieben wurde) mit einem Asterisk * vor den jeweiligen Worten gekennzeichnet wird. So weit und in aller Kürze die Erkenntnisse der Wissenschaft.

Nun war den Sprachwissenschaftlern natürlich aufgefallen, daß sich die ersten indoeuropäischen Eroberer Irans und Indiens als »Arier« (von Sanskrit *arya = »die Edlen«) bezeichnet haben; noch im 20. Jahrhundert trug der persische Schah den Titel »Sonne der Arier«, und es zählt zu den großen Tragödien, daß die Romani sprechenden Zigeuner, die im 11. Jahrhundert u. Z. von Nordindien bis zum Balkan bzw. Südosteuropa (Bulgarien, Rumänien) zurückwanderten, als einzige »echte« historische Arier den Massenmorden der deutschen Faschisten zum Opfer fielen. Aber Wissenschaftlichkeit war nicht deren Sache, so wenig wie der britischen Besatzer des indischen Subkontinents. Als diese von den ersten Eroberern Indiens und deren Selbstbezeichnung als »Arier« erfuhren, womit eine Sprach- bzw. Kultgemeinschaft unter erobernden Heerführern, die dann als Priesterkönige (Brahmanen) fungierten, gemeint war – also eine soziologische Einheit, eine dünne herrschende Schicht aus Priestern und Kriegern –, schufen sie den Mythos einer aufgrund ihrer »biologischen« Eigenheiten alleine zur Herrschaft befähigten und berechtigten »Rasse«: nämlich sie selbst, die weißen Europäer, die mit den ersten indoeuropäischen Eroberern wenigstens eine gewisse Hellhäutigkeit gemeinsam hatten im Gegensatz zur dunklen indischen Urbevölkerung, den Drawiden und Adivasi. Mit der Usurpation und Umdeutung der wissenschaftlichen Terminologie durch die imperialistischen Machthaber **wandelten sich die wissenschaftlichen Erkenntnisse zur Ideologie**: aus Linguistik, Sprachgeschichte und -komparatistik wurde Pseudo-Biologie. Und diese hört sich aus dem unreinen Mund ihrer Lautsprecher schon ganz anders, nämlich unschön, menschenverachtend und zynisch an:

> Ich glaube nicht, daß ein Hund ein absolutes Recht über den Zwinger geltend machen kann, egal wie lange er schon dort lebt. Ich erkenne dieses Recht nicht an. Ich erkenne z. B. auch nicht an, daß den Indianern in Amerika und den

Schwarzen in Australien Unrecht angetan wurde. Ich glaube nicht, daß diesen Menschen Unrecht angetan wurde, weil eine stärkere Rasse, eine qualitativ höherstehende Rasse oder zumindest eine wesentlich intelligentere Rasse, wenn wir es so ausdrücken wollen, kam und ihren Platz einnahm.[7]

Der da so sprach über Hunde und Menschen wie der Reichskanzler im Führerhauptquartier, hieß Winston Churchill: ein echter Rassist. Er verdiente seine ersten Sporen als junger Offizier bei der Niederschlagung des Mahdi-Aufstands gegen die britische Fremdherrschaft im Sudan, der unter der Losung stattfand: »Lieber tausendmal den Tod, als nur ein Dirham Steuern entrichten« (nämlich an die Briten); die militärische Strafexpedition Englands kostete der Kleinigkeit von einigen Hunderttausend Schwarzen das Leben, die mit ihren Speeren heldenhaft ins Maschinengewehrfeuer liefen und deren Köpfe man auf die Mauern der eroberten Städte spießte – so züchtigten die Briten den schwarzen Hund, der Herr in seinem Zwinger sein wollte, gerade wie heute die Afghanen und Iraker. Seit der Existenz der Sowjetunion hetzte Churchill gegen diese zum Krieg, wobei er sich weder scheute, die Goebbelssche Phrase vom »Eisernen Vorhang« aufzugreifen noch nach dem Sieg der Alliierten über Nazi-Deutschland zu befinden, man habe »das falsche Schwein geschlachtet« (das Schwein, das nun seiner Schlachtung harren sollte, war eben die besagte Sowjetunion). Da die Slawen jedoch so hellhäutig wie die Briten sind, stellte der Rassismus ein weniger geeignetes Instrument der antisowjetischen Hetze dar. Aber man war um Ersatz nicht verlegen:

> Der britische Gesandte in Moskau […] kabelte am 6. September 1918 an seine Regierung die Erkenntnis, die Sowjetregierung sei »auf das Niveau einer Verbrecherorganisation herabgesunken. Bolschewiken haben eine Karriere verbrecherischen Wahnsinns begonnen. Wenn nicht unverzüglich dem Bolschewismus in Rußland ein Ende bereitet wird, ist die Zivilisation der ganzen Welt bedroht. Wenn der Bolschewismus nicht ausgetilgt wird, wird er sich in der einen oder anderen Form über Europa verbreiten, da er von Juden organisiert und geleitet wird, die an keine Nation gebunden sind.«[8]

Man mußte also nicht auf Hitler warten, damit das Konstrukt der »jüdisch-bolschewistischen Weltverschwörung« in die Kriegspropaganda der imperialistischen Staaten Europas Einzug hielt.

Den Deutschen ist Churchill durch das Terrorbombardement ihrer Städte in Erinnerung, was er als *dehousing*, »Enthausen«, bezeichnete – ein Ausdruck, der den US-amerikanischen Strategen so gut gefiel, daß sie ihn für ihre Flächenbombardierungen gegen wehrlose Zivilisten künftig übernahmen.* Immerhin könnte man Churchill damit verteidigen, daß er den deutschen Luftterror gegen englische Städte nur mit gleicher Münze vergalt: so schlägt sich eben das Pack, das sich in bezug auf die Sowjetunion schnell wieder verträgt (daß die Kritik am militärisch völlig unnötigen, das Kriegsende um keine Minute beschleunigenden Bombardement von Dresden heute als »faschistisch« verbellt wird, ist eine Sache für sich; was von der moralischen Statur sogenannter »anti-deutscher«, faktisch pro-amerikanischer Krakeeler zu halten ist, die bei solcher Gelegenheit ein Transparent mit der Aufschrift »Do it again, Harris!« tragen – so hieß der britische Kommandant der Bomberflotte –, braucht wirklich nicht weiter erläutert zu werden). Lediglich der Vollständigkeit halber sei hinzugefügt, daß das Konzentrationslager (*concentration camp*) eine Einrichtung britischer Provenienz bei der Bekämpfung des Burenaufstandes in Südafrika (1899–1902) ist; bei den Feldzügen gegen die rebellischen Nachfahren der holländischen und rheinländischen Erstbesiedler bzw. -eroberer dürfte der »Rassentheoretiker« Churchill allerdings in Erklärungsnotstand gekommen sein. Oder gibt es etwa eine »britische Inselrasse«, die der »niederländischen Flachlandrasse« bei dieser Gelegenheit ganz dringend und zwingend überlegen war?

Nutzen wir das Auftauchen eines neuen, sehr häßlichen Stichworts als Anlaß für weitere Reflexionen. In einer Abhandlung über die französische Dreyfus-Affäre findet sich folgender erstaunliche und aufschlußreiche Satz: »Im Mai 1895« – man achte auf das Datum – »schlug der Deputierte des *Departement Landes*, Théodore Denis, vor, ›die Juden im Innern von Frankreich zu konzentrieren. Dort ist die Gefahr des Verrats weniger bedrohlich.‹ Nur der Sozialist Rouanet und der Radikale [d. h. kleinbürgerlich-liberale] Alfred Nauqet widersprachen ihm; Henri Brissot, als Radikaler und Freimaurer, reagierte nicht.«[9] Es klingt in der Tat unglaublich: ein Konzentrationslager für Juden – *ante Hitlerum*? Diese ungeheuerliche Zwangsmaßnahme, die, wäre sie realisiert worden, die Abkehr von Rechtsstaatlichkeit, Demokratie, Menschenrechten und Religionsfreiheit, mithin von allen 1789 erkämpften Freiheitsrechten bedeutet hätte und einer prä-faschistischen Konterrevolution gleichgekommen wäre, zielte an der Oberfläche gegen die Gefahr des militärischen Geheimnisverrats an den deutschen imperialistischen

---

* In seinem Roman ›Das steinerne Herz‹ (1956) kommentierte Arno Schmidt gallig: »*Churchill*? !: Wenn ich den Namen bloß höre, fehlen mir 99 Pfennig zur Mark ! : Politisch das Urbild des roastbeefgenährten, arroganten, rücksichtslosen Briten, der, die Zigarre im Mund, Deutschland abwechselnd in Ruinen legt oder wiederaufrüstet, je nachdem es für das perfide Albion am Nützlichsten erscheint.« (S. 127 f. der Bargfelder Ausgabe)

Rivalen – man hatte den jüdischen Stabsoffizier Dreyfus in einem Komplott fälschlicherweise und dann wider besseres Wissen dieses Vergehens bezichtigt, ihn degradiert, unehrenhaft aus der Armee entlassen und auf die Teufelsinsel verbannt. In der französischen Armee dienten – wie in der deutsch-kaiserlichen übrigens auch – gemessen am Anteil an der Gesamtbevölkerung überproportional viele Juden als Offiziere, als Ausdruck der Dankbarkeit, nach Jahrhunderten grausamer und demütigender Verfolgungen und der Ghettoisierung im christlichen Mittelalter nun endlich, im ausgehenden 19. Jahrhundert, als Bürger einer Republik respektive konstitutionellen Monarchie mit der christlichen Mehrheit in rechtlicher Hinsicht gleichgestellt zu sein. Mit der Dreyfus-Affäre regte sich das überwunden geglaubte Mittelalter, es riß sein stinkendes Maul auf und bleckte die Zähne. Dabei beschränkte sich die Konfrontation keineswegs auf das militärische Ressort, wenngleich es nun zu Ehrenduellen zwischen christlichen und jüdischen Offizieren kam; wie Proust-Leser wissen, war ganz Frankreich bis hinein in die großbürgerlichen und aristokratischen Salons in zwei feindliche Lager gespalten, die sich erbittert bekämpften. Es kam zu gewalttätigen Übergriffen gegen fortschrittliche Abgeordnete und Professoren; Emile Zola, der mit seinem mutigen Aufruf *J'accuse* (»Ich klage an«), veröffentlicht in der Zeitschrift *Aurore* in einer Auflage von 300 000 Exemplaren, sich gegen die Dunkelmännerei seiner Zeit, den Klerikalfaschismus, wandte, mußte ins Ausland fliehen, um einer Verhaftung zu entgehen. Was die gesellschaftlichen Dimensionen dieses Judenhasses anbelangt, heißt es bei demselben Autor[10]:

> Der Erfolg von Edouard Drumonts *La France juive* von 1886 (150 000 verkaufte Exemplare in einem Jahr) verdeutlicht den anwachsenden Judenhaß in der Öffentlichkeit und die Irrationalität und Bereitschaft einiger gesellschaftlicher Schichten, sich für 1200 Seiten Verteufelung des jüdischen Anteils der französischen Bevölkerung zu begeistern, obwohl der jüdischen Gemeinde nicht mehr als 70 000, völlig in die Gesellschaft integrierte Mitglieder angehörten und weitere 45 000 in Algerien. Die Rolle von Drumonts Buch bei der Entstehung des modernen Antisemitismus ist gar nicht zu überschätzen, vor allem, weil es eine Synthese zwischen herkömmlichem und »wissenschaftlichem« Antisemitismus, Rassismus, Okkultismus und christlichem Antijudaismus zog, daher sein großer Publikumserfolg. Die Gründung von *La Libre Parole** 1892 erlaubte Drumont, seine Anhängerschaft zu vergrößern und das antijüdische Erbe der Katholiken zu nutzen.

---

* »Das Freie Wort«. – Ich kann nicht umhin, zwei Zeilen aus Bertolt Brechts Gedicht ›Anachronistischer Zug‹ zu zitieren: »Pochend auf das freie Wort: / Es heißt Mord« (mit Bezug auf die SS Himmlers).

Nun – etwas anderes als »das antijüdische Erbe der Katholiken« für seinen Rassen- und Blubo-Schwachsinn zu nutzen, hatte Hitler auch nicht gemacht. – Die Zeitschrift mit dem perversen Titel *La Libre Parole* erreichte schnell eine Auflage von einer halben Million, während die Christenzeitung *La Croix* (›Das Kreuz‹) ins selbe Horn stieß. 1896 wurde die *Ligue antisémite* unter Vorsitz von Drumont und Jacques de Biez gegründet, gefolgt von der im selben Jahr ins Leben gerufenen *Ligue antisémite de France* von Jules Guérin. Das Prinzip Pogrom hielt Einzug in die Politik; es kam zu gewalttätigen Ausschreitungen gegen Juden, die in Algerien einige Todesopfer kosteten, und auf den nach jahrelangem Ringen endlich freigelassenen und rehabilitierten Dreyfus wurde 1908 ein Mordanschlag verübt, der glücklicherweise fehlschlug. Die politische Rechte begann sich zu formieren und drang auf die »Notwendigkeit, mit der Revolution aufzuräumen und mit allen erdenklichen Mitteln zum Königtum zurückzukehren«.[11] Wie fest sich der klerikale Judenhaß, der hierbei nützliche Dienste leistete, im gesellschaftlichen Diskurs Frankreichs verankert hatte, geht aus der folgenden Episode hervor: Im Jahre 1934 trat die russische Tänzerin und Schauspielerin Ida Rubinstein an den Schweizer Komponisten Arthur Honegger mit der Idee heran, ein Oratorium über das Leben der französischen Nationalheiligen Jeanne d'Arc zu schreiben. Das Libretto erstellte der fanatische Katholik Paul Claudel. Ida Rubinstein, die in der französischen Premiere in der Hauptrolle auftrat, wurde vom Publikum heftig ausgebuht – es konnte nicht angehen, daß eine Jüdin, ihrer künstlerischen Befähigung ungeachtet, die französische Nationalheldin auf der Bühne verkörperte! Dies geschah, bevor die Wehrmacht ins Land einfiel. Mit der Gründung der *Action française* hatte sich ein Sammelbecken für die französischen Faschisten gebildet, die wenige Jahrzehnte später das mit den deutschen Nazi-Besatzern kollaborierende Vichy-Regime stützten. Was die »Zusammenarbeit« zwischen den französischen und deutschen Faschisten anbelangt, so sei hier nur ein Name genannt: »Madeleine Lévy, Enkelin von Alfred Dreyfus, die, wie auch ihr Großvater, ihre Aufgabe als patriotische Französin erfüllte, gefoltert wie er, 1944, im Alter von zweiundzwanzig Jahren in Auschwitz ermordet« wurde.[12]

Die strukturelle Identität der imperialistischen Staaten vor Augen, schrieb der französische Surrealist Georges Sadoul im Jahr 1929:

Ich kann mich eines Lächelns nicht erwehren, wenn man mir vom Faschismus spricht, in Frankreich, wo der Bulle König und der Minister der Polizei Ministerpräsident ist, in Amerika, wo die Detektive der Agentur Pinkerton die Arbeiter zusammenschlagen, in Österreich, wo die Heimwehren die Diktatur des Polizeipräfekten *erzwingen*. Und wenn ich den italienischen »Faschismus« betrachte, so kann ich darin keine besonders eigentümliche Erscheinung sehen.[13]

So sehr dem Literaten darin zuzustimmen ist, daß die kapitalistischen Staaten sich dem italienischen Faschismus in Form und Inhalt anglichen – noch hatte Hitler nicht die Macht an sich gerissen, und Francos Terrorregime lag ein knappes Jahrzehnt voraus –, muß doch eine wichtige Tatsache, die gerade von der sich superradikal gebärdenden Pseudolinken verbissen geleugnet wird, in den Vordergrund gerückt werden: demokratische Rechte wie Versammlungsfreiheit, Redefreiheit, Wahlrecht usw., seien sie in ihrer Substanz noch so mangelhaft, durchlöchert und gefährdet, sind für die Arbeiterbewegung in jedem Fall von Vorteil. Wenn sie davon den richtigen Gebrauch zu machen versteht, etwa indem sie mit der KPD eine echte, entschlossene und unbestechliche Opposition ins Parlament wählt, dann ist für die herrschende Klasse Schluß mit lustig, und sie installiert den Faschismus. Dieser ist, im Unterschied selbst zur mangelhaftesten bürgerlichen Demokratie, ein qualitativ neues Staatsgebilde: ein bürgerlicher Staat ohne bürgerliche Rechte (mit Ausnahme des Rechts auf Eigentum).[14] (Man betrachte anhand dieser Definition vorurteilslos die Zustände im neobyzantinischen Gebilde BRD.)

Man sieht: Diese einleitenden Bemerkungen sind alles andere als ein paar beliebig aneinandergereihte Anekdoten. Das Resümee aus dem bisher Gesagten lautet, abermals in den Worten eines bekennenden Reaktionärs, Ferdinand Brunetière, der am 1. Januar 1895 in der Zeitschrift *Revue des deux mondes* den aufsehenerregenden Artikel *Après une visite au Vatican* (»Nach einem Besuch im Vatikan«) veröffentlichte: »Die Wissenschaft hat ihr Ansehen verloren, und die Religion hat ihres zu einem Teil zurückerobert.«[15] Der Faschismus Hitlerscher Prägung stellt eine Zusammenfassung all der hier skizzierten Tendenzen dar; er ist die Negation des Jahres 1789, wie Joseph Goebbels selbst prahlerisch bekundete; er verkörpert die Transformation der Bourgeoisie von einer revolutionären zu einer reaktionären Klasse, die Umwandlung der in einer antifeudalen Feuertaufe entstandenen bürgerlichen Demokratie in einen nach innen wie außen aggressiven und repressiven Unrechtsstaat. Der Hitlersche Faschismus vereinte den Rassismus und Imperialismus eines Churchill mit dem Judenhaß eines Drumont und mit der Wissenschaftsfeindlichkeit des Papstes; in dieser Eigenschaft fungiert er als Sammelbecken für den gesellschaftlichen Auswurf, der mit Pogromen bei Laune gehalten wird. Er ist die konsequenteste Ausprägung der Fremdbestimmung, die sich in hohen

Dosen auch bei seinen militärischen Rivalen findet, welche sich schon damals mit zunehmend weniger Recht »Demokraten« nannten.

Damit kommen wir zum Vierten im Bunde, den Vereinigten Staaten von Amerika. Was läßt sich über sie in der Spanne zwischen den beiden Weltbränden sagen? In aller Kürze vielleicht dies: Sie profitierten vom 1. Weltkrieg und sonderten dabei Edelmut ab. Präsident Wilson beglückte nach Kriegsende die Menschheit mit seinem »14 Punkte-Plan«, einem verbalen Wolkendunst ohne jede Konsequenz außer jener, daß er dafür 1919 den Friedens-Nobelpreis erhielt. Daraus ist eine altehrwürdige Tradition geworden; so erhielt etwa Henry Kissinger, US-Außenminister unter Präsident »Tricky Dick« Nixon, dieselbe Auszeichnung für die Flächenbombardierung von Nordvietnam und in unseren Tagen Barack Obama für die fortwährende Besetzung von Irak und Afghanistan sowie für die Intensivierung unbemannter Drohnenangriffe gegen pakistanische Grenzgebiete zu Afghanistan. (Diese Form der Kriegführung stellt in mehrfacher Hinsicht ein Novum dar. Militärtechnologisch ist es die bequemste, risikoloseste Form des Lufterrors und daher zukunftsträchtig: eigenes Personal wird nicht gefährdet; die Drohnen können von einem Bildschirm von jedem Punkt der Erde aus gelenkt werden; näheres siehe S. 994 f. *Vision*: Dialog zweier Militärs beim Schichtwechsel: »Na, wieviel haste heut erledigt?« – »Och, nichts besonderes, vierzehn glaub' ich.« – »Na, werd' ma schaun, was ich tun kann. Nett, daß Du mir 'ne Cola hingestellt hast.« – Wir schalten wieder um, Anfang der zwanziger Jahre des 20. Jahrhunderts.)

Der 1. Weltkrieg mit seinen Massenheeren war ein Massengemetzel gewesen, aber nicht für die USA, die unzerstört, mit geringfügigen Verlusten an Menschenleben und boomenden Wachstumsraten aus dieser Schlächterei hervorgingen:

> Das Produktionsvolumen des kontinentalen Europa lag nach diesem Krieg etwa ein Drittel niedriger als vor ihm, das der Vereinigten Staaten kulminierte. […] Die USA kamen ja auch, vergleichsweise, glimpflich davon. Sie hatten viermal weniger Menschenopfer als im Sezessionskrieg (1861– 865) und dreieinhalb mal weniger als im Zweiten Weltkrieg: 49 000. 49 000 sogenannte Gefallene und 63 000 Tote durch Krankheiten. (Dazu kommen 230 000 Verwundete und 4500 Gefangene).
>
> Die Europäer hatten 8 500 000 Tote.
>
> Kaum ein Zweifel, daß nur das Auftauchen der amerikanischen Riesenarmee auf dem europäischen Kriegsschauplatz die Mittelmächte in den Untergang riß. Aber auch die Briten wurden dadurch um ihre weltpolitische Führungsrolle gebracht.[16]

Leo Trotzki stellt in seiner Analyse »Aussichten der Weltentwicklung«, die am
5. August 1924 in der Zeitschrift ›Iswestija‹ veröffentlicht wurde, klar:

> Wer jetzt den Versuch macht, sich über das Schicksal Europas oder des Weltpro-
> letariats klar zu werden, ohne die Bedeutung der USA in Rechnung zu ziehen,
> der macht die Rechnung ohne den Wirt. Wir müssen es uns einprägen: Der
> Wirt der kapitalistischen Menschheit ist New York und seine Regierungszen-
> trale Washington. […] Wir sehen, wie Europa, dieses gestern noch gewaltige,
> auf seine Kultur und seine historische Vergangenheit stolze Europa, um irgend-
> wie aus der gegenwärtigen Klemme, aus jenen fürchterlichen Gegensätzen und
> Nöten herauszukommen, in die es sich selbst getrieben hat, – sich gezwungen
> sieht, einen General Dawes über den Atlantischen Ozean zu holen, von dem
> gar nicht ausgemacht ist, daß er das Pulver oder auch nur das Salz erfunden
> hat. Nein, das weiß kein Mensch. Man läßt ihn also aus Amerika kommen, und
> er setzt sich, seines Wertes voll bewußt, an den Tisch, legt sogar, wie manche
> behaupten, die Beine auf den Tisch und macht einen genauen Fahrplan, nach
> dem die Ordnung in Europa wiederhergestellt werden muß. Dann wird die-
> ser Fahrplan allen Regierungen Europas vorgelegt, damit sie wissen, wann sie
> kommen und gehen dürfen. Und dieser Plan wird akzeptiert … [17]

In den zwanziger Jahren verdoppelte sich die Industrieproduktion in den
USA, die Gewinne schnellten zwischen 1923 und 1929 um 65 % in die Höhe,
der Konzentrationsprozeß des Kapitals zu Konzernen und Trusts beschleunigte sich rasant: »… am Ende des Jahrzehnts, 1930, besitzen 200 Gesellschaften 50 % des Industrievermögens der USA.« [18] Die angehäuften Kapitalien
werden gewinnbringend im zerstörten und ausgebluteten Europa investiert,
ganz wie eine Primärgeschwulst Metastasen bildet; als kurzfristige Kredite
in Milliardenhöhe, für langfristige Aufbauprojekte zu entsprechend hohen
Zinsen. Calvin Coolidge, US-Präsident 1923–1929, bringt diese Politik, welche die halbkoloniale Abhängigkeit Europas von der kapitalistischen Nr. 1 in
Übersee zementierte, auf den treffenden Nenner: »Amerikas Geschäft ist das
Geschäft.« Und wie um zu belegen, daß er seinen Vornamen zu Recht trage,
läßt er verlauten: »Wer eine Fabrik baut, baut einen Tempel, wer dort arbeitet,
macht Gottesdienst.« [19] Was dies für die amerikanischen Arbeiter bedeutete,
werden wir gleich sehen.

Es ist abermals Trotzki, der die ökonomische Dynamik dieser innerkapita-
listischen Machtverlagerung klar benennt und analysiert:

> Wenn man die Frage – was will das amerikanische Kapital? – klar und präzise
> beantworten will, so wird man sagen müssen: E s   w i l l   d a s   k a p i t a l i -

stische Europa »auf Ration« setzen. Das bedeutet, daß Amerika Europa sagen wird, wieviel Tonnen, Liter oder Kilogramm es von dieser oder jener Ware kaufen und verkaufen darf. Schon in den Thesen zum Dritten Kongreß [der Kommunistischen Internationale] haben wir gesagt, daß Europa balkanisiert ist. [...] In dem Grade, in dem der Antagonismus unter den europäischen Regierungen diese oder jene Form annehmen wird, werden sie die Audienzzimmer von Washington oder London überlaufen, der Wechsel der Parteien und Regierungen wird letzten Endes durch den Willen des amerikanischen Kapitals bestimmt werden, das Europa sagen wird, wie viel es essen und trinken darf... Die Ration – wir wissen es aus eigener Erfahrung – ist eine recht unangenehme Sache, zumal dann, wenn diese amerikanische, streng normierte Ration nicht nur den europäischen Völkern, sondern auch deren herrschenden Klassen, die auf die Zuspeise nicht verzichten können, geboten wird.[20]

Man sieht in aller Deutlichkeit: Bereits in dieser relativ frühen Phase der Monopolisierung des Kapitals verflüchtigt sich die Konkurrenz der Kapitaleigner auf dem sogenannten Markt (der ebenfalls zu schwinden beginnt: das Monopol ist das Gegenteil des Marktes, wie Fritz Erik Hoevels in seiner Marx-Studie mehrfach betont[21]) sowie die Konkurrenz zwischen den kapitalistischen Staaten zunehmend zu einem Mythos, gerinnt zu einem Ideologem, das Nenn-Marxisten (Hoevels schreibt: »ächte Marrckßisten«) unermüdlich herunterleiern. Mit dem sich beschleunigenden Prozeß der Monopolisierung verdunstet die »kapitalistische Konkurrenz« zu einem bloßen Überbau-Phänomen und wird ersetzt durch das höchst reale **Diktat** des militärisch stärksten kapitalistischen Landes gegenüber seinen jetzt im Nachteil befindlichen ehemaligen Konkurrenten, die nun zu Befehlsempfängern herabgesunken sind. Wenn sich diese Tendenz bereits zu Trotzkis Zeiten mit einer mit Händen zu greifenden Deutlichkeit abzeichnete – um wieviel mehr dann heute, nach gewonnenem 2. Weltkrieg, nach dem Untergang der Sowjetunion, bei dem erdrückenden atomaren Übergewicht der einzig verbliebenen Weltmacht (die jetzt China als »Papiertiger« verspottet und zugleich als fast gleichstark mythisieren läßt, auf jeden Fall aber zügig dessen militärische Einkreisung vorantreibt)! Welches Maß an Realitätsverleugnung, beim von den USA in Szene gesetzten gigantischen Bankenschwindel des Jahres 2008 von ökonomischen Faktoren zu phantasieren und medientreu-nachplapperig von »Wirtschaftskrise« zu faseln, anstatt die simple Tatsache planen Raubs zu benennen![22]

Es versteht sich von selbst, daß sich das Diktat der führenden kapitalistischen Nation nicht auf die ökonomische Sphäre beschränkt, sondern sich auf

alle maßgeblichen Bereiche des gesellschaftlichen Lebens und der zwischen-
staatlichen Beziehungen erstreckt, insbesondere was den militärischen Sektor
anbelangt. Hören wir abermals den russischen Revolutionsführer:

> Wir sahen doch mit eigenen Augen, wie der amerikanische Präsident Har-
> ding [1921–1923] England, Frankreich und Japan nach Washington einlud
> und England mit der größten Seelenruhe einen Vorschlag machte. Welchen
> Vorschlag? Ein starkes Stück: England sollte seine Flotte einschränken. […]
> Wie zu erwarten war, begann Harding seine Rede in Washington mit den
> Worten: »Das Gewissen der Zivilisation ist erwacht«, und beschloß sie folgen-
> dermaßen: Du wirst rationiert, England, – du kannst fünf Einheiten haben,
> ich (einstweilen) auch nur fünf Einheiten, Frankreich – drei Einheiten, Japan
> – drei Einheiten! […] Das Programm der Einschränkung im Bau von Lini-
> enschiffen verteidigend, schrieben die Marineschriftsteller Amerikas: »Wenn
> ihr nicht ja sagt, dann backen wir Kriegsschiffe wie Semmeln.«[23]

Die massive amerikanische Hochrüstung der zwanziger, vor allem aber der
dreißiger Jahre nennt Trotzki treffend das »amerikanische ›pazifistische‹ Programm der Allerweltsverknechtung«, denn nun, da die Kassen klingeln und
die Säbel schon vernehmlich rasseln, ertönen die süßesten Friedensschalmeien,
die hehrsten Visionen, die edelsten Freiheitsbekundungen. »Amerika befreit
immer jemand, das ist gewissermaßen der ›Beruf‹ dieses Landes«, stellt Trotzki so trocken wie zutreffend fest. Ein jeder US-Amerikaner, der eine führende
Position innehat und als moralische Persönlichkeit gelten will, hat irgendeinen »Traum«, vorzugsweise von Frieden und Freiheit. So konnte derselbe Präsident Harding, der Großbritannien die Daumenschrauben anlegte, in seiner
Antrittsrede beteuern, die USA wollten »keinen Anteil an der Lenkung der
Geschicke der Welt« … [24] wie edel! wie – vornehm bescheiden! US-Präsident
Herbert Clark Hoover, während dessen Regentschaft die Banken kollabierten,
die industrielle Produktion einbrach, Löhne und Gehälter um 40 % gekürzt
wurden und sich ein Millionenheer verarmter Weißer, Arbeits- und Obdach-
loser auf den Straßen wälzte, um Ausschau nach Arbeit und Obdach zu halten, verbrachte die vier Jahre seiner Regierungszeit (1929–1933) immerhin mit
hochherzigen Neutralitätsbekundungen. Aber so viel Geld war übrig, daß
US-Banken Adolf Hitlers Kampf mit Krediten in Höhe von mehreren hundert Millionen Dollar (sic!) erheblich aussichtsreicher gestalteten – ein Kapitel,
das gerne unterschlagen, verschämt verschwiegen und mittels Dokumenten-
unterschlagung verheimlicht wird (und man hört schon das Mantra tönen:
»Unser Großer Bruder, unser Herr und Gebieter: macht *so etwas* nicht!«).[25]

Und Franklin Delano Roosevelt erst, der die Geschicke der USA von 1933 bis 1945 lenkte! Er, der immerhin so etwas wie eine Arbeitslosenunterstützung einführte und deshalb in Kreisen des Industriekapitals und der Hochfinanz im Ruch eines »Roten im Weißen Haus« stand, gelang es doch tatsächlich, die Arbeitslosenzahl von 14 auf 4 Millionen zu drücken – durch das größte Aufrüstungsprogramm in der damaligen US-Geschichte. Während die Militärmaschinerie auf Hochtouren lief und die gleichgerichteten Bemühungen aller anderen Länder, Hitler-Deutschland eingeschlossen, in den Schatten stellte – *si vis pacem, para bellum*, nicht wahr? –, bediente sich Roosevelt einer sentimentalen, pathetischen und äußerst abgeschmackten Friedensrhetorik:

> Ich habe den Krieg gesehen. Ich habe den Krieg zu Lande und zur See erlebt. Ich sah, wie das Blut an den Verwundeten herunterlief. Ich habe gesehen, wie Männer ihre vergasten Lungen auswürgten. Ich habe den Tod im Schützengraben gesehen. Ich sah zerstörte Städte. Ich habe 200 humpelnde, erschöpfte Männer gesehen, die von der Frontlinie kamen – die Überlebenden eines Regimentes von 1000 Mann, das 48 Stunden zuvor noch vorwärts stürmte. Ich sah, wie Kinder verhungerten. Ich habe den Schmerz von Müttern und Ehefrauen gesehen. Ich hasse den Krieg![26]

Noch 1940 rührte er mit seltener Chuzpe die Friedensleier: »Ich werde es wieder und immer wieder sagen: Eure Jungen werden in keinen fremden Krieg geschickt werden!«[27] Die Jungs konnten derweil schon mal ihre Helme fester schnallen. Kein Jahr sollte vergehen, und die Stärke der US-Kampfeinheiten schnellte von einer halben auf 1,8 Millionen Mann, bis 1945 schließlich auf 12 Millionen Soldaten: bereit für den Einsatz auf allen Meeren der Welt, in aller Herren Länder.

Die Römer schufen ihr Weltreich durch *bella iusta*, »gerechte Kriege«, stets in der edelsten Absicht und immer nur zur Verteidigung, wenn man den Verlautbarungen ihrer Feldherrn und Politiker, den Berichten ihrer Historiker und den Panegyriken ihrer Dichter Glauben schenken will. Die Herrschenden in den USA sind, wie es scheint, deren gelehrige Schüler: kein Krieg, ohne die hehren Werte der Freiheit – und zwar für das ganze Menschengeschlecht, drunter machen sie's nicht – zu bemühen; keine Bombendetonation ohne einen edlen »Traum« oder eine ebensolche »Vision«. Für die Zeit zwischen den beiden Weltkriegen nun hat die eng mit dem Staat verbandelte und von ihm finanzierte Historiographie, erst recht aber der Journalismus mit seinen maulfertigen Lohnschreibern einen sonderbaren Terminus geprägt: den »Isolationismus« der Vereinigten Staaten. Dieser Begriff weckt eigentümliche Vorstellungen: Da sitzen sie nun also, die US-Amerikaner, auf ihrem Kontinent, den sie schon recht früh zu ihrer alleinigen Interessen- und Einflußsphäre deklariert haben, vom eisigen Norden bis tief hinab nach Feuerland (Monroe-Doktrin 1823), da sitzen sie, umtobt von den Wogen der Ozeane – und wollen von der Welt nichts wissen. Da sitzen sie und gehen, wenn sie gehen, ihren Geschäften nach. »Seid nicht so eigenbrötlerisch!«, möchte man ihnen zurufen. »Denkt nicht nur an Euch, Euren Kontinent und Eure Geschäfte! Es gibt so viel Böses und Unrecht in der Welt!« Aber nichts da: Die Amerikaner bleiben sitzen in ihrer selbsterwählten Einsamkeit. Kein Verweis auf Leid und Jammer vermag sie aus ihrer Lethargie zu reißen, keine Beteuerung, die Menschheit seufze unter dem Joch des Unrechts und sehne den starken Arm ihres Befreiers aus Übersee herbei. Pustekuchen: Da hocken sie auf ihrem Kontinent wie die Autisten und zählen ihre Dollars … Diese Form zwar nobler, zugleich aber verantwortungsloser Zurückhaltung soll die Außenpolitik der Vereinigten Staaten in dem besagten Zeitraum geprägt haben. Aber schauen wir uns ein wenig um.

Von 1917 bis 1922 unternehmen US-Truppen sogenannte »Zuckerinterventionen« auf Kuba; die US-Regierung hatte gegen Ende des 1. Weltkriegs Zucker zum »strategischen Rohstoff« erklärt und mußte nun natürlich für den »Schutz« dieser wertvollen Ressource sorgen. Diese Überfälle oder *raids* verlaufen hier wie nachfolgend stets nach demselben Muster: starke US-Flottenverbände konzentrieren sich vor der Küste eines beliebigen Landes, beschießen bei Bedarf feindliche Stellungen oder Städte und setzen US-Marines ab, die Aufständische sowie liberal-patriotische Oppositionelle töten und erst wieder abziehen, wenn sich ein leidlich stabiles, US-höriges Marionettenregime etabliert hat. – 1924/25 überfallen US-Streitkräfte Honduras, »zum Schutze der sich in Honduras aufhaltenden [US-]Staatsbürger«, versteht sich (mit derselben »Begründung« wurde in den 80er Jahren unter Präsident Reagan der kleine, sozialistisch regierte Inselstaat Grenada überfallen; siehe S. 957 ff.). – Von 1926 bis 1933 fanden wiederholt militärische Operationen gegen Nicaragua statt, ach ja: »zur Sicherung der politischen Stabilität ganz Zentralamerikas und der Kanalrechte« (am Panama-Kanal). 2000 Marinesoldaten wurden in 14 Städten stationiert, und der damalige US-Kriegsminister Stimson unterbreitete an die aufständischen Bauern das Angebot, zehn Dollar für jedes abgegebene Gewehr zu zahlen. Aber nicht alle Widerstandskämpfer waren käuflich; die besten Kräfte formierten sich unter dem Befehl des Generals Augusto Cesar Sandino, der einen jahrelangen – und erstmals in der Geschichte Südamerikas erfolgreichen – Guerillakrieg organisierte. Die USA erhöhten ihre Besatzungstruppen auf über 5000 Mann und erprobten den Einsatz neuer Waffen und Kampftechniken, so den Bombenabwurf im Sturzflug, dem allein bei der ersten Anwendung 300 Partisanen zum Opfer fielen. Aber der nicaraguanische Widerstand konnte sich behaupten, trotz der Einschleusung von Provokateuren, Spionen und dem Einsatz gedungener Mörderbanden (»Contras«). Im Januar 1933 verließen die US-Besatzer, nicht zuletzt aufgrund internationaler Proteste, das Land, ohne ihr eigentliches Ziel – die militärische Liquidierung des Widerstands – erreicht zu haben, aber unter Hinterlassung eines Militärregimes unter dem Diktator Anastasio Somoza. Diesem gelang, unter kräftiger Beihilfe der US-Botschaft, am 21. Februar 1934 die Ermordung Sandinos. Von hier aus führt eine direkte Verbindung zu Reagans schmutzigem Krieg gegen die »sandinistische« Regierung in den 80er Jahren. – In China hatten die USA fünfeinhalbtausend Mann Landstreitkräfte in Schanghai und Tientsin stationiert, und in chinesischen Gewässern kreuzten 44 US-Kriegsschiffe. Zusammen mit Truppenverbänden Englands, Frankreichs, Italiens und Japans sollten sie die bürgerlich-nationale Unabhängigkeitsbewegung Kuomintang (geleitet von Sun Yat-sen und Tschiang Kai-schek) sowie vor allem die erstarkenden kommunistischen Kräfte bekämpfen. Als es den Revolutionstruppen gelang, Nanjing einzunehmen, beschossen ein britisches und zwei amerikanische Kriegsschiffe am 24. März 1927 die Stadt und töteten 2000 Menschen. Verheerende Direktiven Stalins, der die chinesische KP erst zur Aufgabe ihrer organisatorischen Eigenständigkeit zwang und sie dann zu einem militärischen Aufstand in einer aussichtslosen Situation drängte, sowie der Terror der imperialistischen Besatzungstruppen führten zur nahezu vollständigen Vernichtung der KP Chinas. Bei Massenerschießungen in Schanghai wurden allein 18 000 Arbeiter ermordet. Unter den wenigen Überlebenden befand sich der junge Mao Tse-tung, dem es gelang, die kommunistische Bewegung wieder aufzubauen und nach langen, erbitterten und verlustreichen Kämpfen zum Sieg zu führen, der in die Gründung der Chinesischen Volksrepublik im Jahre 1949 mündete. * In den 20er und 30er Jahren verschärfte sich die Konkurrenz zwischen den USA und Japan um die Vorherrschaft in China; wie wir noch sehen werden, lösten die USA diesen Konflikt auf ihre Weise. – Nicht vergessen sei schließlich der US-Überfall auf El Salvador im Januar und Februar 1933, welcher 30 000 Menschen das Leben kostete; die 1933/34 gegen Kuba verhängte militärische Seeblockade (die, *nota bene*, bis heute, unter Obama dem Guten, anhält und Schäden in dreistelliger Milliardenhöhe verursacht hat!), sowie

---

* Dem Interessierten sei der »Klassiker« von Edgar Snow (1986) empfohlen.

schließlich die Niederschlagung zweier Aufstände in Puerto Rico in den Jahren 1935 und 1937.

»Isolationismus« also? *Diesen* Vorwurf wird man den USA kaum machen können … Der gedrängte Überblick mag vielmehr verdeutlicht haben, daß der **Interventionismus** die Grundlage der US-Außenpolitik bildet, Aggression nach Schema X: Eine schlagkräftige Flotte garantiert die Unangreifbarkeit des eigenen Territoriums (nur die sowjetischen Interkontinentalraketen bildeten für wenige Jahrzehnte eine störende Ausnahme) sowie die geostrategische Isolierung bzw. Erdrosselung des jeweiligen Feindlandes. Sodann erfolgen gezielte (»chirurgische«, nach der aktuellen Sprachperversion) Schläge aus der Luft, die bei anhaltendem Widerstand zu ausgedehnten Flächenbombardements gesteigert werden können. Schlüsselpersonen, die für die nationale Unabhängigkeit gegen die imperialistische Anmaßung oder gar für ein kommunistisches Gesellschaftsprogramm stehen – sie mögen Sandino, Lumumba, Allende, Ho Chi Minh oder Saddam Hussein heißen –, sind möglichst zügig umzubringen, je früher, desto besser (denn das mindert die »Schwelle der Aggression«). Die militärischen Operationen im mittel- und südamerikanischen »Hinterhof« der USA dienten übrigens – fast hätten wir's vergessen! – der »Aufrechterhaltung gutnachbarschaftlicher Beziehungen« (welche die USA heute bekanntlich zur ganzen Welt »pflegen«). Die abwegige Wortkonstruktion des »Isolationismus« für die US-Politik vor dem 2. Weltkrieg mag allein deshalb einen Hauch von Berechtigung haben, weil die **Zahl** der militärischen Aggressionen **pro Zeiteinheit** für US-amerikanische Verhältnisse recht niedrig lag (bis heute gilt ja ein Präsident, der in seinen vier oder acht Jahren Amtszeit keinen »ordentlichen« Krieg zuwege gebracht hat, als *wimp*, »Weichei«, oder *lame duck*, »lahme Ente«). Doch die Herrschenden der USA vermögen auch schnellere Takte zu schlagen …

Die regionalen Unabhängigkeitskämpfe und deren Garottierung, so häßlich sie auch ist, dürfen nicht den Blick auf die Mechanik verstellen, die dem Kalten Krieg zugrunde liegt: den Klassenkrieg, den Kampf des internationalen Kapitals gegen die internationale Arbeiterbewegung. Am Ende des 1. Weltkriegs gerieten die teilnehmenden europäischen Staaten – ob es nun Monarchien waren wie die deutsche oder bürgerliche Republiken wie die französische – durch den Druck der in Räten organisierten Soldaten und Arbeiter gehörig ins Wanken. In dieser für die nationalen herrschenden Klassen heiklen Situation verfügten sie über einen unschätzbaren Kollaborateur innerhalb der Arbeiterbewegung in Form der korrumpierten, opportunistisch verseuchten Sozialdemokratie, die sich in den letzten zwei Jahrzehnten von einer Kampforganisation zu einem rückgratlosen, speichelleckenden Handlanger der herrschenden Klasse gewandelt hatte. Zwar war diese Entwicklung international, doch kam dem Deutschen Reich als Land mit der fortgeschrittensten Industrialisierung und der stärksten organisierten Arbeiterschaft in Europa eine Schlüsselstellung zu; die »Burgfriedenspolitik« der SPD gegenüber dem Junkerregime Wilhelms II. und die Bewilligung der Kriegskredite durch alle SPD-Abgeordnete mit der einzigen rühmlichen Ausnahme Karl Liebknechts führten unmittelbar zum Zusammenbruch der II. Internationale und erleichterten entscheidend das vierjährige Gemetzel, das andernfalls vielleicht schon sehr bald an einer Art Kolbenfresser gelitten hätte, gar seine Funktion verändert (»den imperialistischen Krieg zu einem Bürgerkrieg [sc. der Klassen statt der Staaten] machen!«). Seitdem ist die Substanz der Sozialdemokratie der Verrat und ihre Fassade Heuchelei; sie brachte die verachtenswertesten Figuren der Politik bzw. Geschichte hervor, von Friedrich Ebert, der nach eigener Aussage die Revolution haßte »wie die Sünde«, und dem Arbeitermörder Gustav Noske bis hin zum Verfassungsbrecher Willy Brandt und dem Serbentöter und Afghanistan-Besetzer Gerhard Schröder.

Wenn zuvor gesagt wurde, daß die militärische Überlegenheit der Vereinigten Staaten die wichtigste Grundlage für ihre hegemoniale Bevormundung des kriegszerstörten Europas bildete, so ist diese Aussage insofern unvollständig, als jede Herrschaft, auch die ungerechteste, auf eine Verankerung bei den Beherrschten angewiesen ist: das Junkertum bei den Bauern, der Faschismus bei Bauern und Kleinbürgern. Hier nun, im Falle der US-amerikanischen Politik des Diktats gegenüber Europa, bot sich die Sozialdemokratie an wie – die Feder sträubt sich, aber es *ist* eklig – eine Nutte ihrem Freier. Leo Trotzki hat diese unsaubere Allianz benannt und vorgeführt:

Die europäische Sozialdemokratie verwandelt sich vor unseren Augen in einen politischen Agenten des amerikanischen Kapitals. Kommt das erwartet oder unerwartet? Wenn man sich erinnert, daß die Sozialdemokratie eine Agentur der Bourgeoisie geworden ist, so wird es klar, daß die Sozialdemokratie, kraft ihrer politischen Entartungslogik, zum Agenten der stärksten und mächtigsten Bourgeoisie, der Bourgeoisie aller Bourgeoisien, werden mußte. Und das ist eben die amerikanische Bourgeoisie. Soweit das amerikanische Kapital sich zur Aufgabe macht, Europa zu »einigen«, Europa »auszusöhnen«, Europa zu lehren, mit den Reparationsfragen usw. fertig zu werden, soweit das Portemonnaie in der Tasche der amerikanischen Bourgeoisie liegt, soweit wird auch die ganze Abhängigkeit der Sozialdemokratie von der deutschen Bourgeoisie in Deutschland oder von der französischen in Frankreich allmählich auf den eigentlichen zahlungsfähigen Herrn übertragen. Ja, ein Großherr hat sich in Europa etabliert: das amerikanische Kapital. Und es ist nur natürlich, wenn die Sozialdemokratie in eine politische Abhängigkeit zu dem Herrn ihrer Herren gerät. […] Wer sich das nicht klarmacht, der wird die Ereignisse von heute und morgen nicht verstehen, der wird nur die Oberflächen sehen und mit Gemeinplätzen Politik machen wollen.

Diese Sätze haben bis heute ihre uneingeschränkte Gültigkeit behalten, mit der einzigen Einschränkung, daß von nationalen Bourgeoisien in den europäischen Staaten nicht mehr die Rede sein kann. Das amerikanische Kapital hat sich die lukrativsten Unternehmen mittels »feindlicher Übernahme« (dies die verlogene »Heuschrecken«-Debatte: wieder eine Wortprägung der SPD!) und dem Aufkauf der kommunalen Infrastruktur (»Cross Border Leasing«[28]) längst unter den Nagel gerissen; die wenigen europäischen *global players*, die es, etwa in der Bankenbranche oder in der Pharma-Industrie, noch gibt, werden durch Schikanen in ruinöser Weise benachteiligt und mit Strafgebühren in oft dreistelliger Millionenhöhe überzogen – es gibt keinen »Markt« und somit keine »freie Konkurrenz« mehr, so sehr die Pseudolinke das obsolete Schlagwort »neoliberal« in diesem Zusammenhang auch bemühen mag (dazu mehr auf S. 854 f.). Die Regierungen der europäischen Länder nehmen dabei die Position von abhängigen Gaufürsten im US-Imperium ein, ganz wie ihre Analoga im Imperium Romanum, die unsere Geschichts- und Museumsfunktionäre so gerne »Eliten« nennen. Sie sollen die abgepreßten Steuern weiterleiten und Soldaten senden.

Doch zurück zu den Anfängen der quasi-kolonialen Abhängigkeit Europas von den USA. Zur Situation in Deutschland führt Trotzki aus:

Noske ist ja eine symbolische Gestalt der Nachkriegspolitik der deutschen Sozialdemokratie. Wie aber steht es jetzt? Jetzt ist ihre Rolle eine andere. Die deutsche Sozialdemokratie kann sich heute den Luxus der Opposition leisten. Sie kritisiert ihre Bourgeoisie und stellt auf diese Weise zwischen sich und den Parteien des Kapitals eine gewisse »Distanz« her. Welcher Art ist diese Kritik? Sie sagt: Du bist eigennützig, stupide, bösartig, – aber jenseits des Atlantischen Ozeans gibt es eine Bourgeoisie, die erstens reich und mächtig, zweitens humanreformistisch und pazifistisch ist, die jetzt wieder zu uns kommt, um uns 800 Millionen Goldmark für die Stabilisierung der Valuta zu schenken (das Wort Goldmark wirkt heute in Deutschland sehr überzeugend!). Und du, deutsche Bourgeoisie, hast die Unverschämtheit, dicke zu tun, sich von der amerikanischen Bourgeoisie bitten zu lassen, und das – nachdem du unser liebes Vaterland bis über die Ohren in den Sumpf der Armut gezerrt hast! […] Ja, man spricht fast im Ton eines revolutionären Tribunen – man opfert sich eben für die amerikanische Bourgeoisie auf.[29]

Die neue imperialistische Hegemonialmacht in Europa und ihr sozialdemokratischer Steigbügelhalter wiesen dabei eine wesentliche Gemeinsamkeit auf: den militanten Antikommunismus. Ihr Eintrittsbillet hatten Ebert, Noske & Co. mit der Ermordung von Rosa Luxemburg und Karl Liebknecht präsentiert, die sie im Hintergrund organisierten – die SPD fädelte ein, die rechtsradikalen Freikorps führten aus und wurden alle bis an ihr selig Ende der Justiz entzogen (während man heute nur das letztere hört und die schändlichen, feigen und verheuchelten Organisatoren im Hintergrund, also die Verbrechen der SPD geflissentlich unterschlägt.) Nach diesem Muster agierte die SPD bis zur Machtergreifung Hitlers, die sie dadurch erst ermöglichte: stets war ihr Hauptfeind, dem ihr besonderer Haß galt, der Kommunismus – erinnerte doch die KPD an die eigene, für ein Linsengericht verkaufte und verratene revolutionäre Vergangenheit bis etwa zum Tod von Friedrich Engels, und diese Tatsache konnte nur mit Mord und Totschlag an denen gesühnt werden, die an diese bessere Vergangenheit erinnerten. (Stalins Terror folgte exakt dem gleichen Muster und Antrieb, dies vorweg.) Nach besagtem Muster, welches sich mit öder Regelmäßigkeit bis heute wiederholt, verlief die gesamte kurze Geschichte der Weimarer Republik – sei es die blutige Niederschlagung der Novemberrevolution und die Ermordung zahlreicher Arbeiter, die das Verlagsgebäude der SPD-Zeitung ›Vorwärts‹ besetzt hatten (»Bluthund« Noske durfte sogar unter den Nazis trotz deren erklärter SPD-Abneigung seinen Beamtenposten behalten); sei es die Erwürgung der Münchener Räterepublik, sei es die Bekämpfung der Roten Ruhrarmee, schließlich die Sabotierung des Kampfes gegen die Fürstenentschädigung (! – hätte prokapitalistischer Radikalismus nicht genügt, muß auch noch der Feudalismus dazu?) und gegen den Bau von Panzerkreuzern; auch die Einigung auf einen zwischen KPD und SPD *neutralen*, parteiunabhängigen Präsidentschaftskandidaten, den Schriftsteller Heinrich Mann, wurde von der SPD torpediert, obwohl die historisch seltene Spaltung der Rechten, nämlich die konfessionelle, dessen Kandidatur allendemäßig aussichtsreich gemacht hatte – eine zentrale Frage, da § 48 der Weimarer Verfassung dem Präsidenten weitreichende Befugnisse einräumte –, so daß der erzreaktionäre Feldmarschall Hindenburg das Rennen machte (SPD-Parole: »Einen Besseren findest Du nicht!«), welcher seinerseits schließlich Hitler zum Reichskanzler ernannte.[30] Stets und immer war der bis zur Selbstaufopferung fanatische Antikommunismus der Motor der sozialdemokratischen Politik und ist es bis heute geblieben.

Kurzum: Auf einen solchen Handlanger war Verlaß, wenn es gegen den Kommunismus ging, und dessen Liquidierung war ja das Kernstück der US-amerikanischen Innen- wie Außenpolitik. »Noch 1931 bekannte der damalige US-Präsident Hoover in einem Zeitungsinterview offen, daß sein Ziel die Vernichtung der UdSSR sei.«[31] Solange dies mangels militärischer Möglichkeiten nicht geleistet werden konnte, mußte wenigstens an der Heimatfront für Friedhofsruhe gesorgt werden, denn – und dies wird heute ebenso unterschlagen – selbst die stalinisierte Sowjetunion stellte für den arbeitslosen Techniker, Ingenieur, Angestellten oder stempelnden Arbeiter in den USA eine attraktive Alternative dar, wie aus einem Bericht der ›Business Week‹ vom 7. Oktober 1931, also während des Höhepunkts der Wirtschaftskrise, hervorgeht:

> Im New Yorker Büro der [sowjetischen Handelsfirma] Amtorg wurden für 6000 zu besetzende Stellen mehr als 100 000 Bewerbungen entgegengenommen. Die Zahl der Bewerber, die sich an einem beliebigen Morgen der letzten Woche bewarben, betrug 280 […] Auf der Liste dieses »typischen« Morgens befanden sich […] 2 Friseure, […] 2 Sanitätsinstallateure, 5 Maler, 2 Köche, 36 Büro-Angestellte, 1 Tankwart, 9 Schreiner, 1 Flieger, 58 Ingenieure, 14 Elektriker, 5 Verkäufer, 2 Drucker, 2 Chemiker, 1 Schuhmacher, 1 Bibliothekar, 2 Lehrer, 1 Trockenreiniger, 11 Kfz-Mechaniker, 1 Zahnarzt […] Es bewarben sich auch einige Neger, doch deren Zahl war niedrig, da sie mehrheitlich unqualifiziert sind […]
>
> Als Gründe für die Bewerbungen werden grundsätzlich drei Punkte genannt:
>
> 1. Arbeitslosigkeit,
> 2. große Wut auf die hier herrschenden Verhältnisse,
> 3. Interesse an den sowjetischen Erfahrungen.
>
> Die meisten eingestellten oder noch einzustellenden US-amerikanischen Arbeiter werden primär in den nachfolgend genannten Industriezentren beschäftigt werden: die Traktorfabrik in Stalingrad, die Traktorfabrik in Charkow, die große Automobilfabrik in Nischni Nowgorod, die Lokomotivenfabrik in Sormowa, Stahlwerke in Magnitorsk und Kusnetsk, Minen in der Region Kusnetsk, den Metallwerken und Minen im Ural und Kasachstan und den landesweiten Baustellen im Schienenverkehr … [32]

Verdient eine solche Meldung nicht, in allen Schul- und Geschichtsbüchern, die sich mit dieser Epoche befassen, veröffentlicht zu werden? Das Undenk-

volle, nämlich die Sowjetunion als Attraktionsmagnet für Nichterben und unter ihnen besonders die Arbeitslosen, konfrontierte die herrschende Klasse in den USA mit der Notwendigkeit, schnell, entschlossen und unerbittlich zu reagieren. Obwohl nur jeder tausendste Arbeiter in den USA kommunistisch organisiert war – das konnte sich ändern! –, erfolgte die präventive Konterrevolution mit allen Mitteln des staatlichen Terrorismus:

> Am 22. Dezember 1919 deportiert man 249 ausländische Kommunisten, Anarchisten und Arbeiteragitatoren nach Rußland. Und in den folgenden Monaten führen Kommunistenfurcht und Spionagewahn zu wahren Massenverhaftungen. Allein am 2. Januar 1920 sperrt man nach Razzien gegen »Rote« 2700 Menschen ein. Am 5. Mai verhaftet man auch die Anarchisten Nicola Sacco und Bartolomeo Vanzetti und richtet sie ohne Beweise Jahre später hin – ein berüchtigter Justizmord. […] Wieder und weiter kommt es zu riesigen Streiks mit blutigen Folgen. Allein am 1. April streiken rund 500 000 Bergarbeiter, es gibt viele Tote. Doch siegt das Gute: Viele Staaten der Union bekämpfen gesetzlich »Gewerkschaftsverbrechen«, und Gerichte samt Fabrikanten senken die Mitgliedschaft in den *unions* um ein Drittel.[33]

Aufgrund des niedrigen Organisationsgrades der amerikanischen Arbeiter und infolgedessen der Schwäche der Arbeiterbewegung genügten die ökonomischen Erpressungshebel der Kapitaleigner, eine flächendeckende Klassenjustiz und selektive Gewaltmaßnahmen von staatlicher Seite, um der kommunistischen Hydra die Köpfe abzuschlagen und dafür zu sorgen, daß keine neuen nachwuchsen. Besonders beliebt waren Erschießungen von Gewerkschafts- und Arbeiterführern durch gedungene Mafiosi, deren Bosse die lukrativen Gewerkschaftsposten besetzten; dieser idyllische Zustand hat sich, im Falle der großen und einflußreichen Transportgewerkschaft AFL-CIO, mindestens bis in die Ära Reagan erhalten und dafür gesorgt, daß 10–15 % der produzierten und für den Transport vorgesehenen Waren unterschlagen wurden. (Ich entsinne mich eines Artikels in der ›Süddeutschen Zeitung‹ während der 80er Jahre, in dem die Inthronisation eines solchen Mafioso als Gewerkschaftschef geschildert wurde. Es war ein Trumm von 120 Kilo, mit schweren Goldringen an den Wurstfingern; seine Vorgänger hatte man mit Betonklötzen an den Füßen in einem See gefunden. Er ließ sich bei der Feier in einer Sänfte in den Saal tragen; die Träger waren als römische Legionäre verkleidet. Die Tische bogen sich unter den Lachs- und Kaviarlasten. Ein Festredner stellte als erstes den Antrag, daß das Salär des Bosses angehoben werden sollte, worauf der Dicke jovial mit den Worten abwinkte: »Aber Kinderchen, laßt das; Ihr wißt doch, daß ich genug Geld habe.« – Das Eigentümliche war nun, daß der Lohnschreiber diese Szene weder peinlich fand noch das leiseste Wörtchen der Kritik äußerte. Amerika ist eben *a little bit different*: in der Ökonomie herrschen die Monopole, in der Politik ein Wahlkaiser mit Entourage, die beiden Parteien unterscheiden sich nur durch ihre Embleme, Esel und Elefant, und die bevorzugte Umgangsform ist, wie das Beispiel eindrücklich zeigt, die Dekadenz nach spätrömischem Muster.) Mit anderen Worten: Die herrschende Klasse der USA vermochte es mit vergleichsweise geringfügigen Mitteln, einen gesellschaftlichen Zustand zu schaffen, wie ihn Hitler nur mit Pogromen, Parteiverbot und Konzentrationslagern, also wesentlich blutrünstiger und »sensationeller«, zu etablieren vermochte. Die herrschende Klasse der Vereinigten Staaten benötigte keine faschistische Diktatur, weil die »demokratisch« getünchte Diktatur der Konzerneigner und ihrer politischen Werkzeuge ausreichte, um der Arbeiterbewegung das Genick zu brechen. Das aber macht das politische System der USA weder gerechter noch edelmütiger, auch wenn seine Repräsentanten und deren bezahlte Nachplapperer dies unermüdlich betonen.

Am Vorabend des 2. Weltkriegs waren die imperialistischen Länder in zwei antagonistische Lager gespalten: einerseits in die »Achsenmächte«, d. h. die faschistischen Länder Deutschland, Italien und Spanien mit ihren Satelliten und im Bündnis mit dem kaiserlichen Japan; sie strebten eine Neuaufteilung der Welt an, und zwar auf Kosten, zweitens, der »Alliierten«, der einstigen Kolonialmächte und nunmehr bürgerlichen »Demokratien« – wir haben gesehen, wie dringend nötig, ja unerläßlich die Anführungszeichen sind – Frankreich und England unter Führung der USA. Diese zog als Hegemonialmacht in Europa die Strippen und stellte die Figuren für das »große Spiel« auf: Da ein Großteil der dem Kriegsverlierer Deutschland im Diktatfrieden von Versailles als »Reparationen« aufgebürdeten Milliardenlasten – ursprünglich Jahresraten in Höhe von zuerst 2,05, dann 1,65 Milliarden Reichsmark bis 1988! – hauptsächlich Frankreich zugute kam, dieses aber als vergleichsweise schwache »Republik« sowie aus geostrategischen Gründen nicht für den Angriff auf die Sowjetunion taugte, verlegten sich die USA auf die klandestine Finanzierung Hitlers: nur ein militant antikommunistisches, militärisch erstarktes Deutschland konnte den Überfall auf die Sowjetunion wagen. Dies und wenig anderes bildete den Hintergrund der heute mit bedenkenträgerischer Heuchelei benörgelten *Appeasement*-Politik der Alliierten gegenüber dem Dritten Reich: Man mußte Hitler gewähren lassen, ihm das bißchen Saarland, Österreich und die Tschechoslowakei »gönnen«, damit er den Angriffskrieg gegen die Sowjetunion in Szene setzen konnte, vor allem aber nicht durch seinen eventuellen Sturz die glanzvolle Wiederauferstehung der KPD provozierte und damit einfach alles, alles versaute. Und war Hitler nicht, aus der Sicht der alliierten bürgerlichen »Demokratien«, geradezu vorbildlich mit der stärksten Arbeiterbewegung Europas umgesprungen? Grund genug, bei seinen ersten territorialen Raubzügen durch die Finger zu schauen, ihn allenfalls ein wenig zu »beschwichtigen«. Die Initialzündung für den 2. Weltkrieg war die Frage, ob Polen britisch oder deutsch werden sollte, denn auch John Bull gierte nach dem Besitz Polens, um dem deutschen Rivalen zuvorzukommen und im Verein mit den USA der Sowjetunion den Garaus zu machen und die Beute zu teilen. Der deutsche Überfall auf Polen, der Hitlers Plänen zufolge so früh stattfinden mußte, um eben den Briten zuvorzukommen, schuf vollendete Tatsachen: die gemeinsame Grenze mit der Sowjetunion war hergestellt und damit die wichtigste Bedingung für die »Endlösung« der Sowjetfrage erfüllt. Von nun an entwickelten die militärischen Abläufe eine Eigendynamik, deren Ergebnis bekannt ist; nur die wichtigsten Resultate seien hier nochmals in Erinnerung gerufen.

Der große Brocken Sowjetunion blieb Hitler quer im Halse stecken, so daß er daran verreckte, was nur recht und billig war. (Warum wird in Deutschland nicht der Niederlage bei Stalingrad als dem Beginn der Befreiung vom Faschismus gedacht, im Unterschied etwa zu Belgien und Frankreich? Weil in Westdeutschland die Altnazis weiterregierten, selbstverständlich unter der Obhut von Uncle Sam.) Frankreich war binnen dreier Wochen von der Wehrmacht erobert, England setzte sich unter schweren Verlusten gegen die deutschen Angriffe zu Wasser und aus der Luft zur Wehr. Der eigentliche Gewinner in den ersten beiden Kriegsjahren, also vor ihrem offiziellen Kriegseintritt, waren jedoch die Vereinigten Staaten: Sie stellten England, dessen Seestreitkräfte durch die deutsche Kriegsmarine in schwere Bedrängnis geraten waren, 50 alte Zerstörer zur Verfügung und ließ sich dafür am 2. September 1940 alle britischen Militärstützpunkte im Atlantik – Neufundland, Bermudas, Bahamas, Jamaica, Santa Lucia, Trinidad, Antigua und Britisch-Guyana – überschreiben. So wurde der Atlantik zum *Mare Americanum*, ohne daß die USA einen Schuß hatten abfeuern müssen – Kriegführen kann so schön sein, wenn die anderen latzen und bluten!

Ansonsten bewahrten die USA zu Anfang eine lauernde Neutralität, die der spätere Präsident Truman wie folgt umschrieb: »Wenn wir sehen, daß Deutschland gewinnt, sollten wir Rußland helfen, und wenn Rußland gewinnt, sollten wir Deutschland helfen, damit sich auf diese Art und Weise soviel als möglich töten.«[34] Und so geschah es auch. Die Sowjetunion erlitt durch den faschistischen Überfall zu Beginn verheerende Verluste, während sich die »Hilfe« der westlichen Alliierten auf insgesamt magere 4 % der sowjetischen Industrieproduktion zu Kriegszeiten belief – die gezielt sehr spät eröffnete Westfront gegen Hitler-Deutschland bot die Gewähr, daß die Sowjetunion in ihrem letztlich siegreichen Abwehrkampf ausblutete. Als sich im Jahr 1941 die Waage des Kriegsglücks den faschistischen Achsenmächten zuneigte, steuerten die USA auf Kriegskurs, ohne ihn offiziell zu erklären; mußte man doch stets als der Angegriffene dastehen. Karlheinz Deschner schreibt hierzu:

> Roosevelt provozierte Deutschland fortgesetzt, um endlich Krieg führen zu können. […] Er befahl der Atlantikflotte, faschistische Kriegs- und Handelsschiffe zu verfolgen, ebenso Flugzeuge und deren Bewegungen alle vier Stunden der britischen Marine und Luftwaffe durch Funk zu übermitteln. Nicht einmal, als amerikanische Marine-Infanterie am 7. Juli 1941 in Island landete, um eine Besetzung durch deutsche Truppen zu verhindern, ließ sich Deutschland herausfordern. »Wir verfolgen kein anderes Ziel, als die USA aus dem Krieg herauszuhalten«, erklärte Ribbentrop. »Diese Politik erforderte auf deutscher Seite ein Übermaß an Zurückhaltung… wir antworteten auf keine der zahllosen Provokationen.«

Klar: Die Deutschen hatten mit der Sowjetunion sowie auf den west-, südosteuropäischen und nordafrikanischen Kriegsschauplätzen alle Hände voll zu tun und konnten sich keinen weiteren Feind, einen so mächtigen zumal, leisten. Als es am 4. September 1941 zu Kampfhandlungen zwischen einem US-Zerstörer und einem deutschen U-Boot in der Nähe von Island kam, war der ersehnte Vorwand zum Kriegseintritt endlich gegeben, wie Roosevelt bekundete: »Die Schießerei ist losgegangen. Und die Geschichte verzeichnet, wer den ersten Schuß abfeuerte.«[35] Das waren natürlich die Deutschen, die späteren Kriegsverlierer, die bösen …

Bereits 1943 definierten die USA, aufgrund ihrer ungeheuren ökonomischen und militärischen Ressourcen der mit Abstand stärkste Kriegsteilnehmer, ihre Aufgaben als weltweit und strebten eine »globale Präsenz« ihrer Bomber an. Noch war Hitler-Deutschland nicht niedergerungen, als die US-Führung im Frühjahr 1944 einen weiteren Weltkrieg ins Auge faßte, und zwar gegen einen »totalitären Aggressorstaat«, in einem »Kräftemessen zwischen Gut und Böse« – darunter machen's die Amis nie – »in einem Kampf auf Leben und

Als wäre es heute: US-Verzichtspropaganda während des 2. Weltkriegs

Tod«.[36] Ebenfalls klar: damit konnte nur die Sowjetunion gemeint sein. Hätte der Kalte Krieg nicht schon 1917 begonnen, müßte man seine Anfänge in den noch heißen Krieg des Jahres 1944 datieren. Noch aber war es für einen weiteren heißen Krieg zu heiß, wie die Vereinigten Stabschefs der US-Streitkräfte im Mai 1944 ihre politische Führung wissen ließen:

> Wenn man die infrage kommenden militärischen Faktoren entsprechend in Betracht zieht – Hilfsquellen, Menschenmaterial, geographische Lage und insbesondere unsere Fähigkeiten, unsere Streitkräfte über den Ozean zu werfen und sie entscheidend auf dem Kontinent einzusetzen – könnten wir in der Lage sein, Großbritannien erfolgreich zu verteidigen, aber wir können unter den gegenwärtig bestehenden Bedingungen nicht Rußland schlagen. Mit anderen Worten, wir würden uns in einen Krieg verwickelt finden, den wir nicht gewinnen könnten.[37]

Damit waren aber die Gegner und das Ziel in einem zukünftigen Krieg festgelegt, gleichgültig, ob dieser nun kalt oder heiß sein würde.

Bevor nun die Tragödien von Hiroshima und Nagasaki in den Vordergrund treten, sei auf eine entscheidende militärtechnologische Innovation des

20. Jahrhunderts hingewiesen: das Flugzeug. Wenn im 1. Weltkrieg schwerfällige deutsche Zeppeline Brandbomben auf London abwarfen oder »die tollkühnen Männer in ihren fliegenden Kisten« sich Schießduelle in den Lüften lieferten, dann wirkt dies aus heutiger Sicht fast putzig. Immerhin bemühte man sich schon nach Kräften, diese neue Waffe gegen feindliche Bodentruppen einzusetzen, indem man beispielsweise »Fliegerpfeile« abwarf, überdimensional große Eisennägel, die, wenn sie trafen, ihr Opfer vom Scheitel bis zur Sohle durchschlugen; Robert Musil hat in seiner Erzählung ›Die Amsel‹ den Einsatz dieser recht archaischen Waffe eindrucksvoll geschildert. Mit der technischen Vervollkommnung der Flugzeuge, der Erhöhung ihrer Reichweite und ihrer »Nutzlast«, in diesem Fall Bomben, war eine qualitativ neue Kriegführung möglich, wie der italienische Luftwaffengeneral Giulio Douhet bereits 1921 feststellte: Nun konnten die feindlichen Linien und Befestigungsanlagen überflogen und der Krieg ins Hinterland des Feindes getragen werden, konnten Verkehrswege, Industrieanlagen, ja die gesamte Infrastruktur und ganze Städte zerstört werden. Der Gedanke des Lufterrors gegen die Zivilbevölkerung des Feindes war geboren, und Alexander de Seversky – Flugzeugkonstrukteur und Berater der US-Luftwaffe – griff ihn in seiner 1942 veröffentlichten Propagandaschrift ›Sieg durch Luftmacht‹ begeistert auf (Walt Disney fertigte daraus einen filmischen Propaganda-Schinken, der allerdings nicht so lustig wie Donald Duck ist):

> Aus jeder Himmelsrichtung [...] versammeln sich Riesenbomber, jeder beschützt durch einen Konvoi todbringender Jagdflugzeuge, über den Vereinigten Staaten von Amerika. Da sind Tausende dieser Schlachtschiffe der Lüfte. Jeder von ihnen trägt wenigstens 50 Tonnen stromlinienförmiger Sprengbomben und einen Hagelsturm leichter Brandbomben. Welle auf Welle kommen sie heran – für jeden sichtbar, im hellen Tageslicht, großartig gepanzert und bewaffnet, umgeben von Schutzflugzeugen und so ausgerüstet, daß sie sich ihren Weg zu den angegebenen Zielen bahnen können. Luftarmadas kämpfen jetzt kühn und grimmig, nur mit einer Zerstörungsgewalt, die unendlich viel schreckenerregender ist.[38]

Diese Form der Kriegführung forderte bereits im 2. Weltkrieg Berge von Toten: 55 Millionen Menschen, mehrheitlich Zivilisten (und es gibt, wie wir gesehen haben, doch tatsächlich moralische Cretins, die dies im Falle der Kriegsverlierer »gut« und »gerecht« finden). – Übrigens: Zu den am stärksten kriegszerstörten deutschen Städten zählt vor Berlin, Dortmund, Hamburg, Köln, Stuttgart oder Dresden, mißt man den prozentualen Anteil der Bombentoten an der Gesamtbevölkerung, die kleine süddeutsche Stadt Pforzheim, der Geburtsort Johannes Reuchlins. Lange unbeschädigt, da militärisch unbedeutend, wurde es als Ziel für einen Brandbomben-Angriff ausgesucht, weil es über eine historische, aus Fachwerkhäusern bestehende, also gut brennbare Altstadt verfügte. Die nächtliche Operation erhielt, da der kommandierende britische Offizier Hobby-Angler war, den Codenamen *Yellowfin*, »Gelbflosse«. Zuerst wurden am 23. Februar 1945 farbige Leuchtbomben rings um die Altstadt abgeworfen, dann lud die aus 369 Flugzeugen bestehende Bomberflotte der britischen Royal Air Force ihre tödliche Last ab. Sie

> …zerstörten in 19 Minuten, was Jahrhunderte hindurch aufgebaut worden war. Nahezu 20 000 Menschen fanden den Tod. In den Annalen des Luftkrieges gilt der Angriff auf Pforzheim als einer der konzentriertesten Vernichtungsangriffe, die während des Zweiten Weltkrieges auf eine deutsche Stadt ausgeführt wurden. Die flächenmäßige Zerstörung wird manchmal als die prozentual schwerste genannt [laut britischen Angaben betrug sie 83 % des Stadtgebietes; P. P.], die in einem einzigen Angriff einer Stadt zugefügt wurde. Die Menschenverluste waren sehr hoch. Rund ein Drittel der Einwohner wurde getötet.[39]

Pforzheim war ein Hiroshima *en miniature*, freilich noch ohne radioaktives Fallout. Wie die japanische Metropole wurde es einzig zu Testzwecken, nach dem Kriterium der Brennbarkeit, nicht etwa der Kriegsrelevanz, ausgewählt; dasselbe gilt für Mainz, Würzburg und Hildesheim, die wegen der intakten Bausubstanz ihrer Altstädte der Vernichtung anheimfielen. Wie in Hiroshima konnten in Pforzheim zahlreiche Leichen nicht mehr ausfindig gemacht werden, da die menschlichen Überreste in der Gluthitze des Feuersturms zu Pulver verbrannten. Auch die Augenzeugenberichte der Überlebenden unterscheiden sich nur in den Ortsangaben:

> Immer mehr Menschen kamen auf den Sedanplatz, es wurde immer heißer, der Feuersturm brach los. Man konnte vor Hitze nicht mehr stehen. Die fünf großen Kastanienbäume auf dem Platz fingen Feuer und waren im Nu lodernde Fackeln. Jeder wollte dahin, wo es nicht mehr brannte. Mal lag man unten, mal oben auf dem Menschenknäuel. Ich versuchte, mir mit den Händen das Gesicht zu schützen. Die einen beteten, die anderen schrien, manche rannten direkt ins Feuer … Es war so heiß, daß man nicht wußte, brennt man oder brennt man nicht. Ich hatte nur den einen Wunsch, der liebe Gott möge mich schnell bewußtlos werden lassen, damit ich nicht bei vollem Bewußtsein verbrenne … Einmal gellte ein entsetzlicher Schrei über den Platz, als eine Frau

eines ihrer beiden Kinder vermißte. Dann wieder lange nur das Prasseln des Feuers, das Krachen der einstürzenden Häuser, das Explodieren der Zeitzünder. Und die Hitze, die unerträgliche Hitze …

Noch Tage danach bietet sich dem Betrachter eine Szenerie des Grauens, die geradezu surreal anmutet:

Am Sedanplatz war eine Gruppe von flüchtenden Menschen vom Tod ereilt worden. Da lag ein junges Paar, jäh gestürzt, er hielt sie noch schützend umschlungen. Daneben hockte ein Toter auf den Knien. Am ersten Tag schon hatte ich in der Bleichstraße ein junges Mädchen liegen sehen, auch noch am zweiten, und erst am dritten war sie endlich weggeholt. Es war ein zartes Ding, in Feuersgluten geschrumpft zu einer rötlichen Puppe, zum Himmel starrend, die Glieder verzückt erhoben wie zum Tanze. Ohne Kleider, versengt, verbrannt, ein Bild geschändeter und anonym gewordener Kreatur …

Die Autorin dieser vorbildlich recherchierten Studie zieht folgendes Resümee:

Im Vokabular des *Doublespeak* jener Tage war »Enthausung« ein verharmlosendes Abstraktum des Schrecklichen, das sich in den betroffenen Städten abspielte, in denen die Bevölkerung hilflos dem Bombenhagel ausgesetzt war. Tausende von Menschen, darunter viele Kinder, lebten in der Pforzheimer Innenstadt. Sie war ihre Heimat, ihre Welt, die für sie am 23. Februar innerhalb von Minuten zur Hölle wurde. In diesem Kontext betrachtet, war »Enthausung« ein Synonym für Terror. Denn wenn die Bomben fielen, wenn die Stadt brannte und die Menschen starben, entfaltete sich dieser Plan zu dem, was er wirklich war, ein Plan für Terror und Tod.[40]

Dem ist kaum etwas hinzuzufügen, außer dem Verweis auf den bodenlosen Zynismus, welcher der Schutzbehauptung auf Täterseite zugrunde liegt, die Flächenbombardierung und Massenvernichtung seien eine Art Motivationshilfe für die deutsche Bevölkerung gewesen, endlich gegen das Hitler-Regime aufzubegehren. *Danach* stand den Überlebenden, wie man sieht, nun wirklich nicht der Sinn, zumal der faschistische Repressionsapparat von der Gestapo bis zu diversen Exekutionskommandos noch leidlich intakt war. (Gestatten wir uns folgende Phantasie: Würden fünf Atomminen, gezündet in New York, Chicago, Los Angeles, Philadelphia und Dallas, die amerikanische Bevölkerung »endlich« dazu bringen, ihre Regierung zum Rückzug aller US-Truppen aus Afghanistan und dem Irak zu drängen? Vermutlich ja, wenn mit weiterer zu rechnen ist. Aber würden sie sie zu Kommunisten machen?) – Auch versäumten die alliierten Bomberkommandos im Falle Pforzheims nicht, der Goldschmuck- und Uhrenstadt nachträglich aufgrund der dort dominierenden feinmechanischen Industrie militärische Relevanz zuzusprechen, was eindeutig nicht der Fall war; wir werden diesem Schema noch häufiger begegnen. Es kommt eben, was den gezielten Massenmord an Zivilisten anbelangt, auf die Perspektive an. Der US-amerikanische Kongreßabgeordnete Mendel Rivers, der zahlreiche Prozesse gegen in Vietnam verübte Kriegsverbrechen hintertrieb, geriet noch Jahrzehnte später über das Pforzheimer Massaker ins Schwärmen: »Ich erinnere mich noch sehr gut, wie wir Deutschland bombardiert haben. Junge, Junge, sie haben sie zu Zehntausenden umgebracht. Ich war in Pforzheim. Und die Deutschen, von denen ich eine Menge kenne, erzählten mir, daß an einem einzigen Samstagnachmittag 60 000 Menschen von unseren wundervollen Bombern getötet wurden. [...] Krieg ist eben Krieg.«[41] Rivers hatte deswegen so wenig ein schlechtes Gewissen wie, sagen wir, ein an antijüdischen Pogromen im Baltikum beteiligter Nazi. – Warum ist es aber in Baden-Baden und in Heidelberg am Neckar so schön? Nun, hier hatten die französischen und US-amerikanischen Streitkräfte jeweils ihre Hauptquartiere nach dem Krieg vorgesehen – in Ruinen zu hausen, das überließ man nun doch lieber den Deutschen.

Da der Jahrestag der Bombardierung Dresdens vom 13.–15. Februar 1945 in den letzten Jahren den Anlaß für ein Pogromritual bildet, bei dem sich Kirchenvertreter, Regierungsparteien und autonome Schläger – also Jubelperser auf dem Boden der fdGO – die Hände reichen, um bekennenden Rechten das ihnen zustehende Grundrecht auf Demonstration zu verwehren (was solange einen Rechtsbruch darstellt, wie die NPD nicht verboten ist und ihre Kundgebungen keinen Aufruf zu Straftaten enthalten [einfach nachlesen: Art. 3,3 und 8,1 GG]), seien die Hintergründe dieses abgefeimten Lufterrorismus an dieser Stelle etwas näher beleuchtet. Als Kronzeuge sei Walter Weidauer herangezogen, der langjährige Oberbürgermeister Dresdens zu DDR-Zeiten, der eine gründlich recherchierte Studie über die Zerstörung jener Stadt veröffentlicht hat, der er sich zeitlebens besonders verbunden fühlte.[42] Die Ansicht, daß seine Zugehörigkeit zur SED die Glaubwürdigkeit seiner Aussagen mindere, sei jenen überlassen, die arm sind im Geiste und daher selig und eines Hammers nicht bedürfen; allerdings müssen auch diese Kreise zugeben, daß man diesen Herrn schwerlich als einen »Nazi-Sympathisanten« bezeichnen kann. Doch wer weiß, was die Zukunft so alles bringt ...

Weidauer verfaßt einleitend eine Art Liebeserklärung an »seine« Stadt, mit ihrer berühmten Gemäldegalerie, der Semperoper, ihren prächtigen Kirchen, Palais und Bürgerhäusern, der Technischen Hochschule und dem Hygiene-Museum, kurz: dem auch im Ausland unter diesem Namen bekannten und geschätzten »Elbflorenz«. Von seinen 630 000 Einwohnern waren 1939 lediglich 90 000 als Industriearbeiter beschäftigt, die wie in Pforzheim in der feinmechanischen Industrie tätig waren, in Elektrobetrieben oder den bekannten Zigaretten- und Schokoladefabriken. Weidauer faßt zusammen:

> Jedoch gehörte Dresden nicht zu den ausgesprochenen Rüstungszentren im zweiten Weltkrieg wie manche andere Großstadt im damaligen Deutschen Reich. Kein Wunder, daß bei dieser industriellen Beschaffenheit und in Anbetracht der umfangreichen und einmaligen Schätze, die gerade das Zentrum der Stadt Dresden barg, sich während des zweiten Weltkrieges immer mehr die illusorische Meinung verbreiten konnte, Dresden, dieses große, bedeutende Museum Deutschlands und der gesamten Menschheit, müsse nicht mit einer Vernichtungsaktion durch alliierte Bomber rechnen. (S. 13).

Aber genau diese Auslöschung war geplant, wobei nicht dick genug unterstrichen werden kann, daß sich der Schlag nicht gegen die durchaus vorhandenen rüstungsrelevanten Betriebe in den Vororten richten sollte, sondern gegen die dichtbesiedelte historische Altstadt mit ihrer Ansammlung kultureller Preziosen. Hören wir den Verfasser weiter:

> Manchmal taucht die Behauptung auf, daß gerade die Stadt Dresden für die Rüstung und Kriegführung bedeutungslos gewesen sei. Das stimmt nicht. Es ist hier nicht der Ort, alle wesentlichen Dresdner Betriebe mit ihren Belegschaftszahlen und der Art ihrer Kriegsproduktion aufzuzählen. Tatsache ist, daß große Werke mit wichtiger Kriegsproduktion in Dresden vorhanden waren. Außerdem gab es zahlreiche Kasernen und andere militärische Einrichtungen. Das Kennzeichen des Bombenangriffs war aber, daß die größten Dresdner Rüstungsbetriebe, das Industriegelände in Dresden-Nord, die Kasernen, die Luftkriegsschule, der Flugplatz und andere militärische Einrichtungen nicht angegriffen worden sind. Die Umstände, gute Sicht und keine Abwehr, hätten es durchaus ermöglicht, solche Punktziele wirkungsvoll zu bombardieren. Aber nichts dergleichen geschah. Selbst das große Benzinlager an der Elbe im Nordwesten der Stadt war nicht im Plan für die Piloten. (S. 19 f.)

Worin bestanden aber dann die Pläne Churchills und seiner US-amerikanischen Bomben-Kumpane? Dresden war Bestandteil einer Liste ostdeutscher

Städte, deren Zerstörung die alliierten Kriegsplaner bis zur letzten Minute höchste Priorität einräumten: neben der Elbestadt Magdeburg, Halle, Breslau, Leipzig, Chemnitz, Erfurt, Posen, Gotha, Eisenach und Weimar. Allen diesen Städten war gemeinsam, daß sie, gemäß der längst erfolgten Aufteilung Deutschlands unter den Siegermächten, in der zukünftigen »SBZ« lagen, der sowjetischen Besatzungszone. Es war die »Taktik der verbrannten Erde« gegen den Noch-Verbündeten, aber zukünftigen Kriegsgegner Sowjetunion, der nur über Ruinenlandschaften herrschen sollte. Dieses Kalkül war Churchill Zehntausende von Bombentoten wohl wert, und diese Vorstellung kitzelte ihn vielleicht so angenehm wie ein Zug an seiner Zigarre. Kriegsverkürzung? Dieses Argument vorzubringen, überließen sie den Deppen. Und wie es mit dem »Antifaschismus« der Westalliierten beschaffen war, wurde bereits erörtert. Um den Luftterror möglichst effektiv zu gestalten, d. h. um die größtmögliche Zahl von Häusern zu zerstören und von Menschen umzubringen, ging man sehr sachkundig und detailbeflissen zu Werke:

> Zwischen dem ersten und dem zweiten Nachtangriff durften nicht viel mehr, aber auch nicht viel weniger als drei Stunden liegen. Erstens war gerade diese Zeitspanne so kurz, daß die deutschen Nachtjäger nach dem ersten Einsatz noch nicht wieder startbereit sein konnten, und zum anderen – so kalkulierten sie richtig – würden nach drei Stunden viele Feuerwehren, auch auswärtige, Luftschutzeinheiten und selbstverständlich die Bevölkerung mitten in der Brandbekämpfung sein. Deshalb auch der barbarische Befehl, in die brennende Stadt und das Menschengewimmel beim zweiten Angriff hauptsächlich Sprengbomben zu werfen, um möglichst viele der an den Lösch- und Rettungsarbeiten teilnehmenden Menschen zu töten und den Flüchtenden den Weg aus der Stadt zu verlegen. Ein wahrhaft diabolischer Plan. (S. 45)

Der moralischen Bewertung dieses Kriegsverbrechens ist Wort für Wort zuzustimmen, sofern man eben nicht die Lügen der Kriegsgewinner nachbeten und sie perverserweise mit dem Signum »antifaschistisch« versehen will. Die Bomberarmada erhielt – ungewöhnlicherweise – keine Ausweichziele angegeben. Die erste Bomberflotte aus 243 »Lancaster«-Flugzeugen begann ihr Vernichtungswerk am 13. Februar um 10 Uhr abends. Nachdem mit Markierungsbomben die Altstadt als Ziel gekennzeichnet war, prasselten 650 000 Stabbrandbomben auf das Areal nieder. Wie vorgesehen, folgte drei Stunden später eine 529 Flugzeuge umfassende Luftflotte mit Sprengbomben. Am Tag danach, am 14., gaben über 500 US-Flugzeuge der sterbenden Stadt den Rest:

Mit 311 »Fliegenden Festungen« und über 200 Jagdflugzeugen erschien die 8. amerikanische Luftflotte über der bereits zur Hölle gewordenen Stadt. Die Brutalität kannte keine Grenzen. Neben dem Abwurf von 475 t Sprengbomben und 300 t Brandbomben war den begleitenden Jagdfliegern die Erlaubnis erteilt worden, »Gelegenheitsziele« mit Bordwaffen anzugreifen. Tausende Obdachlose, Männer, Frauen und Kinder wurden gekillt, sie waren solche »Gelegenheitsziele«. (S. 50)

Insgesamt brachten die Alliierten auf diese Art und Weise 35 000 Dresdner zur Strecke, die in den nächsten Tagen zu Leichenbergen zusammengetragen wurden. Sollte die Rote Armee sehen, wie sie mit dem vorgefundenen Schrott zu Rande kam. Und doch, im Rückblick betrachtet, war dies nur eine Fingerübung für ein weit größeres Verbrechen.

Was würde geschehen, wenn ein Staat wie die USA, dessen Regierungen sich so sehr für den Massenmord aus der Luft erwärmen, sich im Besitz einer Superwaffe befände, die den Sieg im 2. Weltkrieg sowie in jeder künftigen militärischen Konfrontation garantiert?

Der Wettlauf um die Atombombe

Am 22. Dezember 1938 begann das moderne Atomzeitalter. An jenem Tag gelang dem deutschen Nuklearphysiker Otto Hahn und dem jungen Chemiker Fritz Straßmann in Kooperation mit der Wissenschaftlerin Lise Meitner, die wegen ihrer jüdischen Abstammung aus Deutschland hatte fliehen müssen, die erste Atom- oder Kernspaltung der Menschheitsgeschichte. 1789 hatte ein Deutscher, der Apotheker Martin Heinrich Klaproth, in Berlin das Element Uran entdeckt und benannt; fast aufs Jahr genau ein Vierteljahrtausend später erfolgte in der preußischen Metropole, am (nach 1945 aufgelösten) Kaiser-Wilhelm-Institut für Physik in Berlin-Dahlem, die Spaltung des Uran-Isotops 235[*]. Diese bahnbrechende Neuerung war indessen alles andere als eine rein deutsche Angelegenheit; vielmehr könnte sie aufs schönste die fruchtbare Zusammenarbeit von Gelehrten in den technisch fortgeschrittensten Ländern

---

[*] Siehe die Definition in AVEnz *s. v.* »Isotop«: »Im Atomgewicht aufgrund unterschiedlicher Neutronenzahl abweichende Variante eines Elements.«

illustrieren (was barbarische gesellschaftliche Zustände nicht ausschließt; siehe den deutschen Faschismus). *Könnte*: denn die militärische Brisanz dieser Entdeckung ließ die Errungenschaften der länderübergreifenden Gelehrtenrepublik schnell in den Hintergrund treten.

Im Jahr 1919 hatte der britische Physiker Ernest Rutherford einige Stickstoffatome durch Beschuß mit positiv geladenen Alpha-Teilchen in Sauerstoffatome verwandelt; damit war die erste künstliche Kernumwandlung gelungen. In der Folge konzentrierten sich die Bemühungen der Forscher auf die hochenergetische »Bombardierung« von Atomkernen, ohne jedoch die geringsten Erfolge zu erzielen. Weitere Stationen auf dem Weg zur Kernspaltung bildeten die Entdeckung der Neutronen durch den Briten James Chadwick zu Anfang der 30er Jahre, die Erzeugung künstlicher Radioaktivität durch das französische Forscherpaar Frédéric und Irène Joliot-Curie sowie die Experimente des jungen italienischen Physikers Enrico Fermi, die ihn befähigten, sich langsam bewegende Neutronen zu erzeugen. Damit befand sich die Physik, ohne es zunächst zu wissen, im Besitz des entscheidenden Instrumentes für die Kernspaltung.

Als Hahn und Straßmann das Resultat des Neutronenbeschusses eines Urankerns überprüften, mußten sie zu ihrer Überraschung feststellen, daß keineswegs, wie aufgrund analoger Versuchsreihen zu erwarten gewesen wäre, ein im Periodensystem benachbartes »Transuran« mit der Kernladungszahl 93 entstanden war, sondern daß das Uran-Isotop, wie eine chemische Analyse erwies, in zwei mittelschwere Elemente zerfallen war: in Barium und das Edelgas Krypton mit den Kernladungszahlen 56 bzw. 36 (was zusammen 92, die Kernladungszahl des Uran, ergibt). Dieses Resultat kam so unerwartet und mutete so außergewöhnlich an, daß die beiden Forscher in ihrem am 6. Januar 1939 in der Zeitschrift ›Die Naturwissenschaft‹ veröffentlichten Bericht vorsichtig formulierten: »Als der Physik in gewisser Weise nahestehende ›Kernchemiker‹ können wir uns zu diesem, allen bisherigen Erfahrungen der Kernphysik widersprechenden Sprung noch nicht entschließen. Es könnten doch vielleicht eine Reihe seltsamer Zufälle unsere Ergebnisse vorgetäuscht haben.«[43]

Aber es stimmte. Sollte sich nun noch herausstellen, daß bei diesem Spaltungsvorgang weitere Neutronen freigesetzt werden, so waren alle Voraussetzungen für eine Kettenreaktion, d.h. einem lawinenartigen Anschwellen der Spaltungsabläufe, bis hin zur »überkritischen« Phase mit einer ungeheuren Energieentbindung, gegeben. Auch dies bestätigte sich: Pro Kernspaltung wurden durchschnittlich 2,5–2,9 Neutronen freigesetzt, die ihrerseits weitere

Kerne spalteten. Damit war der praktische Nachweis für die Richtigkeit von Einsteins Energie-Masse-Gleichung erbracht, wonach die in einem Materieteilchen gebundene Energie dem Produkt aus der Masse des Materieteils und dem Quadrat der Lichtgeschwindigkeit entspricht ($E = mc^2$).

In der Tat waren die Energiebeträge, die durch dieses Verfahren freigesetzt werden konnten, geradezu gigantisch und sprengten das herkömmliche Vorstellungsvermögen: Pro gespaltenem Urankern entstand eine Energiemenge von 200 Millionen Volt; ein Kilogramm vollständig gespaltenes Uran lieferte das Energieäquivalent von 2500 Tonnen verbrannter Steinkohle! Der Physiker Flügge, technischer Berater an Hahns chemischem Institut, führte anhand einiger Zahlenbeispiele vor, welche Optionen sich mit diesem neuen Verfahren ergaben:

> Mit einem einzigen Neutron, das »zündet«, wird eine wägbare, ja beliebig große Menge von Uran umgesetzt und dabei Kernenergie frei gemacht. Man kann ziemlich genau angeben, wieviel Energie man so gewinnen kann. In der Natur kommt Uran in der Verbindung Uranoxyd vor; sie ist das von Verunreinigungen befreite Erz Uranpechblende, wie es etwa in den Gruben von St. Joachimsthal […] gewonnen wird. Ein Kubikmeter dieses Oxyds wiegt 4,2 t und enthält 900 Billionen Billionen Uranatome. Bei der Spaltung eines Uranatoms werden etwa 3 billionstel Meterkilogramm Energie frei; bei der Umsetzung der ganzen Menge also 27 000 Billionen Meterkilogramm. Da ein Kubikkilometer Wasser eine Billion Kilogramm wiegt, genügt diese Energie, um einen Kubikkilometer Wasser 27 Kilometer hoch zu heben, das heißt also, etwa den Wasserinhalt des Wannsees bis in die Stratosphäre hochzuschleudern.[44]

Welche Möglichkeiten friedlicher Energiegewinnung eröffneten sich hier, aber auch welche verheerenden Perspektiven der Massenvernichtung in einem zukünftigen militärischen Konflikt, der sich bereits am Horizont abzeichnete! Dies war natürlich allen Beteiligten klar, einerseits den Wissenschaftlern, ob sie nun wie Einstein aus dem faschistischen Deutschland geflüchtet waren oder, aus politischer Indifferenz bzw. Sympathien für die Nazis, dort verblieben waren, andererseits der politischen Führung in den jeweils kriegsbeteiligten Ländern, wenngleich mit einiger Verzögerung. Hitler und seine Generale berauschten sich bis Anfang 1942 an den Erfolgen der Blitzkriegs-Strategie, dem keilförmigen Vordringen massiver Panzerverbände mit enormen Geländegewinnen, unter begleitendem Luftterror und nachrückenden Infanterieverbänden, welche mit der Besetzung des Landes, der Ermordung aller

Sowjetkader vom Dorfbürgermeister bis zum Armeekommissar sowie mit der Dezimierung der »slawischen Untermenschen« beauftragt waren; diese Strategie ergab sich aus der doppelten Notwendigkeit, die politische und militärische Führung der Sowjetunion in ihren Zentren zu liquidieren – was trotz der Vertrauensseligkeit Stalins in Hitlers »Friedensabsichten« und der 1937/38 erfolgten »Säuberung« der Roten Armee, d.h. der Ermordung der fähigsten Offiziere[45], letztlich nicht gelang, zweitens aus der Erfordernis, möglichst zügig zu den Ölfeldern um das aserbaidschanische Baku vorzustoßen, denn ohne Sprit blieben die Panzerverbände stehen. Anfangs schien das Kalkül der Nazi-Führung aufzugehen, so daß sie die intensive physikalische Grundlagenforschung zunächst für überflüssig erachten mochte; auch die politische Klasse der USA zeigte sich von der ersten Durchschlagskraft der faschistischen Streitkräfte so nachhaltig beeindruckt, daß sie sich nicht scheuten, als gelehrige Schüler Hitlers dessen Generalmajor Reinhard Gehlen, Chef der Abteilung »Fremde Heere Ost«, nach Kriegsende in die USA zu holen, um weitere Details von ihm zu erfahren: da man auf den Spuren Hitlers die Sowjetunion ein zweites Mal überfallen wollte, konnte man von den Erfahrungen des Kriegsverlierers profitieren. Gehlen durfte übrigens nach seiner Rückkehr nach Westdeutschland die Auslandsspionage-Organisation, den »Bundesnachrichtendienst« (BND), gründen, den er bis 1968 leitete. Ein erfülltes Nazileben!

Aber selbst wenn sich die Nazi-Führung von der Chimäre eines baldigen »Endsieges« foppen ließ – gar so unrealistisch war diese Sicht bis Stalingrad nicht! –, so bedeutet dies doch keineswegs, daß die deutschen Faschisten an einem Atombomben-Programm desinteressiert gewesen wären. Im Gegenteil: Je mehr sich das Kriegsglück gegen sie wendete – in Form des heroischen, extrem verlustreichen Widerstands der sowjetischen Bevölkerung –, desto hektischer wurden ihre Bemühungen, doch noch in den Besitz der nuklearen Superwaffe zu gelangen. Der SS-Reichsführer Heinrich Himmler hatte dem Großmufti von Jerusalem Amin al-Husseini, einem glühenden Anhänger des Faschismus, im Sommer 1943 nicht nur anvertraut, daß man bereits drei Millionen Juden umgebracht hatte, sondern ebenso, daß »die Deutschen innerhalb von drei Jahren im Besitz der Atombombe sein würden«, also spätestens im Sommer 1946.[46] Es bereitet keinerlei Schwierigkeiten, sich vorzustellen, was passiert wäre, wenn Hitler über die Atombombe verfügt hätte: Leningrad, das sich so heldenhaft und ausdauernd den faschistischen Aggressoren entgegenstellte – allein in dieser Stadt bezahlten dies 800 000 Einwohner mit ihrem Leben, in Luftangriffen, durch Kälte, Hunger und Krankheit –, dieses Leningrad, Wiege der Oktoberrevolution, Standort der großartigen Eremitage, eine (wenigstens nach meinem Ermessen) der schönsten Städte der Welt, trotz nach dem Untergang der Sowjetunion anschwellendem Elendsgürtel, dieses Leningrad: wäre atomar zerstäubt worden und würde, wieder aufgebaut, heute Adolfsburg oder ähnlich heißen (da ist selbst das zaristische »Petrograd« noch besser, wenngleich der feudal-autokratische Beigeschmack sauer aufstößt). Im Rückblick betrachtet, war Nazi-Deutschland also in bedenklicher Greifnähe zur Atombombe.

Nach Hahns und Straßmanns bahnbrechendem Experiment faßte der junge, der NSDAP nahestehende Hamburger Physik-Professor Harteck die Konstruktion einer solchen Massenvernichtungswaffe ins Visier: »Das Land, das als erstes Gebrauch davon macht, besitzt den anderen gegenüber eine nicht einzuholende Überlegenheit«, lauteten seine prophetischen Worte. [47] Ein weiterer Physik-Professor, das aktive NSDAP-Mitglied und Direktor der Physikalisch-Technischen Reichsanstalt in Berlin, Abraham Esau (*sic* – die Realität macht wirklich die schlechtesten Witze!), leitete die ersten konkreten Schritte ein: So sollte ein Kernreaktor gebaut werden, alle bedeutenden Kernphysiker sollten sich am deutschen Atomprogramm beteiligen, sämtliche Uranvorräte sollten herbeigeschafft und ein generelles Exportverbot gegen sämtliche uranhaltigen Materialen verhängt werden. Vielleicht machte ihm seine mutmaßliche jüdische Abstammung, auf die sein Name schließen läßt, einen Strich durch die Rechnung – jedenfalls wurde der dienstbeflissene Professor Esau ausgebootet: so lohnt Satan seine Diener … Die Wehrmacht übernahm selbst die Regie im deutschen Atomprojekt, und zwar in Form ihres Oberkommandos (OKW) und des Heereswaffenamtes, sekundiert von wissenschaftlichen Kopflangern wie Professor Schumann, Leiter des Lehrstuhls für Wehrphysik an der Berliner Universität (heute leistet das Max-Planck-Institut auf Kosten der Steuerzahler dieselben Zuträgerdienste für die NATO, etwas geräuschärmer und weniger martialisch, dafür mindestens genauso effizient) und dem jungen Physiker Kurt Diebner, einem Spezialisten für Kernforschung und Sprengstoffe, der als Chef dem entsprechenden Referat im Heereswaffenamt vorstand. Obgleich die judenfeindliche Politik der Nazis einen erheblichen Aderlaß auch für die physikalische Forschung bedeutete – der Name Lise Meitner war, stellvertretend für viele führende Wissenschaftler, schon gefallen –, verfügte die faschistische Führung über genügend qualifiziertes »Humankapital« (es gibt Leute, die dieses Wort ohne Anführungszeichen schreiben oder es aussprechen, ohne zu erröten), um das Atomprojekt voranzutreiben. Physiker sind auch nur Menschen, und als solche im schlechtesten Falle wieselige Lakaien. In der deutschen Physikerzunft gab es durchaus solche Kaliber, die über die Einsteinsche Relativitätstheorie als »jüdischen Weltbluff« feixten und sich, wie

Pascual Jordan, SA-Mitglied und Mitbegründer der Quantenmechanik, den Weltmachtsplänen Hitlers mit folgenden markigen Worten zur Verfügung stellten: »Wir sind nicht gewillt, in der Verknüpfung wissenschaftlicher und militärischer Macht einen Mißbrauch zu sehen, nachdem militärische Macht ihre zwingende, aufbauende Kraft im Schaffen eines neuen Europa erwiesen hat.«[48] In den Vereinigten Staaten lebten Physiker, die ebenso dachten und handelten, nur für einen anderen Brotherrn. Und heute ist es nicht anders, wie die tonnenweise zerstreuten, heimtückisch strahlenden Geschosse mit abgereichertem Uran (DU) in Serbien und im Irak belegen. Schließlich gab es auch die stillen Rädchen im Getriebe. Zur Ehre Otto Hahns sei gesagt, daß er den Faschismus verabscheute, aber auf seine Forschungs- und Wirkungsmöglichkeiten in Deutschland nicht verzichten wollte. Werner Heisenberg, eine weitere, wenn nicht die zentrale Schlüsselfigur im deutschen Atomprojekt, scheint in politischen Dingen ein Opportunist gewesen zu sein, wie die meisten heutigen Lehrstuhlinhaber auch, die, durchaus fächerübergreifend, aller Gelahrtheit zum Trotz behaupten, der Terminus »Angriffskrieg«, nicht zuletzt relevant durch Artikel 26 der deutschen Verfassung, lasse sich nicht definieren.[49]

Die Nazis verfügten also durchaus über das theoretische und personelle, aber auch über das ökonomische Potential zum Bau einer Atombombe: Der Konzern IG Farben, Hauptprofiteur der Todesfabriken in den Konzentrationslagern, übernahm die industrielle Fertigung des Gases Uranhexafluorid, des Ausgangsprodukts für die Gewinnung des Uranisotops 235. Siemens lieferte den erforderlichen Kohlenstoff höchster Reinheit. Die unauffällige, zu Tarnzwecken geeignete Auer-Gesellschaft in Berlin organisierte die Beschaffung und Aufbereitung der Uranerze aus den Gruben des kurz zuvor annektierten Sudetenlandes; eine Zweigstelle der Gesellschaft in Oranienburg lieferte ab Januar monatlich eine Tonne reines Uranoxid. Für die Reduzierung dieses Materials zu Uranmetall war schließlich die in Frankfurt ansässige »Deutsche Gold- und Silberscheideanstalt« (Degussa) zuständig; bis Kriegsende lieferte sie rund 15 Tonnen. Mit der Eroberung Belgiens durch die Wehrmacht kamen weitere dreieinhalbtausend Tonnen uranhaltigen Gesteins aus den Minen der kongolesischen Kolonie ins deutsche Dritte Reich. Man sieht: Trotz anfänglicher Illusionen in den Kriegsverlauf war die faschistische Führung samt ihren Spezialisten alles andere als säumig, was das Projekt einer deutschen Atombombe anbelangte.

Wenn es dennoch scheiterte – zum Glück für Europa und die Welt –, so waren hierfür mehrere Faktoren verantwortlich. Obwohl die theoretische Physik nun Klarheit über die Abläufe bei der Kernspaltung erlangt hatte – daß bei der Zerlegung des Urans auch das spaltbare Plutonium 239 entstand, entdeckte man allerdings erst später – und obwohl die ersten praktischen Experimente im kleinen erfolgreich verlaufen waren, stellten sich der Fertigung einer Atombombe immense technische Schwierigkeiten entgegen. Zum einen galt es, genügend spaltbares Material in einem Reinheitsgrad herzustellen, der seinerzeit kaum zu erreichen war. Was den Bau eines Kernreaktors anbelangte, verfügte man über keinerlei Erfahrungen und war auf ein zeitraubendes *trial and error* angewiesen. Zudem erwies es sich als äußerst aufwendig, geeignetes Material zum Abbremsen der Neutronenbewegung zu finden und herzustellen. Die deutschen Kernphysiker verwendeten als einen solchen »Bremser« oder »Moderator« Schweres Wasser, bei dem die Wasserstoffatome durch das Wasserstoff-Isotop Deuterium (mit einem zusätzlichen Neutron statt nur einem Proton) ersetzt werden; die chemische Formel lautet also D_2O. Deuteriumoxid ist um etwa 11 % schwerer als gewöhnliches Wasser, kommt in der Natur im Verhältnis 1:5500 vor und ist giftig. Fügen wir der Vollständigkeit halber hinzu, daß bezüglich der Kontroll- und Sicherheitsmechanismen bei einer nuklearen Kettenreaktion noch unausgegorene Vorstellungen herrschten; bis zum Schluß des deutschen Atomprojekts verliefen die Experimente unter zum Teil haarsträubenden Bedingungen, und die beteiligten Forscher sowie deren ahnungslose Umgebung konnten von Glück sagen, daß die heikle »überkritische Phase« nie eingetreten ist.

Von allem bereitete die Herstellung von Schwerem Wasser zunächst das größte Kopfzerbrechen. Als die Nazis ihr Atomprojekt starteten, gab es weltweit nur eine Firma, die Deuteriumoxid in nennenswertem Umfang herstellte: die Firma Norsk Hydro, die Norwegische Hydroelektrische Gesellschaft bei Rjukan in Südnorwegen. Das Werk stellte synthetisches Ammoniak für die Mineraldüngerproduktion her, und Schweres Wasser fiel in winzigen Quantitäten als Nebenprodukt ab: Um einen Liter des begehrten Stoffes zu erhalten, mußten 100 000 l gewöhnliches Wasser aufbereitet werden; der monatliche Ausstoß betrug im Jahre 1939 10 kg D_2O. Ein Vertreter der IG Farben fühlte bei den Norwegern vor und unterbreitete das Angebot, den gesamten Vorrat von 185 Litern abzukaufen und einen Vertrag über die monatliche Lieferung von 100 Litern abzuschließen. Da der deutsche Unterhändler sich sehr zugeknöpft gab, was den Verwendungszweck anbelangte, lehnte die norwegische Firma das Angebot ab.

Doch die Nazis hatten ihre eigenen Methoden, um dieses Problem zu lösen: Anfang Mai 1940 fiel die Anlage der Wehrmacht bei der Eroberung und

Besetzung Norwegens unzerstört in die Hände. Aber wie groß war die Enttäuschung, als nicht einmal ein Liter des so dringend benötigten Stoffes aufzufinden war! Ein französischer Geheimagent war den Nazis zuvorgekommen, hatte die Vorräte kostenlos erhalten und günstige Lieferbedingungen für Frankreich ausgehandelt. Das größte Quantum an Schwerem Wasser befand sich nun im Labor der Joliot-Curies in Paris. Freilich nicht für lange Zeit, denn die Wehrmacht fiel auch siegreich in Frankreich ein, und das kostbare Gut konnte mit knapper Not in einer turbulenten, abenteuerlichen Reise nach England ausgeschifft werden. Zum zweiten Mal ging der Raubzug der Nazis ins Leere. Aber dennoch lagen sie gut im Rennen:

> Im Sommer 1940 waren die Bedingungen für die erfolgreiche Fortsetzung der Arbeit am deutschen Atomprojekt äußerst günstig. Es standen Uranerzmengen wie in keinem anderen Land zur Verfügung, die einzige Schwerwasserfabrik der Welt befand sich im faschistischen Herrschaftsbereich, und damit konnte jetzt auch ein Zyklotron* eingesetzt werden, das für die Erforschung der Atomkerne von größter Bedeutung war. [...] im Juli 1940 [begann] in Berlin die Planung für einen Uranmeiler und ein entsprechendes Laborgebäude. [...] Im Dezember 1940 bauten hier Professor Heisenberg und vier weitere Physiker in einem etwa 1,5 Meter starken Aluminiumzylinder den ersten Uranmeiler auf.[50]

Die faschistische Führung nutzte ihre militärischen Erfolge, um das Atomprojekt mit Hochdruck voranzutreiben. Im Sommer 1941 wurden eineinhalb Tonnen Schweres Wasser angefordert, und die Monatsproduktion des Werkes erhöhte sich bis Jahresende auf 140 kg pro Monat. 1942 meldete Berlin einen Bedarf von fünf Tonnen des strategisch hochwichtigen Stoffes an. Diese hektische Betriebsamkeit war im Ausland, das sich zu Recht Sorgen machte, nicht unbemerkt geblieben, und es verfügte über die richtigen Leute, um Gegenmaßnahmen in die Wege zu leiten. Professor Leif Tronstad, dem Konstrukteur der norwegischen Schwerwasseranlage, war die Flucht nach England gelungen, wo er eine Abteilung für Spionage, Abwehr und Sabotage leitete. Er konzipierte ein Kommandounternehmen unter dem Decknamen »Freskman«, das die Aufgabe hatte, die für die Nazis wahrscheinlich kriegsentscheidende Anlage außer Betrieb zu setzen. Am 18. Oktober 1942 wurden vier norwegische Partisanenkämpfer als Voraustrupp mit Fallschirmen

---

* Ringförmige Anlage zur Teilchenbeschleunigung wie das CERN (*Centre Européen pour la Recherche Nucléaire*, Europäisches Kernforschungszentrum) bei Genf.

in der weiteren Umgebung des Werkes abgesetzt. Sie hatten die schwierige Aufgabe, unter widrigen klimatischen Bedingungen unentdeckt zu bleiben und erste Erkundigungen einzuziehen, bis weitere Verstärkung eintraf. Aber die ließ auf sich warten. Ein zweites Kommando stürzte über Südnorwegen ab, und der deutsche Befehlshaber der Sicherheitspolizei kabelte nach Berlin: »Wehrmacht hat leider die Überlebenden exekutiert, so daß Erklärung kaum möglich.«[51] Eine zweite Maschine mußte wegen Treibstoffmangels umkehren, stürzte aber wegen schlechter Wetter- und Sichtverhältnisse ebenfalls ab; die deutschen Polizeitruppen nahmen die Überlebenden diesmal ausführlich ins Verhör und erschossen sie danach. Jedenfalls waren die Nazis nun im Bilde, was geplant war, und trafen entsprechende Vorkehrungen.

Am 17. Februar 1943 gelang einem weiteren norwegischen Himmelfahrts-kommando die Landung, und zehn Tage später, am 27. Februar, machten sich acht bewaffnete Männer auf Skiern in der Nacht auf, um die Anlage in die Luft zu sprengen. Würde man sie heute nicht »Terroristen« nennen, weil der nationale Befreiungskampf diesmal nicht gegen die Nazis, sondern gegen die hyperhochedlen US-Besatzungstruppen geht? Der Anschlag glückte, unter geradezu atemberaubenden Bedingungen – es wäre Stoff genug für einen dokumentarischen Thriller* –, und die Saboteure schafften es sogar, ohne Verluste und unerkannt zu entkommen. Die Folgen ihrer Heldentat waren bemerkenswert:

> In Norsk Hydro hatte das Tröpfeln des Schweren Wassers für das deutsche Atomprojekt vorerst aufgehört. Mehr als eine Tonne unterschiedlicher Konzentration war vernichtet worden. Schwerer noch wog die Zerstörung der wertvollen Elektrolysezellen, deren Böden herausgesprengt worden waren. Die Reparaturen dauerten bis Mitte April, und auch die Anwesenheit Dr. Berkeis vom Heereswaffenamt in Berlin vermochte den Fortgang der Arbeit in Vemark nicht wesentlich zu beschleunigen. Erst nach weiteren zwei Monaten konnte aus der letzten Konzentrierungsstufe wieder reines Schwerwasser entnommen werden.[52]

Das kühne Unternehmen der norwegischen Partisanen hat dem europäischen Kriegsschauplatz ein nukleares Massaker an der russischen oder englischen Zivilbevölkerung erspart. Es bleibt zu hoffen, daß deren Namen an Ort und

---

* Es gibt ihn tatsächlich: »The Heroes of the Telemark« (1965; dt. Titel: »Schweres Wasser«) des Regisseurs Anthony Maun mit Kirk Douglas und Richard Harris als Hauptdarstellern. In der deutschen Fassung wurden Szenen herausgeschnitten, in denen ein Nazi-Reichskommissar Zivilisten als Vergeltung für die Anschläge exekutieren läßt. (Hinweis C. Müller).

Stelle in Stein gemeißelt oder in Eisen gegraben sind. Sie lauten: Knut Haukelid, Kasper Idland, Joachim Ronneberg, Fredrik Kayser, Hans Storhaug und
Birger Stromsheim vom zweiten Kommando und Einar Skinnarland samt
vier weiteren Kämpfern vom ersten Trupp. Die ersten Kundschafter mußten
sich, bis endlich Verstärkung eintraf, von Rentiermoos ernähren; alle Teilnehmer am Sabotageakt trugen Zyankalikapseln bei sich, die sie glücklicherweise
nicht benötigten.

Vordere Reihe von links nach rechts: Jens Anton Poulsson, Leif Tronstad, Joachim
Ronneberg. Hintere Reihe von links nach rechts: Hans Storhaug, Fredrik Kayser, Kasper Idland, Claus Helberg, Birger Stromsheim.

Am 16. November 1943 warf ein britischer Bomberverband aus 155 Flugzeugen
über 800 Sprengbomben über dem Rjuka-Tal ab. 20 norwegische Zivilisten
kamen ums Leben, während die Werkanlage keinen Treffer erhielt, aber die
Stromleitungen waren unterbrochen, so daß die Produktion von Schwerem
Wasser abermals ins Stocken geriet. Auch wenn diese Aktion bei weitem nicht
so effizient war wie der gezielte Schlag der Partisanen, so zeigte sie doch eine
Wende im Kriegsverlauf an: Die Alliierten hatten die Lufthoheit gewonnen.

Die deutschen Besatzer demontierten die norwegische Anlage und verluden 33 Aluminiumkanister mit Schwerem Wasser auf ein Schiff, das am 20. Februar 1944 mit seiner wertvollen Fracht auf Grund ging: Knud Haukelid und Rolf Sörlie war es gelungen, bei Nacht und Nebel eine Sprengladung anzubringen, die, versehen mit einem Zeitzünder, im richtigen Moment hochging. Das Dritte Reich geriet ins Wanken, und mit ihm das Atomprojekt.

Aber noch war das letzte Wort nicht gesprochen. Anfang 1942, als die industrielle Massenvernichtung von Kommunisten, Juden, Homosexuellen und Zeugen Jehovas* in den Konzentrationslagern anlief, zog eine geheim tagende »Arbeitsgemeinschaft Kernphysik« eine Zwischenbilanz über den Stand der deutschen Kernforschung und die Wahrscheinlichkeit, eine Atombombe herzustellen. Zwar hatte man zur gleichen Zeit wie die Physiker in den Vereinigten Staaten herausgefunden, daß Plutonium als Produkt der Uranspaltung gleichfalls einen brauchbaren Kernsprengstoff darstellte, aber es zeichnete sich ebenso ab, daß der Weg zur funktionsfähigen Atomwaffe noch weit und voller unvorhersehbarer technischer Schwierigkeiten war. Aus diesem Grund räumte die Führung der Wehrmacht dem Atomprojekt nicht mehr die hohe Priorität ein, die es bis dahin besaß, und übertrug es vom Heereswaffenamt auf den zivilen Reichsforschungsrat. Gleichwohl waren die deutschen Anstrengungen auf diesem Gebiet immer noch beträchtlich: Für die Schwerwasserproduktion der Leuna-Werke wurden eineinhalb Millionen Reichsmark investiert, Heisenberg arbeitete verbissen am Bau eines Kernreaktors, der Zeiss-Konzern entwickelte eine Ultragaszentrifuge, und der Physiker Bagge entwickelte eine Isotopenschleuse, die im Sommer 1944 erstes hochangereichertes Uranhexafluorid lieferte. Aber nun summierten sich die hemmenden Faktoren zum Desaster für das deutsche Atomprojekt: Das Deutsche Reich war militärisch in die Defensive geraten, zudem relativ klein und überschaubar und immer weniger in der Lage, die alliierten Bomberflotten abzuwehren. Dr. Bagges Apparaturen wurden zweimal in Luftangriffen zerstört, so daß er sich mit seinem Stab ins oberhessische bombensichere Butzbach zurückzog. Am 15. Februar 1943 erhielt das Berliner Chemische Institut

---

* Während diese Zeilen niedergeschrieben wurden – Januar 2011 –, verweigerte die baden-württembergische Landesregierung den Zeugen Jehovas – mithin den letzten echten, weil bibeltreuen Christen – die rechtliche Gleichstellung mit den katholischen und protestantischen Großkirchen. Die unglaubliche Pseudobegründung lautete, diese »Sekte« würde ihren Mitgliedern verbieten, an Wahlen teilzunehmen. Seit wann besteht in der BRD Wahl*pflicht*? So hat Hitler, dessen Konkordat mit dem Vatikan bis heute rechtsgültig ist, wenigstens an dieser Front doch noch den Krieg gewonnen.

Otto Hahns einen Volltreffer; am 28. Juli 1944 ging das Hydrierwerk in Leuna in Flammen auf. Das Physikalische Institut wurde ins schwäbische Hechingen, das Chemische Institut ins benachbarte Tailfingen verlegt; die Forschung an den Ultrazentrifugen verlagerte man nach Kandern nahe der Schweiz. Aber an eine systematische, konzentrierte, effiziente Arbeit, wie sie zeitgleich in den USA stattfand, war jetzt nicht mehr zu denken, und nun rächte sich auch der Aderlaß, den die Flucht und Vertreibung von Wissenschaftlern jüdischer Abstammung für das Niveau und die Qualität der Forschung in Deutschland darstellte. »Bis zu Hitler lag das Weltzentrum der Atomforschung in Göttingen; 1933 verlagerte es sich nach Amerika. Es ist eine interessante Spekulation, daß ohne Hitlers Antisemitismus wahrscheinlich Deutschland, und nicht Amerika, als erste Macht die Atombombe entwickelt haben würde«, schreibt Sebastian Haffner in seiner lesenswerten Hitler-Monographie.[53]

Während die alliierten Streitkräfte in Frankreich an Boden gewannen und die deutsche Ostfront unter den wuchtigen Schlägen der Roten Armee zusammenbrach, retteten sich die Physiker Heisenberg und Weizsäcker per Eisenbahn, Auto und Fahrrad ins süddeutsche Haigerloch. Der letzte Akt der Nazidämmerung hatte begonnen, und das deutsche Atomprojekt endete in einem ungesicherten Haigerlocher Winzerkeller in einer geradezu surreal anmutenden Farce:

> Hier begann Ende Februar [1945] der letzte Versuch. Ein Stück Kadmiummetall, das im Notfall in den Meiler geworfen werden sollte, war die einzige, völlig unzureichende Sicherheitsvorkehrung, falls der Reaktor kritisch würde. Und eine Zeitlang sah es wirklich so aus, als gelänge es diesmal. Mit jedem Liter Schwerem Wasser, der in den Reaktorzylinder eingepumpt wurde, tickten die Neutronenzähler schneller. Schon erhielt Gerlach [Leiter der Sparte Physik im Reichsforschungsrat] in Berlin erste Erfolgsmeldungen. Doch als das letzte Schwere Wasser im Einfüllstutzen verschwunden war, hatte man zwar das bisher günstigste Ergebnis erreicht, aber zum Erfolg fehlten – wie Heisenberg berechnete – ein etwa 50 Prozent größerer Meiler und eine dementsprechende Menge Schweres Wasser.[54]

Damit vergurgelte das deutsche Atomprojekt, das den militärischen Endsieg der Nazis hätte herbeiführen sollen, in einer Art Provinzposse. Aber während die faschistische Bestie verblutete, setzte ein noch weit kräftigeres Raubtier zum entscheidenden Sprung an.

Dabei hatten die Vereinigten Staaten ihr Nuklearprogramm zunächst geradezu gemächlich angehen lassen; man befand sich ja in sicherer kontinentaler Insellage und schaute zu, wie sich das alte Europa zerfleischte, wobei ein maßgeblicher Teil des US-Kapitals Hitler als den aussichtsreichsten Feind der Sowjetunion favorisierte. Es bedurfte erst dramatischer Verschiebungen des Kriegsverlaufs in Europa, Nordafrika und dem Fernen Osten zuungunsten der Alliierten und der USA, bevor letztere ihre gigantischen Ressourcen an Menschen und Material in die Waagschale warfen und den bekannten Kriegsausgang herbeiführten.

Im Unterschied zu den herrschenden Kreisen der USA erfüllten die rasch eingetretene Stabilisierung der faschistischen Herrschaft sowie deren aggressive Außenpolitik einige Personen mit größter Sorge: Was würde wohl geschehen, wenn Hitler sich nach der ersten gelungenen Kernspaltung in Deutschland im Besitz einer atomaren Superwaffe befände? So suchten die drei vor den Nazis geflohenen Nuklearphysiker Leo Szilard, Edward Teller und Eugen Wigner im Juli 1939 ihren berühmten Kollegen Albert Einstein im amerikanischen Exil auf, um die bedrohliche Lage zu erörtern. Einstein hielt rückblickend fest:

> Meine Beteiligung bei der Erzeugung der Atombombe bestand in einer einzigen Handlung: Ich unterzeichnete einen Brief an Präsident Roosevelt, in dem die Notwendigkeit betont wurde, Experimente im Großen anzustellen zur Untersuchung der Möglichkeit zur Herstellung einer Atombombe. Ich war mir der furchtbaren Gefahr wohl bewußt, welche das Gelingen dieses Unternehmens für die Menschheit bedeutete. Aber die Wahrscheinlichkeit, daß die Deutschen am selben Problem mit Aussicht auf Erfolg arbeiten dürften, hat mich zu diesem Schritt gezwungen.[55]

Die US-Administration sah jedoch keinen Grund zur Eile: noch hatte der Tanz ja gar nicht richtig begonnen. Präsident Roosevelt ordnete die Einrichtung eines »Beratungskomitees für Uraniumfragen« an, das bis 1940 keine nennenswerten Aktivitäten entfaltete. Getreu der Maxime des damaligen US-Vizepräsidenten Truman drehte man zunächst Däumchen beim europäischen Schlachtfest und behielt sich vor, erst bei einer sich abzeichnenden Niederlage *egal welcher* Kriegspartei zu deren Gunsten einzugreifen (siehe hierzu oben S. 80 f.). Diese Situation war 1941/42 eingetreten: Die deutsche Wehrmacht verzeichnete bei ihrem Blitzkrieg-Überfall auf die Sowjetunion ungeheure Anfangserfolge, während die Truppen des japanischen Kaisers Thailand, die Philippinen, Malaysia, Neuguinea, Borneo sowie große Teile Chinas besetzt und damit US-amerikanische »Interessensphären« verletzt hatten. Sollte man, so mochte man sich in Washington fragen, etwa aus Jux und Tollerei den Spaniern 1898 die Philippinen entrissen und bis 1906 eine Million Philippinos umgebracht haben – schon damals fand die berüchtigte Foltermethode durch Fast-Ertränken, das *water boarding*, massenhaft Anwendung –, um sie dem konkurrierenden Nippon zu überlassen? War man etwa 1900 in China eingefallen, um diesen fetten Brocken dann dem Tenno zu überlassen? Der japanische Imperialismus hatte sich bis 1942 große Teile des Fernen Ostens mit ungefähr 150 Millionen Menschen einverleibt, während der deutsche Faschismus sich riesige Territorien im Osten und Südosten Europas mit 250 Millionen Menschen unter den Nagel gerissen hatte. Sollte man zuwarten, bis sich die deutschen und japanischen Truppen etwa in Indien die Hände reichten, also auf ur-britischem und hoffentlich bald ur-amerikanischem Grund und Boden sozusagen? Nein: *talking is over, action is on*, wie der spätere Präsident Reagan formulierte. Die gewaltige US-Kriegsmaschinerie kam ins Rollen, und mit ihr das amerikanische Atomprojekt.

Die amerikanischen Wissenschaftler sahen sich mit denselben Problemen wie ihre deutschen Kollegen konfrontiert: »Und das war nicht viel Wissenschaft; es war zum größten Teil Technik«, wie ein am Atomprojekt teilnehmender Physiker rückblickend feststellte.[56] Zudem konnten die amerikanischen Forscher auf diesbezügliche Erkenntnisse des in Bedrängnis geratenen britischen Verbündeten zurückgreifen. Bereits im Jahre 1941 hatten ein Regierungsausschuß sowie sämtliche Stabschefs Großbritanniens beschlossen, dem Bau einer Atombombe höchste Priorität einzuräumen; bis 1943 hoffte man über eine solche Waffe zu verfügen. Vorausgegangen war eine Anfrage, die britische Forscher an ihre Regierung richteten: »Sind beispielsweise unser Premierminister und der amerikanische Präsident sowie die beiden Generalstäbe bereit, die völlige Zerstörung von Berlin und dem Land rund um die Stadt zu sanktionieren, wenn sie erführen […], daß dies mit einem Schlag möglich sei?«[57] Churchill war natürlich sofort Feuer und Flamme, hatte er doch mit seinem wissenschaftlichen Berater, dem Professor der Physik Lindemann, bereits ein Konzept zur Flächenbombardierung deutscher Großstädte ausgeheckt, und zwar nicht aus militärtechnischen Überlegungen und schon gar nicht aus antifaschistischer Überzeugung, wie einige Flachpfeifen mutmaßen, sondern einzig in der Absicht, sich Vorteile in der Nachkriegszeit gegenüber der deutschen Konkurrenz zu sichern.

Deutschland war also zum Atombombenziel auserkoren. Diese Sicht teilte auch ein US-amerikanisches Sonderkomitee, das in einem Memorandum vom 6. November 1941 feststellte:

Man kann erwarten, vorausgesetzt, daß jede mögliche Anstrengung auf die Verwirklichung des Programms verwendet wird, daß Spaltungsbomben in beträchtlichen Quantitäten innerhalb von drei bis vier Jahren zur Verfügung stehen. [...] Vorausgesetzt, daß die Schätzung, mit 500 000 Tonnen TNT könne man Deutschlands militärische und industriellen Objekte zerstören, richtig ist, würden 1 bis 10 Tonnen Uran 235 für die gleiche Aufgabe nötig sein.[58]

Man machte sich also bereits sehr ins Detail gehende Gedanken über den Einsatz der Atombombe, wobei die immensen Verluste der Zivilbevölkerung bemerkenswerterweise nicht einmal im Ansatz in die Erwägungen einflossen. Damit ergibt sich aber der folgende verblüffende

☞ **Befund:**   Die Deutschen haben es allein der sowjetischen Roten Armee zu verdanken, daß sie nicht Opfer eines US-amerikanischen Atombombenabwurfs geworden sind.

Denn zu dem Zeitpunkt, als sowjetische Soldaten die Flagge mit Hammer und Sichel auf dem Berliner Reichstagsgebäude hißten, als sich Hitler und Goebbels leider den Selbsttod geben konnten, anstatt wie Mussolini von Kommunisten hingerichtet zu werden, verfügten die USA noch nicht über eine Atomwaffe und mußten sich folglich nach anderen Zielen und Opfern umschauen. Noch während der deutschen Ardennenoffensive Ende 1944, in welcher der Wehrmacht Einbrüche bis 100 km hinter der Frontlinie der alliierten Truppen gelungen waren, hatte es so ausgesehen, als ob sich der Krieg auf dem mitteleuropäischen Schauplatz in die Länge zöge. Erst als Stalin auf Ersuchen der Alliierten die Winteroffensive der Roten Armee um zwei Wochen vorverlegte, brach die deutsche Westfront zusammen, da die deutschen Kampfverbände nach Osten abkommandiert wurden. Arthur C. Compton, der Leiter des Chicagoer Kernforschungszentrums, bestätigt diesen Sachverhalt: »Nach der Winterschlacht in den Ardennen wurde den Männern des Manhattan-Projekts klar, daß die Atombombe, wenn man sie einsetzte, nicht mehr auf Deutschland, sondern auf Japan fallen würde.«[59] Die Deutschen hätten also allen Grund gehabt, sich gegenüber der Sowjetunion dankbar zu erweisen, aber davon war wenigstens in Westdeutschland nichts zu verspüren. Die Altnazis kuschten wie ein getretener Hund vor ihrem neuen Herrn und ließen sich für dessen Zwecke an die Leine nehmen; die Bevölkerung Westdeutschlands, durch faschistischen Massenmord ihres besten und intelligentesten Teiles beraubt und entsprechend demoralisiert, ließ sich gegen die Sowjetunion »wiederbewaffnen« und in die NATO einpferchen. Halten wir fest: Es fehlte nicht viel, rund ein Vierteljahr, und Berlin (oder Dresden, Mannheim, München …) wären als atomares Opfer auserkoren worden, und anstelle des Fanals »Nie wieder Hiroshima!« der internationalen Antiatom- und Friedensbewegung hätte ein deutscher Städtename stehen müssen. Sprechen Sie es einmal wenigstens in Gedanken aus: Es klingt eigenartig, ist aber alles andere als abwegig.

Churchill, dieser Massenvernichter aus Passion, stellte dem großen amerikanischen Bruder die britischen Forschungsergebnisse zur Verfügung, um im Gegenzug entsprechende Informationen von den USA zu erhalten. Allein, die US-Regierung dachte nicht einmal im Traum daran und erklärte einen solchen Informationsaustausch für reine Zeitvergeudung. Das weltweite Monopol auf Atomwaffen, das die US-Regierung schon zu einem Zeitpunkt anpeilte, als sie sich noch gar nicht im Besitz dieser Waffe befand, war ihr allemal eine Backpfeife für ihren britischen »Verbündeten«, in Wirklichkeit Semi-Vasallen, wert. Churchill schluckte diese brüske Demütigung, um wenigstens im amerikanischen Windschatten auf der Siegerseite zu stehen, und bis heute sind die britischen Regierungen – gleich welcher Parteizusammensetzung! – vorneweg mit dabei, wenn es US-amerikanische Völkerrechtsverletzungen wie die Überfalle auf den Irak und Libyen oder die Besetzung Afghanistans in die Tat umzusetzen gilt. Nichts könnte den demonstrativen Verlust der nationalen Souveränität und die damit verknüpfte Demütigung besser illustrieren als die treffende polemische Wendung *Bush's poodle* für den ehemaligen britischen Premier und Sozialdemokraten Anthony Blair (gerne auch *Bliar* geschrieben), doch sollte man, schon wieder vorausgreifend, nicht ungerecht sein: auch ein Gerhard Schröder, eine Angela Merkel sind solche verächtlichen Erfüllungsgehilfen des US-Imperialismus.

Damit zurück in die Zeit der entscheidenden Weichenstellung für die erdrückende Hegemonie der USA im spätkapitalistischen Lager, die schließlich, nach dem dramatischen Intermezzo des Kalten Krieges, in deren alleinige Weltherrschaft mündete. Die US-Regierung hatte erkannt, welche weitreichenden Möglichkeiten sich mit dem Besitz einer nuklearen Waffe eröffneten, und erteilte deren Herstellung noch vor Ende des Krieges die höchste Dringlichkeitsstufe AAA. Die Anspannung aller Kräfte, die Mobilisierung aller zur Verfügung stehenden Ressourcen muten in der Tat gigantisch an und trugen maßgeblich zum amerikanischen Mythos bei, der das technisch Machbare und den *American dream* in eins setzt und zum letzten Menschheitsziel erklärt. Ein Heer von 150 000 Menschen, vom einfachen Bauarbeiter über den Ingenieur bis zum wissenschaftlichen Experten, wurde aufgeboten sowie die seinerzeit astronomische Summe von zwei Milliarden Dollar ausgegeben – heute hat man sich an die Maßeinheit Billion gewöhnt, wenn es um die Kosten der US-Kriege geht –, um ein Vorhaben in drei bis vier Jahren in die Tat umzusetzen, das unter normalen Umständen ein Vierteljahrhundert in Anspruch genommen hätte.

Wie die Nazis stellte die US-Regierung das Atomprojekt unter strikte militärische Kontrolle; einer Spezialabteilung der Armee oblag die Koordination aller verfahrenstechnischen und wissenschaftlichen Arbeiten. Am 17. September 1942 beauftragte der US-Kriegsminister Henry L. Stimson den Brigadegeneral Leslie R. Groves mit der Leitung des Projekts, dem man den Codenamen *Manhattan District* gegeben hatte. Dies bedeutete für die beteiligten Wissenschaftler, daß sie einer rigiden geistigen Quarantäne unterstellt und isoliert wurden: Jeder ihrer Schritte wurde von der Geheimpolizei überwacht, jeder ihrer Briefe wurde geöffnet und, wenn es für nötig erachtet wurde, zensiert; selbst vor der Anwendung von Lügendetektoren schreckte man nicht zurück. Natürlich durfte ein kräftiger Schuß antikommunistischer Hysterie nicht fehlen – die Sowjets waren die Letzten, die von diesem Vorhaben erfah-

Ein nicht nur optisch ungleiches Paar: Oppenheimer und General Groves

ren durften. So schilderte ein beteiligter Physiker, »wie einer von den Jungs, der in einer meiner Gruppen arbeitete, John Kemeny, mitten in der Nacht geweckt und von ein paar Idioten in der Armee da mit blendenden Lampen verhört wurde, weil sie irgend etwas über seinen Vater herausgekriegt hatten, der Kommunist oder so etwas sein sollte. Kemeny ist jetzt ein bekannter Mann.«[60]

Der vorgegebene Zeitdruck sowie der Umstand, auf technischem und wissenschaftlichem Gebiet Neuland betreten zu müssen, machten eine unorthodoxe und unökonomische, also teure Vorgehensweise erforderlich: Jede im Laborexperiment gewonnene Einsicht, jede Idee einer ingenieurtechnischen Neuerung wurde sofort in industriellen Großprojekten erprobt, ohne Rücksicht auf Ressourcen und Kosten – und in beiderlei Hinsicht konnten die Vereinigten Staaten aus dem vollen schöpfen, ohne, wie die Deutschen, durch feindliche Aktivitäten beeinträchtigt zu werden. Um sicherzugehen, beschritt man an getrennten Orten verschiedene Wege, um an ausreichende Mengen spaltbaren Materials zu gelangen, was Aufwand und Kosten abermals in die Höhe schnellen ließ. An der gleichsam aus dem Nichts gestampften Atomrüstungsindustrie waren die wichtigsten amerikanischen Konzerne und Trusts beteiligt, die sich eines steten und unbegrenzten Geldflusses aus dem Steueraufkommen sicher sein konnten.

In Hamford, Bundesstaat Washington, entstanden auf 1800 Quadratkilometern Großanlagen zur Herstellung von Plutonium. Das Areal mußte aus Sicherheitsgründen so weitläufig sein, damit im Falle einer nuklearen Katastrophe nicht sämtliche Einrichtungen und Produktionsanlagen zerstört wurden. Der amerikanische Steuerzahler, dessen Leben und Gesundheit offensichtlich als eher vernachlässigenswerte Güter erachtet wurden, finanzierte dieses Projekt mit 400 Millionen Dollar. Ausführender und Profiteur war mit Du Pont de Nemours der größte Chemietrust der Welt. Am 2. Dezember 1942 wurde der erste Atommeiler, der mit 5½ t Uran, 37 t Uranoxid und 350 t reinem Graphit bestückt worden war, zum ersten Mal kritisch. Streifen aus Cadmium verhinderten eine Kettenreaktion. Damit waren die US-Physiker bereits 1942 weiter als Heisenberg 1945 in seinem zum Atomlabor umfunktionierten Winzerkeller. – In Tennessee sollten zwei weitere Atomanlagen das Uran-Isotop 238 in das Plutonium-Isotop 239 in großindustriellem Maßstab umwandeln. Größe der Anlage: 160 km², Kosten: 500 Mio. Dollar. U-förmig angeordnete Fabriken erstreckten sich über eine Länge von 30 km, und die für die Gasdiffusion erforderlichen perforierten Betonflächen umfaßten 10 000 km². Eine weitere Anlage zur elektromagnetischen Isotopentrennung lag wenige Kilometer entfernt, ein drittes Werk sollte mittels Thermofusion das Uran-Isotop 235 mittels 2000 fast 15 m hohen Trennsäulen anreichern. – Das Hirn des *Manhattan District* befand sich indessen in Los Alamos, in einer entlegenen Wüstengegend des Bundesstaates New Mexico. Dort hatte man die Elite der internationalen Kernphysik versammelt, um die praktischen Probleme des Atombombenbaus – Menge und Reinheit des spaltbaren Materials, Zündungsmechanismen, Ablauf der Kettenreaktion etc. – zu lösen. Die wissenschaftliche Leitung der Atomzentrale oblag dem Physiker

Robert Oppenheimer. Die Geheimdienste und der alles beaufsichtigende General Groves wußten um seinen Ehrgeiz und sein Streben nach gesellschaftlichem Ansehen. Sollte er sich dem Anliegen der US-Regierung und der Militärs verweigern, so behielt man sich vor, ihm die Zerstörung seiner Karriere und seines bürgerlichen Leumunds anzudrohen, ihn also mittels Erpressung zu »motivieren«. Alle diese Anstrengungen zielten darauf ab, rechtzeitig und mit einem großen Knall eine halbe Million Deutsche – wahlweise Japaner; in dieser Hinsicht sind die Amerikaner keine Rassisten – umzubringen. Die Kosten überließ man dem Steuerzahler, die moralischen Bedenken den staatlich bestallten Seelenmasseuren. Das Unternehmen lohnte sich allemal, aus US-imperialistischer Sicht.

Aber noch galt es einige Hürden zu überwinden. Nicht nur das Deutsche Reich arbeitete fieberhaft an der Herstellung der Atombombe, sondern auch die anderen industrialisierten kriegsteilnehmenden Staaten verfügten über das theoretische Know-how und die erforderlichen Ausgangsmaterialien, um eine solche Waffe zu fabrizieren. Schließlich bereitete die Sowjetunion der US-Regierung besonderes Kopfzerbrechen: Was würde geschehen, wenn die Rote Armee, die 1942/43 fünfzig der besten Divisionen der Wehrmacht zerschlagen hatte und unaufhaltsam nach Westen vorrückte, in den Besitz brisanter Dokumente, Rohstoffe und des wissenschaftlichen *brain trust* gelangen würde? Nicht auszudenken! Also mußte gehandelt werden, zügig und entschlossen, ohne Rücksicht auf vertragliche Vereinbarungen mit den Kriegsalliierten England, Frankreich und der Sowjetunion. General Groves hielt in seinen Memoiren fest: »Ich wurde auch verantwortlich sowohl für den militärischen Nachrichtendienst hinsichtlich der Entwicklungsarbeiten in der ganzen Welt zur Erzeugung von Atomenergie, als auch dafür, daß die Nachkriegsposition der Vereinigten Staaten auf dem Gebiet der Atomenergie nicht ungünstig sein werde.«[61] Man muß den Euphemismus des US-Generals nicht übernehmen: Noch bevor die erste Atombombe einsatzbereit war, traf die US-Regierung Vorsorge für ihr weltweites Atomwaffenmonopol.

Und sie ging zielstrebig ans Werk. Der rund hundert Personen umfassende Geheimdienst Alsos (von griech. ἄλσος = »Wäldchen, [heiliger = abgesperrter] Hain«; vgl. engl. *grove* → Groves) zog sorgfältig Erkundigungen über den Stand der deutschen Atomtechnik, die Produktionsstätten, Rohstofflager und die Aufenthaltsorte der deutschen Nuklearphysiker ein. Dann ging es, gegen einen allmählich erlahmenden Kriegsgegner, Schlag auf Schlag. Nach der Befreiung Brüssels wurden 70 Tonnen kongolesisches Uranerz der Firma *Union Minière* in die Vereinigten Staaten geschafft. Am 15. März 1945 wurde die Uranaufbereitungsstätte Oranienburg, in der Tausende von Insassen des Konzentrationslagers und Kriegsgefangene Zwangsarbeit leisteten, durch Flächenbombardements dem Erdboden gleichgemacht – den vorrückenden russischen Truppen sollte unter keinen Umständen strategisch relevantes Material in die Hände fallen (aus einem ähnlich perfiden Kalkül erfolgte bekanntlich die Zerstörung Dresdens durch die *Royal Air Force* in der Operation »Donnerschlag« wenige Tage zuvor: die sowjetische Besatzungszone, die in Geheimverhandlungen mit der Ausnahme Berlins bereits festgelegt worden war, sollte aus einer Trümmerlandschaft bestehen – von wegen »Antifaschismus«!). Die Vorräte im deutschen Uranerzlager in Staßfurt, ebenfalls in der zukünftigen »Sowjetzone« gelegen, wurden in einer räuberischen Nacht-und-Nebel-Aktion weggeschafft: 1100 Tonnen Uranerz wurden, unter schwachem deutschen Beschuß, in 20 000 Holzfässer geladen, ins westliche Hildesheim transportiert und von dort aus über Antwerpen in die USA verschifft. US-Konteradmiral Lewis L. Strauss, einer der maßgeblichen Initiatoren dieses Raubzuges und zugleich Anteilseigner eines amerikanischen Großkonzerns, bezeichnete diesen Fang als einen Schatz, eine Kriegsbeute, die dem Sieger völlig rechtmäßig zufalle – Räuberlogik –, während der Autor Percy Stulz über die rechtlichen Implikationen dieses Gaunerstücks festhält:

> Der Abtransport des Uranerzes aus Staßfurt war ein flagranter Bruch der interalliierten Abmachungen, die ausdrücklich festlegten, daß »alle Fabriken, Industrieanlagen, Betriebe, Forschungsinstitute, Laboratorien, Prüfstellen, technische Unterlagen, Patente, Pläne, Zeichnungen und Erfindungen«, die Kriegszwecken dienen, »unversehrt und in gutem Zustand« der Besatzungsmacht, die für die jeweilige Zone zuständig ist, übergeben werden müssen.[62]

Blieb nur noch das Kernforschungszentrum in Hechingen, das mutmaßlich die deutschen Koryphäen der Kernphysik beherbergte und – dumme Sache aber auch – in der zukünftigen französischen Besatzungszone lag. Gleichviel! Auch hier machte die von amerikanischen Kampfverbänden eskortierte Alsos-Bande in einem wildwestreifen Manöver das Rennen. Zunächst wurden die deutschen Forscher am 23. April in Hechingen und Tailfingen eingesackt: Professor Weizsäcker sowie die Herren Bagge, Wirtz, Otto Hahn und Max von Laue; der schmerzlich vermißte Heisenberg wurde am 3. Mai 1945 im oberbayrischen Urfeld aufgegriffen. Das gereinigte Uran und das wertvolle Schwere Wasser hatten die Deutschen, man glaubt es kaum, auf Ochsenkarren weggeschafft, aber die Alsos-Räuber stöberten die Uranwürfel, die in einem Kartoffelacker vergraben waren, schließlich dennoch auf. Selbstverständlich demontierten sie auch den Reaktor im Haigerlocher Winzerkeller und verfrachteten ihn samt dem Schweren Wasser in die USA. Als die französischen Verbände mit dem Physiker und Résistance-Kämpfer Joliot-Curie in Hechingen eintrafen, fanden sie lediglich ein Stückchen Uran von der Größe eines Würfelzuckers vor – schöne Grüße aus Washington! Die USA hatten sich sämtliche Dokumente und Rohstoffe unter den Nagel gerissen und verhörten die deutschen Experten, die ins britische Farm Hall bei Cambridge verschleppt worden waren.

Derweil setzte man in den Vereinigten Staaten zum hektischen Endspurt an: man brauchte die Atombombe dringend, bevor die letzten Kampfhandlungen des 2. Weltkriegs eingestellt waren! Am 12. April 1945 starb US-Präsident Roosevelt; an seine Stelle trat Harry S. Truman, ein hemdsärmliger Reaktionär aus dem Mittleren Westen, auf dem sogenannten diplomatischen Parkett ein Rüpel, der bereits in seinen ersten Verlautbarungen den Noch-Verbündeten Sowjetunion anrempelte. Einen Tag nach Roosevelts Tod erhielt der zum Präsidenten aufgestiegene Truman Besuch von einem alten Bekannten, der mit einer hochinteressanten Mitteilung aufwartete. Es war der Richter und einflußreiche demokratische Abgeordnete James F. Byrnes, zugleich juristischer Berater von John Pierpont Morgan jun., dessen Vater als erster Dollar-Milliardär in die Geschichte einging (seine wertvolle Kunstsammlung und Bibliothek – man gönnt sich ja sonst nix! – in seinem New Yorker Stammsitz sind unbedingt sehenswert). Byrnes, wenige Wochen später zum Außenminister ernannt, teilte dem aufmerksam lauschenden Truman mit:

> Die Vereinigten Staaten sind im Begriff, einen Sprengstoff herzustellen, der stark genug ist, um die ganze Welt zu zerstören […]. Ich bin fest überzeugt, daß die Atombombe uns in die Lage versetzen wird, bei Kriegsende unsere Bedingungen zu diktieren.[63]

Also schleunigst her mit dem Ding! Aber noch lief nicht alles wie gewünscht. Hitler-Deutschland hatte am 9. Mai 1945 bedingungslos kapituliert und entfiel damit als Atombombenziel. Die siegreiche Sowjetunion zeigte ein in Trumans Augen unverschämtes Selbstbewußtsein und konnte einen Schuß vor den Bug dringend gebrauchen; im nächsten Kapitel werden wir eingehender betrachten, wie schnell die Sowjetunion vom einstigen Verbündeten zum Todfeind in der US-Außenpolitik mutierte. Zu allem Überfluß machten nun auch noch die am *Manhattan District* beteiligten Wissenschaftler Zicken. Der Physiker Leo Szilard hielt rückblickend fest:

> Während des ganzen Jahres 1943 und eines Teils von 1944 war es unsere größte Sorge, daß die Deutschen eine Atombombe vor der Landung in Europa fertigstellen könnten. 1945 aber, als wir aufhörten, uns Sorgen darüber zu machen, was die Deutschen uns antun könnten, begannen wir uns besorgt zu fragen, was die Regierung der Vereinigten Staaten wohl anderen Ländern antun könnte. [64]

Und diese Sorge war mehr als berechtigt. Albert Einstein hatte zwei Briefe an Präsident Roosevelt geschrieben, in denen er – aus menschenfreundlichen und daher für den US-Präsidenten irrelevanten Gründen – davor warnte, die Atombombe einzusetzen; beide Schreiben blieben unbeantwortet. Um die aufgeregten Wissenschaftler zu beschwichtigen, richtete man ein *Interim Committee* mit beratender Funktion für den US-Präsidenten in Sachen Atompolitik ein; ihm gehörten sowohl der US-Kriegsminister Stimson als auch Robert Oppenheimer an. Dennoch geriet die Stimmung in den Laboren von Los Alamos, Oak Ridge und Chicago auf den Siedepunkt. Es zirkulierten Protestschreiben mit kreisförmig angeordneten Unterschriften, so daß der Erstunterzeichner nicht festzustellen war. An der Chicagoer Universität votierten 80 % der Wissenschaftler des Physikalischen Instituts gegen den Einsatz der Atombombe. Obwohl Geheimdienstler die Debatten zu unterbinden versuchten, gelangte ein Dokument, der sogenannte Franck-Report, zur Kenntnis der Öffentlichkeit, der die Unterschrift von sieben bekannten Physikern trug und in dem es u. a. hieß:

> Der einzige Grund, weshalb die Kernenergie anders zu behandeln ist als die übrigen Sachgebiete der Physik, liegt in der Möglichkeit, daß sie im Frieden politischem Druck und im Kriege plötzlicher Zerstörung dienen kann. Wir, eine kleine Gruppe von Staatsbürgern, haben in den letzten fünf Jahren unter dem Zwang der Ereignisse eine ernste Gefahr für die Sicherheit unseres Landes und für die Zukunft aller anderen Nationen erkannt, eine Gefahr, von der die übrige Menschheit noch nichts ahnt. [65]

Vergebens. Der Atomexpress rollte unerbittlich und unaufhaltsam weiter, denn im Cockpit saßen zu allem entschlossene Massenmörder. Nach der Niederlage Hitler-Deutschlands hatten die alliierten Siegermächte eine Konferenz in Potsdam vereinbart, um die dringendsten Fragen der Nachkriegsordnung zu klären. Doch der neue US-Präsident ließ sich, selbst zum Befremden des britischen Verbündeten, viel Zeit und erwirkte unter fadenscheinigen Ausflüchten mehrmals eine Verschiebung dieses wichtigen Zusammentreffens. Ende

April 1945 hatte Truman ein Memorandum erhalten, das die Unterschriften von Kriegsminister Stimson, General Groves und Generalstabschef George Marshall trug. Es enthielt die elektrisierende Ankündigung:

> Innerhalb von vier Monaten werden wir aller Wahrscheinlichkeit nach die schrecklichste Waffe in der Geschichte der Menschheit vollendet haben, eine Bombe, die eine ganze Stadt zerstören kann. Wenn das Problem der richtigen Nutzung der Waffe gelöst werden kann, hätten wir die Möglichkeit, die Welt in einen Zustand zu versetzen, in dem der Weltfrieden und unsere Zivilisation gerettet werden können.

Nun ja – die »Zivilisation«, ein Euphemismus wie die »freie Welt«, häufig verwendet während des Kalten Kriegs und gleichbedeutend mit »Antikommunismus«. Zivilisiert ist, wer nicht »moskauhörig« ist – so ein weiteres Propaganda-Schlagwort, als ob hier ein Fall neuer Leibeigenschaft oder Vasallität vorläge. Und Zivilisation, so verstanden, erreicht man am besten mit Atombomben. – Die anschließenden Unterredungen der politischen und militärischen US-Führungsstäbe wurden streng geheimgehalten und allem Anschein nach nicht protokolliert – wie die Wannsee-Konferenz der Nazi-Führung, auf der die berüchtigte »Endlösung der Judenfrage« beschlossen wurde. Ein Tagebucheintrag von Kriegsminister Stimson gibt dennoch Aufschluß, was die Herrschaften *top secret* ausheckten:

> Wir müssen die Führung zurückgewinnen, die uns die Russen entrissen haben [*nota bene*: Stimson erkrankte wenig später an Verfolgungswahn; P. P.]. Eine Atombombe ist eine Hand voller Trümpfe; wir dürfen sie nicht wie Narren ausspielen. Wir haben eine Waffe fast einsatzbereit, die einzigartig sein wird. Nun geht es darum, nicht durch zuviel Gerede irgendwelche Schwächen zu zeigen, wir sollten unser Handeln für sich selbst sprechen lassen. Wenn wir diese alles zerschmetternde Waffe besitzen, sind wir in einer viel freieren und stärkeren Position, falls es zu einem Zusammenstoß mit der Sowjetunion käme.[66]

Die zu Hunderttausenden abgeschlachteten japanischen Zivilisten waren, wie diese Notiz erweist, das Bauernopfer im nun beginnenden, von den USA eröffneten Kalten Krieg.

Als Truman schließlich am 15. Juli 1945 in Potsdam-Babelsberg eintraf, waren die Vorbereitungen für den ersten Atombombentest unter dem Codenamen »Dreieinigkeit« – die Assoziation zum »Jüngsten Gericht« liegt nahe – abgeschlossen. Der US-Präsident zeigte sich zuversichtlich: »Wenn sie explodiert, und ich glaube, sie wird es tun, dann werde ich sicher einen Knüppel für diese Jungens haben.«[67] Damit waren die Mitglieder der sowjetischen Delegation gemeint. Das Testgelände lag in der Wüste von New Mexico, 320 km südlich von Los Alamos. Die Bombe namens *Fat Man* hing an einem 30 m hohen Stahlgerüst. Sie wog einige Tonnen und barg 5 kg Plutonium, das von herkömmlichem Sprengstoff und einem dicken Stahlmantel umgeben war. Die Kettenreaktion des Nuklearkerns sollte per elektrischer Fernzündung in Gang gesetzt werden. Die amerikanischen Konferenzteilnehmer im zerstörten Deutschland saßen derweil auf glühenden Kohlen, bis das ersehnte Codewort eintraf: *Baby satisfactorily born*. Der detaillierte Bericht von General Groves lautete:

> Der Versuch war über jede optimistische Erwartung hinaus erfolgreich. Auf Grund von Daten, die bis heute haben ausgewertet werden können, schätze ich die erzeugte Energie auf die Sprengkraft von 15 000 bis 20 000 t TNT, und das ist eine vorsichtige Schätzung. Daten aufgrund von Messungen, deren Ergebnis uns noch nicht bekannt ist, werden möglicherweise eine mehrfach höhere Sprengkraft ergeben. Die Explosionswirkung war ungeheuer. Kurze Zeit gab es im Umkreis von 30 Kilometern einen Lichtblitz von der Helligkeit mehrerer Sonnen zur Mittagszeit. Es bildete sich ein riesiger, sekundenlang anhaltender Feuerball. Er plattete sich oben ab und erhob sich über 3000 Meter hoch, ehe er sich verdunkelte. Das Licht der Explosion wurde an rund 270 Kilometer entfernten Punkten wahrgenommen. Eine dichte Wolke bildete sich, die mit ungeheurer Gewalt aufwärts wogte und in 12 300 Metern Höhe die Substratosphäre erreichte. Die Wolke enthielt mehrere tausend Tonnen vom Boden emporgerissenen Staub und eine beträchtliche Menge Eisen in Gasform. In der Wolke waren gewaltige Mengen stark radioaktiver Spaltprodukte. Es hatte sich ein 360 Meter breiter, gegen die Mitte leicht abfallender Krater gebildet. Der Stahl des Turmes wurde verdampft. 450 Meter von ihm entfernt war ein 4,8 Meter hohes, vierzölliges Eisenrohr einbetoniert und stark verankert. Es ist vollständig verschwunden.[68]

Mit diesem »Knüppel« ließ sich die »Zivilisation« trefflich verbreiten! Als Churchill die sensationelle Neuigkeit erfuhr, übermannte ihn eine Art innerer Reichsparteitag, und er rief gegenüber dem amerikanischen Kriegsminister enthusiastisch aus: »Stimson, was war das Schießpulver? Trivial! Was war die Elektrizität? Eine Kleinigkeit! Die Atombombe aber ist das schreckliche Weltgericht!«[69] Während der britische Premier in der Vision verwüsteter russischer Industrieanlagen schwelgte, spielte der amerikanische Präsident mit anmaßenden Allüren den großen Zampano: Er versagte den osteuropäischen

Staaten, die er als »Satelliten« Moskaus bezeichnete – schon wieder war ein neues Propagandawort geboren –, die diplomatische Anerkennung.

Nun aber durfte mit dem Atombombentest am lebenden Menschenmaterial keine Minute mehr vergeudet werden. Japan, das den über den Stillen Ozean vorrückenden US-Truppen verbissenen, wenn auch aussichtslosen Widerstand leistete, hatte auf dem asiatischen Festland noch eine schlagkräftige Armee von eineinhalb Millionen Mann stationiert. Stalin hatte zugesagt, nach dem Sieg über das faschistische Deutschland binnen dreier Monate die Rote Armee in den Fernen Osten zu werfen, um die japanischen Aggressoren niederzukämpfen. Diese wußten, daß sie dem vereinten Druck der Sowjetunion und der USA nicht standhalten würden, und daher wurde – wie der amerikanische Geheimdienst herausfand, dem es gelungen war, den japanischen Code zu knacken – der japanische Botschafter in Moskau vom Tokioter Außenministerium angewiesen, schleunigst Waffenstillstandsverhandlungen mit der Sowjetunion einzuleiten. Es war also höchste Eile geboten, um die nukleare Verdampfung von Menschenfleisch erfolgreich zu erproben. Die Vorkehrungen waren bis ins Detail getroffen:

> Die Bombe sollte, um die Schockwirkung zu erhöhen, ohne Vorwarnung geworfen werden, und zwar auf eine große Stadt mit Industrie und dichtbesiedelten Wohngebieten, lautete die abschließende Empfehlung, die Byrnes am 6. Juni dem Präsidenten meldete. Die Auswahl der Ziele besorgten Stimson und Groves. Sie erfolgte wie beim Übungsschießen auf einem Manöverfeld. »Um die Wirkung der Bombe richtig einschätzen zu können«, verlangte Groves, »sollten die Ziele nicht durch Luftangriffe beschädigt sein. Erwünscht wäre schließlich, als erstes Ziel einen Ort von solcher Größe zu wählen, daß die ganze Zerstörungszone sich innerhalb des Ortes befände und wir daher die Gewalt der Bombe genauer bestimmen könnten.« Hiroshima, Kokura, Nagasaki, Niigata waren die Namen, die als »besonders geeignet« schließlich auf der Todesliste standen.[70]

Am 24. Juli erging von Potsdam aus der Befehl an den Oberkommandierenden der strategischen US-Luftstreitkräfte, General Spaatz, unter den genannten vier Städten je nach Wetterlage zwei für das Experiment auszusuchen. Der Abwurf der Bomben sollte ab dem 3. August erfolgen. Der Countdown lief…

Bei dem Atombombentest in der Wüste von New Mexico waren neben zahlreichen Militärs auch etliche der am *Manhattan District* beteiligten Wissenschaftler zugegen, andere verfolgten das Experiment aus den Laboren. Der Physiker Feynman erinnert sich in seiner etwas geschwätzigen Manier:

Nachdem das Ding hochgegangen war, gab es eine ungeheure Begeisterung in Los Alamos. Jeder veranstaltete Parties, wir machten alle die Gegend unsicher. Ich saß hinten auf einem Jeep und trommelte. Aber ein Mann, daran kann ich mich erinnern, Bob Wilson, saß nur herum und machte eine saure Miene.

Ich fragte: »Warum machen Sie so eine saure Miene?«

Er sagte: »Es ist etwas Furchtbares, was wir gemacht haben.«[71]

Es sollte noch Furchtbareres folgen.

Das Inferno

Die technischen Daten sind rasch erzählt:

Nach fünfstündigem Flug von der kleinen Insel Tinian etwa 2500 Kilometer südöstlich Japans wurde die erste Atombombe zusammen mit Meßinstrumenten für die Beobachtung der Wirkung aus 8500 Meter Höhe abgeworfen. Nach 43 Sekunden detonierte sie in 580 Meter Höhe über dem Shima-Krankenhaus im Zentrum Hiroshimas und produzierte einen Feuerball, der binnen einer zehntausendstel Sekunde eine Temperatur von über 300 000 °C erreichte. Auf dem Erdboden betrug sie mindestens 6000 °C. 35 % der freigesetzten Energie bestand aus Wärme, 50 % aus Druck und 15 % aus radioaktiver Strahlung.[72]

In Hiroshima, der mit über 400 000 Einwohnern achtgrößten Stadt des japanischen Kaiserreichs, war es 8.13 Uhr am Morgen; man schrieb den 6. August 1945. In der bis dahin weitgehend unzerstörten Stadt lebten Zehntausende ziviler Kriegsflüchtlinge und Kriegsgefangene, darunter 20 000–30 000 koreanische Zwangsarbeiter. Fast täglich kreiste eine amerikanische B-29 über der Stadt, deren Bewohner sich schon an ihren Anblick gewöhnt hatten und die sie »Mister B« nannten. Sie stand unter dem Kommando des Majors Claude Eatherly, der Erkundungs- und Aufklärungsflüge über die anvisierten Ziele absolvierte und Bericht über die dort herrschenden Wetterbedingungen zu erstellen hatte. Das Bombergeschwader, dem seine Maschine angehörte, übte seit einem Jahr stets dasselbe Manöver: Anflug, Abwurf einer einzigen Bombenattrappe, die einem riesigen Kürbis ähnelte, Abflug. Die Mannschaft war sich über ihre Mission im unklaren: War es eine Mine, deren Abwurf die Landung amerikanischer Bodenverbände vorbereiten sollte? Bei der entscheidenden Einsatzbesprechung jenes Tages erhielten sie den Bescheid, es handle sich um eine Bombe, die mit immensem Kostenaufwand von führenden Wissenschaftlern entwickelt worden sei und die den Krieg beenden würde. Das Wort »Atom« fiel nicht. Eatherly und seine Crew begeben sich auf ihren täglichen Routineflug und melden vorzügliche Bombardierungsbedingungen über Hiroshima. Dieser Funkspruch gilt der »Enola Gay« unter dem Kommando des Obersten Paul Tibbets, die 50 km vor der japanischen Küste kreuzt und die *Little Boy* genannte Uranbombe mit sich führt. Tibbets weiß natürlich, welche Fracht er an Bord hat. In wenigen Minuten ist der Zielort erreicht, die Mannschaft setzt sich tiefschwarz gefärbte Brillen auf, die Maschine schießt, von der Tonnenlast des Mordgeräts befreit, wie ein Fahrstuhl nach oben und dreht seitlich ab. Im Gefolge der »Enola Gay« befinden sich zwei weitere Maschinen: eine mit Meßgeräten, eine mit Kameras.

Doch bevor wir uns mit der Frage befassen, welche Folgen dieses mit Hochdruck vorangetriebene Experiment am Boden zeitigte – bei den Menschen, die gerade ahnungslos zur Arbeit gingen oder in ihren mehrheitlich aus Holz und Glas gebauten Unterkünften häusliche Tätigkeiten verrichteten, bei den Kindern und Jugendlichen, die gerade die Schulbank drückten –, muß noch einiger Propagandamüll aus dem Weg geräumt werden. Die Vereinigten Staaten haben ja mit ihrem historischen Vorbild, dem römischen Imperium der Antike, neben vielen Wesenszügen auch jenen gemeinsam, daß sie nur und ausschließlich *bella iusta*, »gerechte Kriege« führen: man wehrt sich unablässig gegen »Aggressoren«, bis man die Welt erobert hat, und dann hat man noch alle Hände voll mit »Terroristen« und anderem Gesindel zu tun, die die Segnungen der »Zivilisation« nicht so richtig zu würdigen wissen. Schriebe man die jüngere Geschichte der USA nur entlang der Hollywood-Produktionen, so würde sich folgendes Bild ergeben: Dieses gottgefällige Land kannte keine Arbeiter, sondern nur Angestellte (*white collar jobs*), und zwischen den Rassen herrschte eine stabile Harmonie, wobei die Schwarzen sich vor allem als Sportler, Soldaten und Kasper vom Dienst hervortun. Bis Ende der achtziger Jahre mußte das expansive sowjetische »Reich des Bösen« bekämpft werden, in Afghanistan wie im Boxring, danach schien die Bedrohung, da auf Erden die ernstzunehmenden Gegner ausgegangen waren, verstärkt aus dem Weltall zu kommen: der Inder, der Araber, der Afrikaner und der fernöstliche Asiat hören etwa in ›Independence Day‹ nun auf das US-Kommando, um irgendwelche Aliens abzuwehren, während eine gutmütig-vertrottelte UNO unterirdische

Tagungen abhält. So kämpft man also täglich für das Gute in Verfolg eines edlen Traums, während finstere Kräfte heimtückische Anschläge aushecken. Auch die Atombombenabwürfe sollen, wenn schon nicht ein Liebesdienst an der Menschheit, so doch ein Akt purer Notwehr gewesen sein. Das behauptet zumindest die hier und da auch in Geschichtsbüchern anzutreffende

☞ **Legende:**   Die atomare Zerstörung von Hiroshima und Nagasaki war eine Vergeltung für den ohne offizielle Kriegserklärung erfolgten japanischen Überfall auf den US-Flottenstützpunkt Pearl Harbor.

Am 7. Dezember 1941 bombardierten japanische Flugzeuge den auf Hawaii gelegenen US-Stützpunkt und versenkten vier Schlachtschiffe der pazifischen US-Flotte, beschädigten vier weitere Schiffe stark und zerstörten 188 Flugzeuge. 2403 amerikanische Soldaten kamen ums Leben, 1178 Verwundete waren zu verzeichnen. Dieser Überfall versetzte die amerikanische Nation in einen Schockzustand und galt fortan als Beleg für die Hinterhältigkeit und Gefährlichkeit nicht allein der Japaner, sondern der gelbhäutigen, schlitzäugigen Rasse als solcher. Gegen japanischstämmige US-Bürger wurden Maßnahmen in die Wege geleitet, die nicht anders als rassistisch motiviert waren: man internierte sie, im Gegensatz zu in Amerika lebenden Deutschen, mit deren Herkunftsland sich die USA ja ebenfalls im Kriegszustand befanden, in Konzentrationslagern und beschlagnahmte ihre Vermögen. Selbst die härtesten militärischen Gegenmaßnahmen, auch gegen die Zivilbevölkerung, schienen angesichts der japanischen Greuel gerechtfertigt zu sein, und eine rassistische Propaganda trommelte so laut den Begleitmarsch, daß selbst ein bürgerlicher Historiker unvoreingenommen (und daher unzeitgemäß) konstatierte:

> Der immer wieder erhobene Vorwurf, in die Entscheidung zum Einsatz der Bombe seien auch rassistische Motive eingeflossen, ist [...] schwer zu entkräften. [...] Harry Truman gab öffentlich zu, daß er die »Japs« haßte [...]. Der angesehene amerikanische Historiker John Dower hat dokumentiert, wie in amerikanischen Medien während des Krieges ein Bild von den Japanern als rassisch andersartige Untermenschen gezeichnet wurde. Der [...] Bombardierung war dadurch der Boden bereitet.[73]

Aber auch der japanische Überfall auf Pearl Harbor hat eine bezeichnende Vorgeschichte, die nicht als allgemein bekannt vorausgesetzt werden kann. Im

Juli 1949 schrieb der als erzkonservativ, d.h. militant antikommunistisch bekannte republikanische Kongreßabgeordnete Hamilton Fish einen Leserbrief
an die ›Washington Post‹, der aufhorchen ließ:

> Es liegen erdrückende Beweise vor, daß die Japaner veranlaßt wurden, den
> Angriff vorzunehmen, der zu großen amerikanischen Verlusten an Men-
> schenleben und Kampfkraft führte. Die Japaner wurden nach Pearl Harbor
> geködert, ohne daß die beiden amerikanischen Kommandeure von dem Plan
> unterrichtet wurden. Das steht jetzt zweifellos fest, aber die breite Öffentlich-
> keit weiß es bis heute noch nicht … Die Vorstellung, daß unser damaliger Prä-
> sident so etwas tun könnte, erscheint mir empörend und widerwärtig.[74]

Diese Aussagen treffen zu, aber sie lassen die trickreichen und lügenhaften
Manöver der US-Diplomatie kaum in Ansätzen erahnen. Bereits im Juli 1941,
also ein halbes Jahr vor dem Überfall auf Pearl Harbor, sperrte die US-Regierung den Panamakanal für die japanische Handelsflotte und verhängte wenig später einen Erdölboykott gegen das rohstoffarme Land. Dies bedeutete
im Klartext, daß die industrielle Produktion Japans binnen zweier Jahre zum
Erliegen gekommen und die japanische Armee nahezu handlungsunfähig gewesen wäre. Neben Erdöl und Flugbenzin standen auch Werkzeugmaschinen
und Eisenerz auf der Liste der gegen Japan verhängten Ausfuhrsperre; zudem wurden schon zu jenem frühen Zeitpunkt – wie gegenwärtig im Falle des
Iran – die japanischen Guthaben in den Vereinigten Staaten »eingefroren«,
also geraubt. Arthur McCollum, amerikanischer Korvettenkapitän und Leiter des Marinespionagedienstes, stellte in einem Memorandum kühl berech-
nend fest: »Wenn durch diese Maßnahmen Japan derart gereizt würde, daß
es zu einer offenen Kriegshandlung übergeht, dann wäre das für uns die ideale Ausgangsposition.« Und Kriegsminister Henry Stimson konstatierte nach
Pearl Harbor zufrieden: »Es ist uns gelungen, die Japaner in eine Position zu
manövrieren, daß sie den ersten Schuß abgeben mußten.«[75]

Bis es soweit war, mußten jedoch noch etliche Ränke und Täuschungsma-
növer in Szene gesetzt werden. Den diplomatischen Vorstoß Japans zur gütli-
chen Beilegung der Differenzen konterte das US-Außenministerium mit un-
annehmbaren Forderungen: Japan müsse seine Truppen aus China und allen
Ländern Südostasiens abziehen und alle ihre dort installierten Regierungen
beseitigen sowie den »Dreimächtepakt« mit Deutschland und Italien aufkündigen – ein demütigender Katalog, der einer »friedlichen Kapitulation« Japans
gleichgekommen wäre. Und so griff die japanische Führung auf den im Januar 1941 geäußerten Vorschlag des japanischen Flottenchefs Yamamoto zurück,

Pearl Harbor anzugreifen. Dieser Stützpunkt, so führte der Militär aus, sei ein auf die Kehle Japans gerichteter Dolch, denn seit dem expansiven Ausbau der US-Marine durch die *Two Ocean Navy Bill* vom Juli 1940 könnten von dort aus der Indische Ozean kontrolliert und sämtliche Handelsunternehmungen und militärischen Aktivitäten Japans existentiell gefährdet werden. Seit Herbst 1940 wiederum rissen die Warnungen hochrangiger Kommandeure der US-Navy nicht ab, daß Pearl Harbor äußerst gefährdet, ja »eine gottverdammte Mausefalle« für die US-Marine sei. Aber die Regierung schlug alle Warnungen in den Wind, denn gerade darauf hatte sie es ja angelegt.

Auf der Hawaii-Insel Oahu waren Ende 1941 9 Schlachtschiffe, 3 Flugzeugträger, 2 schwere und 5 leichte Kreuzer, 21 Zerstörer sowie 300 Kampf- und Jagdflugzeuge und 3 Heeresdivisionen mit insgesamt 43 000 Mann stationiert – ein ansehnlicher, schlagkräftiger Verband. Als sich die Hinweise auf einen japanischen Überfall verdichteten, zog man die drei für den Kriegsverlauf entscheidend wichtigen Flugzeugträger *Saratoga*, *Lexington* und *Enterprise* ab, ohne die Befehlshaber über die wahren Hintergründe dieser Entscheidung zu informieren. Auch als nach der Entzifferung des japanischen Geheimcodes im August 1940 keine Zweifel mehr daran bestehen konnten, daß Pearl Harbor Ziel eines japanischen Angriffes war, wurden Kommandantur und Besatzung des Stützpunktes absichtlich in trügerischer Sicherheit belassen. William F. Halsey, 1941 Kommandeur eines Zerstörergeschwaders im Pazifik, äußerte sich nachträglich empört über die gezielte Desinformation seitens der US-Regierung (denn die Inhalte der entschlüsselten japanischen Depeschen waren von nun an Chefsache und mußten Präsident Roosevelt vorgelegt werden; nur er selbst bzw. der Kriegs- und der Marineminister durften die Inhalte der Nachrichten an die Kommandeure weiterleiten, so daß das Pearl Harbor-Komplott aus vier zivilen Führern mit dem Außenminister und neun hohen Militärs, also 13 Personen, bestand). Dies also die Auslassung des Kommandierenden Halsey:

> Ich war zu dieser Zeit einer der drei rangältesten Kommandeure der Pazifik-Flotte unter Admiral Kimmel. Mit Bestimmtheit kann ich sagen, daß ich von den laufend entschlüsselten geheimen japanischen Meldungen (*Magic messages*) keine Kenntnis hatte. All das uns vorgelegte Nachrichtenmaterial deutete auf einen japanischen Angriff auf die Philippinen, die südlichen Gebiete von Malakka oder Niederländisch-Indien hin. Obwohl Pearl Harbor eine wesentliche Rolle in dem aufgefangenen Nachrichtenmaterial spielte, deuteten die uns zugänglich gemachten Nachrichten nur in andere Richtungen. Hätten wir eine Ahnung gehabt von dem ständigen Interesse der Japaner für die ge-

nauen Liegeplätze unserer Schiffe in Pearl Harbor und für ihre Bewegungen, wie dies aus den *Magic messages* hervorging, dann wäre es selbstverständlich gewesen, unser gesamtes Interesse darauf zu richten, wie wir einem Angriff zu begegnen hätten …

Ich habe Admiral Kimmel und General Short zu jeder Zeit als hervorragende Offiziere angesehen, die hier den Wölfen als Sündenbock vorgeworfen wurden für Dinge, die außerhalb ihrer Kontrolle lagen. Sie sind ausgesprochene militärische Märtyrer.[76]

Am 5. November 1941 setzte Admiral Yamamoto die japanische Marine in Angriffsbereitschaft, am 18. November stach die Invasionsflotte, bestehend aus Flugzeugträgern, Schlachtschiffen, Kreuzern, Zerstörern, U-Booten und Tankern, in See. Am 4. Dezember meldete der australische Marinegeheimdienst die ungewöhnlichen japanischen Flottenbewegungen, und am 6. Dezember beschloß das australische Kabinett unter Premier John Curtin, das Weiße Haus in Washington von dem unmittelbar bevorstehenden Angriff zu informieren. Aber die US-Regierung war ja bestens informiert – und reagierte nicht. Der übel beleumundete Admiral Kimmel, der nach dem Desaster der Öffentlichkeit als Schuldiger präsentiert wurde, hielt in seiner eidesstattlichen Erklärung abschließend fest: »Franklin D. Roosevelt und seine höchsten Offiziere haben die amerikanischen Streitkräfte in Pearl Harbor verraten.«[77] Dies sollte weder dem verleumdeten Offizier etwas nützen, noch gelangten die brisanten Hintergründe zur Kenntnis der amerikanischen Öffentlichkeit. Roosevelt hatte die USA in den Krieg mit Japan hineingelogen, -manövriert und -getrickst, und er hatte die rund 3500 toten und verletzten Soldaten als Bauernopfer in seinem Weltherrschaftsschach verheizt. Was seiner guten Laune im übrigen keinen Abbruch tat: Er sei, nachdem er vom japanischen Überfall auf Pearl Harbor erfahren hatte, auffallend heiter gewesen, wie seine Frau berichtete. Die verlorenen Kriegsschiffe ließen sich nachbauen. Von nun an erschien jede aggressive Kriegshandlung der USA als Akt legitimer Selbstverteidigung. Hatten sich vor Pearl Harbor noch fast 85 % der amerikanischen Bevölkerung gegen ein militärisches Engagement der Vereinigten Staaten ausgesprochen, so war die Stimmung nach dem japanischen Überfall schlagartig gekippt. Die restlichen Zweifel verhallten im Donner der nuklearen Explosionen von Hiroshima und Nagasaki.

Auch heute kann man die Weltbevölkerung belügen, nicht nur bezüglich angeblich ermordeter Brutkastenbabies und nichtexistenter irakischer Massenvernichtungswaffen. Auch heute kann der Lärm zusammenstürzender

Zwillingstürme die Verstandestätigkeit der Menschen lähmen. Auch hier dürfte die Zahl der Eingeweihten und Strippenzieher vielleicht zwei oder drei Handvoll Personen betragen haben. Auch Bürohochhäuser lassen sich wieder aufbauen. Ob 2403 geopferte US-Soldaten oder etwas über 3000 geopferte US-Zivilisten – das ist gleich vor dem Herrn der Welt, der da heißet Roosevelt oder Bush. Von den japanischen oder irakischen Opfern erst gar nicht zu reden; sie sind im Preis der Weltherrschaft mitinbegriffen, und obwohl sie nach Millionen zählen, zählt man sie nicht: *no bodycount.* Ein jedes Mega-Verbrechen benötigt eine Mega-Lüge und ein Mega-Heer von Mitläufern. Auch dies ist eine Lektion des Kapitels »Hiroshima und Nagasaki«.

Noch häufiger, vor allem in den Schulbüchern, stößt man auf die zweite

☞ **Legende:**   Die Atombombenabwürfe führten das Ende des 2. Weltkriegs herbei und retteten Hunderttausenden von Menschen das Leben.

So posaunte es Truman in die Welt hinaus: Die nuklearen Massaker von Hiroshima und Nagasaki hätten mehreren hunderttausend Menschen das Leben gerettet. Am 13. März 1958 präzisierte Truman – nicht ohne einen kräftigen Schuß Zynismus, denn er beantwortete damit eine Anfrage des Stadtrates von Hiroshima – seine Fabelzahlen: »Ich glaube, ich kann mit Sicherheit sagen, daß die Atombombe ganz bestimmt 250 000 alliierten Soldaten und 250 000 Japanern das Leben gerettet hat. Ich denke, das Opfer von Hiroshima und Nagasaki war notwendig, sowohl für die Zukunft Japans als auch für die der alliierten Staaten.«[78] Er glaubt also – mit Sicherheit – ganz bestimmt ... Diese an das Mega-Heer von Illusionswilligen gerichtete Rechtfertigung eines kaltblütigen Massenmordes wurde von niemandem geteilt, der über einigermaßen Sachkenntnis verfügte, auch von keinem der dem US-Präsidenten nahestehenden Experten in Sachen Kriegführung. So hieß es im 1946 veröffentlichten *US Strategic Bombing Survey*:

> Aller Wahrscheinlichkeit nach hätte Japan vor dem 1. November 1945 kapituliert, selbst wenn die Atombomben nicht abgeworfen worden wären, Rußland nicht in den Krieg eingetreten und keine Invasion geplant oder erwogen worden wäre.

US-Admiral King konstatierte in einem Resümee über den Pazifikkrieg, »daß die Wirkung der Atombombenangriffe in bemerkenswerter Weise örtlich begrenzt war. Außerhalb der beiden direkt betroffenen Städte rangierten sie unter anderen, demoralisierenden Erfahrungen.«[79]

US-Admiral William Leaky stellte rückblickend fest:

> Die Japaner waren schon geschlagen und bereit, sich zu ergeben. Der Einsatz dieser barbarischen Waffe gegen Hiroshima und Nagasaki half unseren Kriegsanstrengungen gegen Japan in keiner Weise. Durch ihre Erstverwendung haben wir uns den moralischen Standard von Barbaren des finstersten Mittelalters zu eigen gemacht. Ich habe nicht gelernt, auf diese Weise Krieg zu führen, und Kriege werden nicht durch die Vernichtung von Frauen und Kindern gewonnen.[80]

Und so war es. Die Ausradierung der beiden japanischen Städte war so wenig kriegsentscheidend wie das Terrorbombardement von Dresden. Die für einen hohen US-Offizier erstaunliche Aussage spiegelte lediglich den offen zutage liegenden Sachverhalt wider, daß sich Japan in den Kampfhandlungen der letzten drei Jahre eindeutig auf der Verliererseite befand und seine Kapitulation – es sollte freilich eine ehrenhafte, keine, wie von den USA angestrebt, bedingungslose sein – im Spätsommer 1945 nur noch eine Frage von Tagen war. Nach dem Blitzüberfall auf Pearl Harbor mußte die japanische Flotte nach und nach den an Menschen und Material drückend überlegenen US-Streitkräften weichen. Bereits im Mai 1942 verlor Japan bei der Seeschlacht im Korallenmeer vier Flugzeugträger; eine zweite Niederlage bei den Midway-Inseln im Juni desselben Jahres leitete die amerikanische Gegenoffensive ein. Zug um Zug mußte die japanische Marine einen pazifischen Stützpunkt nach dem anderen räumen; dieser Rückzug in Etappen wurde im amerikanischen Siegerjargon als *Leap-Frogging*, »Froschhüpfen«, bezeichnet. 1944/45 gingen die Philippinen für Japan verloren, und in Burma wurden drei japanische Armeen vernichtet. Bei nahezu nicht mehr existierender Kriegsflotte ging Japan zum verbissenen Abwehrkampf gegen die amerikanischen Landungstruppen bei völliger Luftüberlegenheit der US Air Force über. In der Schlacht um die Insel Okinawa, die zu den blutigsten des 2. Weltkriegs zählte, verlor Japan durch die Todessturzflüge (Kamikaze) auf die amerikanischen Landungsboote 3500 Flugzeuge, und entsprechend hoch waren die Verluste bei den US-Truppen. (Es ist im übrigen wenig bekannt, daß der in seinen letzten Zuckungen liegende deutsche Faschismus für seine »Wunderwaffe« V1 sogenannte »Selbstopfermänner« einsetzte, welche die bemannte Rakete in ihr Ziel steuerten; der Verzweiflungscharakter dieser Maßnahme ist wie bei den japanischen Kamikaze-Fliegern evident.) Wohl aufgrund der heftigen Gegenwehr der Japaner unterhalten die USA auf Okinawa bis heute einen großen militärischen Stützpunkt – der Pfahl des Siegers im Fleisch des Besiegten – mit einer auffallend hohen Vergewaltigungsrate an einheimischen Frauen. Die Bevölkerung von Okinawa protestiert seit Jahrzehnten gegen die verhaßte US-Präsenz auf der Insel, und so manche japanische Regierung stellte in Aussicht, den Abzug der amerikanischen Truppen zu verlangen, aber die US-Besatzer bewegen sich bis zum gegenwärtigen Tag so wenig wie der Fujiyama.

Nach der Niederlage von Okinawa und dem stilvollen Harakiri der japanischen Kommandeure – hier schwingt keine Ironie mit, denn der Grundsatz »lieber tot als in Feindeshand« ist achtenswert – lag die Kapitulation Japans gewissermaßen in der Luft. Eine der diplomatischen, per Funk übermittelten Noten Japans, die der amerikanische Geheimdienst wie die *Magic messages* dechiffrieren konnte, eine Mitteilung des japanischen Außenministers an den Botschafter Sato in Moskau vom 17. Juli 1945, bestand aus den unmißverständlichen Worten: »Die Kampflage ist kritisch geworden. Es bleiben uns nur noch wenige Tage, um die Beendigung des Krieges in die Wege zu leiten.« Das durfte nicht sein, denn wo sonst wenn nicht gegen Japan hätte man die schönen Atombomben noch einsetzen können? Und als die Rote Armee auf breiter Front gegen die 1½ Millionen Mann starke Kwantung-Armee in der Mandschurei und in Nordkorea vorrückte, erklärte Premierminister Zuzuki vor dem eilends einberufenen Obersten Kriegsrat: »Der heute morgen erfolgte sowjetische Angriff bringt uns endgültig in eine aussichtslose Lage und macht die Fortsetzung des Krieges unmöglich.«[81] Jetzt aber nichts wie her mit dem nuklearen Hammer, um den Sowjets in aller Deutlichkeit klarzumachen: »Hände weg von Japan – Nippon gehört uns!« Und so hoben die Bomber ab, nicht ohne zuvor den geistlichen Segen empfangen zu haben: »Allmächtiger Vater, der Du die Gebete jener erhörst, die Dich lieben, wir bitten Dich, denen beizustehen, die sich in die Höhen Deines Himmels wagen und den Kampf zu unseren Feinden vortragen.«[82] Und er hielt es wieder mit den Stärkeren, denn die Schwächeren waren ja nicht einmal Christen, oder nur zum geringsten Teil (einen davon werden wir bald näher kennenlernen).

Bleibt noch die etwas krude dritte

☞ **Legende:**   Paul Tibbets, der Kommandant des Atombombers, hat im nachhinein seine Tat bereut, ist darüber sogar wahnsinnig geworden.

Hat er nicht, ist er nicht. Paul Tibbets verfügte über »robuste« Grundüberzeugungen, wobei das Adjektiv im NATO-Neusprech bevorzugt bei rücksichtslosem militärischen Vorgehen gegen unterlegene Feindkräfte oder wehrlose Zivilisten Verwendung findet, hier also vorzüglich paßt. Nach der Rückkehr von ihrem Einsatz hält er eine kleine Ansprache an die offensichtlich etwas verunsicherte Crew: »Wir haben unseren Job getan« – Pragmatismus ist eines der US-amerikanischen Wesensmerkmale, nicht nur beim *football*, sondern auch bei Kriegsverbrechen –, und weiter: »Aber es wird noch weitere Bomben geben. Und dann wird man unsere Gruppe wieder brauchen. Wir werden dabei sein, wenn es soweit ist.«[83] Ende 1980, als die atomare Endlösung der Sowjetunion in ihre entscheidende Phase trat, äußerte er, nun General im Ruhestand, in einem Interview: »Ich würde es immer wieder tun. Ich würde heucheln, wenn ich sagte, ich hätte Gewissensbisse gehabt.«[84] Fünf Jahre zuvor, 1976, hatte er bei einer militärischen Flugshow in Texas eine Atombombenattrappe abgeworfen – das konnte er nun einmal am besten. Akihiro Takahashi, ein mit schwersten Versehrungen überlebendes Opfer des Atombombenabwurfs, traf 1980 in seiner Eigenschaft als Direktor des Hiroshimaer Friedens-Museums mit Tibbets zusammen, der auch hier bekräftigte: »Wenn aus irgendeinem Schicksalsgrund wieder Krieg kommen sollte, würde ich das gleiche wieder tun, wenn es mir befohlen würde. Das ist die Logik des Krieges.«[85] (Einem Wehrmachts-Offizier, der an Massenexekutionen von Juden oder Partisanen beteiligt gewesen wäre, hätte man die Berufung auf einen »Befehlsnotstand« nicht so ohne weiteres durchgehen lassen.) Gegen Ende des Gesprächs zwischen Opfer und Täter meinte Herr Takahashi etwas Feuchtes in den Augen seines Gegenübers schimmern zu sehen. Vielleicht hat ihn ein Staubkörnchen in der Nase gepiekst.

Der winzige Wahrheitskern dieser Legende bezieht sich auf eine andere Person: den bereits erwähnten Kommandanten des Aufklärungsflugzeuges Claude Eatherly. Er litt schwer unter seiner Teilnahme am feigen Massenmord, wollte nicht als Held gefeiert werden und sprach sich als einziger beteiligter Offizier gegen die Atombombe aus. Man erteilte ihm Sprechverbot, versuchte ihn zu kriminalisieren und in die Psychiatrie zu stecken. Zu Jahresbeginn 1947 wurde er aus der Armee entlassen, und zwar »ehrenvoll«. Er erhielt eine Monatsrente von 237 Dollar »aufgrund seelischer Störungen und seiner Erlebnisse in Übersee«.[86]

Paul Tibbets starb im November 2007, im Alter von 92 Jahren, nach seinem abermaligen Bekunden ohne Bedauern. Es hätte seine Opfer auch nicht mehr lebendig gemacht. Ihnen wollen wir uns nun zuwenden.

*

Wie das Grauen in Worte fassen? Das fiel den Überlebenden schwer, und die Sprache scheint als Instrumentarium zu versagen, um eine angemessene Vorstellung von den Wahrnehmungen und Empfindungen der Betroffenen zu vermitteln. Buchstäblich von einer Sekunde zur anderen waren sie aus ihren gewohnten Lebenszusammenhängen gerissen und unter Schock, Betäubung und mit gräßlichen Verletzungen, die sie zunächst meist gar nicht bemerkten, außerstande, das Geschehene zu begreifen. So lautete denn die häufigste Aussage: »Es war die Hölle«, eine Hölle, die ein einziges Flugzeug auf die Erde brachte und die jedes Vorstellungsvermögen sprengte. Kann man sich ausmalen, welches Elend sich hinter den folgenden nüchternen Worten verbirgt?

> Die Hitzestrahlen verursachten im Umkreis von 3,5 Kilometern vom Hypozentrum Verbrennungen. Die Druckwelle von mehreren hunderttausend Hektopascal zerdrückte praktisch alles, was aufrecht stand. Der sofort nach der Explosion ausbrechende Feuersturm verbrannte alles im Umkreis von zwei Kilometern und vernichtete insgesamt 70 000 Häuser, darunter 80 % aller Krankenhäuser der Stadt. Die radioaktive Strahlung führte bei all den Menschen im Umkreis von 900 Metern, die nicht verbrannten, zu Verletzungen, denen sie binnen weniger Tage erlagen. Bei vielen anderen Menschen, die weiter weg waren, verursachte sie diverse Krankheiten, die erst zwei bis zehn Jahre später auftraten und zum Tod führten.[87]

Was besagen diese zweifelsohne richtigen Sätze? Ein Bauer führt seinen Ochsen nach Hause, beide verkohlen im nuklearen Backofen zu grotesken Statuen. Und sie hatten noch Glück gehabt. »Die Lebenden werden die Toten beneiden«, lautete ein geflügeltes Wort der Hibakushas, jener bedauernswerten Menschen, die das Inferno überlebten und sich entstellt und strahlenkrank durchs Leben schleppten.

Wer zwischen den sechziger und achtziger Jahren des vergangenen Jahrhunderts den Wehrdienst bei der westdeutschen Armee, dem »Bund«, absolvieren mußte, wird sich mit Sicherheit an die bei der Truppe verhaßten »ABC-Übungen« erinnern, d. h. im freien Gelände abgehaltene Rituale angesichts eines fingierten feindlichen Angriffes mit atomaren, biologischen oder chemischen Waffen. Eingeleitet wurde das Ritual durch den plötzlichen und unerwarteten Ausruf »Lichtblitz!«, bei den Ausbildern besonders beliebt, weil sich ihre Untergebenen sofort zu Boden werfen und Deckung in irgendeiner Vertiefung, einem Graben, einer Mulde oder Senke suchen mußten. Dabei wurde angenommen, daß man die Hitzestrahlung überlebte, ebenso die anschließende Druck- und Sogwelle mit ihrem Hagel von Steinen, Bäumen,

Metallteilen und Gliedmaßen. Sodann folgte die »Entwarnung«, was für den einfachen Soldaten bedeutete, aus seiner »ABC-Tasche« ein sorgfältig zusammengefaltetes, etwa 2x2 m großes Plastiktuch zu entnehmen, es mit einem Schwung auszubreiten, sich darunter zu kauern und darauf zu achten, daß sich keine Lücke zwischen Tuch und Boden auftat. Diese Maßnahme galt als Vorsorge gegen das nun einsetzende radioaktive Fallout. Im Dunkeln mußte dann die Gasmaske aus der Tasche gekramt und aufgesetzt, ferner die Kleidung an Handgelenken und Fußknöcheln abgedichtet werden, was mittels Gummibändern von Einmachgläsern bewerkstelligt wurde. Solchermaßen ausgestattet, sollte nun das Tuch wieder zusammengefaltet werden, falls man es noch einmal benötigte – man kann ja nie wissen –, und halbblind und unter Atemnot konnte nun die Jagd auf die verruchten Rotarmisten beginnen, die wie einst die Mongolen das freie und christliche Abendland in Horden überfielen. – Bei den großen NATO-Herbstmanövern, die unter der Bezeichnung *Reforger* veranstaltet wurden (für *Return of Forces to Germany*, »Rückkehr der Streitkräfte nach Deutschland« – wir sind einfach wieder da, und ihr werdet uns nie mehr los!), beim Spiel Blau (NATO) gegen Rot (Warschauer Pakt), konnte es vorkommen, daß größere »feindliche« Truppenteile eingekesselt wurden, was für den einzelnen Soldaten im Panzer oder im Gelände natürlich nie nachvollziehbar war. An diesem Punkt wurde die Übung abgebrochen. Warum? »Jetzt werden taktische Atomwaffen eingesetzt«, lautete die Auskunft, also mit Artillerie abgefeuerte oder aus Flugzeugen abgeworfene nukleare Sprengsätze von vergleichsweise »geringer«, »nur lokaler« Wirkung. Mahlzeit. So schön kann die Freiheit sein … »Lichtblitz!«

Die Auswirkung der atomaren Explosionen in Hiroshima und Nagasaki soll hier nicht in quantitativer Hinsicht untersucht werden – in Hiroshima starben auf einen Schlag ca. 40 % der Bevölkerung, während in den Feuerstürmen des bombardierten Hamburg 3–6 % der Bewohner ums Leben kamen –, sondern in der sekundenschnellen, oft als Einheit empfundenen Abfolge der Einzelphasen des nuklearen Infernos: Lichtblitz – Hitzeentwicklung – Druckwelle und, mit zeitlichem Abstand, radioaktive Strahlung durch Bombenteile, herabrieselnde Partikel oder den berüchtigten »schwarzen Regen«. Hier nun die Zeugenberichte in repräsentativer Auswahl.[88]

Fumiko Nonaka war mit Reparaturarbeiten an einer Brücke beschäftigt, als ihn eine Frau auf die B-29 am Himmel aufmerksam machte:

> In dem Augenblick, als ich unter dem Rand meines Strohhutes hervor aufsah, wurde ich von einem starken Lichtblitz geblendet, der mich voll ins Gesicht

traf. Die Haut fing an zu schrumpeln wie die eines gegrillten Tintenfisches. Dann flog ich in die Luft und verlor das Bewußtsein. […] Mein Bruder, der aus Osaka gekommen war, um nach mir zu sehen, erzählte mir später, daß es praktisch unmöglich gewesen sei, in der einzigen Eiterbeule, die mein Gesicht war, genau zu sagen, wo nun meine Augen oder meine Nase wären. In den Vertiefungen rund um meine Augen seien ganze Eiterseen gewesen. […] im Spiegel erkannte ich mich selbst kaum wieder. Meine Augenbrauen und meine Lippen waren nicht mehr zu erkennen. Ich bekam das große, schwarzrote Narbenkeloid, das mein Gesicht wie eine Maske entstellte.

Der ungeschützte Blick in den Lichtblitz konnte zur sofortigen Erblindung oder zur späteren Erkrankung am grauen Star führen. Die ungeheure Hitzeentwicklung führte, je nach Exposition der Opfer und ihrer Entfernung zum Zentrum des Explosionsherdes, zu vielerlei Symptomen: die Köpfe schwollen zu Melonengröße an, die Haut hing in großen Fetzen vom Leib, Kleidungsstücke brannten sich in das Fleisch ein, Fleisch und Muskeln lösten sich von den Knochen ab, oder es blieb, unmittelbar unterhalb des Epizentrums, nur der Schattenumriß des verdampften Menschen auf einer Mauer oder auf einer Steintreppe übrig.

Die Medizinstudentin Sakae Hosaka, die als Krankenschwester im Ono-Krankenhaus arbeitete, erinnert sich an folgende Szene:

Fünf oder sechs kleine Jungen im Alter von sieben bis acht Jahren kamen mit wankenden Körpern auf mich zugelaufen und baten mich um Medizin. »Es ist so heiß!« jammerten sie weinend. Ich sah, daß sich die Haut von ihren Oberkörpern ablöste und an manchen Stellen in Streifen herabhing wie die Schalen von Kartoffeln. Als erstes fragte ich sie: »Wart ihr etwa ohne Hemden unterwegs?« Sie trugen absolut nichts am Oberkörper. »Wir hatten aber Hemden an«, antworteten sie. Als ich sorgfältig nachsah, konnte ich Überreste ihrer Kleidung in den Brandwunden ihrer Oberkörper entdecken.

Asae Miyakoshi, eine 25jährige Frau, hielt sich zu Hause auf, als die Bombe in 1,8 km Entfernung detonierte. Sie wurde von Nachbarn aus den Trümmern befreit und floh mit ihrer schwerverletzten Schwester, die sie huckepack genommen hatte, in einen Park, wo sie sich eine kurze Verschnaufpause gönnte.

Die Brandwunden im Gesicht meiner Schwester begannen zu eitern; ihr rechtes Auge hing heraus. Ich drückte das Auge zurück und versuchte mit einem Mullmundschutz, es an seinem Platz zu halten, aber ihr Ohr war weggeschmolzen, und so fand sich nichts, um das Bändchen daran zu befestigen. Ihr Unterkiefer war gebrochen, und sie wimmerte – schon fast bewußtlos – nach Wasser […] In einer Trambahn, welche die Hitze hellrot glühend gemacht hatte, konnte man unter den von der Glut Getöteten noch eine Frau erkennen, die sich an einem Halteriemen festhielt. Zu einem Mann, der auf seinem Trümmerhaufen saß, sagte ich: »Kommen Sie, lassen Sie uns von hier verschwinden!« Ich wollte ihm beim Aufstehen behilflich sein, aber da löste sich die Haut von seinen Händen, und er fiel langsam zur Seite. Darauf sah ich seinen Schatten konturenscharf hinter dem Platz eingebrannt, wo er gesessen hatte.

Der 16jährige Gymnasiast Machiyo Kurokawa erinnert sich an eine schauderhafte Begegnung:

Ich sah auf und erblickte eine Gestalt vor mir, deren Körper schwere Brandwunden und kein Haar mehr auf dem Kopf hatte. Nur das Gummiband ihrer Unterwäsche hing noch an ihrem Körper und auf dem Rücken etwas, das aussah wie ein schmutziger Kimono, der halb auf dem Boden schleifte. Als ich diese Erscheinung, die meinen Namen rief, genauer anblickte, stellte ich fest, daß es eine Freundin meiner kleinen Schwester war, ein vordem hübsches, rotwangiges Kind. […] Da sie aber am ganzen Körper Brandwunden hatte, wagte ich es nicht, sie anzufassen. Eine Trage wurde gebracht. Als wir sie darauf legen wollten, stieß sie einen fürchterlichen Schrei aus. Vor Schreck ließen wir sie beinahe fallen, aber dann gelang es uns doch, sie sicher auf die Trage zu betten. […] Die Feuerglut hatte die Muskeln ihres Beines zerstört. Als ich sie mit meiner Hand berührte, löste sich das Muskelfleisch: Vor mir lag der blanke Beinknochen. Ich kann mir absolut nicht erklären, wie sie es in dieser Verfassung geschafft hatte, überhaupt noch zu gehen.

Der 20jährige Monteur Hiroshi Shibayama befand sich auf dem Weg zur Arbeit, als die Atombombe in etwa 2½ km Entfernung detonierte:

Am klaren, kobaltblauen Sommerhimmel sah man einen sich auftürmenden Wolkenpilz; tiefes Rot, Gelb, reines Weiß, Blau, Purpur, alle Kardinalfarben wild durcheinanderwirbelnd stieg er in einer schnellen Aufwärtsbewegung hoch in den Himmel hinauf. Ohne mir über seine Bedeutung im klaren zu sein, war auch ich fasziniert von seiner Schönheit.

Die Wucht der Druckwelle hatte ihm den Hut vom Kopf gerissen und ihn zu Boden geworfen. Neben ihm war die Wand der Fabrik eingestürzt. Zusammen mit einem jüngeren Arbeitskollegen eilt er in die Innenstadt, um Hilfe zu leisten.

Wir waren ungefähr einen Kilometer weit gekommen, als uns eine grauenhaft zugerichtete Gruppe von Menschen innehalten ließ. Wieder hämmerte das Blut in meinen Adern. […] Die Leute waren so arg verbrannt, daß es schwer war, ihre Gesichtszüge zu unterscheiden. Alle waren so geschwärzt, als wären sie bedeckt mit Ruß. Ihre Kleidung war in Fetzen gerissen, viele waren nackt. Ihre Arme hingen schlaff herab. Die verbrannte Haut ihrer Hände und Arme hing von ihren Fingerspitzen. Ihre Gesichter waren nicht mehr die Gesichter von Lebenden. Ich griff nach der Hand des Jungen und konnte einfach nicht glauben, was ich vor mir sah.

Der Zeuge hatte bereits einige Bombenangriffe erlebt und überstanden, aber das Schauspiel, das sich ihm in der Innenstadt bot, übertraf seine Vorstellungskraft; es mutet an wie eine in Szene gesetzte Höllenvision von Hieronymus Bosch:

Wie aber konnte ich fassen, was ich nun vor mir sah? Es war nicht einfach eine Gruppe von Verletzten. Es war weder ein Vorbeimarsch des Todes noch eine Schar von Geistern. Die Menschen gaben keinen Laut von sich; es schien, als hätten sie es aufgegeben. Das Mitleid, das sie in mir wachriefen, kann ich nicht in Worte fassen. Sie zogen einfach vorüber, in einer unheimlichen Stille. Wie könnte irgend jemand sie beschreiben? Ihre Kleidung war durch die Wucht der Detonation von ihnen gerissen, ihre Körper in der ungeheuren Hitze schwarz verbrannt. Manche waren völlig nackt; anderen waren ihre Hemden auf den Körper eingebrannt. Die Verletzungen in ihren Gesichtern waren besonders grauenhaft. Unversehrt und vollständig bekleidet fühlte ich mich wie ein Fremdkörper unter ihnen. Es war, als ob alles Normale und Unnormale miteinander vertauscht worden sei. […] Schließlich kamen wir zum Bahnhof von Hiroshima und an die Brücke, die über einen Nebenarm des Flusses Kyobashi führt. Als wir sie überquerten, ließ uns das, was wir unten im Fluß sahen, erstarren: ein Abbild der Hölle. Da trieben viele tote Körper, die Gesichter auf das Doppelte der normalen Größe angeschwollen, die Hosen von den Beinen überdehnt, ihre Leiber steif wie Baumstämme. Die obere Hälfte war schwarzgebrannt, die untere geschwollen und mit Wasser vollgesogen. Der Anblick ließ uns im Innersten erschaudern. Dann waren da noch die stark aufgedunsenen Pferdekadaver.

Trotz mehrerer Schwächeanfälle widmete er sich der Pflege der Schwerverletzten:

Ungefähr zu dieser Zeit begannen die schweren Eiterungen. Betroffen waren vor allem die Gesichter, die wie ein Mond aufgebläht waren, ein entsetzlicher Anblick. Ein Patient ist mir besonders in Erinnerung geblieben: Inmitten des Eiters, der aus seinen Augen und der Nase floß, war etwas Weißes, das sich bewegte. Als ich genauer hinsah, war ich entsetzt. Es waren Maden. Sicher war die Person schon tot? Nein, die Atmung war da! Maden brüteten in seinem lebenden Körper. Geistesabwesend versuchte ich sie zu entfernen. Dann fand ich sie auch bei anderen Patienten.

Dem 17jährigen Offiziersanwärter der Marine Tadaomi Furuishi bot sich ein ähnliches Schreckensszenario:

> Hiroshima ist eine Stadt voller Bäche und Flüßchen. Als wir eine Uferböschung erklommen hatten, um auf die Flußauen zu blicken, konnte ich einen Schrei des Entsetzens nicht unterdrücken. Zahllose Brandverletzte hatten sich dort versammelt auf der Suche nach Wasser. Schreie nach Hilfe und des Schmerzes drangen aus der Menge der Verwundeten. Viele bewegten sich nicht mehr, wahrscheinlich waren sie schon tot. Andere lagen im Wasser und linderten die Schmerzen ihrer Brandwunden in seiner Kühle. Ein Baby kroch über den Bauch seiner toten Mutter, weil es trinken wollte. Im Fluß selbst trieben unzählige Leichen und schaukelten in der Strömung auf und nieder. Es war die Hölle. – Verteufelte Yankees! Ich kochte vor Wut auf die Verbrecher, die ein solches Grauen ausgelöst hatten.

So wie dem Kadetten ging es vielen: tödlicher, ohnmächtiger Haß auf die feigen Peiniger in den Lüften. Während unten die Schmeißfliegen und Maden ihre Arbeit an den lebenden Leichen verrichteten, kreuzten oben die Flugzeuge mit Filmkameras und Meßgeräten. Sie sorgten unter den Überlebenden, falls sie nicht abgestumpft und apathisch waren, für Panik, zumal US-Kampfflugzeuge hier und da die flüchtenden Gespensterzüge mit ihren Bordkanonen beschossen. Viele waren lebendig unter den Trümmern ihrer Häuser begraben, die unter der Druckwelle wie Kartenhäuser zusammenstürzten, und starben einen qualvollen Feuertod. Dem Schüler Katsuyoshi Yoshimura und seiner Mutter war es gelungen, sich aus den Trümmern ihres Hauses zu befreien, und draußen erlebten sie ein kleines Wunder:

> Sobald wir im Freien waren, sahen wir meinen Bruder, der damals gerade vier Jahre alt war. Als die Druckwelle kam, hatte er am Straßenrand gesessen und einem Regenschirmflicker bei der Arbeit zugesehen. Er erzählte uns später, daß ein heftiger Windstoß den Mann vier oder fünf Meter hoch in die Luft gewirbelt hätte, dann sei er auf die Erde gefallen und habe sich nicht mehr gerührt. Obwohl mein Bruder neben ihm gesessen hatte, hatte ihn der Windstoß nicht erfaßt, und er war sitzengeblieben, allein. Er hatte Verbrennungen an der rechten Kopfseite und am rechten Arm; die Narben trägt er noch heute, obwohl er sonst bei bester Gesundheit ist.

Die meisten hatten nicht so viel Glück wie der kleine Knabe; so etwa der 14jährige Schüler Akihiro Takahashi, der durch die zerstörte Stadt taumelte und in einem Gewässer seinen Körper erblickte – oder das, was davon übriggeblieben war:

> Als ich mich in Bewegung setzte, erblickte ich mich selbst, und mich traf ein Schock. Meine Handflächen waren angeschwollen wie Kugelfische und voller Blasen. Die nackte Haut war gelb, und die Haut beider Arme und Beine hatte sich abgelöst und hing flatternd herunter. Meine Uniform war zu Lumpen verbrannt, und ich hatte große Schmerzen. Ich floh allein aus dem Schulhof, auf die Straße hinaus. [...] Ich faßte mit der Hand an meinen Kopf und merkte ganz deutlich, daß auch ich kein Haar mehr hatte. Plötzlich überwältigte mich ein Gefühl der Angst.

Er hatte seinen Schulkameraden Totsuya Yamamoto getroffen, und die beiden Jugendlichen schleppten sich durch das lodernde Inferno.

> Wir sahen Szenen der Hölle: einen Mann mittleren Alters, der es immer noch schaffte zu gehen, obwohl die Haut der oberen Hälfte seines Körpers so verbrannt war, daß man das Fleisch darunter sehen konnte; einen Mann, dessen Brust voller Glassplitter war; eine Frau, der ein Augapfel heraushing; ein Baby, das neben seiner Mutter schrie, die in Stücke gerissen war; Leichname, deren Eingeweide aus dem Körper quollen; ein Pferd, nur noch das blanke Fleisch, mit dem Kopf in der Zisterne.

Das zerstörte Hiroshima aus der Vogelperspektive

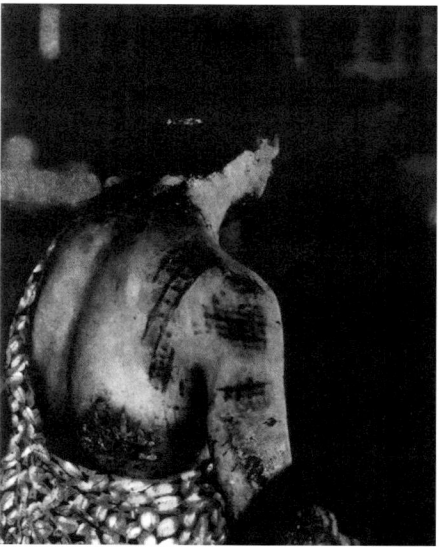

Dieses zerstörte Steingebäude dient heute als Mahnmal für das Atommassaker

In den Rücken einer Frau eingebrannte Kleidungsteile

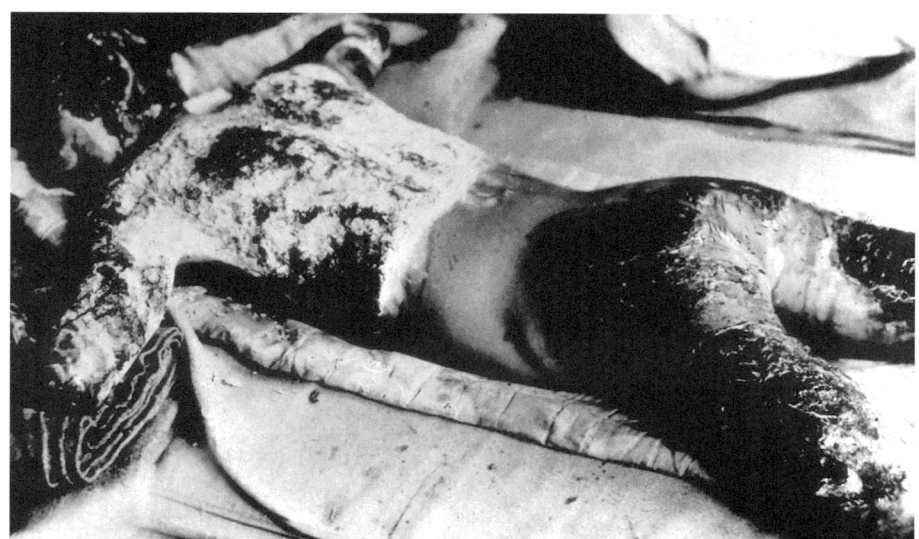

Verbrennungen höchsten Grades an Rücken, Gesäß und Oberschenkeln

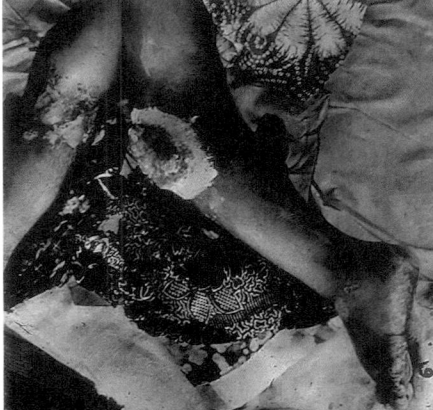

Verletzungen an Gesäß und Oberschenkeln

Drei Todgeweihte

Wer sollte hier überleben?

Verkohlte Leichen von Mutter und Kind

Durch die Druckwelle umgeknicktes Stein-
geländer

Folgen der Druckwelle: Die zerfetzten
Reste einer Regenrinne zeigen die Richtung der Druckwelle an

Eine (noch) lebende Fliegenbrutstätte unter Zigtausenden

Schattenriß eines Menschen und einer Leiter

Ein Gespensterzug

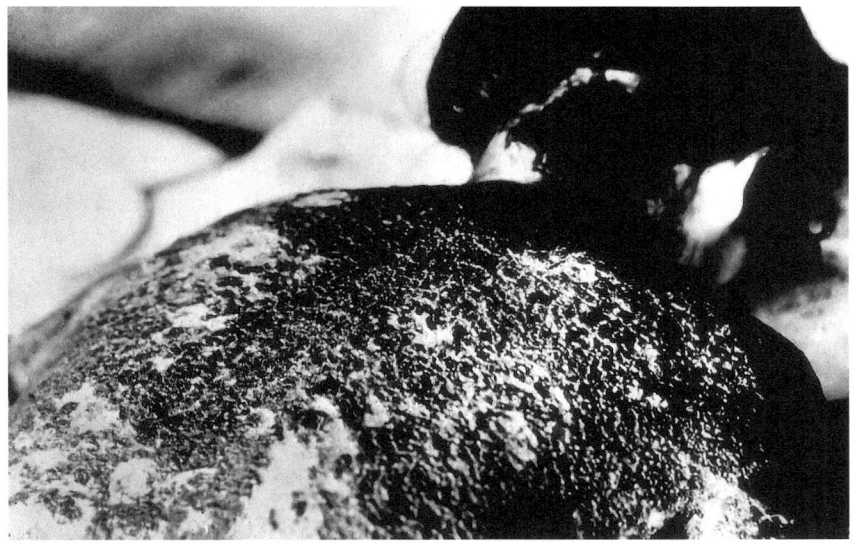

Zwei Opfer des atomaren Menschengrills

So verreckten die Menschen wie das Vieh, so waren die Zustände beschaffen, die US-Präsident Truman als »das größte Ereignis der Geschichte« bejubelte. Und die massakrierten Zivilisten? Ach, wiegelte er ab, das seien doch nur *savages*, »Wilde«, gewesen.[89] In seinen Memoiren ›Die Jahre der Entscheidung‹ wähnt er sich gar in direkter Jesus-Nachfolge:

> Noch nie hat sich eine Nation mit den Machtmitteln der Vereinigten Staaten von Nordamerika gegen ihre Freunde so hilfreich und gegen ihre Feinde so großmütig gezeigt. Vielleicht war die Zeit angebrochen, die Lehren der Bergpredigt zu verwirklichen.[90]

Das paßt: Die Japsen sollen gefälligst auch die andere Backe hinhalten, auf daß sie die Wohltaten ihres Herrn in Form von Streichen erhalten. Und so zählten die nuklearen Massaker von Hiroshima und Nagasaki bis heute zur hehren Tradition amerikanischer Freiheitskriege. Der Erzdemokrat Bill Clinton befand beispielsweise im April 1995, die USA bräuchten sich für die Atombombenabwürfe nicht zu entschuldigen; Truman habe die richtige Entscheidung getroffen.[91] Der Amtsvorgänger scheint so inspirierend auf Clinton gewirkt zu haben, daß er gegen die jugoslawische Republik, deren Bombardierung er befahl, tonnenweise strahlende Uraniumgeschosse einsetzen ließ, wie Vater und Sohn Bush gegen den Irak.[92] »Was damals Recht war, kann heute nicht Unrecht sein« – diese Handlungsmaxime beherzigten nicht nur Altnazis wie der ehemalige Landespräsident von Baden-Württemberg Hans Filbinger, sondern, bezüglich atomarer Kriegsverbrechen, die US-Präsidenten von Truman an bis zu Obama dem Guten. Wie viele Japaner bis vor kurzem, so sterben heute zahlreiche Serben und Iraker einen elenden, langsamen Strahlentod. Hin und wieder soll es auch Soldaten erwischen, die mit dem Zeug hantierten. Es mag kein Mitleid aufkommen.

Die Strahlenverseuchung, die »Atomkrankheit«, zählte seinerzeit zu den rätselhaftesten Folgen der Atombombenabwürfe. Der 14jährige Akihiro, von dem zuletzt die Rede war, hatte beim Umherirren in den Trümmern seinen Kumpel aus den Augen verloren und später erfahren, daß sein Freund zwei Monate später unter entsetzlichen Qualen gestorben war: Sein Bauch hatte sich purpurrot verfärbt, er hatte große Mengen blaugrauer Flüssigkeit erbrochen, seine Zähne hatten sich gelockert, Blut und Eiter troffen aus Mund und Ohren – Symptome der Strahlenverseuchung. Akihiro selbst geriet, ohne es zu wissen, in radioaktive Niederschläge:

> Ich hatte niemals zuvor schwarzen Regen gesehen. Der Regen trommelte in großen Tropfen hernieder. Das Trommeln des Regens und das Stöhnen im

Zelt drangen an mein Ohr und erfüllten mich mit tiefer Furcht. Gibt es so etwas wie schwarzen Regen? fragte ich mich. Eine weitere Sache, die ich nicht verstand.

Anschließend rang er monatelang mit dem Tode und wurde von seinem Großvater gepflegt. Als er nach fast zwei Jahren, im April 1947, wieder zur Schule gehen konnte, waren von den ehemals 60 Schulkameraden gerade noch zehn am Leben.

Den Ärzten gab diese Krankheit Rätsel auf: Wohl erkannten sie die Symptome – Blutarmut, innere und äußere Blutungen, Abwehrschwäche, Fieber, Durchfall, Magen- und Darmgeschwüre, Haarausfall und Hautkrebs –, aber sie kannten nicht deren Ursache, und so behandelten sie die Opfer auf Ruhr (wegen des blutigen Durchfalls) und auf Vitaminmangel. Besonders strahlenanfällig waren (und sind) die schnellwachsenden Zellen der blutbildenden Organe (Knochenmark und Lymphknoten), des Magen-Darm-Trakts, der Geschlechtsorgane und der Haut. Punktförmige Blutungen auf der Haut wiesen auf einen nahen Tod hin. Frau Shige Hiratsuka, die hilflos mitanschauen mußte, wie ihre Tochter in den Trümmern des Hauses verbrannte, war ebenfalls dem schwarzen Regen exponiert gewesen und erbrach eine gelbliche Flüssigkeit. Wenig später begab sie sich mit ihrem Mann in dessen Geburtsort Sanumi:

> Dort konnten wir uns ein wenig erholen und Ruhe finden. Ich beschloß, mir das schmutzige Haar zu waschen, aber als ich es kämmen wollte, blieben ganze Büschel hängen. Überrascht zog ich an meinem Haar, und noch mehr löste sich ab. Das war endgültig zu viel. Ich brach unter Tränen zusammen. Bald darauf war ich kahl.
>
> Kurze Zeit später durften wir in das Universitätsklinikum von Sendai. Das Krankenhauspersonal wußte nicht, was sie mit unseren Verletzungen anfangen oder wie sie sie behandeln sollten. So wurden in der ersten Woche nur unsere äußerlichen Wunden versorgt. Damit festgestellt werden konnte, was nicht mit uns in Ordnung war, wurde ein Bluttest gemacht. Mein Mann und ich lagen auf der Seite, und er ließ sich das Blut zuerst abnehmen. Als die Nadel nach der Blutentnahme herausgezogen wurde, hörte er nicht auf zu bluten. Nichts, nicht einmal direktes Drücken auf die blutende Stelle, hatte den geringsten Erfolg. Keiner wußte, was zu tun war. Während Ärzte ein und aus gingen, begannen am ganzen Körper meines Mannes purpurrote Flecken aufzubrechen. Dann erbrach er eine große Menge einer bräunlichen Flüssigkeit und erschlaffte. Eine Stunde später war er tot. So hat mir die Bombe auch meinen Mann genommen.

Die bei der Explosion freigesetzte radioaktive Strahlung durchdrang im engeren Umkreis des Epizentrums selbst Betonwände, aber nicht minder verheerend war die sekundäre Strahleninfektion durch das Trinken verseuchten Wassers, die Einnahme verseuchter Nahrung, das Einatmen von Staub bei Aufräumarbeiten sowie durch Wind, Regen und Asche transportierte Uranium- und Plutoniumpartikel. Da die Opfer von den US-Besatzern keinerlei Aufklärung erhielten, gingen sie jahrelang davon aus, daß die Krankheitssymptome ansteckend seien, und unterstellten die Strahlenkranken einer sozialen Quarantäne wie einst die Pestkranken im Mittelalter. Zu den Langzeitwirkungen zählten die Ausbildung der bereits erwähnten, hockerförmigen Narbenkeloide, Leukämie (ab 1947) und zahlreicher Krebserkrankungen (etwa ab 1960): Schilddrüse, Brust, Lunge, Speicheldrüse, Speiseröhre, Magen, Dickdarm und Harnwege sowie der genetischen Schädigungen, die sich u. a. in Tot- und Fehlgeburten manifestierten: »Zwischen der Stunde Null und Dezember 1954 sind in Hiroshima 32 179 Kinder geboren worden, davon jedes sechste tot oder mißgestaltet, ohne Augen, ohne Gehirn oder ohne Gliedmaßen.« Noch im Jahre 1973 starben 2650 Menschen an den Spätfolgen der Atombombenabwürfe.[93] Und während in der BRD 1955 ein Franz Josef Strauß zum Atomminister gekürt wurde – das gab es tatsächlich –, nahm die DDR japanische Strahlenkranke zur Behandlung auf (es war eben doch der bessere der beiden deutschen Staaten). Ende 1945 betrug die Zahl der durch die Atombombe Ermordeten in Hiroshima 140 000; die späteren Opfer miteinbezogen, dürften rund eine Viertelmillion Menschen der atomaren Barbarei zum Opfer gefallen sein.

Überlebende schleppen sich zum Fluß

Flucht aus dem Feuerinferno

Leichen und zwei verkohlte Scheunen

Tod unter Trümmern

Überlebende trinken aus einem Bassin, in dem eine Schwangere treibt

Bislang war von dieser einen Stadt die Rede, deren Namen symbolischen Rang erlangte und die – natürlich nur außerhalb des Kreises der imperialistischen Kriegstreiber – zum Mahnmal des »Nie wieder!« wurde. Die zweite Stadt, die im kühlen Kalkül der US-Strategen nuklear verheizt wurde, ist im Bewußtsein der Öffentlichkeit etwas in den Hintergrund gerückt, durchaus zu unrecht. Als die Sowjetunion, wie vereinbart, am 8. August den Krieg gegen die japanische Besatzungsarmee in Fernost eröffnete, brach im amerikanischen Stützpunkt auf der Insel Tinian hektische Aktivität aus: Es galt keine Zeit zu verlieren, der vorrückenden Roten Armee das atomare Warn- und Ausrufezeichen entgegenzustellen: Bis hierher und nicht weiter! Man nahm sogar in Kauf, daß das Bombenflugzeug aufgrund eines technischen Defekts vielleicht nicht mehr zu seinem Ausgangspunkt zurückkehren konnte: diese zweite Bombe mußte fallen, so schnell wie möglich und um jeden Preis! Zu Experimentierzwecken hatte man diesmal keine Uraniumbombe, sondern eine Plutoniumbombe geladen, liebevoll wie die erste Testwaffe *Fat Man* genannt. In den frühen Morgenstunden des 9. August, drei Tage nach dem ersten nuklearen Massaker, hob der Flugzeugkonvoi vom Rollfeld ab. Als Ziel hatte man die Stadt Kohura auf der Insel Kyushu ins Visier gefaßt. Da die Stadt jedoch unter einer dichten Wolkendecke lag, steuerte man Nagasaki an – war es nicht gleich, wo man welche japanischen »Wilden« abschlachtete? Später könnte man immer noch sagen, daß die dort befindliche Werft auch für Kriegszwecke tätig war. Eine Minute nach zehn Uhr wurde das Mordinstrument aus dem Schacht des Flugzeugs ausgeklinkt.

Zu diesem Zeitpunkt arbeitete Dr. Paul Takashi Nagai, der Leiter der Röntgenabteilung an der Medizinischen Fakultät, gerade in seinem Institut, einem der wenigen aus Eisenbeton errichteten Gebäude in Nagasaki.

Ein Blitz flammte auf. Ein Schock!

Für einen Sekundenbruchteil glaubte ich, eine Bombe sei im Eingang explodiert. Ich warf mich zu Boden, aber erreichte ihn nicht. Im selben Moment flogen die Fensterflügel auf, und ein furchtbarer Windstoß warf meinen Körper in die Luft. Mit offenen Augen wurde ich davongetragen. Glassplitter flogen herum, wie Herbstlaub im Wind.

Ich werde mich schneiden, fuhr es mir durch den Sinn, und wirklich drangen Splitter auf der ganzen rechten Seite mir in den Leib. Tiefe Wunden über dem rechten Auge und Ohr spien warmes Blut aus, das mir über Wange und Nacken rang. Schmerz fühlte ich nicht.

Eine riesige, unsichtbare Faust schien alles im Raum umherzuwirbeln. Bettzeug, Stühle, Regale, Helme, Schuhe und Kleidungsstücke wurden wahllos herumgeworfen und fielen, als ich endlich am Boden lag, mit großem Getöse auf mich nieder.

Diese Schilderung ist dem lesenswerten autobiographischen Bericht des Mediziners über seine Erlebnisse während und nach dem Atombombenabwurf entnommen.[94] Der Verfasser starb nicht an den Verletzungen, die er sich durch die Druckwelle zugezogen hatte, er verbrannte nicht wie Tausende seiner Leidensgenossen eingeklemmt unter Trümmerteilen, sondern er erlag am 1. Mai 1951 nach sechs Jahren schweren Leidens den Spätfolgen seiner Strahlenerkrankung. Dr. Nagai war Wissenschaftler aus Passion, und er war ein Humanist, der seine Erinnerungen als Mahnung an die nachfolgenden Generationen verstanden wissen wollte. In der Einleitung zur japanischen Erstausgabe im Jahr 1949 vermerkt der Autor:

> Kein Buch hatte wohl so viele Widerstände zu überwinden wie ›Die Glocken von Nagasaki‹, bevor es an die Öffentlichkeit gelangte. Als es endlich doch gedruckt vorlag, schrieb man den 25. Januar 1949. Seit Beendigung der Niederschrift waren mehr als zwei Jahre vergangen. In dieser ganzen Zeit flüsterte ich mir dauernd zu: »Du darfst nicht sterben, du darfst nicht sterben!« (S. 16)

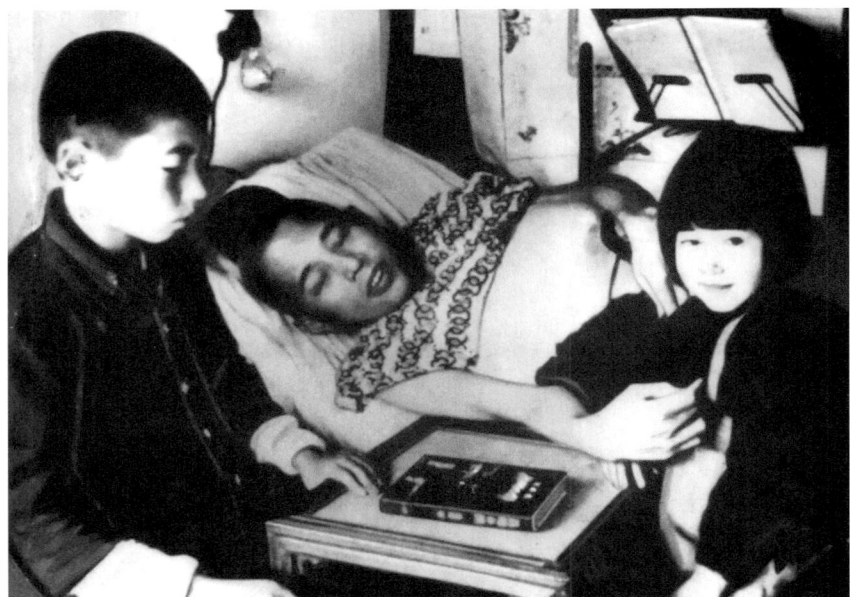

Der radioaktiv verseuchte Arzt Dr. Paul Takashi Nagai mit seinen beiden Kindern

Diese Verzögerung war dem rigiden Zensurregime geschuldet, das die amerikanischen Besatzer vom ersten Tag an im Land installierten; Japan stand, wie der Irak der Gegenwart, bis 1952 unter der Okkupation der US-Truppen, die nun auch als Gedankenpolizei fungierten:

Ab September 1945 griff die amerikanische Zensur. In Japan durfte nicht einmal die Tatsache, daß Atombomben abgeworfen worden waren, erwähnt werden, geschweige denn, was sie angerichtet hatten. Noch durfte die Zensur selbst erwähnt werden. Sadako Kurihara, Überlebende von Hiroshima und Dichterin, bemerkte dazu später: »Es war nicht einmal erlaubt, Spuren zu hinterlassen, die darauf hinwiesen, daß Zensoren etwas gestrichen hatten. All das im Namen der Meinungsfreiheit.«[95]

Derselbe Autor vermerkt an anderer Stelle seiner informativen Studie:

Fotographisches Material aus Hiroshima und Nagasaki konnte bis zum Ende der Besatzungszeit, 1952, nirgends gezeigt werden. General MacArthur regierte mit diktatorischer Gewalt, überzeugt von seiner Mission, die Japaner durch Umerziehung zu einem den USA wohlgesonnenen Volk zu machen. Alles, was diesem Ziel entgegenstand, wurde unterdrückt oder aus dem Weg geräumt, und dazu gehörten insbesondere Informationen über die atomare Zerstörung in den letzten Kriegstagen. Die Besatzer verboten selbst den Besitz von Negativen in Hiroshima und Nagasaki aufgenommener Fotos. […]
    Kurz nach der Bombardierung hatte die japanische Regierung den Dokumentarfilmer Akira Iwasaki, der während des Krieges wegen seiner kriegsfeindlichen Haltung in Haft war, nach Hiroshima und Nagasaki geschickt, wo er mehrstündige Aufnahmen von den Trümmern und den verbrannten, verletzten und sterbenden Menschen machte. Der fertige Film wurde im Dezember von den US-Besatzungstruppen beschlagnahmt und blieb als streng geheim bis 1968 unter Verschluß.[96]

Es liegt auf der Hand: Der Täter wußte am besten, wieviel Dreck er am Stekken hatte, und das Opfer brauchte er nicht zu fürchten, denn er hatte es geknebelt. Ein Massenmörder verwischt seine Spuren ... Wie lückenlos diese Zensur ausgeübt wurde, erhellt daraus, daß jede Kommunikation zwischen den beiden Städten, insbesondere der Austausch zwischen den Kliniken, sofern sie funktionsfähig geblieben waren, unterbunden wurde und man der japanischen Verwaltung sogar verbot, medizinische Hilfe vom Roten Kreuz anzunehmen. Auch den japanischen Wissenschaftlern und Ärzten verwehrte man jeden Zugang zu statistischen Daten bezüglich der radioaktiven Verseuchung.[97] Erinnert das nicht sehr an den DU-verseuchten Irak unserer Tage?[98]

Die medizinische Forschung über die Folgen der Atombombenabwürfe war auf Anweisung Trumans der *Atomic Bomb Casualty Commission* übertragen worden. Mehr als tausend Leichen von Atombombenopfern waren in die USA ausgeflogen worden, um Autopsien an ihnen vorzunehmen[99], ferner Archivmaterial, Blut- und Gewebeproben sowie statistische Erhebungen über den Verlauf der Strahlenkrankheit. Die amerikanischen Ärzte luden die Verletzten und Verseuchten in Japan vor, um sie zu inspizieren und dann wieder nach Hause zu schicken; Linderung oder Heilung, also helfende und rettende medizinische Maßnahmen, waren nicht vorgesehen: die japanischen »Wilden« als Versuchskaninchen! Und wo soll hier der Unterschied zu den Menschenversuchen der Nazis in den Konzentrationslagern bestehen, über die man sich besonders jenseits des Atlantiks höchlichst ereifert? Wo liegt der Unterschied zwischen dem Zyklon B der deutschen Faschisten und dem Uranium oder Plutonium der amerikanischen Imperialisten? »Die Amerikaner hatten das Ziel ihrer Verbote erreicht: Nur wenige konnten das volle Ausmaß der Atombombenabwürfe übersehen, eine öffentliche Diskussion blieb aus.«[100]

Aber eben nicht ganz, denn Paul Takashi Nagai konnte den Bericht über seine Erlebnisse in Nagasaki unter dem Besatzungs- und Zensurregime der Amerikaner veröffentlichen, wenn auch mit zweijähriger Verzögerung, und es sollte ein außergewöhnlicher Erfolg werden: Es wurde als Drama aufgeführt, vertont und verfilmt, es gab Anstoß zu Gemälden und wurde in viele Sprachen übertragen. Wie der Vorname des Verfassers erkennen läßt, gehörte er zur christlichen Minderheit Japans, und als gläubiger Christ trug er geduldig das Kreuz seines Leidens, übte sich in Demut und sah in der Niederlage Japans die gerechte göttliche Bestrafung sündiger Überhebung über andere Völker. An die Stelle eines Vorworts setzte er ein paar wolkige Worte des »Heiligen Vaters« und erhielt von diesem prompt einen Rosenkranz geschenkt. Allein: sein Glaube tut der Anschaulichkeit seines Berichtes keinen Abbruch, er schützte ihn aber auch nicht vor dem Verbrechen, denn es war seinen Mördern sehr wohl bekannt, daß in Nagasaki nicht nur mehrteils Arbeiter lebten, sondern daß die Stadt den größten christlichen Bevölkerungsanteil Japans aufwies. Ja, das Washingtoner Nationalmuseum für Luft- und Raumfahrt stellt zwar stolz den Atombomber *Enola Gay* zur Schau, weigerte sich aber, einen zerschmolzenen Rosenkranz, ein Marienbild und zerfetzte Kinderkleidung aus Nagasaki als Exponate anzunehmen.[101] Und schließlich war Paul Nagai ein disziplinierter und pflichtbewußter Mensch und Arzt, der sich trotz seiner letzten Endes tödlichen Verletzungen sofort um die Unzahl der verstümmelten Überlebenden kümmerte.

Aber ich selbst war ja auch verletzt. Mit der einen Hand mußte ich die zerschnittene Arterie an der Schläfe zuklemmen, aus der sonst sofort wieder das Blut hervorspritzte. Wenn immer ich sie vergaß und die zweite Hand bei einer Wundversorgung zu Hilfe nahm, spritzte das Blut wie rote Tinte aus einer Kinderpuppe. Es bespritzte die Wände und die Schulter der Oberschwester. Es war aber eine kleine Arterie, und ich berechnete, wie lange ich es aushalten konnte. Ich schätzte drei Stunden. So fuhr ich, von Zeit zu Zeit den Puls kontrollierend, in meiner Aufgabe fort und legte Verbände an. (S. 49 f.)

Schließlich mußte sich Nagai mit seinen wenigen überlebenden Kollegen vor dem Feuersturm auf einen Hügel zurückziehen, und auf dem mühsamen Weg dorthin beobachteten sie Schreckensbilder, die wie Visionen aus Dantes ›Inferno‹ anmuten:

Nackte, von radioaktiven Strahlen gezeichnete Leiber krochen taumelnd auf der Flucht vor dem Feuer den Hügel hinan. Zwei Kinder schleiften zwischen sich ihren toten Vater vorbei. Eine junge Mutter rannte, ihr enthauptetes Kind gegen die Brust gepreßt, vorüber. Ein bejahrtes Paar stapfte Hand in Hand den Hügel hinauf. Plötzlich fingen die Hosen einer Frau Feuer; wie ein brennender Ball rollte sie den Hang hinunter. Ein Mann sang und tanzte auf dem von Flammen eingeschlossenen Dach. Er hatte den Verstand verloren … (S. 53)

Es fällt der fatale schwarze Regen, unter dessen zähflüssigen Tropfen Gras und Blätter welken. An einem der folgenden Tage erörtern die dem Tode Geweihten das Geschehene und rätseln über die neuartige Waffe – eine fast surreale Situation. Einstein habe mit Sicherheit eine Rolle gespielt, auch Niels Bohr, Chadwick, Joliot-Curie und andere. Aber welches Material bildete den Ausgangspunkt, Uran, Radium oder Aluminium? Wenn es Kernzertrümmerung war, wie konnte man den riesigen Beschleuniger in eine einzige Bombe packen? War es Strahlung oder Kernspaltung? Schließlich fällt der Name Lise Meitner, der von den Faschisten vertriebenen Dame jenseits der Sechzig, die die Kernspaltung entdeckt und durchgeführt hatte. Auch Japan hatte mit dem Uran-Isotop 235 experimentiert, ließ aber auf Weisung hochrangiger Militärs die Forschungen einstellen. Die Opfer würdigen voll der Anerkennung die technischen Fertigkeiten ihrer Peiniger, inmitten des Strahleninfernos, an dem sie sterben werden.

Aber die hochtechnisierten Totschläger genießen nicht nur Anerkennung. Sie hatten nach ihrer Mordtat ja auch Flugblätter über der zerstörten Stadt abgeworfen, auf denen das Wort »Atombombe« zu lesen war und die erst den Anstoß zu der Debatte unter den Wissenschaftlern gegeben hatten. Nagai schildert, wie er auf seinen Streifzügen auf ein solches Flugblatt stieß.

> Ein Bambusspeer lag da am Boden. Ich versetzte ihm einen Tritt, und er rollte mit hohem Ton beiseite. Ich las ihn auf und zielte mit ihm gen Himmel – Tränen rollten mir über die Wangen.
> Die Atombombe gegen den Bambusspeer!
> Eine unaussprechlich tragische Komödie…
> Das war kein Krieg mehr. Wir, das japanische Volk, waren an der Küste unserer Heimat aufgebaut, um hingeschlachtet zu werden ohne Widerstand. (S. 70)

Tatsächlich hatten die zivilen Rettungsverbände sowie die aus Altersgründen vom Kriegsdienst Befreiten in Nagasaki und in anderen japanischen Städten paramilitärische Übungen mit Bambusspeeren absolviert, eine weitere fast absurde Nuance in diesem Drama, aber auch ein Sinnbild des eklatanten Kräfteunterschieds gegen Kriegsende und der Infamie, die dem nuklearen Massaker zugrunde liegt. Nagai klaubt ein solches Flugblatt vom Boden auf:

> *An das japanische Volk!*
>
> *Lest dieses Flugblatt aufmerksam.*
> *Amerika ist es gelungen, eine Bombe zu schaffen, die mächtiger ist als alles, was bisher erdacht werden konnte. Die jetzt erfundene Atombombe kommt in ihrer Wirkung der Bombenlast von zweitausend jener gigantischen B-29 gleich! Bedenkt wohl diese schreckliche Tatsache. Wir garantieren für ihren Wahrheitsgehalt.*
> *Diese Waffe ist jetzt gegen Japan eingesetzt worden. Wenn euch noch der geringste Zweifel bleibt, seht zu, was mit Hiroshima geschah, als eine einzige Atombombe über der Stadt abgeworfen wurde.*
> *Bevor wir mit dieser Bombe eure militärischen Mittel zerstören, mit denen dieser sinnlose Krieg bloß verlängert wird, fordern wir euch alle auf, beim Tenno auf Beendigung des Krieges zu drängen. Der Präsident der Vereinigten Staaten hat euch die dreizehn Artikel schon bekannt gemacht, in denen die Anordnungen für eine ehrenvolle Übergabe enthalten sind. Nehmt diese Bedingungen an und baut Japan als eine friedliebende Nation wieder auf, ein neues und besseres Japan! Bewirkt, daß der bewaffnete Widerstand ohne Verzug eingestellt wird.*
> *Im anderen Fall zögern wir nicht, diese und andere überlegene Waffen einzusetzen, um diesen Krieg rasch und unwiderstehlich zu beenden.* (S. 71)

Natürlich ist dieses Flugblatt ein propagandistisches Bubenstück, in dem sich Lüge, Anmaßung und Zynismus die Waage halten. Selbstverständlich wurden die Atombomben nicht gegen »militärische Mittel« eingesetzt – dies einer soeben atomar terrorisierten Bevölkerung weismachen zu wollen, zeugt von einem gerüttelten Maß an Chuzpe –, und dieser Krieg war für die USA auch keineswegs sinnlos, ganz im Gegenteil. Auch konnte keine Rede von einer »ehrenvollen Übergabe« sein, sondern stets und von Anfang an war die bedingungslose Kapitulation Japans das Ziel. Wie die verstümmelten und verstrahlten, unter Schock stehenden Städtebewohner beim japanischen Kaiser vorsprechen sollten, bleibt das Geheimnis des Flugblatt-Verfassers. Nein, die Botschaft ist eindeutig: »Wir haben die Gewalt, Widerstand ist zwecklos – ergebt euch!« Vier Jahrzehnte später sollte dieselbe Botschaft mit atomarem Nachdruck an die Adresse der Sowjetunion gehen.

Aufschlußreich ist nun die Reaktion Nagais nach der Lektüre des Flugblatts:

> Ich las das Blatt durch, und mein Mut sank. Ich las es noch einmal und wurde nachdenklich. Als ich es zum drittenmal überlas, kochte Zorn über die Beleidigung in mir auf. Ein viertes Mal las ich, und meine Gefühle wandelten sich. Ich mußte zugeben, das Blatt klang sinnvoll. Ich las ein fünftes Mal, und da wurde mir klar, daß es keine Propaganda war, sondern eine kalte Wiedergabe der Tatsachen. (S. 71)

Der hier beschriebene Wandel der Empfindung von der Resignation über die Empörung bis zum abschließenden Einverständnis ist ein innerpsychischer Vorgang, den die universitäre Psychologie als »kognitive Dissonanzreduktion« bezeichnet hat (Leon Festinger). Sie zählt zum wichtigsten Herrschaftswissen überhaupt, ist der maßgebliche Mechanismus der Ideologieverankerung in den Köpfen[102] und besagt folgendes: Wenn in einem Kopf zwei einander widersprechende Wahrnehmungen aufeinandertreffen (zwei Kognitionen dissonieren), dann wird diejenige beseitigt (reduziert), die sich leichter beseitigen läßt. Im Falle Nagais sind die beiden Kognitionen:

a) Der Atombombenabwurf ist ein an wehrlosen Menschen begangenes Verbrechen, das nach Vergeltung ruft.

b) Der Atombombenabwurf ist die logische Konsequenz siegreich (und daher zu Recht) angewandter Gewalt in einem militärischen Konflikt.

a) stellte sich zuerst ein, dann »dissonierte« b) als lügenhafte Drohung. Wie aber sollte a) aufrechterhalten werden, wenn b), die Drohung, nicht zu leugnen, ringsum mit Händen zu greifen war? Also wird a) getilgt, denn mit einem

Bambusspeer kommt man nicht gegen eine Atombombe an, und der entsetzliche Vorgang ist abgeschlossen: Das Opfer übernimmt die Sichtweise der Täter. Dieser verhängnisvolle Vorgang findet Tag für Tag statt, zigmillionenfach: in Schulen und an Universitäten, bei der Lektüre der Zeitung, beim Starren auf die Glotze. Die so bewerkstelligte Untertanenproduktion ist Hauptaufgabe eigens dafür bezahlter und vom Staat angestellter Spezialisten, die – flink, wieselig, geschwätzig, grinsend, aber stets die Drohkeule hinter dem Rücken – für die einheitliche Normierung und gesellschaftliche Bahnung der KDR zuständig sind: Lehrer, Professoren, Journalisten.

Aber nicht immer verläuft dieser Vorgang reibungslos, manchmal sogar versagt er, und zwar bei Ich-starken Personen, wobei die Ich-Stärke, wie Fritz Erik Hoevels aufgezeigt hat, in der Resistenz gegen die KDR besteht.[103] So begegnet Nagai ehemaligen Studenten seiner Vorlesungen, die als Soldaten an der Front standen und nun schworen, es den Amerikanern heimzuzahlen, einschließlich des »großen Donners«. Diesen Personenkreis galt es fortan in den Medien als »Revanchisten« zu denunzieren, als »verblendete Nationalisten« oder – das paßt immer – als »Faschisten«. Der Prozeß der Ideologievermittlung per KDR läßt sich aber auch hervorragend an den Schulaufsätzen japanischer Kinder nachvollziehen, in denen sie ihre Erlebnisse memorieren und mit dem in der Schule Gehörten abgleichen. Einer dieser Aufsätze ist besonders aufschlußreich, weil die schon fast abgeschlossene KDR in einem Aufbäumen verweigert wird; es erweist sich, daß ein zehnjähriges Kind namens Yasuko Moritaki klüger sein kann als ein promovierter und habilitierter Arzt:

> [...] Auf diese Art wurde das Leben von 247 000 unschuldigen Menschen in einem unmenschlichen Akt mit einer übermächtigen Kraft ausgelöscht. Kurz darauf kapitulierte Japan, und der Krieg war zu Ende. Und mit den Besatzungstruppen aus den verschiedenen Ländern kam auch die Demokratie nach Japan. Die Japaner übernahmen diese Demokratie. [Aus diesen pflichtschuldigen Sätzen spricht nicht gerade Begeisterung: was haben uns die Amis eigentlich gebracht?; P. P.] Auch wenn sie es nicht gewollt hätten, wären vollkommen neue Gesetze gemacht worden. Die ganze Welt freute sich. Sogar [!] viele Japaner freuten sich, als ob sie nun endlich die wirkliche Freiheit gewonnen hätten.
>
> Aber – halt, Menschen in der Welt! Glaubt ihr, daß die Japaner vollkommen glücklich gewesen wären? Glaubt ihr, es sei das wahre Glück zu den Japanern gekommen? Wieviel unschuldige Opfer gab es, um diese Demokratie zu gewinnen? Gab es wirklich keine andere Möglichkeit, diese Demokratie zu erreichen, als durch das Elend von Hiroshima?[104]

So lauten die klugen Fragen eines klugen Kindes. Paul Nagai, der als gläubiger Christ das *sacrificium intellectus* längst vollzogen hatte, war für die KDR gewissermaßen prädestiniert, während andere Opfer wie der kleine Yasuko dachten. Hören wir noch einmal eine solche Stimme; sie gehört einer Frau, die zum Zeitpunkt des Atombombenabwurfs 19 Jahre alt war.

> Ich kann das brutale Verhalten der Vereinigten Staaten nicht verzeihen, welche die atomare Vernichtung verursachten und auch heute noch die Rechte solch unbedeutender Leute wie ich und meine Familie bedrohen. Ich mache mir ernste Sorgen um die Gesundheit meiner beiden Kinder, da ich selbst Bombenopfer bin. Ich bin voller Trauer und Empörung über das, was geschehen ist.[105]

Es gereicht den deutschen Kriegsverlierern des Jahres 1945 nicht zum Ruhme, wenn sie, um einen saloppen Ausdruck zu bemühen, im KDR-*ranking* nach dem Titel des Weltchampions streben. So berichtet ein Buchautor über die Reaktion der Berliner Bevölkerung auf das nukleare Massaker in Fernost:

> Die Reporter der ›Allgemeinen Zeitung‹ und die amerikanischen Zeitungsforscher stellten fest, daß der Abwurf der Atombombe vornehmlich ein Gefühl der Erleichterung ausgelöst hatte. Die Deutschen wurden sich bewußt, daß ihnen, hätten sie Hitlers Parolen auch nur einige Monate länger befolgt, das gleiche Schicksal wie den Japanern widerfahren wäre. Von humanitären Gefühlen war wenig wahrzunehmen. Allgemein herrschte die Meinung vor, der Krieg werde nun auch im Fernen Osten bald beendet werden; die westlichen Alliierten würden sich dann mit größerer Aufmerksamkeit dem Aufbau Deutschlands widmen können. Zu dem Gefühl der Erleichterung trug auch die Tatsache bei, daß die Amerikaner, nicht die Russen, die Atombombe besaßen, wobei sich 12 % der von uns Befragten wunderten, warum eine so überlegene Macht, wie es die USA waren, die Atombombe nicht »gleich auch über die Sowjetunion« abgeworfen hatte.[106]

So schuf die KDR erst in der Frontstadt Berlin, dann im Frontstaat Westdeutschland die massenpsychologische Basis für den allerorten beobachtbaren Wandel des ichschwächsten gesellschaftlichen Bodensatzes: erst Nazi, dann Nato. Die Wissenschaft Freuds, also die authentische Psychoanalyse, nennt diesen Vorgang »Identifikation mit dem Aggressor«, und er hält als massenpsychologisches Phänomen, als Nibelungentreue des Vasallen zu seinem Herrn, bis heute an. Mit solchen Leuten konnte Hitler Kriege führen, warum nicht auch ein US-Präsident? Die Reaktion in den USA war im übrigen um nichts besser, wie der Ausschnitt aus der ›Los Angeles Times‹ vom 7. August 1945 belegt:

Man's Most Destructive Force, One Equal to 2000 B-29 Loads, Blasts Nips

WASHINGTON, Aug. 6. (*P*)—The most terrible destructive force ever harnessed by man—atomic energy released by the disintegration of uranium —is now being turned on the islands of Japan by United States bombers. The Japanese face a threat of utter desolation and their capitulation may be greatly speeded up.

Existence of the great new weapon was announced personally by President

Immer für einen Neologismus gut: Die Atombombe bläst »Nips« weg (von »Nippon«, der jap. Bezeichnung ursprünglich für die Hauptinsel Honschu, dann für ganz Japan).

Bei der Vermittlung gedanklicher Inhalte, so stand es anläßlich einer Filmbesprechung im Feuilletonteil der ›Badischen Zeitung‹ zu lesen, komme »dem Kampf um die Deutungshoheit, um die Besetzung der Begriffe« entscheidende Bedeutung zu (25.11.2010). Damit ist, an entlegener Stelle, abermals wichtiges Herrschaftswissen preisgegeben: Wer die Inhalte der Begriffe festlegt, bestimmt das Denken, und wer das Denken bestimmt, beherrscht die Menschen. Die martialische Wortwahl ist alles andere als ein Zufall, doch leider geht dieser Kampf sehr einseitig von den Herrschenden respektive deren Sprachrohren und so gut wie nie von den Beherrschten aus, die in der Regel gedankenlos nachplappern. Aus Sicht der Herrschenden erspart der erfolgreiche Kampf um die Wortinhalte den Kampf mit Polizei und Armee gegen indoktrinationsunwillige Staatsangehörige; er macht die ungerechte Herrschaft effektiver, weil aufwandsärmer und kostengünstiger. Es ist das große Verdienst von Florian Coulmas, dem Direktor des Deutschen Instituts für Japanstudien in Tokio und Verfasser der hier schon oft zitierten lesenswerten Monographie über Hiroshima, drei Begriffsumdeutungen im Zusammenhang mit dem Nuklearverbrechen entdeckt und publiziert zu haben, deren Bedeutung nicht hoch genug eingeschätzt werden kann: denn sie lenken das Denken und Empfinden der gesamten Welt bis heute.[107]

Es gelingt wohl nur den hartnäckigsten Analphabeten, dem Wort »Holocaust« zu entkommen, und jeder meint zu wissen, was es damit auf sich hat: der von den deutschen Faschisten begangene Völkermord an den Juden. Nur eine Minderheit weiß hingegen, daß dieser dem Altgriechischen entlehnte Begriff ursprünglich »Ganzkörperverbrennung« beim Opfern von Tieren bedeutete, und nur einer winzigen Minorität unter dieser Minderheit ist bekannt, daß nach den atomaren Massakern von Hiroshima und Nagasaki selbst amerikanische Offiziere, aber nicht nur sie, vom *holocaust* an der japanischen

Zivilbevölkerung gesprochen hatten. Dieser Begriff hat insofern seine sachliche Berechtigung, als, wie wir gesehen haben, die Opfer im Explosionszentrum verglühten oder verdampften, ohne die geringste Spur außer vielleicht einen Schattenumriß zu hinterlassen, während die Nazis ihren industriellen Massenmord überwiegend mit Zyklon B bewerkstelligten. Aber haste nicht gesehen, klebte man nicht nur den Altnazis, sondern in einer Art Sippenhaftung bis ins xte Glied »den Deutschen« diesen Kaugummi ans Revers, und fortan bedeutete das Wort, in weltweit erfolgter Sprachregelung: Genozid der Deutschen (nicht der christlichen Großkirchen, denn hier hätte der Terminus wegen der Scheiterhaufen abermals seine Berechtigung) an den Juden, mit dem Zusatz »inkommensurabel« bzw. »unvergleichlich« (was ein zusätzliches Denkverbot impliziert, denn man kann immer jedes mit allem vergleichen).* Damit sind die USA aus dem Schneider: Amis hui, Deutsche pfui.

Ground zero: Wer denkt da nicht an die einstürzenden Zwillingstürme des WTC mit über 3000 Toten, an weltweite Schweigeminuten beim Jahrestag (»Nain iläwwn«), an einen Wallfahrtsort gleichen Namens im Süden von Manhattan? Nun: ursprünglich bezeichnete der Begriff in wörtlicher Bedeutung den »Nullpunkt«, von dem aus die Messungen der radioaktiven Strahlung nach der Explosion der Atombomben von Hiroshima und Nagasaki erfolgten. Und abermals lautet die Parole, weltweit seit 2003 im Chor zu rufen: Amis hui, Islamis pfui!

Bleibt da der dritte Begriff: *shock and awe*, »lähmendes Entsetzen und Ehrfurcht«. Nur der eine oder andere Zeitgenosse wird sich daran erinnern, daß unter dieser Bezeichnung die Bombardierung Bagdads im Jahre 2003 erfolgte, die in die Zerstörung und Besetzung des durch Hungerembargo schon fast erdrosselten Irak (mit bis dahin rund einer Million Toten) und in die Ermordung seines rechtmäßigen Präsidenten mündete. Nur Experten dürfte hingegen bekannt sein, daß der deutsche Physiker Hans Bethe, Mitarbeiter am *Manhattan District* und Augenzeuge des ersten Atombombentests in Alamogordo, mit diesen Worten seine Empfindungen angesichts der nuklearen Detonation charakterisierte. Was also haben Hiroshima und Bagdad gemeinsam? »Nur ›Pentagon-Mitarbeiter gaben zu, daß Hiroshima als Prototyp

---

* Zur Umfunktionalisierung des Begriffes »Holocaust« im Interesse des US-Imperialismus, die übrigens erst mit dem Sechstagekrieg 1967 erfolgte, siehe FINKELSTEIN 2001. Diese Studie über die »Holocaust-Industrie« als einträgliches Geschäft und moralisch verbrämter Raubzug ist so vorzüglich, daß sie sofort die Bannflüche der Medienpriester auf sich zog. Der als Jude geborene US-Bürger Finkelstein, der seiner Regierung nicht genehm ist, kann in der BRD aufgrund von Pogromdrohungen nicht mehr öffentlich auftreten – und das alles ohne Zyklon B …

für Bagdad verstanden wurde‹, schrieb der amerikanische Japanologe William LaFleur. Für sie war Bagdad ebenso wie Hiroshima ein Projekt, das dem Wohl der Menschheit diente. […] ›Schrecken und Ehrfurcht‹ markieren heute mehr denn je vor allem eins: die segensreiche militärische Überlegenheit der Vereinigten Staaten.«[108] Für die Gleichsetzung der japanischen Stadt mit der irakischen Kapitale läßt sich auch ein anderer Vergleich heranziehen: Es ist gerade so, als ob ein Mafia-Killer bei der Beerdigung seines Opfers mit dem Hut des Ermordeten auf dem Kopf zugegen wäre. – Bis zum Jahre 2009, also 64 Jahre lang, mußten die Hibakushas, die Atombombenopfer der beiden Städte, warten, um als Kriegsversehrte anerkannt zu werden und einen finanziellen Ausgleich zu erhalten – eher eine Verhöhnung denn eine späte Gerechtigkeit. Und kein amerikanischer Präsident hat sich von dem Verbrechen des nuklearen Massenmords je distanziert. Im August 1995, als es sich zum 50. Mal jährte, plante die US-Bundespost die Herausgabe einer Jubel-Sondermarke, die einen in bunten Farben schillernden Atompilz zeigte und die Atommassaker als humanitäre Großtat feierte, indem sie Trumans Geschichtslüge wieder aufwärmte: *Atomic bombs hasten war's end*, lautete die Aufschrift. Erst Proteste aus dem Ausland, vor allem aus Japan, verhinderten diesen philatelistischen Zynismus zu 29 Cents. Die ›Washington Post‹ stellte die Frage: »Was können wir als nächstes von unserer Post erwarten? Eine Briefmarke mit den Feuerstürmen von Dresden oder Tokio?« Ausnahmsweise muß man ihr zustimmen. –

Bei den Gedenkfeierlichkeiten zum 65. Jahrestag des Atombombenabwurfs auf Hiroshima war erstmals ein US-Botschafter unter den Zehntausenden von Japanern anwesend, ohne sich allerdings für das von seinem Land begangene Verbrechen zu entschuldigen, wie dies einige Hibakushas verlangt hatten. Bei den Gedenkfeiern in Nagasaki, drei Tage darauf, am 9. August 2010, war dieser Herr dann aus »terminlichen Gründen« verhindert. Mehr an Wissenswertem läßt sich aus der Thematik »Hiroshima und Nagasaki« kaum gewinnen, vielleicht mit Ausnahme jenes aufschlußreichen Nachspiels, von dem die folgenden Seiten handeln.

Exkurs: Die Hintergründe einer Hiroshima-Ausstellung

Im Dezember 1981 organisierte die auf Anregung der Marxistisch-Reichistischen-Initiative (MRI) gegründete Bunte Liste Freiburg, die mit einem Abgeordneten im Stadtparlament vertreten war, eine Ausstellung über Hiroshima.

Sie bestand aus 120 dokumentarischen Fotos und 30 von Überlebenden gemalten Bildern; das Material wurde im Jahr 1977 von einer japanischen Bürgerinitiative zusammengestellt, um, wie sie in einer Begleitbroschüre mitteilte, »den Kindern und der Welt eine Chronik des Atombombenabwurfs zu schenken«. Weiter hieß es dort: »Die Tatsache, daß in Europa neue amerikanische Atomwaffen stationiert werden sollen, ist auch für uns von größter Bedeutung. Wir wollen keinen atomaren Weltkrieg, denn wir wissen, was Atomwaffen bewirken können.« In der Tat: Schon vier Jahre zuvor hatte der sozialdemokratische Kanzler Helmut Schmidt auf Weisung des US-Präsidenten Jimmy Carter von einer »Raketenlücke« der NATO deliriert, die durch eine angeblich »neue Generation« – tatsächlich eine geringfügig modernisierte Variante – sowjetischer atomarer Mittelstreckenraketen entstanden sei. Daher, so der Kanzler, sei eine »Nachrüstung« erforderlich, die in Wirklichkeit eine Vorrüstung war: hochmoderne, ultraschnelle und punktgenaue Pershing II sollten in der BRD stationiert werden, um, wie es die Regierungsmannschaft um den nachfolgenden Präsidenten Ronald Reagan offen aussprach, die Sowjetunion in einem atomaren Erstschlag zu »enthaupten«, sprich: ihre politische und militärische Führung zu vernichten. Die genaueren Hintergründe werden uns später beschäftigen, aber so viel stand fest: die tödlich verwundete Sowjetunion würde noch über ausreichendes Vergeltungspotential verfügen, um Europa in eine radioaktiv verseuchte Wüste, ein »Euroshima«, zu verwandeln. Das nahm die US-Administration sehenden Auges und feixenden Maules in Kauf: »Besuchen Sie Europa, solange es noch existiert«, verkündete ein Plakat am World Trade Center, das durch sein knallartiges Verschwinden dem US-Imperialismus zwei Angriffskriege und viele Vorteile einbrachte. Gleichviel: Die Vorbereitungen zur Umsetzung des atomaren Erstschlages wurden der deutschen Sozialdemokratie übertragen, die fortan den »NATO-Doppelbeschluß« propagierte. Er bestand darin, a) die atomaren Angriffsraketen in der BRD zu stationieren, und b) darüber mit dem Warschauer Pakt zu »verhandeln«, vielleicht…

Die Substanz der Sozialdemokratie ist Verrat und Heuchelei. Während ihre politische Führung tatkräftig das atomare Armageddon vorbereitete, machten ihre Funktionäre an der Basis auf »Friedenspolitik«. Das sah in Freiburg beispielsweise so aus, daß der damalige SPD-Kreisvorsitzende Gernot Erler bei der Hiroshima-Initiative in Hamburg um das Ausstellungsmaterial nachfragte und auch erhielt. Und da lag es nun in einem Freiburger Keller… und lag… und lag… Diese Friedensinitiative der friedensbewegten Freiburger SPD war in Wirklichkeit eine verdeckte Beschlagnahme. Zu Recht beunruhigt, das wertvolle Material könnte verrotten, und zu Recht darüber aufgebracht, daß es der Öffentlichkeit vorenthalten wurde, schrieb die Hamburger Hiroshima-Initiative an Erler folgenden geharnischten Brief:

ISSA-SHOBO
Japanische Fachbuchhandlung
Hiroshima Informartion
Deutschland e.V.

Thomas Hemstege
Hein-Hoyer-Straße 48
2000 Hamburg 4

Neue Anschrift: Gorch-Fock-Str.3, 2 Hamburg 6, tel. 040/31 4904125

An die SPD Kreisverband Freiburg
Herrn Gernot Erler
Habsburger Straße 85
78 Freiburg

Betr. Hiroshima-Ausstellung   Hamburg, 5.12.81
==

Lieber Gernot Erler,

Als wir uns Anfang des Jahres dazu entschlossen, die große Hiroshima-Ausstellung noch für weitere vier Wochen in Süddeutschland zu zeigen, haben wir uns gerne für die "Aktion für mehr Demokratie" entschieden, voller Hoffnung einen Partner gefunden zu haben, der die Ausstellung verantwortungsvoll durchführt. Unter verantwortungsvoll verstehen wir nicht nur eine reibungslose organisatorische Vorbereitung, sondern vor allem auch das Bemühen, diese Ausstellung einem möglichst breiten Publikum bekannt zu machen, nachdem man die Bedeutung der Ausstellung erkannt hat.
Wir haben also auch selbstverständlich erwartet, daß Sie uns über den Stand der Vorbereitungen laufend unterrichten würden. Inzwischen sieht es so aus, als hätten Sie uns da gar nicht allzu viel zu berichten. Drei Freiburger Anrufer wollten in der letzten Woche von uns (!) den Ort und Zeit der Freiburger Ausstellung erfahren, Anlass für uns uns bei Heike Sang nach dem Stand der Dinge zu erkundigen. Ach, hätten wir das besser nicht gemacht, wir hätten eine ruhigere Nacht gehabt. Denn es stellte sich heraus, daß Frau Sang — schließlich hat sie die Ausstellung bei uns angefordert und ist als Mitveranstalter auch mitverantwortlich — absolut keine Ahnung hat, wie und wo die Ausstellung durchgeführt werden soll. Wir fragten uns natürlich, wer das denn nun wissen soll, wenn nicht der Veranstalter. Wir wollen nicht unhöflich sein, aber es gibt doch eine kräftige Ausdrücke für diese Schlamperei.

Wir haben uns hier in Hamburg um eine breite Öffentlichkeit bemüht, das waren für uns zwei Monate lang harte Arbeit mit dem Erfolg, daß nach Beendigung der Ausstellung über 10.000 Besucher die Hiroshima/Nagasaki Bilder gesehen haben werden. Wenn der Veranstalter noch nicht mal weiß, wann und wie die Ausstellung stattfindet, wird die Öffentlichkeit ja wohl auch noch nicht wissen, daß diese bedeutende Ausstellung auch in Freiburg zu sehen sein wird. Sie haben sich noch nicht mal erkundigt, welche Erfahrungen wir hier in Hamburg gemacht haben, ob Sie das Plakat übernehmen können, haben keine Reaktion auf die Ihnen vorliegende Broschüre gezeigt und erst recht nicht innerhalb Ihrer Partei für die Hamburger Ausstellung geworben.
Die japanische Bürgerbewegung, die die Ausstellung erstellt hat, schickt diese Bilder um die Welt, damit möglichst viele Menschen die verheerenden Auswirkungen einer Atombombenexplosion begreifen, sich für den Frieden und die totale Abschaffung jeder Atomwaffe einsetzen, d.h. sie informiren die Welt, damit sich ihre Erfahrungen nicht wiederholen. Wir fühlen uns unseren japanischen Freunden verpflichtet und suchen für die Ausstellung den optimalen Rahmen.

- 2 -

ISSA-SHOBO
Japanische Fachbuchhandlung

Thomas Hemstege
Hein-Hoyer-Straße 48
2000 Hamburg 4

Seite 2   SPD Freiburg 5.12.81

Daß Sie uns diesen Rahmen nicht mehr gewährleisten können, steht
inzwischen wohl außer Frage.
Wir haben uns also entschlossen, auch die Freiburger Ausstellung selber
zu organisieren. Hilfreich ist für uns, daß ein Mitglied unseres
Vereins in Freiburg lebt. Darüber hinaus sind wir bei der Bunten
Liste in Freiburg nicht nur auf Interesse sondern auf <u>aktive</u>
Unterstüzing gestossen.
Die Freiburegr Ausstellung wird also von "Hiroshima Information
Deutschland e.V." in Zusammenarbeit mit der "Bunten Liste Freiburg"
veranstaltet.
Es ist wohl verständlich, daß wir stinkesauer sind, aber wir
machen uns dennoch Gedanken darüber, warum Sie wohl so langsam
und schlampiß vorbereitet haben. Sollten s Sie wirklich so kurz-
sichtig sein, daß Sie die Wichtigkeit der Ausstellung gerade in
dieser Zeit nicht erkennen konnten? Oder hat sich Ihre Kraft in
der Parteiarbeit und Verlagsarbeit erschöpft?
Uns erscheint nun doch wahrscheinlicher, daß Sie diese Ausstellung
nur zurückhaltend vorbereiten wollten und ankündigen, weil Sie
Schwierigkeiten mit der eigenen Partei befürchten. Schließlich ist
es ein Bundeskanzler Ihrer Partei, der noch immer nicht wissen will,
daß Abrüstung weniger und nicht mehr bedeutet. Es ist auch schwierig
auf der einen Seite den Nato-Doppelbeschluß mitzutragen und auf der
anderen Seite eine Ausstellung zu zeigen, indem ganz konkret die
Folgen der Atombomben vor Augen geführt werden. Oder hatten Sie vor,
daß "Gleichgewicht des Schreckens" zu untermalen, damit die Menschen
noch mehr Angst bekommen, als sie je eh haben?
Nun ja - das sind müßige Gedanken. Es geht uns ja zunächst einmal
um die Sache, daß heißt um die Durchführung derc Ausstellung. Wissen
Sie - wir sind durchaus politische Phantasten und Traumtänzer. Denn
wir glauben Ihnen, daß Sie diese Ausstellung öffentlich unterstüzen
wollen. Wir gehen also davon aus, daß Sie unsere Arbeit auch dann
unterstüzen, wenn wir selber Veranstalter sind. Sie könnten sich
also dafür einsetzen, daß wir - falls Sie schon Räume reserviert
haben - diese Räume bekommen. Wir sind auch weiterhin bereit Ihre
Partei als Mitveranstalter zu nennen, was für Sie haber hieße, daß
Sie akzeptieren müßten, mit der Hiroshima Information Deutschland eV.
und der Bunten Listen Freiburg in einem Atemzug genannt zu werden.
Denn auf die aktive Unterstüzung der Bunten Liste wollen und können
wir nicht verzichten.

Für uns ist Ihre ungenügende Vorbereitung wirklich enttäuschend,
vor allem nachdem Thomas Hemstege extra nach Freiburg gefahren ist,
um deutlich zu machen, wie sehr uns an einer ordentlichen Vorbereitung
liegt.

Wenn Ihnen also nach wie vor an der Sache etwas liegt, wenden Sie
sich bitte an unseren Freund und Mitglied:

                    Auch wenn wir sauer sind:
                    freundliche grüße

        Harald Schüler   Thoams Hemstege

So kam die oppositionelle Bunte Liste Freiburg in den Besitz dieses Materials, das in ihren Händen wesentlich besser aufgehoben war. Doch damit nahmen die Rankünen, die schäbigen Tricks und Erpressungsmanöver hinter den Kulissen noch lange kein Ende. Man könnte Gernot Erler, der seinerzeit die atomaren Erstschlagspläne seines Kanzlers selbstverständlich guthieß, in persönlicher Hinsicht einen eitlen Fatzke nennen, der halböffentlich damit kokettierte, er trage Oberlippen- und Kinnbart, um so ähnlich wie Trotzki auszusehen. Na ja. Vor allem aber ist er ein gewiefter, routinierter Verfassungsbrecher: Unter der Regierung von Schröder und Fischer stimmte er als Bundestagsabgeordneter für die Bombardierung Jugoslawiens und für die Entsendung deutscher Besatzungstruppen nach Afghanistan, die er als Staatssekretär des Äußeren in der »Großen Koalition« munter und friedensbewegt weiter betrieb. Seinerzeit, Anfang der achtziger Jahre, mußte sich klein Gernot erst noch seine Sporen verdienen: Er bedrohte die Hamburger Initiative mit einer Schadensersatzklage in Höhe von 50 000 DM und ließ erst davon ab, als diese Erpressung publik gemacht wurde. Das war denn doch der Friedensbewegtheit zu viel …

Und so konnte die Ausstellung starten, zunächst in den Räumlichkeiten eines Kinos. Da die Lokalpresse das Ereignis ignorierte und, abgesehen von einer Minimalnotiz, boykottierte, plakatierten die Mitglieder der Bunten Liste von Norditalien (Florenz) über die Schweiz und das benachbarte Elsaß bis nach Frankfurt, wohin die Ausstellung anschließend gehen sollte. Zuvor hatte sie Zehntausende von Besuchern in New York, Havanna, Moskau, Warschau und zuletzt Hamburg beeindruckt, doch im Frontstaat BRD, der von seinen US-Herren zur Abschußrampe auserkoren war, bevorzugte man von offizieller Seite das Still- und Totschweigen. Dennoch fanden in den ersten beiden Wochen 3000 Personen den Weg in die Ausstellungsräume, da außerdem mit Flugblättern auf das umfangreiche Begleitprogramm hingewiesen wurde.

Die ›taz‹ Freiburg berichtete – seinerzeit noch unter progressiver Mimikry, bevor sie als bislang einzige deutsche Tageszeitung mit Steuergeldern vor dem Bankrott bewahrt und zur grünen Regierungszeitung aufgepeppt wurde – über die Resonanz bei den Besuchern (11.1.1982): »Schockiert und bedrückt sind die meisten Besucher allerdings. [...] Man flüstert nur leise. Vor einigen Tagen fiel eine Frau beim Anblick der Bilder in Ohnmacht. [...] Ein Friseur bittet um Informations- und Bildmaterial – er will eine Mini-Ausstellung in seinem Schaufenster zeigen; eine Jugendgruppe vom Kaiserstuhl fordert gleich vor Ort Referenten und Filme für eigene Veranstaltungen an; an die fünfzig Leute haben Interesse an einer Mitarbeit im AK Frieden der Bunten Liste angemeldet...« Obwohl zahlreiche Einladungen zu einer Pressekonferenz verschickt worden waren, war als einziger Medienvertreter jener taz-Korrespondent erschienen. In seinem Artikel heißt es weiter: »Als ein Dutzend Aktivisten sich aus Wut über die BZ-Berichterstattung schwarz geschminkt und mit Hiroshima-Fotos behängt in der Konsumzone unter die Passanten mischten, umschlich endlich auch Chef-Lokalredakteur W. Fieck mit Fotograf die Straßenaktion. Am nächsten Tag in der BZ ein Riesenfoto plus Text: über den Straßenclown von gegenüber. So kann man Hiroshima auch aufarbeiten!«

Protestaktion in der Freiburger Innenstadt wegen des Nachrichtenboykotts der ›Badischen Zeitung‹

Da 2000 Besucher auf Unterschriftenlisten die Verlängerung der Ausstellung gefordert hatten, wurde – heute unvorstellbar – das im städtischen Eigentum befindliche »Haus der Jugend« zur Verfügung gestellt, in dem die Bilder für weitere zwei Wochen gezeigt werden konnten. Nun strömten auch die Schulklassen in Begleitung ihrer Lehrer herbei, denn zuvor waren die Schulen des Landes fast vollzählig angeschrieben worden, und mittlerweile hatte sich trotz Medienboykotts die Nachricht, diese einmaligen Dokumente sehen zu können, per Mundpropaganda verbreitet. Die Schüler erhielten kostenlos das folgende Arbeitspapier als Argumentationshilfe für den Unterricht:

BUNTE LISTE Freiburg in Zusammenarbeit mit der Hiroshima Information Deutschland e.V.
Arbeitspapier für Schüler

Die Schulbücher über Hiroshima, oder: was Ihr nicht erfahren sollt

"Die Japaner hatten vor den Amerikanern zurückweichen und schwere Verluste hinnehmen müssen. Die Amerikaner setzten schließlich ihre schrecklichste Waffe, die neuentwickelte Atombombe, ein und zerstörten am 6.8.1945 die Stadt Hiroshima mit einer einzigen Bombe; drei Tage später wurde Nagasaki von einer Atombombe vernichtet. Über 300 000 Menschen fanden dabei den Tod, 200 000 wurden verletzt und trugen häufig Erbschäden davon. Japan bat danach um Waffenstillstand und kapitulierte am 2.9.1945 bedingungslos. Der Zweite Weltkrieg war zu Ende."
(Deutsche Geschichte der neuesten Zeit. Kaufmännische Schulen, Bad Kreuznach 1969, S. 108)

"Um die Opfer einer Eroberung der japanischen Inseln zu vermeiden, setzte der amerikanische Präsident Truman, der Nachfolger des verstorbenen F.D. Roosevelt, eine neue, furchtbare Waffe ein. Am 6.August und nochmals am 9.August 1945 wurde je eine Atombombe auf Hiroshima und Nagasaki abgeworfen ... Unter dem grauenhaften Eindruck der Verwüstungen und Schäden, vor allem aber angesichts der 160 000 Atomtoten, kapitulierten am 2.September 1945 auch die Japaner. Der Zweite Weltkrieg war zu Ende."
(Rückert-Lachner: Grundriß der Geschichte. Das 19. und 20. Jahrhundert, 2.Bd., 1971, S. 118)

"Inzwischen hatte mein Bruder endlich meine Schwester freibekommen. Obwohl es doch nun meine Schwester war, erschreckte ich bei ihrem Anblick. Ihr langes schwarzes Haar war ganz weiß geworden. Seitlich von ihrem Mund klaffte eine große Wunde, so daß man sogar das Zahnfleisch sehen konnte, von dort floß dunkelrotes Blut. Jedesmal, wenn sie ausatmete, hörte man ein zischendes Geräusch. Als sie sagte, daß sie Wasser trinken wollte, konnte ich durch die Wunde hindurch sogar ihre Zähne sehen. Da sie sich in einem Zimmer mit Glasfenstern aufgehalten hatte, waren über fünfzig, achtzig, vielleicht aber auch hundert Glassplitter überall in ihren Körper eingedrungen, aus diesen Wunden floß jetzt überall Blut. Am Knöchel war Fleisch herausgerissen worden, so daß ich ihren Knochen sehen konnte. Als ich meine Schwester so zugerichtet sah, konnte ich für einen Augenblick nicht glauben, daß das wirklich meine Schwester war. Ich fürchtete mich sogar, ihr näher zu kommen." (Hiroshima – Nagasaki 1945 bis heute, 1981, S. 24 f.)

"Nach der Niederlage Deutschlands ... stellte der letzte Gegner Japan die USA vor die Alternative, bei der Eroberung der japanischen Halbinsel – wie geschätzt wurde – 1,5 Millionen Menschenverluste hinzunehmen oder den Gegner durch die Demonstration der absoluten Überlegenheit, die der eben erlangte Besitz der Atombombe gab, zur Kapitulation zu zwingen. Die Kapitulation erfolgte wenige Tage nach dem Abwurf der Atombomben auf Hiroshima und Nagasaki am 14. August 1945."
(Mickel-Kampmann-Wiegand: Politik und Gesellschaft. Lehr- und Arbeitsbuch für den historisch-politischen Lehrbereich (Sekundarstufe II), 1975, Bd. 1, S. 249. Dieses Schulbuch ist ministeriell in 9 Bundesländern genehmigt)

Sicher habt ihr sofort erkannt, welches Zitat garantiert nicht aus einem Schulbuch stammen kann. Richtig: Es ist der Erlebnisbericht des jungen Mädchens, das Opfer der amerikanischen Atombarbarei wurde. Und es ist kein Zufall, daß Augenzeugenberichte von Überlebenden dieses Massakers in keinem Schulbuch zu finden sind. Falls die Schulbuchautoren Hiroshima und Nagasaki überhaupt der Erwähnung wert finden, überall stößt man auf dieselbe monotone Leier: Namen, Daten, Zahlen und Frontverläufe, die es in möglichst kurzer Zeit einzupauken gilt. Und dann die Probe aufs Exempel in den Klassenarbeiten (meistens kommt es allerdings gar nicht soweit, weil der Lehrer wegen der Stoffülle bei Bismarcks Rückversicherungsvertrag steckengeblieben ist): "Hiroshima und Nagasaki? Moment mal ... zwei Städte in Japan, auf die die Amis Atombomben warfen. Und warum? Ach ja, richtig: aus humanitären Gründen. Damit der 2. Weltkrieg schneller zu Ende ist. Und das war ja auch ganz gut so. Oder?"

Auf diese Weise wird an den Schulen ein Verbrechen abgehandelt, das neben den Greueltaten der Nazis seinesgleichen in der Geschichte des 20. Jahrhunderts sucht: die kühl kalkulierte und planmäßig durchgeführte Ausrottung Hunderttausender von Menschen; grausame Verstümmelungen, Krankheiten und elendes Dahinsiechen der Überlebenden; Spätfolgen, die sich noch jetzt, über 36 Jahre nach dem Bombenabwurf, bemerkbar machen. Zwar herrscht über die Auswirkungen des Atombombenabwurfs Unklarheit – mal sind es 160 000, mal 300 000 Tote (tatsächlich kamen - die an den Folgeerkrankungen Gestorbenen eingerechnet - 380 000 Menschen ums Leben); mit einer Erklärung sind dagegen unsere Autoren schnell bei der Hand: der Einsatz der Atombombe sei notwendig gewesen, um den Krieg zu verkürzen und weitere Menschenopfer zu vermeiden. Damit ist das Kapitel Zweiter Weltkrieg abgeschlossen – und eine der größten amerikanischen Propagandalügen hat in den Köpfen ihren Einzug gehalten.

Warum erteilte die US-Regierung den Befehl zum Atombombeneinsatz?

Auf jeden Fall nicht aus militärischer Notwendigkeit. Die japanische Regierung hatte, als sie die Aussichtslosigkeit ihrer Lage erkannte, bereits **vor** dem Atombombenabwurf den USA Verhandlungen über eine ehrenhafte Kapitulation angeboten. Selbst amerikanische Kommandeure aus dem Pazifikraum vertraten die Ansicht, daß Japan in kürzester Zeit mit den herkömmlichen Waffen entscheidend besiegt werden könnte. Viele Wissenschaftler, darunter auch Albert Einstein, warnten den amerikanischen Präsidenten vor dem Einsatz der Atombombe. Sie schlugen vor, einer japanischen Delegation die Vernichtungskraft dieser Waffe in einem Test vorzuführen und sie so von der Notwendigkeit einer bedingungslosen Kapitulation zu überzeugen.

Dennoch wurde die Atombombe gegen die japanische **Zivilbevölkerung** eingesetzt – warum?

Zu dieser Zeit besaßen die USA das Monopol an Atomwaffen. Zwar war deren gewaltige Zerstörungskraft in Tests bereits erprobt worden, Militärs und US-Regierung wollten aber optimale Testbedingungen. Dazu schienen ihnen die Städte Hiroshima und Nagasaki, die sie eigens für dieses Experiment von konventionellen Luftangriffen verschont hatten, geeignete Objekte. Eine Gruppe amerikanischer Wissenschaftler begleitete das Atomflugzeug, um direkt vor Ort die Auswirkungen dieser Waffe zu studieren. Der Testcharakter wird ferner daraus ersichtlich, daß die Amerikaner zwei verschiedene Atombomben, eine Uran- und eine Plutoniumbombe, zündeten. Nach dem Abwurf verboten die amerikanischen Besatzer den japanischen Ärzten, ihre Untersuchungen über die verheerenden Auswirkungen der Atombombe zu veröffentlichen. Über 1000 Leichen der Atomopfer wurden zu Experimentierzwecken in die USA überführt. Wochen nach dem Abwurf untersuchten amerikanische Wissenschaftler und Ärzte die Überlebenden in den bombardierten Städten – nicht zum Zweck der Heilung, sondern um Statistiken zur Verbesserung der Massenvernichtungswaffe zu erstellen.

Um zu diesen Ergebnissen gelangen zu können, ging die US-Regierung skrupellos über Leichen Unschuldiger – das ist der erste Grund des Atombombenabwurfs.

Auf Grund internationaler Vereinbarungen bereitete sich die Sowjetunion gegen Ende des Krieges auf die Invasion in die von Japan besetzten Gebiete vor. Die USA wollten um jeden Preis verhindern, daß die Sowjetunion auch Einfluß auf Südostasien gewinnt. Durch die Atombombenabwürfe demonstrierten sie wirkungsvoll ihre militärische Überlegenheit gegenüber der Sowjetunion.

Der Beginn des Kalten Krieges, die Einschüchterung der Sowjetunion durch eine Demonstration der Stärke war der US-Regierung dieses ungeheure Menschenopfer wert – und das ist der zweite Grund des Atombombeneinsatzes.

Aus reinen Versuchszwecken, ohne jede militärische Notwendigkeit opferten also die USA Hunderttausende von Menschen zynisch ihren Macht- und Eroberungsgelüsten.

Das ist es, was ihr nicht erfahren sollt.

Was macht die Kenntnis dieser Vorgänge so gefährlich, daß man sie euch verschweigt?

"Ich werde ... eine einseitige Politisierung des Unterrichts nicht mehr zulassen ... und deshalb nehme ich die überzogene Kritik an Institutionen des Staates in und über die Schule nicht mehr hin ... weil ich es mir verbitte, daß in die Köpfe unserer Kinder Unrat eingepflanzt wird." Dies äußerte der baden-württembergische Kultusminister Mayer-Vorfelder am 4. Juli 1981 auf dem CDU-Landesparteitag. Mit "Unrat" meinte er allerdings keineswegs z.B. die verlogenen Berichte in den Schulbüchern über Hiroshima und Nagasaki und andere Entstellungen und Verdrehungen, von denen diese Bücher voll sind. Nein – ihm geht es darum, daß die Schüler, in "Liebe zu Volk und Heimat" erglüht, "Volkslieder singen" und "wieder das Wort Vaterland in den Mund nehmen ohne rot zu werden". Die Schüler sollen wieder "Fleiß, Verantwortungsgefühl, Pflichterfüllung, Ordnung, Disziplin" schätzen lernen, meist soldatische Tugenden also, und zu diesem Zweck betreibt er eine verstärkte Militarisierung der Schulen durch die Einführung von Wehrkundeunterricht. Der Schüler der Zukunft: brav und angepaßt, im Bedarfsfall williger Schießautomat und gehorsamer Untertan. Wissen stört da nur. Es macht unzufrieden und bringt einen außerdem auf dumme Gedanken, z.B. daß die Amerikaner ihre Atomraketen nicht nur hier stationieren, sondern auch zünden. 1945 haben sie's ja schon mal getan, als es ihnen zweckmäßig erschien. Aber das muß man eben wissen.

Daß es sich bei den Ankündigungen Mayer-Vorfelders nicht nur um starke Worte handelt, sondern die entsprechenden Taten folgen, zeigen mit aller Deutlichkeit die Ereignisse der jüngsten Zeit. Letztes Jahr wurden kritische Redakteure der Freiburger Schülerzeitung "Glöckner" wenige Wochen vor dem Abitur von der Schule geworfen und ihre Zeitung verboten. Der Hauptschullehrer Klaus Schwarz, der im Juni 1981 in Achern-Önsbach seinen Schülern eine Schulentlaßfeier zum Thema Frieden veranstaltete, wurde mit vollkommen unhaltbaren Begründungen von dieser Schule verjagt und ins 70 km entfernte Wolfach im Schwarzwald strafversetzt. Sein einziges "Vergehen" war, seine Schüler "zur Brüderlichkeit aller Menschen und zur Friedensliebe" erzogen zu haben, wie dies der Artikel 12 der Landesverfassung Baden-Württembergs einem jeden Lehrer vorschreibt.

162

Diese Zensur- und Einschüchterungspolitik blieb seitens der Schüler nicht unwidersprochen. Als landesweite Opposition gegen diesen Kurs konstituierte sich im Oktober 1981 die Landesschülervertretung. Mayer-Vorfelder kommentierte dies mit der Bemerkung: "Schülerfunktionäre brauchen wir nicht." Wir glauben ihm gerne, daß **er** eine landesweite Interessenvertretung der Schüler nicht braucht – das wäre zuviel verlangt von jemandem, der plant, die Schulen in vormilitärische Drillanstalten zu verwandeln, durch Jugendoffiziere Unrat in die Köpfe der Schüler einzupflanzen und regelmäßige Kasernenbesuche der Schulklassen auf die Tagesordnung zu setzen. Sicher: **Er** braucht die Schülervertretungen nicht – aber **ihr** – und dafür braucht ihr **ihn** nicht um Erlaubnis zu fragen!

Programm:

15.1.	20 Uhr	Kleiner Saal	„Warum ist der Frieden in Gefahr?" Informationsveranstaltung
16./17.1.	20 Uhr	Großer Saal	„Paul Jacobs und die Atombande" (Film)
19.1.	20 Uhr	Großer Saal	„Die Pest über uns" (Film)
20.1.	20 Uhr	Kleiner Saal	„Erziehung zum Frieden verboten" Informationsveranstaltung mit dem Lehrer Klaus Schwarz
21.1.	20 Uhr	Kleiner Saal	„Der Heldentod will gelernt sein" Informationsveranstaltung zum Wehrkundeunterricht an Baden-Württembergischen Schulen
23./24.1.	20 Uhr	Großer Saal	„Jonny zieht in den Krieg" (Film)
25.1.	20 Uhr	Großer Saal	„Wargame" (Film)
27.1.	20 Uhr	Kleiner Saal	„Wie gehts weiter?" Perspektiven der Friedensbewegung

---

Zum Thema **"Der Heldentod will gelernt sein – Wehrkunde: Militarisierung an den Schulen"** hat der Arbeitskreis Jugend der Bunten Liste eine Broschüre herausgegeben. Für 2,50 DM zu bekommen im Bunte-Liste-Büro, Fischerau 6, 7800 Freiburg, oder auf der Hiroshima-Ausstellung.

So konnten sich immerhin über 5000 vorwiegend junge Besucher die Hintergründe und Auswirkungen des Atomverbrechens gegen die beiden japanischen Großstädte anschaulich vor Augen führen. Man lasse an dieser Stelle die Phantasie spielen: Welche Möglichkeiten der Aufklärung, der Hebung des politischen Bewußtseins hätten sich ergeben, wenn diese Ausstellung nicht nur im provinziellen Freiburg sowie in den beiden Metropolen Frankfurt und Hamburg gezeigt worden wäre! Denn im Frontstaat BRD wüteten seinerzeit flächendeckend Willy Brandts Berufsverbote seit nunmehr schon einem Jahrzehnt, es wurde auch propagandistisch massiv aufgerüstet, und man geizte nicht mit Existenzvernichtungen.[109] In Mönchengladbach etwa wurde fünf Lehrern die Einstellung in den Schuldienst verweigert, weil sie einen Aufruf gegen die Stationierung der atomaren US-Angriffswaffen unterzeichnet hatten. In Stuttgart wurde der Postbeamte Hans Peter nach dreißig Dienstjahren auf Beschluß des Bundesverwaltungsgerichts entlassen mit der Begründung: Er stelle als DKP-Mitglied ein »Sicherheitsrisiko« dar, da die Post an NATO-Richtlinien gebunden sei (man vergleiche den entsprechenden Hinweis auf die mögliche NATO-Postzensur im Impressum nicht nur dieses, sondern sämtlicher Bücher des Ahriman-Verlages, das immer wieder auf Unverständnis, ja Unmut staatsloyaler Dummsteller stößt). Im badischen Achern-Önsbach schließlich setzten regelrechte Pogrome gegen den Hauptschullehrer Klaus Schwarz ein, weil er anläßlich einer Schulabschlußfeier am 26. Juni 1981 Friedenslieder hatte singen und pazifistische Texte u. a. von Kurt Tucholsky hatte vorlesen lassen. Daraufhin giftete die ›Acher-Rench-Zeitung‹ vier Tage später: »Dem Herrn Lehrer samt seinen Schülern sei ins Stammbuch geschrieben: Mit Parolen gegen Freiheit und Demokratie erreicht man bestenfalls Zustände, wie sie in Ostblockstaaten oder in Hochburgen des Verbrechens an der Tagesordnung sind: Nackte Gewalt gegen alles, was anderer Meinung ist…« Und so übte man, im Namen der Freiheit und Demokratie, nackte Gewalt aus gegen einen im übrigen völlig harmlosen und unpolitischen Lehrer. Der lokale Polizeihauptkommissar Erich Jakob befand: »So etwas darf überhaupt nicht vorkommen, und wenn dieses Beispiel Schule macht, dann können wir uns noch auf einiges gefaßt machen. Dieser Lehrer gehört unverzüglich vom Dienst suspendiert…« Der Elternbeiratsvorsitzende Kuschel, Oberstleutnant a. D., forderte die in ihrem Seelenheil gefährdeten Schüler ultimativ auf, »sich in die Gemeinschaft einzufügen und unseren Staat zu tragen«, ein freiheitlich-demokratisches Maximalprogramm sozusagen. Der Vizepräsident des Oberschulamts, Lübke, gab in Freiburg folgenden Bescheid: »Die Beschwerden wegen des Ablaufs der Schulentlaßfeier […], nämlich einseitige und provozierende Darstellung des Themas ›Krieg und Frieden‹, rechtfertigen den Verdacht eines Dienstvergehens, so daß gemäß § 24 der Landesdisziplinarordnung vom Oberschulamt die zur Aufklärung des Sachverhalts erforderlichen Ermittlungen eingeleitet wurden.« Schulrektor Karl Bär (CDU), der bei der Feier kräftig mitgesungen hatte, bedauerte die »Entgleisung« und kam noch einmal mit einem blauen Auge davon. Klaus Schwarz wurde in ein 70 km entferntes Schwarzwaldkaff strafversetzt.

Diese Realitätssplitter, die eine Vorstellung vom Lebensgefühl während der heißen Endphase des Kalten Krieges im »freien Westen« ermöglichen, sind ihrerseits die atmosphärische Fernwirkung der beiden Atombombenabwürfe auf Hiroshima und Nagasaki.

Anmerkungen:

1 Stöver 2008, S. 9.

2 Holland 2010, S. 171.

3 Bezüglich des Hexenwahns siehe dazu Priskil 1983.

4 Vgl. Schormann 1981, S. 8 ff.

5 Siehe dazu Dorin 2012a sowie Dorin/Jovanović 2012.

6 Haarmann 2010, S. 10 ff.

7 Zit. in: Gerger o. J., S. 7.

8 Kade 1981, S. 14.

9 Duclert 1994, S. 22.

10 Ebd., S. 14.

11 Ebd, S. 124.

12 Ebd., S. 141.

13 G. Sadoul: Ein gutes, gesundes Neues Jahr, in: Methen 1983, S. 144.

14 Dazu siehe allgemein Kühnl 1971.

15 Zit. in: Duclert, S. 119.

16 Deschner 1995, S. 199.

17 Trotzki 1924 (1972), S. 20 f.

18 Deschner 1995, S. 203.

19 Ebd., S. 207.

20 Trotzki 1924 (1972), S. 28.

21 Ders. 2009a, *passim*.

22 Vgl. Hoevels 2009b.

23 Trotzki 1924 (1972), S. 39.

24 Zit. in: Deschner 1995, S. 201.

25 Siehe Deschner 1995, S. 219–228, der verdienstvollerweise Licht in dieses künstlich hergestellte Dunkel gebracht hat.

26 In New York am 14.8.1936; zit. in: Flocken 2008, S. 7.

27 Zit. in: Deschner 1995, S. 235.

28 Vgl. Priskil 2009. – Zur Frage, wie sich die herrschende Klasse der Gegenwart zusammensetzt, grundlegend Hoevels 1997.

29 Beide Zitate Trotzki 1924 (1972), S. 29 ff.

30 Zu den aufgezählten Ereignissen siehe ausführlich Wiegand 1999 und Haffner ³2004.

31 Greiner/Steinhaus 1980, S. 14.

32 Zit. in: Gerger o. J., S.4.

33 Deschner 1995, S. 203, 206.

34 Zit. in: Greiner/Steinhaus 1980, S. 16.

35 Beide Zitate in: Deschner 1995, S. 237.

36 Zit. in: Greiner/Steinhaus 1980, S. 17.

37 Zit. in: ebd., S. 18.

38 Zit. in: ebd., S. 20 f.

39 Moessner-Heckner 1991, S. 13.

40 Ebd., S. 155; die beiden vorigen Zitate S. 125 und 132.

41 Zit. in: Greiner 2009, S. 512 f.

42 Weidauer 1983.

43 Zit. in: Stulz 1973, S. 18. Die nachfolgenden Ausführungen stützen sich auf diese äußerst instruktive Arbeit.

44 Zit. in: ebd., S. 20.

45 Dazu Rogowin 1998, S. 485–508, und 1999, S. 210–221.

46 Achcar 2012, S. 147.

47 Zit. in: Stulz 1973, S. 35.

48 Zit. in: ebd., S. 39.

49 Siehe jedoch AVEnz *sub voce*.

50 Stulz 1973, S. 50.

51 Zit. in: ebd., S. 89.

52 Ebd., S. 95.

53 Haffner 1994, S. 101.

54 Stulz 1973, S. 113.

55 Zit. in: ebd., S. 29.

56 Feynman 2004, S. 142

57 Zit. in: Stulz 1973, S. 58.

58 Ebd., S. 60.

59 Ebd., S. 183.

60 Feynman 2004, S. 156.

61 Zit. in: Stulz 1973, S. 81.

62 Ebd., S. 132.

63 Zit. in: ebd., S. 144.

64 Ebd., S. 150.

65 Zit. in: ebd., S. 156.

66 Beide Zitate in: ebd., S. 145 f.

67 Zit. in: ebd., S. 159.

68 Zit. in: ebd., S. 162 f.

69 Ebd., S. 163.

70 Ebd., S. 154.

71 Feynman 2004, S. 179.

72 Coulmas 2010, S. 15.

73 Ebd., S. 22.

74 Zit. in: Flocken 2008, S. 45. Die folgenden Ausführungen stützen sich auf diese Arbeit.

75 Beide Zitate in: ebd., S. 64, 55.

76 Zit. in: ebd., S. 86 f.

77 Zit. in: ebd., S. 165.

78 Schüler et al. 1981, S. 10.

79 Stulz 1973, S. 182.

80 Coulmas 2010, S. 17 f.

81 Beide Zitate in: Stulz 1973, S. 168, 179.

82 Deschner 1995, S. 261.

83 Stulz 1973, S. 180.

84 Charisius/Lambrecht/Dorst 1983, S. 241.

85 Hibakusha … 1986, S. 185.

86 Stulz 1973, S. 192.

87 Coulmas 2010, S. 31 f.

88 Aus: Hibakusha … 1986 und Schüler et al. 1981.

89 Deschner 1993, S. 263 f.

90 Coulmas 2010, S. 103.

91 Ebd., S. 100.

92 Siehe dazu Günther 1996 und Schuler 2009.

93 Stulz 1973, S. 177.

94 Nagai 1957, S. 32. – Alle folgenden Zitate, sofern nicht anders gekennzeichnet, ebd.

95 Coulmas 2010, S. 66 f.

96 Ebd., S. 50 f.

97 Vgl. ebd., S. 22, 26.

98 Siehe dazu Günther 1996 und Schuler 2009.

99 Schüler et al. 1981, S. 40 f.

100 Ebd., S. 41.

101 Coulmas 2010, S. 47, 36.

102 Dazu grundlegend Hoevels 2009a, Kap. 9.

103 Zuletzt in: Hoevels 2010, S. 5 ff.

104 Zit. in: Schüler et al. 1981, S. 33.

105 Zit. in: Hibakusha … 1986, S. 131.

106 Hans Habe: Im Jahre Null, zit. in: ebd., S. 45 f.

107 Zum folgenden Coulmas 2010, S. 104 f.

108 Ebd., S. 105.

109 Siehe dazu ausführlich und grundlegend Histor 1989.

Literarische Widerspiegelungen I

Bildung und Sprachkunst, so wünschens- und erstrebenswert sie auch sein mögen, sind noch lange kein Garant für Unrechtsempfinden oder politische Vernunft (im Sinne von Jeremy Benthams Diktum vom »größten Glück der größten Zahl«), da sie die Parteinahme für die unterdrückte Klasse nicht ersetzen (dabei aber sehr wohl nützliche Dienste leisten können) – *litterae nihil sanantes*, wußte schon Seneca. Unzählig sind die Beispiele, bei denen Kunstschaffende, denen Ansehen, ja Verehrung zu Recht zuteil werden, die zu Recht die ersten Ränge im Menschheitsgedächtnis einnehmen, in einem unseligen *quid pro quo* das Faktum gesellschaftlich organisierter Unterdrückung leugnen bzw. aus klassenbedingter Scheuklappenbewehrtheit (oder aus Bestechlichkeit!) nicht wahrnehmen wollen; das Feuilleton spricht in solchen Fällen dann nachsichtig vom »Elfenbeinturm der Kunst«, wenn es nicht die implizite Parteinahme für die Unterdrückung gar hymnisch preist (was gar nicht so selten ist).

Eine treffliche Illustration dieses Sachverhalts liefert die Vita Thomas Manns. Der Sproß eines Lübecker Handelshauses und Träger des Nobelpreises (den er, es sei noch einmal betont, zu Recht erhalten hat, im Gegensatz etwa zum sozialdemokratischen Blechtrommler Günter Grass) notiert, im kommoden US-amerikanischen Exil sitzend, am 6. August 1945, 16 Stunden nach dem ersten nuklearen Inferno der Menschheitsgeschichte, in sein Tagebuch:

> In Westwood zum Einkauf von weißen Schuhen und farbigen Hemden. – / Erster Angriff auf Japan mit Bomben, in denen die Kräfte des gesprengten Atoms (Uran) wirksam. / Das Geheimnis ist also heraus. Auch die Deutschen waren dicht daran, aber die Amerikaner haben das Rennen gewonnen – vielleicht mit Hilfe jener; denn zahlreiche deutsche Physiker sollen jetzt hier arbeiten – mit demselben Eifer wie für Hitler-Deutschland. Die Atom-Kraft-

Bombe hat 2 Milliarden Dollars gekostet, und Zehntausende von Menschen haben in geheimnisvoller Arbeitsteilung daran gewirkt. – Zum Abendessen Walters.

Eigentümlich: Dieses Ereignis, die tiefgreifende Zäsur in puncto Massenvernichtung, wird wie in ein Sandwich zwischen zwei Konsumvorgänge gepackt, zwischen *shopping* und *supper*. Die Toten spielen keine weitere Rolle, auch fehlt bei der konstatierten Mitwirkung »deutscher Physiker« die Erwähnung deren wichtigster Motivation: der Kampf gegen Hitler, der Antifaschismus. Wissenschaftler, so könnte man meinen, sind eben so was wie livrierte Lakaien in einem großbürgerlichen Haushalt: Sie dienen ihrem Herrn, gleichgültig ob es nun ein feinsinniger Ästhet oder ein abgefeimter Menschenschinder ist. Allein: Dieser Eintrag mit seinen sachlichen Defiziten und seiner moralischen Indolenz könnte zu einem Gutteil auch der einschlägigen Berichterstattung in den Vereinigten Staaten geschuldet sein. Man kann es sich ja gut vorstellen: ein mit verbalen Fanfarenstößen verkündeter militärischer Sieg, ein Triumph der Technik, bewerkstelligt vom Land des Machbaren – was hat hier das wehleidige, miesmacherische Gejammer wegen der paar zehntausend Opfer zu suchen? *Remember Pearl Harbor – and shut up!* Es braucht nicht viel an Phantasie, um eine solche imperiale Herrenpose zu imaginieren; darin sind sie sich bis zum heutigen Tag gleichgeblieben.

Die Notiz vom nächsten Tag zeigt indessen eine Akzentverschiebung:

Die Blätter voll von der / Atom-Bombe / und der Geschichte ihrer Erfindung, in der viel jüdische Gelehrte figurieren. Die Deutschen waren dicht daran vor ihrem Collaps. Das Ganze erregend und unheimlich. Der Vatikan dagegen, charakteristischer Weise. Ins Innere der Natur dringt kein erschaffener Geist? Die innerste Kraft des Alls wird in den Dienst des Menschen gestellt. Sie ist dabei in zweifelhaften Händen. Aber der Kopf hat es erzwungen, stimuliert und begünstigt vom Kriege, vorderhand nur zu Zerstörungszwecken.[1]

Das Gewaltsame des Vorgangs weckt nun Neugier (»erregend«) und Beklemmung (»unheimlich«). Es spricht für den in der Tradition der Aufklärung stehenden Schriftsteller – man rufe sich die Eröffnung des Romans ›Buddenbrooks‹ in Erinnerung, in welcher der gutmütige Konsul und Familienpatriarch seine Enkelin über den Katechismus abhört: » – Was – ist das …«, versucht die Kleine zu memorieren, worauf der Alte »Je, den Düvel ook, c'est la question, ma très chère demoiselle!« (Frankreich ist das Stammland der Aufklärung!) – es spricht also für ihn, daß er die wissenschaftliche Leistung (»Kopf«), die zur

Entwicklung der Atombombe führte, über das religiös-dunkelmännerische Geraune über die prinzipielle Nicht-Erkennbarkeit der Welt stellt (Gott läßt sich nicht in seine Schöpfungskarten schauen). Es herrscht also der Primat der Vernunft, freilich mit einer kennzeichnenden Einschränkung: Hier hallt der Bismarcksche »Kulturkampf« gegen die »ultramontane« Anmaßung nach, die Renitenz des – maßvoll aufgeklärten, die Suprematie der weltlichen Obrigkeit anerkennenden – Protestanten gegen den Totalitätsanspruch der katholischen Konkurrenz. Und etwas Faustisches klingt ebenfalls in diesen Zeilen, wähnt sich der Lübecker Kaufmannssohn doch in der ebenbürtigen künstlerischen Nachfolge des Frankfurter Patriziers Goethe: Der Mensch strebt nach der Er-kenntnis, »... was die Welt / Im Innersten zusammenhält« (Faust I, Zeile 382 f.), und hierin ist die Menschheit bis zu Manns Lebenszeit in Riesenschritten vor-angekommen. Goethe wußte seine wohldosierte Skepsis in religiösen Dingen (»ein Mischmasch aus Irrtum und Gewalt«) durchaus mit liebedienerischem Opportunismus gegenüber den Feudalgewalten seiner Zeit zu vereinen, und desgleichen kultiviert Thomas Mann die feinsinnige Ironie *in rebus religiosis*, während er an Präsident Franklin Delano Roosevelt, der den Bau der Atom-bombe initiierte und nur todeshalber nicht einsetzen konnte (es fehlten ihm lediglich vier Monate), seinen Narren gefressen hatte, und ihm selbst ein pan-egyrischer Hymnus nicht peinlich ist: »›Er‹ hat mir wieder starken Eindruck gemacht oder doch mein sympathisches Interesse neu erregt: Diese Mischung von Schlauheit, Sonnigkeit, Verwöhntheit, Gefallustigkeit und ehrlichem Glauben ist schwer zu charakterisieren, aber etwas wie Segen ist auf ihm, und ich bin ihm zugetan als dem, wie mir scheint, geborenen Gegenspieler gegen Das, was fallen muß. Hier ist einmal ein Massen-Dompteur modernen Stils, der das Gute oder doch das Bessere will und der es mit uns hält wie sonst vielleicht kein Mensch in der Welt. Wie sollte ich es nicht mit ihm halten? Ich bin gestärkt von ihm gegangen.« Nun ja, wes' Brot ich eß ... – davon macht auch der große Literat keine Ausnahme. Seine Allüre »Der Präsident und ich« – oder meinte Mann es doch umgekehrt? – berührt unangenehm, und wenn er für dessen vierte Kandidatur öffentlich die Werbetrommel rührt und dabei mäklerisch befindet, »man hört auf mich immer noch viel zu wenig«[2], dann möchte man ihm als begeisterter Leser der ›Peanuts‹-Comics zurufen: »Who do you think you are, Thomas Mann?«

Doch ist dieses Urteil nicht zu streng? Handelt es sich dabei nicht um die nur allzu verständlichen Bekundungen der Dankbarkeit eines zwangsexilierten Literaten? Zum Teil sicherlich. Aber kehren wir noch einmal zu seinen Aus-sagen über den Atombombenabwurf zurück. Er konstatiert völlig zutreffend, daß Herstellung und Einsatz der Atombombe spezifischen Kriegserfordernissen geschuldet waren, doch dann folgt die in mehrfacher Hinsicht bezeichnende Einschränkung: »vorderhand nur zu Zerstörungszwecken«. Das heute archaisch klingende Wort »vorderhand« im Sinne von »zunächst« will besagen, daß die Kernspaltung Frucht bahnbrechender wissenschaftlicher Erkenntnisse ist und die dabei entbundene Energie zukünftig zum Wohl der Menschheit eingesetzt werden kann. Hier spricht wiederum der Erbe der Aufklärung, deren »Fortschrittsoptimismus« oder gar »-gläubigkeit« es heute pflichtschuldigst zu benörgeln gilt. Doch was hat es mit dem Wort »Zerstörungszwecke« auf sich, ergänzt um das fatale »nur«? »Zerstörung« ist ein Eigentumsdelikt, und Sachbeschädigung ist etwas anderes als – kaltblütiger Massenmord. Hier schaut der Schriftsteller durch die rosa Brille, auf daß er nicht den Anthropophagen in seinem Brotherrn erkenne. Oder in anderen Worten: die Leiden des »Volkes« sind dem Patrizier Thomas Mann Hekuba; dies ist weniger als subjektives Defizit, sondern als klassenbedingte Beschränktheit gemeint, aber häßlich bleibt es so oder so. Dies also die zwei Seelen, die – ach! – in Faustens wie in Thomas Manns Brust wohnen: der verebbende Nachhall der Aufklärung einerseits, das Ducken nach oben und Treten nach unten andererseits; genau so und nicht anders geriert sich das Bürgertum in seiner Spätphase gegenüber dem imperialistisch bzw. faschistisch gewordenen gesellschaftlichen Umfeld. Es flüchtet sich vor der Arbeiterschaft, dem »Volk«, der »Kanaille«, wie ein buddenbrookischer Konsul befindet, in die erstickende Umarmung der Konterrevolution. Hierzu paßt, daß Thomas Mann in einer bei ihm ungewohnten sprachlichen Entgleisung den Ersten Weltkrieg als »großen, grundanständigen, ja feierlichen Volkskrieg« preist.[3] Freilich kann es ihm als Patrizier wurscht sein, wenn die Völker sich abschlachten, Hauptsache »es steigt der Kurs / an seiner Burs«. Wesentlich verächtlicher sind hier die sozialdemokratischen Reichstagsabgeordneten, die, ohne zu profitieren, nachdem sie die Kriegskredite bewilligt und die verratenen Arbeiter ins Feuer geschickt hatten, den Krieg in der Manier des Präfaschisten Ernst Jünger als »Stahlbad« für das Proletariat rühmen. Doch für einen Literaten vom Range Thomas Manns bleibt es unverzeihlich, einem historischen Ereignis, das, zwar von Subjekten getragen, selbst aber jedes Subjekthaften bar, die Qualität einer Charaktereigenschaft, die Erfüllung einer moralischen Norm zuspricht (wozu ein Wille bzw. eine Absicht gehört, also ein Subjekt erforderlich ist). Eine Zofe mag »grundanständig« sein, ein Schüler, Spießer oder Künstler – aber ein Krieg?!

Zur naserümpfenden Volksverachtung des Lübecker Geistesaristokraten paßt ferner, daß er sich während seines Exils in einen wahren *furor anti-teuto-*

nicus hineinsteigert. Sicher, hier kam die Erbitterung über seine entwürdigende Vertreibung einschließlich der Aberkennung der deutschen Staatsbürgerschaft und der Beschlagnahme seines persönlichen Besitzes zum Tragen, ganz zu schweigen von den hämischen und niederträchtigen, im Wortsinne unter die Gürtellinie zielenden Verleumdungen der Nazis, die mit dem Konservativen Thomas Mann für die deutsche Literatur gerne gehabt hätten, was sie in einem Hans Pfitzner oder Richard Strauss für das anspruchsvolle Musikgenre bereits besaßen. Was jedoch ist von Manns haßgetränkten Tiraden gegen »die Deutschen« zu halten? Es fällt bei der Lektüre schwer, die verständliche Wut über erlittene Schmach von der gekränkten Eitelkeit des Literaten und seiner Willfährigkeit gegenüber dem neuen Protektor und Brotherrn zu sondern. Es befremdet, wenn Mann mit bemüht gehobenem Wortschatz bekundet, daß sein »dégoût an allem Deutschen gerade jetzt [1944] ins Unermeßliche wächst. Eine unmögliche Rasse, […] wirklich eine race maudite.«[4] Ist dies nicht das Negativ zu Hitlers Rassedelirien? Drängt sich hier nicht die logische Schlußfolgerung auf, diese »verfluchte, Abscheu erregende Rasse« der Deutschen (die es sowenig gibt wie die der Juden) müsse – hier sei die häßliche Wendung gestattet – »mit Stumpf und Stiel« ausgerottet, für alle Zeiten geduckt und gedemütigt werden? Bestand nicht gerade darin das amerikanische Kriegsziel, war nicht zu diesem Zweck der Einsatz der Atombombe vorgesehen? Wir haben gehört, aufgrund welcher Umstände dies in Japan und nicht in Deutschland geschah, aber es bleibt eine unerträgliche Vorstellung, daß ein Schriftsteller vom Format Thomas Manns sich wohlwollend und voller Genugtuung über ein nukleares Massaker in Deutschland geäußert haben könnte. Und diese seine Haltung wird nicht besser oder sympathischer, wenn man weiß, daß ein Theodor W. Adorno brieflich bedauerte, daß die Atombombe »nicht an Deutschland ausprobiert ward«.[5] Auch Philosophen und Musenjünger können also propagandistische Beihilfe zum Massenmord leisten.

Bertolt Brecht, dessen Status als Exilant in den Vereinigten Staaten im Gegensatz zu Thomas Mann äußerst gefährdet war, wußte natürlich um dessen internationales Renommée und dessen Kontakte zu den höchsten US-Regierungskreisen. Daher wandte er sich in einem öffentlichen Brief an Thomas Mann, vordergründig, um die Einheit der exilierten Hitlerflüchtlinge wiederherzustellen, vor allem aber, um die klassenbedingten Ressentiments und Vorurteile des Literaten und deren Deckungsgleichheit mit den verbrecherischen (das sagte er in weiser Voraussicht natürlich so nicht) imperialistischen Kriegszielen der USA aufzuzeigen. Nicht »alle Deutschen« waren Faschisten, sondern es gab einen erheblichen, opferreichen, von der KPD angeführten

Widerstand, der damals wie heute unterschlagen wird. Es gab und gibt kein »faschistisches Tätervolk«, auch wenn dieses Hetzetikett perverser- und perfiderweise jüngst anderen Hitleropfern – den Serben nämlich – angeheftet wurde. Es gibt weder eine christliche noch die faschistische Erbsünde, die bis ins vierte (oder zehnte?) Glied zu ahnden eine dringliche Obliegenheit, gar ethische Verpflichtung der US-Regierungen wäre. Brecht drückte diesen Sachverhalt in seinem Brief, der ebenfalls in jedes Schulbuch gehört, wie folgt aus:

> [...] Die Verbrechen Hitler-Deutschlands sind offenbar, und wir Exilierten waren die ersten, welche sie aufdeckten und eine lange Zeit ungläubige oder in Indifferenz gehaltene Welt zur Gegenwehr aufriefen. Wir sind es aber auch, die von den Verbrechen dieser Monster gegen das eigene Volk wissen und vom Widerstand dieses unseres Volkes gegen sein Regime. Die deutsche Kriegsführung zeigt entsetzlich klar, daß der physische Terror des Regimes zu ungeheuerlichen geistigen und moralischen Verkrüppelungen der ihm ausgesetzten Menschen geführt hat. Jedoch opferten auch über 300 000 Menschen in Deutschland ihr Leben in den meistens unsichtbaren Kämpfen mit dem Regime allein bis zum Jahre '42, und nicht weniger als 200 000 aktive Hitlergegner saßen zu Beginn des Krieges in Hitlers Konzentrationslagern. Noch heute [Dezember 1943] binden die Hitlergegner in Deutschland mehr als 50 Divisionen Hitlerscher Elitetruppen, die sogenannte SS. Das ist kein kleiner Beitrag zur Niederringung Hitlers.[6]

In der Tat! Seit Stalingrad war die militärische Niederlage des deutschen Faschismus zwar absehbar, aber der Widerstand gegen ihn nach wie vor ein lebensgefährliches Unterfangen; bis 1945 wurden die Widerstandskämpfer im Deutschen Reich gejagt, gefoltert, geköpft und gehängt, wie dies die Geschichte der »Roten Kapelle« um Leopold Trepper beispielhaft illustriert.[7] Ist es demnach nicht eine bodenlose Anmaßung, aus sicherer Distanz über »das deutsche Volk« Gericht halten zu wollen? Ist es nicht abgrundtief feige und verlogen, aus sicherer Distanz von anderen den sicheren (und sinnlosen) Opfertod zu verlangen, alles andere aber nicht als Widerstand anerkennen zu wollen?* Wir haben am Beispiel Hiroshimas und Nagasakis gesehen, daß sich unter den überlebenden Opfern des nuklearen Massakers viele Unschuldige befanden; wie viele Gegner des Tenno zu den Toten zählten, wissen wir

---

*   »Völlig unsinnig wäre es, unter diesen Umständen das Martyrium zu suchen. [...] wer zum Desperadotum rät, sollte vom Etikett des moralischen Abschaums und dem Verdacht glattesten Mitmachertums im Dritten Reich erst dann befreit werden, wenn er ein Praktikum als echter, d.h. von keinem mächtigen Staat gedeckter Desperado vorweisen kann.« – HOEVELS 2010, S. 12 f.

schlichtweg nicht. Als sicher können wir indessen voraussetzen, daß die politische Opposition im Deutschen Reich an Zahl und Organisationsgrad aufgrund der entwickelten Arbeiterbewegung wesentlich stärker war als im feudal-kaiserlichen Japan; es ist keineswegs übertrieben, davon auszugehen, daß rund ein Viertel der Deutschen sich in Opposition zum Hitler-Regime befand (also ein wesentlich höherer Prozentsatz als heute bei analogen Verbrechen der US-Regierungen). Bei einem aus der Luft verübten wahllosen Massenmord bestand also die statistische Wahrscheinlichkeit von 1:4, daß dabei Hitlergegner umgebracht worden wären (und sind; man denke an Hamburg, Dresden, Pforzheim …) Heißt das nicht, den i-Punkt auf die Verbrechen Hitlers zu setzen? Hier verdient Bertolt Brecht den Ehrentitel des Humanisten, nicht Thomas Mann und schon gar nicht Adorno und Kumpane.

Verweilen wir noch ein wenig bei Brecht, denn die angemessene Würdigung seines Lebenswerks ist mit der DDR untergegangen. Man hat ihn jüngst des »deutschen Zynismus« geziehen, weil er sich über das atomare Massaker wie folgt geäußert hatte: »Die Atombombe, mit der die atomarische Energie sich zeitgemäß vorstellt, berührt die ›einfachen Leute‹ als lediglich furchtbar. […] Dieser Superfurz übertönt alle Siegerglocken.«[8] Allein – ein wenig Nachdenken erweist, daß dieser Vorwurf völlig zu Unrecht erhoben wurde. Den Schlüssel zu des Rätsels Lösung und zum Verständnis von Brechts deftiger Wortwahl liefern die »Siegerglocken«: Sie ertönten in der Sowjetunion, die entscheidenden Anteil an der Niederwerfung des deutschen Faschismus hatte, und sie ertönten in den von Hitler besetzten Ländern, deren Freiheitskämpfer (»Partisanen«; heute würde man sie »Terroristen« nennen) der Wehrmacht empfindliche Schläge versetzt hatten. Hitler stürzte nicht wegen der Atombombenabwürfe; so laut dieser »Superfurz« auch erschallt, so sehr sein Propagandagestank heute noch in die Nase sticht – die historische Wahrheit, so Brecht, soll er nicht übertönen und ersticken. Noch ein weiterer Beweggrund dürfte Brecht geleitet haben, denn die Atombombenabwürfe waren ja nicht nur ein Wink mit dem Zaunpfahl in Richtung Sowjetunion, sondern an die gesamte Weltöffentlichkeit: Erstarrt in Schrecken und Ehrfurcht (*shock and awe*) vor unserem entfesselten Gewaltpotential! Brechts Botschaft hingegen lautete: Laßt Euch von diesem Superfurz nicht Euren Verstand betäuben, erstarrt nicht wie das sprichwörtliche Kaninchen vor der imperialistischen Schlange!

In Wirklichkeit war die Auseinandersetzung Brechts mit der Kernspaltung und ihrer imperialistischen »Nutzanwendung« viel tiefgründiger und ist einer genaueren Betrachtung wert; seine (nicht nur) künstlerischen Äußerungen zählen zum Scharfsinnigsten und Klügsten, was je zu diesem Thema vorgebracht wurde. Hören wir ihn selbst (und damit repetieren wir Abiturswissen, wie es in den siebziger Jahren des vergangenen Jahrhunderts verlangt wurde): »Das Schauspiel ›Leben des Galilei‹ wurde 1938/39 im Exil in Dänemark geschrieben. Die Zeitungen hatten die Nachricht von der Spaltung des Uran-Atoms durch den Physiker Otto Hahn und seiner Mitarbeiter gebracht.« (GW Bd. 3, Anm. 3)

Es erschloß sich Brecht sofort, welche ungeheuren militärischen Möglichkeiten sich dem deutschen Faschismus damit eröffneten, aber auch, welche Optionen diese Erkenntnisse einer befreiten Menschheit, Herrin ihrer selbst, boten. Das klingt nun dramatisch nach »Segen oder Fluch«, lappt gar ins Philosophische, doch die grundlegende Problematik ist recht einfach: In einer auf Lüge, Unrecht und Gewalt gegründeten Gesellschaft kann es keine »reine« (im Sinne von: »über den Gewaltverhältnissen stehende«) Forschung geben; ihre Erkenntnisse nützen *entweder* den Herrschenden *oder* den Beherrschten (aber nie dem Weltgeist, dem Willen Gottes, der abstrakten Wahrheit oder ähnlichen Phantasmagorien). Und dies ist eine Frage des **Kräfteverhältnisses** zwischen Unterdrückern und Unterdrückten zu einem gegebenen Zeitpunkt.[9] Das ist verboten einfach, so einfach, daß sofort eine Denkblockade einsetzt, und um diese zu umgehen, kleidete Brecht diese Problematik in eine Parabel, indem er an die Stelle Otto Hahns (und der Gestapo) den Begründer der modernen Physik Galileo Galilei (und die Inquisition) setzte. In einem erweiterten Gleichnis – nichts anderes ist die Parabel als literarische Form – diskutiert Brecht die Brisanz der von Galilei mittels Fernrohr entdeckten Jupitermonde, die eine glänzende nachträgliche Bestätigung des kopernikanischen Heliozentrismus lieferten und damit indirekt das zum katholischen Dogma geronnene ptolemäische »Weltbild« widerlegten. In den Worten des Bühnen-Galilei: »Wie kann der Jupiter angeheftet sein« – nämlich an Kristallschalen, wie es Tradition und Kirche verlangten –, »wenn andere Sterne um ihn kreisen? Da ist keine Stütze im Himmel, da ist kein Halt im Weltall!« (GW Bd. 3, S. 1254). Das Diktum der Feudalreaktion lautete, vorgetragen von ihrer ideologischen Agentur in Gestalt eines dummen, fanatischen Mönches: »Was steht hier in der Schrift? ›Sonne, steh still zu Gibeon und Mond im Tale Ajalon!‹ Wie kann die Sonne stillstehen, wenn sie sich überhaupt nicht dreht, wie diese Ketzer behaupten? Lügt die Schrift?« (ebd., S. 1280) Damit sind die Grundlinien des Konfliktes benannt, und es riecht bereits sehr brenzlig nach Scheiterhaufen.

Die gesellschaftliche Sprengkraft, welche diese Auseinandersetzung zwischen Ideologie und Wahrheit, Religion und Wissenschaft, organisierter Lüge und freier Gedankentätigkeit erhält, geht aus dem längeren Monolog eines »kleinen Mönchs« hervor. Er ist Sproß eines armen, leibeigenen Bauernpaars, das eine Sinnhaftigkeit in den Mühen und Leiden erkennen will, weil man es ihnen ihrer Lebtage lang so eingebleut hatte. Wie würden sie auf die Entdeckung Galileis reagieren?

> Es ist ihnen versichert worden, daß das Auge der Gottheit auf ihnen liegt, forschend, ja beinahe angstvoll; daß das ganze Welttheater um sie aufgebaut ist, damit sie, die Agierenden, in ihren großen oder kleinen Rollen sich bewähren können. Was würden meine Leute sagen, wenn sie von mir erführen, daß sie sich auf einem kleinen Steinklumpen befinden, der sich unaufhörlich drehend um ein anderes Gestirn bewegt, einer unter sehr vielen, ein ziemlich unbedeutender! Wozu ist jetzt noch solche Geduld, solches Einverständnis in ihr Elend nötig oder gut? Wozu ist die Heilige Schrift noch gut, die alles erklärt und als notwendig begründet hat, den Schweiß, die Geduld, den Hunger, die Unterwerfung, und die jetzt voll von Irrtümern befunden wird? Nein, ich sehe ihre Blicke scheu werden, ich sehe sie die Löffel auf die Herdplatte senken, ich sehe, wie sie sich verraten und betrogen fühlen. Es liegt also kein Auge auf uns, sagen sie. Wir müssen nach uns selber sehen, ungelehrt, alt und verbraucht, wie wir sind? Kein Sinn liegt in unserem Elend, Hunger ist eben Nichtgegessenhaben, keine Kraftprobe; Anstrengung ist eben Sichbücken und Schleppen, kein Verdienst. (ebd., S. 1294 f.)

Das Plädoyer des Mönches klingt auch in unseren Ohren nur allzu vertraut, es ist brandaktuell wie das gesamte Bühnenstück. Der Mönch hätte sich kürzer fassen können und sagen: »Man darf den Leuten nicht ihre Illusionen nehmen, dann wird alles nur noch viel schlimmer.« Aber stimmt das auch? Warum »darf« man das nicht? Ist das ein gutgemeinter Ratschlag oder ein Befehl? Und wie sieht das »viel schlimmer« denn konkret aus? Diese fiktiven alten Leute stehen vor dem Scherbenhaufen eines unnützen Lebens, aber in den Himmel wären sie auch sonst nicht gekommen. Sie können resignieren, freilich, aber damit ist nichts gewonnen und nichts verloren (außer eben den Illusionen). Oder sie können – darauf verfällt der Bühnen-Mönch aber nicht – die letzten ihnen verbleibenden Tage nutzen, um andere Personen, zum Beispiel ihre Enkel, zu ermutigen, sich kein X für ein U vormachen zu lassen, auch wenn dieses X gar prächtig im Kardinalspurpur einherstolziert. Dann, aber nur dann, hätte sogar ihr verbrauchtes Leben einen Sinn gehabt. Hinter der Binsenweisheit, »man« – die Leute oder, bedeutungsschwanger, »der Mensch« – könne die Wahrheit nicht ertragen, steckt die Drohung, sie nicht erfahren zu dürfen, weil sie verboten ist. Der Ich-schwache Mensch knickt vor dieser Drohung ein, und die Lautsprecher der Gewalt wollen diesen Kollaps als »Lebensweisheit« verstanden wissen.

Die Ausführungen des »kleinen Mönchs« erinnern an eine Schwachstelle in Sigmund Freuds gigantischem Werk, und es muß offenbleiben, ob Brecht, der die Psychoanalyse nicht schätzte, ohne sie freilich besonders gut zu kennen, bewußt darauf anspielt. In seinem Aufsatz ›Eine Schwierigkeit der Psychoanalyse‹ führt Freud aus, daß »der allgemeine Narzißmus, die Eigenliebe der Menschheit« im Verlaufe der Neuzeit »drei schwere Kränkungen von seiten der wissenschaftlichen Forschung erfahren hat«. Zur ersten dieser vermeintlichen Kränkungen heißt es:

> Der Mensch glaubte zuerst in den Anfängen seiner Forschung, daß sich sein Wohnsitz, die Erde, ruhend im Mittelpunkte des Weltalls befinde, während Sonne, Mond und Planeten sich in kreisförmigen Bahnen um die Erde bewegen. […] Die Zerstörung dieser narzißtischen Illusion knüpft sich für uns an den Namen und das Werk des Nik. Kopernikus. […] Als sie [die Entdeckung des Kopernikus] aber allgemeine Anerkennung fand, hatte die menschliche Eigenliebe ihre erste, die kosmologische Kränkung erfahren. (GW XII 7)

Die zweite Kränkung fand Freud zufolge durch Darwins Evolutionslehre statt: Der Mensch ist nicht die »Krone der Schöpfung«, sondern ein sehr später und vorläufiger Endpunkt einer Nebenlinie innerhalb der Klasse der Säugetiere, den Pongiden oder der Familie der Menschenaffen. Die dritte Kränkung schließlich stamme von ihm – Freud – selbst, und zwar durch die Entdeckung des Unbewußten. Das menschliche Seelenleben, so seine Erkenntnis, wird von Kräften gesteuert, die dem Einzelnen unbekannt und nur mittels einer speziellen Methode, der freien Assoziation, zugänglich sind. Nach der kosmologischen und der biologischen Kränkung bestehe die dritte, psychologische nun darin, »daß das Ich nicht Herr sei in seinem eigenen Haus.« (GW XII 11)

Die Kritik an diesen Ausführungen, die eher Wertungen als Erkenntnisse sind, wurde bereits geleistet, und sie sei hier der Einfachheit halber als ausführliches Zitat vorgeführt, denn man könnte es kaum prägnanter formulieren (und auch das Rad muß nicht zum zweiten Mal erfunden werden):

> Es fällt dabei auf, daß Freud diese 3 Schritte als »narzißtische Kränkung« interpretiert, was sie vielleicht auch, aber keineswegs in erster Linie sind, wie ihn die eigene Wissenschaft hätte lehren müssen. Weitaus schwerer als die mögliche Kränkung egozentrischer Selbstherrlichkeit wiegt ja der *emanzipatorische Gehalt* dieser Aufklärungsschritte, die de facto weitaus weniger an einer *narzißtischen* als an einer *paranoiden* Illusion knabberten, nämlich

der religiösen. Tatsächlich untergruben sie – am augenfälligsten Heliozentrismus und Selektionslehre – die Ansprüche des Gottes, dessen Herrschaft sich zunächst auf seinen himmlischen Wohnort, danach auf seinen biologischen Schöpfungsakt stützte. Als die Wissenschaft ihm beide aus der Hand schlug, wog die dadurch erleichterte Befreiung jedes Individuums, dem diese Erkenntnisse zugänglich wurden, von seinem Vater/Verfolger (denn das ist der euphemistisch »liebe« Gott substantiell, genetisch und funktional, wie Freud selber herausfand), die mögliche Zurücksetzung aus dem Mittelpunkt des Alls oder die biologische Sonderexistenz neben den anderen Tieren bei weitem auf, bewirkte also viel eher einen narzißtischen *Zuwachs* als einen Verlust. Denn was hat man von einer Erdscheibe im Zentrum des Alls, wenn diese nur der Präsentierteller für einen göttlichen Voyeur und Strafrichter ist? Was von einer biologischen Sonderexistenz, wenn diese vorzugsweise als Legitimation der Forderungen des gleichen allmächtigen Tyrannen gilt? In Wahrheit hatten diese Aufklärungen psychodynamisch also nicht so sehr das Ich als vielmehr das Über-Ich angeschlagen und dadurch das Ich gestärkt. Entgegengesetzte Klagen im All vereinsamter und auf Tierstufe gedrückter Ex-Gläubiger als vom Über-Ich bestellte Rationalisierungen zu durchschauen, hätte dem Entdecker der Reaktionsbildung eigentlich leichtfallen müssen.[10]

Das Erstaunliche ist nun, daß Brecht die soeben zitierte Analyse intuitiv in seinem Schauspiel umsetzte: Die Entdeckung des Kopernikus und ihre Bestätigung durch Galilei müssen keineswegs zwangsläufig bewirken, daß die Menschheit bis an ihr selig End Trübsal bläst; vielmehr gibt diese wissenschaftliche Entdeckung dem Menschen ein wertvolles Instrument in die Hand, um sein Dasein selbstbestimmt und angstfrei zu gestalten. Hören wir den Galilei des Bühnenstücks:

> Denn wo der Glaube tausend Jahre gesessen hat, eben da sitzt jetzt der Zweifel. Alle Welt sagt: ja, das steht in den Büchern, aber laßt uns jetzt selbst sehn. Den gefeiertsten Wahrheiten wird auf die Schulter geklopft; was nie bezweifelt wurde, das wird jetzt bezweifelt.
>
> Dadurch ist eine Zugluft entstanden, welche sogar den Fürsten und Prälaten die goldbestickten Röcke lüftet, so daß fette und dürre Beine darunter sichtbar werden, Beine wie unsere Beine. Die Himmel, hat es sich herausgestellt, sind leer. Darüber ist ein fröhliches Gelächter entstanden. [...]
>
> Ich sage voraus, daß noch zu unsern Lebzeiten auf den Märkten von Astronomie gesprochen werden wird. Selbst die Söhne der Fischweiber werden in die Schulen laufen. Denn es wird diesen neuerungssüchtigen Menschen unserer Städte gefallen, daß eine neue Astronomie nun auch die Erde sich bewegen

läßt. Es hat immer geheißen, die Gestirne sind an einem kristallenen Gewölbe angeheftet, daß sie nicht herunterfallen können. Jetzt haben wir Mut gefaßt und lassen sie im Freien schweben, ohne Halt, und sie sind in großer Fahrt, gleich unseren Schriften, ohne Halt und in großer Fahrt.

Und die Erde rollt fröhlich um die Sonne, und die Fischweiber, Kaufleute, Fürsten und die Kardinäle und sogar der Papst rollen mit ihr. (ebd., S. 1233 f.)

Brechts ›Galilei‹ ist wirklich ein tiefgründiges Stück, und wenn ich an die Inszenierungen des Schauspiels zu meinen Schülerzeiten denke – also lange vor der systematischen Verhunzung durch das sogenannte »Regie-Theater«, erkennbar an der Ankündigung »*nach* Bertolt Brecht«, bei dem bis zu 80 % des originalen Textes gestrichen und dafür zeitgeistiger Bockmist mit viel Geschrei und Gehopse zelebriert wird –, so fällt mir nachträglich auf, daß überwiegend das Zögerliche, Resignative, Opportunistische an diesem Märtyrer der Wissenschaft, den man zum Widerruf genötigt hatte, herausgestellt wurde, während der emanzipative Gehalt des Stückes merkwürdig blaß blieb (anders hingegen, wesentlich klarer, konturierter und kämpferischer, die Brecht-Inszenierungen in der DDR, die – man höre und staune – ab und zu im Westfernsehen übertragen wurden, bevor es sich unter der Hand herumsprach –; es lohnte sich seinerzeit also durchaus, in seltenen Fällen den Fernseher anzuschalten, im Unterschied zur Jetztzeit, denn dies galt auch für Stücke von Lenz, Shakespeare, Molière usw. usf.).

Brecht diskutierte nicht nur den Standort der Wissenschaft im Spannungsgefüge eines Unrechtsregimes, als Hilfsmittel der Repression bzw. der Befreiung, er befaßte sich darüber hinaus mit einem arg strapazierten, moralinverseuchten Thema: der sogenannten Verantwortung des Wissenschaftlers. Diese Problematik hat sich geradezu als Ventil für eine latente Wissenschaftsfeindlichkeit erwiesen, durch das viel heißer Dampf abgelassen wird; letztlich läuft diese mit gerunzelter Stirn vorgetragene Bedenkenträgerei auf einen nie existiert habenden Zustand paradiesischer Unschuld hinaus, dessen säkularisierte Version vielleicht lauten mag, unsere stammesgeschichtlichen Vorfahren hätten besser die Bäume nie verlassen (aber seit die Verhaltensforschung herausgefunden hat, daß unsere nächsten Verwandten, die Schimpansen, gerne Fleisch essen, zu diesem Zweck mit Begeisterung Stummeläffchen jagen und dabei hervorragend kooperieren, ja daß sie sogar gegeneinander regelrechte Kriege mit Waffeneinsatz bis zur völligen Vernichtung einer Seite führen, so daß ein angesehener Ethologe feststellte, wenn sie Atomwaffen besäßen, würden sie auch diese einsetzen – ist es also auch nichts mit dieser

Unschuldsidylle). Lange vor der Kernspaltung müßte die Frage also lauten: Faustkeil – Segen oder Fluch?, denn mit diesem Instrument ließ sich nicht nur Fleisch von Knochen und Fellen der erbeuteten Tiere schaben, sondern auch hervorragend der Schädel eines konspezifischen Konkurrenten einschlagen. Auch Ötzi starb durch einen Pfeilschuß. Doch der biologische Aspekt der Aggressivität soll hier nicht weiter vertieft werden.[11] »Leben heißt töten« lautet der eherne Grundsatz der Natur, von der Ebene der Makromoleküle bis zu den komplexen Lebewesen, ob dies nun den Vegetariern und Pazifisten gefällt oder nicht (Arno Schmidt brachte diesen Sachverhalt auf den witzigen aphoristischen Nenner: »Für das Gänseblümchen ist das Schaf ein Mörder«). Hier stellt sich ausschließlich die Frage, welches Interesse sich in den entwickelten Klassengesellschaften durchsetzt: jenes der unterdrückten Mehrheit, sofern sie willens und in der Lage ist, ein übergeordnetes Ziel zu artikulieren (»Menschheitsinteresse«), oder jenes einer zahlenmäßig geringen Ausbeuterclique, welche mittels Suggestion und Gewalt die Mehrheit für ihr spezifisches Klasseninteresse, auch und gerade in Kriegen, einsetzt.

Mit der Kernspaltung stellte sich demnach eine alte Frage aufs neue, mit dem ersten nuklearen Massenmord gewann diese Problematik an Dringlichkeit und Brisanz. »Der infernalische Effekt der Großen Bombe stellte den Konflikt des Galilei mit der Obrigkeit seiner Zeit in ein neues, schärferes Licht«, konstatierte Brecht mit Blick auf sein Bühnenstück, und mit Bezug auf die Physiker seiner Gegenwart hält der Schriftsteller fest: »Die Bourgeoisie isoliert im Bewußtsein des Wissenschaftlers die Wissenschaft, stellt sie als autarke Insel hin, um sie praktisch mit *ihrer* Politik, *ihrer* Wirtschaft, *ihrer* Ideologie verflechten zu können. Das Ziel des Forschers ist ›reine‹ Forschung, das Produkt der Forschung ist weniger rein. Die Formel $E = mc^2$ ist ewig gedacht, an nichts gebunden. So können andere die Bindungen vornehmen: die Stadt Hiroshima.«[12] Klarer und tiefer läßt sich diese Frage nicht durchleuchten.

Der Wissenschaftler muß sich also entscheiden, mit wem er es hält, er muß Partei ergreifen. Erste Voraussetzung hierfür ist, daß er nicht »partiell vernünftig« ist, die Vernunft ausschließlich für seinen Fachbereich vorbehält und ansonsten als ein rechter Hans-guck-in-die-Luft durch die Welt spaziert. Er muß also seinen Elfenbeinturm der »reinen« Wissenschaft verlassen. Liest man den Briefwechsel zwischen Sigmund Freud und Albert Einstein zur Frage »Warum Krieg?«, so berührt die völlige Ahnungslosigkeit der beiden Koryphäen ihrer Forschungsgebiete in puncto Ökonomie und Politik peinlich bis schmerzlich. Gewiß, hier unterhalten sich zwei humanistisch gesinnte Geistesriesen über eine drängende Frage ihrer Zeit, aber mit welch profunder

Ahnungs- und Harmlosigkeit sie dies tun, läßt darauf schließen, daß beide ihre von der zeitgenössischen Propaganda vorgegebenen »blinden Flecke«, ihre politischen Denkverbote, hegen und pflegen. Es ist leider nicht viel mehr als unverbindliches Geplauder.

Das war 1933. Doch bedingt durch Hahns Kernspaltungsexperiment und den daraufhin einsetzenden dramatischen Wettlauf um den Erstbesitz dieser verheerenden Waffe, erst recht durch die Nuklearmassaker in Japan und die anschließend forcierte atomare Hochrüstung scheint bei Albert Einstein eine Radikalisierung eingetreten zu sein, die ihn zwar näher an die Brechtsche Position führt, aber zu schädlichen Konsequenzen verleitet. 1953, inmitten des Wütens der McCarthy-Inquisition, schreibt er einen öffentlichen Brief an einen Lehrer, der vor ein solches Tribunal zitiert worden war. In dem Schreiben heißt es unter anderem:

> Die reaktionären Politiker säen im Volk Mißtrauen gegen die Geistesarbeiter. Es gelingt diesen Politikern, die freie Lehre zu unterdrücken und jene, die sich dagegen auflehnen, aus ihren Stellungen zu verdrängen, d.h. auszuhungern. Was sollen die Intellektuellen gegen dieses Übel tun? Ich sehe offen gestanden nur den revolutionären Weg der Verweigerung der Zusammenarbeit ... Jeder, der vor ein Komitee vorgeladen wird, muß jede Aussage verweigern, d.h. bereit sein, sich einsperren und wirtschaftlich ruinieren zu lassen, kurz, seine persönlichen Interessen den kulturellen Interessen des Landes zu opfern. Diese Verweigerung dürfte aber nicht gegründet werden auf den bekannten Trick der möglichen Selbstinkriminierung, sondern darauf, daß es eines unbescholtenen Bürgers unwürdig ist, sich solcher Inquisition zu unterziehen, und daß diese Art Inquisition gegen den Geist der Verfassung verstoße. Wenn sich genug Personen finden, die diesen harten Weg zu gehen bereit sind, wird ihnen Erfolg beschieden sein. Wenn nicht, dann verdienen die Intellektuellen dieses Landes nichts Besseres als die Sklaverei, die ihnen zugedacht ist.[13]

Der geniale Physiker ist im Kern seines Wesens immer ein Moralist geblieben, der die praktische Seite einer effektiven Opposition nie zu Ende gedacht hat. Die von ihm vorgeschlagene Märtyrer-Strategie würde nie »genug Personen finden« und ausschließlich ihre Urheber schädigen, also Angst und Unsicherheit statt Aufklärung und Entschlossenheit verbreiten. Daher mag sein Vorschlag zwar von moralischer Integrität zeugen, in praktischer Hinsicht aber ist er schädlich. Bekennertum zum falschen Zeitpunkt, d.h. wenn die entfesselte Gewalt tobt, ist schädlich, aber es ist dann nützlich und geboten, wenn die Gewalthaber ins Straucheln kommen. Doch wie gelangt man dahin? Wieder ist es Brecht, der in seinem Stück nützliche Vorschläge unterbreitet.

Verläßt der Wissenschaftler seinen Elfenbeinturm, in den er oft genug hineingeschubst, -gedrängt oder -geprügelt wurde, dann wird er handeln nach Maßgabe der Möglichkeiten, die sich ihm bieten, ohne sich dabei nach Möglichkeit selbst zu schädigen. Je nach den gesellschaftlichen Kräfteverhältnissen sind die unterschiedlichsten Formen des Widerstands denkbar, vom Bummelstreik über die Sabotage bis zum aktiven Kampf. Betrachten wir die an der Kernspaltung beteiligten Wissenschaftler, so stoßen wir auf ein breites Spektrum unterschiedlichster Verhaltensweisen: Edward Teller, der »Vater der Wasserstoffbombe« und ein strammer Antikommunist, befürwortet ohne weitere Skrupel den Einsatz dieser Waffe gegen die Sowjetunion; sein französischer Kollege und politischer Antipode Frédéric Joliot-Curie trat der Kommunistischen Partei Frankreichs bei und betätigte sich in der Résistance. Dazwischen sind alle Spielformen des Opportunismus und der Halbheiten angesiedelt: Hahn war kein Sympathisant der Nationalsozialisten, werkelte aber in ihren Diensten und zu ihrem Nutzen für die »reine« Wissenschaft vor sich hin; Oppenheimer, der wissenschaftliche Leiter von Los Alamos und »Vater der Atombombe«, war zwar kein Kommunist, wurde aber als solcher angeklagt, weil er die aggressiven Kriegsziele der USA – im Heißen wie im Kalten Krieg– nicht zu hundert Prozent teilte. Lohnt sich das?

Für Bertolt Brecht stand fest, daß die Erstfassung seines Bühnenstücks nun, im amerikanischen Exil, für das amerikanische Publikum einer Überarbeitung und Akzentuierung bedurfte, die er in gedanklichem Austausch unter anderem mit dem berühmten Schauspieler Charles Laughton erstellte. Er fügte in die 14., vorletzte Szene seines Stückes einen langen Monolog Galileis ein, in der diese »Verantwortlichkeit« des Wissenschaftlers reflektiert wird. »Der Verfolg der Wissenschaft«, so stellt Galilei fest, scheint »besondere Tapferkeit zu erheischen«, da einerseits die Bevölkerung in Unwissen und Aberglauben gehalten wird (und als solche, dies spricht die Bühnenfigur allerdings nicht aus, immer auch als Pogrommasse taugt), sie zugleich als Ausbeutungsobjekt eingetrichtert bekomme, daß das Elend alt wie ein Gebirge und so unzerstörbar wie dieses sei. Das Fernrohr, das mit dem ptolemäischen Weltbild eine tragende Säule der feudalklerikalen Ideologie zum Einsturz gebracht hatte, erhält nun eine neue Funktion: »Es« – das Volk – »riß uns das Teleskop aus der Hand und richtete es auf seine Peiniger, Fürsten, Grundbesitzer, Pfaffen.« Nun wendet sich Galilei direkt an seinen Gesprächspartner, seinen Schüler und Vertrauten Andrea Sarti:

> Die Wissenschaft, Sarti, hat mit beiden Kämpfen zu tun. Eine Menschheit, stolpernd in einem Perlmutterdunst von Aberglauben und alten Wörtern, zu

unwissend, ihre eigenen Kräfte voll zu entfalten, wird nicht fähig sein, die Kräfte der Natur zu entfalten, die ihr enthüllt. Wofür arbeitet ihr? Ich halte dafür, daß das einzige Ziel der Wissenschaft darin besteht, die Mühseligkeit der menschlichen Existenz zu erleichtern. Wenn Wissenschaftler, eingeschüchtert durch selbstsüchtige Machthaber, sich damit begnügen, Wissen um des Wissens willen aufzuhäufen, kann die Wissenschaft zum Krüppel gemacht werden, und eure neuen Maschinen mögen nur neue Drangsale bedeuten. Ihr mögt mit der Zeit alles entdecken, was es zu entdecken gibt, und euer Fortschritt wird doch nur ein Fortschreiten von der Menschheit weg sein. Die Kluft zwischen euch und ihr kann eines Tages so groß werden, daß euer Jubelschrei über irgendeine neue Errungenschaft von einem universalen Entsetzensschrei beantwortet werden könnte. – Ich hatte als Wissenschaftler eine entscheidende Möglichkeit. In meiner Zeit erreichte die Astronomie die Marktplätze. Unter diesen ganz besonderen Umständen hätte die Standhaftigkeit *eines* Mannes große Erschütterungen hervorrufen können. (ebd., S. 1339 ff.)

Damit ist der entscheidende Punkt benannt; hier spricht deutlich erkennbar nicht der historische Galilei, sondern durch die Bühnenfigur der Autor zu den Physikern seiner Zeit. Schon in einem vorherigen Werkzitat, das am Anfang des Stückes plaziert ist, war von Marktplätzen, Fischweibern und deren Söhnen die Rede. Nun, zum Ende hin, wird dieses entscheidende Stichwort wieder aufgenommen, umgibt den Drameninhalt als feste Form: »Marktplätze«, das ist die gleichnishafte Umschreibung für Öffentlichkeit, an die der Wissenschaftler sich wenden soll. Ihm kommt als vornehmste Tätigkeit weniger sein Forschen, sondern vielmehr sein Wirken als Erzieher und Aufklärer des Volkes zu, und das – hier gibt sich Brecht keinen Illusionen hin, er ist kein Wolkenkuckucksheimer – erfordert Mut.

Es genügt der Hinweis auf Giordano Bruno, und wem nach aktuellen Beispielen verlangt, sei mit dem Namen Arnold Berliner zufriedengestellt. Dieser Physiker, der populäre Lehrbücher wie ›Die Naturwissenschaften‹ verfaßte – sich also »auf die Marktplätze begab« – und auch ein ›Lehrbuch der Physik in elementaren Darstellungen‹ veröffentlichte, erhielt als Achtzigjähriger im Jahre 1942 wegen seiner jüdischen Abstammung eine Vorladung zur Deportation in ein Sammellager, der er sich durch Selbstmord entzog. Wüßte man vom Naziregime nur diesen einen Fall – der Stab wäre darüber gebrochen, es stünde bei allen, die nicht zum moralischen Abschaum der Menschheit zählen, für immer in allertiefster Verachtung. Auf den strukturanalogen »Fall Oppenheimer« werden wir sogleich zu sprechen kommen, aber so viel sei vorweggenommen: die Klarheit Bertolt Brechts bei der geistigen Durchdringung und Darbietung des Stoffes wurde von keinem auf ihn folgenden Kunstschaffenden je wieder erreicht.

In Deutschland war Hitler verschwunden, aber die Altnazis waren geblieben, hatten mehrheitlich nur neue Förderer und Vormünder erhalten. Der amerikanische Journalist Howard K. Smith – gewiß kein Linksextremist, sondern ein gemäßigter Liberaler –, der einen lesenswerten Augenzeugenbericht über Atmosphäre und Lebensgefühl im Dritten Reich verfaßt hat, das mittlerweile sicher vergriffene ›Feind schreibt mit‹, ging davon aus, daß von einer »Entnazifizierung« sinnvollerweise erst dann die Rede sein könne, wenn etwa 500 000 mittlere und hohe Funktionsträger des Naziregimes, darunter ruhig ein paar zehntausend Spitzel und Denunzianten, nach öffentlichen Verfahren hingerichtet worden wären. Wohlgemerkt: nicht durch eine Siegerjustiz, sondern von den überlebenden Opfern des Naziterrors hätten die Urteile gefällt werden müssen. So aber kam alles anders. Konrad Adenauer richtete seine trübe katholische Brühe nach US-amerikanischem Rezept mit braunen Kackwürstchen an, und dieses Gebräu stank zum Himmel. Was dies für die überlebenden Gegner Hitlers bedeutete, die keineswegs alle aktive Widerstandskämpfer gewesen sein müssen, läßt sich nur annähernd erfassen. Der Schriftsteller Alfred Andersch war einer von ihnen. Als Jungkommunist kam er im Alter von 18 oder 19 Jahren nach der Machtergreifung der Nazis für ein halbes Jahr ins Konzentrationslager Dachau (die Klappentexte zu seinen Büchern ließen mehrdeutig offen, weshalb er dort interniert war); als zwangsgepreßter Soldat lief er 1944 in Italien zu den amerikanischen Truppen über. Deren Nuklearmassaker in Hiroshima und Nagasaki bezeichnete er als »archimedischen Punkt im Nachdenken der Menschheit«, dem »alles Gedächtnis der Welt« gehören solle (›Der Spiegel‹ 44/1960); dies ehrt ihn und unterschied ihn sicherlich von der Mehrzahl seiner Zeitgenossen – allein, es bleibt der Eindruck, daß ein kräftiger Schuß Idealismus in dieser Aussage enthalten ist: Denn wie sollte ein Gedanke, nämlich die Erinnerung an das atomare US-Verbrechen, jenen festen Punkt im Weltall bilden, von dem aus Archimedes die Erde aus den Angeln heben wollte – wörtlich sagte dieser ja: »Gib mir einen Punkt, auf dem ich stehen kann, und ich werde die Erde bewegen« –, zumal wenn die Kommunistische Partei Deutschlands (KPD) wenige Jahre zuvor, am 17. August 1956, als »verfassungswidrig« erklärt und – bis heute – verboten worden war? Keine Idee, sei sie noch so stimmig, gerecht oder moralisch integer, ist von Dauer, wenn ihr der materielle Träger fehlt, und in Westdeutschland, das wiederaufgerüstet, in die NATO integriert und mit Atomraketen gegen die Sowjetunion bestückt wurde, konnte bezüglich Hiroshima nur die KPD dieser materielle Träger sein, und u.a. deshalb wurde sie ja auch verboten. Als Schüler gab man uns den Roman ›Sansibar oder der letzte Grund‹ von Alfred Andersch zu lesen; das Buch handelt von dem Versuch einiger Verfolgter des Naziregimes – darunter eine Jüdin, ein im Untergrund wirkender Kurier der KPD und ein Geistlicher –, im Herbst 1938 über die Ostsee nach Schweden zu entkommen. Der Erzählton ist verhalten, ja schleppend und gedrückt – so schreibt jemand, in dem das Trauma der Nazi-Barbarei noch nachwirkt. Der Erzähler wirkt erschöpft und betäubt, wie jene überlebenden Atombombenopfer, die durch die qualmenden und verstrahlten Ruinen ihrer Stadt taumelten. Doch die entscheidende Crux für uns Schüler – oder wenigstens für mich – war: Wir verstanden diesen Text nicht, da wir nicht über das notwendige historische Hintergrundwissen verfügten, da wir nicht wußten, was Faschismus bedeutete und infolgedessen nicht die Gründe kennen konnten, aus welchen dieser Personenkreis aus Deutschland floh. Für uns war dieser Schriftsteller ein depressiver alter Mann, der sein Leben gelebt hatte und dessen Erfahrungen uns, da wir sie nicht begriffen, langweilten. Ich nahm, als ich diese Zeilen schrieb, den Roman wieder zur Hand und entdeckte auf der letzten Seite meinen damals mit Bleistift eingetragenen Schlußkommentar *vires me deficiunt*, »mir schwinden die Kräfte«; heute hätte ich, im selben Alter wie damals, wohl ein entnervtes »Geht's noch, Alter?« von mir gegeben. Aber so schwindet, kaum eine Generation später, das Wissen um die Barbarei des Faschismus und der Atombombenabwürfe, wenn man als Jugendlicher in einem Frontstaat zur Sowjetunion lebte, der sich den Luxus der Demokratie auf Geheiß seiner US-Besatzer nicht erlauben durfte.

Die Zügel lockerten sich Ende der sechziger Jahre, Anfang der siebziger Jahre, als in den westdeutschen Großstädten Demonstrationen stattfanden und sich an den Universitäten die organisatorischen Kerne einer radikalen linken Opposition ausbildeten, die die Aufmerksamkeit von uns Schülern auf sich zog. Der Ernst der Auseinandersetzungen war spürbar: Auf einem Campus in den USA erschoß die Nationalgarde vier Studenten, die sich an einer Kundgebung gegen den Vietnamkrieg beteiligt hatten; in Westdeutschland fiel Benno Ohnesorg einer Polizeikugel zum Opfer, als er gegen den Besuch des Schahs protestierte (ein seinerzeit weit verbreitetes Foto zeigt, wie sich eine junge Frau entsetzt über den Toten beugt, und es ist weit weniger bekannt, daß diese Frau wenig später ein Opfer von Willy Brandts Verfassungsbruch wurde und Berufsverbot erhielt). Es zog Frischluft durch den Adenauer-Mief. Sein Nachfolger, der Bundeskanzler Kurt Georg Kiesinger, erhielt in aller Öffentlichkeit eine Ohrfeige von Beate Klarsfeld, die nicht nur dem Altnazi auf der Backe, sondern einer ganzen Nation im Gewissen brannte, weil mit dieser Aktion im Wortsinne schlagartig klar wurde: Wir werden von Altnazis regiert! Es steht auf einem anderen Blatt, daß der »Sozialistische Deutsche Studentenbund« (SDS) die in ihn gesetzten Erwartungen nicht erfüllte, daß die auf ihn folgenden »K-Gruppen« schnell in Dogmatismus und Stalinismus erstarrten und dadurch unattraktiv wurden, daß schließlich ein Teil der radikalen Linken an der Notwendigkeit der Massenaufklärung verzweifelte und auf terroristische Abwege geriet. Diese »Bessere Zeit« bewirkte jedenfalls einen Ruck in der jüngeren Generation, ein allgemeines Aufatmen, ein spürbar zunehmendes Selbstbewußtsein, das sich vor allem in der öffentlich wahrnehmbaren sexuellen Befreiung artikulierte – das Nacktheitstabu erodierte, die Leute wurden im Durchschnitt furchtloser, attraktiver und intelligenter[14] –, und diese Zunahme an Lebensqualität und -freude zeitigte natürlich auch entsprechende Überbauphänomene. Man ging gerne ins Kino, weil die Zeit der moralinsauren Schwarz-weiß-Schinken vorbei war – Roman Polanski statt Heinz Rühmann oder Hans Albers –, und auch die Literaten packten sogenannte heiße Eisen an.

Wir Schüler lasen nun tatsächliche (Brecht) und vermeintliche »gesellschaftskritische« Stücke wie etwa ›Die Physiker‹ von Friedrich Dürrenmatt. Das letztere ist ein spritziges, rasantes Schauspiel voller unvorhersehbarer Volten und Kapriolen; der Grundton ist sarkastisch bis zynisch. Der Plot besteht in dem am Ende des Stückes sich enthüllenden Grundgedanken, daß einem Naturwissenschaftler die Entwicklung einer ultimativen Höllenmaschine – die letzte Steigerung einer Superbombe – gelungen ist und er aus Furcht vor der verheerenden praktischen Verwertung seiner Entdeckung in ein Irrenhaus geflüchtet ist. Dorthin setzen ihm zwei Agenten der »Supermächte« USA und Sowjetunion nach, die ihr Irresein vortäuschen und unter der Mimikry von »Newton« und »Einstein« dem Physiker Möbius sein Geheimnis zu entlocken trachten. Alle drei ahnen jedoch nicht, daß die Eigentümerin der Anstalt um ihre Identität weiß und sich längst die »Weltformel« angeeignet hat, um die Weltherrschaft auszuüben. Dies offenbart sie am Ende dem düpierten Wissenschaftler und den beiden Agenten, die lebenslang Gefangene der größenwahnsinnigen Anstaltsleiterin bleiben und als »betrogene Betrüger« dastehen. Die Irrenhaus-Betreiberin resümiert am Ende: »Mein Trust wird herrschen, die Länder, die Kontinente erobern, das Sonnensystem ausbeuten, nach dem Andromedanebel fahren. Die Rechnung ist aufgegangen. Nicht zugunsten der Welt, aber zugunsten einer alten, buckligen Jungfrau.« Der sich als »Einstein«

ausgebende Agent verabschiedet sich von den Zuschauern mit den Worten: »Ich liebe die Menschen und liebe meine Geige, aber auf meine Empfehlung hin baute man die Atombombe.«

In nachgeschobenen »21 Punkten« versucht Dürrenmatt, die seinem Stück – das er als »Komödie« ausweist, wobei es eher eine Groteske ist – zugrunde liegende Intention zu erläutern. Die überzeugendsten »Punkte« seien hier zitiert:

16. Der Inhalt der Physik geht die Physiker an, die Auswirkung alle Menschen.
17. Was alle angeht, können nur alle lösen.
18. Jeder Versuch eines Einzelnen, für sich zu lösen, was alle angeht, muß scheitern.

Man erkennt auf den ersten Blick, daß diese drei Punkte Brecht geschuldet sind und sich auf dessen ›Galilei‹ beziehen, freilich ohne das Stück und seinen Verfasser zu nennen. Aber ›Die Physiker‹ entbehren der geistigen Tiefe, die Brechts Behandlung des Themas auszeichnet, und sie halten nicht, was die zitierten drei Punkte versprechen. Die Botschaft Dürrenmatts lautet vielmehr: Die Welt ist ein Irrenhaus, und wir trudeln dem (atomaren) Untergang entgegen. Da Dürrenmatt – im Unterschied zu Brecht – die Frage ungerechter Herrschaft ängstlich meidet und er diese seine Ängstlichkeit hinter Sarkasmen versteckt, muß er anstelle der Logik die Paradoxie setzen und gelangt zu einem absurden Resultat: Weder damals noch heute besteht die Gefahr, daß die Welt unter die Tyrannei einer »bucklichen Jungfrau« gerät, aber zu diesem Resultat gelangt man, wenn man die Täterschaft der USA in Hiroshima und ihr imperialistisches Streben nach atomarer Überlegenheit und Weltherrschaft nicht zu thematisieren wagt. So werden dann die »Blöcke«, personifiziert in den beiden Agenten, zu Opfern ihres eigenen Wahns, und schließlich wird »dem Menschen als solchem« die Fähigkeit aberkannt, seine Angelegenheiten zu regeln. Damit begibt sich das Stück in Gegensatz zu den nachgelieferten Punkten 17 und 18. Brecht lotet in seinem »Galilei« das Spannungsverhältnis zwischen ungerechter Herrschaft und Wissenschaft aus, während sich Dürrenmatt ins »allgemein Menschliche« flüchtet: der Moralist tritt damit an die Stelle des Analytikers. Und da Dürrenmatt den Täter nicht beim Namen zu nennen wagt, schlägt er auf einen stellvertretenden Sündenbock ein: die Wissenschaft. Einstein ist der böse Bube, der den Einsatz der Atombombe empfiehlt, und damit sind die realen Verbrecher – Roosevelt, Truman et al. – aus dem Blickfeld und aus dem Schneider. Brechts Stärke als Analytiker beruhte auf der relativen Stärke der Arbeiterbewegung; Dürrenmatts Schwäche als zynisch-verzagter Moralist fußt auf der Perspektive eines halbkolonialen, in die US-Strategie eingespannten Europas. Aus Dürrenmatt spricht der resignierte Schweizer Bourgeois bis Kleinbürger, der um seine Abhängigkeit und Impotenz weiß, sie aber nicht zu benennen wagt.

Und so enthält Dürrenmatts Stück nicht nur paradoxe Possen, sondern eine gehörige Dosis ideologischen Gifts, das, wie ich leider feststellen mußte, auch bei mir noch lange nachwirkte. Weil ich mit Sicherheit nicht der einzige war, der auf diese ausgelegte Leimrute tappte und hängenblieb, sei die fatalste unter diesen Stellen hier zitiert. In der Irrenanstalt begingen die drei vermeintlichen Irren Morde an »ihren« Krankenschwestern, was einen »Inspektor« auf den Plan rief, der sich unter anderem mit »Newton« (welcher von sich behauptet, der echte »Einstein« zu sein) unterhält:

NEWTON: [...] Verstehen Sie etwas von Elektrizität, Richard?
INSPEKTOR: Ich bin kein Physiker.
NEWTON: Ich verstehe auch wenig von ihr. Ich stelle nur auf Grund von Naturbeobachtungen eine Theorie über sie auf. Diese Theorie schreibe ich in der Sprache der Mathematik nieder und erhalte mehrere Formeln. Dann kommen die Techniker. Sie kümmern sich nur noch um die Formeln. Sie gehen mit der Elektrizität um wie der Zuhälter mit der Dirne. Sie nutzen sie aus. Sie stellen Maschinen her, und brauchbar ist eine Maschine erst dann, wenn sie von der Erkenntnis unabhängig geworden ist, die zu ihrer Entdeckung führte. So vermag heute jeder Esel eine Glühbirne zum Leuchten zu bringen – oder eine Atombombe zur Explosion. [...] Aber warum weigern Sie sich nicht, Licht anzudrehen, wenn Sie von Elektrizität nichts verstehen? Sie sind hier der Kriminelle, Richard. [...]

Dürrenmatt scheint nur Forscher, Techniker und menschliche Esel in Gestalt von Endverbrauchern zu kennen; für einen US-Präsidenten ist in seiner (Bühnen-)Welt kein Platz. Daher ist es diesmal nicht »der Faschist in uns allen«, sondern »der Atomverbrecher in uns allen« – wenn wir eine Glühbirne andrehen. Das mag zwar »jeder Esel« können – bemerkenswert ist hier die Heftigkeit, die man an angebrachter Stelle schmerzlich vermißt –, aber nicht jeder Beliebige kann den Befehl zum Atombombenabwurf erteilen. Das kann nur der reale Inhaber von realer Macht, in der realen Historie der reale Oberbefehlshaber der US-Streitkräfte, also der Präsident. Da dieser aber in Dürrenmatts Weltenplan nicht vorkommt, bleibt nur »der Mensch« übrig, in Gestalt von Wissenschaftlern, Technikern und dem Esel Endverbraucher, also »wir alle«. Dürrenmatts Stück zielt nicht auf Erkenntnis, sondern auf die Erzeugung von schlechtem Gewissen. Und deshalb ist es schädlich.

Das Schauspiel ›In der Sache J. Robert Oppenheimer‹ von Heinar Kipphardt wird dem Ernst der Thematik eher gerecht: es verzichtet auf knallige Bühneneffekte – was den Unterhaltungswert mindert und manchem als Mangel erscheinen mag – zugunsten der nüchternen Darstellungsform des dokumentarischen Theaters. Schon der Titel ist betont sachlich gehalten; er hätte auch lauten können: ›Von einem, der sich zwischen alle Stühle setzte und dabei auf die Nase flog‹. Am 12. April 1954 eröffnete ein von der Atomenergiekommission der USA eingesetzter Untersuchungsausschuß das Verhör von Oppenheimer, dem Leiter des Atomprojekts von Los Alamos und »Vater der amerikanischen Atombombe«. Nach drei Wochen, am 6. Mai 1954, waren die Vernehmungen abgeschlossen; 40 Zeugen waren geladen und 3000 maschinenschriftliche Protokollseiten zu Papier gebracht worden. Aus diesem umfangreichen Material extrahierte Kipphardt sein Schauspiel in Form einer Faktenmontage. Was aber warfen die US-Behörden dem Physiker vor, dem sie so viel zu verdanken hatten?

Nun – er hatte sich dem imperialistischen Regime nicht mit Haut und Haaren verschrieben, er hatte die von diesem verübten Verbrechen nicht zu hundert Prozent gutgeheißen. Er wollte Karriere machen und eine weiße Weste behalten. Er pflegte Umgang mit Massenmördern in Anzug und Uniform und wollte doch auf seine alten Freunde nicht verzichten, unter denen sich doch tatsächlich einige leibhaftige ehemalige Kommunisten befunden haben sollen. Er wollte reine Wissenschaft treiben in einem Land, das schmutzige Kriege führte. Kurz: Er wollte gegenüber einem Staat, der auf den ganzen Menschen Anspruch erhob – im Wortsinne also totalitär war und ist –, ein bißchen Eigenständigkeit bewahren, was ihm prompt als Verrat ausgelegt wurde. Oppenheimer erscheint als Prototyp des Menschen, der ein bißchen schwanger sein möchte: ein bißchen Wissenschaftler, ein bißchen loyaler Staatsbürger, ein bißchen Humanist. Heraus kamen diesmal tatsächlich die Beihilfe zum Massenmord und die Undankbarkeit des Regimes gegenüber seinem zaudernden Zuträger.

In seinem Schlußplädoyer stellt der Vorsitzende des Sicherheitsausschusses Gordon Gray fest, er habe über »eine Form des Verrats« zu befinden, »die unsere Gesetzbücher nicht kennen«: Oppenheimer habe sich, so der Kern der Anklage, »von den utopischen Idealen einer internationalen klassenlosen Gesellschaft niemals ganz gelöst«, er habe »die Treue zu einem kommunistischen

Freund über die Treue zu den Vereinigten Staaten« gestellt. So klingt die Sprache des Gesinnungsterrors in einem totalitären System, das, nie um Selbstlob verlegen, nachträglich behauptete, es habe sich dabei um einen vorübergehenden Ausnahmezustand gehandelt (»McCarthy-Ära«) – bedauerlich, aber unvermeidlich und nützlich. Oppenheimer wird verurteilt, weil er, so heißt es im Bühnenstück, »in diesem Verfahren niemals die Gelegenheit genutzt hat, sich von seinen früheren politischen Ideen und von seinen kommunistischen Verbindungen zu distanzieren«. Worin besteht hier der Unterschied zu einem Inquisitionstribunal? Muß man diese Worte nicht so übersetzen: »Auf die Knie, du Lumpenhund von einem Verräter, und bereue!« Es pfeift der Eiswind des Kalten Krieges, und der Vorsitzende Gray beschreibt die internationale Lage wie folgt: »Zu unserem Kummer« – so salbungsvoll pflegen Päpste ihre Enzykliken einzuleiten – »wird unsere Sicherheit gegenwärtig von den Kommunisten bedroht, die ihre Herrschaftsform über die Welt ausbreiten wollen. Nach seinem eigenen Zeugnis hat Dr. Oppenheimer eine lange Zeit seines Lebens der kommunistischen Bewegung so nahe gestanden, daß es schwerfällt zu sagen, was ihn von einem Kommunisten unterschieden hat. Seine nächsten Verwandten, die Mehrzahl seiner Freunde und Bekannten waren Kommunisten […] Er besuchte kommunistische Versammlungen, er las kommunistische Zeitungen, er spendete Geld und gehörte einer Vielzahl von kommunistischen Tarnorganisationen an. Ich bezweifle nicht, daß es edle Motive waren, der Wunsch nach sozialer Gerechtigkeit und die Sehnsucht nach einer idealen Welt, die ihn ursprünglich dahin brachten.«

Spricht aus diesen Zeilen nicht die Unerbittlichkeit eines Staates, der so totalitär ist, wie er es seinen militärischen Gegnern unterstellt? Der so totalitär ist, daß er George Orwell als Vorbild zu seinem Roman ›1984‹ diente, auch wenn die Schulweisheit von diesem Zusammenhang nichts wissen will? Zeitgleich röhrten die US-Medien vom »Gedankenverräter, der Amerikas Atommonopol zerstört hat«, vom »Mann, der seine persönlichen Freundschaften über die Staatsloyalität gestellt hat« – so bricht ein totalitärer Staat einem schwachen Einzelnen alle Gräten, ohne daß er dafür einen »Archipel Gulag« bemühen müßte. Ein weiterer Vorwurf an die Adresse Oppenheimers lautete, auf seine Vorschläge hin seien »kommunistische Physiker in Schlüsselpositionen an Kriegsprojekten« gekommen. Einer dieser vermeintlichen »Kommunisten« war der deutsche Physiker Hans Bethe, der zu Anfang des Jahres 1950 in einem in der Zeitschrift ›Scientific American‹ (auch ein kommunistisches Propagandablatt?) veröffentlichten Aufsatz geschrieben hatte: »Sollen wir die Russen vom Wert der Persönlichkeit überzeugen, indem wir Millionen von ihnen umbringen?« Darauf während seiner Vernehmung angesprochen, erwiderte Bethe: »Ich finde, es klingt vernünftig«, gefolgt von dem Hinweis, daß der Aufsatz wegen angeblicher Enthüllung rüstungsrelevanter Geheimnisse beschlagnahmt worden war. So weit die »freie Welt«, wie sie leibt und lebt.

Wenn das Bühnenstück dennoch halbgar wirkt, im Ungefähren hängen bleibt, dann deshalb, weil sein Protagonist Oppenheimer halbgar ist. Er fragt sich in seinem abschließenden Plädoyer, »ob wir Physiker unseren Regierungen nicht zuweilen eine zu große, eine zu ungeprüfte Loyalität gegeben haben, gegen unsere bessere Einsicht …« In der Tat, das haben sie. Oppenheimer und Kollegen wählten die Zielorte der Atombombenabwürfe aus, und zwar nach Maßgabe der Siedlungsdichte, der Häufigkeit von Holzgebäuden und der relativen Unversehrtheit im vorangegangenen Bombenkrieg. So kamen Hiroshima und Nagasaki auf die Todesliste, und doch beharrt Oppenheimer, mit einer gewissen Berechtigung, bezüglich der Täterfrage auf eine klare Unterscheidung: »Der Abwurf der Atombombe auf Hiroshima, das war eine politische Entscheidung, nicht meine.« Für harmlose Sätze wie diesen hat man ihm den Prozeß gemacht. Aber wo endet die Unschuld, wo beginnt die Mitschuld? Auch hier bleibt Oppenheimer quallig und amorph, bemüht Ausflüchte, grau in grau gehaltene Sätze, die schließlich in masochistisch-religiöses Pathos und hohle Orgeltöne münden: »Wir Wissenschaftler sind in diesen Jahren an den Rand der Vermessenheit getreten. Wir haben die Sünde kennengelernt.« Auch dieser schwächlichen Selbstbezichtigung wegen – Vermessenheit ist Hybris, ein Hineinpfuschen des Menschen in den Schöpfungsakt Gottes (nicht umsonst trägt das als »Grundlagenwerk« gepriesene Buch von Richard Rhodes den Titel ›Die Atombombe oder die Geschichte des achten Schöpfungstages‹) – hat man Oppenheimer vor Gericht gezerrt, ohne ihm diese seine Schwächlichkeit nachzusehen, denn der Anwalt der US-Atomenergiekommission Roger Robb kontert trocken: »Gut, Doktor. Von diesen Sünden wollen wir reden.« Oppenheimer ist ein Champion der Halbheiten, er will als Wissenschaftler begeistert und als Mensch betroffen sein. Es stellt ihm ein denkbar schlechtes Zeugnis aus, wenn sein Kollege und Widersacher Edward Teller, der maßgeblich am Bau der Wasserstoffbombe beteiligt war und keinerlei Skrupel hatte, die »Super« gegen »Russen und Chinesen« einzusetzen, als Wissenschaftler eine wesentlich klarere Position bezieht: »Ich meine, daß Entdeckungen weder gut noch böse sind, weder moralisch noch unmoralisch, sondern nur tatsächlich. Man kann sie gebrauchen oder mißbrauchen. Den Verbrennungsmotor wie die Atomenergie.« Wo Teller recht hat, hat er recht – nur daß er hier zugleich als Zyniker spricht: denn als strammer Parteigänger der US-Regierung sieht er im Einsatz nuklearer Massenvernichtungsmittel gegen die Zivilbevölkerung feindlicher Staaten stets einen *Gebrauch*, nie einen *Miß*brauch der Atomenergie.

Aber wie weit ist dies alles von den tiefschürfenden Erörterungen in Brechts Bühnenstück entfernt! Der vermeintliche »Kommunist« Oppenheimer kommt kein einziges Mal auf den Gedanken, die Öffentlichkeit in seine Erwägungen miteinzubeziehen, und folglich soll auch der Leser respektive Theaterbesucher nicht auf diesen einzig relevanten, aber »undenkvollen« Gedanken kommen. Heinar Kipphardt hat sein Stück über die Drangsale eines Opportunisten geschrieben, der den Pelz waschen will, ohne ihn naß zu machen. Der Bühnenheld steht wie Buridans Esel zwischen zwei Futterkrippen und stirbt Hungers, da er sich nicht entscheiden kann, zu welcher er gehen soll. Der Konsument des Stückes soll das Drama des Opportunisten als ein allgemein menschliches Dilemma begreifen – »der Mensch in seinem Widerspruch« gewissermaßen, als ob es nur Opportunisten gäbe –, und dies macht sein Schauspiel fade, mit einem extrem schlechten Nachgeschmack.

Hören wir in diesem Zusammenhang nochmals Bertolt Brecht, der in seinen ›Notizen über Amerika‹ festhielt:

Die Gewissensbisse der Atomphysiker sind als Moralia besonders komisch; diese Spezies sieht durch die Reglementierung, gegen die die heilige Inquisition harmlos war, weniger ihre Jobs als ihre Arbeit selbst bedroht. Da geht der Uraniumvorhang nieder über der gesamten Wissenschaft. Zugleich werden sie fernerhin weder Briefe schreiben noch Reisen machen dürfen. Will in Zukunft ein Gelehrter den anderen in Lebensbedingungen bringen, die bisher nur Gefängnisinsassen kannten, braucht er ihm nur eine atomphysikalische Entdeckung nachzusagen. Demgegenüber ist die Möglichkeit, daß unser Planet morgen in die Luft gehen kann, nur publizistisch interessanter für die Herren. (GW Bd. 20, S. 338)

Peter Weiss, der die künstlerische Konzeption Brechts aufgriff und weiterentwickelte, indem er, durch die Kenntnis der Psychoanalyse in seinen frühen Prosawerken zu einer neuen, offenen, bis an die Wurzeln vorstoßenden (um das mißverständliche Allerweltswort »radikal« zu vermeiden) Subjektivität gelangte und mit seinem Bühnenstück ›Marat/Sade‹ dem surrealistischen ›Theater der Grausamkeit‹ (nach Antonin Artaud) zu einem ungeahnten Durchbruch verhalf, hat gegen sein Lebensende einen Roman veröffentlicht, an dem er sich völlig verausgabte: ›Die Ästhetik des Widerstands‹. Es ist ein einziges Klagelied über die fortgesetzten Niederlagen der

Arbeiterbewegung, geschrieben zum Zeitpunkt ihres endgültigen Niedergangs, in Worte gesetzt von einem erschöpften, zunehmend der Resignation anheimfallenden Verfasser. Vielleicht erfreut sich deshalb das Buch vor allem in akademischen Kreisen besonderer Beliebtheit: Man kann es als Abgesang eines gescheiterten Kämpfers lesen, was z. B. bei der Lektüre von Lenins ›Was tun?‹ nicht gelingen will. Auch ist es gewissermaßen schick, über die Wechselwirkungen von Klassenkämpfen und künstlerischen Ausdrucksformen zu räsonieren, da man sich dabei so angenehm über die Niederungen organisierter Gegenwehr erheben kann. Um keine Mißverständnisse aufkommen zu lassen: dies war nie die Perspektive von Peter Weiss gewesen, der, solange es seine Kräfte und Möglichkeiten zuließen, in die Kämpfe seiner Gegenwart, etwa in Vietnam, aktiv eingegriffen hat, aber Seminar- und Nennmarxisten machen aus seinem Spätwerk mit Vorliebe eine reine Kopfangelegenheit (als Surrogat für eine impotente Tätigkeit an der Körpermitte, wenn man so will). Gleichviel: Am Ende dieses riesenhaften Romans ist in unmißverständlichen Worten vom atomaren Massenmord der USA die Rede. Peter Weiss läßt einen der wenigen Überlebenden der faschistischen Greuel in Deutschland berichten:

> Das Hinterland war gesäubert worden von denen, die gegen den Faschismus gekämpft hatten. Sie, die den neuen Herren den Weg geebnet hatten, waren verhöhnt, abgeschlachtet worden. Noch würden die Arbeitersoldaten des Westens nicht gegen die sowjetischen Soldaten geschickt werden, die, wie sie, den Krieg zur Befreiung Europas geführt hatten. Noch würden sie an der neugezognen Grenzlinie stehn, wartend auf den Befehl. Vorläufig genügte der gewaltige Knall. Es tat nichts, daß dabei Hunderttausende von Gelben, die schon besiegt waren, im Bruchteil einer Sekunde ausgelöscht wurden, denn diese Detonation war als Warnung gemeint an den ausgebluteten Giganten im Osten, daß er wisse, mit wem er es zu tun habe, sollte es ihm einfallen, sich über die ihm zugemeßnen Einflußgebiete ausstrecken zu wollen. Mit diesem neuen Urknall errichteten die Vereinigten Staaten von Amerika ihr Weltreich. Unendliche Entbehrungen würde es den Sozialismus kosten, den militärischen Vorsprung des Kapitals einzuholen. Obwohl er den Frieden benötigte, um die lange Zeit der Leiden zu überwinden, würde er doch daran gehn müssen, seine Anstrengungen auf die Hervorbringung der gleichen, irrsinnigen Explosion zu richten. (Bd. 3, S. 264)

Mit diesem Zitat aus dem Spätwerk von Peter Weiss ist der Blick auf die folgenden Etappen des Kalten Kriegs gerichtet. Halten wir als Resümee dieses literarischen Überblicks fest, daß das Atommassaker von Hiroshima und Nagasaki neben handfesten praktischen Zwecken auch psychologische Absichten verfolgte: Fortan war die Furcht vor einem weltumspannenden Atomkrieg allgegenwärtig, eine Furcht, die zwar berechtigt war, aber auch lähmte, eine Furcht, die lähmen sollte.

In der japanischen Nachkriegszeit stellen die zum Teil hervorragenden Schwarzweißfilme des Regisseurs Akira Kurosawa (›Die sieben Samurai‹) eine künstlerische Verarbeitung des atomaren Traumas dar. Der Blick geht weg von der unerträglichen Jetztzeit unter US-Fremdbesatzung in die Vergangenheit, in die mittelalterliche Heldenzeit Japans, in der die nationale Souveränität gewahrt und selbst gegen den Ansturm der Mongolen verteidigt werden konnte. Dies war die Zeit der Samurai. Doch Kurosawas Filme sind auch zu einem unbestimmten späteren Zeitpunkt, vielleicht im 17./18. Jahrhundert angesiedelt, in dem eine verstörende Neuerung Einzug hält: die Feuerwaffe, die der Kampfkunst des japanischen Schwertadels ein jähes Ende setzt. Damit endet, wiederum als Trauma erfahren, eine ruhmreiche Epoche, so wie mit der waffentechnischen Neuerung der Atombombe die Ära der nationalen Souveränität Japans endet. – Wenn in Truman Capotes Erzählung ›Frühstück bei Tiffanys‹ über die heiter-rätselhafte *femme fatale* Holly Golightly ein Japaner auftaucht, ohne daß dies die Handlungsdramaturgie zwingend erforderte, und zwar, insbesondere in der Verfilmung mit Audrey Hepburn, als Spottkarikatur in Gestalt einer völlig cholerischen Knallcharge, dann liegt hier das ideologische Korrelat zur Masseninternierung japanischstämmiger US-Bürger während des 2. Weltkriegs und zum Nuklearmassaker vor: Wer den (Atom)Schaden hat, braucht sich um den (Täter)Spott nicht zu sorgen. Ist dies nicht eine folgsame literarisch-fiktionale bzw. cinematographische Umsetzung von Trumans Diktum, er könne die verdammten *Japs* nicht ausstehen?

Europa hingegen verharrte in Angst vor dem kommenden Atomtod und kultivierte zeitgleich den *American dream*. Erst als die Sowjetunion mit einem würdelosen Winseln statt mit einem großen Knall untergegangen war, entkrampfte sich die Situation etwas: Die Deutschen mußten keinen nuklearen Suizid begehen, an Europa war Euroshima noch einmal vorbeigegangen. Hoppla, wir leben! Vor diesem Hintergrund liest man heute Zeilen in den Zeitungen wie diese: »… die Angst der Alliierten vor einer deutschen Bombe [war] nicht völlig abwegig. Freilich begannen sich die Kriegsgegner immer mehr zu ähneln [!]. Nazi-Deutschland hätte die Bombe, wenn sie dagewesen wäre, im totalen Krieg zweifellos eingesetzt. Gegen Japan wurde sie von den

USA eingesetzt, obwohl das Kriegsende längst absehbar war.«[*] Vor 30 Jahren, als die amerikanische Militärstrategie darin bestand, von der Abschußrampe BRD den nuklearen Selbstmord zu verlangen, wären solche Sätze undenkbar gewesen. Heute, wo den Vasallen der USA andere Dienste abverlangt werden, nämlich Partizipation an deren schmutzigen Kriegen mit Geld und Soldaten, lautet die Zumutung aus Übersee etwas anders: »Ändert Eure Verfassung oder brecht sie!« Und so könnte unser quecksilbriger Zeitungsfritze, der plötzlich nach gerade mal drei Jahrzehnten so ungewohnt klare Worte zu Hiroshima findet, mit einem süffisanten Grinsen hinklecksen: »Grundgesetz war gestern. Wir können nicht außen vor bleiben und uns vor der Verantwortung drücken, den Menschenrechten Geltung zu verschaffen.«

Wenn künftig also die »Freiheit Deutschlands« (oder was auch immer) nicht mehr am Hindukusch, sondern am Yangtse »verteidigt« werden soll, dann werden diese Sprachrohre tönen: Auf zu neuen Taten!

---

[*] Der Theologe Ludker Lütkehaus in der ›Badischen Zeitung‹ vom 5.4.2011. Derselbe Gottesmann rühmte wenige Tage später (BZ 3.5.2011) einen weltlichen Pfaffen, und zwar den »Atomphilosophen« – wat et nich allet jibt – Günther Anders, der nach Philosophenart ein »promethisches Gefälle« zwischen »Vorstellen und Herstellen«, Produzent und Produkt oder, um ins tief Allgemeinmenschliche zu lappen, zwischen Mensch und Technik diagnostiziert, wobei letztere als mysteriös verselbständigtes Wesen ersterem über den Kopf wachsen soll. Prometheus hat vom Tisch der Götter das Feuer gestohlen und den Menschen gebracht, im Gehirn dieses Philosophen ist das Licht der Erkenntnis allerdings nicht angekommen.

196

Anmerkungen:

1 Beide Zitate in: Coulmas 2010, S. 57 f.
2 Beide Zitate in: Schröter 2005, S. 151.
3 Ebd., S. 99.
4 Zit. in: ebd., S. 151.
5 Coulmas 2010, S. 57.
6 Brecht, Gesammelte Werke (GW) Bd. 19, S. 479.
7 Vgl. Trepper 1995.
8 Coulmas 2010, S. 59.
9 Grundlegend dazu: Hoevels 2009a, Kap. 14 (Der sogenannte Fortschritt).
10 Hoevels 1983, S. 24.
11 Dazu grundlegend Hoevels 2009a, Kap. 4 und 5 (Biochemie der Freiheit, Biologie des Unrechts).
12 Beide Zitate in: Stulz 1973, S. 208 f.
13 Zit. in: ebd., S. 284.
14 Zur »Besseren Zeit« grundlegend Steinbach 2004.

Der nukleare Kreuzzug gegen die Sowjetunion beginnt

Das deutsche Kapital, die deutsche Justiz, die deutschen Medien hatten Hitler an die Macht gehievt, weil die Sozialdemokratie gegen Ende der Weimarer Republik in ihrer ureigensten Aufgabe versagte: den Kommunismus unschädlich zu machen. Zwar hatte sie mit der Ermordung von Karl Liebknecht und Rosa Luxemburg und der blutigen Erdrosselung der Novemberrevolution »verheißungsvoll« begonnen, aber nach zehn Jahren erodierte die Massenloyalität zur Heuchlerpartei der Revolutionshasser und Bluthunde zugunsten der KPD, die wenn auch nicht sprunghaft, so doch kontinuierlich an Stärke zunahm. Da die Lügen der SPD nicht mehr verfingen, mußten die Totschläger der SA ran – das war zwar riskant, teuer und häßlich, aber dem Kapital, seinen Handlangern und Mundstücken blieb keine andere Wahl: nur die NSDAP verfügte über die organisatorischen Voraussetzungen, die wilde Entschlossenheit und die Massenbasis bei Bauern, Kleinbürger- und Beamtentum, um die Arbeiterbewegung in Deutschland und weltweit – durch einen Angriff auf die Sowjetunion – zu zerschlagen. Diese Diagnose ist weit davon entfernt, kommunistisch inspiriert zu sein: Sie stammt von deutschen Kapitaleignern, die sich in interner Runde darauf einigten, Hitler zur Macht zu verhelfen, und diese ihre Absicht in der geheimen Privatkorrespondenz des Reichsverbandes der deutschen Industrie, den »Deutschen Führerbriefen«, festhielten. Dieses Dokument[1], das die Absprache der Herrschenden zum Zwecke koordinierten Handelns – von wegen »Paranoia«! – so trefflich vor Augen führt, ist von solcher Eindeutigkeit und Klarheit, daß Heere von Historikern aufgeboten werden müssen, um es »differenzierend« zu verunklaren und mit ihrem Wortbrei zuzukleistern. Den ersten Teil seiner Aufgabe erledigte Hitler zur völligen Zufriedenheit seiner Auftraggeber: die KPD wurde zerschlagen, ihre Führer ermordet, ihre Aktivisten in die Konzentrationslager gesperrt, ihre Sympathisanten in die Wehrmacht gesteckt, so daß Adenauer mit den überlebenden Resten der KPD leichtes Spiel hatte. Aber die Sowjetunion war sein letales Cannae; hier verbluteten seine Divisionen. Alle seine Stellvertreter und potentiellen Nachfolger, die angesichts der unabwendbaren militärischen Niederlage zu retten versuchten, was zu retten war – gemeint sind der Schnellmerker und bundesrepublikanische Jahrestagsheilige Stauffenberg, der Massenmörder Heinrich Himmler und der faschistische Konkursverwalter Admiral Dönitz – hatten ein Ziel gemeinsam: den Pakt mit den alliierten Kriegsgegnern, um mit ihnen gemeinsam gegen den gemeinsamen Feind Sowjetunion zu ziehen: war man denn nicht Holz vom selben Stamm? Doch die Schwanensänger der braunen Götterdämmerung hatten ihre Rechnung ohne den US-amerikanischen Wirt gemacht: Er gebot über zwei Drittel des Weltkapitals und über drei Viertel der weltweiten industriellen Produktion, seine Militärwalze hatte die deutsche und japanische Konkurrenz überrollt, und folglich verhandelte er nicht mit Kriegsverlierern, sondern er erteilte seine Diktate. Dazu bedurfte es zuerst der bedingungslosen Kapitulation, dann der wundersamen Wandlung der Nazis in fügsame Christen. Freilich war man sich in der Hauptsache einig, aber nun wurde Hitlers Politik in eine neue Form gegossen: die Vernichtung der Sowjetunion sollte nicht im Namen einer überlegenen »Rasse«, sondern zum Frommen der »Demokratie«, des »freien Handels«, der »freien Welt«, ja der Freiheit überhaupt erfolgen.

Aber ist dies nicht alles maßlos übertrieben, wieder einmal? Sah sich die »westliche Wertegemeinschaft« – auch so ein schönes Wort aus dieser Zeit – nicht mit einem Gegner konfrontiert, der nichts weniger als die Weltrevolution anstrebte? War ihm zur Erreichung dieses Zieles nicht jedes Mittel recht, Propaganda, Subversion, Expansion, Krieg und Vertreibung? Sandte er zu diesem Behufe nicht seine »fünften Kolonnen« aus – tatsächlich ist dies ja eine Wortschöpfung der spanischen Faschisten, die den Bürgerkrieg mit ihren konspirativ hinter den republikanischen Linien wirkenden Parteigängern gewinnen wollten –, damit diese in ziviler Camouflage agierenden Verschwörer diese edle »Wertegemeinschaft« unterminierten? Zog nicht jeden Morgen der Kommunist seine Unterwanderstiefel an, wie es in einem Lied hieß, um seine ruchlose Wühlarbeit zu verrichten? War das demokratische Fundament nicht von einem Millionenheer roter Maulwürfe bedroht? War deren Unschädlichmachung, deren Ausrottung daher nicht dringlich geboten, eine Art legitimer Notwehr?

So tönte jedenfalls die Presse in jenen Tagen, und diese in Frageform gepackten Sätze sind ihr dröhnender Nachhall. Wenden wir uns daher besser der historischen Wirklichkeit zu. Es stimmt: Die Perspektive Lenins und Trotzkis war, in Übereinstimmung mit Marx und Engels, die Weltrevolution gewesen, und zwar aus einem zwingenden logischen und überlebenswichtigen Grund: Der Sozialismus, d. h. die Selbstregierung der Menschen zum Zwecke der optimalen Befriedigung ihrer Bedürfnisse, ist ein zeitaufwendiges und teures, dabei störanfälliges Unterfangen, das unter Bedrohung nicht gedeihen kann. Solange eines oder mehrere sozialistische Länder mit einem »antagonistischen«, also feindlichen Gesellschaftssystem konfrontiert sind, das mit seinem Menschenmaterial aasen, es ausquetschen und wegwerfen kann, um einen Großteil des durch Erpressung gewonnenen Mehrprodukts in Waffen und Heere zu investieren, sind erstere gezwungen, um den Preis ihres Überlebens schmerzhafte Abstriche von ihrem Programm zu machen. Unter welchen dramatischen Umständen dies für das erste Lustrum der Sowjetunion galt – was für ein elend geringer Zeitraum für ein Menschheitsexperiment –, wurde bereits ausführlich dargelegt; das Stichwort »Kriegskommunismus« möge hier genügen. Für beide Systeme ist auf diesem einen Planeten kein Platz, hier entscheidet die Gewalt, sei es in Form der imperialistischen Aggression oder der weltweiten revolutionären Umwälzung. *Tertium non datur.*

Nur: das war zwar die Perspektive Lenins und Trotzkis gewesen, nicht aber jene Stalins. Er dekretierte nach stillem, doch erfolgreichem konterrevolutionären Putsch den »Sozialismus in einem Lande«, den er an die Stelle des revolutionären Internationalismus setzte; er wollte also seine Ruhe haben (seine weniger blutrünstigen Epigonen nannten dies feige-betulich »friedliche Koexistenz«). Folgerichtig führte Stalin die spanische und die chinesische Revolution in den Untergang, indem er den dortigen kommunistischen Parteien die organisatorische Selbständigkeit nahm, sie zu Anhängseln der dortigen bürgerlich-liberalen Parteien degradierte und ihnen im Zustand aussichtsloser Schwäche den Befehl zum militärischen Losschlagen erteilte. So ging der spanische Bürgerkrieg verloren, so kamen etwa 80 % der chinesischen Kommunisten ums Leben. Folgerichtig im Sinne seines konterrevolutionären Programmes handelte Stalin ebenfalls, als er die vor dem Faschismus in die Sowjetunion geflüchteten kommunistischen Aktivisten mehrteils umbringen ließ; auf jeder organisatorischen Ebene der österreichischen und deutschen KP, vom einfachen Mitglied bis zum Führungskader, war Stalins Jagdstrecke größer als jene Hitlers.[2] Und schließlich war es nur folgerichtig, wenn Stalin im Jahre 1943 die Kommunistische Internationale auflöste und statt dessen den »Großen Vaterländischen Krieg« verkündete. An die Stelle der internationalen Solidarität war der russische Patriotismus getreten; anstatt den weltweiten Kampf der Völker zu koordinieren und anzuleiten, ließ Stalin die Kirchen wieder öffnen. Damit war die Konterrevolution in der Sowjetunion abgeschlossen. Für das stalinistische Rußland war die Weltrevolution im Jahre 1945 längst kein Thema mehr. Im Unterschied dazu hatte die Gegenseite aber nie die Option der weltweiten, ausschließlichen, uneingeschränkten Herrschaft aufgegeben. Man mag von Truman halten, was man will – er war, wie wir gesehen haben, ein eiskalter Massenmörder, sein intellektueller Horizont war beschränkt, sein Auftreten hemdsärmlig und bäurisch, aber in diesem Punkt – der Unvereinbarkeit der beiden Gesellschaftssysteme, ungeachtet dessen, daß das in seiner Sicht feindliche System nicht mehr das geringste mit den ursprünglichen Zielen seiner Anfangszeit zu tun hatte – sah er klar: »Die ganze Welt sollte das amerikanische System übernehmen, denn das amerikanische System kann nur überleben, wenn es das System der ganzen Welt wird.«[3] Und es gab keinen Lenin mehr, der mit derselben Entschlossenheit und Beharrlichkeit eins zu eins (plus x) dagegengehalten hätte. Damit war der Grundstein für die Asymmetrie zuungunsten der Sowjetunion gelegt, bis zu ihrem würdelosen Abgang. Es ist die Geschichte einer viereinhalb Jahrzehnte während Agonie, beginnend mit einer verzweifelten Aufholjagd, endend mit einer winselnden Kapitulation. Das hauptsächliche »Verbrechen« der Sowjetunion bestand darin, allen »Schwarzbüchern« zum Trotz, daß es sie überhaupt gegeben hatte. Solange sie weiterhin existierte, und sei es auch noch so kümmerlich und entartet, als Hülse ohne Inhalt, so lange erinnerte sie an diesen Ursprung und stellte insofern, als Reminiszenz und Hoffnungsmagnet, eine »Gefahr« dar, aber eher im politischen als im militärischen Sinne. Diesen Nachweis gilt es im folgenden zu führen.

Damit verlassen wir die »weltanschauliche« Ebene, auf der sich lange und trefflich streiten läßt, und schauen uns statt dessen die Welt der Fakten an. Selbst wenn die Sowjetunion am Endziel der Weltrevolution festgehalten hätte, so hätte sie in der Lage sein müssen, diese erfolgreich anzuleiten, und wenn sie sie mittels Krieg angestrebt hätte, diesen siegreich zu beenden. Davon konnte, *quod erat demonstrandum*, keine Rede sein. Wie aber sah es auf der Gegenseite aus? Die Vereinigten Staaten konnten aus dem Vollen schöpfen, und sie gingen mit ganz anderer Energie, ganz anderer Zielstrebigkeit und mit ganz anderen Mitteln als ihr Widersacher zu Werke. Ihr Maximalziel, die Vernichtung der Sowjetunion, auch in einem atomaren Angriffskrieg, verloren sie zu keiner Sekunde aus den Augen. Dafür spannten sie alle Kräfte an, schirrten ihre Vasallen, die sie freundlicherweise »Verbündete« nannten, ins Joch, trieben sie mit Versprechungen und Drohungen an. Die ganze Welt war Schauplatz dieses Ringens; Ausnahmen wurden nicht geduldet. Deutschland, die Türkei, Syrien, Irak und Afghanistan, Indien und China hatten zum gemeinsamen Nenner, daß sie an die Sowjetunion bzw. an die Peripherie ihres Machtbereiches grenzten. Dort galt es willfährige Regierungen und militärische Stützpunkte zu installieren, die mit modernsten Angriffs- und Massenvernichtungswaffen unter US-Kommando bestückt waren. Südamerika und Afrika waren mit »Gorilla-Diktaturen« und gelegentlichen militärischen Interventionen zu befrieden. Stellvertreterkriege mit Staaten, die im Verdacht standen, mit dem »Ostblock« zu sympathisieren oder sich ihm gar anzuschließen, waren zu führen und deren Präsidenten tunlichst umzubringen. Die ganze Welt mußte in diesem Entscheidungskampf propagandistisch erfaßt und eingespannt werden; da die US-Amerikaner gerne zum Pathos neigen, sagten sie, man müsse »die Herzen der Menschen erreichen«. Fruchtet aber weder Erpressung noch Drohung, leihen die Menschen weder Herz noch Ohr, dann darf man sie umbringen, und wenn es sein muß, zu Millionen. All das muß organisiert und »verklickert« werden – der Endsieg hat seinen Preis. Das war der Kalte Krieg. – Aber lassen wir zuerst einen triftig klingenden Einwand zu. Es ist die

☞ **Legende:** Die Tatsache, daß die USA ihr bis 1949 währendes Atombomben-Monopol nicht ausnutzten, um der Sowjetunion den Garaus zu machen, belegt ihre friedlichen Absichten zur Genüge.

Diese Aussage bedarf einer gründlichen Würdigung auf verschiedenen Ebenen: den Willens- und Absichtserklärungen der US-Führung, ihren militärischen Plänen und ihrem Verhalten in konkreten Einzelfällen vor dem Hintergrund des internationalen Kräfteverhältnisses.

Wir hatten soeben vernommen, wie Truman in vergleichsweise maßvollen Worten sein Credo an die US-Weltherrschaft ablegte. Aber er konnte auch anders. Am 23. April 1945 – soeben wurde der deutsche Faschismus endgültig niedergerungen – empfing er den sowjetischen Außenminister Molotow, also den nominell noch Verbündeten, und machte ihn – man kann es nicht anders ausdrücken – nach allen Regeln der undiplomatischen Kunst zur Sau. Dolmetscher Charles Bohlen meinte schockiert, der US-Präsident habe den hochrangigen Gast »in der Sprache eines Missouri-Maultreibers« angefahren, und der verbal übel Angerempelte gab konsterniert zu Protokoll: »So hat noch kein Politiker zu mir gesprochen.«[4] Wenige Tage später, am 8. Mai, ließ der US-Präsident alle vereinbarten Lieferungen an die Sowjetunion stornieren. Der präsidiale Zorn lag einerseits in den militärischen Erfolgen der Roten Armee begründet, zum anderen aber auch in Moskaus Ablehnung der anmaßenden Forderung, das US-Eigentum in Osteuropa dürfe nicht angetastet und die befreiten Länder müßten nach westlich-kapitalistischem Vorbild aufgebaut, ihre Wasserstraßen internationalisiert werden; auch sollte das US-Kapital ungehinderten Zugang zu allen Ländern erhalten.[5] Truman hätte eigentlich Oskar mit Vornamen heißen müssen, denn so frech war er, und die Sowjets wollten dabei nicht mitmachen – Unverschämtheit aber auch! In einer Kabinettssitzung vom 23. April faßte Truman seine außenpolitischen Ziele kurz und bündig so zusammen: »Wenn die Russen sich uns nicht anschließen wollen, dann sollen sie eben zur Hölle fahren.« Da mochte auch sein Kumpel Churchill, der alte Erz-Imperialist, nicht hintanstehen und forderte in einer Anspielung auf einen antiken Mythos, man müsse »den Sozialismus in der Wiege [...] ersticken«[6]. Anderes hatte Hitler auch nicht vorgehabt.

Wie der Herr, so das Geschirr. Dem US-Botschafter in der Sowjetunion Averell Harriman zufolge kam es nun darauf an, »die UdSSR zu überwachen, sie zu disziplinieren und zu bestrafen.« Joseph C. Grew, der Sekretär des US-Präsidenten, setzte noch eins drauf: »der Krieg mit der UdSSR ist so sicher, wie nur irgend etwas auf der Welt sicher sein kann.« Um Mißverständnisse zu vermeiden, sei hinzugefügt, daß dieser ehrenwerte Mann keineswegs von einem sowjetischen Erstschlag ausging, denn er fuhr fort: »Das Fatalste wäre, in die Aufrichtigkeit Rußlands irgendwelches Vertrauen zu setzen. Es wird bei weitem besser und sicherer sein, die Kraftprobe auszutragen, ehe Rußland sich wieder aufbauen und seine Macht entwickeln kann.«[7]

Das ließen sich die amerikanischen Generäle, die an den *hot spots* des Weltgeschehens agierten, nicht zweimal sagen. Seit 1943 definierten sie ihre Aufgaben als weltweit und bereiteten die globale Präsenz ihrer Bomberflotten vor. Die militärische Führung von Armee, Luftwaffe und Marine stellte sich im Frühjahr 1944 auf einen weiteren Weltkrieg gegen einen »totalitären Aggressorstaat« ein; das Dritte Reich konnten sie damit nicht gemeint haben. US-Admiral Julius Furer ermahnte seine Landsleute im November desselben Jahres, »der Tatsache ins Auge zu sehen, daß der Krieg zur Beendigung aller Kriege noch nicht gekämpft worden« sei.[8] Mit Äußerungen wie diesen bewegten sich die hohen US-Offiziere noch im Rahmen dessen, was die politische Führung ihres Landes vorgegeben hatte; es gab allerdings auch einige atomare Heißsporne unter ihnen, die lieber heute als morgen den heißen Krieg gegen die Sowjetunion vom Zaun gebrochen hätten und von der Zentrale wie während der sogenannten »Berlin-Krise« oder im Korea-Krieg zurückgepfiffen werden mußten. Zu ihnen zählte US-Admiral MacArthur, den wir noch näher kennenlernen werden und der bereits Ende 1945 meinte: »Wir sollten uns auf Unannehmlichkeiten vorbereiten und wenigstens tausend Atombomben in England und in den [Vereinigten] Staaten anhäufen. Im Pazifik würden wir mit den neuen Superbombern von Amerika aus Rußland attackieren können, nachdem wir sie in Okinawa wieder aufgetankt haben. Mit solch einem koordinierten Angriff von Osten und Westen könnte Rußland zu Verstand gebracht werden.«⁹ Die Zeichen standen also auf Sturm, d. h. alles deutete gegen Ende des 2. Weltkriegs und in den Jahren danach auf einen amerikanischen atomaren Präventivschlag gegen die Sowjetunion hin. US-Außenminister Byrnes, der sich bei Gelegenheit schon einmal darauf gefreut hatte, es den Russen »aus beiden Rohren« zu geben, stellte unmißverständlich klar, daß dies nichts mit Freiheit zu tun habe – die »Wertegemeinschaft« ist nur etwas *for the public*. Es gehe nämlich nicht darum, »die Welt für die Demokratie, sondern für die Vereinigten Staaten sicher zu machen.«¹⁰

Der Weg zu diesem idyllischen Endzustand – wir kennen ihn nun seit mehr als 20 Jahren – sollte über die Leiche der Sowjetunion führen. Aber das war nicht ganz so einfach, wie es in den Verlautbarungen der US-Politiker klingt. Ein simpler Mord kann aus mehreren Gründen mißlingen, etwa, wenn das Opfer sich wehrt oder Augenzeugen dem Täter in die Hand fallen. Für die US-Regierung, die ein solches Verbrechen im Mega-Maßstab plante, erwiesen sich beide Umstände als hinderlich. Einerseits war die amerikanische Bevölkerung kriegsmüde, obwohl ihr Land keinerlei Verheerungen erlitten hatte und der Blutzoll, den ihre Armee zu entrichten hatte, verhältnismäßig gering war. Noch Ende der dreißiger, Anfang der vierziger Jahre hatte Roosevelt hoch und heilig versprochen, daß kein amerikanischer Sohn oder Gatte in den Krieg nach Europa oder nach Fernost geschickt würde, und nun, fünf Jahre später, standen 12 Millionen Mann rund um den Globus unter Waffen! Zwar hatte die mit der militärischen Einmischung einhergehende Hochrüstung die schlimmsten Folgen der Massenarbeitslosigkeit während der sogenannten Depression beseitigt, man hatte die sich zum letzten Mal aufbäumende deutsche Wehrmacht in einem kalten Ardennenwinter zurückgeschlagen, man hatte die mit Todesverachtung kämpfenden Japaner in den heftigen Schlachten von Okinawa besiegt – aber nun reichte es. *Bring the boys back home*, lautete der Ruf, der heute, bei den Kriegsverbrechen im besetzten Irak und in Afghanistan, viel zaghafter zu vernehmen ist, da die »boys« diesmal nur Söldner sind.

Außerdem stand die Sowjetunion bei der amerikanischen Bevölkerung in so hohem Ansehen wie nie zuvor und nie wieder danach. Hatte sie als Verbündeter nicht die Hauptlast im Kampf gegen den deutschen Faschismus getragen? Hatten die Soldaten der Roten Armee, die *boys* von *Uncle Joe* (von Josef [Stalin]), nicht ihre Knochen auch für die amerikanischen Kriegsziele hingehalten? War es nicht ein Unding, jetzt die Waffen gegen die Russen zu kehren, denen man gerade an der Elbe die Hand über der Leiche des Dritten Reiches gereicht hatte? Was also sollte das neuerliche Kriegsgefuchtel? Als der revolutionäre Arbeiterstaat in Rußland aus der Taufe gehoben wurde, hielten ihn die meisten Amerikaner für eine kurzlebige Episode, die sich bald erledigt haben würde, und so protestierte kaum jemand, als die Interventionstruppen der USA in Wladiwostok landeten, und nur zwei Prozent der Bevölkerung sprachen sich für die diplomatische Anerkennung der Sowjetunion aus. Doch zu aller Überraschung hatte sich der von Lenin und Trotzki geführte Staat gegen die imperialistische Einschnürung behauptet, und nach dem »Schwarzen Freitag« fragten sich, wie wir gesehen haben, wohl Hunderttausende, wenn nicht Millionen Amerikaner, ob ein auskömmliches Leben in einer russischen Fabrik nicht dem Pennerdasein im Rinnstein eines amerikanischen Slums vorzuziehen sei. Und jetzt, nach dem siegreich bestandenen Weltkrieg, befürwortete über die Hälfte der US-Bevölkerung, »darunter fast zwei Drittel aller gebildeten Amerikaner«, ein weiteres Zusammengehen mit dem sowjetischen Verbündeten.[11] Welche Popularität die Sowjetunion mittlerweile beim durchschnittlichen US-Amerikaner erlangt hatte, geht aus einem während der Potsdamer Konferenz verfaßten Artikel der ›New York Herald Tribune‹ hervor:

> Es gibt keinen, der begeisterter für Onkel Joe's Boys ist als unsere Soldaten. Hier eröffnet sich ein Aspekt der internationalen Beziehungen, der von den Theoretikern zu oft übersehen wird. »Onkel Joe's Boys« mögen vielleicht gewisse Kreise der Klubsesselstrategen beunruhigen, aber für den Mann auf der Straße sind sie »unsere Boys«, und für die kämpfenden Soldaten sind sie Helden! Ohne Zweifel werden die Politiker und Publizisten es sich später angelegen sein lassen, solche närrischen Vorstellungen auszumerzen, aber es ist durchaus möglich, daß die Männer, die gekämpft haben, und die einfachen Menschen sich an »Onkel Joe's Boys« erinnern und weiter daran glauben werden, daß große Nationen, die so auf Gedeih und Verderb voneinander abhängig waren, sogar im Frieden zusammenhalten können.[*]

---

[*] Wie groß die Sympathien der amerikanischen Truppe nicht nur für die Soldaten der Roten Armee, sondern auch für den Begründer der Sowjetunion, Lenin, waren, geht äußerst eindrucksvoll aus der 1942/43 geschriebenen Erzählung »Mein Bruder, die See« von Jack

Es war demnach nicht opportun, angesichts dieser Stimmung einen großen Krieg gegen die Sowjetunion vom Zaun zu brechen, da ansonsten ein erdrutschartiger Verlust der Massenloyalität zu befürchten gewesen wäre. Sollten etwa die Soldaten, die gerade von ihren russischen Kumpels schwärmten, die Sowjetunion besetzen? Andere hatte man aber nicht, und so mußte der Kriegswolf vorläufig Kreide fressen. Die Kriegsmüdigkeit der US-Bevölkerung geht aus einem weiteren Pressebericht hervor, der just in jenem Moment entstand, als Truman den sowjetischen Außenminister so unverschämt anrüffelte und in der Gründungsphase der Vereinten Nationen einen antisowjetischen Block zu schmieden begann. In den Zeilen, die der Journalist I. F. Stone an sein Blatt ›The Nation‹ kabelte, sind vor allem die alarmierten Untertöne bemerkenswert:

> Es ist Zeit, daß das amerikanische Volk sich bewußt wird, was hier tatsächlich vorgeht. In der Öffentlichkeit wird eine Charta für einen dauerhaften Frieden geschrieben. Aber privat stellen sich zu viele Mitglieder der amerikanischen Delegation dies als eine Konferenz zur Bildung eines Antisowjetblockes unter unserer Führerschaft vor. Und es ist keine Übertreibung, zu sagen, daß nicht wenige von ihnen leichtsinnig genug sind, an einen dritten Weltkrieg zu denken und über ihn zu sprechen – diesmal gegen die Sowjetunion.[12]

Die Kriegstreiber taten also gut daran, ihre Pläne nicht an die große Glocke zu hängen, zumal auf die Presse nicht immer hundertprozentig Verlaß war – ein heute unvorstellbarer Zustand. Es galt, mit Bedacht vorzugehen, Stimmung und Kräfteverhältnisse richtig einzuschätzen, die antikommunistische Propaganda psychologisch geschickt zu dosieren, vom *Crescendo* bis zum *Molto furioso*, und derweil unter der Hand vollendete Tatsachen zu schaffen, indem man die Sowjetunion durch ein Netz von Stützpunkten einkreise. Ein Befürworter dieser besonnenen und doch entschlossenen Vorgehensweise war der amerikanische Spitzendiplomat George F. Kennan, der am 22. Februar 1946 aus Moskau das berühmt gewordene »8000-Worte-Telegramm« an seine Regierung schickte. Dieses Dokument[13] sei hier ausführlicher zitiert, da es die Lageeinschätzung, Taktik und Strategie der US-amerikanischen Kriegspolitik klar und ausführlich wiedergibt. Es ist gewissermaßen die Gründungsurkunde des Kalten Krieges.

Die einleitenden Sätze des Telegramms, die sich mit den »Grundzügen sowjetischen Verhaltens« befassen, enthalten eine Tatsachenbehauptung und ein Ideologem:

Kerouac hervor, der zu dieser Zeit in der US-Handelsmarine diente. (Anm. P. P.)

Die UdSSR lebt immer noch inmitten feindseliger »kapitalistischer Einkreisung«, mit der es auf die Dauer keine friedliche Koexistenz geben kann [...]
Die neurotische Betrachtungsweise der Welthändel durch den Kreml geht zurück auf das traditionelle und instinktive russische Gefühl der Unsicherheit.

Nun – daß die Sowjetunion seit ihrer Gründung von feindlichen Mächten
umzingelt war, dafür genügt ein Blick auf die Landkarte. Das »Gefühl der
Bedrohung« ist deshalb – hier beginnt das Ideologem – alles andere als »neu-
rotisch« (also eingebildet), sondern Resultat leidvoller historischer Erfahrung,
die der Diplomat jedoch flugs, als wäre er bei Hitler in die Schule gegangen,
zu einer »völkischen« Eigenart umdeutet: So sind sie eben, die Russen ... Erschwerend komme hinzu, daß das »marxistische Dogma« seit Lenin »noch
grausamer und unduldsamer« geworden sei, daher die »Diktatur«, die »Grausamkeiten« und die »Opfer«. (Nebenbei: Lesen sich diese Ausführungen nicht
wie ein Exposé zum ›Schwarzbuch des Kommunismus‹, das nach dem Untergang der Sowjetunion von wieseligen Apologeten des US-Imperialismus zu-
sammengestümpert wurde, um zukünftigen Schülergenerationen Angst und
Abscheu vor den gar schröcklichen Untaten des Kommunismus einzuflößen?)
Leninsche Entschlossenheit und der Selbstbehauptungswille der jungen Sowjetunion ergeben Kennan zufolge in Kombination mit den »natürlichen Instinkten russischer Herrscher« ein gefährliches Gebräu: Die Rede ist von einer
»orientalischen Atmosphäre von Verschwörungen und Geheimnistuerei«, von
»unendliche(n) Möglichkeiten, Informationen zu verfälschen oder zu vergiften« – hier liegt als historisches Wahrheitskörnchen mit Sicherheit ein Reflex
der Stalinschen Schau- und Terrorprozesse vor –, einer »Verachtung der ob-
jektiven Wahrheit«, »subtilen Intrigen«, vor allem aber: von einer »unterirdischen Ebene, wo sich Agenten betätigen«, vom »Untergrundgeneralstab des
Weltkommunismus«, der – wie könnte es anders sein – »nach Untergrundsge-
sichtspunkten arbeitet«, von »Tarnorganisationen« und »Eindringlingen«, die
alles Schöne, Gute und Wahre der westlichen Wertegemeinschaft zersetzen:
»Gewerkschaften, Jugendverbände, Frauenorganisationen, Volkstumsverbän-
de, religiöse Gemeinschaften, soziale Organisationen, kulturelle Gruppen, liberale Zeitschriften, Verlage« – fehlt noch etwas? – ja: »u. dgl.« Kurzum: es
seien »für uns keine erfreulichen Aussichten«.

So weit die ganz normale antikommunistische Paranoia, die in die Verfol-
gungsexzesse der McCarthy-Ära mündete. Aber mit Verfolgungswahn allein
macht man noch keine Politik; der Verfasser nennt bislang lediglich propagandistische Stichworte, mit denen die in Verblendung (theologisch ausge-

drückt: »Irrglauben«) befangene amerikanische Bevölkerung dauerbombardiert werden muß, um endlich zu erkennen, daß *Uncle Joe's boys* nicht »unsere Jungs« sind. Dieser Verfolgungswahn ist ausschließlich fürs Volk reserviert, während der Urheber jener Zeilen ein schlauer Kopf und Realist genug war, um sich nüchtern mit den bevorstehenden Herausforderungen zu befassen. Und nun wird es ernst:

> Die Aufgabe, sich mit dieser Kraft auseinanderzusetzen, ist zweifellos die größte, die unserer Diplomatie je gestellt worden ist und je gestellt werden wird. Unsere politische Generalstabsarbeit sollte sie zum Ausgangspunkt machen. Sie sollte mit derselben Gründlichkeit und Sorgfalt und nötigenfalls mit demselben Aufwand an Planung behandelt werden wie im Kriege ein großes strategisches Problem.

Und wie im Kriege, der nicht erst seit Clausewitz als »Kunst« behandelt wird, jedenfalls von den herausragenden Staatslenkern und Feldherren, kommt alles auf die zutreffende Einschätzung der Kräfteverhältnisse an. Die Analyse des Diplomaten lautet wie folgt:

> Erstens: Im Gegensatz zu Hitler-Deutschland ist die Sowjetmacht weder schematisiert noch auf Abenteuer aus. […] Sie geht keine unnötigen Risiken ein. Der Logik der Vernunft unzugänglich, ist sie der Logik der Macht in hohem Maße zugänglich. […]
>   Zweitens: Gemessen an der westlichen Welt insgesamt sind die Sowjets noch bei weitem schwächer.

Hochinteressant! Straft der Diplomat hier nicht seine zuvor geäußerten paranoiden Exzesse und sämtliche offiziellen Verlautbarungen seiner Regierung Lügen? **Die Sowjetunion war in den ersten Jahren nach 1945 gar nicht in der Lage, den Westen militärisch zu bedrohen oder gar anzugreifen.** Auch ein passionierter Säbelrassler wie Churchill bekannte in einem raren Anfall von Aufrichtigkeit im Jahre 1946: »Ich glaube nicht, daß Sowjetrußland den Krieg wünscht.«[14] Und Kennan bekräftigte rückblickend, Jahre nach seinem Rückzug aus der Diplomatie: »Jedem, der das damalige Rußland auch nur annähernd kannte, war es vollkommen klar, daß die sowjetische Führung keinen Versuch beabsichtigte, die Sache des Kommunismus über die Grenzen des Landes hinaus durch militärische Operationen der eigenen Streitkräfte voranzutreiben.«[15] Tja, nach ihrer Pensionierung sind so manche US-Politiker erstaunlich »geläutert« und fast »ehrlich«, was allerdings auf keinen Gesinnungswandel hinweist, sondern nur auf die Kaltschnäuzigkeit, mit der sie logen, als sie sich noch in Amt und Würden befanden. Und so äußerte er auch in seiner diplomatischen Note aus dem Jahre 1946, man könne »an das Problem des Umgangs mit Rußland gelassen und guten Mutes herangehen«; man dürfe sich »so wenig provozieren oder aus der Fassung bringen lassen wie ein Arzt von aufsässigen oder unvernünftigen Individuen«.

Freilich, Kennan wäre kein US-Diplomat, wenn er in seiner Lagebeurteilung nicht zu dem folgenden Fazit käme: »Der Weltkommunismus ist wie ein bösartiger Parasit, der sich nur von erkranktem Gewebe ernährt.« Die Hitler-reife Phraseologie einmal beiseite gelassen: Warum griff der Chirurg dann nicht zum Skalpell, warum schritt die US-Regierung nicht zur Tat und griff die geschwächte Sowjetunion an? Ein wesentlicher Grund, die Kriegsverdrossenheit der amerikanischen Bevölkerung und die Gefahr des Loyalitätsverlustes im Falle einer militärischen Aggression, wurde bereits genannt. Ein zweites, sehr handfestes Hindernis bestand darin, daß es noch keine weitreichenden ballistischen Trägersysteme, sprich: Interkontinentalraketen, gab. Es wären also Bombergeschwader nötig gewesen, aber die kann man, annähernde Gleichheit der konventionellen Waffen vorausgesetzt, abschießen. Tatsächlich verfügte die Sowjetunion über zwei Vorteile: zum einen die schiere Größe des Landes, die ein immenses Angriffspotential für den Feind erforderlich machte – Geographie ist wirklich Schicksal! –, zum zweiten ein schlagkräftiges Millionenheer mit weitgehend intakter Luftabwehr. Drittens schließlich besaßen die USA zu diesem Zeitpunkt nicht ausreichend Atombomben, um die Sowjetunion in einem militärischen Überfall zur Kapitulation zwingen zu können. So kam eine US-Expertise, der *United States Strategic Bombing Survey*, zähneknirschend zu dem Schluß, »daß eine großangelegte Tagesoffensive mit den heute verfügbaren Bombenflugzeugtypen gegen ein gut verteidigtes Land ohne die Beherrschung des Luftraums nicht unternommen werden kann.«[16] – Mist! Und der amerikanische Wissenschaftler Anthony C. Brown bestätigte: »Das Strategische Luftkommando war seinerzeit [1949/50] nicht in der Lage, Rußland einen nicht wiedergutzumachenden Schlag zu versetzen.«[17] Es mußten also andere Maßnahmen ergriffen werden, bis die militärische Option wieder in greifbare Nähe rückte.

Als erstes war eine Intensivierung der Propaganda erforderlich, um den »Krieg der Worte« an der – nicht nur amerikanischen – Heimatfront zu gewinnen und gelockerte Loyalitäten wieder fester zu zurren. Kennan kleidet diesen Aspekt in seiner diplomatischen Note in die Worte:

Wir müssen den anderen Nationen viel mehr als bisher die Welt, die uns vorschwebt, in positivem Licht zeigen. Es genügt nicht, die Leute aufzufordern, eine ähnliche Regierungsform zu entwickeln wie wir. Viele fremde Völker, zum mindesten in Europa, sind durch die erlittenen Erfahrungen ermüdet und verschreckt und interessieren sich weniger für abstrakte Freiheit als für Sicherheit. Sie suchen Führung eher als Verantwortung. Wir sollten besser befähigt sein als die Russen, sie ihnen zu geben. Und wenn wir es nicht tun, werden die Russen es bestimmt.

Dies implizierte, wie Trumans Sonderberater Clark M. Clifford ausführte, eine Steigerung des Propagandakrieges auch im sowjetischen Einflußbereich: »Wir sollten so weitgehend, wie es die Sowjetregierung duldet, Bücher, Zeitschriften, Zeitungen und Filme an die Sowjets vertreiben, Radiosendungen in die UdSSR ausstrahlen.«[18] Diese Form der Subversion, die vor allem darauf abzielte, die osteuropäischen »Satelliten« vom sowjetischen Kernland abzuspalten, nahm sehr schnell die Form einer immensen Materialschlacht an. Parallel zu den militärischen Stützpunkten knüpfte das amerikanische »National Committee for a Free Europe« ein engmaschiges Netz von Sendestationen, die auf den Namen »Radio Free Europe«, »Radio Liberation« oder »Radio Liberty« hörten (auf die Erlaubnis oder Duldung der Sowjets, wie dies Clifford so großzügig ankündigte, warteten diese Sender freilich nicht). Sie hatten die Aufgabe, an kleine, im Untergrund wirkende und vom Westen bezahlte sowie logistisch ausgerüstete Gruppen die entscheidenden Stichworte zu liefern, durch gezielte Desinformation und Ausstreuung von Gerüchten die Öffentlichkeit zu irritieren, die Lage zu destabilisieren und zu – wenn möglich gewalttätigen – Demonstrationen und pogromartigen Übergriffen auf politische Funktionsträger aufzurufen. Ist dies schon wieder übertrieben, Parteilichkeit pur, grobe Verleumdung? Hören wir, in geringem zeitlichem Vorgriff, die ›Bonner Rundschau‹ vom 9. Juli 1961 mit ihrer Empfehlung, man müsse gegen die DDR »alle Mittel des Krieges, des Nervenkrieges und des Schießkrieges anwenden. Dazu gehören nicht nur herkömmliche Streitkräfte und Rüstungen, sondern auch die Unterwühlung, das Anheizen des inneren Widerstandes, die Arbeit im Untergrund, die Zersetzung der Ordnung, die Sabotage, die Störung von Verkehr und Wirtschaft, der Ungehorsam, der Aufruhr.« Willy Brandt, seinerzeit Regierender Bürgermeister von Westberlin, später Verfassungsbrecher und posthum Bundesheiliger, prahlte bei einem Besuch in Washington, bei Unruhen im Ostberliner Sektor könnten seine »Freunde« dort »im Notfall ein wenig nachhelfen« (›Die Welt‹, 10.2.1961).[19] Sobald sich erste Krisensymptome zeigten, wurde kräftig an der Eskalationsschraube gedreht: zwischen 1954 und 1956 wurden über der Tschechoslowakei 152 Millionen, über Ungarn

104 Millionen Flugblätter abgeworfen[20], was logischerweise nicht ohne die Verletzung des Luftraums geschehen konnte. Die Folge waren gestürmte Parteibüros und auf offener Straße totgeschlagene oder aufgeknüpfte Funktionäre der KP. (Frage an unsere Rentner: Haben Sie so etwas umgekehrt in der BRD oder bei Ihrem Urlaub in Italien oder Skandinavien erlebt? Na also.) Diese Sender waren die grobschlächtigen, aber effizienten Vorläufer der heutigen pro-amerikanischen »Revolten« und Umstürze, die sogenannten »orangenen Revolutionen«, die mittels großzügig verteilter Handys oder Laptops per Facebook oder Twitter bewerkstelligt werden, bislang erfolglos in Tibet, Iran und Weißrußland (nicht vergessen: »die letzte Diktatur in Europa«, »die letzte Diktatur in Europa«, »die letzte Diktatur in Europa«, in der, übrigens, jeder Belorusse in einer Eigentumswohnung lebt), äußerst erfolgreich hingegen im 1999 zusammengebombten Serbien und, im Jahre 2011, im gesamten maghrebinischen und arabischen Raum, mit der bezeichnenden Ausnahme des stinkendsten Feudaldrecks auf der arabischen Halbinsel. Es flutscht mittlerweile, weil es eben die Sowjetunion nicht mehr gibt.

Einer der denkwürdigsten antisowjetischen Haßauftritte fand am 5. Mai 1946 im amerikanischen Städtchen Fulton statt, und man hatte dafür, im Beisein Trumans, als Mann fürs Grobe den in dieser Hinsicht altbewährten Churchill eingeflogen. Die öffentliche Aufmerksamkeit war zwangsläufig groß, denn es waren mehrere hundert Journalisten zusammengetrommelt worden, und die amerikanischen Gastgeber ließen die Ansprache[21] in über 40 Sprachen übersetzen und in alle Kontinente übertragen – ein *big apple* also. Der greise, mittlerweile abgehalfterte Möchtegern-Weltherrscher aus England kam schnell zur Sache: Er wolle über das »allgemeine strategische Konzept« reden, das gegen »zwei finstere Mordbrenner« in Anschlag gebracht werden müsse – den »Krieg« und die »Tyrannei«. Sodann ging er ins Detail und redete dem amerikanischen Atombomben-Monopol das Wort:

> Es wäre […] falsch und unklug, der Weltorganisation [UNO] das geheime Wissen über die Atombombe oder die Erfahrung mit ihr – heute von den Vereinigten Staaten, Großbritannien und Kanada geteilt – anzuvertrauen, solange sie noch in den Kinderschuhen steckt. [Eben dies hatte Einstein in einem weltweit auf große Resonanz stoßenden Aufruf vorgeschlagen; P. P.] Es wäre gefährlicher Wahnsinn, dies Wissen in dieser noch aufgewühlten und uneinigen Welt einem ungewissen Schicksal preiszugeben. Kein Bürger irgendeines Landes hat weniger gut geschlafen, weil dieses Wissen und die Methode und die zur Anwendung notwendigen Rohstoffe gegenwärtig zum größten Teil in amerikanischen Händen zurückgehalten werden. Ich glaube nicht, daß

wir alle einen solch gesunden Schlaf gehabt hätten, wenn die Lage umgekehrt gewesen wäre und irgendein [irgendein?] kommunistischer oder neofaschistischer Staat in jüngster Zeit das Monopol über diese Mittel des Schreckens besessen hätte. Nach Gottes Willen sollte dies nicht so sein […]

Klingt dies nicht wie eine Droh-Suada von George Bush jun. oder Obama dem Guten gegen die zivile Nutzung der Atomkraft durch den Iran der Gegenwart? Gelegenheit macht Diebe, lautet ein Sprichwort, und das Monopol verlockt zu seiner Ausnutzung – während Churchill sich in Worten gegen den Krieg im allgemeinen erging, bereiteten die Vereinigten Staaten, wie wir sogleich sehen werden, *undercover* den Atomkrieg gegen die Sowjetunion vor. Natürlich, flötete Churchill weiter, wolle man sich nicht »gewaltsam in die inneren Angelegenheiten von Ländern« einmischen – iwo, wer denkt denn so was –, aber angesichts der »Tyrannei« gelte es »furchtlos« zu sein. Und dann fiel jener Satz, der, unermüdlich wiedergekäut in Presse und Rundfunk, das Denken und Empfinden ganzer Generationen infizierte, sie zu Pawlowschen Hunden abrichtete: »Von Stettin an der Ostsee bis nach Triest an der Adria hat sich ein Eiserner Vorhang quer über den Kontinent gelegt.« Es wurde bereits erwähnt, daß sich der alte Kalte Krieger hier aus Goebbels' Repertoire bediente, und im Stil des Nazi-Demagogen fährt er fort: »Warschau, Berlin, Prag, Wien, Budapest, Belgrad, Bukarest und Sofia, all diese berühmten Städte liegen in der sowjetischen Einflußsphäre und sind alle […] in sehr hohem und zunehmendem Maße der Kontrolle Moskaus unterworfen« – und lechzen daher, so muß man die Gedankenreihe fortsetzen, nach Befreiung durch amerikanische Atombomben. Dieses Katastrophen-Szenario ist noch einer Steigerung fähig: »In einer großen Zahl von Ländern jedoch, weitab von den russischen Grenzen und über die ganze Welt verstreut, gibt es kommunistische fünfte Kolonnen; sie arbeiten in vollständiger Übereinstimmung und mit absolutem Gehorsam gegenüber den Weisungen, die sie aus der kommunistischen Zentrale empfangen. [… Sie stellen] eine wachsende Herausforderung und Bedrohung für die christliche Zivilisation dar.« Als Meister der Demagogie stimmt er gegen Ende versöhnlichere Töne an, indem er beteuerte, der nächste Krieg sei weder »unvermeidlich«, noch stehe er »unmittelbar bevor«, auch die Sowjetunion wünsche ihn nicht, aber eins wisse er gewiß: »Unsere russischen Freunde« (*sic!*) bewundern nichts so sehr wie – »Stärke«. Also: Atomknüppel aus dem Sack. – Karlheinz Deschner brachte diese Rede treffend auf den Nenner: »Die Fronten waren gewechselt, und es schien, als habe man den Zweiten Weltkrieg nur beendet, um einen Dritten zu beginnen.« Die

Sympathiewerte der Sowjetunion fielen bei der US-Bevölkerung in den folgenden Monaten von 55 auf 38 % [22] – der Flug Churchills über den Atlantik hatte sich bezahlt gemacht.

Solange es die Sowjetunion aber gab, reichte der Krieg der Worte nicht aus, er konnte nur die vorbereitende Stufe für tatsächliche Kriegshandlungen sein; jedes Mega-Verbrechen erheischt eine zuvor verbreitete Mega-Lüge wie die »ermordeten Brutkastenbabies« bei der ersten und die angeblich verborgenen »Massenvernichtungswaffen« bei der zweiten und endgültigen US-Aggression gegen den Irak. Auch zu Anfangszeiten des Kalten Krieges zeigte man sich in dieser Hinsicht erfinderisch und kreierte sogar neue Maßeinheiten: Mega-Tonnen (nuklearer Sprengkraft) und Mega-Tote, wobei »ein Mega« einer Million entspricht (in Hiroshima und Nagasaki hatte es also einen halben Mega-Toten gegeben). Anders ausgedrückt und zum zweiten: Die Sowjetunion mußte so wirkungsvoll und lückenlos eingekesselt werden, daß sie außerhalb ihres engsten Herrschaftsbereichs handlungsunfähig blieb. Diese Offensivstrategie hörte auf den Namen *containment* (Eindämmung), und zu ihren geistigen Vätern zählte abermals der rührige Diplomat George F. Kennan.

In einem Memorandum [23] gegen Ende des Jahres 1947 forderte Kennan, »eine entschlossene Politik der Eindämmung zu beginnen, die darauf abzielt, die Russen an jedem Punkt mit beharrlichem und massivem Gegendruck zu konfrontieren, an dem sie dem Anschein nach [!] die Interessen einer friedfertigen und stabilen Welt verletzen.« Auch hier wieder das Rastlose, Spähende, Ungeduldige, Drängende, die untrüglichen Kennzeichen der in der Offensive befindlichen politischen Reaktion, keine Chance auszulassen, um den Gegner so lange zu schwächen, bis er, entkräftet und resigniert, reif für den *coup de grâce* ist. Obwohl das Konzept des *containment* aggressiv ausgerichtet ist, reicht es dennoch nicht aus, wie Kennan ausführt: »... in Wirklichkeit sind die Möglichkeiten amerikanischer Politik keineswegs darauf beschränkt, den Status quo zu halten und ansonsten auf das Beste zu hoffen. Es ist den Vereinigten Staaten durchaus möglich, mit ihren Handlungen innere Entwicklungen sowohl in Rußland als auch der gesamten internationalen kommunistischen Bewegung zu beeinflussen, durch die die russische Politik im wesentlichen bestimmt wird.« Flankierende propagandistische Maßnahmen sollen darauf hinwirken, »die Ziele des russischen Kommunismus als uninteressant und anachronistisch erscheinen« zu lassen und »die Geier vom Roten Platz« – ja, das war die Sprache des Kalten Krieges – zu demaskieren. Auch wenn es nicht gelingen sollte, den »baldigen Sturz der Sowjetmacht« einzuleiten, so könnten doch Maßnahmen ergriffen werden, »die letztendlich entweder zum

Zerfall oder zum allmählichen Aufweichen der Sowjetmacht führen werden.« Es mußten gerade einmal vier Jahrzehnte vergehen, bis das Postulat dieser Denkschrift Realität wurde. Die Zeitschrift ›Newsweek‹ brachte dieses Konzept im Jahre 1948 auf den prosaischen Nenner, man müsse »den Ring der Luftstützpunkte um Rußland [...] schließen und ihn dabei so lange immer kleiner und enger [...] machen, bis die Russen ersticken.«[24] So gurren keine Friedenstäubchen.

Die Politik des *containment* wurde im Jahr 1950 von einem gewissen James B. Conant aufgegriffen und perfektioniert. Zu diesem Zwecke rief er ein *Committee on the Present Danger* (Komitee über die gegenwärtige Gefahr) ins Leben, dessen vornehmste Aufgabe darin bestand, die USA gegen die »kommunistische Weltgefahr« zu wappnen. Conant, einstiger Harvard-Professor, hochrangiger Funktionär in der Roosevelt-Administration und 1953 zum US-Hochkommissar für Deutschland ernannt, definierte als einer der profiliertesten Kalten Krieger diese Strategie in aller wünschenswerten Klarheit wie folgt:

> Was die Politik der »Eindämmung« betrifft, so ist sie mit allen Mitteln bis hin zum Krieg bestrebt, erstens: eine weitere Expansion der sowjetischen Macht zu blockieren; zweitens: die wahren sowjetischen Absichten aufzudecken; drittens: eine Zurücknahme der Kontrolle und des Einflusses des Kreml herbeizuführen; und viertens: ganz allgemein die Saat der Zerstörung innerhalb des sowjetischen Systems so zu fördern, daß der Kreml schließlich dahin gebracht wird, sein Verhalten so zu ändern, daß es mit den allgemein akzeptierten internationalen Maßstäben übereinstimmt.

Ist diese Anmaßung nicht ungeheuerlich? Benimmt sich dieser Professor nicht wie tyrannische Eltern, die ihr Kind prügeln, damit es sich »ordentlich« benimmt »wie es sich gehört«? Der Unterschied ist »lediglich« ein quantitativer: Conant benutzt bei seinem Erziehungsprogramm die atomare Zuchtrute. Und das bedeutet: Hochrüstung, Hochrüstung und abermals Hochrüstung, denn:

> Ohne überlegene militärische Gesamtstärke, bereits vorhanden oder leicht zu mobilisieren, ist eine Politik der Eindämmung – die in ihrer Wirkung eine Politik des kalkulierten und graduellen Druckes ist – nichts weiter als Bluff.[25]

Und so forderte er – es war die Zeit des Korea-Krieges – die Einziehung aller wehrfähigen Amerikaner einschließlich der Studenten sowie die massive Aufrüstung aller US-»Verbündeten«, sprich: der Vasallen in Frontnähe zur

Sowjetunion. Als Conant 1953 seinen Posten als Prokonsul in Deutschland antrat und sein »Komitee« aufgelöst wurde, hatte sich der US-Militärhaushalt in der kurzen Zeitspanne verdreifacht, die BRD wurde remilitarisiert, »und die Ideologie des ›Containment‹ und des ›Kalten Krieges‹ war Bestandteil des amerikanischen nationalen Bewußtseins geworden.«[26]

Die Kehrseite der amerikanischen Hochrüstung bestand in dem Bestreben, jede gleichgerichtete Bemühung der Sowjetunion zu behindern und, sofern möglich, im Keim zu ersticken. Es wurde bereits dargestellt, mit welchem Feuereifer die US-Truppen im zerstörten Deutschland sämtliche für die atomare Rüstung relevanten Rohstoffe, Apparaturen und Unterlagen auch unter Bruch vertraglicher Vereinbarungen beschlagnahmten, um zu verhindern, daß die Sowjetunion in den Besitz dieser Materialien gelangen könnte. Dieses Vorhaben sollte nun, geographisch ausgedehnt, weltweit praktiziert werden, und es hörte auf den Namen »Baruch-Plan«.[27]

Bernard Baruch war ein millionenschwerer Wallstreet-Bankier in den Siebzigern, ein freundlicher alter Herr, der unter dem Samthandschuh der Verbindlichkeit allerdings stets einen Schlagring trug. Als Vertrauter des Präsidenten Truman leitete er die amerikanische Delegation bei der Eröffnungssitzung der UN-Atomenergie-Kommission am 14. Juni 1946 in New York. Diesem Gremium unterbreitete er den Plan, die Kernenergie einer internationalen Kontrolle durch die Einrichtung einer überstaatlichen »Atomentwicklungsbehörde« zu unterwerfen. So weit war nichts gegen diesen Vorschlag einzuwenden; ja, man erhält den Eindruck, als handle es sich um einen propagandistischen Schachzug, um die weltweite Besorgnis über das US-amerikanische Atom-Monopol zu beschwichtigen (Einstein sollte, wie erwähnt, ein Jahr später auf einen ähnlichen Gedanken verfallen, wenn er ausführte: »Nur eines kann der Menschheit Schutz vor der Gefahr unvorstellbarer Zerstörung und mutwilliger Vernichtung gewähren: eine übernationale Organisation, die allein zum Besitz dieser Waffen berechtigt ist«[28] [eine gute Idee, aber wer sagt's Truman?]). Der *prima vista* ansprechende Plan Baruchs hatte allerdings einen gewaltigen Haken: der Teufel steckte im Detail.

Die zu schaffende Behörde sollte absolute Vollmachten erhalten, »…im Weltmaßstab die Verfügungsgewalt und Kontrolle über alle Phasen der Entwicklung der Atomenergie, vor allem aber über die Welturanvorräte, besitzen und das Eigentumsrecht darüber auszuüben. Sie allein sollte berechtigt sein, Forschungs- und Entwicklungsarbeiten auf dem Gebiet der militärischen Nutzung der Kernenergie durchzuführen und Lizenzen für friedliche Forschungen zu geben, ohne die kein Land an diesen Problemen arbeiten dürfte.

Die Errichtung der internationalen Kontrolle war stufenweise vorgesehen, beginnend mit der Erfassung der Rohstoffe, und erst am Ende sollte die Aufsicht über die Betriebe errichtet werden, die bereits Kernwaffen produzierten. Im Falle der Verletzung der Kontrollbestimmungen sah der Vorschlag der USA [...] vor, Sanktionen gegen die ›unbotmäßigen‹ Staaten zu verhängen, die bis zur militärischen Intervention reichten.«[29]

Kommt uns das heute nicht bis zum Überdruß bekannt vor? Sind dies nicht inhalts- und wortgleiche Wendungen, mit denen die USA einst gegen die Sowjetunion, jetzt gegen die letzten Reste ihrer imperialen Dampfwalze widerstehender Staaten vorgehen, namentlich Nordkorea und Iran, also zweier armer, rückständiger und im globalen Maßstab herzlich unbedeutender Länder, aber eben souverän, d.h. nicht US-hörig? Ihre atomare Bombardierung könnte freilich »ein paar Mega-Tote« kosten. (Und da gibt es tatsächlich Washingtoner Mietlinge, die sich in einer Initiative ›Stop the bomb‹ versammeln – der iranischen nämlich, die zudem bislang nicht einmal existiert, deren Besitz allerdings das gute Recht der Perser wäre, solange die Amis mit den ihren herumfuchteln –; es sind dieselben Leute, welche die Terrorbombardierungen der Zivilbevölkerung gutheißen, sofern diese in nicht-US-abhängigen Ländern leben).

Ein Mitglied der US-Delegation, Charles A. Thomas, hauptberuflich Vizechef eines großen Chemiekonzerns, brachte denn auch ganz unverhohlen die dem Baruch-Plan zugrundeliegende Absicht auf den Punkt: »Dadurch«, so frohlockte er, »erhalten wir das gesamte russische Uran zur Verfügung der internationalen Behörde. Alle radioaktiven Materialien der ganzen Welt werden sich in unseren Händen befinden.« Und ein Korrespondent der Nachrichtenagentur ›United Press‹ stellte fest: »Im Falle der Annahme der USA-Vorschläge könnte die Entwicklung der Atomkraft in Rußland oder in Ländern, die mit der Sowjetunion befreundet sind, aufgehalten oder vollständig verhindert werden.« Darum ging es, und darum geht es: um die Erpressung der Welt durch das atomare Totschlagmonopol der USA. Da die Sowjetunion seinerzeit wenigstens klug genug war, nicht auf diese bauernschlaue diplomatische Finte hereinzufallen, und damit – der etwas kernige Ausdruck sei erlaubt – Manns genug, nicht zu kapitulieren, trat auf amerikanischer Seite Plan B in Kraft: die Sowjetunion mußte totgerüstet, im Bedarfsfall totgebombt werden.

In einem als »streng geheim« eingestuften Bericht schrieb der Berater Clark M. Clifford am 24. September 1946 an Präsident Truman:

> Die Verwundbarkeit der Sowjetunion ist aufgrund des ausgedehnten Gebiets, über das ihre Schlüsselindustrien und Rohstoffe verstreut sind, begrenzt, aber

sie ist durch Atomwaffen, biologische Kriegführung und Luftangriffe verwundbar. Die Vereinigten Staaten müssen sich daher für eine atomare und
biologische Kriegführung rüsten, um ihre Stärke auf einem Niveau zu halten,
das zur wirksamen Zügelung der Sowjetunion ausreicht.

Da der Sowjetunion in Anbetracht dieser imperialen Gelüste und ihrer eigenen relativen Schwäche nichts anderes übrigblieb, als auf Verhandlungen über
Rüstungsbeschränkung und -kontrolle zu drängen – diese Rollenverteilung ist
ein Kontinuum während des gesamten Kalten Krieges bis zum kläglichen Zusammenbruch Sowjetrußlands –, gab derselbe amerikanische Regierungsbü-
rokrat den weisen Rat: »Jegliche Diskussion über Rüstungsbegrenzung sollte
langsam und bedächtig geführt werden«[30] – auch diese Verzögerungstaktik ist
ein bewährtes, US-spezifisches Kontinuum der sogenannten »Blockkonfrontation«. In der so herausgeschundenen Zeit sollten die Waffen fertiggestellt
werden, mit denen die amerikanischen Angriffspläne in die Tat umgesetzt
werden sollten. Diesen wollen wir uns nun zuwenden.

Erste atomare Angriffspläne der USA (1945–1949)

Für die ersten rund vier Jahre zwischen dem Ende des 2. Weltkriegs und
dem ersten Atombombentest der Sowjetunion gibt es rund eineinhalb Dutzend Dokumente, welche bis ins Detail die atomaren Erstschlagsabsichten der
USA gegen die Sowjetunion belegen. Diese Quellen sind *home made*, d. h. ausschließlich US-amerikanischer Provenienz, und wurden nach etwa 30 Jahren zur Veröffentlichung freigegeben. Freilich sind diese Zeugnisse gekürzt,
und man kann mit gutem Recht annehmen, daß es die brisantesten Stellen
waren, die der Zensurschere (was für ein altertümliches, obsolet gewordenes
Wort, heute müßte es heißen: »dem Mouseclick«, aber das klingt denn doch
zu bescheuert) zum Opfer fielen; zudem muß offenbleiben, ob und wie viele
solcher Dokumente nach wie vor in den Giftschränken der amerikanischen
Geheimdienste ein Maulwurfdasein fristen. Bei diesen Zeugnissen handelt
es sich um Lageberichte, Einschätzungen, Empfehlungen und Planszenari-
en hochrangiger Militärs – meist der »Vereinigten Stabschefs« (*Joint Chiefs
of Staff*, JCS) – und Gremien, die sich aus führenden Politikern, Generälen
und sonstigen Experten der Kriegführung zusammensetzen – mehrteils der

»Nationale Sicherheitsrat« der Vereinigten Staaten (*National Security Council*, NSC). Selbst wenn diese Quellen Lücken aufweisen, sind sie von unschätzbarem Wert; liefern sie doch in aller Deutlichkeit die von Journalisten, staatlich bestallten Schriftstellern und Lehrstuhlinhabern so gerne vernebelte und wortreich zerquasselte Antwort auf die Frage, welcher der beiden Blöcke der aktive, aggressive, kriegstreibende, weltmachtslüsterne Teil war (und da es nur zwei Seiten gab, sind nicht viele Antworten möglich). Die nachfolgende Präsentation von Auszügen aus diesen Dokumenten strebt weder nach Vollständigkeit, noch ist es ihr in dieser kurzen Zeitspanne um die Korrektheit des feinchronologischen Ablaufs zu tun. Es geht um die Beantwortung der soeben gestellten Frage und um die Vermittlung zeittypischer atmosphärischer Eindrücke. Es sind kühle Worte atomarer Heißsporne und potentieller (oder tatsächlicher) Massenmörder.[31]

Noch hatten sich die radioaktiven Wolken über Hiroshima und Nagasaki nicht verzogen, als die Vereinten Stabschefs bereits die ersten Richtlinien für einen Erstschlag gegen die Sowjetunion entwarfen. In ihrem »streng geheimen« Memorandum JCS 1496/2 vom 19. September 1945 heißt es unter anderem:

> Es ist [...] unverzichtbar, daß diese [US-]Truppen die bestausgebildeten der Welt sind, mit überlegenem Material ausgerüstet sind und strategisch so stationiert werden, daß sie gegen das Zentrum der gegnerischen Militärmacht oder andere kritische Gebiete rechtzeitig einwirken können [...] Unsere Regierung sollte unter diesen Umständen das Problem zu einer raschen politischen Entscheidung bringen, während alle Vorbereitungen getroffen werden, den ersten Schlag zu führen, wenn es notwendig ist.

Die Erstschlagsoption mündete in bisweilen fast drollige Wortschöpfungen, so etwa wenn die Notwendigkeit betont wurde, die Vereinigten Staaten müßten »die ersten Friedensaggressoren werden« (das sah Hitler genauso; nach dem »Endsieg« ist »a Ruah«). Am 30. März 1948 kommt der Nationale Sicherheitsrat zu folgenden »Schlußfolgerungen« (NSC 7):

> Die Niederschlagung der Kräfte des sowjetisch gelenkten Weltkommunismus ist für die Sicherheit der Vereinigten Staaten lebenswichtig.
>   Dieses Ziel kann durch eine defensive Politik nicht erreicht werden.
>   Die Vereinigten Staaten sollten daher die Führung bei der Organisation einer weltweiten Gegenoffensive [sic] zur Mobilisierung und Stärkung unserer eigenen und der antikommunistischen Kräfte* der nichtsowjetischen Welt

---

* Die »Gorillas«, Scheichs und Faschisten aus aller Herren Länder lassen grüßen!

sowie zur Untergrabung der Stärke der kommunistischen Kräfte der sowjetischen Welt übernehmen.

Von Anfang an ließ man nicht den geringsten Zweifel daran bestehen, daß diese Erstschläge mit Atombomben ausgeführt werden sollten. Bereits am 3. November 1945 wurden in einer »streng geheimen Empfehlung« (*Joint Intelligence Committee Paper 329*, »*Strategic Vulnerability of the U.S.S.R. to a Limited Air Attack*«) zwanzig russische Großstädte mit ihrem annähernden Areal in Quadratmeilen und ihrer geschätzten Einwohnerzahl – ca. 15 Millionen – als Atombombenziele aufgelistet. Natürlich finden sich dort Moskau und Leningrad (heute wieder Petrograd bzw. »St. Petersburg«), außerdem Metropolen in der Ukraine, Aserbaidschan, Georgien, Kasachstan, Tadschikistan und in Sibirien. Einleitend erfolgt eine Definition dieser Waffe wie aus einem Schulbuch für Minderbemittelte (»Die Atombombe zeichnet sich durch eine in einem Behälter zusammengeballte Vernichtungsgewalt aus« – welchem Ex-Soldaten fällt dazu nicht der Satz ein: »Der Kopf ist ein aus dem Körper ragender Knauf oder Wulst, der zur Befestigung des Helmes dient«?), aber dann geht es ans Eingemachte:

> Bei der Auswahl der Ziele muß man alle Potenzen der Bomben ausnutzen und Flächen im Auge haben, wo die Einschlagwirkung möglichst groß sein kann, sowie Gebiete mit starker Konzentration von Menschen und Material. […]
>
> Sehr effektiv […] wird die Vernichtung der wichtigsten Staats- und Verwaltungsämter und ihres Personals sein. […] Zu den wichtigsten Besonderheiten der Atomwaffen gehört es, Menschenansammlungen vernichten zu können, und von dieser Besonderheit muß man zusammen mit ihren anderen Eigenschaften Gebrauch machen. […]
>
> Schläge gegen das Industriepotential Rußlands an sich können nur dann einen wesentlichen Effekt haben, wenn sie in großem Umfang geführt werden. Die Zerstörung der wichtigsten metallverarbeitenden Betriebe oder so notwendiger Objekte wie Kraftwerke würde ihren jahrelangen Wiederaufbau erforderlich machen. Laut vorliegenden Aufklärungsangaben ist mit den verfügbaren Atombombenbeständen aber nur eine teilweise Zerstörung der Energiewirtschaft oder der Metallurgie möglich […]

Die der Logik zugetanen Leser werden bereits jetzt gemerkt haben, daß es bei diesen Texten mit dröger Monotonie nur um das eine geht: um die Gewalt, um Totschlagspotential, hier um die in planerischen Maßstäben lächerlich geringe Zahl von 15 Megatoten. Man mag einwenden, dies sei für militärische Szenarien normal, dort gebe es keinen Platz für humanitäre Bedenkenträgerei.

Das sei zugestanden, aber warum sind diese Szenarien überhaupt nötig? Widersprechen sie nicht einer zentralen, ja in den Rang einer unumstößlichen Wahrheit erhobenen Aussage, nämlich der

☞ **Legende:** Die freie Marktwirtschaft und die parlamentarische Demokratie sind dem »totalitären« Kommunismus wesensmäßig überlegen.

Wenn dem so wäre, wozu dann die *Angriffs*pläne statt des friedlichen Wettbewerbs, in dem sich, wie beim Hundertmeter-Sprint, der Bessere durchsetzen möge, ohne daß er dem Konkurrenten zuvor ein Bein abschießt? Warum so viel mordbesessene Verkniffenheit, wo doch vielmehr gelassene Zuversicht am Platz wäre? Warum der vorsätzliche Massenmord statt Überzeugungsarbeit? Leute, die dieses freiheitlich-demokratische Mantra wiederkäuen, erinnern sehr an Christen (meist sind sie es ja auch), die vorgeben, an die Allmacht ihres Gottes zu glauben, aber bei der ersten religionskritischen Äußerung oder Satire sogleich nach dem Staatsanwalt rufen, anstatt in gläubiger Zuversicht das Jüngste Gericht abzuwarten, wo der HErr die Chose regelt. So haben zwei Ideologeme, die postulierte Überlegenheit einer Idee *und* die Notwendigkeit, sie mit Gewalt zu verbreiten, Platz in *einem* Kopf, ohne sich aneinander zu reiben und zu stoßen. Dies gilt bei weitem nicht nur für die hier zur Erörterung stehende Problematik, aber angesichts der geballten Drohung und dem Gestank der Gewalt, den diese Texte ausdünsten, kann ein solcher Einwurf nicht schaden.

Im Zuge der sogenannten »Berlin-Krise«, von der noch die Rede sein wird, wurde den Vereinigten Stabschefs am 21. Dezember 1948 eine »streng geheime« Studie vorgelegt, die u. a. von folgenden Prämissen ausging:

> [...]
> 2. Der Krieg wird vor dem 1. April 1949 ausbrechen.
> 3. Atombomben werden in dem Ausmaß eingesetzt werden, wie es möglich und wünschenswert ist.

Weiter heißt es:

> [...] das wichtigste System von Zielgebieten [wird] dasjenige sein, welches aus den bedeutendsten sowjetischen städtischen Industriezentren besteht. Die Zerstörung dieser Gebiete sollte die sowjetischen Industrie- und Kontroll-

zentren derart lahmlegen, daß die offensive und defensive Macht ihrer Streitkräfte vermindert würde.

Ein halbes Jahr später, am 11. Mai 1949 – der anvisierte Krieg hatte also offensichtlich nicht stattgefunden –, wurde eine neue, wiederum »streng geheime« Studie für die US-Militärführung erstellt, die im Vergleich zu ihrer Vorgängerin noch erheblich draufsattelt. Das Szenario ging von zwei strategischen Luftoffensiven der *Air Force* aus, deren erste 70 Zielgebiete innerhalb von einem Monat atomar zerstören sollte. Die zweite Angriffswelle sollte sowohl mit atomaren als auch mit konventionellen Waffen (dies ebenfalls eine amerikanische Wortschöpfung) erfolgen. Unter der Rubrik »Personelle Verluste« wurde ausgeführt:

> Die erste atomare Offensive könnte bis zu 2 700 000 Tote und weitere 4 000 000 Verletzte zur Folge haben, je nach Effektivität der sowjetischen Maßnahmen bei der passiven Verteidigung [*sic*]. Eine große Anzahl von Häusern würde zerstört werden, und die Wohnprobleme für den Rest der 28 Millionen Menschen in den 70 Zielstädten wären maßlos schwierig.

In der Tat... Aber es war keineswegs so, daß man sich nicht weitergehende Gedanken gemacht hätte. Im Abschnitt mit der Überschrift »Psychologische Auswirkungen« wurde ausgeführt:

> [...] Der atomare Angriff an sich würde keine Kapitulation nach sich ziehen, die Wurzeln des Kommunismus nicht zerstören oder die Macht der sowjetischen Führer, das Volk zu beherrschen, nicht ernsthaft schwächen.
> [...] Bei der Mehrheit des sowjetischen Volkes würde atomares Bombardement die sowjetische Propaganda gegen fremde Mächte bestätigen und eine ablehnende Haltung gegen die Vereinigten Staaten hervorrufen, ferner diese Menschen vereinen und ihren Kampfwillen stärken. Bei einer unbestimmten Minderheit könnte atomares Bombardement Uneinigkeit und die Hoffnung auf Erlösung von der sowjetischen Unterdrückung wecken. Solange sich für diese Kräfte keine weitaus günstigeren Gelegenheiten ergeben, wird ihr Einfluß die sowjetischen Kriegsanstrengungen nicht merklich berühren.

Eine solche Formulierung kann nur hartgesottenen Calvinisten in den Sinn kommen: »Erlösung« durch die Atombombe! Christi Niederkunft in einer pilzförmigen Detonationswolke! (Dies würde ein treffliches Bildmotiv ergeben, eine aktuelle Entsprechung zu George Grosz' Bild »Christus mit Gasmaske«; doch wie in dessen Fall wäre auch die neue Bildfindung stracks mit dem Blasphemieparagraphen 166 StGB geahndet worden.) Hier liegt indessen, um der Wahrheit die Ehre zu geben, ein ökumenisches Phänomen vor. Als der Frontstaat BRD remilitarisiert und auch mit Atomwaffen aufgerüstet werden sollte – wir greifen wieder etwas vor: man schreibt das Jahr 1955, als Westdeutschland in die NATO zwangsintegriert wurde –, stellte Kardinal Josef Frings bei seiner Silvesterpredigt im Kölner Dom die rhetorische Frage (die er dankenswerterweise klar beantwortete): »Sollen wir untätig in jener Lethargie verharren, welche uns vor unvorstellbare Situationen stellen könnte, so daß das teure Vaterland einmal jenes Leid und Elend erfahren müßte, unter dessen Joch die weiten Landteile der asiatischen Völker schmachten und erliegen? – Nein und abermals nein! Kein Mittel und kein Weg darf uns zu viel sein.« Der Mann Gottes hätte also gern mehr als Silvesterböller krachen lassen. Ihm sekundierte ein protestantischer Kollege, der Nukleartheologe Dibelius: »Die Anwendung einer Wasserstoffbombe« – superb: Man nehme … – »ist vom christlichen Standpunkt aus nicht einmal eine so schreckliche Sache, da wir alle dem ewigen Leben zustreben [sic]. Und wenn zum Beispiel eine einzelne Wasserstoffbombe eine Million Menschen tötet, so erreichen die Betroffenen um so schneller das ewige Leben.«[32] – Nach diesen glaubensfesten und erbaulichen Worten wollen wir uns wieder den Urhebern der US-Studie widmen, die zu der abschließenden Einsicht gelangen:

> Vom Standpunkt unserer nationalen Sicherheit wären die Vorteile einer frühzeitigen Anwendung atomarer Bombardements außerordentlich. Jede mögliche Anstrengung sollte unternommen werden, die Mittel zu schaffen, um auf einen raschen und wirkungsvollen Abwurf der maximalen Anzahl von Atombomben auf geeignete Zielgebiete vorbereitet zu sein.

Einen Höhepunkt dieser Literaturgattung – der Sarkasmus ist zwangsläufiges Stilmittel bei dieser Thematik – stellt das Memorandum des Nationalen Sicherheitsrats NSC 20/1 vom 18. August 1948 dar. Wiederum in völliger Deckungsgleichheit mit Hitler – dieser verlor, jene gewannen und beherrschen die Welt auf unabsehbare Zeit – geben die Verfasser des Dokuments ihr politisches Endziel an: die globale Ausrottung, die Vertilgung dessen, was sie als »kommunistisch« bezeichnen. Die Sowjetunion und ihre »Satelliten« sollen von der Weltkarte ausradiert werden. In diesem Zusammenhang führen die Autoren ein neues strategisches Konzept ein, das als Fortführung und Steigerung der Politik des *containment* zu betrachten ist: die Strategie des *roll back*, des »Zurückdrängens« der sowjetischen Macht nach deren vorangegangener geographischer Isolierung. Die Sowjetunion soll in dieser zweiten Phase auf ihr Kerngebiet zurückgestutzt werden:

Was die Satellitenstaaten betrifft, so sollte unser Ziel sein, beständig alles in unserer Macht stehende zu tun, um den Druck zu vergrößern und zur gleichen Zeit den Satellitenregierungen zu ermöglichen, sich allmählich der russischen Kontrolle zu entziehen und, falls sie es wünschen, annehmbare Formen der Zusammenarbeit mit dem Westen zu finden.

Eben dies geschah in den Jahren 1988–1990. Diesen Gesichtspunkt heben die Autoren (1948) nochmals geographisch hervor:

Unser vorrangiges Kriegsziel muß naturgemäß sein, den russischen militärischen Einfluß und die Vorherrschaft in all jenen Gebieten zu zerschlagen, die in unmittelbarer Nachbarschaft zu den Grenzen irgendeines russischen Staates liegen.

Genau dies geschah in den achtziger Jahren des 20. Jahrhunderts in Polen mit der vom Westen finanzierten, propagandistisch und logistisch unterstützten katholischen Opposition »Solidarność«. Wenige Jahre später fielen die restlichen osteuropäischen Staaten wie Kegel; nur der rumänische Staatspräsident Ceauşescu leistete heftigen und für eine kleine Frist erfolgreichen Widerstand; daher »mußte« man ihn in einer Geheimdienst-Operation umbringen. Sodann konnte die Sowjetunion in jene Teile zerhackstückt werden, die wir heute als »postsowjetischen Raum« kennen. – Aber hören wir nochmals die Verfasser des Jahres 1948:

Wie dem auch sein mag, wir dürfen nichts dem Zufall überlassen. Und es sollte natürlich bedacht werden, daß es eines unserer Hauptkriegsziele gegenüber Rußland sein würde, *gründlich die Organisationsstruktur zu zerschlagen, mit deren Hilfe die Führer der kommunistischen Einheitspartei in der Lage gewesen sind, moralische und erzieherische Autorität über einzelne Bürger oder Gruppen von Bürgern in Ländern auszuüben, die nicht unter kommunistischer Kontrolle stehen.*

Auch dies geschah. Die KPdSU wurde 1990 verboten, und ihre osteuropäischen Schwesterparteien verschwanden spurlos unter der Walze der westlichen Gleichschaltung, abgesehen von der rumänischen Ausnahme kläglich, erbärmlich, schwächlich, winselnd. Mehrteils wurden sie in opportunistische Nachfolgeorganisationen überführt, die als Anhang zu den westlichen Kartellparteien fungieren (»Die Linke«). Gewalt war nur gegen die langjährigen und führenden Parteikader erforderlich (Gefängnis bzw. Berufsverbote); die jüngeren und neuen Mitglieder lassen sich mit Diäten und Karriereaussichten ködern (was nicht für das moralisch-intellektuelle Niveau der jeweiligen Parteien vor ihrer Unterdrückung spricht). – Doch abermals zurück in das Jahr 1948. Die Verfasser ziehen, was ihre zukünftige Vorgehensweise anbelangt, einen äußerst bemerkenswerten Vergleich:

> Es kann mit Sicherheit gesagt werden, daß solche Bedingungen hart und ausgesprochen erniedrigend für das in Frage kommende kommunistische Regime zu sein hätten. Sie könnten sehr wohl den Grundsätzen des Vertrages von Brest-Litowsk aus dem Jahre 1918 ähneln, der in diesem Zusammenhang ein sorgfältiges Studium verdient.

Man kann den Autoren einen gewissen Respekt nicht versagen: Sie sind gewillt, aus der Geschichte zu lernen, wenn auch zu schlechten, d.h. menschheitsfeindlichen Zwecken. Mit Brest-Litowsk ist die Schicksalsfrage der jungen Sowjetunion am Ende des 1. Weltkriegs verknüpft, die bereits im ersten Kapitel erörtert wurde, hier aber wegen ihrer existentiellen Bedeutung skizziert sei: Die russische Westfront hatte sich faktisch in nichts aufgelöst, existierte nicht mehr, da die Bauern-Soldaten »mit den Füßen entschieden« hatten: Sie waren nach Hause in ihre Dörfer geeilt, um bei der Verteilung des gutsherrlichen Grundbesitzes mitwirken zu können. Der immer noch intakten, kampfkräftigen deutschen Militärmaschinerie standen die Tore für einen tiefen, weitgehend kampflosen Vorstoß in das sowjetische Kerngebiet weit offen. In dieser für die junge Sowjetmacht lebensbedrohlichen Situation waren die Bolschewiki heftig zerstritten; in der Parteiführung hatten sich drei Fraktionen gebildet, deren Positionen unvereinbar waren: die pseudo-radikale Gruppierung um Bucharin forderte die »Fortführung des revolutionären Krieges«, ohne das Geheimnis aufzuklären, wie man einen Krieg, gar einen »revolutionären«, ohne Armee denn führen könne; es war also ein Plädoyer für zügigen Selbstmord (damit, hier hilft die Psychoanalyse für das Verständnis weiter, die »Sünde« der Revolution, unbewußt als ödipaler Wunsch der Vatertötung perzipiert, »gesühnt« und damit das Überich beschwichtigt werde). Die vermittelnde, abwartende Position mit der Formel »weder Krieg noch Frieden« wurde von Trotzki vertreten; sie setzte freilich voraus, daß sich im Hinterland der hauptsächlich deutschen Aggressoren unter dem Eindruck der stattgehabten russischen Revolution zügig Arbeiteraufstände entwickeln würden. Die dritte Fraktion bestand aus – Lenin. Er plädierte dafür, das »Joch von Brest-Litowsk« auf sich zu nehmen, um durch den Verlust großer Gebiete (Ukraine, baltische Staaten) *Zeit zu gewinnen und die Revolution zu retten.* Da er sich jedoch in einer absoluten Minderheitsposition befand – er war schon wieder der einzige –, konnte er sich nicht durchsetzen, und der Rest seiner Mit-Bolschewiki wartete zu. Allerdings nicht lange, denn die preußischen Truppen hatten Marschbefehl erhalten, und rückten, ohne auf Widerstand zu stoßen, weit auf sowjetisches Territorium vor (»die Bestie springt schnell«, wie sich Lenin ausdrückte). Nun hatte die restliche Führung ein Einsehen und stimmte Lenin zu. Ohne ihn wäre die russische Revolution an dieser Stelle, ganz wie sie kurz vorher ohne ihn auch nicht stattgefunden hätte, beendet gewesen; so aber verblieb die Zeit, um aus Fabrikarbeitern die Rote Armee zu formen, eine unter immensem Druck zu bewältigende, gigantische Aufgabe, die Trotzki mit Bravour leistete. – Hören wir nun aber die US-imperialistische Nutzanwendung aus den Ereignissen um Brest-Litowsk, dreißig Jahre später:

> Die Tatsache, daß die Deutschen diesen Vertrag eingingen, bedeutete damals nicht, daß sie das Sowjetregime als etwas bleibendes wirklich akzeptiert hatten. Sie betrachteten den Vertrag als ein Mittel, das das Sowjetregime ihnen gegenüber für den Augenblick unschädlich machte und in eine ungünstige Position brachte, um seinen Überlebenskampf zu meistern. Die Russen erkannten, daß dies die deutsche Absicht war. Sie stimmten den Regelungen nur äußerst widerstrebend zu und beabsichtigten, sie bei jeder sich bietenden Gelegenheit zu verletzen. Aber die Überlegenheit der deutschen Streitkräfte war echt und die deutschen Kalkulationen realistisch. Hätte Deutschland nicht kurz nach dem Abschluß des Vertrages von Brest-Litowsk im Westen eine Niederlage erlitten, so wäre die sowjetische Regierung wahrscheinlich nicht in der Lage gewesen, ernsthaften Widerstand gegen die Verfolgung der deutschen Ziele gegenüber Rußland zu mobilisieren. *Es könnte für unsere Regierung notwendig werden, in den Schlußphasen eines bewaffneten Konflikts in diesem Sinne mit dem Sowjetregime zu verhandeln.*

Man mag über die US-Regierungen sagen, was man will: dumm sind sie – bzw. ihre Berater; der Präsident ist ja meist *for the show* – jedenfalls nicht (bei leidlich solider Weltherrschaft erträgt das Regime dann auch mal einen Caligula, Nero oder Commodus). Wie weitsichtig die Verfasser dieses Memorandums argumentieren, geht aus der nur wenig bekannten Tatsache hervor, daß sich wiederum vierzig Jahre später die Situation von Brest-Litowsk minutiös wiederholte, unter nur wenigen, dafür bezeichnenden Abweichungen (ein »bewaffneter Konflikt« war nicht mehr nötig, da der Verräter und Kapitulant Gorbatschow, hierin ganz Sozialdemokrat, instinktsicher in den Abgrund führte). Der kurze Zeit amtierende SED-Nachfolger des ins Gefängnis geworfenen Vorsitzenden Erich Honecker, Egon Krenz, hielt im April 2011 auf einem Pekinger Symposium zum Thema »Die Zerstörung der Sowjetunion und ihre Folgen«, bei dem 200 internationale Wissenschaftler anwesend waren, einen aufschlußreichen Rückblick über die letzten Jahre des sich unter dem imperialistischen Druck in zunehmender Auflösung befindlichen Warschauer Pakts. Krenz, der seit der Wahl Gorbatschows im März 1985 bis zum Dezember 1989 an allen ranghöchsten Beratungen des Pakts teilgenommen hatte und nun – er war und ist kein »Wendehals« und mußte deshalb ins Gefängnis – im Untergang der Sowjetunion »eine weltpolitische Tragödie mit schwerwiegenden globalen Folgen« sieht, und dies völlig zu Recht, erinnert sich an die Anfänge des sowjetischen Niedergangs: »Am 21. Oktober 1981 hatte KPdSU-Generalsekretär Leonid Breschnew einen persönlichen Beauftragten zu Erich Honecker geschickt. Die Botschaft war: Die Sowjetunion sei nicht mehr in der Lage, den Rohstoffbedarf der DDR, besonders bei Erdöl, zu decken. Diese Tatsache ging an den Lebensnerv der DDR. Begründet wurde sie damit, daß sich die Sowjetunion in einer ähnlichen Situation befinde wie Sowjetrußland 1918 beim Abschluß des Friedensvertrages von Brest-Litowsk. Das hat uns in der SED-Führung irritiert. Ging es doch 1918 um Sein oder Nichtsein von Sowjetrußland…«[33] *Sancta simplicitas* – in welcher Welt lebte die DDR-Führung eigentlich? Diese Miteilungen sind zweifelsohne ehrlich, aber ein erschütterndes Dokument politischer Einfalt.

Tja, in Anlehnung an Gorbatschow könnte man sagen: Wer nicht aus der Geschichte lernt, »den bestraft das Leben«. Doch der Vorgang ist traurig, die Konsequenzen verheerend. Wenden wir uns zum letzten Mal dem Dokument NSC 20/1 zu, das sich gegen Ende gut hitlerisch mit der »Endlösung« in ihrer US-amerikanischen Variante befaßt. Dort heißt es unter der Überschrift »Das Problem der ›Entkommunisierung‹«:

In jedem von der Sowjetmacht befreiten Territorium werden wir uns dem Problem der menschlichen Überbleibsel aus dem sowjetischen Machtapparat gegenübersehen. Bei einem organisierten Abzug der sowjetischen Truppen vom jetzigen sowjetischen Territorium würde der örtliche Apparat der Kommunistischen Partei wahrscheinlich in die Illegalität gehen, wie es in den Gebieten tat, die im vorigen Krieg von den Deutschen besetzt worden waren.* Es würde anschließend wahrscheinlich teilweise in Form von Partisanenbanden und Guerillastreitkräften** erneut auftauchen. In diesem Fall wäre die Frage, was mit ihnen geschehen soll, relativ einfach zu beantworten;

---

* Man beachte, wie unverkrampft die US-Strategen das »deutsche Modell« studieren, sei es nun monarchistisch oder faschistisch!
** Heute: »Terroristen«.

wir bräuchten nur der (wie auch immer gearteten) nichtkommunistischen, russischen Behörde, die das Gebiet kontrolliert, die erforderlichen Waffen zu liefern, sie militärisch zu unterstützen und es ihnen zu erlauben, mit den kommunistischen Banden nach dem traditionell gründlichen Verfahren des russischen Bürgerkrieges umzugehen …

… also sie am nächsten Baum aufzuknüpfen (oder Schlimmeres, siehe das Ende Ghaddafis).

Wer kein Brett aus massiver Hickory-Eiche vor dem Kopf hat, wird in diesen Zeilen unschwer die Jetztzeit wiedererkennen: im ehemaligen Jugoslawien, im Irak, in Afghanistan, in Libyen, in Syrien … Es ist die Bekämpfung lokaler Aufstandsherde im weltumspannenden US-Imperium, die von den Protagonisten rechtsradikaler *Think tanks* (also »Denkfabriken«) etwas großspurig als »4. Weltkrieg« bezeichnet wird (aber so sind sie: die Herausforderung muß immer etwas Bombastisches haben, und wenn sie in Gestalt von *Aliens* aus dem Weltraum kommt: irgendwer bedroht sie immer).

Fassen wir die von der politischen und militärischen Führung der USA vorgesehenen Phasen der Aggressionspolitik gegenüber der Sowjetunion abschließend zusammen:

1. *Containment:* »Der Erfolg der Alliierten würde davon abhängen, Stützpunkte im Abstand von 2500 Meilen von wichtigen Zielen zu besitzen, und der Erfolg in den ersten drei Unternehmungen sollte solche Basen in Großbritannien, auf dem Kontinent und möglicherweise im Nahen Osten gewährleisten.« (Planungsstudie des *U.S. Army General Staff* vom 16.12.1948)

2. *Roll back:* »Es wäre notwendig, […] die offensiven Möglichkeiten des Gegners so zu reduzieren, daß nur unbedeutende zerstörerische Angriffe gegen das Territorium der Alliierten geführt werden können.« (ebd.)

3. Atomkrieg mit vernichtenden Erstschlägen gegen Industrie- und Siedlungszentren; anschließend Besetzung und/oder Installierung von Marionettenregierungen.

Die vorgenannten drei Phasen werden jeweils von einer intensiven psychologischen Kriegführung flankiert: »Ein wichtiges Vorhaben der Vereinigten Staaten wird die Durchführung einer extensiven Kampagne psychologischer Kriegführung sein, deren zentrales Ziel die Ausschaltung der Unterstützung sein wird, die die Bevölkerung der UdSSR und ihrer Satelliten ihren gegenwärtigen Regierungssystemen gewährt, und die Vertiefung der Einsicht bei den Völkern der UdSSR, daß der Sturz des Politbüros ein in erreichbarer Nähe liegendes Ziel ist.« (JCS 1630/14 vom 6.12.1949) An anderer Stelle (NSC 20/1 vom 18.8.1948) heißt es drastisch: »Diesen Mythos des internationalen Kommunismus zu zerstören, ist eine doppelte Aufgabe. […] Es reicht nicht, dieses Problem nur mit der Zielsetzung anzupacken, den Verbreiter zum Schweigen zu bringen. Es ist noch wichtiger, den Zuhörer gegen diese Art von Angriff zu wappnen.« Und es ist kein Zufall, daß die Vereinigten Staaten nicht nur das Land der unbegrenzten Möglichkeiten sind, sondern auch das Land der unbegrenzten Fernsehkanäle; Europa zog erst später nach, hat dieses Niveau der Massenverdummung aber mittlerweile erreicht (der Sklave glotzt, der Freiheitswillige liest).

Mit dem Dokument NSC 68, einem Memorandum des Nationalen Sicherheitsrates vom 14. April 1950, begegnet plötzlich ein Ton, der aufhorchen läßt. Während bislang das kühle Kalkül und die finstere Entschlossenheit zur Massenvernichtung dominierten, herrscht nun ein – für amerikanische Strategiepapiere jedenfalls – verblüffend moderater Duktus vor, ja, man könnte ihn fast als bedächtig, abwägend und differenzierungswillig bezeichnen. Hat eine Genmutation vom Wolf zum Rotkäppchen stattgefunden? Oder hat er nur Kreide gefressen? Einige Kostproben seien dem Leser nicht vorenthalten:

> Die Fähigkeiten der Vereinigten Staaten, wirksame Offensivoperationen zu starten, ist heute auf Angriffe mit Atomwaffen beschränkt. Es könnte ein machtvoller Schlag gegen die Sowjetunion geführt werden […] Das würde wahrscheinlich zu einem langen und schwierigen Kampf führen, in dessen Verlauf die freien Institutionen Westeuropas und viele freiheitsliebende Menschen vernichtet würden und der Regenerationsfähigkeit Westeuropas ein lähmender Schlag versetzt würde.
>
> Abgesehen davon würde jedoch ein Überraschungsangriff gegen die Sowjetunion, trotz des jüngsten provokativen Verhaltens der Sowjets, auf viele Amerikaner abstoßend wirken. Obwohl sich das amerikanische Volk wahrscheinlich zur Unterstützung der Kriegsanstrengungen massenhaft vereinen würde, wäre der Schock der Verantwortlichkeit für einen Überraschungsangriff moralisch zersetzend. Viele würden bezweifeln, daß es sich um einen »gerechten Krieg« handele und daß mit gutem Wissen und Gewissen alle denkbaren Möglichkeiten zu einer friedlichen Einigung ausgeschöpft worden seien. […] Ein Sieg in einem solchen Krieg hätte uns nur geringfügig, wenn überhaupt, einem Sieg in dem grundlegend ideologischen Konflikt nähergebracht.

Erstaunlich – so besonnen, fast wehleidig … Daß amerikanische Chefplaner in ihren Strategiepapieren die Worte »friedliche Einigung« gebrauchen, war bis dahin genauso unwahrscheinlich wie ein Papst, der sich in seiner Enzyklika zum Atheismus bekennt. Was um Gottes willen war geschehen?

Die sowjetische Antwort

Der Geheimdienst-General Vernon Walters, der unmittelbar nach dem Kollaps der Sowjetunion als betagter Pensionär von US-Präsident Bush sen. auf den Botschafterposten in Bonn berufen wurde – »Wollen Sie Ihrem Land einen Dienst erweisen?« – »Selbstverständlich, Mr. President!« –, um die Annexion der DDR in den Westblock reibungslos abzuwickeln, hatte die Sowjetunion gelegentlich einmal als »Obervolta mit Atomwaffen« bezeichnet. Das war die späte Häme des Siegers. Walters war ein Experte in Subversion, er hatte so viele Putsche und Sabotageakte wie Dienstjahre auf dem Buckel. Er war der richtige Mann für Bonn – solche Leute auf solchen Posten machen solche Sachen – und nahm, als er seinen »Job« erledigt hatte, ein Stück der Berliner Mauer als Beutestück und Souvenir mit nach Hause. Und er wußte natürlich, wovon er sprach, wenn er die Sowjetunion mit dieser verächtlichen Bezeichnung belegte. Sie war vergleichsweise arm – wenn auch kein »Bimbo-Land«, wie der hochrangige Zyniker suggerierte; auch Slums wie in der Bronx waren dort durchaus unbekannt –, weil die ihr aufgezwungenen Rüstungsanstrengungen zu Lasten der wirtschaftlichen und technischen Entwicklung, damit zu Mängeln in der Versorgung mit Konsumgütern, also zu Lasten des Lebensstandards gingen. Walters hätte genausogut sagen können: »Atombomben habt ihr – aber nichts zu fressen, harhar!« Doch nicht jedes »Obervolta« hat seine Atomwaffen. Wie kam die Sowjetunion zu ihrem schließlich recht ansehnlichen nuklearen Waffenarsenal, mit dem sie den zu allem entschlossenen US-Imperialismus immerhin über vier Jahrzehnte leidlich in Schach halten konnte? An dieser Frage entzündeten sich die abwegigsten Spekulationen und heftigsten Kontroversen.

Natürlich war die Sowjetunion arm, aber dies war Kriegs- und damit Gewaltfolge und somit keineswegs primär einem unpraktikablen bzw. selbstzerstörerischen Wirtschafts- und Gesellschaftssystem geschuldet, wie die West-Propaganda unablässig tönte. Allein Leningrad hatte nach jahrelanger Belagerung und Bombardierung durch die Wehrmacht höhere Verluste an Menschenleben zu verzeichnen als die gesamte US-Armee während des 2. Weltkriegs (daß es die Sowjetunion schaffte, aus dieser völlig zerstörten und ausgebluteten Stadt eine – wenigstens nach meinem Dafürhalten – der schönsten Großstädte der Welt zu machen, vor den zunehmend verelendenden Metropolen Paris und London, mit einem vorbildlichen Metro-System, so daß es dem ›Stern‹ den Wutgeifer ins Lästermaul trieb, kann als kleines Wunder bezeichnet werden; es ist dadurch zu erklären, daß bisweilen bis zu 80 % der landesweiten Aufbauarbeit in die Wiederherstellung und Ausschmückung jener Stadt flossen, in der die Oktoberrevolution ihren Ausgang nahm).* Die faschistischen Truppen hielten nach ihrem Überfall auf die Sowjetunion 1½ Millionen Quadratkilometer des russischen Territoriums besetzt, mit 30 % der Industrieanlagen und knapp der Hälfte der Sowjetbevölkerung.[34] Nachdem die Aggressoren aus dem Land gejagt waren, lag das Kriegsgebiet in Trümmern, weitaus mehr als das zerbombte Deutschland (was etwas heißen will): 50 % des städtischen und 75 % des ländlichen Wohnraums waren zerstört oder schwer beschädigt, desgleichen 31 850 Industriebetriebe, die Arbeit für vier Millionen Menschen geboten hatten. 65 000 km Eisenbahngeleise und 4100 Bahnhöfe waren vernichtet. Um die Versorgung der Partisanenverbände zu unterbinden, hatten die deutschen Okkupanten 24 Millionen Stück Großvieh getötet oder geraubt; die Hungersnöte im Nachkriegsrußland waren damit vorprogrammiert. Insgesamt wurde der direkte Sachschaden für die Sowjetunion auf 679 Milliarden Dollar beziffert. Auf den Konferenzen von Jalta und Potsdam hatten die Kriegsverbündeten Reparationszahlungen an die Sowjetunion in Höhe von 20 Milliarden Dollar vereinbart. Diese Summe wurde schnell halbiert, doch dann wollte der Westen überhaupt nichts mehr davon wissen und zog es vor, der Sowjetunion den Atomrevolver an die Schläfe zu setzen. Wenn Reparationen nach Rußland flossen, so stammten sie aus den eroberten und ebenfalls kriegszerstörten osteuropäischen Ländern, was der Sowjetunion mit Sicherheit keine Sympathiewerte einbrachte (allein die kleine DDR leistete bis zu ihrer Annexion über 700 Milliarden Ostmark an Aufbauhilfe, während aus Westdeutschland, wo die Altnazis, welche Rußland angegriffen und verwüstet hatten, wieder regieren, natürlich kein Pfennig floß). Daß die von der Sowjetunion erhobenen Tribute – als solche wurden sie von der Bevölkerung in den »sozialistischen Bruderländern« empfunden – natürlich die Loyalität zu ihr unterminierten, hätte ihr klar sein müssen; genau an diesem Punkt setzte die Westpropaganda ihren Hebel an, um die »Satelliten« vom sowjetischen Kernland abzuspalten.

---

* In der großartigen Eremitage, dem »Winterpalais«, in dem die »Provisorische Regierung« Kerenskis residierte, steht bis heute eine Uhr auf 1.30 Uhr morgens, jene Zeit, in der die revolutionären Petrograder Arbeiter und Soldaten die Minister festnahmen (übrigens mit sechs Toten insgesamt weitgehend unblutig, das war die ganze entsprechende Revolutionsbilanz, bis zur ausländischen Intervention) – das hat Stil…

Aber nicht nur die Sachschäden waren ungeheuer, der Blutzoll war es nicht minder. Spät und zögerlich (warum eigentlich?) bezifferte der XX. Parteitag der KPdSU die Zahl der russischen Kriegstoten auf 20 Millionen (1955; bei dieser Gelegenheit erfolgte auch die zaghafte und unaufrichtige Distanzierung von Stalins Verbrechen, der Ermordung der engsten Mitkämpfer und aller Anhänger Lenins); andere Schätzungen, die wohl eher zutreffen, gehen von bis zu 28 Millionen russischen Kriegstoten aus. 1945 kamen auf einen sowjetischen Mann drei Frauen; nach der Demobilisierung der 11,4 Millionen Mann starken Roten Armee belief sich das Verhältnis immer noch auf 1:2. Die Frauen stellten über die Hälfte der Industriearbeiterschaft, und sie stemmten die gesamte schwere Landarbeit, um wenigstens die Versorgung in einem Rationierungssystem (1947 aufgehoben) notdürftig sicherzustellen. Mangels Vieh und Zugmaschinen spannten sich vielerorts die Frauen vor den Pflug, der von Halbwüchsigen geführt wurde. Nur 15 % der ländlichen Produktionsgenossenschaften verfügten über einen Stromanschluß. Räuberbanden machten das Leben in Stadt und Land unsicher. Der Wohnraum für die Stadtbevölkerung belief sich im Durchschnitt auf 5–7 Quadratmeter pro Person. In Weißrußland, wo die Faschisten am schlimmsten gewütet hatten – wir erinnern uns: es ist heute »die letzte Diktatur in Europa«, nicht vergessen, ja nicht vergessen! –, gab es gar keine Häuser mehr; die Leute hausten in Erdlöchern, die sie mit Zweigen abdeckten, zwischen denen ab und zu ein Ofenrohr hervorlugte. – So und nicht anders kam das »Obervolta« des Zynikers Vernon Walters zustande.

Aber wie konnte es in den Besitz von Atomwaffen gelangen? Diese Frage muß in Anbetracht der geschilderten Nachkriegszustände um so rätselhafter erscheinen. Die industrielle Produktion lag am Boden; sofern die Anlagen nicht zerstört waren, hatte man sie demontiert und hinter den Ural geschafft. Besonders demoralisierend mußte wirken, daß in Deutschland, das man unter so großen Opfern besiegt hatte, die industriellen Kapazitäten 1945 immer noch über dem Vorkriegsniveau lagen, während in der Sowjetunion davon keine Rede sein konnte. Und die Kriegsüberlebenden sowie das Millionenheer der Heimkehrer waren an allem anderen interessiert als an Produktionsziffern und Fünfjahresplänen: Sie wollten die Früchte des Sieges genießen, es sich endlich einmal gutgehen lassen. Aber im Fernen Osten ragten die Rauchsäulen von Hiroshima und Nagasaki als unübersehbares imperialistisches Menetekel empor. Die Verlautbarungen und Handlungen der westlichen Regierungschefs, insbesondere der US-Präsidenten, ließen keinen Zweifel daran bestehen, daß sie ihre Drohungen baldmöglichst in die Tat umzusetzen gedachten. Die sowjetische Führung befand sich in der Zwickmühle, in einem furchtbaren Dilemma, an dem sie letzten Endes zugrunde gehen sollte: Forcierte sie den Aufbau der Schwerindustrie, um der militärischen Bedrohung standzuhalten, so mußte dies zwangsläufig auf Kosten der Leichtindustrie, d. h. der Herstellung von Konsumgütern vom Kühlschrank bis zum Brotlaib gehen; der Verlust der Massenloyalität wäre die unausweichliche Folge gewesen, während draußen die Hyänen und Aasgeier lauerten. Hätte sich die Führung hingegen für die Hebung des Lebensstandards entschieden, hätten die entscheidenden Mittel für die Landesverteidigung gefehlt, und am Ende hätte der sichere Atomtod gestanden. So stellte sich für Stalin und seine Nachfolger die Wahl zwischen Scylla und Charybdis, zwischen der Pest von Hungeraufständen und der Cholera der imperialistischen Invasion. Stalin entschied sich für den rasanten Ausbau der Schwerindustrie, mit gelegentlichen Konzessionen an den Konsumbereich, und *das* kann man ihm wirklich nicht verübeln. Im Jahre 1950 flossen 250 Milliarden Rubel in die Schwerindustrie, während die Leichtindustrie nur 2 Milliarden über die Planvorgaben angehoben wurden – auf ganze 8,2 Milliarden Rubel. Es war ein gefährlicher Schlingerkurs, der stets die äußere Bedrohung wie die inneren Unmutsbekundungen im Auge behalten mußte: Schickte man die Feuerwehr zum einen Brandherd, züngelten die Flammen am anderen. Die Sowjetführung entschied sich – es war eine schiere Überlebensfrage – in den ersten Jahren des Kalten Krieges für die Militarisierung der Produktion: nun wurden die Schlachten nicht mehr auf dem Feld, sondern in den Betrieben geschlagen. Hieraus – der Notwendigkeit zum »Antreiben«, Motivieren und Prämieren – erklärt sich zu einem Gutteil die autoritäre Führungsstruktur in einem permanenten Notstand, ganz wie eine Generation zuvor schon einmal, andererseits aber die mangelnde Begeisterung bei der Bevölkerung, denn der Verschleiß an Arbeitskraft, Lebenszeit und Lebensglück war enorm. Freilich, kein Sowjetbürger, kein Osteuropäer mußte darum fürchten, Arbeitsplatz oder Wohnung zu verlieren oder keinen Krippenhort für die Kinder zu finden, ganz im Unterschied zum »freien Westen«, wo diesbezüglich scharf geschossen wurde (und immer schärfer geschossen wird), aber was schließlich verhängnisvollerweise zur völligen Erosion der Massenloyalität führte, war die törichte bis suizidale Selbstbeweihräucherung eines in seinen Grundfesten bedrohten Systems: Man darf die Verteilung des Mangels nicht als Zeichen der Überlegenheit ausgeben. Die Losung »den Kapitalismus einholen und überholen« (Chruschtschow) kostete angesichts der schreiend ungleichen Startbedingungen mutmaßlich mehr an Loyalität als die schwersten Entbehrungen, was der Vergleich mit der entsprechenden Runde nach dem *ersten* Weltkrieg nahelegt, welche bei aller Zermürbung der revolutionären Loyalität doch anders ausging, denn da fehlte *dieser* Ton. Jeder sah und merkte, daß das Kopfsteinpflaster dem Auto, auf das man 10–15 Jahre warten mußte, nicht guttat. Jeder wußte, daß ein Platz im Restaurant lange im voraus reserviert werden mußte. Und man hätte mal gerne anderswo Urlaub als immer am Balaton-See gemacht. Als die »Mauer« fiel, wünschten sich meine Verwandten in der DDR als erstes – einen »West-Autoatlas«. Warum? Der ihre zeigte westlich der innerdeutschen Grenze nur weiße Fläche. Kann man törichter, kann man blöder sein? Als ich als Zehnjähriger in einem Illustrierten-Fortsetzungskrimi las, wie ein russischer Spion in einem westlichen Hotelzimmer die Güte der Rasierklinge bewunderte, war mir klar: das ist plumpe Propaganda (ich hätte es so nicht sagen können, aber ich fand es »blöd«; als ob man sich »im Osten« nicht richtig rasieren könnte!). Wenn ein solches Detail selbst einem Heranwachsenden auffällt, um wieviel mehr muß dies dann der Fall sein, wenn die zentralen Losungen einer (schwachen) Regierung permanent und in eklatanter Weise im Widerspruch zur täglich erlebten Lebenswirklichkeit stehen? Man darf den Sputnik, so sensationell *seinerzeit* das Experiment auch war, nicht mehr als Zeichen der Systemüberlegenheit ausgeben, wenn die Amis gerade auf dem Mond landen. Das ist einfach deppert. Auf diese Weise generierte man nur den typischen DDR-Witz – die Belege sind Legion – und den Spott der hochnäsigen Westdeutschen, die im (temporären) Schaufenster-Land des Westens lebten und darüber gern ihren Lakaien-Status vergaßen. Oder anders ausgedrückt: Bevor der Osten den Rüstungswettlauf verlor, hatte er, und zwar eigenverschuldet, den ideologischen »Krieg um die Köpfe« verloren, indem er aus der (unverschuldeten) Not nicht nur eine Tugend (der Mißbrauch des »Subbotnik«, welcher ursprünglich die neugeborene SU gerade vor dem Tod gerettet hatte), sondern einen Vorzug machte, und das kann auf lange Sicht nicht gutgehen. In ihrem Bemühen, rüstungstechnisch mit dem Westen gleichzuziehen, haben sie in den ersten Jahren des Kalten Krieges, der verheerenden Ausgangsbedingungen eingedenk, unter großen Opfern Bewundernswertes geleistet. Aber reichte es auch für die eigenständige Entwicklung der Atombombe? Wir hatten gesehen, wie die von Kriegszerstörungen verschonten, hochtechnisierten Vereinigten Staaten nur unter Anspannung aller Kräfte, unter der Mobilisierung aller menschlichen und materiellen Ressourcen die Atombombe »rechtzeitig« für ihr Nuklearmassaker herstellen konnten. Sollte die schwer kriegsgeschädigte Sowjetunion zu ähnlichen Leistungen in der Lage gewesen sein?

An diesem Punkt wird der Westen »fickrig«, denn er rührt an die Legende von der eigenen systemimmanenten Überlegenheit. Mit der Detonation der ersten sowjetischen Atombombe am 29. August 1949 war wenigstens für die US-Regierung der Fall klar: Es konnte nicht sein, was nicht sein durfte. Die eigenen Experten waren zuversichtlich davon ausgegangen, daß die Sowjetunion zehn bis fünfzehn Jahre benötigen würde, um diesen entscheidenden Schritt zu vollziehen; Zeit genug, um zum großen atomaren Präventivschlag auszuholen. Und nun das! Die Detonation in der kasachischen Sowjetrepublik bewirkte ein politisches Erdbeben in den Vereinigten Staaten. Es konnte nur Verrat im Spiel gewesen sein, Geheimnisverrat, Spionage. Die ersten »Täter« hatte man schnell gefunden: zwei jüdische Kommunisten amerikanischer Staatsangehörigkeit, neue Dreyfüse sozusagen, deren Schauprozeß und justitielle Ermordung uns noch eingehender beschäftigen werden. Aber das konnte noch nicht alles gewesen sein, der Hochverrat mußte sich bis in die höchsten Regierungskreise eingenistet haben! Die häßliche Kröte McCarthy verließ ihr Kaulquappenstadium, und die Paranoia begann ihre eigenen Kinder zu fressen.

Von einem guten Freund, dessen Namen ich leider nicht nennen kann, weil der Staat, in dem wir leben, so frei ist, Oppositionelle durch Entlassung in den langsamen ökonomischen und sozialen Tod zu schicken, hatte ich einen aufschlußreichen Lektürehinweis erhalten. Das Buch ist ein rarer Glücksfall, im Westen Deutschlands mit Sicherheit so gut wie niemandem bekannt (sagen wir die dritte Wurzel aus P, wobei P für »Bevölkerungszahl« = Population steht; mit dieser Formel versuchte Arno Schmidt die Häufigkeit von Genies in einer gegebenen Bevölkerung zu ermitteln). Es hatte in der vorliegenden Darstellung bereits nützliche Dienste geleistet und ist so selten, weil – und nun schlage ein Kreuz, wer will – es vom »Militärverlag der Deutschen Demokratischen Republik« herausgegeben wurde. Sein sachkundiger Verfasser weiß Hochinteressantes aus der »Geschichte der Kernforschung« (so der Untertitel) und deren militärischer Anwendung mitzuteilen. Seine Ausführungen sind es wert, beachtet und bei der Diskussion der hier interessierenden Frage berücksichtigt zu werden.[35]

Der Beginn der russischen Atomforschung ist mit dem Namen W. I. Wernadski verknüpft, der im Jahre 1900 bei einer Expedition im heutigen Usbekistan umfangreiche Uranvorkommen entdeckte und zehn Jahre später den Begriff vom »Zeitalter der Atomenergie« prägte. Wenig bekannt dürfte ebenfalls sein, daß ein halbes Jahr nach der Oktoberrevolution, am 12. April 1918, auf Anweisung Lenins eine »Abteilung für Radiumforschung« eingerichtet wurde. Leningrad avancierte zum »Mekka der sowjetischen Atomforschung«, es beherbergte bald ein Radiuminstitut und ein Radiumwerk, das Röntgengeräte und Elektronenröhren herstellte. Zu der Generation junger sowjetischer Nuklearforscher zählten neben Abraham Theodor Joffé, einem Schüler und Mitarbeiter von Wilhelm Röntgen, vor allem Igor Wassiljewitsch Kurtschatow, der spätere »Vater der sowjetischen Atombombe«, und weitere hochbegabte Physiker, die in der zweiten Hälfte der zwanziger Jahre ihr Fachgebiet um theoretische Beiträge und experimentelle Entdeckungen bereicherten (D. W. Skobelzyn, A. P. Schdanow, W. A. Fok, J. I. Frenkel, I. J. Tamm, L. I. Mandelstam u. a.). In den dreißiger Jahren kristallisierten sich neben Leningrad mit Moskau und Charkow zwei weitere Zentren der sowjetischen Atomforschung heraus; Ende der dreißiger Jahre hatten die sowjetischen Kernphysiker den Anschluß an den internationalen Standard erreicht, und der erste Teilchenbeschleuniger (»Zyklotron«) wurde in Betrieb genommen. 1939 befaßten sich die sowjetischen Experten mit der Frage der gesteuerten Kettenreaktion und der Einrichtung eines Kernreaktors; die industrielle Herstellung Schweren Wassers war ebenfalls erfolgreich in Angriff genommen wurden (Brodski).

Mit dem faschistischen Überfall kam die sowjetische Atomforschung schlagartig zum Erliegen; wenn die Wissenschaftler nicht selbst an der Front kämpften, stellten sie ihre Fähigkeiten zur Verbesserung der konventionellen Waffensysteme (Artillerie, Marine, Nachrichtenwesen) zur Verfügung. Ende Dezember 1941 wurde der junge Kernphysiker Georgi Flerow, der einige Beiträge an amerikanische Fachzeitschriften geschickt hatte, darauf aufmerksam, daß diese nie veröffentlicht wurden; er folgerte richtig, daß die USA im geheimen an der Herstellung der Atombombe arbeiteten, und forderte von nun an mit Nachdruck die Entwicklung einer russischen »Uranbombe«. Auf sein Drängen wurde 1943 in Moskau das »Institut für Atomenergie« unter der Leitung von Kurtschatow eingerichtet, während er selbst im Völkerkundemuseum von Kasan erste Versuche zur Bestimmung der kritischen Masse unternahm. 1944 wurden die Laborversuche zu einem umfangreichen Forschungsprogramm ausgeweitet, eine ausgedehnte Industrie – wir wissen, unter welchen Bedingungen sie zu arbeiten gezwungen war – lieferte reines Graphit und von Verunreinigungen freies Uran. Im Frühjahr 1946 beginnen erste Arbeiten für einen Versuchsmeiler, der in fünf Schichten mit 45 Tonnen Uran und 450 Tonnen reinstem Graphit beschickt wird. In riesigen Industrieanlagen fernab von Moskau beginnt nun die Herstellung von Atomsprengstoff im ersten, 1948 in Betrieb genommenen Uran-Graphit-Reaktor. Im Unterschied zu den Forschern in den Vereinigten Staaten arbeiten die sowjetischen Wissenschaftler an einer Kernwaffe auf Plutonium-

Basis, für dessen Aufbereitung sie ein im Vergleich zur »Uranbombe« zeitsparendes Verfahren entwickelt haben. Am 6. November 1947, zum 30. Jahrestag der Oktoberrevolution, gibt der sowjetische Außenminister offiziell bekannt, daß sein Land in der Lage sei, Kernwaffen herzustellen. Der Westen tut dies als Bluff ab und tüftelt weiter an seinen Angriffsplänen. Anfang 1949 konnte das erste zum Bombenbau geeignete Plutonium-Isotop 239 serienmäßig hergestellt werden. Im Sommer desselben Jahres ist es soweit: Am 29. August 1949 findet der erste sowjetische Atombombentest in der weitläufigen Steppe der kasachischen Sowjetrepublik erfolgreich statt. Die wissenschaftliche Leitung und die Aufsicht über die Zündung hatte Igor Kurtschatow inne. Sondereinheiten der US-Luftwaffe, die von Alaska, den Aleuten und der japanischen Insel Hokkaido regelmäßig zu Spionageflügen entlang der sowjetischen Grenze starten, werden durch Fotos und erste Messungen auf das Ereignis aufmerksam. Die alarmierte US-Regierung entsandte umgehend neu entwickelte »RD«-Flugzeuge (*Radiation Detection*), die auf Entdeckung radioaktiver Strahlung spezialisiert waren und zur Fernüberwachung etwaiger sowjetischer Versuchsexplosionen in Dienst gestellt wurden. Der erste Befund bestätigte sich: Es mußte sich um eine Plutoniumbombe von der 5–6 fachen Stärke der Hiroshimabombe gehandelt haben. Ein sichtlich irritierter Truman teilte der amerikanischen Bevölkerung zwei Tage später lapidar mit, es habe auf dem Gebiet der UdSSR eine »Atomexplosion« gegeben.

War es Spionage, »Verrat des amerikanischen Atomgeheimnisses«, wie die US-Blätter aufheulten (und an Oppenheimer bald ein Exempel statuierten)? Der Tatbestand ist stupend: Die USA benötigten zweieinhalb Jahre vom ersten Versuchsreaktor bis zur funktionsfähigen Bombe; die Sowjets benötigten unter wesentlich schwierigeren Bedingungen nicht mehr Zeit und fertigten eine effizientere Kernwaffe unterschiedlichen Typs. Die Frage, ob Atomspionage betrieben wurde, braucht nicht weiter erörtert zu werden: sie wurde, und zwar ausgiebig und von beiden Seiten. Aber welcher Stellenwert kam ihr zu? Seit 1938, dem Jahr der bahnbrechenden Entdeckung von Hahn und Straßmann, waren die entsprechenden Grundkenntnisse in den entwickelten Ländern Allgemeingut. Die Probleme stellten sich nicht in der Theorie, sondern in der Praxis, in den technischen Verfahrensweisen. Die Sowjetunion besaß das erforderliche Know-how, und sie verfügte über die erforderlichen Rohstoffe. Wie Stulz ausführt, füllen die technischen Erläuterungen zur industriellen Herstellung von bombenfähigem Plutonium allein 30 Bände. Kann eine solche Datenmenge unbemerkt übermittelt werden? Wohl kaum. Oder genügten wenige zusätzliche Informationen bei bereits fortgeschrittenem Entwicklungsstand, um den entscheidenden »Tick« zu geben, den Sprung von Quantität zu Qualität zu bewirken? Vielleicht. Es bleibt für den Laien schwierig, die ins Detail gehenden wissenschaftlichen und technischen, erst recht aber die geheimdienstlichen Zusammenhänge zufriedenstellend zu entschlüsseln. Fest steht, daß die offizielle US-amerikanische Version nicht stimmen kann; die Inszenierung ist zu schrill, zu hysterisch, und ein paar unter bin Laden-mäßigem Propaganda-Rummel* verurteilte und hingerichtete Personen sind noch kein Beweis. Ob diese Version ein Körnchen oder ein Korn Wahrheit enthält, sei dahingestellt. Persönlich neige ich der Ansicht zu, daß es die Sowjetunion bei der Atom- wie bei der Wasserstoffbombe aus eigener Kraft denkbar knapp geschafft hat und daß der entscheidende, nicht mehr aufholbare Vorsprung der USA zweieinhalb bis drei Jahrzehnte später einsetzte, bei der auf Mikroelektronik basierenden neuen Computertechnologie. Die unterlassene Grundlagenforschung auf diesem Gebiet sollte der Sowjetunion das Genick brechen.

Doch in den vierziger und fünfziger Jahren hatte auch die Sowjetunion ihren *brain trust* an fähigen ausländischen Wissenschaftlern; zu ihnen zählten die Deutschen Gustav Hertz, Max Steenbeck, Peter Adolph Thiessen, Max Vollmer und Manfred von Ardenne. Max Steenbeck, später einer der führenden Kernphysiker der DDR, schilderte die Motive für seine Mitwirkung an der sowjetischen Atombombe wie folgt:

> Ich war bei Kriegsende Leiter eines Werkes des Siemens-Konzerns und wußte wie alle Physiker um die grundsätzliche Möglichkeit, [...] die Energie der Uranatome in einer Explosion unvorstellbarer Größe freizusetzen. Als ich dann [...] erfuhr, daß dies in Hiroshima tatsächlich geschehen war, führte dieser Schock zum Entschluß, alles nur Mögliche zu tun, um eine Wiederholung zu verhindern – wenn ich überhaupt je noch eine Möglichkeit dazu haben sollte. Ich sah dazu nur einen Weg, nämlich den, daß dann auch der einzig denkbare Gegner mit gleicher Waffe zurückschlagen könnte. Wie nachher andere Wissenschaftler, habe ich so als Leiter einer aus sowjetischen und deutschen Mitarbeitern zusammengesetzten Gruppe an der hierfür so wichtigen Frage der Trennung der Uranisotope mitgearbeitet... [36]

---

* À propos: Was für ein Mediengetöse und Triumphradau anläßlich der angeblichen Liquidierung des angeblichen »Terror-Chefs«! Ein Mord – ohne Leiche; ein Tatort – der in Flammen aufgegangen ist; ein Dokumentarfilm – den niemand kennt; DNA-Proben – die keiner überprüfen kann. Welcher Kriminalist würde auf solche Daten seine Analysen stützen? Damit räumte die US-Regierung ihren selbst geschaffenen oder aufgebauten Butzemann, der für zehn Jahre *Enduring Freedom* (darunter machen sie's nicht) herhalten mußte, effektvoll von der Bühne. Obama der Gute besiegt Osama den Bösen – das taugt nicht einmal zum Dramenstoff.

Vielleicht gab es in der DDR ein Max Steenbeck-Institut, welches das Gedenken an diesen verdienstvollen Wissenschaftler aufrechterhielt; mit der Annexion dürfte es allerdings, wie Tausende von Straßennamen und Dutzende von Gedenkstätten[37], Geschichte geworden sein. Es gab ja auch nicht nur einen Raketen-Ingenieur Wernher von Braun, den sich die Amerikaner unter den Nagel gerissen hatten, sondern weitere rund 150 kriegsgefangene deutsche Techniker aus Peenemünde, die entscheidend an der Entwicklung der ersten sowjetischen Rakete namens »Gorodomlja« beteiligt waren (so benannt nach einer Insel im Seliger-See bei Leningrad).

Dem ersten erfolgreichen sowjetischen Atombombentest in der kasachischen Region Semipalatinsk sollten noch rund 500 weitere folgen, zunächst oberirdisch, dann, nach der vertraglichen Übereinkunft über einen Stop dieser Form von nuklearen Probeläufen, in unterirdischen Tunnels und Schächten. Natürlich war das »verheerend für die Umwelt«, wie die analogen Tests der USA in Utah, Nevada* und im Pazifik. Aber von diesem Gebiet geht eine noch viel schlimmere Gefahr aus, und ›Der Spiegel‹ (24.1.2011) hat's herausgefunden. Man höre:

> Weit erstreckt sich die Steppe bis zum Horizont, ein leeres Stück Erde am Ende der Welt. Nur wenige Hirten leben hier. Aber über diesem Niemandsland im Nordosten Kasachstans kreisen Drohnen. Die Späher gehören zu einer Geheimoperation des Verteidigungsministeriums der Vereinigten Staaten. Niemand soll wissen, was die unbemannten Flugkörper in der fernen Einöde bewachen. Das Pentagon fürchtet: Nirgendwo sonst in den ehemaligen Sowjetrepubliken haben es Terroristen so leicht, an radioaktives Material zu kommen. Durch frühere Atombombentests ist der Boden an einigen Stellen so stark mit Plutonium verseucht, daß Diebe den Stoff für eine schmutzige Strahlenbombe einfach ausgraben könnten. (S. 127)

Nun – mit dem »einfachen Ausgraben« ist es so eine Sache, zumal ohne Schutzanzug, und ein Spaten wird dafür wohl auch kaum ausreichen. Die »schmutzige Strahlenbombe«, die der Schrecken aller Schrecken sein soll, wäre ein gewöhnlicher konventioneller Sprengkörper mit diesem strahlenden Material, aber genau das haben die US-Truppen mit Hunderten von Tonnen im Irak, im ehemaligen Jugoslawien und in Afghanistan mittels ihrer schmutzigen DU-Geschosse (*Depleted Uranium*, abgereichertes Uran) getan, natür-

---

* Siehe dazu den hervorragenden und beklemmenden Dokumentarfilm »Paul Jacobs und die Atombande«.

lich der Freiheit zuliebe. Für die militärische Absicherung des verseuchten Gebiets in Kasachstan haben die USA bereits mehr als 600 Millionen Dollar ausgegeben, für »Warnschilder, Absperrungen, automatische Bodensensoren, Drohnen, Patrouillenfahrzeuge und andere Ausrüstung«, wie es heißt (*by the way*: Wer hat nochmal den Kalten Krieg gewonnen? Eine entsetzlich schwierige Frage!). Jedoch, so schließt der Artikel frohgemut, 's war immer a so: »Für das US-Militär ist die genaue Überwachung der kasachischen Steppe nichts Neues: Schon in den fünfziger Jahren spionierten Air Force-Piloten in U-2-Flugzeugen über Semipalatinsk das Atomprogramm der Sowjets aus.« – Damit zurück in die zunehmend heißer werdende Phase des Kalten Krieges.

Die amtliche Nachrichtenagentur TASS veröffentlichte am 25. September 1949 einen Artikel über den erfolgreich verlaufenen Test und verlas im Anschluß eine Erklärung der Sowjetregierung: »Die Sowjetunion hält auch weiterhin an ihrer Auffassung über das bedingungslose Verbot der Anwendung von Atomwaffen fest.« Selbigen Tags forderte der sowjetische Delegationsleiter auf der Plenarversammlung der Vereinten Nationen die weltweite Ächtung der Atombombe und die Vernichtung aller Kernsprengstoffe. Dieses Muster sollte sich in den nächsten Jahrzehnten stereotyp wiederholen; es war den jeweiligen US-Regierungen nicht einmal das sprichwörtliche Arschrunzeln wert.

Otto Hahn, der Entdecker der Kernspaltung, hatte sich nach der Nachricht über die Atommassaker in Hiroshima und Nagasaki mit Selbstmordgedanken getragen. Nun, nach der Meldung über den gelungenen sowjetischen Atombombentest, seufzte er erleichtert auf: »Diese Nachricht ist eine gute Nachricht, denn nun ist die Kriegsgefahr wesentlich geringer geworden.«[38] Das stimmte zwar, aber leider nur für sehr kurze Zeit. In dem bereits zitierten Regierungsdokument NSC 68, in dem für einen kurzen Augenblick der Schock zu verspüren ist, den die US-Kriegstreiber angesichts der erstarkten sowjetischen Konkurrenz verspürten, heißt es auch, von den tatsächlichen Verhältnissen in der historischen Realität gänzlich unbeleckt:

> Im Gegensatz zu früheren Bewerbern auf Hegemonie wird die Sowjetunion von einem fanatischen Glauben, der unserem entgegengesetzt ist, angetrieben. Sie versucht, dem Rest der Welt ihre absolute Herrschaft aufzuzwingen. Der Kreml ist unausweichlich militant, weil er eine weltweite Revolutionsbewegung bestimmt. Er versucht, die freie Welt unter seine Herrschaft zu bringen. Der fundamentale Plan der Russen bedingt die Vernichtung der Vereinigten Staaten, und darum stellt die Sowjetunion für die USA eine tödliche Bedrohung dar. Eine Koexistenz mit der Sowjetunion ist unmöglich.[39]

Damit war der Handschuh ins Gesicht geklatscht, und der Gong zur zweiten Runde im atomaren Wettrüsten ertönte. Wie zuvor und fürderhin waren es die Vereinigten Staaten, die an der Eskalationsschraube drehten. Die Pläne des Imperialismus waren die eine Seite, die abermalige sowjetische Antwort die andere.

Die Wasserstoffbombe und eine böse Überraschung für *Uncle Sam*

Wenige Tage bevor die Sowjetregierung in ihrem Kommuniqué die Weltöffentlichkeit über den erfolgreich verlaufenen Test unterrichtete, berief Präsident Truman den Nationalen Sicherheitsrat am 22. September 1949 zu einer Krisensitzung ein. Das Gremium bestand neben ihm, der den Vorsitz innehatte, aus dem Verteidigungs- und Außenminister, dem Chef der CIA und weiteren sechs hochrangigen Beratern. Zehn Personen berieten über die Zukunft der Welt. Truman faßte vier Monate später, am 31. Januar 1950, das Ergebnis der Sitzung wie folgt zusammen: »Ich habe die Atomenergiekommission angewiesen, die Entwicklung aller Atomwaffen einschließlich der sogenannten Wasserstoff- oder Superbombe fortzusetzen.«[40] Das letzte Wort in diesem Zitat implizierte natürlich, daß die Arbeiten an dieser neuen Kernwaffe mit ihrem – falls ihre Herstellung gelänge – unvorstellbaren Vernichtungspotential, selbst im Vergleich zur Hiroshima-Bombe, bereits aufgenommen worden waren. Obwohl auf schon hohem Niveau, verschärften sich nun die Militärdoktrinen, der Ton der Verlautbarungen und die Kriegspolitik der Vereinigten Staaten. US-Stabschef Omar N. Bradley verkündete die Doktrin der *massive deterrence* bzw. *massive retaliation*, der »massiven Abschreckung« bzw. »Vergeltung« (wofür? Weil die Sowjetunion die Unverschämtheit besaß, zu existieren). Sie besagte im wesentlichen, daß bei einem militärischen Konflikt, seien es nun ein Schießkrieg an einer Landesgrenze, ein Seegefecht oder der Abschuß eines Flugzeuges, das gesamte Vernichtungspotential der US-Streitkräfte zur Anwendung kommen sollte. Daher bemühte man sich fieberhaft, eine Armada von Langstreckenbombern zu unterhalten, die Tag und Nacht Patrouillenflüge entlang der sowjetischen Grenzen unternahm, um bei einem Einsatzbefehl sofort auf die ihnen zugewiesenen Zielgebiete zuzusteuern. Die in den Hangars auf den Stützpunkten stationierten Flugzeuge hatten binnen Minuten startklar zu sein. Der Rüstungshaushalt explodierte binnen der vier Jahre zwischen 1949 und 1953 um das Dreifache, um den »Betriebsunfall« mit der sowjetischen Atombombe wettzumachen: Allerspätestens bis 1957 sollte das US-Atomarsenal der sowjetischen Rüstung um das Zehnfache überlegen sein. Aber der erste Probelauf für einen heißen atomaren Konflikt fand bereits wesentlich früher statt, zuerst während der »Berlin-Krise« (die Anführungszeichen werden noch erklärt), dann während des Korea-Krieges, der uns im nächsten Kapitel eingehender beschäftigen wird. Zu einem Zeitpunkt, als sich die US-Bodentruppen in Korea unerwartet massiven Schwierigkeiten gegenübersahen, faßte Truman ein Ultimatum an die Sowjetunion und die Volksrepublik China ins Auge. Falls diese beiden Staaten nicht zusicherten, sich in den Krieg nicht einzumischen, sollten sie die schwersten Konsequenzen zu gewärtigen haben, wie Truman seinem Tagebuch am 27. Januar 1952 anvertraute: »Dies bedeutet umfassenden Krieg. Es bedeutet, daß Moskau, St. Petersburg [sic], Mukden, Wladiwostok, Shanghai, Port Arthur, Dairen, Odessa, Stalingrad und jede Produktionsstätte in China und in der Sowjetunion vernichtet werden müssen.« Und am 18. Mai desselben Jahres notierte er: »Das ist eine Propagandatribüne für die ›Commies‹. Wollt ihr nun ein Ende der Feindseligkeiten oder China und Sibirien zerstören? Ihr könnt das eine oder das andere haben. Ihr akzeptiert entweder unsere fairen Vorschläge, oder ihr werdet vollständig zerstört.«[41] Die Welt stand zum zweiten Mal an der Schwelle eines Atomkriegs. Der britische Kernphysiker Blackett hielt rückblickend fest: »In der Periode der quantitativen Überlegenheit [der USA], das heißt, von der Explosion der ersten sowjetischen Atombombe bis zur Explosion der ersten sowjetischen Wasserstoffbombe im Jahre 1953, standen die theoretischen Erwägungen über die Auslösung und Durchführbarkeit eines Präventivkrieges im Mittelpunkt der strategischen Konzeptionen des Pentagon.«[42] Das ist noch sehr vornehm ausgedrückt. Doch dazu brauchte Truman dringend die neue Waffe. Sein Staatssekretär Finletter, der für die *Air Force* zuständig war, jubelte schon voller Vorfreude: »Mit sieben dieser Bomben können wir die Welt regieren!«[43] Das allerdings war gar nicht so einfach, wie es sich die Sprengköpfe in Washington vorstellten.

Die theoretischen Voraussetzungen hatten die Wissenschaftler bereits erarbeitet. Während die Uran- und Plutoniumbomben ihre Energie durch Kernspaltung (Fission) entbanden, geschah dies bei der Wasserstoff- bzw. Thermonuklearbombe durch die Verschmelzung (Fusion) von Wasserstoffatomen zu Heliumatomen, ein Vorgang, der sich in unserer Sonne und jedem Stern des Universums abspielt (der Physiker Hans Bethe, den wir bereits kennengelernt hatten, hatte für diese Erkenntnis den Nobelpreis erhalten, allerdings recht spät, 1967 – hing dies mit seiner ablehnenden Haltung gegenüber der neuen Waffe zusammen?). Im Unterschied zu den Kernspaltungsbomben war der bei einer H-Bomben-Detonation freigesetzten Energiemenge keine Grenze nach oben gesetzt; das machte sie zwar einerseits für die Kriegsplaner attraktiv, denn damit konnten weitflächig verstreute Truppenverbände, riesige Industriekomplexe und Metropolen auf einen Schlag ausgelöscht werden, andererseits stellte gerade ihre »Überzerstörungs«-Kapazität ein Problem dar: Was sollte ein Eroberer mit einem Territorium anfangen, das auf Tausenden von Quadratkilometern einer Wüstenei gleicht? (Neben der sowjetischen Atombombe ist dieses Dilemma die Ursache für die kurzfristig zögerliche Haltung im Strategiepapier NSC 68). Im Grunde genommen, sinnierten einige US-Strategen, stellten nur Moskau und Leningrad »lohnende« Ziele für eine solche Waffe dar, und sie bezweifelten, daß sich der nicht überschaubare Aufwand lohnte (aus demselben Grund und weiteren technischen Unwägbarkeiten teilte Oppenheimer diese Skepsis, wodurch er sich bekanntlich den Kommunismus-Vorwurf und einen Schauprozeß zuzog). Allerdings wurden die »Zauderer« von den »Falken« überstimmt, und die US-Regierung scheute wie bei der ersten Atombombe keinen Aufwand: »In die ländliche Stille Südcarolinas fällt ein Heer Bauarbeiter mit Bulldozern und Betonmischern ein. Auf 600 Quadratkilometern verschwanden die Dörfer und Farmhäuser. Aus der fruchtbaren rotbraunen Erde wird mit einem Kostenaufwand von fast 1,5 Milliarden Dollar das Savannah-River-Atomwerk gestampft. Du Pont, der Konzerngigant, ist wieder Hauptkontrakter.«[44] Edward Teller, der die Ansicht vertrat, die Menschheit werde erst dann Vernunft annehmen, wenn sie mit ihrer Vernichtung konfrontiert sei, übernahm die wissenschaftliche Leitung des Projekts.

Wie bei den ersten Atombomben stellten ingenieurstechnische Probleme das größte Hindernis dar. Um eine Kernfusion in Gang zu setzen, benötigte man Temperaturen, die bislang noch nicht künstlich erzeugt werden konnten. Bei der nuklearen Detonation in Hiroshima wurde für 1,2 millionstel Sekunden eine Hitze von 50 Millionen Grad freigesetzt, doch der Zeitbruchteil war für die neuen Erfordernisse zu kurz, die Temperatur immer noch zu niedrig. Wollte man die beiden Wasserstoff-Isotope Deuterium und Tritium (mit 2 bzw. 3 Neutronen) miteinander fusionieren, so benötigte man 100 Millionen Grad und 30 millionstel oder (Mikro-) Sekunden. Zudem kommt Tritium in der Natur nicht vor; es mußte aufwendig und daher teuer hergestellt werden – ein Kilogramm wurde auf zwei Millionen Dollar geschätzt –, und außerdem ging diese Produktion zu Lasten des Ausstoßes von bombenfähigem Plutonium, nach dem die US-Militärs gierten. Schließlich mußte die zu entzündende Deuterium/Tritium-Mischung unter hohem Druck auf eine konstante Minustemperatur von -200 Grad C gebracht werden, was eine Apparatur riesigen Ausmaßes erforderlich machte, die partout in keinen US-Bomber paßte (so erklärte sich die flapsige, aber zutreffende Bemerkung Oppenheimers, man müsse diese Höllenmaschine auf einem Ochsenkarren zum Zielort bringen). Trotz dieser immensen Schwierigkeiten entwickelte Teller im Sommer 1950 ein Verfahren, dessen Details hier nicht weiter ausgebreitet werden sollen; sein entscheidender Vorteil bestand darin, daß die Menge der für eine Zündung benötigten kritischen Masse drastisch heruntergesetzt werden konnte. Dies hatte zwei einschneidende Konsequenzen: zum einen verdoppelte sich durch diese technische Neuerung der Kernwaffenbestand der USA und damit ihre imperialistische Dreistigkeit (die Tagebucheinträge Trumans kamen vor diesem Hintergrund zustande), zum anderen konnte nun die Testexplosion einer Wasserstoffbombe ins Auge gefaßt werden. Ein vorläufiges Experiment in Nevada verlief vielversprechend, so daß für das Frühjahr 1951 eine Kernfusions-Detonation auf den pazifischen Marshallinseln anberaumt wurde. Der Deckname dieser Operation lautete sinnigerweise *Greenhouse*, »Gewächshaus«. Bald sollte auf dem Atoll jedoch nichts mehr stehen oder wachsen.

Das Monstrum hing an einem 60 Meter hohen Stahlturm, hatte eine Kantenlänge von 8 Metern und wog 65 Tonnen. In 30 Kilometer Entfernung beobachteten Politiker und Militärs in Partystimmung das Ereignis durch geschwärzte Brillen. »Es war ein Gefühl, als ob man eine Ofentür öffnete«, erzählte einer der Anwesenden, der kein *Greenhorn* in Sachen nuklearer Detonationen war. »Atomexplosionen hatten bisher einen begrenzten Eindruck auf mich gemacht. Hier war, als die Wolke sich verzog […], im Pazifik die Hölle los.«[45] Obwohl die neue Erfindung aufgrund der schwerfälligen Apparatur noch nicht militärisch genutzt werden konnte, brachen nun alle Dämme der Kriegstreiberei: Noch im selben Jahr wurden 18 weitere Kernspaltungs-Tests durchgeführt. Die strategische Luftflotte wurde drastisch aufgestockt, alle drei Teilstreitkräfte (Heer, Marine, Luftwaffe) sollten mit den »billigen« Massenvernichtungswaffen ausgerüstet werden. Der Bau des ersten atomgetriebenen U-Boots wurde in Auftrag gegeben. In Livermore wurde mit sechsstelligen Millionenbeträgen ein weiteres Forschungszentrum eingerichtet, welches sich ausschließlich mit der Perfektionierung der Wasserstoffbombe befassen sollte, das »Thermonuclear Laboratory«. Und man setzte einen weiteren Testtermin für eine H-Bombe fest, diesmal den 1. November 1952 auf dem pazifischen Eniwetok-Atoll. Bei der Codierung war die Vorliebe für Grünzeug geblieben, die Operation lief jetzt unter dem Namen *Ivy* (Efeu): »Im Pazifik war eine Insel verschwunden, buchstäblich in die Luft gejagt worden. Die Anlage für eine Sprengwirkung von rund 3 Millionen Tonnen (3 Megatonnen) – das entsprach der Sprengkraft sämtlicher im zweiten Weltkrieg eingesetzter Bomben – hatte einen Krater von 1,5 Kilometer Durchmesser und 150 Meter Tiefe in den Grund des Pazifiks gerissen.« Die Wucht der Detonation bewirkte das erste von Menschenhand ausgelöste Erdbeben, das von allen Warten der Welt registriert wurde. Die Imperialisten-Herrlichkeit schien keine Grenzen zu kennen – wer wollte ihr noch widerstehen?

Am 8. August 1953 hielt der Vorsitzende des Ministerrats der UdSSR G. M. Malenkow eine zweistündige Grundsatzrede, in der es fast beiläufig hieß: »Bekanntlich wiegten sich im Ausland die Anhänger eines Krieges geraume Zeit in Illusionen über ein Monopol der Vereinigten Staaten von Amerika in der Atombombenproduktion […] In der letzten Zeit suchten sich die überreichen Friedensfeinde einen neuen Trost. Die Vereinigten Staaten hätten nämlich eine Waffe, die mächtiger wäre als die Atombombe: Sie seien Monopolisten der Wasserstoffbombe […] Das ist aber nicht der Fall.« Die Reaktionen in den US-Medien schwankten zwischen Ungläubigkeit und Häme; John Foster Dulles sprach von der Skepsis der US-Regierung und erklärte: »Eine Explosion einer Wasserstoffbombe in Rußland ist nicht festgestellt worden!«[46] Wenige Tage später, am 12. August 1953, detonierte die erste sowjetische Wasserstoffbombe. Eine eilends einberufene Kommission der amerikanischen Atomenergiebehörde versuchte über die Analyse von Staubproben Aufschluß über den Stand der russischen Thermonukleartechnik zu erlangen und kam zu einem schockierenden Befund: Die sowjetischen Wissenschaftler um Kurtschatow hatten eine »elegantere« Lösung als ihre amerikanischen Kollegen gefunden. Anstelle der Deuterium/Tritium-Mischung, die unförmige Apparaturen erforderte, hatten sie ein wesentlich einfacheres Verfahren mit Lithiumhydrid entwickelt, einer chemischen Verbindung zwischen dem leichtesten – und billigen – Metall Lithium und Wasserstoff, ein weiß-bläuliches Pulver, das bei einer atomaren »Zündung« das kostbare Tritium ergab. Diese »trockene« Wasserstoffbombe war im Unterschied zum schwerfälligen Monstrum des amerikanischen Modells leichter und daher transportfähig. Nun zeigten sich die US-Regierungskreise regelrecht erschüttert. Der Vorsitzende des Kongreßausschusses für Atomenergie, Sterling Cole, stellte einigermaßen fassungslos fest: »Die russische H-Bombe kann aus der Luft abgeworfen werden. Das ist [es], was mich am meisten stört und bekümmert!« Zwar hatten sich die amerikanischen Forscher selbst auf dieser Spur befunden, waren aber noch nicht so weit gelangt. Die Sowjetunion hatte im atomaren Wettlauf aus eigener Kraft sogar einen leichten Vorsprung errungen, und doch erklärte ihr Delegierter Andrej Wyschinski Anfang 1954 vor den Vereinten Nationen: »Wir haben das Verbot der Atomwaffen vorgeschlagen, als wir sie noch nicht hatten. Jetzt, da wir sie besitzen, halten wir ebenso ernst an diesem Vorschlag fest. Wir fordern auch heute ihr Verbot, obgleich wir die Wasserstoffbombe hergestellt haben.«[47]

Damit war abermals ein Patt erreicht, das der Welt eine kurze Atempause beließ. Ein Geheimnisverrat war diesmal ausgeschlossen, denn die Sowjetunion hatte die Nase vorn. Doch das durfte nicht sein – es mußte Spionage sein! Im Fernsehen schäumte der Scharfmacher McCarthy am 11. April 1954:

Wenn es keine Kommunisten in unserer Regierung gibt, warum verzögern wir dann unsere Erforschung der Wasserstoffbombe um achtzehn Monate, während unsere Abwehrdienste Tag für Tag melden, daß die Russen die Entwicklung einer H-Bombe fieberhaft vorantreiben? Und wenn ich heute abend Amerika sage, daß unsere Nation sehr wohl untergehen kann, dann wird sie wegen dieser Verzögerung von achtzehn Monaten untergehen. Und ich frage euch, wer ist daran schuld? Waren es loyale Amerikaner, oder waren es Verräter, die in unserer Regierung saßen?[48]

Knallcharge McCarthy

Damit hatte der Senator dünnes Eis betreten: Man mochte von der US-Regierung dies oder jenes denken, aber daß sie »kommunistisch unterwandert« sei, dazu bedurfte es einer Glaubensbereitschaft analog zur Wunderheilung des Lazarus. Und da das Volk nur glaubt, was es sieht – im christlichen Ritual beispielsweise die bombastisch inszenierte »Wandlung« –, mußte ein Sündenbock her, ein prominentes Schlachtopfer, dessen Gesicht, dessen Person für diesen Hochverrat stand. Es war eben jener Robert Oppenheimer, dem die US-Regierung die Atombombe verdankte und den sie im Jahr 1949 in

Anerkennung seiner Dienste mit über fünfzig Ämtern und hohen Posten überhäuft hatte, u. a. als Ratgeber des Präsidenten in Atomfragen und als Berater führender Politiker in denselben Bereichen. Dieser Kopf mußte rollen, um das Volk in atemloser Panik vor der angeblichen »kommunistischen Bedrohung« zu halten, und so wurde, nachdem das FBI in monatelangen Intrigen die Fäden gesponnen hatte, am nächsten Tag nach McCarthys Brandrede das Verfahren gegen den Atomphysiker, diesen glücklosen Opportunisten, eröffnet. Damit widerlegte die US-Justiz zugleich die

☞ **Legende:**   Der politische Schauprozeß ist ein ausschließliches Wesensmerkmal des menschenverachtenden Kommunismus bzw. Stalinismus.

Wie nach dem Muster der Hexenprozesse erfaßte diese Paranoia in konzentrischen Schüben immer größere Teile der amerikanischen Gesellschaft; es war nun keine *folie à deux* mehr, sondern eine *folie à millions*. Schon 1947 war auf die Initiative McCarthys die *Loyality Order* erlassen worden, worauf zweieinhalb Millionen Staatsangestellte der Überprüfung ihrer politischen Gesinnung unterzogen wurden. Auch mit dieser Maßnahme gelang der US-Administration aufs trefflichste die Widerlegung der

☞ **Legende:**   Der monolithische Staatsaufbau ist ein Spezifikum des totalitären Kommunismus.

Aber das Schüren des Verfolgungswahns ist, wie gesagt, ein zweischneidiges Schwert, an dem sich auch die Urheber und Nutznießer mitunter schneiden können. In den ersten Wochen und Monaten des amerikanischen Atombomben-Monopols, als die US-Medien sich damit brüsteten, »die Macht der Russen buchstäblich vom Angesicht der Erde vertilgen« zu können, forderte der US-Verteidigungsminister James V. Forrestal, ihm die Entscheidung über den Einsatz der Atombomben zu überlassen. Damit befand er sich in Übereinstimmung mit seinem Präsidenten Truman, der nicht einmal vier Jahre nach den nuklearen Massakern von Hiroshima und Nagasaki am 7. April 1949 öffentlich erklärt hatte: »Ich bin bereit, die Atombombe für den Frieden der Welt einzusetzen.« Kurz darauf wurde Forrestal in eine Irrenanstalt eingeliefert; er war des Nachts mit dem Ruf »Die Russen kommen!« aus dem Bett gesprungen und auf die Straße geeilt (Erregung öffentlichen Ärgernisses?). Ein amerikanischer Journalist hielt seinerzeit in seltener Klarsicht fest:

> Was wäre wohl passiert, wenn Forrestal, anstatt aus dem Bett zu springen, befohlen hätte, eine Atombombe abzuwerfen, weil er sich in seinem Wahnsinn einredete, sowjetische Truppen würden am nächsten Tag in den Vereinigten Staaten landen? Forrestal hat während seiner Konferenzen mit Rundfunk- und Pressekommentatoren immer wieder gesagt, der Krieg sei unvermeidlich. Sogar besondere Daten des Kriegsausbruchs hat Forrestal bereits gewußt. Sein Irresein ist auf diese Weise auf die öffentliche Meinung übertragen worden. Hitler, Goebbels und Forrestal muß man in einem Atemzug nennen, denn ihre Gedanken über die Weltherrschaft sind dieselben.[49]

Einen Monat später sprang Forrestal während eines neuerlichen paranoiden Schubs aus dem 17. Stock des Krankenhauses. Forrestal liefert einen der seltenen Belege, daß die Herrschenden ausnahmsweise auch einmal auf ihre eigenen Lügen hereinfallen können.*

In Wirklichkeit verkraftet ein stabiles politisches System – sei es das römische Kaiserreich der Spätantike oder das amerikanische Imperium des 20. und 21. Jahrhunderts – einen solchen »Ausrutscher« ohne weiteres, zumal die Vorteile der staatlich geschürten Paranoia die auf Einzelfälle beschränkten Nachteile um ein Vielfaches überwiegen: die Bevölkerung wird solchermaßen auf Trab und bei der Stange gehalten, und im Windschatten dieser Massenhysterie lassen sich – genau wie heute anläßlich des staatlich induzierten »Terrorismus«-Wahns – neue Unrechtsakte begehen. So verhielt es sich während des amerikanischen Atom-Monopols, als die US-Regierung zielstrebig auf einen nuklearen Präventivschlag hinsteuerte, und nicht anders waren die Verhältnisse während und nach dem Schauprozeß gegen Oppenheimer beschaffen. Die Atempause, die der Welt nach der Entwicklung der sowjetischen Thermonuklearbombe vergönnt war, dauerte nur einen kurzen Augenschlag, denn im Zuge ihrer Propaganda-Offensive bündelte die US-Regierung alle

---

* Man erlaube mir hier, zur Entspannung auch meiner Leser einen jüdischen Witz einzuflechten. – Ein Scherzkeks ruft aus seinem Parterrefenster auf die Straße: »Leute, schaut! Auf dem Markt tanzt ein Lachs!« – Alles rennt zum Marktplatz: Kein Lachs! Aber in dem Zug, der hingerannt ist, findet man den Scherzbold, der sich diesem eilig angeschlossen hat. – »Was haste'n gerufen: ›Auf dem Markt tanzt ein Lachs!‹?« – »Wollt' Spaß machen!« – »Und warum biste selbst hingerannt?« – »Hab' gedacht: rennen alle hin, wer weiß, vielleicht tanzt da wirklich ein Lachs!« – Nicht die Bibel, sondern der jüdische Witz ist meines Erachtens das Beste, was das jüdische Volk der Menschheit geschenkt hat. Danach kommen die Erkenntnisse von Marx und Freud.

Kräfte, um ihren verlorengegangenen militärtechnologischen Vorsprung wieder zu erlangen und zügig auszubauen. Eine von den letzten H-Bomben-Detonationen betäubte Welt sah sich in kürzester Frist mit neuen unvorstellbaren Schrecken konfrontiert.

Unmittelbar nach dem sowjetischen Wasserstoffbomben-Test forcierte die US-Regierung die Entwicklung einer neuen Waffengattung, der Interkontinentalraketen (*Intercontinental Ballistic Missiles*, ICBM). Auch hierfür kam ihr die Ausnutzung menschlicher Ressourcen des Naziregimes zupaß, und zwar in Gestalt Wernher von Brauns, den ich in Kinderjahren aus Illustrierten als gutmütigen Raketenonkel aus Übersee kennenlernte (»der hat es zu was gebracht!«). Wernher von Braun war eine Weiterentwicklung der deutschen V-2-Rakete gelungen, und 1954/55 wies dieser jeden Punkt der Erde potentiell bedrohende Raketentypus bereits eine Ziel-

Alles easy? »Atomschutz«-Übung im Jahre 1955

abweichung von nur 0,2 Prozent der Flugstrecke auf. Das klingt gering, macht bei einer Flugbahn von 8000 km[50] – und so weit lagen die sowjetischen Zielorte entfernt – jedoch eine Abweichung von 16 km aus. Dies war selbst für eine Atom- oder sogar eine Wasserstoffbombe zu viel, um maximal effizient zu sein – es sei denn, man entwickelte einen neuen Bombentyp, dessen Zerstörungskraft alles bisher Dagewesene übertraf. Das war die »Super«, die, von 1000- bis 5000fach größerer Sprengwirkung als die Hiroshima-Bombe, Hunderte von Quadratkilometern verwüsten und radioaktiv verseuchen konnte. Es handelte sich, vereinfacht ausgedrückt, um eine Kombination aus Atom- und Wasserstoffbombe; letztere war mit einem Mantel aus dem Uran-Isotop 238 umgeben, das normalerweise bei einer Atombombe nicht spaltbar ist, in der thermonuklearen Hitze jedoch als Kernsprengstoff reagiert. Der Fachterminus für diese Bombe lautet »Dreiphasen-Kernwaffe« (atomare »Zündung« – thermonukleare Reaktion – Detonation des U 238-Mantels); 80 % der enormen, nach oben nicht begrenzten freigesetzten Energie stammt von dem Uranmantel, der überdies riesige Mengen radioaktiver Substanzen emittiert.

Am 1. März 1954 wird diese Bombe um 12 Minuten nach 6 Uhr Ortszeit auf dem Eniwetok-Atoll im Pazifik gezündet. »Ihre Sprengkraft beträgt etwa 15 Megatonnen, das heißt, ist etwa 750mal größer als die der Hiroshimabombe. Das entspricht etwa der fünffachen Stärke der während des zweiten Weltkriegs zur Detonation gebrachten Sprengstoffe.«[51] In 140 Kilometern Entfernung vom Explosionsort, außerhalb der von den USA reklamierten Sperrzone, befindet sich der japanische Hochseekutter »Fukuryu Maru 5« (Glücklicher Drache 5) auf Thunfischfang. Die Mannschaft hält das farbenprächtige Schauspiel am Horizont zunächst für den Sonnenaufgang, doch sie erkennt bald, daß die Rauchpyramide, die in ihr zuckenden Blitze und die Farben aus dem Spektrum des Regenbogens eine andere Ursache haben müssen. Ein zweifacher Donner rollt über den Kutter hinweg, dann ist es ruhig, und die Fischer gehen ihrer Arbeit nach. Nach zweieinhalb Stunden – der Fang, acht Tonnen Thunfisch, ist eingebracht – rieselt plötzlich weißer Staubregen vom Himmel: pulverisierte Korallen mit hochradioaktiven Spaltprodukten, die in den nächsten zehn Jahren bewirken, daß Atollbewohner in Hunderten Kilometern Entfernung an Schilddrüsenkrebs sterben werden.

Der Kapitän befiehlt, das Schiff und seine Fracht von dem seltsamen Schnee zu säubern. Einige sonderbare Phänomene sind zu beobachten: Die zuvor straffen Gummibänder an den Handschuhen zerbröseln, die Haut brennt, innere Hitze und Appetitlosigkeit setzen den Seeleuten zu. Nach drei Tagen verstärkt sich das Brennen, die Haut wird bleifahl, aus roten Hautflecken bilden sich schmerzhafte Blasen. Als die Mannschaft nach zwei Wochen die 2000 Meilen zu ihrem Heimathafen zurückgelegt hat, ist sie schwer krank und kaum mehr handlungsfähig. Während der mehrere Stunden dauernden Untersuchung wird der Fang auf dem Markt verkauft. Die Diagnose lautet schließlich: extreme radioaktive Verseuchung, insbesondere mit dem tödlichen Isotop Strontium 90, das bei der »Super« in besonders hohem Maße anfällt. Japan ist zum dritten Mal innerhalb nicht einmal eines Jahrzehnts zum Opfer amerikanischer Nuklearverbrechen geworden, desgleichen 236 Bewohner des 130 Kilometer entfernten Marshall-Archipels, die an der »Atomkrankheit« leiden. Als der Fischer Aikichi Kuboyama am 23. September stirbt – seinen Kameraden ist lebenslanges Siechtum vorbehalten –, äußert er den Wunsch, er möge das letzte Opfer der nuklearen Barbarei sein – verständlich, aber vergeblich. Die nächsten »Super« werden schon am 26. März, am 6. April und am 5. Mai gezündet – mit z. T. noch höherer Sprengkraft, bei einer ausgedehnten Sperrzone von 750 Kilometern Radius. Die Nachrichtenagentur Reuter meldet: »Diese weiteren Versuche sind die Antwort der USA-Regierung auf die zahlreichen

Ersuchen um Einstellung der Experimente.«[52] Da habt ihr den Atomsalat – wohl bekomm's! Die amerikanischen Kriegstreiber waren in ihrer Tobsucht außer Rand und Band geraten.

Nicht nur der Pazifik war radioaktiv verseucht – weit, weit mehr als nach dem infolge einer Naturkatastrophe eingetretenen Reaktorunglück im japanischen Fukushima im Jahre 2011 –, und nicht nur die japanische Bevölkerung war dem radioaktiven Fallout ausgesetzt. Die Detonationen hatten zwischen zehn und hundert Millionen Tonnen verstrahlte Materie aufgewirbelt, deren Partikel sich rings um den Globus verteilten; überall ergaben Messungen am Regenwasser erhöhte radioaktive Werte. Der weltweite radioaktive Niederschlag bereitete dem Filmhersteller Kodak ernsthafte Schwierigkeiten, da sich die Filme ohne den Einbau von Spezialfiltern in den Fertigungsanlagen schwärzten. Es war diejenige Zeit, in der Kinder, die in Mitteleuropa an den Blüten des Wiesenklees saugten, höhere Strahlungswerte in sich aufnahmen als nach der russisch-ukrainischen Reaktorkatastrophe in Tschernobyl. Die Welt, die sogenannte »freie« inklusive, schaute einer strahlenden Zukunft entgegen … Bevor wir eine kleine Abweichung begehen, sei noch zweier Sprachperversionen gedacht, die in jener Zeit entstanden. Das US-amerikanische Propaganda-Sprech bezeichnete die thermonukleare Waffe als »saubere Bombe«, weil bei der Kernschmelze keine radioaktiven Substanzen anfallen – wer denkt hier nicht an die »chirurgischen Luftschläge« der Gegenwart mit ihren vernachlässigenswerten »Kollateralschäden«, ungeachtet des gesamten strahlenden DU-Schrotts? Im Volksmund machten sich dagegen die Wendungen »Sexbombe« und »Atombusen« breit; die Hirne waren ebenso verseucht wie die Organismen in dieser verdammt schlechten Zeit, aller Wirtschaftswunderlichkeiten zum Trotz. Und die Leukämierate der Menschen, besonders der Kinder, die ja mit ihrem Knochenaufbau vermehrt Strontium 90 aufnahmen und behielten, vervielfachte sich weltweit und sprunghaft. (Über die entsprechenden Tiere wissen wir zu wenig.)

Exkurs: Igor Kurtschatow und das Periodensystem der Elemente

Igor Kurtschatow – so heißt der Physiker, der sein Land vor dem atomaren Überfall durch die USA bewahrte und dem die Welt zu verdanken hat, daß sie einem nuklearen Armageddon entging und ihr Dasein in einem – freilich

Igor Kurtschatow

äußerst labilen – Zustand des »Nicht-kriegs« fristen konnte. Aber das ist nur die halbe Wahrheit. Dieser Name – viele andere wären ihm zur Seite zu stellen – steht nicht nur für die erfolgreiche Umsetzung physikalischer Erkenntnisse für militärtechnologische Zwecke, sondern ebenso für die zivile Nutzung der Atomenergie. Peitschten die USA den Rüstungswettlauf hemmungslos an mit dem Ziel, die UdSSR militärisch zu vernichten, so kommt der Sowjetunion ohne jeden Zweifel die Rolle des Spitzenreiters in der friedlichen Nutzung der Atomkraft zu. Am 27. Juni 1954 ging das erste Atomkraftwerk der Welt, das ausschließlich der Energieerzeugung diente, in einem später als Obrinsk neu benannten Ort 100 Kilometer südwestlich von Moskau ans Netz. Die Existenz von Atomkraftwerken, ob man sie nun wünschens- oder verdammenswert findet, ist seit Jahrzehnten ein vertrautes Phänomen, aber das galt nicht für die fünfziger Jahre des vergangenen Jahrhunderts, in denen die Vereinigten Staaten ausschließlich auf die militärische Nutzung der Atomkraft setzten. Schließlich dämmerte einigen ihrer Repräsentanten, daß dieser Schuß nach hinten losgehen könnte, indem nämlich die zivile Nutzung der Kernenergie der Sowjetunion zu weltweitem Ansehen verhelfen könnte. Da malte man nun *con furore* jahrelang den kommunistischen Teufel an die Wand, und am Ende wäre alles für die Katz gewesen. »Nichts könnte für unser nationales Prestige verheerender wirken als eine Mitteilung des Kreml, daß die Sowjets die Atomenergie für friedliche Zwecke entwickelt haben«, konstatierte der Ausschußvorsitzende für Atomenergie Sterling Cole. Eben diese Situation war nun eingetreten, und einige US-Senatoren orakelten bereits etwas von einer »Katastrophe«. Auch daran war Kurtschatow maßgeblich beteiligt.

Im August 1955 fand in Genf eine Konferenz von 1400 Wissenschaftlern zur friedlichen Nutzung der Kernenergie statt; die Vollversammlung der Vereinten Nationen hatte sie einberufen. Im Unterschied zu ihren amerikanischen Kollegen war der sowjetischen Delegation keine Geheimniskrämerei aufoktroyiert worden – hört, hört, möchte man rufen –, und so konstatierte ein westlicher Berichterstatter entgeistert: »Die Mitteilungen der Russen entlockten den Experten der amerikanischen Atomenergiekommission immer wieder Pfiffe der Ver- und Bewunderung.« Die sowjetischen Erkenntnisfortschritte in diesem Bereich scheinen so gravierend gewesen zu sein, daß einige Fachleute im Westen Russisch zu lernen begannen. Professor Lundby, der mit einer Gruppe westlicher Physiker die Sowjetunion besuchte, notierte verwundert: »Ich habe in Rußland fortwährend das höchst merkwürdige Gefühl gehabt, Dinge zu erleben, die mir einfach unglaubwürdig erschienen – etwa, wenn ich mit sowjetischen Wissenschaftlern über Experimente der neuesten Forschung diskutierte, mit denen sich die Russen nach unserer Ansicht noch gar nicht befassen konnten, und wenn mir große Kernreaktoren und technische Anlagen gezeigt wurden, von denen wir vordem auch nicht das Geringste gehört hatten…« Diese zweifellos aufrichtigen Berichte lassen erkennen, wie zerstörerisch die Propaganda auch in einem Professorenhirn wirken kann – als würden, überspitzt formuliert, die Russen als einzige Energiequelle nur das Streichholz kennen, mit dem sie ihre Papyrossa anzünden.

Am 25. April 1956 hielt Kurtschatow einen aufsehenerregenden und exzellent besuchten Vortrag im britischen Atomzentrum Harwell (die russischen Wissenschaftler hatten also Reiseerlaubnis erhalten und waren wieder zurückgekehrt; kaum zu glauben für ein Westhirn!). Der Physiker sprach über das technisch verwickelte und anspruchsvolle Thema, mit welchen Mitteln die Kernfusion »gebändigt« und einer friedlichen Nutzung zugeführt werden könnte. Die Agentur Reuter meldete: »Professor Kurtschatow hat Einzelheiten bekanntgegeben, die in den westlichen Ländern völlig unbekannt waren. Der russische Gelehrte hat alle Fragen ausführlich, ohne auszuweichen, beantwortet und den britischen Wissenschaftlern Fakten mitgeteilt, die sie nicht einmal ahnten.«[53] Der französische Physiker Hubert hatte nach Kurtschatows Vortrag endlich die Forschungsgelder erhalten, die ihm für seine thermonuklearen Arbeiten lange vorenthalten wurden. Der Westen nahm mit Verwunderung wahr, daß die Russen tatsächlich mehr können als mit Wodka gurgeln.

Kurtschatow hat auch, bevor ihn ein Schlaganfall im Jahre 1956 zum ersten Mal niederstreckte, maßgeblichen Anteil am Aufbau des sowjetischen Kernforschungszentrums Dubna – so genannt nach dem nahegelegenen Flüßchen ca. 130 km nördlich von Moskau – genommen. Dort befanden sich zahlreiche Laboratorien für theoretische Physik, Neutronenphysik, Kernreaktionen, Rechentechnik und Automation, sowie schließlich der größte Teilchenbeschleuniger der östlichen Welt, das Analogon zum westlichen CERN bei Genf. Der

Besucher Niels Bohr, gewiß kein Kommunist, äußerte sich anerkennend über Weitsicht, Kühnheit, ja sogar Tapferkeit – wie er sagte –, mit der dieses Projekt in Angriff genommen wurde. Es war das Mekka der sowjetischen Physik, in dem »zahlreiche Forschungsergebnisse von fundamentaler Bedeutung erzielt worden [sind]: so die Entdeckung der chemischen Elemente 102, 103, 104 und 105, ebenso ein neues Elementarteilchen und mehrere Isotope. Verschiedene wissenschaftliche Großgeräte wurden hier erstmalig in der Welt entwickelt.«[54]

Die genannten Elemente, die sogenannten Transurane, zeichnen sich mit zunehmender Kernladungszahl durch immer größere Instabilität aus und können mehrteils nur für Sekundenbruchteile künstlich hergestellt werden; laut internationaler Konvention wurden viele von ihnen nach herausragenden Physikern benannt: so etwa das Bohrium mit der Ordnungszahl 107 und das Meitnerium (109). Mit dem Element 104 hat es eine besondere Bewandtnis: Es wurde, wie erwähnt, in Dubna entdeckt (1964) und 1966 chemisch nachgewiesen. Seine Herstellung war dermaßen kompliziert, daß alle 5 bis 6 Stunden lediglich ein Atom angefertigt werden konnte, insgesamt 150 Atome, die nach 0,3 Sekunden wieder zerfielen. Kurtschatow erlebte dies nicht mehr; er war bereits am 7. Februar 1960 einem weiteren Schlaganfall erlegen. Als internationale Koryphäe der Kernphysik erhielt er die posthume Ehre, daß dieses Element nach ihm benannt und so in allen Schul- und Lehrbüchern geführt wurde: Kurtschatowium.

Vor einiger Zeit hatte ich das für Laien außerordentlich instruktive Werk des britischen Chemikers P. W. Atkins, eine Einführung in sein Fachgebiet, gelesen. Im 5. Kapitel seiner Arbeit kommt er recht unterhaltsam auf die Namensgebung der Elemente, darunter auch der Transurane, zu sprechen. Dabei stieß ich auf folgende Abbildung[55]:

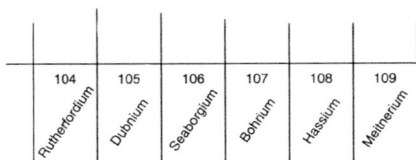

Moment mal – wo war Kurtschatow geblieben? Sicher, der Brite Ernest Rutherford war ebenfalls ein hervorragender Forscher, aber was war da passiert? Die Abbildungslegende gab, spröd (und verlogen) bis ins Herz hinan, folgende unverbindliche Auskunft: »Das namensgebende internationale Komitee, die IUPAC (*International Union of Pure and Applied Chemistry*), hat 1997 die hier gezeigte Nomenklatur festgelegt (und dabei Vorschläge wie ›Joliotium‹ und ›Hahnium‹ für die Elemente 105 und 108 verworfen).« Feige und verlogen ist diese Auskunft, weil sie unterschlägt, daß der Name Kurtschatow bei dieser Gelegenheit eliminiert wurde, ganz nach der römisch-antiken Bann- und Fluchformel der *damnatio memoriae*: Nicht gedacht soll seiner werden! Ich war, zugegebenermaßen, eine ganze Zeitlang über eine so hundsgemeine nachträgliche »Korrektur«, die ein paar im Dunkeln munkelnde Akademiker-Anonymi verfügt hatten, erst einmal geplättet. Und wie es zu solchen verachtenswerten Leisetretern paßt, hatten sie – als großzügigen »Ersatz« wohl – die Forschungsstätte Dubna an die Stelle 105 gesetzt. Das verworfene »Joliotium« hätte an den französischen Forscher Frédéric Joliot-Curie erinnert und wäre damit schon wieder nicht frei von »kommunistischen Reminiszenzen« gewesen. Der Kalte Krieg ist vorbei? Nicht ganz! Diese beiden Wissenschaftler zählen zu seinen letzten Opfern: Nur ein toter (und im Lethe-Strom versenkter) Kommunist ist ein guter Kommunist. Wer seinen Ekel angesichts dieser Niedertracht überwunden hat, bedenke, mit welcher Erbarmungslosigkeit hier nichts, auch nicht die kleinste vermeintliche Kleinigkeit, dem Zufall überlassen wurde. Aber was ist »Totalitarismus« anderes als genau dieses?

Die Bombe und die Politik – das Beispiel Deutschland

Vielleicht mag der eine oder andere Leser an der Fülle militärtechnologischer Details Anstoß genommen haben, aber der Weltfrieden hing in den ersten Jahren des Kalten Krieges tatsächlich von der Frage ab, ob es der Sowjetunion gelänge, eine atomare Kettenreaktion in Gang zu setzen und eine Wasserstoffbombe aus Lithiumhydrid anstatt des komplizierten Deuterium/Tritium-Verfahrens herzustellen. Auch die Politik der einzelnen Länder, welche die Vereinigten Staaten großzügig ihre »Verbündeten« nennen, hängt ausschließlich von der militärischen Kräftekonstellation ab, d.h. vom technologischen Rüstungsstandard der USA in Relation zu ihrem weltanschaulichen Todfeind, ist also letzten Endes nichts weiter als eine Teilfunktion der »Bombe« in deren jeweiligem Entwicklungsstand. Das klingt eintönig, und das ist es auch, aber so lautet die Formel für die Geschichte all jener Länder, die während des Kalten Krieges in das »westliche Bündnis« gezwängt wurden. Spezifisch ausgeprägt sind lediglich die Abhängigkeitsverhältnisse, die sich nach den geographischen und historischen Besonderheiten des jeweiligen Landes richten: ob es nun ein Frontstaat ist und sich daher als Raketenbasis und Aufmarschgebiet eignet (wie die Türkei und die BRD), ob es aufgrund seines hohen industriellen Niveaus sich zum Vorzeigeland (»Schaufenster«) gegenüber dem feindlichen Block eignet (wie die BRD), ob es als Lieferant strategisch wichtiger Rohstoffe von Bedeutung ist (wie die Länder des Nahen und Mittleren Ostens), ob es als »Gorilla-Staat« zur Unterdrückung von nationalen Unabhängigkeitsbewegungen in der Dritten Welt taugt (Südamerika, Afrika, Fernost) oder ob es ganz simpel als unversenkbarer Flugzeugträger von Nutzen ist (Island und Guam) – stets erhält das jeweilige Land seine Bedeutung nur im Kontext der amerikanischen Kriegsplanung, seine »Geschichte« erschöpft sich darin (und das ist wirklich eintönig), aber es ist nun einmal nicht mehr als Bauer, Springer oder Läufer im US-Weltschach. Natürlich wird sich ein Vietnamese besonders für die Geschicke seines Landes interessieren, entsprechend der Koreaner und der Deutsche, doch ist allen drei Ländern gemeinsam, daß sie im Interesse und auf Initiative der USA jeweils in zwei verfeindete Teilstaaten aufgespalten wurden. In Vietnam gelang die Wiedervereinigung in einem langwierigen, blutigen und heroischen Befreiungskrieg mit maßgeblicher Unterstützung durch die Sowjetunion, in Deutschland war sie einfach die Folge des US-imperialistischen Endsiegs mit Annexion des schwächeren Teils, während Korea das letzte Land ist, in welchem der Kalte Krieg persistiert (mit absehbarem Ausgang). Die westlichen »Satelliten« verfolgen keine eigenständige Innen- oder Außenpolitik, da sie nicht souverän, sondern ganz wie die »Klientelstaaten« im Imperium [d. h. »militärischer Einsatzbereich«, nicht »Reich« oder »Staat«] Romanum, Bestandteil der »Weltinnenpolitik« der Vereinigten Staaten sind (wie eintönig!).

Ihre Regierenden, die man besser US-Statthalter, -Gaufürsten oder -Satrapen nennt, mögen zwar ihre Namen wechseln, aber ob sie nun Konrad Adenauer oder Ngo Dinh Diem heißen, Schröder oder Maliki, Merkel oder Karsai, ist völlig gleichgültig. Ihre Funktion bleibt dieselbe, nur die Form ihrer Installation ist unterschiedlich: Sie kann durch scheinfreie Wahlen ohne tatsächliche Opposition erfolgen (was immer »schöner« aussieht und billiger ist) oder auf amerikanischen Bajonetten; das eine nennt man Kanzler, das andere »Präsident«, aber beide sind sie Marionetten (*string puppets*). So stellen wir in diesem Abschnitt die Geschichte der BRD ausschließlich deshalb in den Vordergrund, weil dieses Buch nun einmal in Deutschland erscheint. Ach ja, bevor es vergessen wird (und um der quasi-heiligen »Ausgewogenheit«

Rechnung zu tragen): »Unsere Brüder und Schwestern« in der ehemaligen DDR (welche die Springer-Presse stets in Anführungszeichen setzte, weil »so was« ja kein Staat und schon gar keine »demokratische Republik« sein konnte) waren keineswegs »frei« in dem Sinne, daß sie in einem souveränen Staat lebten; das galt auch für alle sonstigen Länder des »Ostblocks« außerhalb der Sowjetunion. Aber es macht einen entscheidenden Unterschied, ob man als Kettenhund einer aggressiven Atompolitik agiert oder, gemäß der Defensivstrategie, welche der Sowjetunion von Anfang an aufgezwungen wurde, als Puffer gegen einen potentiellen Angreifer. Die USA rüsteten ihre Vasallen aus, trainierten sie für den militärischen Showdown und trugen keinerlei Bedenken, sie zu verheizen, während die Sowjetunion sich bemühte, »den Laden zusammenzuhalten«, da in den armen und schwachen Ostblockländern stets zentrifugale Tendenzen wirksam waren, es mit den Stärkeren und Reicheren zu halten. Das ist der Hintergrund für die sowjetischen Interventionen in Ungarn und der Tschechoslowakei, über die sich der Westen nicht genug ereifern konnte, während er gleichzeitig Korea und Vietnam unter Hinterlassung von Millionen Toten »in die Steinzeit zurückbombte«, wie er sich prahlerisch großtat. Das macht wirklich einen entscheidenden Unterschied. – Nun aber zur BRD, die zwischen 1945 und 1949 gar nicht so hieß, sondern aus drei Besatzungszonen – der britischen, französischen und amerikanischen – bestand, die zu einem Gebilde gegen die »SBZ« (Sowjetische Besatzungszone) zusammengeschmolzen werden sollten.

Welche Struktur, welche Form und welchen Charakter dieses Gebilde haben sollte, stand von Anfang an fest, und seine Konstrukteure gaben sich keinerlei Mühe, ihre prosaischen Absichten hinter blumigen Worten zu verbergen. Senator James O. Eastland machte Ende 1945 in markigen Worten klar:

> Es handelt sich bei dem trostlosen Schicksal Deutschlands um die gesamten Beziehungen zwischen der östlichen und westlichen Zivilisation. Deutschland ist stets eine Grenzmark gewesen, Deutschland ist stets die Aufgabe zugefallen, eine Zivilisation, die mehr als 2000 Jahre alt ist, gegen die orientalischen Horden zu verteidigen. Deutschland ist der Schlußstein des gesamten europäischen Baus, und Deutschland muß auf jede noch erdenkliche Weise einer demokratischen freiheitlichen christlichen Gesellschaft, die auf dem privatkapitalistischen System aufgebaut ist, erhalten bleiben!

Noch Fragen? Damit war die Marschrichtung klar: die »Grenzmark« sollte gegen die »orientalischen Horden« aufgerüstet werden (so mancher Deutsche hätte sich angesichts dieser Formulierung fragen können, wo denn nun der

Unterschied zum Belzebuben Hitler besteht; freilich scheinen schon die Propagandahülsen »Freiheit« und »Christentum« auf, und diese »Worte« sollten später in den öffentlichen Verlautbarungen ein wesentlich größeres Gewicht erhalten). Der uns bereits bekannte George F. Kennan notierte in der etwas nüchterneren Sprache des Diplomaten unmittelbar nach Kriegsende:

> Die Idee, Deutschland gemeinsam mit den Russen regieren zu wollen, ist ein Wahn [...] Wir haben keine andere Wahl, als unseren Teil von Deutschland – den Teil, für den wir und die Briten die Verantwortung übernommen haben – zu einer Form von Unabhängigkeit zu führen, die so befriedigend, so gesichert, so überlegen ist, daß der Osten sie nicht gefährden kann. Das ist eine gewaltige Aufgabe [...] Zugegeben, daß das Zerstückelung bedeutet [...] Ob das Stück Sowjetzone wieder mit Deutschland verbunden wird oder nicht, ist jetzt nicht wichtig. Besser ein zerstückeltes Deutschland, von dem wenigstens der westliche Teil als Prellbock für die Kräfte des Totalitarismus wirkt, als ein geeintes Deutschland, das diese Kräfte wieder bis an die Nordsee vorläßt [...] Im Grunde sind wir in Deutschland Konkurrenten der Russen.[56]

Damit war die deutsche Nachkriegsgeschichte festgelegt. Aus US-Sicht galt die Parole: »Lieber das halbe Deutschland ganz als das ganze Deutschland halb«, und man installierte den Prellbock Adenauer, später dann, in der entscheidenden Endphase des Kalten Krieges, den Sturmbock Helmut Schmidt. Stalin hingegen präferierte ein geeintes, neutrales und entmilitarisiertes Deutschland als Pufferzone zur gefürchteten militärischen Konkurrenz (und mit stupender Unterschätzung der weitreichenden Waffensysteme, d. h. seinerzeit der strategischen Bomberflotten). Zweifelsohne wäre der Stalinsche Vorschlag für die Deutschen besser gewesen und wurde deshalb auch von der KPD und anderen fortschrittlichen Organisationen übernommen; Deutschland wäre so eine Art Riesenschweiz geworden (zu deren Nachteil, versteht sich), lebensfähig nur auf der Grundlage sich gegenseitig blockierender Großmächte wie Titos Jugoslawien, dafür souverän und wohlhabend wegen der entfallenen Rüstungskosten. Aber wozu, so monierten die amerikanischen Machthaber, so viele Annehmlichkeiten und einen so hohen, sorglosen Lebensstandard für einen Kriegsverlierer? Nehmen wir die *fucking Krauts* lieber an die Kandare, setzen ihnen ein paar Jahre später wieder den Stahlhelm auf und erteilen ihnen den Marschbefehl nach Osten! Mehr steckte nicht hinter der deutschen Teilung, aber auch nicht weniger. Eine besondere Situation und beständige Reibungsfläche stellte dabei die geteilte ehemalige Reichshauptstadt Berlin im sowjetischen Einflußbereich dar; zwar hatte die Rote Armee die Stadt erobert, aber Stalin überließ in einem *Deal* die Westsektoren der Stadt den ehemaligen Alliierten und bekam dafür Thüringen zugesprochen. Er mag sich bauernschlau vorgekommen sein, aber ob es auch klug war, steht auf einem anderen Blatt: Westberlin war die Frontstadt des Westens im Feindesland, ein Pfahl im Fleisch des Sowjetimperiums. Das sollte sich bald zeigen.

Alfred Hitchcock, der unbestrittene Altmeister des Kriminalfilms, hatte 1945 einen einstündigen Dokumentarfilm über die Greuel in den deutschen Konzentrationslagern erstellt, der aber aufgrund eines Verbots der britischen Regierung nicht gezeigt werden durfte und für 27 Jahre in den Archiven verschwand. Warum? Die Vereinigten Staaten brauchten Westdeutschland mit all seinen Nazis und wollten deshalb fünf gerade sein lassen; man knüpfte etwas mehr als zwei Handvoll der allergrößten Verbrecher auf, Churchill allerdings nicht – wer Verbrecher aufknüpft, kann ja wohl selber keiner sein – und stellte den Rest wieder ein, diesmal als »freiheitsliebende Christen mit Rußlanderfahrung«. Der Stellvertretende Oberkommandierende der US-Streitkräfte in Europa, General Lucius Clay, der später einen medienträchtigen Klimmzug an der Berliner Mauer absolvierte, äußerte sich in einer für Militärs charakteristischen Offenheit über den Sinn der sogenannten »Entnazifizierung« in der BRD gegenüber einer amerikanischen Zeitung: »Das Gesetz über die Entnazifizierung wurde in hohem Grade dazu verwandt, eine möglichst große Zahl von Menschen für ihre früheren Posten wiederzugewinnen, anstatt dafür, die Schuldigen zu bestrafen.«[57] Diese »Entnazifizierung« war also in Wirklichkeit eine großflächige *Re*nazifizierung; ja, man entblödete sich nicht, sogar die Kategorie »wirtschaftlich wertvoller Nazi« einzuführen! Auf diesem Wege avancierte wohl Ludwig Erhard vom einstigen Chefplaner der faschistischen Wehrwirtschaftsführung zum bundesdeutschen Wirtschaftsminister mit dicker Zigarre und dickem Bauch: »Wohlstand für alle!« (so der Titel seines Buches). US-General George Patton, ein Exot unter den hohen Militärs, der sich nur mit demonstrativ umgeschnalltem großem Revolver in der Öffentlichkeit zeigte, meinte, es gebe zwischen einem deutschen Nazi und Antinazi kaum größere Unterschiede wie zwischen einem amerikanischen Demokraten und Republikaner. Dazu mußte er freilich die zahlenmäßig zwar stark dezimierten, aber öffentlich immer noch wahrnehmbaren (und in den ersten Parlamenten vertretenen!) Kommunisten unterschlagen – vielleicht trug er deswegen seinen Revolver –, aber im Hinblick auf die amerikanischen Verhältnisse hatte er zweifelsohne wahr und gut gesprochen. Die Vorgesetzten der beiden Generäle, die Vereinten Stabschefs, hielten in einem Memorandum (JCS 1769/1) vom 9. April 1947 mit Bezug auf Deutschland fest:

Die potentiell stärkste Militärmacht dieses Gebietes ist Deutschland. Ohne deutsche Hilfe könnten die übrigen Länder Westeuropas kaum so lange den Armeen unserer ideologischen Gegner widerstehen, bis die Vereinigten Staaten ausreichend große Streitkräfte mobilisiert und ins Feld geführt haben, um ihnen eine Niederlage zu bereiten. Mit einem wiedererstarkten Deutschland, das auf der Seite der westlichen Alliierten kämpft, wäre das möglich. Weiterhin ist der vollständige Wiederaufbau der deutschen Industrie, besonders des Kohlebergbaus, für die wirtschaftliche Gesundung Frankreichs unerläßlich – dessen Sicherheit untrennbar mit der Sicherheit der Vereinigten Staaten, Kanadas und Großbritanniens verbunden ist. Der wirtschaftliche Wiederaufstieg Deutschlands ist daher vom Standpunkt der Sicherheit der Vereinigten Staaten von vorrangiger Bedeutung.[58]

Damit waren die Gleise gebaut, die Weichen gestellt, und die Betrachtungen über das westliche Nachkriegsdeutschland könnten an dieser Stelle abbrechen, denn es ist ja wirklich sehr eintönig. Für die Konstituierung Westdeutschlands als BRD, wie wir sie kennen, gaben ausschließlich militärstrategische Überlegungen der USA den Ausschlag, während man das »Geschiß« um die »Werte« arbeitsteilig den Medien überließ. Es sollte also endlich Schluß sein mit der

☞ **Legende:**   Mit der Bundesrepublik Deutschland entstand 1949 ein souveräner und demokratischer Staat.

Richtig ist vielmehr: die BRD war als gehobene US-Kolonie ein Frontstaat, der bald die größte Dichte an Atomwaffen weltweit aufweisen sollte. Freilich mußte man sich das etwas kosten lassen, und man mußte eine austarierte »Parteienlandschaft« – so heißt das doch – einrichten, die freilich als entscheidende Demokratiebremse im Unterschied zur Weimarer Republik die 5 %-Hürde enthielt (in der Türkei sind es 10 %) und die keineswegs so frei war, daß die KPD darin ungestört und gleichberechtigt Platz gefunden hätte. Um Deutschland aufzurüsten, mußte es zuerst aufgebaut werden. Die wichtigsten Stationen auf diesem Weg sollen im folgenden skizzenhaft vorgeführt werden.

Ursprünglich lagen für Deutschland zwei gegensätzliche Optionen auf dem Tisch. Die eine, benannt nach dem amerikanischen Finanzminister Henry Morgenthau, sah vor, Deutschland zu de-industrieren und zu einem Agrarstaat auf Suppenküchen-Basis umzuwandeln, von dem nie wieder eine

Kriegsgefahr ausgehen könnte. Die zweite Option, die sich durchsetzte, ging von der gegenteiligen Prämisse aus: Von Deutschland sollte wieder ein Krieg ausgehen, nur diesmal unter US-Regie, und gegen die Sowjetunion ließ sich nun mal kein Krieg mit Dreschflegeln führen. Dieser Plan wurde nach George Marshall benannt, Fünf-Sterne-General und Chef des US-Generalstabs während des 2. Weltkriegs, später Verteidigungsminister, der – damit wir's nicht vergessen – 1953 den Friedensnobelpreis erhielt, zusammen mit dem guten Menschen aus Lambarene, Albert Schweitzer (was für ein symbolträchtiges Paar: ein amerikanischer General und ein deutscher katholischer Sozialarbeiter: das Gesicht der neuen Welt!). Marshall hatte diesen Plan als Außenminister erstmals am 5. Juni 1947 vorgeschlagen; er trat im April des folgenden Jahres in der Form einer »Wirtschaftshilfe« in Kraft, die neben Westdeutschland noch insgesamt weiteren 18 Staaten gewährt wurde:

> Man pumpte zwischen 1948 und 1952 rund 13 Milliarden ins christliche Abendland: 3,1 Milliarden für Großbritannien, 2,6 Milliarden für Frankreich, 1,4 Milliarden für Italien, 1,3 Milliarden für Westdeutschland, 1,0 Milliarden für die Niederlande, um nur die Spitzenempfänger zu nennen. Mit humanitärer Hilfe hatte das so gut wie nichts zu tun, so gut wie alles aber mit geschäftlichen und machtpolitischen Bedürfnissen ... [59]

Die Investitionen erfolgten aus zweierlei Erwägungen: erstens um die Dominanz des US-Kapitals in Europa sicherzustellen, zweitens aus militärstrategischen Gründen – es sollten, wie es in der Präambel hieß, »Macht und Stabilität« der Vereinigten Staaten garantiert werden. Zum ersten Aspekt, der ökonomischen Beherrschung und Aussaugung Europas, heißt es beim selben Verfasser:

> Man gründete Filialen, baute Fabriken, erwarb Aktienmajoritäten. Man nahm Fusionen vor, kaufte ganze Betriebe, kaufte Bergwerke und Banken. [Genau wie heute, drängt sich der Zwischenruf auf.] Die Sache nahm einen ähnlichen Verlauf wie das frühere Vorgehen in Lateinamerika. Die Beherrschung der Alten Welt durch die Neue begann. Man schuf hundertweise Tochter- und Beteiligungsgesellschaften. Man überzog Westeuropa mit einem Netz wirtschaftlicher Einfluß- und Machtsphären, und alles geschah mit einem Tempo ohnegleichen. Ganze Branchen, die Mineralöl-, die Büromaschinen-, Landmaschinen-, die Kosmetikindustrie u. a. wurden von US-Firmen beherrscht. [60]

Es ist also nichts mit der Mär vom guten Onkel aus Übersee, der mit Dollarscheinen und Care-Paketen um sich wirft. Die Zementierung der europäischen Abhängigkeit folgte vielmehr einem eigennützigen ökonomischen Kalkül:

> Geliefert wurde nicht das, was man in Westeuropa dringend brauchte, sondern was die USA loswerden wollten. Statt Maschinen, um die eigene Produktion entwickeln zu können, schickte man Fertigprodukte, statt Landmaschinen Getreide. Dabei konnte alles in Europa viel billiger hergestellt oder auf dem Weltmarkt eingekauft werden. 50 Prozent aller Hilfsgüter durften nur von USA-Schiffen transportiert werden. Pläne zur Errichtung von Erdölraffinerien wurden nicht genehmigt, statt dessen mußte Öl von USA-Firmen zu überhöhten Preisen eingeführt werden. Statt der gewünschten 65 000 Traktoren kamen 20 000 an. Dafür schickte man 65 000 LKWs, die niemand bestellt hatte. An der Spitze der Lebensmittellieferungen standen Erdnüsse und Trokkenobst. Das Ergebnis: ein Ansteigen der Arbeitslosigkeit, von einer Million auf vier Millionen in den Marshallplan-Ländern [wie wenig dünkt uns das heute!, P. P.]; steigende Steuern und der Ruin vieler Bauern und zahlreicher Mittelbetriebe zählten zu den Folgen.

Der Direktor für wirtschaftliche Fragen in der amerikanischen und britischen Besatzungszone, ein gewisser Dr. Johannes Semmler, führte auf einer Parteiversammlung der CSU – die bekanntlich nicht im Ruch der Kommunismusnähe steht – auf kritische Einwände aus: »Man hat Mais geschickt und Hühnerfutter, wofür Deutschland teuer bezahlt. Geschenkt wird Deutschland nichts, sondern es muß in Dollar aus deutscher Arbeit und deutschen Exporten dafür bezahlen und sich noch dafür bedanken. Es ist an der Zeit, daß deutsche Politiker darauf verzichten, sich für diese Ernährungszuschüsse zu bedanken.« Die deutschen Politiker haben diesem Herrn offenbar nicht zugehört, denn noch heute tönt die immer selbe Leier: »Wir werden stets in dankender Erinnerung behalten, wie unsere amerikanischen Freunde in Zeiten bitterster Not...« – Knechtsgewäsch.

Es ging um nichts anderes, als die aktuelle »kommunistische Gefahr« in Europa einzudämmen, um sie in Zukunft im Weltmaßstab vernichten zu können, wie aus einem Resümee des Präsidentenberaters Harriman für seinen Chef Truman im Jahre 1949 hervorgeht: »Die kommunistischen Parteien sowohl in Italien als auch in Frankreich waren sehr stark, und ich vermute, daß es ihnen gelungen wäre, nach dem Krieg die Macht zu übernehmen, wenn der Marshall-Plan nicht gewesen wäre.« Und die ›Stuttgarter Zeitung‹, in Nibelungentreue fest, blies ins selbe Horn: »Wenn Europa dem Kommunismus nicht als reife Frucht in den Schoß fallen sollte, mußten rasche und drastische Maßnahmen zu seiner wirtschaftlichen Erholung ergriffen werden.«[61]

So gravierend die ökonomischen Vorteile des Marshall-Plans für die Vereinigten Staaten auch sein mochten: höher stand jedenfalls der psychologische Schaufenster-Effekt für den darbenden Osten, der beständig an der Massenloyalität nagte und der von den DDR-Autoren durchgängig unterschätzt, ja meist überhaupt nicht erwähnt wird (es wäre ihnen auch schlecht bekommen angesichts des Dogmas von der Überlegenheit des »real existierenden Sozialismus«, wie die dortige recht ungeschickte Sprachstanze lautete – denn kann etwas auch »irreal« existieren?). Doch über allem, dem Profit und der psychologischen Kriegführung, darf das Endziel nicht aus dem Blick geraten, denn die US-Amerikaner sind gewöhnlich äußerst pragmatische Menschen: die Vernichtung der »kommunistischen Gefahr«, solange sie in Form der Sowjetunion existierte. Im Jahr 1963 – wir greifen etwas voraus – beliefen sich die US-Investitionen in Europa auf knapp über 179 Milliarden DM; wenn davon lediglich 64 Milliarden DM für militärische Zwecke entfallen sein sollen[62], so nimmt sich dies wie »Peanuts« aus und verzerrt vollständig das Größenverhältnis zwischen den ökonomischen und militärischen Aktivitäten der USA. In Wirklichkeit dürften die Kosten für die Stationierung modernster Angriffswaffen und Soldaten, welche die europäischen Kolonien zu einem Großteil tragen mußten*, die Höhe der wirtschaftlichen Investitionen egalisieren, wenn nicht übertreffen. Und damit kommen wir zu einem, wenn nicht *dem* entscheidenden Punkt der westdeutschen Nachkriegsgeschichte: der Remilitarisierung.

Es war ein heikles, ja brisantes Problem, das der amerikanische Geld- und Weisungsgeber seinem deutschen Sachwalter und Statthalter aufbürdete, denn die deutsche Bevölkerung hatte, salopp ausgedrückt, vom Krieg die Schnauze gestrichen voll. »Nie wieder Krieg!« – so lautete die Parole, die von zwei Dritteln, wenn nicht drei Vierteln der Deutschen uneingeschränkt geteilt und unterstützt wurde, in einem schwer kriegszerstörten Land, nun aber Frontstaat *in statu nascendi*, der für einen neuen Krieg in diesmal fremdem Auftrag aufgerüstet werden sollte, einen Krieg, dessen Schrecken diejenigen der gerade vergangenen in den Schatten stellen würden. Nicht nur das Fanal

---

* Genaue Zahlen sind natürlich schwer zu eruieren, denn dafür gibt es »Schattenhaushalte«. Ich erinnere mich an eine typische Zeitungsnotiz, die in wenigen Zeilen den Zusammenstoß eines deutschen militärischen Transportflugzeugs mit einem US-Jet vor der angolanischen Küste meldete. Ganz abgesehen von der interessanten Frage, was ein deutsches Kriegsflugzeug dort eigentlich zu suchen hat, endete die dürre Notiz mit der Mitteilung, daß die Bundesregierung über 50 Millionen Mark (oder Euro?) an die Hinterbliebenen der umgekommenen US-Soldaten aus einem »Sonderfonds« überwiesen habe – ohne daß je die Schuldfrage gestellt oder die Höhe der deutschen Verluste bei diesem Unfall mitgeteilt worden wären.

von Hiroshima und Nagasaki, sondern auch die horrenden Explosionen der »Super« im Pazifik ließen erahnen, was da auf die Mitteleuropäer und insbesondere die Deutschen zurollte.

Adenauer, der »Kanzler der Alliierten«, der Kanzler von amerikanischen Gnaden, zeigte sich als gelehriger Schüler seines Herrn, wenn er sagte, es gelte »nicht nur die Sowjetzone, sondern das ganze versklavte Europa östlich des Eisernen Vorhangs zu befreien.« Das war *his master's voice*. Aber er und seine Nazi-Generäle, die sich mitunter in klösterliche Klausur zur Beratung zurückgezogen hatten, wußten auch, daß sie einen schweren Stand hatten: der Protest der Bevölkerung begann sich zu artikulieren und nahm erste organisatorische Formen an. Seinerzeit war es darauf angekommen, so notierte Adenauer rückblickend in seinen Memoiren, »durch die Mauer des Widerstandes, die wir im Parlament und auch in der Öffentlichkeit zu überwinden hatten, durchzustoßen.«[63] Zunächst einmal sollte nach der bewährten Salamitaktik die Wiederaufrüstung Westdeutschlands über die Integration in eine harmlos klingende »Europäische Verteidigungsgemeinschaft« (1950) erfolgen (so wie die Beteiligung deutscher Soldaten an den schmutzigen Ordnungskriegen der USA ab 1990, unter Bruch des Artikels 26 der deutschen Verfassung, zunächst als Einsatz von Sanitätern, dann »Blauhelm-Soldaten mit UN-Mandat« eingefädelt wurde; heute dagegen flutscht der freiheitliche Kack aufs Grundgesetz). Gegen diese ominöse »Gemeinschaft« formierte sich die »Ohne uns-Bewegung«; sie konstituierte sich im Januar 1951 in Essen zu einem Friedenskongreß, der einen »Aufruf an alle Deutschen« verfaßte.[64] Er hatte die Durchführung einer »Volksbefragung« zum Gegenstand, die aus einer einzigen Frage bestand: »Sind Sie gegen die Remilitarisierung und für den Abschluß eines Friedensvertrages mit Deutschland im Jahre 1951?« Es bildete sich ein Präsidium, ein 80köpfiger Hauptausschuß und Gremien, welche die organisatorischen Vorbereitungen trafen, denn die Zeit drängte: die westdeutsche Regierung trieb den Aufbau einer neuen Armee mit allen Kräften voran.

Nun bleckten die Kalten Krieger die Zähne. Wer von Remilitarisierung spreche, so der Innenminister Robert Lehr in einer Bundestagsrede am 26. April 1951, der »verdient sechs Jahre Zuchthaus«. Auch der Verteidigungsminister Theodor Blank fand den Begriff unpassend, da er zu sehr an »Renazifizierung« (*sic!*) erinnere – er wußte, wovon er sprach, denn das waren die zwei Seiten der aus *einem* Koprolithen geprägten Medaille –; statt dessen bevorzugte er den vornehm-verlogenen Terminus »Eingliederung in die europäische Armee als Notwehr«. Adenauer verfügte per Erlaß – wie ein Zar mit einem Ukas – das Verbot der Volksbefragung, da das Grundgesetz derartiges nicht vorsehe (um solche Schwenks war der katholische Dreiviertel-Diktator nie verlegen). Und der Innenminister kündigte in seiner Rede praktische Konsequenzen an: »Sollte ein [Bundes] Land nicht in der Lage sein, durch seine Polizei mit den Staatsfeinden fertig zu werden, ist die Bundesregierung entschlossen, einen Antrag auf Einschreiten […] entgegenzunehmen und die erforderlichen Folgerungen daraus zu ziehen.« Doch das war nur die halbe Wahrheit. Der Besatzungsstatus der BRD wurde zwar offiziell am 5. Mai 1955 aufgehoben, aber die drei alliierten Siegermächte besaßen weiterhin sogenannte »Vorbehaltsrechte«, die bei einer »Gefährdung der Sicherheit« in der BRD diesen Staaten Hoheitsrechte wie die Anwendung von Gewalt einräumten. Kam es also im Zuge der Remilitarisierung zu Konflikten zwischen deutschen Ordnungskräften und Demonstranten, etwa vor Kasernen mit alliierten Truppen, so hatten britische, französische und amerikanische Soldaten das »Recht«, im Falle ihrer Gefährdung auf Deutsche zu schießen. Diese sogenannten »Vorbehaltsrechte« erloschen erst im Jahre 1968, während der Kanzlerschaft Willy Brandts, als der Kalte Krieg auf US-Weisung in eine Phase scheinbarer »Entspannung« überging (dazu ausführlich S. 724 ff.). – »Staatsfeinde«: das waren all jene, die sich kein zweites Mal verheizen lassen wollten, Personen unterschiedlichster politischer Provenienz: Christen und Pazifisten, Sozialdemokraten und Liberale, Unpolitische und – Kommunisten, die den Nazi-Terror überlebt hatten. »Staatsfeinde« – das war zugleich jedoch ein strafrechtlicher Terminus, denn am 30. August 1951 hatte man 37 neue Strafnormen festgelegt, neben »Hochverrat« und »Geheimbündelei« auch die »Staatsgefährdung«, die sich allesamt gegen die KPD richteten. Ein konkreter Nachweis einer »Gefährdung« war gar nicht erforderlich, um gegen KPD-Aktivisten strafrechtlich vorzugehen; es genügte vielmehr die ihnen unterstellte »Absicht«. Damit mutierte das Strafrecht zur präventiven Maßregelung[65], und die Wandlung von einem dürftigen Rechtsstaat zu einem faschistoiden Unrechtsstaat war damit abgeschlossen. Das Grundrecht auf freie Meinungsäußerung existierte für Kommunisten nicht mehr; sie war, unabhängig von ihrem Inhalt, strafbar. Die Folgen für die Betroffenen bestanden in hohen Gefängnisstrafen, langer Untersuchungshaft (die nicht oder nur teilweise angerechnet wurde), Behinderung der Verteidigung (»Agitation« im Gerichtssaal) und finanziellem Ruin aufgrund der hohen Prozeßkosten (die meisten Angeklagten waren ja Arbeiter). Kommunisten waren es schließlich auch, die den Widerstand gegen die Militarisierung am tatkräftigsten vorantrieben, und sie standen im Visier der Kriegstreiber: die Kommunisten galt es als erste zu liquidieren. Die Statthalter der deutschen US-Kolonie trafen Maßnahmen, die das gesamte Spektrum vom psychologischen bis zum Bürgerkrieg abdeckten.

Den Anfang bildete eine aus Steuergeldern finanzierte bundesweite Plakat-aktion, die darauf abzielte, die Protestbewegung zu spalten, d. h. die KPD-Aktivisten zu isolieren, um sie dann um so leichter kriminalisieren zu können: »Wer an der kommunistischen Volksbefragung teilnimmt, gefährdet den Frie-den und stellt sich in den Dienst des Bolschewismus«, lautete die Haßparole, die nun auf Plakat- und Häuserwänden prangte (und wie viele Deppen gab es, die in den nächsten Jahrzehnten gehorsam wiederkäuten: »Wer bezahlt Euch?« – »Da steckt doch bestimmt Moskau dahinter!« – »Geht doch nach drüben!« – »Lieber tot als rot!«) Sodann wurde, in einem zweiten Eskalationsschritt, der Klassenkampf »von oben« durch die besagte »Gesetzesnovelle« forciert, das sogenannte »Blitzgesetz« (»Ermächtigungsgesetz« wäre treffender gewesen, verbot sich aber aus naheliegenden Gründen) vom 31. August 1951. Die Volks-befragung wurde als »Angriff auf die verfassungsmäßige Ordnung der Bun-desrepublik« bezeichnet und die zu ihrer Durchführung gebildeten ad hoc-Gremien zu »verbotenen Organisationen« erklärt. Es war eine billige, aber effektive Kopie von Hitlers Machtergreifung, der zuerst verfassungs- und ge-setzeswidrig die Reichstagsfraktion der KPD verhaften ließ (mit Billigung der SPD) und dann erst das Ermächtigungsgesetz durchpeitschen konnte (unter Unmutsäußerungen von SPD-Abgeordneten, die Hitler mit der treffenden Be-merkung abkanzelte: »Meine Herren, ich brauche Sie nicht mehr!« – so lohnt Satan seine Diener!), und anschließend regierte der Terror auf der Straße. Der Dreiviertel-Diktator Adenauer hatte diese Lektion gut gelernt: Gegen die zwi-schen April 1951 und März 1952 trotz aller Drohungen und Behinderungen durchgeführte Volksbefragung fanden 8700 Polizeieinsätze statt. 7300 Akti-visten wurden verhaftet, rund 1000 Ermittlungsverfahren eingeleitet, Zehn-tausende von Flugblättern und anderen Materialien, ja selbst Urnen mit Un-terschriften beschlagnahmt. Trotz dieser Terrormaßnahmen auf dem so oft beschworenen »Boden der freiheitlich-demokratischen Grundordnung« (die als politische Glaubensformel an die Stelle der »nationalsozialistischen Welt-anschauung« getreten war) votierten für heutige Verhältnisse sehr erstaunliche zehn Millionen Bundesbürger gegen die Remilitarisierung.

Wir werfen einen Blick durch den »Eisernen Vorhang«. Nach dem Ver-bot der Initiative durch Adenauers Dreiviertel-Diktatur wandten sich die westdeutschen Organisatoren an die Regierung der DDR mit der Bitte, dort ebenfalls die Volksbefragung durchzuführen. Die Volkskammer stimmte am 9. Mai 1951 diesem Anliegen zu, und vom 3. bis 5. Juni desselben Jahres fand die Abstimmung statt (teilnahmeberechtigt waren alle Bürger ab 18 Jahren). Das Ergebnis: Von 12 206 022 Personen stimmten 11 622 969 mit Ja; ein getrenntes

Votum in Ostberlin ergab 876 098 Ja-Stimmen bei 922 008 Wahlberechtigten. So lautete also der Appell unserer »versklavten Brüder und Schwestern im Osten«, die es so dringend zu befreien galt.

Wir schalten zurück in jenes Land, das sich mit dem mehr als zweifelhaften Selbstlob brüstet, der freiste Staat zu sein, der je auf deutschem Boden existierte. Fritz Krause, der eine Chronik über die »Antimilitaristische Opposition in der BRD 1949–1951« erstellte (Verlag Marxistische Blätter 1971), berichtet, daß die hessische SPD-Regierung am 22. Mai 1951 die ›Sozialistische Volkszeitung‹ verbot, »weil die Zeitung für die als ›illegal‹ erklärte Volksbefragung eingetreten war. […] Gegen Ende Juni durften von 14 Tageszeitungen der KPD nur noch zwei erscheinen. […] Das am 26. Juni 1951 ausgesprochene Verbot der Freien Deutschen Jugend (FDJ) in Westdeutschland hatte vor allem die Tätigkeit dieser überparteilichen Jugendorganisation für die Volksbefragung zur Ursache.« So marschierten also Sozialdemokraten und Altnazis Seit' an Seit' … Nichts Neues unter der Sonne.

Die Remilitarisierung der BRD mußte über der Leiche der Rest-KPD durchgepeitscht werden; insofern war der katholische Dreiviertel-Diktator der Nachlaßverwalter Hitlers (nur daß er im Unterschied zu jenem in fremdem Auftrag regierte), und folgerichtig bezeichnete sich sein mit amerikanischen Hebammendiensten aus der Taufe gehobene Staat BRD offiziell als »Rechtsnachfolger des Dritten Reiches«. Mit Hitler hatte Adenauer schließlich auch die putschistische Vorgehensweise gemein, denn die auf dem »Blitzgesetz« beruhenden staatlichen Repressionen gegen die Volksbefragung bildeten den Auftakt zur verschärften Verfolgung der KPD bis zu ihrem fünf Jahre später erfolgenden Verbot durch das »Bundesverfassungsgericht«. Während des Höhepunkts der staatlichen Unterdrückungsmaßnahmen wurden u. a. die drei KPD-Mitglieder Oskar Neumann, Karl Dickel und Emil Bechtle, die im Hauptausschuß des Friedenskongresses tätig waren, verhaftet und vor den Bundesgerichtshof gestellt. Nach drei langen Jahren mühsamster »Rechtsfindung« – auch so ein Orwell-Wort, als ob der Osterhase die Gesetzesparagraphen oder öffentlich sichtbare Tatbestände verstecken würde – kam das hohe Gericht nicht umhin, in seiner Urteilsbegründung am 2. August 1954 anzuerkennen: »In fast allen Kreisen der Bevölkerung zeigten sich unabhängig von parteipolitischen Überzeugungen neben entschiedener Zustimmung auch erhebliche Abneigung und Widerstand gegen die von der Bundesregierung vertretene Außenpolitik.« Aber tut nichts, der Jude … – pardon: der Kommunist wird verbrannt. Die drei Angeklagten wurden der »Rädelsführerschaft in einer kriminellen Organisation«, die »mittels einer bestimmten Methode«

gegen die Bundesregierung »gehetzt« habe, für schuldig befunden und verurteilt. Oskar Neumann erhielt drei Jahre Gefängnis, außerdem wurden ihm
das aktive und passive Wahlrecht sowie – eine besondere Perfidität, die an
den ausgefeilten Sadismus christlicher Inquisitoren erinnert – sein Status als
Verfolgter des Faschismus aberkannt. Diese letzte Strafzumessung ist bei weitem schlimmer als die Haft, denn sie ist eine tiefe, identitätszerstörende Demütigung, die nicht mit finanzieller Gutmachung behoben, sondern nur mit
Blut abgewaschen werden kann. Auch Karl Dickel mußte drei Jahre ins Gefängnis. Emil Bechtle, der immer noch unter den Folgen seiner zwölfjährigen
Haft unter dem Nazi-Regime litt, wurde großzügigerweise mit acht Monaten
hinter Gittern bedacht.

Der Nazi-Dreck kochte hoch und wollte nicht mehr aufhören zu stinken.
Die deutsche Justiz entwickelte eine Findigkeit und Virtuosität bei Rechts-
verdrehungen, Rechtsbeugungen und Unrechtsurteilen aller Art, die sie bis
heute nicht verloren, ja im Gegenteil bis zur Perfektion ausgebildet hat. So
wurden KPD-Mitglieder beispielsweise zu einem Aufenthaltsverbot in Großstädten verurteilt, ungeachtet des verfassungsmäßig garantierten Rechts auf
Freizügigkeit (Gleiches gilt heute für Arbeitslose und Harz IV-Empfänger, die
für den nicht existenten »Arbeitsmarkt« rund um die Uhr zur Verfügung stehen müssen, wenn sie der spärlich zugeteilten staatlichen Brosamen nicht verlustig gehen wollen). Ein letztes Beispiel, das für Zehntausende von analogen
Fällen stehen möge und souverän die Ekelgrenze überschreitet: Am 18. September 1951 erhielt ein Herr Ernst Krumnow, wohnhaft in Berlin-Wilmers-
dorf, ein amtliches Schreiben vom »Senator für Sozialwesen«, in Vertretung
unterzeichnet von einem gewissen Löffler und beglaubigt vom Verwaltungs-
angestellten Siewert – sage keiner, es habe nicht alles seine Ordnung gehabt! –,
mit der Mitteilung, daß ihm der Status als »Opfer des Faschismus« (OdF) und
»politisch Verfolgter« (PRV) aberkannt werde. Die Begründung lautete:

> Wie festgestellt worden ist, sind Sie wegen Sammelns von Unterschriften zur
> Ächtung der Atombombe bestraft worden. Sie haben sich durch eine solche
> Handlungsweise, die geeignet ist, Unruhe in den westlichen Sektoren her-
> vorzurufen und das Ansehen des als politisch verfolgt anerkannten Perso-
> nenkreises zu schädigen, bewußt gegen die demokratische Einrichtung und
> Ordnung Westberlins gestellt. [66]

Ein weiterer Kommentar erübrigt sich.

Aber wo waren bei diesen galoppierenden Rechtsbrüchen jene zehn Millionen geblieben, die mit ihrer Unterschrift gegen die Wiederaufrüstung West-

deutschlands zum NATO-Frontstaat protestiert hatten? Sie hatten mehrteils Maulaffen feilgehalten – und bekamen zum Dank die amerikanischen Atomwaffen vor die Nase gesetzt. Sie waren so »schlau« gewesen, bei den Unrechtsakten wegzuschauen, weil es ja »nur« gegen die Kommunisten ging. Sie waren so clever, sich einzureden, daß »wegen der paar Kommunisten« der Rechtsstaat, der kein Rechtsstaat war, schon nicht zugrunde gehen würde. Und genau so super-Schweinchen-Schlau waren zwei Generationen später jene Deutschen, die den Untergang der Sowjetunion bejubelt und befeixt hatten und zum Dank dafür verhartzt und für dreckige amerikanische Kriege geschröpft wurden (kein DDR-Soldat mußte nach Afghanistan, aber jetzt wird dort, wie ein pfeiferauchender SPD-Funktionär befand, »unsere Freiheit« verteidigt). Das Kalkül Adenauers und seiner Altnazis war aufgegangen, die Protestbewegung gespalten, die KPD isoliert und ihre Mitglieder kriminalisiert. Der Rest war nur noch Formsache.

Bereits im November 1951 beantragte die Bundesregierung beim Bundesverfassungsgericht das Verbot der KPD. Als Belastungsmaterial wurden Flugblätter und Broschüren der KPD beigelegt, die insbesondere die ungebrochene personelle und politische Kontinuität vom Hitler-Faschismus zum Adenauer-Regime sowie dessen devote Willfährigkeit gegenüber der Siegermacht USA zum Gegenstand hatten. Damit stand die historische Tatsachenbehauptung zur Disposition bzw. zur richterlichen Begutachtung, und das ist immer eine haarige Angelegenheit. So wurde zum Beispiel ein Flugblatt mit der Überschrift »Auf Hitlers Spuren« beanstandet. Folgende harmlose, dafür zutreffende Karikatur aus einer kleinen KPD-Betriebszeitung

Aus einer Broschüre des Presse- und Informationsamts der Bundesregierung zum Verbotsverfahren gegen die KPD

wurde geradezu als *crimen laesae maiestatis* behandelt, wie aus dem beleidigt-ehrenkäsigen Kommentar hervorgeht: »Die Verunglimpfung der Staatsorgane durch die KPD schreckt vor nichts und niemandem zurück. Sie macht nicht einmal vor den höchsten Gerichten halt.« In Ungnade fiel auch eine in Broschürenform veröffentlichte Rede des KPDlers Max Reimann mit dem Titel »Adenauer muß fallen, damit Deutschland leben kann«, in der die folgende Passage beanstandet wurde:

> Kann man noch deutlicher beweisen, daß die Begründung Adenauers für das Wehrgesetz und den Generalvertrag wörtlich die Begründung war, mit der Hitler und Goebbels im Auftrage der deutschen Kanonenkönige unser Volk zum Kriege gegen die Sowjetunion und auf alle Schlachtfelder trieb? Wie ein Haar dem anderen, gleichen heute die Lügen von Adenauer, Lehr, Blücher, Pferdmenges den Lügen Hitlers, Himmlers und Goebbels'.[67]

Das Bundesverfassungsgericht folgte vollumfänglich – wie man so sagt – den Ausführungen und Anträgen der Bundesregierung. Der Staatssekretär des Bundesinnenministeriums, Ritter von Lex (was für eine schwarze Ironie der Geschichte: »Ritter vom Gesetz«!) hielt ein Schlußplädoyer, in dem er eine »politische Gesamtwürdigung« vornahm. Dieser Ritter hatte 1933 in äußerst aggressiver Weise als Repräsentant der Bayerischen Volkspartei deren Zustimmung zu Hitlers Ermächtigungsgesetz begründet. Sein Assistent und Berater beim KPD-Verbotsprozeß, Franz von Borkenau, war Geheimdienstoffizier bei der CIA. Interessanterweise war dem Belastungsmaterial gegen die KPD der Verbotsantrag des US-amerikanischen Justizministers gegen die dortige KP beigefügt; die »Bundeszentrale für Heimatdienst« – Vorläuferin der »Bundeszentrale für Politische Bildung« – sorgte für Übersetzung und Vertrieb des vorbildstiftenden US-Textes. Hören wir des Ritters letzte Worte, unter der Teil-Überschrift »Die KPD – eine Bedrohung unseres freiheitlichen demokratischen Lebens«, um die von Freiheit und Demokratie übersatt geschwängerte Atmosphäre jener Tage »vollumfänglich« aufnehmen zu können.

> [...] Der Versuch der KPD, ihrer revolutionären Zielsetzung den Schein der Legitimität durch die Berufung auf die Idee der Volkssouveränität zu verleihen, bedeutet eine Mißachtung der freiheitlichen demokratischen Grundordnung. Die Volkssouveränität im kommunistischen Sinne ist nämlich nicht die Souveränität des Volkes in seiner Gesamtheit, sondern die Souveränität einer Klasse, die im revolutionären Kampf zur Herrschaft gelangt ist. Der Anspruch der KPD, Führer und Vorhut dieser Klasse zu sein, ist eine Anmaßung, die unsere deutsche Arbeiterschaft und auch die anderen von der KPD beson-

ders angesprochenen Teile unserer Bevölkerung entschieden zurückgewiesen haben.

Die Gefährlichkeit einer von Grund auf gegen die freiheitliche demokratische Ordnung gerichteten Partei ist nicht allein nach der Zahl ihrer Mandate oder der Zahl ihrer Mitglieder zu bewerten, vor allem nicht bei einer Partei, die das Hauptgewicht schon immer auf außerparlamentarische Tätigkeit gelegt hat und die ihre Mitglieder einer geradezu brutalen Disziplin unterwirft. Die KPD ist auch deshalb besonders gefährlich, weil der Parteiapparat der SED und die Machthaber der sowjetischen Besatzungszone ihr Rückhalt und Reserven bieten. Diese Partei ist daher trotz ihrer zahlenmäßigen Geringfügigkeit eine ernste Bedrohung für unser freiheitliches demokratisches Leben. Sie ist ein gefährlicher Infektionsherd im Körper unseres Volkes, der Giftstoffe in die Blutbahn des staatlichen und gesellschaftlichen Organismus der Bundesrepublik sendet.

Der verfassungswidrige Charakter der KPD kommt auch dadurch zum Ausdruck, daß Funktionäre, Mitglieder und Anhänger dieser Partei in zahlreichen Fällen gegen die strafrechtlichen Bestimmungen zum Schutze unseres Staates verstoßen haben. Die zu Hütern der Verfassung bestellten Organe des Staates können nicht zulassen, daß die KPD unter Mißbrauch ihres Parteienprivilegs das Verfassungsleben der Bundesrepublik zersetzt und dadurch die freiheitliche demokratische Grundordnung unseres Staates beeinträchtigt oder beseitigt. Sie können auch nicht tatenlos zusehen, wie diese Partei darauf ausgeht, die staatliche Selbständigkeit der Bundesrepublik im kommunistischen Herrschaftsraum untergehen zu lassen und dadurch den Bestand der Bundesrepublik zu gefährden.

Die Anträge der Bundesregierung

Namens der Bundesregierung, Hoher Senat, beantrage ich daher zu erkennen:

1. Die Kommunistische Partei Deutschlands ist verfassungswidrig.
2. Die Kommunistische Partei Deutschlands wird aufgelöst.
3. Es wird verboten, Ersatzorganisationen für die Kommunistische Partei Deutschlands zu schaffen oder bestehende Organisationen als Ersatzorganisationen fortzusetzen.
4. Das Vermögen der Kommunistischen Partei Deutschlands wird zugunsten der Bundesrepublik Deutschland zu gemeinnützigen Zwecken eingezogen.[68]

Nun – dieses Plädoyer hätte auch vor Freislers Volksgerichtshof gehalten werden können; der Kenner wird die Polemik gegen den Wesensgehalt der Aufklärung – nichts anderes ist ja die Substanz des Faschismus – sowie die stellenweise völlige Deckungsgleichheit mit der faschistischen Metaphorik bemerkt haben. So bemerkte Hitler kurz nach dem Reichtagsbrand am 7. Mai 1933 in Kiel: »Wir werden […] nicht rasten, bis dieses Gift restlos aus unserem Volkskörper entfernt sein wird.«[69] Adenauers Gewaltstreich in Hitlers Fußstapfen zeitigte folgende Konsequenzen: »Die Partei mit ihren immerhin 78 000 Mitgliedern wird als verfassungswidrig erklärt […] Noch am Tag der Urteilsverkündung werden 199 Parteifunktionäre verhaftet, 99 Parteibüros sowie 35 Druckereien und Verlage geschlossen. Über die Anzahl der KP-Mitglieder, gegen die ermittelt wurde und die verurteilt wurden, gibt es unterschiedliche Angaben: 125 000 bis 250 000 Verfahren und 6000 bis 10 000 Verurteilungen. […] 80 % der Richter in diesen Jahren hatten übrigens schon unter den Nazis ihr Amt ausgeübt. Möglich wurde dies alles durch Politische Sonderstrafkammern, die durch das 1. Strafrechtsänderungsgesetz 1951 begründet wurden.«[70] Ähnliche Urteile mit ähnlichen Begründungen und Konsequenzen müssen in den osteuropäischen Ländern der Gegenwart gefällt worden sein, etwa beim Verbot kommunistischer Symbole in den baltischen Staaten, Polen und Ungarn, oder dem Verbot der kommunistischen Jugendorganisationen in Tschechien. Der dritte Antrag der Bundesregierung hatte im übrigen die kuriose Konsequenz, daß die im Zuge der Studentenbewegung neu gegründeten Organisationen mit kommunistischem Anspruch – ob sie ihn hielten, steht auf einem anderen Blatt – zu eigenartigen Benennungen greifen mußten: durcheinandergewürfelte Buchstabenfolge (DKP), KPD nur mit Zusatz (ML oder AO) oder gänzliche Neubenennungen (KABD, KBW, KB, GIM etc.). Das Urteil gilt im übrigen noch heute, und keine Bundesregierung war und ist je bereit, den wenigen noch lebenden politisch Verfolgten des Adenauer-Regimes Wiedergutmachung zu gewähren. Das Unrechtsurteil wirft lange Schatten.

Mit der zweiten und endgültigen Zerschlagung der KPD war der Rest wirklich nur noch Formsache. Vom 19. bis 23. Oktober 1954 treffen sich die Repräsentanten von 14 NATO-Ländern in Paris, um die Aufnahme der BRD sowie Umfang, Bewaffnung und Einsatzweise der noch zu gründenden Bundeswehr zu regeln. Die Aufnahme neuer Mitglieder ist in Artikel 10 des Nordatlantikvertrags vom 4. April 1949 geregelt, in dem es heißt: »Die Parteien können durch einstimmigen Beschluß jeden anderen europäischen Staat […] zum Beitritt einladen. Jeder so eingeladene Staat kann durch Hinterlegung seiner Beitrittsurkunde bei der Regierung der Vereinigten Staaten von Amerika Mitglied dieses Vertrags werden.« Aber man kann auch wieder austreten – theoretisch jedenfalls –, nach 20jähriger Dauer des Vertrags und ein

Jahr, nachdem das austrittswillige Land »der Regierung der Vereinigten Staaten von Amerika die Kündigung mitgeteilt hat« (Art. 13) – toitoitoi! In einer Chronik lesen wir zum 15. März 1955:

> Der Oberste NATO-Befehlshaber Europa, USA-General A. M. Gruenther, tritt auf einer Pressekonferenz über die NATO-Militärstrategie und deren Konsequenzen für den Ausbau der Paktstreitkräfte für die Entwicklung einer Vorwärtsstrategie für Europa bis etwa 1958 ein. Danach sollten in Zukunft die Kampfhandlungen zu Lande so schnell wie möglich auf das Territorium sozialistischer Staaten getragen werden. Voraussetzung dafür seien die 12 Divisionen und die taktischen Luftstreitkräfte, die die BRD in die NATO-Militärorganisationen einbringen soll.[71]

Germans to the front! Am 5. Mai 1955, sinnigerweise am 10. Jahrestag des Sieges über den Hitler-Faschismus, ist es dann soweit: Die BRD wird der NATO beigetreten. Von nun an ist Westdeutschland in den aggressiven Militärpakt eingebunden – der für sich in Anspruch nimmt, unabhängig von den Vereinten Nationen den *casus belli* zu erklären (wir kennen das) – und dessen »Schwert/Schild-Strategie« verpflichtet: Der »Schild« sind die europäischen Truppen, welche die materielle und personelle Hauptlast eines Krieges gegen die Sowjetunion zu tragen haben; das »Schwert« schwingen die Vereinigten Staaten – in Form ihres strategischen Atomwaffen-Arsenals.

Damit sind alle Dämme gebrochen: Am 7. Juli 1956 beschließt der Bundestag die zunächst auf zwölf Monate festgelegte allgemeine Wehrpflicht, am 1. August 1957 rücken die ersten 10 000 Wehrpflichtigen in die Kasernen ein. Bis 1960 steigt die Stärke der Bundeswehr auf 262 600 Mann an; während des Höhepunktes des Kalten Krieges sollte sie knapp eine halbe Million Soldaten betragen. In einem bereits am 30. Juni 1955 mit den USA abgeschlossenen Militärabkommen wurde vereinbart, daß die BRD mit den modernsten Waffensystemen ausgerüstet werden sollte, und dazu zählen – die KPD war zerschlagen, warum sollte man da noch ein Blatt vor den Mund nehmen – selbstverständlich die atomaren Waffen. Verteidigungsminister Franz Josef Strauß, der Atom-Bayer, hatte schon im Dezember 1956 erklärt, daß »die Bewaffnung der Bundeswehr mit taktischen Atomwaffen […] beschlossene Sache sei«[72], und Adenauer bekräftigte auf Einwände hin: »Unterscheiden Sie doch die taktischen und die großen atomaren Waffen. Die taktischen Waffen sind nichts weiter als die Weiterentwicklung der Artillerie. Selbstverständlich können wir nicht darauf verzichten, daß unsere Truppen auch in der normalen Bewaffnung die neueste Entwicklung mitmachen.«[73] Des Dreiviertel-Diktators

Einlassung stellte eine Reaktion auf die an Umfang und Schwung rasch zunehmende Anti-Atomtod-Bewegung dar, von der die heutigen zahnlosen Gebetsveranstaltungen zu Ostern den schwächlichsten Aufguß darstellen. Aber ach! – schon damals bewegte sich ein Körper ohne Kopf, denn der war mit der KPD abgeschlagen. In diese Leerstelle stieß die SPD, die im Parlament gegen die Remilitarisierung und Atombewaffnung mit risikolosen Nein-Stimmen »opponiert« hatte, um bei der ersten sich bietenden Gelegenheit die Protestbewegung, die den offiziellen Namen »Kampf dem Atomtod« angenommen hatte, einzuseifen und zu verraten, wie es ihre ureigenste Aufgabe seit spätestens 1914 ist. Aber dazu später. Betrachten wir zuerst einmal den Adenauerschen Euphemismus etwas näher.

»Taktische Atomwaffen« – das sind »konventionelle« Waffen mit atomaren Sprengsätzen, also hauptsächlich Minen und Artilleriegeschosse mit einer Reichweite von unter 160 Kilometern. Als die Infrastruktur im kriegszerstörten Westdeutschland wiederaufgebaut wurde, installierte man klammheimlich an allen kriegsrelevanten Verkehrsverbindungen – Brücken, Autobahnen, Schienen usw. – Schächte, in denen Atomminen untergebracht und gezündet werden konnten, ob diese nun in Ballungsgebieten lagen oder nicht. Es waren gerade die Mitglieder der unlängst verbotenen KPD, die diese Schächte aufspürten und zerstörten, indem sie sie etwa mit Zement auffüllten (und damit natürlich wieder Straftaten gegen unser so reiches freiheitliches und demokratisches Verfassungsleben begingen). Von den bald 6000 Atomsprengköpfen, die der Dreiviertel-Diktator ins Land beordert hatte, zählten rund zwei Drittel zu den taktischen Atomwaffen, darunter die Kurzstreckenrakete vom Typ »Nike-Herkules« mit 130 Kilometern Reichweite. Die NATO-Szenarien gingen stets davon aus, daß die Warschauer Pakt-Staaten mit massiven Panzerverbänden in der norddeutschen Tiefebene angriffen; diese Version war fürs Volk – die »aggressiven Russen« eben –, tatsächlich würde es sich vielmehr so verhalten haben, daß die Warschauer Pakt-Staaten *nach* einem präventiven Atomschlag der NATO ihre restlichen intakten Truppen nach Westen werfen würden, und hierfür hatte die NATO Vorsorge getragen: mit einem »Nike-Gürtel«, so der Bundeswehr-Jargon, der sich von Ostfriesland über Westfalen, das Ruhrgebiet, Siegerland, Rhein-Main-Gebiet, Schwäbische Alb bis zum Bodensee erstreckte.[74] All die Sprengsätze dieser Geschütze, die unter US-Oberbefehl standen, wären auf dem Territorium der BRD und der DDR detoniert, und damit wäre »dieses unser Land« auch ohne nennenswerte Feindeinwirkung weitgehend zerstört und atomar verseucht gewesen. Ergibt das Sinn?, könnte ein Einfaltspinsel fragen. Nun, für die Europäer nicht, für die Amerikaner schon. Für sie war Europa das *theatre*, der »Schauplatz« atomarer Auseinandersetzung, bei der sie auf den bequemen Rängen saßen. Ein Feldhandbuch der US-Armee, zusammengestellt vom Hauptquartier der US-Luftstreitkräfte für den NATO-Oberkommandierenden, listet einige tausend atomar zu zerstörende Städte auf, die keineswegs »nur« im »Feindesland« lagen. Dort findet sich u. a. folgendes Szenario:

> Für den Fall, daß etwa östliche Landungstruppen in Schleswig-Holstein die Oberhand gewinnen sollten, weist das Handbuch dort elf Ziele auf, die mit NATO-Atombomben zu zerstören sind: Flensburg, Kappeln, Schleswig, Rendsburg, Grünenthal, Neumünster, Itzehoe, Lübeck, Lauenburg, die Landeshauptstadt Kiel und schließlich Brunsbüttel – wegen der Schleuse des Nord-Ostsee-Kanals. Das wenige Kilometer östlich gelegene Kernkraftwerk Brunsbüttel könnte dabei gleich mit in die Luft gehen und das Zerstörungswerk potenzieren.[75]

So also sah die »Landesverteidigung« unter Adenauer und seinen Amtsnachfolgern aus. Zu Nutz und Frommen der amerikanischen Weltmachts-Ambitionen präsentierten sie »ihr« Land samt zugehöriger Bevölkerung auf dem Atomgrill. Es gab noch weitere solcher *hot spots* auf dem Territorium der BRD, die man auch als *gaps*, also »Engstellen« bezeichnete; wir werden uns einer solchen später etwas ausführlicher zuwenden.

Gegen diesen fremdbestimmten, nämlich von der US-Regierung bestimmten Atomtod wandte sich die gleichnamige Bewegung, aber mit welchen vergleichsweise kläglichen Mitteln, mit welcher zunehmenden Desorientierung! Es begann, heute immerhin kaum mehr denkbar, mit einem Aufruf prominenter Wissenschaftler, dem sogenannten »Göttinger Appell«. Am 18. April 1957 brachten 18 herausragende Naturwissenschaftler – darunter Max Born, Otto Hahn, Werner Heisenberg und Carl Friedrich von Weizsäcker – in einem öffentlichen Protestschreiben an die Bundesregierung ihre »tiefe Sorge« über »die Pläne einer atomaren Bewaffnung der Bundeswehr« zum Ausdruck. In maßvollen und gesetzten Worten weisen die Verfasser darauf hin, daß erstens die taktischen Atomwaffen »die zerstörende Wirkung normaler Atombomben« haben, zweitens für die »Entwicklungsmöglichkeit der lebenausrottenden Wirkung der strategischen Atomwaffen […] keine natürliche Grenze bekannt« sei. So weit handelt es sich um unbestreitbare Tatsachenbehauptungen. Die Experten weisen darauf hin, daß ihnen keine technischen Möglichkeiten bekannt seien, um »große Bevölkerungsmengen vor dieser Gefahr zu schützen«, und schließen mit der Feststellung:

Für ein kleines Land wie die Bundesrepublik glauben wir, daß es sich heute noch am besten schützt und den Weltfrieden noch am ehesten fördert, wenn es ausdrücklich und freiwillig auf den Besitz von Atomwaffen jeder Art verzichtet. Jedenfalls wäre keiner der Unterzeichneten bereit, sich an der Herstellung, der Erprobung oder dem Einsatz von Atombomben in irgendeiner Weise zu beteiligen.

Vergleicht man diesen Aufruf mit den wenige Jahre zurückliegenden, maßgeblich von der KPD getragenen Aktivitäten gegen die Remilitarisierung, so fällt auf, daß sich die Autoren jeder politischen Stellungnahme enthalten und einen allgemein humanitären Standpunkt beziehen. Es dürfte indessen ihre Ankündigung gewesen sein, jede Mitarbeit am atomaren Bewaffnungsprogramm der Regierung zu verweigern, welche die große Resonanz des Appells in der Bevölkerung bewirkte, denn es ist in der Tat außergewöhnlich, daß staatliche Gehaltsempfänger – und das sind Professoren ja – in einer für die Regierung zentralen Frage ihre Loyalität *öffentlich* aufkündigen (heute wäre dies etwa der verfassungswidrige Einsatz der Bundeswehr in Afghanistan, aber *diese* Professoren müssen erst noch geboren werden, die an diesem Punkt ihre aktive Mitarbeit in Lehre und Forschung verweigern). Adenauer war jedenfalls verschnupft und knarzte in Richtung Göttingen zurück: »Wenn die Wissenschaftler sagen, die Bundesrepublik schütze sich am besten durch einen ausdrücklichen Verzicht auf den Besitz atomarer Waffen, dann hat das mit wissenschaftlichen Erkenntnissen nichts zu tun.«[76] So weit der Katholik über die Befugnisse der Wissenschaft.

Aber es war ein Stein ins Rollen gekommen, und die Bevölkerung, mehrheitlich ohnehin gegen die Wiederbewaffnung eingestellt und wegen der Aussicht eines Atomkrieges im Herzen Europas beunruhigt, horchte auf. Die Großstädte Hamburg, Bremen, Frankfurt am Main, Offenbach und Darmstadt setzten per Kommunalbeschluß ein Plebiszit über die atomare Bewaffnung der Bundeswehr auf die Tagesordnung. Es war (und ist) ungewöhnlich, daß Gemeindeparlamente sich zu Fragen der Bundespolitik äußern, aber dies war eine Reaktion auf die Gärung in den Betrieben. Im März und April war es zu zahlreichen spontanen Arbeitsniederlegungen, Streiks, Schweigemärschen und Protestkundgebungen gekommen: In Kassel traten trotz Distanzierung der DGB-Führung rund 1000 Arbeiter der Hanomag-Henschel-Werke in einen »wilden Streik«, desgleichen wenige Tage später 10 000 Arbeiter in den VW-Werken in Braunschweig und Wolfsburg. Am 9. April schlossen 20 000 Arbeiter in Bremerhaven die Werktore. Über Ostern breitete sich eine Demonstrationswelle in ganz Westdeutschland aus; in über der Hälfte der Städte mit mehr als 200 000 Einwohnern fanden Protestkundgebungen statt. Allein auf dem Hamburger Rathausmarkt versammelten sich 120 000 Menschen, um ihrem Unmut gegen die Atombewaffnung Ausdruck zu verleihen. Zu den Kundgebungen am 1. Mai gingen in Bremen 25 000, in Frankfurt 30 000, in Hannover 40 000 Menschen auf die Straße. In einer bundesweiten repräsentativen Umfrage ab 16 Jahren befürworteten 52 % einen Generalstreik gegen die atomare Bewaffnung, bei 31 % Gegenstimmen[77] (man versteht nun besser, warum in der BRD bis heute der *politische* Streik per Gesetz verboten ist). Die Kommunaldekrete stellten demnach den Versuch dar, Dampf aus dem unter Hochdruck stehenden Kessel abzulassen.

Doch dies allein reichte nicht aus; um eine Ausweitung, Vertiefung und Radikalisierung der Protestbewegung zu verhindern, mußte sie landesweit ausgebremst werden. Hier nun schlug die Sternstunde der SPD (es war, genauer gesagt, das bis heute altbewährte arbeitsteilige elende Spiel der Zwillingsbrüder Ping und Pong). Ping, der Sozialdemokrat, besann sich auf seine Glanztat, als er nämlich die Novemberrevolution der deutschen Arbeiter an das Kapital und die politische Reaktion verriet und in ihrem Blut erstickte[78], und beherzigte die beiden folgenden Maximen, die seinerzeit so erfolgreich waren:

1. Verlege die Kämpfe von der Straße ins Parlament.
2. Setze dich an die Spitze der Bewegung und falle ihr in den Rücken.

Tatsächlich war am 25. März 1958 eine Parlamentsdebatte über die atomare Bewaffnung anberaumt worden, die unter gespannter Anteilnahme der Bevölkerung stattfand. Es gab Worte und Widerworte. Ein junger SPD-Abgeordneter tönte lauthals in Richtung Regierungsbank: »Der Entschluß, die beiden Teile unseres Vaterlandes mit atomaren Waffen gegeneinander zu bewaffnen, wird in der Geschichte einmal als genauso verhängnisvoll angesehen, wie es damals das Ermächtigungsgesetz für Hitler war.« Donnerwetter – starker Tobak! War nicht vor kurzem die KPD u. a. deshalb verboten worden, weil sie auf die bruchlose Kontinuität vom Dritten Reich zum Adenauer-Regime verwies (»Verunglimpfung der Staatsorgane«, wir erinnern uns)? Der da so starke Worte sprach, hieß Helmut Schmidt. Zwanzig Jahre später holte er als zweiter sozialdemokratischer Bundeskanzler die amerikanischen atomaren Erstschlagsraketen Pershing II und Cruise-Missiles ins Land, die den Untergang der Sowjetunion einleiteten. So sprach also Ping, der Wortradikale, und wenn man seinen Satz etwas näher unter die Lupe nimmt, stellt man fest, daß auch in ihm der Wurm der Heuchelei drinsteckt: denn es sollte ja um die westliche Rüstungseskalation gehen, die atomare Aufrüstung der Bundeswehr, bei der »die beiden Teile unseres Vaterlandes« gar nichts zu suchen hatten – die DDR konnte allenfalls nachziehen, und auf die Entscheidung der Sowjetunion hatte die Bundestagsdebatte ohnehin keinen Einfluß. Indem der »Osten« ins Spiel gebracht wurde, lenkte Schmidt den Blick vom Westen und damit den USA als originärem Kriegstreiber ab. Als Kanzler sollte er genau nach dem demselben Schema verfahren, Maßstab 1:1.

Das also war der parlamentarische »Kampf« mit dem Papierdegen der Worte. Zugleich aber hatte sich ja, am 10. März 1958, der bundesweite Ausschuß »Kampf dem Atomtod« konstituiert, in dessen leitendes Gremium sich sofort führende Sozialdemokraten drängten (Gustav Heinemann, Erich Ollenhauer). Die wichtigste Aufgabe des Ausschusses bestand, wie wenige Jahre zuvor bei der Remilitarisierung, in der Vorbereitung und Durchführung einer Volksbefragung zur atomaren Rüstung. Sozialdemokratische Abgeordnete hatten gar wacker einen entsprechenden Gesetzesantrag im Bundestag eingebracht, wobei die »Gefahr«, daß er angenommen würde, aufgrund der Mehrheitsverhältnisse gleich null war, der scheinfortschrittliche Nimbus der Sozialdemokratie aber um so heller erstrahlte. Nun war Pong am Zug. Zuerst blockte er die Gesetzes»initiative« der SPD im Parlament ab. Und was tat Ping? Wandte er sich an die Protestierenden, organisierte er weitere Demonstrationen, um den Duck auf die reaktionäre, offen US-hörige Parlamentsmehrheit zu verstärken? Aber nein: »die Vorstände von SPD und DGB [verzichteten] auf die Initiierung weiterer außerparlamentarischer Aktionen«, so die illusionsgeschwängerte Formulierung, als wäre *das* je das Ziel der Sozialdemokratie gewesen![79] Die DGB-Führung lehnte auch den mehr als zaghaften Vorschlag, einen fünfminütigen (!) bundesweiten Streik zu organisieren (um eine Kippe zu rauchen, oder was?), mit dem hanebüchenen Hinweis ab, »daß das Volk für eine derartige Aktion noch nicht reif sei.«[80] Nun war wieder Pong dran. Adenauer ließ die Volksbefragung als »verfassungswidrig« verbieten, aber nicht wie bei der Remilitarisierung durch einen persönlichen Ukas, sondern durch das Bundesverfassungsgericht in Karlsruhe (genau für solche Situationen hatte man es installiert, als von Weisheit durchtränkte letzte Instanz »über der Politik«), mit Urteil vom 30. Juli 1958. Ping fädelt ein, Pong führt aus – so kamen die Atomwaffen in die BRD. Und das »Godesberger Programm« der SPD, beschlossen auf dem Parteitag vom 13.–15. November 1959, trug dem Verrat offiziell Rechnung, indem es die Wehrpflicht und die Eingliederung der BRD in die NATO nun ausdrücklich billigte. Das Wichtigste hatte man natürlich nicht vergessen: »Das private Eigentum an Produktionsmitteln hat Anspruch auf Schutz und Förderung.«

Die Demoralisierung der Protestbewegung, die man vorsätzlich hatte ins Leere laufen lassen, war natürlich immens. Zuerst mit der KPD der Führung beraubt (so gut eine stalinistische Partei eben dazu in der Lage und willens war), dann durch die *fake*-Führung der SPD in die Irre gelockt und im Stich gelassen, blieb sie orientierungslos zurück. In diese Lücke nun, die die SPD so bereitwillig hinterlassen hatte, stießen die Pfaffen vor, mit ihren pazifistischen Wallfahrtszügen zur Osterzeit. Seit diesem Zeitpunkt sind die Parolen der offiziösen Friedensbewegung jeder politischen Brisanz und Durchschlagskraft beraubt, dünnster Aufguß vom Aufguß (»Gegen Atomwaffen in jeder Nation«, »Abrüstung in Ost und West«). Damit saßen die Kriegstreiber fester im Sattel denn je.

Dies machte sich auch in den sogenannten »innerdeutschen Beziehungen« bemerkbar. Im aufkommenden Westfernsehen hatten Ulbricht-Imitatoren Hochkonjunktur, und wenn sie mit hoher Fistelstimme »Freundschaft, Freundschaft!« riefen, war ihnen stets ein Lacherfolg sicher (als ich jedoch später eher beiläufig erfuhr, daß diese vermeintliche Witzfigur auf seiten der Roten Armee gegen die Wehrmacht gekämpft hatte, stieg meine Achtung vor ihm beträchtlich). Als Schüler quälte man uns, mäßig erfolgreich, mit der »Hallstein-Doktrin«, und das war bereits eine etwas ernstere Angelegenheit. Hinter dieser tönenden Phrase – Doktrin bedeutet ja bekanntlich »Lehre« – verbarg sich nichts anderes als der anmaßende Alleinvertretungsanspruch der BRD für Gesamtdeutschland; der DDR wurde also qua »Doktrin« die Qualität eigener Staatlichkeit abgesprochen (und so kamen die Anführungszeichen in die Springerpresse: die sogenannte – heute würde man sagen: »selbsternannte« – DDR). Am 19. Oktober 1957 kam diese Doktrin erstmals gegenüber Jugoslawien zur Anwendung: Da Titos Staat die DDR diplomatisch anerkannt hatte, brach die BRD die diplomatischen Beziehungen zu Belgrad ab. Dieses Erpressungsmittel wurde in der Folge häufig vor allem gegen die blockfreien Länder in Anschlag gebracht und ging mit der Einstellung der Entwicklungshilfe und wirtschaftlichem Boykott einher, aber auch Fälle von Bestechung wurden bekannt: Erklärte ein Staat seine Bereitschaft, die DDR nicht anzuerkennen, lohnte man es ihm mit einem Silberling, den man nobel als »Nichtanerkennungsgebühr« bezeichnete.

Aber das waren Fiesitäten auf dem diplomatischen Parkett. Hält man Rückschau, so ist man doch erstaunt, mit welcher Aggressivität der westliche Teilstaat zu Werke ging; der Vergleich mit dem heutigen Nord- und Südkorea ist keineswegs übertrieben, so wie dort konnte auch an der innerdeutschen Grenze der Propagandakrieg (Lautsprecherbeschallung, Flugblattversand per

Luftballon usw.) jederzeit in einen bewaffneten Konflikt umschlagen, der vom Westen mehr als einmal angestrebt wurde. Nach den bisherigen Ausführungen vermag dies nicht mehr zu erstaunen, war die Bonner innerdeutsche Politik doch nichts weiter als eine Teilfunktion, eine Untermenge der US-Außenpolitik. John Foster Dulles brachte diesen Sachverhalt auf den bündigen Nenner: »Westdeutschland kann […] ein großer Trumpf in den Händen des Westens sein. Indem es Ostdeutschland in den Machtbereich des Westens zieht, kann es eine vorgeschobene strategische Position in Mitteleuropa gewinnen, welche die sowjetkommunistischen, militärischen und politischen Positionen in Polen, der ČSSR, in Ungarn und anderen angrenzenden Ländern unterminiert!« Und wie der US-Politiker in den Wald hineinrief, tönte die ›Kölnische Rundschau‹ aus diesem heraus: »Dort [in der DDR] muß, so man den Kalten Krieg gewinnen will, die Unterwühlungsarbeit mit generalstabsmäßiger Genauigkeit und reichen Mitteln geleistet werden.«[81] Der Bonner US-Ableger sollte also nicht nur als Schaufenster des Westens (»Wirtschaftswunder«) nützliche Dienste leisten, sondern als Speerspitze der NATO fungieren, als Rammbock die Türe in den Ostblock aufbrechen. Damit verlassen wir die Ebene der Diplomatie und Ökonomie, und Ares bzw. Mars tritt wieder auf den Plan. Es geht um Spionage, Subversion und militärische Provokationen.

Die erste Voraussetzung für eine feindliche Konfrontation war die klare administrative, politische und militärische Abtrennung der westlichen Besatzungszonen vom sowjetischen Sektor, und hierfür hatten die USA zügig Vorsorge getroffen.[82] Als Präsidentenberater Harriman sich im Sommer 1947 in Deutschland aufhielt, um die Lage zu sondieren – er war nicht nur Politiker, sondern wie so viele führende US-Regierungsbeamte Multimillionär –, telegrafierte er an Truman, daß eine Währungsreform überfällig sei: Die Reichsmark befand sich im freien Fall, und der Schwarzhandel florierte. Nach seiner Rückkehr wurden in den USA neue deutsche Banknoten *en gros* gedruckt, im Dezember 1947 heimlich per Schiff nach Bremerhaven transportiert und in Frankfurt zwischengelagert; damit war der Grundstein für die Entstehung der späteren Bankenmetropole gelegt. Doch wozu die Heimlichkeit? Hierzu Harriman in seiner Mitteilung an Truman: »Ich habe starke Bedenken, daß ein Währungssystem, das die Sowjetzone mit einschließt, Erfolg haben könnte, da die sowjetischen Wirtschaftsmethoden sich von den unseren so sehr unterscheiden.« Das stimmte zwar, aber das Kalkül ging wesentlich weiter: die währungspolitische Separierung Westdeutschlands sollte das Sprungbrett für dessen Eigenstaatlichkeit bilden. Und so geschah es: Als die Westalliierten am 18. Juni die Währungsreform verkündeten, sah sich die Sowjetunion gezwungen, den Personen-, Kraftfahrzeug- und Zugverkehr von und nach dem Westen einzustellen, um eine Überflutung mit der nun dort wertlos gewordenen Reichsmark, die in der SBZ noch reguläre Währung war, zu verhindern; dasselbe wiederholte sich kurz darauf in Berlin. Ob dieser Defensivmaßnahme erhob sich nun im Westen ein großes Gezeter: Nicht nur von »Abschottung« war die Rede – hatte man also nicht recht gehabt, wenn man vom »Eisernen Vorhang« sprach, der jetzt gerade herunterrasselte? –, sondern von einer »Blockade Berlins« (Truman). Aus einer Maßnahme, welche die Inflation im Ostsektor verhindern sollte, war im Handumdrehen ein feindlicher kriegerischer Akt der Sowjetunion geworden, der dringend einer Vergeltung bedurfte. Später schrieb Truman in seinen Memoiren: »Eine Machtdemonstration war unvermeidlich und schloß das Risiko eines Krieges mit ein.« Als erstes wurde der Warenverkehr nach Ostdeutschland, dann die Gaslieferungen eingestellt. Die Sowjetunion antwortete mit denselben Gegenmaßnahmen. Und Westberlin, das arme, war eine isolierte Insel, gegen welche ringsum die kommunistische Brandung antoste. Es wurde »Frontstadt« des freien Westens. Höchste Zeit zu handeln!

Im schrillen Geschrei der angeblichen »Hungerblockade« Berlins ging völlig unter, daß die Sowjetunion am 1. Juli 1948 angeboten hatte, »eine ausreichende Versorgung von ganz Groß-Berlin aus ihren [der SU] eigenen Mitteln zu gewährleisten.« Der Vorschlag stieß auf taube Ohren. Einen Monat später wurde das Angebot erneuert mit dem Zusatz, sofort 100 000 Tonnen Weizen und dieselbe Menge weiterer Nahrungsmittel nach Berlin zu liefern – ebenfalls abgelehnt. John Foster Dulles erklärte mit einer Klarheit, die nichts zu wünschen übrig ließ, ein halbes Jahr später die destruktive Position der USA: »Zu jeder Zeit hätte man die Situation in Berlin klären können. Die gegenwärtige Lage ist jedoch für die USA aus propagandistischen Gründen sehr vorteilhaft. Dabei gewinnen wir das Ansehen, die Bevölkerung von Berlin vor dem Hungertod bewahrt zu haben, die Russen aber erhalten die ganze Schuld wegen ihrer Sperrmaßnahmen.« Man hatte die »Berlin-Krise« geschaffen und hochgekocht, jetzt wollte man sie auch ausschlachten, und sei es um das Risiko eines atomaren Erstschlages gegen die ehemalige Reichshauptstadt und die »Sowjetzone«.

Dieser nämlich, der atomare Erstschlag, war die allerliebste Option des Militärgouverneurs der amerikanischen Besatzungszone, des Generals Lucius Clay. Er hatte der US-Regierung auf Anfrage mitgeteilt, daß die Zugangsrechte zu Westberlin nur in Form mündlicher Vereinbarungen geregelt waren, und sein Herzensanliegen bestand nun darin, mit massiven Truppenverbänden unter atomarem Flankenschutz nach Berlin vorzudringen und dort die *commies* aufzurollen. Es trat die seltene Situation ein, daß Washington mäßigend vorging: Es zügelte den Heißsporn und erteilte ihm den Auftrag, die bis dahin aufwendigste Versorgungsaktion und teuerste Propagandashow der Welt aufzuziehen: die berühmte »Luftbrücke« nach Berlin, die heute noch in allen Schulbüchern prangt und aller Herzen höher schlagen läßt. Vom 26. Juni 1948 bis in den September des nächsten Jahres, 462 Tage lang, wurden 56 000 Mann eingespannt, darunter 10 000 ehemalige Militärpiloten, Funker und Flugtechniker der USA. Pausenlos waren 380 Flugzeuge, auch aus Neuseeland und Australien, in der Luft, die Tag für Tag zwischen 3000 und 6000 t Nahrungsmittel nach Berlin brachten (der Tagesbedarf der zwei Millionen Westberliner belief sich allerdings auf 25 000 t, so daß sie kräftig darben mußten – aber die Freiheit hat ja bekanntlich ihren Preis!). Die Spitzenleistung wurde am 16. April 1949 erbracht: 12 850 t Güter in 1383 Flügen! Insgesamt verschlang der Rummel 500 Millionen Dollar. Die Schattenseiten hängte man etwas niedriger: Die Aktion kostete 31 Amerikanern, 39 Briten und acht Deutschen das Leben, die Flugdichte sorgte immer wieder für gefährliche Situationen. Aber die Hauptsache findet man in kaum einem Buch: Es war eine beständige militärische Provokation auf hohem Spannungsniveau, welche die permanente Verletzung des Luftraumes über dem sowjetischen Sektor voraussetzte; die USA hatten keinen Zweifel daran gelassen, daß sie militärische Abwehrmaßnahmen gegen die Flugzeuge als *casus belli* ansehen würden. Um ihrer Drohung Nachdruck zu verleihen, stationierten sie 60 Langstreckenbomber mit Atomwaffen auf Luftbasen in England; es war das erste Mal, daß Atombomben außerhalb der USA stationiert wurden. Am 13. September 1948 notierte Truman nach einem Lagebericht in sein Tagebuch: »Habe hinterher das unheimliche Gefühl, daß wir ganz dicht vorm Krieg stehen … Berlin ist ein Pulverfaß.« Daß es nicht so weit kam, ist dem besonnenen Verhalten der Sowjetunion zu verdanken, die zu diesem Zeitpunkt ja noch nicht über einsatzfähige Atombomben verfügte. Sie duckte sich ab und wartete, bis der Spuk vorüber war. Aggressiv, n'est-ce pas?

Nachdem der Nazi-General Reinhard Gehlen in den Vereinigten Staaten sein Wissen über die Struktur der sowjetischen Streitkräfte preisgegeben hatte, schloß er mit dem US-General Sibert eine gemeinsame Vereinbarung über seine zukünftige Tätigkeit in Westdeutschland. Der erste Satz des Übereinkommens lautet: »Es wird eine deutsche nachrichtendienstliche Organisation unter Benutzung des vorhandenen Potentials [!] geschaffen, die nach Osten aufklärt, bzw. die alte Arbeit im gleichen Sinne fortsetzt. Die Grundfrage ist

das gemeinsame Interesse an der Verteidigung gegen den Kommunismus«
– auch dies ein schöner Beleg für die Kontinuität von Hitler zu Adenauer.[83]
Diese Spionageorganisation, der BND, erhielt jährlich sechs Millionen Dollar
Unterstützung, und es ist durchaus interessant, sich seine »Aufklärungsarbeit«
an konkreten Beispielen zu vergegenwärtigen:

> Manche [militanten Organisationen] wie die von den USA einige Jahre finan-
> zierte Berliner »Kampfgruppe gegen Unmenschlichkeit« (KgU) führten auch
> selbst Anschläge in der DDR durch. Der russische »Völkische Arbeitsbund«
> (NTS) richtete sich aus dem Westen an die Rote Armee in den verschiedenen
> Staaten hinter dem Eisernen Vorhang. NTS-Mitarbeiter wurden zudem bis
> 1957 mit Fallschirmen über der UdSSR abgesetzt, um antikommunistische
> Zellen wiederzubeleben. In Westdeutschland rekrutierte der US-Geheim-
> dienst für »Partisaneneinheiten« auch Angehörige des rechtsradikalen »Bun-
> des Deutscher Jugend« (BDJ).[84]

Eine saubere Gesellschaft. So jedenfalls hat man sich die Zirkel, Seilschaften
und klandestinen Kampfgruppen vorzustellen, die am 23. Oktober 1956 auf ein
Signal des US-Senders »Radio Free Europe« hin in Budapest die Telefonzen-
trale, ein Redaktionshaus, eine Waffenfabrik und ein Munitionsdepot angriffen und anschließend auf Lastautos die Jagd auf Funktionäre der KP Ungarns
eröffneten, denen sie gewissermaßen ein »Damaskus-Erlebnis« ermöglichten.
Auf offener Straße wurden sie an die Wand gestellt, aufgeknüpft oder ange-
zündet; ihre Leichen wurden verstümmelt und bespuckt. Über Österreich
wurden 60 000 ungarische Emigranten eingeschleust, und der dort ansässige Kaisersproß Otto von Habsburg kratzte sich schon am Kopf, weil er sich
gerne die Stephanskrone aufgesetzt hätte, auf jenen Knauf oder Wulst seines Körpers also, der exklusiv zu deren Befestigung dienen sollte. Von Westdeutschland aus versuchte man, die 300 000 deutschstämmigen Ungarn zur
Teilnahme an der Konterrevolution anzustacheln. Von Portugal aus ersuchte
der ungarische Faschistenführer Horthy den US-Präsidenten Eisenhower, für
die »gemeinsame Sache« einzutreten (in dem Moment, in dem diese Zeilen
zu Papier gebracht wurden, spielten sich in Libyen genau dieselben Szenen in
genau derselben Konstellation ab: von ausländischen Söldnern und inländischen Monarchisten begangene Anschläge und Pogrome, die durch wochen-
langes NATO-Bombardement – das ist der einzige Unterschied zur ungari-
schen Konterrevolution – und gezielte Mordattacken gegen den Präsidenten
Ghaddafi Unterstützung erhielten). Nach einer Woche hetzte der Sender »Free
Europe«: »Das Verteidigungsministerium und das Ministerium des Innern

sind noch immer in der Hand der Kommunisten. Laßt es nicht dabei bleiben. Freiheitskämpfer! Hängt eure Waffen nicht an den Nagel!« Die französische Nachrichtenagentur AFP meldete: »Die Jagd auf Kommunisten ist eine Unterhaltung geworden. Ihre Leichen werden auf den Straßen verbrannt« – und nicht nur das, denn man war erfinderisch: man brannte ihnen mit Zigaretten den Sowjetstern ins Gesicht. Dies war laut dem SPD-Blatt ›Vorwärts‹ »die spontanste Revolution der Weltgeschichte«, was sich freilich nicht mit der Aussage des amerikanischen Spionagechefs Allan Dulles deckt, man habe von den Ereignissen in Ungarn schon »vorher gewußt«. Als der von langer Hand eingefädelte Putsch schließlich mit Hilfe sowjetischer Truppen niedergeschlagen wurde, waren 3500 Ungarn umgebracht, 20000 verletzt worden[85] – und das Geschrei im Westen überschlug sich: Der heroische Freiheitskampf sei in einem Meer von Blut erstickt, der ungarische Freiheitswille sei von Sowjetpanzern niedergewalzt worden. – Schauen Sie einmal in einem Lexikon oder einem alten Schulbuch nach.

Nun sollte man sich, betäubt vom Kriegsgetöse und umhäuft von Leichenbergen, doch einmal eine grundsätzliche Überlegung gestatten. *Wollten* die Bewohner der rückständigen und daher schwachen osteuropäischen Staaten, darunter Ungarn, welche gerade von der ihren Bevölkerungsmehrheiten keineswegs erwünschten Hitlerbesatzung durch die Rote Armee befreit worden waren, da diese ihren deutschen Peinigern nachsetzte, nicht vielleicht doch lieber amerikanische statt russische Satelliten sein? Das Wortornament »unabhängig« bekommen sie ja in jedem Fall von beiden, die Sache selber von keinem, von den Imperialisten nicht aus Gier, von den Kommunisten nicht aus Selbsterhaltungstrieb (oder dem nach der stalinistischen Degeneration noch überlebenden Rest dieses Triebes). Nun, wie weit sie mehrheitlich die US-Herrschaft statt der russischen bevorzugten, war nach Kriegsende noch gar nicht so klar; die Griechen, seit der Zerstörung von Byzanz mißtrauisch gegen von Westen kommende Gewalt, taten das ganz sicher nicht. Wo die katholische Kirche sich dagegen festgesetzt hatte – sie spielte dort erst zugunsten Hitlers (Pavelić, Tiso, Franco u.v.a.), dann zugunsten der USA die wichtigste massenwirksame Rolle –, war das vielleicht anders, aber der entscheidende Faktor, warum diese und ähnliche Kräfte der offenen, auch individuellen Fremdbestimmung ihren Resonanzboden nach 1945 Jahr für Jahr ausbauen konnten statt verloren, hing ganz monokausal mit der **Armut** der Sowjetunion zusammen: für diese hatte die Freiheit in der Tat ihren Preis gehabt, einen entsetzlich hohen sogar, und sie mußte ihn durch das US-erzwungene »Totrüsten« jeden Tag weiterzahlen und weiterzahlen, wie oben beschrieben, und ihre Glacis-Länder mußten *nolentes* *volentes* mitbezahlen. Da das die Schwankenden gerade auf die Gegenseite trieb, konnte, wiederum aus Selbsterhaltungsgründen der Sowjetunion, die unmittelbare Repression nicht nachlassen; damit erodierte die restliche Loyalität noch weiter (was von außen mittels pausenloser propagandistischer Materialschlacht nimmermüde angeheizt wurde), und so eröffnete sich ein Teufelskreis. Daß es der antisowjetischen Opposition *niemals* um »die Freiheit« gegangen war, zeigte mit jeden Zweifel zerstörender Deutlichkeit deren gründliche Unempfindlichkeit gegen die schwersten Verletzungen der Freiheit in ihren Ländern, besonders der Meinungs- und Versammlungsfreiheit daselbst, sobald diese »endlich« ihren Herrn gewechselt und in den Westblock eingeschmolzen worden waren (von den auch nicht gerade freiheitsfreundlichen zehntausend in den USA erbrüteten, doch widerstandslos geschluckten EU-Diktaten ganz zu schweigen). Die Freiheit, welche mindestens 95 % der SU-Ablehner in den Ostblockstaaten als einzige von der besagten SU für sich forderten, also auch jene Ungarn, die sich so gerne von außen lenken und auch zu Pogromen an KP-Mitgliedern anstiften ließen, war die Freiheit, von einem armen zu einem reichen Oberherrn überwechseln zu dürfen, und dazu meist noch die Freiheit zu religiösem Obskurantismus und, wohl deren heimlicher Kern, zum Verhauen der eigenen Kinder.

Dagegen hätte nur volle Ehrlichkeit geholfen, nämlich von seiten der Sowjetunion, das stete und wahrheitsgetreue Vorrechnen der militärisch-ökonomischen Lage – und auch dieses hätte nur genutzt bei steter und ehrlicher Förderung jedes persönlichen Freiheitswillens und entschlossenen Schutzes aller Freiheiten, die so wenig kosten und so unendlich viel wert sind, allerdings die Geburtenziffer weidlich drücken. Doch nur sie *schaffen* Loyalität, wo sie nicht geerbt ist. Nun, an beide Voraussetzungen war nicht nur unter, sondern vielmehr seit Stalin nicht zu denken.

Und die unmittelbare Voraussetzung der Loyalitätsschaffung und -vermittlung fehlte in den neugewonnenen Ostblockstaaten auch: eine Kommunistische Partei, die rational und dennoch mit *einer* Stimme argumentierend, durch Ehrlichkeit und Festigkeit bewährt als moralische und intellektuelle Stütze dienen und den (überichgestützten, wie wir durch Freud wissen können) Kräften der Finsternis, also prinzipiellen Fremdbestimmung, souverän die Stirn bieten konnte.

Daran mangelte es nun in den meisten dieser Gebiete, schon wegen deren mäßiger Industrialisierung, durch die die Arbeiterbewegung nie sehr stark hatte werden können – und in Polen hatte Stalin die übrigens fast nur von geborenen Juden (wie z. B. Rosa Luxemburg) getragene und recht unabhängigkeitswillige, wiewohl bedingungslos internationalistische KP geradezu mutwillig vernichtet, ganz abgesehen von den durch die Hitlerbesatzung bedingten Verlusten, und allen anderen KPs hatte er erheblich geschadet. Einzig in der DDR sah es besser aus (und *das* erklärt die *Massivität* des Ausbaus US-Deutschlands zum »Schaufenster des Westens«, dies allein): das Kernland der deutschen Reformation war immun gegen die vatikanische Gehirnwäsche, war lange Träger der vorbildlichsten Arbeiterbewegung der Welt gewesen, und schon aufgrund ihres ebenso einsamen wie standhaften antifaschistischen Widerstands im hochtechnisierten Kernland des modernen Faschismus stand die KPD dort in hohem Ansehen. Mit russischer Unterstützung hätte sie dort viele Herzen gewinnen und die oben benannte Rechnung allen Gutwilligen plausibel machen können, denn stimmen tut sie ja, und »Geheimwaffe Ehrlichkeit«, sie war auch Lenins wirksamste Waffe, kann bei konsequenter, freilich niemals schwächlicher oder gar masochistischer Anwendung, wahre Wunder wirken. Doch genau das unterblieb auf ganzer Linie; Stalin wollte keine Herzen gewinnen, nur militärische Glacis, und daß er log, das wußte er so gut wie jeder US-Präsident und jeder Papst auch (der Renaissance-Humanist Poggio, der fünf Päpsten nacheinander als Chefsekretär gedient hatte – und dann noch drei weiteren –, nannte den Vatikan privatim immer nur »die Lügenschmiede«). Aber daß damit die politökologische Nische der Lügenherrschaft schon besetzt ist, eine fundamentale Verlogenheit einer durch aufgeklärte Tradition gebrochenen immer überlegen ist und nur durch ihr symmetrisches Gegenteil bekämpft werden kann, das zu begreifen war Stalin zu dumm, und alle seine Gefolgsleute mit ihm.

Nun wird mancher sagen: warum soll dann die Sowjetunion nicht gezwungen werden dürfen, einem stärkeren und konsequenter lügenden Gegner alle ihre so blutig und verlustreich errungene Kriegsbeute aus den Beständen ihres Angreifers zu überlassen? – Gegenfrage: warum sollen das ausgerechnet Hitlers Opfer statt dessen bloße Konkurrenten, die von ihm *nichts* abgekriegt haben? Warum soll bloße Gier einen höheren Anspruch haben als der nackte Überlebenswille eines sofort, chronisch und von allen Seiten angegriffenen Staates, dessen einzige Verfehlung es war, ein Loch in den globalen Panzer der Lüge und der Vererblichkeit der Vorzugsplätze geklopft zu haben?! – Und außerdem gaben die USA ihre Gier als ihr einziges Motiv ja gar nicht zu … und tun es auch heute nicht, ganz im Gegenteil.

Doch es sollte ja Deutschland im Fokus der Betrachtung stehen. Als äußerst effektiv für die Schwächung der DDR – lassen wir einmal die Kriegsschäden, Reparationszahlungen an die Sowjetunion und die nicht abzustreitenden Mängel bei der wirtschaftlichen Planung* beiseite – erwies sich die ökonomische Subversion, genauer: die gezielte Abwerbung junger, fertig ausgebildeter Fachkräfte, vor allem Ärzte, Akademiker, Ingenieure, Techniker und spezialisierte Arbeiter. Der mit Dollars gepushte Westen konnte mit Geldscheinen und Karriereaussichten wedeln, und der Umschlagplatz für die billige und doch qualitativ hochwertige Ware veredelter Arbeitskraft war Westberlin. Der dadurch für die DDR erwachsene Schaden war enorm; allein für Ostberlin wurde der jährliche Produktionsausfall auf 2 ½ Milliarden Mark beziffert. Der westdeutsche Ökonom Fritz Baade berechnete, daß die BRD der DDR bis 1961 allein für Ausbildungskosten der abgeworbenen Kräfte 100 Milliarden Mark schuldete – eine Menge Holz! Ein DDR-Autor resümierte: »Ein ökonomischer und politischer Störfaktor ersten Ranges, der der DDR für Jahrzehnte große Schwierigkeiten bereitet hat. […] Engpässe in der Wirtschaft, Mängel im Angebot, Verzögerung im Wirtschaftswachstum, Lücken in der medizinischen Betreuung und Schwierigkeiten bei der Weiterführung des Sozialprogramms, um nur einiges zu nennen, machten unserem Staat viele Jahre schwer zu schaffen.«[86] Das klingt immerhin ehrlich, und es verdeutlicht, daß die DDR respektive der »Ostblock« wie bei der Währungsreform in Zugzwang geraten war und Gegenmaßnahmen einleiten mußte, wollte man nicht in einem permanenten Aderlaß ausgeblutet werden. Der Staatsratsvorsitzende der DDR Walter Ulbricht hielt in einem Schreiben an den sowjetischen Staatschef Chruschtschow vom 18. Januar 1961 fest: »Zweifellos haben wir Fortschritte in bezug auf die Steigerung der Arbeitsproduktivität und die Erhöhung des Lebensniveaus erreicht. Der Abstand gegenüber Westdeutschland ist jedoch im Jahre 1960 nicht geringer geworden. […] Die Erklärung der Bonner Regierung, daß sie den Kampf gegen die DDR in der Hauptsache mit ökonomischen Mitteln und durch Verschärfung des kalten Krieges führen werde, zwingt uns, eine Änderung in der Konzeption des Siebenjahresplanes durchzuführen.«[87] Und nicht nur das – da Westdeutschland die besten Arbeitskräfte »abzapfte«, blieb der DDR-Führung gar keine andere Möglichkeit, als diesen ruinösen Aderlaß durch einen Druckverband zu stoppen. Das war der Mauerbau. So sah es auch der Münchener Ökonomie-Professor Hermann Groß, der feststellte,

> daß der DDR gar nichts »anderes übrig blieb, als den Fluchtweg zu verlegen, was am 13. August 1961 zum Bau der Berliner Mauer führte. Die Verbesserung der Erwerbsaussichten als Fluchtgrund zeigt sich auch darin, daß der

---

* Sehr anschaulich nachvollziehbar dargestellt im DDR-Film »Die Spur der Steine«.

Prozentsatz der Geflüchteten mit ihrer beruflichen Qualifikation ansteigt. So umfassen die zwischen 1952 und dem Mauerbau (1961) geflüchteten 2 Millionen etwa 10 Prozent der Gesamtbevölkerung, das sind aber 15 Prozent der Erwerbsbevölkerung. Teilt man die Erwerbsbevölkerung nach Qualifikation in drei Gruppen, so kann man sagen, daß mindestens ein Viertel der höchstqualifizierten Gruppen ihrem ›Drang nach Westen‹ gefolgt sind. Es ist klar, daß dieses Phänomen – es verließen insgesamt ungefähr 4 Millionen Menschen die Zone in Richtung Westen – den Zonenmachthabern beim wirtschaftlichen Aufbau große Schwierigkeiten bereiten mußte, denn gerade hier fehlten die wichtigsten Arbeitskräfte. Der Mauerbau ist von seiten der SED-Führung also durchaus als *Selbstschutzmaßnahme* zu verstehen.«[88]

Das entscheidende Jahr hierfür wurde genannt: 1961 – der Mauerbau am 13. August. War das nicht der Beweis, daß »unsere Brüder und Schwestern« in einem riesigen Volksgefängnis schmachteten? Kaum eine Politikerrede, kaum eine Stunde im westdeutschen »Gemeinschaftskundeunterricht«, wo nicht der versklavten Mitdeutschen in einem menschenverachtenden System, einem »Archipel Gulag« gedacht wurde. Was für eine vor Haß sprühende Häme, wenn das Wort »antifaschistischer Schutzwall« fiel! (Er war ja auch, zugegeben, etwas unglücklich, denn einen entschlossenen Aggressor hätte die »Mauer« so wenig aufhalten können wie das chinesische Pendant die Mongolen, aber Subversion und ökonomisches Ausbluten unterbinden bzw. behindern konnte sie durchaus.) Mit fast staatszeremonieller Feierlichkeit wurden in der Schule dramatische Momente beschworen: US-Panzer am »Checkpoint Charlie«, ein NVA-Soldat türmt in letzter Minute und springt über einen Stacheldraht-Verhau; an der innerdeutschen Grenze mahnten Schilder auf der westdeutschen Seite die Reisenden: »Vergessen Sie nicht: Sie fahren immer noch durch Deutschland!« Oder die Warnhinweise »Achtung! Es wird scharf geschossen!« führten einem drastisch vor Augen, daß »drüben« ein blutrünstiges System lauerte … (Als 16jährige trafen wir bei einem zweiwöchigen Schulaufenthalt in Prag auf den schönen Plätzen der Stadt und abends in so legendären Kneipen wie dem U Kalicha des braven Soldaten Schwejk auf gleichaltrige Schüler aus der DDR, und seltsam: Sie machten gar nicht den Eindruck leidender, unglücklicher Gefängnisinsassen, ganz im Gegenteil … nur ihr Sächsisch war etwas »gomisch«, aber unser Schwäbisch war auch nicht von Pappe, und wir verstanden uns prächtig … Auch freut es mich bis heute, daß ich nachts um halb zwei, auf den Stufen eines Hauseingangs, mit einem sowjetischen Matrosen geradebrecht und auf Brüderschaft getrunken habe.) Kurz und gut: Der 13. August 1961 galt der interventions-

und annexionsgierigen BRD als »Tag der nationalen Schande«, und es wurde wieder kräftig mit der Kriegsrassel geklappert. Am 2. Juni 1961 trafen die beiden Staatschefs Nikita Chruschtschow und John F. Kennedy in Wien zu einer Krisenbesprechung zusammen, in deren Verlauf der Russe seinem Gegenüber eröffnete: »Sie reden von Ihren Interessen in Westberlin. Aber mit der Verteidigung dieser Ihrer Interessen wollen Sie uns erniedrigen. Sie sprechen davon, daß Sie Blut vergossen hätten, aber das, was wir vergossen haben, war auch kein Wasser. Sie haben im Krieg 350 000 Menschen verloren, wir dagegen 20 Millionen. […] Sie denken offenbar die Möglichkeit der Entstehung eines Krieges wegen Westberlin an. Ziehen Sie bitte in Betracht, daß wir einen Krieg nicht beginnen werden.«[89] Es war dasselbe Bild wie immer: Der Westen agierte aggressiv, bis an die Schwelle zum heißen Krieg, die Sowjetunion dagegen reagierte hinhaltend, beschwichtigend und defensiv. – Es ist ewig schade, daß die DDR-Führung so borniert und feige zugleich war, »ihren« Bürgern die Reisefreiheit vorzuenthalten: sollten sie doch nach »drüben« gehen und sich die Verhältnisse anschauen, sollten sie doch die dortigen Zeitungen lesen und deren DDR-Berichte mit ihrer Lebenswirklichkeit abgleichen, sollten sie doch die Westdeutschen fragen, wie das Hitler-Konkordat und die Berufsverbote mit der »Demokratie« in Einklang zu bringen sind – freilich hätte man über beides dann auch angemessen berichten müssen! –, warum die BRD zur Atomraketen-Rampe ausgebaut wird, was sie von den Massakern in Vietnam halten, sollten sie sich doch zu Gemüte führen, was es heißt, zur Miete in einem Land zunehmender Massenarbeitslosigkeit zu leben … genug: die Loyalität zu *dieser* DDR-Führung wäre ungleich größer gewesen. Aber wir betreten nun den Bereich des zweiten Konjunktivs. Es fehlte anläßlich des Mauerbaus nicht an stromlinienförmigen Schriftstellern in der BRD, die ihre ostdeutschen Kollegen zum Protest gegen dieses »Unrecht« aufriefen. Die Antwort von Stephan Hermlin soll diesen Abschnitt beschließen:

Das Unrecht vom 13. August? Von welchem Unrecht sprechen Sie? Wenn ich Ihre Zeitungen lese und Ihre Sender höre, könnte man glauben, es sei vor vier Tagen eine große Stadt durch eine Gewalttat in zwei Teile auseinandergefallen. Da ich aber ein ziemlich gutes Gedächtnis habe und seit vierzehn Jahren wieder in dieser Stadt lebe, erinnere ich mich, seit Mitte 1948 in einer gespaltenen Stadt gelebt zu haben, einer Stadt mit zwei Währungen, zwei Bürgermeistern, zwei Stadtverwaltungen, zweierlei Art von Polizei, zwei Gesellschaftssystemen, in einer Stadt, die beherrscht ist von zwei einander diametral entgegengesetzten Konzeptionen des Lebens. Die Spaltung Berlins begann Mitte 1948 mit der bekannten Währungsreform. Was am 13. August erfolgte, war ein logischer Schnitt in einer Entwicklung, die nicht von dieser Seite der Stadt eingeleitet wurde.[90]

*

Es dürfte deutlich geworden sein, daß die Aggressivität des westdeutschen Teilstaats nach innen und nach außen, die Intransigenz gegen den weltanschaulichen Gegner und militärischen Todfeind, ausschließlich eine getreue Kopie der US-Politik in deren Auftrag war. »Spielräume« oder gar Eigenständigkeit bei Entscheidungen gab es in der westdeutschen Politik nicht, so wenig wie in irgend einem anderen Land unter US-Kuratel. Im Grund genommen ist das knappe halbe Jahrhundert »Kalter Krieg« ganz einfach zu verstehen (und eben das macht seine Eintönigkeit aus): Jede relevante politische Handlung in jedem Land der Welt außerhalb des Warschauer Pakts war danach zu bemessen, ob es dem Endziel, der militärischen Zerschlagung der Sowjetunion, förderlich war oder nicht; alles Handeln war in Relation zu diesem Endzweck zu sehen und nach ihm auszurichten. Was die Monotonie mindert, ist die Tatsache, daß diese Strategie auf Leichenbergen aufbaut; was ein wenig Abwechslung in die Sache bringt, sind die »regionalen« Besonderheiten, die ein besonderes Vorgehen erforderlich machen. Es gab nur einen römischen Imperialismus, aber dieser kannte Dutzende von Möglichkeiten, Länder in seine Abhängigkeit zu bringen und zu halten, vom Völkermord in Palästina bis zum moderaten Umgang mit den pflegeleichten Griechen, wenn man von der Zerstörung Korinths im »Epochenjahr« 146 v. u. Z. und ein paar »Kleinigkeiten« in der Folge einmal absieht. Dasselbe ist vom amerikanischen Imperialismus im 20. (und 21.) Jahrhundert zu sagen. Seine Entschlossenheit – und Brutalität – erschließen sich erst dann in vollem Umfang, wenn man seine globale, weltumspannende Vorgehensweise betrachtet; nichts wäre törichter als die »eurozentrische« Perspektive »relativen Friedens« in diesen viereinhalb Jahrzehnten. Eine solche »globale« Darstellung würde jedoch den Rahmen des Leistbaren in einem Buch bei weitem sprengen, es sei denn in Form einer dürren Chronik mit endlosen Zahlenkolonnen; es bleibt nichts anderes übrig, als selektiv und exemplarisch vorzugehen. Soeben wurden die Verhältnisse im westlichen Nachkriegsdeutschland etwas näher, aber immer noch schlaglichtartig beleuchtet; man tut indessen gut daran, sich vor Augen zu halten, was zeitgleich geschah und was aus purer Raumnot hier nicht ausgeführt werden kann: die militärische Intervention der USA in dem griechischen Bürgerkrieg 1947–1949, die mit der Zerschlagung der antifaschistischen Partisanenverbände und der Volksarmee, der »Demokratischen Armee

Griechenlands« DSE (Dimokratikos Stratos Elladas) endete, welche Stalin außerdem ebenso freiwillig wie heimtückisch opferte, um den Rest Osteuropas behalten zu können (ein *sehr* verständliches Motiv – aber hätte er seine griechischen Anhänger nicht *warnen* statt *täuschen* können?! – für Jugoslawien war die gleiche Behandlung vorgesehen gewesen, aber da klappte sie nicht; das verschaffte diesem jahrhundertelang von Osmanen und Habsburgern gebeutelten und dadurch unheilbar rückständigen Landstrich einige Jahrzehnte nationaler Unabhängigkeit). Das Griechenland, das wir heute kennen und als Touristen schätzen, wurde errichtet auf der Basis von 6000 hingerichteten, 38 000 gefallenen, 40 000 in Konzentrationslagern internierten und 60 000 ins Exil getriebenen Freiheitskämpfern. Gerne hätte man in diesem Zusammenhang etwas ausführlicher geschildert, wie britische Truppen auf Kreta der geschlagenen deutschen Wehrmacht noch ein halbes Jahr nach Kriegsende freie Hand ließen, um Jagd auf Partisanen zu machen. Nicht weiter ausgeführt werden konnte desgleichen die Installation einer US-hörigen Regierung in der Türkei unter Celâl Bayar und Adnan Menderes, was zur Folge hatte, daß nun amerikanische Atomraketen bis zur »Kuba-Krise« direkt an der sowjetischen Grenze stationiert werden konnten. Unterbleiben müssen die Schilderungen über ein gescheitertes Komplott gegen Syrien (1957/58), wofür jetzt »endlich!« die Rache durchgezogen wird, und der Überfall auf den Libanon (1958). Eingehende Betrachtung hätte der Sturz der iranischen Regierung unter Ministerpräsident Mossadegh, der die Ölquellen des Landes in Nationaleigentum überführte, durch die CIA-Operation »Ajax« im August 1953 verdient. Die Ermordung einer halben Million indonesischer Kommunisten und die Zerschlagung der dortigen KP, der weltweit größten außerhalb der »sozialistisch« regierten Länder, wäre ein gesondertes Buch wert. All dies, von den regelmäßigen *raids* in den Ländern Mittel- und Südamerikas bis zu den permanenten Überfällen auf arabische Länder mit Marine-Einheiten oder unter Zuhilfenahme des israelischen »Bundesgenossen«, kann nicht zur Sprache kommen. Es bleibt hier nur der Verweis auf entsprechende Monographien und Übersichtswerke.[91]

Es lohnt sich, im Auge des Taifuns zu verweilen – das ist der US-Imperialismus – und einige Trümmerteile zu betrachten, die in seinen Sog geraten sind: die von den USA besetzten, zerstörten und zerschlagenen Länder. Doch die Metapher trügt ein wenig: Im Auge des Taifuns, so heißt es, herrscht absolute Stille, aber davon kann in bezug auf die Vereinigten Staaten nicht die Rede sein. Es ist ein paradoxes Phänomen: Diejenige Nation, die kleinere Kontrahenten knickt wie Streichhölzer, die schwächere Länder mit Verheerung überzieht, fühlt sich von eben jenen existentiell bedroht. Je größer und augenfälliger die eigene militärische Überlegenheit ist, desto näher wähnt sie sich dem Untergang. Ein Beispiel hierfür liefert das in gezeichneten Bildern vorgeführte Katastrophen-Szenario »Is this tomorrow?« aus dem Jahre 1947[92], und man nimmt bei deren Betrachtung geradezu mit Erschütterung zur Kenntnis, *wie* primitiv ein Comic sein kann. Die historische Ausgangslage ist bekannt: Die Sowjetunion blutet aus tausend Wunden, die ihr der Faschismus geschlagen hat, während die US-Regierung im Alliierten von gestern den Todfeind von morgen entdeckt und dies einer unwilligen, weil mehrheitlich friedenswilligen Bevölkerung beizubringen versucht. Dies soll der besagte Comic leisten, indem er die Gefahr einer kommunistischen Machtübernahme in den USA als unmittelbar bevorstehendes Schreckensbild ausmalt. (Das ist natürlich so absurd, so widersinnig wie die regierungsamtliche Version des Anschlags auf die WTC-Türme; aber es geht hier nicht um die logische Stringenz einer Argumentationsreihe, sondern um die Suggestionskraft von Bildern und Klischees: einfach an bin Laden denken!) Das also soll »morgen« geschehen:

Der revolutionäre Strippenzieher erinnert auffallend an Trotzki, der, von 1947 aus betrachtet, erst vor kurzem im mexikanischen Exil von einem Schergen Stalins umgebracht worden war (im Comic erleidet diese Figur dasselbe

Schicksal); die Wahl fiel wohl auf ihn, weil er im allgemeinen Bewußtsein für »Internationalismus« (in der paranoiden Variante: »internationale Verschwörung«) stand. So sieht er also aus:

Sein Plan ist wirklich einfach: Die US-Kommunisten müssen eine Naturkatastrophe ausnutzen, die die Erntebestände vernichtet hat, und die restlichen Nahrungsmittel an sich bringen (alles schon mal dagewesen: der den Hexen zur Last gelegte »Schadenszauber«!). Dann gründet man eine »Liga gegen Intoleranz« – welche die Vereinigten Staaten in der Tat verdammt nötig gehabt hätten! – und spannt ahnungslose Prominente, am besten Künstler und Liberale, vor den Propagandakarren. Dann bemächtigt man sich der Presse:

Sodann inszeniert man einige Sprengstoffanschläge und schiebt sie US-Patrioten in die Schuhe; eine Verhaftungswelle, der die besten Amerikaner zum Opfer fallen, überzieht das Land. Vereine werden unterwandert, Angehörige verschiedener Religionen und Rassen gegeneinandergehetzt, als knallige Klimax eine öffentliche Bibelverbrennung veranstaltet – fertig ist die kommunistische Machtergreifung!

Natürlich ist das Blödsinn, elendes ideologisches Gelumpe – aber es ist das Konzentrat dessen, was die Menschen im amerikanischen Einflußbereich mehrheitlich im Kopf hatten; wer in jener Zeit aufgewachsen ist, wird auf Anhieb Dutzende von Beispielen anführen können. Diese plumpe Schwarzweiß-Malerei zu Lasten der Sowjetunion wirkt nicht wegen etwelchen »geistigen Gehalts«, der $\infty \rightarrow$ null ist, sondern aufgrund der assoziativen Verknüpfung zu Realitätspartikeln – die Sowjetunion gab es ja, ebenso amerikanische Liberale – vor dem Hintergrund eines immensen und »real existierenden« Gewalt- und Drohpotentials. Und diesem, mithin der Realität, wollen wir uns nun zuwenden. (Wenn man im übrigen den Comic allein wegen des zeitlichen Abstands als lächerlich empfindet, als »nicht mehr zeitgemäß«, »aus der Mode gekommen«, dann ist das nicht tröstlich, sondern traurig, denn die heutigen Hollywood-Machwerke sind inhaltlich um nichts besser, haben aber durch technischen Fortschritt mehr Suggestivmittel zur Verfügung.)

Die amerikanische Bevölkerung sollte dazu gebracht werden, einen atomaren Angriffskrieg gutzuheißen und aktiv zu unterstützen, also mußte man sie davon »überzeugen«, daß dieser Krieg auch führbar und zu gewinnen ist. Freilich tut sich hier ein Ideologie-immanenter Widerspruch auf: einerseits wird man von einem übermächtigen Feind tödlich bedroht, andererseits kann man eben diesen Feind unter Anwendung äußerster Gewalt zuverlässig besiegen. Die Vernunft stört sich an diesem Widerspruch, die Ideologie kann prächtig damit leben: Beide Vorstellungsinhalte werden durch den psychischen Mechanismus der Isolierung voneinander getrennt, und schon passen sie bestens in einen Kopf und können im Bedarfsfall jeweils aktiviert werden. Ein auf seine Art beeindruckendes Beispiel für die zweite, aggressive Form der Kriegspropaganda, das die realen Kriegsvorbereitungen und -absichten der US-Führung treffend wiedergibt, ist ein 132 Seiten starkes Sonderheft des US-Magazins ›Collier's‹. Es erschien 1951 in der beachtlichen Auflage von 3,9 Millionen Exemplaren und beschreibt für die Jahre 1952–1955 – also in zeitlicher Übereinstimmung mit den Planungen der US-Militärstäbe – den Verlauf eines atomaren Angriffskriegs gegen die Sowjetunion unter der Bezeichnung »Operation Eggnogg«.[93] Führen wir uns einige Zitate daraus zu Gemüte, um in die Atmosphäre jener Zeit einzutauchen. Die Herausgeber schreiben in ihrem Editorial:

> Wir haben keine Illusionen über den schrecklichen Preis des Sieges. Aber wir sind überzeugt, daß die Freiheit gerettet und der kommunistische Imperialismus zerschlagen werden würde. […] Zweimal in diesem Jahrhundert haben siegreiche Mächte eine solche Weltlage wiederhergestellt, die es der Tyrannei ermöglicht hat fortzubestehen. Auf den folgenden Seiten schlagen die Autoren dieser Ausgabe ein Vorgehen vor, von dem sie und die Herausgeber von Collier's glauben, daß es einige Fehler der Vergangenheit – sowohl in der Kriegführung als auch im Umgang mit den anschließenden Schwierigkeiten – vermeiden würde.
>
> […] wir hoffen und vertrauen darauf, daß die Atombomben jener freien, humanistischen Länder nicht zur Vergeltung, sondern zur Zerstörung strategischer Ziele eingesetzt würden, und dieses nur nach Vorwarnungen an die Zivilisten mit der Aufforderung, die entsprechenden Gebiete zu räumen.

Gegen Ende des Editorials wird die Sowjetunion vor folgende Alternative in der Form eines Ultimatums gestellt:

> Sie können sich wieder der Familie der Nationen der Welt anschließen, ihre Tore der Außenwelt öffnen, die Handelswege freigeben, die Ressourcen ihres unermeßlichen Landes sinnvoll ausnutzen und so das Los aller Völker der Welt verbessern. Oder sie können ihren gegenwärtigen Kurs fortsetzen, der durch Mißtrauen, Unnachgiebigkeit und Angriffslust gekennzeichnet ist, und ihre eigene Vernichtung riskieren.
>
> Die sowjetische Regierung muß ihre Anschauungen und ihre Politik ändern. Wenn nicht, dann wird zweifellos der Tag kommen, an dem diese Regierung von der Erdoberfläche verschwinden wird. Der Kreml muß sich entscheiden. Und wenn sich die sowjetischen Herrscher nicht ändern wollen, dann müssen sie begreifen, daß die freie Welt kämpfen wird, falls das notwendig werden sollte. Daß sie kämpfen und siegen wird. […]
>
> Ein Appell an die Vernunft von Josef Stalin und der Männer in seiner Umgebung, das ist das oberste Ziel dieser Ausgabe von Collier's. […]

Eine Zeittafel der Redaktion schildert nun den fiktiven Kriegsverlauf:

> 1952. […] Die flächendeckende atomare Bombardierung der Sowjetunion beginnt. Dabei spart der Westen Bevölkerungszentren völlig aus [wie in Hiroshima und Nagasaki, P. P.] und konzentriert sich nur auf legitime militärische Ziele. Hauptziel: Industrieeinrichtungen; Fabrikationsanlagen von Öl, Stahl und Atombomben. […]

1953. Die USA werden zum zweiten Mal *mit Atombomben angegriffen*. […] Durch verbesserte Maßnahmen zur Zivilverteidigung fallen die Verluste erheblich geringer aus. […]

Am 22. Juli um Mitternacht wird *Moskau* als Vergeltung für einen sowjetischen Terrorangriff auf Washington von B-36 *mit Atombomben angegriffen*. Die von US-Basen gestarteten Flugzeuge zerstören das Zentrum von Moskau. Schadensgebiet: 20 Quadratmeilen.

und so weiter und so fort, es geht hin und her, bis schließlich das Gute siegt.

1955. *Die Kampfhandlungen enden*, als die UdSSR in einen Zustand des Chaos und des inneren Aufruhrs hinabsinkt.

Die *UN-Truppen* beginnen damit, in den Satellitenstaaten und der Ukraine Besatzungsaufgaben wahrzunehmen [wie brandaktuell!, P. P.].

Das UNITOC – das vorläufige Besatzungsoberkommando der Vereinten Nationen – wird in Moskau eingerichtet.

Die Broschüre schließt mit einem fiktiven Rückblick acht Jahre später, dessen Anfangs- und Schlußpassagen lauten:

Die Atombombe wurde von beiden Seiten ausgiebig eingesetzt, doch unsere Kriegführung richtete sich hauptsächlich gegen den Kommunismus und die sowjetischen Herrscher und nicht gegen das russische Volk, deshalb kam es nicht zu einem grenzenlosen atomaren Holocaust. […]

Der dritte Weltkrieg – der Große Sowjetische Krieg – fand kein formelles Ende, was ja nach unserem strategischen Konzept auch gar nicht möglich gewesen wäre. Denn unser Hauptziel war es gewesen, die Herrscher und die Beherrschten auseinanderzubringen, die andersdenkenden unterdrückten Minderheiten Rußlands zum Aufstand zu ermutigen, die Rote Armee zu »atomisieren« (sowohl psychologisch als auch auf dem Schlachtfeld), die Völker der Satellitenstaaten zu befreien und sie auf unsere Seite im Kampf gegen ihre Unterdrücker zu bringen; und dieses Ziel hatten wir mit der Hilfe unserer überwältigenden militärischen Stärke erreicht.

Die 38jährige Geschichte der Roten Armee war zu Ende gegangen, und sie endete so, wie sie begonnen hatte: in Aufruhr und Plünderungen, in Kämpfen des Bruders gegen den Bruder, im Bürgerkrieg und in blutigen Fehden; die Unterdrückten wurden die Unterdrücker, und die Tyrannen, die die Gerechtigkeit pervertiert hatten, wurden auf schreckliche Weise gerichtet. […]

Kurzum, Rußland durchlebt zur Zeit seine stürmischen Flitterwochen mit der Demokratie. […]

Enthalten die letzten Zeilen nicht eine fast prophetische Vorwegnahme dessen, was die USA ein halbes Jahrhundert später mit dem Irak machten, bis hin zur Ermordung seines legitimen Präsidenten Saddam Hussein? – Und ein zweites: **Hundert Euro** zahlt der Verfasser dieses Buches jedem, der ein sowjetisches Dokument beibringt, das diesem Sonderheft von Collier's in Stil, Inhalt, Absicht, Gefühlshaltung und Verbreitungsdichte entspricht, als unumstößlichen Beweis der bis dahin als solche zu gelten habenden

☞ **Legende:**   Die Russen waren auch nicht besser.

Fälschungen werden nicht akzeptiert. Der Rechtsweg ist ausgeschlossen.

Die ›Süddeutsche Zeitung‹ meldete im übrigen am 16. Februar 1982 unter der Überschrift »USA planten 1954 atomaren Vernichtungsschlag«:

> Die USA haben in den 50er Jahren über einen Plan verfügt, im Falle eines Krieges die Sowjetunion mit einem einzigen massiven Atomschlag innerhalb von zwei Stunden in Schutt und Asche zu legen. Ein Dokument darüber wurde in der Zeitschrift *International Security* der Harvard-Universität veröffentlicht. Der Atomschlag sollte von 735 B-47- und B-36-Bombern geführt werden. Zu den 1700 Bodenzielen gehörten 409 Flugplätze in der Sowjetunion sowie Industrieanlagen und Raffinerien. [...][94]

Mit derselben Energie und Brutalität, welche für den Krieg »nach außen« gegen die Sowjetunion als weltanschaulichen und militärischen Todfeind aufgebracht wurden, erfolgte er auch »nach innen«. Stets die Freiheitsphrase auf den Lippen, wurden auch hier alle Register gezogen, von der Verleumdung über die Existenzvernichtung bis hin zum kaltblütigen Justizmord. Auf die Notwendigkeit solcher Maßnahmen gegen die »eigene«, die US-Bevölkerung hatte der Sonderberater Clark M. Clifford bereits am 24. September 1946 in einer Lagebeurteilung an den Präsidenten Truman hingewiesen: »Innerhalb der Vereinigten Staaten sollte jede kommunistische Infiltration aufgedeckt und unterbunden werden, die die nationale Sicherheit gefährdet. Die Streitkräfte, Regierungsstellen und die Schwerindustrie sind derzeit die wichtigsten Zielbereiche kommunistischer Infiltration.«[95] Der journalistische Einpeitscher Westbrook-Pegler, der für den Presse-Monopolisten Hearst arbeitete, setzte noch eins drauf: »Die einzig mutige und vernünftige Weise, mit den unter uns lebenden Kommunisten fertig zu werden, besteht darin, die Mitgliedschaft in einer kommunistischen Vereinigung oder bei einer ihrer Tarnorganisationen zum Verbrechen zu erklären und jedem, der aufgrund einer solchen Anklage verurteilt wird, zu erschießen oder sonstwie zum Tode zu befördern!«[96] Zwei spektakuläre Beispiele dieser »Kriegführung nach innen« sollen im folgenden etwas näher betrachtet werden.

Bertolt Brecht vor den Schranken der US-Inquisition

Brecht während seines Verhörs vom 30. Oktober 1947 in Washington

Zwischen dem 20. und 30. Oktober 1947 führte der »Ausschuß für un-amerikanische Umtriebe« (*House on un-American Activities Committee*, HUAC) eine Serie von Anhörungen über »die kommunistische Infiltration in der Filmindustrie« durch. Im Mittelpunkt der Verdächtigungen und im Kreuzfeuer der Verhöre standen Schauspieler, die sich in die Herzen des Publikums gespielt hatten, wie beispielsweise Humphrey Bogart oder Charlie Chaplin, Komponisten wie Hanns Eisler und Literaten wie Brecht, der mit der Filmbranche zwar so gut wie nichts zu tun hatte, aber einmal ein Drehbuch für den Film *Hangmen also die*, der vom tschechischen Widerstand gegen die Nazi-Besatzung handelte, erstellt hatte. Den Vorsitz des Tribunals führte ein gewisser J. Parnell Thomas, und zu seinen Mitgliedern zählte u. a. auch Richard Nixon, der spätere US-Präsident, der den Mord am chilenischen Präsidenten Salvador Allende sowie die Flächenbombardierungen in Vietnam, Laos und Kambodscha in Auftrag geben sollte. Als Zeugen geladen waren etwa solche Größen wie Gary Cooper und Walt Disney, aber auch Ronald Reagan, ein ehemaliger Sportreporter und seinerzeit Darsteller in miserablen *B-Movies*, der damals den Grundstein für seine politische Karriere legte, indem er seine berühmten und beliebten Kollegen als Kommunisten oder deren Sympathisanten denunzierte. Reagan, der spätere kalifornische Gouverneur und jener US-Präsident, der die »Endlösung der Sowjetfrage« ins Werk setzte, ist in vieler Hinsicht das amerikanische Pendant zum verkrachten österreichischen Postkartenmaler. Es wurden aber auch Kunstschaffende als Zeugen vorgeladen, die selbst kommunistischer Aktivitäten oder Sympathien »verdächtig« waren und die daher den »fünften Zusatz« (*amendment*) der US-Verfassung für sich in Anspruch nahmen, d. h. das Recht auf Aussageverweigerung, um sich nicht selbst zu belasten. Es sollte ihnen nicht gut bekommen, denn sie wurden nach ihren Anhörungen zu Gefängnisstrafen wegen »Verächtlichmachung des Ausschusses« und »nationalen Verrats« verurteilt. Es waren gänzlich harmlose Personen, die zum Teil Standpunkte vertraten, welche auf päpstlichen Sozialenzykliken fußten.

Mit Bertolt Brecht war dem Ausschuß der fortschrittlichste deutsche Literat jener Zeit in die Fänge geraten; er dürfte allein durch seine Aktivitäten in der deutschen Exiliertenszene, vor allem aber durch seinen »Ruf« als Antifaschist der ersten Stunde den Argwohn der Kommunisten- und Hexenjäger erregt haben. Um dies in seiner ganzen seichten Tiefe zu verstehen, muß man sich vergegenwärtigen, daß es in den Vereinigten Staaten ein unausgesprochenes, nicht schriftlich fixiertes »Vergehen« namens »vorzeitiger Antifaschismus« gab: Erwünscht, gutgeheißen und willkommen war derjenige »Antifaschist«, der mit der Kriegserklärung der USA an Hitler-Deutschland die Kriegsziele der US-Regierung teilte; wer jedoch zuvor und eigenständig Position gegen den Faschismus bezogen, gar organisatorische Konsequenzen aus seiner politischen Einsicht gezogen hatte, stand in dem (begründeten) Verdacht, kein Freund der US-Regierungen zu sein, wenn diese ihrerseits imperialistische Ziele verfolgten. Überflüssig zu erwähnen, daß die Inquisitoren die Werke Brechts nicht gelesen hatten; wenn sie es aus ihnen vorgelegten Auszügen zitierten, zeigten sie mit einer gewissen Souveränität, daß sie nicht das Geringste verstanden hatten. Wer je Akten der originären Inquisition gelesen hat, etwa über das Verhör des Renaissancemalers Paolo Veronese, der sich für seine mäßig feierliche Darstellung des Abendmahls vor dem Stadthintergrund Venedigs zu verantworten hatte, wird die Parallelen sofort erkennen. Veronese mußte »erklären«, warum er in seinem Bild einen Landsknecht untergebracht hatte (Landsknechte waren meist deutsche oder Schweizer Söldner, und diese wiederum waren häufig Protestanten; also, so lautete die messerscharfe Folgerung der Inquisitoren, lag hier das Verbrechen der Propagierung einer Häresie vor); warum er ferner einen Mann mit Nasenbluten und Betrunkene dargestellt hatte (was ja nichts anderes als eine Parodie auf die Transsubstantiation sein konnte); kurzum: warum er »Deutsche, Betrunkene und Narren« ins Abendmahl des HErrn gemalt habe. Veronese zog seinen Kopf mit ausweichenden, zögerlich vorgebrachten Antworten aus der Schlinge: Es sei eben noch Platz übrig gewesen, und da habe er einfach gemalt, was ihm gerade in den Sinn gekommen sei. *And so did Brecht.* Glücklicherweise waren beide vielen Menschen bekannt und von ihnen geschätzt ...

Sein Verhör, das am 30. Oktober 1947 in einem überfüllten Saal stattfand, liegt auf Schallplatte vor, mittlerweile vielleicht auch als CD und ist ein unbedingt zu empfehlendes Hörerlebnis.[97] Es ist ein Dokument entfesselten Dumpfbackentums.

Schon zu Anfang wurde Brecht verwehrt, eine eigens zu diesem Anlaß verfaßte Erklärung zu verlesen. Dort kam er auch auf die Situation der Kunst in Hitler-Deutschland zu sprechen: »Humanistische, sozialistische, sogar christliche Ideen wurden als ›undeutsch‹ bezeichnet, ein Wort, das ich mir schwerlich ohne Hitlers wölfische Betonung vorstellen kann.« Nun – Brecht mußte jetzt wegen angeblicher *unamerikanischer* Aktivitäten Rede und Antwort stehen, und dieser Satz stellte mit Sicherheit einen weiteren Punkt auf seinem Minuskonto dar. Zu seiner künstlerischen Tätigkeit hatte er geschrieben: »Ich mußte Deutschland im Februar 1933 verlassen, einen Tag nach dem Reichstagsbrand. Ein wahrhafter Exodus von Schriftstellern und Künstlern begann, in einer Art, wie ihn die Welt vorher noch nie gesehen hatte. Ich ließ mich in Dänemark nieder und widmete mein gesamtes literarisches Schaffen von da an dem Kampf gegen das Nazitum, ich schrieb Stücke und Gedichte.« Und folgender Zusatz erschien ihm, im Angesicht der Inquisition, zu Recht wichtig: »Meine Aktivitäten, selbst jene, die ich gegen Hitler unternahm, sind immer rein literarischer und streng unabhängiger Natur gewesen.« Ja, mit allem Nachdruck versicherte er: »Ich bin ein Gast der Vereinigten Staaten, und als solcher habe ich mich von politischen Aktivitäten, die dieses Land betreffen, sogar in literarischer Form zurückgehalten.« (Wer je ein Touristenvisum für einen Aufenthalt in den USA ausgefüllt hat, weiß, warum Brecht sich zu dieser ausdrücklichen Stellungnahme genötigt sieht: *Did you join a Communist party? Have you ever committed genocide?* und anderer erhellender Schwachsinn, den Frank Zappa treffend in *The Yellow Shark* parodierte.) Abschließend hatte Brecht den Scharfrichtern, dem Auditorium und der Öffentlichkeit mitteilen wollen, »daß das große amerikanische Volk viel verlieren und riskieren würde, wenn es irgend jemandem erlaubte, den freien Austausch von Ideen im kulturellen Bereich zu beeinträchtigen oder in die Kunst einzugreifen, die frei sein muß, damit sie Kunst ist. Wir leben in einer gefährlichen Welt. […] Wir könnten die letzte Generation der Spezies Mensch auf der Erde sein.« Aber man hatte ihn am Vorlesen gehindert, und es mußte für Brecht ein groteskes *Déjà-vu* sein, sich in derselben Situation wie seine *dramatis persona* Galilei zu befinden.

Gleich einleitend wurde er dreimal zu einer etwaigen Mitgliedschaft in einer kommunistischen Partei gefragt, und trotz jedesmaliger Verneinung stellte der Verhörende fest, Brecht scheine mit Sicherheit »ein Mann von internationaler Bedeutung für die kommunistische revolutionäre Bewegung zu sein.« Sodann folgt gleich der heikelste Punkt des Verhörs, als Brecht mit seinem Drama ›Die Maßnahme‹ konfrontiert wird, einem der kühnsten Bühnenstücke der deutschen Literaturgeschichte überhaupt. Es spielt in China und handelt von der heiklen und gefährlichen Mission einiger Kommunisten, die, um den Erfolg ihrer Unternehmung nicht zu gefährden, gezwungen sind, ein Mitglied, das sich dreimal an entscheidenden Stellen als gefahrbringend unzuverlässig erwiesen hat, zu töten. Dieses Lehrstück, einst öffentlich aufgeführt vor (nicht nur) deutschen Arbeitern, erregte das besondere Interesse der US-Inquisitoren: War dies nicht der schlagendste Beleg, daß die Kommunisten in ihrer menschenverachtenden Disziplin über Leichen gehen und daß das zwielichtige Subjekt Brecht ein solches Verbrechen auch noch öffentlich propagiert, gar als »Kunst« verstanden wissen will? (Ich hatte das Glück, eine unverhunzte Aufführung des »Berliner Ensembles« in der gerade gleichgeschalteten DDR noch und vermutlich zum letzten Mal sehen zu können.) Brechts Antwort auf diese suggestive Fangfrage, auf diese für ihn ausgelegte verbale Tellermine *muß* man hören, alleine schon wegen der Intonation:

»Ja. Das Stück ist die Bearbeitung eines alten religiösen japanischen Stückes, No-Spiel genannt; es hält sich ziemlich an die alte Geschichte, die die Hingabe an ein Ideal bis zum Tode schildert.« Schade und dreimal schade, daß die Schafsgesichter der Inquisitoren an dieser Stelle, angesichts der »schiefen Sachlichkeit« Brechts, um einen treffenden Ausdruck von Fritz Erik Hoevels zu verwenden, nicht auf einem Filmdokument festgehalten ist: Was für ein Theater? Japan? (Denkblase: Dort haben wir doch gerade erst aufgeräumt!) Kurzum: Der Anschlag verreckte jämmerlich; selten hat es einen schöneren Schuß in den Ofen gegeben.

Und so besinnen sich die Inquisitoren wieder auf ihre eigentlichen Qualitäten: »Herr Brecht, könnten Sie dem Ausschuß sagen, wie oft Sie in Moskau gewesen sind?« – »Basieren viele Ihrer Schriften auf der Philosophie von Lenin oder Marx?« – »Haben Sie jemals Sitzungen der Kommunistischen Partei

Amerikas besucht?« (in dreifacher Wiederholung) – »Sind Sie, seitdem Sie in den Vereinigten Staaten sind, mit irgendwelchen Vertretern der Sowjetregierung zusammengetroffen?« – »Hat Sie Gregorij Cheifetz, Vizekonsul der Sowjetregierung, nicht am 14. April 1943 besucht? Sie kennen Gregorij Cheifetz, nicht wahr? Und wieder am 27. April und wieder am 16. Juni 1944?« (In Übersetzung: Wir wissen alles über dich, gib dir keine Mühe.) Und desgleichen: »Hat Sie Gerhart Eisler jemals besucht, nicht Hanns, sondern Gerhart? Erinnern Sie sich daran, daß er Sie am 17. Januar 1944 besuchte?« (Damit hat es eine besonders düstere Bewandtnis: Daß Brecht mit Hanns Eisler, der zahlreiche seiner Stücke und Gedichte vertont hatte, gut befreundet war, konnte als bekannt vorausgesetzt werden und wurde von Brecht auch als selbstverständlich bejaht. Hanns' Bruder Gerhart jedoch war aktives Mitglied der KPD; er war von beider Schwester Ruth Fischer denunziert worden, die Anfang der zwanziger Jahre führend in der KPD tätig gewesen – in übrigens ebenso selbstherrlicher wie destruktiver Weise[98] –, dann aber wegen »Linksabweichung« ausgeschlossen worden war. Seit ihrem Aufenthalt in den Vereinigten Staaten arbeitete sie für den Geheimdienst CIA, dem sie – ein Schwein auf zwei Beinen, wobei nichts gegen die netten und nützlichen Tiere gesagt sein soll – über ihren Bruder Gerhart steckte: »Ich betrachte ihn als einen höchst gefährlichen Terroristen. Ich betrachte Eisler als den perfekten Terroristentyp […], dazu ausgebildet, dem KGB sein Kind, seine Schwester, seinen engsten Freund auszuliefern.« In Westdeutschland diente sich Ruth Fischer als Kronzeuge beim Verbotsverfahren gegen die KPD an, deren Vorsitzende sie in deren kritischster Periode einmal gewesen war – die schärfsten Kritiker der Elche … aber an Verbalradikalismus hat sie in ihrer KPD-Zeit kein namhaftes KPD-Mitglied übertroffen, man achte stets auf dieses Diagnostikum … – Und immer wieder dieselben Antworten Brechts: Ich glaube nicht …, ich kann mich nicht erinnern …, ich kann es nicht ausschließen, weiß es aber nicht usw. usf. Allein siebenmal wird an ihn die Frage gestellt, ob er jemals einen Antrag auf Mitgliedschaft in der Kommunistischen Partei geschrieben habe oder von dritter Seite dazu angehalten worden sei, ob dies nun Hanns Eisler war, irgendein »jemand« oder »einige Leute«.

Irgendwann hatte die demütigende Prozedur ein Ende, und man ließ Brecht gehen. Er verließ den Saal und wenige Stunden darauf die USA, und er tat gut daran (wie Jahre später der nicht minder gedemütigte Roman Polanski). Brechts Hauptanwalt Bartley Crum hatte ihn vor dem Verhör bekniet, er solle zugeben, Kommunist zu sein, und zwar mit einer Begründung würdig eines Rechtsstaates, nein, eines demokratischen Rechtsstaates in der freiesten aller

nur denkbaren Welten: »Falls Sie [Brecht] aussagen, Sie seien kein Mitglied gewesen, werden sie eine Beitrittserklärung fälschen und Sie wegen Falschaussa-
ge drankriegen.« Brecht ließ sich jedoch weder irritieren noch einschüchtern
und sagte später, er habe es vorgezogen, »das Risiko der Wahrheit zu wählen«.
Eric Bentley, dem das Verdienst zukommt, einen Tonzusammenschnitt des
Verhörs erstellt und transkribiert zu haben, bemerkt, immer noch etwas fassungslos angesichts der Ignoranz der staatlichen Inquisitoren, in seiner Einführung: »Zweifellos am stärksten betroffen hat mich, daß die zu Bertolt Brecht
sprechenden Männer keine Ahnung davon hatten, mit wem sie sich da eigentlich befaßten. Sie hatten kein Gefühl für seinen Genius; […] sie hatten auch
kein Gefühl für sein Talent; d. h., sie hatten weder Intuition noch Information.
[…] Die Verhörenden Brechts fühlten sich weder verpflichtet, seine Werke zu
lesen, noch brachten sie ein Mindestmaß an Verstandesbereitschaft dafür auf
[…] was wußten diese Männer überhaupt von Kommunismus? Jeder gute Antikommunist sollte sich vor ihrer Ignoranz fürchten.« Brecht bevorzugte die
Lakonik, wenn er rückschauend feststellte: »So schlecht wie die Nazis waren
sie nicht, die Nazis hätten mich niemals rauchen lassen. In Washington ließen
sie mir meine Zigarre, und ich benutzte sie, um Pausen zwischen ihren Fragen
und meinen Antworten zu produzieren.« In den 1946 verfaßten ›Briefen an
einen erwachsenen Amerikaner‹[99] wird Brecht deutlicher und leistet nicht nur
eine Analyse der gesellschaftlichen Realität in den Vereinigten Staaten, sondern er zeichnet davon abgeleitet ein ausgezeichnetes Psychogramm der amerikanischen Mentalität. Da sich bis heute nichts Wesentliches daran geändert
hat[100], sei dies Begründung genug für das nachfolgende längere Zitat. Brecht
bezeichnet die Stadt, in der er seinerzeit lebte – Santa Monica bei Hollywood –
als »würdelos«, und er unternimmt nach mehreren vergeblichen Anläufen
nun den Versuch, sein Urteil zu begründen.

Um mit den Nachbarn zu beginnen, kleinen Leuten. Sie sind freundlich und
schnüffeln nicht. Sie sehen eine Frau das Haus und den Garten in Ordnung
halten, einen Mann an der Schreibmaschine; so sagen sie der Polizei, die sich
nach uns erkundigt, wir seien *hard working people*, man solle uns in Ruhe lassen. Sie bekommen Feigen von unserem Garten, bringen Kuchen. Und sie haben nicht das verkniffene neurotische Wesen der deutschen Kleinbürger, noch
die Unterwürfigkeit und Überheblichkeit. Sie bewegen sich freier, mit mehr
Anmut, und keifen nicht. Freilich ist etwas Leeres und Bedeutungsloses an ihnen wie an den Charakteren oberflächlicher und gefälliger Romanschreiber.
In den Schulen wird nicht nur benotet, wie fleißig und belesen und intelligent
ein Kind ist, sondern auch, wie populär es ist. Dagegen ist schwer etwas zu

sagen: Vielleicht habe ich nur etwas dagegen, weil ich selber nicht populär war, noch sein wollte. Wenn da Kinder lernen sollen, sich der Gesellschaft anzupassen, kommt es ja auch darauf an: welcher Gesellschaft. Die Zeitungen sind andererseits voll von gewalttätigen Auseinandersetzungen in den unteren Schichten: Männer schießen ihre untreuen Frauen ab, Halbwüchsige axen betrunkene Väter, die die Mütter prügeln, und so weiter. Das ist anders als in den besseren Kreisen, wo derlei seelische Konflikte sich zu finanziellen Konflikten verschärfen und es um Alimente geht. Jedoch handelt es sich oben wie unten um Probleme, die sozusagen Gleichungen mit nur einer Unbekannten darstellen; der siebenzeilige Zeitungsreport scheint schon erschöpfend. Die Häuser um unseres herum haben nahezu alle, seit wir hier wohnen, die Besitzer mehrmals gewechselt. Die Leute wechseln unaufhörlich und anscheinend ohne viel nachzudenken ihre Arbeitsstellen und sogar ihre Berufe, und so ziehen sie in leichter erreichbare Bezirke oder Städte; einige ziehen, und das mehrmals, über den ganzen Kontinent. So lernen sie ihre Behausungen kaum kennen, haben weder Vaterhaus noch Heimat. Keine Freundschaften wachsen und keine Feindschaften. Was die Meinungen angeht, herrschen die Ideen der Herrschenden nahezu unumschränkt. Nichtübereinstimmen wird gemeinhin als bloßes Nichtkennen des allgemein Gebilligten angesehen, als ein gefährliches Unvermögen, sich anzupassen. Die Anpassung ist ein eigenes Lehrfach; der Intelligentere bringt es darin weiter, der Widerstrebende ist ein Problem der Ärzte und Psychologen. Um den »Job« zu halten – er ist immer unsicher, es gibt keine »Lebensstellungen« mit Rechten und Pensionen, auch nicht in den Ämtern der Regierung –, muß man, jenseits der Qualifikation – auf die kommt es nicht so sehr an, alles ist eingerichtet für Auswechselbarkeit, also für das Minimum –, ein *regular guy* sein, das heißt normal. Das läßt wenig Möglichkeiten für Eigenart. »Die unbegrenzten Möglichkeiten« beginnen wie eine Legende zu klingen, aber »die unvermeidlichen Krisen«, das klingt wie ein wissenschaftlicher Satz. Und die Krisen berauben die Bevölkerung um alles. Bankkonto, Haus, Eisschrank und Auto muß in Essen umgesetzt werden, die Studien der Kinder werden abgebrochen, die Ehen geschieden. Außer den großen allgemeinen Krisen drohen die kleinen persönlichen. Die Krankheit eines einzigen Mitglieds kann die Familie aller ihrer Ersparnisse berauben und der meisten ihrer Zukunftspläne. Unter diesen Umständen haben die nie verschütteten, kaum je ventilierten, stinkenden Vorurteile breiter Schichten gegen die Neger, die Juden und die Mexikaner eine finstere Bedeutung. Der Einfluß der schlecht unterrichteten Bevölkerung – Zeitungen und das Radio sind in der Hand einiger weniger Millionäre – auf die Geschichte des Landes ist schwach. Die politischen Maschinen beherrschen die Wahlen, und sie sind kontrolliert von den großen investierten Interessen. Die Korruption ist riesig. Zeitungen mit Dutzenden von Millionen Lesern deuten an, daß der höchste

Beamte der Nation von einer Gangstergruppe »gemacht« worden sei. Viele haben das Gefühl, daß die Demokratie von einer Art ist, daß sie von einer Stunde auf die andere verschwinden kann. Wenige wagen, sich ein Bild zu machen davon, was die ungeheure Brutalität, die der ökonomische Kampf auf diesem Kontinent entwickelt hat, dann aus ihm machen würde.

Die große Unsicherheit und Abhängigkeit pervertiert die Intellektuellen und macht sie oberflächlich, ängstlich und zynisch. Dabei gehört es sozusagen zu ihrem Anstellungsvertrag, daß sie locker (*easy going* [heute: *cool,* P. P.]), zuversichtlich (*cheerful*) und zuverlässig (*mentally balanced*) erscheinen […] Kein Wunder, daß etwas Unedles, Infames, Würdeloses allem Verkehr von Mensch zu Mensch anhaftet und von da übergegangen ist auf alle Gegenstände, Wohnungen, Werkzeuge, ja auf die Landschaft selber. Ein Mann, in der Frühe im Garten einen Band Lukrez lesend, wäre ein abgeschmackter Anblick […] Die Wohntürme von Manhattan in der Dämmerung sind atemberaubend, aber sie können keine Brust schwellen. Die Schlachthöfe in Chicago, die Elektrizitätswerke in den Kanyons, die Ölfelder Kaliforniens, alle haben dieses zurückgehaltene, Frustrierte, alle wirken wie *failures* [Versager]. Überall ist dieser Geruch der hoffnungslosen Roheit, der Gewalt ohne Befriedigung. In fünf Jahren sah ich einmal etwas Kunstähnliches: Entlang der Küste von Santa Monica, vor den tausend Badenden, schwebte an dünnen Drahtseilen drachenhaft, gezogen von einem Motorboot, ein dünnes, köstliches Gebilde in zarten Farben, die Reklamezeichnung einer Hautölfirma.

Wie Brecht an anderer Stelle nach seinem Verhör mitteilte, stand er nicht unter dem Schutz der amerikanischen Verfassung; jene US-Bürger aber, die sich als Angeklagte oder nur Zeugen in derselben Sache auf sie beriefen, wurden ins Gefängnis geworfen. Dieser Kategorie von Personen wollen wir uns nun zuwenden.

Ein Justizmord

Sechs Jahre alt war Robert Meeropol, als seine Eltern am 19. Juni 1953 auf dem elektrischen Stuhl starben, und sein richtiger Name lautete damals Rosenberg. Der Vater Julius, 1918 geboren, betrieb in New York eine Maschinenhalle mit elektrischen Geräten, die mehr schlecht als recht lief. Als Jugendlicher hatte Julius eine religiöse Ausbildung an der Talmudschule und an der hebräischen Hochschule erhalten; mit 18 Jahren wandte er sich jedoch dem Marxismus zu und trat in die kommunistische Partei der Vereinigten Staaten ein. Er erwarb ein Diplom als Elektroingenieur, heiratete kurz darauf die zwei Jahre ältere Ethel Greenglass und arbeitete bis zum Ende des 2. Weltkriegs im *Army Signal Corps.* Als sich im Zuge der grassierenden Kommunistenhysterie herausstellte, daß er bei seiner Einstellung einen falschen Schwur geleistet hatte – nämlich *nicht* Mitglied der KP zu sein –, verlor er seine Arbeit und gründete nach mehreren Intermezzi sein Geschäft, das er zeitweise mit seinem Schwager David Greenglass betrieb. Dieser sollte zu seinem und seiner Frau Henker werden. Die Mutter Roberts, Ethel, arbeitete nach ihrem Hochschulabschluß als Sekretärin und war in der Gewerkschaftsbewegung aktiv; ein einziges Mal scheint ihr Name auf, als sie sich auf eine Solidaritätsliste für inhaftierte Kommunisten eintrug.

Am 20. Juni 1950, einem Montagvormittag, klopften FBI-Beamte an die Wohnungstür des Rosenberg-Apartments in der Lower East Side von New York und holten Julius ab. Michael, der vier Jahre ältere Bruder von Robert, schaute gerade Fernsehen; ein Beamter schaltete den Apparat ab, aber der kleine Michael stellte ihn wieder an. Die Mutter schrie, sie wolle einen Anwalt, und dann war der Vater weg. Wenige Wochen später folgte ihm Ethel, von staatlichen Häschern verschleppt, ins Gefängnis. Beide hätten nach Hinterlegung einer Kaution in Höhe von jeweils 100 000 Dollar die Freiheit wiedererlangen können – ein angesichts ihrer »Vermögenslage« mehr als schlechter Witz.

Für die beiden Knaben begann eine Odyssee bei Nachbarn, der sich zu Tode grämenden Großmutter und in staatlichen Erziehungsheimen. Der dreibis vierjährige Robert stellte sich, als habe er nichts begriffen, aber das war seine Form der Mimikry. Er wußte genau, daß »draußen« eine unbestimmte tödliche Gefahr lauerte, daß »sie« es auf seine Familie und deren Freunde aus unbekannten Gründen abgesehen hatten. Also verhielt er sich unauffällig, gegenüber den Erwachsenen, den Psychologen und beim Spiel mit Kameraden. »Dies war so etwas wie eine Lebenslektion für das Kind von Kommunisten«, sollte er später schreiben.[101] Und es war das »typisch jüdische« Lebensgefühl in einem stets pogrom- und mordbereiten christlichen Umfeld.

Am 29. August 1949 waren mit dem ersten sowjetischen Atombombentest die nuklearen Angriffspläne der USA zerstoben. Es konnte nur Verrat sein, und die Verräter konnten nur Kommunisten und deren Sympathisanten sein. »Am 23. September 1950 erließ Truman den sogenannten McCarran-Act, der die verfassungswidrige Registrierung von Kommunisten und kommunistischen Organisationen verlangte«, und im Dezember wurde der »nationale

Notstand« ausgerufen.[102] Das konnte der vierjährige Robert nicht wissen, aber er bekam die Folgen zu spüren: »Es gab Verwandte auf beiden Seiten der Familie, aber niemand war bereit, uns in sein Heim aufzunehmen. Es war die McCarthy-Ära, und die Familie war voller Angst, mit Kommunisten in Verbindung gebracht zu werden, die man der Atomspionage beschuldigte. Die ältere Schwester meines Vaters, die ihm sehr nahe stand, wollte uns aufnehmen, obwohl sie drei eigene Kinder hatte. Aber ihr Mann, der einen kleinen Laden in Queens besaß, lehnte es ab. Er sagte ihr, es würde sein Geschäft ruinieren, wenn durchsickerte, daß die Rosenberg-Kinder bei ihm wohnten. Das war wahrscheinlich eine zutreffende Einschätzung.« (S. 28) Der ältere Michael, aufbrausender und konfliktfreudiger als sein kleiner Bruder, bekannte sich hingegen stolz zu seinen inhaftierten Eltern, gegen die am 12. März 1951 unter großer öffentlicher und internationaler Anteilnahme der Prozeß in New York eröffnet worden war. »Dies führte zu einigen schlimmen Vorfällen. Michael erinnert sich daran, wie er nach der Schule einen Freund besuchte, dessen Mutter ihn hinauswarf, als sie erfuhr, wer seine Eltern waren. Michael hörte, wie die Mutter seines Freundes ihren Sohn anschrie, nachdem die Tür zu ihrem Apartment hinter ihm zugeschlagen worden war: ›Das reicht jetzt mit deinem kommunistischen Freund!‹« (S. 30)

Dieses persönliche Erlebnis eines Knaben mag als Indiz dienen, daß das Kalkül der US-Regierung aufzugehen begann. Sicher, man hatte bei der Jagd nach den »Schuldigen« für die Entwicklung der sowjetischen Atombombe schon Hunderttausende von Beamten und Angestellten durchleuchtet, die Denunziationen liefen auf Hochtouren, und man hatte bereits Oppenheimer, dem man doch so viel verdankte, schärfer ins Visier gefaßt. Aber das reichte nicht. Die Bevölkerung mußte spüren, daß der kommunistische Krebs bereits seine Metastasen gestreut hatte, daß die Gefahr überall lauerte, beim netten Händler um die Ecke, beim unauffälligen oder freundlichen Nachbarn. Man brauchte ein Schlachtopfer »wie du und ich«, das dieser Gefahr, die alle anging und alle bedrohte, ein Gesicht verlieh. Das waren die Rosenbergs.

Während das Ehepaar im berüchtigten Gefängnis von Sing Sing einsaß und ab und zu Besuch von seinen beiden Söhnen empfangen durfte, formierte sich »draußen« der Widerstand. Emily und Dave Alman gründeten das *National Committee to Secure Justice in the Rosenberg Case*, und in den amerikanischen Großstädten fanden Kundgebungen mit bis zu Zehntausenden von Teilnehmern statt, die gegen den Willkürprozeß demonstrierten. Weltweit wurden, und zwar millionenfach, Stimmen des Protestes gegen die staatliche Terrorjustiz laut. Einmal nahm der kleine Robert an einer solchen Veranstaltung teil, und

Ethel und Julius Rosenberg

Ethel und Julius Rosenberg beim Verlassen des Gerichtsgebäudes

Die Brüder Robert und Michael

er erinnert sich, wie ein »Sympathisant« – wohl ein Aktivist der KP, welche die Unterstützungsarbeit maßgeblich organisierte, oder ein Bürgerrechtler: es gab anständige Menschen in den USA auch zu jener Zeit, nicht nur Arschkriecher – die beiden Brüder morgens abholte und zur Schule brachte. »Diese einfachen Beweise von Freundlichkeit waren nicht ohne Risiko, obwohl ich das zu dieser Zeit nicht wußte. FBI-Agenten machten häufig Fotos von denen, die sich an Rosenberg-bezogener Unterstützungsarbeit engagierten. Sie konnten mühelos ein Foto von unseren Autokennzeichen schießen, um den Fahrzeughalter ausfindig zu machen. FBI-Beamte könnten dann den Arbeitgeber des Fahrzeugbesitzers aufgesucht und ihm mitgeteilt haben, daß ein Kommunist für ihn arbeitete, der den Rosenberg-Kindern half. Diese freundlichen Menschen könnten schikaniert oder rausgeworfen werden, wie das Hunderten, ja sogar Tausenden von Linken während dieser Periode passierte.« (S. 39) Und so resümiert Robert seine an Schrecken und Albträumen reiche Kindheit: »Zurückblickend kann ich sagen, daß mein Selbstgefühl, das Gefühl der Zugehörigkeit, in dieser kritischen, nachhaltig prägenden Zeit enger mit einer Unterstützung gewährenden politischen Gemeinschaft verbunden war als mit der Familie.« (S. 33) Das merkt man den besten Passagen des von Schwächen nicht freien Buches an.

Doch der Protest war bei weitem nicht stark genug, um das Leben der Rosenbergs zu retten. So entschlossen die US-Regierung die Entwicklung der Wasserstoffbombe vorantrieb und mit derselben brutalen Menschenverachtung, mit der sie die »Super« im Pazifik testete, zog sie auch den Prozeß gegen die beiden jüdischen Kommunisten durch – Adolf hätte seine helle Freude daran gehabt. Die Staatsanwaltschaft plädierte auf schuldig wegen »Atomverrats« und forderte die Todesstrafe. In seinem Schlußplädoyer verwies Staatsanwalt Saypool auf die politischen Dimensionen des Falles: »Meine Damen und Herren Geschworenen, ein Urteil ›unschuldig‹ wäre gleichbedeutend mit einer Ablehnung der amerikanischen Außenpolitik von Ihrer Seite.«[103] Ein Hundsfott von Kommunist, der dabei an Erpressung denkt ... So wurde das Todesurteil am 19. Juni 1953 vollzogen. Es war genau am 14. Jahrestag der Hochzeit von Julius und Ethel Rosenberg. Es war eine Minute vor Sonnenuntergang, als an diesem Freitag Stromstöße die beiden Körper verbrannten: Die Organisatoren des Justizmordes waren peinlich darauf bedacht gewesen, die Vorschriften des jüdischen Sabbat nicht zu verletzen. Bis auf die Minute! Sage niemand, die US-Führung würde unbedacht vorgehen, auch bei vermeintlichen Nuancen und Nebensächlichkeiten.

Bevor wir den Wust von Schiebereien, Intrigen und Rechtsbeugungen hinter den Kulissen wenigstens im Groben entwirren – der Leser sei grundsätzlich auf das instruktive Buch von Robert Meeropol verwiesen –, soll das weitere Schicksal der beiden Kinder in knappen Strichen nachgezeichnet werden. Wie kamen Robert und sein Bruder zu ihrem neuen Namen? Auch dies ist eine Geschichte, die den USA als Hort, Bollwerk und feste Burg der »freien Welt« nicht zum Ruhme gereicht.

Bei der Großmutter, einer düster-beeindruckenden Personifikation jüdischer Rache, die die Mörder ihres Sohnes verfluchte und ihnen wünschte, sie mögen »verbrennen«, war auf die Dauer kein Bleiben. So steckte man die beiden Brüder zunächst für einige Monate in ein Kinderheim. Im Sommer 1952 hatten die Freunde und Unterstützer der Rosenbergs es zuwege gebracht, die beiden Kinder im ländlichen New Jersey beim Ehepaar Ben und Sonia Bach unterzubringen. Das freundliche und fürsorgliche Paar schirmte die beiden Jungen vor der Öffentlichkeit ab, und sie erlebten die ersten unbeschwerten Tage seit der Verhaftung ihrer Eltern. Aber ihr Glück war nicht von langer Dauer. Mit der Einschulung von Robert unmittelbar nach der Exekution seiner Eltern zogen die ersten Wolken auf: »In der Sommerzeit, die den Hinrichtungen folgte, hatten einige Bürger von Toms River gegenüber dem New Jersey-Bildungsausschuß ihre Bedenken darüber geäußert, daß ihre Kinder die Schule mit den Kindern der Rosenbergs besuchten. Als Reaktion darauf legte der Ausschuß fest, daß nur die Kinder von New Jersey-Einwohnern die öffentlichen Schulen des Bundesstaates New Jersey besuchen dürften. Da meine Eltern Einwohner des Staates New York waren, hatten Michael und ich die zweifelhafte Ehre, im Alter von zehn und sechs (!) Jahren vom öffentlichen Schulsystem New Jerseys ausgeschlossen zu werden.« (S. 35)

Vor ihrer Ermordung hatten die Rosenbergs verfügt, daß ihr Anwalt Manny Bloch nach ihrem Tod die gesetzliche Vormundschaft über ihre Söhne wahrnehmen sollte. Ende des Jahres 1953 meldete sich bei ihm das Ehepaar Meeropol, das, mit den Rosenbergs nicht näher bekannt, sich zum wiederholten Male bereit erklärte, die Kinder aufzuziehen. Der Anwalt willigte ein, doch bevor er dies schriftlich fixieren konnte, erlag er einem Herzinfarkt. Robert hatte Gefallen an den neuen Zieheltern gefunden: »Anne war warmherzig und liebevoll, und Abel war lustig.« Aber nichts da: Warum sollte es den Kindern kommunistischer Hochverräter gutgehen? Diese Brut gehört an die staatliche Kandare! »Der Jüdische Vormundschaftsausschuß und die Gesellschaft für Prävention von Grausamkeit an Kindern, beide von Konservativen dominiert, bekamen Wind davon und setzten die Gerichte in Bewegung, um uns aus unserem neuen Heim herauszunehmen. Sie reichten beim Kindergerichtshof eine Petition ein, mit der korrekten Klage, daß die Meeropols nicht unsere gesetzlichen Vormünder waren, sowie der falschen Behauptung, wir seien mißbraucht worden. Sie behaupteten, daß dieser Mißbrauch nicht physisch, sondern politisch war. Die juristischen Dokumente stellten fest, daß wir gezwungen worden waren, an Kundgebungen teilzunehmen, wo wir grausige Schilderungen von Exekutionen hörten und man uns gelehrt habe, unser Land zu hassen. Diese Beschuldigungen waren nicht wahr; wir haben keine Kundgebungen nach der Hinrichtung unserer Eltern besucht. Doch ein Richter ordnete an, daß wir aus dem Haus der Meeropols genommen und zu seinem Gericht zu einer Anhörung gebracht wurden.« (S. 37 f.) Ähnlichkeiten mit dem späteren Fall des Schweizer Knaben Raoul[104] sind *nicht* zufällig.

Wieder also drohte Gefahr von »draußen«; »sie« ließen die Kinder einfach nicht in Ruhe. Robert und Michael wurden in ein Waisenhaus gesteckt, und Robert erinnert sich: »Ich fürchtete die Monster unter dem Bett nicht mehr. Statt dessen war das ›Home‹, wie Michael und ich das Waisenhaus zu nennen pflegten, ein allzu realistisches Schreckgespenst. Wir mußten aufpassen; wir wurden getestet, und ich fürchtete mich vor dem, was passieren könnte, wenn wir versagten. Diese Tests waren keine Einbildung. Evelyn Williams, eine vom Gericht ernannte Sozialarbeiterin, kam mehrmals, um uns zu interviewen.« Die zu Recht mißtrauischen Brüder hätten sich nicht träumen lassen, daß eben diese Miß Williams ihr rettender Engel sein sollte, denn sie verfaßte entgegen richterlicher »Empfehlung« ihr Gutachten anhand eigener Beobachtungen. In ihren Worten: »Ich traf eine Wahl: meine Entscheidung hinsichtlich meiner künftigen Empfehlungen für die Kinder ausschließlich auf meine eigenen Untersuchungsergebnisse zu gründen und – zur Hölle mit dem Job.« (S. 40) Wie gesagt, es gab nicht nur Arschkriecher, sondern auch wirklich aufrichtige und mutige Menschen. So kamen Robert und Michael zu ihrem neuen zweiten Namen Meeropol.

Aber was ist dran am staatlichen Konstrukt des Verrats atomarer Geheimnisse durch Julius und Ethel Rosenberg? Nicht die Bohne. Begünstigt durch eine Bessere Zeit (sie währte kurz), in der sich die USA in Vietnam eine blutige Nase und eine leichte Gehirnerschütterung holten, in der die Nixon-Regierung über die »Watergate-Affäre« stolperte und fiel (tatsächlich war es die Kriegsniederlage; denn daß der Republikaner Nixon ein Mafioso war, munkelten selbst die amerikanischen Zeitungen, und daß er in dieser Eigenschaft die »demokratische« Konkurrenz abhören ließ, ist angesichts seiner sonstigen Verbrechen wahrlich weniger als ein Kavaliersdelikt; aber gleichviel:) Im Zuge einer allgemein spürbaren Ermutigung machte sich Robert Rosenberg alias Meeropol daran, die Hintergründe der Tragödie aufzuhellen, der seine Eltern zum Opfer gefallen waren. Er war nun Mitte zwanzig, und Erwachsene haben vor Kindern den Vorteil, sich effektiv wehren zu können (so sie denn wollen und sich nicht dumm dabei anstellen). Den letzten Anstoß gab ein Buch des berühmten Strafverteidigers Louis Nizer über den »Fall Rosenberg«, das 1973 erschien, die Rosenbergs schuldig befand, sie darüber hinaus beschuldigte, den Kommunismus mehr als ihre Kinder geliebt zu haben und unter Verletzung des Urheberrechts eine Auswahl ihrer Briefe aus dem Gefängnis publizierte. Besonders erzürnt hatte Robert, daß der Verfasser »in den abschließenden Absätzen des Buches Michael und mich als gut angepaßte und produktive Amerikaner präsentierte und behauptete, dies sei so, weil wir die Werte unserer Eltern abgelehnt hätten.« (S. 179) Es reichte. Es reichte nun wirklich. Dieser Typ wußte nicht einmal, wie die Brüder aussahen, geschweige denn wo und wie sie lebten. Robert und Michael erstatteten Anzeige wegen Verletzung des Urheberrechts und klagten nach Absprache mit dem Anwalt Marshall Perlin, der bereits 20 Jahre zuvor einige Mitangeklagte der Rosenbergs verteidigt hatte, gegen die Regierung der USA auf Herausgabe der Dokumente, die im Zusammenhang mit dem Prozeß gegen ihre Eltern und deren Hinrichtung standen. Diese Klage war aufgrund eines besonderen amerikanischen Gesetzes möglich (das die USA vor der BRD auszeichnet), nämlich dem *Freedom of Information Act* (FOIA), das jedem US-Bürger das Recht gibt, Zugang zu Dokumenten der Regierung zu erlangen. Das ist die Bestimmung des Gesetzes, aber seine praktische Umsetzung durch den Einzelnen gegen den Moloch der Regierungsadministration, des Justizapparats und einer mit diesem verfilzten Monopolpresse ist eine andere Sache. Nach rund zwanzig Jahren Kampf, der nicht immer geschickt geführt wurde, Mitte der neunziger Jahre, hatten die US-Regierungen nach der Scheibchen-Taktik und widerwillig drei Viertel der Dokumente freigegeben, aber immer noch 100 000 Schriftstücke unter Verschluß gehalten. Vor einem oder zwei Jahren erfolgte die Freigabe des Restes, unter Zurückhaltung eines minimalen, freilich entscheidenden Prozentsatzes. Zudem haben Überprüfungen ergeben, daß etliche der Schriftstücke »frisiert« sind, denn sie tragen den Vermerk »neu herausgegeben« ab jenem Datum, an dem die Brüder ihre FOIA-Klage eingereicht hatten. Die Schilderung ihrer Erfahrungen mit den Behörden, der Justiz und den Medien der USA macht den wertvollsten Teil des Buches aus (neben einigen eher peinlichen Einblicken in die persönlichen Lebensumstände des Familienvaters Robert). Wie lautet nun die Bilanz der Recherchen?

Der Hauptbelastungszeuge und Kronzeuge der Staatsanwaltschaft gegen Julius und Ethel Rosenberg war David Greenglass, der Bruder von Ethel

Rosenberg. Er hatte als Hilfsmechaniker (Maschinist) in Los Alamos gearbeitet, als dort mit Hochdruck die erste Atombombe fertiggestellt wurde, und er hatte dort eine Unregelmäßigkeit, wahrscheinlich einen Diebstahl begangen, und das machte ihn zu Wachs in den Händen des FBI: denn darauf stand die Todesstrafe. Von ihm stammt die Aussage, er sei durch Julius und Ethel Rosenberg Ende 1944 für einen Atomspionagering angeworben und dazu angehalten worden, allerlei Daten zu sammeln. Dies habe ihn dazu befähigt, zwei Skizzen der Atombombe anzufertigen. Die erste habe er Julius Rosenberg in dessen Wohnung unter Anwesenheit von Ethel gegeben, die Anmerkungen und Erläuterungen getippt habe. Die zweite Skizze habe er, durch Vermittlung von Julius, an einen ihm zuvor unbekannten Harry Gold gegeben. Er habe die Erkennungsworte gesprochen »Ich komme von Julius«, und beide hätten ein von Julius zerschnittenes und ihnen zuvor separat ausgehändigtes Papierstück zusammengesetzt, dessen Teile paßgenau sein mußten. Harry Gold, der am Treffpunkt in Albuquerque in einem Hotel übernachtet haben soll (Beleg: eine Hotel-Karte), habe ihm Geld gegeben, das zwischenzeitlich in einem mit Geheimfächern ausgestatteten Konsolentisch der Rosenbergs untergebracht worden sei. Harry Gold, der behauptete, regelmäßige Kontakte zum KGB unterhalten und Informationen des Nuklearwissenschaftlers Klaus Fuchs an das sowjetische Konsulat in New York übermittelt zu haben, sagte u. a. aus, er habe bei einer Gelegenheit die Skizze vom Zündmechanismus einer Atombombe von David Greenglass erhalten. So lauteten die Punkte der Anklage, welche die Rosenbergs auf den elektrischen Stuhl brachte.

Die Recherchen aufgrund der tropfenweise herausgegebenen Dokumente ließen von diesem Anklagengebäude keinen Stein auf dem anderen stehen. Der Erkennungssatz »Ich komme von Julius« – damit taucht Rosenberg erst in »seinem Fall« auf – entpuppte sich als Einfall eines FBI-Beamten. Harry Gold und David Greenglass kollaborierten nach ihrer Verhaftung ein halbes Jahr lang mit dem FBI, und zwei Monate vor Prozeßeröffnung arrangierte die Staatsanwaltschaft ein Treffen der beiden mit dem erwähnten FBI-Beamten, der diesen »glücklichen Einfall« hatte. Zudem tauchte eine schriftliche Notiz von J. Edgar Hoover, dem Gründer und Direktor des FBI bis 1972, auf, das seinen findigen Beamten und dessen beide Zuträger mit einer Streicheleinheit belohnte: »Gut gemacht mit dem abgekarteten Spiel, Jungs!« (S. 209). Die Papierteile zur gegenseitigen Identifizierung hatte David Greenglass im Gerichtssaal in kleine Stücke gerissen; die Hotelkarte Harry Golds erwies sich als Fälschung. Als Zeugen geladene Atomwissenschaftler wie Dr. Linschitz gaben zu Protokoll, die Skizzen besäßen keinerlei »wissenschaftlichen

Wert« (S. 241); dazu muß man wissen, daß der Kronzeuge David Greenglass, der diese Zeichnungen angefertigt haben wollte, nicht einmal die Aufnahmeprüfung für einen Mechanikerkurs bestanden hatte![105] Und der Zündmechanismus einer Atombombe dürfte etwas komplexer als eine Autokupplung sein. Die Kommode der Rosenbergs, so stellte sich heraus, war ein simples Serienprodukt der Kette Macy's, ohne Geheimfächer. Im großen wie im kleinen: Fälschung und Betrug. David Greenglass wurde vom FBI erpreßt, und er lieferte seine Schwester und ihren Mann ans Messer, um seinen eigenen schäbigen Hals zu retten.

Spät, sehr spät – in einer Fernsehsendung am 5. Dezember 2001 – gab er zu, »unter Eid gelogen zu haben, als er beim Prozeß aussagte, meine [Roberts] Mutter hätte seine handschriftlichen Notizen getippt.« (S. 291) Mit diesem Teilgeständnis wollte der greise Denunziant sich wohl nachträglich von seinen Schmutzanwürfen gegen seine Schwester reinigen. **Die Rosenbergs aber sind bis heute – 2013 – nicht öffentlich rehabilitiert!**

Mehr noch. Da die führenden Beamten im »Fall Rosenberg« ganz genau wußten, daß die Anschuldigungen wegen »Atomverrats« auf windigen Verleumdungen ohne jede Substanz beruhten, und da der Druck der Öffentlichkeit gewissermaßen »besorgniserregend« zunahm, durfte bei der Liquidierung der Rosenbergs keine Zeit mehr vergeudet werden. In den dramatischen Tagen vor der Hinrichtung hatte der ermittelnde Richter am Obersten Gerichtshof Douglas am 16. Juni 1953 einen Aufschub der Hinrichtung beschlossen – und war danach in Urlaub gefahren. Kurz keimte Hoffnung bei den zum Tode Verurteilten und ihren Unterstützern auf. Die mit bewußter Verzögerungstaktik freigegebenen Dokumente enthüllen in diesem Zusammenhang Ungeheuerliches, wie Robert Meeropol herausfand: »Eine FBI-Akte stellte fest, am Dienstagabend, als Douglas den Antrag in Erwägung zog, habe sich Generalbundesanwalt Herbert Brownell insgeheim mit dem Obersten Bundesrichter des Obersten Gerichtshofes, Fred Vinson, getroffen. Die Akte schloß mit der Bemerkung von Bundesrichter Vinson bei diesem Meeting, ›daß, wenn ein Aufschub gewährt wird, er für das gesamte Gericht am Donnerstagmorgen eine Sitzung einberufen werde, um ihn für nichtig zu erklären.‹ […] Das Memo liefert einen dokumentarischen Beweis, daß sich der Generalbundesanwalt, einer der leitenden Beamten unserer Nation, mit dem höchsten Justizbeamten der Vereinigten Staaten verschwor, einen Aufschub der Hinrichtung, der von einem anderen amtierenden Richter des Obersten Bundesgerichts genehmigt worden war, fallen zu lassen […] Mit anderen Worten, diese Akte ist ein Beweis, daß sich der Oberste Bundesrichter des Obersten

Gerichtshofes und der Generalbundesanwalt der Vereinigten Staaten an einer Verschwörung beteiligten, um Gerechtigkeit zu verhindern. Das ist ein Kapitalverbrechen.« (S. 207) Diesen klaren Worten ist nichts hinzuzufügen, Verschwörungen i. S. einer Absprache Mächtiger hinter den Kulissen gibt es eben doch, sie sind vielleicht so häufig wie neuerdings die unmetaphorischen Wanzen in den Hotelbetten. Der »Fall Rosenberg« ist ein von langer Hand eingefädelter, kaltblütig ausgeführter Justizmord (*With Cold Blood*: Bei einem Tatsachenroman über den Justizmord an den Rosenbergs hätte sich Truman Capote allerdings höllisch die Finger verbrannt …) Leider kommt Meeropol/ Rosenberg nicht auf die naheliegende Idee, daß hier ein abgekartetes Spiel zwischen dem ermittelnden Richter Douglas und seinem Vorgesetzten Vinson vorlag, und so tappt er denn brav und naiv auf die ausgelegte Leimrute, es gebe eben »gute« und »böse« Richter – eine Illusion neben vielen weiteren in diesem Buch –, und so könne man eben »Glück« oder »Pech« haben, denn »vor Gericht und auf hoher See ist man in Gottes Hand«, wie Rechtsverächter im Talar hierzulande immer mal wieder zum besten geben. Aufschlußreich ist allerdings Meeropols Hinweis, daß dieser schlagende Beweis eines Hochverrats der höchsten Justizorgane nur randständig Erwähnung in einer regionalen Zeitung und einem Lokalsender fand, ebenso wie die Präparierung der Hauptbelastungszeugen durch das FBI. So gab ihm Fred Graham, Leitender Korrespondent des Fernsehsenders CBS, nach einer Pressekonferenz *with cold blood* zu verstehen: »Wir werden einen alternden Ex-Generalbundesanwalt und einen verehrten verstorbenen früheren Obersten Bundesrichter mit diesem Zeug nicht an den Pranger stellen.« (S. 208) Das kommt einer zweiten Hinrichtung der Rosenbergs gleich.

Als junger Mann nahm Robert Meeropol/Rosenberg den Kampf gegen die Justiz und die Regierung seines Landes auf, um die Mörder seiner Eltern zu überführen und ihrer gerechten Strafe zuzuführen. Er verfolgte das Ziel, »diejenigen, die den legalen Lynchmord an meinen Eltern instrumentiert hatten, sollten exekutiert werden.« (S. 238 f.) Sein Bedürfnis nach Rache – er nennt es selbst so – und die praktische Konsequenz, geschehenes Unrecht zu ahnden – und zwar *nach dem Talionsprinzip*, dem *tit for tat* –, zeichnet ihn aus, es zählt zu den edelsten Eigenschaften des Menschen. Um so schmerzlicher berührt es, mit ansehen und bei der Lektüre nachvollziehen zu müssen, wie er mit zunehmendem Alter von diesem Grundsatz abrückt und sich von seinem »kindlichen Glauben« distanziert. Er läßt sich vor den feministischen Karren spannen, widmet sich hingebungsvoll Fragen der Kindererziehung, müht sich als »progressiver Vater« ab und macht so ziemlich jeden Blödsinn mit, der einer

Schein-Linken einfallen kann. Zudem beginnt er in fortgeschrittenem Alter Jura zu studieren, was ihm überhaupt nicht bekommt. Ihn suchen quälende Ideen heim, die das Ausmaß von Zwangsgrübeleien annehmen. Da er nicht positiv beweisen kann, daß seine Eltern unschuldig sind – beweisen Sie mal, daß die Hexe *nicht* auf dem Blocksberg gewesen, die Hostie *nicht* geschändet worden ist –, bemächtigt sich seiner zunehmend die Vorstellung, die staatliche Anklage könnte einen wahren Kern besitzen, seine Eltern »schuldig« sein, wenn auch in anderem Sinne, dem der kommunistischen Verschwörung. Dies kulminiert in der Phantasie, der Vater Julius sei – überzeugter Kommunist, der er war – »schuldig«, die Mutter dagegen nicht. Mit den Augen der Logik betrachtet, liegt hier eine Umkehr der Beweislast vor: Wer eine Behauptung aufstellt, muß den Nachweis für ihre Richtigkeit antreten: Die Justiz war also in der Pflicht, den Vorwurf des Verrats von Atomgeheimnissen auf seine Stichhaltigkeit zu prüfen. Kann sie das nicht leisten, muß das Verfahren eingestellt und die Angeklagten entschädigt statt hingerichtet werden. Das gequält Grüblerische in Meeropols zunehmend verworrenen Gedankengängen weist auf eine andere Quelle hin: Alles fügt sich paßgenau in das ödipale Schema aus der Sicht des Knaben – böser Papa, unschuldige Mama. Und so stumpft ein intelligenter Erwachsener »Ockhams Rasiermesser« ab, vernachlässigt den ehernen Grundsatz, daß bei einer Entscheidung zwischen einer einfachen und einer komplizierten, verschlungenen Erklärung der einfachen der Vorzug zu geben ist*, und verliert sich in endlosen Spekulationen in einem Spiralnebel von Mutmaßungen, deren ödipale Abkunft augenfällig ist. Damit bietet er den Feinden der Wahrheit und der Gerechtigkeit eine Blöße, die von diesen natürlich skrupellos ausgenützt wird. Auf dem Höhepunkt der Enthüllungskampagnen der beiden Brüder sahen sich die US-Behörden immerhin gezwungen, im Jahre 1978 knapp 200 000 Dollar für die Anwaltskosten zu zahlen, da die Kläger »im wesentlichen gesiegt« hatten (S. 220). Aber das war nur ein Teilerfolg; in der Sache selbst hatten sie nie Recht erhalten; nie sind ihre Eltern rehabilitiert worden. Dies machte sich bemerkbar, als sie sich auf Seitenpfaden verhedderten und auf faule Kompromisse einließen: Die Gegenseite setzte sofort nach und präsentierte neue, wenngleich nicht stichhaltigere »Beweise« für die »Schuld« von Julius und Ethel Rosenberg, wobei ein tröstendes Schulterklopfen für die Söhne, die dergestalt für ihre »rebellische Phase« büßten, nicht fehlt. Das ist traurig.

---

* Wörtlich: *Entia praeter neccessitatem non esse multiplicanda* (»man darf die Ideen [resp. Gedankeninhalte, »Meme«] nicht ohne Not vervielfachen«).

Die letzten Worte dieses Abschnitts sollen den Opfern des Justizmordes gehören. Der Briefwechsel zwischen den beiden Todgeweihten und ihre Korrespondenz nach draußen, mit Freunden und Unterstützern aus aller Welt, ist eine aufschlußreiche und aufwühlende Lektüre. Die nachfolgend präsentierten Auszüge befassen sich ausschließlich mit der Einschätzung ihrer eigenen Lage sowie der allgemeinen politischen Situation gegen Ende ihres Lebens. Am 26. März 1953 schreibt Julius an die »geliebte Ethel«:

Auf jedem Gebiet des amerikanischen Lebens ist in der letzten Zeit eine Gruppe selbsternannter Halbgötter erstanden, die der Führung McCarthys folgen. Sie haben sich die oberste Macht angemaßt, uns anderen zu diktieren, was wir tun, lesen, sagen und glauben dürfen. Sie verstecken ihre Demagogie unter der Maske des Über-Patriotismus und hinter wilden Lügen und Verleumdungen. In einer Atmosphäre der Furcht schmeicheln sie den niedrigsten Instinkten, um die Vernunft und die Wahrheit daran zu hindern, ihr Spiel aufzudecken. Mir scheint, daß es eine gebieterische Forderung ist, gegen diese Faschisten aufzutreten und sie auf ihren eigenen Lügen festzunageln.

Im gleichen Sinne schreibt Julius am 3. Mai 1953:

… wer wie wir für die Ereignisse ein aufmerksames Auge hat, kann die politische Tatsache nicht übersehen, daß das erste Quartal der neuen Regierung in Washington einen merklichen Ruck nach rechts gebracht hat. Unter der Ägide unserer Regierung wurden eine Reihe von Polizeistaat-Maßnahmen durchgeführt. Mit dem Segen der Faschisten von McCarthys Kaliber hat die Regierung das Gespenst der Furcht im ganzen Land umgehen lassen. Die Justiz hat sich gleichgeschaltet und bedroht die Freiheit und die grundlegenden verfassungsmäßigen Rechte aller Bürger. Die Situation wirkt sich bedrohlich auf den Kampf des Volkes um den Frieden und damit gleichzeitig auf unseren Feldzug für Gerechtigkeit aus. Darum mache ich mir keine Illusionen über unseren Fall, denn ich weiß, daß nur der organisierte Druck durch das Volk uns retten und das fürchterliche politische Verbrechen aufdecken kann, durch das zwei unschuldige Menschen ermordet werden sollen. Da wir in Wirklichkeit keinerlei Verbrechen begangen haben, werden wir uns nicht dazu hergeben, an diesem frevelhaften Komplott teilzunehmen und gegen andere unschuldige fortschrittliche Menschen falsches Zeugnis abzulegen, nur damit die Kriegshysterie in unserem Land gesteigert und die Aussichten für den Frieden der Welt verschlechtert werden.

Nicht minder aufschlußreich sind Mitteilungen aus dem alltäglichen Gefängnisleben, etwa wenn Julius empört berichtet, daß ihm an seinem

Geburtstag gegen seinen erklärten Willen ein Backenzahn gezogen worden ist – nein, die Schergen haben wirklich Sinn für Nuancen –, oder wenn Ethel begeistert mitteilt, sie habe einen Brief von einer jungen Frau im fernen Holland erhalten, die ihr stolz erzählte, sie wolle ihre neugeborene Tochter Ethel-Julia nennen. Dann wieder finden sich grundsätzliche Reflexionen wie diese:

> Meiner Meinung nach ist der schwerste Angriff gegen das amerikanische Volk die psychologische Offensive gegen das unabhängige und logische Denken, womit man den einzelnen Menschen auf dem Wege der Massenhysterie dazu zwingen will, sich in die offizielle Meinung zu fügen. Kein Mensch mit Selbstachtung, der über Stolz und Würde verfügt, wird in einer solchen Situation gedeihen können. Die Geschichte hat bewiesen, daß die einzige Antwort auf solch eine autokratische Anarchie nur die Verteidigung der Freiheit, der Demokratie und des Friedens sein kann.

Wie fremd klingen diese Worte heute, da man sie nur noch aus dem unreinen Mund von Heuchlern und im Zuge von Staatsverbrechen wie dem *Enduring Freedom* hört! – Anfang Juni berichteten Ethel und Julius aufgebracht von einem schmutzigen *deal* der Regierung in einer öffentlichen Erklärung, die durch ihren Anwalt verbreitet wird:

> Gestern wurde uns durch den Generalstaatsanwalt der Vereinigten Staaten ein Handel vorgeschlagen. Man teilte uns mit, daß unser Leben geschont werden würde, wenn wir mit der Regierung zusammenarbeiten würden.
>
> Indem sie von uns verlangt, die Wahrheit zu leugnen, gibt die Regierung ihre eigenen Zweifel an unserer Schuld zu. Wir werden nicht dabei helfen, die üble Machination eines betrügerischen Schuldspruches und eines barbarischen Urteils reinzuwaschen.
>
> Wir erklären feierlich und für alle Zeiten, daß wir uns selbst angesichts des Todes nicht dazu zwingen lassen, falsches Zeugnis abzulegen und unsere Rechte als freie Amerikaner der Tyrannei auszuliefern. Unsere Achtung vor der Wahrheit, vor unserem Gewissen und der menschlichen Würde ist unverkäuflich. Die Gerechtigkeit ist nicht irgendein Tand, den man an den Meistbietenden verschachern kann.
>
> Sollten wir hingerichtet werden, wird dies ein Mord an Unschuldigen sein, und die Schande wird auf die Regierung der Vereinigten Staaten zurückfallen.
>
> Ob wir leben oder nicht – die Geschichte wird vermerken, daß wir Opfer des ungeheuerlichsten Justizverbrechens in der Geschichte unseres Landes waren.

Als das Ehepaar nach der inszenierten Aufschub-Farce den endgültigen Termin der Hinrichtung erfährt, setzt es seine letzten Verfügungen an den Anwalt auf Papier. Julius fügt in einem Postskriptum hinzu:

19. Juni: Ethel möchte es verbreitet wissen, daß wir die ersten Opfer des amerikanischen Faschismus sind.[106]

Abschied von Ethel und Julius Rosenberg

Anmerkungen:

1 Mit dem Titel »Die soziale Rekon-
solidierung des Kapitalismus«, in:
Braunbuch 1978 [1933], S. 31–33.

2 Vgl. dazu SCHAFRANEK 1990.

3 Zit. in: DESCHNER 1995, S. 272.

4 STULZ 1975, S. 143.

5 SZCZESNY 1986, S. 19.

6 Beide Zitate in: DESCHNER 1995,
S. 267, 269.

7 Beide Zitate in: SZCZESNY 1986,
S. 18, 25.

8 Alle Zitate in: GREINER/STEIN-
HAUS 1980, S. 17.

9 Zit. in: STULZ 1975, S. 186.

10 Ebd., S. 22.

11 DESCHNER 1995, S. 269.

12 Die beiden letzten Zitate in:
STULZ 1975, S. 165 und 143.

13 Auszugsweise abgedruckt in:
GREINER/STEINHAUS 1980,
S. 77–84.

14 Zit. in: DESCHNER 1995, S. 285.

15 Zit in: SZCZESNY 1986, S. 30.

16 Zit. in: STULZ 1975, S. 195.

17 Zit. in: GREINER/STEIN-
HAUS 1980, S. 43.

18 Ebd., S. 31.

19 Beide Zitate in: BEN (SIEPMANN et
al. 1993), S. 484.

20 Siehe STÖVER 2008, S. 29.

21 Auszugsweise abgedruckt in:
GREINER/STEINHAUS 1980,
S. 85–88.

22 DESCHNER 1995, S. 271 f.

23 Auszüge in: GREINER/STEINHAUS
1980, S. 116–118.

24 Zit. in: DESCHNER 1995, S. 286.

25 Zit. in: BRUHN 1983, S. 61 f.

26 Ebd., S. 62.

27 Zum folgenden STULZ 1975,
S. 203–205.

28 Kohnert, in: SIEPMANN et al. 1993,
S. 265.

29 STULZ 1975, S. 203. Die weiteren
Zitate ebd.

30 Beide Zitate in: GREINER/STEIN-
HAUS 1980, S. 90, 30.

31 Alle Zitate, sofern nicht anders
gekennzeichnet, in: GREINER/
STEINHAUS 1980.

32 Beide Zitate in ZILKENAT
(SIEPMANN et al. 1993), S. 250.

33 Egon KRENZ, Teil eines Ganzen,
in: ›junge Welt‹, 21.4.2011.

34 Siehe hierzu und zum folgenden
Bonwetsch, in:
SIEPMANN et al. 1993, S. 145–152.

35 Zum folgenden STULZ 1975,
S. 216–243.

36 Ebd., S. 242.

37 Siehe ZORN 1994.

38 Die letzten Zitate in:
STULZ 1975, S. 243.

39 Zit. in SZCZESNY 1986, S. 116.

40 STULZ 1975, S. 247. Zum folgenden
siehe ebd., S. 244–296.

41 Beide Zitate in: GREINER/ STEIN-
HAUS 1980, S. 36.

42 Zit. in: STULZ 1975, S. 246 f.

43 Ebd., S. 252.

44 Ebd., S. 252.

45 Ebd., S. 271.

46 Beide Zitate ebd., S. 274.

47 Ebd., S. 278.

48 Ebd., S. 285 f.

49 Die letzten drei Zitate ebd., S. 212–215.

50 Vgl. ebd., S. 289.

51 Ebd., S. 290.

52 Zit. in: ebd., S. 295.

53 Die letzten Zitate in: ebd., S. 410–419.

54 Ebd., S. 435.

55 ATKINS 2000, S. 76.

56 Beide Zitate in: SZCZESNY 1986, S. 94, 92.

57 Ebd., S. 88 f.

58 GREINER/STEINHAUS 1980, S. 104.

59 DESCHNER 1995, S. 276.

60 Ebd., S. 273.

61 Die letzten Zitate in: SZCZESNY 1986, S. 57–60.

62 So DESCHNER 1995, S. 274.

63 Beide Zitate in: ZILKENAT (SIEPMANN et al. 1993), S. 250.

64 Zum folgenden siehe den Artikel »Bonner Notwehr«, in: ›junge Welt‹, 23.4.2011 (Hans DANIEL).

65 Dazu grundlegend AVEnz, s. v. »Strafe«.

66 Das wertvolle Dokument ist als Faksimile abgedruckt in: SIEPMANN et al. 1993, S. 258.

67 Alle Beispiele aus: Verfahren gegen die KPD …, S. 136 ff.

68 Ebd., S. 128.

69 Braunbuch 1978 [1933], S. 130.

70 STENGL 2011, S. 27.

71 DOBIAS et al. 1983, S. 87.

72 Zit. in: KOHNERT (SIEPMANN et al. 1993), S. 260.

73 Zit. in: ZILKENAT (SIEPMANN et al. 1993), S. 252.

74 KOCH 1982, S. 37.

75 Ebd., S. 38.

76 Die Zitate in: KOHNERT (SIEPMANN et al. 1993), S. 266.

77 Siehe ebd., S. 272.

78 Dazu grundlegend WIEGAND 1999.

79 ZILKENAT (SIEPMANN et al., 1993), S. 252.

80 KOHNERT (ebd.), S. 272.

81 Beide Zitate in: SZCZESNY 1986, S. 100, 104.

82 Zum folgenden siehe ebd., S. 70–78, und CHARISIUS/LAMBRECHT/DORST 1983, S. 75 f.

83 Zit. in SZCZESNY 1986, S. 100.

84 STÖVER 2008, S. 30.

85 Zu den Vorgängen siehe SZCZESNY 1986, S. 173–184.

86 Ebd., S. 107.

87 ›junge Welt‹ vom 13.8.2011.

88 Zit. in: ROTH 1974, in: SPD und Staat …, S. 152 f.

89 In: ›junge Welt‹ vom 13.8.2011.

90 Zit. in: ebd., S. 209.

91 Einen guten Überblick bietet z. B. das mittlerweile nur noch schwer erhältliche Buch von CHARISIUS/LAMBRECHT/DORST 1983.

92 In: SIEPMANN et al. 1993, S. 199–206.

93 Auszugsweise in: GREINER/STEINHAUS 1980, S. 243–255.

94 Zit. in: EFFENBERGER 2011, S. 111.

95 Zit. in: GREINER/STEINHAUS 1980, S. 94.

96 Zit. in: SZCZESNY 1986, S. 40.

97 Transkribiert von BENTLEY 1963.

98 Siehe MEYER-LEVINÉ 1982. – Man muß M.-L.s Sicht nicht durchgehend übernehmen, aber bei Lügen oder relevanten Auslassungen erwischt man sie nie.

99 GW Bd. 20, S. 293 ff.

100 Dazu KARTIN 2011.

101 MEEROPOL 2008, S. 18. Alle Seitenangaben im Fließtext dieses

Abschnitts beziehen sich auf diese
Ausgabe.

102 Stulz 1975, S. 263.

103 Zit. in: ebd., S. 266.

104 Dazu siehe Wüthrich 2000.

105 So Stulz 1975, S. 266.

106 Die Zitate in: Rosenberg 1954,
S. 183, 193, 199 f., 205 f., 228.

Wie man Schlachten verliert
und den Krieg gewinnt

Eigentlich – sollte man ein Kapitel nicht mit dem Wort »eigentlich« beginnen. Aber eigentlich sollte eine Überschrift den nachfolgenden Inhalt bündig und treffend zusammenfassen, doch das ist hier nur eingeschränkt der Fall. Sicher: In Korea mußten sich die Vereinigten Staaten Anfang der 50er Jahre nach einem wechselhaften Kriegsverlauf und einer immensen Materialschlacht mit einem Patt begnügen und sich zähneknirschend mit der Existenz der Demokratischen Volksrepublik (Nord)Korea abfinden, wobei das Zähneknirschen über diesen »Schurkenstaat« (*rogue state* in der Diktion von George Bush jun.), der mit seiner einen bis eineinhalb Atomraketen (so sie denn überhaupt existieren) angeblich die »freie Welt« bedroht, bis heute zu vernehmen ist. Sicher: die USA vermochten es bis heute nicht, auf dem revolutionären Kuba von Ernesto »Che« Guevara und Fidel Castro wieder Fuß zu fassen, ihrer unmittelbar vor der Haustür gelegenen, heißgeliebten Zuckerinsel (auch Zucker kann, wie wir erfahren haben, ein »strategischer Rohstoff« sein), die sie unter ihrer Marionette, dem »Gorilla« Fulgencio Batista, in eine Folterkammer und ein extranationales Bordell für US-Amerikaner umgewandelt hatten. Und abermals sicher: Das vietnamesische Volk im Norden und Süden des Landes hatte nach den französischen Besatzern in einem heroischen dreißigjährigen Befreiungskrieg auch die Yankee-Aggressoren außer Landes gejagt. Noch heute, nach vier Jahrzehnten, lecken die US-Amerikaner ihre Wunden, die ihnen seinerzeit geschlagen wurden, und überschwemmen die Welt mit den diesbezüglich etwas zweifelhaften bis anrüchigen Produkten ihrer Unterhaltungsindustrie; der als Kultfilm gefeierte Streifen »Apocalypse Now« von Francis Ford Coppola, der Massakerszenen mit Klängen der Pop-Band »The Doors« unterlegt und so ins Mystisch-Endzeitliche verunklart

(»This is the end«), endet mit dem (unausgesprochenen) Fazit, daß der Krieg hätte gewonnen werden können, wenn die weltfremden Washingtoner Politiker ihren Frontgenerälen nur freie Hand gelassen hätten (eine in zweifachen Konjunktiv gepackte Tragik, personifiziert von Marlon Brando), und auch der Regisseur Oliver Stone, der sich dieses Themas mehrfach angenommen hat, hätte seinen Film »Full Metal Jacket«, der die bestialisierende Abrichtung der GIs zu Killermaschinen eindrucksvoll vor Augen führt, besser nach der ersten Hälfte beendet (es wäre dann der erste Vietnam-Kriegsfilm gewesen, der ausschließlich in den USA spielt). Genug: Die USA hatten sich in diesen drei heißen Konflikten des Kalten Krieges teils mit einem militärischen Unentschieden abfinden, teils spektakuläre Niederlagen einstecken müssen. Es brauchte den Untergang der Sowjetunion, damit sich die US-Regierungen über die »nationale Schmach« ihres Vietnam-Traumas halbwegs hinwegtrösten konnten, und es brauchte die Bombardierung und Besetzung des von vornherein chancenlosen Irak, um die Scharte Vietnam halbwegs auszuwetzen (dies sei ein Krieg gewesen, wie er in Vietnam hätte sein sollen, sinnierte George Bush sen. wiederum im zweiten Konjunktiv).

Dreimal hatte David den übermächtigen Goliath in die Schranken gewiesen, aber um welchen Preis? Im Unterschied zur Bibellegende hatte er dem Riesen nicht das Haupt vom Rumpf trennen, sondern ihm lediglich die Waffe aus der Hand schlagen und ihn nach Hause jagen können. David blieb zurück, aus tausend Wunden blutend, während Goliath sich rasch erholte und sich neue Mordinstrumente besorgte.* Die drei Schlachten, von denen nachfolgend die Rede sein wird, waren für die angegriffenen Länder Pyrrhus-Siege im klassischen Sinne: Der kriegerische Diadoche hatte zwar die römischen Truppen auf süditalischem Boden besiegt, aber unter so schweren Verlusten, daß er sich davon nicht mehr erholen und die Früchte des Sieges nicht mehr einfahren konnte. Ohne die Unterstützung der Sowjetunion wäre es den drei angegriffenen Ländern ohnehin ergangen wie dem Irak unter Präsident Saddam Hussein, aber selbst mit sowjetischer Hilfe konnten sich Korea, Kuba und Vietnam nur zu Tode siegen. Bereits nach dem ersten Kriegsjahr konnten

---

* »Es heißt gemeinhin, die Vereinigten Staaten hätten den Vietnamkrieg ›verloren‹. Die Konzerneigner wußten es besser, und zwar schon um das Jahr 1970. Die Vereinigten Staaten haben den Krieg nur insofern ›verloren‹, als sie ihr Maximalziel verfehlten, will heißen: Vietnam in einen gefügigen Vasallenstaat zu verwandeln. Ihre wichtigsten Kriegsziele hatten sie indessen erreicht: eine erfolgreiche eigenständige Entwicklung des Landes zu verhindern und den kommunistischen ›Krankheitsherd‹ einzudämmen.« – Noam CHOMSKY, Vorwort zu VLTCHEK 2012.

die US-Bomberpiloten auf dem Trümmerhaufen, den die koreanische Halbinsel darstellte, keine lohnenswerten Ziele mehr ausmachen, und unter diesem Schutt lagen nach drei Kriegsjahren zwischen einer und vier Millionen
Koreaner begraben (meist einigt man sich auf die Mitte: zwei bis drei Millionen tote Koreaner, die Viertelmillion toter Chinesen aus Maos Roter Armee,
die den bedrängten Nordkoreanern zur Hilfe geeilt war, nicht zu vergessen).
Sind da die paar tausend Tote auf amerikanischer Seite nicht eine vernachlässigenswerte Größe, kaum einem Kratzer zu vergleichen? Das bewaffnete Volk
von Kuba hatte der von den USA ausgerüsteten Söldnerarmee in der Schweinebucht eine rasche und gründliche Niederlage beigebracht; die anschließend
gegen die Insel verhängte völkerrechtswidrige Blockade – sie ist laut interna-
tionalem Recht ein kriegerischer Akt, auch wenn dabei kein Blut fließt, und
wird bis heute aufrechterhalten – verursachte hingegen Schäden in dreistelliger Milliardenhöhe (nach der Annexion der DDR ist die BRD ihren vertraglichen Verpflichtungen gegenüber Kuba, welche sie mit der DDR übernommen
hat, selbstverständlich nie nachgekommen). Und schließlich Vietnam: Als der
letzte Hubschrauber vom Dach der Saigoner US-Botschaft abhob und eine
Schar in Panik geratener zurückgebliebener Quislinge ihrem Schicksal überließ, war das ganze Land mit 25 Millionen Bombentrichtern durchgepflügt.
Über dem kleinen Vietnam waren sechsmal mehr Bomben niedergegangen
als über Nazi-Deutschland, rund 8 Millionen Tonnen. Sehr zurückhalten-
den Schätzungen zufolge bezahlten rund eine Million Vietnamesen die Luftmassaker mit ihrem Leben. Vietnam war zugleich der Schauplatz des größten chemischen Krieges der Geschichte, ungeachtet der Giftgaseinsätze im
1. Weltkrieg: Sieben Millionen Tonnen chemischer Kampfstoffe gingen über
dem Land nieder; allein über Südvietnam wurden 40 – nach anderen Quellen
knapp 80 – Millionen Liter Herbizide versprüht, vor allem das dioxinhaltige
Entlaubungsmittel »Agent Orange«. Dieses Gift wurde in einer Menge von
170 kg über das Land verteilt, was dem Laien gering anmuten mag; wenn man
allerdings weiß, daß 100 g Dioxin ausreichen, um, gleichmäßig dosiert, die
Bevölkerung New Yorks auszulöschen, stellt sich dieser Sachverhalt etwas anders dar (und welches Gewese machten doch die Medien, als im italienischen
Seveso bei einem Chemieunfall 300 g Dioxin freigesetzt wurden!). Aufgrund
der systematischen Vergiftung des Landes, zutreffend auch als »Ökozid«[1] bezeichnet, werden mittlerweile Kriegskrüppel in der dritten Generation geboren, Hydrocephali und andere monsterähnliche Wesen ohne Augen und
Nasen, von denen es eines jüngst sogar zum »Foto des Jahres« gebracht hat.
Was sind dagegen die 58 000 gefallenen GIs, nebenbei der höchste Verlust der

US-Army seit dem 2. Weltkrieg? Die dreifache Zahl von Vietnam-Veteranen hat sich anschließend in den unzerstörten USA das Leben genommen, was deren Regierungen nicht daran hinderte, munter weitere Angriffskriege vom Zaun zu brechen. Im übrigen fand jeder dieser drei Konflikte unmittelbar unterhalb der atomaren Schwelle statt; jeder der jeweils amtierenden US-Präsidenten liebäugelte mit dem Gedanken, die atomare Keule zu schwingen und den nuklearen Massenmord von Japan zu toppen. Die vermeintliche Paradoxie der Überschrift hat also ihre bittere Berechtigung: Nur für den oberflächlichen Blick verließen die Vereinigten Staaten die jeweiligen Kriegsschauplätze als Verlierer; tatsächlich gingen sie aber nach Ablauf weniger Jahre als Sieger daraus hervor. Sie hatten zwar, aus herrschender Sicht, einen ärgerlichen, aber letztlich doch vernachlässigenswerten Blutzoll zu entrichten gehabt, und ihr Haushalt mochte für einige Jahre ein paar Dellen aufweisen, deren Bedeutung in den Medien hysterisch übertrieben, ja als schiere Vorzeichen für den »Untergang des US-Imperiums« gedeutet wurde (übrigens eine sonderbare Konstante bis heute: jeden von den Vereinigten Staaten gewonnenen Krieg deuten die journalistischen Kaffeesatzleser als untrüglichen Vorboten für den Zerfall der US-Weltherrschaft; die Zuverlässigkeit dieser Orakel kann sich durchaus mit der antiken Leberschau der *haruspices* messen; sie sind wie diese natürlich genau kalkuliert, d. h. auf die Herrschaftsinteressen abgestimmt). In Wirklichkeit verfügen die USA – heute noch mehr als zu Zeiten des Kalten Krieges – über ein schier unerschöpfliches Reservoir aus Steuern und erpreßten Tributen und können nahezu ungehindert beim Menschen- und Rohstoffmaterial aus dem vollen schöpfen. Mustert man vor diesem Hintergrund die Titel US-amerikanischer Publikationen über den Vietnamkrieg, so mutet das Weh und Ach über den imperialistischen Betriebsunfall geradezu grotesk an: Vietnam, das war der »verdorbene Krieg« (*tainted war*), der »verlorene Sieg« (*lost victory*), der »falsche Krieg« (*wrong war*), der »gewinnbare Krieg« (*the war was winnable*), ja sogar, in einem Anfall akademischer Gehirnentgleisung, der »perfekte Krieg«: »Der Krieg, den wir nicht verlieren konnten, und wie wir es doch taten« (*The Perfect War: The War We Couldn't Loose and How We Did*[2]; nicht gerade ein Muster an logischer Stringenz und sprachlicher Schönheit). Was sollten aber erst die Vietnamesen sagen? Ihr Land war zerstört, die lebenswichtigen Deiche zerbombt, die Felder vergiftet. Das Elend der Nachkriegsjahre zeitigte eine Bevölkerungsexplosion, welche ihrerseits das Elend verschärfte, so daß nach der zaghaften Öffnung des Landes Anfang der 1990er Jahre eine deutsche Zeitung witzeln konnte, man werde aus Vietnam »die verlängerte Werkbank Thailands« machen (ich wage die Frage

nicht zu entscheiden, was schlimmer ist: dieser Zynismus oder die Menschenverachtung hinter den US-Flächenbombardements). Zwei Drittel der vietnamesischen Bevölkerung sind nach Kriegsende geboren und neigen, wenn man
den Berichten trauen darf, dem Lebensstil derer zu, die ihre Eltern und Groß-
eltern umgebracht haben. Mit den heldenhaften Freiheitskämpfern stirbt die
Haltung aus, die Franzosen und Amerikaner aus dem Land getrieben hatte:
»Keine Schlucht ist so tief wie unser Haß«; diese Losung scheint heute, nach
dem endgültigen Untergang der Arbeiterbewegung, auf einen kleinen Kreis
religiöser Fanatiker beschränkt zu sein, und das ist traurig.

Aber wir schweifen ab. Die Vereinigten Staaten gingen um so mehr als
leicht lädierter Sieger aus den drei erwähnten »heißen Schlachten des Kalten
Krieges« hervor, als jene für diese Epoche gänzlich untypisch waren: Von den
weit über 200 bewaffneten Konflikten, die man zwischen 1945 und 1989 zählen
kann und die mit meist direkter, manchmal auch indirekter US-Beteiligung
stattfanden, ging die überwiegende Mehrheit, weit über 90 Prozent, in deren Sinne aus. Mittel- und Südamerika befanden sich mit Ausnahme Kubas
im eisernen Griff US-höriger Diktatoren; mit wenigen Ausnahmen (Algeri-
en und Ägypten zeitweise, Angola und Simbabwe) gilt für Afrika das gleiche; nur in Asien, jener riesigen Landmasse, auf welcher der Belagerungsring
um die Sowjetunion gelegt werden mußte, nahmen die Interventionen und
Kriege an Zahl und Heftigkeit zu, zumal wegen der dort befindlichen, strategisch wichtigen Erdölreserven. Korea, Kuba und Vietnam als (teilweise) erfolgreiche Befreiungskriege vom imperialistischen Joch stellen also absolute
Ausnahmen dar, während China als Sonderfall zu betrachten ist, da es sich
recht bald, spätestens nach dem Tod Mao Tse-tungs, in die imperialistische
Einkesselungsstrategie gegen die Sowjetunion einbinden ließ (die sogenannte
»Pingpong-Diplomatie« der Regierungen Nixon und Carter mit dem Verräter
Deng Hsiao Ping).

Man hat für die kleinen und größeren heißen Schlachten im Kalten Krieg
den unzutreffenden und irreführenden Terminus »Stellvertreterkriege« geprägt. Dieser Begriff weckt falsche Vorstellungen und unterstellt den Ereignissen eine Mechanik, die es in der historischen Realität während der zweiten
Hälfte des 20. Jahrhunderts nie gegeben hat. Denn der Kalte Krieg zeichnete
sich keineswegs dadurch aus, daß sich zwei »Stellvertreter« der »Supermächte« bekriegt hätten – etwa Nord- und Südvietnam – und dabei von den im
Hintergrund waltenden Schutz- und Hegemonialmächten in schöner Sym-
metrie, Panzer für Panzer, Flugzeug für Flugzeug, Rakete für Rakete, unterstützt worden wären. Es verhielt sich auch nicht so, daß eine »Supermacht«

den »Stellvertreter« der anderen piesackte und *vice versa*, nach dem Motto: Haust Du meinen Latino, hau ich Deinen Asiaten. Und schließlich war auch nicht damit gemeint, daß diese Konflikte stellvertretend für den atomaren Schlagabtausch der »Supermächte« geführt wurden (sie konnten ihn aber sehr wohl vorbereiten bzw. einleiten). Nein, die historische Wirklichkeit war anders beschaffen und kannte keine solchen wunderschönen Korrespondenzen und Regelmäßigkeiten, Symmetrien und Gleichtakte. Man mag es drehen und wenden, wie man will: Es gibt keine Handvoll Beispiele, also weniger als fünf, in denen die Sowjetunion außerhalb ihres engeren Herrschaftsbereichs – d. h. dem Warschauer-Pakt-Gebiet – eigene Truppen zu Lande, zu Wasser oder in der Luft gegen einen fremden Staat eingesetzt hätte. Der Einmarsch in Afghanistan ist ein singuläres und spätes Beispiel; er stellte den verzweifelten und letztlich vergeblichen Versuch dar, die von den USA und deren arabischen Vasallen forcierte Abspaltung der mehrheitlich moslemischen südlichen Sowjetrepubliken zu verhindern (und kein DDR-Bürger wurde mit der Zumutung konfrontiert, die »Freiheit« seiner sozialistischen Brüder und Schwestern »am Hindukusch zu verteidigen«; *die* Zeiten haben sich gründlich geändert). Prompt wurden damals die Olympischen Spiele in Moskau vom Westen mit lautstarkem Gezeter boykottiert, aber wenn es danach gegangen wäre, daß, wer Kriege vom Zaun bricht, nicht an solchen Festivitäten teilnehmen darf, dann hätten die Vereinigten Staaten keinen einzigen ihrer Athleten je zum weltweiten »Wetthopsen und Fresseeinschlagen« (Arno Schmidt) entsenden dürfen. (Historiker wollen errechnet haben, daß nur an 60 Tagen während des Kalten Krieges weltweit die Waffen schwiegen.) Wenn es hoch kam – und das will viel heißen: wenn eine autochthone nationale Befreiungsbewegung kurz vor dem Sieg stand, soeben die Macht errungen hatte oder wegen imperialistischer Aggressionen in Bedrängnis geriet –, dann schickte die Sowjetunion Berater und vielleicht Waffen: aber nur, wenn es hoch kam. Das einzige weitere Beispiel, das ich für militärischen Interventionismus eines »sozialistischen« Staates anzuführen wüßte, wäre das Engagement des »Stellvertreters« Kuba in Angola (und anderen afrikanischen Staaten) als Akt praktischer Solidarität und zum Schutz der dortigen sowjetfreundlichen Regierung gegen die faschistische UNITA des Banditen Jonas Sawimbi, der von den USA, dem südafrikanischen Apartheidsregime und schändlicherweise von China Unterstützung erhielt. Die Annexion Tibets durch die Volksrepublik China im Jahre 1950 mag man kaum als militärische Aggression bezeichnen, eher als Umweltschutzmaßnahme zur Beseitigung von Feudaldreck; sie fällt, in heutiger Diktion, eher in das Ressort »nachhaltige politische Ökologie«. Mehr war da nicht: Die Strategie – wenn man selbstmörderisches Verhalten so benennen will – der Sowjetunion und ihrer Verbündeten war in der Regel durch und durch defensiv.

Im Vergleich hierzu ging der US-Imperialismus ganz anders zu Werke – mit Schneid, das wäre zu preußisch; eher mit einer Mischung aus Skrupellosigkeit und Brutalität, die mit Leichenbergen von Megatoten kalkulierte. Sein Operationsgebiet war die ganze Welt, wie der Marineminister James Forrestal bereits 1947 unmißverständlich klarstellte: »Man kann nicht von amerikanischer Sicherheit reden, ohne von Europa, dem Mittleren Osten, der Freiheit und Sicherheit der Seewege und der hundert Millionen unterernährter, frustrierter menschlicher Wesen auf der ganzen Welt zu reden.« John F. Kennedy, der Strahlemax aus dem Weißen Haus, der die Welt während der Kuba-Krise an den Rand des Atomkriegs drängte und sich ansonsten als Hoffnungsmagnet gerierte wie sonst nur noch Obama der Gute, stieß ins gleiche Horn, als er folgende Geographiekenntnisse zum Besten gab: »Unsere Grenzen liegen heute auf jedem Kontinent [...] Amerika hat Verpflichtungen, die sich 10 000 Meilen über den Atlantik und Tausende von Meilen nach Süden erstrecken. Einzig die Vereinigten Staaten – und wir zählen nur sechs Prozent der Weltbevölkerung – tragen eine derartige Bürde«.[3] *The WASP man's burden* ... Das höchste kriegsplanende Gremium, den 1947 gegründeten, rund ein Dutzend Personen umfassenden Nationalen Sicherheitsrat (NSC) und seine ersten Vorhaben zur nuklearen Zerstörung der Sowjetunion, hatten wir bereits kennengelernt. 19mal erwog die politische Führung der USA in dem hier interessierenden Zeitraum den Einsatz von Atomwaffen, davon viermal die flächendeckende Bombardierung der Sowjetunion: während der Suezkrise 1956, als Gamal Abd el-Nasser die für den Imperialismus äußerst wichtige Wasserstraße nationalisierte, mit deren Bau man sein Land zur anglofranzösischen Kolonie gemacht hatte (und Verdi mit der gewissenlos verspäteten, doch vorausbezahlten »Aida« sein Wort nicht hielt); während des Überfalls von US-Truppen auf den Libanon 1958, der Kuba-Krise 1962 und beim vierten Nahostkrieg 1973. Die US-Präsidenten als die nominell obersten Kriegsherren untermauerten ihren Anspruch auf uneingeschränkte Weltherrschaft durch jeweils den aktuellen Kräfteverhältnissen und Erfordernissen angepaßte »Doktrinen« (wie wir gesehen haben, gab es auch einen kleinen Gernegroß im westdeutschen Frontstaat, der seinen Namen mit einer solchen schmückte): Die Truman-Doktrin von 1947 schrieb das Interventions-»Recht« der Vereinigten Staaten in jedem beliebigen Land der Erde fest und fand seine erste Anwendung in Griechenland (1947–1949), wo die starke kommunistische Partisanenbewegung unmittelbar vor der Eroberung der Macht stand, allerdings von Stalin *sehr* heimtückisch verraten wurde. Neben immensen finanziellen Zuwendungen – einer einmaligen Zahlung von 400 Millionen Dollar und weiteren 1½ Milliarden Dollar bis 1951 – wurden die modernsten Waffen an das reaktionäre Regime geschickt und dessen Truppen um das Doppelte, auf 200 000 Mann, aufgestockt. US-Generäle einer eigens für Griechenland installierten »Planungsgruppe« gehörten zeitweise dem »Sicherheitsrat« der griechischen Regierung an. Wie später die vietnamesischen Reisbauern wurde die griechische Landbevölkerung in sogenannte »strategische Dörfer« umgesiedelt, um die »Demokratische Armee Griechenlands« (DSE) ihrer Basis zu berauben. Der Showdown dieses Ringens fand Ende August 1949 im Grammos-Gebirge statt, wobei eine neue Waffe erstmals ihre Anwendung fand: die Napalmbombe. Hunderte griechischer Freiheitskämpfer verbrannten bei lebendigem Leib, während in den Kinosälen ganz Europas Hollywood-Streifen liefen, in denen die Nützlichkeit dieser Bombe beim Einsatz gegen aus dem Ruder gelaufene tierische Monster vorgeführt wurde. Das reale »Monster« waren natürlich die Kommunisten, von Griechenland bis Vietnam. Die Bilanz dieser ersten Nutzanwendung der Truman-Doktrin, die den blutverschmierten Grundstein für das heutige Griechenland bildete, lautete wie folgt: »Hunderttausende Menschen wurden von der Reaktion […] verschleppt, 40 000 in Konzentrationslager gesperrt und 60 000 zur Emigration getrieben. 38 000 Tote hatte die DSE zu verzeichnen, und etwa 6000 Patrioten wurden hingerichtet«.[4]

Die Eisenhower-Doktrin des Jahres 1957 bestimmte den Nahen und Mittleren Osten als vorrangiges Gebiet militärischer Einmischung seitens der USA. Wie die Vorgänge um den Irak, Syrien, Libanon und den Iran zeigen, ist sie bis zum heutigen Tage in Kraft. Die Johnson-Doktrin von 1965 sagte allen sozialistischen und nationalen Befreiungsbewegungen den Krieg an; ihr fielen unter anderem Vietnam, Laos und Kambodscha zum Opfer. Die Nixon-Doktrin von 1969 rückte ebenfalls den Fernen Osten schärfer ins Visier; neben der Intensivierung des Bombenterrors konnte sie als größten Erfolg verbuchen, die Volksrepublik China ins imperialistische Kanonenboot gegen die Sowjetunion geholt zu haben. Die Carter-Doktrin des Jahres 1979 wandte sich wieder dem Persischen Golf zu, jenem Nadelöhr, durch welches der Rohstoff für die kapitalistische Ausbeutung und imperialistische Aggression fließt. Obwohl Carter den Sturz des Schah-Regimes nicht verhindern konnte und dabei eine unglückliche Figur abgab, wurde unter seiner Präsidentschaft die Basis für die entscheidende militärtechnologische Überlegenheit der USA über die Sowjetunion geschaffen. Seit Ronald Reagan ist die Doktrin allerdings etwas aus der Mode gekommen; man ist dazu übergegangen, zuzuschlagen, ohne viel Worte zu verlieren oder das Ganze gar in eine »Lehre« zu verpacken. *Talking is over, action is on*! Zu Beginn der Ära Reagan hatten 120 Staaten durch Erpressung oder Bestechung der Einrichtung von US-Garnisonen rings um die Sowjetunion zugestimmt. Bereits zehn Jahre zuvor waren die US-Raketen auf 23 389 strategische Ziele in der Sowjetunion und den mit ihr verbündeten Staaten gerichtet. Die in diesem Kapitel beschriebenen Angriffskriege stellen die entscheidenden Stationen auf dem Weg zu jenem Zeitpunkt dar, an dem die atomare Vernichtung der Sowjetunion auf die Tagesordnung gesetzt werden konnte.

Um das Endziel, die Vernichtung der Sowjetunion, zu erreichen, wurde der ganze Globus zum US-amerikanischen Interessens- und Kampfgebiet erklärt. Der Kalte Krieg wurde um jedes Land geführt, überall, mit wachsender Dringlichkeit und Brutalität je nach dessen strategischer Bedeutung. Die DDR-Tageszeitung ›junge Welt‹ hat sich der Mühe unterzogen, 50 militärische Konflikte bis 1973 näher zu untersuchen und statistisch auszuwerten. Sie gelangte zu folgendem Ergebnis:

> 42 Staaten, zwei Drittel der Weltbevölkerung, wurden in diese Auseinandersetzungen verwickelt, und 15 Millionen Tote sind die Opfer dieser Konflikte. Über 100 Millionen Dollar kosteten diese Aggressionen, die Schäden nicht mitgerechnet. […] Allein 20 Kriege zettelten imperialistische Ölkonzerne an. […] 32 Konflikte wurden durch das Eingreifen der Volksmassen als antikoloniale Befreiungskriege ausgetragen; 15 Kriege waren eindeutige imperialistische Aggressionen; achtmal nutzte der Imperialismus bürgerkriegsähnliche Situationen aus, um der Konterrevolution zur Macht zu verhelfen, und in 5 Fällen wuchsen schwere Grenzkonflikte zu militärischen Auseinandersetzungen. 23 Kriege machten 60 Millionen Menschen zu Flüchtlingen […]. Die USA sind dabei als direkter Aggressor gegen 13 Staaten und indirekt über vorgeschobene Stellvertreter gegen 11 Staaten ermittelt worden. Für die Hälfte aller Kriege sind die Vereinigten Staaten verantwortlich. Bei 13 Konflikten setzten die Aggressoren das von den USA gelieferte furchtbare Napalm gegen die Zivilbevölkerung ein. Hunderttausende verbrannten bei lebendigem Leibe.[5]

Diese trockene Aufzählung läßt erkennen, wie rudimentär, wie lückenhaft und unvollständig dieses Kapitel über die heißen Konflikte im Kalten Krieg beschaffen ist, und ihre Spröde läßt kaum erahnen, wieviel Leid und Elend diese imperialistischen Verbrechen erzeugten. Sie vollständig aufzulisten, war ohnehin nicht intendiert; es wäre eine ermüdende Chronik aus

Daten, Ländern und Opferzahlen geworden, die bestenfalls als Steinbruch für schnelle Informationsbeschaffung hätte dienen können. Die Beschränkung auf einen winzigen Bruchteil der militärischen Aggressionen der USA verfolgt vielmehr das Ziel, diese Zeit durch einzelne intensive Schlaglichter atmosphärisch wiederaufstehen zu lassen, exemplarisch die Niedertracht der Massenmörder und den unbeugsamen Freiheitswillen kleiner Völker und ihrer Führer wiederzugeben. Millionen lebten in dieser Epoche in Furcht vor dem großen Knall, dem nuklearen Inferno, dem atomaren Armageddon, und dennoch war das durchschnittliche Lebensgefühl bei weitem nicht so gedrückt wie heute. Unterschiedliche Gesellschaftssysteme ermöglichten Vergleiche und damit potentiell Erkenntnisse, und ein Sieg in einem nationalen Unabhängigkeitskrieg wirkte ermutigend und machte es leichter, in der Generation der Eltern den weiterhin existenten Faschismus zu erkennen, zu verurteilen und zu bekämpfen. Die Kriegsdienstverweigerung etwa eines Cassius Clay alias Muhammad Ali sporrte Zigtausende von Jugendlichen an, es ihm gleichzutun. Ein Jean-Paul Sartre, ein Erich Fried, ein Peter Weiss bestärkten in der Gewißheit, daß man nicht gehorsam sein, nicht zu allem Ja und Amen sagen mußte. Vollbeschäftigung und die Humanisierung der Sexualität durch die Pille und die faktische Gleichstellung der Geschlechter trugen entscheidend zur Hebung des Lebensgefühls bei, das ansonsten ein Paradoxon und nicht verständlich wäre, da die Welt mehrmals dicht am Abgrund eines atomaren Schlagabtausches stand. Ein Fidel Castro, ein Ho Chi Minh, auch ein Allende oder Arafat waren keine »Demagogen«, »Diktatoren« oder gar »Terroristen« – an einer solchen Diktion erkannte man nicht nur den politischen Reaktionär, sondern den moralischen Cretin, das charakterliche Arschloch –, vielmehr waren es Hoffnungsträger für eine bessere Zukunft. Und man erkannte das Unrecht leichter und schneller, wenn solche Personen auf die Abschußliste gesetzt, wenn ihre Länder mit Bombenteppichen überzogen wurden. In jener Zeit entstand im übrigen der Begriff des »asymmetrischen«, d. h. des ungleichen Krieges: Zum einen standen sich zwar, wie im gesamten 20. Jahrhundert, die Millionenheere der feindlichen Militärpakte gegenüber, doch waren die Regionalkonflikte anders beschaffen: Hier rollte die gigantische Militärwalze des US-Imperialismus über unterlegene Länder, die ohne Beistand von außen auch nicht den Hauch einer Chance gehabt hätten und die sich im Falle der Besetzung, wenn das Terrain es zuließ, nur in einem Guerillakrieg zur Wehr setzen konnten. Mit dem Untergang der Sowjetunion wurde der »asymmetrische Krieg« zur Norm, zur alltäglichen Realität und zum Ideologem in Form der

☞ **Legende:** Der asymmetrisch unterlegene Feind ist viel gefährlicher als die reguläre Armee eines annähernd ebenbürtigen feindlichen Staates.

Die Rote Armee der Sowjetunion war real und zählbar nach Soldaten, Panzern und Raketen. Man konnte sie fürchten, respektieren, bewundern oder
über sie in Wut geraten. Al Qaida aber ist ein Schemen, ein Phantasma, nicht
anders faßbar als über die Fernsehfigur eines rauschebärtigen Butzemannes,
den niemand kannte, aber alle als unheimlich und bedrohlich empfinden sollten. Osama bin Laden bezog seinen propagandistischen Gebrauchswert weniger aus einer realen Person – die es wohl tatsächlich gab, und zwar als einen
unter rund 60 Sprößlingen eines saudischen Öl-Milliardärs, der für diese Rolle mutmaßlich von den US-Geheimdiensten abkommandiert und aufgebaut
wurde, denn das Produktionsland ist aus religiös-sektiererischen Gründen
(»Wahhabismus«) königstreu, und der König hundertprozentig US-abhängig
und muß seine Getreuen, will er nicht lebensgefährliche Ungnade riskieren,
auch zu haarigen Sachen nötigen, wenn sie gebraucht werden –, sondern aus
dem Gruseleffekt des nicht Greifbaren. Die Marke »Osama« als Bedrohungs-
Metapher, die jederzeit durch eine andere Schablone ersetzt werden kann,
spiegelt die historische Realität des »asymmetrischen Krieges« wider, wobei
das Wort »Krieg« fehl am Platze ist: es sind Überfälle, Aufstandsbekämp-
fungen und Strafaktionen gegen einen extrem unterlegenen Feind, der außer
in seinen anonymen Selbstmord-Attentätern nicht zu fassen ist, gesichtslos
bleibt, weil es ein Volkswiderstand ohne klar konturierte Führung ist und
daher ein Fernsehgesicht als prägnantes Drohsignal braucht. Nie verbreitete
ein Chruschtschow, ein Breschnew einen solchen Schrecken, obwohl sie doch
über ein unendlich Vielfaches an militärischen Mitteln verfügten. Der uneingeschränkte Weltherrscher der Gegenwart braucht solche Popanze für seine
»Ordnungs«kriege zur Herrschaftsstabilisierung. Sie sind das Äquivalent zur
»jüdischen Bedrohung« in der Nazi-Propaganda.

Damit zurück zu den echten Konflikten des Kalten Krieges, denen heute
bereits etwas Anachronistisches anhaftet. Ihre Geschichte wäre unvollständig,
erwähnte man nicht ein besonders schmutziges Detail der schmutzstarren-
den imperialistischen Aggression: den gezielten politischen Mord. Auch hier
galt es selektiv vorzugehen: Von rund 50 spektakulären Fällen – bis 1981 erla-
gen den Attentätern der CIA unter anderem 10 Ministerpräsidenten, 14 Präsidenten oder Könige und 16 Parteiführer, darunter sechs Generalsekretäre

kommunistischer Parteien[6] – werden nur drei näher behandelt, und man tut gut daran, sich vor Augen zu halten, daß allein in einem der hier nicht erörterten Fälle mehr als drei Dutzende erfolgloser Attentatsversuche stattgefunden haben: all dies überlebte der *Commandante* der Befreiung Kubas und dessen langjähriger Staatschef, Fidel Castro. Mit Patrice Lumumba wird in Erinnerung gerufen, daß auch der Schwarze Kontinent einen hohen Blutzoll an die imperialistische Ausplünderung und Unterjochung zu entrichten hatte; der Black Panther-Aktivist Fred Hampton steht stellvertretend für den heißen präventiven Bürgerkrieg, den die US-Regierungen gegen die inländische Opposition führten; Salvador Allende steht schließlich für die (auch maßgeblich selbstverschuldete) Tragik des Reformismus in einem südamerikanischen Schwellenland mit leidlich entwickelter Arbeiterbewegung.

Bleibt zu erwähnen, daß dieses Kapitel so wenig genuin Neues enthält wie die vorangegangenen und die folgenden Abschnitte. Man muß, was hier berichtet wird, nur aufspüren und zusammenstellen. Das allerdings schon.

Korea

Westliche Geschichts- und Nachschlagewerke beginnen ihre Darstellung des Koreakrieges unisono mit der

☞ **Legende:**   »1950–53 Koreakrieg, ausgelöst durch einen nordkoreanischen Überfall.«[7]

Etwas elaborierter ins selbe Horn stoßend, heißt es in einer jüngeren Publikation: »Als am 25. Juni 1950 die nordkoreanische Armee Südkorea überfiel, wurde dies als direkte Parallele zu Deutschland interpretiert. Heute weiß man, daß die Sowjetunion an der Vorbereitung der Invasion beteiligt war.«[8] Aber stimmt das auch alles? Wann hätte je die »Sowjetische Besatzungszone« die drei »westlichen Besatzungszonen« im Nachkriegsdeutschland überfallen? Natürlich soll man erraten, daß hier die »Berlin-Krise« gemeint ist, die, wie wir gesehen haben, von den USA bis an die Schwelle eines Atomkrieges angeheizt wurde, während im kollektiven Gedächtnis nur der gute Onkel aus Übersee mit seinen Care-Paketen hängengeblieben ist. Und wer ist der ominöse »man«, der alles über die angebliche Verstrickung der Sowjetunion in den Koreakrieg »weiß«? Bereits 1948 hatte die Sowjetunion ihre Truppen aus Nordkorea abgezogen, im Unterschied zu den USA, die bis heute beachtliche Truppenkontingente in Stärke von mehreren zehntausend Mann einschließlich Atomwaffen in Südkorea unterhalten. Im Zuge meiner Recherchen bin ich nur auf eine vage, letztlich nichtssagende Anekdote gestoßen, in der nebelhaft von einem Treffen Stalins mit dem nordkoreanischen Staatschef Kim Il-sung die Rede ist. Es handelt sich um Chruschtschows Memoiren, die sich bezüglich des Koreakriegs vor allem durch ihre Lückenhaftigkeit auszeichnen und die der Verfasser selbst als »unvermeidlich skizzenhaft« bezeichnet. Kim Il-sung soll davon gesprochen haben, Südkorea wegen seiner unablässigen militärischen Provokationen »mit der Spitze eines Bajonetts zu kitzeln«, und er soll angekündigt haben, einen entsprechenden Plan zu erstellen und ihn mit der sowjetischen Führung zu diskutieren. Dann verlieren sich Chruschtschows Erinnerungen im Ungefähren: »Meiner Meinung nach wurde entweder der Tag seiner Rückkehr festgelegt, oder er sollte uns Bescheid sagen, sobald er alle seine Ideen ausgearbeitet hatte. Dann – ich kann mich nicht daran erinnern, an welchem Tag oder in welchem Jahr es war – kam Kim Il-sung und legte Stalin seinen Plan dar.«[9] Das ist natürlich ein wenig zu dünn, um eine aktive sowjetische Beteiligung an den militärischen Auseinandersetzungen auf der koreanischen Halbinsel zu belegen; dokumentarische Nachweise dafür existieren ohnehin nicht.

In Wirklichkeit sprechen alle Fakten gegen die westliche Legendenbildung über die nordkoreanische Aggression mit sowjetischer Unterstützung. Hören wir hierzu etwas ausführlicher einen Historiker aus dem westlichen Lager – Lehrstuhlinhaber in Kalifornien Ende der sechziger und Anfang der siebziger Jahre, außerdem freier Mitarbeiter des ›Spiegel‹, also garantiert kein Parteigänger der Sowjetunion –, der sich in einer Publikation eingehend und kritisch mit der US-Außenpolitik seit 1840 befaßt hat:

Die These des Nationalen Sicherheitsrates der USA, daß die nordkoreanische Invasion als Teil eines großen Expansionsplanes für Asien von Moskau geplant und gesteuert wurde, war nicht nur weit hergeholt, sondern kann auch durch die damaligen Ereignisse widerlegt werden. Außenpolitisch verfolgten Stalin und sein Außenminister Molotow damals eine sehr ›konservative‹ Politik und waren gegen jegliche militärische Abenteuer von verbündeten und befreundeten Nationen, die die Sowjetunion in einen größeren Konflikt hineinziehen könnten. Vor allem wollten sie keine Auseinandersetzung mit den USA, da die UdSSR dem atomaren Potential der USA damals noch nichts

Gleichwertiges entgegensetzen konnte. Außerdem verfolgte die Sowjetunion in der UNO eine Politik, die erstens darauf aus war, die damals von den westlichen Nationen beherrschte Weltorganisation so zu verändern, daß zumindest einige der wichtigsten Entwicklungsländer (z. B. Indien) nicht mehr eine den Westen unterstützende, sondern mehr neutrale, sowjet-freundlichere Politik annehmen würden. Ein großer Krieg in Asien, von Moskau angezettelt, hätte dieses Ziel kaum unterstützt. Zweitens arbeitete Moskau auf die kurz bevorstehende Anerkennung des kommunistischen Chinas durch die Vereinten Nationen hin. Dazu brauchte man die Stimmen des Westens und der Entwicklungsländer. Auch dieses Ziel hätte man kaum durch eine russisch-chinesische Aggression in Asien verfolgen können. Außerdem hätte man, falls Moskau den nordkoreanischen Angriff geplant hatte, der am 25. Juni 1950 begann, sicher noch einen Monat mit den Kriegshandlungen gewartet. Im Juli 1950 sollte nämlich der sowjetische Delegierte Vorsitzender des UNO-Sicherheitsrates werden und hätte durch diese Position sehr leicht eingebrachte Anträge der USA und ihrer Verbündeten gegen die Sowjetunion und Nordkorea verhindern können, bis die Nordkoreaner der schlecht ausgerüsteten südkoreanischen Armee eine Niederlage beigebracht hatten. Doch die Russen wurden durch den Kriegsausbruch völlig überrascht. Sie hatten keine Ahnung davon gehabt.[10]

Wieder einmal bietet sich dasselbe Bild, das die Epoche des Kalten Krieges kennzeichnet: eine von Grund auf defensive Position der Sowjetunion aufgrund ihrer relativen militärischen Schwäche. Daher verlegte sie ihre Aktivitäten aufs diplomatische Parkett, wobei auch hier die Aussichten schlecht waren (denn erfolgreich verhandeln kann man nur aus einer Position der Stärke): Im Jahr 1950 waren ganze vier Ostblockländer in den Vereinten Nationen vertreten, keines davon im Sicherheitsrat; noch gab es keine blockfreien Länder, und die überwiegende Mehrheit der in der UNO vertretenen Staaten befand sich – wie heute – in ökonomischer und militärischer Abhängigkeit von den USA. Doch nimmt man ein Buch über Korea zur Hand und blättert darin, stößt man auf Sätze wie diese: »Nordkoreanische Truppen überschreiten den 38. Breitengrad. UNO erklärt Nordkorea zum Angreifer; fordert ihre Mitglieder auf, Südkorea zu helfen.«[11] Aber auch hier lohnt es sich, genauer hinzuschauen:

Am 26. Juni 1950, einen Tag nach Ausbruch der Kriegshandlungen, wurde von der UNO-Kommission für Korea ein Telegramm an die UN in New York abgeschickt, in dem es hieß, daß ein regelrechter Krieg zwischen Norden und

Süden ausgebrochen sei, aber niemandem die Verantwortung für Beginn oder Auslösung der Kampfhandlungen zugeschoben werden könnte. Dennoch beinhaltete das Telegramm die Meldung des nordkoreanischen Rundfunks, daß Südkorea im Laufe der letzten Nacht über den 38. Breitengrad eingedrungen sei und daraufhin in südlicher Richtung zurückgedrängt wurde. Das Telegramm endete mit der Hoffnung, daß die UN zwecks Friedensverhandlungen der beiden Parteien sofort einen neutralen Vermittler stellen könnte.[12]

Das für Korea zuständige UN-Komitee hatte keine Beobachter »vor Ort«, also am 38. Breitengrad, und war auf erste Nachrichten aus (selbstverständlich parteilichen) Regierungsverlautbarungen und Rundfunknachrichten der kriegführenden Staaten angewiesen – so rutschte die nordkoreanische Meldung in die erste Mitteilung des Komitees. Ob es nun heuchelte, als es sich um neutrale Vermittlung bemüht zeigte, oder nicht – es hatte seine Rechnung ohne den entscheidenden Kriegstreiber gemacht: die Vereinigten Staaten. Deren UN-Vertretung reagierte noch am selben Tag prompt, entschlossen und zielstrebig:

> Am 26. Juni legten die Vereinigten Staaten dem Sicherheitsrat der Vereinten Nationen eine Resolution vor, in der Nordkorea wegen seiner ›grundlosen Aggression‹ verurteilt wurde. Die Resolution wurde angenommen, trotz einiger Gegenstimmen, daß ›dies ein Kampf zwischen den Koreanern‹ sei und als Bürgerkrieg behandelt werden sollte, und einem Vorschlag des Delegierten, das Wort ›grundlos‹ angesichts der anhaltenden Feindseligkeiten zwischen den beiden Teilen Koreas wegzulassen. Und auch Jugoslawien machte deutlich, es gebe ›nicht genug präzise Informationen, die es dem Rat ermöglichten, die Verantwortung einer Seite zuzuschieben‹, und schlug deshalb vor, Nordkorea einzuladen, damit es seine Sicht der Dinge darlegen könne. Das geschah aber nicht.[13]

Während die Resolution der USA beim mehrheitlich Amerika-hörigen UN-Gremium mit wenigen Gegenstimmen durchging – wobei der sowjetische Vertreter Jakow Malik durch Abwesenheit glänzte –, befanden sich die Schlachtschiffe, Bombenflugzeuge und Landetruppen der USA bereits auf dem Sprung in Richtung Korea. Am nächsten Tag, dem 27. Juni, wurde dieser Akt kriegerischer Aggression nachträglich durch den Sicherheitsrat der UNO gerechtfertigt: »Am 27. empfahl der Sicherheitsrat, die Mitgliedsstaaten der Vereinten Nationen sollten Südkorea die Unterstützung gewähren, ›die nötig ist, um den bewaffneten Angriff zurückzuschlagen.‹« Und nun folgt ein bezeichnender, uns heute bestens bekannter und doch immer wieder ungeheuerlicher Zusatz: »Die Annahme dieser Resolutionen durch den Sicherheitsrat war nur deshalb möglich, weil die Sowjetunion bei den entscheidenden Verhandlungen abwesend war, da sie zu jener Zeit die Vereinten Nationen wegen der Entscheidung, den China zustehenden Sitz statt mit der Volksrepublik mit Taiwan zu besetzen, boykottierte. Wären die Sowjets anwesend gewesen, hätten sie ohne jeden Zweifel ihr Veto gegen die Resolution eingelegt.«[14] Das klingt doch sehr nach dem derben Sprichwort: »Wenn der Hund nicht geschissen hätte, hätte er den Hasen gefangen.« Die sowjetischen Delegierten waren nicht anwesend, als es nötig war, und zwar von Januar bis August 1950, weil sie nicht wollten, weil sie feige kniffen und nach einem halbwegs plausiblen Vorwand für ihre Feigheit suchten. Wären sie anwesend gewesen und hätten ihr Veto eingelegt, hätte dies eine verschärfte Konfrontation mit den USA bedeutet. Hätten sie hingegen bei Anwesenheit auf das Veto verzichtet, dann hätte dies eine fatale Signalwirkung auf die noch schwächeren und schwankenden Verbündeten der Sowjetunion gehabt: Warum sollten sie das Risiko militärischer Vernichtung eingehen, wenn ihre vermeintliche Schutzmacht schon auf dem diplomatischen Parkett würdelos kapitulierte? Dafür war es aber, fünf Jahre nach dem 2. Weltkrieg, noch zu früh, und so verlegte sich die Sowjetführung auf dieses windige Manöver, das sie zum Schein vor Gesichtsverlust wahrte, ohne, wie sie sich einzureden bemühte, den Zorn des militärischen Todfeindes auf sich zu ziehen. Denn der behielt sich, wie wir noch sehen werden, weiterhin alle Optionen offen.

Kommt einem das nicht bis zum Überdruß bekannt vor? Haben nicht nach genau demselben Strickmuster die Überfälle auf den Irak unter dem Präsidenten Hussein durch die beiden Kriegsverbrecher Bush sen. & jun. stattgefunden? War nicht die UN der Gesangsverein, der die fadenscheinigen Rechtfertigungen zu den US-Angriffskriegen nachträllerte? Stellten nicht die Vereinten Nationen die »Koalition der Willigen«? Wurde nicht dasselbe stereotype Programm beim Überfall auf das Libyen Ghaddafis abgespult? Weltgeschichte unter dem Mono-Imperialismus kann so langweilig sein, aber auch so hinterfotzig, rechtsbrecherisch und blutig…

Der Koreakrieg bildet hierfür gewissermaßen den Tusch, den Auftakt für alle zukünftigen imperialistischen Aggressionen: Das kommunistische Korea führte angeblich einen »Angriffskrieg« (wie man es von Kommunisten ja nicht anders erwarten konnte), während die UN an einer »Polizeiaktion« unter Führung der US-Streitkräfte teilnahm, natürlich nur um des hochedlen Zieles willen, den vermeintlich Angegriffenen gegen den ruchlosen kommunistischen Aggressor zu unterstützen (die »Menschenrechte« hängte man damals noch etwas tiefer). Doch verlassen wir diesen Propagandasumpf mitsamt seinen fauligen Ausdünstungen und wenden wir uns den wenigen gesicherten Fakten zu, insbesondere die Rolle der Sowjetunion betreffend:

- Die Sowjetunion hat ihre Truppen zwei Jahre vor Ausbruch des Krieges aus Nordkorea abgezogen und sie nie wieder dort stationiert. »Stalin bzw. die von ihm kommandierte Sowjetunion war vor allem *schwach*, und militärische Schwäche erzieht zur Vertragstreue«, hieß es hierzu treffend.[15]
- Die Sowjetunion verzichtete auf die Ausschöpfung der ihr zur Verfügung stehenden diplomatischen Mittel in der Illusion, dadurch den militärischen Todfeind nicht zu reizen und eine Eskalation des Konfliktes zu vermeiden. »Bis heute stellt ihre Abwesenheit ein schwieriges Problem für diejenigen dar, die darauf bestehen, die Sowjets hätten hinter der nordkoreanischen Invasion gesteckt«, lautet ein etwas gewundener Kommentar zu diesem erbärmlichen Verhalten.[16]
- Die Sowjetunion entsandte während der gesamten Dauer des Koreakrieges keine Bodentruppen zur Unterstützung ihres nordkoreanischen Verbündeten. Dies leistete vielmehr die gerade gegründete Volksrepublik China, welche die Devise Mao Tse-tungs beherzigte: »Alle Reaktionäre sind Papiertiger!« (Zum Wahrheitsgehalt dieses oft belächelten Slogans, der allerdings eine annähernde Waffengleichheit voraussetzt, werden noch einige aufschlußreiche Mitteilungen folgen.)

Mit diesen Ausführungen dürfte nachvollziehbar geworden sein, was, entgegen der westlichen Propaganda, *nicht* geschehen ist. Aber was ist dann tatsächlich passiert? Bevor wir zur Beantwortung dieser Frage schreiten, sollte man sich die Zeit und Muße nehmen, um ein gerüttelt Maß an ideologischem Ballast abzuwerfen, das ein jeder mit sich schleppt, und sich als Vademekum jene unvoreingenommene Neugier anzueignen, die ja angeblich jedem Historiker, zumal mit Lehrstuhl, zur Zierde gereicht. Noch existiert die nordkoreanische Volksrepublik ja, ein einsames Fossil des Kalten Krieges, und entsprechend kursieren die Stereotypien, mit denen dieses Land von den Westmedien eingedeckt wird, in einer Art von journalistischem Dauerfeuer, einem unablässigen medialen Artilleriebeschuß. Wer denkt, wenn er den Namen Nordkorea hört, nicht an Führerkult, Bunkermentalität, dynastische Herrschaftsabfolge, lückenlose Überwachung, Mangelwirtschaft, erzwungene Massenaufmärsche, Ameisenstaat, Kadavergehorsam und Atomraketen? Voilà – da haben wir ihn, den jahrzehntealten Schmonz der Kalten Kriegs-Propaganda. Wer unter den Nachbetern hat aber je dieses Land bereist oder wenigstens versucht, die sprichwörtliche andere Seite zu hören? Die Frage stellen, heißt sie beantworten. Die nachfolgenden Ausführungen stammen übrigens aus dem Buch eines bekennenden und gebildeten deutschen Reaktionärs, der viele Jahre in (Süd)Korea verbrachte und außerdem die Ansicht vertrat, die Vereinigten Staaten frönten einer sträflich nachlässigen *appeasement*-Politik gegenüber dem Kommunismus (man muß ihm darin nicht folgen).[17]

Bevor man heute den Atombombeneinsatz gegen Nordkorea befürwortet, sollte man bedenken, daß damit eine der ältesten Kulturnationen der Welt getroffen würde. Korea – von der Eigenbezeichnung *Koryo*, »Land der hohen Schönheit«, herstammend, die von Marco Polo nach Europa gebracht wurde – verlegt den Beginn seiner Geschichte ins mythische Dunkel des dritten vorchristlichen Jahrtausends, war Kulturempfänger des älteren Bruders China und Kulturbringer für den jüngeren Bruder Japan (der ihm dies freilich mit häufigen Überfällen dankte); der japanische Shintoismus (»Weg der Geister«) beispielsweise ist eine Synthese aus koreanischem Schamanismus und der Naturreligion der Inselbewohner. Streift man die Geschichte Koreas im Überblick, so überraschen die vielen »Firsts«, mit denen die Kultur der Halbinsel aufwarten kann: Übernahme der chinesischen Schrift im ersten Jahrtausend vor unserer Zeitrechnung; Schaffung eines neuen Schriftsystems, explizit als Volksschrift konzipiert, Mitte des 15. Jahrhunderts auf Anweisung des Königs Sejong, der – als früher koreanischer Kemal Atatürk gewissermaßen – eigens eine Kommission beauftragte, welche in sieben Jahren das »koreanische Alphabet« Hangul erstellte. Es umfaßte 28 (heute 24) Buchstaben, 17 Konsonanten und 11 Vokale, besteht aus einfachen Formen – gerade und leicht gekrümmte Striche, Punkte und Kreise –, so daß es leicht einprägsam ist und, wie König Sejong meinte, »begabte Menschen Hangul an einem einzigen Vormittag lernen. Selbst Dummköpfe werden es in zehn Tagen schaffen. Es gibt ja praktisch keinen Laut, der nicht durch die einfachen Hangul-Zeichen ausgedrückt werden könnte – sogar das Säuseln des Windes, das Gekläff der Hunde.« Die erste Universität wurde im 4. Jahrhundert eingerichtet, als in der spätrömischen Kaiserzeit das Christentum zur Staatsreligion erhoben wurde und den europäischen Teil der Menschheit in jahrhundertelanges Dunkel hüllte (*timor Dei initium sapientiae*); der Buchdruck mit beweglichen Lettern wurde noch vor »unserem« Gutenberg erfunden. Im Jahr 771 entstand dort die mächtigste aller alten Glocken aus 72 Tonnen Gußeisen; im 10. Jahrhundert wurde der größte Steinbuddha des Landes mit einer Höhe von 24 Metern geschaffen.

Das 15. Jahrhundert glänzte durch eine Enzyklopädie aus 112 Bänden, welche die Summe des Wissens jener Epoche enthielt; seit derselben Zeit erfreuen sich arme wie reiche Koreaner einer komfortablen Fußboden-Zentralheizung (*Ondol*), von der ein deutscher Hartz IV-Empfänger nur träumen kann. Das alles sollte gewärtig sein, bevor man vorschnell mit Embargos, Angriffskriegen und Flächenbombardements liebäugelt (man ahnt aber, was für einen niederträchtigen Triumph die Zerstörung dieser Reichtümer bei einem relativ kulturarmen Aggressor auslösen muß – wie beim nun so elend geschändeten Irak, neben Ägypten der zivilisatorischen »Wiege der Menschheit«).

Damit rücken die jüngste Vergangenheit und die Gegenwart näher ins Blickfeld. Die beeindruckendsten Leistungen – für den Verfasser dieser Zeilen wenigstens –, die das koreanische Volk hervorgebracht hat, sind in letzter Konsequenz der geographischen Beschaffenheit ihrer Heimat geschuldet, wodurch diese Errungenschaften jedoch keineswegs geschmälert werden; Geographie ist nun einmal Schicksal, wie Napoleon aphoristisch feststellte. An drei Seiten vom Meer umgeben, nach Norden hin durch hohe Gebirgszüge von der asiatischen Landmasse abgetrennt, begünstigte diese durch natürliche Gegebenheiten abgeschirmte Lage die autochthone politische und kulturelle Entwicklung der Halbinsel. Während technische Neuerungen und kulturelle Innovationen gerne angenommen wurden, hielt man sich Eindringlinge möglichst vom Leib. Vor der Erfindung des Flugzeugs und weitreichender Raketen konnten sie nur übers Meer kommen – in Gestalt japanischer Piraten und Seegeschwader, später als europäische Kolonialisten mit Kanonenbooten und Missionaren –, oder nomadische Völker aus den weitläufigen asiatischen Steppen drangen auf die Halbinsel vor. Bemerkenswert ist nun die Beharrlichkeit, Zähigkeit und Unbeugsamkeit, mit der die Invasoren gleich welcher Provenienz bekämpft wurden – »wilde Hunde kommen übers Meer«, lautet ein koreanisches Sprichwort. Als im 11. Jahrhundert tatarische Stämme aus der Mandschurei in die koreanische Halbinsel einfielen, entstand in einer ungeheuren Anspannung aller Kräfte die großartigste Schöpfung der koreanischen Kulturgeschichte: das Tripitaka Koreana, der buddhistische »Dreikorb«, die umfangreichste und vollständigste fernöstliche Sammlung religiöser Texte, bestehend aus dem ersten »Korb« (Vinayapitaka), den Regeln der Glaubensgemeinschaft, dem zweiten »Korb« (Sutrapitaka), mit Lehrsätzen, Sprüchen und Predigten des Religionsstifters, sowie dem dritten »Korb« (Abhidharma) mit metaphysisch-philosophischen Traktaten. In sechzigjähriger Arbeit wurden hölzerne Druckplatten für 5048 Bände erstellt, die man in einem eigens dafür errichteten Tempel aufbewahrte. Rund 200 Jahre später, im Jahre 1231, fielen Tempel, Druckstöcke und Bücher den Mongolenstürmen zum Opfer. Während die Reiterverbände Dschingis-Khans ihr Zerstörungswerk verrichteten, gelang es König Kojong aus der Kerya-Dynastie, sich auf die im chinesischen Meer gelegene Insel Kanghwa zurückzuziehen und sich dort zu halten. Hier ordnete er die Wiederherstellung des Tripitaka an, und Hunderte von Gelehrten, Kunstschnitzern, Mönchen und Holzarbeitern machten sich ans Werk. Nach diesmal siebzehn Jahren, im Jahre 1251, war es vollendet: 81 258 Drucktafeln aus Holz, das drei Monate in Meerwasser gelagert und anschließend an Land sechs Monate im Schatten getrocknet wurde. Die beidseitig beschrifteten Platten ergaben 162 516 Seiten à 22 Zeilen mit je 14 chinesischen Schriftzeichen. Man kann es sich ausrechnen: Es sind 50 054 928 Schriftzeichen; im statistischen Mittel wurden also rund 8300 Schriftzeichen bzw. etwa 27 Druckplatten pro Tag während dieser siebzehn Jahre hergestellt. Mutet dieser gigantische Aufwand nicht geradezu grotesk an, angesichts des Wütens militärisch überlegener Feinde im eigenen Land? Des Rätsels Lösung ist nicht schwer: Es ist das Prinzip »Geist gegen Gewalt«; es ist die Rückversicherung der eigenen Identität in einer Schwächeposition gegenüber einem überlegenen Aggressor; es ist der einzig gangbare Weg, trotz objektiver Unterlegenheit, aber mit einem starken, d. h. gegenüber Drohungen und Suggestionen resistenten Ich-Kern der Gewaltwalze standzuhalten. Das gilt nicht nur für die Koreaner des Mittelalters, sondern für die Völker aller Zeiten und Länder, vor allem aber für alle Kinder im familiären Ghetto. Mit schlappen, analphabetischen Leibeigenen oder mit fernsehsüchtigen Schlaffis wäre der koreanische Monarch die fremdländischen Barbaren jedenfalls nicht losgeworden.

Damit ist zugleich die historische Wurzel eines Ideologems aufgedeckt, nämlich der häßlichen Propagandaphrase von der angeblichen »Bunkermentalität« der Nordkoreaner: Es ist die historisch »geronnene« Erfahrung, feindlichem Fremddruck standzuhalten, hiermit eine positive Eigenschaft und bei potentiellen wie tatsächlichen Aggressoren entsprechend verhaßt. Um diesen Sachverhalt durch ein aktuelles Beispiel zu illustrieren: Als die Besatzung des Schiffes »Cap Anamur« sich unter der Maske des Sozialhelfers nach Nordkorea aufmachte, um dort »goldener Westen« zu spielen und ideologische Zersetzungsarbeit als Sendlinge des Weißen Hauses zu leisten, da bissen die barmherzigen Brüder und Schwestern an der langen Leine des Imperialismus auf Granit. Am meisten brachte sie die Haltung der nordkoreanischen Offiziellen in Rage, die sie mit den Worten umschrieben: »Gebt uns Medikamente, Kohle und Getreide, aber überlaßt uns, was wir damit anstellen. Dann verschwindet. Bei uns ist alles in guten Händen.«[18] Großartig! So spricht kein Sklave, sondern ein seines Wertes bewußtes Subjekt, ein selbstbewußter Mensch. Ein zertretenes Etwas mit autoritärer, faschistoider Psychostruktur – nach oben ducken und nach unten treten –, ein willfähriger Diener, ein wieseliger Lakai des gegenwärtigen Imperialismus kann da gar nicht anders als ausrasten. Damit ist zugleich der Inhalt dieses Buches über die Mission der »Cap Anamur« erschöpfend wiedergegeben.

Aus der Historie erklärt sich eine weitere Besonderheit Nordkoreas: die Idee von *Juche* (sprich: dschutsche), eine von Kim Il-sung entwickelte »Lehre«, die wörtlich »das Subjekt« oder »die Subjektivität« bedeutet und in den Rang einer Staatsideologie erhoben wurde. Ihre Kernpunkte umfassen die »Wiedererlangung von Würde, Begründung von Eigenständigkeit und schrittweise Verbesserung der Lebensbedingungen in einer egalitären Gesellschaft«[19], bzw. die »Befreiung der Nation, der Menschen, der Wirtschaft aus eigener Kraft«. Kim Il-sung führte selbst dazu aus: »Um die koreanische Revolution erfolgreich durchzuführen, müssen die Meister der koreanischen Revolution, die Koreaner selber also, alle Probleme durch ihre eigene Kraft und Stärke lösen.«[20] Ein Gewährsmann erläutert den verkniffenen Pseudo-Samaritern von der »Cap Anamur« diese Lehre etwas ausführlicher: »Die *Juche*-Idee hat der Große Führer Kim Il-sung entwickelt. Sie besagt, daß die Massen die entscheidende Kraft der Revolution und des Aufbaus sind. Der Mensch ist Herr seines Schicksals. Im Grunde ist dies eine philosophische Idee. Die wesentlichen Eigenschaften des Menschen, seine Stellung und Rolle als Beherrscher und Gestalter der Welt wurden mit der *Juche*-Philosophie neu durchdacht und der Würde und den Fähigkeiten des Menschen der höchste Stellenwert zuerkannt. Besonders für die Nordkoreaner ist es von äußerster Wichtigkeit, Selbständigkeit und Vertrauen auf die eigene Kraft in Politik, Wirtschaft, Verteidigung und Kultur zu entwickeln.« Der Helfer von der traurigen Gestalt giftet auftragsgemäß hinterdrein: »Es scheint so, als ob die ›tiefschürfende und eigenständige *Juche*-Idee‹ einzig dem Zweck dient, eine Diktatur unter der Führung der Kims aufzubauen und aufrechtzuerhalten.«[21] – Kim Il-sung dagegen definierte die Lehre am 4. November 1974 wie folgt: »Die Dschutsche-Ideologie bedeutet, daß jeder selbst Herr seines Schicksals ist, daß jeder auch die Kraft besitzt, sein Schicksal zu entscheiden. Die Dschutsche-Ideologie beruht auf dem philosophischen Grundsatz, daß der Mensch der Herr aller Dinge ist und über alles entscheidet.«[22] Das klingt nun doch etwas anders als bei den pro-imperialistischen Kläffern.

Die auffällige Betonung der »eigenen Kraft« in der *Juche*-Lehre ist ein leicht erkennbares Zitat der berühmten Losung von Mao Tse-tung, »Auf die eigene

Kraft vertrauen«, mit der er die revolutionäre Bauernarmee gegen die japanischen Besatzer und ihre chinesischen Kollaborateure von der Kuomintang unter der Führung Tschiang Kai-scheks zum Sieg führte (in der Mandschurei nahm ein koreanischer Revolutionär im Rang eines Majors an diesem Befreiungskampf teil; sein Name ist Kim Il-sung). Damit ist der richtige Gedanke ausgesprochen, daß die Unterdrückten bei ihrem Kampf um Freiheit auf keine fremde Hilfe hoffen können: Kein Gott, Kaiser oder Prophet und keine andere Klasse, erst recht nicht die unterdrückende, wird ihr dabei hilfreich zur Seite stehen. Die Losung Maos läßt sich auf das Diktum von Karl Marx zurückführen, daß die Befreiung der Arbeiter nur das Werk der Arbeiter sein kann (was nicht etwa bedeutete, daß die KP keine Nichtproletarier aufnehmen oder diese wenigstens als Mitglieder zweiter Klasse behandeln sollte, sondern vielmehr, daß sie auf Reformversprechen »wohlmeinender Dritter« oder gar dem »guten Willen« der Kapitaleigner nichts geben sollte noch solle); Rosa Luxemburg hat diesen Satz blödsinnigerweise gegen Lenin ins Feld geführt, als dieser, ausführlich in seiner grundlegenden Schrift ›Was tun?‹ dargelegt, auf der Notwendigkeit einer revolutionären »Partei neuen Typs« bestand – gegen die opportunistisch gewordene, verräterische Sozialdemokratie –, welche die Arbeiter von der ökonomischen Handwerkelei (Reformismus) auf das politische Niveau des in jeder Hinsicht entfalteten Klassenbewußtseins hebt sowie ihre Kämpfe koordiniert und anleitet. Einen Körper ohne Kopf – das hätten alle Reaktionäre gern, und sie handeln auch danach; daß Rosa Luxemburg jedoch diesen Gedanken, diese in ihrer Konsequenz selbstmörderische »Lehre« (»Bewegung« vs. Organisation) in die seinerzeit stärkste, am besten organisierte Arbeiterschaft der Welt trug (die deutsche nämlich), erweist ihren schädlichen Einfluß, der ob ihrer tragischen Ermordung im Auftrag eben jener Sozialdemokratie nicht in Vergessenheit geraten sollte. (Allende bietet eine neuere Analogie.)

Die *Juche*-Lehre besteht indessen aus mehr als nur aus Anleihen beim großen revolutionären Bruder in China; sie geht vielmehr auf eine egalitäre Bewegung Mitte des 19. Jahrhunderts zurück, deren Wurzeln sich wiederum bis in das koreanische Mittelalter zurückverfolgen lassen. Ihr Begründer war der 1824 in der alten Kaiserstadt der Silla-Dynastie Kyongju geborene Choe Che-u. Zu seinen Lebzeiten streckte die japanische Militärmonarchie, die sich in großen Sprüngen vom Feudal- zu einem Industriestaat entwickelte*, ihre Hände

---

*   Die Japaner erwiesen sich dabei als gelehrige Schüler ihrer europäischen Konkurrenz: »Als Geschenk des Kaisers [Meiji, 1868–1912] an sein Volk wurde 1889 eine Verfassung verkündet. Sie war von der bayerischen Verfassung abgeleitet, blieb bis 1945 gültig und brachte Japan

nach Korea aus. Japanische Waren überschwemmten die Halbinsel, kapital-kräftige Käufer aus Nippon eigneten sich riesige Ländereien an, während die enteigneten Bauern die Gegenden unsicher machten, das Land verelendete und unaufhaltsam auf einen halbkolonialen Status herabsank. In dieser Situation – man schrieb das Jahr 1862 – hatte Choe seine Art der Erleuchtung. Er hatte sich bis dahin intensiv mit der koreanischen Geschichte befaßt und auch den Katholizismus kennengelernt, der als *Sohak*, »Westliche Gelehrsam-keit«, bekannt war. Diesen Terminus aufgreifend, schuf Choe das Gedanken-gebäude *Tonghak*, »Östliche Gelehrsamkeit«, eine synkretistische Lehre aus Konfuzianismus und Buddhismus, allerdings ohne jeden transzendentalen Bezug. Beiden wurde zwar der Status einer »wahren Religion« zuerkannt, doch die »große Wahrheit« verkörperte sich im *Chondo*, dem »Himmlischen Weg«, dessen Maxime lautete: »Der Mensch ist Gott«. Davon abgeleitet, wer-den die zentralen Aussagen des *Chondo* wie folgt charakterisiert: »Wegen die-ser gottähnlichen Merkmale haben alle Menschen auch Würde. Wegen dieser Würde sind alle Menschen frei und gleich. Weil sie das Recht auf Freiheit und Gleichheit haben, müssen sie erlöst werden von Unfreiheit und Unterdrük-kung. So bedeutet *Tonghak* für die Koreaner, daß sie sich vom Joch des Feu-dalismus und der Korruption befreien müßten und allen fremden Einflüssen und Beherrschungsversuchen zu widerstehen hätten.«[23] Unter dem dünnen religiösen Firnis verbirgt sich also ein durchweg diesseitiger, harter aufklä-rerischer Kern, der die zentralen Losungen der siegreichen Französischen Revolution enthält; auch das europäische Mittelalter kennt solche egalitären, chiliastischen Strömungen, die mit dem aufkommenden und erstarkenden Stadtbürgertum in jahrhundertelangen Kämpfen ihre humanitäre, dann de-mokratische Kontur gewannen und in die Deklaration der originären Men-schenrechte mündeten.

Die *Chondo*-Lehre war jedenfalls der Funke, der sich rasch zum Flächen-brand ausweitete. Bereits zwei Jahre später, am 10. März 1864, wurde ihr Be-gründer in der Stadt Taegu festgenommen und hingerichtet; Choe zählte 40 Jahre. »Laut Anklage mußte Choe sterben, weil er ›die Welt beunruhigt hatte und das Volk verführt.‹«[24] Damit war der Führer, aber keineswegs die Bewe-

---

ein Parlament mit Ober- und Unterhaus. Nach westlichem Muster wurde der allgemeine Schulunterricht eingeführt. Tausende junger Leute begannen, an den neuen Universitäten Physik und Chemie zu studieren. Eisenbahnen wurden gebaut, Fabriken entstanden und aus den Fabriken große und leistungsfähige Industrien. In kurzer Zeit erwuchs eine bedeutende Handels- und Kriegsflotte. Die Marine wurde nach englischem Reglement ausgebildet, die Armee nach preußischem.« ELISEIT 1978, S. 135.

gung liquidiert. Im Jahr 1892 setzten in Seoul und anderen Städten zunächst gewaltlose Demonstrationen von Anhängern der *Thongak*-Bewegung ein, die schließlich Aufstände entfachten mit den Forderungen: »Nieder mit der Tyrannei! Fort mit den Westlern! Vertreibt die Japaner!« Die Revolte entwickelte eine solche Wucht, daß die Regierungstruppen ihrer nicht mehr Herr wurden und der Monarch, wie immer in solchen Fällen, ausländische Kontingente, diesmal aus Japan und China, ins Land rief. Die disziplinierten und mit den modernsten Waffen ausgerüsteten Japaner erstickten den Aufstand in seinem Blut, und seitdem trat der religiöse Aspekt der *Chondo*-Bewegung in den Vordergrund und hat noch heute vornehmlich in Südkorea zahlreiche Anhänger. Mit der Niederschlagung des Aufstands entstand zudem Streit um den Zankapfel Korea zwischen China und Japan, der nach der chinesischen Niederlage 1894/95 zur Besetzung Koreas durch Japan führte (»Generalgouvernement« Choson 1910–1945).

Bei der Definition der *Juche*-Lehre Kim Il-sungs dürfte als wesentliches Merkmal aufgefallen sein, daß sie jeder marxistischen Terminologie entbehrt, und der Grund hierfür dürfte nun einsichtig geworden sein: Sie ist keine Adaptation der Lehre von Marx und Engels an die koreanischen Verhältnisse des 20. Jahrhunderts, sondern deren Surrogat. Es handelt sich bei ihr um die modernisierte und wieder säkularisierte Version der *Chondo*-Lehre, die im Sog der weltumstürzenden Ereignisse in den großen Nachbarländern, der proletarischen Revolution in Rußland 1917 und des siegreich abgeschlossenen Befreiungskrieges in China 1949, eine marxistische »Färbung« annahm. Weit davon entfernt, den koreanischen Weg zum Sozialismus darzustellen, konzipierte Kim Il-sung die *Juche*-Lehre auch keineswegs nur aus dem taktischen Kalkül, die koreanische Eigenständigkeit zwischen den beiden »sozialistischen Schwergewichten« Sowjetunion und Volksrepublik China zu wahren. Man mag Kim Il-sung keinen Marxisten nennen, nicht einmal einen Nenn-Marxisten, und damit auch keinen Stalinisten, weil er nicht erst vom Marxismus ausging und ihn anschließend bekämpfte wie jener. Tevres weist völlig zutreffend darauf hin, daß sich Kim Il-sung von Stalin dadurch unterscheide, daß er keine blutigen Ausrottungsfeldzüge gegen die Anhänger Lenins und Trotzkis unternommen habe, sein Polizeiapparat überdies deutlich kleiner als in Südkorea sei und laut offizieller Anweisung die Menschenrechte zu respektieren habe.[25] Schön und gut, aber der wesentliche Unterschied bleibt, daß Stalin aus der kommunistischen Bewegung kam und sie anschließend liquidierte, während Kim Il-sung nie die kommunistischen Ziele *sensu* Marx teilte und sich deshalb auch nicht von ihnen entfernen oder als »Stalinist« pervertieren konnte. Der nordkoreanische Staatsgründer ist vielmehr ein *Chondo*-Kämpfer des 20. Jahrhunderts; seine *Juche*-Lehre stellt die zeitgemäße Adaption nicht des Marxismus, sondern des *Thongak* des hingerichteten Choe an die modernen Verhältnisse dar. Folgerichtig gilt in Nordkorea der *Juche*-Kalender, mit dem Geburtsjahr Kim Il-sungs (1912) als »*Juche* 1«. Vor diesem Hintergrund lassen sich viele Eigentümlichkeiten des nordkoreanischen Staatsgebildes besser verstehen, die von der West-Propaganda als »typisch kommunistisch« ausgeschrien werden, tatsächlich aber typisch konfuzianisch sind. Die hierarchische Gliederung, das Führerprinzip, das verzichtbereite Dienen am Staat paßt viel besser zu dieser strengen Beamtenethik chinesischer Provenienz, wobei Kim Il-sung unbedingt zugute gehalten werden muß, daß er die gröbste Scheußlichkeit des Konfuzianismus, die Unterordnung der Frau unter den Mann, ersatzlos gestrichen und durch die faktische Gleichberechtigung der Geschlechter ersetzt hat. Niemand wird indessen behaupten wollten, daß in Nordkorea das Prinzip des kollektiven Egoismus verwirklicht worden sei (denn nichts anderes ist der Kommunismus bzw. sollte es sein: »Jeder nach seinen Fähigkeiten, jedem nach seinen Bedürfnissen«); die »freie Assoziation freier Produzenten«, wie Marx sie sich vorstellte, sieht auf jeden Fall anders aus. Aber das ist kein Grund, das Land zu bombardieren. Auch wird niemand behaupten wollen, daß in Nordkorea aufgrund des hohen Standes der Produktivkräfte die notwendige Arbeit reduziert (tendenziell »abgeschafft«, wie es im dritten Band des ›Kapital‹ heißt) wird und somit den Werktätigen mehr Zeit für die Selbstverwaltung und für schöpferische Tätigkeiten bleibt. Nein: Nordkorea ist durch eine chronische Mangelwirtschaft gekennzeichnet, die zwar keine kapitalistische Ausbeutung kennt, aber von allen Beteiligten entbehrungsreichen Verzicht verlangt; aus der durch schwerste Kriegsschäden und Isolation bedingten Not (wie im großen bei der Sowjetunion) macht die in Nordkorea regierende Partei eine (konfuzianische) Tugend. Das Aufgehen im Dienst am Allgemeinen, das rädchenhafte Funktionieren mag nun eine Horrorvision oder ein konfuzianisches Ideal oder beides sein, hat indessen mit dem Kommunismus *sensu* Marx und Engels nicht das Geringste zu tun. Doch das ist ebenfalls kein Grund, das Land zu bombardieren. Und zugegeben sei schließlich: Die Huldigungen und Preisungen der politischen Führung sind exzessiv und wahrscheinlich nicht allein durch die berechtigte Dankbarkeit zu erklären, vom imperialistischen Joch befreit worden zu sein. Wenn es tatsächlich stimmt, daß das Zentrale Volkskomitee im Jahre 1975 Kim Il-sung als jenen Helden pries, der »uns vom Himmel gesandt wurde; der auf himmlischem Drachen reitend die japanische Armee zerschlagen hat am Paektu-san, dem heiligen Berg unserer Ahnen; der alle Erscheinungen des Universums kennt, einzig in allen Generationen«[26], dann ist dieses Pathos nicht nur stockpeinlich, sondern vor allem religiös grundiert; hier scheint der »Himmlische Weg« (*Chondo*) in seiner reaktionärsten Ausprägung durch. Doch der getaufte Europäer möge sich an seine mitgetaufte Nase fassen, des neutestamentlichen Gleichnisses vom Balken und vom Splitter im jeweiligen Auge gedenken und seine geplagte Umgebung mit Elogen an den Papst und Panegyriken auf den amerikanischen Weltkaiser verschonen. Und er sei im übrigen daran erinnert, daß auch ein überzogener Personenkult kein Grund ist, ein Land zu bombardieren.

Genau dies haben die Vereinigten Staaten im Falle Koreas getan, und zwar exzessiv. Um zu verstehen, warum nur fünf Jahre nach dem 2. Weltkrieg eine solche Massenschlächterei einsetzte, ist es sinnvoll, sich die Zeitumstände und die internationalen Kräfteverhältnisse vor Augen zu führen. Ein Jahr zuvor hatte die Sowjetunion ihren ersten erfolgreichen Atombombentest absolviert, ein Alarmzeichen ersten Ranges für die US-Regierung, die sich jedoch sicher sein konnte, daß es bis zur seriellen Herstellung dieser Waffe noch ein weiter Weg für die Sowjetunion sein dürfte. Ebenfalls ein Jahr zuvor war mit China ein Riesenstück aus dem imperialistischen Dominium gebrochen, doch man konnte davon ausgehen, daß Maos Freiheitskämpfer alle Hände voll zu tun hatten, um ihren Sieg auf eine solide Grundlage zu stellen. Wenn es einen Zeitpunkt gab, den Kommunismus – bezeichnen wir ihn so, trotz der Stalin-schen Pervertierung – militärisch zu liquidieren, dann war er jetzt gekommen, denn der eine Gegner war ausgeblutet, der andere stand auf unsicheren Füßen, und Korea lag an der Grenze zu beiden. »Auch US-Verteidigungsmi-nister Johnson galt als Befürworter der Auffassung, daß ein sofortiger Krieg mit dem kommunistischen China besser sei als ein späterer Krieg.«[27] Denn ließ man die Zeit verstreichen, würde die Sowjetunion über ein respektables atomares Abschreckungspotential verfügen und die chinesische Revolutions-regierung fest im Sattel sitzen; damit wäre eine Situation entstanden, die der österreichische Liedermacher Kreisler in die witzigen Zeilen packte: »Wenn China und Rußland zusammen marschier'n / kann Österreich kapitulier'n.« Also setzte der imperialistische Tiger zum Sprung an; das diplomatische Vor-geplänkel dazu haben wir bereits kennengelernt.

Doch es gab zudem noch »innerkoreanische« Gründe, die ein schnelles und entschlossenes Handeln seitens der USA erforderten. Das »Problem« be-stand darin, daß das südkoreanische US-Protektorat im Vergleich zu seinem nördlichen Nachbarn von Anfang an ein schlechtes Bild abgab – 1945 hatte die US-Regierung den japanischen Besatzungstruppen *nach* der bedingungslosen Kapitulation des Tenno den ausdrücklichen Befehl erteilt, auf Korea auszuharren, bis die amerikanischen Verbände eintrafen. Unmittelbar nach Kriegsende hatten sich auf der gesamten Halbinsel sogenannte »demokratische Volkskomitees« aus Liberalen, Nationalisten, Sozialisten und Kommunisten gebildet, die am 15. August 1945 die Verwaltung des Landes in die Hand nahmen und sich am 6. September desselben Jahres in Seoul auf einer konstituierenden Sitzung zur Regierung der gesamtnationalen Volksrepublik Korea erklärten. Zu ihren maßgeblichen Zielen zählte sie: »eine umfassende Land- und Agrarreform zum Wohle der Masse der Bevölkerung, Nationalisierung großindustrieller Komplexe sowie die Durchsetzung des Achtstundentags, eines Mindestlohns sowie Preiskontrollen bei Grundnahrungsmitteln und Mieten. Diese Forderungen waren außerordentlich populär und wurden landesweit unterstützt.«[28]

Das konnte in den Augen der amerikanischen Kriegsgewinner natürlich nicht angehen. Zwei Tage nach der Regierungsbildung landete die 7. US-Infanteriedivision unter dem Befehl von General John R. Hodge in Inchon an der westkoreanischen Küste. Die Besatzer taten so, als ob es keine legale Regierung gäbe, und riefen kurzerhand das »United States Army Military Government in Korea« aus, dessen Akronym, das heute so inflationär durch die Zeitungen geistert (UNIFIL, UNPROFOR etc. etc.), USAMGIK lautete. »Die Menschen in der Hauptstadt Seoul staunten nicht schlecht, als an Stelle der koreanischen Flagge das Sternenbanner gehißt wurde.«[29] Doch von einer Doppelherrschaft konnte keine Rede sein. Als der Volkskongreß sich Mitte November 1945 weigerte, sich aufzulösen, wurde ihm von General Hodge »Amtsbefugnis, Status oder Form« aberkannt[30] und das demokratische Gremium Knall auf Fall für ungesetzlich erklärt. Damit war Südkorea besetztes Land und Gesamtkorea geteilt – eine nationale Schmach, vor der die Koreaner selbst in den 35 Jahren japanischer Militärherrschaft verschont geblieben waren. Mitte Februar 1946 riefen die US-Besatzer einen sogenannten »Parlamentarischen Demokratischen Rat« ins Leben – man vermied es fürsorglich, das Procedere »Wahl« zu nennen, da die Hälfte der »Abgeordneten« ohnehin von der amerikanischen Militärbehörde ernannt wurden – und bestückten ihn an seiner Spitze mit einem Mitbringsel aus den USA: dem damals siebzigjährigen Rhee Syngman, der die letzten 37 Jahre in den Vereinigten Staaten verbracht hatte. Dieser koreanische Adenauer war strikt proamerikanisch und, was dasselbe ist, ein fanatischer Kommunistenhasser. Während im Norden unter sowjetischem Schirm die Volkskomitees weiterbestanden, in denen die Parteigänger und

Anhänger des Partisanenführers Kim Il-sung bald die Oberhand gewannen, und in einer umfassenden Agrarreform Land an rund eine Million Bauern verteilt wurde, fungierte Rhee Syngman im Süden als Geschäftsführer der Großgrundbesitzer und Kriegsgewinnler. Die USAMGIK verkaufte den von ihr konfiszierten japanischen Besitz – Ländereien, Immobilien, Firmen und Rohstoffe – an die ehemaligen Landesverräter und Kollaborateure, die dabei reich geworden waren und nun die neue Kompradorenbourgeoisie von Amerikas Gnaden bildeten. Der überwiegenden Mehrzahl der Südkoreaner ging es schlechter als unter der japanischen Besatzung. »Da die Hälfte des Reichtums des Landes verschleudert wurde«, schreibt der Historiker Alfred Crofts, »kam es schnell zu einem Niedergang der Moral.«[31]

Was auch immer mit diesen Worten gemeint ist – jedenfalls nahm der Widerstand gegen das neue Besatzungsregime zu. Im September 1946 erließen die amerikanischen Behörden Haftbefehle gegen führende Kommunisten, die sich daraufhin nach Norden absetzten. Im gesamten Süden kam es zu Massenprotesten, Demonstrationen und lokalen Aufständen, gegen welche die US-Truppen, unterstützt von koreanischer Polizei (mehrteils aus ehemaligen Kollaborateuren mit der japanischen Besatzungsmacht bestehend) und Pogrombanden – der sogenannten »Nordwest-Jugend«, Söhne enteigneter Großgrundbesitzer aus dem Norden – mit brachialer Gewalt vorgingen. Wie später in Vietnam wurde die renitente Landbevölkerung in »strategische Weiler« gesperrt, als *guidance camps* bezeichnete Konzentrationslager, in denen nach US-Angaben bis zu 70 000 Personen interniert waren. Seit 1946 führten Aufständische einen Guerillakrieg, der auch während der US-Invasion anhielt. »In seiner Beschreibung des Antiguerilla-Feldzuges der Regierung im Jahre 1948 vermerkte der prowestliche Politikwissenschaftler John Kie-Chiang Oh von der Marquette University: ›In diesen Feldzügen wurden die Bürgerrechte unzähliger Personen häufig ignoriert. Sehr oft wurden unglückliche Dorfbewohner, die der Unterstützung der Guerilla verdächtigt wurden, ohne Unterschied hingerichtet.‹«[32] Wobei hinzuzufügen ist, daß diese Rechte ohnehin nicht mehr existierten, da sie von der Quislingsregierung außer Kraft gesetzt worden waren:

> Am 27. Juni 1947 wurde unter der Kontrolle der US-Militärregierung ein neues Wahlgesetz in Südkorea verabschiedet. Es hatte solche einschneidenden Beschränkungen, daß z. B. die großen Gruppen der ungebildeten Bevölkerungsschichten (also die Mehrheit der Bevölkerung) von der Wahl gänzlich ausgeschlossen wurden. […] Außerdem wurden maßgebliche bürgerliche Rechte und Freiheiten, Bestandteile jeglicher Demokratie, wie z. B. Versamm-

lungsfreiheit, Meinungs- und Pressefreiheit und die Existenz freier politischer Parteien abgeschafft bzw. beschränkt. […] Die politischen Gefangenen blieben inhaftiert. Als es darauf in den Provinzen Yosu und Cheju Do zu Aufständen kam, wurden diese mit so brutaler Gewalt unterdrückt, daß selbst amerikanische Beobachter dem Rhee-Regime den ›Stempel des Faschismus‹ aufsetzten.[33]

Die blutige Niederschlagung des Aufstands kostete mehreren tausend Menschen das Leben. Und während 14 000 politische Gefangene in den Gefängnissen schmachteten – die meisten von ihnen wurden bei der US-Invasion umgebracht –, vergaß man doch die Religion nicht: Rhee Syngman brüstete sich, bis zu 3000 Konversionen zum Christentum pro Woche durchgeführt zu haben, was das US-Außenministerium schlichtweg »genial« fand.[34] Die mit der Sowjetunion ursprünglich vereinbarten landesweiten Wahlen wurden hintertrieben – in Vietnam werden wir demselben Phänomen begegnen –, bis schließlich am 10. Mai 1948 Separatwahlen im Süden durchgeführt wurden. Da einige Parteien verboten waren, andererseits etliche der zugelassenen die Wahl boykottierten, war eine blamabel geringe Wahlbeteiligung zu befürchten. Das galt es zu verhindern: »Um diesem vorzubeugen, sorgten die Nationalpolizei, rechtsgerichtete Hilfsorganisationen sowie die Anordnung, daß die ländliche Bevölkerung ihre sonst verfallenden Lebensmittelkarten bei der Wahl abstempeln lassen mußte, dafür, daß doch noch eine vorzeigbare Wahlbeteiligung erreicht wurde.«[35] Am 9. September 1948 zog der Norden nach. Nach demselben Muster vollzog sich wenig später, wie bereits dargelegt, die Teilung im besetzten Deutschland. Am 30. Mai 1950 wiederholte sich diese Wahlfarce, aber trotz zahlreicher Restriktionen, Behinderungen, Einschüchterungen und Gewaltmaßnahmen trug die gemäßigte Opposition den Sieg davon. Für das Rhee-Regime wurde die Luft dünn: »Die Mehrheit im Parlament stellte den Antrag, gesamtkoreanische Wahlen auszuschreiben und mit der Ausarbeitung einer Verfassung für die koreanische Nation zu beginnen. Ein Beobachter der Szene, der Journalist Stefan Forster, schrieb später: ›Der Zusammenbruch des Regimes schien nur noch eine Frage recht kurzer Zeit, wenn nicht … ja wenn nicht der Krieg, der pünktlich sechs Tage später ausbrach, auch dieses Problem vorläufig gelöst hätte.‹«[36] Wie gesagt, die Zeit drängte …

Vor dem Hintergrund der skizzierten internationalen Kraftverhältnisse und der sich zuspitzenden Krise in Südkorea erscheint die Frage fast müßig, welche Seite den ersten Schuß abgegeben hatte: Die Vereinigten Staaten drängten mit aller Macht auf eine militärische Konfrontation, brachten alle

Mittel in Anschlag, um einen Krieg vom Zaun zu brechen, von dem sie sich nur Vorteile versprachen. Und hatte der alte Kläffer Rhee in seinem südkoreanischen Zwinger sich nicht »mehrfach öffentlich damit gebrüstet, für einen Waffengang gerüstet zu sein und ›im Marsch gen Norden Pjöngjang innerhalb von drei Tagen zu erobern‹«?[37] So tönte er etwa am 10. April 1949: »Wir müssen genug Streitkräfte haben, um in den Norden vorzurücken, die Verbindung mit der Armee in Nordkorea, die uns ergeben ist, herzustellen, den Eisernen Vorhang vom 38. Breitengrad bis zum Fluß Yalu zurückzuschieben und dort die Grenze gegen feindliche Infiltrationen zu bewachen.«

Auch verzwickte historische Vorgänge lassen sich entschlüsseln. Alle Indizien, im großen wie im kleinen, deuten darauf hin, daß die Aggression von Südkorea ausging – natürlich auf Befehl der USA; der alte Rhee konnte sich so wenig Eigenmächtigkeiten leisten wie ein Adenauer oder dessen südvietnamesisches Pendant Ngo Dinh Diem:

- In seiner ersten Meldung erwähnt das UN-Komitee die nordkoreanische Nachricht über den Angriff aus dem Süden.
- »Einen Monat nach der [US-]Aggression erklärte ein hoher Nachrichtenoffizier der US-Armee in Tokio Reportern, daß die militärische Stärke der KDVR sehr unvollkommen gewesen sei. Obwohl ihre Mobilisierungspläne für den Kriegsfall 13 bis 15 Divisionen vorsahen, gab es zum Zeitpunkt des Kriegsausbruchs nur 6 Divisionen. Damit hätte Nordkorea wohl kaum einen Angriff wagen können.«[38]
- »Am 25. [Juni] befand sich der amerikanische Schriftsteller John Gunther in Japan, um eine Biographie über General Douglas MacArthur zu schreiben. Wie er in dem Buch schildert, hielt er sich als Tourist mit ›zwei wichtigen Mitgliedern‹ der amerikanischen Besatzung in Nikko auf, als ›einer von ihnen unerwartet zum Telefon gerufen wurde. Er kam zurück und flüsterte: ›Gerade ist eine große Sache durchgekommen. Die Südkoreaner haben Nordkorea angegriffen!‹« Zurück in Tokio, gab es dort jedoch bald »keinerlei Zweifel, daß Nordkorea der Aggressor war.‹«
- Die ›New York Herald Tribune‹ berichtete am 26. Juni 1950: »Südkoreanische Truppen überquerten den 38. Breitengrad, der die Grenze bildet, um die Industriestadt Haeju einzunehmen, die direkt nördlich der Linie liegt. Die Truppen der Republik erbeuteten große Mengen an Ausrüstung.«[39]

Alle Indizien sprechen demnach für folgenden Ablauf: Nach Dutzenden von militärischen Grenzprovokationen, unter denen ein Gefecht im Mai 1949 bei

Kaesong das heftigste gewesen ist (es kamen dabei, südkoreanischen Angaben zufolge, 400 nordkoreanische und 22 südkoreanische Soldaten sowie 100 Zivilisten ums Leben), drangen am Morgen des 25. Juni zwei Divisionen der südkoreanischen Armee über die Grenze vor und nahmen Haeju ein. Der Londoner ›Guardian‹ meldete am 26. Juni: »Amerikanische Beamte bestätigen, daß die Truppen des Südens Haeju erobert haben.«[40] Nordkorea wehrte den Angriff ab, überquerte im Gegenzug nun seinerseits den 38. Breitengrad und nahm nach wenigen Tagen Seoul ein. Die US-Regierung hatte nun den lange ersehnten Vorwand, um endlich zum großen Schlag auszuholen. Führen wir uns nochmals vor Augen, worin er bestehen sollte: »... vor Ausbruch des Korea-Konflikts [erörterten] in Tokio der US-Verteidigungsminister Johnson, der damalige US-Delegierte bei der UNO, John Foster Dulles, der US-Generalstabschef Omar Bradley und General MacArthur, der Oberbefehlshaber im Pazifik und im Fernen Osten, die ›Möglichkeit eines Krieges mit Rußland in Asien.‹« Jetzt war diese Möglichkeit gekommen. Der 38. Breitengrad, jene Linie, welche US-Militärs willkürlich in derselben Nacht gezogen hatten, als die zweite Atombombe auf Nagasaki fiel, jene vom Imperialismus diktierte Grenze, an der sich die Truppen der verfeindeten Teilstaaten massierten, spielte nun, da die USA sich anschickten, sie zu verletzen, plötzlich keine Rolle mehr, war »imaginär« geworden, wie der hochrangige US-Beamte Warren Austin ausführte:

> Die künstliche Grenze, welche Nord- und Südkorea bis heute teilt, hat keinerlei Existenzgrundlage, weder eine juristische noch eine von der Vernunft begründete. Weder die Vereinten Nationen, ihre Kommission für Korea, noch die Republik Korea [Südkorea] erkennen eine solche Linie an. Nun haben die Nordkoreaner durch ihren bewaffneten Angriff auf die Republik Korea die Realität einer solchen Linie überhaupt bestritten.[41]

Der Kriegsverlauf selbst soll hier nur grob skizziert und anhand einzelner markanter Beispiele exemplarisch vor Augen geführt werden. Rhee Syngman, der sich aufgrund des militärischen Beistands der USA und fünfzehn weiterer Staaten* allzu sicher gefühlt hatte, ordnete angesichts der rasch heranrückenden nordkoreanischen Einheiten die Evakuierung Seouls an, doch folgten seinem Befehl nur zehn Prozent der Einwohner. Die Truppen Kim Il-sungs hatten ihren Gegner bis in den äußersten Südosten der Halbinsel

---

* Großbritannien, Türkei, Thailand, Südafrika, Philippinen, Neuseeland, Niederlande, Griechenland, Frankreich, Äthiopien, Kolumbien, Kanada, Luxemburg, Belgien und Australien.

getrieben, und dort bildeten die südkoreanischen Verbände einen hart bedrängten Brückenkopf, auf dem am 1. Juli 1950 die ersten Landstreitkräfte der USA eintrafen. Am 15. Juli eröffnete die zehnfach überlegene Luftflotte der USA die Flächenbombardierung Nordkoreas. Die immensen – und sehr einseitig verteilten – Verluste an Menschenleben in diesem Krieg resultierten aus der erdrückend überlegenen Feuerkraft der US-Einheiten zu Wasser und in der Luft, während die bald durch chinesische Verbände verstärkten Nordkoreaner am Boden stärker waren und mehr Infanteriewaffen und Granatwerfer besaßen. Doch diese Überlegenheit war teuer erkauft, denn die Infanteriesoldaten verschmolzen und verglühten wie die Zivilisten in dem Inferno, das aus dem Himmel auf sie herabprasselte: In rund einer Million Lufteinsätzen wurden 600 000 Tonnen Sprengstoff und über drei Millionen Liter des erstmals gegen die griechischen Partisanen erprobten Napalms abgeworfen, während der heftigsten Kämpfe 265 000 Liter täglich. Die US-Truppen verfolgten eine Politik der regelrechten Ausrottung des kommunistischen »Ungeziefers« – zuletzt mit dem Einsatz bakteriologischer Waffen, u. a. Milzbrand-, Pest- und Encephalitiserregern –, und dies fiel ihnen um so leichter, als der Norden stärker industrialisiert und daher dichter besiedelt war. US-General Curtis LeMay warf sich gegen Ende des Krieges stolz in die Brust: *We killed off – what – twenty percent of the population in North Korea!*[42] Hier bekennt sich ein Massenmörder kaltschnäuzig zu seinen Kriegsverbrechen, wohlwissend, daß sie nicht geahndet würden, so wenig wie die nachfolgenden Verbrechen gegen die Menschheit. Von wem auch? Dies allein macht den Unterschied zwischen den nationalsozialistischen und den amerikanischen Kriegsverbrechen aus, unter letzteren die Welt bis heute und auf leider unabsehbare Zeit leidet.

Der Einsatz neuester chemischer Waffen, insbesondere des Napalms, bewirkte eine Qualität des Kriegshorrors, die an die Schrecken des Nuklearmassakers in Japan heranreichte, so daß sich die Grenze zwischen »konventionellem« und atomarem Krieg immer mehr verwischte. Hören wir einen Bericht aus der ›New York Times‹:

> Ein Napalm-Angriff traf das Dorf vor drei oder vier Tagen, als die Chinesen den Vormarsch aufhielten, und nirgendwo in dem Dorf hat jemand die Toten bestattet, weil niemand übrig ist, der dies tun könnte […] Im ganzen Dorf und auf den Feldern erwischte es die Bewohner und tötete sie, und diese verharrten exakt in der Haltung, die sie eingenommen hatten, als das Napalm sie traf – ein Mann, der gerade sein Fahrrad besteigen wollte, fünfzig Jungen und Mädchen, die in einem Waisenhaus spielten, eine Hausfrau, die

völlig unverletzt schien und eine Seite aus dem Katalog des Versandhauses Sears-Roebuck in der Hand hielt, auf welcher sie ein »Bettjäckchen – korallenfarben« für 2,98 Dollar mit der Bestellnummer 381 1294 angestrichen hatte. In diesem kleinen Dorf müssen fast zweihundert Menschen umgekommen sein.[43]

Das Phänomen verkohlter, vielleicht noch kurze Zeit lebender Statuen schildert und erklärt der BBC-Korrespondent René Cutforth. In seinem Buch ›Korean Reporter‹ berichtet er von einer surreal anmutenden Begegnung mit einem solchen Brandopfer:

> Vor uns stand eine merkwürdige, etwas vorgebeugte Gestalt mit gespreizten Beinen und seitwärts gestreckten Armen. Er hatte keine Augen, und seinen ganzen Körper, der fast überall durch verbrannte Stoffetzen hindurch sichtbar war, bedeckte eine harte, schwarze, mit gelbem Eiter gesprenkelte Kruste. Der Mann mußte stehen, weil sein Körper keine Haut mehr hatte, sondern von einer leicht zerbrechlichen mürben Kruste überzogen war.[44]

Diese sowjetische Karikatur von Yuly Ganf (1952) zeigt einem blutverschmierten GI sein Ebenbild: Himmler vor den Konzentrationslagern Maidanek und Auschwitz

Der Dichter und Dramatiker Nâzım Hikmet, der die türkische Lyrik von Grund auf erneuerte, wegen seiner politischen Überzeugungen als Kommunist über 15 Jahre im Gefängnis verbrachte und 1963 im Alter von 61 Jahren starb, schrieb in jenen Tagen:

> Als mein Sohn zur Welt kam,
> wurden auch in Korea Kinder geboren,
> gelben Mondblüten gleich,
> Mac Arthur brachte sie um,
> sie starben, noch ehe sie Muttermilch kannten. [45]

Man kann sich anhand solcher Szenen, die sich zu Abertausenden zugetragen haben mußten, nicht anders behelfen: Die Asiaten mußten in den Augen der Aggressoren als eine Art »Untermenschen« im Adolfschen Sinne gegolten haben, sonst hätte man sie nicht so behandeln können: atomar, chemisch und biologisch. Gewiß, dieser Krieg wurde auf beiden Seiten mit großer Grausamkeit geführt; wenn auf den Schlachtfeldern kein Lager in der Nähe war, transportierte man verletzte gegnerische Soldaten nicht ab, sondern erschoß sie kurzerhand. Diese Verletzung der Genfer Konvention wurde von beiden kriegführenden Parteien begangen. Aber die sadistische Behandlung von Wehrlosen läßt keine andere Erklärung als rassistische Überheblichkeit zu, ebenso bei der flächendeckenden Ausrottung von Zivilisten, die ohne Wimpernzucken erfolgte. So berichtete ein englischer, kriegserfahrener Major über »entsetzliche Zustände« im Kriegsgefangenlager Koje-Do, in dem 80 000 nordkoreanische und chinesische Kriegsgefangene interniert waren:

> Es wurde klar, daß US-Offiziere und -Soldaten der Meinung waren, daß die chinesischen und koreanischen Kriegsgefangenen nichts anderes als orientalisches Vieh waren, die anders als Europäer behandelt werden müßten [das hat sich mittlerweile geändert; siehe die Bombardierung Jugoslawiens 1999; P. P.]. Wenn sie auf die Genfer Konvention hingewiesen wurden, gaben die US-Soldaten zur Antwort: »Ja und? Diese Leute sind Wilde.« Alle US-Einheiten neigten dazu, bei der geringsten Provokation auf die Gefangenen zu schießen. [46]

Zwar erlitten die Anfang Juli gelandeten amerikanischen Interventionstruppen wenige Tage später eine schwere Niederlage, doch gelang es den unablässig ins Land geworfenen Einheiten, den südlichen Brückenkopf – etwa zehn Prozent des koreanischen Territoriums – zu halten und auszubauen. Infolge der amerikanischen Lufthoheit, welche die Nachschublinien zerstörte, gerieten die nordkoreanischen Truppen im Süden in eine immer bedrängtere Lage. Als US-amerikanische Flottenverbände im westkoreanischen Inchon am 4. September 1950 landeten, innerhalb zweieinhalb Wochen 50 000 Mann, 6000 Militärfahrzeuge und 25 000 Tonnen Nachschub an Land brachten und binnen kurzem Seoul zurückeroberten, wendete sich das Blatt. Die nordkoreanischen Verbände wurden in die Zange genommen und aufgerieben; die Überlebenden schlossen sich den südkoreanischen Partisanen an und kämpften hinter den Linien. In dieser noch frühen Phase des Krieges trat der Bürgerkriegscharakter, der in Südkorea die Form eines antikommunistischen Ausrottungsfeldzuges annahm, deutlich zutage. Militärstrategen riefen die »Operation Rattentöter« ins Leben – die Metapher vom »kommunistischen Ungeziefer« war also nicht an den Haaren herbeigezogen – und übertrugen sie dem berüchtigten südkoreanischen General Paik Sun-Yup. US-General Matthew B. Ridgway resümierte den Erfolg dieser Unternehmung: »Nahezu 20000 Freischärler – Banditen und organisierte Guerilleros – wurden getötet oder gefangengenommen. Damit war diese Irritation ein für allemal beendet.«[47] Aber nicht nur die organisierten Kombattanten gerieten ins Visier der staatlichen Häscher und Killer, sondern alle, die im Verdacht standen, solche zu sein, und das waren wesentlich mehr. Der US-Diplomat Gregory Henderson, der sieben Jahre in Korea tätig war, ging davon aus, daß Polizei und Streitkräfte des Rhee-Regimes »wahrscheinlich über 100000 Menschen ohne jegliche Gerichtsverhandlungen getötet« hatten.[48] In den stets Proteusgestaltigen und daher nicht zuverlässigen Wikipedia-Einträgen ist unter dem Stichwort »Koreakrieg« sogar von einer noch höheren Zahl die Rede: »Die Südkoreaner führten, unter amerikanischem Oberkommando stehend, einen rücksichtslosen Kampf gegen alles, was in irgendeiner Form mit dem Kommunismus in Verbindung gebracht werden konnte. So gibt es viele dokumentierte Berichte über Massenhinrichtungen von Mitgliedern oder ehemaligen Mitgliedern der kommunistischen Partei oder dieser nahestehenden Gruppierungen. Nach amerikanischen amtlichen Dokumenten beläuft sich die Zahl der Ermordeten auf etwa 300000 Personen.« Etwas anderes hatte Hitler auch nicht getan. Damit erweist sich einmal mehr die Kongruenz zwischen deutschem Faschismus und US-Imperialismus hinsichtlich ihres Haßschwerpunkts und der flächendeckenden Brutalität ihres Vorgehens.

Am 1. Oktober 1950 drangen südkoreanische Verbände wieder über den 38. Breitengrad nach Norden vor; die US-Truppen folgten mit ihrem UN-Anhang einige Wochen später. Am 20. Oktober fiel Pjöngjang in ihre Hände, und in drei Säulen rückten die imperialistischen Armeen nun auf die Grenzen zur Sowjetunion und zur Volksrepublik China zu. Jetzt hatte die Stunde des amerikanischen Warlords MacArthur geschlagen. Er ordnete an, im Hinterland des nordkoreanischen Feindes »alle Kommunikationsmittel zu zerstören, jede Einrichtung, jede Fabrik, jede Stadt, jedes Dorf.«[49] Und so geschah es. US-General

Emmet O'Donnell, Oberkommandierender der US-Bomberflotte in Korea, konnte schließlich Vollzug melden: »Man könnte sagen, daß die ganze Halbinsel Korea ein einziger Schutthaufen ist. Alles ist zerstört. Nichts Nennenswertes ist stehen geblieben. Kurz bevor die Chinesen in den Krieg eintraten, wurden von unseren Bombern keine Angriffe mehr geflogen. Es gab in Korea keine Ziele mehr.«[50] Doch MacArthur schaute bereits weiter. Noch 40 Meilen vom Yalu-Grenzfluß entfernt, plante er, die chinesischen Industriezentren in der Mandschurei zu bombardieren, insbesondere die Kraftwerke am Yalu-Staudamm, die das chinesische Hinterland mit Energie versorgten. Dafür waren er und sein Kumpan O'Donnell bereit, den *all out war* gegen China zu führen. Sie benötigten lediglich die Kleinigkeit von 30–60 Atombomben, um ihr Vorhaben in die Tat umzusetzen: »Sie spüren den Hieb erst, wenn er gegen sie geführt wird«, meinte O'Donnell. Neben der Vernichtung der chinesischen Industriekapazitäten mit einigen Mega-Toten, versteht sich, wollte MacArthur einen radioaktiven Gürtel aus strahlendem Kobalt auf chinesischem Grenzgebiet legen, um die chinesischen Rotarmisten an Gegenangriffen zu hindern. Da radioaktives Kobalt bis zu 120 Jahre aktiv bleibt, wäre für diesen Zeitraum ein Angriff auf Korea von Norden her ausgeschlossen gewesen. Sein Plan sei »bombensicher« gewesen, sagte MacArthur in der einfältigen Metaphorik eines militaristischen Sprengkopfes; außerdem beantragte er das Oberkommando über die 1½ Millionen Mann der antikommunistischen Tschiang Kai-schek-Armee, die auf Taiwan Gewehr bei Fuß stand, um über »Rotchina« herzufallen. Schon begannen die ersten US-Bomber die Brücken über den Yalu-Fluß zu bombardieren, wobei die chinesische Artillerie sie perfiderweise daran hinderte, weil die starrköpfigen Rotchinesen nicht einsehen wollten, daß man wegen der vielen Biegungen und Windungen des Flusses ihr Hoheitsgebiet durch Überflüge verletzen mußte. Wie gemein und hinterhältig die Kommunisten aber auch sein können!

Tatsächlich formierten sie sich zum Gegenschlag, und selbst das träge Moskau regte sich, indem es seine Grenztruppen verstärkte und ab 1. November den bedrängten Nordkoreanern seine MiG-15 zur Verfügung stellte, die seinerzeit in dem Ruf stand, das beste Jagdflugzeug der Welt zu sein. Tatsächlich hatten die US-Piloten gehörig Respekt vor diesem Flugzeugtyp, und die US-Regierung setzte 100 000 Dollar Belohnung für den nordkoreanischen Piloten aus, der mit seiner Maschine nach Süden desertierte. Jeder Abschuß eines US-Bombers wirkte sich hemmend auf die Bomber-Freude der Bomber-Killer aus. Aua – so hatte man sich den Krieg nicht vorgestellt.

Kriegsentscheidend war indessen die Tatsache, daß zunächst 300 000 chinesische Rotarmisten am 25. Oktober 1950 über den Yalu setzten und die amerikanischen Verbände samt ihren Verbündeten angriffen. Binnen eines Monats hatten sie drei südkoreanische Divisionen zerschlagen und die US-Bodentruppen zum Stehen gebracht; ab dem 25. November trieben die Chinesen die US-Soldaten zu Paaren und zwangen das amerikanische Heer zum längsten, demütigendsten und chaotischsten Rückzug seiner Geschichte. Als »wandernder Kessel« bewegte sich die US-Armee bei 30–40 Grad minus auf den Hafen Hyngnam zu, wo sie unter starkem Feuerschutz übers Meer flüchten konnte. Während die CIA Mordpläne gegen Kim Il-sung schmiedete, schäumte Truman vor Wut. Auf einer Pressekonferenz am 30. November bekundete er seine Bereitschaft, Atombomben in Nordkorea einzusetzen. Während der ersten Dezemberwoche deuteten alle Zeichen auf einen dritten Weltkrieg, da sämtliche US-Truppen in erhöhte Alarmbereitschaft versetzt wurden und die 6. Flotte im Mittelmeer Kampfbereitschaft signalisierte. Bis Ende Dezember, so hieß es, war der Abwurf von zunächst sechs Atombomben vorgesehen; US-General Anderson sprach gegenüber einem Journalisten davon, »die US-Luftwaffe warte nur auf den Befehl, Moskau zu bombardieren« (der General wurde daraufhin entlassen, aber nicht wegen dieser Äußerung, sondern weil er sie *öffentlich* tätigte).[51] Zugleich wurde die Bevölkerung der Vereinigten Staaten auf den kommenden Krieg eingestimmt und entsprechende Maßnahmen dafür in die Wege geleitet. Am 15. Dezember verkündete Truman den nationalen Notstand, und seine ersten an die Öffentlichkeit gerichteten Worte lauteten: »Ich spreche zu euch heute über die Probleme, denen unser Land gegenübersteht, und über das, was wir zu tun gedenken. Unsere Heimstätten, unsere Nation und alles, was uns teuer ist und woran wir glauben, sind in großer Gefahr. Diese Gefahr ist durch die Machthaber der Sowjetunion geschaffen worden.« Der konservative Historiker Halle schilderte, wie Amerika auf den Schlagabtausch mit der Sowjetunion vorbereitet wurde:

> Er versetzte das Land in einen Kriegszustand, führte Preiskontrollen, Lohnstopp und Rationierung von Verbrauchsgütern ein und richtete ein Amt zur Mobilmachung der Verteidigungskräfte ein. »Innerhalb eines Jahres werden wir«, so verkündete er, »fünfmal so viel Flugzeuge produzieren wie heute, werden viermal so viel Kampffahrzeuge das Fließband verlassen, wird die Produktion elektronischer Verteidigungsausrüstungen vireinhalbmal so groß sein.«
>
> Nun wurde für den Fall eines Atomkriegs der zivile Verteidigungsschutz Hals über Kopf organisiert. Im Bundesstaat New York wurde ein Luftwarnsystem eingerichtet, vierzehntausend Himmelsbeobachter rekrutiert, sechshundert Beobachtungsposten eingerichtet. Der Staat New Jersey wurde

vorbereitet, eine Million Evakuierter aus New York City aufzunehmen. Auf den Schnellstraßen von Virginia unterbrachen die Tankwarte die Suche nach russischen Bombern nur so lange, wie sie zu einer kritischen Prüfung ihrer Kunden brauchten. Überall schossen Hinweistafeln aus dem Boden, die darüber belehrten, was im Falle eines feindlichen Angriffs zu tun sei. Noch bevor das Jahr zu Ende ging, war eine Bundesverwaltung für die zivile Verteidigung eingerichtet, hatte man den Kongreß ersucht, einen Plan für die zivile Verteidigung zu genehmigen, der mehr als drei Milliarden Dollar kosten sollte.[52]

Zugleich wurden die Rüstungsausgaben drastisch gesteigert: Sie stiegen von 13 Milliarden im Jahr 1950 auf 22 im Folgejahr; 1952 betrugen sie bereits das Doppelte: 44 Milliarden Dollar. Die Pläne für einen atomaren Erstschlag wurden den aktuellen Erfordernissen angepaßt: Nun sollten binnen 30 Tagen 70 sowjetrussische Städte ausradiert werden; die Zahl der russischen Toten wurde mit 2,7 Millionen, die der Verletzten mit 4 Millionen angegeben. Der demokratische Senator und spätere US-Präsident Lyndon B. Johnson ließ keinen Zweifel daran bestehen, daß die USA ohne zu zögern ihr atomares Vernichtungspotential einsetzen würden, als er 1951 in Richtung Osten knurrte: »Wir haben es satt, eure Handlanger zu bekämpfen […] Wir werden nicht länger unsere jungen Männer auf dem Altar eurer Verschwörungen opfern. Die nächste Aggression wird die letzte sein. […] Wir werden zurückschlagen, aber nicht nur gegen eure Satelliten, sondern gegen euch. […] Mit all der gefürchteten Macht […], die in unserer Kontrolle steht, und es wird ein fürchterlicher Schlag werden.«[53] Bis zum Mai 1952 phantasierte Truman in seinen Tagebüchern darüber, feindliche Städte und Häfen auszulöschen, Metropolen und Produktionsanlagen dem Erdboden gleichzumachen (siehe oben S. 242).

Doch während der Präsident tobte und sein Land in den finalen Showdown mit den »Commies« trieb, wurden auf dem koreanischen Kriegsschauplatz neue Tatsachen geschaffen. Die erste chinesische Offensive hatte die US-Truppen 24 200 Tote und Gefangene gekostet; die Aggressoren hatten sich zurückgezogen und südlich des 38. Breitengrades einen 20 bis 40 km tiefen Verteidigungsgürtel eingerichtet. Doch dieser wurde bei einer Offensive nordkoreanischer und chinesischer Truppen zu Beginn des Jahres 1951 abermals durchbrochen, so daß sich die 8. US-Armee zum Teil in voller Auflösung abermals 90 km nach Süden zurückziehen mußte. Dies geschah, wie bei der Vertreibung aus dem Norden der Halbinsel, unter Hinterlassung verbrannter Erde und den Leichenbergen kommunistischer Guerillas und der Sympathisanten (oder was man dafür hielt). Seoul mußte am 3. Januar aufgegeben werden, konnte aber Ende März wieder zurückerobert werden. Das Hin und Her der Frontverläufe um den 38. Breitengrad kostete Zigtausende von Soldaten auf beiden Seiten das Leben, von den Zivilisten erst gar nicht zu reden. Im Frühjahr 1951 setzte ein verbissener Stellungskrieg ein, der in Grabengängen und um kahle Hügel mit allen verfügbaren Waffen, bis hin zu Flammenwerfern, die das Napalm aus der Luft ergänzten, geführt wurde; nun kamen auch in größerem Maßstab biologische Kampfmittel zum Einsatz. Zwar wurde dies von amerikanischer Seite stets abgestritten, doch erhärten neuere Forschungen die Aussagen chinesischer und nordkoreanischer Zeugen sowie von amerikanischen Kriegsgefangenen, daß mit Bakterien verseuchte Insekten in Behältnissen von US-Flugzeugen abgeworfen worden waren.[54] Die Aggressoren hatten blutiges Lehrgeld zahlen müssen. Noch ein halbes Jahr zuvor hatte MacArthur vom Vorsitzenden des Vereinigten Führungsstabes der US-Streitkräfte, General Omar Bradley, den Auftrag erhalten, die nordkoreanischen Streitkräfte zu vernichten, und er hatte die Demokratische Volksrepublik ultimativ aufgefordert, »bedingungslos zu kapitulieren«. Vergebens. Nun steckten die amerikanischen Truppen in einem blutigen Sumpf fest, und selbst ein Hardliner und Atombomben-Praktiker kam mit seiner ganzen Kriegstreiber-Bande nicht umhin, sich damit abzufinden. Der Koreakrieg war bis Mitte des Jahres 1951 ein Testlauf auf die Verteidigungsfähigkeit und -willigkeit der »Commies«; nun hatte sich als Ergebnis herausgestellt, daß der Kommunismus – wir bleiben der Einfachheit halber bei dieser Bezeichnung – zu diesem Zeitpunkt mit militärischen Mitteln nicht eliminiert werden konnte, daß ein selbst mit Atomwaffen geführter Krieg gegen die Sowjetunion und die Volksrepublik China zu risikoreich war, da man schon gegen Nordkorea eine Lektion erhalten und der Imperialismus seine Grenze aufgezeigt bekommen hatte. Sie verläuft, bis heute, am 38. Breitengrad quer über die Halbinsel. Da die Aussicht auf einen militärischen Sieg entschwunden war, verlegte sich die US-Regierung darauf – wie stets in solchen Fällen – ein Maximum an Schaden anzurichten. Wenn man schon nicht gewinnen konnte, sollte sich der Gegner wenigstens nicht erholen können, sollte er bluten und darben. »Die US-Luftstreitkräfte erhielten den Auftrag, 172 Ziele [in Nordkorea] zu vernichten – 45 Eisenbahnbrücken, 12 Straßenbrücken, 13 Tunnel, 39 Eisenbahnstrecken und 63 Versorgungsdepots. Diese Operation wurde bezeichnenderweise ›Strangle‹ benannt.«[55] Durch die Zerstörung der Infrastruktur sollte Nordkorea in die Steinzeit zurückgebombt werden und ein Bild abgeben, wie Südkorea sich zur selben Zeit einem Beobachter darbot: »Es ist keine Übertreibung, wenn man feststellt, daß Südkorea als Land nicht mehr existiert. Seine Städte sind zerstört, die Existenzgrundlagen sind vollständig vernichtet und seine Bevölkerung ist zu einer trägen Masse herabgesunken, die von Almosen abhängig und subversiven Einflüssen ausgesetzt ist. Wenn der Krieg zu Ende geht, wird man von den Südkoreanern keine Dankbarkeit erwarten dürfen ...«[56]

Aber nicht alle Aggressoren waren bereit, der Realität in dieser Form Tribut zu zollen, am wenigsten der Haudrauf MacArthur und sein Kumpan O'Donnell. Sie verkörperten den Typus des »Frontschweins« um jeden Preis – solche Figuren gibt es tatsächlich, nicht nur im Film – und vertraten die Ansicht, man müsse den Gegner »nur schnell und hart treffen« (atomar, versteht sich), sein auf »Armut gegründetes Wirtschaftssystem auseinandersprengen«, bis zur Unerträglichkeit »innere Spannungen erzeugen« und »Chinas Kriegspotential zerschlagen«, bevor man sich der Sowjetunion zuwenden würde. Unterstützung erhielten sie aus der Heimatfront von Heißspornen wie dem republikanischen Senator Robert Taft, der zum antikommunistischen Kreuzzug aufrief wie je nur ein Bernhard von Clairvaux gegen die Muselmanen:

> Ich wende mich gegen alle diejenigen, die in Europa auf die Tube drücken wollen, sich aber gleichzeitig weigern, dieses unser politisches Programm und unsere Strategie auf Asien anzuwenden. In Korea lehnt die Regierung es ab, den Krieg gegen China mit allen ihr zu Gebote stehenden Mitteln zu führen, basierend auf der Theorie, daß wir Rußland dazu bringen würden, gegen uns in einem Dritten Weltkrieg zu kämpfen. Doch in Europa haben wir nicht einen Augenblick gezögert, immer und immer wieder einen Dritten Weltkrieg mit Rußland zu riskieren.[57]

Noch klarere Worte sind kaum möglich. Auch McCarthy, dieser notorische Säufer, der damit prahlte, noch kein Buch zu Ende gelesen zu haben, und der Homosexuellen eine besondere Affinität zum Kommunismus unterstellte (einer seiner engsten Mitarbeiter war zwar homosexuell, aber das *outing* war noch nicht in Mode), blies ja ins selbe Horn, wenn er die Truman-Regierung beschuldigte, von Kommunisten unterwandert zu sein; anders sei der Schmusekurs gegenüber der Sowjetunion nicht zu erklären. – Da die Generäle MacArthur und O'Donnell im durchaus begründeten Verdacht standen, auf eigene Faust zu handeln, galt es die Notbremse zu ziehen, wollte man ein atomares Abenteuer mit unabsehbaren Risiken vermeiden: Am 11. April 1951 enthob Truman MacArthur wegen »Insubordination« aller seiner Ämter, und der geschaßte General strickte sogleich und ziemlich beleidigt seine persönliche Dolchstoß-Legende: »Ich war immer imstande gewesen«, so beteuerte er, »den Feind vor mir zu erledigen, bin aber nie imstande gewesen, mich gegen den Feind in meinem Rücken zu schützen.«[58] Daraufhin bezeichnete Truman den Nationalhelden, Sieger in legendären Pazifik-Schlachten und Zwingherrn von Japan als »Scheißkerl«, und damit war auch das ausgesprochen. In seinem Tagebuch hielt der US-Präsident fest: »MacArthur war bereit, den Weltkrieg zu riskieren, ich war es nicht.«[59] Aus dem einfachen Grund, weil der Ausgang zu unsicher war.

Da wir gerade der US-Regierung dabei zuschauen, wie sie ihre Wunden leckt, und da wir nun das unsichere Terrain der Unterstellungen und Beleidigungen, Rechtfertigungen und üblen Nachreden betreten, sei ein weiteres Ammenmärchen gleich mit abgehandelt. Gemeint ist die

☞ **Legende:**   Die in nordkoreanischer und chinesischer Kriegsgefangenschaft gehaltenen amerikanischen Soldaten wurden einer Gehirnwäsche unterzogen.

Anders konnte man es sich nämlich nicht erklären, daß zwischen einem Viertel und einem Drittel der über 7000 kriegsgefangenen US-Soldaten diesen Krieg als ungerechtfertigte, völkerrechtswidrige Aggression verurteilten und daß abgeschossene US-Piloten Geständnisse unterzeichneten, sie hätten chemische und biologische Kampfmittel eingesetzt und somit Kriegsverbrechen begangen. Einige hatten gar die Forderung unterzeichnet, daß sich die US-Streitkräfte aus Asien zurückziehen sollten. Wie – das sollten die Kämpfer für Freiheit und Demokratie gesagt haben, diese Muster an Edelmut, Unbeugsamkeit und Selbstlosigkeit, die einen Krieg gar nicht anders als human führen konnten, zu Nutz und Frommen der gesamten Menschheit, insbesondere jenes Teils, der unter dem Joch des menschenverachtenden Kommunismus ächzte und nach Befreiung lechzte, wofür diese Krieger großmütig Arm, Herz und Hirn liehen? Das konnte nicht sein. Schier unfaßbar war, daß einige der Heimkehrer an ihren Aussagen und Geständnissen festhielten, sich gar prokommunistisch äußerten. Hier konnten nur stockfinstere Menschheitsfeinde mit ihren hinterhältigen Machenschaften zu Werke gegangen sein: eben der Gehirnwäsche (*brainwashing*). Der Begriff tauchte erstmals im September 1950 in einem Artikel von Edward Hunter in der Zeitung ›News‹ (Miami) auf. Hunter versucht damit das Rätsel zu erklären, wie die Chinesen zu Kommunisten werden konnten, und die Antwort lautete: durch klandestinen,

manipulativen Zwang, für den er diesen Terminus erfand.[60] Vollends jedes
Vorstellungsvermögen sprengte die Tatsache, daß so mancher Kriegsgefange-
ner gar nicht mehr in »Gottes eigenes Land« zurückkehren wollte. Im April
1953, kurz vor der Unterzeichnung des Waffenstillstandsabkommens, gab das
Pentagon bekannt, daß Rückkehrunwillige als Deserteure betrachtet und bei
nächster sich bietender Gelegenheit erschossen würden. Sicher ist sicher. Aber
was hatten die Kommunisten mit den *American boys* angestellt?

Ärztliche Untersuchungen von Armeemedizinern und -psychiatern hatten
ergeben, daß in den seltensten Fällen Schläge verabreicht worden waren oder
andere Formen körperlicher Mißhandlung stattgefunden hatten. Auch gab es
keinerlei Belege für eine manipulative Steuerung des Bewußtseins und Verhaltens, etwa im Sinne einer Umerziehung oder durch Verabreichung bewußt-
seinsverändernder Drogen. Auch Fälle von Folter konnten nicht nachgewiesen werden. Wohl konstatierte man aber im Umgang mit den amerikanischen
Kriegsgefangenen »eine in hohem Maße neuartige Mischung aus Nachsicht
und Druck«, die in einem Armeebericht folgendermaßen spezifiziert wird:

> In den Indoktrinationskursen zeigten die Kommunisten häufig Karten, auf
> denen unsere Militärstützpunkte überall auf der Welt, von denen natürlich
> viele den Gefangenen dem Namen nach bekannt waren, genau zu erkennen
> waren. »Seht ihr diese Stützpunkte?«, sagte der Dozent vermutlich, und deu-
> tete mit seinem Zeigestock auf die einzelnen Stützpunkte auf der Karte. »Es
> sind amerikanische Stützpunkte – voller Kriegsausrüstung. Ihr wißt, daß es
> amerikanische sind. Und ihr könnt sehen, daß sie Rußland und China wie ei-
> nen Ring umschließen. Rußland und China haben nicht einen einzigen Stütz-
> punkt außerhalb ihres Territoriums. Es ist also ganz eindeutig, wer hier der
> Kriegstreiber ist. Würde Amerika diese Stützpunkte besitzen und Millionen
> dafür ausgeben, um sie aufrechtzuerhalten, wenn es nicht einen Krieg gegen
> Rußland und China vorbereitete?« Dieses Argument schien vielen Gefange-
> nen einsichtig. Gewöhnlich wußten sie nicht, daß diese Stützpunkte nicht
> den Wunsch der Vereinigten Staaten nach Krieg, sondern nach Frieden aus-
> drückten, und daß die USA diese Stützpunkte im Rahmen einer Reihe von
> Verträgen errichtet hatten, um die Aggression der Roten einzudämmen, und
> nicht, um irgendein Land zu erobern.[61]

Nun ja – eine derbe Kostprobe des Gegenteils hatten die USA im Koreakrieg
soeben gegeben. Aber sollte man diese Unterweisung, die so einfach und ein-
leuchtend ist, daß sie auch in ein durchschnittliches GI-Hirn paßt, wirklich
als »Gehirnwäsche« bezeichnen oder nicht doch besser als Aufklärung? Der
Vietkong sollte später nicht anders verfahren.[62] Wie, wenn Iraker einem ab-

geschossenen US-Piloten – leider trat dies nie ein – erläutert hätten, daß in Kuwait nie Brutkastenbabies von irakischen Soldaten umgebracht worden waren – auch dies ein Fall von Gehirnwäsche? Oder daß es nie Massenvernichtungswaffen im Irak gegeben hat? Nie eine ethnische Säuberung im Kosovo durch die Serben? Oder nie den behaupteten Genozid an Moslems in Srebrenica? Oder … nie einen Krieg der libyschen Truppen gegen die »eigene Bevölkerung«? Oder … Der Imperialismus trägt dafür Sorge, daß die Unrechtsakte vorbereitenden systematischen Lügen nicht so schnell ausgehen. Ist deren Entlarvung nun »Gehirnwäsche« oder gar »Haßpropaganda« (*hate speech*), die gar nicht anders denn als Straftatbestand behandelt und verboten werden müssen?

Das Propaganda-Getöse um die vorgebliche »Gehirnwäsche« hatte jedoch ein unvorhersehbares Nachspiel, das der Regieanweisung folgte: »Da bin ich doch glatt auf meine eigene Lüge hereingefallen!« Es ist eine Gruselgeschichte, der man das Attribut »verbrecherisch« nicht versagen sollte: Die US-Geheimdienste, allen voran die CIA, begannen sich für das *brainwashing* zu interessieren, investierten Millionen von Dollars in entsprechende Forschungsprojekte und unterzogen Tausende von ahnungslosen Opfern gesundheits- und lebensgefährdenden Experimenten. Da man hier das nebulöse Gebiet der Geheimdienstaktivitäten betritt, das um so undurchsichtiger ist, als 1973 die meisten der einschlägigen und offiziellen Dokumente auf Anweisung des CIA-Direktors Richard Helms gesetzeswidrigerweise vernichtet worden sind, sollen hier nur wenige gesicherte Fakten referiert werden.[63]

Gegen Ende des Koreakrieges, am 3. April 1953, schlug der damalige Chef der Planungsabteilung der CIA Richard Helms dem Direktor des Geheimdienstes Allan Dulles den »verdeckten Einsatz von biologischen und chemischen Materialien« vor. Zehn Tage später wurde das geheime Projekt unter der Bezeichnung »MK Ultra« genehmigt. Es sah die Entwicklung eines »Wahrheitsserums« vor, das beim Verhör sowjetischer Spione von Nutzen sein sollte, und befaßte sich allgemein mit der Vorhersagbarkeit, Steuerung und Kontrolle des menschlichen Verhaltens. Ahnungslose »Versuchstiere« waren vor allem Krankenhauspatienten, die Klientel von Psychologen und Psychiatern, Gefängnisinsassen und Militärpersonal, das sich angeblich »freiwillig« gemeldet hatte. Experimentiert wurde mit Drogen, vor allem mit dem seinerzeit neu entdeckten LSD, ferner mit Giften, Hypnosen, Elektroschocks, Krankheitserregern und Operationen. In die zwei Jahrzehnte während »Forschungen« waren insgesamt 44 Universitäten, 15 Firmen und staatliche Einrichtungen, 12 Krankenhäuser, 3 Gefängnisse, ferner eigens präparierte Wohnungen sowie

Bordelle einbezogen. Die große Zahl der in das Projekt eingebundenen Psychologen mag überraschen; es waren auf Staatsgelder schielende »willige Vollstrecker«, Gedankenpolizisten aus Überzeugung, die ihre Disziplin für die Handhabbarkeit des Menschen damals mit brachialen Methoden zu dem entwickelten, was sie heute ist und wofür obszönerweise der Name des Begründers der wissenschaftlichen Psychoanalyse, Sigmund Freud, zweckentfremdet wurde: eine mit Suggestionen, sozialem Druck, Einschüchterungen und chemischen Keulen arbeitende Institution zur Willensbrechung, zur Anpassung an die bestehenden Verhältnisse, an repressive Sexualmoral, Heirat, Schwangerschaft, Familiensentimentalität, Verzicht – und Angriffskriege; eine Maschinerie zum Zerschreddern von Menschen und zur Herstellung von Psychoschrott. Einer solchen Zielsetzung kam natürlich zupaß, wenn man sich der Nazimediziner des besiegten Deutschlands bediente. Bereits im Sommer 1945 sicherten sich die amerikanischen Sieger in der »Operation Paperclip« den Zugriff auf die geistige Elite – wenn man es so nennen will – des Dritten Reiches; zu den rund 5000 Angehörigen des Nazi-»Think Tanks« zählten nicht nur spätere Lichtfiguren wie der Raketeningenieur Wernher von Braun, sondern auch ein gewisser Friedrich Hoffmann, Spezialist für Giftgase, der von nun an in US-Diensten mit Tabun und Senfgas experimentieren durfte, oder ein Kurt Blome, der KZ-Häftlinge mit Bakterien und Viren infiziert hatte, oder ein Walter Paul Schreiber, der Juden oder Kommunisten Injektionen mit Malaria- und Fleckfiebererregern verabreicht hatte: alles nützliche Leute, das. Wenn ein US-Pilot über dem Chinesischen Meer abgeschossen wurde und im Wasser trieb, dann war es gut zu wissen, wie lange er Kältetemperaturen aushalten konnte, und hier konnten die KZ-Mediziner mit ihrem reichen Erfahrungsschatz an Unterkühlungs-, Kälteschock- und Erfrierungsexperimenten an ihnen ausgelieferten Insassen aufs schönste aufwarten.

Und so fand man heraus, daß man durch kontinuierliche Elektroschocks Leute zu »Gemüse« machen konnte, ohne daß ein physiologischer Nachweis der Zerstörungsarbeit möglich war. Auch an neurochirurgischen Verstümmelungen wie der Lobotomie, später der Stereotaxie (Ausbrennen von Gehirnarealen) zeigte man reges Interesse. Timothy Leary, ein Freund des Beatnik-Schriftstellers William S. Burroughs und westlichen Jugendlichen seinerzeit als »Drogenapostel« bekannt, arbeitete an Testserien mit LSD und fand tatsächlich heraus, daß auf Trip befindliche Soldaten ihren Kampfauftrag nicht mehr erfüllen konnten: sie verwechselten die Fronten, warfen das Gewehr weg oder kletterten auf Bäume, lachten und weinten. Damit, so malte man sich aus, könnte man die »Offensivwalze« des Warschauer Pakts gehörig durcheinanderbringen, aber es blieb beim Selbstversuch frustrierter Vietnam-GIs mit vergleichbaren Resultaten. Leary war indessen eher an Selbsterfahrung und dem interessiert, was er »Psychonautik« nannte, als an der militärischen Verwertbarkeit seiner Versuche und fiel in Ungnade; trotzdem blieb er eher eine schillernde als eine tragische Figur. LSD schien auch deshalb das Mittel der Wahl zu sein, weil Anfang der fünfziger Jahre das Gerücht kursierte, die Sowjets hätten 50 bis 100 Millionen Trips beim Schweizer Hersteller Sandoz geordert, um, wie es die für Kalte Kriegszeiten typische Paranoia herausheulte, die Wasserreservoirs der westlichen Großstädte zu verseuchen (so kam die Eingangssequenz von Stanley Kubricks Film »Dr. Seltsam oder wie ich lernte die Bombe zu lieben« zustande; wie so vieles, was in dem Streifen als Parodie, Posse, Groteske oder Slapstick erscheint, hat auch diese Szene eine bittere Entsprechung in der Realität); allerdings stellte sich heraus, daß der Schweizer US-Militärattaché bei seiner Meldung Milligramm mit Kilogramm verwechselt hatte.

Richtig finster wird es hingegen mit dem amerikanischen Psychiater Ewen Cameron, der während der Nürnberger Prozesse Rudolf Hess auf seinen Geisteszustand untersucht hatte. (In diesem Zusammenhang ist es wichtig zu wissen, daß bis in die fünfziger Jahre im Frankfurter CIA-Hauptquartier im ehemaligen Verwaltungsgebäude der IG Farben, im Europa-Hauptquartier »Camp King« desselben Geheimdienstes in Oberursel sowie in ehemaligen Nazi-Villen im Taunus, welche die US-Besatzer sich unter den Nagel gerissen hatten, folterähnliche Experimente u. a. an sowjetischen Kriegsgefangenen stattgefunden hatten; die wichtigsten Täternamen lauten Richard Wendt, Leiter des psychologischen Instituts der University of Rochester, und abermals Kurt Blome, Verfasser des Buches ›Arzt im Kampf‹ [1942], der die sadistischen Versuche an KZ-Insassen genehmigt und »wissenschaftlich ausgewertet« hatte und nachfolgend den US-Besatzern als Lagerarzt im »Camp King« diente.) Bei Ewen Cameron überlebten die Patienten – die meisten wenigstens –, aber als Zombies, als Untote, als lebende Leichen; seine Methode kann nicht anders als mit dem Begriff der »Identitätsauslöschung« umschrieben werden. Seine Patienten begannen ihre »Kur« mit einer medikamentös gestützten, 15–30tägigen Schlaftherapie mit bis zu drei Elektroschocks täglich (Cameron bevorzugte eine Stromstärke von 150 Volt anstatt der seinerzeit üblichen 110 Volt). Nach Ablauf dieser Frist waren die Patienten in das Stadium der »Entprägung« eingetreten (ein Fachterminus, den die Verhaltenstherapie bis heute verwendet), d. h. in einen Zustand völligen Gedächtnisverlustes (»Totalamnesie«), auf den ein Neuaufbau durch »psychisches Antreiben« erfolgte. Nun wurden die abermals betäubten Patienten mit Endlosbändern beschallt, die affektiv aufgeladen, emotional aufwühlende Mitteilungen enthielten. Camerons Prämisse lautete, daß seine neurotischen Patienten wie die Gefangenen der Kommunisten dazu tendierten, sich zu widersetzen, und deshalb gebrochen werden müßten. Seine durchschlagendsten Erfolge erzielte er mit dem Wechsel von extremem Reizentzug (»sensorische Deprivation«, etwa durch Isolationshaft wie im mittlerweile abgerissenen Stammheimer Gefängnis) und völliger Reizüberflutung (»flooding«, wie es die heutige Verhaltenstherapie nennt). Überflüssig zu erwähnen, daß Camerons »Patienten« sich nach ihrer »Heilung« als psychische Krüppel durchs Leben schleppten, bis der Tod sie erlöste. Camerons und seiner Kollegen Erkenntnisse fanden 1963 Eingang in die schriftlich niedergelegte Folter-Anleitung der CIA, das sogenannte »Kubark-Handbuch«. Neben dem späteren Harvard-Professor Beecher wußte abermals der Nazi-Arzt Schreiber Aufschlußreiches zur Stehfolter und zu Hundebissen beizusteuern. Um jüngere, während des Vietnamkriegs gewonnene Erkenntnisse bereichert, findet dieses Folterhandbuch bis heute Anwendung, so in den US-Konzentrationslagern Abu Ghraib in Bagdad und in der kubanischen US-Enklave Guantánamo. Die Neuzeit ist beim Markenzeichen des Mittelalters angelangt: der Folter. Und damit ist eine wesentliche Konsequenz des Koreakrieges benannt.

Nach weiteren entsetzlichen Abnützungsschlachten und Stellungsgefechten, die den Frontverlauf nicht wesentlich änderten, aber Zigtausenden von Soldaten und Zivilisten das Leben kosteten, wurde am 27. Juli 1953 im völlig kriegszerstörten, dem Erdboden gleichgemachten, in der Demarkationslinie gelegenen Dorf Panmunjom der Waffenstillstand unterzeichnet. Die Unterhändler, US-General Harrison und sein Gegenüber General Nam Il, betraten wortlos die Holzbaracke durch verschiedene Eingänge, unterschrieben wortlos die Dokumente und verließen wortlos den Raum durch getrennte Türen. Vorausgegangen waren zwei Jahre und siebzehn Tage währende Verhandlungen mit 765 Sitzungen und 18 Millionen notierten Worten. Mitunterzeichner waren ein Vertreter der Volksrepublik China und US-General Mark W. Clark als Vertreter der Vereinten Nationen. Rhee Syngman verweigerte seine Unterschrift, da er den Krieg fortsetzen wollte (aber nicht durfte). Nach Angaben des »Korea International War Crimes Tribunal« unter dem Vorsitz des ehemaligen US-Justizministers Ramsey Clark kamen 4,6 Millionen Menschen ums Leben, drei Millionen Zivilisten im Norden und eine halbe Million im Süden. Die US-Streitkräfte verzeichneten 36 000 Tote und über hunderttausend Verletzte unter den insgesamt drei Millionen eingesetzten

Soldaten, aber das war es ihren Kriegsherren wert. Die USA verloren überdies 3200 Transport- und Kampfflugzeuge, aber auch das war es ihnen wert. Nach chinesischen Angaben kamen 183 000 ihrer Soldaten ums Leben, aber diese Zahl dürfte wesentlich höher liegen; nach einigen Schätzungen fielen bis zu 400 000 Rotarmisten. Es war ein Merkmal der sozialistischen Länder, sowohl bei eigenen Verlusten als auch bei imperialistischen Drohszenarien und dem Potential deren Vernichtungsarsenals die Angaben niedriger zu hängen; mutmaßlich wollten sie damit ihre eigene militärische Unterlegenheit kaschieren und die eigene Bevölkerung beschwichtigen oder mit töricht optimistischen Parolen bei der Stange halten. Die koreanischen Armeen von Nord und Süd verzeichneten rund eine halbe Million Verluste; 60 ihrer größten Städte lagen in Schutt und Asche, und 18 von 22 nordkoreanischen Großstädten waren vollständig zerstört. Doch man sollte nicht die pazifistische Phrase von der »Sinnlosigkeit« dieses Krieges bemühen. Die politische Führung der USA wußte genau, was sie an ihm hatte: »Ohne den Koreakrieg hätte das amerikanische Militär niemals seine zwei großen Ziele erreicht: die Einführung der Wehrpflicht in den USA und die Aufrüstung der europäischen Verbündeten, namentlich der Bundesrepublik.«[64] Voilà. – Die gesteigerte Aggressivität des US-Imperialismus trat in der Folgezeit in seiner Strategie der *Massive Deterrence* bzw. *Massive Retaliation* (massive Abschreckung bzw. Vergeltung) zutage, d.h. die Bereitschaft, beispielsweise einen Schußwechsel bei einem Grenzkonflikt jederzeit zu einem atomaren Flächenbrand auszuweiten, zweitens in der präventiven Erstickung im Entstehen begriffener Freiheits- und Unabhängigkeitsbewegungen durch die Installation faschistischer Marionetten, der sogenannten »Gorilla«-Regimes.

Der Waffenstillstand von Panmunjom ist bis heute in Kraft, und mit ihm der latente Kriegszustand. Hier hat der US-Imperialismus noch nicht sein letztes Wort gesprochen.[65]

Die Ermordung von Patrice Lumumba

Auf dem vom Kolonialismus geknechteten und geplünderten Schwarzen Kontinent ist der Kongo eines der wenigen Länder, das durch eine weltberühmt gewordene Novelle in den Blickpunkt der europäischen Öffentlichkeit rückte. Im Jahr 1899 veröffentlichte Joseph Conrad seine Erzählung ›Herz der

Finsternis‹ (*Heart of Darkness*), in der er seine eigenen Erlebnisse während einer Expedition auf dem Kongo-Fluß neun Jahre zuvor, welche ihn fast das Leben gekostet hätte, literarisch verarbeitete. Der fiktive Erzähler, Kapitän Marlow, schildert vordergründig eine Flußreise in den zentralafrikanischen Dschungel, die sich, unmerklich zunächst, mit zunehmender Dauer in eine Art Fieberdelirium wandelt, in dem sich Märchenhaftes und Mystisches, Grauen und Faszination durchdringen. In dieser eigentümlichen Gefühlslage begegnet der Erzähler am Ende seiner Reise einer Person, von der ihm während der Fahrt bereits raunend und ehrfürchtig berichtet worden war und die als einziger Protagonist neben dem Erzähler einen Namen trägt: Es ist ein gewisser Kurtz, »Angestellter« einer »Firma«, der dem ihm unterstellten, weitläufigen Gebiet fernab jeder Zivilisation mit einer »abwegigen Methode« zu Leibe rückt, wie es sein Vorgesetzter, ein »Manager«, halb bewundernd und halb mißbilligend zum Ausdruck bringt. Bei Lichte besehen ist dieser Kurtz ein skrupelloser Räuber und kaltblütiger Mörder, der einen lukrativen Elfenbeinhandel auf eigene Faust und in die eigene Kasse betreibt, sich zum Anführer der Eingeborenen aufschwingt, die ihm als Privatarmee und Leibgarde ergeben sind, der den Zaun um sein Anwesen mit den abgeschlagenen Schädeln hingerichteter »Rebellen« schmückt und der, Andeutungen zufolge, in unnennbare sexuelle Ausschweifungen verstrickt ist. Der irritierende Eindruck, der sich des Lesers bemächtigt, entsteht nun dadurch, daß dieser profane Verbrecher mit den Worten größten Lobes, höchster Anerkennung bedacht und mit schwülstigem Pathos gepriesen wird; fast andächtig gedenken diejenigen, die ihn kennen, der Kraft seiner Visionen, der Größe seiner Mission, der Kühnheit seiner Gedanken, der Entschlossenheit seines Handelns und seiner geradezu betörenden Rednergabe:

> Kurtz sprach. Eine Stimme! Eine Stimme! Bis zuletzt bewahrte sie ihren dunklen Klang. Sie überlebte die Kraft, mit der er in den mächtigen Falten seiner Eloquenz die karge Finsternis seines Herzens verborgen hatte. Oh, er kämpfte, er kämpfte. Die Wüste seines müden Hirns wurde nun von schemenhaften Bildern heimgesucht – Bildern von Reichtum und Ruhm, die unterwürfig um die unauslöschliche Gabe seiner edlen, erhabenen Sprache kreisten. Meine Verlobte, meine Station, meine Karriere, mein Leben – das waren die Themen, zu denen er gelegentlich seine hochfliegenden Ansichten äußerte. [...] Manchmal war er beschämend kindisch. Er wünschte sich, an Bahnhöfen von Königen empfangen zu werden bei seiner Rückkehr aus einem gräßlichen Nirgendwo, wo er große Dinge vollbringen wollte. ›Wenn man Ihnen zeigt, zu welchen Profiten man fähig ist, kennt ihre Anerkennung

keine Grenzen‹, sagte er. ›Natürlich muß man für die Motive einstehen – die rechten Motive – immer.‹ [66]

Wie in den Romanen Jean Genets ein halbes Jahrhundert später wird das Alltägliche, Verwerfliche, »Böse« pathetisch überhöht und das Verbrechen so zu einem Faszinosum, in dem sich Grauen und Anziehung die Waage halten. Kapitän Marlow bringt den todkranken Kurtz an Bord seines Schiffes, um ihn nach Europa zu transportieren, doch Kurtz stirbt noch auf dem Kongo-Fluß, ohne seine hochfahrende Mission beendet zu haben. Einer der früheren Kollegen gedenkt seiner mit den Worten:

> »Wie der Mann reden konnte! Er konnte große Versammlungen elektrisieren. Er hatte Glauben – verstehen Sie? Er hatte Glauben. Und er konnte sich dazu bringen, alles zu glauben – alles. Er wäre der hervorragende Führer einer radikalen Partei geworden.« »Welcher Partei?« fragte ich. »Irgendeiner Partei«, antwortete er. »Er war ein – ein – Radikaler.« [67]

Man hat bei der Interpretation von Conrads Novelle tief geschürft, sie als Parabel der *condition humaine* gedeutet, als gleichsam ewig menschlichen Grundkonflikt, »Ausdruck der tiefsten Erfahrung menschlichen Ausgeliefertseins an die Abgründigkeit der Existenz« und dergleichen mehr. Andere wollten, mit etwas mehr Plausibilität, in der Flußreise Marlows die Reise des Verfassers Conrad ins eigene Unbewußte erkennen, wofür einige Indizien sprechen, doch müßte der genaue Nachweis hierfür durch sorgfältige Sichtung des biographischen Materials und durch eingehende Textanalyse erst noch erbracht werden. Man kann, im Abstand etlicher Jahrzehnte, den Text aber auch noch anders lesen: als literarische Antizipation Hitlers, und zwar nicht der konkreten Person, sondern des Typus. Der Angestellte als uneingeschränkt herrschender Diktator, die verkrachte Malerexistenz als Reichskanzler, der steinewerfende Gelegenheits-Taxifahrer als pöbelnder Außenminister und Kriegstreiber gegen die Volksrepublik Jugoslawien – dieses aus Bruchexistenzen bestehende Herrschaftspersonal, für Drecksarbeiten zuständig und zu den Besitzenden, d.h. den wirklich Herrschenden, in einer Art Angestelltenverhältnis stehend (wobei sich Hitler aufgrund der schlagkräftigen, gut organisierten faschistischen Massenbewegung ein paar Eigenmächtigkeiten im Unterschied zu Joschka Fischer herausnehmen konnte), scheint ein typisches Merkmal des imperialistisch gewordenen Kapitalismus zu sein. Nun sind es nicht mehr, wie zu Beginn der frühen Neuzeit, verarmte Adlige wie Hernando Cortez oder Francisco Pizarro, die als »Konquistadoren« Eingeborene massakrieren und

Reichtümer zusammenraffen, sondern der gesichtslose menschliche Abhub aus dem Millionenheer der Besitzlosen, der lediglich über gewisse rhetorische (Hitler) oder schauspielerische Fähigkeiten (Mussolini, Reagan *et al.*) verfügen muß, um auf den Schild der imperialistischen Plünderer und Eroberer gehoben zu werden. Hier sah der Novellist Conrad schärfer und unbestechlicher als die Zeitungsredakteure seiner Epoche. Und das Pathos, mit dem die Verbrecherfigur im Roman umgeben wird, könnte als spöttischer Nachhall der Lobeshymnen verstanden werden, mit denen die Presse die »zivilisatorischen Heldentaten« der staatlich angestellten Totschläger bedachte (und bis zu dem Moment bedenkt, in dem diese Zeilen niedergeschrieben oder gelesen werden). Das Grauen hingegen ist eine adäquate Reaktion auf das Ausmaß der Verbrechen, welche dieser menschliche Auswurf begehen kann, ohne je dafür zur Rechenschaft gezogen zu werden. Damit hat dieser Roman eine wahrhafte und genauere Wiedergabe der historischen Realität im kolonialisierten Kongo, der späteren Wirkungsstätte Lumumbas, geleistet als jener Lexikoneintrag, in dem es so lapidar wie falsch heißt: »Bis weit nach Ende des 2. Weltkrigs entwickelte die belgische Kolonialverwaltung zwar die Wirtschaft des Landes und sorgte für gute Lebensbedingungen der Eingeborenen …« (das »aber« ersparen wir uns, denn es ist wirklich zu dämlich).[68] Blättert man in der sogenannten Fach- und Sachliteratur, so stößt man gar nicht so selten auf die

☞ **Legende:**   Die belgische Herrschaft im Kongo war ein Kolonialismus mit menschlichem Antlitz.

Diese Aussage läßt sich nur aufrechterhalten, wenn man unterschlägt, daß im Kongo während der ersten Jahre seiner Kolonialzeit, als Privateigentum des belgischen Königs Leopold II., zwischen fünf und zehn Millionen – manche Quellen sprechen sogar von 15 Millionen – Eingeborene und damit die Hälfte »seiner« Bevölkerung massakriert wurde. Von Menschlichkeit kann man nur dann reden, wenn man außer acht läßt, daß in dieser Zeitspanne Hunderttausenden von Plantagen- und Minenarbeitern bei Säumigkeit und Widersetzlichkeit als disziplinarische Maßnahme eine Hand abgehackt wurde, was, wie man sieht, kein Monopol islamischer Fanatiker sein muß, sondern Wesenszug eines allerchristlichsten Herrschers sein kann, der sich damit in guter imperialistischer Gesellschaft befand.

In den siebziger Jahren des 19. Jahrhunderts erkundete der englische Forschungsreisende Morton Henry Stanley im Auftrag des belgischen Königs Leopold II. das Kongobecken, das er – wie soll man sagen? – für jenen reservierte oder in Beschlag nahm. Auf der Berliner Kongo-Konferenz von 1884/85 sprach eine Runde gekrönter Räuber dieses weitläufige, noch unerforschte Gebiet dem belgischen Monarchen als Privateigentum zu; die neue Kolonie hörte nun auf den vielleicht ironisch gemeinten Namen »Freistaat Kongo«. Das Areal war, wegen des rasant zunehmenden Weltbedarfs an Gummireifen, zunächst wegen der in Fülle vorkommenden, Kautschuk liefernden Pflanzen lukrativ, und der belgische Herrscher besaß für kurze Frist ein Monopol, da die in der Karibik und in Fernost angelegten Kautschuk-Felder erst in zwei Jahrzehnten profitabel sein würden. Diese Spanne galt es auszunutzen, und binnen weniger Jahre katapultierte der Profit der beteiligten Gesellschaften auf das über 200fache: durch den immensen Verschleiß menschlicher Arbeitskraft, durch das in bewährter kolonialer Tradition stehende rücksichtslose Verheizen wohlfeiler menschlicher Arbeitssklaven (die Nazis sollten dafür später die jetzt wieder so langsam modern werdende Formel prägen: »Tod durch Arbeit«; es wurde in den Konzentrationslagern nämlich nicht nur vergast). Jedes kongolesische Dorf hatte innerhalb eines festgelegten Zeitraums ein bestimmtes Quantum an Rohkautschuk abzuliefern, zur Gewähr nahm man die Frauen der Feldarbeiter als Geiseln. Verfehlten letztere die Quote, wurden ihre Frauen umgebracht; man braucht wohl kaum weiter zu erwähnen, daß Vergewaltigungen an der Tagesordnung waren. Natürlich kam es immer wieder zu Aufständen, die mit grausamer Regelmäßigkeit niedergeschlagen wurden – in Strafexpeditionen der aus Schwarzen bestehenden, von Weißen kommandierten Kolonialarmee *Force Publique*, die ganze Dörfer ausradierte. Da die Kolonialherren ihren schwarzen Lakaien in Uniform nicht über den Weg trauten, waren jene angehalten, ihre Kugeln nur zum Menschentöten zu verwenden und als Beleg für den richtigen Gebrauch die abgeschlagene Hand des Opfers beizubringen. Nun: Man konnte Munition sparen und dennoch die begehrten Provisionen einstreichen, indem man nur die Hände abschlug. So kam es in des belgischen Herrschers afrikanischem Hinterland zu Massenverstümmelungen, die bald der gewiß nicht zimperlichen imperialistischen Konkurrenz auffielen; und da soeben die Fotografie als neues Medium im Entstehen begriffen war, kursierten entsprechende Bilder von dieser barbarischen Praxis. Durch Zufall sah ich vor langem in irgendeiner Publikation eine Aufnahme, die Dutzende solcher Unglücklicher, mutmaßlich dem Hungertod Preisgegebener in einer Reihe stehend zeigte; entsprechende Fotos sind auch heute nur in entlegenen Fachwerken aufzuspüren, während ihr Platz doch in jedem Schulbuch sein sollte. Man muß Conrads Novelle vor genau diesem Hintergrundpanorama lesen; wenn der Räuber und Schlächter Kurtz, dessen »Ausschweifungen« nun nicht mehr so geheimnisvoll anmuten, mit den Worten »Das Grauen! Das Grauen!« stirbt, dann hat man sich eben solche Szenen zu vergegenwärtigen.

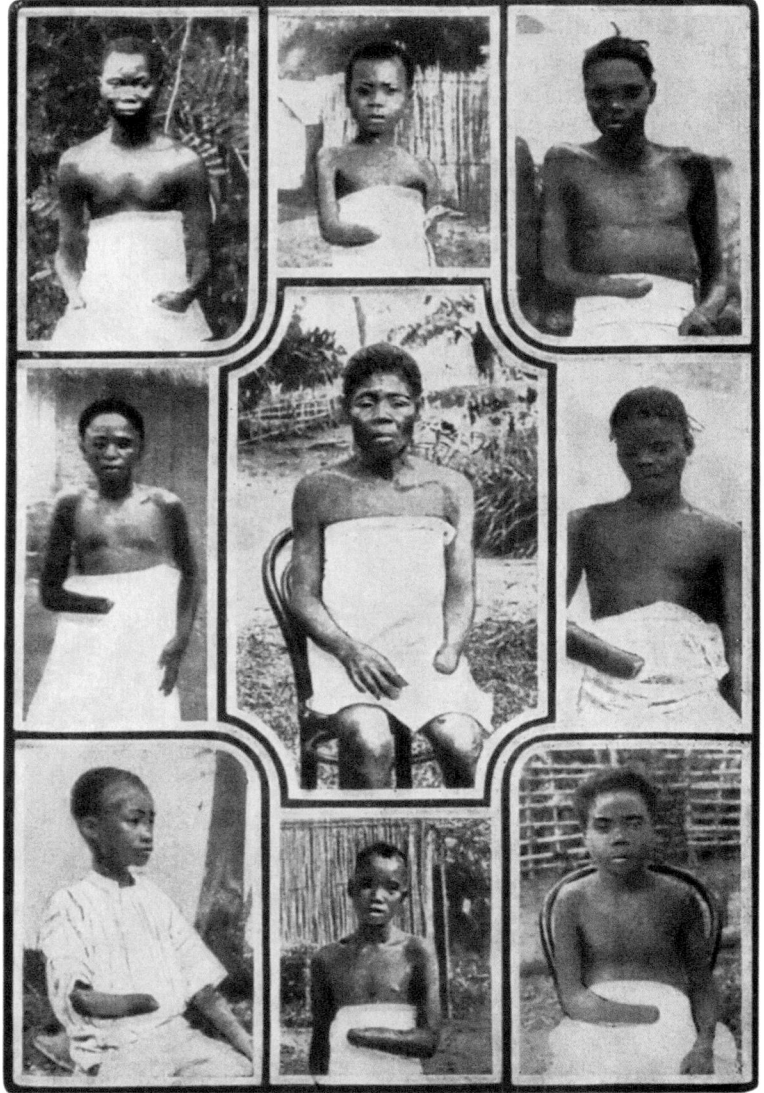

Eine Zusammenstellung von Bildern mit verstümmelten Kongolesen aus den Jahren 1904/05

Den besten Überblick über die unter dem belgischen Monarchen begangenen Kongogreuel findet man bei Mark Twain – so man sie findet. Der amerikanische Schriftsteller war nicht nur ein begnadeter Humorist, sondern ebenso ein entschiedener Anti-Imperialist. Es ist kein Zufall, daß diese Seite seines schriftstellerischen Wirkens kaum bekannt ist, denn Twain, der als Romanautor bei seinen Lesereisen Säle füllte, fand als Autor politischer Essays kaum eine amerikanische Zeitung, die seine Betrachtungen abdruckte. Diese Zensur bedingte die nächste, denn seine zeitkritischen Aufsätze finden sich in keiner – wenigstens keiner mir bekannten – deutschen Gesamtausgabe seiner Werke (ich selbst besitze die Essays in Form einer bereits brüchig werdenden Reclam-Ausgabe der DDR[69]). So fand auch seine Erzählung ›König Leopolds Selbstgespräch‹, eine Faktencollage in fiktivem Erzählrahmen, keinen Abnehmer in der amerikanischen Presse, da Twain kein Hehl daraus machte, was er von der Entscheidung der US-Regierung hielt, die kongolesische »Piratenflagge« des gekrönten Räubers anzuerkennen. Dies geschah am 22. April 1884 mit den Worten: »Die Regierung der Vereinigten Staaten bekundet ihre Sympathie und ihre Zustimmung zu den humanen und umsichtigen Plänen [der belgischen Kolonialbehörden] und wird die Beamten der Vereinigten Staaten zu Wasser und zu Lande anweisen, die Flagge als die einer befreundeten Regierung zu achten.« So entstehen Staaten … Mark Twain sammelt in seinem Aufsatz Berichte von Augenzeugen, meist europäischer Missionare, über Schädelpyramiden, mit Skeletten bedeckte Landschaften, durch Räuchern haltbar gemachte abgeschlagene Hände, Massenexekutionen, das Erschlagen und Erstechen von Kindern und Säuglingen, und immer wieder Vergewaltigungen. Einen besonderen Stellenwert besitzen die Tagebucheinträge und vor allem die Denkschrift des britischen Konsuls Sir Roger David Casement, der die unerträglichen Zustände im Kongo vor einer schockierten Öffentlichkeit bloßstellte. Er berichtet auch von dem Brauch, den männlichen Gefangenen und Mordopfern die Genitalien abzuschneiden, wie er bei einer Befragung von Einheimischen erfuhr:

> Frage: Woher wußtet ihr denn genau, daß es die Weißen waren, die diese Greuel anordneten? Sicher sind sie von den schwarzen Soldaten ohne Wissen der Weißen begangen worden.

> Antwort: Die weißen Männer befahlen ihren Soldaten: Ihr tötet nur Frauen, Männer erwischt ihr ja gar nicht! Ihr müßt nachweisen, daß ihr Männer tötet! So brachten die Soldaten die unseren um und (hier hielt er inne und zögerte, dann wies er auf … und fuhr fort) und schnitten … ab und brachten es den weißen Männern. Die sagten: »Es stimmt, ihr habt Männer getötet.«

Frage: Ist das wahr? Wurde vielen der Euren das angetan, nachdem sie erschossen worden waren?

Alle (schreiend): »Nkoto! Nkoto!« (Sehr vielen! Sehr vielen!)

Ob dieser idyllischen Zustände mußte Leopold II. – sehr widerwillig – sein einträgliches afrikanisches Besitztum im Jahre 1908 an den belgischen Staat abtreten. Nun hieß das Land »Belgisch-Kongo«. Seine Einwohnerschaft war um die Hälfte dezimiert, und so stellte man die schlimmsten Exzesse ein. Obwohl die Zwangsarbeit 1910 offiziell abgeschafft wurde, florierte sie weiterhin, zumal man schnell herausfand, daß der Reichtum des Kongobeckens nicht allein aus Rohgummi bestand: In seinem Boden harrten wertvolle rüstungsrelevante Rohstoffe der Ausbeutung, Kupfer, Kobalt und Mangan sowie das für den Atombombenbau unerläßliche Uran, das sich, wie bereits erwähnt, die belgische *Union Minière* neben Gold und Diamanten unter den Nagel riß. Bis heute weckt der natürliche Reichtum dieses im Zentrum Afrikas gelegenen Landes die Begehrlichkeit hochgerüsteter Räuber, und man nimmt schon fast fatalistisch zur Kenntnis, daß dieser geschundene Landstrich nichts anderes kennt als die Abfolge von außen geschürter Stammesfehden, Bürgerkriege und von Belgien bzw. den USA aufgepfropfte Diktaturen.

Aber einen kurzen Lichtblick hatte es doch erlebt. Am 30. Juni 1960 beging das Land in Anwesenheit des belgischen Königs Baudouin I. die Feierlichkeiten anläßlich seiner Unabhängigkeit. Der Monarch machte gute Miene zum für ihn bösen Spiel, bei dem er mittun mußte, und bemerkte in seiner Ansprache säuerlich, die anwesenden Herren der nationalen Befreiungsbewegung müßten sich nun seines hochwohllöblichen Vertrauens »würdig erweisen«. Der gewählte Ministerpräsident Patrice Lumumba konterte scharf, indem er den Monarchen auf die 80 Jahre erniedrigender, gewaltsam auferlegter Sklaverei hinwies:

Wir haben zermürbende Arbeit kennengelernt und mußten sie für einen Lohn erbringen, der es uns nicht gestattete, den Hunger zu vertreiben, uns zu kleiden oder in anständigen Verhältnissen zu wohnen oder unsere Kinder als geliebte Wesen großzuziehen. […] Wir kennen Spott, Beleidigungen, Schläge, die morgens, mittags und nachts unablässig ausgeteilt wurden, weil wir Neger waren. […] Wir haben erlebt, wie unser Land im Namen von angeblich rechtmäßigen Gesetzen aufgeteilt wurde, die tatsächlich nur besagen, daß das Recht mit dem Stärkeren ist. […] Wir werden die Massaker nicht vergessen, in denen so viele umgekommen sind, und ebensowenig die Zellen, in die jene geworfen wurden, die sich einem Regime der Unterdrückung und Ausbeutung nicht unterwerfen wollten.[70]

Da blieb dem König die Sprache weg, denn solche Töne hatten seine königlichen Ohren bislang nicht vernommen. Doch Lumumba wußte aus eigener leidvoller Anschauung nur zu gut, wovon er sprach. Am 2. Juli 1925 als Sohn eines Bauern geboren, absolvierte er als eines der wenigen kongolesischen Kinder christliche Missionsschulen, zählte damit zur hauchdünnen Schicht der *evolués* (Gebildeten), und arbeitete dann bei der Post und einer Brauerei. Nebenher lernte er Französisch und eignete sich lese- und bildungshungrig verschiedene Wissensgebiete an. Von ihm verfaßte Zeitungsartikel machten ihn unter den Lesekundigen bekannt, die das Rückgrat der nationalen Unabhängigkeitsbewegung bildeten. Lumumbas öffentlicher Protestbrief an den belgischen

Patrice Lumumba

Generalgouverneur gilt als die Geburtsstunde der »Kongolesischen Nationalbewegung« (*Mouvement National Congolais*), die sich am 10. Oktober 1958 konstituierte. Doch was setzte den Bauernsohn und Postangestellten in den Stand, die Geschicke seines Landes zu lenken, wenn auch nur für kurze Zeit?

Die wesentlichen Gründe wurden bereits mehrfach genannt: Es ist der (aus imperialistischer Sicht so vermaledeite) »Betriebsunfall« der Russischen Revolution sowie die Tatsache, daß die Sowjetunion weder vom deutschen Faschismus militärisch besiegt noch von den Vereinigten Staaten im atomaren Rüstungswettlauf bis dahin in die Knie gezwungen werden konnte. Trotz der im Vergleich zum imperialistischen Block ökonomischen und militärischen Schwäche und der dadurch bedingten Defensivstrategie, die dem Stalinismus mit seiner Losung »Sozialismus in einem Land« freilich wesensimmanent ist, suchten zahlreiche Befreiungsbewegungen in Ländern der Dritten Welt Anschluß an die Sowjetunion und erlangten ihre Unabhängigkeit im Windschatten des stets gefährdeten atomaren Gleichgewichts. In Ägypten stürzten fortschrittliche Offiziere um Gamal Abd el-Nasser die Monarchie und proklamierten am 18. Juni 1953 die Republik. Im selben Jahr begann der Geheimbund der Mau-Mau in Kenia den Aufstand gegen die britischen Besatzer, der blutig niedergeschlagen wurde. Der Führer dieses Unabhängigkeitskampfes, Jomo Kenyatta, wurde zu sieben Jahren Zwangsarbeit und anschließendem Hausarrest verurteilt, während ein Netz von Konzentrationslagern das ganze Land überzog. Kenia wurde dennoch 1963 souverän und Kenyatta sein Ministerpräsident. 1954 begannen die Algerier den bewaffneten Aufstand gegen die französischen Besatzer und führten damit den seit Anfang der fünfziger Jahre währenden Befreiungskrieg der indochinesischen Völker in Vietnam, Laos und Kambodscha gegen denselben Bedrücker fort. Am 18. April 1955 trafen sich die Vertreter von 29 Staaten, welche die Hälfte der Weltbevölkerung repräsentierten, zur Eröffnungssitzung der Blockfreien Länder im indonesischen Bandung. Viele Staaten Asiens und Afrikas orientierten sich an den »Fünf Prinzipien der friedlichen Koexistenz«, der sogenannten »Pancha Shila«, die auf einem Treffen des indischen Ministerpräsidenten Jawaharlal Nehru mit seinem chinesischen Kollegen Tschou En-lai am 26. April 1954 vereinbart wurden: »die gegenseitige Achtung der territorialen Integrität und Souveränität; die Ablehnung jeder Aggression; die Nichteinmischung in die inneren Angelegenheiten; Gleichberechtigung, Gleichheit und gegenseitiger Nutzen; die friedliche Koexistenz.«[71] – Es ist diese progressive Rolle der unterentwickelten Länder, die die beiden Franzosen Albert Sauvy und Georges Balandier bewog, sie – in Anlehnung an den revolutionären Dritten Stand (*Tiers état*) im Frankreich des 18. Jahrhunderts – unter dem Begriff der Dritten Welt zusammenzufassen.

Die heutige Welt ist anders beschaffen als diese fünf Prinzipien, da der Imperialismus nicht locker ließ und leider damit Erfolg hatte. Seine Antwort war, wie stets, militärischer Art: Er liquidierte die nationalen Befreiungsbewegungen, wo immer er es vermochte, und forcierte die Einkesselung der Sowjetunion. Er gründete 1951 den Militärpakt ANZUS (Australien, Neuseeland, USA), der bald als unzureichend erachtet wurde und im September 1954 in der SEATO aufging (*South East Asia Treaty Organization*), der neben England und Frankreich – die gewiß nicht in Fernost liegen, dort aber »Interessen« hatten – Pakistan, Thailand und die Philippinen angehörten. Immerhin: Indien, Indonesien, Burma, Kambodscha, Laos, Ceylon und selbstverständlich

Vietnam verweigerten den Beitritt. Im Mittleren Osten schmiedeten die USA im Februar 1955 den Bagdad-Pakt mit England, der Türkei und dem Irak als weiteres antikommunistisches Bollwerk; da mit der irakischen nationalen Revolution 1958, welche den König Faisal II. das Leben kostete, der Namensgeber Bagdad wegfiel, wurde das Bündnis in CENTO umbenannt (*Central Treaty Organization*). Mit Einschluß des schlagkräftigsten Pakts, der NATO, war damit die strategische Umzingelung der Sowjetunion perfekt (nur China bereitete neben einigen kleineren Ländern noch Kopfzerbrechen), und hieraus erklären sich auch die diplomatischen Initiativen der Sowjetunion: »Am 6. April 1959 schlägt die Sowjetregierung eine kernwaffenfreie Zone im Pazifik und in Asien vor, am 30. Mai eine atomwaffenfreie Zone auf dem Balkan und im Adriaraum, ein Vorschlag, der am 25. Juni wiederholt, von Washington aber schon im Juli abgelehnt wird.«[72] Statt dessen zogen es die Vereinigten Staaten vor, ihr erstes mit Raketen bestücktes Atom-U-Boot in Betrieb zu nehmen und mit ihren in großer Höhe fliegenden U2-Maschinen die Sowjetunion auszuspionieren. So schwach und bedrängt jene auch war, bot sie doch so entlegenen und rückständigen Ländern wie dem Kongo wenn schon nicht materielle und militärische, so doch moralische Unterstützung und psychologischen Rückhalt.

Lumumba, der noch ein Dreivierteljahr vor seiner Regierungsübernahme als gefährlicher Aufrührer verhaftet worden war, hatte ein schweres Erbe angetreten.[73] Da es zum festen Bestandteil der belgischen Kolonialpolitik zählte, die Eingeborenen wie Vieh zu halten und sie infolgedessen von jeder Bildungsmöglichkeit und qualifizierten Berufen auszuschließen, verfügten nur ganze 30 der 14 Millionen Kongolesen über eine Hochschulabschluß. Schwarze Ärzte oder Ingenieure gab es keine, und unter den leitenden Verwaltungsbeamten war nicht einmal einer unter tausend ein gebürtiger Kongolese. Da die kolonialen Eroberer den Schwarzen Kontinent durch willkürliche Grenzziehungen zerschnitten hatten, fanden sich die unterschiedlichsten, oft miteinander verfeindeten Stämme plötzlich zu einem »Staatsvolk« vereint; die Folgen waren – und sind es bis heute – endlose Querelen, Feindseligkeiten und Kämpfe, die eine imperiale Einmischung geradezu herausfordern. Aus diesem Grund befürwortete das politische Vorbild Lumumbas, der erste demokratische Präsident Ghanas Francis Kwame Nkrumah, die Souveränität aller afrikanischen Länder und ihre Vereinigung zu einer den gesamten Kontinent umfassenden Union; Nkrumah, der »afrikanische Ghandi«, wurde 1966 durch einen Militärputsch gestürzt. Diesem seinem Vorbild folgend, war auch Lumumba ein entschiedener Gegner der ethnischen Zersplitterung (»Tribalismus«) und trat für eine starke Zentralregierung ein. Aufgrund des weit verbreiteten Analphabetismus und der gewaltsam durchgeführten Missionierung grassierte im Kongo wie anderswo zudem eine krude Mischung aus Wunderglauben, Hexenfurcht, animistischer Geisterbeschwörung und okkulten Riten. Kurzum: Lumumba hätte Zeit und Ruhe gebraucht, um das Land von den Ketten der Sklaverei und den Schwaden der religiösen Finsternis zu befreien, doch beides war ihm nicht vergönnt.

Die belgischen Kolonialherren hatten bereits frech angekündigt, sie würden »gehen, um zu bleiben«; auch wenn sie die direkte Herrschaft über den Kongo verloren hatten, so beabsichtigten sie doch, das Land über ihre Monopolkonzerne und Handelsunternehmungen in Abhängigkeit zu halten. Aber der US-Imperialismus, der die europäischen Kolonialmächte weltweit aus ihren Positionen verdrängte, streckte seine gierigen Klauen nun auch nach Zentralafrika aus. Der CIA-Chef Allan Dulles befand, Lumumba bereite »eine kommunistische Machtübernahme mit verheerenden Folgen für die Interessen der freien Welt« vor, und stellte 100 000 Dollar für seinen Sturz zur Verfügung. Sein Vorgesetzter, der ehemalige Fünf-Sterne-General »Ike« Eisenhower – Oberbefehlshaber der US-Truppen auf dem europäischen Kriegsschauplatz während des 2. Weltkriegs, der militärische Berater Trumans und enge Vertraute MacArthurs –, dieser Eisenfresser und Menschenvertilger ersten Grades, befand nun, in seiner zweiten Amtszeit als US-Präsident, Lumumba stelle »eine Gefahr für den Frieden und die Sicherheit der Welt« dar. Obwohl Lumumba ein durch und durch bürgerlicher Führer mit allenfalls vagen Sympathien für den »Sozialismus« war, über den er wohl nur unpräzise und romantische Vorstellungen hegte, bezeichnete ihn die ›Washington Post‹ als »unberechenbar« und stellte mit tiefen Sorgenfalten fest, daß der Kongo »langsam, aber sicher in den Ostblock abgleitet«. Wie der Herr, so das Geschirr. Der ›Spiegel‹, der mit der Selbstbezeichnung als »Nachrichtenmagazin« den Hauch des Seriösen um sich verbreitet, bezeichnete den kongolesischen Ministerpräsidenten als »halb Scharlatan, halb Missionar«, einen »ziegenbockbärtigen Neger«, einen »Poltergeist« und »kraushaarigen Messias«. Noch waren ja die Altnazis in Amt und Würden, und Hetzetikette wie diese dürften ihnen einen inneren Reichsparteitag beschert haben. Zwar lebte Lumumba noch, aber sein Todesurteil war bereits gefällt: in den Zentren der »freien Welt«. Und es sollten ihm noch viele folgen. Saddam Hussein und Ghaddafi bilden das vorläufige Ende dieser langen und schändlichen Reihe.

Am 11. Juli 1960, nicht einmal zwei Wochen nach der Unabhängigkeitserklärung, verkündete der Häuptlingssproß und Millionenerbe Moïse Tshombé die »Unabhängigkeit« der »Republik Katanga«. Die Region Katanga war die Schatzkammer des einstigen Belgisch-Kongo, sie stellte zwei Drittel des Nationaleinkommens durch die Förderung von Kupfer, Uran und Gold, und natürlich hatten die einstigen belgischen Kolonialherren von Anfang an ihre fetten Finger im schmutzigen Spiel. Die kongolesischen Streitkräfte, die *Force Publique*, befanden sich im Zustand der Auflösung und Meuterei, forderten von der schwachen Zentralregierung Sold- und Rangerhöhungen und fielen somit als einigender Faktor gegen die zentrifugalen Tendenzen und imperialistischen Einmischungen

Ein roter Fleck auf der Landkarte Afrikas (Angola) reicht aus, um im Westen die Kriegsstimmung anzuheizen (Spiegel 12/1976)

von vornherein aus. Schon zu diesem Zeitpunkt stand Lumumba auf verlorenem Posten. Er wandte sich in verzweifelter Lage an die UNO mit der Bitte, Truppen zu entsenden, um die »belgische Aggression« zu stoppen, denn die einstige Kolonialmacht hatte bereits wieder ihre Truppen in Katanga stationiert. Lumumba wollte demnach die Cholera mit der Pest austreiben, und die UNO ließ sich nicht zweimal bitten: Ihre Truppen kamen, um, wie der US-Botschafter süffisant konstatierte, »den sowjetischen Bär vom kongolesischen Kaviar fernzuhalten«. Damit hatten die Besatzungstruppen die Farbe ihrer Uniformen, aber nicht ihre Ziele geändert. Katanga blieb ein kongolesisches Kosovo *ante datum*.

Lumumba ersuchte wiederholt die Vereinten Nationen und sogar die Vereinigten Staaten darum, ihn beim Transport seiner maroden Truppen in die abtrünnige Provinz zu unterstützen, und erst als dies, wie zu erwarten, nichts fruchtete, wandte er sich an die Sowjetunion um Hilfe. Sie tröpfelte auch, aber widerwillig, zu spät und zu schwach. Nun überstürzten sich die Ereignisse. CIA-Chef Dulles telegraphierte an seinen Verbindungsmann in Léopoldville:

»Falls Lumumba an der Macht bleibt, wird die Situation im besten Falle in ein Chaos münden und im schlechtesten Falle in der Machtergreifung der Kommunisten im Kongo. Wir haben entschieden, daß seine Entfernung das wichtigste Ziel ist und oberste Priorität hat bei unseren geheimen Aktionen.« Man entsandte Dr. Sidney Gottlieb, den wissenschaftlichen Leiter des biologisch-chemischen Kampfmittelprojekts »MK-Ultra«, mit einer für Lumumba bestimmten Fracht tödlicher Viren in den Kongo, doch sie verdarb, bevor sie an den Mann gebracht werden konnte. Auch der belgische Außenminister drängte nun zur Eile: »Die eingesetzten kongolesischen Autoritäten haben die Pflicht, Lumumba unschädlich zu machen.«

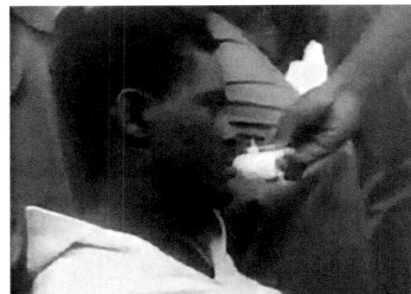

Lumumba unmittelbar vor seiner Ermordung

Und so geschah es. Am 5. September 1960 entließ der kongolesische Staatspräsident Joseph Kasavubu – er stand, wie sich später herausstellte, auf der Gehaltsliste der CIA – unter Bruch der Verfassung den Ministerpräsidenten Lumumba und stellte ihn unter Hausarrest. Doch Lumumba gab nicht auf: Es gelang ihm, vor dem Parlament zu sprechen, das ihn in seinem Amt bestätigte. Ein CIA-Agent äußerte durchaus anerkennend: »Wenn er zu einem Bataillon der kongolesischen Armee zu reden begänne, würde er es wahrscheinlich innerhalb von fünf Minuten völlig in der Hand haben.« Also waren gröbere Mittel vonnöten. Am 14. September 1960 putschte das Militär unter seinem Befehlshaber Joseph Mobutu, fegte den korrupten Kasavubu weg und nahm zwei Wochen später mit UN-Unterstützung Lumumba gefangen. Während dessen Anhänger im Osten Kongos eine militärische Offensive eröffneten und binnen kurzem die Hälfte des Landes eroberten, gelang Lumumba abermals die Flucht, aber nur für drei Tage. Nun wurde er in Festungshaft genommen und am 17. Januar 1961 an seinen Todfeind Tshombé ausgeliefert. Während des Fluges nach Elisabethville, der Hauptstadt Katangas, wurden Lumumba und seine Weggefährten von belgischen Offizieren geschlagen und von deren schwarzen Schergen gefoltert. Sie waren gefesselt, Augen, Ohren und Mund zugeklebt. Letzte Fotos zeigen Lumumba auf dem Verschlag eines Militärjeeps sitzend, im Kreis weniger Gefolgsleute. Auf einem Film ist festgehalten, wie seine Bewacher Seiten aus einem seiner Bücher reißen und sie ihm in den Mund zu stopfen versuchen. Dann setzte sich der Konvoi in Bewegung, und Lumumbas Spur verlor sich in der Savanne. Später prahlte ein FBI-Mann damit, er sei mit der Leiche Lumumbas im Kofferraum in der Gegend herumgefahren, um einen geeigneten Platz für ihre Beseitigung zu finden. Das kann so gewesen sein oder auch nicht – im blutigen Morast der Geheimdienste sind verläßliche Spuren schwer ausfindig zu machen. Über die letzten Stunden Lumumbas und den Verbleib seiner sterblichen Überreste konnte erst in jüngster Zeit Klarheit gewonnen werden:

Es dauerte beinahe 40 Jahre, bis der Fall von dem belgischen Soziologen Ludo De Witte aufgeklärt wurde, der den Ablauf anhand in den 1990er Jahren freigegebener Akten aus den Archiven des belgischen Außenministeriums und der UN rekonstruierte. Er entdeckte, daß zahlreiche belgische Polizisten und Sicherheitsoffiziere – nominell unter dem Befehl von Tshombé, in Wirklichkeit aber von Brüssel gesteuert – in der Nacht des 17. Januar 1961 Lumumba von der belgischen Villa an eine abgelegene Waldschneise etwa 45 Minuten vom Flughafen entfernt gefahren hatten, wo er von einem Erschießungskommando aus Katanga-Soldaten exekutiert werden sollte. Lumumba, dessen Gesicht beinahe bis zur Unkenntlichkeit zerschlagen und dessen Kleidung blutbefleckt war, mußte sich vor einen Baum stellen, der von zwei Autoscheinwerfern angestrahlt wurde. Dort wurde er erschossen und verscharrt. Aus Angst, das provisorische Grab könnte entdeckt und zu einem Wallfahrtsort werden, machten sich die Belgier und ihre katangischen Komplizen später daran, alle Spuren des kongolesischen Ministerpräsidenten zu verwischen. Am Tag nach der Hinrichtung wurde die Leiche wieder ausgegraben und tiefer in den katangischen Busch gefahren, wo sie wieder nur verscharrt wurde, bis ein Weg gefunden werden konnte, sich ihrer ein für alle Mal zu entledigen.

Im Schutz der Dunkelheit kehrten am 22. Januar 1961 zwei belgische Brüder mit Verbindungen zu den belgischen Sicherheitskräften zurück und gruben die Leiche ein zweites Mal aus. Mit einer Bügelsäge und einer Axt zerstückelten sie den verwesenden Körper und lösten die Teile in einem 200-Liter-Ölfaß auf, das mit Schwefelsäure gefüllt und aus einer nahegelegenen Kupferverarbeitungsanlage hergeschafft worden war. Einer der Brüder gestand später, daß er mit einer Beißzange zwei Zähne Lumumbas entfernt und als Souvenir mitgenommen habe.[74]

Diese Zähne will er schließlich in die Nordsee geworfen haben. – Die verbliebenen Unruheherde erstickte Diktator Mobutu mit eiserner Hand und ausländischer Hilfe; er sollte mit Amerikas Segen das Land über lange drei Jahrzehnte unter seinem Militärstiefel halten. Ein deutscher Lehrstuhlinhaber vermag in diesem Lehrstück der *Counterinsurgency* sogar einen gewissen Unterhaltungswert zu entdecken, ansonsten referiert er die imperialistischen Greuel staubtrocken wie ein zehn Jahre lang nicht abgewischter Aktenschrank (um nicht zu sagen: furztrocken, denn anrüchig ist diese Pseudo-Objektivität ja allemal):

> Die weitere Geschichte hätte Platz in einem Hollywoodstreifen zum Kalten Krieg. Die US-Regierung interpretierte Lumumbas Regierung als prosowjetisch, zumal Moskau tatsächlich Flugzeuge und Kraftfahrzeuge lieferte und auch tschechische Berater im Land waren. Von der CIA wurde daraufhin Gift geliefert, um Lumumba zu beseitigen. [...] Zusammen mit dem prowestlichen Moïse Tshombé in der Provinz Katanga hatte der Kongo im Januar 1961, als die Regierung Kennedy antrat, vier Regierungen, die sich gegenseitig bekämpften. Kurz nach dem Amtswechsel in Washington wurde Lumumba, wahrscheinlich mit Duldung der CIA [wahrscheinlich! mit Duldung!!] »durch Tshombé-Anhänger und/oder belgische Söldner ermordet. [...] 1965 konnte Mobutu sich gegen Tshombé und seine weiße Söldnerarmee durchsetzen und eine prowestliche antikommunistische Diktatur unter dem Namen »Demokratische Republik Kongo« (seit 17.10.1971: Republik Zaire) einrichten. Sie hatte bis über das Ende des Kalten Krieges hinaus Bestand. Auch finanziell lohnte sich die Anlehnung Mobutus an den Westen trotz der offiziell erhaltenen Blockfreiheit. Die USA gaben jährlich mehrere hundert Millionen Dollar zur Erhaltung des »Bollwerks« Zaire aus. Von hier aus wurden auch die antikommunistischen Kämpfer im benachbarten Angola beliefert, wo ein anderer zentraler Konflikt zwischen Ost und West über Jahrzehnte ausgetragen wurde. Auch die Bundesrepublik Deutschland investierte im Kongo erhebliche Summen: zwischen 1965 und 1991 rund eine Milliarde Mark.[75]

Leider war Cassius Clay alias Muhammad Ali so dumm, seinen legendären Fight gegen George Foreman (*Rumble in the Jungle*) in Zaire stattfinden zu lassen, wobei er die Folterdiktatur als Beispiel neuen schwarzen Selbstbewußtseins pries und so den Henker Mobutu weltweit rehabilitierte. In den Kellern des Stadions, in dem die Ringschlacht tobte, wurde für gewöhnlich gefoltert. Aber der Champion sagte ja von sich selbst, er habe nie behauptet, der Intelligenteste zu sein, sondern nur der Größte ...

Auch deutsche Söldner gingen Mobutu zur Hand, frustrierte Nazis mit ungestillter Mordlust und unbändigem Tatendrang. Der bekannteste unter ihnen hieß Siegfried Müller, Oberleutnant der Wehrmacht und Träger des Eisernen Kreuzes, der berüchtigte »Kongo-Müller«, der 1964 ein Gebiet von nahezu der Größe der Bundesrepublik mit wenigen Mann innerhalb von zehn Wochen militärisch aufrollte. Seine Spezialität bestand darin, aus Jeeps in voller Fahrt mit Maschinengewehren und automatischen Kanonen kleinen Kalibers in die schlecht bewaffneten aufständischen Verbände zu feuern, was seiner Truppe den Namen »Die Schrecklichen« eintrug. Müller schied aus dem »Dienst« im Range eines Majors und begab sich nach Südafrika, dessen Apartheidsregime ihm wohl zusagte. 1966 interviewte ihn ein Fernsehteam aus der DDR, das er nicht als solches erkannte, weil er sichtlich besoffen war. Es ist ein sehenswerter Streifen: Ein gut gelaunter Killer plaudert aus dem Nähkästchen und schwärmt von dem »Respekt«, den die Neger für die Weißen empfinden.

Wenn ein deutscher Desperado und Faschist – freilich nur mit amerikanischer Rückendeckung – mit einer Handvoll Seinesgleichen militärisch einiges ausrichten konnte: was hätte dann eine entschlossene sowjetische Intervention, allem anhebendem Gezeter zum Trotz, bewirken können? So bleibt allein der Ruf Lumumbas als Märtyrer des kongolesischen Befreiungskampfes, als Märtyrer eines gegen das imperiale Joch kämpfenden Afrikas.

Noch ein weiteres Nachspiel ist zu berichten: vom dritten Panafrikanismus-Kongreß, der im November 2011 in München stattfand und dem Andenken Lumumbas gewidmet war. Der Einfachheit halber sei der Bericht der Korrespondentin in Auszügen übernommen:[76]

[…] Heute ist Kongo das Weltzentrum von Armut und Vergewaltigungen geworden, machte Philippe Yangala, Doktorand der Ethnologie in Frankfurt, klar. Als ihm vor Verzweiflung beinahe die Stimme versagte, fing er zu singen an, der ganze Saal erhob sich und stimmte ein: Lumumba tu mon père, tu es mort… »Lumumba, kommen Sie bitte zurück.«

Und dann betrat tatsächlich Lumumbas Sohn Guy, der 80 Tage nach der Ermordung seines Vaters geboren wurde, als Ehrengast das Podium. Mit seinem älteren Bruder hat er in Brüssel einen Strafprozeß gegen die Belgier eingeleitet. Er erzählte davon, wie ihn seine Mutter vor dem Diktator Mobutu versteckte und wie er mit 20 Jahren nach Europa floh und dort aus Büchern erfuhr, wie sein Vater gelebt und gekämpft hatte. Wie er 2004 nach 24 Jahren Exil zurückkehrte, um als Präsidentschaftskandidat die Ideen seines Vaters umzusetzen, […] wie er dafür festgenommen wurde und ins Gefängnis kam.

Mit 6000 Euro hat er seine Freilassung bezahlt, wurde erneut verhaftet und unter Hausarrest gestellt, bis der Botschafter Frankreichs erwirken konnte, daß er den Kongo wieder verlassen durfte.

*

Als im Jahr 1965 rund hundert Kämpfer aus dem hart bedrängten Kuba unter der Führung Ernesto »Che« Guevaras im Kongo eintrafen, war es zu spät: Der Imperialismus hatte seinen blutigen Schlußpunkt gesetzt, die Widerstandsbewegung war zerschlagen, die Überlebenden isoliert und demoralisiert. Unverrichteter Dinge kehrten die Kubaner auf ihre befreite Insel zurück. Sie hatten ihrem sowjetischen Verbündeten entscheidende Dinge voraus: Mut und Initiative.

Kuba

Im Jahr 1964 hielt der kubanische Industrieminister eine Grundsatzrede über die Entwicklungsperspektiven der befreiten Insel sowie über die Bedeutung der Unabhängigkeitskämpfe in Asien, Afrika und Südamerika gegen den US-Imperialismus und kam in diesem Zusammenhang auf die Geschehnisse im Kongo zu sprechen:

> Und was geschieht in Afrika? In Afrika, wo vor kaum ein paar Jahren der Premierminister des Kongo ermordet und zerstückelt wurde: wo sich die nordamerikanischen Monopole niederließen und der Kampf um den Kongo begann. Weshalb? Weil es dort Kupfer gibt, weil es dort radioaktive Mineralien gibt, weil der Kongo strategisch außerordentlich wichtige Reichtümer birgt. Deshalb ermordeten sie einen Führer seines Volkes, der die Naivität hatte, an das Recht zu glauben, ohne daran zu denken, daß das Recht sich mit der Macht vereinen muß. Und so wurde er zum Märtyrer seines Volkes.[77]

Che Guevara hat mit seiner solidarischen Kritik am ermordeten Lumumba grundsätzliche, bis heute aktuelle Fragen angesprochen: Ist es möglich, daß eine auf Unrecht basierende Herrschaft durch den friedlichen Wahlentscheid der Bevölkerungsmehrheit in eine gerechte Gesellschaftsform »hinüberwächst«? Werden die Herrschenden Wahlergebnisse akzeptieren, die ihnen nicht passen? Diese Illusionen hatte der Reformer Lumumba zweifelsohne, und der Imperialismus mitsamt seinen kongolesischen Agenten hatte ihm nicht die Zeit gelassen, auch nur ansatzweise seine Reformexperimente in die Tat umzusetzen: eine Unabhängigkeitserklärung, eine Rede vor dem Parlament, und dann war Schluß mit lustig. Wir werden der Problematik noch ausgeprägter beim Reformisten *par excellence* Salvador Allende begegnen, der ein wenig länger zappeln und sich abmühen durfte, bevor man ihn umbrachte. Seit Mussolini, Hitler und Franco gilt bis heute der eherne Grundsatz: Bei jeder Wahl, deren Ergebnisse die bestehende Eigentums- und Gesellschafts- respektive Ausbeuterordnung bedrohen könnte, wird die faschistische Notbremse gezogen. Damit ist keineswegs jener wohlfeilen Anarchistenphrase das Wort geredet, wonach Wahlen per se unnütz oder schädlich wären (»wenn Wahlen etwas verändern würden, wären sie schon längst verboten worden«). Jede ernstzunehmende politische Organisation, welche die Demokratie im Wortsinne anstrebt, »Volksherrschaft« also, Selbstregierung des Volkes durch Abstimmung statt durch Wahlen, wird das Parlament, so vorhanden, Lenins Diktum gemäß als »Tribüne« nutzen, d. h. um die Machenschaften der herrschenden Klasse und ihrer Zuträger zu entlarven, in deren Abstimmungs- verhalten sinnlich nachvollziehbar zu machen und dadurch aufklärerisch zu wirken. Diese Nutzung des Parlamentarismus, so er denn existiert, ist für die Stärkung und Konsolidierung einer revolutionären Organisation (die deshalb in der Wahrnehmung ihrer Rechte entsprechend behindert wird) von zentraler Bedeutung, und wenn sie, aus herrschender Sicht, Früchte zu tragen »droht«, wird das Pik-As des Faschismus aus dem Ärmel gezogen. Oder in den Worten Che Guevaras: »Bei solchen Konfliktbedingungen bricht die Oligarchie ihre eigenen Verträge, ihre eigene Scheindemokratie, und greift das Volk an …«[78] Reformisten – selbst die »echten«, also subjektiv aufrichtigen, nicht die abgefeimten Heuchler vom Format eines Ebert oder Brandt – sind nicht die gütigen Onkel mit den besten Absichten, als die sie sich gerne geben; ihre Gefährlichkeit und Schädlichkeit beruhen vielmehr darin, daß sie die Intransigenz der Herrschenden, welche vom Vertragsbruch bis zum Massenmord reicht, daß sie diese mit Millionen von Menschenleben erkaufte historische Erfahrung ehern leugnen.

Man hat, sogleich nach seiner Ermordung in Bolivien, aus Che Guevara eine Pop-Ikone gemacht für Romantiker und Schwärmer, die anstelle organisierter, kühl bedachter Gegenwehr lieber diffus aufbegehren und die für diesen »Frevel« sogleich die Selbstbestrafung in Form von Niederlage und Tod eingebaut haben. In dieser Gestalt ist »Che«, als Symbol für erfolglose Gegenwehr, gern gesehen und geduldet, auf Stickern und auf T-Shirts. Bei allen seinen Mängeln, die er besessen haben mochte, hat der historische Che Guevara damit indessen nichts zu tun. Verläßt man die Ebene der Symbolik und Revolutionsromantik, so begegnet »Che« in seinen Schriften und Handlungen als klarblickender und entschlossener Mensch mit unversöhnlichem Haß auf das Unrecht und – die überstrapazierte Metapher sei hier gestattet – mit einem im bewaffneten Kampf »gestählten« unbeugsamen Willen. Lebte er heute, wäre er »Fanatiker«, »exotischer Machtmensch« und »Terrorist«, der statt in Havanna in Guantánamo säße. Die US-Regierungen wußten schon, weshalb sie seine Ermordung in Auftrag gaben. Es war z. B. wegen Sätzen wie diesen, die erkennen lassen, daß sich Che Guevara nicht den Luxus der Illusionen wie die von ihm kritisierten Reformisten leistete, als er über die Situation des befreiten Kuba ausführte:

> Die Yankees werden intervenieren aus Interessensolidarität und weil der Kampf in Amerika entscheidend ist. Tatsächlich intervenieren sie bereits mit der Vorbereitung der Repressionskorps und mit der Organisierung eines kontinentalen Kampfapparates. Aber von nun an werden sie es mit aller Energie tun; sie werden die Volkskräfte mit allen ihnen zur Verfügung stehenden Vernichtungswaffen züchtigen; sie werden der revolutionären Macht nicht erlauben, sich zu konsolidieren; und wenn es dennoch dazu kommen sollte, so werden sie von neuem angreifen, sie nicht anerkennen, die revolutionären Kräfte zu spalten versuchen, Saboteure jeder Art einschleusen, Grenzkonflikte schaffen, andere reaktionäre Staaten dagegen aufhetzen, sich daranmachen, den neuen Staat wirtschaftlich zu strangulieren, kurz: zu vernichten.

Mit diesen Worten hat Che Guevara eine treffliche Zusammenfassung der Geschichte Kubas seit seiner Befreiung vom imperialen Joch geleistet. Bemerkenswert sind aber auch die Konsequenzen, die er aus seiner Analyse zieht:

> Angesichts dieses amerikanischen Panoramas gestaltet sich die Erringung und Konsolidierung des Sieges in einem isolierten Land schwierig. Auf die Vereinigung der Repressionskräfte muß mit der Vereinigung der Volkskräfte geantwortet werden. In allen Ländern, in denen die Unterdrückung einen unerträglichen Grad erreicht, muß die Fahne der Rebellion aufgepflanzt werden, und diese Fahne wird auf Grund historischer Notwendigkeit kontinentale Züge tragen. [...] all die riesigen Territorien, die dieser Kontinent umschließt, sind berufen, Schauplatz des Kampfes auf Leben und Tod gegen die Macht des Imperialismus zu sein.[79]

Heute, da die Sowjetunion untergegangen und Kuba wieder isoliert und der revolutionäre Elan von einst längst verebbt ist; heute, da die Verlautbarungen des greisen Castro altersmatt, illusionsgeschwängert und ausschließlich aufs Durchhalten in aussichtsloser Lage fokussiert sind*, mag schwer nachzuvollziehen sein, daß Kuba in der heißen Phase der Blockkonfrontation neben Vietnam die fortschrittlichste, bewußteste und klarste Position im internationalen Befreiungskampf vertrat. In Che Guevaras Aufsatz ›Schaffen wir zwei, drei, viele Vietnam‹, der als sein politisches Vermächtnis gelten darf, zeigt er die Perspektive dieses Kampfes auf, der keineswegs auf Mittel- und Südamerika beschränkt sein darf, sondern rund um den Globus organisiert werden muß: Die Freiheit muß weltweit sein, oder sie wird nicht sein. Aus den nachfolgenden Sätzen erhellt abermals, warum die Ermordung Che Guevaras auf der Agenda der US-Regierungen oberste Priorität erhalten hatte:

> Man muß endlich berücksichtigen, daß der Imperialismus ein Weltsystem, die letzte Stufe des Kapitalismus ist. Er muß in einer großen, weltweiten Auseinandersetzung besiegt werden. Das strategische Ziel muß die Zerstörung des Imperialismus sein. Die Aufgabe, die uns, den Ausgebeuteten und Zurückgebliebenen der Welt, gestellt ist, besteht in der Eliminierung der Ernährungsbasen des Imperialismus. Diese Ernährungsbasen sind unsere unterjochten Völker, aus denen Kapitalien, Rohstoffe, Techniken und billige Arbeitskräfte herausgezogen werden und wohin neue Kapitalien, Instrumente der Beherrschung, Waffen und Güter aller Art exportiert werden. Das alles läßt uns in absolute Abhängigkeit geraten.
>
> Die reale Freiheit der Völker ist aber der grundlegende Faktor dieses strategischen Zieles, eine Freiheit, die in den meisten Fällen erst der bewaffnete Kampf bringen wird. Dieser Kampf wird in Amerika fast unabwendbar die Eigenschaft haben, sich in eine sozialistische Revolution zu verwandeln.
>
> Setzt man sich die Zerstörung des Imperialismus zum Ziel, muß man dessen Kopf identifizieren. Dieser Kopf ist kein anderer als die Vereinigten Staaten.[80]

Worte, deren Klarheit nichts zu wünschen übrig läßt und aus denen jeglicher Romantizismus – so er je vorhanden war – diffundiert ist. – Die Geschichte der Befreiung Kubas soll nachfolgend nur in knappen Strichen skizziert werden, da hier vor allem die Reaktion der Vereinigten Staaten auf die »Zumutung«, daß die Kubaner Herren ihres eigenen Schicksals sein wollen (und das

---

* Diese Defensivität, ja Verzagtheit tritt bereits klar in den ›Nachtgesprächen mit Fidel‹ zutage, die der Pfaffe Frei Betto mit Castro geführt und protokolliert hat. Bemerkenswert, mit welchem Schneid der Kleriker zur Sache geht, insbesondere bei der Frage der Zugehörigkeit von Kirchenfunktionären und -mitgliedern in der »revolutionären« Partei, und wie hinhaltend und ausweichend der »Commandante« auf diese dreiste Zumutung reagiert!

in unmittelbarer Reichweite und Greifnähe der Yankees!), im Mittelpunkt stehen soll. Neben der Lektüre der einschlägigen Texte, vornehmlich der Quellen (denn alles andere ist vorgekaut und vorverdaut) sei dem Leser eine Reise nach Kuba selbst empfohlen. Ein vielleicht dreiwöchiger Aufenthalt auf der Karibikinsel – der Verfasser dieser Zeilen besuchte sie zu Anfang der neunziger Jahre, während des ersten US-Überfalls auf den Irak – ist durchaus lohnend, nicht nur wegen des angenehmen Klimas, der Strände, der Mojitos und der Schildkrötensteaks (denn »öko« war man dort nicht und ist es hoffentlich immer noch nicht, und wer wegen der Meeresreptilien auf dem Speisezettel greinen möchte, möge bedenken, daß ausschließlich Tiere aus Zuchtfarmen zum Verzehr angeboten werden: sie schmecken wirklich lecker!). In Havanna kann der Besucher das sehenswerte Revolutionsmuseum mit seinen unzähligen Exponaten besichtigen, neben zahlreichen Fotos und Dokumenten auch bemerkenswerte Folterinstrumente des Batista-Regimes, darunter eine Art Miniatur-Schraubstock zum Zerquetschen der Hoden, weil dies der Freiheit in der »freien Welt« besonders zuträglich ist. Man sollte diese Zeitzeugnisse aufmerksam betrachten, bevor sie von einem US-Quislingsregime, das wahrscheinlich nicht mehr allzu lange auf sich warten läßt und nach irakisch-libyschem oder postsowjetischem Muster installiert werden wird, wie in der DDR vernichtet werden. Vor dem Museum steht der von Einschüssen durchlöcherte Panzer, von dem aus Che Guevara die Befreiung von Santa Clara, der Hauptstadt der Provinz Las Villas, leitete. Es ist ein Traktor, der mit massiven Eisenplatten zu einem panzerähnlichen Gefährt umgebaut wurde, und selbst mit einer so archaisch anmutenden Maschine konnte der Sieg errungen werden, da es ein Volkskrieg war, dessen Akteure schon aus der bloßen Existenz der Sowjetunion Kraft und Zuversicht schöpfen konnten. »Wie weit die sozialistischen Länder auch entfernt sind, immer wird ihr positiver Einfluß auf die kämpfen-

Che Guevara während der Schlacht von Santa Clara

den Völker spürbar sein, und ihr erzieherisches Beispiel wird ihnen größere Kraft geben«, schreibt hierzu Che Guevara.[81] Und selbstverständlich steht vor dem Museumsgebäude auch die legendäre »Granma«, jene auf acht Personen ausgerichtete Luxusjacht, in der am 25. November 1956 82 revolutionäre Kämpfer unter der Führung Fidel Castros vom mexikanischen Yucatan aus in See stachen, um in Kuba entweder zu sterben oder zu siegen. Auch wenn die Insel außer ein paar barocken Kolonialgebäuden und Kirchen in kultureller Hinsicht nichts zu bieten hat, so lohnen sich doch einige Ausflüge, zum Beispiel zur Playa Girón, der sogenannten »Schweinebucht«, in der die exilkubanischen Söldner der USA Mitte April 1961 eine so desaströse Niederlage einstecken mußten, wie man sie den libyschen Söldnern der NATO bei dem ungleichen fünfmonatigen Luftgemetzel im Jahre 2011 gerne gegönnt hätte. In einem kleinen Museum sind verdienstvollerweise alle Fotos der gefallenen Verteidiger ihres Landes zu sehen: über 300 Männer und Frauen, mehrheitlich Zivilisten, die zu den Waffen griffen und sich den Aggressoren in den Weg stellten, bis die regulären kubanischen Streitkräfte dem Spuk ein rasches Ende bereiteten. Anhand von Markierungen seitlich der Straßen, die zur Playa Girón führen, ist zu erkennen, wo die Invasoren zum Halt gebracht, festgenommen oder ins Meer zurückgetrieben wurden. Die Schweinebucht dürfte, neben einigen Stätten in Vietnam, eines jener wenigen Denkmäler weltweit sein, die einem militärischen Sieg über den US-Imperialismus gewidmet sind. Anlaß genug, sich zu beeilen: Solche Monumente hat *Uncle Sam* nicht gern …

Es sind nun einige Ereignisse erwähnt worden, die Stoff zur Legendenbildung in sich bergen: die einwöchige Überfahrt auf der »Granma«, bei der sich die seekranken Revolutionäre fast die Seele aus dem Leib spien; die verunglückte Landung am 2. Dezember und die ersten Gefechte in ungünstigem Gelände mit den Batista-Truppen, die nur zwölf Kämpfer mit Verletzungen unterschiedlichen Grades überlebten; der quälende Marsch dieses dezimierten Trupps durch unwegsame Sümpfe, in denen der meiste Proviant und fast die gesamte Munition verlorengingen, dabei stets die Verfolger im Nacken; die Ankunft der völlig erschöpften, sich in desolatem Zustand befindenden Guerilleros in der unzugänglichen Sierra Maestra, wo sie sich zur Jahreswende 1956/57 regenerieren und bald wieder erste offensive Kampfhandlungen aufnehmen konnten, dann schließlich, gerade zwei Jahre später, der Einzug der siegreichen Revolutionäre in der kubanischen Hauptstadt Havanna am 2. Januar 1959, gefolgt sechs Tage später von Fidel Castro und 1500 seiner Mitkämpfer unter dem Jubel der Bevölkerung. Wie kann das angehen?

Fidel Castro beim Einzug in Havanna

Diese dramatischen Wechselfälle, die fast märchenhafte Züge tragen und kaum glaubhaft erscheinen, wenn man den Koreakrieg oder die heutigen Befriedungsüberfälle der USA vergleichend zur Seite stellt, sind nichtsdestoweniger einfach zu erklären und nachzuvollziehen. Für die kubanischen Revolutionäre erübrigte es sich, in einer Übergangsphase des Kampfes das Parlament als »Tribüne« zu nutzen – aus dem einfachen Grund, weil es kein Parlament gab. Unter den Bedingungen einer in ausländischem Dienst stehenden Diktatur und angesichts der geographischen Gegebenheiten bot sich in Kuba, wie in vielen südamerikanischen Ländern, der Guerillakrieg als Mittel der Wahl an. Freilich sind auch hier zwei Einschränkungen voranzustellen: Die größte Entschlossenheit hätte den kampfbereitesten Guerilleros nicht das geringste genützt, wenn sich die USA ausschließlich mit den Vorgängen auf der Insel hätten befassen können; dann hätten sie ihre ungeheure Militärwalze einfach darüberrollen lassen können wie jüngst in Libyen. Aber es gab die Sowjetunion und Befreiungsbewegungen in verschiedenen Ländern der Welt, so daß die Vereinigten Staaten gezwungen waren, ihr militärisches Potential aufzusplittern und es »mit Bedacht« einzusetzen (die Anführungszeichen sollen daran erinnern, daß sie dabei tollwütig und kriminell genug vorgingen); es gab ferner die blockfreien Länder und damit eine Weltöffentlichkeit, auf die es »Rücksicht« zu nehmen galt (J. F. Kennedy betonte dies immer wieder, zum Leidwesen seiner Militärs), so daß die USA nur mit gebremstem Schaum agieren konnten. Zweitens hat der kubanische Guerillakrieg nichts damit zu tun, was anarchistische Wirrköpfe in den späten sechziger und siebziger Jahren in Europa anstellten. Che Guevara hat sich in seiner Schrift ›Guerillakrieg: eine Methode‹ ausführlich mit dieser Kampfform auseinandergesetzt[82]; er definiert sie als »irregulären bewaffneten Kampf gegen Feinde mit überlegenem militärischen Potential«, der einem eindeutig benannten Ziel untergeordnet ist: »Vor allem muß klargestellt werden, daß diese Sonderform des Kampfes eine Methode ist; eine Methode, um ein Ziel zu erreichen. Dieses für jeden Revolutionär unerläßliche, verbindliche Ziel ist die Eroberung der politischen Macht.« Und er warnt eindringlich vor einem grundlegenden Mißverständnis:

> Im Verlauf der Polemik pflegt man diejenigen, die den Guerillakrieg durchführen wollen, mit dem Argument zu kritisieren, sie vernachlässigten den Massenkampf – als ob das einander entgegengesetzte Methoden wären. Wir weisen die Anschauung, die dieser Standpunkt impliziert, zurück; der Guerillakrieg ist ein Volkskrieg, ist ein Massenkampf. Diese Art von Krieg ohne die Unterstützung der Bevölkerung verwirklichen zu wollen, ist der Auftakt zu einer unvermeidlichen Katastrophe.

Und abermals: »Sie« – die Guerilleros – »werden unterstützt durch die Bauern- und Arbeitermassen des Gebiets und des ganzen betreffenden Territoriums. Ohne diese Voraussetzungen läßt sich nicht vom Guerillakrieg reden.« Es wäre eher eine Art kollektiver Selbstmordstrategie. Als die etwas mehr als zwei

Handvoll Guerilleros unter Castros Führung ihren Kampf in Kuba aufnahmen, verfügte das Batista-Regime über keinerlei nennenswerten Rückhalt in der Bevölkerung; es stützte sich ausschließlich auf Waffen und US-Dollars. Aber sein Machtpotential reichte dennoch aus, um die Proteste in den Städten gewaltsam niederzuhalten und die oppositionellen Organisationen der Arbeiter und Studenten zu zerschlagen. Der Grund hierfür liegt ausschließlich in der Massierung der Repressionsmittel; selbst die relativ starke und kampfentschlossene Stadtguerilla der »Tupamaros« im Uruguay der frühen siebziger Jahre hatte hier das Nachsehen und bezahlte ihre Zerschlagung mit einem entsetzlich hohen Blutzoll ihrer Aktivisten, wie der sehenswerte Film »Der unsichtbare Aufstand« von Costa Gavras eindrücklich vor Augen führt. Auf dem »weiten Land« hingegen war das staatliche Gewaltpotential ausgedünnt und kann durch eine illoyale Bevölkerung egalisiert, im Falle ihrer Anleitung durch entschlossene Revolutionäre sogar überwunden werden. Nochmals Che Guevara:

> Der anfängliche Kampf verhältnismäßig kleiner Fokusse von Guerilleros verstärkt sich unablässig durch neue Kräfte; die Massenbewegung beginnt loszubrechen, die alte Ordnung zerspringt nach und nach in tausend Stücke, und dann kommt der Augenblick, wo die Arbeiterklasse und die städtischen Massen die Schlacht entscheiden.
>
> Was macht diese ersten Fokusse von Anbeginn des Kampfes an unbesiegbar – unabhängig von der Anzahl, der Macht und den Ressourcen ihrer Feinde? Es ist die Unterstützung des Volkes, und über diese Unterstützung der Massen werden sie in immer größerem Umfang verfügen.

Der Unterschied zur RAF und ihren europäischen Entsprechungen dürfte zur Genüge deutlich geworden sein: Sie bewegten sich, im Gegensatz zu den kubanischen Revolutionären, von Anfang an in feindseliger Umgebung und verfügten über keine Rückzugsmöglichkeiten. Doch der heikelste Punkt der kubanischen Revolutionsbewegung bestand nicht in der Aufnahme des Kampfes in entlegenem Gebiet und fast hoffnungslos scheinender Minderzahl, sondern in ihren allerersten Anfängen, die von mehr als einem Hauch Desperadotum umgeben sind: Am 26. Juli 1953 versuchten 150 Kämpfer unter der Führung von Fidel und Raúl Castro die Moncada-Kaserne in Santiago de Cuba zu stürmen. In militärischer Hinsicht war die Unternehmung ein völliges Desaster; der Überfall wurde abgewehrt, die meisten Beteiligten verhaftet, gefoltert und ermordet, auch Fidel Castro geriet nach kurz währender Flucht in Gefangenschaft, wurde verurteilt und auf die Isla de Pinos deportiert. Glück für ihn, daß er nicht wie seine Gefährten umgebracht wurde – Che Guevara fand dies auch späterhin, aus der Sicht des Regimes, als einen unbegreiflichen Fehler –, nochmals Glück für Castro, daß er ein Jahr später aufgrund einer Generalamnestie im Gefolge einer Scheinwahl freigelassen wurde. »Mehr Glück als Verstand« also, denn ohne Castro, einem glänzenden Organisator und militärischen Führer, wäre aus der kubanischen Revolution nichts geworden. Che Guevara rechtfertigte die Aktion später damit, daß mit dem Sturm die Lauen, Halbherzigen und Opportunisten aus der Bewegung ausgeschieden wären. Dem war sicherlich so, aber dennoch gilt es zu erwägen, ob diese Aktion wegen des extrem hohen Risikos der völligen Liquidierung sinnvoll war und ob nicht beharrliche Erziehung zur Disziplin besser als dieser spektakuläre Knalleffekt gewesen wäre. Nun – die Castros hatten Glück, und Kuba hatte Glück. Die Organisation nannte sich fortan »Bewegung des 26. Juli« (M-26-7); bis heute wird dieses Ereignisses als Nationalfeiertag mit Massendemonstrationen gedacht. Man gönnt es den Kubanern und ihrer alt gewordenen Führung, doch sollte das Spektakel nicht die grundlegenden, wesentlich solideren Überlegungen, die Lenin in seiner Schrift ›Was tun?‹ dargelegt hatte, in den Hintergrund treten lassen. Freilich kann es eine Erfolgsgarantie im politischen Kampf nicht geben; auch Lenin wäre chancenlos geblieben, wenn das zaristische Rußland nicht den Ersten Weltkrieg verloren hätte und seine herrschende Klasse nicht entscheidend geschwächt gewesen wäre. Lenins historisches Verdienst besteht darin, diese Chance entschlossen genutzt zu haben.

So fügten es die historischen Gegebenheiten und eine mild gestimmte Fortuna, daß die Guerilla in Kuba Fuß fassen konnte, und damit begann die erste Phase des Kampfes, wie Che Guevara ausführt: Der »in kampfgünstigem Gelände eingenistete Guerilla-Fokus [gewährleistet] Sicherheit und Dauer der revolutionären Führung.« Freilich bedarf es hierfür wesentlicher Voraussetzungen, wie er weiter ausführt: »Es gibt drei Bedingungen für das Überleben einer Guerilla, die ihre Entwicklung unter den hier genannten Voraussetzungen [wie in der Sierra Maestra; P. P.] beginnt: dauernde Beweglichkeit, dauernde Wachsamkeit, dauernder Argwohn. Ohne die entsprechende Anwendung dieser drei Elemente der militärischen Taktik wird die Guerilla kaum überleben. […] Diese Opfer werden nicht das tägliche Gefecht, der Kampf Mann gegen Mann mit dem Feind, sein; sie werden viel subtilere und körperlich und geistig für die Guerilleros viel schwerer zu ertragende Formen annehmen.«

Da die politische und militärische Führung sowie infolgedessen das Gros der Kämpfer in hohem Maße über diese Eigenschaften verfügten, gelang es der kubanischen Guerilla, sich festzusetzen, zu halten und schließlich ihren Aktionsradius auszuweiten. Che Guevara hat die einzelnen Stationen dieses

Befreiungskampfes in seinen ›Episoden aus dem Revolutionskrieg‹ spannend, detailreich und ausführlich wiedergegeben.[83] Die lehrreiche Lektüre sei hiermit anempfohlen; sie kann durch die nachfolgende grobe Aufzählung nicht ersetzt werden. Als erstes gelang es der Guerilla, das Vertrauen der wegen des staatlichen Terrors »eingeschüchterten, bestenfalls neutralen und schwankenden Bauernschaft« zu gewinnen und sich in ersten siegreichen kleineren Gefechten mit Waffen und Munition zu versorgen sowie Spitzel zu enttarnen und gegen Castro infiltrierte Attentäter unschädlich zu machen. Auch hier hatte der »Commandante« das Glück des Tüchtigen auf seiner Seite. Es folgte eine Phase der Konsolidierung, in welcher die Bauern zur Geländeerkundung und Versorgung in den Kampf eingebunden werden konnten, während ein mißlungener Anschlag kubanischer Studenten auf den Diktator am 13. März 1957 und eine niedergeschlagene Erhebung der Marinebasis von Cienfuegos am 5. September 1957 die brüchig gewordene Basis des Batista-Regimes anzeigten. Die in der Nähe des heutigen US-Konzentrationslagers Guantánamo gelegene Sierra Maestra wurde befreites Gebiet, ausgerüstet mit Lazaretten, einer Schmiede und einer kleinen Waffenfabrik, ja sogar mit einer für die Aufrechterhaltung der Kampfmoral nicht unwichtigen Zigarrenfabrik, einer kleinen Druckerei, einer Sendeanlage und der unverzichtbaren eigenen Gerichtsbarkeit: Auf Befehlsverweigerung, Desertion und Defätismus stand die Todesstrafe. Pazifisten mögen dies grausam finden; in Wirklichkeit war diese Regelung unverzichtbar notwendig, leicht einprägsam und effizient. Im übrigen folterten die Guerilleros ihre Gefangenen nie, im Gegensatz zu den Schergen Batistas, und behandelten sie gemäß den Richtlinien der Genfer Konvention, im Gegensatz zu den US-Truppen. Das politische Programm der Guerilla, die nun die Führung des nationalen Befreiungskampfes übernahm, war zunächst strikt bürgerlich-demokratisch, ohne jeden Anklang an eine sozialistische oder kommunistische Zielsetzung, wie aus dem »Manifest der Sierra Maestra« eindeutig hervorgeht. Es enthielt die Forderung nach Auflösung aller durch Scheinwahlen und Wahlfälschungen zustande gekommenen Institutionen und den Rücktritt aller so zu »Amt und Würden« gelangten Beamten; die Freilassung aller politischen Gefangenen, die gerichtliche Verurteilung aller an Staatsverbrechen und Willkürakten Beteiligten; die Respektierung der Verfassung von 1940; die Abhaltung allgemeiner und freier Wahlen nach dem Wahlgesetz von 1943 und die Einrichtung einer Republik. Die »Bärtigen«, die geschworen hatten, sich bis zum Einzug in Havanna nicht mehr zu rasieren, waren bis dahin getreue Schüler des kubanischen Schriftstellers und Freiheitskämpfers José Martí, der am 19. Mai 1895 im Krieg gegen die spanische Kolonialmacht gefallen war.

In der Sierra Maestra

Da sich das befreite Gebiet der Sierra Maestra konsolidiert hatte und in die benachbarten Regionen auszustrahlen begann, versuchte das Batista-Regime mit einem militärischen Gewaltakt eine Lösung in seinem Sinne zu erzwingen. Es zog Regimenter in einer Gesamtstärke von 10 000 Mann zusammen, die am 25. Mai 1958 die Offensive gegen die Sierra Maestra mit dem Angriff auf das Dorf Las Mercedes eröffneten. Che Guevara beschreibt das Gefecht an diesem vorgeschobenen Posten:

> … zweihundert brauchbare Gewehre, um gegen zehntausend Waffen aller Art zu kämpfen; das war ein äußerst ungünstiges Verhältnis. Unsere Jungen schlugen sich zwei Tage lang tapfer in einem Verhältnis von eins zu zehn oder fünfzehn; außerdem kämpften sie gegen Granatwerfer, Panzer und Flugzeuge, bis die kleine Gruppe das Dorf aufgeben mußte.

Dann folgte die langwierige Entscheidungsschlacht:

> Die Offensive nahm tatsächlich weiter ihren Verlauf, und in den zweieinhalb Monaten harter Kämpfe verlor der Feind mehr als tausend Mann an Toten, Verwundeten, Gefangenen und Deserteuren. Er ließ sechshundert Waffen in unseren Händen zurück, darunter einen Panzer, zwölf Granatwerfer, zwölf Dreibeinmaschinengewehre, mehr als zwanzig leichte Maschinengewehre

und zahllose automatische Waffen; außerdem eine ungeheure Menge an Munition und Ausrüstungsgegenständen aller Art sowie vierhundertfünfzig Gefangene, die am Ende des Feldzugs dem Roten Kreuz übergeben wurden.[84]

Dieser entscheidende, in seinem Zustandekommen nun besser nachvollziehbare militärische Sieg ist einer Eigentümlichkeit des Guerillakrieges geschuldet, die Che Guevara in seiner bereits erwähnten Studie wie folgt charakterisiert:

> Die für den konventionellen Krieg formierten und ausgerüsteten Armeen, die das Gewaltinstrument bilden, auf das sich die politische Macht der Ausbeuterklasse stützt, erweisen sich als völlig unwirksam, wenn sie dem irregulären Kampf der Bauern in deren vertrautem Gelände begegnen sollen; sie verlieren zehn Mann für jeden Revolutionär, der fällt, und die Demoralisierung breitet sich mit reißender Schnelligkeit unter ihnen aus, da sie einem unsichtbaren und unbesiegbaren Gegner die Stirn bieten müssen, der ihnen keine Gelegenheit bietet, ihre Akademietaktiken und ihre Militärdemonstrationen in Szene zu setzen, mit denen sie großtun bei der Niederwerfung der Arbeiter und Studenten in den Städten.[85]

Mit diesen Ausführungen ist das Wortgerüst des »asymmetrischen Konfliktes«, den David gegen Goliath gewinnen kann, mit Inhalt gefüllt. Nach dem Sieg in der Sierra Maestra war der Batista-Armee das Rückgrat gebrochen, aber sie war noch nicht besiegt. Nun gingen die Streitkräfte der Revolution unmittelbar zur Offensive über und eröffneten zwei neue Fronten im Zentrum und im Norden der Insel. »Flieht der Feind, setze ihm nach« – auch diese kriegsentscheidende Maxime wurde von den kubanischen Revolutionären beherzigt und mit Erfolg belohnt. Aus dem *hit and run* der formativen Anfangsphase war ein beständiges *hit* geworden; das Regime schwankte und stürzte schließlich unter den schnellen und harten Schlägen, und der Diktator suchte das Weite, während 150 Kilometer weiter westlich, bei seinen amerikanischen Auftraggebern, ein lautes Zähneknirschen zu vernehmen war.

Eine Milliarde Dollar hatten die Vereinigten Staaten in Kuba investiert, 90 Prozent der Stromerzeugung kontrolliert, Nickel, Kobalt und Eisen eingesackt, 36 der größten Zuckerfabriken und 40 Prozent des Zuckerhandels betrieben, die Hälfte der Staatsbahn und ein Viertel der Bankeinlagen besessen, 90 Prozent aller Viehfarmen und ein Viertel der gesamten landwirtschaftlichen Nutzfläche ihr eigen genannt[86] – wie? Das alles sollte jetzt den Bach runter sein, nur weil die Kubaner sich selbst regieren statt sich ausplündern lassen wollten? Wenn das kein Kriegsgrund war! Hatte man nicht im Juni 1954 den gewählten und sehr gemäßigten Präsidenten Guatemalas Jacobo Arbenz Guzman gestürzt, weil dieser die Unverschämtheit besessen hatte, drei Viertel der brachliegenden, nicht genutzten Ländereien von United Fruit zu nationalisieren? Hatte dieser Zwerg denn nicht bedacht, daß auch die Gebrüder Allan und John Foster Dulles, die Chefs des Geheimdienstes und der US-Außenpolitik, Aktionäre dieses Konzerns waren, ihn als Anwälte berieten und zeitweise als Direktoren leiteten? Dieses kommunistische Krebsgeschwür auf der Insel galt es auszubrennen, bevor es seine Metastasen in Mittel- und Südamerika setzen konnte. Was waren das doch für Zeiten gewesen, als das vom US-Kongreß 1901 verabschiedete »Platt-Amendment«, welches das Interventions»recht« der USA in Kuba festschrieb, direkt in die kubanische Verfassung aufgenommen worden war! Diese idyllischen Zustände galt es wieder herzustellen. Also: Subversion, Sabotage, Krieg.

Doch halt – fast hätten wir's vergessen: die tägliche fünfminütige Haßlitanei. Bezüglich Fidel Castro ist es die

☞ **Legende:** »Der begnadete Redner, im Umgang mit Massenmedien schon damals gewieft, zelebrierte Kubas Aufbruch in eine selbstbestimmte Zukunft wie ein religiöses Hochamt: ›Patria o muerte‹, ›Vaterland oder Tod‹. […] Chaos, das Unvermögen der anderen, Zufall und schieres Glück bestellten einem charismatischen Hasardeur das Feld. […] Manche attestieren ihm gar ein zur Megalomanie aufgeblähtes Ego.«

Auch Che Guevara bekommt sein Fett ab mit der

☞ **Legende:** »Von einem glaubhaften Nationalismus abgesehen, trat er hauptsächlich als selbstverliebter ›Fidelista‹ in Erscheinung, als erster und wortgewaltiger Vertreter seiner selbst, dem persönliche Anerkennung und uneingeschränkte Macht über alles ging.«[87]

Früher, in den achtziger Jahren, hatte dieser Verfasser rein sachbezogene Bücher mit freilich schon wahrnehmbarer akademischer Schlagseite geschrieben;

nun, zum Professor geadelt, muß er wohl solches Zeug absondern. Man sollte es mit dem angemessenen Widerwillen zur Kenntnis, aber mit der Realität vorlieb nehmen. Che Guevara als machtbesessenen Narzißten abzutun, ist ein wenig gar zu dürftig, »psychologistisch« und daher blöd, und an Fidel Castro gerade das zu bemängeln, was ihn auszeichnet – lieber tot als Sklave zu sein –, ist für einen Lehrstuhlinhaber bezeichnend, der lieber Sklave als tot ist. Was Castro mit Recht vorgeworfen werden kann, ist der Umstand, daß er bis zum 3. Januar 1962 Mitglied der alleinseligmachenden katholischen Kirche war, bis zu jenem Tag, an dem er von Papst Johannes XXIII. exkommuniziert wurde (so fürchtete Castro also nicht den Tod, wohl aber das Fege- und Höllenfeuer?).

Präsident Eisenhower setzte sofort alle Hebel in Bewegung, um die militärische Aggression gegen Kuba in die Wege zu leiten. Für die »Operation Zapata«, die Sabotageaktionen des Geheimdienstes in Zusammenarbeit mit der Mafia umfaßte – Luftangriffe, Waffenlieferungen an die Gegner der Revolutionsregierung, Bombenanschläge gegen Industriezentren und Zuckerrohrfelder, Attentate auf führende Revolutionäre –, wurden 100 Millionen Dollar zur Verfügung gestellt; auffallend bei allen diesen Subversionsakten, insbesondere bei den Mordkomplotten gegen Castro, ist die Beteiligung der Mafia, der als ehemaligem größten Zuhälter der kubanischen Bordelle mit der Revolution ein lukratives Geschäft entgangen war. Bereits im Herbst 1959 legte das US-Verteidigungsministerium in Zusammenarbeit mit der CIA einen detaillierten Angriffsplan vor, den Präsident Eisenhower am 17. März 1960 – 13 Monate vor dem Überfall – genehmigte. In dem bis heute nur zu einem Drittel freigegebenen Dokument wird das Ziel wie folgt umschrieben: »Der Zweck des hier dargestellten Programms ist es, das Castro-Regime durch eines, das [...] annehmbarer ist für die USA, zu ersetzen, und zwar auf eine solche Weise, die den Anschein einer US-Intervention vermeidet.« Wie bereits ausgeführt, mußten die Kriegstreiber im Weißen Haus zu jenem Zeitpunkt noch auf die Weltöffentlichkeit, insbesondere auf die blockfreien Länder, Rücksicht nehmen. Doch unter der propagandistischen Mimikry wurde das Kriegsprogramm zielstrebig vorbereitet; es umfaßte insgesamt vier Punkte:

- »die Bildung einer verantwortlichen, wirkungsvollen und vereinigten kubanischen Opposition zum Castro-Regime«;
- »Mittel für die Massenkommunikation zum kubanischen Volk zu entwikkeln, damit eine machtvolle Propagandaoffensive im Namen der erklärten Opposition initiiert werden kann« (Installation des Radiosenders »Swan«);

- »Bildung einer verdeckten Organisation innerhalb Kubas für Geheim-
  dienstinformationen und -aktionen, die den Anordnungen […] der Exil-
  Opposition folgt«;
- »Bildung einer entsprechenden paramilitärischen Streitmacht außerhalb
  von Kuba […] mit der Schaffung der Mechanismen für die notwendige
  logistische Unterstützung für verdeckte militärische Operationen auf der
  Insel.«

Wie vor kurzem in Libyen und Syrien also. – In der vorbereitenden Phase der
Aggression wurde insbesondere die psychologische Kriegführung forciert; die
eigens hierfür eingerichtete Radiostation »Swan« sollte zunächst durch un-
verfängliche Meldungen und ein flottes Musikprogramm Aufmerksamkeit
erregen, dann zunehmend Hetze, Verleumdungen, Desinformationen und
Gerüchte verbreiten, damit die kubanischen Streitkräfte »eingeschüchtert,
zum Desertieren veranlaßt, zur Panik getrieben oder verunsichert werden«. [88]
Eisenhowers Vize Richard Nixon machte aus seinem Herzen keine Mördergrube: »Das kommunistische Regime in Kuba ist ein unerträgliches Krebsgeschwür geworden«; nun sei »die Zeit gekommen, wo Geduld nicht länger eine
Tugend ist.« [89] Es blieb indessen nicht bei Plänen und Worten:

> Die Bombardierung und der Beschuß Kubas durch in den USA stationierte
> Flugzeuge begannen im Oktober 1959, wenn nicht schon früher. Anfang des
> Jahres 1960 gab es etliche Luftangriffe mit Brandbomben auf kubanische Zuk-
> kerrohrfelder und Zuckermühlen, an denen auch amerikanische Piloten teil-
> nahmen – mindestens drei von ihnen starben beim Absturz ihrer Maschinen,
> während zwei weitere gefangengenommen wurden. Das Außenministerium
> gab zwar zu, ein Flugzeug, bei dessen Absturz zwei Amerikaner starben, sei
> in Florida gestartet, beharrte jedoch darauf, dies sei gegen den Wunsch der
> US-Regierung geschehen.
>
> Im März explodierte ein französischer Frachter, der Munition aus Belgien
> löschte, in Havanna, wobei 75 Menschen starben und 200 verletzt wurden,
> von denen einige anschließend starben. Die Vereinigten Staaten bestritten
> Kubas Sabotagevorwurf, gaben aber zu, daß sie die Lieferung hatten verhin-
> dern wollen. [90]

Im Dezember 1960 stellten die Vereinigten Staaten den Zuckerimport aus
Kuba komplett ein, dessen Zuckerabsatz damit um 70 % einbrach. Die Monokultur Zucker war, wie Che Guevara richtig erkannt hatte, der Fluch, der auf
Kuba lastete, da es dadurch erpreßbar war und leicht in den Bankrott getrieben werden konnte. Zudem wurde im selben Jahr ein umfassender Handels-

boykott gegen die Insel verhängt, ein völkerrechtswidriger kriegerischer Akt, der bis heute anhält und nie geahndet wurde. Im Jahr 2010 bezifferte die kubanische Regierung die Verluste durch 50 Jahre Blockade auf 751 Milliarden Dollar und forderte die 65. UN-Vollversammlung auf, diesen Handelsboykott zu verurteilen. Im Jahr zuvor hatten 185 Staaten dem Antrag Kubas zugestimmt, nur die USA, Israel und die Südseeinsel Palau votierten dagegen.

Der aus dem Amt scheidende Eisenhower schärfte seinem Nachfolger Kennedy ein: »Die USA können langfristig eine Existenz der Regierung Castro nicht zulassen«[91], und der frisch nominierte Playboy war natürlich völlig damit einverstanden. Wie aber stürzt man eine Regierung, ohne als Aggressor dazustehen? Heute plagen derlei Skrupel die US-Regierungen nicht mehr, aber der Stab um Kennedy zerbrach sich ernsthaft den Kopf, wie man den Pelz wäscht, ohne ihn naß zu machen. Außenminister Dean Rusk warnte vor den »enormen Konsequenzen«, die eine direkte militärische Intervention mit sich brächte; des Präsidenten Bruder Robert, der Justizminister, begab sich auf die Suche nach einem »Feigenblatt«; der Präsidentenberater Schlesinger sann darüber nach, wie man Castro zu einer Angriffshandlung provozieren könnte, während ein CIA-Spezialist für verdeckte Kriege Ausschau nach Exilkubanern hielt, die man als Mitglieder einer provisorischen Regierung präsentieren könnte.[92] Kennedy war kein schlechter Heuchler. Am 12. April 1961, als die »Operation Pluto« für einen Militärschlag gegen Kuba bereits auf Hochtouren lief, verkündete er im Brustton feierlicher Überzeugung:

> Zuerst einmal möchte ich feststellen, daß es unter keinen Umständen zu einer Intervention der Streitkräfte der Vereinigten Staaten in Kuba kommen wird. Die gegenwärtige Regierung wird alles tun, was ihr möglich ist, und ich glaube, sie vermag ihrer Verantwortung gerecht zu werden, um dafür zu sorgen, daß keine Amerikaner in irgendwelche Aktionen innerhalb Kubas verwickelt sind.[93]

Aber wie warf man sich im Westen in die Brust vor Empörung, im selben Jahr 1961 und noch ein halbes Jahrhundert danach, als Walter Ulbricht wenige Wochen vor dem Mauerbau erklärte, die DDR-Regierung plane kein solches Vorhaben. Da galt er als *bad guy* und schafft es in dieser Eigenschaft bis heute in die westlichen Geschichtsbücher, während Kennedy als immerwährender Strahlemax und glücklos-tragischer Idealist gehandelt wird. Eine Konstante des Kalten Krieges ist auch das obszöne zweierlei Maß der westlichen Propaganda. –

Drei Tage nach Kennedys Ansprache, am 15. April 1961, fielen die Bomben: US-amerikanische Flugzeuge mit kubanischen Hoheitszeichen bombardierten die Flugplätze von Havanna und Santiago und zerstörten einen Teil der kubanischen Luftstreitkräfte. Auf hoher See kreuzten sechs Transportschiffe unter den Flaggen von Liberia und Nicaragua mit 1500 hochgerüsteten exilkubanischen Söldnern an Bord, die für ein Monatssalär von 300 Dollar in Florida, Guatemala, Panama und Puerto Rico für ihr Mordgeschäft gedrillt worden waren. Sie wurden eskortiert vom Flugzeugträger »Essex«, sieben Zerstörern, einem Landungs- und Versorgungsschiff, enthaltend 35 000 Pakete mit Waffen und Munition. Der Vollständigkeit halber sei hinzugefügt, daß Artikel 18 der amerikanischen Verfassung militärische Unternehmungen gegen ein Land, das sich mit den Vereinigten Staaten nicht im Kriegszustand befindet, zum Verbrechen erklärt. Kraft amerikanischer Konstitution sind demnach die USA im 20. und 21. Jahrhundert kontinuierlich von Verbrechern regiert worden.

Am 17. April 1961 landeten die Invasionstruppen an der Playa Girón. Luis Báez Hernández, damals ein junger kubanischer Journalist, der für die Zeitungen ›Revolución‹ und ›Bohemia‹ arbeitete und späterhin Fidel Castro auf seinen zahlreichen Reisen begleitete, traf als erster Berichterstatter am Kriegsschauplatz ein. Fünfzig Jahre später erinnert er sich:

> Schon zwei Wochen vorher habe ich Fidel bei einer seiner üblichen Inspektionsrundfahrten begleitet, mit denen er die Umsetzung der Bauvorhaben kontrollierte, die die revolutionäre Regierung vorantrieb. Und diesmal führte die Fahrt genau zur Ciénaga-Halbinsel, wo auch die Schweinebucht mit der Playa Girón liegt. Dort wurden damals touristische Einrichtungen und ein kleiner Flugplatz gebaut. Fidel blieb dort am Strand stehen, kurz vor den Wellen, und betrachtete das Gebiet sehr genau. Und dann rief er aus: »Das ist der ideale Ort für eine Landung! Hier werden diese Hurensöhne angreifen!«[94]

Und so kam es. Doch die ersten Vorauskommandos der Invasoren wurden bei der Landung bereits in heftige Gefechte mit kubanischen Milizen verwickelt, deren Reihen rasch durch die Bewohner der umliegenden Dörfer verstärkt wurden: »…zu meinen ersten Notizen gehörte, daß sich innerhalb weniger Minuten immer mehr Männer und Frauen einfanden, die sich freiwillig meldeten, um sich den Kämpfern anzuschließen«, sagte Hernández. Als die Landungsboote unter Feuerschutz der US-Marine das Gros der Angreifer und schweres Kampfgerät wie Panzer an Land brachten, waren bereits die regulären kubanischen Streitkräfte an Ort und Stelle, und Fidel Castro war herbeigeeilt, um das Kampfgeschehen persönlich zu leiten. Auch die beim Luftüberfall der USA unbeschädigt gebliebenen Flugzeuge der kubanischen Luftwaffe beteiligten sich nun an den Gefechten. Hören wir abermals Hernández:

Das Kräfteverhältnis zwischen unseren Flugzeugen und den Maschinen des Feindes war etwa fünf zu eins, natürlich zugunsten des Feindes. Auf zwölf gegnerische Piloten kam einer von uns. In den 72 Stunden zwischen dem Beginn der Invasion und unserem Sieg flogen unsere neun Piloten mit acht alten Flugzeugen nicht weniger als 70 Einsätze. Wir konnten neun B-26-Bomber abschießen sowie zwei Truppentransporter und drei Landungsschiffe versenken. Die Aggressoren verloren dabei 14 Mann, darunter vier nordamerikanische Piloten.

Dieser Führer braucht das bewaffnete Volk nicht zu fürchten: Fidel Castro bei einer öffentlichen Ansprache

Unter den versenkten Schiffen befanden sich der Munitions- und der Versorgungstransporter; einige Landungsschiffe waren zudem auf Korallenriffe aufgelaufen. Aufgrund der schnell errungenen Lufthoheit der Kubaner sah sich die US-Marine gezwungen, sich auf die hohe See zurückzuziehen. Ohne Feuerschutz und Nachschub standen die Aggressoren bald auf verlorenem Posten; die im Hinterland abgesetzten Fallschirmjäger fanden meist ihre Ausrüstung nicht und wurden sofort in Gefechte mit den herbeigeeilten Milizen verwickelt. Ein letzter Entlastungsangriff von US-Jagdflugzeugen, die von CIA-Piloten gesteuert wurden, blieb im heftigen Abwehrfeuer der kubanischen Artillerie hängen. Nach drei Tagen war der Spuk zu Ende. Der US-amerikanische Plan, in der Schweinebucht einen stabilen Brückenkopf zu bilden, diesen dann als »provisorische Regierung« anzuerkennen und ihr mit US-Streitkräften zu »Hilfe« zu kommen – so wie es die NATO 2011 in Libyen mit dem Brückenkopf Bengasi, der dort zusammengezimmerten »Übergangsregierung« und über 20 000 Bombenangriffen mit über 50 000 Toten, die man zu ihrem eigenen »Schutz« umgebracht hatte, erfolgreich durchexerzierte –, war wie eine Seifenblase zerplatzt, am entschlossenen kubanischen Widerstand zerschellt. Freilich war die Übermacht der Angreifer seinerzeit nicht so erdrückend, nicht so grotesk unproportional wie bei dem US-gesteuerten Verbrechen der NATO in Libyen. Der fünfmonatige Widerstandskampf der Libyer war heroisch und legt ein beredtes Zeugnis für die Loyalität der Bevölkerung zu Ghaddafi ab, aber was vermögen Gewehre gegen Tarnkappenbomber, Kampfhubschrauber und Killerdrohnen? – Hernández, der die Gefangenen an sich vorbeiziehen sah, berichtet:

> Dabei traf ich sogar einige frühere Klassenkameraden, die mit mir zur Schule gegangen und nun als Söldner in Gefangenschaft waren. Einer von ihnen bat mich: »Bitte, ich möchte noch einmal mit meinem Vater sprechen, bevor ich erschossen werde.« Aber wir haben sie nicht erschossen, nur Mörder und Kriegsverbrecher wurden hingerichtet. […] Innerhalb von zwei Tagen wurden rund 700 Söldner verhaftet, die sich, besiegt vom Hunger, dem Durst und dem Fehlen jeder Fluchtmöglichkeit unseren Kämpfern ergaben. Von denen, die sie festnahmen, wurden sie korrekt behandelt. Kein Gefangener wurde mißhandelt, keinem Verletzten wurde Hilfe verweigert, keinem Hungernden oder Durstigen wurde Brot oder Wasser verweigert. Aber das heißt natürlich nicht, daß nicht doch die Leidenschaften hochkochten. Als in Playa Girón die ersten Gefangenen eintrafen, sagten manche unserer sehr aufgeregten Kämpfer einige Sachen zu den Gefangenen. Fidel war auch dort, in Girón, und als er das sah, kletterte er auf einen Stuhl – ich weiß nicht mehr genau, ob es ein Stuhl oder eine Kiste oder sonst etwas war – und rief: »Beschimpft sie nicht! Nichts darf unseren Sieg beschmutzen!«

Es war ein Fairneßexzeß von kubanischer Seite, dem weitere folgen sollten. Noch während am Strand die Schüsse hallten und die US-Bomber ihre letzten Angriffe zu fliegen versuchten, wurden die ersten Gefangenen nach Havanna gebracht und im Beisein einer vieltausendköpfigen Menge verhört. Hans Magnus Enzensberger, der spätere Kriegshetzer gegen den Irak, der die eingängige Formel »Saddam = Hitler« prägte und für Bundespräsident Weizsäcker die Reden schrieb, hatte in jüngeren Jahren, als er den progressiven Schriftsteller mimen mußte, eine durchaus lesenswerte Dokumentation über diese Vorgänge geschrieben (›Das Verhör von Havanna‹). Aufgrund der Vernehmungen ergab sich folgendes Bild:

> Die Castro-Regierung enthüllte den sozialen Hintergrund dieser Exilkubaner öffentlich. Von 1000 stammten etwa 800 aus wohlhabenden Familien, ihnen gehörten 370 000 Hektar Grundbesitz, fast 10 000 Häuser, 70 Industriebetriebe, 10 Zuckerfabriken, 2 Banken und 5 Bergwerke. 135 Gefangene hatten in der Armee Batistas gedient, und 75 waren vorbestrafte Verbrecher.[95]

Doch alle, fast alle durften sie, von wenigen Ausnahmen abgesehen, in die Vereinigten Staaten zurück, unter ihnen auch Eddy Lima, der zum 50. Jahrestag des Schweinebucht-Debakels – nunmehr ein rüstiger Greis, der täglich mit seinem Sturmgewehr übt – gegenüber der ›Sarasota Herald Tribune‹ tönte: »Immer, wenn man Castro schaden kann, ist es richtig. Du mußt töten und zerstören – das ist das einzige, was sie verstehen!«[96] Es hätte für die Welt keinen Verlust bedeutet, wenn man solche hartgesottenen Killer seinerzeit standrechtlich erschossen hätte, ganz im Gegenteil; die Humanität des Angegriffenen gegenüber einem verbrecherischen Angreifer ist nicht mehr als blanke Torheit. Eddy Lima hätte jedenfalls heute keine Skrupel, Fidel Castro eigenhändig die Kehle durchzuschneiden.

Und wie lautete das Fazit der Schweinebucht-Aggression? 114 Angreifer und rund 150 Verteidiger waren bei den Kampfhandlungen gefallen. CIA-Chef Allan Dulles mußte seinen Hut nehmen; die Minister Rusk und McNamara bekannten, das Ganze sei ein »Fehler« gewesen (so einsichtig sind Imperialisten nur nach Niederlagen), und J. F. Kennedy proklamierte mit großartiger Geste sein »Bündnis für den Fortschritt« (*Alliance for Progress*), das für Mittel- und Südamerika soziale Verbesserungen ohne Revolution in wolkige Aussicht stellte. Der US-Präsident ließ sich dabei von der Einsicht leiten: »Wenn die Menschen in Lateinamerika nur die Alternative zwischen dem Status quo und dem Kommunismus haben, werden sie sich unweigerlich für den Kommunismus entscheiden.«[97] Es gab aber auch noch andere Mittel, dies zu verhindern. Derselbe Kennedy kündigte unmittelbar nach der militärischen Niederlage in Kuba an: »Wir werden Kuba nicht den Kommunisten überlassen. Trotz der Rückschläge, die die Sache der Freiheit in jüngster Zeit erlitten hat, ist das letzte Wort zu Kuba noch nicht gesprochen worden.«[98] Und es war derselbe Kennedy, der im Rahmen einer öffentlichen Feier am 23. Dezember 1962 von den Söldnern die Flagge der Invasionsbrigade überreicht bekommen hatte und vor 40 000 begeisterten Anwesenden im Stadion von Miami ausrief:

»Ich kann Ihnen versichern, daß die Flagge dieser Brigade in einem freien Havanna zurückgegeben wird.«[99] Operation Pluto, dieser Rohrkrepierer, war nämlich erst der Auftakt für eine weit umfassendere Aggression, welche die Welt an den Rand des Atomkrieges bringen sollte und den Codenamen *Mongoose* (»Manguste«) erhielt. Das niedliche Raubtier, das den Codenamen für die Operation abgab, sollte nicht darüber hinwegtäuschen, daß sich dahinter ein imperialistisches Vabanque-Spiel verbarg, in dem mit Millionen von Toten kalkuliert wurde.

Unter dem immensen militärischen und ökonomischen Druck, dem sich das befreite Kuba gegenübersah, sowie unter den permanenten Schlägen der von der CIA angeführten exilkubanischen Sabotagetrupps war die engere Anbindung an die Sowjetunion eine Frage des schieren Überlebens. Bereits im Jahr 1960 wurden daher Kredit- und Handelsabkommen geschlossen sowie diplomatische Beziehungen aufgenommen; die garantierte Abnahme von 700 000 Tonnen Zucker jährlich durch die Sowjetunion stellte die auf einer Monokultur beruhende und daher krisenanfällige Ökonomie der Insel auf eine leidlich sichere Basis.[100] Zur selben Zeit bekundete die politische Führung Kubas ihre Absicht, die Errichtung einer sozialistischen Gesellschaftsordnung anzustreben und den engen Schulterschluß mit der Sowjetunion und allen nationalen Befreiungsbewegungen der Welt zu vollziehen. Diese eindeutige Ausrichtung auf das sozialistische »Lager« scheint maßgeblich auf die Initiative Che Guevaras zurückgegangen zu sein. Fidel Castro war zwar ein glühender Verfechter der nationalen Souveränität, doch läßt selbst das politische Manifest der Sierra Maestra, das eindeutig die Handschrift des ehemaligen Advokaten trägt, keinerlei Anklänge an sozialistische Zielsetzungen erkennen; daß diese Unterlassung, wie später behauptet, aus taktischer Rücksichtnahme gegenüber der rückständigen kubanischen Landbevölkerung erfolgt sei, vermag nicht so recht zu überzeugen. Die historische Erfahrung in Mittel- und Südamerika lehrte, daß die Vereinigten Staaten jede bürgerliche, auf nationale Eigenständigkeit beharrende Regierung mit Feuer und Schwert erbarmungslos hinwegfegten, daß »Mäßigung« also nichts einbrachte, und zuverlässige Bündnispartner gab es keine – außer der Sowjetunion. Und so kam diese zu ihrem ersten echten »Außenposten« (russ. *Avantpost*) ihrer Geschichte, zu ihrem ersten Verbündeten zudem in der amerikanischen Hemisphäre.

Und der sowjetische Ministerpräsident Nikita Chruschtschow gedachte diese einmalige Chance zu nutzen. Gegen das Votum führender Gremien in der KPdSU, dem Zentralkomitee und dem Politbüro, welche befürchteten, die Vereinigten Staaten könnten gereizt reagieren und darin den langersehnten Vorwand für einen militärischen Überfall auf Kuba erblicken, setzte der sowjetische Ministerpräsident Waffenlieferungen nach Kuba durch, zunächst 100 000 Gewehre und 30 Panzer aus tschechischen Beständen. Im Mai 1960 wurde ein weiteres Waffenhilfsprogramm beschlossen, und am 9. Juni 1960 bekundete Chruschtschow seine Entschlossenheit, diesen Kurs beizubehalten: »Die sowjetische Artillerie kann dem kubanischen Volk durchaus helfen, wenn die aggressiven Kräfte im Pentagon wagen sollten, eine Intervention gegen Kuba zu starten. Wir haben Raketen, die man präzise in ein 13 000 Kilometer entferntes Ziel steuern kann.«[101] Das war ein neuer Ton der Entschlossenheit, den man bis dahin von der Sowjetunion nicht vernommen hatte; ihre internationalen diplomatischen Aktivitäten hatten bis dahin in Abrüstungsvorschlägen, Gewaltverzichtsbekundungen und Forderungen nach einer weltweiten Ächtung der Atomwaffen bestanden, die in schöner Regelmäßigkeit von den US-Regierungen abgeschmettert worden waren. In der Tat deuteten alle Anzeichen auf eine baldige US-Intervention gegen Kuba. Bereits kurz nach Amtsantritt hatte J. F. Kennedy keinen Zweifel daran gelassen, daß er ein unabhängiges, gar mit der Sowjetunion verbündetes Kuba nicht dulden werde: »Laßt jede andere Macht wissen, daß die Hemisphäre beabsichtigt, Herr im eigenen Haus zu bleiben.«[102] Die nach dem Schweinebucht-Desaster angelaufene Operation »Mongoose« sah eine schrittweise Eskalation von Akten der Subversion und Sabotage bis zu einem abschließenden militärischen Überfall vor. Im Februar 1962 verhängte die Kennedy-Regierung eine totale Wirtschaftsblockade gegen Kuba, die sie »Quarantäne« nannte, um durch diese Wortwahl die Vorstellung eines kommunistischen Seuchenherdes zu evozieren, der »eingedämmt« und schließlich »ausgetilgt« werden müßte. In immer kürzeren Abständen drängten führende US-Militärs zum Losschlagen: »Die Vereinigten Staaten können nicht tolerieren, daß sich eine kommunistische Regierung auf Dauer in der westlichen Hemisphäre etabliert.«[103] »Freiheit« so verstanden implizierte also keineswegs die Freiheit, ein anderes Gesellschaftssystem als das kapitalistisch-imperialistische anzustreben, und dies galt wohlgemerkt für die ganze »Hemisphäre«, die keineswegs nur Mittel- und Südamerika umfaßte. Seit März 1962 häuften sich die Pläne, einen fingierten Kriegsgrund vorzutäuschen. »Gefragt waren kriminelle Energie und jede Menge gefälschter Beweise.«[104] Verschiedene Szenarien wurden durchgespielt: ein Bombenattentat auf dem kubanischen US-Stützpunkt Guantánamo, ein Brandanschlag in der Dominikanischen Republik mit sowjetischen Zündern, Flugzeugentführungen und dergleichen

terroristische Akte mehr, die man der kubanischen Führung anzuhängen gedachte. Ein *Fake* indessen sollte uns heute, nach fünfzig Jahren, in den Ohren
klingeln und rege Gehirnaktivitäten auslösen:

> Möglich wäre auch, ein leeres Passagierflugzeug per Fernsteuerung an den
> kubanischen Luftraum heranzuführen, auf internationalen Frequenzen ei-
> nen MiG-Angriff zu melden, das Flugzeug durch Funkbefehl zu sprengen,
> den angeblichen Opfern fiktive Namen zu geben und in amerikanischen Ta-
> geszeitungen zu publizieren. Der weltweite Ruf nach Vergeltung, dessen war
> man sich im Pentagon gewiß, würde nicht auf sich warten lassen.[105]

Wer denkt da nicht an die zwei einstürzenden Bürotürme des WTC und an
zwei äußerst schmutzige Kriege im Gefolge, die Hunderttausende von Irakern und Afghanen das Leben kosteten? Fürwahr, es gibt nichts Neues in der
trüben Welt der amerikanischen Kriegstreiber und ihrer Geheimdienste …

Angesichts des offenkundigen Kriegskurses der USA gegen Kuba ging
Chruschtschow nun aufs Ganze und konterte Mitte Oktober 1962 die Operation »Mongoose« mit der Operation »Anadyr«, so benannt nach einem Fluß
im Nordosten Sibiriens:

> Auf Kuba wurden angelandet: eine aus fünf Regimentern bestehende Rake-
> tendivision, zwei Luftabwehrdivisionen mit sechs Regimentern, die neben 144
> SA-2-Raketen auch über ein Geschwader von MiG-21-Jägern verfügten; vier
> motorisierte Schützenregimenter und zwei Panzerbataillone; drei mit kon-
> ventionellen Kurzstreckenraketen ausgestattete Bataillone für den Küsten-
> schutz; 98 Sprengköpfe für nukleare Gefechtsfeldwaffen; vier dieselgetriebene
> U-Boote der »Foxtrot«-Klasse mit je einem Atomtorpedo; 42 000 Soldaten,
> darunter eine 10 000 Mann starke Kampftruppe. Und vor allem: 36 nukle-
> are Mittelstreckenraketen vom Typ R-12, die mit einer Reichweite von 1100
> nautischen Meilen oder 2000 Kilometern Verwüstungen weit im Inneren der
> USA hätten anrichten können.[106]

Mit anderen Worten: Damit lagen die amerikanischen Großstädte Miami, New
Orleans, Atlanta, Dallas und die Hauptstadt Washington in der Reichweite sowjetischer nuklearer Mittelstreckenraketen mit drastisch herabgesetzter Vor-
warnzeit, und damit war für die US-Regierung die *causa belli* gegeben, zumal
ihre Spionageflugzeuge zur selben Zeit Rampen und Abschußvorrichtungen für
Raketen auf Kuba ausfindig gemacht hatten. Der atomare Konflikt rückte mit
Riesenschritten näher, und eine geschockte Welt verharrte tagelang in Angststarre. Die sich nun überstürzende Entwicklung bietet viel Stoff für die

☞ **Legende:** Während der Kuba-Krise heizten beide atomaren »Supermächte« zu gleichen Anteilen einen Konflikt an, der die Welt beinahe in ein nukleares Inferno verwandelt hätte.

Man stellt statt dessen besser die Frage: Welche Gründe hatten die Sowjetunion bewogen, ihre bisherige Politik der Zurückhaltung, des Kompromisses, der »friedlichen Koexistenz« aufzugeben und den Vereinigten Staaten auf gleicher Augenhöhe entgegenzutreten? Des Rätsels Lösung lautet: Die Sowjetunion sah sich zu diesem Zeitpunkt so akut wie nie zuvor von atomarer Auslöschung bedroht und suchte in ausweglos scheinender Lage ihre Rettung in einer kühnen, bis dahin ungewohnten Offensivhandlung. Die Vereinigten Staaten hatten nämlich vor der Kuba-Krise, am 5. März 1959, in der Türkei atomare Mittelstreckenraketen des Typs »Thor« und »Jupiter« stationiert, und damit gerieten die Hauptstädte sämtlicher Staaten des Warschauer Pakts sowie der gesamte europäische Teil der Sowjetunion in das Schußfeld der im Grunde genommen ›taktischen‹ Mittelstreckenwaffen, die aufgrund ihrer grenznahen Stationierung nun strategische Qualität erlangten: Ostberlin, Warschau, Prag, Budapest, Bukarest, Sofia, Leningrad und Moskau konnten von nun an in Minutenschnelle atomar zerstäubt werden. Damit rückte ein nuklearer Erstschlag in greifbare Nähe, zumal Chruschtschow zuvor einseitig drastische Abrüstungsmaßnahmen verfügt hatte und das strategische Atomwaffenpotential der USA dem sowjetischen Kernwaffenbestand so haushoch überlegen war, daß die amerikanischen Militärstäbe einen Atomkrieg zu Recht für führbar und gewinnbar halten konnten:

> …Chruschtschow verfügte zwischen 1955 und 1960 den drastischsten Truppenabbau in der UdSSR seit 1924; dreieinhalb Millionen Mann, darunter hunderttausende Offiziere, mußten aufgrund der wirtschaftlichen Malaise die Uniform ablegen. Auf dem Gebiet moderner Rüstungstechnologie lag man erst recht im Hintertreffen. Nicht nur besaßen die USA Anfang der 1960er Jahre das Fünffache an Interkontinentalraketen (230 gegenüber 42); die sowjetischen R-16 waren überdies so gut wie nutzlos, da sie im Unterschied zu amerikanischen Festtreibstoffraketen erst nach stundenlangem Betanken einsatzbereit waren. Bei den Atomsprengköpfen war die UdSSR den westlichen Nuklearmächten USA, Großbritannien und Frankreich im Verhältnis 1:17 (300 zu 5000) unterlegen, mehr als 1400 amerikanischen Langstreckenbombern standen 155 sowjetische gegenüber [9:1], die im Kriegsfall das

amerikanische Festland hätten erreichen können – aber nur in Missionen ohne Wiederkehr, da ein Betanken in der Luft nicht möglich war. Diese und viele andere Mängel wogen um so schwerer, als es keine realistische Aussicht auf schnelle Abhilfe gab.[107]

Selbst wenn die Sowjetunion den Atomkrieg *gewollt* hätte, sie hätte es nicht *gekonnt*.* So mit dem Rücken an die Wand gedrängt, wie ein standrechtlich Verurteilter seiner Füsilierung entgegensehend, ergab sich für die Sowjetunion mit der kubanischen Revolution eine unverhoffte Möglichkeit der Gegenwehr. Chruschtschow hielt in seinen Memoiren später fest:

> Die Amerikaner hatten unser Land mit Militärstützpunkten umzingelt und bedrohten uns mit Atomwaffen. Jetzt erfuhren sie einmal, wie es ist, wenn feindliche Raketen auf einen gerichtet sind. Wir taten nichts anderes, als ihnen ein wenig von ihrer eigenen Medizin zu verabreichen. Im Grunde hatten die Amerikaner keine moralische oder juristische Auseinandersetzung mit uns. Wir hatten den Kubanern nicht mehr gegeben, als die Amerikaner ihren Verbündeten gegeben hatten. Wir hatten die gleichen Rechte und Chancen wie die Amerikaner. Unser Verhalten auf der internationalen Bühne war von denselben Regeln und Einschränkungen bestimmt wie das der Amerikaner.[108]

Chruschtschows Ausführungen stimmen zwar, doch sind sie noch viel zu gutmütig. Von einem »gleich zu gleich« konnte bis zur Kuba-Krise keine Rede sein; stets waren es die USA, die den Rüstungswettlauf anheizten und mit einem atomaren Erstschlag gegen die Sowjetunion liebäugelten. Selbst im Jahre 1962 befand sich die Sowjetunion trotz der kubanischen Operation fast hoffnungslos im Hintertreffen, und es sollte sich schnell herausstellen, daß Chruschtschow die Entschlossenheit und Bösartigkeit seines Gegners unterschätzte, als er die halb lustig gemeinte Bemerkung fallenließ, man müsse Uncle Sam einen Igel in die Hose stecken. Was nun folgte, war kein Kinderspiel – das war es nie gewesen –, sondern tödlicher Ernst. Die Invasion Kubas rückte auf die Tagesordnung, und die Welt konnte die größte

---

* Bei BRUHN 1983, S. 98, finden sich abweichende Zahlen, die an der erdrückenden strategischen Überlegenheit der USA jedoch nichts ändern: »[…] 1962 [war] das amerikanische Potential an Interkontinentalraketen weitaus größer als das der Sowjetunion. Nach den Untersuchungen des Londoner ›International Institute for Strategic Studies‹ besaßen die Russen 1962 75 Interkontinentalraketen, die USA 450–500 Raketen mit einer Reichweite von über 3200 Kilometern.«

Zusammenballung amerikanischen Militärpotentials seit dem 2. Weltkrieg beobachten; manche sahen die Halbinsel Florida unter der Last von Truppen und Gerät im Meer versinken.[109] 600 Kampfbomber sowie acht Divisionen mit insgesamt 120 000 Mann warteten auf ihren Einsatzbefehl, während 180 Kriegsschiffe, darunter Flugzeugträger und Zerstörer, die Schlinge um Kuba enger zogen. Am 16. Oktober 1962, einen Tag nach der Entdeckung der Raketenbasen auf der Insel, billigte die US-Regierung die Eskalation der Sabotageakte mittels Sprengung von Eisenbahnbrücken, Bombardierung von Öltankern und Raffinerien sowie einem Granatenangriff auf die chinesische Botschaft in Havanna (was letztlich nicht geschah; allerdings holte dies die US-Regierung bei der Bombardierung Belgrads im Jahr 1999 nach). Selbst der Beschuß Havannas mit Leuchtmunition von einem U-Boot aus wurde in Erwägung gezogen, »um verängstigte Kubaner von einer bevorstehenden Wiederkehr Christi und der unausweichlichen Rache am Anti-Christen Castro zu überzeugen.«[110]

Kennedy, der den Kongreß über die Mobilisierung von 150 000 Reservisten für die Dauer eines Jahres verfügen ließ und dessen Militärs für die ersten zehn Tage Krieg auf Kuba mit 20 000 Toten aus den eigenen Reihen kalkulierten – kubanische und sowjetische Verluste waren keine weitere Überlegung wert –, verlor dabei nie den Hauptfeind aus den Augen: die Sowjetunion, deren atomare Vernichtung nun aus dem Planungsstadium in den Bereich des Machbaren gerückt war. Schon im März 1962, also vor der Raketenkrise, hatte er angekündigt: »Chruschtschow darf sich nicht sicher sein, daß die USA in Fällen, wo ihre lebenswichtigen Interessen bedroht sind, niemals einen Erstschlag führen werden. Unter bestimmten Bedingungen könnten wir gezwungen sein, die Initiative zu ergreifen.« Zu diesem Zeitpunkt hielt Chruschtschow noch wacker dagegen mit der Bemerkung, man dürfe sich nicht scheuen, andere zur Weißglut zu treiben, da man es sonst nie zu etwas bringe. Ein halbes Jahr später, bei der Radio- und Fernsehansprache Kennedys, die von 100 Millionen US-Bürgern verfolgt wurde, war die Gefahr eines atomaren Schlagabtausches mit Händen zu greifen:

> Der Kurs, den wir jetzt gewählt haben, ist voller Risiken […]. Der Preis der Freiheit ist stets hoch – aber wir Amerikaner haben ihn immer entrichtet. Und ein Weg, den wir niemals wählen werden, ist der Weg der Kapitulation oder der Unterwerfung. […] Wir werden nicht verfrüht oder unnötigerweise einen weltweiten Nuklearkrieg riskieren, […] aber wir werden vor diesem Risiko auch nicht zurückschrecken, wenn wir ihm gegenüberstehen. Ich habe die Streitkräfte angewiesen, sich auf alle Möglichkeiten vorzubereiten.[111]

Doch was sollte das bedeuten, »verfrüht« und »unnötigerweise«? Nach Aussage des Luftwaffenkommandeurs Curtis LeMay schnüffelte der rote Hund im amerikanischen Hinterhof, und nun galt es ihm atomar eins auf den Pelz zu brennen. Kennedy versetzte die strategischen Luftstreitkräfte der USA in den höchsten Alarmzustand unterhalb der Nuklearschwelle (»Defense Condition 2«), dasselbe galt für alle Interkontinentalraketen und Langstreckenbomber. Binnen einer Stunde nach dem Präsidentenbefehl waren diese Raketen einsatzbereit, und die zwischen 65 und 72 B-52-Bomber, die Tag und Nacht entlang der Sowjetgrenzen in der Luft patrouillierten, konnten ihre tödliche Atomfracht binnen kürzester Frist abladen. »Als ›high priority – Task 1 targets‹, unbedingt und sofort auszulöschende Ziele in der Sowjetunion, hatte das ›Strategic Air Command‹ unter General Thomas Power 220 Städte, Militär- und Industrieanlagen sowie Verkehrsknotenpunkte festgelegt.«[112] In permanenten Krisensitzungen im Weißen Haus, die auf 18 Tonbändern, den sogenannten »Kennedy-Tapes«, protokolliert wurden, lassen sich die einzelnen Phasen der militärischen Eskalation gleichsam minutiös nachvollziehen. Diese Protokolle bekunden einerseits die Entschlossenheit der politischen Führung, andererseits aber auch ihre sich steigernde Unsicherheit und Nervosität. Mit zunehmender Dauer der Debatten wird ein Dissens zwischen den auf einen atomaren Angriffskrieg erpichten Militärs und einem bremsenden, Bedenken tragenden, wiederholt die Meinung der Weltöffentlichkeit ins Spiel bringenden Präsidenten deutlich. Man hört einander nicht mehr zu, unterbricht sich gegenseitig, bringt Zwischenrufe an, und mehr als einmal wird Kennedy mit fast grausamem Sarkasmus von seinen Generälen vorgeführt. Nur nominell Oberbefehlshaber, wird er faktisch wegen seiner »Zimperlichkeit« und seiner Appeasement-Attitüden lächerlich gemacht und gedemütigt; hier dürfte der entscheidende Grund für Kennedys vorzeitiges und gewaltsam herbeigeführtes Ableben zu suchen sein. Damit keine Mißverständnisse aufkommen: Die Meinungsverschiedenheiten beziehen sich nie auf das Endziel, d. h. auf die militärische Liquidierung Kubas und, so sich die Gelegenheit anbot, der Sowjetunion, sondern im Mittelpunkt der Aufregung standen stets der konkrete Zeitpunkt, die konkrete Maßnahme, der nächste zu unternehmende Schritt und die mutmaßliche Reaktion der Sowjetunion darauf. Es wäre ein Irrtum, anzunehmen, die herrschende Klasse hätte keine internen, bei brisanten Sachverhalten auch heftig kontroverse Debatten nötig; sie ist weder allmächtig noch allwissend und muß daher Risiken abwägen und Prognosen treffen. Und der Dissens in der Kuba-Debatte sollte zweitens nicht zu der Fehlannahme verleiten, die »Zivilisten« in der politisch-militärischen Führung hätten eher zur friedlichen Lösung des Konflikts geneigt. Eindeutig nein: Es ging »lediglich« darum, wie schnell der militärische Konflikt vorangetrieben werden sollte und wie er zu gewinnen war. Robert Kennedy etwa plädierte für ein entschlossenes militärisches Vorgehen mit den Worten: »Eine Weltmacht, die in ihrem Hinterhof zur Untätigkeit verdammt ist, ist die längste Zeit Weltmacht gewesen.« Verteidigungsminister McNamara, der sich laut fragte, ob er wohl noch das nächste Wochenende erleben würde, ordnet akribisch, ja fast pedantisch die nächsten Luftschläge an und verrechnet sie in Modellen und Szenarien bis hin zum atomaren *big bang*.

Es lag für alle Beteiligten inner- und außerhalb der Vereinigten Staaten klar auf der Hand, daß die politische Führung auf Krieg bis hin zum atomaren Schlagabtausch setzte. Und dies war der Zeitpunkt, an dem die sowjetische Führung einknickte, zu Kreuze kroch und wie ein geprügelter Hund mit eingezogenem Schwanz den Rückzug antrat. In den Worten des US-Außenministers Dean Rusk, der sich nostalgisch in einem klassischen Western-Klischee ergeht: *We were eyeball to eyeball, and the other fellow just blinked* (»Wir standen uns Auge in Auge gegenüber, und der andere hat als erster geblinzelt«).[113] Das alte Affenspiel, mit dem unsere schimpansischen Vettern die Kampfbereitschaft des Gegners testen. Noch bevor die Kuba-Krise in ihre heiße und nicht mehr genau vorhersehbare Phase trat, war bereits eine krasse Asymmetrie in der Wahl der militärischen Mittel seitens der Sowjetunion zu verzeichnen; während die US-Regierung auf die Kriegskarte setzte, bestand die sowjetische Strategie – wenn man sie so nennen will – in der Kriegsvermeidung um jeden Preis. Dann darf man aber einen Konflikt, und sei es »nur« ein regionaler, erst gar nicht beginnen, denn der Verlierer steht von vornherein fest. Chruschtschow faßte den Zweck der »Operation Anadyr« wie folgt zusammen: »Es ist doch so, wir wollten keinen Krieg anzetteln. Wir wollten sie bloß einschüchtern…«[114] Die sowjetischen Einheiten in Kuba waren von vornherein dazu angehalten, die Mittelstreckenwaffen nur nach der persönlichen Genehmigung Chruschtschows einzusetzen, und der sowjetische Kommandeur in Kuba, Issa Plijew, durfte die taktischen Atomwaffen nur in extremen Notsituationen und wenn die Verbindung zur Sowjetunion unterbrochen war, zum Einsatz freigeben. In dem Maße, wie die Krise eskalierte – man schrieb den 22. Oktober 1962 –, wurde die Ängstlichkeit der russischen Führung, ja ihre Bereitschaft, ihre auf Kuba stationierten Truppen ohne Gegenwehr abschlachten zu lassen, immer klarer offenbar, wie aus den neuen Instruktionen an General Plijew hervorgeht: »Dem Kommandeur auf Kuba wurde der eigenmächtige Einsatz von Atomraketen strikt untersagt – egal, ob es sich um Mittelstreckenraketen oder nukleare Gefechtsfeldwaffen handelte, gleichgültig, welche Umstände auf Kuba im Laufe einer militärischen Auseinandersetzung eintraten, unabhängig davon, ob die Nachrichtenverbindungen in die Sowjetunion offen oder gestört waren. ›Kategorisch verboten‹ lautete die Formulierung…« Drei Tage später, am 25. Oktober, war der Kniefall Moskaus für alle Welt offenkundig, als Chruschtschow schon den Rückzug der Raketen ankündigte, wenn die USA auf eine Invasion Kubas verzichteten (die gerade am Laufen war), und, an die Mitglieder des Politbüros gewandt, ausführte: »Wir haben damit angefangen, und dann fuhr uns der Schreck in die Glieder. Aber Feigheit ist das nicht. Es ist ein kluger Schachzug.« Tja, die Taktik, die Taktik… Chruschtschow hätte die Proskynese gleich in den Rang einer olympischen Disziplin erheben können… Aber so bot er ein Gipfeltreffen an, sofort und gleichgültig an welchem Ort; »das Angebot klang bei Lichte besehen wie eine flehentliche Bitte.«[115] Und so variierte er das Thema »Der Klügere gibt nach« – das nicht stimmt: »Der Klügere wäre dann ja der Dumme!« (Fritz Erik Hoevels) – ein ums andere Mal, verbrämte es mit Pathos und humanitären Überflügen: »Wir sehen uns unmittelbar der Gefahr eines Krieges und einer nuklearen Katastrophe ausgesetzt. […] Um die Welt zu retten, müssen wir den Rückzug antreten.«[116]

Aber erst provozieren, dann kapitulieren und so tun, als ob nichts geschehen wäre: so einfach geht das nicht, und zwar aus mehreren Gründen. Erstens hatten die amerikanischen Aggressoren den Angstschweiß gerochen und dabei Blut geleckt. »Diese Jungs geben doch bereits nach. […] Wir sollten ihnen weiterhin Zunder geben«, meinte der Sowjetexperte Llewellyn Thompson, als der Vorschlag eines Raketenhandels Kuba/Türkei in die Debatte eingebracht wurde. Während Kennedy vom Kongreß eine Blankovollmacht für die Anwendung militärischer Gewalt gegen Kuba erhielt, die Mobilisierung der Reservisten verfügte und seine Militärs ankündigten, Kuba gehörig »aufzumischen«, begnügte sich die Sowjetunion mit einer befristeten Verhängung der Urlaubs- und Ausgangssperre für ihre Soldaten und anderen symbolischen Harmlosigkeiten. Während von sowjetischer Seite winselnde Beteuerungen ihrer friedfertigen Absichten erschollen, stellte US-Senator Richard Russell, Vorsitzender des Streitkräfteausschusses, knochentrocken fest: »Wir müssen uns jetzt entscheiden, entweder sind wir eine Großmacht erster Klasse, oder wir sind es nicht.«[117] Die USA hatten einen Igel in die Hose gesteckt bekommen und überlegten sich nun, ob sie diesen Frevel mit einem Knockout oder einem Mord ahnden sollten.

Neben der Asymmetrie der Absichten und Kriegsmittel, welche die stärkere Seite stets zum Zuschlagen verlockt, gab es ein zweites Moment, das die

Gefahr eines weltweiten Atomkrieges beträchtlich steigerte: Die von den USA betriebene militärische Eskalation hatte ein solches Ausmaß angenommen, daß ein Funke genügte, um das Pulverfaß zur Explosion zu bringen. Ängstlich schaute die Welt auf den Atlantik, wo sowjetische Schiffe mit Atomraketen an Bord Kurs auf Kuba nahmen, umkreist von in geringer Höhe fliegenden amerikanischen Militärflugzeugen. Was, wenn diese das Sperrfeuer eröffneten, um die sowjetische Armada zur Umkehr zu zwingen? Was, wenn die sowjetische Flotte in Verteidigungsabsicht einige der US-Jets vom Himmel holte? Das waren die Tage der Panik, der Hamsterkäufe, des Duckens, der Ohnmacht. Das geteilte Deutschland würde Kriegsgebiet sein, und dann würde es gar nicht mehr sein: wie der Rest Europas. In diesen heiklen, nervenzerreißenden Tagen zwischen dem 16. und 28. Oktober 1962 schätzte die US-Führung das Risiko eines Krieges mit der Sowjetunion auf fifty-fifty ein. Chruschtschow hatte bereits erleichtert reagiert, als sein Kontrahent Kennedy »nur« eine Seeblockade statt eines Angriffs gegen Kuba angeordnet hatte, und 30 sowjetische Frachter mit militärischer Ausrüstung hatten die Weisung erhalten, sofort umzukehren.[118] Lediglich die »Alexandrovsk« mit 68 nuklearen Sprengköpfen an Bord, die nur noch eine halbe Tagesreise von der Insel entfernt war, gelangte unbehelligt in den kubanischen Hafen La Isabela. Aber damit waren die Probleme nicht aus der Welt, denn noch waren andere Frachter verschiedener Ostblockländer, darunter die »Völkerfreundschaft« der DDR, mit Versorgungsgütern unterwegs. Chruschtschow hatte seinem Gegenüber zu verstehen gegeben, daß er die Blockade als »ausgesprochenes Banditentum« und »eine Verrücktheit des degenerierten Imperialismus« halte, sie deshalb nicht beachten werde, und hinzugefügt: »Ich hoffe, daß die Regierung der Vereinigten Staaten Vernunft zeigen wird und von Handlungen Abstand nimmt, die zu katastrophalen Folgen für den Frieden in der ganzen Welt führen können.« Wollte er den Wolf Vegetarismus lehren? McNamara hatte die Marine angewiesen, auf Schrauben und Ruder der Schiffe zu feuern, falls sie den Haltebefehl mißachteten. Dies wiederum dünkte den Befehlshabern der amerikanischen Seestreitkräfte ein schlechter Witz zu sein: »Punktuelle« und »dosierte« Gewalt zur Durchsetzung der Blockade? Würden es sich die Sowjets gefallen lassen, wenn man ihre Schiffe ins Schlepptau nahm? War hier nicht vielmehr die Strategie der harten Hand am Platz? Um der Sowjetführung Zeit für ihre Entscheidung zu lassen, verringerte Kennedy den Blockadering von 800 auf 500 Seemeilen, vergaß jedoch, die neuen Koordinaten mitzuteilen. »Früher oder später«, sagte er aber, »müssen wir beweisen, daß die Blockade funktioniert.«

Keinem Zeitgenossen schwante indessen etwas davon, daß sich die eigentlichen Dramen nicht auf der Meeresoberfläche, sondern unter Wasser abspielten. Denn noch waren die vier sowjetischen U-Boote der »Foxtrot«-Klasse unterwegs, deren Vorschrift lautete, fremden Befehlen zum Auftauchen keine Folge zu leisten. McNamara wiederum hatte die internationale Regelung außer Kraft gesetzt, daß U-Boote nur mit Sonarsignalen zum Auftauchen aufgefordert werden dürfen, und statt dessen den Einsatz kleinkalibriger Unterwasserbomben angeordnet, welche die U-Boote weder beschädigen noch zerstören, sondern »nur« durchschütteln sollten. Zwar wurde die sowjetische Marineführung von dieser Änderung angeblich sofort in Kenntnis gesetzt, doch hatte diese, aus welchen Gründen auch immer, es unterlassen, die Kapitäne hierüber in Kenntnis zu setzen. So wußte McNamara nicht, daß jedes sowjetische U-Boot einen Atomtorpedo mit 19 km Reichweite mit sich führte, geeignet zum Versenken ganzer Flottenverbände einschließlich der riesigen Flugzeugträger, während die Kommandeure der U-Boote bar jeder Ahnung waren, daß die Vereinigten Staaten eine Seeblockade gegen Kuba verhängt und ein gewaltiges Aufgebot an Kriegsschiffen zur Jagd mit scharfen Waffen gegen sie entsandt hatten: vier Marineverbände mit insgesamt vier Flugzeugträgern, 32 Zerstörern und Dutzenden von Kampfflugzeugen und -hubschraubern. Es kam zu unglaublichen Szenen. Ein U-Boot wurde mit einem Torpedo angegriffen und verlor seine Hauptantenne, konnte aber nach viertägiger Jagd entkommen. Die drei anderen U-Boote kämpften aufgrund der mehrwöchigen Überfahrt mit gravierenden technischen Problemen; die Innentemperaturen stiegen auf 40 bis 60 Grad, desgleichen der Kohlendioxidgehalt, und die russischen Matrosen brachen zusammen. Als ein U-Boot auftauchte, um buchstäblich Luft zu schöpfen, wurde es nach drei Stunden entdeckt und von vier Seiten angegriffen. Nur ein schneller Tauchgang bewahrte das U-Boot vor verheerenden Rammstößen, und nach viertägiger Verfolgung gelang auch hier die dramatische Flucht. Weniger Glück hatte die »B-59« am 27. Oktober:

> Mit Unterwasserbomben verfolgt und von technischen Problemen geplagt, taucht das Boot auf; drei Zerstörer und der Flugzeugträger »Randolph« bereiten den Empfang mit gleißendem Licht ihrer Scheinwerfer, mit Leuchtraketen und Leuchtspurmunition, später mit Zigarettenschachteln und Cola-Dosen, von Matrosen in Richtung der Brücke geworfen, am Ende mit einer Jazz-Band, die zur Belustigung der einen und zur Erniedrigung der anderen an Deck eines Zerstörers aufspielt. Zwei Tage später, die Batterien sind wieder aufgeladen, entkommt die »B-59«; wahrscheinlich läßt man sie absichtlich entkommen, denn zu diesem Zeitpunkt ist das Schlimmste der Krise bereits überstanden.[119]

Es hätte ohne weiteres anders kommen können, denn die Kommandeure und Besatzungen der sowjetischen U-Boote wußten ja nicht, was gespielt wurde: Handelte es sich bei den Explosionen, welche die Detonationsstärke von Handgranaten besaßen, um Warnmanöver, oder waren dies Gefechtshandlungen des Feindes? Ein Offizier der »B-59« sagte aus: »Die [Unterwasserbomben] explodierten unmittelbar neben dem Boot. Es fühlte sich an, als säßen wir in einem Faß aus Metall, auf das ständig jemand mit einem Vorschlaghammer eindrischt. […] Wir dachten: Das war's. Das ist das Ende.« Der Kapitän von »B-130« berichtete: »Diese Nacht hätte leicht zu einer Katastrophe für uns werden können. Als sie diese Granaten zündeten, dachte ich, sie würden uns bombardieren.«[120] Es ist einzig der Besonnenheit der sowjetischen U-Boot-Kommandeure zu verdanken, daß die militärischen Provokationen der US-Marine nicht zu einem atomaren Schlagabtausch eskalierten. Daher seien sie hier namentlich aufgeführt: Ryurik Ketov (»B-4«), Alexsej Dubikov (»B-36«), Valentin Savitsky (»B-59«) und Nikolai Schumkov (»B-130«).

Der Besonnenheit dieser vier sowjetischen Marineoffiziere hat die Welt die Verhinderung eines Atomkriegs zu verdanken

Während Chruschtschow, zuerst offensiv und provokativ mit einer Spur von Großmäuligkeit, dann kleinmütig und verzagt auf ganzer Linie zurückruderte, dachten seine kubanischen Verbündeten nicht im entferntesten daran, klein beizugeben. Sie sahen, der drastische Ausdruck sei gestattet, das Weiße im Auge der imperialistischen Bestie, und wenn sie sich totgestellt hätten, wären sie einfach gefressen worden. Also standen die Zeichen auf Kampf, zur Wahrung der *suprema dignidad*, der »höchsten Würde«. Man hat diese Haltung als leichtsinnig, größenwahnsinnig, verantwortungslos, als verbrecherisch und hybrid gegeißelt – aber welchen Kubaner hätten's denn gern? den kapitulierenden und geknechteten oder den freien, der für seine Freiheit sein Leben in die Schanze wirft, auch wenn die Europäer und die Sowjetbürokratie zagen und schlottern? Am 22. Oktober hatte Castro den Ausnahmezustand verhängt und die Massenmobilisierung verfügt, die zwischen 350 000 und 420 000 Kubaner beiderlei Geschlechts umfaßte. »Wir sind […] bereit, uns als erstes sozialistisches Land für die sozialistischen Ideale zu opfern und dadurch die Sowjetunion zu unterstützen«, verkündete der »Commandante«[121], und das war, zum Ärger der Yankees und zum Schrecken der Laschis in Europa und Rußland, ernst gemeint. Die Antwort der Vereinigten Staaten ließ nicht lange auf sich warten:

> Seit dem 25. Oktober – John F. Kennedy hatte diese Maßnahme ausdrücklich gebilligt – donnerten US-Kampfjets ununterbrochen über die Insel. […] In erster Linie simulierten die Piloten Bombenangriffe auf die Raketenstellungen; sie näherten sich im Sturzflug, fingen ihre Maschinen in knapp 200 Metern Höhe ab und steuerten anschließend knapp über den Baumkronen ihre prospektiven Ziele an. Man praktizierte den Psychokrieg, eine Vorform der Jahrzehnte später als »shock and awe« berüchtigten Kriegstaktik. In den Worten von Robert McNamara: »[Wir] bauen ein Operationsmuster auf, […] das von einem tatsächlichen Angriff nicht unterschieden werden kann.«[122]

Auch hier – dies ist der dritte Bereich – legten es die USA auf eine Eskalation bis zum Nuklearkrieg an. In dieser brenzligen Situation schrieb Castro an Chruschtschow einen Brief, in dem es auszugsweise heißt:

> Wenn […] die Imperialisten auf Kuba einfallen, um es schließlich zu besetzen, stellt eine derart aggressive Politik eine so große Gefahr für die Menschheit dar, daß nach einer solchen Tat die Sowjetunion niemals Umstände zulassen darf, unter denen die Imperialisten gegen sie den nuklearen Erstschlag führen könnten. [Eine Invasion ist] der Moment, ein für alle Mal eine solche Gefahr zu eliminieren, durch einen Akt legitimster Verteidigung, so hart und schrecklich diese Lösung auch wäre, aber es gäbe keine andere.

Auch an anderer Stelle läßt der kubanische Revolutionsführer keine Zweifel an seiner Entschlossenheit bestehen: »Es war unser Los, den Preis zu bezahlen, aber wenigstens wäre die Welt vom Imperialismus befreit worden.« Liegt hier nun tatsächlich »Hybris, Verblendung und Fanatismus« der kubanischen Führung vor, wie ein vergrätzter Kommentator meinte?[123] Wer trägt die Schuld, wenn »Millionen atomarer Opfer« in die Waagschale geworfen werden: der Angreifer oder der Verteidiger? Wenn man sich schon moralisch aufplustern will: Sollte man sich dann nicht an den Kriegstreiber anstatt an sein Opfer halten? Die einfachsten Dinge scheinen die schwierigsten zu sein, beispielsweise die Unterscheidung von Tätern und Opfern, aber das paßt in eine Zeit, in der Angriffskrieger und ihre Apologeten behaupten, man könne einen Angriffskrieg nicht definieren. Es paßt in eine Zeit, in der ein Juniorprofessor für Politik den Vergleich der imperialistischen Besetzung Afghanistans mit der Partisanenbekämpfung der Nazis »in intellektueller Hinsicht langweilig« findet.[124] Dieser mit einem Trierer Lehrstuhl bedachte Jungschnösel heißt Martin Wagener, empfindet das Grundgesetz als »Fessel«, will die »Opfersensibilität« der Deutschen verringern und entwirft in Zusammenarbeit mit der »Bundesakademie für Sicherheitspolitik« Kriegsszenarien in Ostasien. Auch er würde wohl Castro und Che Guevara als »verblendete Fanatiker« bezeichnen – sofern er diese Thematik nicht in »intellektueller Hinsicht langweilig« findet. So weit also ein akademischer Olympionike in der Sparte geistige Verrottung.

Als Gegengewicht sei eine Episode beigesteuert, eine prächtige Illustration des Sprichwortes »Dummdreist war der Distelfink / so lange, bis er eine fing.«[125] Am 27. Oktober 1962 empfing »Verteidigungs«minister McNamara um zwei Uhr nachmittags die Nachricht, daß ein amerikanisches U-2-Spionageflugzeug den sowjetischen Luftraum verletzt hatte, von sechs MiG-Abfangjägern gestellt und verfolgt, dabei von zwei amerikanischen F-102-Abfangjägern mit atomaren Luft-Luft-Raketen an Bord unterstützt worden sei und ihm so die Flucht geglückt wäre. Der Kalte Krieger McNamara, der so gerne und so penibel heiße Konflikte in Modellen, Schautafeln und Tabellen berechnete, befürchtete in einem hysterischen Anfall, daß der Kriegszustand mit der Sowjetunion nun eingetreten sei. Tatsächlich wußte niemand im Krisenstab, wer die F-102-Jäger mit welchen Direktiven losgeschickt hatte. Wenig später traf die Nachricht ein, daß ein ebensolches Spionageflugzeug über Kuba verschwunden sei. Zwar war dem Dienstpersonal an den sowjetischen Geschützbatterien strikt untersagt, das Feuer auf US-Flugzeuge zu eröffnen, aber wir haben bereits gesehen, welchen extremen nervlichen Belastungen sie dabei ausgesetzt waren. Jedenfalls kam diesmal alles anders. Als die Maschine im sowjetischen Radar auftauchte, ersuchten die Verantwortlichen das Hauptquartier um Instruktionen. Da der Oberkommandierende Issa Plijew nicht erreichbar war, handelten sein Stellvertreter Generalleutnant Stephan Gretschko und Generalmajor Leonid Garbuz auf eigene Faust und erteilten den Befehl zum Abschuß. Rumms – da war die U-2 die längste Zeit geflogen. Die Konsequenzen? McNamara erstellte einen detaillierten Plan von einem Angriff mit Leuchtspurmunition bis zur Generalmobilmachung der NATO, die Hardliner schäumten, dem Präsidenten bereitete die Weltöffentlichkeit Kopfzerbrechen, alle dachten, daß es so nicht weitergehen könnte, und wußten, ratlos und aufgebracht wie sie waren, nicht, wie sie eine Offerte Chruschtschows beantworten sollten. Die allgemeine Ansicht neigte, trotz der Bedenkenträgerei des Präsidenten, dem Krieg zu, und einige Witzbolde aus der Bomberfraktion wollten seinen Bruder schon zum Bürgermeister von Havanna ernennen. McNamara wußte wie immer Bescheid: »… wir werden zwei Sachen parat haben müssen, eine Regierung für Kuba, weil wir eine brauchen werden, nachdem wir mit 500 Flugzeugen dort reingegangen sind. Und zweitens Pläne, wie wir der Sowjetunion in Europa antworten, weil sie dort etwas unternehmen werden, so sicher wie das Amen in der Kirche.«[126]

Doch hier irrte McNamara. Das einzige, was die Sowjetführung unternahm, war der bedingungslose Rückzug auf der ganzen Linie. Chruschtschow zeigte sich über die Bereitschaft Castros, das Risiko eines Atomkriegs einzugehen, sowie über den Abschuß der U-2 möglicherweise noch aufgebrachter als die US-Falken: »Zu welcher Armee gehört unser Offizier? Zur sowjetischen oder zur kubanischen Armee? Wenn er in der sowjetischen Armee ist, warum befolgt er dann anderer Leute Befehle?«[127] Plijew, wie Chruschtschow Stalingrad-Veteran, erhielt eine Rüge wegen des Abschusses, die Vereinigten Staaten hingegen ein dickes Gratisbonbon mit der Ankündigung, alle Raketen aus Kuba abzuziehen, ebenso, auf wiederholtes Nachsetzen der US-Regierung, sämtliche Militärflugzeuge. Gegenleistungen: keine. Selbst der von Chruschtschow zaghaft eingebrachte Abzug der amerikanischen Atomraketen in der Türkei war nun kein Thema mehr; Präsident Kennedy gab zwar eine mündliche Zusage, aber als die Sowjets dies schriftlich haben wollten, setzte es eine weitere Watsche: Falls die Presse vom Raketendeal erführe, wäre er für die USA hinfällig. Und die letzte Demütigung: Chruschtschow stimmte einer Inspektion der russischen Transportschiffe auf hoher See zu; die Raketen mußten offen auf Deck liegen, so daß die Amis sie aus der Luft fotografieren konnten. Wie nennt man eine solche Politik aus Knechtsperspektive? Richtig: »Chruschtschow erteilte eine Lektion in Sachen Pragmatismus.«[128] Es war vielmehr eine Lektion des zu Kreuze Kriechens, garniert mit hohlen Phrasen.

Castro geriet außer sich, als er von dieser schmachvollen Kapitulation erfuhr – denn nun lag Kuba dem Zugriff des amerikanischen Militärs weitgehend schutzlos preisgegeben –, und bedachte den sowjetischen Ministerpräsidenten im kleinen Kreis mit Ausdrücken, die durchaus unter der Gürtellinie lagen (*Nikita, mariquita* – »Schwuchtel Nikita«). Chruschtschow hatte gekuscht, als Kennedy ihm nach dem Motto »Haltet den Dieb« (sagt der Dieb) anraunzte, er solle »seine Politik der Weltbeherrschung aufgeben«. Castro setzte seinem »Verbündeten« die katastrophalen Konsequenzen dessen Kniefalls auch schriftlich auseinander, wobei er eine Kategorie ins Spiel brachte, die einem Opportunisten fremder als das fremdeste Fremdwort sein mußte: die Ehre.

> Man hätte die Yankees dazu zwingen müssen, mit uns zu verhandeln, man hätte sie in die unangenehmste Situation bringen müssen, in der sie je waren, denn dann hätten sie langwierige Auseinandersetzungen mit uns führen müssen, die Lage hätte sich ein wenig entspannt und die Ergebnisse wären anders ausgefallen; zumindest wären sie ehrenvoll gewesen.

Man begreift bei der Lektüre dieser Zeilen, angesichts der unerschrockenen, aufrechten Haltung der kubanischen Revolutionäre, warum es noch 50 Jahre später in der BRD ein Skandalon darstellen kann, wenn man dem greisen Castro zu seinem 85. Geburtstag mit einem harmlosen Glückwunschschreiben gratuliert (und die so Gerügten, Repräsentanten der Pseudo-»Linken«, ruderten sofort zurück, als hießen sie Nikita). Chruschtschow entgegnete lediglich lapidar: »Wir kämpfen nicht gegen den Imperialismus, um zu sterben.« Mit dieser Devise hatte er die Sowjetunion auf die Straße des Verlierertums, der winselnden Kapitulation geführt: Man brauchte ihr nur mit Nachdruck zu drohen, damit sie einknickte. John F. Kennedy brachte diesen Sachverhalt auf ihm eigene Weise zum Ausdruck, wobei die von ihm verwendete Idiomatik durchaus repräsentativ für sämtliche US-Präsidenten ist: »Ich habe ihm« – Chruschtschow – »die Eier abgeschnitten.«[129]

Wie lautet die Bilanz der Kuba-Krise? Man hatte den »heißen Draht«, eine direkte Telefonverbindung zwischen dem Weißen Haus und dem Kreml, eingerichtet, und das war so weit, so nett. Aber dieses vielgerühmte »rote Telefon« war ein Placebo für die Weltöffentlichkeit, das suggerieren sollte, man spreche miteinander, und ein Atomkrieg »aus Versehen« sei damit fast zuverlässig ausgeschlossen (Journalisten und Buchautoren machten darum viel »Geschiß«, aber das eigentliche Problem bestand nicht in einem versehentlichen Atomkrieg, sondern in dem kühl kalkulierten und mit Bedacht angestrebten nuklearen Erstschlag, der von Anbeginn eine feste Konstante in der amerikanischen Militärstrategie bildete). Schon bedeutender für die damals drei Milliarden Erdenbewohner war das Verbot von Atomwaffentests unter Wasser, in der Atmosphäre und im All; hier wäre interessant zu wissen, ob und wie sich diese Maßnahme auf die Rate der weltweiten Krebserkrankungen – unter gesonderter Betrachtung Japans, der Pazifikregion, der Sowjetrepublik Kasachstan sowie der US-Bundesstaaten Utah und Nevada – auswirkte. Doch dies waren, so sonderbar es klingen mag, nur Nebeneffekte.

In der Hauptsache, dem Kräfteverhältnis zwischen den Vereinigten Staaten und der Sowjetunion, trat eine neue Dynamik ein. Die USA waren obenauf und sahen sich in ihrem aggressiven Kriegskurs, den sie »Politik der Stärke« nannten, bestätigt. Kennedy prahlte vor seinen Vereinigten Stabschefs, man werde eines Tages doch in Kuba landen, und es sei, im Hinblick auf die Sowjetunion, »alles möglich«[130]; das gegen Kuba gerichtete Sabotageprogramm hörte nun auf den Namen *Integrated Covert Action-Program* und umfaßte im monatlichen Durchschnitt zehn Anschläge und Attentate terroristischer Exilkubaner. Aber seinen Militärs konnte Kennedy nichts vormachen; nur zu genau hatten die Generäle und die politischen Falken seine Nervosität, sein Schwanken, seine Skrupel registriert, sobald die militärische Eskalation in einen bewaffneten Konflikt umzuschlagen drohte. Aber ob der Präsident nun Kennedy, Johnson oder Nixon hieß: Im Laufe der sechziger Jahre wurde das Potential der see- und landgestützten nuklearen Interkontinentalraketen verdreifacht und von Grund auf modernisiert. Ach ja, die atomaren Mittelstreckenraketen hatte man im Juni 1963 aus der Türkei abgezogen – von der Weltöffentlichkeit weitgehend unbemerkt.

Die Sowjetunion ging als eindeutiger Verlierer aus der Krise hervor. Ihr politischer Exponent Chruschtschow war weder Taktiker noch Stratege, sondern ein Hasardeur; hinter der cholerischen Fassade schlummerte ein hausbackener Opportunist, und so erklären sich seine öffentlichen Auftritte, die zwischen Tobsuchtsanfällen und Kotaus oszillierten. Aber dies sind lediglich psychologische bzw. charakterliche Eigenheiten, die für ein Programm stehen: das Programm der Sowjetbürokratie, in Ruhe gelassen zu werden. Stalin hatte den Grund dafür gelegt, als er in Abkehr von den Prinzipien Lenins und Trotzkis den »Sozialismus in einem Land« dekretierte und während des 2. Weltkriegs, in der größten militärischen Bedrängnis, die Kommunistische Internationale auflöste; Chruschtschow führte diese Politik unter dem Markenzeichen der »friedlichen Koexistenz« fort. Es war, als ob in einem Boxkampf der Champion, heiß auf einen Fight, ins Ringgeviert steigt und dort

423

auf einen Pazifisten mit Ölzweig in den Händen stößt, der über die Vorzüge des friedlichen Zusammenlebens predigt. Schöne »Koexistenz«! Der Altkommunist Kurt Gossweiler, einst Mitglied des Jugendverbands der KPD, 1943 als zwangsrekrutierter Wehrmachtssoldat zur Roten Armee übergelaufen, später leitender Funktionär und Historiker in der DDR, hat – in Bezug auf Stalin leider mit einem blinden Fleck behaftet – eine Serie lesenswerter Artikel über den offen opportunistischen, kriecherischen, »revisionistischen« Kurs der KPdSU seit ihrem XX. Parteitag im Februar 1956 und den damit verbundenen Aufstieg Chruschtschows verfaßt. In seinem 1991 gehaltenen Vortrag »Hatte der Sozialismus nach 1945 keine Chance?«[131] entsinnt sich Gossweiler einer Ansprache Chruschtschows nach einem Besuch in den Vereinigten Staaten im Jahre 1959, die einige Merkwürdigkeiten enthielt:

> »Von dieser Tribüne aus« – so Chruschtschow – »muß ich vor den Moskauern, vor meinem ganzen Volk, vor der Regierung und der Partei sagen, daß der Präsident der Vereinigten Staaten von Amerika, Dwight Eisenhower, der Mann, der das absolute Vertrauen seines ganzen Volkes genießt, staatsmännische Klugheit bewiesen hat.«
> Als ich [so Gossweiler] das seinerzeit las, habe ich mich gefragt: Wieso »absolutes Vertrauen«? Vertrauen ihm auch die amerikanischen Kommunisten, dem Manne, der die Rosenbergs auf dem elektrischen Stuhl verbrennen ließ? Oder gehören die amerikanischen Kommunisten für Chruschtschow etwa nicht zum amerikanischen Volk? Wie ist so eine Aussage zu erklären?

Der Verfasser gibt selbst die Antwort: durch die Abkehr vom Internationalismus.

> Das Schwergewicht des Kampfes um den Frieden verlagerte sich vom Massenkampf der Völker auf die diplomatische Ebene. […] Mit einer solchen Entwicklung unvermeidlich verbunden war die Verbreitung einer Ideologie, nach der Erfolge in der Entspannungspolitik eine Sache des persönlichen Einsatzes und Geschicks der Spitzenpolitiker sind, und die Verflüchtigung des Wissens darum, daß die Spannungen zwischen imperialistischen und sozialistischen Staaten ihre tiefste Ursache in den objektiv gegebenen antagonistischen Gegensätzen haben, die auch durch noch so großes diplomatisches Geschick nicht aus der Welt geschafft werden können.

Diese Leugnung der unversöhnlichen Gegensätze zwischen dem US-Imperialismus und den Ländern des »real existierenden Sozialismus« fußt selbstverständlich auf der vollständigen Abkehr von Marxens Ökoanalyse, d. h. der

Leugnung der unversöhnlichen Klassengegensätze im Kapitalismus, der Unvereinbarkeit der Interessen von Lohnsklaven und den Aneignern von Mehrwert im kapitalistischen Ausbeutungsprozeß. Chruschtschows großmäulige und schädliche, da völlig unrealistische Ankündigung, man werde binnen zwölf bis fünfzehn Jahren den Kapitalismus »einholen und überholen«, kennt als einzige Kriterien im »friedlichen Wettstreit der Systeme« die Produktionsziffern pro Kopf und den Massenkonsum. Alle anderen Kleinigkeiten – die Erpressung und Ausplünderung der Nichterben von Produktionsmitteln, Arbeitshetze, Massenarbeitslosigkeit, imperialistische Raubkriege und dergleichen mehr – werden der Einfachheit halber unter den Teppich gekehrt. In den Worten Gossweilers:

> Die Solidarität mit dem kämpfenden Proletariat in der kapitalistischen Welt [so sehr kämpfte es leider nicht, aber man hatte ja auch seine Führer umgebracht und seine Organisationen zerschlagen; P.P.] und mit den nationalen und kolonialen Befreiungsbewegungen trat in ihrer Bedeutung zurück hinter der Aufgabe, »in kürzester Frist« das Lebensniveau der entwickeltsten kapitalistischen Länder zu erreichen. […] aus dem Feind der Menschheit [wurde] nunmehr immer mehr ein bewunderter Lehrmeister. […] Das Bild des Imperialismus […] verlor immer mehr die Züge des »häßlichen Amerikaners«, des Weltausbeuters und Weltgendarmen, und nahm immer mehr die Züge des Partners, wenn nicht sogar eines Freundes an.

So erklären sich auch andere peinliche Auftritte Chruschtschows, etwa im Gespräch mit Vertretern der amerikanischen Transportgewerkschaft AFL/CIO, denen gegenüber er bramarbasierte: »Wollen Sie eine Änderung unserer sozialistischen Ordnung? Ich hoffe nicht! Wir wollen ebenfalls keine Veränderung der bei Ihnen herrschenden Ordnung und werden uns nicht in Ihre inneren Angelegenheiten mischen.« Bei einem Treffen mit Kapitalisten in Pittsburgh bewies er erneut seine Sphinkter-Gleitgängigkeit: »Und jetzt, da ich bei Ihnen zu Gast bin, möchte ich den gleichen Scherz wiederholen – urteilen Sie nicht zu streng über mich –, ich bin gekommen, um mir anzuschauen, wie die Sklaven des Kapitalismus leben. Ich muß sagen, sie leben nicht schlecht.«[132]

Kurzum: Diese Figur war selbst für die behäbige, auf ihre Ruhe und ihren Seelenfrieden bedachte Sowjetbürokratie nicht länger tragbar; zu sehr erinnerte ihr Gesicht an die nationale Demütigung während der Kuba-Krise, zu unberechenbar und risikogeladen waren ihre Kapriolen auf dem internationalen Parkett geworden. Leonid Breschnew, der im Oktober 1964 die Nachfolge Chruschtschows antrat, leitete ein ambitioniertes Vorhaben in die Wege:

Nie wieder sollte die schmähliche Situation eintreten, daß die Sowjetunion einer militärischen Erpressung seitens der USA nachgeben mußte, und zu diesem Zwecke ordnete er eine kräfteverzehrende, Ressourcen verschlingende Aufholjagd gegenüber dem beängstigend überlegenen militärischen Konkurrenten an. In der zweiten Hälfte der sechziger und in den siebziger Jahren ging dieses Konzept auf, es bescherte der Bevölkerung Westeuropas durch leidliche Stabilität und Vollbeschäftigung die besten Jahre nach dem 2. Weltkrieg. In absoluten Zahlen produzierte die Sowjetunion sogar mehr Raketen als die USA, ohne deren Vorsprung egalisieren und deren militärtechnologische Qualität erreichen zu können; freilich ergab sich durch die forcierten Rüstungsanstrengungen sehr bald das bereits skizzierte Dilemma der schwindenden Massenloyalität in der Sowjetunion und den mit ihr verbündeten Ländern, da die forcierten Rüstungsanstrengungen zu Lasten der Leicht- und Konsumgüterindustrie gingen.

Und Kuba? Seine Führung blieb unbeugsam und ließ sich weder durch amerikanische Drohgebärden und Anschläge noch durch das windelweiche Lavieren der Sowjetunion beirren. Ihre Forderungen an die Adresse der USA waren klar: Aufhebung des Wirtschaftsembargos, Auflösung des Stützpunktes in Guantánamo, Einstellung der Sabotageakte und Respektierung der nationalen Souveränität und Integrität Kubas. Die Durchsetzung dieser Forderungen setzte eine Stärke voraus, die Kuba nicht besaß (und heute weniger denn je besitzt). Folgerichtig verlegten sich Castro und Che Guevara darauf, den Befreiungskampf in den Ländern der »Dritten Welt« mit den ihnen zur Verfügung stehenden, vergleichsweise geringen Mitteln zu unterstützen. Der Imperialismus konnte nur besiegt werden, wenn man ihn von den Quellen seines Reichtums und seiner Macht abtrennte, seine Lebensadern durchschnitt, ihm seine Stütze wegschlug, die in der Besetzung und Ausplünderung der unterentwickelten Länder beruhte. Hier, in den Ländern der Dritten Welt, sollten die Entscheidungsschlachten des Kalten Krieges geschlagen werden, und es ist erstaunlich, welchen Beitrag das kleine und bedrohte Kuba – zur Schande der weitaus mächtigeren Sowjetunion sei es gesagt – zum weltweiten Befreiungskampf als Akt der praktischen Solidarität leistete. Mit 800 Soldaten und 70 Panzern war Kuba im algerischen Freiheitskrieg präsent; insgesamt mehrere zehntausend kubanische Soldaten kämpften in Angola, Äthiopien, Guinea, Guinea-Bissau, Mosambik und Benin gegen die Mietlinge des Imperialismus – »eine beispiellose Politik, hat doch kein Land der Dritten Welt seine Militärmacht jemals auf anderen Kontinenten eingesetzt«, wie mit nörgelndem Unterton konstatiert wurde.[133] Damit erhält man lediglich eine adäquate Vorstellung davon, was die Sowjetunion hätte bewirken können, wenn sie nur gewollt hätte (es ist so eine Sache mit dem zweiten Konjunktiv…). Auch waren die Unternehmungen Che Guevaras im Kongo und in Bolivien alles andere als »operettenhafte Inszenierungen mit tragischem Ausgang«, wie derselbe Autor vermeinte; dies wird dem Ernst der Sache nicht gerecht. Der Guerillakrieg im bolivianischen Dschungel verfolgte das Ziel, die Isolation Kubas zu durchbrechen, und den kühnen Vorsatz, dem Imperialismus aus seinem »Hinterhof« an die Gurgel zu springen. Man mag Che Guevara mit Recht eine voluntaristische Illusion vorhalten: Auch der eisernste revolutionäre Wille eines Einzelnen vermag eine revolutionäre Gärung im Volk nicht zu ersetzen und sie nur unter den günstigsten Umständen anzufachen (wie auf Kuba geschehen); diesen Fehler, der im Detail in seinem ›Bolivianischen Tagebuch‹ nachvollzogen werden kann, bezahlte Che Guevara mit seinem Leben. Man mag ferner an ihm kritisieren, daß er aus der (mangelbedingten) Not eine Tugend machte, indem er die Arbeit im befreiten Kuba zur »angenehmen Pflicht« deklarierte. Arbeit ist, wie das Mittelhochdeutsche lehrt, »Mühsal« und als solche nie »angenehm«; als wirtschaftliche Größe vermag sie in Form vermehrter Arbeitsleistung den hohen Stand der Produktivkräfte nicht oder nur für äußerst kurze Frist zu ersetzen, da der Mensch den entscheidenden Nachteil hat, verschleißbar zu sein. Aber das ist eine konstruktive Kritik, keine mit Häme untermischte Mäkelei. Und mit dem treffsicheren Instinkt des Revolutionärs wandte Che Guevara in seinen letzten Lebensjahren seine Aufmerksamkeit dem Befreiungskampf eines Landes zu, das einen dreißigjährigen Krieg gegen seine Bedrücker aufgenommen hatte: Vietnam. Doch zuvor sollte unser Blick noch etwas auf der amerikanischen Heimatfront verweilen.

Die Ermordung von Fred Hampton

Am 1. Dezember 1955 »weigerte sich die schwarze Arbeiterin Rosa Parks in Montgomery, Alabama, in einem Bus einen Sitzplatz, der ausschließlich Weißen vorbehalten war, zu verlassen und sich in den für Schwarze erlaubten hinteren Teil zurückzuziehen. Sie wurde deswegen aufgrund der lokalen Rassentrennungsverordnung festgenommen.«[134] Damit hatte die Stunde der schwarzen Bürgerrechtsbewegung in den USA geschlagen. Nach einem zwölf Monate dauernden Busboykott hob der Oberste Gerichtshof des Bundesstaates

Alabama alle Verordnungen über die Rassentrennung auf. Bereits im Mai 1954 hatte der Oberste Gerichtshof der USA die Rassentrennung an Schulen für verfassungswidrig erklärt, doch mußte dieser Beschluß mit Polizei, Nationalgarde und Militär gegen die gewaltsamen Übergriffe weißer Rassisten durchgesetzt werden. Langsam, sehr langsam bekam das Apartheidsregime der USA erste Risse. Zwar war die Sklaverei während des amerikanischen Bürgerkrieges auf Initiative des amerikanischen Präsidenten Abraham Lincoln 1865 abgeschafft und diese archaische Form persönlicher Unfreiheit durch die allgemeine Lohnsklaverei ersetzt worden, doch blieben die USA bis weit in die siebziger Jahre des 20. Jahrhunderts hinein ein rassistischer Staat mit allen Ungerechtigkeiten, Demütigungen und Gewaltmaßnahmen, die sich keineswegs auf den Terror des Ku-Klux-Klan beschränkten. Im Jahr 1896 hatte das Oberste Bundesgericht der USA unter der Devise *divided but equal* eine Rassentrennung in allen öffentlichen Einrichtungen, namentlich in Schulen, Universitäten, Eisenbahn und Bussen, Krankenhäusern und Toiletten, Bars, Restaurants und Aufzügen verfügt.[135] Nimmt man die Biographie über einen beliebigen schwarzen Sportler oder Musiker zur Hand, wird man weit nach dem 2. Weltkrieg regelmäßig auf die widerwärtigsten Exzesse dieser Menschenrechtsverletzung in dieser »Bastion der freien Welt« stoßen, etwa auf folgende Episode in der Jugend des späteren Champions aller Klassen Cassius Clay alias Muhammad Ali:

> Den tiefsten Eindruck [...] hinterließ in dem damals 13jährigen Cassius der Mord an dem nur ein Jahr älteren Emmett Till im Sommer 1955. Weil der schwarze Emmett, der daheim in Chicago eine gemischtrassige Schule besuchte, sich in den Ferien bei Verwandten in Money, Mississippi, von einheimischen Jungen dazu verleiten ließ, einer weißen Kassiererin in einem Laden »Bye, Baby« zuzurufen, wurde er von deren Ehemann und dessen Halbbruder auf brutale Weise umgebracht. Anschließend versenkten die beiden die Leiche, den Kopf mit Stacheldraht umwickelt, im Tallahatchie River. Eine ausschließlich mit weißen Geschworenen besetzte Jury sprach daraufhin die beiden Täter trotz erdrückender Beweise in einem 67minütigen Gerichtsverfahren frei.[136]

In einer Biographie über den avantgardistischen Jazz-Saxophonisten John Coltrane wird ein Vorfall geschildert, in den dessen weltberühmter Kollege, der Trompeter Miles Davis, verwickelt war. Miles stand in der Pause während eines Konzertes am 26. August 1959 vor dem Klub »Birdland« und rauchte zusammen mit einer weißen Frau eine Zigarette. Ein Polizist, der den Künstler kannte, kam zufällig vorbei und forderte diesen auf, nicht so herumzustehen und weiterzugehen. Als Miles bemerkte, er arbeite hier, wurde er mit einem rüden »Move!« angeherrscht, und es kam zu einer Prügelei. Der Trompeter Freddie Hubbard erinnert sich:

> Ich lebte damals in Brooklyn und kam aus der U-Bahn an der 50. Straße, Ecke Broadway, ging ins *Birdland* an der 52. und sah all diese Leute draußen vor dem Club stehen. Ich schaute mich im Kreis um und erblickte Miles, wie er mit zwei Bullen kämpfte. Sie schlugen mit Gummiknüppeln auf Miles ein, und er hatte einen schönen weißen Italoanzug an. Er verpaßte ihnen ein paar Boxhiebe und traf einen von den Kerlen am Kiefer – ich werde nie diesen Sound vergessen –, worauf der Bulle gegen eines der Schaufenster dieser Buden krachte, die man damals ›Ham & Egger‹ nannte. Alle jubelten ›Oh!‹. Aber der andere Kerl schlug Miles weiter am Kopf […] Alle beobachteten, wie dieser Mann geschlagen wurde, doch niemand griff ein. Mehr Bullen rückten an und verhafteten schließlich Miles, während ihm das Blut am Kopf herunterströmte. Er muß viele Schläge bekommen haben; die versuchten ihn k.o. zu schlagen. Ich wollte eingreifen und dem Bruder helfen, aber die Leute meinten: »Geh da nicht rein.« Als ich fragte, warum keiner kam und dem Mann half, sagten sie: »Da können wir uns nicht einmischen.«[137]

Der unter Schock stehende Musiker verbrachte die Nacht im Gefängnis und mußte mit zehn Stichen am Kopf genäht werden. Er gewann den anschließenden Prozeß und hatte sich zunächst vorgenommen, nie wieder in New York aufzutreten. Die Mißhandlung und Demütigung hatten ihn, der zu einer Symbolfigur des Widerstands gegen den Rassismus geworden war, traumatisiert; in seiner Autobiographie berichtet er, daß sechsmal aus rassistischen Gründen auf ihn geschossen worden sei. Als er in einem ›Playboy‹-Interview im Jahre 1960 die Diskriminierung der Schwarzen in den Vereinigten Staaten verurteilte, beschimpften ihn einige weiße Jazz-Fans als »anti-weißen

Miles Davis (Mitte) unmittelbar nach dem Polizeiterror

Rassisten«. John Coltrane, der mehrere Jahre in der Band von Miles Davis spielte, hatte übrigens sein Stück »Bakai« dem ermordeten schwarzen Jugendlichen Emmett Till gewidmet.

Undenkvolles in der Zeit des real existierenden Rassismus: Miles Davis mit der Schauspielerin Jeanne Moreau bei Musikaufnahmen für den Film »Fahrstuhl zum Schafott« von Louis Malle

Diese beiden atmosphärischen Splitter stellen keineswegs Ausnahmen dar, sondern spiegeln die Lebensrealität im rassistischen Amerika wider, während man sich allerorts im »freien Westen« über die schlechte Behandlung der Dissidenten im »Ostblock« höchlichst entrüstete. Aber dann trat, gegen Mitte der 60er Jahre, eine Wende ein, die an den Stichworten *black pride*, »schwarzer Stolz«, und *black power* abzulesen war. Stokely Carmichael hatte im Jahr 1967 zusammen mit Charles Hamilton das Buch ›Black Power‹ veröffentlicht, das sie mit dem Untertitel ›Die Politik der Befreiung in Amerika‹ versahen. Carmichael erläuterte in seiner Rede auf der ersten lateinamerikanischen Konferenz in Havanna 1967, was unter diesem Begriff zu verstehen ist:

Black Power ist seit 1966 der Ruf unserer Bewegung. »Black Power« – Macht für die Schwarzen. Die Massen haben verstanden, daß wir unterdrückt wer-

den, weil wir machtlos sind. Nur durch Macht werden wir die Möglichkeit
haben, die Entscheidungen zu treffen, die das Schicksal unserer schwarzen
Gemeinden bestimmen. Ohne Macht sind wir dazu verurteilt, das zu erbet-
teln, was uns rechtmäßig gehört. Mit Macht werden wir unseren eigentlichen
Besitz wiederholen – schließlich war es die weiße Macht, die uns dieses Eigentum abgenommen hat.

Black Power ist mehr als ein Slogan. [...] Black Power packt den Stier, der
uns den Bauch aufschlitzen will, bei den Hörnern, die Rassismus und Ausbeutung heißen. Amerika ist ein rassistisches Land. Von Anfang an war es auf
der Unterwerfung der farbigen Völker aufgebaut. [...] Uns nennt man Nigger;
Leute, die Spanisch sprechen, sind Spicks, Chinesen Chinks und Vietnamesen Gooks.

Black Power greift diese Gehirnwäsche an und erklärt: Wir definieren uns
selbst. Wir übernehmen nicht die Definition des Weißen, der uns nur als faul,
dumm und unkultiviert darstellt. [...] [138]

Dieser kämpferische Ton war neu. Nicht länger wollten die Schwarzen Onkel
Toms sein, die sich gottesfürchtig in ihr Schicksal ergaben, nicht länger Bitt-
steller, die auf Brosamen vom Tisch der Weißen hofften. Die Bürgerrechtsbewegung des aus dem schwarzen Mittelstand stammenden Predigers Martin
Luther King, der es den Weißen recht machen wollte, mit einer Traumvision
berühmt wurde – darin vielen US-Präsidenten gleich – und doch erschossen
wurde, hatte die staatliche Repression lediglich verschärft; Demütigung und
Gewalt, Justizwillkür und Gefängnis waren weiterhin an der Tagesordnung.
Die *Nation of Islam*, auch als Bewegung der *Black Muslims* bekannt und 1930
von Wali Farrad begründet, stellte das Negativ zum weißen Rassismus dar:
Gott, ein Schwarzer, habe als ersten Menschen einen Schwarzen geschaffen,
doch sei mit zunehmendem Verlust der Pigmentierung auch die Menschlichkeit verloren gegangen, so daß die Weißen, von Natur aus schlecht, in einem
apokalyptischen Finalschlag des HErrn zuerst in Amerika vernichtet würden. Dieser krude Mix aus Islam und Christentum, der dem Motto »Ärgere
den Weißen« zu folgen scheint, überschritt erst mit dem Beitritt prominenter Schwarzer wie dem Boxer Cassius Clay/Muhammad Ali die Schwelle der
Marginalität und erlangte durch die »heißen Sommer« der Jahre 1963–1968,
die Aufstände in den ausschließlich von Schwarzen bewohnten Ghettos der
amerikanischen Großstädte, bei denen die Autometropole Detroit 1967 in
Schutt und Asche gelegt wurde (aus »Detroit« wurde »Destroyed«), weitere
Popularität. Die appellative Haltung der schwarzen Bürgerrechtler war in
den Kampf der Unterdrückten umgeschlagen, und er setzte, wie das Beispiel

Stokely Carmichael zeigte, bei der bewußten Meidung der feindlichen Terminologie und der eigenen Fähigkeit, Begriffe zu definieren, ein: Der erste
Schritt müsse darin bestehen, so Carmichael »unsere eigenen Begriffe zu
schaffen, mit denen wir dann uns und unser Verhältnis zur Gesellschaft definieren.«[139] Die Entstehung von *rifle clubs* in den schwarzen Städten zur Abwehr
gewalttätiger Polizeiübergriffe ist als weiteres Indiz für die Radikalisierung
des schwarzen Kampfes um Emanzipation anzusehen. Der sprachgewaltig-
ste Befürworter der neuen Militanz erstand in Malcolm Little, der sich selber
Malcolm X. nannte zum Zeichen, daß er seine Vorfahren nicht kenne und
den von Weißen verliehenen Sklavennamen ablehne.[140] Ursprünglich Aktivist
bei den Black Muslims, wandte sich Malcolm X. späterhin vom Islam ab und
verurteilte ebenso das Duldertum des Christen Martin Luther King, indem er
feststellte, »mit Knien und Beten erkämpft man sich kein Recht.« Worte wie
die folgenden, gesprochen von Malcolm X., elektrisierten die Massen in den
schwarzen Ghettos:

> Revolution basiert niemals darauf, daß man jemand um eine integrierte Tasse
> Kaffee bittet. Revolutionen können niemals erkämpft werden, indem man die
> andere Backe hinhält. Revolutionen basieren niemals auf »Liebet Eure Feinde
> und betet für die, die Euch beleidigen und verfolgen«. Und Revolutionen wer-
> den niemals mit dem Absingen von *We Shall Overcome* durchgeführt. Revo-
> lutionen basieren auf Blutvergießen. Revolutionen sind niemals Kompromis-
> se; sie beruhen niemals auf Verhandlungen. Revolutionen beruhten niemals
> auf irgendeiner Art von Geschenken; Revolutionen beruhen auch nicht ein-
> mal darauf, daß man darum bettelt, in eine korrupte Gesellschaft oder in ein
> korruptes System aufgenommen zu werden. Revolutionen stürzen Systeme.
> Und auf dieser Erde gibt es kein System, das sich korrupter, verbrecherischer
> als dieses System erwiesen hätte, das im Jahr 1964 immer noch 22 Millionen
> Afro-Amerikaner kolonisiert, immer noch 22 Millionen Afro-Amerikaner
> versklavt.[141]

Vor diesem Hintergrund ist der allzu leicht mißverständliche Slogan *Black
is beautiful* zu verstehen: Jeder selbstbewußte Mensch, jeder seiner gesellschaftlichen Position bewußte (»klassenbewußte«) und kämpferische Mensch
ist, unabhängig von seiner rassischen Zugehörigkeit, schön. Der Weltöffentlichkeit – wenigstens soweit sie sportlich interessiert war – stockte der Atem,
als die beiden schwarzen US-amerikanischen Sprinter Tommie Smith und
John Carlos bei der Siegerehrung während der Olympischen Spiele 1968 in
Mexiko demonstrativ die Faust im schwarzen Handschuh in die Luft reckten
und während des Abspielens der Nationalhymne, die sie nicht als die ihre

erachteten, mit den Medaillen herumspielten, anstatt ehrfürchtig stramm-zustehen. Das Land, in dessen Namen sie gestartet waren, verhängte gegen sie die Existenzvernichtung, indem es ihnen lebenslanges Startverbot erteilte. Und da Sprinter nur in seltenen Fällen mehr können als schnell zu laufen, fristeten die beiden fortan ihr Leben als Hilfsarbeiter mit Pizzaauslieferung und Autowaschen. Mit einem Schlag war indessen eine Organisation weltweit ins Rampenlicht gerückt, die der US-Regierung auf deren eigenem Territorium den Krieg angesagt hatte: die *Black Panthers*.

Am 15. Oktober 1966 gründeten Huey P. Newton und Bobby Seale in Oak-land, Kalifornien, die *Black Panther Party for Self-Defense*. Ökonomische Ausbeutung und rassische Diskriminierung, miserable Wohnverhältnisse und fehlende Gesundheitsfürsorge, mangelhafte Ausbildung, Perspektivlosigkeit, Analphabetismus und Kriminalität, nicht zuletzt die endlosen Polizeirazzien mit ihren Mißhandlungen und ungesühnten Morden hatten zur Gründung einer Organisation geführt, die ursprünglich, wie aus der Namensgebung hervorgeht, rein defensiven Charakter besaß und ihre Hauptaufgabe im bewaffneten Widerstand gegen die Staatsgewalt sah, was bei der in puncto Waffenbesitz großzügigen amerikanischen Gesetzgebung kein größeres praktisches Problem darstellte. Aus der Sicht der schwarzen Aktivisten waren die Schwarzenghettos Kolonien im Mutterland und ihre Bewohner wehrlos der staatlichen Willkür durch Besatzungstruppen ausgeliefert; diese galt es als erstes einzuschränken, indem bewaffnete Patrouillen die Tätigkeit der Polizei in den *black communities* überwachten. Mit der intensiver werdenden Straßenagitation sowie vor dem Hintergrund der gesellschaftlichen Radikalisierung und der erfolgreichen antiimperialistischen Befreiungskriege auf drei Kontinenten erfuhr das Programm der *Black Panthers* rasch eine inhaltliche Ausweitung, so daß der Namenszusatz entfallen konnte. Ihr erstes, zehn Punkte umfassendes Programm, das von den Mitgliedern auswendig gelernt werden mußte, enthielt folgende Kernforderungen[142]: Freiheit und Selbstbestimmung für die schwarze Bevölkerung, Vollbeschäftigung, das Ende der Ausplünderung »durch den weißen Mann« (später durch »die Kapitalisten« ersetzt), menschenwürdige Wohnungen, solide Ausbildung, Befreiung vom Militärdienst, Einstellung der Polizeigewalt; Freilassung aller schwarzen Gefängnisinsassen und Neuaufnahme der Gerichtsverfahren vor schwarzen Geschworenen. Der zehnte Punkt enthält eine Zusammenfassung der vorangegangenen Forderungen und zielt – durchaus frag- und diskussionswürdig – auf eine rassische Segregation und die Neugründung einer afroamerikanischen Nation ab:

> Wir wollen Land, Brot, Wohnungen, Bildung, Kleidung, Gerechtigkeit und Frieden; und als wichtigstes politisches Ziel eine von den Vereinten Nationen durchgeführte Volksabstimmung in der gesamten schwarzen Kolonie, an der nur schwarze Staatsangehörige aus der Kolonie teilnehmen dürfen; diese Abstimmung soll über den Willen des schwarzen Volkes hinsichtlich seines nationalen Schicksals entscheiden.

Wahlen unter UN-Aufsicht, mit der Option des Ausscherens aus dem Staatsverband? Wir wissen es heute: Das ist nur als NATO-Diktat gegenüber den *sand niggers* oder den serbischen *white niggers* statthaft. – Mit diesem Forderungskatalog bewegten sich die Panther durchaus noch im Rahmen der amerikanischen Verfassung, mit allen Beschränktheiten und Illusionen des späten 18. Jahrhunderts, denen die halbaufgeklärten Verfasser der amerikanischen Konstitution verhaftet waren. Der folgende Passus des Parteiprogramms war direkt aus der Verfassung entlehnt und zeichnet sich durch eine naive Gutgläubigkeit in den bürgerlichen Rechtsstaat aus, die nach 200 Jahren sowie aufgrund der eigenen Erfahrung eigentlich längst hätte obsolet sein müssen:

> Wir halten folgende Wahrheiten für selbstverständlich: Alle Menschen sind gleich geschaffen und von ihrem Schöpfer mit gewissen unveräußerlichen Rechten begabt; dazu gehören Leben, Freiheit und das Streben nach Glück.

Die Erklärung der authentischen Menschenrechte durch die Französische Revolution, erst recht die Verfassung der französischen Republik im Jahre 1793 ist wesentlich klarer, fortschrittlicher und konsequenter als die verquaste Berufung auf einen »Schöpfer«, der wieder einmal alles besser weiß; aber in dieser formativen Phase der *Black Panthers* kam es allein auf die organisatorische Eigenständigkeit der Bewegung an, für die jede – auch wie bei früheren Sklavenaufständen die religiöse – Begründung recht war. Bestand der erste Impetus der Aktivisten darin, sich »nicht zum Vieh machen« zu lassen, so fand durch regelmäßige Schulungen, in denen Texte von Malcolm X., Mao Tse-tung, Che Guevara sowie die Faschismus-Analyse des bulgarischen Kommunisten Georgi Dimitroff – er hatte im sogenannten Reichstagsbrand-Prozeß 1933 in Leipzig die Nazi-Größen Göring und Goebbels vor der Weltöffentlichkeit vorgeführt, sie in Widersprüche verwickelt und entlarvt (dafür wurde sein Mausoleum in Sofia nach dem Ende des Kalten Krieges 1990 von der neuen, nun US-hörigen Regierung in die Luft gesprengt; auch hier hatte Hitler letztlich den Krieg gewonnen) – gelesen wurden, sowie durch das Studium juristischer Werke sehr bald eine Hebung des Bewußtseins statt; die regelmäßig abgehaltenen Kurse wurden durch Waffenübungen für beide Geschlechter ergänzt. Freilich blieb die Rezeption marxistischer Klassiker oberflächlich und beschränkte sich meist auf die Lektüre von Maos legendärem »Roten Buch«, dort wiederum auf seine Ausführungen über den Befreiungskrieg; von nun an wollten die Panther nur noch »über die politische Macht sprechen, die vom Lauf eines Gewehrs ausgeht.«[143] Großes Aufsehen erregten ihre bewaffneten Besuche von Partys und Versammlungen, und zum ersten Mal rückten sie in den Blickpunkt der gesamten Nation, als sie am 2. Mai 1967 bewaffnet das Abgeordnetenhaus im kalifornischen Sacramento betraten, um ihren Protest gegen eine Gesetzesinitiative des Gouverneurs Ronald Reagan kundzutun, die das Mitführen geladener Waffen innerhalb von Gemeindegrenzen für Privatpersonen verbot – eine dezidierte *lex Black Panther*. Nachdem sich der erste Schreck bei den Abgeordneten gelegt hatte, wurden alle 24 Beteiligten angeklagt, mit Kautionen bis über 2000 Dollar belegt und zu Haftstrafen bis zu einem halben Jahr Gefängnis verurteilt (Bobby Seale, der »Vorsitzende« der *Black Panthers*). Der zweite Gründer der Bewegung, Huey P. Newton, der offiziell als »Verteidigungsminister« fungierte, hatte zu dieser Gelegenheit die »Bekanntmachung Nummer Eins« erlassen, in der es unter anderem hieß:

> Die Versklavung des schwarzen Volkes seit den ersten Anfängen Amerikas, der an den Indianern verübte Rassenmord und die Einschließung der Überlebenden in Reservate, das grausame Hinschlachten von Tausenden schwarzer Männer und Frauen, der Abwurf von Atombomben über Hiroshima und Nagasaki und jetzt das feige Gemetzel in Vietnam – all das bezeugt die Tatsache, daß die rassistischen Machthaber Amerikas gegenüber den Farbigen nur eine Politik kennen: Unterdrückung, Rassenmord, Terror und rohe Gewalt.[144]

Nach der spektakulären Aktion von Sacramento stieg die Mitgliederzahl bis Oktober 1967 auf 700 Personen an, und erste Ortsgruppen entstanden; bis zum Jahre 1970 – ihrem Höhepunkt und Ende – war die *Black Panther Party* in 100 Großstädten mit insgesamt bis zu 1000 (andere Quellen sprechen von bis zu 5000) Mitgliedern vertreten – eine erstaunlich geringe Zahl, bedenkt man die Größe des Landes und das Aufsehen, das diese Handvoll Aktivisten erregte, die freilich ihren Rückhalt in Hunderttausenden, vielleicht Millionen von Ghettobewohnern hatten. Die Panther verstanden sich nun als Teil der internationalen antiimperialistischen Freiheitsbewegung und definierten sich selbst als Partei marxistisch-leninistischen Typs. Rückblickend und als Maßstab Lenins Ausführungen in ›Was tun?‹ heranziehend, mag man ihnen diesen Anspruch kaum zugestehen; vielmehr bildeten sie eine Organisation, die sich durch eine eigentümliche Mischung von Militanz und Sozialarbeit auszeichnete. Der erste Punkt ist durchweg vernünftig und pragmatisch: Die »Gewalt« sollte keine umstrittene und heiß debattierte Frage sein, sofern sie permanent gegen einen selbst ausgeübt wird, oder in den Worten von Carmichael: »Nichts bringt einen Angreifer, der entschlossen ist, dich umzubringen, schneller zur Besinnung als die unmißverständliche Mitteilung: ›O.K., du Idiot, eine Bewegung, und du riskierst das gleiche wie ich – dein Leben.‹« [145] Als interne Organisationsstruktur übernahm man die militärische Hierarchie, vom einfachen Aktivisten, dem *Private* (Gefreiten) über die Leutnants und Hauptleute bis zu den höchsten Militärrängen und der Ministerriege; an die Stelle der Sachautorität – die einzige Autorität, die eine der Freiheit verpflichtete Organisation anerkennen sollte – trat die Befehlsausgabe, und die von den Panthern erkannte Notwendigkeit der Organisation wurde durch eine merkwürdige bürokratische Wucherung und einen regelrechten Reglementierungsfimmel konterkariert. Nachvollziehbar ist, daß die bewaffneten Formationen der Panther Uniform trugen, darunter das Barett als Reverenz an die französische Résistance; nicht mehr einzusehen war hingegen, daß den führenden Kadern eine zweistündige tägliche Zeitungslektüre und den einfachen Aktivisten die tägliche Abfassung eines Arbeitsberichtes vorgeschrieben war; so unablässig notwendig die Disziplin war und ist, so wenig läßt sie sich durch Befehl und Verbot und kleinliche Bevormundung etablieren: Zwangsmaßnahmen bleiben wertlos, solange die »Einsicht in die Notwendigkeit«, gemeinsamen Beschlüssen zu gehorchen – ausschließlich dieses ist mit Lenins »demokratischem Zentralismus« als Organisationsprinzip gemeint – fehlt. Die Panther hingegen pflegten die Untugenden der »realsozialistischen« Staaten, ohne selbst einen Staat zu kommandieren; mutmaßlich liegt hierin ein wesentlicher Grund für ihre relativ geringe Mitgliederstärke.

Die »Sozialarbeit« ergab sich aus den miserablen Lebensbedingungen in den *black communities*. Die Panther organisierten kostenlose Frühstücke für Kinder, wobei sie bald die einschlägigen staatlichen Hilfsprogramme an Umfang übertrafen; ferner boten sie unentgeltliche Kleidung an, kostenlose Transporte zu den Gefängnissen, »freie« Gesundheitsstationen und »freie« Rechtsberatung, Vermittlung von Arbeitsstellen und Einrichtung von Schulen. Diese Aktivitäten trugen maßgeblich zum Rückhalt der *Black Panthers* in der schwarzen Bevölkerung bei, doch bargen sie ein erhebliches Risiko: Kostenlose Dienstleistungen erziehen zum Schmarotzertum, nicht zur Kampfbereitschaft, da sie das Gebot der bedingten Kooperativität bzw. des *tit for tat* verletzen. [146] Und so betrieben die Panther letztendlich eher soziale Handwerkelei, anstatt das Klassenbewußtsein ihrer schwarzen »Brüder und Schwestern« zu heben und sie schrittweise an den Kampf gegen die Staatsmacht auf allen Ebenen und Stufen der Repression, zuletzt der militärischen, heranzuführen. Die Panther begannen jedoch den militärischen Konflikt als ersten Schritt im Zustand der Schwäche, ohne entsprechenden Rückhalt in der Armee, und dies trug maßgeblich zu ihrem rapiden Niedergang oder besser: zu ihrer restlosen Zerschlagung bei.

In eklatantem Widerspruch zu ihrem Selbstverständnis als »Marxisten« konzentrierten sich die Panther bei ihrer Mitgliederwerbung und -gewinnung auf das »Lumpenproletariat«, den gesellschaftlichen Auswurf, die Penner und Kriminellen, und in dieser Strategie bestand ihr größter und verhängnisvollster Fehler. Ihre Führer bekannten sich offen und häufig mit etwas prahlerischem Unterton zu diesem Vorgehen, so etwa Eldridge Cleaver, der sich später, im algerischen Exil, folgerichtig zum Antikommunismus bekannte und seine Tage als Junkie und evangelikaler Eiferer beschloß:

> O. K. Wir sind Lumpen. Vorwärts. Lumpenproletariat sind all diejenigen, die keine sichere Beziehung oder althergebrachten Anteil an den Produktionsmitteln und den Einrichtungen der kapitalistischen Gesellschaft haben. Der Teil der »industriellen Reservearmee«, der beständig in Reserve gehalten wird; der niemals gearbeitet hat und das auch niemals tun wird; […] all diejenigen, die von Wohlfahrt oder staatlicher Hilfe leben. Ebenso die sogenannten »kriminellen Elemente«, die von ihrem gewitzten Verstand leben, von denen, die sie ausnehmen; die Gewehre in die Gesichter von Geschäftsleuten stecken und sagen »Hände hoch« oder »gib's auf!« Diejenigen, die einen Job noch nicht einmal wollen, die die Arbeit hassen und nichts damit im Sinne haben, die Zeituhr irgendeines Schweines zu stechen, die eher einem Schwein in die Fresse schlagen und ihn dann ausrauben … [147]

Dieser in Gärung befindliche Abhub der Gesellschaft füllte einst die Reihen der SA, Hitlers Bürgerkriegsarmee gegen den Kommunismus, bis zum sogenannten Röhm-Putsch; und heute bilden diese Empfänger von »Staatsknete« den harten Kern der Pogromisten und Schläger beim »Schwarzen Block«. – Auch der Organisationsgründer Huey P. Newton erinnert, was die Rekrutierung seiner Mitkämpfer angeht, eher an einen Räuberhauptmann als an einen Führer einer revolutionären Partei:

> Huey wollte Brüder von der Straße haben – Brüder, die Bankraub begangen hatten, die homosexuell waren, die mit Rauschgift gehandelt hatten, Brüder,

die sich keinen Scheißdreck gefallen ließen, die mit Polizeischweinen ge-kämpft hatten; denn Huey P. Newton wußte: Sobald sie sich einmal auf dem Gebiet der politischen Bildung zusammenfinden würden (und das war nicht schwierig, ihre politische Bildung würde in dem Zehn-Punkte-Programm bestehen), sobald er die Brüder organisierte, mit denen er umging, mit denen oder gegen die er kämpfte – er kämpfte härter gegen sie als sie gegen ihn –, sobald er diese Brüder organisierte, hatte er Nigger, hatte er Schwarze, hatte er Revolutionäre, die ganz hervorragend sein würden.[148]

Es sei an dieser Stelle lediglich darauf hingewiesen, daß in diesem Zitat ei-nes *Black Panther*-Führers das selbstauferlegte Gebot mißachtet wurde, kei-ne Feindbegriffe zu verwenden: Das rassistische Schimpfwort *Nigger* spiegelt hier die Selbstverachtung des gesellschaftlichen Bodensatzes und hat mit re-volutionärer Gesinnung, die ohne Selbstachtung gar nicht denkbar ist, selbst-verständlich nicht das Geringste zu tun. Hätten die Panther im ›Kommuni-stischen Manifest‹ von Marx und Engels auch nur geblättert, dann wären sie auf Sätze wie diesen gestoßen:

> Das Lumpenproletariat, diese passive Verfaulung der untersten Schichten der alten Gesellschaft, wird durch eine proletarische Revolution stellenweise in die Bewegung hineingeschleudert, seiner ganzen Lebenslage nach wird es be-reitwilliger sein, sich zu reaktionären Umtrieben erkaufen zu lassen.[149]

Hätten sich die Panther in die Schriften von Marx vertieft, so wären sie auf etliche Beispiele gestoßen, wie sich das Lumpenproletariat von der herrschen-den Klasse als Verschiebemasse und Stoßtrupp der Konterrevolution einset-zen läßt, sofern es nur durch einen Judaslohn bei Laune gehalten wird. So heißt es in ›Der achtzehnte Brumaire des Louis Bonaparte‹ über den Put-schisten Bonaparte, der die Revolution von 1848 erwürgte und dann als der dritte Napoleon firmierte:

> Dieser Bonaparte, der sich als *Chef des Lumpenproletariats* konstituiert, der hier allein in massenhafter Form die Interessen wiederfindet, die er persön-lich verfolgt, der in diesem Auswurf, Abfall, Abhub aller Klassen die einzige Klasse erkennt, auf die er sich unbedingt stützen kann, er ist der wirkliche Bonaparte, der Bonaparte *sans phrase* [ohne jede Beschönigung] [...] Auf sei-nen Reisen mußten die auf der Eisenbahn verpackten Abteilungen derselben ihm ein Publikum improvisieren, den öffentlichen Enthusiasmus aufführen, *vive l'Empereur* [es lebe der Kaiser] heulen, die Republikaner insultieren und durchprügeln, natürlich unter dem Schutze der Polizei.[150]

Louis Bonaparte war also ein früher Vorläufer von Joschka Fischer, oder dieser ist ein Avatar von jenem; jedenfalls gibt es bezüglich der Funktion des Lumpenproletariats seit über 150 Jahren nichts Neues unter der Sonne. Die herrschende Klasse begibt sich auf Lumpenniveau, aber läßt sich nicht lumpen, wenn es um den Erhalt ihrer Herrschaft geht. Welchen Aufwand sie dabei betreibt und in welchem Ausmaß sich die Lumpen für die Konterrevolution gebrauchen lassen, beschreibt Marx in seiner Analyse ›Die Klassenkämpfe in Frankreich 1848 bis 1850‹:

> Zu diesem Zwecke bildete die provisorische Regierung 24 Bataillone *Mobilgarden*, jedes zu tausend Mann, aus jungen Leuten von 15 bis 20 Jahren. Sie gehörten größtenteils dem *Lumpenproletariat* an, das in allen großen Städten eine vom industriellen Proletariat genau unterschiedene Masse bildet, ein Rekrutierplatz für Diebe und Verbrecher aller Art, von den Abfällen der Gesellschaft lebend, Leute ohne bestimmten Arbeitszweig, Herumtreiber […], der größten Heldentaten und der exaltiertesten Aufopferung fähig, wie der gemeinsten Banditenstreiche und der schmutzigsten Bestechlichkeit. Die provisorische Regierung zahlte ihnen pro Tag 1 fr. 50 cts., d.h. sie erkaufte sie. Sie gab ihnen eigene Uniform, d.h. sie unterschied sie äußerlich von der [Arbeiter-]Bluse. Zu Führern wurden ihnen teils Offiziere aus dem stehenden Heer zugeordnet, teils wählten sie selbst junge Bourgeoissöhne, deren Rodomontaden vom Tode fürs Vaterland und Hingebung für die Republik sie bestachen. So stand dem Pariser Proletariat eine aus seiner eigenen Mitte gezogene Armee von 24 000 jugendlich kräftigen, tollkühnen Männern gegenüber.[151]

Damit zurück zu den *Black Panthers*, die es sichtlich nicht mit der analytischen Schärfe und Unbestechlichkeit von Karl Marx hielten, sondern eher mit der diffusen Revolutionsromantik, die Frantz Fanon in weiten Teilen seines dennoch lesenswerten Buches ›Der Aufstand der Verdammten‹ verströmt.[152] Mit den »Lumpen«, den Obdachlosen, Bankräubern, Junkies und Dealern holten sich die Panther das Prinzip der Unbeständigkeit, Unzuverlässigkeit und Bestechlichkeit in die eigenen Reihen, zogen Provokateure, Spitzel und Verräter geradezu magnetisch an. Zwar gibt es für deren präventive Abwehr nie eine hundertprozentige Sicherheit, aber bei den Panthern hatten sie verhältnismäßig leichtes Spiel. Und diese Chance ließ sich die Staatsgewalt natürlich nicht entgehen. Sie hatte ein umfangreiches Programm unter dem Akronym COINTELPRO ausgearbeitet – *Counterintelligence Program*, »Programm zur Aufstandsbekämpfung« (wörtlich: »Gegenspionage«) –, das eine Vielzahl verdeckter staatlicher Maßnahmen umfaßte: Abhören, elektronische Überwachung, Einbrüche in Wohnungen und Büros, Fälschungen von Briefen, Flugblättern und Zeitungen, Behinderungen öffentlicher Auftritte, Verhaftungen mit Erpressung von Kautionsgeldern, die sich im Falle der *Black Panthers* bis zu einer Höhe von 5 Millionen Dollar beliefen und die Organisation finanziell ausbluteten; gezielte Ausstreuung von Gerüchten und Verleumdungen zur Spaltung der oppositionellen Kräfte, schließlich Entführung und politischer Mord, den die leitenden Dienststellen vornehm mit »Neutralisierung« umschrieben. Geballtes Repressionspotential auf der einen, Heroismus und ein Sack voll Illusionen auf der anderen Seite: Es war ein ungleiches Ringen, in dem die Panther nur unterliegen konnten. All ihre Vorzüge und Mängel, all ihre Höhen und Tiefen spiegeln sich in den Vorgängen um einen ihrer fähigsten Führer, Fred Hampton, wider, durch dessen Ermordung ein bösartiges, menschenfeindliches Regime sich bis zur Kenntlichkeit entlarvte.[153]

Der am 30. August 1948 geborene Fred Hampton trat, nachdem er vorbereitende Kurse zur Einführung in die Jurisprudenz an einer höheren Lehranstalt absolviert hatte, Ende 1967 in die Chicagoer Ortsgruppe der *Black Panthers* ein. Als Jugendlicher war er bereits in der schwarzen Bürgerrechtsbewegung NAACP aktiv gewesen, der *Association for the Advancement of Colored People*, und hatte sein organisatorisches Geschick unter Beweis gestellt, als er in einer Gemeinde von 27 000 Einwohnern eine 500 Personen starke Jugendgruppe aufbaute und leitete. Bei den Panthern beteiligte er sich tatkräftig an den sozialen Hilfsprogrammen, nahm an der Überwachung der Polizei teil und leitete politische Schulungskurse. Sein organisatorisches und rhetorisches Talent kam abermals zum Tragen, als er zwischen den gewalttätigen, mehrere tausend Mitglieder umfassenden Gangs der Metropole und den Panthern vermittelte und einen Zusammenschluß, eine Art »Regenbogenkoalition« anstrebte, welche die landesweite Schlagkraft der Panther gleichsam über Nacht verdoppelt hätte. Dies war der Zeitpunkt, zu dem Freund und Feind auf Fred Hampton aufmerksam wurden, der jetzt bereits die *Black Panthers* des Bundesstaates Illinois als Vorstand leitete. Im November 1969 traf er sich gelegentlich eines Vortrags vor Jurastudenten in Los Angeles mit der nationalen Führung der Panther, sofern diese nicht geflohen, verhaftet oder umgebracht worden war. Dort wurden seine Aufnahme in das Zentralkomitee der Partei und seine Ernennung zu deren führendem landesweiten Sprecher beschlossen.

Aufgrund seiner Erfolge und seines rasanten Aufstiegs wurde Fred Hampton vom FBI als *key militant leader* eingestuft, und damit war sein Todesurteil im Grunde schon gesprochen. Der Präsident der Bundespolizei, J. Edgar Hoover, hatte längst entsprechende Anweisungen gegeben, wie die kommunalen Hilfsprogramme sabotiert, die organisatorischen Strukturen der Panther zerschlagen und ihre Führungspersönlichkeiten liquidiert werden sollten. Es lief

Fred Hampton bei einer öffentlichen Ansprache

nach dem bewährten Schema ab: Mit William O'Neal wurde ein Spitzel in die Chicagoer Ortsgruppe der Panther eingeschleust, ein verhafteter Autodieb und Betrüger und mithin ein erpreßbarer »Lump«, der auf der Gehaltsliste des FBI stand. Der bodenlose Leichtsinn der Panther zeigte sich einmal mehr bei der »Rekrutierung« O'Neals: Er ging einfach in ein lokales Büro und erklärte seinen Parteibeitritt. Doch es kam noch schlimmer: In kürzester Zeit stieg er zum Leiter des lokalen Sicherheitsdienstes der Panther auf, fungierte als Hamptons persönlicher Leibwächter und waltete fortan als Nummer drei in der Chicagoer Hierarchie der Panther. In seiner Eigenschaft als Parteiführer befürwortete O'Neal Maßnahmen, die alle Alarmsirenen hätten zum Schrillen bringen müssen: So schlug er vor, das Rathaus mit einem Flugzeug oder einem Granatwerfer zu bombardieren, und befürwortete hochriskante Einbrüche, Überfälle und Waffenbeschaffungen, die der Polizei wiederum als Vorwand für Razzien dienen konnten. Seine unmittelbaren Vorgesetzten, darunter Hampton, lehnten seine in gezielter Schädigungsabsicht vorgebrachten Provokationen zwar ab, schöpften aber offenbar keinerlei Verdacht. Zudem gelang es dem Agenten, hinter den Kulissen durch Ausstreuung von Gerüchten die Feindschaften zwischen den Gangs wieder anzuheizen, so daß es zu bewaffneten Zusammenstößen unter ihnen und mit den Panthern kam. Das hocherfreute FBI gewährte O'Neal daraufhin eine Gehaltserhöhung.

Aber es sollte nur der Anfang sein – denn noch lebte ja Fred Hampton, der Kopf der Gruppe. Zu seiner Beseitigung wurde eine Eliteeinheit zusammengestellt, die sich aus Polizeikräften und einer Spezialtruppe der Staatsanwaltschaft zusammensetzte. Das staatliche Killerkommando verfügte auch über völkerrechtlich geächtete Waffen, sogenannte Dumdum-Geschosse, die in die Körper der Getroffenen riesige Löcher reißen. O'Neal hatte der Mordtruppe einen Grundriß der Wohnung Hamptons mit dem Standort aller Möbel und der Lage seines Bettes zukommen lassen. Am Abend des 3. Dezember 1969 hatte Fred Hampton politischen Unterricht in einer nahegelegenen Kirche erteilt und war anschließend mit etwa zehn seiner Freunde in seine Wohnung gegangen. Dort wartete bereits der Spitzel O'Neal, der ein Abendessen zubereitet hatte, auf sie. Man aß, trank und diskutierte bis um Mitternacht; wie sich nachträglich herausstellte, hatte O'Neal das Getränk von Hampton mit einem starken Schlafmittel versetzt, so daß Hampton während eines Telefonats mit seiner Mutter vom Schlaf übermannt und zu Bett gebracht wurde. Der Spitzel verließ die Wohnung um halb zwei Uhr morgens, und den Vorschriften der *Black Panthers* gemäß hielt Mark Clark Wache, auf einem Stuhl sitzend, das Gewehr über den Knien.

Um Viertel vor fünf in der Frühe begann der Polizeiüberfall auf Hamptons Wohnung in der Monroe Street; acht Mann stürmten das Apartment durch den Eingang, sechs von der Rückseite. Dem schlummernden Wächter blieb keine Zeit zur Gegenwehr; er erhielt einen Schuß in die Brust und drückte im Todeskampf einmal den Abzug seiner Schrotflinte. Es war der einzige Schuß, der von seiten der Panther an diesem Morgen abgegeben wurde. Die Beamten schossen auf alles, was ihnen begegnete: Schlafende in den Betten, Überrumpelte, in Panik Erwachte. Vor allem aber schickten sie Feuerstöße aus ihren Maschinenpistolen durch die dünne Wand in jenes Zimmer, wo Fred Hampton zusammen mit seiner schwangeren Freundin schlief. Er wurde mehrfach im Schulterbereich getroffen – die Mörder hatten das Feuer auf jene Stelle konzentriert, wo sie seinen Kopf vermuteten – und war wegen seiner Betäubung nicht aufgewacht, aber noch am Leben. Zwei Beamte stürmten daraufhin das Zimmer, und der überlebende Panther Harold Bell hörte folgenden Dialog:

>»Das ist Fred Hampton.«
>»Ist er tot? Bring ihn raus.«
>»Er lebt kaum noch.«
>»Er wird's packen.«

Dann waren zwei Schüsse zu vernehmen. Zwei Kugeln hatten den Schädel von Fred Hampton zerschmettert. Seine Freundin Deborah Johnson hörte einen Polizeioffizier sagen: »Er ist jetzt gut und tot.« Fred Hampton wurde im Alter von 21 Jahren umgebracht. Sein Leichnam wurde aus dem Bett gezerrt und in einer Blutlache auf dem Boden liegengelassen. Die überlebenden Panther, die sich in ein Zimmer geflüchtet hatten, wurden unter Feuer genommen und verletzt, geschlagen und auf die Straße geschleift. Dann verhaftete man sie wegen versuchten Mordes an Polizisten. Ein Foto zeigt, wie vier feixende und strahlende Beamte in Uniform den Leichnam Fred Hamptons auf einer Bahre abtransportierten. Ein Beteiligter, der Spezialagent Gregg York vom FBI, resümierte die Aktion wie folgt: »Wir rechneten mit etwa zwanzig Panthern in der Wohnung, als die Polizei dort eintraf. Nur zwei dieser schwarzen Nigger-Ficker wurden getötet, Fred Hampton und Mark Clark.«

Fred Hamptons Leiche wird abtransportiert

Natürlich veröffentlichte die Presse am nächsten Tag die Mär von den tapferen und disziplinierten Polizisten, die ahnungslos von gewalttätigen und äußerst bösartigen Aktivisten der Panther angegriffen worden seien, sich den Umstand zunutze machend, daß im vorigen Monat ein Feuergefecht zwischen Polizeieinheiten und einer Patrouille der Panther stattgefunden hatte, bei dem neun Polizisten, darunter zwei Offiziere, ums Leben gekommen waren. Unabhängige Recherchen und Nachforschungen der Angehörigen hatten bald die Haltlosigkeit der Polizeiversion ergeben: Fotos waren gefälscht worden, die Aussagen widersprachen sich. Dennoch wurden die Polizisten und ihre Vorgesetzten von jeder Schuld freigesprochen. Die inhaftierten Panther kamen ein knappes halbes Jahr später frei. Die klagenden Hinterbliebenen erhielten 14 Jahre später, 1983, eine Entschädigung in Höhe von 1,8 Millionen Dollar zugesprochen, in die sich die Familien Clark und Hampton teilten. Im Jahre 2004 stimmte der Stadtrat von Chicago dem Antrag seiner früheren Abgeordneten Madeline Haithcock zu, den 4. Dezember zum »Fred Hampton-Tag in Chicago« zu deklarieren, unter feierlicher Würdigung seiner »heroischen Bemühungen«, den »am meisten unterdrückten Teil der schwarzen Gemeinde in Chicago in das politische Leben eingeführt und am organisierten Freiheitskampf beteiligt« zu haben. Wir wissen es ja bereits: Die Vereinigten Staaten sind das Land der unbegrenzten Möglichkeiten. In Fred Hamptons Heimatstadt Maywood wurde ein öffentliches Freibad nach ihm benannt und 2006 eine Gedenkbüste aufgestellt. Im selben Jahr wurde in Chicago auf Einspruch der Polizei ein Antrag abschlägig beschieden, eine Straße nach Fred Hampton zu benennen. Was zuviel ist, ist denn doch zuviel.

5000 Menschen hatten dem Ermordeten seinerzeit das letzte Geleit gegeben. Doch die staatlichen Repressionsorgane hatten ihr Ziel erreicht: Die Chicagoer Ortsgruppe der *Black Panthers*, eine der stärksten und am besten geführten im Lande, war zerschlagen. Weit davon entfernt, eine bloße Vergeltungsaktion für vorangegangene Auseinandersetzungen gewesen zu sein, fügte sich die Vernichtung der Panther in Chicago in die Bürgerkriegs-Strategie der US-Regierung ein: Die Panther mußten liquidiert werden, weil ein Viertel der Schwarzen sie respektierte (unter den Jugendlichen knapp die Hälfte) und zwei Drittel »ein Gefühl von Stolz« mit ihnen verbanden. Bis 1970 waren 40 ihrer Anführer umgebracht und Hunderte, wenn nicht Tausende ins Gefängnis geworfen worden. Anderen war die Flucht ins Ausland gelungen. Die Parteibüros waren verwüstet, die Infrastruktur und die organisatorischen Zusammenhänge zerschlagen. Im selben Jahr mußten alle Hilfsprogramme der Panther für die schwarzen Gemeinden eingestellt werden.

Was ist von diesem flächendeckenden staatlichen Terror im Gedächtnis haften geblieben, heute, in der deutschen US-Kolonie? Wenn es hoch kommt,

das verschwommene Bild einer jungen, attraktiven schwarzen Frau mit Wu-
schelkopf. Die Panther waren bereits zerschlagen, als man der Philosophie-
dozentin Angela Davis mit abstrusen und völlig haltlosen Beschuldigungen
einen Schauprozeß wegen »Menschenraub, Mord und Verschwörung« machte. Sie gelangte auf die Haß- und Vernichtungsagenda, weil sie nicht nur Ak-
tivistin der Schwarzen Panther, sondern zugleich Mitglied der Kommunistischen Partei der USA war, und als solches stellte die »rote Niggerin«, wie man
sie charmanterweise betitelte, ein unaussprechliches Ärgernis dar. Die kalifornische Regierung unter Ronald Reagan betrieb ihre Entlassung aus dem
Lehrdienst, ein Berufsverbot *ante verbum*. Wer weiß, daß die Vereinigung
amerikanischer Hochschulprofessoren sich für Angela Davis einsetzte und
den staatlichen »Verstoß gegen die Prinzipien akademischer Freiheit« rügte?
Wer weiß, daß die Kollegen der Dozentin auch im Falle ihrer Suspendierung
ihr eine Vorlesungsreihe zusicherten und sie mit ihren Gehältern unterstützen wollten? Wer weiß, daß bei ihrer Antrittsvorlesung am 6. Oktober 1969
statt der eingetragenen 167 Studenten ganze 2000 erschienen und ihr minu-
tenlange Ovationen bereiteten? daß das Oberste Gericht von Los Angeles anzuerkennen gezwungen war, daß ihre Entlassung jeder rechtlichen Grundlage
entbehrte? daß die staatlichen Stellen daraufhin statt der existentiellen die
physische Vernichtung von Angela Davis ins Auge faßten, sie daraufhin un-
tertauchte, verraten, aber nicht erschossen wurde, sondern vor Gericht gestellt
und »rechtmäßig« auf dem elektrischen Stuhl gegrillt werden sollte? daß eine
internationale Solidaritätskampagne ihren Freispruch erzwang? daß allein
aus der DDR eine Million Postkarten im Gefängnis eintrafen, in dem Angela Davis einsaß, und mehrere Beamte zusätzlich eingestellt werden mußten,
um die Flut der Proteste zu bewältigen? Dies und vieles andere Wissenswerte
erfährt man aus der hochinteressanten Biographie aus der Feder eines Korre-
spondenten des ›Neuen Deutschland‹, der als einer der ersten Journalisten des
»Ostblocks« eine zeitlich befristete Akkreditierung in den USA erhielt, Angela Davis persönlich kennenlernte, die Prozesse verfolgte und die Beteiligten
mit scharfem Blick portraitierte. Das Buch ist dankenswerterweise neu auf-
gelegt worden und damit dem Mahlstrom der Gleichschaltung entgangen.[154]
Mit dieser Empfehlung soll es sein Genügen haben, denn diese Geschichte aus
einer trotz staatlichen Terrors und imperialistischer Angriffskriege besseren
Zeit ist nicht Thema dieses Abschnitts. Ein Titelbild des ›Spiegel‹ ist mir aus
Schülerzeiten – man sollte ihn, so lautete des Lehrers Rat, lesen, um »mitre-
den« zu können – in Erinnerung: Es zeigt das Konterfei von Angela Davis im
Stil einer *Pop-Art*-Ikone, daneben die sorgenvolle Überschrift: »Faschismus

in Amerika?« Nicht, daß die Redakteure des ›Spiegel‹ eine Art Erleuchtung gehabt und entsprechende strukturelle Analogien zwischen den Staaten Mussolinis, Francos, Hitlers und den USA der Gegenwart entdeckt hätten: Sie *mußten* diese Worte wählen, weil Millionen so dachten und empfanden. Und diese völlig zu Recht existierende Wahrnehmung und Empfindung mußte beschwichtigt, gedämpft und zerlabert werden, natürlich »differenziert« und »nachhaltig« – wozu sonst ist die Presse da …

Erster Nachtrag

Am 2. Juni 2011 starb Elmar »Geronimo« Pratt in seiner Wahlheimat Tansania im Alter von 63 Jahren.[155] Er hatte als junger GI in Vietnam gekämpft und hatte 18 Auszeichnungen wegen Tapferkeit und ebenso viele Verletzungen erhalten. Nach seiner Rückkehr und einem Studium schloß er sich den Panthern an und zählte bald zu deren führenden Repräsentanten im starken Ortsverband von Los Angeles. Als vehementer Befürworter schwarzer Selbstverteidigung setzte er sich dafür ein, *to meet fire with fire*, was bei einem hochdekorierten Soldaten kaum mißverstanden werden kann. So sollte also auch er »neutralisiert« werden. Vier Tage nach der Ermordung von Fred Hampton sollte das Staatsverbrechen von Chicago in Los Angeles bis ins kleinste Detail hinein wiederaufgeführt werden: Morgens um halb sechs überfielen 40 Killer eines Spezialkommandos, unterstützt von 100 Polizisten, gepanzerten Fahrzeugen und Hubschraubern das Parteibüro der Panther, in dem sich Pratt, seine Frau und weitere Aktivisten aufhielten. Anders als in Chicago waren die Panther diesmal besser auf der Hut und weigerten sich, sich zu ergeben, bis die Presse und die Öffentlichkeit erschienen seien. Es kam zu einem vierstündigen Feuergefecht, bei dem sechs Panther verletzt, aber keiner getötet wurde. Vor allem war der Mordanschlag gegen Pratt fehlgeschlagen, trotz detaillierter Angaben eines eingeschleusten FBI-Spitzels, der diesmal Melvin Smith hieß und ebenfalls den lokalen Sicherheitsdienst der Panther leitete. Pratt kam mit dem Leben davon, weil er wegen seiner Kriegsverletzungen nicht im Bett, sondern auf dem Boden schlief. Selbstverständlich sperrte man alle Panther hinter Gitter. Im Gefängnis erfuhr Pratt am 11. November 1971, daß seine im achten Monat schwangere Frau ermordet worden war, doch die Behörden verweigerten ihm die Teilnahme am Begräbnis. Statt dessen hängten sie ihm, wiederum durch einen FBI-Agenten, den Mord an einer Frau an, obwohl er für die Tatzeit ein hieb- und stichfestes

Alibi vorweisen konnte: Er hatte sich 560 Kilometer weiter nördlich bei einem Führungstreffen der Panther in Oakland aufgehalten. Pratt wurde zu lebenslanger Haft verurteilt, und damit war einer der Führer der *Black Liberation Army* lebendig begraben. 16 Anträge auf Entlassung wurden abgewiesen, bis endlich die Beweise seiner Unschuld anerkannt und er nach 27 Jahren, am 10. Juni 1997, das Gefängnis gegen Hinterlegung einer Kaution von 25 000 Dollar verlassen konnte. Wie es hieß, soll er eine hohe Entschädigung erhalten haben.

Elmar »Geronimo« Pratt

»Geronimo« Pratt zählt zu den Gefangenen mit den längsten Haftstrafen in den USA. Ein Foto aus dem Jahr 2005 zeigt ihn als kahlköpfigen Mann von kräftiger Statur, mit ergrautem Oberlippen- und Kinnbärtchen. Mit einer Lederjacke bekleidet, in der linken Hand das Mikrofon, die Rechte zur Faust geballt und emporgereckt, ist er, trotz aller Niederlagen und den langen Jahren der Haft, das Sinnbild der Panther geblieben: aufrecht, stolz und kampfbereit. Er scheint die vierzehn Jahre, die ihm noch in Freiheit vergönnt waren, gut genutzt zu haben.

Zweiter Nachtrag

»Geronimo« Pratt war nach 27 Jahren Haft in Freiheit gestorben. Bei einem anderen Aktivisten der *Black Panthers*, George Wright, deuteten lange Zeit alle Anzeichen darauf hin, daß er nach 41 Jahren in Freiheit seine Tage in einem US-Gefängnis würde beschließen müssen.[156] Wright hatte als junger Mann an einem Raubüberfall teilgenommen und war dafür zu 15–30 Jahren – ein sonderbares Strafmaß – Gefängnis verurteilt worden. 1970 gelang ihm der Ausbruch, und er lebte im Untergrund von Detroit, wo er bald Anschluß an die Panther suchte. 1972 kaperte er gemeinsam mit vier weiteren Aktivisten ein Passagierflugzeug der Delta Airlines mit 86 Passagieren an Bord, für die die Hijacker ein Lösegeld von einer Million Dollar erpreßten. Nach Freilassung der Geiseln flogen sie mit der Maschine nach Algier, wo sie politisches

Asyl beantragten. Seit 1970 genoß das dort von den *Panthers* eingerichtete Büro sogar Diplomatenstatus, der ihm von der Regierung der Sozialistischen Volksrepublik Algerien großzügig eingeräumt worden war. Die algerische Regierung schickte das Flugzeug samt Lösegeld zurück in die USA und gewährte den fünf Panthern politisches Asyl – der Wert einer geteilten Welt ... Anfang 1973 begaben sich die Fünf unter neuer Identität nach Frankreich; bald darauf verließ George Wright die Gruppe mit unbekanntem Ziel.

1976 wurden die vier Aktivisten – zwei Männer und zwei Frauen – identifiziert und aufgrund eines Auslieferungsgesuchs der US-Regierung vor Gericht gestellt. Die »Fleury 4« – so genannt wegen des Pariser Gefängnisses, in dem sie einsaßen – nahmen zu der von ihnen durchgeführten Flugzeugentführung wie folgt Stellung (man schreibt das Jahr 1978):

> Wir wuchsen in einem Land auf, in dem die Lage der schwarzen Bevölkerung derart dramatisch ist, wie man es sich in Frankreich nicht vorstellen kann. Dazu gehören die unerträgliche rassistische Diskriminierung, die Verbannung in die berüchtigten Ghettos, die Auflehnung gegen soziale Verhältnisse, die gesellschaftlichen Krankheiten wie Kriminalität, Drogenabhängigkeit und Prostitution erzeugen, die fortwährenden Provokationen durch das FBI [...] und die Ermordung unserer schwarzen Anführer [...] In diesem Klima von Terrorismus und Gewalt haben wir uns dem Kampf unserer schwarzen Schwestern und Brüder angeschlossen. [...]
>
> Weil wir unter schwierigen Bedingungen im Untergrund lebten und jederzeit Gefahr liefen, verhaftet, ins Gefängnis geworfen oder getötet zu werden; weil wir von allen politischen Organisationen isoliert waren, vor allem der Black Panther Party, der wir uns in dieser Epoche anschließen wollten; und weil wir damals über ein unzulängliches politisches Verständnis verfügten, entschlossen wir uns, ein Flugzeug zu entführen, um die USA zu verlassen, uns offen der Black Panther Party im Exil anzuschließen [...] Wir bereuen zutiefst, diese Aktion durchgeführt zu haben [...]

Was wie eine Räuberpistole begonnen hatte – wobei die Verzweiflung das Hauptmotiv der Entführung und Geiselnahme gewesen sein dürfte; *freiwillig* geht man ein solches Risiko kaum ein! –, entwickelte sich zu höchster politischer Brisanz, denn die französische und internationale Öffentlichkeit nahm an dem Prozeß regen Anteil. In Zeitungsinseraten forderten Gewerkschaften, Juristenverbände und Menschenrechtsorganisationen ein »mildes Urteil«, und Jacques Debu-Bridel, einer der bekanntesten Résistancekämpfer, Konservativer und seinerzeit Präsident der Organisation »Frankreich, Land des Asyls«, sagte vor Gericht aus: »Ja, sie haben Gewaltakte begangen, aber das haben wir alle getan, die wir in der französischen Résistance gekämpft haben.« Man stelle sich eine solche Szene in einem deutschen Gerichtssaal vor, in den 50er Jahren oder sieben Jahrzehnte später – eher geht das besagte Kamel durch das Nadelöhr! Das Gericht lehnte die Auslieferung der Panther an die USA wegen der politischen Motive ihres Handelns ab, ließ die beiden Frauen auf Bewährung frei und verurteilte die beiden Männer zu einer Haftstrafe von fünf Jahren. Drei Jahre nach diesem Urteil waren sie wieder frei. Man denke nochmals an »Deutschland in der Nacht« des pechschwarzen Totalitarismus. – Aber was war aus George Wright geworden?

Er hatte sich in die ehemalige portugiesische Kolonie Guinea-Bissau begeben, wo er unter seinem richtigen Namen lebte und bei gesellschaftlichen Anlässen sogar die US-Botschaft besuchte. 1990 ließ er sich dann in Portugal nieder, unter dem Namen José Luis Jorge dos Santos, und heiratete dort die Portugiesin Maria do Rosario Valente, mit der er zwei Kinder hatte. Jorge dos Santos, der fließend Portugiesisch sprach und die Staatsbürgerschaft des Landes erhalten hatte, führte mit Frau und Kindern ein unauffälliges und unbeeinträchtigtes Leben im Küstendorf Almocageme 45 Kilometer westlich von Lissabon – bis zum frühen Morgen des 26. September 2011, als die portugiesische Polizei den 68jährigen verhaftete. Der Hintergrund: Unter dem Kriegspräsidenten Bush jun. wurde 2002 eine *Fugitive Task Force*, eine Sondereinheit für Entflohene, eingerichtet, die mit dem smarten Slogan warb: »Menschenjäger – Sie kriegen Euch«!, und auf ihrer Liste stand Wright immer noch ganz oben. Das FBI hatte seine im Gefängnis abgenommenen Fingerabdrücke mit den internationalen Datenbanken abgeglichen, auch den portugiesischen, da dort der Fingerabdruck auf dem Personalausweis Pflicht ist, und war so auf Jorge dos Santos aufmerksam geworden. Daraufhin setzten sich ein paar US-Beamte ins Flugzeug, und Wright/dos Santos geriet nach 41 Jahren in die Fänge seiner Häscher. Orwells Vision von ›1984‹ ist Wirklichkeit geworden, allerdings nicht in der Sowjetunion Stalins, die es nicht mehr gibt. Es ist schlimmer, da technisch perfekt und weltumspannend; es gibt keinen »Eisernen Vorhang« mehr, hinter den sich politisch Verfolgte hätten flüchten können.

Nun hieß es von amtlicher US-amerikanischer Seite, man werde »Himmel und Hölle in Bewegung setzen«, um den alten Mann in die Vereinigten Staaten zu verschleppen, und ihn das schmecken zu lassen, was sie »Gerechtigkeit« nennen. Portugal verweigerte allerdings die Auslieferung – es ist eben nicht Deutschland, man denke an den unglücklichen Murat Kurnaz[157] – mit Verweis auf ein bilaterales Auslieferungsabkommen zwischen den USA und Portugal aus dem Jahre 1908, das eine Überstellung untersagt, wenn die Vergehen »von politischer Natur« sind. Ein Moderator von »Fox TV« mäkelte daraufhin, ob man Wright/dos Santos nicht einfach »nachts schnappen und gewaltsam außer Landes schaffen« könnte, wie es sich für einen richtigen Rechtsstaat nun einmal gehört. Doch die US-Regierung ließ die Frist für eine Einsprache beim portugiesischen Verfassungsgericht verstreichen, mit formalem Verweis auf »Verjährungsfristen«. So stehen die Chancen von dos Santos gut, eines friedlichen Todes zu sterben – wenn nicht ein Killerkommando der Vereinigten Staaten anderer Ansicht ist.

Dritter Nachtrag

Kaum waren die *Black Panthers* zerschlagen, ihre Führer ermordet, inhaftiert oder ins Ausland geflüchtet, gab es ein Bonbon für den Rest, indem man die häßlichsten Exzesse der Rassendiskriminierung eliminierte und ein wenig *political correctness* spielte. Sicher – es starben immerhin noch doppelt so viele Schwarze in den Reisfeldern und Dschungeln von Vietnam, als es ihrem prozentualen Anteil an der Bevölkerung entsprochen hätte; die Anzahl schwarzer Todeskandidaten in den Gefängniszellen übersteigt diesen Proporz um ein Vielfaches, und von Chancengleichheit kann immer noch keine Rede sein, aber – wie soll man sagen? – man entdeckte »den Menschen im Neger«, oder besser seine Tauglichkeit als Spaßvogel und Sportskanone in den Nebenrollen der Hollywoodfilme, als Cop oder Feuerwehrmann (die Amerikaner können übrigens kein brennendes Haus löschen, ohne dies als heroischen patriotischen Akt zu preisen) im Kino und als Pausenclown im Fernsehen oder eben als Präsidentendarsteller. Ja, denn man ließ einige sogar in höchste Positionen aufrükken, aber ein schwarzer US-Präsident verheißt per se so wenig Gutes oder auch nur Besseres wie eine Frau als Regierungschefin (Margarete Thatcher oder Angela »Die Rache der DDR« Merkel) bzw. ein Homosexueller als Oberbürgermeister oder Außenminister. Ausbeutung und Imperialismus funktionieren hervorragend ohne Ansehung von Hautfarbe, Geschlecht und sexueller Orientierung, aber als Feigenblätter für Ausplünderung und Verbrechen lassen sich einzelne Vertreter dieser »Minderheiten« für ein denkfaules Publikum hervorragend gebrauchen. Colin Powell hieß der schwarze Stabschef der Vereinten Streitkräfte, der die erste Flächenbombardierung des Irak kommandierte und für den Tod von mindestens einer Viertelmillion irakischer Zivilisten verantwortlich ist; als Außenminister trug er zusammen mit seiner schwarzen

Nachfolgerin Condoleezza Rice die Schuld an über einer Million irakischer Embargototer. Clintons Außenministerin Madelaine Albright, eine gebürtige Tschechin jüdischer Abstammung, verdankte es serbischen Partisanen, daß sie den Nazischergen als Kind entkommen und in die USA fliehen konnte; dies hinderte sie allerdings nicht daran, die Bombardierung Jugoslawiens 1999 mit ihrem Spezi Joschka Fischer in die Wege zu leiten. Den Vietnamesen konnte es gleichgültig sein, wenn der amerikanische Außenminister, der Tonnen von Sprengstoff und Giften auf ihre Köpfe hageln ließ, deutscher Abstammung und gebürtiger Jude war, so wie es auch die pakistanischen Bauern kaum freuen dürfte, daß die Drohnen, von denen sie zerfetzt werden, von einem Schwarzen zum Einsatz freigegeben wurden. Kurzum: Diese Figuren sind um so widerlicher, da sie, im Unterschied zu einem durchschnittlichen bekennenden Reaktionär, den Verrat verkörpern: den Verrat an all jenen, die gegen Rassendiskriminierung kämpften, gegen die Benachteiligung und Ungleichbehandlung eines Geschlechtes, gegen die Verfolgung religiöser oder sexueller Minderheiten. Figuren wie diese sind eine Bespeiung für all jene, die ihr Leben für Freiheit und Gerechtigkeit einsetzten. In dieser verächtlichen Eigenschaft besteht ihre Tauglichkeit für die herrschende Klasse; als »Fortschritt« wird man dies indessen kaum feiern können.

Vietnam

Joseph Goebbels proklamierte den »totalen Krieg«, doch die Vereinigten Staaten führten ihn: in Vietnam. Eine Übertreibung, mal wieder, oder böswillige Verleumdung gar? Hören wir den Schriftsteller Peter Weiss, der es wegen der in Bonn regierenden Altnazis vorgezogen hatte, in seinem schwedischen Exil zu bleiben, und der in der Tageszeitung ›Dagens Nyheter‹ am 2. August 1966 einen längeren Artikel mit der Überschrift »Vietnam!« veröffentlichte.[158] Dort heißt es unter Punkt 10:

Seit 1965 benutzen die amerikanischen Truppen und ihre Verbündeten offiziell Tränen- und Brechgase in täglicher Routine. Großangriffe in Gasmasken werden gegen den gelähmten Feind geführt. Höhlen, Tunnelanlagen, Schutzkeller werden mit Gas ausgeräuchert. Neue effektive Maschinen zur Gasausschleuderung werden von amerikanischen Produzenten angeboten. Die Gebrauchsanweisungen entsprechen dem Erfindungsgeist, den deutsche

Fabrikanten einmal der Errichtung von Vergasungs- und Verbrennungskammern widmeten. 125 Millionen Dollar stehen in diesem Jahr amerikanischen Laboratorien für Forschungszwecke in chemischer und bakteriologischer Kriegsführung zur Verfügung. Vietnam bietet ein Versuchsfeld für alle Arten von Gift- und Brandstoffen. Unter der zynischen Erklärung, daß es sich hierbei um eine Schonung des Gegners handle, werden neue Mittel zur umfassenden Menschenausrottung erprobt. Brigadegeneral Jaquard Rothschild, ehemaliges Mitglied des Army Corps Research and Development Command, fordert in der Zeitschrift ›Science and Mechanics‹, April 1966, die Anwendung von Senf- und anderen Kampfgasen, die den Tod oder die Außerstandsetzung des Feindes zur Folge haben und somit den Frieden sichern und zukünftige Kriege ausschließen. Warum, fragt er, sollten nur Bomben und andere Explosivstoffe benutzt werden, die in unzureichendem Maße töten und das Feuer auf die eigenen Truppen nicht genügend eindämmen. Wenn Rothschild, der seinem Namen nach zu denen gehört, die von Hitler zur Vernichtung verurteilt wurden, jetzt in einem schrecklichen Kreislauf der Geschichte ein anderes Volk dem Genocide ausliefern will, so macht er sich zum Sprecher für eine Tendenz, die sich gegenwärtig im rapiden Anstieg befindet.

Ja, die Vereinigten Staaten hatten mit ihrem antisowjetischen Kreuzzug die Nachfolge der Nazis angetreten, und die Strukturanalogie zum deutschen Faschismus ergab sich nicht etwa durch die Verwendung tödlicher Gase als Waffe, wie vielleicht Klein-Mäxchen denken mag, sondern im gemeinsamen Haßschwerpunkt Kommunismus. Befragt, worin seine Mission in Vietnam bestehe, erwiderte ein US-General in voller inhaltlicher Übereinstimmung mit einem Hitler oder Goebbels dem amerikanischen Journalisten Douglas Pike: »»Wir sind hier, um ihnen [den Südvietnamesen] beizubringen, wie sie Kommunisten killen sollen‹ […] Pike hatte ein paar Minuten mit ihm diskutiert und gemerkt, daß es zu nichts führte; dann hatte er ihn daran erinnert, daß die Franzosen in ihrem Krieg etwa eine Million Vietminh-Soldaten umgebracht hatten. ›Na gut, das hat dann eben nicht gereicht‹, sagte der General. ›Wir werden ihnen zeigen, wie man mehr umbringt.‹« [159] Im Grunde ist damit alles über den Vietnamkrieg gesagt – es hat sich was mit »Freiheit und democracy«, mit der »Verteidigung« einer fernöstlichen Bastion der »freien Welt« gegen einen aggressiven Weltkommunismus. Betrachtet man die vietnamesische Geschichte seit den 20er Jahren des 20. Jahrhunderts, so war es ein unablässiger Volkskrieg zuerst gegen die französischen, dann japanischen, dann wieder französischen und schließlich gegen die amerikanischen Besatzer. Wenn jedoch das Volk gegen seine Bedrücker kämpft, dann, so lautet die blutrünstige Logik der US-Aggressoren, ist der Völkermord das Mittel der Wahl. Was Hitler mit den slawischen Völkern im 2. Weltkrieg praktizierte, führten die Vereinigten Staaten in Fernost fort: Massenausrottung, Genozid zum Zwecke der Kommunismusbekämpfung. Doch was lernt ein deutscher Schüler, der sich auf das Abitur vorbereitet, heute über dieses Megaverbrechen der USA? Wir nehmen das »Abi kompaktWissen Englisch, Landeskunde GB/USA«, erschienen im Klett-Verlag, Stuttgart 2009, zur Hand und lesen schon in der »time line« zum Jahr 1949 mit bassem Erstaunen den Satz: »NATO, a defence alliance. Members are under obligation to help each other when under threat of military attack« (S. 210). Das war's – selten wurde kürzer und bündiger gelogen, und praktischerweise gleich in der Herrensprache. Zu Vietnam, wenige Seiten weiter (213 f.), holen die Verfasser (und natürlich -innen, wie bei den Schülern auch, aber zukünftig lassen wir das) etwas tiefer Luft und nehmen einen etwas größeren Anlauf, bis sie dann Sätze wie diese fabrizieren:

> The USA's attempt to use all its military superiority was answered by a guerrilla tactic of the Vietcong. As they hid among the villagers, it was very hard for the Americans to distinguish between Vietcong soldiers and civilians. On the other hand, the North Vietnamese used the cover of the jungle, as a consequence of which the Americans used ›Agent Orange‹, a chemical weapon causing physical handicaps for people.

So waren die armen, wirklich armen und bedauernswerten Amerikaner gezwungen, in einer Art Notwehr das ganze Land zu bombardieren und zu vergiften. Und kommt der Verweis auf die hinterhältigen Kommunisten, die harmlose Zivilisten als »menschliche Schutzschilde« mißbrauchen, nicht zum Erbrechen bekannt vor und wurde diese abgestandene Lüge nicht unlängst in der NATO-Aggression – *a defence alliance*, nicht wahr? – gegen Libyen wiedergekäut? Fürwahr nichts Neues unter der Sonne. Über das Ausmaß der vietnamesischen Opfer erfolgt kein Sterbenswörtchen, aber die armen, wirklich armen und bedauernswerten Amerikaner erlitten *a national trauma* – schön lernen, vor allem aber glauben und bei der mündlichen Prüfung brav herunterleiern! »Kompaktwissen« also? Wohl eher ein Fall von »Kompaktverblödung«, und so ist es doch vonnöten, diese »optimale Vorbereitung in der Oberstufe«, wie die stolze Selbstreklame des Verlages lautet, um ein paar Worte zu ergänzen. Und es sollte sich von selbst verstehen, daß die heutigen Schüler nichts dafür können, wenn sie von ihren Lehrern angelogen werden; das wurden wir auch, als die Luftmassaker in Fernost stattfanden, und eine Standardlüge, die bis heute bemüht wird, soll bald vorgestellt werden. Aber es lohnt sich, Curricula wie das eben zitierte mit wachem Verstand zu lesen und mit Energie und Disziplin zu hinterfragen, denn sie sind mit Lügen gespickt und von geschickten Psychologen zusammengestellt, auf daß es füg- und folgsame Untertanen gebe und der Ozean der Beschränktheit um ein paar weitere Tropfen anwachse. Damit wieder zum Thema.

As they hid among the villagers… Die vietnamesische Realität, mit den Augen eines Besatzungssoldaten betrachtet, sah ein wenig anders aus:

> Das Expeditionskorps bewegt sich nur noch in großen Einheiten mit rasselnden Panzern und LKWs; es kann nicht existieren ohne eine erdrückende Materialüberlegenheit und steht einem gefährlich beweglichen, unfaßbaren, allgegenwärtigen Feind gegenüber. So treffen die meisten Schläge, die es austeilt, die leere Luft. Seine Soldaten sind müde, und das System, das sie in Bewegung hält, ist zu schwerfällig. Der Krieg tötet ebenso blindlings auf einer Caféterrasse wie auf dem Erdwall eines Reisfeldes; harmlos aussehende Dörfer sind in Wirklichkeit kampfbereite Zitadellen; ein Kind, das seine zahmen Büffel hütet, ist ein Späher; alte zahnlose Weiber legen Minen, brave Landarbeiter verwandeln sich in Honoratiorenmörder. Um zwanzig Kilometer Straße zu halten, sind mehrere Bataillone, ganze Geschützbatterien und gepanzerte Verbände notwendig, die sich mit Einbruch der Dunkelheit hinter ihre Befestigungen zurückziehen und dem Feind den Raum überlassen müssen. Man kann sich zwar einbilden, daß es jedenfalls stellenweise so etwas wie eine Front gibt, aber nirgends ist eine Etappe, denn da ist alles Bedrohung und Gefahr.[160]

So lautet das konsternierte Fazit eines militärisch versierten französischen Beobachters nach acht Jahren Krieg und kurz vor der verheerenden Niederlage der Besatzungstruppen, und den amerikanischen Angreifern, die anschließend zu Hunderttausenden ins Land einfielen, sollte sich dasselbe deprimierende Bild bieten. »Völkermord« – so lautete die imperialistische Antwort auf den Befreiungskampf des vietnamesischen Volkes, und so lautet sie bis heute, wenn sich die Völker, wie im Irak, nicht unterwerfungswillig zeigen. Völkermord: Der sich demokratisch nennende Staat zeigt seine häßliche faschistische Fratze, und niemand hat diesen Sachverhalt klarer benannt als Peter Weiss, dessen Theaterstücke über den vietnamesischen und afrikanischen Befreiungskrieg in zahlreichen Ländern der »Dritten Welt« aufgeführt wurden und dessen Name als einer der ganz wenigen unter den europäischen Schriftstellern in Afrika, Asien und Südamerika bekannt war (lernt man so etwas heute noch in der Schule?). Aber war er nicht voreingenommen, parteilich und einseitig? Der kritische Kritikaster, der in einem Gehorsamsreflex diesen Einwand bringt, hat sogar recht. Peter Weiss war so voreingenommen, parteilich und einseitig, daß er, seine Freunde und Mitkämpfer, Bewohner aus Südvietnam nach Stockholm einluden, wo sie vor dem Russell-Tribunal, das eigentlich in Frankreich tagen wollte, dort aber mit Verbot belegt wurde – die *Grande Nation* von 1789 ist wirklich gründlich auf den Hund gekommen –, von ihren Beobachtungen und Erlebnissen erzählen konnten. Hier der ausführliche Bericht des Schriftstellers mitsamt seiner Wertung aus seinem seinerzeit schon selten gelesenen, posthum veröffentlichten Spätwerk ›Rekonvaleszenz‹[161]:

Während ein paar Stunden nur überwog die Wahrheit und Überzeugungskraft der andern Seite, und die ganze Phraseologie, Seichtheit und Halbherzigkeit, von der die Atmosphäre geprägt war, wurde weggespült von den Aussagen einiger vietnamesischer Zeugen, einer Landarbeiterin, einem Reisbauern, der 12 Jahre auf der Insel Poulo Condore, davon 6 Jahre in den »Tigerkäfigen« zugebracht hatte, einem sechzehnjährigen Jungen und einem zwölfjährigen Mädchen, alle mit einfachen, klaren, genauen Worten, beherrscht und eindringlich die Verhältnisse in Süd Viet Nam schildernd. Mai Thi Buom, die junge Arbeiterin, berichtete, wie die 8000 Bewohner ihrer Gemeinde um die Hälfte dezimiert wurden, sie berichtete mit dieser festen und gleichzeitig singenden vietnamesischen Stimme, wie am 11. November 1969 südkoreanische Söldner und amerikanische Ratgeber mit Hubschraubern abgesetzt wurden und die Operation SEA TIGER begann, unterstützt von der Flotte und den B-52 Geschwadern. Einzelne Bilder immer wieder aus dem gleichmäßig fließenden gedämpften Bericht hervortretend, die angezündeten Hütten, die zusammengetriebenen Bewohner, eine schwangere Frau erschlagen, die Soldaten auf ihren Bauch springend, das Embryo herausquetschend und zerhackend, Gefangene, denen die Köpfe abgeschlagen und auf Pfähle gesteckt wurden, 75 Personen zusammengebunden und erschossen, darunter ihre Eltern, ihre vier Schwestern, Hunderte von Fliehenden, die versuchen, über den Fluß zu schwimmen, und die ertrinken. Die Erzählung der Zwölfjährigen, Tran Thi Da, die einer Exekution von 71 Menschen entkam, da sie unter den Berg von Leichen geriet, über ihr die tote Mutter und eine verwundete jüngere Schwester, nach Einbruch der Dunkelheit, die kleine Schwester auf dem Rücken tragend, flüchtete sie in die Berge, da war ihre Schwester verblutet. Diese Berichte, wie auch der des Bauern Tran Thant, über den Block I auf Poulo Condore, wo die Gefangenen zu 250 Mann in einer Zelle liegen, seitwärts ausgestreckt, Leib an Leib, viele an Dysenterie leidend, mit Kot besudelt, die Kleider voller Würmer, andre von einer Krankheit befallen, die an den Zehen beginnt, Waden und Schenkel anschwellen läßt, schließlich die Beine schwarz färbt und nach ein paar Wochen zum Tod führt, das Schreien der Sterbenden in den Nachbarzellen, das Einflößen von Wasser, das mit Seife und Pfeffer gemischt ist, und all die andern Folterungen, dieser unendliche qualvolle Gesang, vom Block I, und dann vom Block II, von wo es zur Strafarbeit in die Steinbrüche geht, wo keine Ruhepausen gelten, wo die tägliche Reisration verfault ist, wo man getreten, gepeitscht wird bis zur Bewußtlosigkeit, und dann vom Block V, hinter dem die Käfige liegen, in zwei Reihen, mit je 60 kleinen überfüllten Zellen, diese zusammengedrängte Ungeheuerlichkeit, diese Unendlichkeit, aus knappen Worten hervorbrechend, diese Fortsetzungen der Gesänge aus Treblinka, Majdanek, Auschwitz, der Gesänge von den Blöcken, den Todeszellen, den Erschießungswänden, aus den Jahren der nazistischen Gewalt, und jetzt aus der mehr als ein Jahrzehnt andauernden amerikanischen Kolonialherrschaft, dieser endlose erstickte Gesang menschlicher Pein, unaufhörlich weitergehend unter der Aufsicht amerikanischer Tortur- und Mordspezialisten, befohlen von der Administration in Washington, einer Pein, von der uns nur wenige Bruchstücke bekannt werden und die doch schon länger währt als das System der Lager und Verbrennungsöfen der deutschen Vorgänger. Einige Augenblicke lang wäre jetzt nur eine Deklaration denkbar gewesen, die der Arbeiterklasse, der internationalen Solidarität würdig war; eine Deklaration, die den restlosen Beistand zusicherte, die in ultimativer Form die unmittelbare Einstellung des Mordens forderte, die den Generalstreik androhte gegenüber den imperialistischen Gewalten, doch schon sprach alles wieder von Rückzug, von Vorsicht, von Mäßigung, kein Gedanke mehr daran, daß der Nürnberger Urteilsspruch auf die Administratoren der USA angeordnet werden […] könnte …

So klingt ein Bericht aus einer schlechten und dennoch besseren Zeit, denn es gab öffentliche Diskussionen, eine wenn auch nur rudimentäre Gegenwehr und eine – zugegebenermaßen nicht sehr große, aber wahrnehmbare – oppositionelle Meinungsführerschaft unter den Geistesschaffenden. Peter Weiss war »einseitig«, weil er der sprichwörtlichen anderen Seite Gehör verschaffte; er war »einseitig«, weil er nicht wußte, wo die goldene Mitte der »Ausgewogenheit« lag, wenn Bomben auf die Köpfe von Bauern prasseln und Kämpfer für Freiheit und nationale Unabhängigkeit in Konzentrationslager gesteckt, gefoltert und ermordet werden. Freilich: so etwas lernt man heute nicht mehr in der Schule, weil man nämlich »viel weiter« ist – in der Königsdisziplin des Lügens. Seinerzeit warnte uns die Deutschlehrerin mit SPD-Parteibuch in der Tasche vor den politischen Texten von Peter Weiss; man täte statt dessen besser daran, die Zeitung zu lesen, also die standardisierte Lüge, gegen die der Schriftsteller ja gerade anschrieb. Peter Weiss hat sich indessen auch zu diesem Personenkreis klar und unmißverständlich geäußert, und zwar in einem Tagebucheintrag vom 29. November 1972:

456

> Die heruntergekommene Sozialdemokratie, die weder fähig noch gewillt war,
> die Enthumanisierung der Arbeit aufzuhalten, und die das ihre tat, um zur
> Verdummung der Arbeitenden beizutragen, indem sie in ihrer Presse die kor-
> rupten, schlappen Bilder einer im Besitz des Kapitalismus stehenden Wirk-
> lichkeit wiedergibt wieder u wieder – [162]

Es hatte sich gelohnt, nicht auf die Lehrerin zu hören, denn so erfuhr man,
daß Peter Weiss während des Krieges nach Vietnam gereist war, um als einer
der ganz wenigen westdeutschen Kulturschaffenden praktische Solidarität zu
üben, um den Angegriffenen beizustehen, um Breschen in die Mauer der Lüge
zu schlagen, und man konnte ferner erfahren, daß er dort gefährlich erkrank-
te und zusammenbrach, daß er zu seinem Leidwesen gepflegt werden mußte
von jenen, die wenig mehr besaßen als ihr Leben, Kleidung und Waffen, daß
jene ihm lächelnd versicherten, er wäre wichtiger als eine ganze Kompanie
erfahrener Kämpfer, da seine Berichte viele Menschen im feindlichen Lager
erreichten (so lauten meine Worte, nicht jene der Vietnamesen, und es war ein
erhebendes Gefühl, zur Zahl der Empfänger dieser Berichte zu gehören, die
auf so mutige Weise zustande kamen). Es mag paradox klingen: Ich lernte als
Schüler Peter Weiss schätzen, weil ich nicht auf die Lehrerin hörte, sondern
das Gegenteil dessen tat, was sie uns nahelegte. Diese Eigenschaft soll anstek-
ken. Daß Peter Weiss nicht nur ein aufrechter Mensch, sondern ein großartiger Schriftsteller war, möge Grund genug sein, um einen abermals längeren
Auszug über seinen Zusammenbruch, die äußeren Umstände, die ihn bewirkten, und über seine Reflexionen folgen zu lassen (denn so etwas lernt man ja
nicht in der Schule, damals wie heute):

> … ich [war] in einer absolut fremden Welt, einer Wildnis ausgesetzt, alle er-
> worbenen Kenntnisse über dieses Land zerbröckelten, rieselten weg, in einem
> Niemandsland war ich jetzt, in einem Dahindämmern unterm Moskitonetz,
> Atemnot überkam mich, wurde unerträglich, ich schlug den Vorhang zurück,
> es war besser zerstochen zu werden als zu ersticken, und dann kam es, zuerst
> als Traum, dann wurde es immer wirklicher, ich lag im Sand vergraben, ge-
> lähmt, Sand im Mund, ein Rieseln von Sand, mehr und mehr übersickert von
> Sand, und so wie ich lagen viele in dieser Nacht, in den südlichen Provinzen,
> hineingeschleudert, hineingesogen in die Erde, unterm Dröhnen der Bomber,
> beißend der Gestank, vernichtend die Hitze des Napalmfeuers, vereinzelte
> Schreie noch im Qualm, die Sanitäter, die Pioniere eilen durch die Laufgrä-
> ben, im unterirdischen Lazarett, im fahlen flackernden Licht, genährt vom
> Fahrraddynamo, die Ärzte am Operationstisch, Sand stäubt herab, draußen

Stille, dann die Woge des erneuten Angriffs, rasender Orkan, aufgepflügt die schon unzählige Male gepflügte Erde, voller Gebeine, Stahlfragmente, blutiger Körperteile, das Hämmern der Luftabwehrgeschütze und hoch oben die Mörder, in kunstvollen Hülsen, zwischen Drähten, Stöpseln, Druckknöpfen, jeder Millionen wert, jeder Tausende von Dollars hinabschleudernd zu protzenden Explosionen, und in der Lähmung war nur der Wunsch zu spüren, träfe doch jedes Abwehrgeschoß diese losgelassenen Boten der Technokratie, hielten sie aus, hier im Sand, ertrügen sie diese Nacht, und die kommenden Nächte, verteidigten sie uns weiter, hier, zusammengedrängt auf engem Platz, übertönten sie mit ihren Geschossen, ihren Raketen das Geschrei der Vernichtung, besiegten sie die Herren im Weißen Haus, im Pentagon, die Herrn über die Bohrtürme, die Zinngruben, die Atommeiler, die Fabriken und Banken im reichsten Land der Welt, besiegten sie die Speichellecker in den westlichen Metropolen, die aus den Mordbefehlen Friedenshymnen, Lobgesänge auf Demokratie und Gerechtigkeit machten. Dazu mußte ich hierher kommen, um zu erfahren, wie sie hier für uns kämpfen, für uns sich in die Erde drücken lassen, für uns die Revolution führen, begleitet von den frommen Wünschen ihrer Brüder, während wir weit von ihnen, erstarrt in unserm Schrecken, mit angehaltenem Atem warten und verrotten, dazu mußte ich hierher kommen, um mich zu konfrontieren mit ihrer schweigsamen lächelnden Selbstverständlichkeit, die sie in Jahrhunderten ihrer Geschichte erwarben, uns unendlich an Entschlußkraft, Konsequenz, Wissen, Humanität überlegen, uns belehrend, die wir erbärmlich und pessimistisch zu ihnen kommen und sie fassungslos fragen, wie sie es fertigbringen, diesem Feind standzuhalten, seit Jahrzehnten [...]. Ich war hierher gekommen, um zu lernen, was Widerstand ist, und zuerst lernte ich nur, wie es ist, sich nicht rühren zu können, erstarrt, hingeworfen, weggeschmissen dazuliegen unter dem irrsinnig rasenden Giganten, erloschen unter dem Gewicht der Todeszivilisation, die sich austobte über diesem Land.[163]

Neben körperlichen Gebrechen war es mit Sicherheit die konkrete Anschauung, die unmittelbare sinnliche Wahrnehmung der ungeheuren Brutalität, mit der die Vereinigten Staaten das kleine Land mit ihrem totalen Krieg überzogen und welche den Schriftsteller niederwarf. Die Nazis standen, als sie den »totalen Krieg« verkündeten, mit dem Rücken zur Wand, da sich nach Stalingrad und mit der bevorstehenden Invasion der Alliierten ihre Niederlage deutlich abzeichnete und deshalb die Anspannung aller Kräfte, die Mobilisierung der letzten Reserven notwendig war; zahlreiche Deutsche waren immer noch blöd genug, diesen Kurs zu unterstützen und »Kanonen statt Butter« zu fordern, was John Heartfield zu seinem Plakat »Hurra, die Butter ist alle!« inspirierte, welches eine eisenfressende deutsche Familie zeigt. Amerika aber stand unter keinem solchen Druck; das alltägliche Leben ging seinen gewöhnlichen Gang, Geschäfte wurden getätigt, die Fernsehprogramme liefen. Und doch agierten seine Truppen gegen einen militärisch unterlegenen Feind mit einer enthemmten Bestialität, deren Wahrnehmung zuerst fassungslos und dann, im besten Falle, wütend macht. Peter Weiss war einer der wenigen, die aus der technisierten Barbarei dieses Vernichtungskrieges revolutionären Haß sogen, und er war Sprachkünstler genug, um diesem Haß in seiner Anklage adäquaten Ausdruck zu verleihen, d.h. die Worte zu finden und den Ton zu treffen, die mit der entsprechenden Wahrnehmung und der dadurch ausgelösten Empfindung übereinstimmen: es ist der sogenannte »Stil«, der, wenn er gut ist, entweder begeistert oder griesgrämiges Nörgeln auslöst. An ihm, dem berühmten »Stil«, erweist sich, wie man es mit der Anpassung hält und ob man ein Verbrechen gutheißt oder es bekämpft. In den Worten von Peter Weiss:

> … es braucht nicht länger umständlich und schönmalerisch umschrieben zu werden, daß der Chef über das Syndikat in Washington eine gute Nase hat für Sadisten, Rassisten, Halsabschneider und Pervertierte aller Art, um aus ihnen seine Banden von Schlägern, Folterknechten und Brandstiftern zu rekrutieren, die er für seine Raubzüge benötigt. Auch braucht nicht länger von Großraumstrategie, von Machtbalance geredet zu werden, sondern nur von Schiebung, Bestechung, Hinterlist und Tücke, von einer Umgarnung der Schwachen, von einer Niederstampfung und Aussaugung, einer Schändlichkeit und Verkommenheit, wie kein Imperium der Geschichte es kannte.[164]

Freilich war sich auch Peter Weiss dessen bewußt, daß die Sprache ein unzulängliches Instrument sein kann, um die erlebte Wirklichkeit wiederzugeben, und er war sich erst recht dessen bewußt, daß die Sprache nicht in einem unwürdigen und feigen Quidproquo an die Stelle des Handelns, der tätigen Veränderung treten darf. So ist es zu erklären, daß er den »dritten Standpunkt« des passiven Beobachtens und damit den Elfenbeinturm einer nur vermeintlich von gesellschaftlichen Einflüssen »freien« Kunst verließ und Partei ergriff, »parteilich« wurde, wie es naserümpfend und pejorativ heißt. In seinem Nachruf auf Che Guevara, der am 14. November 1967 in der Zeitung ›Dagens Nyheter‹ erschien, erläutert er das Motiv seiner Parteinahme in schlichten Worten:

> Ich habe in Vietnam gesehen, wie die Bauern nach einem Luftangriff Dämme und Straßen mit Lehm und Steinen flickten, ich habe sie gesehen, bis zu den

Knien im Schlamm, in schlammdurchtränkten Kleidern, mit großen Lehm-klumpen in der Hand; und die Frage, wer da der höher Entwickelte, der Über-legene, der Würdige war, diese Frage war für mich entschieden – der da unten im Dreck, oder der da oben in seinem millionenschweren Waffensystem.[165]

Damit ist zugleich der Grund benannt, warum dieser Schriftsteller heute in den Schulen nicht mehr gelesen wird, es in den Feuilletons ruhig um ihn ge-worden ist und er zum 60. Jahrestag der BRD-Gründung von der ›Frankfur-ter Allgemeinen Zeitung‹ nicht in den Reigen der 60 angeblich bedeutend-sten deutschen Schriftsteller aufgenommen wurde: man könnte auf »dumme Gedanken« kommen, und das dürfen vor allem die Jugendlichen nicht – sie könnten ja tatsächlich etwas begreifen, und wäre das nicht schrecklich?

Der Einstieg in diesen Abschnitt ist etwas literarisch geraten, aber dies kam – so ist wenigstens zu hoffen – der Anschaulichkeit zugute; Zeitungen kann man alle Tage lesen (»unsern täglichen Faschismus gib uns heute, amen«). Wie in den vorangegangenen Kapiteln muß diese Abhandlung lückenhaft bleiben, da sie sich auf das Wesentliche beschränkt, und das Wesentliche des »asymmetrischen« Vietnamkrieges besteht in der Monstrosität des Unterneh-mens. Kennte man nichts anderes als die Sprachgewohnheiten der beteiligten US-Soldateska, die Idiomatik der Schlächter, so besäße man doch eine erste recht zutreffende Vorstellung von der besagten Monstrosität der Ereignisse und der moralischen Verkommenheit der Aggressoren. Alles weitere erhellt aus dem nachfolgenden *dictionary*, das wiederum nur als ein Auszug zu be-trachten ist.

Vietnamesisches GI-Glossar[*]

grunt, leg	Frontschwein, Kampfschwein
to do something physical	Wehrlose mißhandeln oder umbringen
Indian country	Indianerland (Vietnam)
gook, dink, dope, slope	Verächtliche Bezeichnungen für »Viet-namese«
Victor Charlie (VC), Mr. Charles, Sir Charles	Vietkong
half chopper ride, airborne interroga-tion	Gefangene aus dem fliegenden Hub-schrauber werfen

[*] Zusammengestellt aus Greiner 2009; GI = *government issue* (also wörtlich »Regierungs-Ausgabe« bzw. »-abkömmling«), gängiges Kürzel für »amerikanischer Soldat«.

joy ride	»Spaßschießen« aus Hubschraubern auf Zivilisten
military-age male	wehrfähige männliche Jugendliche (Vietnamesen), die vogelfrei waren
people snatcher operation	Bauern vom Hubschrauber aus mit dem Lasso fangen und in die Tiefe stürzen oder zu Tode schleifen
mad minutes, Machine gun Murphey	ziellos in der Gegend herumballern
baiting	von militärischen Vorgesetzten verheizt (als »Köder« eingesetzt) werden
sucker tactic	vom Vietkong in Sprengfallen gelockt werden
double Veteran	GI, der den Krieg überlebt und vergewaltigt hat
heads and ears guys	Angehörige von geheimen Killerkommandos gegen kommunistische Kader, die ihre Opfer verstümmeln und deren Körperteile als Trophäen mitführen
one punch Varney	Titel für jemand, der einen Gefangenen mit einem Hieb bewußtlos schlägt
turkey shot	»Fangschuß«
to grease someone	jemanden »ausknipsen«
to break someone's cherry	jemanden vergewaltigen
fragging	eigene Kameraden oder militärische Vorgesetzte umbringen (mit Handgranaten, *fragmentation grenades*)
tunnel rats	»Tunnelratten«; südvietnamesische, thailändische oder südkoreanische Soldaten, die in die unterirdischen Gangsysteme des Vietkong vorgeschickt wurden

Bevor nun einzelne Ereignisse etwas genauer beleuchtet werden, seien vorab einige grundlegende Sachverhalte klargestellt und die wichtigsten Begriffe erläutert. Was die amerikanische Aggression anbelangt, so gab es nicht *einen* Vietnamkrieg – prowestlicher Süden gegen prosowjetischen Norden wie in Korea –, sondern genaugenommen deren zwei: der amerikanische Luftterror gegen die Demokratische Republik Vietnam (DRV) im Norden, der unter Präsident Johnson mit der Operation *Rolling Thunder* 1965 ohne offizielle Kriegserklärung begann und unter Nixon in dem berüchtigten »Weihnachtsbombardement« von Hanoi und Haiphong im Jahre 1972 gipfelte, und der Krieg amerikanischer Truppen in Südvietnam gegen die dort kämpfende Nationale Befreiungsfront (*Front National de Libération*, FNL), die auf dem Höhepunkt der Kämpfe über 300 000 Männer und Frauen umfaßte und als Folge der Flächenbombardierungen Nordvietnams logistische und personelle Hilfe aus dem Norden erhielt.

Ich entsinne mich noch genau jener Weihnachtswoche des Jahres 1972. Ich saß an einem trüben und kalten Mittwochnachmittag in der Stube, um die Hausaufgaben hinter mich zu bringen, und hatte zur Auflockerung das Radio eingeschaltet; es war ein alter, riesiger, mit Röhren betriebener Kasten, der einige Minuten zum Warmlaufen benötigte, ein echter Dinosaurier der Unterhaltungsindustrie. Jeden Mittwoch um halb vier nachmittags begann die »Mittwochsparty«, ein Live-Programm, das von Schülern der Oberstufe an baden-württembergischen Gymnasien zusammengestellt wurde. Das hieß: die Musik war in der Regel gut; es kamen jene Hits, zu denen man selbst gern auf Festen oder in der Disco tanzte. Und da beide Elternteile berufstätig waren, gab es auch kein Gezeter wegen der »Negermusik«. Eine stets gutgelaunte Moderatorin fragte bestimmte Schüler, welche Musiktitel sie sich wünschten, und dann ging die Post ab. Diesmal aber gab es eine Überraschung: Die Schüler wünschten sich das Lied »Stille Nacht, heilige Nacht«. ›Spinnen die?‹, schoß es mir durch den Kopf – ›die spinnen!‹ Tatsächlich erklang das Lied, das von bevorstehenden Feiertagsqualen kündete. Doch nun geschah das Ungeheuerliche: Ein Schüler trat an das Mikrofon – es war, wie gesagt, eine Live-Sendung – und sagte, während die Weise im Hintergrund zu hören war, mit ruhiger und fester Stimme: »Wir gedenken der Opfer, Männer, Frauen und Kinder, die bei dem Bombardement der Städte Hanoi und Haiphong durch die amerikanische Luftwaffe ums Leben gekommen sind. Diese Angriffe kosteten Tausenden von Zivilisten das Leben; allein bei der Zerstörung von Krankenhäusern in beiden Städten sind Hunderte von Menschen getötet worden. Wir verurteilen diese Angriffe als einen Akt unmenschlicher Barbarei.« Ich hatte den Atem angehalten und lauschte. Wie in dem Augenblick, in dem ich diese Zeilen niederschreibe, überlief mich damals ein Schauer. Zehntausende von Schülern, Hunderttausende von Hörern mußten diese Botschaft vernommen haben, die in unseren Gesprächen während der folgenden Tage im Mittelpunkt stand. Wenn jemand, neben Kerstin Steinbachs luziden Ausführungen, ein weiteres Beispiel zur Illustration dessen wünscht, was die »Bessere Zeit« war und bedeutete – hier ist es. Noch hatte der »Radikalenerlaß«, die Berufsverbote des Verfassungsbrechers Brandt, die Hirne nicht in lähmende Angststarre versetzt, und mir ist auch nicht bekannt, daß diese mutigen, namenlos gebliebenen Schüler – sie seien gepriesen – in irgendeiner Form »disziplinarisch« belangt worden wären. Man bedenke auch, daß Live-Sendungen tatsächlich »live« waren, also nicht zeitversetzt gesendet wurden, um jederzeit zensieren zu können, wie es heute routinierte Praxis ist. Schließlich vergegenwärtige man sich, daß die heutigen Sendeanstalten wie regelrechte Sicherheitstrakte ausgebaut sind – kein Einlaß ohne vorherige Vereinbarung, Gesichtskontrolle durch Kameras an den Eingängen, mit elektronisch gesicherten Türen und, geradezu ein Atavismus, einem mürrischen Hausmeister als Zerberus. Dann rufe man sich den fünften Artikel der deutschen Verfassung ins Gedächtnis, der da besagt, jeder Deutsche habe das Recht, »sich aus allgemein zugänglichen Quellen [!] ungehindert [!] zu unterrichten«, und man erkennt schlagartig, wie recht Lenin hatte, als er von den tausendfachen Einschränkungen eben dieses Rechtes in der sogenannten »bürgerlichen Demokratie« sprach (in seiner Schrift ›Was tun?‹ nämlich). Wer eine kluge und erfolgreiche Aktion gegen strukturell installierte Zensur kennenlernen möchte, sei auf den Artikel »»Null Bock auf Kirche‹ – oder wie eine vorselektierte Fernsehdiskussion auf einmal *live* wurde« verwiesen (›Ketzerbriefe‹ 45, S. 72–79). Und ein Letztes, um keine Mißverständnisse aufkommen zu lassen: Dummköpfe haben natürlich immer Quasselfreiheit. Damit schalten wir wieder um nach Vietnam, Mitte der 60er Jahre.

Der Material- und Truppentransport des Vietkong, bis zu 10 000 Kämpfer monatlich, erfolgte auf dem legendären Ho-Chi-Minh-Pfad, den die Vietnamesen Truong-Son-Pfad nach dem gleichnamigen, von Nord nach Süd verlaufenden Gebirge nannten, einem Tausende von Kilometern umfassenden System von Wegen, Gängen und Straßen, das größtenteils in den Nachbarstaaten Laos und Kambodscha parallel zur vietnamesischen Grenze verlief und bis dicht vor die südvietnamesische Hauptstadt Saigon und weiter südlich ins weitverzweigte Mekong-Delta führte. Der FNL als »reguläre« Befreiungsstreitmacht des Südens kontrollierte rund 80 % des Territoriums, während die US-Truppen und ihre südvietnamesischen Marionetten die größeren Städte hielten; ausschließlich im Süden Vietnams waren die US-amerikanischen Kampfverbände stationiert, die schließlich über eine halbe Million Soldaten umfaßten, und hauptsächlich dort spielten sich die Szenen ab, die man als »typisch« für den Vietnamkrieg empfindet: die Jagdszenen mit Hubschraubern auf Bauern in den Reisfeldern, die Sprengfallen im Dschungel, in Bächen und auf den Pfaden, die Massaker der Bodentruppen an der wehrlosen Landbevölkerung, die brennenden Dörfer, die verlustreichen Kämpfe um einzelne Hügel, die in Brand geschossenen, abstürzenden US-Hubschrauber, die weinenden GIs, die aus einem Kessel ausgeflogen werden müssen. Der FNL als »regulärer« Kampfverband der Revolutionäre wurde von der Viet Minh unterstützt, der »Liga für die Unabhängigkeit Vietnams«, einem Bündnis von über 40 Gruppierungen, welches das Rückgrat des Guerillakrieges, des Volkskrieges zur Befreiung vom kolonialen Joch bildete. Stärkste Gruppierung innerhalb der Viet Minh, der Organisation des kämpfenden vietnamesischen Volkes, und dessen Führungskraft waren die Vietkong, die, so die wörtliche Übersetzung, »vietnamesischen Kommunisten« unter der Leitung von Ho Chi Minh, der 1930 zu den Gründungsmitgliedern der Kommunistischen Partei Vietnams (KPV) in Hongkong zählte und zehn Jahre zuvor – das dürfte so manchen Franzosen bis heute wurmen – bei der Gründung der französischen KP in Paris mitwirkte. Ho Chi Minh, vom Volk einfach Bac Ho genannt, »Onkel Ho«, das war einer der unzähligen *noms de guerre* – »Ho mit starkem Willen und Intelligenz«[166] – des 1890 geborenen Nguyen Sinh Cung. Sein Vater, Mandarin einer Provinz im zentralvietnamesischen Annam, wurde von den französischen Besatzern seines Amtes enthoben, »weil er sich weigerte, Französisch zu lernen, und weil er den ›Brief aus Übersee, mit Blut geschrieben‹ des Nationalistenführers Phan boi Chan verbreitet hatte.«[*] Auch war es seiner weiteren Karriere als Mandarin nicht förderlich, daß er einen reichen Großgrundbesitzer zu hundert Rutenschlägen verurteilte, so daß jener zwei Monate später seinen Verletzungen erlag. Als junger Mann heuerte der spätere Ho Chi Minh als Matrose und Küchenjunge unter dem Namen Ba an; in Paris eignete er sich den Namen Nguyen Ai Quoc zu (»Nguyen, der das Vaterland liebt«). Seine Reisen führten ihn nach Frankreich, in die Vereinigten Staaten und nach Großbritannien, er arbeitete als Matrose, Steward, Heizer, Koch und Fotolaborant und veröffentlichte Artikel in der kommunistischen Zeitschrift ›L'Humanité‹, bevor er in Moskau in den 20er und 30er Jahren studierte und zwischendurch als Funktionär der Komintern für Koloniale Fragen in Westeuropa und in China tätig war, wo er den »Bund der Revolutionären Jugend Vietnams« ins Leben rief. 1941 kehrte er nach dreißigjähriger Abwesenheit nach Vietnam zurück und gründete die Viet Minh; 1945 erklärte er die Unabhängigkeit der Demokratischen Republik Vietnam, zu deren Präsidenten er

---

[*] ROY 1965, S. 143. – Die dreigeteilten vietnamesischen Namen bezeichnen – in dieser Reihenfolge – den Familien-, Mittel- und Ruf- oder Vornamen (der Mittelname gibt das Geschlecht oder besondere Eigenschaften der Person an).

ein Jahr später gewählt wurde. Nach dem Einmarsch französischer Truppen stand er der Exilregierung mit Sitz in Cao Bang nahe der chinesischen Grenze vor und leitete den Guerillakrieg gegen die Besatzer. – (»Indochina« ist im übrigen eine Wortschöpfung der französischen Kolonialmacht und umfaßt die Länder Laos, Kambodscha und Vietnam, die in ethnischer, historischer und politischer Hinsicht zwar keine näheren Zusammenhänge außer der geographischen Nachbarschaft aufweisen, aber das Pech hatten, gemeinsam unter die französische Kolonialherrschaft zu geraten. Ebenfalls auf die französischen Fremdherrscher ist die Dreiteilung Vietnams in den Süden (»Cochinchina«), den Norden (»Tonkin«) und das Zentrum (»Annam«), durch das der 17. Breitengrad als spätere Grenze verläuft, zurückzuführen.)

So weit die knappen Daten zum Führer des vietnamesischen Befreiungskampfes, wie man sie jeder Chronik, jedem Reiseführer oder Geschichtsbuch (aber nicht jedem Schulbuch) entnehmen kann. Und dennoch: Ho, der sich als Fünfzigjähriger die Beinamen »mit starkem Willen und Intelligenz« zulegte, hätte sich mit vollem Recht auch ganz andere Attribute auswählen können, etwa »Ho mit den sieben Leben«. Wenn wir uns dem Spiel der phantasierten Eigennamen überlassen, dann gewinnen einige charakterliche Eigenschaften dieses außergewöhnlichen Revolutionärs sowie seine Verdienste um den vietnamesischen Befreiungskrieg deutlichere Konturen.

Ho, der unter dem Namen Nguyen Tat Tanh bis 1918 in London lebte, trat ein Jahr später als »Nguyen der Patriot«, Nguyen Ai Quoc, der sozialistischen Partei Frankreichs bei und verfaßte anläßlich der Versailler Friedenskonferenz eine öffentlich verbreitete Petition, die »Forderungen des annamitischen Volkes«, in denen er die französische Fremdherrschaft in Indochina anprangerte und das Selbstbestimmungsrecht der asiatischen Völker einforderte. Sie wurde von der illustren Konferenz der aalglatten Diplomaten und Schacherer natürlich vollständig ignoriert, nicht aber vom vietnamesischen Volk. Mit dieser Aktion begründete er seinen Ruf als Volksführer und Revolutionär und zog zugleich die Aufmerksamkeit der staatlichen Spitzel- und Polizeidienste seines »Gastlandes« auf sich, um so mehr, als er den Beitritt der sozialistischen Partei Frankreichs zur neugegründeten Kommunistischen (»Dritten«) Internationale forderte, als Gründungsmitglied der französischen KP fungierte und aus dem Sitzungssaal heraus verhaftet werden sollte, was andere Delegierte verhinderten, indem sie einen Schutzring um ihn bildeten. Seine Teilnahme an der Gründungskonferenz der Bauerninternationale 1923 in Moskau sowie an der 5. Konferenz der Kommunistischen Internationale ein Jahr später am selben Ort ließen ihn noch schärfer ins Visier der

Nguyen Ai Quoc (vorne, 2. v. r.), der spätere Ho Chi Minh, beim 5. Komintern-Kongreß in Moskau mit Leo Trotzki (vorn, 3. v. l.)

französischen *Sûreté* rücken, zumal er im Jahr 1925 die »Vereinigung der Revolutionären Jugend Vietnams« (Than Nien) gründete und fortan als Kommissar der Komintern im vom Bürgerkrieg zerrissenen China und in seiner Heimat tätig war.[167] Die französische Besatzungsmacht schrieb ihn bald zur steckbrieflichen Fahndung aus und verurteilte ihn 1929 wegen »aufrührerischer Aktivitäten« in Abwesenheit zum Tode. Im April 1930 nahm er in Bangkok an der Gründungssitzung der Kommunistischen Partei Siams teil, nachdem zwei Monate zuvor eine nationalistische Erhebung in Vietnam in ihrem Blut erstickt und ihre Anführer von der französischen Kolonialmacht ermordet worden waren. Bauernaufstände im Herbst desselben Jahres, die als Nghe-Tinh-Sowjetbewegung in die vietnamesische Geschichte eingingen, kündeten von einer Radikalisierung des Befreiungskampfes. Anfang Juni 1931 wurde Nguyen Ai Quoc von der britischen Polizei in Hongkong festgenommen, und die französischen Besatzungsbehörden forderten »im Interesse der Zivilisation des Ostens« – es war die Zivilisation der Henkerskunst – seine sofortige Auslieferung als »eines der schlimmsten Agitatoren«. Seine sichere Hinrichtung wurde durch die Internationale Rote Hilfe und eine länderübergreifende Pressekampagne der »Liga gegen den Imperialismus« verhindert, so daß Nguyen Ende 1932 freigelassen wurde und auf Umwegen in die vermeintlich sichere Sowjetunion gelangen konnte. Dort geriet er freilich mitten in die stalinistische Konterrevolution mit ihrem Terror gegen Lenins Anhänger, die zu Zehntausenden in Massenerschießungen liquidiert wurden oder nach Deportationen durch Zwangsarbeit zugrunde gingen. Ein chinesischer Denunziant namens Kang Sheng, der Hunderte chinesischer Kommunisten auf dem nicht vorhandenen Gewissen hatte, versuchte auch Nguyen Ai Quoc ans Messer zu liefern. »Viele der Komintern-Mitarbeiter, mit denen Nguyen Ai Quoc in den zwanziger Jahren eng zusammengearbeitet hatte, fielen den Säuberungen Stalins zum Opfer. Wie Nguyen Ai Quoc die Jahre des ›Großen Terrors‹ überstehen konnte, ist unklar. Die sowjetische Geheimpolizei hätte bei einer Überprüfung von Nguyen Ai Quocs Kaderakte ausreichendes Beweismaterial für politische ›Verirrungen‹ finden können, um ihn vor ein Erschießungskommando zu bringen.«[168] Vermutlich waren es das Bemühen um Unauffälligkeit sowie eine gehörige Portion Glück, die Nguyen vor den Kugeln eines Hinrichtungspelotons bewahrten. 1940, nachdem Nguyen sich glücklich nach Südchina hatte retten können, wurde ein verfrühter und schlecht vorbereiteter Aufstand in Südvietnam abermals von den Besatzern mit verheerenden Folgen niedergeschlagen: 8000 Kader wurden inhaftiert und größtenteils in Konzentrationslagern umgebracht, während die Führung der KP einschließlich Nguyens ehemaliger chinesischer Ehefrau Thi Minh Khai vor Erschießungskommandos endeten. Mit der Liquidierung nahezu der gesamten kommunistischen Führung Vietnams fällt dem in China weilenden und wirkenden Nguyen Ai Quoc die Aufgabe zu, den nationalen Widerstand gegen die französischen Besatzer neu zu organisieren. Dies geschieht im Mai 1941 mit der Gründung der *Viet Minh*, einer auf breiter Klassenbasis beruhenden Befreiungsfront unter kommunistischer Leitung; von nun an agiert Nguyen unter seinem Kampfnamen Ho Chi Minh, der ihm bis zu seinem Lebensende verbleiben sollte; allerdings wissen nur wenige Eingeweihte, daß sich hinter diesem Namen der bereits legendäre Nguyen Ai Quoc, Gründer der vietnamesischen KP und Kommissar der Komintern, verbirgt. Selbst als Ho Chi Minh am 2. September 1945 die Demokratische Republik Vietnam ausruft und ihr als Präsident vorsteht, bleibt dieser Zusammenhang, zur Verwirrung französischer und amerikanischer Geheimdienste, ungelüftet; sogar die Schwester erkennt erst durch ein Foto in dem neuen Präsidenten ihren Bruder wieder. Dieser war indessen zuvor, im Jahre 1942, von der national-chinesischen Kuomintang unter Spionageverdacht für Frankreich – bittere Ironie! – oder Japan festgenommen und ein Jahr lang z. T. zusammen mit

Schwerverbrechern inhaftiert worden. Während in Vietnam Gerüchte über seinen Tod kursierten, verfaßte er Gedichte in klassischem Chinesisch, die über seine Leiden Auskunft geben und später als »Gefängnistagebuch« veröffentlicht wurden. Erst im August 1944 konnte Ho wieder vietnamesischen Boden betreten. Als nach der Niederlage der Japaner die zwischenzeitlich entmachteten Franzosen ihr Terrorregime mit amerikanischer Unterstützung neu einzurichten begannen und als Ouvertüre hierzu die nordvietnamesische Hafenstadt Haiphong bombardierten, wobei sie rund 6000 Stadtbewohner massakrierten, mußte der neugewählte Präsident aus der Hauptstadt Hanoi fliehen und im unzugänglichen Grenzgebiet zu China Zuflucht suchen, von wo aus die Revolutionsregierung in den nächsten Jahren mit zunehmendem Erfolg den Guerillakrieg gegen die Besatzer leitete. Ho Chi Minh war damit wieder auf Rang eins in der Todesliste der französischen Kopfjäger gerückt. Im Oktober 1947 versuchte ein Killerkommando in einem Luftlandeunternehmen im Dschungel seiner habhaft zu werden; Ho entkam indessen mit seinem genialen Armeeführer Vo Nguyen Giap in letzter Minute, so daß ihre potentiellen Mörder nur die zur Unterschrift vorbereitete Korrespondenz für Ho Chi Minh an sich nehmen konnten. Später, als die Vereinigten Staaten mit einem ins Ungeheure vervielfachten Mordpotential über Nordvietnam herfielen, residierte Ho Chi Minh in einem einfachen, aus Bambus errichteten Pfahlhaus auf dem Gelände des Präsidentenpalastes. Seltsamerweise schlug während all der Jahre des ungehemmten Bombenterrors kein Explosivkörper näher als eineinhalb Kilometer um Ho Chi Minhs bescheidene Bleibe ein; für den Notfall, der täglich gegeben war, konnte er sich in einen eigens für ihn errichteten Bunker zurückziehen. Aber »Ho mit den sieben Leben« starb am 2. September 1969 eines natürlichen Todes im Alter von 79 Jahren, ohne seinen zahlreichen Feinden den Triumph ermöglicht zu haben, ihn eigenhändig umbringen zu können. Seit dem Untergang der Sowjetunion haben es die nun ungehindert agierenden Mord- und Söldnerbanden des US-Imperialismus binnen weniger Jahre jedoch auf eine beträchtliche Jagdstrecke ermordeter Präsidenten und Staatsführer gebracht.

Ho aber hätte sich mit nicht weniger Berechtigung auch den Beinamen »der Listenreiche« zulegen können. Bereits in Frankreich beachtete er alle Regeln der so überlebensnotwendigen Konspiration; er wechselte Wohnungen und Namen, foppte seine Bewacher – in Frankreich waren es deren zwei rund um die Uhr – durch falsche Angaben, tauchte im Straßengewühl unter oder entkam durch Seitenausgänge gut besuchter Kinos. Erst recht in seinem eigentlichen Wirkungsgebiet, dem Fernen Osten, agierte er als ein wahr-

Ho Chi Minhs Holzhaus, heutiger Zustand

hafter revolutionärer Proteus. Auf seinen längeren Schiffsfahrten und dem chinesischen Festland gab er sich als vermögender chinesischer Geschäftsmann aus; als Revolutionär, der wie kein zweiter aus der Riege der vietnamesischen Freiheitskämpfer den direkten Kontakt zum Volk suchte, kleidete er sich, wenn er zu den Bauern in den Dörfern sprach, wie einer ihresgleichen. Zu den Bergvölkern ging er in der Tracht der dort lebenden Stämme; seine zahlreichen Schulungen für künftige Parteikader hielt er im schlichten Habit des einfachen konfuzianischen Gelehrten. Auf seine verschworenen Missionen begab er sich in der Mimikry eines ländlichen Wahrsagers oder buddhistischen Mönchs; als er in dieser Eigenschaft von der Bevölkerung eines Dorfes gebeten wurde, die Rituale einer Begräbniszeremonie durchzuführen, kam er diesem Wunsch ohne weitere Umstände nach, doch die Weisen, die er sang oder brummte, waren keine religiösen Litaneien, sondern revolutionäre Lieder. Zu »Ho dem Listenreichen« paßt der Witz, der für Revolutionäre so untypisch scheint, ihn aber sein Leben lang auszeichnete. Tag und Nacht von den Spitzeln des französischen Sicherheitsdienstes beäugt, verfaßte er schließlich einen öffentlichen Brief an den Kolonialminister Albert Sarraut, in dem er diesen unpatriotischer Ausgaben zieh: In Zeiten des Sparzwangs, in denen das französische Parlament jeden Franc drehte und wendete, würde ihm, Nguyen Ai Quoc, durch die »Diener« des Ministers, also die Agenten der *Sûreté*, kostspielige Aufmerksamkeit zuteil. Um dieser Verschwendung öffentlicher Gelder ein Ende zu bereiten, fügte er für den Minister eine detaillierte Auflistung seiner täglichen Verrichtungen bei, was dem obersten Schnüffler höchst säuerlich aufstieß. Dieser Witz ließ Ho Chi Minh bei seinen öffentlichen Ansprachen die treffenden Metaphern finden, die vom Volk sofort verstanden wurden: Man dürfe nicht den französischen Panther durch die Hintertür vertreiben, indem man den japanischen Tiger durch die Vordertür hereinlasse, also: vertraut auf eure eigene Kraft und setzt nicht auf falsche Freunde, bekämpft die Cholera nicht mit der Pest. Auch mißtraute er den zunehmend lauter werdenden antisowjetischen Parolen im maoistischen China und mutmaßte, Mao werde »auf dem Berg stehen, wenn die Tiger kämpften«, also wenn ein alles entscheidender militärischer Konflikt zwischen den USA und der Sowjetunion ausbrach. Ho, der den Imperialismus spätkapitalistischer Prägung stets als den Hauptfeind betrachtete, sollte recht behalten, erlebte aber nicht mehr, wie China nach Maos Tod in den US-Dienst gegen die Sowjetunion genommen wurde. Bei der Intensivierung des militärischen Widerstands warnte er unablässig davor, auf Provokationen hereinzufallen und sich ohne Berücksichtigung der realen Kräfteverhältnisse auf verlustreiche Kämpfe mit unabsehbaren Folgen einzulassen; man dürfe angesichts der Bäume – der französischen Okkupanten – nicht den Wald vergessen, d.h. den amerikanischen Aggressor, der nur auf einen Vorwand für einen militärischen Überfall lauere. Ho sollte recht behalten, doch wurde er, der Besonnene und Abwägende, dafür des »Rechtsopportunismus« beschuldigt und mehr als einmal aufs stalinistische Abstellgleis gestellt. »Ho der Bedächtige« hätte aber auch »Ho der Eiserne« heißen können. »Gut, dann werden wir kämpfen«, lautete seine Auskunft, als er erfuhr, daß die Franzosen statt auf Verhandlungen auf das Bombardement vietnamesischer Städte setzten. »Da wir Frieden wollten, machten wir Zugeständnisse«, führte er zu seinen von den Ultralinken scharf kritisierten Verhandlungen in Frankreich nach dem 2. Weltkrieg aus. »Aber je mehr Zugeständnisse wir machten, desto mehr erhöhten die Franzosen den Druck.« Und Ho zog ohne zu schwanken die Konsequenz: »Nein! Lieber opfern wir alles, als unser Land zu verlieren. Nie werden wir versklavt werden! Landsleute, erhebt euch!«[169] Wie kein zweiter steht Ho für den unbeugsamen Freiheitswillen des von ihm über schwierige und wechselhafte Jahrzehnte angeführten Volkes.

So könnte er mit Fug und Recht auch den Titel »Ho der Volksaufklärer« tragen. Alle seine wesentlichen schriftlichen Verlautbarungen – Briefe, Erklärungen, Petitionen – erfolgten öffentlich und hatten das Volk im Blick, enthielten Zielvorgaben und Handlungsanweisungen in einfacher, für jeden verständlicher Sprache. Bereits in Frankreich verfaßte er nicht nur Artikel in der kommunistischen Zeitschrift ›Humanité‹, in denen er die unwilligen europäischen Genossen auf das koloniale Elend der unterdrückten Völker hinwies, sondern er wirkte auch als Chefredakteur der Zeitung ›Le Paria‹, die sich an alle von Frankreich geknechteten Völker wandte. Zusammen mit anderen fortschrittlichen vietnamesischen Intellektuellen plante er überdies die Herausgabe des Periodikums ›Viet Nam Hon‹ (»Die Seele Vietnams«). Als Schulungsleiter der Komintern stellte er das Kompendium ›Duong Kach Menh‹ (»Der Weg zur Revolution«) zusammen, eine Einführung in die Grundlagen des Marxismus, welche die Studierenden aus eigenem Antrieb auswendig lernten. Während seines äußeren und inneren Exils in einer unter Schockstarre und Todesagonie unter dem Stalinterror verharrenden Sowjetunion leistete er die Übersetzung des ›Kommunistischen Manifests‹ ins Vietnamesische. Während seines illegalen Aufenthalts in China schrieb er Artikel für die in Hanoi konspirativ von der KP herausgegebene Zeitung ›Notre Voix‹ (»Unsere Stimme«). Nach Lenins Vorbild, den »Briefen aus der Ferne«, mit denen der russische Revolutionsführer die zaudernden und ängstlichen Bolschewiki zum Oktoberaufstand antrieb, verfaßte auch Ho einen »Brief aus dem Ausland«, in dem er die Motive zur Gründung der Viet Minh darlegte und die weiteren Perspektiven der revolutionären Entwicklung aufzeigte. Zur selben Zeit verfaßte er eine kurze »Geschichte unseres Landes« und zahlreiche Beiträge für die Zeitschrift ›Viet Nam Doc Lap‹ (»Das unabhängige Vietnam«), in denen er zum intensiven Studium der vergangenen vietnamesischen Freiheitskriege gegen fremdländische Besatzer aufforderte. Selbstverständlich zeichnete er auch verantwortlich für die Urheberschaft der vietnamesischen Unabhängigkeitserklärung, die er mit Passagen aus der amerikanischen »Declaration of Independence« und der französischen Revolutionsverfassung von 1791 spickte, weil sie einem mißtrauischen Vertreter des amerikanischen ›Office of Strategic Services‹ (OSS), des Vorläufers der heutigen CIA, zur Genehmigung vorgelegt werden mußte (auch hier erkennt man die Handschrift von »Ho dem Listenreichen«). Mit seinem »Aufruf zum nationalen Widerstand« wurde der Guerillakrieg gegen die französischen Besatzer eröffnet. Auch die erste offizielle Biographie über ihn – »Kleine Geschichten über das Leben von Präsident Ho Chi Minh« stammt aus seiner eigenen Feder: sicher ist sicher.

Nicht zu unterschätzen ist schließlich der aufklärerische Wert seiner Gedichte, die in hoher Auflage kursierten und die ihm, wiederum in zahlreichen Liedern und Gedichten verbreitet, den einzigartig gebliebenen Ehrentitel *Nguoi*, »der Mensch«, eintrugen.

So treffend all die hier aufgeführten Attribute sein mögen, sollten sie doch den selbstgewählten Eigennamen – Ho mit starkem Willen und Intelligenz – nicht in den Hintergrund drängen, denn er bringt, bar jeder Eitelkeit – kaum jemand verkörperte das konfuzianische Ideal der Bescheidenheit und Genügsamkeit so sehr wie er im alltäglichen Leben – am besten seine herausragenden Eigenschaften als Revolutionär und Mensch zum Ausdruck: Entschlossenheit und Klugheit. Ho hatte sich der Befreiung seines in Unterdrückung und Unwissenheit gehaltenen Volkes verschrieben, und diesem Ziel ordnete er alle seine Gedanken und Handlungen unter, auch wenn sie bisweilen unorthodox, ja geradezu skandalös und »opportunistisch« anmuten mußten wie die unter Erpressungsdruck und Gewaltandrohung erfolgende zeitweilige (Schein)Auflösung der KP Vietnams unmittelbar nach dem 2. Weltkrieg, als die französischen Peiniger die Japaner ablösten und sich wieder im Land breitmachten. Seine größten Erfolge erzielte Ho im Kalten Krieg, und sie sind, wie alle gelungenen antiimperialistischen Freiheitskämpfe, der »Gunst der Stunde«, d. h. dem labilen militärischen Patt zwischen den Vereinigten Staaten und der Sowjetunion geschuldet. Dies ist die objektiv vorgegebene Bedingung, die entweder existiert oder eben nicht, wie letzteres heute im Mono-Imperialismus. Trotz dieser günstigen Voraussetzung hätte der Sieg Davids über Goliath ohne weiteres »vergeigt« werden können, wenn der »subjektive Faktor« in Gestalt der revolutionären Führung nicht in hohem Maße über Entschlossenheit, Weitsicht und Klugheit verfügt hätte. Und hier kommt ein weiterer historischer Zufall zum Tragen: Ho hatte das Glück, daß die ersten Jahre seines politischen Wirkens auf einer internationalen Bühne stattfanden, auf der die im Verrat verrottete Sozialdemokratie dank der Oktoberrevolution nicht mehr uneingeschränkt und der Stalinismus noch nicht agieren konnten. Jene sieben, acht Jahre zwischen 1917 und 1924 reichten aus, um das Wirken Lenins durch eigenen Augenschein, eigene Erfahrung wahrzunehmen, bevor es unter Suggestion, Verdrehungen, Dogmatismus, Fälschungen und Terror endgültig begraben wurde. Ho Chi Minh hat diese knapp bemessene Zeitspanne genutzt und aus dem 20. Jahrhundert das beste herausgeholt, was es überhaupt zu bieten hatte. Dieser Aspekt ist einer genaueren Betrachtung wert, und mit ihm sei die historische Würdigung dieses außergewöhnlichen Kämpfers abgeschlossen.

Es ist überliefert, daß Ho Chi Minh – bleiben wir fortan bei diesem Namen – bei der Lektüre von Lenins ›Thesen zur nationalen und kolonialen Frage‹ zu Tränen gerührt gewesen sei und ausgerufen habe: »Dies ist es, was wir brauchen, dies ist der Weg zu unserer Befreiung!«[170] Damit hatte er den Anschluß an den Weltkommunismus gefunden, nachdem er zuvor der organisierten europäischen Arbeiterbewegung äußerst skeptisch gegenübergestanden war: Hatte die II. (sozialdemokratische) Internationale nicht das Prinzip der internationalen Solidarität verraten und die europäischen Arbeiter in das Massengemetzel des 1. Weltkriegs gehetzt? Hatte der »Burgfrieden«, den die Sozialdemokratie mit der herrschenden Klasse des jeweiligen Landes schloß – im deutschen Kaiserreich wie in England und Frankreich – nicht zur Folge, daß ihr die Befreiungsbewegung in den Kolonialländern Hekuba war, ja mehr noch: daß sie deren Unterstützung als »Vaterlandsverrat« betrachtete und behandelte? In einem Rückblick resümierte Ho, welche verheerenden Folgen der Klassenverrat der arschkriecherisch und stinkend gewordenen Sozialdemokratie für den Freiheitskampf der unter dem Kolonialjoch ächzenden Länder hatte:

> Bei jeder passenden Gelegenheit betonen die Führer der II. Internationale ihre Solidarität mit der imperialistischen Politik der Kapitalisten in den Kolonialländern […] Diese Herrschaften erteilten auch den Bombenangriffen auf die Eingeborenendörfer ihren Segen, der unbeschreiblichen Barbarei und Gewalt gegenüber den Einwohnern der Kolonien […] In der Politik der II. Internationale in der Kolonialfrage zeigte sich mehr als anderswo das wahre Gesicht dieser kleinbürgerlichen Organisation. *Daher sah man bis zur Oktoberrevolution in den Kolonialländern den Sozialismus als eine ausschließlich für die Weißen bestimmte Lehre und als ein neues Mittel zum Betrügen und Ausbeuten an.*[171] [Hervorhebung P. P.]

Erst als Lenin dieses Verhalten, dieses Schleimen und Anwanzen an die jeweiligen Machtträger um einen Judaslohn als »schlimmsten Verrat« geißelte, gab er der internationalen Arbeiterschaft und den unterentwickelten, unter der imperialistischen Fremdherrschaft ächzenden Ländern die Perspektive ihrer Emanzipation wieder zurück. Bereichert um die Erfahrung der Russischen Revolution, verhalf Lenin nicht nur den geschändeten Prinzipien von Marx und Engels zu neuer Geltung; als Vorsitzender der sowjetischen Volkskommissare, als Regierungschef des ersten und einzigen revolutionären Arbeiterstaats der Weltgeschichte gab er die entscheidenden praktischen Losungen für den weltweiten Befreiungskampf der Ausgebeuteten und Unterdrückten aus.

So führte er auf dem II. Kongreß der Kommunistischen Internationale, der vom 19. Juli bis 7. August 1920 tagte, zur nationalen und kolonialen Frage aus (und Sätze wie die nachfolgend zitierten dürften den jungen Ho elektrisiert haben):

> Es ist ganz klar, daß die Bauern, die in halbfeudaler Abhängigkeit leben, den Gedanken der Sowjetorganisation ausgezeichnet begreifen und praktisch verwirklichen können. [...] Der Gedanke der Sowjetorganisation ist einfach und kann nicht nur auf proletarische, sondern auch auf bäuerliche, auf feudale und halbfeudale, Verhältnisse angewandt werden. [... Die kommunistischen Parteien haben] die unbedingte Pflicht, allüberall, in den zurückgebliebenen Ländern wie in den Kolonien, für Bauernsowjets, für Sowjets der Werktätigen Propaganda zu machen. [...] Welche Mittel hierzu erforderlich sind, läßt sich nicht voraussagen. Das wird uns die praktische Erfahrung lehren. Es steht jedoch fest, daß die Idee der Sowjets den werktätigen Massen aller, auch der entlegensten Länder vertraut ist, daß diese Organisationen, nämlich die Sowjets, den Verhältnissen der vorkapitalistischen Gesellschaftsordnung angepaßt werden müssen und daß die kommunistischen Parteien in der ganzen Welt sofort anfangen müssen, in dieser Richtung zu arbeiten.[172]

Das ließ sich Ho nicht zweimal sagen; sein ganzes politisches Leben folgte dieser von Lenin vorgegebenen Maxime. Dabei handelte der russische Revolutionsführer keineswegs aus »voluntaristischen« Motiven, sondern er erfaßte sehr genau – einmal mehr – die entscheidenden Entwicklungstendenzen seiner Zeit und zog sofort die praktischen Konsequenzen. Von der Türkei bis in den Fernen Osten ging ein Ruck durch die in (halb)kolonialer Abhängigkeit befindlichen Länder; der türkische General Mustafa Kemal führte einen erfolgreichen Unabhängigkeitskrieg vornehmlich gegen den britischen Imperialismus (und dessen griechische Mietlinge), stürzte die jahrhundertealte Militärdespotie des Sultans und begründete die türkische Republik, die zuerst von der revolutionären Sowjetunion diplomatisch anerkannt sowie mit Waffen und Goldrubeln unterstützt wurde.[173] Nicht anders in Vietnam: Mit der Gründung der KP im Jahre 1930 radikalisierte sich der Protest, und die Hungerdemonstrationen schlugen in gewaltsame Aktionen um. In Zentralvietnam »entstanden die ersten Räte (Xo Viets) [...]; ›Volksgerichte‹ und ›Bauern-Komitees‹ übernahmen in einigen Kreisstädten zeitweise die politische Macht«[174] – der Sowjetgedanke lag gerade in den unterentwickelten Ländern sehr nahe, wie Lenin ausgeführt hatte. Damit hatte er, ohne dies wissen zu können, die entscheidende Konfliktkonstellation für den Kalten Krieg in der zweiten Hälfte des 20. Jahrhunderts festgelegt, denn trotz Entartung und Erstarrung der stalinistischen UdSSR hielt der Schwung der antiimperialistischen Befreiungskriege in der sogenannten »Dritten Welt« bis in die siebziger Jahre an, und sie sicherten ihrerseits maßgeblich die Existenz der zunehmend schwächlicher werdenden Sowjetunion, auch wenn sie dies nicht wahrhaben wollte.

Einige wenige Zahlen bezüglich Vietnam mögen darlegen, wie genau der scharfe analytische Verstand Lenins die Wirklichkeit in den rückständigen Ländern erfaßte: »Vom April 1930 bis zum April 1931 war es zu Masseneintritten in die roten Gewerkschaften und die Bauernvereinigungen gekommen. Während die Partei [KP] selbst nur 400 Mitglieder zählte, hatten die illegalen Gewerkschaften 6000 und die Bauernvereinigungen bereits 60000 Mitglieder.«[175] Die Massen waren also zur Selbstorganisation – nichts anderes sind die Räte – und Gegenwehr in einem Maße gewillt, das die wenigen Mitglieder der neugegründeten KP mit immensen Aufgaben konfrontierte. Selbstverständlich war es zu diesem Zeitpunkt noch zu früh, den bewaffneten Kampf gegen die Kolonialmacht und die von ihr profitierenden Großgrundbesitzer aufzunehmen; die mittlerweile von Anhängern Stalins beherrschte Komintern hatte für China genau jenes fatale Signal verfrühten Losschlagens gegeben und damit die Ausrottung von 80 % des Mitgliederbestandes der chinesischen KP bewirkt (dies war, wohlgemerkt, kein »Unglück« oder ein »taktischer Fehler«, sondern die volle Absicht Stalins gewesen, der in dem Moment, in dem er die russische Revolution strangulierte, kein Interesse an einer »echten« sozialistischen Revolution auf der Weltbühne, von Spanien bis China, haben konnte). Ho Chi Minh erkannte sehr genau, daß die vordringliche Aufgabe während dieser Aufbauphase in der Alphabetisierung und der Hebung des Bewußtseins der in Unmündigkeit gehaltenen Massen bestand. In der Zeitung ›La Lutte‹ (»Der Kampf«) führte er entsprechend aus:

> Die indochinesische Arbeiterklasse befindet sich erst im Stadium der elementaren Organisation. […] Da sie daran gewöhnt ist, Befehlen zu gehorchen und sich schlecht behandeln zu lassen [allein diese Worte hätten wie ein Sakrileg in Stalins Ohren geklungen, dessen Propaganda das Klischee vom heroischen Arbeiter pflegte; P.P.], ist es notwendig, daß diejenigen, die ihre Arbeitskraft verkaufen, ihre Unterwürfigkeit abschütteln, ihre Häupter erheben und ihren Anteil am Wohl und an der geistigen Kultur fordern. Es wäre unerklärlich, wenn die gewählten Arbeiter in der gegebenen Situation im Gemeinderat eine systematische extremistische Politik in Bezug auf alles und jedes betreiben würden. […] Marxisten sind keine blinden Sektierer. […] Wir wollen in unserer Arbeit als Repräsentanten der Arbeiterklasse konstruktiv sein.[176]

Damit war der Stalinschen Taktik des Bremsens in revolutionären Situationen respektive der Ultra- und Scheinradikalität im Zustand relativer Schwäche, die geradewegs auf die Vernichtung der neu entstehenden Befreiungsbewegungen abzielte, eine eindeutige Absage erteilt; es verwundert nun weniger, warum Ho in seinem Moskauer Exil um sein Leben fürchten mußte. Die formative Phase der Widerstandsbewegungen in den rückständigen Ländern sowie die zahlenmäßige Schwäche der Kommunisten machten die »Einheitsfront«, d. h. das Bündnis der Kommunisten mit anderen fortschrittlichen Bevölkerungs-gruppen und Klassen (bei steter Wahrung der organisatorischen Selbständig-keit der KPs) zum Gebot der Stunde. Lenin selbst hatte dieses Klassenbündnis im nationalen wie im internationalen Rahmen vorexerziert: Das siegreiche russische Proletariat steht den Bauernmassen im In- und Ausland hilfreich zur Seite und unterstützt sie, soweit es seine bescheidenen Mittel vermögen. Diese Bündnispolitik ist ein Erfordernis schieren Überlebens; die Alternati-ve wäre der Untergang in sektiererischer, halb lächerlicher, halb tragischer Selbstgerechtigkeit gewesen (mancher Leser mag Beispiele aus der Zeit der so-genannten K-Gruppen kennen[177]). Gerade an diesem heiklen, sensiblen, alles entscheidenden Punkt hatte die nun – 1928 – stalinistisch dominierte Komin-tern einen scheinradikalen Schwenk vollzogen: »Ab sofort waren auch in den Kolonien Allianzen mit nationalistischen bürgerlichen Parteien abzulehnen, die kommunistischen Parteien von unzuverlässigen bürgerlichen Elementen zu säubern und mehr Mitglieder mit proletarischem Klassenhintergrund zu rekrutieren.«[178]

Ho Chi Minh tat, als hätte er diesen vermeintlichen »Linksschwenk«, der in Wirklichkeit ein Selbstmordprogramm war und den Nazis in Deutschland die Machtergreifung sehr erleichterte, nicht mitbekommen: er ignorierte ihn einfach. Er hatte Lenin zu seinem Leidwesen nicht persönlich kennenlernen können, aber wenigstens an seinem Begräbnis teilgenommen, vor allem je-doch hatte er die Methodik und Vorgehensweise des großen Russen begriffen und unter Angleichung an die spezifischen Verhältnisse in Vietnam in die Tat umgesetzt. Die durch ihn erfolgte Gründung der Viet Minh im Jahre 1941 geschah im Sinne Lenins und als direkte Zuwiderhandlung gegen die Wei-sungen der stalinistischen Komintern:

Zu Anfang bestand die *Viet Minh* noch fast ausschließlich aus Mitgliedern der KP Indochinas, wurde aber dann durch die Gründung von Bauern-, Ar-beiter-, Geschäftsleute-, Jugend-, Katholiken- und Buddhisten-Befreiungs-organisationen verbreitet. (»Gründet Vereine zur Rettung der Heimat, für den Kampf gegen die französischen und japanischen Imperialisten.«) Da aber der Kampf um *nationale* Unabhängigkeit zugleich ein Kampf um die *soziale* Emanzipation sein mußte, sah das Programm der *Viet Minh* vor: Einführung des allgemeinen Wahlrechtes, Gleichstellung von Mann und Frau, Schutz der ethnischen Minderheiten, die allgemeine Schulpflicht, den 8-Stunden-Tag und die Industrialisierung des Landes.[179]

Mit diesem mehrteils bürgerlich-demokratischen Forderungskatalog war den Besonderheiten des halbfeudalen und kolonialen Vietnam Rechnung getragen und der Grundstein für den Sieg der vietnamesischen Unabhängigkeitsbewegung gelegt. Drei Jahre später, am 22. Dezember 1944, wurde die vietnamesische Befreiungsarmee unter dem Kommando von Vo Nguyen Giap gegründet. Lenin hatte in seinem bereits zitierten Bericht zur nationalen und kolonialen Frage drei grundlegende Punkte genannt:

1. »Die Unterscheidung zwischen unterdrückten und unterdrückenden Völkern«;
2. »den Kampf einer kleinen Gruppe imperialistischer Nationen gegen die Sowjetbewegung und die Sowjetstaaten, an deren Spitze Sowjetrußland steht«;
3. »die bürgerlich-demokratische Bewegung in den zurückgebliebenen Ländern«, die er in der Folge präzisierend als »national-revolutionäre Bewegung« bezeichnet.[180]

Indem Ho Chi Minh diese *essentials* des proletarischen Internationalismus beherzigte, führte er das vietnamesische Volk zum Sieg über zwei »asymmetrisch« stärkere, mit modernstem Mordgerät ausgestattete imperialistische Länder. Und da er den von Lenin ausgegebenen Maximen folgte, galt er Stalin und dessen Anhang fortan als »Rechtsabweichler«. Das war gefährlich und gestaltete seine Aufgabe nicht gerade einfacher.

Es ist im Rückblick bitter zu sehen, wie schnell die Abkehr von Lenins Grundsätzen in der rasant in stalinistisches Fahrwasser geratenen Komintern erfolgte. Der russische Revolutionsführer war noch nicht unter der Erde, als Ho Chi Minh sich zweimal brieflich an den Generalsekretär der Komintern Grigori Sinowjew und ein weiteres Mal schriftlich an den Leiter des »Ostbüros« dieser Institution, Fjodor Petrow, mit dem Vorschlag wandte, eine »Vereinigung der asiatischen Kommunisten« zu gründen, ohne auch nur einer Antwort gewürdigt zu werden.[181] Auch bei der Gründung der vietnamesischen

KP wurde Ho Chi Minh über seinen Status im unklaren gelassen – dies war keine Frage des Prestiges, sondern zur Klärung weiterer praktischer Schritte wie der finanziellen, logistischen und militärischen Unterstützung sowie der Koordinierung länderübergreifender Maßnahmen unabdingbar. In dem Maße, wie sich die Komintern von den Grundsätzen Lenins entfernte, geriet Ho Chi Minh in zunehmend tiefere Isolation innerhalb der vietnamesischen KP: »Im März 1931 beschloß das Plenum die Säuberung der Führungsorgane der Partei von Intellektuellen und ›konservativen Elementen‹ und ihre Ersetzung durch Arbeiter und arme Bauern.* In Zentralvietnam kam es bei dieser ›Proletarisierung‹ der Partei zu gewaltsamen Exzessen gegen Parteimitglieder, die, obwohl patriotisch, nicht über den notwendigen proletarischen Klassenhintergrund verfügten.«[182]

Während seines Exils in Stalins UdSSR wurde Ho Chi Minh zwar nicht wie Zehntausende andere Revolutionäre ermordet, aber unter so lückenlose geistige und politische Quarantäne gestellt, daß der langmütige, geduldige, beharrliche Asiate an den Rand der Verzweiflung geriet, wie aus seinem Schreiben an den Komintern-Führer Manuilski hervorgeht: »Heute ist der siebte Jahrestag meiner Festnahme in Hongkong. Dies ist auch der Beginn des achten Jahres meiner Inaktivität. [...] Genosse, schicken Sie mich irgendwohin. Oder behalten Sie mich hier. Oder geben Sie mir eine Aufgabe, die nach Ihrer Ansicht sinnvoll ist. Worum ich Sie bitten möchte, ist, mich nicht zu lange in diesem Zustand der Inaktivität neben und außerhalb der Partei zu lassen.«[183] Sprachen wir zuvor von Quarantäne? Für aufrichtige und zielstrebige Menschen wie Ho Chi Minh kam diese Form der Behandlung einer Folter gleich und wurde auch als solche eingesetzt.

Endlich wieder in Freiheit, griff Ho den abgerissenen Faden unverzüglich wieder auf. Eine Resolution des 8. Plenums der vietnamesischen KP trägt unverkennbar seine Handschrift: »Die indochinesische Revolution ist [...] in dieser Zeit eine Revolution der nationalen Befreiung«, dabei der Prämisse folgend, daß ein Beschluß über eine wie auch immer beschaffene Gesellschaftsform nur in einem unabhängigen und souveränen Land möglich ist, der Vertreibung der Besatzungsmächte also oberste Priorität einzuräumen ist. Erst dann wird die Frage nach dem Aufbau eines bürgerlich-demokratischen oder sozialistischen Staatswesens virulent, wobei in letzterem Fall

---

* Also durch unerfahrene, ungebildete, ungeschulte und daher leicht lenkbare Personen. In der Sowjetunion wurde nach Lenins Tod die Massenauffüllung der Partei durch Karrieristen zur Isolierung der alten Bolschewiki in einer Stalinschen Sprachperversion als »Leninaufgebot« bezeichnet. [P. P.]

immer noch darauf zu achten ist, daß der »Große Sprung nach vorn« nicht mit einer kapitalen Bauchlandung endet wie in Maos China und die »hundert Blumen« der Meinungsfreiheit elendiglich verdorren … Die sträflich vernachlässigte, ja unter stalinistisches Anathema gestellte Politik der Einheitsfront nahm Ho unter der Losung »Mehr Freunde, weniger Feinde« auf (*them ban, bot thu*).[184]

Im anschließenden Befreiungskrieg gegen die französische Kolonialmacht reagierte die UdSSR auf alle Hilfeersuchen der Viet Minh demonstrativ ausweichend und unverbindlich. Als Ho Chi Minh in seiner Eigenschaft als Präsident der Demokratischen Republik Nordvietnam in Moskau zu einer Kurzvisite weilte, behandelte man ihn mit bezeichnenden Affronts: »In der sowjetischen Hauptstadt bereitete ihm Stalin […] einen kühlen Empfang und machte aus seinem alten Mißtrauen gegenüber Ho Chi Minhs politischer Haltung keinen Hehl. So redete er ihn nicht wie sonst üblich mit ›Genosse‹ an und behandelte ihn bei dem Gespräch, bei dem auch Mao Zedong zugegen war, mit unverhohlener Geringschätzung.« So bot Stalin seinem Gast in gezielter Demütigungsabsicht eine Sitzgelegenheit an mit der spitzen wie blöden Frage, ob er auf einem kapitalistischen oder sozialistischen Stuhl zu sitzen wünsche. Iwan der Schreckliche macht einen Witz … Das war genau jene berüchtigte Grobheit Stalins, vor der Lenin in seiner letzten politischen Verfügung eindringlich gewarnt hatte und mit Verweis eben darauf auf die Entfernung Stalins aus dem Amt des (für Personalfragen zuständigen) Generalsekretärs der KPdSU drang. Als Ho Chi Minh um ein von Stalin unterzeichnetes Exemplar einer Zeitschrift bat, um seinen Mitkämpfern in Vietnam wenigstens ein winziges Zeichen sowjetischer Gunst vorzeigen zu können, ließ Stalin nachträglich diese Broschüre aus Ho Chi Minhs Hotelzimmer stehlen. Der Geprellte fragte sich hinterher noch mehrfach fassungslos, wie »so etwas unter guten Kommunisten« geschehen könne.[185]

Es mutet schließlich äußerst bitter an, wenn in späteren Jahren der vietnamesische Parteichef Le Duan, der in ultraradikalem »maoistischen« Fahrwasser driftete, die tausendfach bewährte Autorität des greisen Ho Chi Minh mit den Worten herabsetzte: »Nun, was mich angeht, so bin ich besser als Onkel Ho. Er öffnet seinen Mund und redet über konfuzianische Werte wie menschliche Würde, Loyalität, gute Umgangsformen, Weisheit und Vertrauenswürdigkeit. Was ist das? Das ist antiquierter Feudalismus.«[186] Nein – die zitierte Äußerung Le Duans ist vielmehr unsäglich dumm und verletzend. Wenn der Kommunismus die Menschenwürde nicht besser, zuverlässiger und stabiler garantieren kann als das fortschrittlichste bürgerliche Gemeinwesen, dann hat er seine Existenzberechtigung verwirkt und möge untergehen, ohne daß ihm eine Träne nachgeweint wird. Erst die Französische Revolution verhalf der Würde als politischer Kategorie zum Durchbruch, indem sie Freiheit und Selbstbestimmung des Menschen nicht nur deklarierte, sondern mit der Waffe in der Hand erkämpfte; sie ist also ihrem ureigensten Wesen nach *anti*feudal. Am Diktum Le Duans erweist sich, daß niemand Kommunist sein kann – weder ein »guter« noch ein »schlechter« –, wer das bürgerliche Prinzip nicht verstanden hat und mit Füßen tritt. Der Handwerker des 18. Jahrhunderts ist ökonomisch weniger erpreßbar, da im Besitz von Produktionsmitteln, doch hält dieser Zustand infolge kapitalistischer Konkurrenz mit massenhafter Proletarisierung nicht an. Die Vergesellschaftung der Produktionsmittel zielt gegen deren Besitzer, nicht gegen die an ihnen und mit ihnen Arbeitenden, denn sie, die zuvor nichts als ihre Arbeitskraft besaßen und sie genau zu ihrem Wert zu verkaufen gezwungen waren, während sie währenddessen Dinge des vielleicht doppelten bis dreifachen Wertes mittels derselben herzustellen hatten, die Wertübertragung aus Maschinenverschleiß und Rohstoffverbrauch ungerechnet, was karges Leben von der Hand in den Mund bedeutet, sollen künftig nicht mehr erpreßbar sein und ein selbstbestimmtes, mithin menschenwürdigeres Leben führen, als es ein bürgerlich-demokratischer Staat je gewähren könnte, und wäre es die Schweiz selber. Unter dem knallroten Lack des knallroten Le Duan steckt vielmehr eine ungehobelte bäurische Rückständigkeit, eine latente Feindseligkeit gegen Freiheit und Selbstbestimmung; sie ist ein Reflex der Tatsache, daß im Unterschied zur russischen die chinesische Revolution nicht von Arbeitern, sondern maßgeblich von Bauern getragen wurde und im Unterschied zum Oktoberumsturz sich nicht primär gegen die herrschende Klasse im eigenen Land, sondern gegen die japanischen oder französischen Besatzer wandte, also ein nationaler Unabhängigkeitskrieg war. Infolgedessen war das Klassenbewußtsein der russischen Arbeiter ungleich klarer, ausgereifter und stabiler als bei allen nachfolgenden, als »kommunistisch« bezeichneten Befreiungskämpfen. Der Oktoberumsturz bleibt die einzige echte proletarische Revolution der Geschichte. Daher ist in China (und Vietnam) der Weg zurück zur Konterrevolution, bei allem bewundernswerten Heroismus von Hos und Maos roten Bauernarmeen, kürzer und gewissermaßen »organischer«: Stalin mußte Lenins Anhänger massenhaft töten, hier aber genügt eine böswillige Karikatur der Lehre von Marx und Engels im ultralinken Gewand. Ginge es nach dem großmäuligen »Kritiker« Ho Chi Minhs, so müßte sich der ächte

Kommunist durch Bespeiung der Würde, Illoyalität, schlechte Umgangsformen, Dummheit und als unwert jeglichen Vertrauens »auszeichnen«.*

Le Duans Strafe besteht darin, daß ihn heute, abgesehen von wenigen Spezialisten und Eingeweihten, niemand mehr kennt, Ho Chi Minh dagegen schon. Sein »starker Wille« und seine »Intelligenz«, seine Verdienste als Revolutionär heben sich vor dem Hintergrund des imperialistischen Terrors und stalinistischen Obskurantismus und Destruktivität um so klarer ab.

Auch wenn man das Unrecht nicht nach Hektolitern vergossenen Bluts berechnen sollte – die Ermordung Lumumbas etwa fiele dann als vernachlässigenswerte Größe unter den Tisch –, so wurde doch zu Recht festgestellt, daß der Krieg gegen Vietnam das größte Kriegsverbrechen des US-Imperialismus nach dem 2. Weltkrieg darstellt. Zwar waren im Koreakrieg den Hochrechnungen zufolge mehr Menschen umgebracht worden, doch in Vietnam entfaltete die Hegemonialmacht der »freien Welt« ihre Perfidie und Niedertracht, ihren sadistischen Erfindungsreichtum und den anonymen Massenmord in ganzer Bandbreite. Angesichts dieser Gewaltorgie sollte jedoch nicht in Vergessenheit geraten, daß sie eine Vorgeschichte hatte, der wir uns nun zuwen-

---

* Freilich ist Ho Chi Minhs Denkweise wirklich stark vom Konfuzianismus geprägt; GROSS-
  HEIM 2011, S. 25, hat darauf gerne hingewiesen. Irgendwomit muß der Mensch ja anfangen!
  Allerdings hatten seine jahrzehntelangen Aufenthalte im westlichen Ausland, seine Kontakte
  zur europäischen Arbeiterbewegung sowie vor allem seine langjährige Tätigkeit im Auftrag
  der Komintern zur Folge, daß er die Lehre von Marx und Lenins Organisationsprinzipien
  besser verstanden hatte als der Koreaner Kim Il-sung und vielleicht selbst Mao Tse-tung. Allerdings berichtet Großheim (ebd., S. 122) eine befremdliche Episode, die – wenn sie wirklich
  stimmt – in schockierender Offenheit aufzeigt, daß auch Ho Chi Minh zentrale Inhalte in
  geradezu grotesker Weise mißverstanden hätte. So soll er Studenten den Begriff »demokratischer Zentralismus« wie folgt erläutert haben: »Wenn ihr eigenes Hab und Gut habt, könnt
  ihr selbst darüber verfügen. Das ist Demokratie. Aber ihr wißt nicht, wie ihr euren Reichtum
  behalten könnt, und deshalb passe ich für euch darauf auf. Ich zentralisiere alles, indem ich
  euer ganzes Eigentum in einen Raum werfe, abschließe und dann den Schlüssel in meine
  Tasche stecke. Das ist Zentralismus!« Es ist kaum glaubhaft, daß diese Äußerung so gefallen
  sein sollte: zu plump wird hier das gängige Horrorklischee bemüht, Kommunismus bedeute
  die Enteignung und »Verstaatlichung« sämtlicher *Gebrauchsgüter* bis hin zur Zahnbürste
  und Unterhose. Kaum glaubhaft auch, daß Ho Chi Minh nicht gewußt haben sollte, daß
  mit diesem Begriffspaar die Organisationsstruktur der »Partei neuen Typs«, wie sie Lenin
  in seiner Schrift ›Was tun?‹ dargelegt hatte, umrissen wird: offene Debatte (»Demokratie«)
  – für alle verbindliche Beschlüsse (»Zentralismus«). Es wird so viel gelogen – warum nicht
  an entscheidender Stelle in einem ansonsten gar nicht so schlechten Buch? (Großheim hat
  diese Episode im übrigen von einem anderen Verfasser übernommen: William DUIKER, The
  Communist Road to Power in Vietnam, Boulder 1996. Es spricht also vieles dafür, daß hier
  eine typische »Wanderlegende« vorliegt.)
  Zu Großheim siehe auch die Rezension seines Buches von HOEVELS 2012.

den wollen. Diese Geschichte spielt außerhalb der Vereinigten Staaten und handelt davon, daß jeder bürgerlich-demokratische, also kapitalistische Staat, sobald er in das Stadium des Imperialismus eintritt, zwangsläufig zur Barbarei degeneriert, ob mit oder ohne Faschismus.

Am Anfang war nicht das Wort, sondern der Missionar. Und der geisterte in tausendfacher Ausfertigung jahrhundertelang auf Schäfchenfang auch in Fernost herum. Doch hier wie überall: Die verstockten Heiden wollten nicht so recht parieren, so daß die geistliche Erbauung der tätigen Mithilfe von Kanonenbooten bedurfte, und der HErr schickte sie durch seinen Knecht, den französischen Staat, auf daß sie 1847 und 1858 Da Nang und Saigon bombardierten.[187] Weiteres ehrenwertes Gelumpe in Gestalt von Abenteurern, Schmugglern, Waffen- und Rauschgifthändlern stieß hinzu, bis das spätere Vietnam 1883 französisches Protektorat wurde. Ein letzter Aufstandsversuch des jungen Kaisers Nam Nghi schlug fehl, und er wurde ins Exil nach Algerien verschleppt. Vietnam erlitt das Schicksal, wie es für alle vom Imperialismus ausgeplünderten Länder typisch ist: Landraub großen Stils in Südvietnam, der Millionen von Bauern als mittellose Kulis freisetzte. Plantagenbetrieb weniger französischer und noch weniger einheimischer Großgrundbesitzer mit Monokulturen; Kautschukanbau für den weltumspannenden Konzern Michelin und Hungerexporte von Reis. Während die Bevölkerungszahl stieg, sank ihr Reisverbrauch um 30 %, und wer nicht verhungerte oder in den Kohlebergwerken des Nordens und auf den Plantagen des Südens schuftete, wurde zum Eisenbahnbau herangezogen – sage niemand, der Fortschritt hätte nicht Einzug gehalten! –, bei dem Hunderttausende von Kulis ums Leben kamen. Zum Betrieb der Lokomotiven wurden die Primärwälder abgeholzt, die nun, nach den Entlaubungsaktionen der USA (*defoliation*) und durch den immensen Überbevölkerungsdruck nur noch in Briefmarkenformat existieren. Verwaltung, Polizei, Armee und Justiz, auf die ein »ordentliches« Unterdrückungsregime nun einmal angewiesen ist, werden wie im benachbarten kolonialen China zu 70 % durch das staatliche Monopol auf Opium, Alkohol und Glücksspiel finanziert (kürzlich plädierte die deutsche Pseudo-Linke für die Freigabe *aller* Drogen – sie braucht eben, wie ein trefflicher Kommentar lautete, eine »breite« Mehrheit). Eine exorbitante Salzsteuer – die verhaßte *gabelle* des absolutistischen Frankreichs im 18. Jahrhundert, vom Volksmund »Negersteuer« genannt, die seinerzeit maßgeblich zum Ausbruch der revolutionären Unruhen beitrug – sorgte dafür, daß die Vietnamesen massenweise auf nährstoffarme frugale Nahrung umstiegen: so kamen die Bergbewohner und die Landbevölkerung zu ihren kiloschweren Kröpfen. »Wer katholisch wird und ein paar Brocken Französisch lernt, erhält Hemd und Hose und wird zum Dolmetscher, Aufseher oder Sekretär ernannt.«[188] Wer sich dessen verweigert, wie z. B. Ho Chi Minhs Vater, hat das Nachsehen (und man versteht nun besser, warum Buddhismus und Konfuzianismus Anziehungsmagneten für die Bauern und die oppositionell eingestellte Intelligenz bildeten*). So schuf sich das Kolonialregime seine Corona aus Zuträgern, Spitzeln und Lakaien.

Diese idyllischen Zustände hätten noch lange anhalten können, wenn Ho Chi Minh 1930 nicht die kommunistische Partei und 1941 die Viet Minh gegründet hätte: damit waren, einem treffenden Ausdruck Leo Trotzkis zufolge, die Kolbenzylinder geschaffen worden, die den Dampf des revolutionären Unmuts in Aktion umsetzen konnten. Und die Entwicklung beschleunigte sich, als zu Beginn des 2. Weltkriegs die japanischen Truppen nach Vietnam einfielen und die französischen Kolonialbehörden mit ihnen kollaborierten nach dem Motto: »Lieber Hitler als die Volksfront!« – die *Grande Nation* war wirklich gründlich auf den Hund gekommen. Nun wurde das vietnamesische Volk doppelt kujoniert, so daß bis 1945 zwei Millionen Menschen Hungers starben. Als letztes Danaergeschenk vor ihrer Kapitulation ließen die Japaner den Marionettenkaiser Bao Dai zurück, dessen sich die Franzosen sogleich bedienten, denn sie drückten sofort wieder ins Land wie Schlechtwetter.

»Ich bin nicht nach Indochina zurückgekommen, um Indochina an die Indochinesen zurückzugeben«, tönte der französische General Jean Leclerc.[189] Was nützte es da dem neugewählten Präsidenten Ho Chi Minh, wenn er in der Unabhängigkeitserklärung die amerikanische Verfassung zitierte, wenn er acht Briefe an den frischgebackenen Massenmörder Truman schickte, in denen er bis zur Selbstverleugnung die USA als »Wächter und Vorkämpfer der Weltgerechtigkeit« pries, den Austausch von Jugendlichen vorschlug und beteuerte, das aktive Eintreten des amerikanischen Volkes »für die echten Ideale der internationalen Gerechtigkeit und Menschlichkeit« hätte das vietnamesische Volk »tief beeindruckt«? Was nützte es ihm, wenn er an die gemeinsame Waffenbrüderschaft gegen die Japaner erinnerte und sein Schreiben mit dem nur allzu berechtigten Anliegen schloß: »Die USA sind aufgefordert, Vietnam

---

* Freilich überspannt Großheim (2011, S. 41) den Bogen, wenn er konstatiert: »… neben Mut, Opferbereitschaft und Unterordnung unter das Kollektiv forderte Nguyen Ai Quoc von einem Revolutionär auch Sparsamkeit, Vorsicht, Bescheidenheit, Bereitschaft zur Selbstkritik, Großzügigkeit gegenüber anderen, Fleiß und Lerneifer – alles typische konfuzianische Moralnormen.« Die genannten Eigenschaften werden vielmehr *zwangsläufig* erforderlich, wenn man ein übergeordnetes Ziel wie die Befreiung eines Landes verfolgt; bei Ho Chi Minh leistete der Konfuzianismus, im Unterschied zu Kim Il-sung, allenfalls Hebammendienste.

beim Ringen um Unabhängigkeit zu unterstützen. Was wir fordern, ist in gütiger Weise den Philippinen gewährt worden. Wie die Philippinen ist auch unser Ziel volle Unabhängigkeit und Kooperation mit den USA.«[190] Nun, gegen Heuchler darf man heucheln.

Die Vereinigten Staaten verfolgten andere Ziele: Sie hatten das Geld und die Militärtechnologie, Frankreich sollte das Menschenmaterial stellen. Bereits im März 1946 landete die französische Flotte in Hanoi, und Ho Chi Minh war zu ersten Zugeständnissen gezwungen: Anerkennung der französischen Präsenz in Vietnam inklusive der Stationierung von 15 000 Mann auf zunächst fünf Jahre »zum Schutz der französischen Interessen«. Doch Ho setzte, wie bereits erwähnt, immer noch auf Verhandlungen, auch wenn er von führenden Parteikadern als »Landesverräter« (*Viet Gian*) bezeichnet und er zu einer öffentlichen Rechtfertigung gezwungen wurde.[191] Er tat dies mit dem Hinweis, eine durch Verhandlungen erlangte Unabhängigkeit sei besser, als dafür 50 000 oder 100 000 Menschen zu opfern. Was nützte es ihm, nach Frankreich zu reisen und dort noch länger als die offizielle vietnamesische Verhandlungsdelegation zu bleiben, schließlich mit vagen Versprechungen der französischen Regierung zurückzukehren, während deren Truppen die Grenze zu China und die alte Kaiserstadt Hue besetzten? Frankreich setzte mit US-amerikanischer Unterstützung auf die Kriegskarte: 1948 betrug sein Expeditionskorps bereits 100 000 Mann, 1952 das Doppelte; 70 000 Franzosen, 20 000 Fremdenlegionäre (mehrheitlich Deutsche: Kriminelle und Landser, die nach der Niederlage der Wehrmacht »den Sprung nicht geschafft« hatten), 60 000 Schwarzafrikaner, überwiegend Senegalesen, und 50 000 Indochinesen. Französisches und deutsches Blut war billig, noch billiger aber das afrikanische und asiatische. Die US-Regierung finanzierte den französischen Kolonialkrieg zu 80 %, gegen Ende hin mit einer Milliarde Dollar im Jahr. Und

Ho Chi Minh während des Guerillakrieges gegen die Franzosen in den 40er Jahren

erst als jede Verhandlungsoption ausgereizt und der Kelch der Demütigung bis zur Neige geleert war, entschloß sich Ho Chi Minh zur Selbstverteidigung. Er tat dies wie alles, was er unternahm – zäh, beharrlich und entschlossen. Vor den Verhandlungen mit Frankreich hatte Ho seinen Standpunkt ausführlich dargelegt:

> Wir wollen Unabhängigkeit. Wir sind mehr an der Substanz als an der Form interessiert. Wir werden der Vernunft gehorchen. Wenn die Franzosen »ihr Gesicht wahren« wollen, indem sie ihre eigene Terminologie benutzen, dann ist das in Ordnung. Die Franzosen können unbewaffnet zurückkommen, wenn sie das wollen, als Berater, aber nicht als Herren. Wir brauchen Rat und Hilfe vom Ausland, aber wir bestehen auf dem Recht, den um Hilfe zu bitten, den wir wollen – Amerika und andere Länder so gut wie Frankreich. Die Franzosen sagen, daß wir für die Unabhängigkeit noch nicht reif sind. Bis jetzt waren sie achtzig Jahre hier, und wenn wir nicht in der Lage sind, uns selbst zu regieren, ist das ihre Schuld. Sie hielten die Bevölkerung in Unwissenheit. Sie beuteten Indochina im Interesse Frankreichs statt im Interesse der Menschen, die hier leben, aus. [...] Sie unterdrückten jedes Anzeichen von Opposition mit einer unbarmherzig eisernen Hand. Wundern sie sich, daß wir ihren Versprechungen nicht glauben?

Heute gälte Ho Chi Minh als »Terrorist«, den man hängen müßte wie Saddam Hussein oder lynchen wie Ghaddafi. Zu Zeiten des Kalten Krieges war das aber nicht ganz so einfach, auch wenn sich die Franzosen und ihre Mietlinge alle Mühe gaben. Vielmehr erfüllte sich an ihnen der Satz: »Wer nicht hören will, muß fühlen.« Ho Chi Minh brauchte nur seinen Aufruf zu wiederholen, den er fünf Jahre zuvor, in seinem »Brief aus dem Ausland« (1941), getätigt hatte:

> Die Zeit ist gekommen! Hoch das Banner des Aufstandes, führt das Volk des ganzen Landes in den entscheidenden Kampf gegen die Herrschaft der [...] französischen Eroberer! Möge der heilige Ruf unserer Heimat ohne Unterlaß ertönen, möge das Heldentum unserer Vorfahren Euch begeistern. Ihr seht, wie stark der Kampfgeist unseres Volkes ist. Wir müssen uns gleich erheben! Landsleute im ganzen Lande, steht auf! Schließt euch zusammen, vereinigt Eure Kräfte, um die Herrschaft der [...] französischen Eindringlinge zu stürzen!
> Es lebe der Sieg der vietnamesischen Revolution!
> Es lebe der Sieg der Weltrevolution![192]

Von Anbeginn hatten die französischen Besatzungstruppen mit denselben Schwierigkeiten zu kämpfen wie später die amerikanischen: Schätzungen

Ho beobachtet ein Gefecht mit den französischen Besatzungstruppen

von französischen Experten zufolge unterstützten 84 % des vietnamesischen Volkes den Befreiungskrieg, und die Viet Minh beherrschten das weite Land, während die Okkupanten sich in den größeren Städten einigelten. Dort herrschte der Terror, und die Kampfmoral war unglaublich gering: Die ausländischen Besatzer hielten sich in Bordellen bei Laune, während fast keiner unter den Vietnamesen Lust verspürte, für einen Playboy-Kaiser sein Leben in die Schanze zu werfen. Nach einem Einberufungsbefehl, der 94 000 Personen umfaßte, meldeten sich gerade einmal 5400, und bei neu zusammengestellten Brigaden fehlte nach einem Vierteljahr bereits ein Viertel der Mannschaft. Ganz anders die befreiten Gebiete der Viet Minh: Dort fanden Alphabetisierungskampagnen und regelmäßige Schulungen statt; die kämpfenden Einheiten lebten und arbeiteten mit den Bauern und versorgten sich selbst; wenn es die militärische Situation erlaubte, galt dort die 40-Stunden-Woche, gab es Sozialversicherung und selbst, kaum glaublich, bezahlten Urlaub. In den Dörfern sorgten die von den Bauern gewählten Komitees für eine effiziente Verwaltung; jedes Dorf verfügte über eine Guerilla-Selbstverteidigungseinheit, und auf Distriktebene existierte ein Militärkommando, das mit den zivilen Behörden eng kooperierte. Kurzum, es war ein Krieg des aufgeklärten, organisierten und bewaffneten Volkes gegen seine Bedrücker. Ein solcher Krieg, führte Mao Tse-tung in seinen militärtheoretischen Schriften aus, sei »unmöglich ohne die Mobilisierung des gesamten Volkes, ohne die Verwirklichung solcher politischer Prinzipien, wie die Einheit zwischen Offizieren und Soldaten sowie zwischen Armee und Volk, wie die Zersetzung der gegnerischen Armee usw.«[193] Entsprechend hoch war die Kampfmoral – diese Vietnamesen wußten, wofür sie ihr Leben einsetzten. Es war und ist üblich, die hohe Effizienz und eiserne Disziplin der Volksbefreiungsarmee mit herabsetzenden Metaphern zu bedenken: So errichtete der Vietkong eben einen »Ameisenstaat« und kämpfte in einer »Termitenarmee«, während im Besatzerheer mit seinen unmotivierten Puffgängern wohl Individualismus und Freiheit pur herrschten. Doch in nüchternen Augenblicken kamen selbst westliche Berichterstatter nicht umhin, die Entschlossenheit und den Durchhaltewillen des militärischen Gegners zu würdigen. So schreibt etwa der pensionierte französische Oberst und Indochinakämpfer Jules Roy, der seine fesselnden Schilderungen manchmal mit einer allzu starken Dosis Landserpathos würzt:

> Jedes Bataillon der Volksarmee hat vor dem Abmarsch zur Front den politischen Unterricht bekommen, der jeder militärischen Unterweisung vorausgeht. Kompanienweise werden sie zusammengeholt, die Soldaten werden aufgefordert, ihr Leben zu erzählen, und merken, daß ein gemeinsames Schicksal sie verbindet. Abgesehen von ein paar Söhnen von Städtern und Intellektuellen, die bereit sind, für die Unabhängigkeit Vietnams zu sterben, und mehr als die anderen davon überzeugt, daß die Revolution mit allen Mitteln durchgesetzt werden muß, handelt es sich fast ausschließlich um arme Bauern. Ihre Väter haben gearbeitet, um nicht zu verhungern, sind verschleppt oder eingesperrt worden; unbeherrschte Aufseher haben sie mit dem Kopf in den Mist gestoßen. In der bei diesen Abendkursen herrschenden weihevollen, fast religiösen Stimmung kommt es vor, daß einer zu schluchzen beginnt und dann selbst im Krieg abgehärtete Männer die Tränen nicht zurückhalten können. Sie gehören alle zur gleichen verschworenen Gemeinschaft der Gedemütigten, die ihr Leben für eine neue Ehre zu geben bereit sind, zur gleichen leidenden Kirche auf dem Pilgerweg zum Triumph. Und wenn dieser Triumph auch nur eine neue Knechtschaft ist, so ist es doch wenigstens eine selbstgewählte Knechtschaft.[194]

Schon recht, Meister, möchte man dem Verfasser angesichts der letzten beiden Sätze zurufen, aber die mußte sich der Oberst a. D. wohl gestatten, um nicht etwa in den Verdacht zu geraten, er würde eine solch hochmotivierte

Truppe gern selbst kommandieren. Drücken wir es so aus: Das Band, das die Kämpfer der Viet Minh fest vereinte, waren Selbstachtung, Klassenbewußtsein und Haß – Haß auf das Unrecht. Das galt bis hinauf in die obersten Führungsränge, bis zum ehemaligen Geschichtslehrer, dann Kommandeur aller Truppen Vo Nguyen Giap. Hören wir nochmals Roy: »Das Hassen braucht Giap nicht erst zu lernen: seine Frau, verhaftet und vom Standgericht in Hanoi zu lebenslänglicher Zwangsarbeit verurteilt, ist in einem französischen Gefängnis gestorben, weil sie sich wie er für die Unabhängigkeit ihres Landes eingesetzt hat.« Und über die Schlagkraft des von Giap geführten und zusammengeschweißten Heeres urteilt der französische Offizier: »Giap hat das Stadium der Notlösungen jetzt längst hinter sich. Er, der Amateur, hat es gerade mit der Erfahrung aus seinen Rückschlägen geschafft, ein kampfbereites Heer auf die Beine zu stellen, das nicht mehr aus ein paar Partisanengruppen besteht, sondern aus sechs Infanteriedivisionen mit je drei Regimentern, einer schweren Artillerie- und Pionierdivision sowie Transporteinheiten und Fla[Flugabwehr]-Abteilungen.« Giap selbst beschreibt seine Strategie in der metaphernreichen Sprache des fernöstlichen Dschungelkämpfers wie folgt:

> Es wird ein Kampf zwischen Tiger und Elefant. Wenn der Tiger auch nur einen Augenblick lang müde wird und stillhält, nimmt ihn der Elefant auf seine Stoßzähne. Aber der Tiger hält nicht still. Untertags verkriecht er sich im Dschungel und kommt erst mit der Nacht zum Vorschein. Er springt den Elefanten an und reißt ihm immer mehr Fetzen aus dem Rücken, bis der Elefant an Erschöpfung und Blutverlust stirbt.

Die Viet Minh führten also einen unablässigen Bewegungs- und Abnutzungskrieg unter nie nachlassender Wachsamkeit: marschieren – tarnen – blitzartig zuschlagen – zurückziehen – tarnen – Hinterhalte legen. Giaps Vorgehensweise gleicht jener von Che Guevara skizzierten, nur daß die Gunst des Geländes es dem vietnamesischen Befehlshaber erlaubte, ganze Heeresmassen mit einem logistischen Troß aus Zigtausenden von Zivilisten zu dirigieren. Aber Giap konnte auch prosaisch sein, wie sein Befehl zum Endkampf gegen die französischen Besatzer zeigt:

> Ihr müßt die Straßen reparieren, alle Hindernisse überwinden, alle Schwierigkeiten lösen, kämpfen, ohne je aufzugeben, Kälte und Hunger besiegen, schwere Lasten über Berg und Tal tragen und bis zum Lager des Feindes vordringen, um ihn zu zerschmettern und unsere Mitbürger zu befreien … Vorwärts, Genossen![195]

Es liegt auf der Hand: Jeder militärische Gegner, der sich nicht aufgrund haushoher technologischer Überlegenheit auf das risikolose Morden aus der Luft beschränken kann – so wie die USA heute, die die dann noch anstehenden Bodenkämpfe durch gedungene Mordbanden erledigen lassen –, sieht gegen einen solchen Feind alt aus. Und so erging es den Franzosen: Nach anfänglichen Erfolgen mußten sie Stellung um Stellung räumen, und ihre Posten an der chinesischen Grenze wurden einer nach dem anderen gestürmt. Aber auch die Revolutionsarmee erlitt Einbrüche mit schweren Verlusten – das waren die Rückschläge, von denen der französische Oberst Roy sprach. Nach dem Vorbild von Maos Roter Armee attackierten die Viet Minh zuerst die feindlichen Stellungen in sogenannten »Menschenwellen«, bis die Kräfte der Verteidiger erlahmten; der französische Oberkommandierende Lattre de Tassigny setzte angesichts dieses Vorgehens auf großflächige Napalmbombardements, welche die Viet Minh allein bei einer Schlacht 6000 Gefallene kosteten. Es war abermals Ho Chi Minh, der diese verlustreiche Form der Kriegführung kritisierte und den Wechsel zum Guerillakrieg einforderte, den Giap zur Kunst entwickelte. Nun hatten wiederum die Franzosen das Nachsehen: zurückgeworfen in die Städte, deren Versorgung mit Nachschub aufgrund der täglich erfolgenden Sprengungen der Eisenbahnlinien sich immer schwieriger gestaltete, drängten sie auf eine Entscheidungsschlacht gegen den nicht faßbaren Feind, der sie nach der »Tigertaktik« unerbittlich ausbluten ließ. So

Ho und General Giap bei einer Lagebesprechung

verfiel das französische Oberkommando auf den Gedanken, mit massiver US-amerikanischer Unterstützung im nordwestlichen Grenzgebiet zu Laos eine vermeintlich uneinnehmbare Zitadelle einzurichten, von der aus das gesamte indochinesische Kolonialgebiet kontrolliert und niedergehalten werden sollte. Die Viet Minh sollten in eine Schlacht gelockt werden, die sie aufgrund ihrer materiellen und technologischen Unterlegenheit nicht gewinnen konnten. Diese Zitadelle lag in entlegenem Dschungelgebiet, in einem Talkessel beim Dörfchen Dien Bien Phu. Es sollte, wie Roy treffend formulierte, zum »Stalingrad des weißen Mannes« werden.

Und es ist abermals der geniale Stratege Giap, der die dem vietnamesischen Befreiungskampf innewohnende Dialektik treffend auf den Nenner brachte. Die Franzosen besaßen die überlegene Militärtechnologie und die uneingeschränkte Lufthoheit. Um das gesamte Land zu beherrschen, mußten die Besatzungskräfte überall präsent sein, d. h. sie mußten sich aufteilen, zersplittern, und boten so zahlreiche Schwäche- und Angriffspunkte. So kam es, daß die militärisch unterlegenen Vietnamesen, deren einziger Trumpf in der Einheit und dem hohen Organisationsgrad des unter kommunistischer Anleitung kämpfenden Volkes bestand, von Schlacht zu Schlacht den überlegenen Gegner besiegten. Konzentrierten die Franzosen ihre militärischen Kapazitäten hingegen an wenigen Punkten, waren sie zwar unbesiegbar, mußten aber den Großteil des Landes preisgeben. Eben dieses Dilemma der Besatzer erkannte Giap und nutzte es planmäßig und zielstrebig aus. Vier Jahre nach dem Sieg über die Franzosen hielt er in einem Rückblick fest:

> Die Zwickmühle bestand für den Feind darin, daß er keine Territorien besetzen konnte, ohne seine Kräfte aufzuteilen, aber es ergaben sich viele Schwachpunkte, wenn er seine Truppen verstreute. [...] Wo immer die Streitmacht des Feindes schwach und exponiert war, sammelten wir unsere Kräfte, um sie aufzureiben. Zugleich forcierten wir den Aufbau unserer regulären Streitkräfte und verbesserten unsere Fähigkeiten der mobilen Kriegführung. Wir verwandelten eine Armee unabhängig agierender Kompanien in eine Armee konzentrierter Bataillone, schließlich Regimenter und Brigaden. [...]
>
> Konzentrierte der Feind hingegen seine Kräfte, nutzten wir seine Schwächen aus. [...] Wenn der Feind seine Streitmacht in den Ebenen vereinte, um unsere befreiten Gebiete zu bedrohen, dann konzentrierten wir nicht unsere Militärkapazitäten, um diese Gebiete passiv zu beschützen. Vielmehr warfen wir unsere Truppen nach Nordwesten, um eine kühne Offensive zu eröffnen.[196]

Die strikte Befolgung dieser Strategie zeitigte die entsprechenden Erfolge: Die Franzosen reduzierten ihre Truppen in den Ebenen um über die Hälfte, von

44 auf 20 Regimenter, um sie an die verschiedenen Brandpunkte zu verlegen. Damit wurden sie verwundbar: In der »Winter/Frühlingskampagne« der Jahre 1953/54 töteten die Viet Minh 110 000 feindliche Soldaten. Das war viel, und das tat weh. In der Folge igelten sich die Franzosen wieder in wenigen, zu Bollwerken ausgebauten Stützpunkten ein.

16 000 Mann, mehrteils Söldner und Fremdenlegionäre, wurden in Dien Bien Phu aus der Luft versorgt und wähnten sich in völliger Sicherheit: Nie würde es den Viet Minh gelingen, Kämpfer in so großer Zahl samt Waffen, Munition, Ausrüstung und Proviant ohne aufzufallen durch das unwegsame, dicht bewachsene Gebirgsgelände zu schaffen, und wenn es doch einigen tausend oder zehntausend Viet Minh gelänge, sich bis zur Zitadelle trotz uneingeschränkter französischer Luftherrschaft durchzuschlagen, dann würde ihnen die überlegene französische Artillerie den Rest geben, falls sie von den Hängen herab die mit Stacheldraht gesicherten und mit Bunkern versehenen Posten der Franzosen angreifen sollten.

Es war eine harte Nuß, die Giap und die von ihm befehligte Volksarmee zu knacken hatten. Der Feind bot sich ihm wie folgt dar: »Separate Befestigungsanlagen, die zu einem Netzwerk miteinander verbunden sind und sich gegenseitig mit Artillerie, Panzern sowie mit Verstärkungen aus der Luft und mit Bodentruppen decken. Eine solche Bastion besaß ganz eindeutig eine beträchtliche Stärke.« Bei ihrem letzten gemeinsamen Treffen hatte ihm Ho Chi Minh letzte Ratschläge und Weisungen mit auf den Weg gegeben: »Ein Oberkommandierender begibt sich zur Schlachtfront. Als Kommandeur im Feld hast Du uneingeschränkte Befehlsgewalt in jeder Angelegenheit. Diese Schlacht ist überlebenswichtig und muß um jeden Preis gewonnen werden. Kämpfe nur, wenn Du des Sieges sicher bist.«[197]

Doch in der vietnamesischen Armeeführung gab es unterschiedliche Ansichten, wie gegen diese geballte Militärmacht vorzugehen sei. Die Divisionsgeneräle befürworteten ein sofortiges Losschlagen und die Strategie des »Blitzkrieges« – sie benutzten das deutsche Wort – nach dem Motto »Schneller Angriff, schneller Sieg«. Aber Giap zögerte. In einer solchen Konzentration seiner Kräfte hatte sich der Feind noch nie präsentiert, und die Volksarmee verfügte über keine nennenswerten Erfahrungen im Kampf gegen einen hinter gestaffelten Stacheldrahtverhauen eingebunkerten Gegner mit großer Feuerkraft. Solche Stellungen konnten nur im Zusammenwirken von Artillerie und Infanterie zerschlagen werden, und diese Kampfform war für die Vietnamesen neu. Auch waren sie an den Nachtkampf gewöhnt, während sie nun gezwungen waren, auch bei Tag über offenes, einsehbares Terrain anzugreifen. Das Risiko war immens und nicht zu vertreten. Einen Tag vor dem bereits vereinbarten Angriffstermin befahl Giap den geordneten Abzug in rückwärtige Positionen, die Neuordnung der Kräfte und immense Anstrengungen zur Vorbereitung eines in drei Phasen erfolgenden Angriffes unter verbesserten Bedingungen. Die Franzosen und ihre Söldner, die sich auf ein relativ problemloses Tontaubenschießen eingestellt hatten, wunderten sich: Was war da los?

Sie konnten nicht wissen, daß Giap in letzter Minute die vereinbarte Strategie geändert und sie durch die Devise »Steter Angriff, stetes Vorrücken« ersetzt hatte. Der Feind sollte nicht durch blitzartige Überfälle in wenigen Tagen unter hohen eigenen Verlusten überrannt werden, sondern sein Aktionsradius sollte in wochenlangen, in stetig gesteigerten Kampfhandlungen kontinuierlich eingeengt werden, bis ihm nichts anderes als die Kapitulation übrigblieb. Dies machte freilich ungeheure Anstrengungen erforderlich, die Giap mit wenigen Worten wie folgt umschreibt: »In Vorbereitung für die Entscheidungsschlacht hatten unsere Armee und unser Volk Tausende von Straßenkilometern neu gebaut und erweitert. [...] Wir hatten ein System von Befestigungsanlagen rings um die Bastion errichtet, mit Grabengängen in einer Länge von mehreren hundert Kilometern, so daß unsere Soldaten Tag und Nacht unter feindlichem Bombardement kämpfen konnten. Es war uns gelungen, unsere Artilleriegeschütze in sicheren Unterständen rings auf den umgebenden Bergen unterzubringen und Straßen zu bauen, auf denen Lastkraftwagen die Artilleriegranaten zu jedem Stützpunkt transportieren konnten.«[198] Giap war der erste Militärstratege, der den Grabenkampf für die Offensive einsetzte.

Und das Unglaubliche geschah: Noch bevor der erste Schuß abgegeben wurde, hatten die Vietnamesen den logistischen Krieg gewonnen. Zuvor hatten sie in Hanoi, wahrscheinlich zum Befremden der Besatzer, alle Fahrräder der Marke Peugeot aufgekauft und mit Bambusstreben verstärkt, so daß mit ihnen Lasten bis zu 300 kg – und damit mehr als die Hälfte dessen, was ein Elefant zu tragen vermag – von einer einzigen Person transportiert werden konnten. In einer beispiellosen Operation wurde alles, vom Reissack bis zum großkalibrigen Geschütz, durch Täler und über Gebirgskämme geschleppt; der Transport erfolgte nachts, während tagsüber die Spuren beseitigt und unter dem undurchdringlichen Dschungeldach kampiert wurde, wo man Werkstätten, Kantinen und Schlafsäle eingerichtet hatte. Kein Rauch von den Feuerstellen zeigte den französischen Spähflugzeugen an, wo sich diese Menschenmassen konzentrierten, denn der Koch Hoang Cam hatte den rauch-

Nachschubsicherung per Fahrrad

Ein zum Transporter umgebautes Peugeot-Fahr-
rad im Militärmuseum von Hanoi

losen Herd erfunden und wurde dafür später zum Nationalhelden erklärt:
seiner Erfindung ist die Rettung unzähliger Menschenleben zu verdanken.

Hören wir nochmals Giap: »Es war ein Krieg, der vom gesamten Volk
getragen wurde, ungeachtet des Geschlechts, des Alters, des religiösen Be-
kenntnisses und der ethnischen Zugehörigkeit; ein Krieg für Unabhängigkeit,

Freiheit und nationale Einheit [...] Die Logistik war stets eine so dringliche Angelegenheit wie die Kriegslage. Da sich die Versorgung unserer Truppen so unglaublich schwierig gestaltete, kam der Feind nie auf den Gedanken, daß wir diese Herausforderungen meistern könnten. Die Imperialisten und Reaktionäre können nie die kollektive Anstrengung einer ganzen Nation würdigen. Ihre Stärke kannte keine Grenzen, kam mit allen Schwierigkeiten zurecht und besiegte alle Feinde.«[199] Während auf diese Weise Hunderttausende von Tonnen Material über 500 Kilometer unwegsames Gelände befördert wurde, ging die Guerilla im entblößten Hinterland gegen die verstreuten französischen Truppen vor: Bei Überfällen auf verschiedene Flugplätze wurde ein Sechstel der von den USA bereitgestellten Luftflotte vernichtet, zusätzlich über tausend Kontrollposten und Wachtürme zerstört.

Stechmücken, Blutegel, Schlangen, Regengüsse, Pisten, die im Schlamm versanken, Bombenangriffe auf die wenigen aus der Luft sichtbaren Pfade und Straßen – nichts konnte die vietnamesischen Freiheitskämpfer aufhalten, auch wenn das Tropenfieber sie schüttelte. Pro Streckenabschnitt zur Front in Dien Bien Phu standen Zehntausende von Bauern bereit, um die Bombentrichter aufzufüllen, die Marschierenden zu verpflegen und Kranke zu versorgen; zahllose Mütterchen versorgten die Lastwagenfahrer, die besonders gefährlich lebten, da ihre Gefährte schwierig zu tarnen waren und die französische Luftwaffe es vor allem auf sie abgesehen hatte. Hier erhob sich ein Volk gegen seine Bedrücker, wie auch der französische Oberst nicht umhin kann zu konzedieren:

> Diese Mobilmachung eines ganzen Volkes durch die Entscheidung des Zentralkomitees ließ die Menschen über sich hinauswachsen; sie spürten dumpf, daß sie an einem Ereignis besonderer Art mitwirkten, daß sie die Werkzeuge des Sieges waren, daß ihr blindes Fronen eine strahlende Zukunft schaffen half. Schritt für Schritt, Tag für Tag, Nacht für Nacht rückte die heiß ersehnte Schlacht näher, deren Ausgang nur noch von ihrem Mut abhing.[200]

Rufen wir uns noch einmal den tendenziös-verlogenen Satz aus dem deutschen Schulbuch in Erinnerung: *As they hid among the villagers...* »Kompaktwissen«! – Auch die bereits legendäre »Eiserne Division« war auf dem Weg nach Dien Bien Phu: ihr Stabschef Nguyen Hien marschierte mit einem Granatsplitter nah am Herzen. Es erscheint unglaublich, was dieser zierliche und kleinwüchsige, aber zähe und zu allem entschlossene Menschenschlag in jenen Tagen und Wochen vollbrachte, während die Söldner, die sich in den zwei Bordellen der Festung amüsierten, keine Ahnung hatten, was da auf sie zurollte. Geschütze wurden über improvisierte Brücken geschleppt, über Gebirgskämme gewuchtet und in Stellung gebracht, wobei das Lied *Ho keo phao* die Runde machte:

> Die Schlucht ist tief,
> aber keine so tief wie unser Haß.
> Wir ziehen, ziehen die Kanone,
> und das Schlachtfeld wird zum Friedhof unserer Feinde.

Ein Artilleriegeschütz wird über einen Berg gezogen

Die Kanonen, die schließlich auf die Festung der Franzosen in der Ebene zielten, waren so vorzüglich getarnt, daß sie nicht entdeckt wurden, obwohl Jagdflugzeuge in riskanten Tiefflügen das Gelände fotografierten und modernste Technik samt Infrarotaufnahmen zum Einsatz kam. Bevor der erste Besatzer in diesem entlegenen Tal fiel, hatten die Viet Minh den Krieg bereits mit Schaufel und Spitzhacke gewonnen. Über abgefangene Funksprüche begann den Franzosen allerdings so langsam zu dämmern, was sich da um sie herum zusammenbraute: in den Wäldern auf den Hügeln und Bergen rings um die Zitadelle mußten sich 70 000 bis 90 000 Kämpfer aufhalten, unsichtbar, und irgendwo da draußen unter einer Tarnplane in einfacher Soldatenuniform der Kommandeur Vo Nguyen Giap, der über topographischen Karten saß, Rapporte entgegennahm und Weisungen erteilte. Schließlich erfolgte sein mit Spannung erwarteter Befehl zum Angriff:

Führer und Kämpfer, bald beginnt die Schlacht von Dien Bien Phu. Die Stunde ist gekommen, da ihr angreifen dürft.

Der Sieg in der Schlacht von Dien Bien Phu bedeutet die Vernichtung eines sehr großen Teils der besten feindlichen Streitkräfte, die Befreiung des Nordwestens unserer Heimat und die Sicherheit unseres Hinterlandes, von der die erfolgreiche Durchführung der Bodenreform abhängt. Der Sieg in der Schlacht von Dien Bien Phu bedeutet [...] den tödlichen Stoß gegen das Komplott der französischen und amerikanischen Kapitalisten, die den Krieg bezahlen. Der Sieg von Dien Bien Phu wird ungeheure Folgen im In- und Ausland haben und die Volksbewegung stark machen, die in der ganzen Welt den Frieden für Indochina fordert. [...]

Seid entschlossen, den Gegner zu vernichten, und behaltet die Losung vor Augen: stets angreifen, stets voran! Bezähmt Furcht und Schmerz, überwindet alle Hindernisse, haltet zusammen, kämpft bis zum letzten, vernichtet den Feind in Dien Bien Phu, erringt einen großen Sieg! Die Stunde des Ruhms ist da! Führer und Kämpfer aller Einheiten aller Waffengattungen: Vorwärts, um euch den Siegeswimpel des Präsidenten Ho zu verdienen!

Vor morgen nacht werdet ihr wissen, ob Frankreich oder die Regierung des Volkes Vietnam die Gesetze gibt. Nicht Dien Bien Phu oder Hanoi ist der Preis dieser Schlacht, sondern ganz Vietnam. Die Gefahr für den Verlierer ist so groß wie der Lohn des Siegers.[201]

Am 13. März 1954 eröffneten die Geschütze der Viet Minh das Feuer, und der Granaten- und Geschoßhagel, der nur unterbrochen wurde, um nach gemeinsamer Vereinbarung die Toten und Verwundeten zu bergen, richtete im Tal verheerende Schäden an. Der Kommandeur der französischen Artillerie, Oberst Pieroth, mußte sehr schnell erkennen, mit wie sträflichem Leichtsinn man die Kräfte des Feindes unterschätzt hatte: Er preßte in seinem Unterstand eine Handgranate an sein Herz und zündete sie; sein für einen französischen Offizier als unwürdig empfundener Selbstmord hob die ohnehin lasche Moral in der belagerten Festung nicht gerade. Ein Vorposten nach dem anderen mußte unter den unablässig anbrandenden Angriffswellen aufgegeben werden, so daß sich das zu verteidigende Gebiet schließlich auf die überlebensnotwendige Landebahn und ein paar Befehlsstände reduzierte, ein Areal von nur mehr einem auf eineinhalb Kilometern. 55 Tage dauerten die erbitterten und für beide Seiten äußerst verlustreichen Gefechte, deren Einzelheiten der vorzüglichen Chronik von Roy entnommen werden mögen. Die französischen Ausfälle, die der Entlastung dienen sollten, wurden immer schwächer und orientierungsloser und zeitigten keinerlei Ergebnisse, während sich der eiserne Belagerungsring schließlich so eng zusammenzog, daß keine Maschine mehr landen konnte, der Nachschub aus großer Höhe abgeworfen werden mußte und die Hälfte davon bei den Viet Minh landete. Wenn frühmorgens die ersten Flugzeuge auftauchten, riefen die Belagerer lachend: »Da kommen die fliegenden Träger!« Und ist es nicht wie ein Widerhall des Witzes Ho Chi Minhs, wenn sich die Kämpfer per Funk bei den Franzosen höflich mit den Worten bedankten: »Schönen Dank für die 10,5 cm-Granaten. Ihr kriegt sie bestimmt wieder.« Während das französische Notlazarett rund um die Uhr arbeitete, Soldaten und Söldner stückweise angeliefert wurden, die Betäubungsmittel zur Neige gingen und die Seuchengefahr wuchs, ist doch der Umstand bemerkenswert, daß die französischen Befehlshaber auf Kompanie- und Bataillonsebene, Offiziere im Rang von Hauptleuten, Majoren und Oberstleutnanten, nicht nur tapfer, sondern geradezu mit verbissener Wut kämpften und trotz immer aussichtsloser werdender Lage keinen Gedanken an Kapitulation zu verschwenden schienen. Eine solche Unbeugsamkeit scheint zu diesem Typus von Soldat, der sich gerne stolz als »Frontschwein« bezeichnet, nicht zu passen: er quält gerne andere – »Bei mir wird frisch rasiert gestorben!« –, aber nicht sich selbst. Für diese erstaunliche Intransigenz mag eine krude Mischung aus militantem Antikommunismus und fanatischem Rassismus verantwortlich sein: Lieber tot, als gegenüber einem schlitzäugigen Untermenschen klein beizugeben; lieber tot, als einem Volk geborener Lakaien und Kulis zu unterliegen, lieber tot als rot, wie ein beliebter Slogan der Dumpfbacken während des Kalten Krieges lautete.

Oder hofften sie auf einen *Deus ex machina*, eine Rettung von außen in letzter Sekunde? Weder die erschöpften und ausgebluteten Verteidiger noch die Angreifer, noch die überwiegende Mehrheit aller Menschen ahnten in jenen Tagen, daß die Welt neun Jahre nach Hiroshima und Nagasaki unmittelbar vor einem weiteren Einsatz von Atomwaffen stand. Denn die USA hatten ein maßgebliches Interesse daran, einen Krieg, den sie mit so vielen schönen und teuren Dollars finanzierten, auch zu gewinnen. Im Mai 1954 sandte der Vorsitzende der Vereinigten Stabschefs der USA, Admiral Arthur Radford, ein Memorandum an den Verteidigungsminister Charles Wilson, in dem es u. a. hieß: »Der Einsatz von Atomwaffen wird erwogen, sollte sich herausstellen, daß ein solches Vorgehen von militärischem Nutzen ist.« Der Geheimdienstchef des Admirals, Charles Willoughby, verstieg sich gar in eine Art Nuklearlyrik, als er darauf drang, »einen Gürtel von verbrannter Erde über die Zugangsstraßen des Kommunismus zu legen und damit die asiatischen Horden abzuhalten.«[202] Hatte man nicht soeben die Hälfte der koreanischen Halbinsel nach verlustreichen Kämpfen preisgeben müssen?

497

Das Hunderte von Kilometern lange Grabensystem des Vietkong

Sturmangriff auf den Hügel A1

498

Vietnamesische Flugabwehr in Aktion

Eine abgeschossene B-24

War die Vermeidung eines zweiten solchen militärischen Debakels nicht das Leben von ein paar zigtausend Vietnamesen und einigen Franzosen und ihrer Söldner wert?

Bereits vor dem Memorandum hatte Admiral Radford seinem französischen Kollegen General Ely einen entsprechenden Vorschlag unterbreitet: »Ungefähr sechzig schwere Bomber vom Typ B-29, begleitet von hundertfünfzig Jagdmaschinen der 7. amerikanischen Flotte, könnten, wenn das gewünscht wird, die Vietminh vor Dien Bien Phu zerschmettern.«[203] Ein Problem ergab sich allerdings: Die verfeindeten Verbände lagen sich mittlerweile fast auf Sichtweite gegenüber, so daß der Atombombeneinsatz auch für die »sorgfältig eingegrabenen« Franzosen eher eine Art amerikanische Sterbehilfe dargestellt hätte. Und doch: die französische Regierung greift nach diesem Strohhalm. In Abstimmung mit dem Oberkommandierenden in Indochina, General Navarre, gelangt man zu dem Schluß, die »Opération Vautour« (wie trefflich: das »Unternehmen Geier«) müsse »sofort und massiv« durchgeführt werden. Der amerikanische Botschafter in Paris, Douglas Dillon, wird nach Mitternacht darum ersucht, seine Regierung über das Anliegen Frankreichs zu informieren, und während noch der Krisenstab seine hektischen nächtlichen Aktivitäten entfaltet, haben Admiral Radford und sein Stab ein Flugzeug auf einem der beiden vor Vietnam kreuzenden, atomar bewaffneten Flugzeugträger bestiegen und kreisen bereits hoch über dem Becken von Dien Bien Phu, um die Lage zu sondieren. Allerdings entscheidet Radford, der schon in Korea und gegen China so gerne atomar zugeschlagen hätte, nicht alleine. Sollte es eine abgehalfterte Kolonialmacht wie Frankreich wirklich wert sein, für sie die Kastanien aus dem Feuer zu holen und innerhalb eines Jahrzehnts sich ein zweites Mal als nuklearer Mordbube der Weltöffentlichkeit zu präsentieren? Und so rudert Außenminister John Foster Dulles zurück und redet sich auf einen angeblich unwilligen Kongreß hinaus, als ob dieser je ein von der US-Regierung geplantes Kriegsverbrechen verhindert hätte: »Es ist nicht daran zu denken, daß die Vereinigten Staaten, die ja nicht unmittelbar in den Kampf verwickelt sind, ohne eine weitere offene Provokation von sich aus einen solchen kriegerischen Akt unternehmen, zu dem in jedem Fall die vorherige Zustimmung des Kongresses notwendig wäre.«[204] Während die Viet Minh-Kämpfer mittlerweile Gaze-Tücher vor Mund und Nase tragen, weil die Franzosen nicht mehr dazu kommen, ihre Gefallenen zu bestatten, drängt der französische Außenminister Georges Bidault, seines Zeichens Mitbegründer der katholischen Republikanischen Volksbewegung, mit aller Schärfe auf den Einsatz der nuklearen Massenvernichtungswaffe. Abermals schien sich das Blatt zu wenden: »die amerikanische Regierung hat einen

SOS-Ruf Frankreichs erhalten und ist nicht mehr unbedingt gegen eine Intervention. Im Gegenteil: sie ist noch nie so nahe an der Entscheidung gewesen, und die A-Bomben sollen am 28. April von den Flugzeugen der Marineluftwaffe abgeworfen werden, wenn Großbritannien sich dem nicht formell widersetzt. Präsident Eisenhower ist dann bereit, die Aktion auszulösen.«[205] Das auf den Philippinen stationierte US-Bomberkommando für den Fernen Osten meldet Einsatzbereitschaft unabhängig von jeder Wetterlage und fordert französische Luftwaffenoffiziere als ortskundige Führer an. Dann trifft das britische Veto ein: Winston Churchill, der noch nie etwas gegen Massenmorde an Kolonialbevölkerungen einzuwenden gehabt hatte, mißgönnt dem alten Erzkonkurrenten Frankreich offenkundig die Vorzugsbehandlung durch die USA.

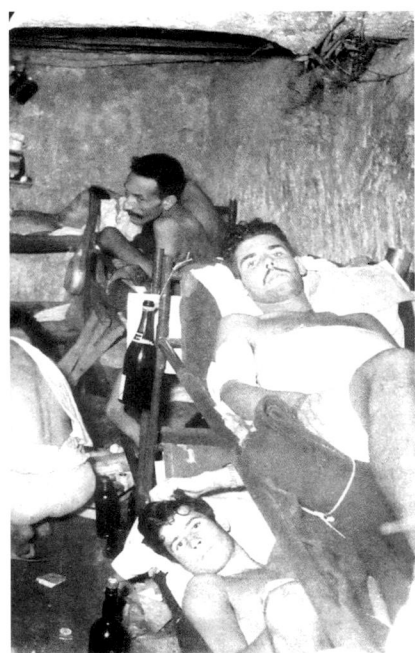

So machen imperialistische Kriege keinen richtigen Spaß mehr: Gefallene und verwundete Söldner bei Dien Bien Phu

Am 7. Mai 1954 fällt die Festung von Dien Bien Phu, nachdem deren Besatzung größtenteils aufgerieben worden war. Unter den 16 200 Gefallenen auf französischer Seite befinden sich mehrere tausend deutsche Landsknechte. Bundeskanzler Konrad Adenauer wußte, wofür sie so jämmerlich im Dschungel umgekommen waren, wo sie doch gedacht hatten, sie hätten mit den Schlitzaugen so herrlich einfaches Spiel, als er am 29. April 1954 vor dem

Bundestag feststellte: »Die Soldaten, die in Indochina Blut und Leben opfern, tun dies nicht bloß für Frankreich allein, sondern im Dienste der Freiheit für die ganze Welt.«[206] Entschuldigend fügen die beiden Buchautoren hinzu: »So dachte man eben damals.« Wirklich nur damals? Dachte »man« nicht auch so während der letzten 20 Jahre angesichts der imperialistischen Verbrechen im Irak, in Jugoslawien, in Afghanistan, in Libyen – »im Dienste der Freiheit für die ganze Welt«?! – Die Franzosen zogen ab, geschlagen und gedemütigt, aber nicht, ohne zuvor die Industrieanlagen gesprengt und die Bergwerke geflutet zu haben: die Visitenkarte einer *Grande Nation*, die völlig auf den Hund gekommen war. Die Vietnamesen gaben ihnen eine gute Frage mit auf den Heimweg: »sie wollten wissen, warum die Erben der Revolution von 1789 sich einer Bewegung entgegengestellt hatten, die von den Ideen dieser Revolution ausgegangen war.«[207] Eine Antwort ist nicht überliefert.

Es kam zu Verhandlungen in Genf, die vom 26. April bis zum 21. Juli stattfanden und an denen neben dem Kriegsverlierer Frankreich und den siegreichen Viet Minh Großbritannien, die Sowjetunion und China teilnahmen. Die Vereinigten Staaten, die bis zum Schluß auf die militärische Karte gesetzt und angesichts der sich abzeichnenden französischen Niederlage erwogen hatten, eigene Truppen zu schicken, hatten lediglich einen Beobachter in Gestalt des

General Giap (2. v. r.) mit Einwohnern von Dien Bien Phu einen Tag nach dem Sieg

Ho Chi Minh nach der Vertreibung der französischen Besatzer

Delegierten B. Smith entsandt. Ein sofortiges militärisches Eingreifen – das war die Herzensangelegenheit der führenden US-Politiker und der Generäle – hätte die Vereinigten Staaten international isoliert, wie Außenminister John F. Dulles während einer Kabinettssitzung in einer Jeremiade darlegte: »Wir sind mit einer bedauerlichen Tatsache konfrontiert: die meisten Länder der Welt sind nicht mit uns der Ansicht, daß die kommunistische Kontrolle irgendeiner Regierung in irgendeinem Teil der Erde an sich schon eine Gefahr und eine Bedrohung darstellt.«[208] Einmal mehr hatte die Weltöffentlichkeit – in Wirklichkeit das relative militärische Gewicht der Sowjetunion und der Volksrepublik China – dafür Sorge getragen, daß ein kleines Land mit einer starken Freiheitsbewegung von einem imperialistischen Überfall verschont wurde und der Wolf Kreide fressen mußte. Der US-Delegierte unterbreitete Frankreich den Vorschlag, es möge ganz Indochina in die Unabhängigkeit entlassen und dann zusammen mit diesem die Vereinigten Staaten und den ANZUS-Pakt um eine militärische Intervention bitten. Dieser geheime Plan flog durch britische Indiskretion auf, die französische Regierung stürzte, und man mußte sich etwas anderes überlegen. Die Viet Minh wiederum waren sich dessen bewußt, daß eine gesamtvietnamesische Unabhängigkeit unweigerlich den US-Imperialismus auf den Plan rufen würde, und sahen sich daher, auch auf Drängen der Sowjetunion und Chinas, zu einem Kompromiß genötigt: Das Land wurde entlang des 17. Breitengrades provisorisch geteilt, wobei ausdrücklich festgehalten wurde, daß diese Trennlinie »in keiner Weise als politische oder territoriale Grenze« anzusehen sei.[209] Die Einrichtung dieser militärischen Demarkationslinie erfolgte allerdings unter einer wesentlichen **Bedingung**: In zwei Jahren – also im Juli 1956 – sollten gesamtvietnamesische Wahlen abgehalten werden. Vorbereitende Gespräche sollten ein Jahr zuvor, im Sommer 1955, stattfinden.

Der amerikanische Delegierte erklärte daraufhin öffentlich, daß seine Regierung nicht bereit sei, »sich einer Erklärung der Konferenz in ihrer vorliegenden Form anzuschließen«, da sie – doch so drückte er sich natürlich nicht aus – keine Option eines militärischen Vorgehens gegen die Viet Minh enthielt. Was die Abhaltung gesamtvietnamesischer Wahlen anbelangte, stellte er feierlich fest:

> Im Zusammenhang mit der in der Abschlußerklärung enthaltenen Erklärung über freie Wahlen in Vietnam wünscht meine Regierung ihren Standpunkt klarzustellen, den sie in einer am 29. Juni 1954 in Washington abgegebenen Erklärung folgendermaßen zum Ausdruck gebracht hat:
> »Im Falle von Nationen, die gegenwärtig gegen ihren Willen geteilt sind, werden wir uns weiterhin bemühen, ihre Einheit durch freie Wahlen unter der Aufsicht der Vereinten Nationen herbeizuführen, um ihre ehrliche Durchführung sicherzustellen.«[210]

Die nächsten zwei Jahre erwiesen indessen die Haltlosigkeit der

☞ **Legende:**   Der »freie Westen« respektiert freie Wahlen auch dann, wenn deren Ergebnisse nicht seinen Wünschen und Vorstellungen entsprechen.

Pustekuchen. Für diesen Fall hat der bürgerliche, imperialistisch gewordene Staat die faschistische Diktatur vorgesehen wie gegen Ende der Weimarer Republik, als die KPD in freien Wahlen ohne 5 %-Klausel für die herrschende Klasse »gefährlich« erstarkte. Finden freie Wahlen mit unerwünschten Ergebnissen hingegen im »Ausland« statt, wird der Hammer der militärischen Aggression geschwungen, mit anschließender Installation eines quasifaschistischen Quislingsregimes. Vietnam mag für diese Einstellung der »freien Welt« zu freien Wahlen als Paradigma dienen. Schon vor den Genfer Verhandlungen hatte US-Außenminister J. F. Dulles einigen seiner Diplomaten mitgeteilt: »Da es ziemlich sicher ist, daß freie Wahlen die Wiedervereinigung Vietnams unter der Führung Ho Chi Minhs herbeiführen würden, ist es besonders wichtig, daß sie so spät wie möglich stattfinden. Wir halten es für besonders notwendig, alles zu tun, um die Festlegung eines Datums für die Wahl zu verhindern.«[211] Dies erklärt die obstruktive Haltung des Delegierten Smith bei den Verhandlungen, der bei der Festlegung von freien Wahlen gleichwohl, wie wir gesehen haben, Kreide fressen mußte. Nun, da der Wahltermin feststand, blieb nur noch der Wortbruch (der kein Vertragsbruch war, weil man einen Vertrag wohlweislich nicht abgeschlossen hatte, hähä). In den Memoiren des US-Präsidenten Eisenhower liest sich dieser Wortbruch wie folgt: »Ich habe niemals mit einer Person, die sich in indochinesischen Angelegenheiten aus-kannte, gesprochen oder korrespondiert, die nicht der Ansicht zugestimmt hätte, daß vielleicht 80 % der Bevölkerung für den Kommunisten Ho Chi Minh und nicht für Staatschef Bao Dai als Führer des Landes gestimmt hätten, wenn zur Zeit der Kämpfe die Wahlen abgehalten worden wären.«[212] Ziehen wir ein häßliches Fazit für einen häßlichen Tatbestand: Der »freie Westen« scheißt auf freie Wahlen, wenn sie ihm nicht in den Kram passen.

So war es nur folgerichtig, wenn die südvietnamesische US-Marionette Ngo Dinh Diem am 16. Juli 1955 ankündigte, er gedenke nicht an den vorbe-reitenden Gesprächen zu gesamtvietnamesischen Wahlen, geschweige denn an deren Durchführung teilzunehmen, und er blieb bei dieser Haltung, auch nachdem ihn Nordvietnam drei Tage später in einer offiziellen Note aufge-fordert hatte, die Gespräche nicht zu torpedieren. Statt dessen versprach der US-Quisling separate »Wahlen«. Aber was für »Wahlen«!

> Im Juli [1955] kündigte die südvietnamesische Regierung für den 23. Oktober eine Volksabstimmung an, die entscheiden sollte, ob Südvietnam eine Mon-archie bleiben oder eine Republik werden sollte. Die Abstimmung erbrachte 98,2 % für die Republik, i. e. für Ngo Dinh Diem. In fast allen Wahlbezirken wurden mehr »Ja«-Stimmen gezählt als registrierte Wähler vorhanden wa-ren, und selbst Gebiete, in denen die Regierung keinerlei Kontrolle ausübte, meldeten hohe Wahlbeteiligungen. Das amerikanische Magazin *Life* schrieb am 13. Mai 1957 zu der Abstimmung, amerikanische Berater hätten Ngo Dinh Diem geraten, sich mit 60 % der Stimmen zufriedenzugeben, da dies besser aussehe, »aber Diem bestand auf 98 %.«[213]

Fürwahr: das sind »Wahlen« nach dem Geschmack der »freien Welt«! Aber was machte diese Witzfigur, diesen südvietnamesischen Adenauer so dreist?

Nun, es war mit Südvietnam dasselbe wie in Westdeutschland: Während die BRD in die NATO eingetreten wurde, übernahm die US-Regierung am 12. Februar 1955 die Verantwortung für das südvietnamesische Militär und entsandte Militärberater, die binnen weniger Jahre auf eine vierstellige Zahl anwuchsen. Aber Ngo Dinh Diem war als Quisling nicht nur eine Schießbudenfigur, er hatte auch etwas von einem Torquemada und Idi Amin an sich. Bleiben wir daher noch ein wenig bei seiner Person und dem Regime, dem er ein paar Jahre vorstehen durfte – bis ihn die US-Regierung, die ihn eingesetzt hatte, umbringen ließ. Ein US-loyaler Berichterstatter, der den Begriff *embedded journalist* noch nicht kennen konnte, aber *avant la lettre* als solcher fungierte, schrieb über den südvietnamesischen »Präsidenten«:

> Als junger Mann war Diem überall bekannt als Nationalist und Antikommunist […] In seiner Jugend hatte er das Keuschheitsgelübde abgelegt, und als Erwachsener führte er ein fast mönchisches Dasein, sowohl in Vietnam wie später im Exil, wo er während des Indochina-Krieges die meisten Jahre lebte. In den letzten beiden Jahren wohnte er im Priesterseminar Maryknoll in Ossining im Staate New York, wo er mit vielen Amerikanern – Kardinal Spellman, Senator John F. Kennedy und Senator Mansfield – zusammenkam. Er galt als sehr tapfer, persönlich integer und starrköpfig und liebte priesterliche Abgeschlossenheit. [214]

Was neben dem Katholizismus seinen Antikommunismus zusätzlich befeuerte, war der Umstand, daß die Viet Minh bei Kämpfen um die alte Kaiserstadt Hue seinen Bruder Ngo Dinh Kai getötet hatten. Andere Autoren nennen andere biographische Details, doch stimmen sie darin überein, daß Diem schnell das Vertrauen des US-amerikanischen Klerus gewonnen hatte – dazu paßt, daß eine wesentliche Verschärfung des Vietnamkonfliktes in die Präsidentschaft des Katholiken John F. Kennedy fällt –, dann jedoch nach Belgien gegangen sei, »wo er ebenfalls Kontakte mit dem katholischen Klerus aufnahm«, und bei seiner »Berufung« zum Präsidenten weilte er in Paris. [215] Diems Regierungsstil läßt sich trefflich mit dem Terminus »Nepotismus« umschreiben, denn er hievte seine Brüder in die Schlüsselpositionen des neuen Staates: »Chef der Geheimpolizei und Vorsitzender der Revolutionären personalistischen Arbeiterpartei [klingt wie NSDAP; P.P.] war Ngo Dinh Nhu, Zentralvietnam wurde von Ngo Dinh Can beherrscht, und Ngo Dinh Thuc (Erzbischof in Hue) verwaltete das Vermögen sowohl der Familie als auch der Kirche. Ein weiterer Bruder Ngo Dinh Diems, Ngo Dinh Luyen, wurde als Botschafter nach Großbritannien und anderen westeuropäischen Ländern geschickt.«[216] Diese Regierungsmannschaft erhielt durch die Gattin des Geheimdienstchefs, Madame Nhu, eine gewisse exotische Note. Dieses *Duo infernal* hatte es durchaus in sich:

> Ngo Dinh Nhu kontrollierte den gesamten Apparat der Geheimpolizei; auf ihn konzentrierte sich der Haß gegen sein Regime, unter dem mitternächtliche Verhaftungen immer häufiger wurden, das politische Opposition für ungesetzlich erklärte und jeden Widerspruch im Keim erstickte. Madame Nhu war eitel und arrogant; sie verbot zunächst die Ehescheidung und dann das Tanzen und mischte sich mit scharfen und hochfahrenden Worten in die Politik der Männer ein.

Es waren eben die 50er Jahre, die noch keine Margaret Thatcher oder Angela Merkel, keine Condoleezza Rice oder Hillary Clinton kannten. Wenn diese Damenriege etwas bewiesen hat, dann jenes, daß Verelendung und Kriegsverbrechen nicht besser werden, wenn sie von biederen oder verbissenen Gendertanten betrieben werden. Madame Nhu hingegen brillierte im Exzentrischen: Als sie im Jahre 1963 in einem von Kommunisten beherrschten Bezirk das sensationelle »Wahl«ergebnis von 99,4 % einfuhr, meinte sie in aller Bescheidenheit: »Ich werde allmählich beliebt – das ist schön, denn ich unterhalte gar keine Public Relations.«[217]

Zuvor wurden die vom Imperialismus installierten Quislingsregime als »quasifaschistisch« beschrieben, und dies kann nun im Falle Südvietnams präzisiert werden: hier herrschte ein Klerikalfaschismus katholischer Prägung, der mit Ausnahme seines Stellvertretercharakters für eine ausländische Macht identisch mit Mussolinis Italien oder Francos Spanien war. In einem als grotesk zu nennenden Treppenwitz der Geschichte umschrieb Ngo Dinh Diem die Grundzüge seiner Politik mit den Worten *Nhan Vi*, »Kult der Menschenwürde«, und charakterisierte seine Staatsraison als »Zerstörung der Triebkräfte der Demoralisierung«.[218] Dies möge Grund genug sein, diesen Saubermann und seine Sippschaft samt seinen Hintermännern noch etwas näher unter die Lupe zu nehmen.

Wenn man »Faschismus«, hierin dem Politologen Kühnl folgend[219], definiert als »bürgerliches System ohne bürgerliche Rechte« (mit Ausnahme des Rechts auf Besitz von Produktionsmitteln), so erfüllt Diems Regime dieses Kriterium zur Gänze: Bereits 1955 wurden mehrere oppositionelle Zeitungen verboten und mißliebige Journalisten verhaftet; ein Jahr später sah die »Verordnung 13« fünf Jahre Gefängnis vor für Personen, die »in irgendeiner Form Nachrichten oder Kommentare verbreiten, veröffentlichen oder wiederholen, die kommunistische oder antinationale Aktivitäten begünstigen«.[220] Dieses Verbot wurde in kurzer Zeit auch auf die loyale *Times of Vietnam* und andere Blätter mit bürgerlich-liberaler Ausrichtung ausgedehnt. Eine weitere Verordnung sah vor, daß »Personen, die als gefährlich für die Landesverteidigung oder für die öffentliche Ordnung angesehen werden, auf Vorschlag des Innenministers durch Erlaß des Präsidenten in Haft genommen, bestimmter Landesteile oder aus ihrem Wohnort verwiesen, an einem Zwangsaufenthaltsort angesiedelt oder unter Verwaltungsaufsicht gestellt werden«; diese »Verdächtigen« hatten also keinerlei Anspruch auf rechtlichen Beistand und ein öffentliches Gerichtsverfahren. Artikel 98 räumte nach Art des »Ermächtigungsgesetzes« der deutschen Faschisten dem Präsidenten die Befugnis ein, die freie Wahl des Wohnsitzes sowie die Rede-, Presse- und Versammlungsfreiheit aufzuheben. Für die klerikale Stinkenote der südvietnamesischen Variante des Faschismus sorgte beispielsweise ein Gesetz, das die Ehescheidung von der Zustimmung eines katholischen Superintendenten – bei eindeutiger buddhistischer Bevölkerungsmehrheit! – abhängig machte. Ein »Gesetz zum Schutz der Moral« verbot 1962 die Prostitution, öffentliche und private Tanzveranstaltungen, Boxkämpfe, Spiritismus und Okkultismus. Das Prostitutionsverbot hinderte freilich nicht daran, daß sich Saigon und andere südvietnamesische Großstädte rasch in riesige Bordelle für die ausländischen Soldaten verwandelten. Eine gründliche Studie berichtet über die bevorzugten Vergnügungen der amerikanischen GIs:

> Am beliebtesten aber waren die Bordelle, Bars, Nachtclubs oder die eingezäunten, von Militärpolizei bewachten »Sexlager« wie »Sin City« in An Khe, die teils privat, teils unter Aufsicht amerikanischer Medizinalabteilungen, teils von der südvietnamesischen Mafia in der Nähe von Militärstützpunkten betrieben wurden – Orte, an denen die Grenzen zwischen Prostitution und Sexsklaverei ebenso fließend waren wie in Thailand, Indonesien, Singapur, Taiwan, Hongkong oder Japan. Dorthin wurden monatlich 32 000 Soldaten auf Kosten der Armee für mehrere Tage ausgeflogen – zur Steigerung der Kampfmoral, wie es hieß.[221]

Zwangsmonogamie, Ehe- und öffentliche Prostitution, Sexualrepression und -verekelung stellten das Gütesiegel des Diem-Regimes wie der nachfolgenden Militärdiktaturen dar und schufen eine Atmosphäre allgemeiner Erniedrigung, Angst und einen erstickenden Mief wie im zeitgleichen Adenauer-Deutschland. Hier gab es das Abtreibungsverbot aus Hitlers Zeiten, dort standen auf »Empfängnisverhütung im Wiederholungsfalle« fünf Jahre Haft! 1963 folgte ein

Verbot von Liebesliedern; »romantische Lieder wurden später wieder erlaubt, sofern man die Liebeslyrik durch antikommunistische Slogans ersetzte.«[222] Für die Einhaltung dieser Bestimmungen sorgten 13 verschiedene Geheimpolizeiorganisationen; ob eine von ihnen den perversen Namen »Verfassungsschutz« trug, ist mir nicht bekannt, aber so etwas soll es tatsächlich geben.

Mit »Antikommunismus« ist ein weiteres Stichwort und Wesensmerkmal des Faschismus gegeben: der Haßschwerpunkt gegen »links«, seit der Französischen Revolution von 1789 die Bezeichnung für fortschrittliche politische Inhalte und Organisationen (der bürgerliche »Dritte Stand« saß im Parlament auf der linken, d. h. »schlechten« Seite vom König; vgl. lat. *sinister*). Willkürliche Verhaftungen von Personen, die im Verdacht standen, Vietkong zu sein, Polizeirazzien in Stadtgebieten und Wohnungen sowie militärische Überfälle auf Dörfer, die im Verdacht standen, mit den Viet Minh zu sympathisieren, waren an der Tagesordnung. Indessen weist der südvietnamesische Faschismus eine Besonderheit auf, die in die französische Besatzungszeit zurückreicht: nicht nur tatsächliche oder vermeintliche Kommunisten wurden in Konzentrationslager gesteckt, gefoltert und umgebracht – dazu gleich mehr –, sondern das ganze Land wurde in ein Konzentrationslager verwandelt, um die Bevölkerung an der Kontaktaufnahme zu den Viet Minh zu hindern. Dem Leser mag weiter oben das präsidiale Sonder»recht« aufgefallen sein, »Zwangsaufenthaltsorte« zuzuweisen. Damit war die in flächendeckendem Maßstab durchgeführte Zwangsumsiedlung in stacheldrahtbewehrte, unter militärischer Bewachung stehende Dörfer gemeint, welche die Franzosen *agrovilles*, die Amerikaner *strategic hamlets*, also »strategische Weiler« oder »Wehrdörfer« nannten. Eine Vorstellung von der Dimension und Methodik dieser Maßnahmen, die unter der Bezeichnung »Operation Sonnenaufgang« zusammengefaßt wurden (das Diem-Regime liebte blumige, hoffnungsschwangere Euphemismen) –, vermittelt das folgende Zitat:

> Insgesamt waren 10 950 strategische Dörfer sowie weitere Agrostädte geplant, in denen bis Ende 1962 10 Millionen Südvietnamesen zusammengefaßt werden sollten. [...] Die Bauern wurden gezwungen, ihre Dörfer zu verlassen; um ihre Rückkehr zu verhindern, wurden ihre alten Häuser niedergebrannt. Am Tag wurden sie unter Bewachung auf die Felder geführt; so sollte verhindert werden, daß sie mit den Partisanen Kontakt aufnahmen.[223]

Es bedarf keiner blühenden Phantasie, um sich vorzustellen, daß diese Terrorakte und Schikanen die Loyalität der Bevölkerung zum Diem-Regime nicht eben steigerten. Und so mußte denn auch der Journalist Halberstam, der die

Zwangsumsiedlungen vornehm als ein »riskantes und kompliziertes Projekt« umschrieb, wenig Erbauliches berichten:

> Im großen und ganzen hatte sich die Bevölkerung des [Mekong-] Deltas neu-
> tral und abwartend verhalten; aber gerade durch die Umsiedlungen wandten
> sich Tausende gegen die Regierung. [...] In den Dörfern selbst – die sich gegen
> Angriffe ohnehin nicht verteidigen konnten – waren die hin- und hergescho-
> benen Menschen entweder apathisch oder voller Zorn über die gebrochenen
> Versprechen hinsichtlich medizinischer und erzieherischer Versorgung. Ein
> höherer Zivilbeamter im Delta sagte mir: »Manchmal fand man von der Re-
> gierung in den Dörfern nicht mehr als die Cong An – die von Nhu bestellten
> Polizeibeamten – vor, meist schlecht ausgebildete Männer, grob und unwis-
> send, die die Dorfbewohner belogen. Kein Wunder, daß die Einwohner die
> Vietkong, als sie ihre Überfälle begannen, wie Robin Hood aufnahmen.«[224]

So mußten die Gebrüder Diem und Nhu, als sie die Bevölkerung unter Ge-
neralverdacht stellten und als potentiellen Feind behandelten, mit bassem Erstaunen feststellen, daß sie sich unter diesen Bedingungen tatsächlich feindse-
lig verhalten und zum militärischen Gegner überlaufen konnte, zumal dessen
diametral entgegengesetztes Programm mit etlichen Vorzügen aufwartete. Die
beiden Brüder kannten darauf nur eine Antwort: die Steigerung des Terrors.

Den Faschismus eint mit seinem historischen Vorbild, dem Mittelalter, die
Bespeiung der Menschenwürde durch die Mißachtung der körperlichen Unversehrtheit mittels der Folter, also der Willensbrechung durch das Zufügen
unerträglicher physischer Qualen. Diesbezüglich war der Erfindungsreichtum
des Mittelalters geradezu unerschöpflich, und von den Handbüchern der In-
quisitoren führt eine gerade Linie zu den Konzentrationslagern der Faschisten.
Allerdings hatte es eine entscheidende Zäsur gegeben – aus der mittelalterlichen
Habeas-Corpus-Akte, ursprünglich eine Verhaftungsanweisung für englische
Sheriffs, war in der frühen Neuzeit eine Schutzbestimmung gegen willkürliche Verhaftung und Mißhandlung geworden, und dieser Wandel spiegelt den
Aufstieg des Stadtbürgertums wider, der in der Erklärung der authentischen
Menschen- und Bürgerrechte des Jahres 1789 kulminierte. Goebbels hatte also
recht, als er sagte, mit der faschistischen Machtergreifung sei die Französische
Revolution obsolet geworden. Nun – die südvietnamesischen Faschisten und
ihre amerikanischen Gönner scherten sich nicht groß um historische Zusam-
menhänge; sie hatten eher einen Hang zum Praktischen. Das Handbuch der
Green Berets, das in Südvietnam zur Anwendung kam, enthält Anweisungen zu
Verhörmethoden wie dem *Airplane Ride*, dem Aufhängen des Delinquenten an

den Daumen, der Kalt-und-Heiß-Wasserbehandlung sowie dem Zerquetschen der Hoden in einem Juwelierschraubstock. Entsprechend waren die Methoden der amerikanischen Ausbilder und Berater beschaffen: Die Probanden wurden

> Schlägen, erschütternden Judostößen, »Tigerkäfigen« ausgesetzt – sie mußten 22 lange Stunden vermummt in einer Kiste von einem halben Kubikmeter mit einer Kaffeekanne für ihre Exkremente verbringen – und einem Folterapparat, der »Wasserbrett« genannt wurde, unterworfen. Bei letzterem wurde die Versuchsperson mit dem Kopf nach unten auf einem geneigten Brett festgeschnallt, ein Handtuch wurde über ihr Gesicht gelegt, und dann wurde kaltes Wasser über das Handtuch gegossen. Die Person sollte das Gefühl haben, zu ertrinken, und dabei Erstickungsanfälle bekommen, würgen und Wasser schlucken, gerade so wie es mit den Vietcong-Gefangenen in den Tigerkäfigen in Vietnam gemacht wurde.[225]

Diese Erstickungsfolter wandten amerikanische Soldaten erstmals zu Beginn des 20. Jahrhunderts gegen philippinische Freiheitskämpfer an; zuletzt fiel ihr der angebliche Anführer des WTC-Attentats zum Opfer, dessen Gehirn durch exzessive Wiederholung der Folter zu großen Teilen zerstört wurde und ihn zum Volldebilen machte (er kann nicht einmal mehr seinen Namen sagen). – Aber was hat es mit den Tigerkäfigen auf sich?

Es handelt sich um eine spezifisch französische Erfindung, den Lesern vielleicht aus Henri Charrières Roman ›Papillon‹ oder dessen großartiger Verfilmung mit Steve MacQueen und Dustin Hoffmann bekannt, 1940 in Vietnam eingeführt und von den amerikanischen Besatzern mit Begeisterung übernommen: paarweise angeordnete, an den Decken offene Zellen, die von Wächtern über einen langen Mittelgang von oben eingesehen werden konnten. Am berüchtigtsten waren die Tigerkäfige auf der Insel Poulo Condor (vom malaiischen *Pulau Kundur*, »Insel der Kürbisse«, viet. Con Dao), auf der über 20 000 politische Häftlinge interniert und langsam zu Tode gemartert wurden. Die amerikanischen Besatzer perfektionierten das KZ insofern, als sie einen Gefängnistrakt rund um die Käfige hochzogen, so daß diese für Abgesandte humanitärer Organisationen unsichtbar blieben. »… nach 1940 saß hier fast die gesamte Führung des antikolonialen Widerstands ein, Nationalisten wie Kaisertreue, Kommunisten wie Trotzkisten oder progressive Bürgerliche, mißliebige Buddhisten, Journalisten, Studenten und Gewerkschaftsführer.« Die politische Heterogenität der KZ-Insassen mutet wie das Negativ der von Ho Chi Minh durchgesetzten Politik der Einheitsfront an; anders ist der Faschismus – oder ihm vergleichbare neototalitäre Gebilde der Gegenwart – nicht zu schlagen. »Die grauenvollen

Zustände auf der KZ-ähnlichen [ähnlichen?] Gefängnisinsel sorgten selbst in Frankreich mehrfach für Skandale; Mißhandlungen, Folterungen und ominöse Todesfälle waren an der Tagesordnung.«[226]

Le Quang Vinh, ein junger Mathematiklehrer und Vorsitzender des (in Südvietnam illegalen) Bundes der Schüler und Studenten zur Befreiung Südvietnams, zählte zu den wenigen Insassen dieses Konzentrationslagers, die die Torturen überlebten. Er war am 20. August 1961 unter dem Verdacht, an einem gescheiterten Attentatsversuch auf den US-Botschafter Nolting teilgenommen zu haben – was nachweislich nicht stimmte –, festgenommen und zum Tode verurteilt worden. Der Vollzug der Hinrichtung wurde jedoch aufgrund einer internationalen Protestkampagne, vor allem aus den Ländern des Ostblocks, ausgesetzt. Gegenüber einem Kamerateam aus der DDR schilderte Le Quang Vinh sein Martyrium in den Tigerkäfigen:

[…] so im Käfig Eingesperrten war nichts gestattet. Der Häftling durfte nicht mal sich aufsetzen. Miteinander sprechen war auch verboten. […] wer sich aus irgendeinem Grund nur mal so aufgerichtet hat, da haben sie dann durch das Gitter von oben mit einer Bambusstange auf ihn eingeprügelt. Man kann so einem das Rückgrat brechen. Wenn einer laut sprach oder schrie, streuten sie sofort durch den Gitterrost von oben herab Kalk, der zu dem Zweck oben am Rand unseres Käfigs in Säcken immer bereitstand. Atmete man den Staub ein, führte es oft dazu, daß man Blut spuckte. Wenn sie dich zum zweiten Mal wieder erwischten beim Übertreten ihrer Verbote, dann legten sie jemand auf dich drauf. Sie nannten diese schlimme Tortur »Gefangene aufeinanderschichten, sie stapeln«. Das bedeutet, daß sie auf eine Fläche, die sonst kaum für vier ausreichte, bis zu acht Gefangene pferchten, so daß vier jeweils auf vier anderen Gefangenen liegen mußten. Das hielt man nicht lange aus, oder man wäre erstickt. Darum wurde nach einer Zeit – zehn, fünfzehn Minuten – von unten nach oben gewechselt. Und so immer weiter. Denn diese furchtbare Methode des Übereinanderstapelns konnte bei dem, der unten liegt, sehr schnell und leicht zum Tod führen. […] Außerdem gab's sehr oft, in gewissen Abständen, jahraus, jahrein, diese Erpressungs- und Unterdrückungskampagnen, um die Gefangenen weichzumachen, sie dahin zu bringen, ihre Fahne zu grüßen und ihre Parolen zu rufen. Während dieser Kampagnen schütteten sie kübelweise kaltes Wasser in den Käfig auf uns. Und das wiederholte sich. Jede Stunde floß Wasser auf die da am Boden des Käfigs liegenden Gefangenen, die dann völlig durchnäßt dalagen. Und dazu wählten sie vor allem kalte Tage aus, um die Gefangenen mit Wasser zu übergießen. War es besonders kalt, begannen einem die Glieder, der gesamte Körper zu erstarren, und so mancher konnte sich nicht mehr bewegen, lag schon da im Todeskampf … [227]

Le Quang Vinh überlebte nahezu unglaublich scheinende vierzehn Jahre Folter – länger als die Gesamtdauer des Naziregimes – in den Tigerkäfigen; sein Leidensgenosse Bui Hoa überstand gar zwanzig Jahre Tortur.

Einer der wenigen Überlebenden dieses Konzentrationslagers, der kommunistische Aktivist Nguyen Duc Thuan, hat einen denkwürdigen Bericht über seine Erlebnisse in den Tigerkäfigen mit einem zunächst seltsam anmutenden Titel hinterlassen: »Poulo Condor oder Der Sinn des Lebens«. Die verschlungenen Pfade, auf denen der Text nach Westdeutschland gelangte, sind so aufschlußreich wie dessen Inhalt. Die DDR, die Zehntausenden politisch verfolgter und durch das Terrorbombardement verletzter Vietnamesen Asyl gewährt

Le Quang Vinh vor den Tigerkäfigen

hatte – wer war gleich noch einmal der bessere deutsche Teilstaat? – und überdies ihre Berichterstatter in das kriegsverheerte Land entsandt hatte, gelangte in den Besitz dieses Textes und ließ ihn in einer Rundfunksendung verlesen. Mitglieder der linksterroristischen RAF, deren Gefangene in der BRD u. a. der Isolationsfolter (»sensorische Deprivation«) ausgesetzt waren, nahmen diese Sendung auf, tippten den Mitschnitt ab und vervielfältigten ihn. In dieser Form fand er Aufnahme in ein kurzfristig ebenfalls von Verbot bedrohtes Buch.[228] Wäre der »Ostblock« früher untergegangen, hätte diesen Text – wie unzählige andere – dasselbe Schicksal ereilt; es ist äußerst unwahrscheinlich, daß er je über die vietnamesischen Landesgrenzen hinausgelangt wäre, während er so wenigstens bis zum heutigen Tag eine – wenn auch äußerst bedrohte, weil vom Vergessen angetagte – Marginalexistenz in Mitteleuropa fristet. Zu den »Tigerkäfigen« heißt es dort:

> In den Käfigen war es am schlimmsten durchzuhalten. Dort litt nicht nur der Körper, dort litt vor allem auch die Seele, dort zerstörten sie die Moral. Alle anderen Zellen standen – so furchtbar es sein mochte – hinter den Tiger-

käfigen weit zurück. Dort gehörte, war einmal die Tür verschlossen, die letzte Zuflucht dem Gefangenen. Sie war sein letzter Winkel Erde, sehr klein und finster, zugegeben, aber eben ein Winkel für ihn allein. Die Tigerkäfige aber ließen ihm überhaupt keine Freiheit mehr. Tag und Nacht lebte er unter den Augen des Feindes, der ständig über ihm patrouilliert, ihn durch die Gitterstäbe beobachtet, unter dessen Blicken er seine intimsten Dinge verrichtete. Ständig rufen sie ihm zu: He, du da unten, was treibst du? – He, warum hast du dich schlafen gelegt? – He, warum sitzt du? – He, Kerl, was gibt es zu grinsen?

Mehrmals wird Nguyen Duc Thuan zusammen mit anderen Leidensgenossen zu Scheinhinrichtungen geführt. Die Delinquenten wurden in ein Boot gesteckt und unter bewaffneter Eskorte aufs Meer hinausgerudert. Dort eröffnete man ihnen, sie würden in die bereitliegenden Säcke gesteckt und ertränkt, wenn sie nicht dem Kommunismus abschwüren. Zehn Minuten hätten sie Bedenkzeit, bevor sie im Weigerungsfalle ersäuft würden. Nguyen weiter:

> Wir hatten nichts abzuschwören. Wir lehnten die 10 Minuten ab. Die Agenten schüttelten den Kopf. Dann gaben sie den Soldaten ein Zeichen. Wir fuhren zur Insel zurück. – Wir wurden immer weniger in den Käfigen. Die Krankheiten rafften viele weg. Und was die Krankheiten nicht schafften, brachten die Folterungen bei den physisch Schwächeren. Wir erwarteten alle den Tod, in jedem Augenblick. Wir warteten darauf, daß sich die Tür öffnete, ein Kopf erschien und eine Stimme »raus!« rief. Wir wußten, daß wir sterben mußten. Aber nicht wann und wie. Wie oft habe ich in den vielen Jahren, die ich in dieser Hölle verbrachte, versucht mir vorzustellen, wie unsere Genossen den Tod gefunden hatten. […] Die Tage vergingen. Nichts passierte. Warum, warum um alles in der Welt machen sie nicht Schluß, fragte ich mich …

Und dann hält der Lagerkommandant eine seiner Ansprachen, wie sie auch aus Auschwitz, Majdanek oder Treblinka überliefert sein könnte:

> Wißt ihr, was man mit Flöhen macht, die einem zu lange zusetzen? Man nimmt sie zwischen die Finger und knackt sie. Was glaubt ihr eigentlich wo ihr seid? Auf dem Schlachtfeld des Klassenkampfes? Nun, auf dem Schlachtfeld ganz sicher, das Versprechen gebe ich euch. Aber auf diesem Feld wird nicht gekämpft, hier knackt man lästige Flöhe. Das ist meine letzte Warnung an euch, damit wir uns verstehen. Ich habe euch satt. Ihr belästigt mich schon zu lange. Wie gesagt, ihr wißt, was man mit Flöhen macht.

Wie lange kann man einem solchen ungeheuren psychischen und physischen Druck standhalten, ohne zu zerbrechen? Wie lange kann man der Folter widerstehen? Ist es unter solchen Bedingungen überhaupt möglich, nicht abzuschwören? Handelt es sich dabei nicht nur um Worte, die bedeutungslos werden, wenn man wieder draußen ist? Indem die Gefangenen diese Fragen untereinander erörtern, gelingt es den Stärksten unter ihnen, nicht zusammenzubrechen. Nein, eine Abschwörung besteht nicht aus bloßen Worten, sie ist mehr als nur vergängliche Schallwellen: Sie gibt dem Gewalttäter recht, das Opfer übernimmt die Sichtweise seines Peinigers, sein Wille ist gebrochen, und dies würde die draußen Kämpfenden demoralisieren. Sich dieser Deformation seiner Person erfolgreich erwehrt

Alltag im Konzentrationslager Poulo Condor

zu haben, darin besteht für den KZ-Insassen Nguyen der »Sinn des Lebens«, und das ist nicht mehr rätselhaft und schon gar nicht philosophisch. – Nach der Befreiung des Landes war Nguyen Duc Thuan stellvertretender Vorsitzender der Gewerkschaftsvereinigung von Nordvietnam.

Es wäre indessen verfehlt, davon auszugehen, daß »nur« politische Oppositionelle solch barbarischen Torturen unterzogen worden wären. Nein – ganz Südvietnam war ein Arbeits- und Konzentrationslager, und eine solche Behandlung wurde jedem zuteil, der das Pech hatte, als »Verdächtiger« in die Fänge der US-Besatzer und ihrer Schergen zu geraten. Nur ein Bruchteil dieser Verbrechen wurde dokumentiert, und von diesem Bruchteil sollen lediglich zwei, drei Beispiele herausgegriffen werden. So sagte der ehemalige Offizier des militärischen Geheimdienstes K. Barton Osborn vor einem Ausschuß des Repräsentantenhauses aus, daß Verdächtige »in Hubschraubern verhört und manchmal hinausgeworfen wurden. Er berichtete auch von Elektroschockfolter und der Einführung eines 15 cm langen Holzstabes ins Ohr, der dann bis ins Gehirn durchgestoßen wurde, bis das Opfer starb.«[229] Eine weitere beliebte

Verhörmethode bestand darin, den Delinquenten Bambussplitter oder Streichhölzer unter die Fingernägel zu treiben und dann ein brennendes Feuerzeug dranzuhalten. Auf einem Militärcamp herrschten folgende Zustände:

> Auf dem Gelände der »Landing Zone English« in der Provinz Dinh Binh wurden Männer wie Frauen anderthalb Jahre lang – von März 1968 bis Oktober 1969 – regelmäßig von südvietnamesischen und amerikanischen Verhörspezialisten gequält. Die Folterer traten zu und schlugen mit Stöcken, sie urinierten auf die Körper ihrer Opfer, stülpten ihnen Kapuzen über und begossen das Tuch so lange, bis die Betreffenden zu ersticken drohten, sie banden Verdächtige auf Metallstühle, befestigten anschließend Elektrokabel an Fingern, Ohrläppchen oder Genitalien und jagten mit Hilfe eigens präparierter Feldtelefone Stromstöße durch die Körper. Auf US-Seite waren mindestens 23 Militärpolizisten der 173. Airborne Brigade beteiligt, die gewalttätigen Verhöre wurden von GIs wiederholt besucht und als »Unterhaltungsprogramm« weiterempfohlen.[230]

In bekifftem Zustand war der Spaßfaktor natürlich noch wesentlich größer. – Oberst George S. Patton III., der Sohn des bereits erwähnten, berühmt-berüchtigten Weltkrieg 2-Generals, verschickte zu Weihnachten 1968 Grußkarten mit Farbfotos verstümmelter, übereinandergestapelter Vietnamesen und der frohen Botschaft: »Von Colonel und Frau George S. Patton III. – Frieden auf Erden.«[231] Einen solchen Frieden hatten die Nazis im Warschauer Ghetto auch herbeigeführt, und würde man die Feldpost von Wehrmachtsoffizieren durchforsten, so würde man mit Sicherheit auf weitere solche Herrenrassenwitze stoßen. Wie man sieht, führen Bush der Böse und Obama der Gute mit Abu Ghraib und Guantánamo lediglich eine altehrwürdige US-amerikanische Tradition fort.

Damit genug. Resümiert man die Wesensmerkmale der amerikanisch-südvietnamesischen Politik – Beseitigung der bürgerlich-demokratischen Rechte, militanter Antikommunismus, rigide Sexualrepression und Folter –, so ist nicht nur die Strukturidentität mit den klassischen Faschismen evident, sondern man könnte den US-Kardinal Francis Joseph Spellman geradezu als ideellen Gesamt-Klerikalfaschisten ansprechen, wenn er gegen den Genfer Waffenstillstand des Jahres 1954 mit den sicher vom Hl. Geist eingegebenen Worten wetterte, dies sei »der Zapfenstreich für die begrabenen Hoffnungen der Freiheit in Südostasien! Der Zapfenstreich für die gerade verratenen Millionen von Indochinesen, die nun die grausamen Tatsachen der Sklaverei von ihren gierigen kommunistischen Herrschern kennenlernen müssen! Nun haben die teuflischen Techniken der Gehirnwäsche, der erzwungenen Zustimmung und der Schauprozesse ein neues Übungsfeld gefunden.«[232] Nach einem solchen geistlichen Hirten oder besser Reißwolf hätte sich auch ein Hitler die Finger geleckt, aber die deutschen, italienischen und spanischen Bischöfe ließen sich in dieser Hinsicht ebenfalls nicht lumpen.[233]

Nutzen wir das vietnamesische Schicksalsjahr 1954 zu einer weiteren Abschweifung: den engen Wechselbezügen zwischen dem algerischen und dem vietnamesischen Befreiungskampf. Im selben Jahr 1954 hatte die algerische Nationale Befreiungsfont (*Front National de Libération*, FNL), beflügelt und ermutigt durch den Sieg der Truppen Ho Chi Minhs und Giaps, den bewaffneten Kampf gegen die französischen Besatzer eröffnet. In dem Maße nun, wie das Diem-Regime die Repression verschärfte und die Jagd auf Kommunisten – oder was es dafür hielt – eröffnete, war es für die Viet Minh des Südens eine Frage des schieren Überlebens, sich zu bewaffnen und zur Wehr zu setzen, obgleich der siegreiche Norden angesichts der interventionsbereiten US-Truppen zur Mäßigung und Zurückhaltung riet. Wie aber soll man sich mäßigen und zurückhalten, wenn man überfallen, verschleppt und massakriert wird? »Die Regierung von Saigon versuchte mit allen Mitteln Kommunisten im Süden umzubringen. Zwischen 1955 und 1958 wurden 68 000 Kommunisten ermordet. In der Ebene des Mekong-Deltas überlebten nur 5000 von 60 000 Kommunisten. Insgesamt bezahlten 90 % der Kommunisten eine falsche Kampfstrategie mit ihrem Leben.«[234] Binnen weniger Jahre war der Punkt erreicht, an dem es den Südvietnamesen gleichgültig sein konnte, ob sie von den Schergen Diems oder von amerikanischen Soldaten umgebracht wurden. Parallel zur zivilen Selbstverwaltung in den befreiten Gebieten entwickelten sich zunehmend militärische Strukturen, die schließlich, nach algerischem Vorbild, am 20. Dezember 1960 in die Gründung der südvietnamesischen Nationalen Befreiungsfront (ebenfalls FNL) mündete. Aus ihrem Programm seien einige markante Punkte hervorgehoben:

I. Sturz des verschleierten Kolonialregimes der amerikanischen Imperialisten und der diktatorischen Verwaltung Ngo Dinh Diems und Bildung einer nationalen demokratischen Koalitionsregierung. [...]

II. Herstellung einer breiten und fortschrittlichen Demokratie. [...]

III. Aufbau einer unabhängigen und souveränen Wirtschaft und Verbesserung der Lebensbedingungen des Volkes. [...]

    9. Streng verboten werden müssen Zwangsumsiedlungen, Brandschatzen, Usurpation von Land und die zwangsweise Konzentration von Bevölkerung. [...]

V. Entwicklung einer nationalen und demokratischen Erziehung und Kultur.
   5. Der versklavende Kriminalstil amerikanischer Kultur und Erziehung muß eliminiert werden; aufzubauen ist eine nationale und fortschrittliche Kultur und Erziehung, die dem Vaterland und dem Volk dient.
   6. Der Analphabetismus muß beseitigt werden. […]

VI. Aufbau einer Armee zur Verteidigung des Vaterlandes und des Volkes.
   6. […] Das System der amerikanischen Militärberater ist aufzuheben. […]
   4. Sämtliche ausländischen Militärstützpunkte in Südvietnam müssen abgeschafft werden.

VII. Garantierung der gleichen Rechte zwischen den Nationalitäten und zwischen Mann und Frau […]

X. Widerstand gegen den Angriffskrieg; die aktive Verteidigung des Weltfriedens.
   10. Dem Angriffskrieg und allen Formen der Unterjochung durch die Imperialisten muß Widerstand geleistet werden. Die nationalen Befreiungskämpfe der verschiedenen Völker müssen unterstützt werden.
   11. Der Kriegspropaganda muß widerstanden werden. Zu fordern sind: allgemeine Abrüstung, Verbot nuklearer Waffen, Nutzung atomarer Energie ausschließlich für friedliche Zwecke. […][235]

Dieses Programm orientiert sich eindeutig an Ho Chi Minhs Konzept der Einheitsfront, und es liegt auf der Hand, daß es auf die zwangsumgesiedelte, eingesperrte, ausgeplünderte und mißhandelte Bevölkerung Südvietnams eine geradezu magnetische Anziehung ausüben mußte. Ende 1960 hatte die Gründungskonferenz der FNL an einem geheimgehaltenen Ort im Mekong-Delta stattgefunden; ein Jahr später kontrollierte sie bereits drei Viertel der ländlichen Gebiete, und in den Hochlandregionen konnte sich das Diem-Regime nur noch in 10 % der Ortschaften halten. Damit trat der Konflikt in eine neue Phase ein; die Kämpfe nahmen an Heftigkeit zu und eskalierten in einem rasanten Tempo, wobei am bemerkenswertesten erscheint, daß nicht nur die Befreiungsbewegungen, sondern auch die imperialistischen Mächte voneinander lernten. Frankreich hatte in Algerien ungleich bessere Bedingungen vorgefunden als im Fernen Osten: Algerien lag gewissermaßen vor der Haustür, einen kleinen Sprung übers Mittelmeer entfernt, und die topographische Beschaffenheit des Landes ließ einen Guerillakrieg nicht zu. Doch die Unabhängigkeitsbewegung war im Volk verankert, so daß die Besatzer wie das Diem-Regime mit flächendeckendem Terror vorgingen und zwei Millionen

Algerier umsiedelten. Der entfesselten Brutalität der französischen Armee, die bis 1962 27 000 Soldaten in Algerien verloren hatte, fielen zwischen 600 000 und einer Million Algerier zum Opfer, was selbst französische Liberale als beispiellos empfanden. Der auf Martinique geborene und zum Psychiater ausgebildete Frantz Fanon (1925–1961), der aktiv an den Kämpfen zur Befreiung vom kolonialen Joch teilnahm, hat dem Leiden und dem Heroismus des algerischen Volkes ein heute noch lesenswertes Werk gewidmet.[236] Neu an der französischen Repression war indessen das Konzept der Konter-Guerilla: kleine, klandestin operierende Sondereinheiten wurden auf die Kader der Befreiungsbewegung angesetzt, die sie aufspüren, unter Folter verhören und gezielt ermorden sollten. Wenn weder dies noch der flächendeckende Terror letztlich fruchtete – und der Dreivierteldiktator de Gaulle eigens 1958 nochmals an die Macht gehievt wurde, um Algerien zu »halten«; doch Algerien mußte 1962 in die Unabhängigkeit entlassen werden –, so spricht dies für die Stärke der nordafrikanischen Befreiungsbewegung und erklärt zugleich, warum der US-Imperialismus Algerien, trotz aller mittlerweile eingetretenen bürokratischen Erstarrung, auf die Abschußliste gesetzt hat, wenngleich nicht an erster Stelle; vielleicht wird auch wie gegen Libyen Frankreich vorgeschickt, damit es in alter Kolonialherrlichkeit die imperialistische Sau rauslassen kann. (Wer sich an diesem zugegebenermaßen rüden Ausdruck stört: Wie vielen mitten in Europa lebenden Menschen ist bekannt, daß am 17. Oktober 1961 bis zu 200 in Paris demonstrierende Algerier am hellichten Tag in der Seine ertränkt wurden? Kann man das Jahr 1789 und die Stätte, an der die Bastille geschleift wurde, mehr besudeln? Yasmina Adi hat darüber einen Dokumentationsfilm erstellt: *Ici on noie les Algériens*, »Hier ertränkt man die Algerier«. Warum sieht man ihn nicht im Fernsehen, in den Kinos?)

Jedenfalls war es diese von der französischen Armee in Anschlag gebrachte Strategie der Konter-Guerilla, der *counterinsurgency*, von der sich US-Präsident Kennedy inspirieren ließ: »Mit Antiguerillaeinheiten wollte er dem Volkswiderstand begegnen. Ihn faszinierte das als neue Form der Eindämmung. Er hob die ›Green Berets‹ aus der Taufe und setzte sie gegen Vietnam in Marsch. Raketenhubschrauber flogen schon 1962 etwa 50 000 Einsätze. […] 1963 mordeten und brandschatzten 18 000 Mann USA-Truppen in Südvietnam. Ihr Credo: ›Gefangene werden nicht gemacht.‹«[237] Sie hatten noch ein weiteres Credo, das den Pesthauch der »freien Welt« atmete: »Wenn du sie erst bei den Eiern hast, werden ihre Herzen und Gedanken schon folgen.«[238] Überzeugend, oder nicht? Kennedy, der gerne den Playboy gab und befand, mit dem Kriegführen verhalte es sich wie beim Saufen – man müsse weitermachen, sobald die Wirkung nachläßt –, begründete den Einsatz der *Special Forces* wie folgt:

> Wir sehen uns weltweit einer monolithischen und rücksichtslosen Verschwörung gegenüber, einer Verschwörung, die sich hauptsächlich verdeckter Mittel zur Ausweitung ihrer Einflußzone bedient – der Infiltration statt der Invasion, der Subversion statt der Wahlen [!], der Einschüchterung auf Kosten der freien Wahlmöglichkeit, der in finsterer Nacht kämpfenden Guerillas statt der im Tageslicht kämpfenden Armeen. Es ist ein System, das riesige menschliche und materielle Ressourcen in den Aufbau einer vielgliedrigen und hocheffizienten Maschinerie investiert hat. [...] Wir werden aus dieser Lektion auf unsere Art einen Vorteil ziehen. [...] Es ist unsere Absicht, die Anstrengungen für einen Kampf zu intensivieren, der in vielerlei Hinsicht schwieriger ist als ein normaler Krieg.[239]

Aber auch Kennedys *Special Forces* bekamen den Feind nicht zu fassen; dafür war er zu klug und zu wendig. Das mußte auch der *ante datum* »eingebettete« Journalist Halberstam konzedieren:

> Guerilla- und Partisanenkrieg ist etwas sehr Kunstvolles, und die Vietkong waren keine Handwerker, sie waren Künstler. Ihre Kenntnisse und Erfolge waren so unbestritten, daß die Amerikaner, als sie sich für den Krieg in Vietnam rüsteten, nicht die Schriften französischer oder amerikanischer Strategen lasen, sondern die der Gegner. [...] Die Vietkong besaßen überdies einen Sinn für militärische List, der von den Amerikanern selten richtig erkannt wurde. [...] Der Hinterhalt spielte in diesem Kriege eine lebenswichtige Rolle; er band verhältnismäßig wenig eigene Kräfte und brachte dem Gegner oft schwere Verluste bei. [...] Die Vietnamesen haben von Natur aus Angst vor der Nacht und vor dem Dschungel. Diese Furcht beseitigten die Vietkong bei den Knaben schon in früher Jugend; man lehrte die jungen Partisanen, daß die Nacht ihr Freund sei, aber der Feind des weißen Mannes und seiner Flugzeuge. Für die Vietkong gehörte die Arbeit im Dunkeln zum täglichen Leben: sie lehrten, marschierten und kämpften im Dunkeln.[240]

Was konnten die US-Truppen einem solchen Feind entgegensetzen? Nun gut, Infrarot-Nachtsichtgeräte beispielsweise. Wer aber je mit einem solchen Ding hantiert hat, wird wissen, daß er, bevor er einen ortskundigen und beweglichen Gegner erfaßt hat, längst tot ist. Also blieb den GIs nur übrig, des Tags von Militärstützpunkten und größeren Städten aus mit Hubschrauberverbänden einzelne Dörfer zu überfallen und dort einen Vorposten mit Südvietnamesen einzurichten. Nach zwei oder drei Nächten war dieser Vorposten überrannt, die Besatzung getötet, deren Waffen erbeutet und der Kommandant zur Abschreckung an einen Pfahl gebunden, erschossen oder verbrannt und mit einem Bild des Diktators Diem um den Hals. (Dieser berechtigte und so bitter notwendige Gegenterror läßt etwa die Verfasser des ›Schwarzbuchs Kommunismus‹ bis heute schäumen.) Da der vietnamesische Befreiungskrieg ein Volkskrieg war, betrachteten und behandelten die GIs jeden Bauern wie einen Vietkong, und es kam zu Jagdszenen, wie sie für diesen Krieg und eine viehisch verrohte Soldateska typisch wurden:

> Unter uns floh ein Mann über das Feld. Der Boden war rauh und uneben, er lief und stolperte wie ein guter, aber angetrunkener Läufer, der immer wieder angefeuert wird. Wir kamen näher, ich konnte ihn fast nach Atem ringen hören, ich sah, wie er hastig Luft holte. Es war, als sähe man dem Film seines eigenen Albtraums zu, aber hier waren wir die Verfolger anstatt die Verfolgten. Der Kopilot feuerte mit dem Maschinengewehr, traf den Mann aber nicht, er rannte weiter. Dann folgte ein gelber Blitz und eine Hitzewelle in der Maschine, die sich aufbäumte beim Rückstoß der Rakete. Als sie explodierte, fiel der Mann um. Er lag ganz still, als wir über ihn hinwegflogen, aber als wir zurückkehrten, kam er wieder auf die Beine und rannte weiter auf den Kanal zu, der nur noch fünfzig Meter entfernt war. Wir kreisten und jagten ihn, er hastete und stürzte auf das Ufer zu, wie ein Läufer kurz vor der Ziellinie. Noch ein Schuß – der Kopilot leerte das Maschinengewehr, der Mann machte einen verzweifelten Sprung und erreichte den Kanal, aber die Kugeln mähten ihn nieder, und er fiel auf der harten Böschung zusammen.[241]

Am 16. März 1968 trug der GI Thomas Partsch in sein Kriegstagebuch folgende Notiz ein: »Standen um 5.30 auf Abmarsch um 7.15 Wir hatten 9 Hubschrauber […] Bewegten uns langsam durch das Dorf Schossen auf alles was in die Quere kam Kinder Männer und Frauen und Tiere. Einiges war ekelerregend. Ihre Beine wurden weggeschossen und sie bewegten sich noch Sie hingen einfach herunter Ich glaube die hatten Körper aus Gummi.«[242] Da der vietnamesische Befreiungskrieg ein Volkskrieg war, mußte eben das Volk ausgerottet werden; zu dieser »Einsicht« gelangten schließlich die führenden Politiker und Militärs, und die einfachen Soldaten wie der Infanterist James H. Raynor verstanden diese Botschaft: »Wenn wir die Mütter töten, die Frauen, werden sie keine Vietcong mehr produzieren. Und wenn wir die Kinder töten, werden sie nicht zu Vietcong heranwachsen. Und wenn wir alle töten, wird es am Ende keine Vietcong mehr geben.«[243] Dieser Ausrottungsfeldzug gegen die Zivilbevölkerung – bedarf es wirklich des Hinweises, daß dies ein »Verbrechen gegen die Menschheit« im Sinne des Völkerrechts darstellt? – erforderte den »totalen Krieg«, von dem einleitend die Rede war, und dieser totale Krieg erforderte zwangsläufig den gigantischen Einsatz von Soldaten und Material. Genau dazu war aber Kennedy nicht bereit, der es lieber mit seinen Elite-Killertrupps hielt, und wohl deswegen entfernte man ihn recht unsanft von der Bühne. Der ihm da folgte, hieß Lyndon B. Johnson und war ebenfalls »Demokrat«; ein ungelenker, ergrauter Eisenfresser und Kindermörder (*Hey, hey, L. B. J. – how many kids did you kill today?*), der in kleinerem Kreis einmal angekündigt haben soll, er werde Ho Chi Minh »ficken«. Nun ja. Mit Johnson gewann jener Teil der US-Militärführung Oberhand, der auf den totalen Krieg setzte und den sogenannten Staley-Taylor-Plan in die Tat umzusetzen trachtete. Auch die Masseninternierung der südvietnamesischen Bevölkerung war Bestandteil dieses Plans, der darüber hinaus eine massive Aufstockung der Streitkräfte sowie südvietnamesische Zivilgarden und Dorfmilizen vorsah. Namensgeber dieses Planes waren der Hochschullehrer Eugene Staley (was er wohl lehrte – »Massenvernichtung« vielleicht?) und der General Maxwell B. Taylor. Er gehörte dem in Washington so bezeichneten »Nie-wieder-Club« an, weil dessen Mitglieder geschworen hatten, »nie wieder amerikanische Truppen ohne atomare Waffen nach Asien zu entsenden.«[244] Bevor wir uns den Exzessen dieses totalen US-Krieges in wenigen Auszügen widmen, sollte eine grundlegende Frage geklärt sein: Was erhob die »Causa Vietnam« zu einer solchen Dringlichkeit, daß die USA immer weniger die demokratische Maske bemühten und offen die faschistische Fratze zeigten?

Folgt man den offiziellen Verlautbarungen, dann ist es die

☞ **Legende:** »Der Fall Indochinas würde zum Fall Burmas, Thailands, der Malaiischen Halbinsel und Indonesiens führen; Indien würde dann vom Kommunismus eingeschlossen sein, was wiederum eine ernsthafte Bedrohung Australiens, Neuseelands, der Philippinen, Formosas und Japans wäre.«

So lautete die »Dominotheorie«, hier in der Version Eisenhowers[245], so schrieben es die Zeitungen, so wurde es uns Schülern erzählt. Aber selbst wenn diese krude Aussage, hochfahrend in das Gewand einer »Theorie« gesteckt (»grau ist alle Theorie«, hieß es doch andererseits), stimmte: *so what*? Wenn es der erklärte Wille der Völker jener Länder war, eine sozialistische Gesellschaft aufzubauen, war das dann für die »freie Welt« zu frei? War dies ein hinreichender Grund, Kugelbomben auf die Reisfelder und Napalm auf die Städte regnen zu lassen? Sollte das eine einleuchtende Rechtfertigung für Massaker, Ausrottungsfeldzüge und Völkermord sein? Man hat der Domino-Metapher »Oberflächlichkeit und Naivität« attestiert[246], wollte in ihr den Ausdruck einer paranoiden Verschwörungsangst sehen, wie sie für den Kalten Krieg typisch gewesen sei, doch all das trifft nicht den Kern der Sache: es ist zu gutmütig, zu psychologisierend, zu apologetisch. Im Jahr 1949 war China aus dem Einkesselungsring gebrochen, den man um die Sowjetunion gelegt hatte, und unterstützte seitdem die Unabhängigkeitskämpfe in den Ländern seiner geographischen Nachbarschaft mit Waffen und Soldaten – allein in Nordvietnam sollen 170 000 chinesische Artilleristen eingesetzt gewesen sein. 1950–1953 ging die Hälfte der koreanischen Halbinsel für den US-Imperialismus verloren. Vietnam war die letzte Bastion, von der aus China überfallen und bombardiert werden konnte, und deshalb sollte sie »um jeden Preis gehalten« werden, auch wenn dies Millionen von Menschen das Leben kosten sollte. Es war also keine irrationale Angst, die das Handeln der US-Politiker bestimmte, sondern die nie aufgegebene Option der politisch-militärischen Aggression, an der man mit aller Verbissenheit und Brutalität festhielt und die man mit dem »Domino«-Ideologem zu einer Art Notwehr umlog. Damit sollte die entfesselte imperialistische Politik der USA bemäntelt und schöngeredet werden – wer von Spielsteinen faselte, die reihum fallen könnten, hatte seine Lektion gelernt, die Botschaft »gefressen«, die Schlacht um die »Deutungshoheit« und um die »Besetzung der Begriffe« verloren. Selbst die »kritischen Kritiker« gingen auf diese ideologische Leimrute, da sie das nüchterne und zugleich häßliche Kalkül des US-amerikanischen Kriegstreibers nicht wahrhaben wollten und statt dessen willig in die Psycho-Falle tappten.

Alle Äußerungen, welche die US-Führungsclique jener Zeit tätigte, bestätigen diese Analyse. Vietnam war, in der Diktion Kennedys, der »Eckpfeiler der freien Welt in Südostasien«, der »Schlußstein des Bogens«, die »Bruchstelle des Deiches«.[247] Vietnam war, dem Kriegsminister McNamara 1971 zufolge, »ein Test für die Fähigkeit der Vereinigten Staaten, einer Nation bei der Abwehr eines kommunistischen Befreiungskrieges [sic] zu helfen.«[248] General Taylor, einer der beiden Namensgeber für den Plan zur Unterjochung Südvietnams, brachte den Sachverhalt mit typisch militärischer Lakonik auf den Nenner: »Sollten wir Vietnam mit eingeklemmtem Schwanz verlassen, wären die Folgen dieser Niederlage im übrigen Asien, in Afrika und Lateinamerika verheerend.«[249] Vietnam war die Probe aufs Exempel, die heiße Schlacht im Kalten Krieg, die erweisen sollte, daß die sozialistischen Länder mit militärischen Mitteln in die Knie gezwungen werden können.

Über allem Machtkalkül sollte man indessen nicht die Bestialität und den Sadismus vergessen, das Herrenmenschentum und den Rassismus, die dem Vietnamkrieg den Stempel aufprägten. Man lasse die Verantwortlichen zur Illustration dieses Sachverhalts einfach selbst zu Wort kommen. Lyndon B. Johnson etwa gewährte mit folgenden Worten Einblick in seinen Denkhorizont und seine moralische Verfaßtheit: »Wenn du auch [nur] ein wenig Schwäche zeigst, und wenn diese Hurensöhne [die Russen] glauben, du wärst schwach, dann sind sie wie Straßenköter – bleibst du stehen, beißen sie dich tot, rennst du weg, reißen sie dir den Arsch auf.« So verhält es sich also mit den Hurensöhnen und Straßenkötern. Auch Nixon machte aus seinem Herzen keine Mördergrube, als er folgende Worte aufs Tonband sprach: »Wir werden die Deiche zerstören und die Kraftwerke, wir werden Haiphong ausradieren. Wir werden dieses gottverdammte Land dem Erdboden gleichmachen! […] Das ist keine leere Drohung. […] Jetzt haben wir verdammt noch mal nichts mehr zu verlieren. Nichts mehr zu verlieren. […] Wir werden sie mit Schlägen eindecken, wir werden ihnen alle Kraft aus dem Leib bomben.« Und Außenminister Henry Kissinger pflichtete ihm bei: »Mr. President, ich werde Sie aus ganzem Herzen unterstützen, und ich glaube, daß Sie das Richtige tun.«[250] Das war doch allemal einen Friedensnobelpreis wert für einen Massenmörder, den die deutsche Presse als »Sicherheitsarchitekten« feierte.

Es bleibt die mäßig spannende Frage: wer hat die feindseligen Handlungen eröffnet? Ganz genau weiß es die

☞ **Legende:** Der Vietnamkrieg begann mit einer militärischen Aggression des kommunistischen Nordens.

So ist professoral-getragen und scheinobjektiv die Rede von der »Beschießung eines amerikanischen Zerstörers durch nordvietnamesische Torpedoboote im Golf von Tonkin am 2. August 1964.«[251] Was blieb den armen, wirklich armen und bedauernswerten, permanenten Angriffen ausgesetzten US-Truppen, die sich wohl zum Wellness-Urlaub im dortigen Golf aufgehalten haben, anderes übrig, als sich zur Wehr zu setzen? Jedenfalls ordnete Johnson »einen militärischen Gegenschlag« an.[252] »Gegenschlag«? Seltsam, seltsam, denn dazu will die interessante Mitteilung des Historikers Bruhn überhaupt nicht passen:

> Im Jahre 1966 war der amerikanische Leutnant zur See, Michael K., einer meiner Studenten am »Institute of International Studies« in Monterey, Kali-

fornien. Er hatte im August 1964 auf dem US-Zerstörer Maddox gedient und am Tage seiner »Torpedierung«, dem 2. August, mit anderen Offizieren die Deckwachmannschaft zu kontrollieren. Die Maddox, so Leutnant Michael K., wurde an diesem Tage weder torpediert noch sonstwie angegriffen, sie befand sich in internationalen Gewässern und führte eine Routine-Patrouille durch, änderte dann aber auf Befehl von höchster Stelle ihren Kurs und griff dann selbst im Verbund mit Kampfflugzeugen der 7. Flotte nordvietnamesische Torpedoboote an und versenkte eines von ihnen. Der junge Offizier hat diese Aussage oft wiederholt, auch in Zeitungsartikeln. Er wurde daraufhin weder im weiteren Verlauf des Vietnam-Krieges noch zu späteren Wehrübungen wieder eingezogen.[253]

»Gegenschlag« der US-Truppen also? Sonderbar, sonderbar … Selbst US-Offizielle hielten später nicht mehr an dieser Lüge fest, die sich, dessen ungeachtet, so zäh in fast allen Geschichtsbüchern hält: Drei Jahre später, am 21. Dezember 1967, berichtete die *New York Times* aus dem Auswärtigen Ausschuß zur Tonkin-Untersuchung vom Brief eines früheren See-Offiziers, der erklärt habe, daß der Präsident, McNamara und die Vereinigten Stabschefs dem Kongreß Falschinformationen gegeben hätten. Senator Wayne Morse habe gesagt, die Maddox sei ein Spionageschiff gewesen, und die Geschichte werde es so festhalten. – Tut sie leider nicht, denn »die Geschichte« macht nichts, sondern wird gemacht – im nachhinein von Siegerseite. Ein weiterer Fall von »Kompaktwissen« also. – Schließlich war die »Tonkin-Resolution«, mit der Johnson angeblich »reagierte«, schon Monate zuvor verfaßt worden. »Gegenschlag« schließlich, zum vierten? Bereits in den Jahren vor der US-Provokation im Golf von Tonkin hatten die Vereinigten Staaten einen unerklärten, verdeckten Zersetzungs- und Sabotagekrieg – wie man ihn dieser Tage (Ende 2011) in Syrien und Iran beobachten kann – geführt. Zu den kuriosesten Maßnahmen nach der Teilung Vietnams zählte der Abwurf von Flugblättern des Inhalts, die Jungfrau Maria sei in Saigon erschienen und Jesus nach Süden gegangen; immerhin machten sich deshalb rund siebenhunderttausend Bauern aus dem Norden auf den Weg ins Gelobte Land des Klerikalfaschisten Diem. Zu den Subversionsakten zählten ferner die Einschleusung paramilitärischer Verbände in den Norden*; die Zerstörung der Omnibusmotoren in Hanoi durch

---

* »Die Bevölkerung, die, wie man angenommen hatte, die Rangers freudig willkommen heißen würde, verweigerte ihnen Lebensmittel und meldete ihr Erscheinen den Behörden Nordvietnams. [...] Ende Juli [1964] berichteten südvietnamesische Zeitungen von erfolgreichen Sabotageunternehmungen gegen militärische Einrichtungen, Brücken, Fabriken, Staudämme etc. in Nordvietnam, während die nordvietnamesische Regierung immer häufiger

die Verschmutzung der Ölvorräte; Anschläge auf die Eisenbahnverbindungen sowie das Verbreiten von Gerüchten und Lügen über angeblich von Chinesen begangene Vergewaltigungsgreuel (das sollte sich später gegen Serbien wiederholen – laut Lerntheorie wirkt Straflosigkeit bei auch nur leichtem Erfolg immer »belohnend« und daher »verhaltensverstärkend«! So gab es auch im Krieg gegen Libyen entsprechende Wiederholungen unserer treugehorsamen Presse). Ein Anschlag auf die größte Druckerei Nordvietnams scheiterte indessen. – Die Provokation im Tonkin-Golf mit der anschließenden Flächenbombardierung des Nordens stellte nur die offizielle Fortsetzung des zuvor klandestin geführten Krieges gegen die Demokratische Republik Vietnam dar.

Doch auch im Südteil des Landes brodelte es, so daß die USA zur massiven Intervention übergingen, was hierzulande als »verstärktes Engagement« bezeichnet wurde: Diem und seine Clique waren untragbar geworden und mußten schleunigst beseitigt werden. Das Schlamassel begann mit der sogenannten Buddhistenkrise im Frühjahr 1963. Im Süden waren, je nach Quelle, zwischen 70 und 90 % der Bevölkerung buddhistisch; glaubte man Frau Nhu, so waren es nur 15 %, aber ihr wollte niemand glauben. Diem, der von sich behauptete, er persönlich sei die Verfassung – eine aparte Variante zum Credo des französischen Sonnenkönigs: *La constitution c'est moi* –, hatte ein rigides religiöses Apartheidsregime installiert, das die Buddhisten zu Menschen zweiter Klasse deklarierte:

> Männer der Kirche wurden in den Dörfern eingesetzt, bald waren die meisten Bezirks- und Provinzchefs Katholiken, oft sogar in einer Provinz mit rein buddhistischer Bevölkerung. Viele Angehörige der Geheimpolizei waren ebenfalls Katholiken; in Zentralvietnam betrachtete man die verhaßte Sicherheitspolizei zuerst und hauptsächlich als Katholiken, nicht als Regierungsbeamte. [...]
>
> Katholiken profitierten von Wohlfahrts- und Hilfsprogrammen, wurden bevorzugt beim Bau von Schulen und bei der Vergebung von Rechten an Holzschlägen aus sorgfältig gehüteten Landesreservaten; auch im Handel erhielten sie Sondergenehmigungen. Bei den Landzuteilungen, wo Priester als Mittler auftraten, erhielten die Katholiken oft das beste Land; und beim Aufbau der Wehrdörfer wurden sie häufig von der körperlichen Arbeit, die die Buddhisten zu leisten hatten, befreit. [...] In einigen Gebieten konvertierten daraufhin ganze Dörfer, um der Aussiedlung zu entgehen. Jungen buddhi-

die Festnahme südvietnamesischer und national-chinesischer Agententruppen meldete.« (HORLEMANN/GÄNG 1966 [2008], S. 166.)

stischen Priestern machte man viele Schwierigkeiten und verbot ihnen ins Innere zu reisen; hartnäckig hielten sich die Gerüchte, daß einige umgebracht worden seien.[254]

Die Atmosphäre war so sehr zum Zerreißen gespannt, daß selbst eine amerikanische Tageszeitung nicht umhin kam festzustellen: »Mr. Diems Frömmigkeit wird von seinen amerikanischen Beratern so ausgenutzt, daß die Kirche nahezu ebenso unbeliebt ist wie die USA.«[255] Und das wollte etwas heißen.

Das Pulverfaß kam schließlich zur Entladung, und Diem selbst hatte das Feuer an die Lunte gelegt. In der alten Kaiserstadt Hue, deren Bevölkerung zu 80 % buddhistisch war, beging Diems Bruder Thuc im Frühjahr 1963 sein 25. Bischofsjubiläum. Der Zufall wollte es, daß in diese feierlichen Tage auch der 2587. Geburtstag Buddhas fiel, und in einer Eingebung, für die Verantwortung zu übernehmen der Hl. Geist sich weigern würde, verbot Diem den Buddhisten öffentliche Prozessionen mit der Zurschaustellung ihrer Fahne und verweigerte dem Buddhistenführer Thich Tri Quang eine Rundfunkansprache. Damit brachte Diem das Faß zur Explosion: Die Buddhisten veranstalteten trotz Verbot ihren Umzug, die Truppen marschierten auf, Soldaten schossen wild in die Menge, und Panzerwagen überrollten einige Teilnehmer. Neun Tote und etliche Verletzte blieben auf der Straße liegen; öffentlichen Verlautbarungen zufolge waren sie einem Granatenangriff des Vietkong zum Opfer gefallen. Das war schon wieder dummdreist, denn es hatte zu viele Zeugen gegeben, und noch war die Glotzendichte im Lande gering. Nun formierte sich die buddhistische Opposition, deren Kundgebungen und Demonstrationen trotz brutaler Polizeiüberfälle auf ihre Klöster mehrere Monate anhielten* und schnell an Größe und Schlagkraft zunahmen. Der Journalist Halberstam wurde auf dem Höhepunkt der Proteste Augenzeuge eines verstörenden Ereignisses:

> Ein Mensch stand dort in Flammen; der Körper brannte langsam und krümmte sich, der Kopf wurde schwarz und verkohlte. In der Luft hing der Geruch von versengtem Fleisch. Ein Mensch verbrennt erstaunlich schnell. Hinter mir hörte man das Schluchzen der Vietnamesen, die sich ansammelten. Ich war zu entsetzt, um zu schreien, zu verstört, um Fragen zu stellen oder etwas zu notieren, zu verwirrt, um überhaupt zu denken. Der Mann war, wie wir

---

* »Mit militärischen Gewaltaktionen versuchte die südvietnamesische Regierung die buddhistische Opposition zum Schweigen zu bringen. Im August [1963] wurden 200 Priester und Mönche getötet, 500 verletzt, 3000 verhaftet; 2000 Tempel wurden zerstört.« (HORLEMANN/ GÄNG 1966 [2008], S. 142.)

später erfuhren, ein Priester namens Thich Quang Duc gewesen [...] ein junger buddhistischer Priester hielt gelassen ein Mikrofon in der Hand und sagte wieder und wieder in englischer und vietnamesischer Sprache: »Ein buddhistischer Priester verbrennt bei lebendigem Leibe. Ein buddhistischer Priester wird zum Märtyrer.«[256]

Selbstverbrennung des Mönches Thich Quang Duc

Bilder dieser Selbstverbrennungen gingen um die Welt und wühlten auch mich als Kind auf, der ich die Fotos in den Illustrierten aufmerksam betrachtete. Wie bereits erwähnt, wußten die Erwachsenen auf meine Frage, warum sich jemand freiwillig einer so unglaublich schmerzhaften Prozedur unterzog, keine Antwort, und auch in der Schule war dies kein Thema: Hier unterrichteten Altnazis, die auf unvoreingenommene Fragen so schlecht zu sprechen waren wie ihre amerikanischen Schirmherren. Wäre ich in der DDR aufgewachsen, hätte man mir vielleicht im Sinne von Brechts Gedicht ›Lob der Dialektik‹ geantwortet, daß diese Menschen schlechtes Leben mehr als den Tod fürchteten… Als ich im übrigen viele Jahre später die fünf Kilometer westlich von Hue gelegene Pagode Chua Thien Mu besuchte, in der des Märtyrer-Mönches Thich Quang Duc gedacht wird – selbst das Auto, mit dem er zur Verbrennungsstätte gebracht wurde, ist zu sehen –, fielen unangenehme, wenn nicht häßliche und provokatorische Dinge auf. Der Tempel ist »gut in Schuß«, denn er wurde mit Regierungs-, also Steuergeldern instandgesetzt, aber anstatt die Hintergründe der Selbstverbrennung wie hier vor dem Hintergrund des christlichen Klerikalfaschismus vorzuführen, wird der Tempel zur Propagandastätte *gegen den Kommunismus* umfunktioniert, der den Buddhismus angeblich so entsetzlich diskriminiert, daß er sogar seine Kultstätten (mit) finanziert. Es ist bezeichnend, und es stimmt traurig und bedenklich, daß die gegenwärtige Regierung sich eine solche Verleumdung seitens der frechen und undankbaren Mönche, die sich ausschließlich als Konjunkturritter des amerikanischen Endsiegs betätigen, gefallen läßt. Vorsätzliche Lüge und Verleumdung sind ein Straftatbestand, auch in Vietnam; ganz zu schweigen davon, daß eine religiöse Kultvereinigung keinen Anspruch auch nur auf einen Dong aus der Staatskasse haben sollte. –

Frau Nhu, die über die »buddhistischen Barbecues« feixte, trug mit dieser Bemerkung nicht eben zur Entspannung der Lage bei. Kurzum: Die Diem-Sippe mußte von der Bildfläche verschwinden – je schneller, desto besser. Die CIA organisierte einen Militärputsch und ließ am 1. November 1963 Ngo Dinh Diem und seinen Bruder, den Geheimdienstchef Ngo Dinh Nhu, kurzerhand umbringen. General Maxwell Taylor brachte das Ganze einmal mehr bündig auf den Nenner: »Die Durchführung eines Staatsstreichs ist etwas anderes als die Veranstaltung eines Kaffeekränzchens, es ist eine sehr gefährliche Angelegenheit. Deshalb denke ich nicht, daß wir überrascht sein durften, [...] als Diem und sein Bruder ermordet wurden.«[257] – So lohnt Satan seine Diener ...

Wie konnten die Vietnamesen einen dreißigjährigen Krieg gegen die Besatzungsmächte Frankreich und USA siegreich überstehen? Natürlich ist an erster Stelle die militärische und vor allem logistische Hilfe der Sowjetunion und Chinas zu nennen – erst mit den sowjetischen SAM-2-Raketen konnten die »fliegenden Festungen« (*flying fortresses*) B-52 vom Himmel geholt werden, deren zur Schau gestellten Reste in Hanoi noch heute einen herzerhebenden Anblick bieten –, doch der Krieg mußte im Lande selbst gewonnen werden. Die Antwort lautet: Ein ganzes Volk grub sich ein. Die gesamte Kriegsindustrie war in Höhlen untergebracht, ebenso die Generatoren zur Stromerzeugung, denn die Elektrizitätswerke waren bereits den ersten Luftschlägen zum Opfer gefallen. In den Höhlen wurden Versorgungsgüter gelagert, Uniformen genäht, Kranke gepflegt und Verletzte operiert. Auf den Inseln vor der Küste hatten sich Radiotechniker mit ihren Anlagen tief in den Fels eingegraben. »Durch ein ausgedehntes Grabensystem, das jenem in Flandern während des Ersten Weltkriegs glich, gelangten die Schulkinder in unterirdische Klassenzimmer, wo sie unterrichtet wurden. Auf dem Weg trugen sie dicke Hüte mit breiten Rändern aus Raphiapalmblättern, die sie vor herabfallenden Schrapnellen schützen sollten. Selbst für Wasserbüffel und Schweine gab es Schutzkleidung.«[258] Dies war auch bitter nötig, denn das »Spaßschießen« auf das Hausvieh stellte einen beliebten Zeitvertreib der GIs dar. Für die Schulkinder und die Bauern auf den Reisfeldern stellten übrigens weniger die Granatsplitter

US-Militärschrott auf dem Gelände des
Militärmuseums Hanoi

Reste einer abgeschossenen B-52 in einem Wohngebiet in Hanoi (2012)

Getarnter Einstieg in das Tunnelsystem bei Vin Moc nahe dem 17. Breitengrad

Leben unter Tage: ein »Familienraum« (oben), handwerkliche Verrichtungen
(l. unten) und Waffentransport (r. unten)

eine Gefahr dar, sondern die verhee-renden Kugelbomben (*cluster bombs*), eine »Mutterbombe« mit zahlreichen »Tochterbomben«, die mit Metall-splittern oder Plastikkugeln gefüllt waren (damit man sie mit Röntgen-strahlen schwieriger orten konnte und das Opfer zuverlässig an inneren Blutungen starb: die Genfer Konven-tion läßt grüßen!). Wenn eine solche Bombe dicht über dem Erdboden explodierte und in konzentrischen Kreisen einen tödlichen Hagelschau-er verbreitete, richtete sie bei Mensch und Vieh entsetzliche Verheerungen an. Viele Todesopfer forderten fer-ner Zeitminen, die bei Erschütterung detonierten; das Bestellen der Felder und das Einbringen der Ernte gerie-

Eine Kugelbombe, Militärmuseum Hanoi

ten so zu veritablen Todeskommandos. Nach Kriegsende kosteten diese perfi-den Todesfallen noch über 100 000 Vietnamesen das Leben.

Allein um Saigon und den angrenzenden amerikanischen Militärsperr-bezirken beliefen sich die Gangsysteme der Nationalen Befreiungsfront auf eine Länge von über 200 Kilometern. »Tagsüber hielten sich die Widerstands-kämpfer unter der Erde auf, nachts erfüllten sie ihre Mission.«[259] So kam es zu geradezu grotesken Szenen: Oben feierten die amerikanischen Soldaten ihr *Merry Christmas* mit irgendeiner Größe aus dem *Show Biz*, während acht bis zehn Meter tiefer der Vietkong seine nächsten Angriffspläne ausheckte. Aber nicht allein die Zentren des Landes waren von Gangsystemen umgeben, viel-mehr war das ganze Land unterhöhlt:

> Das Tunnelsystem, das die Vietminh während ihres Widerstands gegen die Franzosen angelegt hatte, wurde erweitert. Vom Cu-Chi-Gelände bis zu dem Netz von Gängen an der kambodschanischen Grenze besaß jedes Dorf und jeder Weiler verschiedene Bunker und Verbindungsgräben. Alle Zugänge wurden mit versteckten Sprengfallen gesichert. Ganze Gemeinden zogen ge-meinsam aus, um *Punji*-Stäbe aus Bambus anzuspitzen, die für mörderische Fallen unweit der Höhleneingänge verwendet wurden. In den Gängen selbst standen in verborgenen Ecken Körbe mit Giftschlangen und todbringenden

Skorpionen. Die amerikanischen »Tunnelratten«, die in die Gänge geschickt wurden, um den Weg für die US-Soldaten zu erkunden, verschwanden häufig auf Nimmerwiedersehen in dem unterirdischen Netz und erlebten dabei vermutlich ein Grauen, das man bis heute nur ahnen kann.

Wenn Luftangriffe das Tunnelsystem direkt trafen, saßen auch die Vietnamesen in einer tödlichen Falle. [260]

Mit der Intensivierung des Bombenterrors im Norden und der Bodenkämpfe im Süden war die Aufrechterhaltung des Kontaktes zwischen den Guerillas der Viet Minh und den regulären Truppen des Nordens eine Frage schieren Überlebens. Wie erwähnt, war der Ho-Chi-Minh-Pfad die Hauptschlagader des revolutionären Befreiungskrieges und war entsprechend hart umkämpft. Da der Pfad über weite Strecken im Grenzgebiet der Nachbarländer Laos und Kambodscha verlief, wurden diese Länder in den Sog der Kriegsereignisse gerissen, will sagen: gerieten unter die Walze der US-Militärmaschinerie. In Laos, wo die revolutionären Pathet Lao die strategisch wichtige »Ebene der Tonkrüge« beherrschten, fand ein *High-Tech*-Krieg gigantischen Ausmaßes statt, zugleich ein *hidden war*, der im Schatten des Vietnamkrieges stand und bis heute nicht im öffentlichen Bewußtsein präsent ist. In dürren Worten:

> Zwischen 1965 und 1973 regneten über zwei Millionen Tonnen Bomben auf die Menschen in Laos hernieder, beträchtlich mehr, als die USA während des Zweiten Weltkrieges, wenn auch in einem kürzeren Zeitraum, über Deutschland und Japan zusammen abgeworfen hatten. [...] Laos war zu einem Land von Nomaden geworden, ohne Dörfer und ohne Bauernhöfe. Eine ganze Generation war zu Flüchtlingen geworden, Hunderttausende waren tot und viele Hunderttausende dazu waren verkrüppelt. Als die US-Luftwaffe ihren Sender schloß, verabschiedete sie sich mit der Botschaft: »Auf Wiedersehen bis zum nächsten Krieg.« [261]

Dasselbe Bild weiter südlich: Der kambodschanische Präsident Prinz Sihanouk hatte wegen wiederholter amerikanischer Übergriffe und der eklatanten Mißachtung der Souveränität seines Landes am 20. November 1963 angekündigt, »jegliche von den Vereinigten Staaten geleistete Hilfe auf militärischem, wirtschaftlichem, technischem und kulturellem Gebiet zu beenden«; für den Fall erneuter Territorialverletzung wurde der Abbruch der diplomatischen Beziehungen angekündigt. [262] Die amerikanische Antwort bestand in »Bombenteppichen« und einem Staatsstreich, bei dem Sihanouk am 18. März 1970 abgesetzt wurde. Der fünfjährige Kambodschakrieg bombte die terroristischen Roten Khmer des Pol Pot an die Macht, eines sogenannten »Steinzeitkommunisten« und später des »freien Westens« bester Freund, der Konzentrationslager einrichtete, Massendeportationen durchführte, rund ein Viertel seiner Landsleute umbringen ließ und Grenzprovokationen gegen die siegreichen Vietnamesen veranstaltete, bis die Truppen des Vietkong diesem Spuk ein Ende bereiteten, was im »freien Westen« nicht nur Geschrei und Mordio-Gezeter zur Folge hatte, sondern auch die Verhängung eines vollständigen Handelsembargos gegen das vereinigte Vietnam, das erst 1994 aufgehoben wurde. Nach Abschluß des amerikanischen »Engagements«, hauptsächlich unter Federführung der Kriegsverbrecher Nixon und Kissinger, war die traditionelle Gesellschaft Kambodschas verschwunden und das Land zerstört.

Doch ihr eigentliches Ziel, die Unterbindung des Verkehrsflusses von Nord nach Süd, hatten die US-Aggressoren nicht erreicht. Rund um die Uhr und unter steter Lebensgefahr sorgten über 10 000 *bo doi*, Instandsetzungspersonal oder »Pioniere«, Männer wie Frauen, mit Bulldozern, Preßlufthämmern und sogar zwei Dampfwalzen für die Reparatur des lebenswichtigen Verkehrsweges, legten getarnte Rastplätze an, verlegten schließlich unterirdische Pipelines und Telefonverbindungen. Auf dem Höhepunkt des Vietnamkrieges gelangten monatlich bis zu zehntausend Kämpfer in den Süden. Und wie *tricky* waren doch die Yankees, um eben dies zu verhindern! Sie setzten Silberjodid zur künstlichen Erzeugung von Regenwolken ein – ein großer Flop, denn die Vietnamesen kannten sich mit Monsunen aus; ja selbst Badeöl wurde abgeworfen, um die Transportwege glitschig und unpassierbar zu machen – die Vietnamesen lachten sich eins und legten Bohlen oder Matten drüber. Am trickreichsten gebärdete sich aber der pedantische Vernichtungsbürokrat im Pentagon, McNamara, der einen nach ihm benannten Zaun mit neuester technologischer Ausstattung quer durch Vietnam ziehen ließ. So frohlockte der Militärtechniker Leonard Sullivan 1969: »Wenn man sich einmal klarmacht, daß wir imstande sind, alles aufzuspüren, was transpiriert, Metall trägt, Geräusch verursacht, heißer und kälter ist als seine Umgebung, dann beginnt man die Möglichkeiten abzusehen, die wir haben. Dies ist der Beginn einer Mechanisierung des gesamten Schlachtfeldes«[263] (die heute durch feinauflösende Satelliten, unbemannte Drohnen und mikroelektronische Lenksysteme beängstigend fortgeschritten ist). Seinerzeit versagte das Wunderwerk jedoch jämmerlich, zerschellte an den harten Fakten, die der Volkskrieg schuf:

Um den Verkehr auf dem Pfad lahmzulegen, beschloß man unter anderem die Einrichtung eines gigantischen, mehrere Millionen Dollar teuren Zauns, der nach Verteidigungsminister Robert McNamara benannt wurde und von der Küste südlich der entmilitarisierten Zone gut 50 Kilometer landeinwärts bis nach Cam Lo am Fuß der Berge verlief. Zahlreiche Sensoren entlang des Zaunes sollten eine Basis in Thailand auf Bewegungen an der Absperrung aufmerksam machen und einen schier endlosen Bombenhagel auf die entsprechenden Stellen auslösen. Die Pfad-Kommandos (*binh tram*) reagierten darauf, indem sie Viehherden über den Pfad schickten, um die Sensoren durch falsche Erschütterungen in die Irre zu führen. Die chemischen Detektoren – angeblich eine Bakterienart, die menschlichen Körpergeruch orten konnte – täuschten sie, indem sie mit Urin gefüllte Kanister in die Bäume hängten. Die akustischen Sensoren schließlich montierte man einfach ab und installierte sie an ungefährlichen Stellen neu.[264]

Trick verreckt! –

Ein Kabel dieser hochtechnisierten Menschenfalle ist im vorzüglichen Revolutionsmuseum in Hanoi ausgestellt, neben einer kleinen Bombe in Form und Farbe einer Orange, die neugierige vietnamesische Kinder und hungrige Bauern in den Tod locken sollte. Sage niemand, den amerikanischen Kriegsverbrechern fehlte es an Phantasie!

Eine als Orange getarnte Bombe

Den hochmotivierten Freiheitskämpfern konnten die Besatzer nur ein Mehr an Terror entgegensetzen. Zwei Waffenstillstandsangebote, das erste von Ho Chi Minh im August 1963, das zweite von der Nationalen Befreiungsfront Anfang 1964 vorgebracht, verhallten ungehört; statt dessen trat der Plan des US-Strategen Walt Rostow in kraft: die Seeblockade Haiphongs, Torpedoangriffe auf nordvietnamesische Küstenanlagen und schließlich das Flächenbombardement des Hinterlandes. In kürzester Frist war nahezu die gesamte Kriegs- und Handelsmarine der Demokratischen Republik Vietnam vernichtet. Während Johnsons Bombendonner über den Norden rollte, übernahm im

Präsident Johnson verkündet die Operation
Rolling Thunder

Die Folgen

Süden US-General William Childs Westmoreland das Oberkommando;
die amerikanische Friedensbewegung verlieh ihm den treffenden Namen
»Wastemoreland«. Da man den FNL und die Viet Minh militärisch nicht
besiegen konnte, mußte ein Keil zwischen ihnen und der Bevölkerung getrieben werden. Man kündigte über Lautsprecher und durch Flugblätter an,
daß ein bestimmter Distrikt binnen vier Wochen zu räumen sei; danach
kam die Taktik der verbrannten Erde mit Napalmbomben zur Anwendung, und es wurde auf alles gefeuert, was sich bewegte. Die Einrichtung
dieser sogenannten free fire zones wurde durch ein Erntevernichtungspro-
gramm ergänzt, dem bis Ende 1965 zwischen 50 000 und 75 000 Morgen
bebaubares Land mit 60–90 % der Ernte zum Opfer fielen. Dann war die

Reihe an den Staudämmen, Kraftwerken und den in Jahrzehnten, wenn nicht Jahrhunderten aufgebauten komplexen Deich- und Bewässerungsanlagen. General Maxwell Taylor, auch er ein Mann fürs Grobe, kündigte an, man werde alles verwüsten, was der Vietkong und die Viet Minh in den letzten zehn Jahren aufgebaut hatten; andere bezeichneten die Vereinigten Staaten als das weltweit größte Bestattungsunternehmen.

Natürlich zeitigte dieser totale Krieg, wie ihn ein Goebbels herbeigeschrien hatte und ein Johnson oder Nixon nun praktizierten, eine verheerende Wirkung: »Unter den eisernen Absätzen der grausamen amerikanischen Aggressoren und ihrer Lakaien hat sich das schöne und fruchtbare Land Südvietnams in ein Land der Trümmer und der Einöde verwandelt«, heißt es in einer Erklärung des Zentralkomitees des FNL, und weiter, um Unterstützung nachsuchend nach Norden hin:

> Vietnam ist eins, das vietnamesische Volk ist eins. Nord- und Südvietnam
> gehören derselben Familie an. Dieses Fühlen ist höher als Berge und tiefer als
> das Meer. [...] Im gegenwärtigen Zustand des Blutes und des Feuers, in einem
> Krieg auf Leben und Tod gegen die amerikanischen Imperialisten und ihre
> Lakaien, muß das Herz leiden, wenn die Hand abgehackt wird. Daß das Volk
> in Nordvietnam bereit sein sollte, seine Pflicht gegenüber den Freunden und
> Verwandten in Südvietnam zu erfüllen, entspricht völlig dem Gefühl und der
> Vernunft. [265]

Und so geschah es. Da es aber Leute geben soll, die abgebrüht genug sind, um diese Berichte als »kommunistische Greuelpropaganda« abzutun – jede Zeit, jede Gesellschaft hat ihren Abschaum –, so sei zur Abwechslung eine andere Quelle zitiert. Ende Januar 1971 trafen sich in Detroit Mitglieder der 1967 gegründeten »Vietnam Veterans Against the War«, um eine Anhörung unter dem Titel »Winter Soldier« abzuhalten. Kaum etwas hatte mich als Heranwachsenden mehr beeindruckt als die Filmsequenzen mit protestierenden und demonstrierenden Veteranen, die, in ihren Uniformen oft mit Bärten und langem Haar, auf Krücken und in Rollstühlen sich zum Weißen Haus begaben, ihre Orden und Auszeichnungen abrissen und sie über die Absperrung warfen. Da habt ihr ihn wieder, den »Dank des Vaterlandes«! Eine kriegführende Nation, zumal eine so chauvinistische wie die USA, wird immer hellhörig, wenn bei ihren bewaffneten Formationen die Loyalität bröckelt. Und in Detroit bestand aller Grund zum genauen Hinhören: Drei Tage lang erzählten 150 Zeugen öffentlich – das ist am wichtigsten –, was sie in Vietnam gesehen, erlebt und getan hatten. Hier die Bilanz:

Sie berichteten von Vergewaltigungen, vom wahllosen Ermorden von Zivilisten, von Wasser- und Elektrofolter, von der Gewohnheit, getöteten Feinden das Zahngold herauszubrechen, ihnen Köpfe und Gliedmaßen abzuschneiden oder sie anderweitig zu verstümmeln, behaupteten, daß gefangene Vietcong als Minenhunde eingesetzt oder aus fliegenden Hubschraubern geworfen wurden, daß man überschüssige Munition zum Zielschießen auf Bauern im Feld oder auf Siedlungen verwendete, sprachen von einer an die Praktiken Dschingis-Khans erinnernden Strategie der verbrannten Erde, genauer gesagt: der vorsätzlichen Vernichtung aller Lebensgrundlagen – und immer wieder von Massenexekutionen Unbeteiligter.[266]

Man hat den Vietnamkrieg gelegentlich als »Rock'n Roll-Krieg« bezeichnet, aber an diesem Euphemismus ist nicht mehr dran als der gelegentliche Umstand, daß die GIs, wenn sie sich bekifften oder die Spritze setzten, ihren Jimmi Hendrix, The Doors, Led Zeppelin oder was sonst noch im Schwange war hörten. Jene Typen aber, die sich in gestreiftem Tigerdress auf die Pirsch machten oder im Lendenschurz, die Bärte trugen – was in der US-Armee sonst nicht erlaubt war –, sich bemalten und mitunter Ketten aus abgeschnittenen Ohren trugen, das waren keine Hippies, sondern Elitekiller, *true believers*, Angehörige der »Tiger Force«, der »Special Groups«, der »Green Berets«, der »Long Range Reconnaissance Patrols« (LRRP oder »Lurps«), die in kleinen Gruppen und auf eigene Faust klandestin operierten. Sie hinterließen eine Spur der Zerstörung und Berge von Leichen. »Ich glaube, wir taten das, um einfach zu beweisen, daß wir tatsächlich harte Scheißkerle waren«, meinte einer von ihnen. Aber was bedeutet jenes bestimmte und herrenlose Pronomen »das«? Zum Beispiel einen Wasserbüffel bei lebendigem Leib in seine Einzelteile zerlegen, eine Frau zu erschießen, nur um zu überprüfen, wie groß das Einschußloch ist, ein dreijähriges Kind steinigen und dabei Gefühle wie bei einem massiven Orgasmus bekommen. Ein anderer »Tiger« namens William Doyle beschrieb das Verhältnis seiner Einheit zu den Einheimischen so: »Es war egal, ob sie Zivilisten waren oder nicht. Wenn es nicht vorgesehen war, daß sie sich in dem Gebiet aufhielten, haben wir sie erschossen. Wenn sie nicht wußten, was Angst ist, habe ich ihnen beigebracht, sich zu fürchten.« Die beteiligten Kompanien trugen die Bezeichnung A wie *assassins* (Meuchelmörder), B wie *barbarians* (Barbaren) und C wie *cutthroats* (Halsaufschlitzer). Ein gewisser Lawrence M. Jackson stellte in seiner eidlich beschworenen Aussage fest: »Rückblickend würde man sie für blutrünstige Verrückte halten, aber damals brauchten wir aggressive Kämpfer, und diese Typen übernahmen die Initiative.« Aber sagte er »Kämpfer«? Das Verhältnis ihrer eigenen Verluste

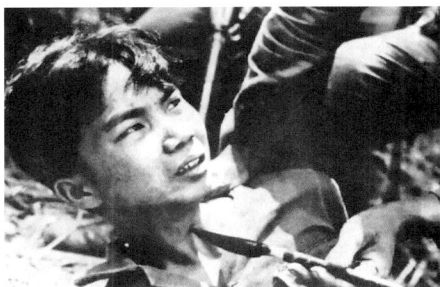

»Verhör«methoden

zu der Zahl der von ihnen getöteten »Feinde« betrug im Falle einer solchen Killereinheit phantastische 1:22, ein Ding der Unmöglichkeit in einem regulären oder Guerilla-Krieg. Bei einer anderen großflächigen Operation kamen auf 20 000 umgebrachte Vietnamesen 700 erbeutete Waffen, und damit ist der Anteil der abgeschlachteten Zivilisten recht genau zu benennen: 19 300 oder 96,5 %. Dieses Mißverhältnis fiel selbst den Militärstäben und dem Pentagon auf, ohne daß es je Konsequenzen gehabt hätte: Es war ja erwünscht. Ansehen und Beförderungen stiegen mit der *kill ratio*, dem *body count*. Die politische und militärische Führung gab grünes Licht für sadistische Verbrecher in Uniform, und diese handelten danach:

Sieben Monate lang zog die »Tiger Force« eine Blutspur durch Quang Tin und das Song Ve-Tal. Sie erschossen ohne jeden Anlaß Bauern im Feld und mordeten Menschen, die ihnen zufällig über den Weg liefen, folterten Gefangene und führten sie einzeln oder in Gruppen zur Exekution, fielen spätabends oder frühmorgens in Dörfer ein und streckten mit Maschinengewehren alle nieder, deren sie habhaft werden konnten – Bauern, die sich zum Essen versammelt hatten oder schliefen, Kinder, die im Freien spielten, Alte beim Spaziergang. »Wir wußten, daß sie Zivilisten waren, nicht Vietcong.« [Aussage Rion Causey] Sie stahlen und brandschatzten, prügelten ihre Opfer zu Tode oder vergewaltigten sie bis zur Bewußtlosigkeit, sie erschossen Bewohner, die kurz zuvor abgeworfene Flugblätter in Händen hielten und der Aufforderung zur Evakuierung nachkommen wollten, sie veranstalteten »Zielschießen« auf

Personen, die sich zur falschen Zeit am falschen Ort aufhielten. Sie verschonten weder Verwundete noch Kranke … [267]

Man beginnt zu ahnen, was sich im Irak, was sich in Afghanistan zuträgt … Ein junger, in Vietnam eingesetzter Offizier stellte lakonisch fest: »Im Laufe der Zeit haben wir auch vergessen, daß wir uns im Land von jemand anderem aufhielten.« [268] Er scheint es auch späterhin vergessen zu haben, als er im Range eines Generals den ersten militärischen Überfall auf den Irak im Jahre 1991 leitete. Sein Name ist Norman Schwarzkopf, ein echter amerikanischer Held.

Im Frühjahr 1969 wurden, nach 14monatiger Geheimhaltung, wie sich erst nach und nach herausstellte, ungeheuerliche Details eines von US-Soldaten begangenen Massenmords bekannt: das Massaker von My Lai. Unglaubliche Bilder, die sich ins Gedächtnis ätzten und nicht mehr daraus schwanden, machten die Runde: eine Vietnamesin in vorgerücktem Alter, an deren Wange eine Gewehrmündung gedrückt wurde, so daß sich ihre Gesichtshaut verschob und ihr Mienenspiel eine so tiefe Erschöpfung erkennen ließ, daß für Furcht kein Raum mehr blieb; schreiende und weinende Greisinnen, die Kinder mit angstverzerrten Gesichtern an sich pressen, im nächsten Augenblick sind sie alle tot; Leichenberge zwischen brennenden Hütten, Männer und Frauen, Alte und Kleinkinder durcheinandergeworfen; mit Leichen gefüllte Gräben an Straßenrändern, davor die Mörder, eine Zigarette rauchend und feixend ihre Jagdstrecke begutachtend. Obwohl es sich um ein Kollektivverbrechen handelte, war My Lai vor allem mit einem Namen verknüpft: dem des Leutnants William Calley. Das war natürlich Absicht: vom pathologischen Einzeltäter sollte sich »die gesunde Truppe« mit intakter Moral wohltuend abheben und den Blick auf die eigentlichen Verbrecher in der politischen und militärischen Führung verstellen; wir kennen diesen Mechanismus sattsam von den Schergen und -innen der US-betriebenen Konzentrationslager Abu Ghraib in Bagdad und Guantánamo auf Kuba, und damals wie heute

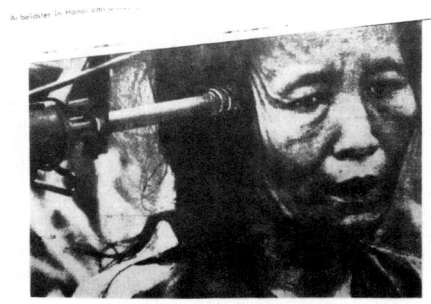

Die niederländische Zeitung stellt in der Bildunterschrift fest, daß die Greuel der US-Truppen in Vietnam nur noch mit den Kriegsverbrechen der deutschen Faschisten zu vergleichen sind

gab und gibt es genügend verkorkste Gehirne, in die sich beschwichtigende Phantasmen von den »Selbstreinigungs- und Selbstheilkräften« des amerikanischen Militarismus einnisten. Wenn wir beim Sündenbock Calley bleiben, der da trägt die Sündenlast des US-Imperialismus, so wirkt weniger die Grausamkeit seiner (und seinesgleichen) Taten unheimlich, sondern die Unauffälligkeit, Durchschnittlichkeit und – wenn man so will – Normalität seiner banalen Person. Von seiner Charakterstruktur her war Calley ein Mickerling,

Leutnant William Calley

der die ihm zugeteilten Soldaten nie im Griff hatte; sie lachten und spotteten über ihn und überlegten sich sogar, ihn einfach umzulegen. Seine militärischen Vorgesetzten, darunter veritable Schlächter, verachteten ihn schlichtweg, nannten ihn einen Waschlappen und Idioten. Dieses Würstchen in Uniform kannte nur eine Bestätigung seiner Männlichkeit, nur einen Weg, um sich Ansehen zu verschaffen – wenn er Wehrlose umbrachte. Seine Tagebucheinträge[269] geben die Minderwertigkeit eines autoritären Charakters wieder, für den das Deutsche den Begriff »Fahrradfahrer« geprägt hat (»nach oben ducken, nach unten treten«) und den man, millionenfach vorgestanzt, als ubiquitäres Phänomen vorfindet.

Dezember 1967: »Vietnam [war] ein schäbiges Land – mit Häusern aus Pappe und Blech. [...] Ich fühlte mich überlegen. Ich dachte: Ich bin der große Amerikaner aus Übersee. Ich werde es diesen Leuten schon geben. [...] Ich brüllte, schrie, schmiß Steine, warf kleine Kinder in den Fluß – ja, das tat ich. Ich hatte Angst vor vietnamesischen Kindern. Auf der Offiziersanwärterschule hatte ich oft genug von Kindern gehört, die etwas in die Benzintanks oder in die Hütten der GIs steckten.

Januar 1968, Calley hatte gerade den Befehl zu einem großflächigen Leuchtbombenbeschuß gegeben: »›Charlie Eins. Hier Charlie Sechs.‹ Es war Hauptmann Medina. ›Sie Schwachkopf! Sie sind zweifellos der blödeste Leutnant, den es auf Erden gibt.‹«

Februar 1968: »Immer wieder fragte [Oberst Frank Barker] uns: ›Tote?‹ ›Nein, Sir.‹ ›Keine Toten?‹ ›Niemand, auf den man schießen könnte.‹ [...] ›Sie sollten allmählich anfangen, gründliche Arbeit zu leisten, Leutnant. Sonst suche ich mir jemanden, der das kann.‹ [...] Es wurde langsam lächerlich. Ich konnte die GIs nicht mehr auf Trab bekommen. [...]«

Vermutlich Februar 1968: »[...] meine Truppen wurden beschossen. Und wenn es mich fünf Millionen Dollar an Artillerie kostete, um das Leben eines Obergefreiten zu retten, hätte ich sie nur so verschleudert. Ich hätte eine Wasserstoffbombe gezündet, wenn ich sie gehabt hätte. Denn nicht einmal eine Million Dollar reichten aus. Eine Kugel traf meinen Funker. [...] ›Charlie Sechs. Hier Charlie Eins. [...] Einer meiner Männer ist tot.‹ [...] ›Okay, Schätzchen! Und mach ruhig weiter Scheiße, damit die anderen auch noch abgeknallt werden!‹ [...] Und einige Soldaten schoben mir die Schuld in die Schuhe. [...] Es war Calleys Blödheit, daß wir auf den Dämmen gingen, anstatt im Fluß. Ja, ich gebe zu, ich war wirklich blöde an dem Tag.«

Wahrscheinlich Anfang März 1968: »Einmal sah ich einen Vietnamesen vom Nachrichtendienst: Er mußte nur aus einem Hubschrauber steigen, und schon bekamen alle weiche Knie. [...] Ich war ein Offizier, und ich mußte das auch können. Also schlug ich ab und zu einem Vietnamesen aufs Maul. Und wenn er dann umfiel, trat ich auf seinen Fußknöchel und wetzte meinen Stiefel daran. Ich habe vielleicht sogar einmal einen Vietnamesen gekillt. [...]

Diese Leute sind alle Vietcongs. [...] Jeder da war ein VC. Die alten Männer, die Frauen, die Kinder, die Babys, sie alle waren der Vietcong oder würden es in etwa drei Jahren sein. Und ich schätze, im Bauch der VC-Frauen gab es auch noch tausend kleine Vietcongs. Ich dachte: Verdammt, was mach ich bloß? Diese verfluchten Leute zerhacken? Eine Machete ziehen und chchch? Sie alle zerstückeln? [...]«

16. März 1968, Vormittag: »Ich stand an einem großen Backsteinhaus und schaute hinein. An der Feuerstelle stand ein Vietnamese, am Fenster ein anderer, und ich knallte sie ab, killte sie. Und seltsam – es machte mir einfach nichts aus. [...] Ich dachte nur: Ein Hurensohn weniger. Jetzt kann ich auch Tote melden.«

Man hat in bezug auf den SS-Schlächter Aldolf Eichmann den Begriff von der »Banalität des Bösen« geprägt; Calley und seinesgleichen waren würdige Anwärter auf dieselbe Auszeichnung. Bereits aus diesen knappen Einträgen läßt sich ein erstes Psychogramm gewinnen; man kann erkennen, wie nah Minderwertigkeit und Megalomanie beieinanderliegen, genauer: wie die erste die zweite bedingt; ein weiteres wesentliches Merkmal, die Gleichgültigkeit und Fühllosigkeit beim Begehen von Greueln als Symptom eines grundlegenden emotionalen, mentalen Defekts, der bei dieser Tätergruppe häufig zu beobachten ist, wird uns noch eingehender beschäftigen. Mindestens ebenso aufschlußreich wie in ihren Mitteilungen sind die Einträge auch hinsichtlich dessen, was sie verschweigen, vertuschen und unterschlagen.

Denn es geschah etwas, was gar nicht vorgesehen war: Calleys und seiner Kumpane Verbrechen wurden vor Gericht verhandelt. Über ein Jahr hatte man die Greuel verheimlicht, und so wäre es für alle Zeiten geblieben, all diese Schändlichkeiten wären im vietnamesischen Blutsumpf untergegangen, wenn nicht ein Einzelner, ein »Gerechter« im Sinne der jüdischen Erinnerungsarbeit,

Calleys Mitschlächter

die Aufrichtigkeit, Integrität und den Mut besessen hätte, diese Verbrechen ans Tageslicht zu holen, aus dem Dschungel in die adretten amerikanischen Wohnstuben zu zerren, wo man nur gute Demokraten und böse Kommunisten kannte: der Gefreite Ronald Ridenhour, dessen Name mit wenigen anderen in Erz gegraben gehört.* Ridenhour diente 1967/68 als Bordschütze in einem Hubschrauberverband sowie als Infanterist bei den »Lurps« und hatte mit eigenen Augen gesehen, wie seine »Kameraden« wahllos Zivilisten und Gefangene ermordeten und in einem Fall ihrem Opfer bei lebendigem Leib die Haut abzogen. Wie gesagt: das waren keine Ausnahmen, sondern die Regel. Vom ehrwürdigen Brauchtum des Skalpabziehens hatte man nur deshalb allmählich Abstand genommen, weil man sich damit Läuse holte; weitere Bilder, die zeigen, wie US-Schergen ihren Opfern bei lebendigem Leib die Bäuche aufschlitzten und die inneren Organe herausrissen, fanden keinen Eingang in die Zeitungen der »freien Welt«: die Übereinstimmung mit den Greueln der Nazi-Ärzte in den Konzentrationslagern wäre zu augenfällig gewesen, und man wollte doch nicht in »alten Wunden« rühren, unseren »besten und verläßlichsten Verbündeten« bloßstellen und das NATO-Nest beschmutzen, nicht wahr? Jedenfalls hatte Ridenhour aus Erzählungen von den Massakern gehört, die in My Lai stattgefunden hatten und die er bei anderen Einsätzen aus eigener Anschauung kannte, und er war sich des Risikos völlig bewußt, wenn er mit seinen Enthüllungen an die Öffentlichkeit trat. So schloß er mit seinem Gewährsmann, dem GI Michael Bernhardt, der in My Lai zu den Verweigerern zählte – Arno Schmidt hätte an dieser Stelle geschrieben: »Ladies and Gentlemen, erheben wir uns von den Plätzen!« – einen Deal: Wenn Ridenhour als erster die Verbrechen publik machte, würde Bernhardt als Zeuge auftreten. Gesagt, getan: Ridenhour schrieb Dutzende von Briefen – an den ranghöchsten Banditen Nixon, an die Vorsitzenden der Vereinigten Stabschefs, an den Außen- und Verteidigungsminister sowie an 29 Kongreßabgeordnete. Natürlich ist dem Unternehmen eine gewisse Naivität nicht abzusprechen, denn die überwiegende Mehrzahl der Adressaten wußte nicht nur von diesen Verbrechen, sondern hatte sie ja selbst befohlen und würde sie jederzeit gutheißen – wenn nicht, ja wenn nicht die Öffentlichkeit davon erfahren hätte. Hier kommt ein weiterer Name ins Spiel: jener des seinerzeit noch weitgehend unbekannten Journalisten Seymor M.

---

* Wie viele andere Mitteilungen ist auch das Nachfolgende der akribisch recherchierten Monographie von GREINER (2009) entnommen. Wäre da nur nicht die professorale Ausgewogenheitssucht des Verfassers, die gegen Ende hin sich zu einem Crescendo steigert, könnte man das Werk ohne jede Einschränkung empfehlen. Durch den Fleiß seines Verfassers wird es jedoch den Rang eines Standardwerks für lange Zeit behalten, und das völlig zu Recht.

Hersh, der später zum »Vater des investigativen Journalismus« avancierte (wir erwähnen diese blödsinnige Tautologie, ohne sie weiter zu gebrauchen: einem Sachverhalt nachzuspüren, lat. *investigare*, sollte die Voraussetzung jedweder Berichterstattung sein, sofern sie eben nicht von Panegyrikern betrieben wird; der Sinn dieses Neologismus besteht in der Suggestion, daß es »auch« kritische Journalisten gibt, mit denen man als Feigenblätter vor dem Mont Blanc der systematischen Lüge wedeln kann). Ridenhour war mit seinen Enthüllungen bei den großen Blättern seines Landes abgeblitzt, was nicht weiter verwundern sollte (und es schadet nichts, ganz im Gegenteil, sich die windigen Ausreden und die aalglatte Heuchelei der professionellen Lügner auszumalen: »Tut mir leid, können wir unseren Lesern nicht zumuten«, »Bringt doch nichts, in längst vergangenen Sachen rumzuwühlen« – jetzt sind Sie an der Reihe!), aber Hersh setzte nach, recherchierte und fand mit viel Geduld und List nach langen Wochen einen Verleger (nicht, daß dies ein Ehrenmann im Kreis von lauter Mafiosi gewesen wäre; er folgte einfach dem Kalkül, daß diese Verbrechen nicht mehr lange verschwiegen werden könnten – Ridenhour und den Veterans Against the War sei Dank –, und da war es allemal besser, wenn man selbst in kleinen Enthüllungsdosen anfing, denn »Nachrichten erfährt man aus der Zeitung«, und das ist das höchste Gut der Herrschenden[270]). Jedenfalls platzte die mediale Bombe, und dem rechtschaffenen Teil der Erdbewohner sträubten sich die Haare. Mochte Nixon in seinem Oval Office toben und Hersh als einen »dreckigen, verderbten Juden aus New York«[271] beschimpfen – doch, der US-Präsident war wirklich ein waschechter Faschist –, an den amerikanischen Kriegsverbrechen ließ sich nichts mehr herumdeuten. Sie stießen hier allenfalls noch bei Altnazis mit ihrer »Rübe ab«-Mentalität auf Sympathien, während Schüler und Studenten gegen das Unrecht aufbegehrten und das Opfer der imperialistischen Aggression zur symbolischen Figur für die Berechtigung des politischen und militärischen Widerstands auserkoren: so kam Ho Chi Minh auf Plakaten in die Straßen westdeutscher Großstädte.* Es war die Zeit, in der Peter Weiss seine Stücke schrieb und diese auch aufgeführt wurden.

---

* Wie fern diese Zeiten sind! Bereits bei den US-Überfällen auf den Irak und der NATO-Aggression gegen Jugoslawien untersagten die Organisatoren der durchaus zahlenstarken Demonstrationen das »Mitführen nationaler Symbole« – d.h. der Fahnen der überfallenen Länder – und das Zeigen von Fotos der Präsidenten der entsprechenden Länder (Saddam Hussein und Slobodan Milošević). Unter der Federführung friedensbewegter Pazifisten und von Schlägern aus dem Schwarzen Block wurden Protestkundgebungen so unter der Hand zu potentiellen Pogromunternehmen umfunktioniert. Die Saat der pro-imperialistischen Provokateure ist aufgegangen: Heute gibt es keine Kundgebungen gegen imperialistische Angriffskriege mehr, nur verlorene Häufchen von ein paar Dutzend Aktivisten. Es zählt mittlerweile geradezu zum guten Ton, gegen die Opfer imperialistischer Angriffskriege als »Verbrecher gegen die Menschenrechte« vom Leder zu ziehen; man lese einfach die wortreichen, gewundenen, Feigheit ausdünstenden Wortkanonaden, mit denen sich die Wortführer der »Linken«, mit Diäten gut gemästet, vom Libyer Ghaddafi, vom Iraner Ahmadinedschad und vom Syrer Assad »distanzieren«, ein bißchen Kaiserschelte nach Washington einflechten und dabei ganz frech unter dem Teppich hervorlugen. Fürsten früherer Zeiten hielten sich für solche Zwecke Hofnarren, nur waren die lustiger. »Warnte« nicht unlängst ein solcher »Linker«, der 2012 für den Parteivorsitz gehandelt wurde, vor einem »überstürzten Abzug« der Bundeswehr aus Afghanistan mit den Hinweis, man dürfe nicht denselben »Fehler« wie die Amerikaner in Vietnam begehen? Womit wir wieder beim Thema wären – wer hier nicht tiefen Ekel empfindet, um dessen Menschsein ist es definitiv geschehen.

Aber auch bei den Protesten gegen Vietnam kam es zu lynchartigen Szenen verhetzter, projektiver Kleinbürger gegen die »langhaarigen Gammler« vom SDS. In der »Frontstadt« Berlin kam es nach der Regentschaft des dezidierten Antikommunisten und späteren Verfassungsbrechers Willy Brandt (er war zu diesem Zeitpunkt schon Außenminister der »Großen Koalition«) zu proamerikanischen Kundgebungen und Ausschreitungen, die beinahe tödlich geendet hätten. Es war eine Kundgebung »Für Freiheit und Frieden« – für was denn sonst. Ein Amateurfotograf, der Verwaltungsangestellte Mende, versuchte Aufnahmen zu machen, wie Teilnehmer der Kundgebung rote Fahnen verbrannten. Mende hatte einen Nachteil: sein Äußeres glich dem (restlos überschätzten) Rudi Dutschke, gegen den die Springer-Blätter seinerzeit ein Kesseltreiben entfacht hatten. Gegenüber dem ›Stern‹ (10/1968) sagte Mende aus: »Als ich wegging, folgte mir ein älterer Mann mit einer roten Armbinde. Er begann mich zu stoßen und rief: ›Kommunistensau, hau ab.‹ Da tönte es plötzlich aus der Menge heraus, immer lauter: ›Hier ist Dutschke.‹ Das ging wie ein Lauffeuer durch die ganze Menge. Sie kam in Bewegung und rückte auf mich zu. Da rief ich: ›Ich bin ein Arbeiter wie ihr.‹ Man trat mir dennoch mit Schuhen ins Gesicht. Dann hatte jemand eine Flasche in der Hand und schlug auf mich ein. Ich spürte am ganzen Körper nur noch Schläge. Irgendwie konnte ich mich aber wieder aufrappeln.« Ein 42jähriger Polizeioffizier, der seinen Namen nicht nennen durfte, sagte aus: »Es war für uns eine ganz neue Erfahrung: das war ja eine entfesselte Masse. Ich war gerade nach vorn gegangen, um die Lage zu erforschen, als mir der junge Mann entgegengerannt kam. Er lief mir direkt in die Arme, fiel mir um den Hals und stammelte: ›Um Gottes willen, schützen Sie mich, die wollen mich totschlagen.‹ Hinter ihm her kamen an die tausend Leute, die uns beide nun noch vierzig Meter weit verfolgten. Dann hatten sie uns eingeholt. Die Leute johlten und riefen: ›Schlagt den Dutschke tot.‹ Ich bekam Schläge auf den Rücken. Wir wurden zu Boden geworfen. Die Menge war außer sich. Wir haben uns dann die letzten Meter bis zum Wagen irgendwie hingeschleppt. Ich konnte gerade noch die Tür aufreißen und den jungen Mann hineinstoßen.« Abschließend das Fast-Lynchopfer Mende: »Die Leute wollten darauf den Mannschaftswagen umkippen. Zwei von ihnen schlugen eine Scheibe ein. Ich sah durch das Fenster entstellte und tierische Gesichter. Die Menge brüllte draußen: ›Lyncht ihn, hängt ihn auf.‹« (Man stelle sich dasselbe einmal mit entgegengesetzt motivierten Teilnehmern vor – hätte es dann nicht lange Nachspiele mit viel Begleitmusik gegeben?)

Tja – so ging es zu im »freien Westen«. Pogromisten agieren mit staatlicher Rückendeckung, wobei sie gelegentlich begrenzte Konflikte mit ihren Förderern und Finanziers eingehen, damals wie heute. Nur: damals waren es Altnazis, heute geschieht es arbeitsteilig zwischen Pseudolinken/Grünen und dem Schwarzen Block.

Sagten wir vorhin, Calley und Konsorten hätten sich für ihre Taten vor Gericht verantworten müssen? Nun, dann gilt es diese Aussage dringend zu relativieren. »Nach 16 Monaten Ermittlungsarbeit [...] galten 49 von 99 Soldaten der C-Company« – sie hatte die Massaker in My Lai durchgeführt – »als tatverdächtig, 44 von ihnen wegen Mordes, fünf wegen Vergewaltigung. [...] Auf einen Mörder kam ein Verweigerer oder in Ausnahmefällen ein Soldat, der Einspruch erhob.«[272] Aber, aber: Letztlich sollten nur 26 Soldaten vors Kriegsgericht gestellt werden, und von diesen entzogen sich 15 dem Zugriff der Justiz: sie hatten »gute« Anwälte, also Rechtsverdreher, Paragraphenfuchser, die sich in der Welt der Verfahrenstricks bewegten wie der Fisch im Wasser. Und plötzlich nahm ein Zeuge seine Aussage zurück, während ein anderer sich nicht mehr richtig erinnern konnte. Zudem wurde im Lauf der Verhandlungen die Schwere der Verbrechen durch die hohe Kunst des Euphemismus abgedämpft. Während die Verteidiger offen ihre Sympathien für die »guten amerikanischen Jungs« äußerten, die »nur ihren Job getan« hätten, entfalteten die ermittelnden Richter eine wahre Virtuosität in der Disziplin der Beschönigung: »Der Begriff ›Massaker‹ wurde durch ›Tragödie großen Ausmaßes‹ ersetzt, statt des Hinweises auf getötete Frauen, Kinder, Babys und Alte war von ›Opfern unter Nichtkombattanten‹ die Rede, und aus Vergewaltigungen wurden ›sexuelle Belästigungen‹.«[273] Und dann kamen die Freisprüche erster Klasse für die wenigen verbliebenen, durch die Faktenlage eindeutig überführten Schlächter. Aber wir wollen nicht ungerecht sein: einer wurde unehrenhaft aus der Armee entlassen. Und einer wurde tatsächlich verurteilt, der Sündenbock, der Arsch vom Dienst: Leutnant William Calley.

Aber damit war noch lange kein Ende der Justizfarce: Am 31. März 1971 zu lebenslanger Haft wegen vorsätzlichem Mord »in nicht weniger als 22 Fällen« und wegen eines Übergriffs mit Tötungsabsicht verurteilt – wie locker sitzen der US-Justiz doch sonst Giftspritze und elektrischer Stuhl, aber: Kriegsverbrecher müßte man sein! –, ordnete Nixon die Unterbringung in Hausarrest bis zur Eröffnung des Revisionsverfahrens an. Aber was sollen überhaupt Gerichte in einer Wahlmonarchie: Nixon kündigte an, den Fall in letzter Instanz selbst zu entscheiden. Nach fünf Monaten änderte ein anderer Richter das ursprüngliche Urteil in 20 Jahre Haft bei harter Arbeit um. Harte Arbeit? Drei Jahre später senkte der Armeeminister – dem in der Wahlmonarchie wohl auch justitielle Befugnisse zukommen – das Strafmaß auf zehn Jahre. Zehn Jahre? Ein halbes Jahr später wurde die Freilassung Calleys auf Kaution verfügt. Freunde der Rechtsstaatlichkeit sind vielleicht auf die Begründung gespannt, und sie sei ihnen nicht vorenthalten, denn sie ist aller Rede wert und

US-Amerika bekanntlich das Land der unbegrenzten Möglichkeiten. Richter Robert Elliott führte mit Verweis auf die »Ungerechtigkeit« des Militärgerichtsverfahrens aus: »Man muß bedenken, daß Krieg eben Krieg ist und daß es alles andere als ungewöhnlich ist, wenn unschuldige Zivilisten zu Opfern werden. Das war in der Geschichte schon immer so. So war es auch, als Joshua in biblischen Zeiten Jericho einnahm. […] Und Joshua wurde nicht wegen des Gemetzels unter den Zivilisten von Jericho angeklagt. Sondern der ›Herr war mit Joshua‹, wie wir wissen.« Goldene Worte, würdig einer »Demokratie« in der »freien Welt«! Aber was um alles in der Welt hat man dann heute eigentlich gegen die islamischen Fanatiker, die auch nichts anderes sagen? Durch so viel staatliche Fürsorge sowie durch patriotische Fanpost von über hunderttausend Unterstützern frech geworden (wobei die Zuschriften der Frauen im Durchschnitt aggressiver und im Ton ordinärer waren), tönte der Massenmörder noch Jahre nach seiner Freilassung: »Babys! Die kleinen, unschuldigen Babys! Falls Ihr Sohn eines Tages von diesen Babys getötet wird, werden Sie mich anschreien: Warum haben Sie damals diese Babys nicht umgelegt?« Und Calleys Brigadekommandeur Oberst Oran Henderson deklarierte den feigen Mord an Zivilisten ungerührt als Normalität: »Jede Brigade in Vietnam hatte ihr My Lai, aber nicht jede hatte einen Verräter.«[274] Damit war der Gefreite Ronald Ridenhour gemeint, der allen Anlaß hatte, sich in seiner Haut unwohl zu fühlen. Völkermord? Nur US-Amerikaner dürfen …

Trocken wie immer, nüchtern bis zum Anschlag, zieht Verfasser Greiner das zutreffende Resümee: »Nach 44 Monaten Hausarrest war der Massenmörder von ›My Lai (4)‹ wieder auf freiem Fuß.«[275] Immerhin: »Massenmörder« hat er gesagt. Aber er bekommt wenig später, als er auf den »Täterschutz« bei diesen Verfahren Bezug nimmt, auch Sätze wie diesen hin: »Warum dem so war, ist angesichts der rudimentär überlieferten Prozeßakten nicht in der wünschenswerten Präzision zu beantworten.«[276] Da muß man eben noch ganz viel forschen, gelt, Herr Professor?

Muß man eben nicht. Der Verfasser selbst hat verdienstvollerweise eine solche Fülle an Material ausgebreitet, daß man schon Beamter sein muß, um daraus nicht den naheliegenden logischen Schluß ziehen zu können. Er lautet: Ein imperialistischer Staat deckt seine Kriegsverbrecher unter Bruch seiner Landesgesetze, seiner Verfassung und der internationalen Rechtsnormen. Punkt. Er tut es damals wie heute.

Es wurde zuvor gesagt, daß die Auslassungen in Calleys Tagebuch noch beredter sind als seine Mitteilungen, und hier kommen die Prozesse zum Tragen, so pervertiert sie auch waren und so sehr sie einen höhnischen Abgesang auf die einfachsten Prinzipien der Rechtsstaatlichkeit darstellen mochten. Führen wir uns in Auszügen vor Augen, was Täter und Zeugen über die Massaker von My Lai zu berichten wußten.

Zum Vorgehen der C-Kompanie, die von dem Kriegsverbrecher Hauptmann Ernest Medina befehligt wurde (er konnte trotz erwiesener Folter und Mord in zahlreichen Fällen den Gerichtssaal am 21. September 1971 als freier Mann verlassen) und in der auch Calley als Führer eines Zugs (*platoon*) den harten Mann zu markieren meinte, sagte der GI Frederick Widmer – der damit geprahlt hatte, einem kleinen Jungen eine Kugel ins Genick gejagt zu haben – als Zeuge aus: »Je mehr Einsätze wir hatten, desto mehr Gefangene wurden umgebracht.« Ein anderer Soldat der Kompanie, Harry Stanley, steuerte folgende Episode bei: »In einem Fall beobachtete Calley, wie einer seiner Soldaten einen alten Mann während eines Verhörs mehrmals schlug und anschließend in einen Brunnen stieß. Der Alte klammerte sich am Gemäuer fest, Calley legte mit seiner M-16 an und erschoß den Mann.« Meinte der Leutnant diesen Mord, als er in seinem Tagebuch festhielt: »Ich habe vielleicht sogar einmal einen Vietnamesen gekillt«?

Aber das war ja noch vergleichsweise harmlos. Der Historiker Greiner, der wirklich *sine ira et studio* schreibt, faßt die Mordexzesse der C-Kompanie wie folgt zusammen:

> Ohne erkennbaren äußeren Anlaß eröffneten die vom Norden und Süden vordringenden Kleingruppen der C Company sofort und an mehreren Stellen gleichzeitig das Feuer. Manche Soldaten schossen aus der Distanz, andere gaben aus nächster Nähe gezieltes Einzelfeuer, einige stellten ihre M-16 auf Dauerfeuer oder streuten ihre Kugeln im Halbrund, die M-60-Maschinengewehre in die Hüfte gestemmt. Mitunter warfen sie auch Handgranaten in verängstigt am Boden kauernde Gruppen. Körper wurden in Stücke gerissen, Gehirne von der Druckwelle der M-16-Geschosse aus der Schädeldecke gedrückt, Gewebefetzen und Knochensplitter flogen durch die Luft, Menschen lagen von Bajonetten und Messern verstümmelt in Blutlachen: GIs hatten Ohren oder Köpfe abgetrennt, Kehlen aufgeschlitzt und Zungen herausgeschnitten, Skalps genommen. [...] Binnen Minuten hatte die C Company eine imaginierte Kampfzone in ein wahrhaftiges Schlachthaus verwandelt.

Im Vergleich zum Koreakrieg verfügte der durchschnittliche US-amerikanische Infanterist in Vietnam über die sechsfache Feuerkraft, die häufig dazu eingesetzt wurde, um die Opfer regelrecht zu zerlegen. Manchmal machte man es aber auch salopp und erschoß etwa einen alten Mann, der auf dem Boden kauerte, im Vorbeigehen, ohne im Schritt innezuhalten. –

Es hatte schon seinen Grund, daß die US-Soldaten »mit Vietnamerfahrung«, wie es vornehm hieß, bei den Herbstmanövern der NATO (»Reforger«) im Frontstaat BRD während der 70er Jahre ob ihrer Brutalität berüchtigt waren, auch wenn ihnen bei diesen Gelegenheiten nur Platzpatronen zur Verfügung standen. Piloten der Cobra-Kampfhubschrauber, auch sie *veterans*, demonstrierten eindrucksvoll, wie sie gepanzerte Verbände am Boden (zu denen der Verfasser dieser Zeilen zählte) außer Gefecht setzen konnten. Wie mochte das erst bei einem aus Bambushütten bestehenden Dorf in einem Reisfeld sein? Der GI Michael Bernhardt – wir hatten ihn bereits als einen integren, aufrichtigen Menschen kennengelernt – beschrieb die »Tötungsarbeit« seiner (wie wir diesen Menschenschlag beim »Bund« bezeichneten) Kameradenschweine wie folgt:

> Sie gingen auf dreierlei Weise vor. [Wie angenehm klingt allein dieses »sie« anstelle des »wir«; P. P.] Sie setzten die Häuser und Hütten in Brand, warteten, bis die Leute herauskamen, und schossen sie dann nieder. Sie gingen in die Häuser hinein und mähten sie nieder. Und sie trieben die Menschen zu Gruppen zusammen und erschossen sie.

Auch befestigte Unterstände, Gräben und Bunker boten keinen Schutz, wie der Soldat Gregory T. Olsen schilderte: »In der Mitte des Dorfes rannten die GIs kreuz und quer durcheinander und warfen Granaten in die Bunker.« Aber wo bleibt bei allem unser Held Calley? Hier ist er, und zwar in der Zeugenaussage des notorischen Vergewaltigers Dennis Conti:

> »Viele Frauen hatten sich schützend über die Kinder geworfen. Und die Kinder überlebten zunächst auch. Als die Kleinen, die schon laufen konnten, aufstanden, erschoß Calley sie der Reihe nach.« Calley allein soll vier oder fünf Magazine zu je 20 Schuß verfeuert haben. Dennis Conti: »Er [Calley] drehte sich um und sagte: ›Okay, gehen wir.‹ Wir drehten uns um und gingen weiter.« In diesem Moment entdeckten sie zehn weitere Personen, Frauen und Kinder, die […] in den Dschungel flüchteten. »Holt sie euch! Holt sie euch! Tötet sie!«, brüllte Calley. Die Gruppe überlebte, weil die Squad [kleinste militärische Einheit, »Gruppe«, ca. 8 Personen; P. P.] keine Zeit zum Nachsetzen hatte. Von den Leichen im Reisfeld konnten 61 identifiziert werden.
>
> Calley zog mit seinen Soldaten weiter zum Bewässerungsgraben. Dort waren mittlerweile über 100 Personen zusammengetrieben worden, die meisten aus Xom Lang und einige auch aus dem 500 Meter entfernten Binh Dong. Calley begrüßte die Bewacher mit den Worten: »Wir haben einen weiteren Job zu erledigen.« [Aussage Paul Meadlo; P. P.] Mehrere GIs stießen die Menschen in den Graben oder prügelten sie mit ihren Gewehrläufen hinein, Calley erschoß ein zweijähriges Kind, das zum Rand des Grabens hochgekrabbelt

war, schlug und erschoß einen Mönch, der keine Auskunft über den Aufenthaltsort des Vietcong geben konnte, tötete eine alte Frau, die auf einer Trage zum Graben gebracht worden war. Die Menschen kreischten, bettelten um ihr Leben. Mindestens acht GIs stellten ihre M-16 auf Automatik, einer bediente ein Maschinengewehr, ein anderer warf Handgranaten, ein Squadführer versuchte, die Schützen in einer Reihe aufzustellen, irgend jemand befahl Einzelfeuer, um Munition zu sparen, Paul Meadlo allein verbrauchte über 400 Schuß. Von den Leichen im Bewässerungsgraben konnten 110 identifiziert werden.

Wie schrieb Calley noch einmal? »Ich habe vielleicht sogar einmal einen Vietnamesen gekillt.« Und man fragt sich bei der Lektüre solcher Zeilen, was die Amis eigentlich gegen die Nazis haben ... Ihr Vorgehen in Vietnam unterscheidet sich nämlich in nichts Erkennbarem (oder erkennen Sie irgendeinen edlen und feinen Unterschied? Bitte melden!) vom Wüten der SS-Divisionen in Polen, im Baltikum und im europäischen Teil der Sowjetunion (weiter kamen sie gottlob nicht, denn bei Stalingrad war Schluß mit lustig). – Mit Paul Meadlo hatte es eine besondere Bewandtnis: Er hatte nämlich Skrupel, ja, er spielte lieber mit den ihm zur Bewachung überstellten Kindern, anstatt sie zu mißhandeln oder einfach abzuknallen. Der Soldat James Dursi sagte aus: »Calley bemerkte Meadlos Widerwillen und ließ ihn nicht mehr in Ruhe. […] Calley wachte persönlich über Meadlos Verhalten […], stellte sicher, daß er bei der Stange blieb. Meadlo hat die ganze Zeit über laut geheult.« Es nützte ihm auch nichts, die anderen Soldaten anzuflehen, sie möchten die wehrlosen Opfer an seiner Stelle umbringen. Aber wie verhält man sich in einer solchen Situation? Unklug wäre es gewesen, Calley zu erschießen, dann wäre man selbst innerhalb von einer Minute tot gewesen oder vor ein Militärtribunal gestellt worden, was auf dasselbe hinausgelaufen wäre. Eine gute Antwort gibt die Geschichte: Als zur deutschen Wehrmacht zwangsverpflichtete Soldaten Kommandos zugeteilt werden sollten, die polnische, baltische, russische, griechische, jugoslawische Zivilisten erschießen sollten, weigerten sich etliche mit dem Verweis, dieses sei mit ihrer soldatischen Ehre nicht zu vereinbaren; sie hätten selbst Familie und würden deshalb nicht auf Kinder, Frauen, Greise oder wehrlose Männer schießen. Und es passierte ihnen: NICHTS, nachweisbar NICHTS, obwohl die Wehrmachtsoffiziere bei Befehlsverweigerung kein Pardon kannten (dies gilt für jede kriegführende Armee, die gewinnen will, und ist *kein* Nazi-Spezifikum). Diese Soldaten, die tatsächlich einen Ehrbegriff besaßen und Mumm in den Knochen hatten, wurden einfach aufgefordert, in die hinteren Reihen zu treten, UND DAS WAR ES. Sie wurden nicht einmal disziplinarisch belangt.

Meadlo hätte also sein Gewehr in den Schlamm legen oder mit der Mündung in den Boden stecken und mit ruhiger, aber fester Stimme – das ist wichtig – sagen müssen: »Ich beteilige mich nicht an der Ermordung Wehrloser und Unschuldiger.« Calley hätte gebrüllt und getobt, wie es nun einmal die Eigenart solcher Feiglinge und Choleriker ist, aber ob er Meadlo erschossen hätte, ist schwer die Frage. Er hätte dies wahrscheinlich selber nicht lange überlebt; Kämpfe im Reisfeld können sehr chaotisch und unübersichtlich verlaufen, und wie leicht hat sich mal eine Kugel verirrt – ‚tschuldigung! Aber Meadlo war zu schwach, und so nahm die Geschichte eine andere Wendung. Meadlo trat wenig später auf eine Mine und verlor einen Fuß. »Das hat Gott mir angetan als Strafe für das, wozu Du mich gezwungen hast; Gott wird auch dich kriegen!«, brüllte er Calley an. Meadlo war eben schwach und leider auch etwas dumm, aber kein moralisches Schwein und kein Sadist. Seine Mutter sollte später vor Gericht aussagen, sie habe dem US-Militär einen guten Jungen gegeben, und man habe aus ihm einen Mörder gemacht. Sie hatte wohl recht.

Daß das hier vorgeführte Verweigerungs-Szenario realistisch ist und Aussicht auf Erfolg hat, belegt eine andere Episode um den Schlächter Calley. Auch der Vergewaltiger Conti wollte an der Massenexekution nicht teilnehmen und sagte der Truppe, Calley solle es alleine tun. Dann trat eine lehrreiche Eskalation ein: »Am Bewässerungsgraben war folgender Streit zwischen Calley und einem Gefreiten zu hören: »›Maples, lad dein Maschinengewehr und erschieß diese Leute.‹ – ›Ich werde diese Menschen nicht töten. Du kannst mir nicht befehlen, das zu tun.‹ – ›Ich werde dich vor ein Kriegsgericht stellen.‹ Calley legte mit seiner M-16 auf Maples an, gab aber klein bei, als andere Soldaten sich schützend vor ihren Kameraden stellten.« Wie vergleichsweise einfach kann man also einen Verbrecher, und sei er unmittelbarer Vorgesetzter und dazu noch bewaffnet, ins Leere laufen lassen! Das wichtigste ist der Dialog untereinander und die Solidarität im entscheidenden Moment. Ein weiterer GI schoß sich in den Fuß – angeblich aus Versehen –, um nicht am Massenmord teilnehmen zu müssen; auch er hat großen Anstand und Mut bewiesen.

So mußte Calley selbst im Schlechten vorangehen, um die minderwertige Hälfte der Einheit auf seine Seite zu ziehen: »Eine Frau hatte er aus nächster Nähe mit seiner Pistole hingerichtet, vor aller Augen mißhandelte und tötete er einen buddhistischen Geistlichen: ›Der Hurensohn – bum. Er hatte mich frustriert.‹« Hier ist sie wieder, die rätselhafte Fühllosigkeit des Massenmörders; »Frustration« scheint kaum ein ausreichender Grund zu sein, um einen

Menschen, der einem nichts getan hat und dessen Tod von keinerlei Vorteil für den Mörder ist, so mir nichts, dir nichts »auszuknipsen«. Nur einmal zeigte Calley heftige Emotionen bei einer bezeichnenden Gelegenheit, die einer tieferen Reflexion wert ist:

> Calley hatte gerade die Ermordung von mehreren Dutzend Personen befohlen, als er einen Soldaten entdeckte, der eine Frau zum Oralsex zwingen wollte. »Er hatte sie bei den Haaren gepackt, um sie auf die Knie zu zwingen. […] Ich rannte zu ihm. ›Zieh dir deine gottverdammten Hosen an‹, schrie ich, ›geh dahin, wo du hingehörst! […] Weshalb war ich eigentlich so moralisch? Weil es nicht die Aufgabe eines GIs ist, jemanden zu vergewaltigen. Damit vernichtet er den Kommunismus nicht. […] Es war einfach so, daß wir gekommen waren, um zu vernichten. Wenn sich ein GI Vorteile verschaffen will, dann hält er sich nicht an das, für was wir ihn bezahlen. Er ist dann nicht kampftauglich.«

Es ist sonderbar: Calley – ein Massenmörder mit »Moral«? Es bleibt bemerkenswert, mit welcher Kaltschnäuzigkeit er die Massenvernichtung als seinen »Job« bezeichnet und so selbstverständlich ausübt, wie andere Leute ins Büro gehen, aber – wie sagt man in solchen Kreisen? – »sauber bleiben!« Liegt hier also ein Niederschlag der calvinistischen Sittenstrenge vor? Wohl kaum, denn Calley sagt auch hier nicht die ganze Wahrheit.

In Wirklichkeit hatte er überhaupt nichts dagegen, wenn die Soldaten vor seinen Augen vietnamesische Frauen vergewaltigten, und das kam nicht nur einmal, sondern regelmäßig vor. Wir schlagen nun das mit Abstand scheußlichste Kapitel des an Scheußlichkeiten reichen Vietnamkriegs auf und schicken voraus, daß auf das Verbrechen der Vergewaltigung in Friedens- wie in Kriegszeiten die Todesstrafe stehen sollte. Warum? Das Opfer ist irreversibel geschädigt und eine Wiedergutmachung nicht möglich. Die Hinrichtung des Täters sollte zu keinem anderen Zweck als der Abschreckung potentieller Nachfolgetäter erfolgen. Voraussetzung ist allerdings ein fairer, öffentlich geführter Prozeß; der Beschuldigte sollte uneingeschränkten Anspruch auf Verteidigung haben, und bis zum Beweis seiner Schuld gilt für ihn die Unschuldsvermutung (im Gegensatz zum »Wetterfrosch« Kachelmann). Im Falle des Schuldspruchs sollte die Hinrichtung öffentlich erfolgen und auf allen Fernseh-Kanälen übertragen werden. Ehrenvolle und leidensabkürzende Formen der Hinrichtung wie Erschießen oder Köpfen sollten ausscheiden; Hängen wäre das Mittel der Wahl. Bei erwiesener Falschbeschuldigung sollte nach dem Talionsprinzip dieselbe Strafe an der Person vollzogen werden, die die falsche Beschuldigung (nur niedere Motive sind denkbar: Rache oder Erpressung) erhoben hat. Dieses Sexualstrafrecht soll vor dem Hintergrund maximaler, staatlich garantierter Freiheit zur Anwendung kommen: Sexualität ist Privatsache, geht also weder Staat noch Kirche, noch sonst irgend jemanden an. Die einzigen Grundlagen sexueller Handlungen sind Freiwilligkeit und gegenseitiges Einverständnis, was Gewalt, Erpressung und Prostitution ausschließt. – Hei, wie würde da eine Schwarzer kreischen! Einen »Fall Kachelmann« würde es dann jedenfalls so schnell nicht mehr geben. Es gibt nichts Unfeministischeres, Unchristlicheres, Unislamischeres als die Humanisierung der Sexualität. Und der *American way of life* mit seiner Unzahl sexualrepressiver Gesetze, die nun über Europa gestülpt werden*, mit seiner Mischung aus Kinderschänderhysterie, Jugendkriminalisierung, Existenzvernichtung durch Proskriptionslisten, aus Beschneidung und Intim-Deo – könnte abstinken.

Jeder weiß, daß in den USA das berüchtigte »F-Wort« verpönt und sein öffentlicher Gebrauch verboten ist. Und jeder weiß, daß es niemand so oft gebraucht wie eben die Amerikaner. Und dazu paßt schließlich, daß mit der durch den Calvinismus besonders rigiden Sexualrepression die Massenneurotisierung, die psychische Verkrüppelung und Bestialisierung der Sexualität besondere Ausmaße annimmt. Vietnam, für welches das Völkerrecht ohnehin keine Geltung hatte, war das Exerzierfeld dieser Psychopathologie. Hier konnte sich die sexuelle Gewalt in allen ihren krankhaften Formen ungestraft austoben. Hier konnten, drastisch ausgedrückt, die Sexualkrüppel unter den *all American boys* ungehindert (und ungestraft) die Sau rauslassen. Hier war die Folter nicht die Ausnahme, sondern die Regel, und der Kern der Folter ist, wie die unverfälschte Psychoanalyse lehrt, der Genitalsadismus in Form der Vergewaltigung und der Genitalverstümmelung.

Vom 20. November bis zum 1. Dezember 1967 tagte im dänischen Roskilde das zweite Russell-Tribunal unter Vorsitz der Schriftsteller Jean-Paul Sartre, Günther Anders und Peter Weiss. Die Weltöffentlichkeit wußte allenfalls, daß über dem fernöstlichen Landstrich ein erbarmungsloser Luftkrieg tobte:

---

* Vgl. Steinbach 2007, 2009, 2012 sowie die Sondernummer 157/158 der ›Ketzerbriefe‹ über den Kinderschänder-Wahn und die Verfolgung des Regisseurs Roman Polanski. Diese Nummer wurde von der »Bundesprüfstelle für jugendgefährdende Medien« in Bonn mit lügenhaften Behauptungen und unter haarsträubender Verletzung von Logik und Grammatik auf den Index gesetzt. Erst nach massiven Protesten wurde die Indizierung vorläufig rückgängig gemacht (vgl. ›Ketzerbriefe‹ 161), aber die Prozeßmühle ist unerbittlich weiterhin am Mahlen – mit Steuergeldern geht's ja. – Die vorherigen Zitate in Greiner 2009, S. 320, 325, 336, 32, 544, 340 f., 324 f.

Johnsons »Rolling Thunder« sorgte für eine »saubere«, da auf Distanz erfolgende Massenvernichtung (und nur Idioten hielten ihm zugute, daß er dabei nicht Zyklon B benutzte). Daß überhaupt Bilder kursierten, die das entsetzliche Leid der Bevölkerung, zunehmend aber auch die steigende Zahl der in Zinksärgen zurückkehrenden GIs zeigten, war ausschließlich der Existenz des »Ostblocks« zu verdanken, dem man in der Berichterstattung zuvorkommen mußte (»Nachrichten erfährt man aus der Zeitung«, lautet, wie bereits erwähnt, das wichtigste, ungerechte Herrschaft sichernde Prinzip), wenn man ihm nicht das politische Plus der Aufklärung über brisante Inhalte und das moralische Plus der Verurteilung von Unrecht kampflos überlassen wollte. Also mußte der imperialistische Wolf Kreide fressen und so tun, als sei er an der historischen Wahrheit wenigstens ein bißchen interessiert und dabei so knalle-selbstkritisch, wie man in der knalle-freiesten aller Welten nur sein kann. In Wirklichkeit war die Weltöffentlichkeit in jener versunkenen Epoche durchaus ein Faktor, den zu berücksichtigen selbst den Vereinigten Staaten ratsam erschien, und allein aus diesem Grund war jene Epoche – allen Kriegsverbrechen und der Gefahr eines nuklearen Armageddons zum Trotz – besser als die trübe Jetztzeit des Mono-Imperialismus. Wenn heute Nachrichten über Kriegsverbrechen veröffentlicht werden, so sind sie ausschließlich selektiv und tendenziös, ausschließlich zum Vorteil des US-amerikanischen Weltherrn. Denn entweder sind es reine Phantasieprodukte, die dem militärischen Gegner der USA untergeschoben werden (»ermordete Brutkastenbabies« in Kuwait, »Massenvergewaltigungen« der Serben und Libyer, »Massenvernichtungswaffen« Saddam Husseins usw. usf.), oder sie entbehren, falls Nachrichten über Verbrechen der ansonsten hyperhochedlen und freiheitsliebenden USA durchgelassen werden, jeden aufklärerischen Gehalts: Bilder über Elektrofolter im Bagdader KZ Abu Ghraib, das Loslassen scharfer Hunde gegen nackte Insassen dieses Konzentrationslagers und deren sexuelle Erniedrigung werden ausschließlich aus dem Kalkül der unausgesprochenen Botschaft gesendet: »Widerstand ist zwecklos! Ergebt Euch alle, denn Ihr seht, wie wir mit unseren Feinden umgehen!« Jeder weiß das, aber kaum einer gibt es zu.

Natürlich sollte man nicht in den Fehler verfallen, jene Zeiten zu glorifizieren: sonst wäre ein Russell-Tribunal ja gar nicht erforderlich gewesen. Das Quentchen mehr an Freiheit verdankte sich ausschließlich den sowjetischen Atomraketen, die seit den 60er Jahren in Reaktion auf amerikanische Vorrüstungen amerikanisches Territorium erreichen konnten. Tatsächlich war die Bevölkerung im Westen nur schlecht im Bilde, welche Horrorszenen sich im Fernen Osten zutrugen; sie machte sich kaum eine Vorstellung davon, daß die Vietnamesen ihr Leben großteils unter Tage verbrachten, so sie auf dem Land lebten, daß die Großstadtbewohner sich in enge Betonröhren quetschten, wenn die Bomberflotten anrollten, in sogenannte Ein-Personen-Bunker, mit denen die Straßen in Hanoi oder Haiphong gespickt waren. Erst recht keine Vorstellung existierte in den Köpfen, daß der Schrecken der faschistischen Konzentrationslager zum festen Bestandteil des alltäglichen Lebens in Vietnam gehörte.

Ein-Personen-Bunker, Serienfertigung

Hier bot das Russell-Tribunal den Betroffenen ein winziges und dabei so wichtiges Forum, hier konnten sie ihre Stimme erheben, ohne daß sie von den großen Zeitungen Westeuropas weitergetragen worden wäre. Hier schließlich konnte die 18jährige Ho Thi Le aus der Gemeinde My Than berichten, was ihr und ihren Landsleuten widerfahren war:

Am 14. Dezember 1966 sprangen amerikanische Soldaten über meinem Heimatdorf ab und brachten die Bauern auf der Stelle um. Acht junge Mädchen und mich selber verschleppten sie in ihr Lager. […] Sie zerrissen meine Kleider und vergewaltigten mich von 10 Uhr morgens bis zum Abend. […] Ich sah, wie meine Kameradinnen bei der Vergewaltigung um sich schlugen. Die amerikanischen Soldaten stießen leere Bierflaschen in die Geschlechtsteile der Mädchen und drückten dann ihre brennenden Zigaretten in der Vagina aus. […] Dann wurde ich gefoltert. […] Als ich wieder zu mir kam, sah ich einige meiner Kameradinnen neben mir liegen. Ich faßte sie an, sie waren tot. Ich nahm alle meine Kräfte zu-

Verstümmelung einer als Kommunistin verdächtigten Vietnamesin

sammen, um aus der Leichengrube herauszukriechen. Ich schleppte mich so lange vorwärts, bis Bauern mich sahen und mich aufnahmen. Seitdem bin ich beständig krank, ich bin ein Krüppel geworden, ich habe meine ganze Jugend verloren … [277]

Wir schalten um in das Jahr 2012, in dem deutsche Schüler Sätze wie diesen lernen müssen: »A national trauma. For the first time ever, the USA had to suffer a humiliating military defeat.« »Kompaktwissen«, wie wir uns erinnern! Aber wer kann hier mit Fug und Recht von einem »Trauma« reden, wer mußte Unsägliches »erleiden«, wer wurde »gedemütigt«: die 18jährige Ho Thi Le und unzählige ihrer namenlosen Leidensgenossinnen oder eine Nation, die ihre Bluthunde von der Leine gelassen hatte und von denen es tatsächlich ein paar kosten sollte? Es fällt schwer, zu entscheiden, was widerwärtiger und verachtenswerter ist: die Bestialität der GIs, die solche Verbrechen begingen, oder die Niedertracht der Lüge. Erst vor dem Hintergrund solcher Greuel erhalten die nachfolgenden Sätze aus einem Flugblatt der südvietnamesischen Befreiungsfront FNL ihr ganzes Gewicht, und diese Sätze gehören, zusammen mit den Verbrechen, auf die sie sich beziehen, in jedes Schulbuch:

> Die amerikanischen Teufel zeigen ihr wahres Gesicht. […] Wenn die amerikanischen Wölfe ihren Schafspelz ablegen, kommen ihre scharfen, fleischfressenden Zähne zum Vorschein. […] Könnt ihr diese kriminellen Freunde weiterhin akzeptieren, die unser Volk abschlachten und Vietnam in ein Meer von Blut verwandeln? Eine bessere Gelegenheit als jetzt wird nicht wieder kommen. Die amerikanischen Gewehre sind in eurer Hand. Ihr müßt sie den Amerikanern an die Schläfe halten und den Abzug drücken. [278]

Dieses Flugblatt richtete sich an die zwangsrekrutierten Soldaten der südvietnamesischen Marionettenarmee: verwendet eure Waffen richtig! Die Widerstandskämpfer trugen hingegen rote Armbinden, auf denen sie ihre Entschlossenheit bekundeten, diese Greuel zu rächen. Wer heute offenen Blicks durch die ausgezeichneten Museen Hanois wandelt, etwa durch das Militär- oder das Revolutionsmuseum, dem werden unscheinbare, zerschlissene weiße Tücher mit verblaßten rosafarbenen Namenszügen auffallen. Das sind die Banner der Befreiungsarmee. Sie enthalten den Schwur, die am vietnamesischen Volk begangenen Verbrechen zu vergelten. Jeder einzelne Kämpfer hat seinen Namen mit seinem eigenen Blut geschrieben.

Ja, die Vergewaltigung vietnamesischer Frauen zählte für die GIs zur *Standard Operation Procedure*, und während ich dies schreibe, fällt mir ein, wie mir als Kind und Heranwachsendem die Ohren gellten von den Berichten entmenschter Sowjetsoldaten der Roten Armee, die im Wodkarausch deutsche Frauen in die Kohlekeller zerrten ... Lange Zeit hielt ich dies für reine Greuelpropaganda oder maßlos aufgebauschte Einzelfälle – warum sollte man jemandem glauben, der über die Nazizeit nur Bockmist erzählte und bei Massenvergewaltigungen durch Truppen des Westblocks, wie sie in Vietnam begangen wurden, durch die Finger schaute? Tatsächlich verhielt es sich wohl so, daß Stalin sein Offizierskorps angewiesen hatte, Vergewaltigungen zu dulden oder gar dazu anzuspornen, um in der deutschen Bevölkerung Furcht und Schrecken zu verbreiten, sie durch Terror in die Flucht zu treiben: Vergewaltigungen durch die Rote Armee, bei denen die moslemischen Soldaten sich besonders hervorgetan und ihre russischen Kombattanten mitgerissen haben dürften, dienten als Instrument zur Vertreibung. Das macht sie natürlich um nichts harmloser oder weniger verbrecherisch, aber es fällt auf, daß die Vergewaltigungen durch russische Soldaten *westlich* der Oder/Neiße-Linie kaum mehr vorkamen, wenngleich sie immer noch nicht sonderlich streng bestraft wurden: Die Beschmierung von Stalin-Porträts wurde strenger geahndet. – Zwei Publizisten, die sich mit dem Thema „Sexualität unter dem Hakenkreuz" befaßten, schreiben von 1,9 Millionen deutschen Mädchen und Frauen, die beim Vormarsch der Roten Armee auf Berlin „mißbraucht" worden waren – eine horrende Zahl, gewiß, aber sie dürfte ohne weiteres ihr Pendant in den zuvor durch deutsche Soldaten vergewaltigten russischen Frauen finden (um die es allerdings verdächtig viel leiser ist). Die beiden Autoren wissen überdies jedoch das Folgende zu berichten: „... auch im übrigen Deutschland werden Frauen Opfer von sexueller Gewalt. Beim Einmarsch der Franzosen in Freudenstadt und Pforzheim werden rund 100 Frauen im Alter von 14 bis 74 Jahren vergewaltigt. In Stuttgart nimmt die Polizei 1198 Fälle von sexuellem Mißbrauch durch französische Soldaten auf."[279] –

Stalins durchweg nationalistische Strategie folgte einem durchsichtigen Kalkül: Unwillige neue »Satelliten« bzw. Glacis-Länder wie Polen, das ein Drittel des Reichsgebiets als Entschädigung erhielt, sollten durch Territorialbestechung gewonnen oder wenigstens besänftigt werden (denn bezüglich Polens hatte Stalin gehörig Dreck am Stecken). Es bedarf kaum der Erwähnung, daß das »völkische« Prinzip Stalins – ein Volk wird mittels Terror vertrieben, um das Volk eines Satellitenstaates zu beschwichtigen – mit Kommunismus *sensu* Marx/Engels und Lenin nicht das Geringste zu tun hatte, denn alle drei einte die Überzeugung, daß die Völker nicht wegen der Verbrechen der Regierungen bestraft werden sollten. Selbstverständlich wäre Volksabstimmung

Bezirk für Bezirk über die künftige Staatszugehörigkeit das Mittel der Wahl gewesen, aber nationale Selbstbestimmung schätzte Stalin so wenig wie ein US-Präsident. Auch sollte sich von selbst verstehen, daß von Soldaten begangene Vergewaltigungen mit sofortigen standrechtlichen Erschießungen vor angetretener Truppe zu ahnden sind. Auffällig ist indessen, daß sowjetische Soldaten die Vergewaltigungen nie als Sport oder während Kampfhandlungen begingen wie die GIs in Vietnam. Auch konnte sich ein Sowjetsoldat, der sich eines solchen Verbrechens schuldig gemacht hatte, nie so sicher sein wie sein US-amerikanisches Pendant: Dort sind nämlich Militärgerichte nur dann zuständig für die strafrechtliche Verfolgung von Vergewaltigung, wenn das Opfer Anzeige erstattet und seinen Peiniger zweifelsfrei identifiziert, harhar ... Anzeige konnten die vergewaltigten Vietnamesinnen in der Regel aber nicht stellen, weil sie anschließend umgebracht wurden. Und hätten sie überlebt wie die bedauernswerte Ho Thi Le, hätten sie sich dann in ein US-Militärcamp begeben und sagen müssen: »Nichts für ungut, aber ich habe ein dringendes Anliegen ...«? Keine Frage: Mit dem Stichwort »Stalinismus« wird ein politisches System der Unfreiheit und Unterdrückung umschrieben. Seine schlimmsten Verbrechen bestanden in willkürlichen Verhaftungen und Massenerschießungen, die schlimmste angewandte Folter war der Schlafentzug, **nie aber**, wie beim deutschen Faschismus und noch viel mehr (!) der amerikanischen Spielart desselben, die sexuelle Erniedrigung, der Genitalsadismus. Der Grund ist einfach zu benennen: Der Stalinismus ist eine Perversion der Aufklärung, als deren konsequenteste und letzte Ausprägung die Lehre von Marx und Engels anzusehen ist. Die Perversion bestand in dem konterrevolutionären Putsch gegen den ersten Arbeiterstaat der Weltgeschichte, gegen die aufgeklärteste, durch Invasion und Bürgerkrieg allerdings schrecklich dezimierte Arbeiterschaft unter der Führung von Lenin und Trotzki. Der Faschismus hingegen knüpft über die Gegenaufklärung (de Maistre, F. J. Stahl et al.) direkt an das Mittelalter an, daher sein finsterer und stinkender Charakter, daher die genitalsadistische Folter, die ja auch zum ehernen Bestandteil jedes Inquisitionsprozesses gehörte (vgl. den heute wieder so aktuellen Friedrich von Spee, ›Cautio Criminalis oder Rechtliches Bedenken wegen der Hexenprozesse‹ das 1631 anonym erschien – warum wohl?). Dazu war der Stalinismus aufgrund seiner historischen Herkunft, als unansehnlicher Bastard der Arbeiterbewegung, einfach nicht in der Lage. Als Schüler nötigte man uns, die Werke des Erzreaktionärs Alexander Solschenizyn zu lesen (ich persönlich hielt mich an die Erzählung ›Ein Tag im Leben des Iwan Denissowitsch‹, weil sie viel kürzer war als seine unverdaulichen Romanbrocken über den »Archipel Gulag«). Solschenizyns Werke enthielten nichts, was ich nicht schon wußte oder mir vorstellen konnte: daß das Lagerleben nämlich verdammt unangenehm ist, besonders bei sibirischer Hundekälte. Das war aber nichts im Vergleich zu dem namenlosen Entsetzen, als ich im Alter von 15 oder 16 Jahren auf Umwegen an den authentischen Bericht eines KZ-Insassen herankam, ohne daß dieser vom Lehrermund vorgekaut gewesen wäre. Diese Lektüre machte mich wirklich fassungslos, weil sie eine mir bis dahin nicht bekannte Dimension des Grauens enthielt (und hinter ihr sich die Dimension der Lüge abzeichnete, mit der die Nazi-Verbrechen vernebelt wurden). Und ist es schließlich nicht pervers, mich und meine Mitschüler mit maßlos übertriebenen Sowjetgreueln vollzutexten, während sie x-fach potenziert eine Generation zuvor in Deutschland und soeben in Vietnam stattfanden? Aber da spielte man Mucksmäuschen…

Über Ausmaß und Erfindungsreichtum der von der US-Soldateska begangenen Sexualverbrechen schreibt der Historiker Greiner:

> Die Zahl der Opfer wird […] für immer im dunkeln bleiben. Fest steht nur, daß die Täter vor nichts zurückschreckten. Individuelle Gewaltakte stehen neben Massenvergewaltigungen, rituelle Inszenierungen vor Publikum neben der heimlichen Tat des Einzelnen, spontane Entscheidungen sind ebenso dokumentiert wie geplante Entführungen, in deren Verlauf junge Mädchen und Frauen unter Drogen gesetzt und oft tagelang mißbraucht wurden. […]
>
> Als wollten sie ihre Opfer für alle sichtbar zu Gefallenen deklarieren und Unbeteiligte an die Stelle des unsichtbaren Vietcong treten lassen, ritzten Soldaten mit dem Bajonett ein großes »C« in die Haut ermordeter Frauen – ein Kürzel für den im soldatischen Slang »Charlie« genannten männlichen Feind. Sie hinterließen die Abzeichen ihrer Kompanie auf den entstellten Leibern, verstümmelten die Geschlechtsorgane ihrer Opfer auf jede erdenkliche Weise – mit Tritten, Leuchtspurmunition und Gewehrkolben. »Frauen, die man für Unterstützer der Vietcong hielt, wurde die Vagina zugenäht oder die Brüste mit erhitzten Bajonetten gebrandmarkt.« [Zitat aus Spencer Tucker, The Encyclopedia of the Vietnam War, 1998] Und schließlich gehörte eine Vergewaltigung in aller Öffentlichkeit, oft in Anwesenheit von Verwandten – so ein Dschungelkämpfer –, zum Ritual, »weil sie einen bleibenden Eindruck bei dem Kerl hinterläßt, […] der beobachten muß, wie seine Tochter rangenommen wird. […] Was wir mit Frauen gemacht haben, war im Vergleich zu Männern noch einmal verdoppelt.«

Armer Irak! Bedauernswertes Afghanistan! – Ein Verhör-»spezialist« der amerikanischen Armee, der eigenen Angaben zufolge über einen längeren

Zeitraum hinweg 20–40 Folterungen am Tag beiwohnte, berichtet eine Scheußlichkeit besonderer Art: »Einmal bekam ich mit, daß ein Mädchen so lange gefoltert wurde, bis sie schließlich auf den Boden menstruierte.« Am 22. Oktober 1967 lockten die Soldaten vom ersten Zug in Calleys C-Kompanie fünf Frauen in einen Hinterhalt, vergewaltigten und ermordeten sie, wobei sie eine Tötung von fünf männlichen Feinden an ihre Vorgesetzten weitergaben. Ein Augenzeuge, der GI James Henry, bestätigte, daß seine Kameraden Spaß am Vergewaltigen und Töten, am Verstümmeln und Sammeln von Leichenteilen hatten. Der Soldat Thomas Partsch sagte aus: »Wenn Sie mich fragen, dann hat Charlie Company in praktisch jedem Dorf, durch das sie kamen, vergewaltigt, zumindest haben sie es überall versucht.« Häufig fanden die Vergewaltigungen statt, wenn die Vorgesetzten – darunter auch Calley – den »Einsatz« offiziell für beendet erklärt hatten. Einige GIs des dritten Zugs der besagten Kompanie – sie hatten das »Pech«, daß ihre Verbrechen im grellen Rampenlicht eines öffentlichen Verfahrens verhandelt wurden, während andere ungestraft im dunkeln meuchelten – hatten einige Frauen zusammengetrieben und wollten die »Vietkong-Huren« sich gefügig machen. Das hörte sich im O-Ton so an: »Laßt mal sehen, woraus sie so gemacht ist.« – »Mein Gott, bin ich geil.« Nur die Anwesenheit eines Fotografen hielt sie von ihrem Vorhaben ab. Wenige Sekunden später waren diese Frauen tot. »Andernorts in ›My Lai (4)‹«, so der Historiker Greiner, »lagen tote Frauen mit aufgeschlitzter Vagina, in einem Fall hatten die Täter einen Gewehrlauf eingeführt und abgedrückt.« Der bereits als Vergewaltiger vorgestellte Dennis Conti ließ nur dann von einer Frau ab, wenn sie ihm »zu schmutzig zum Ficken« war. Abermals Thomas Partsch hielt in seinem Tagebuch unter dem 3. Mai 1968 über einen Patrouillengang lakonisch fest: »Wir gingen ins Tal hinunter. […] Sahen einige Gooks, die davonliefen. Schossen auf sie, aber verfehlten sie. […] Weiter unten im Tal waren einige Hütten. Wir schlugen alles kurz und klein und machten mit den Frauen rum, rissen ihnen die Kleider runter und vögelten sie.« Die US-Gerichte – so sie sich denn widerwillig mit diesen Schweinischkeiten befassen mußten – behandelten die Vergewaltigungen in der Regel als *sexual frolic*, ein sexuelles »über die Stränge schlagen«. Sie schlugen die Verfahren von vornherein nieder, wenn die Penetration nicht zweifelsfrei bezeugt war, und folgten in einem Fall der Aussage von drei Vergewaltigern, ihr Opfer habe an der »Orgie« Spaß gehabt. Auch ein gewisser Charles Hutto war der Vergewaltigung und Ermordung einer jungen Frau überführt worden. »Sein Verteidiger, ein Zivilanwalt aus Miami, legte daraufhin ein psychologisches Gutachten vor, demzufolge es sich bei Hutto um eine außengesteuerte, auf

Autoritätsfiguren fixierte und im Grunde zu eigenen Entscheidungen unfähige Persönlichkeit handelte. Das Gericht folgte dem Antrag und sprach Hutto am 14. Januar 1971 frei ...«[280]

Damit genug der widerwärtigen Bestialitäten. Besaßen diese Mörder und Vergewaltiger nicht dieselbe moralische Statur oder besser Verkommenheit wie ihr Oberkommandierender Richard Nixon, der seiner rechten Hand Kissinger die Handlungsanweisung gab: »Also, also, also fickt die Wichser«? Und was ist davon zu halten, daß Bush junior im selben Jahr 2001, als die Bürotürme des WTC einstürzten und der Den Haager Gerichtshof entschied, Vergewaltigungen künftighin als Kriegsverbrechen einzustufen, den Zugang zu den Aktenbeständen über die Kriegsverbrechen in Vietnam für die Öffentlichkeit sperrte?[281] Unvollständig und lückenhaft waren sie ja schon immer gewesen, und kaum ein Historiker hatte sich dafür interessiert (mit Bernd Greiner als einer der wenigen lobenswerten Ausnahmen). Bei den Nürnberger Prozessen gegen die handverlesenen Exponenten des Nazi-Regimes bezeichnete der US-Ankläger den Angriffskrieg als das größte Verbrechen gegen die Menschheit. Den japanischen General Tomoyuki Yamashita knüpften die amerikanischen Sieger ohne weiteres Federlesen auf, wegen der Ermordung von 25 000 Philippinos in den Jahren 1944/45, obwohl sich der Offizier in diesem Zeitraum nachweislich nicht auf den Philippinen aufgehalten hatte. Damit haben sich die US-Präsidenten von Truman bis Nixon ihr eigenes Urteil gesprochen – es war nie internationales Recht, als das es bezeichnet wurde, sondern nur schäbige Sieger»justiz«, wie heute in Den Haag. Völkermord und Vergewaltigung? Nur Yankees dürfen ...

So sehr diese Verbrechen mit Abscheu erfüllen, sollte man sich dennoch um ein Verständnis der Mechanismen bemühen, die zu diesen Kriegsverbrechen von Auschwitz-Format, zu dieser industriell betriebenen Massenvernichtung und dem exzessiven Genitalsadismus führen. Es ist nicht damit getan, sie in die große Schublade mit dem Etikett »Psychopathologie« zu stecken und dann zur Tagesordnung überzugehen. Es wäre auch allzu billig, irgendeine »Mentalität« zu bemühen, die seit jenen Jahren unverändert existiert, da man Indianerfrauen die Brüste mit dem Säbel abschnitt, vor oder nach deren Vergewaltigung. Nicht *der* US-Amerikaner ist so, so wenig wie es *den* Deutschen der 30er und 40er Jahre des 20. Jahrhunderts gegeben hat, sondern dieser Abschaum, dieser Bodensatz der Gesellschaft will erst gezüchtet und die Rahmenbedingungen für seine Exzesse wollen erst geschaffen sein, nicht anders als bei den christlichen Pogromen gegen die Juden im europäischen Mittelalter.

Wir lassen den feministischen Schmäh beiseite, daß Männer eben so seien – das weibliche KZ-Personal bei den Nazis und im Bagdader Folterzentrum Abu Ghraib hat gezeigt, wozu es in der Lage ist, wenn es den Gegner sexuell zu erniedrigen gilt. Auch die feministisch angehauchte Metapher vom geschändeten Frauenkörper als Schlachtfeld im Geschlechterkrieg lassen wir besser in der Schwarzerschen Motten- und Muffelkiste. Schließlich greift die zweifellos richtige Beobachtung, daß die Brutalität der US-Truppen seit der Frühlings- oder Tet-Offensive des Vietkong am 31. Januar 1968 an Intensität zunahm, zu kurz, erklärt vor allem nicht den sexuellen Sadismus der Besatzer. Nein: Es geht um die Klärung des psychologischen Rätsels, das ein GI in die Worte faßte: »Irgendwie lebten wir dort drüben in der Vorstellung, mehr Angst vor Frauen als vor Männern haben zu müssen. Ich weiß nicht, warum, aber bei den Frauen wußtest du nie, woran du warst. Also haben wir uns besonders ins Zeug gelegt. […] Wir wollten einfach nicht blamiert dastehen wie Leute, denen eine Herde von Frauen den Hintern versohlt.«[282] Damit befinden wir uns auf einer heißen Spur.

Eine erste Antwort erhält man im in seinem historischen Teil (und nur dort) vorzüglichen Frauenmuseum in Hanoi. Es führt mit eindrucksvollen Dokumenten und Fotografien vor Augen, daß der vietnamesische Befreiungskrieg gegen die französischen, japanischen und amerikanischen Aggressoren von Männern und Frauen zu gleichen Teilen getragen wurde. Einige aufschlußreiche Zahlen mögen dies verdeutlichen: Zwischen 1951 und 1954 produzierten die Frauen in Zentral- und Nordvietnam 1 575 000 Tonnen Reis und 35 730 000 Meter Stoff in Sondereinsätzen für die Front; von 1950 bis 1954 verbrachten sie 9 578 000 Tage (oder 26 266 Jahre) für den Transport von Waffen und Nahrungsmitteln, davon 2 381 000 Tage (oder 6523 Jahre) für die Militärkampagne gegen die französische Festung bei Dien Bien Phu. Zusätzlich waren rund 60 000 Frauen bei den äußerst anstrengenden, wegen der beständigen Bombenangriffe extrem gefährlichen Straßenreparaturen eingesetzt. Wie in den mittlerweile längst vernichteten und anschließend verschandelten Museen der DDR wird im Museum von Hanoi auch jener Märtyrerinnen gedacht, die im Einsatz für die Kommunistische Partei Vietnams ihr Leben verloren hatten. Jedes dieser Schicksale wird mit einer Kurzvita und einem Foto dokumentiert: etwa von Nguyen Thi Minh Khai, die im Alter von 31 Jahren von den französischen Besatzern am 26. August 1941 erschossen wurde; von Mac Thi Buoi, die 24 Jahre alt war, als die Okkupanten sie am 23. April 1951 exekutierten, oder von Vo Thi San, die im Alter von 15 Jahren als erste Insassin in das Konzentrationslager von Poulo Condor eingeliefert worden war. Ihre

Folterer warteten – den Gepflogenheiten des französischen »Rechtsstaates« gemäß – bis zum 22. Januar 1952, als Vo Thi San ihr »Hinrichtungsalter« von 18 Jahren erreicht hatte und von den KZ-Schergen »legal« umgebracht werden konnte. Es mußte ja alles seine Ordnung haben, nicht wahr?

Natürlich nahmen die Frauen Vietnams aktiv am bewaffneten Kampf teil. In eigens gebildeten Verbänden kämpften in den dreißig Jahren zwischen 1945 und 1975 etwa 980 000 Frauen als Guerilleras gegen die ausländischen Aggressoren und ihre inländischen Marionetten. Rund 40 % der Bewaffneten und der Milizen, die Dörfer beschützten und Verkehrswege sicherten, wurden von Frauen gestellt. Zwischen 1954 und 1975 wurden allein in Südvietnam 200 Frauen und 50 Frauenverbände mit der Auszeichnung »Heldinnen der Volksstreitkräfte« bedacht. Man erfährt Erstaunliches: zum Beispiel wie im Zuge der Tet-Offensive 1968 elf weibliche Milizionäre bei Kämpfen in der Zitadelle von Hue über hundert amerikanische Marines töteten, oder daß Kan Lieh, die bereits mit 18 Jahren eine Guerilla-Einheit anführte, an insgesamt 49 Schlachten teilnahm, rund 150 feindliche Soldaten tötete und ein Flugzeug vom Typ »Dakota« abschoß. Selbstverständlich war auch sie eine »Heldin der Volksstreitkräfte«. Dieselbe Auszeichnung erhielt La Thi Tam, die als Pionierin mit

Milizionärin nimmt den abgeschossenen Piloten Gerard S. Venanzi gefangen (17.9.1967)

Frauen an einem Flugabwehrgeschütz

30 Jahre später verstehen sich die beiden offenbar ausgezeichnet

Dieses Foto ging 1965 um die Welt: Frau Lai führt den Bomberpiloten William A. Robinson ab

ihrem Fernglas die abgeworfenen Bomben und Minen zählte, die anschließend, sofern sie nicht detoniert waren, entschärft wurden; zahlreiche Menschenleben wurden so gerettet.

Und das sind nur einige wenige Beispiele.* Wie ihre männlichen Kameraden kämpften diese Frauen barfuß oder in Gummisandalen und trugen Hosen und Kittel aus Leinen und einen Strohhut. Die Fotos zeigen fröhliche und vor allem stolze Frauen, die mit geschultertem Gewehr Feldarbeiten verrichten oder mit der Waffe im Anschlag eine Brücke sichern. Es sind schöne Bilder, und ihr Anblick wirkt erhebend wie derjenige afghanischer Frauen-

---

* Es spricht Bände über das arme Land Vietnam, das die Bezeichnung »Sozialstaat« in vollem Umfang verdient – denn es investiert bis heute ein Drittel seines Haushalts in soziale Belange –, daß das Ständige Komitee der Nationalversammlung am 24.9.1994 beschloß, die Auszeichnung »Heroische Mütter von Vietnam« einzuführen, die mit materieller Unterstützung in Form von Gratiswohnungen und Pensionszahlungen verknüpft ist. Bis 2008 kamen 50 000 Frauen in den Genuß dieser Förderung. Eine von ihnen war Tran Thi Viet, die 2011 im sagenhaften Alter von 119 Jahren starb. Von ihren acht Söhnen fielen sieben in den Befreiungskriegen gegen die Franzosen und Amerikaner; ihr Mann erlag 1961 den Folgen einer Kriegsverletzung.

bataillone während der Regentschaft von Nur Mohammed Taraki[283] oder auch von Ghaddafis Leibwächterinnen, über die sich die Westpresse nicht genug begeifern konnte (nach dem von NATO-Söldnern begangenen Lynchmord am libyschen Präsidenten herrschen dort jetzt Scharia und Verschleierungszwang, wie im Irak seit Saddam Husseins Ermordung auch – das Präsent der »freien Welt«!). Der Anblick bewaffneter, für die Unabhängigkeit ihres Landes kämpfender Frauen ist erhebend – aber nur für diejenigen, die Freiheit und Gleichheit wertschätzen. Ein durchschnittlicher GI und andere Leute seines Schlages empfinden bei diesem Anblick hingegen eine Mischung aus Todesangst – denn diese Frauen wissen mit der Waffe umzugehen – und tödlichem Haß, der unübersehbar schrille, irrationale Züge besitzt. Sein Entsetzen mag jenem von SSlern gleichen, denen jugoslawische oder sowjetrussische Partisaninnen hart und erbittert zusetzten. Für sie verwendeten die deutsche Landser den Begriff »Mannweib«, in dem neben Furcht und Grauen auch Haß und Verachtung mitschwingen. Fielen sie in die Hände des Feindes, wurden sie so entsetzlich mißhandelt und ermordet wie die vietnamesischen Frauen durch die US-Soldateska.

Man muß die Wissenschaft Sigmund Freuds ernst nehmen. Wie Wilhelm Reich, bis zu seiner Verfolgung und seinem geistigen Zusammenbruch einer von dessen fähigsten Schülern, in seiner Faschismus-Analyse nachgewiesen hat, steht das für den deutschen Faschismus kennzeichnende propagandistische Begriffspaar »Rassereinheit« und »Kulturbolschewismus« unbewußt im Dienst der Sexualabwehr: »Die Weltanschauung von der ›Seele‹ und ihrer ›Reinheit‹ ist die Weltanschauung der Asexualität, der ›sexuellen Reinheit‹, also im Grunde eine Erscheinung der durch die patriarchalische und privatwirtschaftliche Gesellschaft bedingten Sexualverdrängung und Sexualscheu. [...] der Kern der faschistischen Rassetheorie [ist] Angst und Scheu vor der *sinnlichen*, körperlichen Sexualität«.[284] Juden und Kommunisten repräsentieren für den durchschnittlichen Faschisten unbewußt den sexuell aktiven, »triebhaften« Menschen; seine Verfolgung ist das Resultat eines verheerenden psychischen Mechanismus, der Projektion, d. h. der Verfolgung eigener, aber verbotener und daher verdrängter Wünsche in fremden Personen. Damit distanziert sich der Verfolger von seinen eigenen verpönten Wünschen (»ich bin nicht so ein Schwein«), und dies um so nachdrücklicher, wenn er die Personen als Träger dieser phantasierten Zuschreibung umbringt: »Jede Projektion führt nach Auschwitz« (Fritz Erik Hoevels). Was dem Inquisitor die »Teufelsbuhlschaft«, war dem deutschen Faschisten die »Rassenschande«, beides Umschreibungen für den unerlaubten, mit Todesstrafe geahndeten Sexualakt, der in tiefster Schicht im frühkindlichen Inzestwunsch gründet und aus Todesangst respektive der Furcht, am Genitale beschädigt (kastriert) zu werden, verdrängt, also unbewußt wird. Damit keine Mißverständnisse aufkommen: Die Juden des Mittelalters wurden wegen ihrer Taufresistenz ermordet und weil sie, religionsgeschichtlich gesehen, gegenüber den Christen im Recht waren; die Verfolgung der Kommunisten erfolgte aufgrund ihrer Eigenschaft als konsequenteste und daher gefährlichste Gegner kapitalistischer Ausbeutung. Aber der Treibstoff, der die Scheiterhaufen am Lodern und die Gaskammern der Konzentrationslager am Laufen hielt, ist die Projektion, und diese ist, im Gegensatz zur politisch motivierten Verfolgung, unbewußt, aber nicht minder wirksam.

Was besagt dies nun für die sadistischen Gewaltexzesse der amerikanischen Truppen in Vietnam? Der durchschnittliche männliche Amerikaner und daher der durchschnittliche GI sieht in seiner Beschneidung, also in der durch seine Eltern bewirkten Schädigung am Genitale, das Gütesiegel seiner »Reinheit«, d. h. seinem Freisein von »schmutzigen« sexuellen Wünschen. Die Belege dafür sind ubiquitär; sie finden sich beispielsweise in Hunter S. Thompsons mehr als fragwürdigem Roman ›Angst und Schrecken in Las Vegas‹, in dem der samoanische Rechtsanwalt Dr. Gonzo einmal als »unbeschnittener Kanake« tituliert wird; sie finden sich in der unsäglichen US-Serie »Sex and the City«, wo ein unbeschnittener Bewerber von den barbiehaften Tussen mit Entsetzen abgewiesen wird; sie finden sich in den unter US-Regie stattfindenden millionenfachen Zwangsbeschneidungen zur vorgeblichen »AIDS-Prävention« vor allem in Afrika.[285] Ist der durchschnittliche US-Soldat, als Folge der gesellschaftlich organisierten Sexualunterdrückung, »rein« im Sinne von asexuell, dann muß der militärische Gegner »unrein«, also triebhaft sein. Und so ist es: Wie wir gesehen haben, wurden die vietnamesischen Frauen als »Vietkong-Huren«, die Männer als »Hurensöhne« beschimpft, besonders exzessiv vom Helden und Saubermann Calley (»bum – er hat mich frustriert«).

Einen interessanten Sonderfall stellt die bewaffnete und kämpfende Vietnamesin dar (für den deutschen Faschisten die jugoslawische oder sowjetrussische Partisanin): von ihr geht nicht nur eine höchst reale, sondern auch eine unbewußte Gefahr aus. Wer Freiheit und Gleichheit schätzt, wird in ihr eine intakte und daher faszinierende Person erblicken, bei der Denken und Handeln sich im Einklang befinden. Dem sexuell deformierten, psychisch verkrüppelten Zombie wird sie zum Haßmagneten: sie zeichnet sich durch all das aus, was ihm abgeht – Integrität, Würde, Mut, Selbstbewußtsein. **Daher der unabweisbare Zwang zu ihrer Erniedrigung und Entmenschlichung,**

Die Kämpferin Soc Trang, 24 Jahre

der mittels Vergewaltigung und Verstümmelung realisiert wird. Die vietnamesische Widerstandskämpferin und davon ausgehend die vietnamesische Frau als solche wird so zur Projektionsfläche ihrer Peiniger wie die Hexe der frühen Neuzeit oder die Juden und Kommunisten unter dem Faschismus. Gegenüber Frauen ist die Provokation um so größer, die Projektion um so rasender und der Zwang zu ihrer Erniedrigung um so intensiver, als sie mit der herkömmlichen sozialen Geschlechterrolle gebrochen haben: Sie vergeuden ihr Leben nicht mit Kindern und Küche, sondern sie realisieren im Kampf ihr Dasein als vollwertiger Mensch. So erklärt sich die weiter oben zitierte Äußerung eines GIs: »Was wir mit Frauen gemacht haben, war im Vergleich zu Männern noch einmal verdoppelt.«

Aber noch ist das Rätsel nicht zur Gänze durchleuchtet. Die Begründung eines amerikanischen Soldaten für die exzessive Brutalität gegenüber vietnamesischen Frauen lautete ja, man habe nicht »blamiert dastehen« wollen, wenn eine Horde von Frauen einem »den Hintern versohlt« – eine eigenartige Umschreibung für die blutigen Kämpfe in den Reisfeldern und im Dschungel. Sie gewinnt schlagartig einen Sinn, wenn wir sie auf ihren unbewußten Gehalt hin untersuchen und den bekannten Aphorismus heranziehen, demzufolge die wichtigsten Dinge der Welt durch längliche Hohlkörper bewerkstelligt werden: durch die Schreibfeder, das Gewehr und das männliche Genitale. Kurzum: Die – meist mit einem Gewehr – bewaffnete Vietnamesin steht unbewußt für die als Bedrohung empfundene phallische Frau, genauer: die mit einem Phallus ausgestattete Mutter (wer sonst, außer dem Vater, hat einem tatsächlich »den Hintern versohlt«, so daß man »blamiert« dastand?) In der Realität lief man als GI in Gefahr, von einer solchen Frau erschossen zu werden. Die ihr in einer unbewußten Phantasie zugeschriebene Bedrohlichkeit besaß indessen ebenfalls die Intensität der Todesangst: es war die Furcht, von dieser Frau Schaden am eigenen Genitale zu erleiden (und sie war alles andere als unbegründet, wie das Faktum der Beschneidung seh- und fühlbar demonstriert). Der Historiker Greiner, der – wenn überhaupt – nur Oberflächlichstes von der Psychoanalyse aufgeschnappt haben dürfte und gewiß nicht im Verdacht steht, von ihrer Methode und ihrem Gegenstand etwas zu verstehen, schreibt zur geistigen Befindlichkeit der in Vietnam eingesetzten GIs: »Nichts schien ausgeschlossen, alles wurde geglaubt. Am Ende wucherten in der Melange aus Indoktrination, Erfahrung und Gerücht auch Vorstellungen, die man gemeinhin in der Welt des klinischen Wahnsinns verortet: Daß Frauen in der Vagina Rasierklingen versteckt halten.«[286] Diese Variante der Phantasie einer *Vagina dentata* ist alles andere als abwegig – der ganz alltägliche Wahnsinn sozusagen –, wenn wir sie als Abkömmling der unbewußten Kastrationsangst erkennen, die für afrikanische Mädchen durch entsetzliche Genitalverstümmelungen scheußlichste Realität ist, abgeschwächt für amerikanische (oder jüdische und moslemische) Jungen nicht minder, mögen sie sich später auch einreden (der psychoanalytische Fachbegriff lautet »rationalisieren«), was immer sie wollen. Diese Gefahr wird entweder dadurch abgewendet, indem man »bloß« den Hintern versohlt bekommt (insofern hat diese Strafe auch etwas Beruhigendes, sie ist jedenfalls nicht so schlimm, als sterben zu müssen oder am Genitale verletzt zu werden), oder wenn man nach dem Talionsprinzip »Gleiches mit Gleichem« vergilt, also die als Bedrohung empfundene Frau kastriert, am Genitale verstümmelt, umbringt. In einer Art Interferenz verstärken sich so die projektive Vernichtungswut und die phantasierte Bedrohung durch die phallische Mutter (respektive ihr rasierklingenbewehrtes Genitale) und bedingen so die exzessive genitale Grausamkeit der US-Soldateska. Zugleich wird nun nachvollziehbar, warum Calley bei einer erzwungenen Fellatio so heftig intervenierte, während er gegen Vergewaltigungen nicht das geringste einzuwenden hatte: Die durch Zwang herbeigeführte Oralbefriedigung des Mannes stimulierte in diesem Fall die Kastrationsangst, denn das Opfer könnte zubeißen. – Damit ist der Tatbestand der von den GIs begangenen Massenvergewaltigungen und des sexuellen Sadismus zwar erklärt, aber nicht entschuldigt. Die beste Panazee ist und bleibt die bewaffnete Gegenwehr.

Es gab die »Berserker«, die ihre Foltergelüste, ihren Mord- und Blutrausch austobten, vor allem wenn Teile ihrer Einheit in einen Hinterhalt oder in eine der unzähligen Sprengfallen geraten waren, aber wesentlich häufiger kam, wie bereits erwähnt, das emotionslose Quälen und Töten, das »Ausknipsen« vor. So berichtete etwa der GI Bill Hatton ungerührt: »Wir nahmen immer Kekse aus unseren Feldrationen, bestrichen sie mit Erdnußbutter, steckten eine Trioxylenkapsel hinein und gaben sie einem Kind zum Reinbeißen. [...] Das Trioxylen ätzt die Schleimhäute im Rachen weg, mehr oder weniger.«[287] Mehr oder weniger ... Der Armeefotograf Ronald Haeberle, der die amerikanischen Bodentruppen bei ihren Einsätzen begleitete und sich selbst größter Gefahr aussetzte, die mindestens in gleichem Maße von den marodierenden und mordenden GIs wie vom militärischen Gegner ausging, berichtete ähnliches. Haeberle war auch in My Lai dabei; von ihm stammen zahlreiche der schokkierenden Bilder über die dort verübten Massaker (was man ihm in den USA nicht nur aus »patriotischen« Gründen verübelte: Manche der Leichen waren unbekleidet, und es hob ein großes Lamento an, daß amerikanische Zeitungen Fotos von Nackten veröffentlichten ... tja, Amerika ist »sauber«!). Ein Foto, das um die Welt ging, zeigt eine Frau mittleren Alters, die mit angstverzerrtem Gesicht und weinend in die Richtung schaut, aus der die tödliche Bedrohung kommt. Hinter ihr steht verdeckt eine andere Frau, die ihre Arme um den Bauch der Erstgenannten, die 50jährige Ba So, schlingt. Rechts im Hintergrund sieht man die 23jährige Do Thi, die gerade mit der rechten Hand ihre Bluse zuknöpft, die ihr die Soldaten zuvor aufgerissen hatten. Mit ihrer Linken hält sie den sechsjährigen Do Hac, den Sohn ihres Bruders, der fragend und ängstlich in dieselbe Richtung blickt. Am linken Bildrand erkennt man die zehnjährige Do Thi Nhut, die vor Entsetzen schreit, hinter ihr die 50jährige Do Thi Phu, die das Mädchen zu beruhigen versucht. Wenige Sekunden, nachdem diese Aufnahme entstand, war die gesamte Gruppe tot. Haeberle schildert die Sekunden vor und nach dem Massaker, beginnend mit dem Gespräch zweier Soldaten:

> »Paßt auf, er hat eine Kamera.« – »Und was machen wir jetzt mit ihnen?« – »Wir haben doch sowieso den Befehl, sie zu töten. Also können wir es gleich machen.« Sekunden später waren alle tot, erschossen von zwei Soldaten mit einem M-60-Maschinengewehr. Haeberle: »Als wir weiter durch das Dorf gingen, fragte ich einige Soldaten: ›Warum?‹ Sie zuckten mehr oder weniger mit den Schultern und töteten weiter. Es war, als hätten sie nur eine Sache im Kopf – finden und vernichten. [...] Das war ihr Job. Es war unheimlich, nur dieses Schulterzucken. Keine emotionale Reaktion.«[288]

Was in solchen Killern vorgeht, ist nicht einfach zu beantworten – vielleicht ist es wirklich nichts. Aus deutschen Konzentrationslagern wird der Fall berichtet, daß sich einer der Schergen mit den Insassen über den Humanismus bei Goethe unterhalten hatte, bevor er sie umbrachte. Ohne über Zahlen und Statistiken zu verfügen, drängt sich dennoch der Eindruck auf, daß diese Teilnahmslosigkeit für die US-Armee typisch ist, »cool« sozusagen – vom Hiroshima-Piloten Paul Tibbets über die hier vorgestellten Schlächter in Vietnam bis zu den Greueln im Irak und den per Drohnen ferngesteuerten Exekutionen in Pakistan –, während es bei den »klassischen« Faschisten eher die Ausnahme darzustellen scheint. Wenn ein Nazi das Wort »Untermenschen« gebrauchte, standen dabei stets der projektive Abscheu und der Sexualekel im Vordergrund (»Ich bin im Ort das größte Schwein und laß mich nur mit Juden ein«, lautete ein Plakattext, mit dem Deutsche beiderlei Geschlechts, die mit Juden sexuelle Kontakte unterhielten, öffentlich an den Pranger gestellt wurden). Aber massenhaft, millionenfach töten, ohne mit der Wimper zu zucken? Das kann nur funktionieren, wenn man den zur Vernichtung Anstehenden die Qualität des Menschseins völlig abspricht, sie eben »ausknipst«, wie man eine Lampe löscht oder einen schadhaften Gegenstand in der Mülltonne entsorgt. Der religiös fundierte, dünkelhafte Ausspruch, das »auserwählte Volk« zu sein, mag eine Rolle spielen; außerhalb Amerikas leben eben nur *niggers*, in Afrika sowieso, dann die europäischen *white niggers*, die arabischen *sand niggers* und in Fernost der unübersehbare Haufen der *gooks*. Aber der herkömmliche Rassismus aus Kolonialzeiten scheint mittlerweile aus der Mode gekommen zu sein; dieses Herrenmenschentum basiert vielmehr auf der schieren Überlegenheit eines konkurrenzlosen Atomwaffenarsenals. Vielleicht rührt das gefühllose Massenmorden aber auch daher, weil die seriellen Mörder ihrerseits jeglicher Qualität des Menschseins verlustig gegangen sind, sich nicht als Person, als Individuum empfinden und bei anderen infolgedessen gar nicht in der Lage sind, sie als Personen wahrzunehmen oder ihre Empfindungen nachzuvollziehen (»Empathie«). Hier hat der Calvinismus mit seiner Abtötung aller Sinne sicherlich den Löwenanteil der Zerstörungsarbeit geleistet. Nirgendwo sonst auf der Welt, auch nicht im *hardcore*-Islamismus, sind Geruch und Geschmack, neben den anderen Gesichtssinnen die ersten Sensorien der Eigenwahrnehmung, Selbsterkundung und Erforschung der umgebenden Welt, so verpönt wie in »Gottes eigenem Land«. Der eigene Körpergeruch wird unter Deo-Wolken erstickt, das Wort »Toilette« unterliegt einem strikten Tabu (*rest room* ist in seiner puritanischen Prüderie einfach nur dämlich), der Verzehr von Rohmilchkäse steht im Ruch der Barbarei (und soll auf US-Initiative weltweit gedrosselt und schließlich verboten werden; den badischen »Bibbeleskäs« gibt es deshalb längst nicht mehr); Fleisch schmeckt nur dann gut, wenn es seines Eigengeschmacks beraubt ist (aus diesem Grund wird beim Geflügel der Bürzel mit seinen Fettdrüsen abgeschnitten und die verschiedenen Fleischsorten zu einem synthetischen Einheitsfraß zusammengepreßt). Ohne diesen Aspekt vertiefen und weitere Beispiele anführen zu wollen, sei hier festgehalten: Die vom Calvinismus forcierte sensorische Deprivation – sie ist, falls sie ein Staat in seinen Gefängnissen ausübt, als Foltermethode international geächtet worden – im prägenitalen Entwicklungsstadium (also im Alter bis zu drei Jahren, natürlich auch später) kann in seiner verheerenden Wirkung bezüglich der Persönlichkeitsauslöschung und der Zerstörung der Individualität gar nicht so leicht überschätzt werden. Die bei aller jovialen Hemdsärmeligkeit sprichwörtlich gewordene Oberflächlichkeit der Nordamerikaner bei Gesprächen und sozialen Kontakten mag hier ihre tiefste Wurzel haben, vielleicht zeitigt sie aber noch viel Schlimmeres: eben das gleichgültige Massenmorden, das Abschlachten Wehrloser, ohne mit der Wimper zu zucken – wenn man sich der Straflosigkeit sicher sein kann.

Es ist an der Zeit, der rühmlichen Ausnahmen zu gedenken, den Vertretern des »besseren Amerikas«, die es auch in Vietnam gegeben hat und ohne die die Geschichte der amerikanischen Aggression unvollständig bliebe. Neben Ronald Ridenhour, dem das maßgebliche Verdienst zukommt, die Massaker von My Lai in das öffentliche Bewußtsein gerückt zu haben, muß Leutnant Hugh Thompson an erster Stelle genannt werden. Er hatte als Hubschrauber-pilot den Auftrag erhalten, unter Geleitschutz zweier Kampfhubschrauber das Gelände um My Lai zu observieren. Während er in der Luft kreisend Sanitäts-hilfe für verwundete Zivilisten anforderte, fanden unten die Massaker statt, und er sah, wie ein Offizier (Hauptmann Ernest Medina) eine Schwerverletzte erschoß. Eine Stunde später beobachtete er, wie Zivilisten von GIs in einen Bewässerungsgraben gedrängt wurden. Thompson landete und unterhielt sich mit einem Feldwebel und Leutnant Calley, die ihm zu verstehen gaben, daß sie diese Leute umbringen wollten. Thompson hielt das für einen schlechten Scherz rauher Soldaten, begab sich zu seinem Hubschrauber und hob ab. Von oben mußte er dann erkennen, daß er sich getäuscht hatte. Beim dritten Mal, als eine Gruppe von Frauen, Kindern und Greisen zur Strecke gebracht werden sollte, griff Thompson entschlossen ein. Hören wir den Historiker Greiner:

> Thompson rief die ihn eskortierenden Kampfhubschrauber zu Hilfe, holte die Todgeweihten aus ihrem Versteck und ließ sie in den größeren Maschinen ausfliegen. Die ganze Zeit über hielten Bordschützen aus Thompsons Heliko-pter mit Maschinengewehren ihre mordbereiten Kameraden des 2. Platoon in Schach. Thompson hatte seine Männer angewiesen, sofort scharf zu schießen, falls amerikanische Soldaten die Rettungsaktion mit Waffengewalt zu verhin-dern suchten. Anschließend flog Thompson noch einmal zum Bewässerungs-graben, wo sie einen unverletzten Achtjährigen bergen und in Sicherheit brin-gen konnten. Der Kommandant eines der Kampfhubschrauber: »Über Funk teilte mir Thompson mit, daß er sofort und eigenhändig das Feuer auf die Bodentruppen eröffnen würde, sollte er sehen, daß sie auch nur eine weitere Frau oder ein weiteres Kind töteten.«

Hugh C. Thompson, der Held von My Lai

»Zuerst konnte ich mir nicht vorstellen, wie die Zivilisten in den Graben ge-kommen waren. Ich landete den Hubschrauber, machte den Sicherheitsgurt los und kletterte raus. Der Motor lief noch, und die Rotorblätter versprühten eine Gischtwolke. Ein untersetzter Feldwebel lief herum, und ich rief ihm mit lauter Stimme zu, um den Lärm der Maschine zu übertönen. Ich fragte ihn, ob es eine Möglichkeit gäbe, den Leuten im Graben zu helfen. Der Feldwebel antwortete, der einzige Weg bestehe darin, sie aus ihrem Elend zu erlösen. Ein junger Infanterieoffizier [Unterleutnant William Calley] kam hinzu, und ich fragte ihn, was hier los sei. Calley sagte, das sei nicht meine Angelegenheit; er sei für die Bodentruppen verantwortlich.«

Einige Soldaten aus Calleys Zug waren dabei, als Thompson einschritt. Calley war von ihnen weggegangen, um mit Thompson zu sprechen. Stanley hatte zugehört, wie Calley nachher zu Sledge sagte, es hätte dem Piloten nicht gefallen, was hier gerade ablief. »Es gefiel ihm nicht, wie ich die Sache durchzog, aber ich bin der Boß hier.« Olsen, der an den Hinrichtungen im Entwässerungsgraben nicht teilnehmen wollte, war 150 m weit ins Reisfeld gegangen, um das Gelände abzusichern. Er sah, wie der Pilot aufgebracht mit den Armen gestikulierte.

Entnervt hatte Thompson wieder seine Maschine gestartet und kreiste einige Minuten lang über dem Gebiet. Sobald seine Maschine abgehoben hatte, bestätigten sich die schlimmsten Befürchtungen.

Andreotta berichtete, wie der Feldwebel nun auf die Leute im Graben schoß. Thompson mußte daran denken, was die Nazis im letzten Krieg angerichtet hatten: Leute an eine Grube führen und einfach abknallen. Wütend über sich und alle anderen, faßte er sich ein Herz und flog in geringer Höhe über den nordöstlichen Dorfrand. Er erblickte eine Gruppe von ungefähr zehn Zivilisten, darunter auch Kinder, die zu einem einfachen Unterstand, einer Art Bunker, rannten. Ein paar Soldaten aus dem zweiten Zug, die gerade von ihrem mörderischen Überfall auf Binh Tay ins Dorf zurückkehrten, waren ihnen dicht auf den Fersen. Nach all dem, was Thompson an diesem Morgen im Dorf gesehen hatte, konnte für ihn kein Zweifel daran bestehen, was geschehen würde, wenn die Soldaten die Flüchtenden eingeholt hätten. Er setzte seinen Hubschrauber zwischen den Dorfbewohnern und den Soldaten ab und forderte über Funk bewaffnete Verstärkung an. Dann rief er seiner Mannschaft zu, daß man die Leute aus dem Bunker rausholen müßte. Dann erteilte er einen Befehl, der Colburn bestürzte. Falls die Amerikaner auf die Dorfbewohner schießen sollten, sollte er, Colburn, sein Maschinengewehr auf die Amerikaner richten. »Drück den Abzug, blas sie weg«, schärfte Thompson ihm ein. Also richtete Colburn sein Maschinengewehr auf die GIs, obwohl er sich nicht sicher war, ob er das Feuer auf seine Landsleute eröffnen könnte.

Colburn bezweifelte, in Sorge um die eigene Sicherheit, ob es eine so gute Idee war, mitten im Gefechtsfeld zu landen. Der Pilot [Thompson] stellte den befehlshabenden Leutnant [Calley] zur Rede und sagte, er wolle den Bauern aus dem Bunker heraushelfen. Calley erwiderte, das gehe nur mit Handgranaten.

Thompson schrie, er persönlich würde sie rausholen, und der Leutnant solle sich nicht vom Fleck rühren. Dann ging er entschlossen zum Bunker hinüber und redete den Zivilisten geduldig zu, herauszukommen.

Die Mannschaften in den Kampfhubschraubern, die jetzt über dem Gebiet kreisten, hörten, wie Thompson über Funk mitteilte, daß ein alter Mann neben der Tür eines Schutzbunkers sitze und Soldaten sich ihm näherten.

Thompson gab obszöne Flüche von sich und beschwor die Crew, zu landen und ihm bei der Rettung der Zivilisten zu helfen. Ein Pilot stellte diese Anforderung zunächst in Frage, und Thompson drohte nun damit, daß sein Bordschütze das Feuer auf die Infanteriesoldaten eröffnen würde, falls diese auf die Zivilisten schössen. Danny Williams, ein befehlshabender Offizier in dem tiefer fliegenden Kampfhubschrauber, erkannte die heikle Situation in dem Drama, das sich unmittelbar unter ihm abspielte. Er wußte, daß Thompson nicht direkt zu den Bodentruppen sprechen konnte, und teilte der Mannschaft des höher fliegenden Hubschraubers mit, sie sollte die Infanteristen auffordern, das Morden einzustellen. Williams und Brian Livingston, ein weiterer Pilot, landeten ihre Maschinen und brachten die Vietnamesen – zwei Männer, zwei Frauen und fünf oder sechs Kinder – in Sicherheit, auf einer vier Meilen entfernten Straße im Westen, die zur Stadt Quang Ngai führte…

Hugh Thompson (rechts) und Larry Colburn (links) bei der Gedenkfeier zum 30. Jahrestag des Massakers im Jahr 1998

Text einer Gedenktafel
im Museum von My Lai

Leutnant Thompson war ein »Gerechter« im oben beschriebenen Sinne, und er stand nicht allein. Leutnant Brian W. Livingston, Bordschütze in einem Aufklärungshubschrauber, war ebenfalls an dieser Rettungsaktion beteiligt und schrieb am 16. März 1968 an seine Frau:

[…] Es war ein langer Tag, habe einiges Ekelhafte erlebt. Ich sah den Einsatz von Infanteristen, die sich wie Tiere aufführten. Sie erkundeten zuerst das Gelände, und eine Menge Kinder und Frauen verließen das Dorf. Dann setzte eine Schützenabteilung der »Sharks«, notorische Schlächter von Zivilisten, ihre Gewehre ein, und die Leute fielen tot auf der Straße um. 95 % waren Frauen und Kinder. Wir informierten die Jungs am Boden über einige verletzte Kinder. Sie halfen ihnen auf ihre Weise. Ein Hauptmann ging zu diesem kleinen Mädchen hin, drehte sich um, nahm fünf Schritte Abstand und feuerte eine Salve in sie hinein. Dieser Neger-Feldwebel begann damit, den Leuten in den Kopf zu schießen. Schließlich sichtete unser OH23 einige verwundete Kinder, und wir verrichteten die Dienste eines Sanitätshubschraubers. Ein anderes Kind, um das sich die Schweine gerade »kümmerten«, stand als nächstes auf unserer Liste. Der OH23 transportierte es zum Krankenhaus in Quang Ngai. Wir mußten das machen, indem *wir* mit Maschinengewehren unsere eigenen Soldaten in Schach hielten – amerikanische Soldaten. Ich erzähle Dir etwas, wo man sich fragen kann, warum wir eigentlich hier sind. Ich verstehe jetzt auch, warum sie Hubschrauberpiloten hassen. Wenn je ein solcher Hai hier sein großes Maul aufreißt, werde ich's ihm mit meiner Faust stopfen. Wir versuchen zu erreichen, daß der besagte Hauptmann und der Feldwebel zur Rechenschaft gezogen werden. Ich weiß nicht, ob wir Erfolg haben werden, aber wir versuchen's. Genug für heute. – Brian.[289] [Übersetzung P. P.]

Es stellt den Vereinigten Staaten – nicht nur der Regierung, sondern auch der *silent majority*, die nun aber auf einmal herumtönte – das denkbar schlechteste Zeugnis aus, daß integre Menschen wie Hugh Thompson und Brian Livingston als »Verräter« gebrandmarkt wurden und ein regelrechtes Kesseltreiben gegen sie einsetzte. »›Tote Tiere auf meiner Veranda, verstümmelte Tiere, die ich morgens vorfand. Ich war nicht gerade einer der Guten‹, erinnerte sich Thompson 2004 in der CBS-Sendung ›Sixty Minutes‹.«[290] Als er in die USA zurückkehrte, prasselten Todesdrohungen auf ihn ein, während bei Calley der chauvinistische Abschaum hochkochte: Man hatte einen neuen Nationalhelden, ein Idol für die amerikanische Jugend, das Muster des patriotischen Soldaten entdeckt. Hochdekorierte US-Offiziere des 2. Weltkriegs beteuerten, sie hätten genauso gehandelt, wenn sie sich an Calleys Stelle befunden hätten. Jimmy Carter, seinerzeit Gouverneur von Georgia, der bald zum US-Präsidenten gekürt werden sollte und den bis in seine alten Tage völlig ungerechtfertigt der Nimbus des glücklosen Friedensengels umgibt, rief den »Tag des amerikanischen Kriegskämpfers« aus und forderte seine Landsleute auf, zum Zeichen der Unterstützung Calleys bei Tag die Scheinwerfer ihrer Autos einzuschalten. Der Countrysänger Tony Nelson komponierte eine unsägliche Hymne auf den Massenschlächter William »Rusty« Calley, die »Battle Hymn of the Republic«.[291] Sie verkaufte sich in der ersten Woche nach dessen Verurteilung eine halbe Million mal, wurde in allen Sendern gespielt und fand auch in den bereits erwähnten durchwachsenen Roman von H. S. Thompson Eingang:

> … wenn wir weitermarschieren …
> Wenn ich dann meine letzte Ruhestätte erreiche,
> im Land jenseits der Sonne,
> und der Große Kommandant mich fragt …
>   (Was fragte er dich, Rusty?)
> … Hast du gekämpft oder bist du fortgelaufen?
>   (und was hast du ihm geantwortet, Rusty?)
> … Wir erwiderten ihr Gewehrfeuer mit allem, was wir hatten …

So rülpste der gesellschaftliche Bodensatz, und es stank nach verwesenden Leichen. So stand es um eine Nation, die sich auf ihren Geldscheinen ihres Gottvertrauens rühmt, und so steht es um sie bis heute.[*]

Aber es war vom »besseren Amerika« die Rede. Hierzu zählten zweifellos die Kriegsdienstverweigerer, die mit Gefängnishaft und gesellschaftlicher Ächtung ein hohes persönliches Risiko eingingen und denen sich z. B. der seinerzeit legendäre Spielfilm »Alices Restaurant« widmet. Hierzu zählten auch die Demonstranten, die in *Sit ins* die Rekrutierungsbüros der Armee blockierten und von der Polizei zusammengeknüppelt wurden. Hierzu zählten schließlich die Deserteure, deren Zahl mit der Intensivierung des Kriegsterrors sich in erstaunliche Höhen schraubte:

> 1967 desertierten allein in Europa ca. 12 000 GIs, um einem möglichen Einsatz in Vietnam zu entgehen. Gleichzeitig kam es zu den ersten Kampfverweigerungen auf den Schlachtfeldern. 10 Prozent der 3,5 Millionen-Armee entfernten sich 1969 unerlaubt von der Truppe, 56 000 Mann desertierten (d. h. länger als 3 Monate unerlaubtes Entfernen), schrieb das *Wall Street Journal*. Die Zah-

---

[*]   Am 24. Januar 2012 kam das Verfahren eines US-Militärgerichtshofs gegen den Unteroffizier Frank Wuterich zum Abschluß. Er hatte zusammen mit sieben anderen GIs am 19. November 2005 in der irakischen Stadt Haditha 24 Zivilisten massakriert. Einer der Mörder war sofort freigesprochen worden, gegen sechs weitere wurde das Verfahren eingestellt. Wuterich wurde »wegen Verletzung der Dienstpflicht« zu 90 Tagen Haft verurteilt, die er aber »aus Verfahrensgründen« nicht anzutreten brauchte. Außerdem wurde er zum Gefreiten degradiert, konnte seinen Sold aber weiterhin in derselben Höhe beziehen. Was ist demnach, unter der Regentschaft Obamas des Guten, das Leben eines Irakers wert? Für den Mörder 3,75 Tage auf Bewährung bei garantierter Lohnfortzahlung … *sand niggers* eben …

len stiegen. 1970 sollen jeden Tag 500 GIs desertiert sein. Andere Schätzungen beliefen sich auf insgesamt ›nur‹ 89 000. Das Pentagon gab jedenfalls 65 643 Desertionen bei der Armee zu, dem Äquivalent von vier Divisionen.[292]

Was sind das für Dimensionen, verglichen mit den heutigen militärischen Aggressionen der USA, die man aufgrund des geradezu obszönen Ungleichgewichts der Kräfte kaum mehr als »Kriege« bezeichnen mag (vielleicht als Ordnungskriege, als präventive Aufstandsbekämpfung im weltumspannenden *Imperium Americanum*), die aber doch allein im Irak weit über einer Million Menschen das Leben gekostet hatte! (Im Falle Libyens war Obama nach drei Monaten Flächenbombardement eigentlich per Gesetz verpflichtet, die Genehmigung des Kongresses zur Fortführung des Krieges einzuholen; er unterließ dies aber mit einer interessanten »Begründung«: es handele sich nämlich gar nicht um einen Krieg, so Obama der Gute, weil die libysche Armee die amerikanischen Bomber, Kampfflugzeuge und Drohnen nicht unter Beschuß nehmen, sich also nicht wehren könne – ohne Kombattant also kein Krieg. Mit derselben Logik könnte man übrigens einen Mörder freisprechen, dessen Opfer sich nicht zur Wehr setzte, weil es zunächst bewußtlos geschlagen wurde. Aber so verfährt man eben mit *sand niggers* …) – Ja, es gab sogar Überläufer in Vietnam. 1970 sollen täglich zehn US-Soldaten – meist schwarzafrikanischer und lateinamerikanischer Herkunft, denn sie stellten das Gros der kämpfenden Truppe – zum Vietkong übergelaufen sein. Diese Nachricht überraschte mich so sehr wie der Bericht, auf den ich als Student stieß, nämlich daß im entwaffneten, dann drei Jahre belagerten und schließlich dem Erdboden gleichgemachten Karthago (wer dächte da nicht an den Irak der Jahre 1990 ff.!) sich 900 römische Überläufer befanden, die den Freitod in den Flammen der brennenden Stadt suchten, weil sie wußten, was sie von »ihren Leuten« zu erwarten hatten. Diese Episode, von der Polybios berichtet, hatte mich stets für Karthago eingenommen, denn es bedeutete, daß seine moralische Größe im umgekehrten Verhältnis zu seiner Verteidigungsfähigkeit stand und daher eine Attraktivität auf den besten, freilich winzigen Teil einer »asymmetrisch« überlegenen Aggressorenarmee ausübte. Nicht anders als die römische reagierte die amerikanische Führung: In einer Operation namens »Beyond the Fence« wurden Profikiller der US-Armee auf die Überläufer angesetzt, die im Feindesland, hinter den Linien (»jenseits des Zaunes«), in den Dörfern und den Tunnelsystemen der Viet Minh, aufgespürt und umgebracht werden sollten. Die Liquidierung dieser »Verräter« diente vermutlich den unsäglich kotzbrockigen »Rambo«-Filmen der Ära Reagan zum

So macht der imperialistische Krieg schon wieder keinen Spaß

Ein Abschuß von über 4000

Vorbild. »Rambo in Afghanistan«, das seinerzeit von der Roten Armee besetzt
war, was insbesondere den dort lebenden Mädchen und Frauen zugute kam
– Taraki sei Dank! –, gefiel Reagan so gut, daß er den Streifen der amerikanischen Jugend ans Herz legte; solche Kämpfer, meinte er, hätte man in Viet-

nam gebraucht. Aber in Afghanistan gab es seinerzeit keine Rambos, sondern Taliban, die die Westpresse vornehm als »Koranstudenten« bezeichnete, als »Freiheitskämpfer« feierte und die sich infolgedessen eines ununterbrochenen Stromes von Waffen und Dollars erfreuen konnten. Und auch in Vietnam gab es keine Rambos, sondern Calleys. Aber es gab außerdem noch Saboteure, und damit sind wir wieder beim »besseren Amerika« angelangt. »Saboteure« klingt anrüchig, wie ein Fall für James Bond, es ist ein heißes, hochriskantes Unterfangen, das eine Aggressorenarmee empfindlich zu schwächen vermag, wie die nachfolgenden Ausführungen belegen (gerade deshalb ist es wohl so »anrüchig«):

> Weiterhin beeinträchtigte Sabotage innerhalb der US-Streitkräfte deren Kampfkraft. Neben »kleineren« Aktionen, wie dem Abfackeln von Transportfahrzeugen oder Sprengungen von Gebäuden, wird das Ausmaß auch hier wieder durch die Extreme deutlich: Im Mai 1970 wurde die Antriebsanlage des Zerstörers *USS Robert Anderson*, der nach Vietnam auslaufen sollte, zerstört. Kosten: 200 000 Dollar und zwei Monate Trockendock. Im Juli 1972 wurden zwei Flugzeugträger am Auslaufen gehindert. Auf der *USS Forrestal* zerstörte ein Feuer das Radarzentrum: 7 Millionen Dollar Sachschaden. Auf der *USS Ranger* verursachten zwei Schrauben und ein Spachtel einen Maschinenschaden: 1 Million Dollar Schaden, dreieinhalb Monate Reparaturzeit.[293]

Das tat weh, auch einem so hochgerüsteten Land wie den Vereinigten Staaten. Hinzu kam, daß die Moral der Truppe mit zunehmender Kriegsdauer immer tiefer in den Keller sackte und der Widerstand der Soldaten sich radikalisierte. »Ihr müßt damit beginnen, die rassistischen Schweine umzubringen, die euch in Vietnam Befehle erteilen«, ließ Eldridge Cleaver, einer der Führer der Black Panther Party, in seiner Botschaft »To my black brother in Vietnam« verlauten. »Entweder desertiert oder zerstört die Armee von innen!«[294] Und tatsächlich nahm das *fragging*, die Tötung militärischer Vorgesetzter mittels Splittergranaten, zu: »Dem vorausgehend wurde meist eine Sammlung der einfachen Soldaten von Beträgen zwischen 50 und 1000 Dollar auf den Kopf ihrer Vorgesetzten ausgesetzt. 209 solcher Fälle gab das Pentagon für das Jahr 1970 zu, mehr als doppelt so viele wie im Vorjahr und wohl nur ein Bruchteil der tatsächlichen Zahl.« Die Panther in den USA boten den Viet Minh sogar an, eine Einheit schwarzer Kämpfer nach Vietnam zu entsenden, was mit Interesse zur Kenntnis genommen und höflich abgelehnt wurde. Ja, es trugen sich Szenen zu, die an Sergej Eisensteins vorzüglichen Film »Panzerkreuzer Potemkin« erinnern: »Im März 1970 wurde ein Munitionsschiff auf hoher

See von einem Teil der Mannschaft zur Kursänderung nach Kambodscha gezwungen, wo die Entführer politisches Asyl erhielten.«[295] Es waren wirklich andere, bessere Zeiten, und es wäre interessant zu erfahren, was aus diesen Soldaten geworden ist: Fielen sie den Mordkommandos der Operation »Jenseits des Zauns« zum Opfer, kamen sie im Blutsumpf des vom Westen alimentierten Schlächters Pol Pot ums Leben, warf man sie ins Gefängnis, falls man ihrer habhaft wurde, oder wurden sie amnestiert? Darüber erfuhr man im Westen mal wieder nichts Neues, während Journalisten der DDR abgeschossene und inhaftierte amerikanische Bomberpiloten zu ihrer Geschichte und Motivation, zu ihren Taten und ihrer Behandlung durch die Vietnamesen befragten und die Ergebnisse ihrer Recherchen in einem äußerst lesenswerten Buch veröffentlichten, dem in den Curricula ein Ehrenplatz gebühren würde (wegen »Kompaktwissen« und so): ›Piloten im Pyjama‹. Der Titel nimmt Bezug auf die gestreifte Kleidung der Piloten in ihrem Gefängnis, das sie selbst fast liebevoll und etwas sarkastisch »Hanoi Hilton« tauften. Sie wurden dort gut behandelt, und es ging ihnen, bedenkt man die Zustände in diesem völlig zerstörten Land, gut. Wer es nicht glaubt, weil Kommunisten doch mit Wodka oder Reisschnaps gurgeln und dabei Gehirnwäsche betreiben, besuche das zu einem sehenswerten Museum umgewandelte ehemalige Gefängnis Hoa Lo – ursprünglich ein französisches Konzentrationslager – im Herzen Hanois. Es lohnt sich.

Gedenktafel im Zentralgefängnis Hoa Lo, Hanoi

Ende der 6oer, Anfang der 7oer Jahre bröckelte auch die Heimatfront in den Vereinigten Staaten. Die Ermordung des gemäßigten, dem schwarzen Mittelstand angehörenden Bürgerrechtlers Martin Luther King führte zu bürgerkriegsähnlichen Szenarien: »Es kommt in über hundert Städten der USA zu blutigen Massenaufständen. Überall lieferten sich Aufständische teilweise über eine Woche lang Feuergefechte mit der Polizei und der Nationalgarde. Die Bilanz: 46 Tote, 5000 Verletzte, 28 000 Männer und Frauen werden verhaftet. Die Regierung in Washington sieht sich gezwungen, in zehn Städten den Ausnahmezustand zu verhängen.«[296] Diese beschwichtigend als »Rassenunruhen« bezeichneten Kämpfe, deren politischer Charakter damit geleugnet wurde, sorgte zwar für erhebliche Unruhe, sollte aber weder idealisiert noch überschätzt werden: Sie vermochten die Herrschenden in den USA zu keinem Zeitpunkt ernsthaft zu gefährden, denn der Prozentsatz der Aufrührer war viel zu gering, ihr Organisationsgrad zu schwach, ihre Disziplin erbärmlich, ihre Illusionen zu groß. Der Nobelpreisträger und bürgerlich-liberale Sprachwissenschaftler Noam Chomsky konstatierte zutreffend eine ungeheure Diskrepanz in den innenpolitischen Macht- und Kräfteverhältnissen in den USA: Die herrschende Klasse, die er als die bestorganisierte der ganzen Welt bezeichnet, ist übersichtlich an Zahl, verfügt neben dem staatlichen Gewaltapparat vor allem über exzellente Kommunikationsbedingungen, ist zügig im Handeln und daher äußerst effizient. Die Bevölkerung hingegen ist nach Ethnien fraktioniert, unorganisiert, da die schwache Arbeiterbewegung durch Gangster der Mafia ausgeschaltet wurde, undiszipliniert und kommunikationsfeindlich, da sie ihre freie Zeit vor der Glotze verbringt, ihr Denken also vom Feindsender beherrscht wird, der Wissen und Übersicht erst gar nicht aufkommen läßt. Unter diesen Bedingungen sind nur Ghetto-Aufstände möglich, spontane Eruptionen, die meist in Plünderungen und Brandschatzungen enden und für einen gutorganisierten Gegner kein Problem darstellen. Geduldiges Aufklären, organisatorische Erfassung der Rechtlosen und Ausgebeuteten, koordiniertes Vorgehen, das die realen Kräfteverhältnisse berücksichtigt, also der zähe, umsichtig geführte und auf lange Dauer eingerichtete Kampf, wie es die Vietnamesen vorexerzierten – all das hat es in den Vereinigten Staaten nie gegeben. Dasselbe gilt für die Studentenbewegung, den amerikanischen SDS (*Students for a Democratic Society*), die oft in einem romantisierend-verklärten Licht erscheint. Zwar phasenweise stark an Zahl, kam sie doch über dezentrale Aktionen nie hinaus und endete entweder in Sozialarbeiter-Zirkeln oder in der terroristischen Sackgasse der »Weathermen«, deren Namensgebung von einer Zeile aus einem Bob Dylan-Lied herrührte (*You don't need a Weatherman to know which way the wind blows*). Aber love and peace, das Zeigen des Victory-Zeichens, das Rauchen von »Gras«, das Schwärmen für einen »seelenvollen« Sozialismus (SDS), Gitarrenmusik am Lagerfeuer mit dem obligatorischen, unangenehm religiös imprägnierten »We shall overcome« – all das war zweifelsohne schön und nett, aber ein euphorisches Lebensgefühl ist nicht gleich Stärke. Wer, wie die »Wettermänner«, vor der amerikanischen Justiz flieht und sich in Nischen einrichten will, wird dort von ihr abgeholt. Damit konnte man keiner Macht beikommen, die mit allen Mitteln nach der uneingeschränkten Weltherrschaft strebt und dabei Berge von Millionen Leichen hinter sich läßt. Schon die deutsche Studentenbewegung war schwach, aber nimmt man nur einen ihrer ernster zu nehmenden Repräsentanten nach dem Zerfall des deutschen SDS (Sozialistischer Deutscher Studentenbund) vor, den »maoistischen« KBW (»Kommunistischer Bund Westdeutschlands«), so muß man trotz dessen peinlich wirkender, hölzerner Dogmatik und der häßlichen Stalin-Kulterei sagen, daß die amerikanische Studentenbewegung nie an das von ihm repräsentierte theoretische Niveau (es war dürftig) und seine praktische Wirksamkeit, etwa bei der durchaus kraftvollen bundesweiten Demonstration gegen den Abtreibungsparagraphen 218, heranreichte. Opportunistisch war der KBW jedenfalls nie, und entsprechend verhaßt war er. Es brauchte den Verfassungsbrecher Brandt mit seinen Berufsverboten, um seine Mitglieder zu kriminalisieren und sie sozial zu vernichten, sie in ihrer Marginalexistenz verrückt werden zu lassen oder einfach zu kaufen. Das häßlichste Bild bieten solche »umgedrehten« KBWler, die wie ihr einstiger Chef Joscha Schmierer einem Kriegsverbrecher wie dem Grünen Joschka Fischer zur Hand gehen und die Bombardierung Jugoslawiens und andere imperialistische Banditenstücke rechtfertigen. Auch etliche der wilden Wettermänner und -frauen haben es später zu Professorenpöstchen gebracht.

So wenig die herrschende Klasse der USA also von einer landesinternen Opposition etwas zu fürchten hatte, so heftig reagierte sie doch, als sich Widerspruch gegen ihre Kriegspolitik artikulierte und dieser Widerspruch auf die Straße getragen wurde. Natürlich trieb sich da nur »arbeitsscheues Gesindel« herum, und natürlich war die Schauspielerin Jane Fonda, die Nordvietnam besuchte, nichts weiter als eine »Kommunistenhure«. Zu den größten Scharfmachern zählte der damalige kalifornische Gouverneur und spätere US-Präsident Ronald Reagan, der unverblümt äußerte, wenn schon Blut fließen müsse, dann solle man sich damit keine Zeit lassen. Innenpolitik hieß für ihn, wenn die Jungs von der Nationalgarde ihren »Job« erledigten, und mochte es Tausende von Toten kosten. Zu seiner moralischen Statur sei nur soviel gesagt, daß er den zuverlässigsten Indikator ehelicher Zuneigung (es sträubt sich alles beim Niederschreiben solcher Worte) darin erblickte, wenn die Frau die braunen Spuren in der Unterhose ihres Mannes beseitigte. Diesem moralischen Kretin und Widerling, der seine Karriere als Spitzel begonnen hatte, fiel es zu, als »Überwinder der Sowjetunion« in die Geschichte einzugehen. Er und Nixons Vize Spiro Agnew – bei uns Schülern kursierte die Steigerungsform »good new – bad new – Agnew« – beschimpften die Demonstranten als »allesamt verdammte Kommunisten«, die den Jungs in Vietnam »in den Rücken fallen«[297] und mit denen kurzer Prozeß gemacht werden sollte. Und so geschah es.

Am 4. Mai 1970 versammelten sich mehrere hundert Studenten friedlich auf dem Universitätsgelände von Kent im Bundesstaat Ohio. Eine Kundgebung gegen den Vietnamkrieg am 1. Mai war verboten worden, und am 2. Mai war ein Rekrutierungsbüro der Armee in Flammen aufgegangen. 1200 Mann der Nationalgarde hatten rund um den Campus mit aufgepflanztem Bajonett Stellung bezogen. Dann eskalierte die Situation sehr schnell:

> In mehr als 100 Metern Entfernung hatte sich ein Trupp von 80 Soldaten der Nationalgarde in Stellung gebracht. Aus den Reihen der Demonstranten wurden einige Flaschen und Steine geworfen. Der Augenzeuge Tim Hawley später: »Die Flaschen und Steine erreichten die Soldaten überhaupt nicht, sie waren viel zu weit weg.« In dieser Situation befal der Kommandeur seinen Soldaten anzulegen und gab den Feuerbefehl. Drei Studenten und eine Studentin brachen, von den Kugeln tödlich getroffen, zusammen. Weitere neun Demonstranten wurden von Kugeln verletzt. Insgesamt wurde 67mal scharf geschossen. Nur zwei Wochen später wurden bei einer Demonstration von Bürgerrechtlern in der Kleinstadt Augusta, im Bundesstaat Georgia, sechs schwarze Bürgerrechtler von der Polizei erschossen. Am 14. Mai 1970 kam es auf dem Gelände des Jackson State Colleges ebenfalls zu einer Antikriegskundgebung und zu Protesten wegen der toten Kommilitonen von Kent. Ohne Vorwarnung eröffnete die Polizei das Feuer und tötete zwei Menschen, darunter einen unbeteiligten Fensterputzer.[298]

Das war die Zeit, in welcher der im Bundesstaat Kalifornien lebende Philosophiedozent Herbert Marcuse einen »präventiven Faschismus« in den Vereinigten Staaten diagnostizierte, was wiederum den ›Spiegel‹ veranlaßte, diese Analyse auf seiner Titelseite in geheuchelter Sorge mit einem Fragezeichen zu versehen. Damit war unmißverständlich klargestellt: Weder die Zugehörigkeit zur *master race* noch die US-Staatsbürgerschaft, noch die Abstammung aus der wohlhabenden Mittelschicht boten die Gewähr, vom Staatsterror

verschont zu werden. Mit diesen Märtyrern der Friedens- und Bürgerrechtsbewegung, d. h. angesichts der entfesselten, zu allem entschlossenen Staatsgewalt, wurde der Protest schnell innerlich, überschritt er kaum mehr das
Niveau des kläglich bittenden »Give peace a chance«. In den Ländern des Ostblocks hingegen, in der DDR, der ČSSR, den Volksrepubliken Polen, Ungarn,
Rumänien und Bulgarien, spendeten die Menschen Blut für die Hunderttausende verletzter und verstümmelter Vietnamesen, nahmen Kriegsopfer auf
und ermöglichten ihnen ein Studium oder eine solide Berufsausbildung. Mit
chinesischen und sowjetrussischen Waffen vertraute das vietnamesische Volk,
einem Diktum Mao Tse-tungs folgend, auf die eigene Kraft – und gewann,
freilich unter entsetzlichen Opfern, deren Folgen bis heute anhalten.

Es ist an der Zeit, eine kurze Bilanz über dieses aufschlußreiche Kapitel
der Menschheitsgeschichte zu ziehen. In bezug auf die USA lautet das bün-
digste und zutreffendste Resümee: »Was mit täglich einem halben Dutzend
›bewaffneter Aufklärungsflüge‹ begann, steigerte sich zum schlimmsten
Bombenterror der Menschheitsgeschichte ...« (nein, das ist keine kommunistische Greuelpropaganda, sondern dieser Satz findet sich in einem mit großer Sachkenntnis geschriebenen Reiseführer unserer Tage[299]). Man nimmt
zu Zahlen Zuflucht, um die Dimension dieses Terrors wenigstens halbwegs
in den Bereich des Vorstellbaren zu rücken (und man tut gut daran, sich zu
vergegenwärtigen, daß die Sowjetunion in den viereinhalb Jahrzehnten des
Kalten Krieges Verbrechen von solchen Dimensionen nie begangen hat, auch
nicht bei der späten Besetzung Afghanistans, die ihren Untergang einleiten
sollte). Der bereits häufig zitierte Historiker Greiner hält mit der ihm eigenen
Gründlichkeit fest:

Es war der längste heiße Krieg im Kalten Krieg. Und es ist ein Krieg, der bis
heute den schauerlichsten Rekord in der Geschichte hält: Zu keiner anderen
Zeit und an keinem anderen Ort wurden derart viele Vernichtungsmittel eingesetzt wie in Vietnam. In den Jahren 1966 bis 1968 klinkten Kampfflugzeuge der USA und ihrer Verbündeten 2 865 808 Tonnen Bomben über Vietnam,
Laos und Kambodscha aus – das waren gut 800 000 Tonnen mehr als auf
allen Schauplätzen des gesamten Zweiten Weltkriegs zusammen. Bereits nach
zwei Jahren Luftkrieg – zwischen August 1964 und Dezember 1966 – waren
860 000 Tonnen Bomben allein auf den Norden des Landes niedergegangen.
Bis 1975 verfeuerten die US-Streitkräfte sieben Millionen Tonnen Bomben
und Artilleriegranaten in Nord- und Südvietnam. Auch diese Zahl liegt weit
über der von den USA im Laufe des Zweiten Weltkrieges aufgewendeten Feuerkraft.[300]

Ein in der DDR erschienenes militärisches Fachbuch faßt den Horror in folgende Zahlen:

> Die Frequenz der Luftangriffe belief sich zeitweilig auf 500 pro Tag. Neben militärischen Zielen bombardierten die USA-Flugzeuge insbesondere Wohngebiete, Produktionsstätten und Infrastruktureinrichtungen sowie Deiche und Bewässerungssysteme bei Tage und auch nachts. Neben Sprengbomben setzten sie auch Luft-Boden-Raketen, Napalm, Kugel- und Splitterbomben sowie andere Kampfmittel ein. Am 10. April 1967 schließlich erklärte der General C. LeMay zynisch, die Bombenfliegerkräfte der USA würden die DRV »in die Steinzeit zurückbombardieren« und dabei notfalls Kernwaffen einsetzen. […] [*Daher* kommt übrigens das Wort vom »Steinzeitkommunismus«, nicht vergessen! P. P.]
>
> Über der DRV wurden insgesamt 643 000 t Bomben abgeworfen, das sind 5,2 t pro Quadratkilometer Landesterritorium. Die Lufterroristen aus den USA haben Hunderttausende Menschen ermordet, drei der sechs Großstädte völlig zerstört, ebenso 12 der 29 Provinzhauptstädte, 51 der 116 Kreisstädte und 300 der 4000 Dörfer. Große Teile Hanois und Haiphongs wurden in Schutt und Asche gelegt, desgleichen 2923 Schulen, 1850 Krankenhäuser und Ambulanzen, 949 Kirchen und Pagoden sowie 808 Kulturdenkmäler.[301]

Es ist eigenartig: Die Monstrosität, die sich hinter diesen Zahlen verbirgt, will sich dem Gedächtnis weniger einprägen als Fotos von vergewaltigten und abgeschlachteten Frauen oder von Kindern, die schreiend einer Napalmhölle entkommen. Aber in der Anonymität abstrakter Zahlen verschwindet das Leiden einzelner, die sinnlich-konkrete Wahrnehmung nur eines einzigen scheußlichen Verbrechens, wie bei den eineinhalb Millionen ermordeten Juden und Kommunisten allein in Auschwitz. – Nehmen wir nun nicht das gesamte Land, sondern einen kleinen Ort in den Blick, das in Zentralvietnam gelegene, während des Krieges heftig umkämpfte Quang Tri. Ein Reiseführer weiß zu berichten:

> Die Stadt, einst Standort einer Zitadelle Kaiser Minh Mangs [reg. 1820–1842], ist seit 1972 praktisch vom Erdboden verschwunden. Im Frühjahr jenes Jahres drangen mehrere Divisionen nordvietnamesischer Truppen über die Grenze und nahmen die Stadt nach heftigen Kämpfen ein. Die Schlacht um Quang Tri dauerte vier Monate, und als sich der Rauch verzogen hatte, hatten südvietnamesische Artillerie und amerikanische B-52-Bomber nur noch Schutt und Trümmer übriggelassen. In 82 Tagen waren auf das 4 km² große Stadtgebiet Bomben von der 7 fachen Sprengkraft der Atombombe von Hiroshima gefallen.[302]

Damit stellt sich die Frage nach den Verlusten an Menschenleben. Aber niemand führt in einem jahrelangen permanenten Bombenhagel Protokoll. Sicher gab es hier und da Bevölkerungsstatistiken, aber Vietnam war ein agrarisches Entwicklungsland, und Dokumente können verbrennen. Allgemein gesagt, korrelierte das Vernichtungspotential der USA mit der Entschlossenheit des vietnamesischen Volkes, die Aggressoren aus ihrem Land zu jagen, und also führten die US-Präsidenten einen »totalen Krieg« im Sinne des Nazi-Chefpropagandisten Goebbels. Man hat errechnet, daß im statistischen Mittel auf jeden Vietnamesen, vom Säugling bis zum Greis, knapp eine halbe Tonne Sprengstoff kam. Andere Quellen nennen andere Zahlen, aber lassen wir diese arithmetische Beckmesserei: Wäre das Verbrechen geringer, wenn pro Vietnamese »nur« ein Kilo Sprengstoff eingesetzt worden wäre? Damit zu den Ziffern.

Allein für die Kämpferinnen und Kämpfer der Nationalen Befreiungsfront in Südvietnam wird eine Verlustrate von 920 000 Menschen genannt; die dort ebenfalls aufgeführten 800 000 Ziviltoten scheinen hingegen »zu niedrig« angesetzt zu sein[303] (und abermals sträubt sich beim Schreiben der beiden in Anführungszeichen gesetzten Worte die Feder: 800 000 Ermordete – »zu niedrig«!). Für die Streitkräfte Nordvietnams hält Bernd Greiner mit buchhalterischer Präzision fest:

> In der Zeit von 1964 bis 1975 ließen [...] ungefähr 440 000 Soldaten des Vietcong und der Nationalen Volksarmee Nordvietnams ihr Leben auf den Schlachtfeldern. In anderen Worten: Die kommunistische Seite verlor zweimal eine komplette Streitmacht, opferte – gemessen an der Vorkriegsbevölkerung – prozentual doppelt so viele Soldaten wie Japan im Zweiten Weltkrieg und zwölfmal so viele wie die Chinesen und Nordkoreaner während des Koreakrieges. Hätte die US Army denselben Blutzoll entrichtet, wären statt 50 000 Gefallener eine Million amerikanischer Soldaten nicht nach Hause zurückgekehrt. Daß eine Kriegspartei einen derartigen Preis entrichten will und kann, ist historisch selten, wenn nicht einmalig.[304]

Allerdings! Ein solches Ausmaß an Opferbereitschaft, Heroismus und Disziplin war ansonsten nur noch in der Roten Armee unter dem Kommando Leo Trotzkis und in den revolutionären Bauernverbänden Mao Tse-tungs anzutreffen, lange zuvor einmal bei den gegen Philipp II. für ihre Menschenwürde und gegen dessen Inquisition kämpfenden »Wassergeusen«. Wenn der Verfasser hingegen neben der hohen Motivation der Bevölkerung die »kaum zu überbieten Skrupellosigkeit der politischen und militärischen Führung«

für die hohen Verluste Nordvietnams verantwortlich macht, so ist dies pure Ideologie, akademischer Hirnkrampf und ausschließlich dem Umstand geschuldet, daß der Lehrstuhlinhaber das Lied dessen singt, von dem er sein täglich Brot und sonst noch ein paar Zuwendungen erhält. Nein, Herr Professor! Zwischen dem vietnamesischen Volk und seiner Führung gab es keinen Millimeter Raum, um westliche Spaltpilze anzupflanzen. Der Verfasser dieser Zeilen hat zwar keine eigenen Statistiken angelegt, aber seine Augen offengehalten, als er Vietnam bereiste. Zu den eindrucksvollsten Erlebnissen zählte das Zusammentreffen mit einer alten Frau, die als junges Mädchen bei der Aushebung des komplexen Tunnelsystems von Vinh Moc in Zentralvietnam mit Hand angelegt hatte und durch einen Bombensplitter am Bein verletzt wurde, so daß sie bis in ihre alten Tage gehbehindert ist. Diese Greisin, des Englischen nicht mächtig, geriet schier aus dem Häuschen, als ich ihr eine Postkarte mit dem Konterfei Ho Chi Minhs zeigte: »Bac Ho!!« Ich schenkte sie ihr, und ich habe selten einen glücklicheren Menschen gesehen. Sie bat pantomimisch um eine Widmung und erhielt sie auch: »In memory of the heroic leader of the Vietnamese people«. Landsleute übersetzten ihr diese paar Worte, und sie drückte die Postkarte unablässig gegen ihre Brust und verabschiedete sich mit einer überschwenglichen Umarmung. Derlei mag das Fassungsvermögen eines Akademikerhirns übersteigen, aber es ist dennoch geschehen und sagt vielleicht mehr als so mancher hochgelahrte Wälzer. – Um wieder zur Prosa der Historiographie und dem trocken Brot der Statistiken zurückzukehren: Greiner weist in einer Anmerkung darauf hin, daß in den genannten Verlustziffern der regulären Armeeverbände Nordvietnams die »Selbstverteidigungskräfte« nicht enthalten seien, also das Heer der Freiwilligen, die »Informanten, Kuriere, Steuereintreiber, Sprengstoffexperten«. Sie entrichteten einen Blutzoll, der mit »Hunderttausenden« bis zu »1,5 Millionen« Toten angegeben wird.

Bleibt die Zahl der aus der Luft ermordeten Zivilisten, die der Tod auf den Feldern, in den Unterständen oder in ihren Häusern und Hütten ereilte. Auch hier gibt es unterschiedliche, mitunter stark voneinander abweichende Angaben, für die das folgende Zitat stellvertretend stehen möge: »Zwischen 1961 und 1975 fanden 1,5 Millionen Vietnamesen den Tod, 500 000 Waisenkinder und über 3 Millionen Flüchtlinge irrten noch Jahre später durch das Land. Die Krämerseelen im Pentagon rechneten aus, daß sie der Mord an einem Vietnamesen 350 000 Dollar kostete. Zynisch erklärte ein Oberst der Marineinfanterie: ›Die Vereinigten Staaten sind in Vietnam zu einem internationalen Begräbnisunternehmen geworden.‹«[305]

Wendet man sich von den Toten ab und den Lebenden zu, so bleibt festzustellen, daß im Boden verborgene Explosivkörper noch heute, nach nahezu vierzig Jahren, das Leben der in der Landwirtschaft tätigen Menschen bedrohen, und das sind 80 % der vietnamesischen Gesamtbevölkerung. Nach dem offiziellen Friedensschluß sind diesen verborgenen Sprengkörpern bis heute über 100 000 Menschen zum Opfer gefallen. Abseits der gleichgeschalteten Monopolpresse, in Blättern, die um ihr Überleben kämpfen, kann man daher hin und wieder auf Inserate wie das folgende stoßen:

Kriegsfolgen beseitigen

In Vietnam und Laos beseitigt SODI Streubomben und andere explosive Munitionsrückstände, sodass die Menschen das Land gefahrlos nutzen können. Damit wird die Voraussetzung für soziale und wirtschaftliche Entwicklung und die Überwindung von Armut geschaffen.

Bitte helfen Sie mit Ihrer Spende!

Spendenkonto: 10 20 100
Bank für Sozialwirtschaft
BLZ 100 205 00
Kennwort: Kriegsfolgen beseitigen

www.sodi.de

Und das Vietnam der Gegenwart begeht an jedem 10. August den »Orange Day«, im Gedenken an den 10. August 1961, als die US-Streitkräfte mit ihren großflächigen Entlaubungsaktionen unter der Bezeichnung »Ranch Hand« (»Erntehelfer«, was für ein kolossaler Imperialistenwitz!) begannen. Wir hatten das Dioxin als giftigsten Schadstoff des Entlaubungsmittels »Agent Orange« bereits kennengelernt. Bei Raumtemperatur liegt es in kristalliner Form vor, und seine toxische Langzeit-Wirkung beträgt verheerende 50 000 Jahre. Vietnam ist und bleibt ein vergiftetes Land. Auch über die Dimensionen des chemischen Krieges, den die USA in Vietnam führten, existieren genaue Angaben: »Nach zehn Jahren hatten die Vereinigten Staaten in 9495 dokumentierten Einsätzen rund 90 Millionen Kilogramm Agent Orange auf einer Fläche der Größe Hessens versprüht, drei Millionen Hektar Regenwald und Reisfelder vernichtet sowie 26 000 Dörfer verseucht. 15,9 Liter kamen in den regelmäßig ›entlaubten‹ Gebieten auf jeden Einwohner.« Bis in die Gegenwart, bis in eine unabsehbare Zukunft zeigt das Gift desaströse

Folgen: »Es schädigt das Genom, schwächt das Immunsystem und ist stark krebserregend. Blutkrebs und Nierenversagen, Nervenleiden und Metastasenbildungen zählen zu den rund 140 bekannten Folgeerkrankungen. Fünf Millionen Vietnamesen kamen mit Agent Orange in Berührung. Drei Millionen von ihnen erkrankten in der einen oder anderen Form. Dazu kommen rund 200 000 Angehörige der US-Streitkräfte, die bei der Veteranenbehörde als Agent Orange-Opfer registriert sind.«[306] Von den Monsterwesen, die bis zum heutigen Tag geboren werden – auch hier wäre eine pränatale Diagnostik mit anschließendem Abort wünschenswert, aber die kostet teures Geld, und Vietnam ist arm –, war bereits die Rede.

Im Vorhof der Hölle

Die wenigsten Touristen finden den Weg ins Tu Du-Hospital, das Frauenkrankenhaus in Saigon, in der Cong Quynh Nr. 284. Dort lagern die in Spiritus eingelegten Föten totgeborener mißgestalteter Wesen, die man kaum als Menschen (oder deren Überreste) ansprechen kann. Es ist aber gar nicht so einfach, dorthin zu gelangen: Vietnam schämt sich, törichterweise, seiner Opfer, als würden sie irgendeinem »Normalisierungsprozeß« im Wege stehen. In Wirklichkeit stören sie bei der Verdrängung, bei der illusionsgespeisten Selbstbeschwichtigung, daß heute ja »alles viel besser« sei und »die Zeiten sich geändert« hätten. Diese unförmigen Gebilde sind das fleischgewordene Memento an vergangene Verbrechen, deren Spur ins Heute führt. Aber kein vietnamesischer Politiker käme je auf die Idee, amerikanische Staatsgäste mit den Folgen der Kriegsverbrechen ihrer Vorgänger zu konfrontieren – verstöße das nicht gegen den guten Ton, die Etikette, die diplomatischen Gepflogenheiten und all diese eitlen Nichtigkeiten? Aber wie würde ein solcher geschniegelter Fatzke aus der frischgebügelten Wäsche gucken, wenn man ihm solche Wesen vorführte mit den Worten: »Schaut euch ruhig an, was ihr angerichtet habt! Wir reden nicht von Wiedergutmachung, denn hier gibt es nichts gutzumachen. Eure aufrichtige Reue und euren guten Willen würde die Welt aber daran erkennen, wenn ihr dieselben Milliardensummen, die ihr für die Zerstörung dieses Landes aufgewendet habt, nun für dessen Aufbau bereitstellt. Gilt im übrigen auch für den Irak.«

Aber nichts dergleichen geschieht. Statt dessen findet man im ausgezeichneten und gutbesuchten Saigoner Kriegsmuseum, das die verheerenden Auswirkungen des chemischen Krieges vorzüglich dokumentiert, einen in seiner Naivität (um das Mindeste zu sagen) erschütternden Brief, den eine vergiftete und verkrüppelte junge Vietnamesin an Präsident Obama schrieb: Er möge sein gütiges Auge auch auf sie und ihresgleichen richten und ihrer Leiden gedenken. Muß man dazu wirklich etwas sagen? Vielleicht so viel: eine Antwort Obamas ist nicht überliefert.

Aber man sieht ab und an diese Wesen, wenn man die Augen offenhält, etwa wenn man auf nächtlicher Straße an einer Liege vorbeiläuft und seinen Augen nicht traut, weil man nicht glauben mag, daß es so etwas gibt: einen riesigen Wasserkopf auf zwei strohhalmdünnen Beinchen. Oder man sieht, bei einer Autofahrt durch ein beliebiges Dorf, ein schmutziges Bündel auf der Straße. Beim Näherfahren stellt sich heraus, daß das Bündel lebt: ein Mensch ohne Arme und mit völlig verkrüppelten Beinen, der zentimeterweise durch den Dreck robbt und mit dem Kopf eine kleine Kiste vor sich herschiebt, in der sich wahrscheinlich seine Habseligkeiten befinden. Wie lange er wohl braucht, um diese Straße zu überqueren? Eine Stunde oder zwei? Die Autofahrer, die wie alle Vietnamesen flott zu fahren pflegen, nehmen Rücksicht: Sie weichen dem Bündel mit seiner Kiste aus. Aber die Dorfbewohner nehmen nicht einmal Notiz davon. Sie lassen den Krüppel kriechen. Aus Indien kennt man solche Bilder, vielleicht auch von den ärmsten afrikanischen Ländern – aber von Vietnam?

Die Leiterin eines Saigoner Reisebüros, eine aufgeweckte und intelligente Person, die die verzwicktesten Probleme energisch und zielsicher löst, wird plötzlich ganz dumm, wirkt wie gegen die Wand gelaufen, als sie von unserem Vorhaben hört, das Tu Du-Hospital zu besuchen. Zuerst findet sie die Telefonnummer im Telefonbuch nicht. Dann nimmt rätselhafterweise niemand dort ab. Dann sollen plötzlich wir eine e-mail schreiben. Und schließlich wird es furchtbar schwierig, in vietnamesischer Sprache auf ein Blatt Papier unser Anliegen zu schreiben, so daß wir es vorzeigen können, falls der Pförtner oder die Krankenschwester kein Englisch oder Französisch versteht; ja es wird so schwierig, daß zuerst kein Papier aufzutreiben ist und ihr dann nicht die richtigen Worte einfallen. Kurzum: sie will nicht, daß wir dorthin gehen. Wir müssen die Sache selbst in die Hand nehmen.

An diesem Samstagvormittag ist viel los im Krankenhaus; falls es einen Pförtner gibt, interessiert er sich nicht für uns. Das mehrstöckige, weitläufige Gebäude ist überbelegt; überall, auf den Gängen und in den Zimmern, liegen Frauen, umgeben von ihren Angehörigen. Um die Hygiene scheint es nicht zum besten bestellt zu sein. Natürlich fallen wir auf; das Personal ist neugierig, freundlich und hilfsbereit, versteht aber, wie befürchtet, keine Fremdsprache. Durch das Zeigen von Bildern versuchen wir unser Anliegen zu verdeutlichen, und nach einer halbstündigen Odyssee befinden wir uns im dritten oder vierten Stock eines Nebentrakts. Hier sind wir richtig, aber was uns erwartet, sind keine Totgeburten in Gläsern, sondern lebende Exemplare. Ein kleiner Debiler, vielleicht sieben Jahre alt, spielt friedlich mit einem Vorhang, sein langgezogener Schädel mit den hervorstehenden Augen und der triefenden Unterlippe ist so schmal, daß kein voll funktionsfähiges Gehirn darin Platz findet – ein grotesker kleiner Frankenstein. Auf einem Stuhl sitzt lethargisch ein grindiger Idiot, er mag vierzehn oder fünfzehn Jahre alt sein. Seine Haut ist wie marmoriert, wechselt von hellbeige bis dunkelbraun und hängt in Fetzen vom Körper herab. Finger, Hände und Unterarme wirken überlängt und merkwürdig abgeknickt, wie mehrfach gebrochen. Er ist träge, kratzt sich ab und zu und stößt dabei Laute aus, die an das Muhen einer Kuh erinnern. Dann kommt ein kleiner Kerl vorbei, der für seine geringe Größe ein viel zu altes Gesicht hat. Ah ja: die Unterschenkel fehlen, aber er bewegt sich auf seinen Stümpfen ganz behende fort, ein munterer Debiler, der uns mit fröhlichem Jaulen begrüßt. Willkommen im Vorhof zur Hölle! Vor uns befindet sich die dritte Generation der Agent Orange-Opfer, die nicht in Dorfhütten oder Gassen vor sich hinvegetieren, sondern von Medizinstudenten betreut werden, die sie gut behandeln und mit ihnen spielen, so gut das eben geht (eben wird der kleine Frankenstein ins Bett getragen, weg von seinem geliebten Vorhang, was er jedoch willenlos geschehen läßt). Die Stimmung schlägt um, als eine resolute Oberschwester auf den Plan tritt, die von dem Doktortitel im Ausweis nur mäßig beeindruckt ist. Nein, keine Fotos! Wegen der »Persönlichkeitsrechte«! Das Theater des Grauens wandelt sich zum absurden Theater: Setzt der Begriff »Persönlichkeit« nicht wenigstens ein Bewußtsein seiner selbst und der umgebenden Realität voraus? – Nein, die Räume mit den Föten können ohne vorherige Genehmigung nicht besichtigt werden. – Nein, die verantwortliche Ärztin ist übers Wochenende nicht zu sprechen. Und so gingen wir wieder unverrichteterdinge, aber, wie ich gestehen muß, mit einem Gefühl der Erleichterung.

Die im Tu Du-Hospital empfangenen Eindrücke wirkten noch tagelang nach, und sie wurden beim Besuch des Saigoner Kunstmuseums aufgefrischt: Ein zeitgenössischer Künstler hatte es vermocht, dem Thema »Agent Orange« in einem großen Gemälde adäquaten Ausdruck zu verleihen: es sind Variationen des Themas »Homo sapiens« zum Abgründigen, Grauenhaften hin. Wie das Bild im Museum bezeugen die unglücklichen Insassen des Saigoner Krankenhauses das Grauen der imperialistischen Kriegsverbrechen, im Vorhof der Hölle, die sich auf der Erde befindet.

Man erwartet ja von den Deutschen in ihrer Eigenschaft als NS-Kriegsverbrecher, daß sie in der Königsdisziplin der »Vergangenheitsbewältigung« championeske Fähigkeiten entwickeln, die sich bis zur Generation X in einem lautstark-zerknirschten *Mea culpa* zu äußern hat. Auch der Vietnamkrieg hat auf die beiden deutschen Teilstaaten ein bezeichnendes Licht geworfen, das man im Westen nur allzu bereitwillig verdunkelte. Während die DDR den während des Nazi-Regimes inhaftierten Antifaschisten Wolfgang Bergold als Botschafter nach Hanoi schickte (1963-1968), residierte in Saigon der Altnazi Horst von Rom als Repräsentant der BRD. Während die Ostdeutschen Blut für Vietnam spendeten, sprach sich der ehemalige SA-Angehörige und dann als Verteidigungsminister der CDU amtierende Gerhard Schröder »für eine Entsendung deutscher Soldaten auf den fernöstlichen Kriegsschauplatz« aus … »Der Hessische Rundfunk meldete am 22. Februar [1966], die Bundesrepublik wolle zwei Divisionen nach Vietnam schicken. Die *Neue Ruhr-Zeitung* berichtete am 26. November 1966, daß der stellvertretende Vietnam-Oberbefehlshaber General Heintges vom Einsatz von ›zwei Infanterie-Divisionen und einer Panzergrenadier-Division‹ der Bundesrepublik gesprochen habe.« Diesen Verfassungsbruch vor Brandt hatten ausschließlich die unüberhörbaren Proteste gegen den Vietnamkrieg verhindert. Doch während die DDR verletzte Vietnamesen aufnahm, arbeiteten 2500 sogenannte »Techniker« aus Westdeutschland in Südvietnam, und 121 Piloten der Bundeswehr-Luftwaffe flogen Einsätze gegen Nordvietnam. Das war dem Altnazi Kurt Georg Kiesinger, sobald er Bundeskanzler geworden war, immer noch nicht genug, denn er versicherte in seiner Regierungserklärung am 13. Dezember 1966, die BRD werde »entscheidender als bisher Mitverantwortung in Vietnam übernehmen«.[307] Das deutsche Schulbuch, das diese Tatsachen enthält, muß freilich erst noch geschrieben werden.

Wie aber ist es bezüglich der »Vergangenheitsbewältigung« bei den amerikanischen Kriegsverbrechern bestellt? Robert McNamara, der Perfektionist der Massenvernichtung, durfte nach seinem Rückzug aus dem politischen Leben ab 1968 als Präsident die Weltbank leiten, was ihm als ambitioniertem Großindustriellen gewiß nicht schwergefallen sein dürfte. Dann hat ihn ein Engel des HErrn wohl mit seinem Flügel gestreift, so daß er selbst zum Friedensengel mutierte und fortan als einer der prominenten Sprecher der amerikanischen Friedensbewegung fungierte (über deren »Qualität« damit alles gesagt ist). Aber dies gehört eher in die Rubrik »absurdes Theater«. Nixon hingegen blieb Verbrecher aus Überzeugung, als er 1983 mit Blick auf Vietnam erklärte: »Nie haben wir für eine moralischere Sache gekämpft.« Und Ronald Reagan bezeichnete den Vietnamkrieg als »edles Unternehmen, […] eine notwendige Folge kommunistischen Terrors«.[308] Nun – ein Nazi hätte sich in vergleichbarer Lage nicht anders über seine Völkermordverbrechen geäußert.

In seinem politischen Testament, das Ho Chi Minh wenige Tage vor seinem Tod verfaßte, äußerte er sich voller Zuversicht über die Perspektiven des vietnamesischen Befreiungskrieges:

[...] was immer passieren mag, wir müssen fest bleiben in unserem Willen, die US-Aggressoren bis zum völligen Sieg zu bekämpfen.

Unsere Berge werden bleiben, unsere Flüsse werden bleiben, unser Volk wird bleiben.

Nach dem Sieg über die Invasoren werden wir unser Land zehnmal schöner wieder aufbauen.

Welche Schwierigkeiten und Opfer auch immer vor uns liegen mögen, unser Volk ist des Sieges sicher. Die US-Imperialisten werden das Land verlassen müssen. Unser Vaterland wird wiedervereinigt werden. Die Landsleute im Süden und im Norden werden wieder unter dem gleichen Dach leben. Wir, eine kleine Nation, werden die Ehre haben, im heroischen Kampf zwei große imperialistische Mächte besiegt zu haben – Frankreich und die USA. Wir werden einen würdigen Beitrag zur nationalen Befreiungsbewegung in der Welt geleistet haben.[309]

Und Ho sollte recht behalten: Am 27. Januar 1973 unterzeichnete die US-Regierung nach langem diplomatischen Hin und Her das Friedensabkommen, und am 30. April 1975 verließen die letzten Soldaten der gedemütigten Weltmacht das Dach der Saigoner US-Botschaft in einer spektakulären Hubschrauberaktion vor den schußbereiten Panzern der vietnamesischen Befreiungsarmee: ein schöner, ein erhebender Anblick. Fünf Tage nach dem offiziellen Friedensschluß, am 1. Februar 1973, schickte Nixon eine schriftliche Botschaft nach Hanoi, in der er die amerikanische Wiedergutmachung und Aufbauhilfe, die in Artikel 21 des Friedensvertrages nur in allgemeinen Worten zugesichert worden war, präzisierte. Nixon versprach nicht das Blaue vom Himmel, aber er nannte konkrete Beträge und Zeiträume:

(1) Die Regierung der Vereinigten Staaten von Amerika wird zum Nachkriegsaufbau in Nordvietnam beitragen, ohne irgendwelche politischen Bedingungen zu stellen.

(2) Vorläufige Untersuchungen der Vereinigten Staaten haben ergeben, daß der angemessene Beitrag der Vereinigten Staaten zum Nachkriegsaufbau in die Größenordnung von 3,25 Milliarden Dollar Beihilfe über einen Zeitraum von fünf Jahren fallen wird. Über andere Formen der Hilfe werden zwischen den beiden Parteien noch Vereinbarungen getroffen. Diese Schätzung unterliegt einer möglichen Korrektur und detaillierten Verhandlungen zwischen der Regierung der Vereinigten Staaten und der Regierung der Demokratischen Republik Vietnam.[310]

Aber Nixon, der Massenmörder, war auch ein abgefeimter Lügner: Kein verrosteter Cent der versprochenen Summe floß in den Folgejahren je in das völlig zerstörte Vietnam. Statt dessen verhängten die nachfolgenden US-Präsidenten, nicht minder verbrecherisch und lügenhaft, ein lückenloses Embargo auf Handelsgüter und Hilfslieferungen gegen das Land, das erst 1994, unter der Regentschaft von William »Bill« Clinton, aufgehoben wurde. Rückblickend ließe sich der Vietnamkrieg aus US-amerikanischer Sicht auch wie folgt beschreiben: Die forcierte Kriegswirtschaft der sechziger und frühen siebziger Jahre bescherte den Vereinigten Staaten nahezu die Vollbeschäftigung und schuf die Grundlage für Lyndon B. Johnsons *open society* (eine Wortprägung des »westlichen« Chefideologen Popper übrigens), in der, wie wir wissen, jeder US-Bürger seines eigenen Glückes Schmied ist. Der immense Materialverschleiß während des Krieges glich dem Leeren einer gigantischen Rüstungskammer, die mit neuen Waffengenerationen aufgefüllt werden sollte. Diese Waffen, an deren Entwicklung man fieberhaft arbeitete und für deren Herstellung kein Aufwand zu hoch war, sollten die Sowjetunion in die Knie zwingen, denn darin bestand ja schließlich der Hauptzweck aller Unternehmungen. Und die rund 58 000 amerikanischen Kriegstoten? Nun, das war ein Betriebsunfall auf dem Weg zum Endsieg, ärgerlich wie alle Betriebsunfälle, vor allem für die Betroffenen, wie schon Wilhelm Busch feststellte.

Für das tapfere Vietnam lautet die äußerst bittere Bilanz, daß es den Krieg gewonnen und den Frieden verloren hat. Ho Chi Minh konnte 1969 so wenig wie irgendeiner seiner Zeitgenossen voraussehen, daß eine umzingelte und mit atomarer Enthauptung bedrohte Sowjetunion zwanzig Jahre später mit einem kläglichen Winseln kapitulieren würde. Und so wurde Vietnam in den Mahlstrom des weltweit siegreichen Kapitalismus/Monopolismus gerissen, für den die Westmedien den euphemistischen, der Verwirrung dienenden Begriff »Globalisierung« geprägt haben. Nach ersten sogenannten »Wirtschaftsreformen« (*Doi Moi*) des Jahres 1986 nahm der 7. Parteitag der vietnamesischen KP im Jahre 1991 den Privatbesitz an Produktionsmitteln in die Verfassung des Landes auf. Wie in China vollzieht sich sukzessive die Transformation der Parteiführung in die nationale Bourgeoisie des Landes, die vor dem gefräßigen US-Weltherrscher natürlich keine Gnade finden wird. Da dieser Prozeß später und langsamer als in China einsetzte, ist Vietnam (noch!) ein angenehmes Reiseland geblieben, aber die fatale Kombination aus Kriegszerstörungen, Embargo, galoppierendem Bevölkerungswachstum – jährlich kommt eine Million Vietnamesen hinzu! – sowie einer in Opportunismus erstarrenden Führung reißen das Land in den Abgrund. Seine heroische Zeit ist nur mehr in den Museen nachvollziehbar, während der Kult um den einbalsamierten Leichnam Ho Chi Minhs (der sich in seinem Testament ausdrücklich dagegen verwahrt und eine Feuerbestattung gewünscht hatte!) zunehmend realitätsferne, groteske und damit abstoßende Züge annimmt. Denn was sollen die mühsam zusammengehaltenen Moleküle eines Leichnams, wenn das Vermächtnis dieser Person nicht mehr im Volk lebendig ist? Wenn die gegenwärtige Führung Vietnams bereits gemeinsame Militärmanöver mit den USA abhält, um von der angestrebten Einkesselung des riesigen nördlichen Nachbarn zu profitieren? Was wohl Ho *dazu* gesagt hätte? Über zwei Drittel der heute lebenden Vietnamesen sind nach der Vertreibung der US-Truppen geboren und bewahren über diese Zeit zunehmend vage Vorstellungen, da ein sinnentleerter Drill, ein zunehmend als Selbstläufer wahrgenommenes Ritual nie und nimmer die Aufklärung und einen soliden Schulunterricht ersetzen kann. Ein nicht einfach zu lösendes Rätsel stellt die Frage dar, wie und warum, besonders im Süden des Landes, der in jeder Hinsicht bewundernswerte Heroismus eines kämpfenden Volkes binnen zweier Generationen in würdelose Käuflichkeit umschlagen kann, in ihren stinkendsten Abgründen, den von Touristen frequentierten Innenstadtgebieten von Saigon, scheußlicherweise sogar als Prostitution. Man sieht viele nur notdürftig als Massage- und Friseursalons getarnte Puffs, und man sieht viele abstoßende Exemplare der weißen Spezies, alte Säcke mit Schmerbauch und einer jungen Vietnamesin im Schlepptau: Fleisch ist billig dort, und diese Widerlinge zieht es zum vietnamesischen Billig-Thailand wie die Schmeißfliegen zum Kothaufen. Auch minderjährige Mädchen sieht man sich verkaufen, an minderwertiges Gekröse, das beim ersten Gekreisch einer feministischen Hausfrau den Schwanz einzieht und zu Kreuze kriecht. Nein, das ist so häßlich wie bedauernswert – aber wie ist dieser Wandel zu erklären?

Man muß sich vor Idealisierungen hüten: Auch Vietnamesen sind nur Menschen und besitzen als solche kein Gen für Edelmut. Ihre kaum glaubliche Opferbereitschaft während des jahrzehntelangen Befreiungskampfes ist neben dem Unrechtsempfinden als der besten menschlichen Eigenschaft maßgeblich einem materiellen Anreiz zu verdanken: der Sozialisierung des Bodens, die gewissermaßen als »Treibstoff« des antikolonialen und antiimperialistischen Kampfes diente. Zum ersten Mal seit über 2000 Jahren war der vietnamesische Bauer kein Leibeigener, kein Lakai, kein Kuli und kein Fronsklave fremdländischer Besatzer mehr, sondern er war mit seinesgleichen Eigentümer des Bodens, den er bestellte (bzw. hatte er, wenn er im Süden des geteilten Landes lebte, eine realistische Aussicht darauf, *sofern er kämpfte*). Daß er diese Aussicht hatte und zudem die so bitter nötigen Waffen, ist ausschließlich der Oktoberrevolution und der Existenz der – freilich immer schwächer und feiger werdenden – Sowjetunion zu verdanken. So wurde der vietnamesische Bauernaufstand nicht in seinem eigenen Blut erstickt wie entsprechende Erhebungen in der beginnenden europäischen Neuzeit, sondern es trat der extrem seltene Fall ein, daß der Bedrücker und Blutsauger – und sei es ein hochgerüsteter Ausländer – bluten mußte (wenn auch vergleichsweise wenig). Diese Erfahrung ist durch nichts zu ersetzen; nur darauf können Würde und Selbstbewußtsein gründen, und so kommen die zahlreichen Fotos mit den strahlenden Gesichtern zustande, auch in Augenblicken größter Anstrengung und Todesgefahr. Diese Bilder sind nicht gestellt. Es lohnte sich, zu kämpfen, in ganz handfestem, materiellen Sinne, und einen noch schöneren Anblick als das bestellte Reisfeld im Kollektivbesitz bot der blutende Feind.

Als der Vietkong in Saigon einmarschierte, übernahm er ein schweres Erbe: ein völlig zerstörtes und verseuchtes Land mit jeder Menge Menschenschrott, hunderttausend Prostituierten, hunderttausend Drogenabhängigen, einer Unzahl von Spitzeln, Denunzianten, Folterschergen und Mördern in Uniform: die Hinterlassenschaft des Westens. Und während im Westen ein großes Lamento über die zu erwartenden »kommunistischen Greuel« anhob (sie fanden nie statt), beging der Sieger eine grenzenlose, letztlich letale Torheit, die ihn schnell um die Früchte des Erfolgs brachte: Er verkündete eine Generalamnestie für alle Verbrechen und Bluttaten, die vor 1975 begangen worden waren. Das schlimmste, was die Schergen der USA zu befürchten hatten, waren drei Jahre Haft in den hartnäckigsten Fällen mit begleitender »Umerziehung«, aber in der Regel kamen sie mit einem halben Jahr davon. Was sie aber nicht befürchten mußten, waren öffentliche Verhandlungen (mit dem Recht auf Verteidigung, selbstverständlich) und, bei erwiesener Schuld für Folterung, Vergewaltigung und Mord, die Exekution. Südvietnam wurde so wenig »entnazifiziert« wie die Bundesrepublik, und das macht Übeltäter frech. Nur war es in Westdeutschland das Diktat der alliierten Siegermächte, in Vietnam die suizidale Torheit des Siegers. Und es dauerte nicht lange, zwei Generationen, während derer die Sowjetunion vor sich hinkrebste und schließlich würdelos verschied, daß in Vietnam der verschonte Menschenauswurf in x-facher Tsunamistärke zurückkehrte. Auch wenn sich keine Übeltäter (und deren gelehrige Nachkommen) darunter befunden hätten, hätte der schiere Bevölkerungszuwachs um das Dreifache, von 30 Millionen 1975 auf heute 90 Millionen, alle Vorteile der Kollektivierung im Wortsinne aufgefressen. Der wahnwitzige Zuwachs von 60 Millionen in diesem Zeitraum entspricht rund dem Zwanzigfachen der amerikanischen Blutschuld am vietnamesischen Volk. Auch so lassen sich Verbrechen relativieren. Und für so ein Resultat? *Dafür* hätten die Vietnamesen nicht zu kämpfen und zu sterben brauchen! So kam zur teilverschuldeten Armut die vom Westen instinktsicher geförderte Verkommenheit hinzu. Man kann sie auf der Pham Ngu Lao- oder Bui Vien-Straße in Saigon, aber auch anderwärts, flanieren sehen.

Man kann sich des Eindrucks nicht erwehren, daß gerade dieser schleichende Zerfall, diese Degenerierung eine geheime Attraktion für die an Zahl zunehmenden Besucher des Landes darstellt: Man goutiert das »gezähmte Böse«, das man vor wenigen Jahren noch gefürchtet hatte, und gefällt sich in der Vorstellung, daß sich die Anpassung doch gelohnt hätte. Aber diese Narren haben ihre Rechnung ohne den nach erpreßten Tributen gierenden Weltherrscher gemacht. – Tapferes, armes Vietnam! Du hättest wirklich Besseres verdient…

Vergleicht man den Konflikt um Kuba mit dem Terror gegen Vietnam, so drängt sich eine abschließende Frage auf: Warum haben die Vereinigten Staaten ihr immenses militärisches Potential nicht unmittelbar vor ihrer Haustür eingesetzt? Denn es kann keinem Zweifel unterliegen, daß die kubanische Guerilla – sie mochte so tapfer sein, wie sie wollte – und nach deren Sieg die gesamte befreite Insel dieser Militärwalze nicht entfernt denselben Widerstand wie die Vietnamesen hätte entgegensetzen können. Der Grund ist praktischer Natur, und die Amerikaner sind bekanntlich ein praktisch veranlagter Menschenschlag: Ein militärischer Sieg über Kuba hätte den Vereinigten Staaten keinerlei strategischen Vorteil verschafft, aber eine Verschlechterung ihres Ansehens in der Welt bewirkt. Die entfesselte, keine Grenzen kennende Brutalität, mit der die USA das kleine Vietnam überzogen, ergab sich aus der Tatsache, daß China mit dem erfolgreichen Befreiungskrieg Mao Tse-tungs für den Imperialismus verloren ging und dieser dringend einen militärischen Brückenkopf in unmittelbarer geographischer Nähe zu diesen beiden Feindesländern, der Sowjetunion und der Volksrepublik China, benötigte. Um dieses Ziel zu erreichen, gab es all diese Hekatomben, und um den amerikanischen Hegemonialanspruch im Fernen Osten in die Tat umzusetzen, wurden Millionen von Koreanern und Vietnamesen zur Schlachtbank geführt: ein imperialistisches Auschwitz, das nie geahndet wurde. Und selbst wenn Vietnam in diesem blutigen Poker, dessen Preis die Weltherrschaft ist, vorläufig verloren ging, so hatten die USA noch längst nicht alle ihre Karten ausgespielt.

Zunächst aber sei ein Blick in den südamerikanischen »Hinterhof« der USA geworfen, dem Schauplatz eines Verbrechens, das die Welt aufwühlte, kaum daß das hochtechnisierte Massenmorden in Fernost abgeklungen war.

Die Ermordung von Salvador Allende

In jüngster Zeit vernahm man immer wieder die

☞ **Legende:**   Der chilenische Präsident Salvador Allende hat am 9. September 1973 in seinem Amtssitz La Moneda in Santiago de Chile Selbstmord begangen.

Kaum sind fast vier Jahrzehnte vergangen, weiß man plötzlich alles ganz genau: »Ich ging noch einmal zurück, um meine Gasmaske zu holen. Da sah ich die offene Tür des Saales Independencia, und als ich eintrat, sah ich am anderen Ende eine Person sitzen, die sich in diesem Augenblick in den Kopf schoß. Teile des Schädels flogen bis an die Decke.« Diese Aussage mit der scheinbar unanfechtbaren Autorität eines Augenzeugen stammt von dem Arzt Patricio Guijón, der seinerzeit zum Präsidentenstab gehörte, und die fragliche Person soll eben Präsident Salvador Allende gewesen sein, der sich aus Verzweiflung über die erfolgreiche Stürmung seines Amtssitzes durch die Putschisten das Leben genommen haben soll.[311] Der irritierende Befund, daß der Schädel der Leiche zwei Einschußlöcher aufweist, wird mit dem Renommée eines Kriminalisten beiseite gewischt. So äußerte der Ballistiker David Pryor vom britischen Scotland Yard: »Allende tötete sich mit einer auf Automatik eingestellten AK-47 (Kalaschnikow), die bis zu zehn Schüsse pro Sekunde abgeben konnte. Spuren von Fremdeinwirkung bei Allendes Tod fanden wir nicht.« Und so ist alles Friede, Freude, Eierkuchen: Allendes Tochter Isabel zeigte sich »erleichtert«, ja geradezu »gerührt« und sah die »Würde« ihres Vaters gewahrt, der sich selbst getötet habe, um Demütigungen durch die Faschisten zu entgehen (von drohender Folter und Mißhandlung sagte sie nichts). Guillermo Teillier, der Vorsitzende der Kommunistischen Partei Chiles, hielt gründlich Umschau, setzte sich zwischen alle vorhandenen Stühle und nahm zu einem nichtssagenden Pathos Zuflucht: »Was auch immer das Ergebnis sein wird, es wird für mich nicht die Bedeutung dessen mindern, was Allende getan hat. Tatsache ist, daß er sein Leben für eine Sache gegeben hat. Auf die eine oder andere Weise hat er dies getan, voller Mut und Treue zum Volk, wie er es angekündigt hatte.« Nach dem Opportunistenorden am Band schielt auch der Anwalt der chilenischen KP Eduardo Contreras, als er feststellte: »Nun sind alle Zweifel ausgeräumt.« Aber sind sie das wirklich? Nur eines scheint mit Sicherheit festzustehen: Die Version der chilenischen Faschisten, Allende habe sich selbst getötet, wurde nun mit der Weihe wissenschaftlicher Gewißheit versehen. Denn die Klerikalfaschisten hielten Selbstmord für Sünde, und Allende war Sünder allein schon in seiner Eigenschaft als »Marxist«. Und außerdem, so die Militärs, sei Selbstmord feige und Allende infolgedessen ein feiger Sünder. Könnte es für Allende demnach ein stilgerechteres Ende geben, als mit dem Geschenk seines Kommunistenspezis Fidel Castro, eben der besagten Kalaschnikow, selbst Hand an sich zu legen?

Was für eine plumpe, erbärmliche Lüge wird hier nach vier Dezennien als letzte Gewißheit heraustrompetet! Was sich hier im Gewand zweifelsfreier wissenschaftlicher Recherche präsentiert, ist bei Lichte besehen nichts weiter als eine schäbige Spekulation auf die Vergeßlichkeit, Bestechlichkeit und Illusionsneigung der Menschen. Und wozu das Ganze? Auf daß in den Lexika der Zukunft der Eintrag stehe:

> *Allende* Gossens, Salvador, chilenischer Präsident, 26. Juni 1908 – 11. September 1973 (Selbstmord)

Doch gehen wir der Reihe nach vor. Als erstes ist die Logik gefragt: Muß man sich, um Selbstmord zu begehen, hierfür an seinen Arbeitsplatz begeben? Doch wohl kaum, nicht einmal im Falle jener über 40 bedauernswerten Mitarbeiter von »France Telecom«, die sich aus Verzweiflung über die unerträgliche Arbeitshetze das Leben genommen haben. Auch Allende hätten sich bessere Möglichkeiten zum Selbstmord geboten als in dem umzingelten, in Brand gebombten Präsidentenpalast, dessen Verteidigung er persönlich leitete. Wie elend kurz ist doch das menschliche Gedächtnis, sobald Gewalt im Spiel ist! Noch ein Jahr bevor die faschistische Version des Tathergangs mit »wissenschaftlichem« Lorbeer gekrönt wurde, also im Jahr 2010, wurde im chilenischen Fernsehen ein Bericht der Militärstaatsanwaltschaft zitiert – also einer eher Allende-feindlichen Quelle –, »... der zufolge im Körper des Präsidenten Einschußlöcher von verschiedenen Waffen gefunden wurden. Der uruguayische Forensiker Hugo Rodriguez kam zu dem Schluß, daß Allende von mehreren Kugeln getroffen wurde, bevor man seine AK-47 – die im übrigen bis heute nicht gefunden wurde – auf ihn abfeuerte.« Das war 2010. Doch 2011, simsalabim, ist alles ganz anders... Und dabei ist der Bericht aus dem Jahre 2010 sachlich zwar richtig, doch nur ein matter Abglanz jener dramatischen und tragischen Septembertage des Jahres 1973. Jeder kannte das Foto des Präsidenten, der mit verrutschtem Stahlhelm, die Waffe in der Hand, aus dem Fenster des Palastes nach Jagdbombern spähte, oder jene Aufnahme, die Allende im Eilschritt zeigt, von seinen letzten Getreuen umgeben, vorneweg ein junger Mann in Zivil, der die Nasenflügel hochzieht und seine Maschinenpistole durchlädt. Und jeder wußte: keine der auf dem Bild gezeigten Personen hatte sich selbst getötet.

Der ›Stern‹ vermeldete in seiner Titel-Story »Allendes letzte Stunde« vom 20. September 1973: »Das Gesicht des Präsidenten, der in seinem Land einen demokratischen Sozialismus verwirklichen wollte, war kaum noch zu erkennen. Eine Maschinenpistolengarbe war oberhalb des rechten Schulterblattes in den Hals gedrungen. An Wange und Nase traten die Projektile aus. Sie hatten fast die ganze rechte Gesichtshälfte weggerissen. Auch der Rumpf wies Einschußlöcher auf. Offiziell hieß es hinterher: Selbstmord.« Das heißt: Diese offizielle Verlautbarung der Folter-Junta glaubte seinerzeit kein Mensch (nur der CSU-Boß F.J. Strauß tönte damals, sozusagen als Pionier, seinen offen faschistischen Gesinnungsfreunden hinterher, blieb dabei aber einsam), und zwar mit gutem Recht, und das Magazin mußte dieser Stimmung Rechnung tragen. Der ›Stern‹ wäre aber nicht der ›Stern‹, würde er mit den zitierten Zeilen nicht zugleich die Dissonanz bahnen, ob an der Selbstmordversion der Putschgeneräle doch »etwas dran« sei. Nun – vierzig Jahre später ist es soweit, und was interessiert es den ›Stern‹, was er damals schrieb oder auf seinen Titelseiten abbildete? Wie viele der damaligen Leser leben noch, und wer von ihnen kann sich noch daran erinnern? Na also.

Allende hatte auch nie vorgehabt, sich selbst zu töten, ganz im Gegensatz zu den jetzt über ihn kolportierten Lügen. Als er an jenem Morgen sein Haus verließ, wußte er bereits, was ihm bevorstand, und seine Frau Hortensia bezeugte die Worte, mit denen er sich von ihr verabschiedete: »Ich werde La Moneda nur tot verlassen, aber ich werde kämpfend sterben. Selbstmord wie Balmaceda * werde ich nicht begehen.«[312] Seit Allende als erster Sozialist des Landes

---

* José Manuel Balmaceda (19.7.1840–18.9.1891), ein bürgerlich-liberaler Politiker, war von 1886 bis zu seinem Tod Präsident Chiles. Während seiner Amtszeit modernisierte er die Infrastruktur, die Trinkwasserversorgung sowie die Steuer- und Finanzverwaltung; er leitete zahlreiche Bauvorhaben in die Wege, gründete die Staatsbank und verstaatlichte die Salpeterminen, damals die Quelle von Chiles Reichtum, wie ein Saddam Hussein *ante datum*. Da er seine Reformvorhaben am Parlament vorbei und oft gegen dessen Votum realisierte, formierte sich dort die reaktionäre Opposition, die zügig vom imperialistischen Ausland unterstützt wurde. Am 7.1.1891 leitete ein Aufstand der Flotte unter dem Marinekapitän Jorge Montt Alvarez einen neunmonatigen Bürgerkrieg ein, in dessen wechselhaftem Verlauf die loyalen Truppen schließlich besiegt wurden. Balmaceda floh am 24. August 1891 in

am 4. September 1970 als Sieger aus den Präsidentschaftswahlen hervorging, stand er auf der Todesliste des US-Imperialismus. (Wir haben am für die Jahre 1954–1956 anberaumten Beispiel der gesamtvietnamesischen Wahlen gesehen, wie die herrschende Klasse – hier wie dort in Gestalt der US-Führung – mit Wahlen verfährt, deren Ergebnisse ihr nicht passen.) Als in jenen Herbsttagen ein Mitarbeiter des Weißen Hauses das Oval Office betrat, traf er einen außer Rand und Band geratenen Nixon an, der brüllte: »Dieser Schweinehund! Ich werde ihn umbringen, diesen Schweinehund!« Erst später erfuhr der verdatterte Beamte, daß damit Allende gemeint war, den die Abge-

Salvador Allende

ordnetenkammer und der Senat in Abstimmungen am 24. Oktober 1970 als Präsidenten bestätigt hatten. Folgerichtig war Nixon der einzige Staatschef der Welt, der kein Glückwunschtelegramm zur Amtseinführung nach Santiago de Chile schickte. Er hatte es angeblich »vergessen«.

Aber es blieb keineswegs bei diesen verbalen und diplomatischen Rüpeleien: ohne Gewalt ist noch nie ein faschistisches Regime installiert worden. Schon Jahre vor der entscheidenden Wahl hatte die CIA in einer fast beispiellos zu nennenden Kampagne der verdeckten Kriegführung die »Gefahr« einer sozialistischen Regierung abzuwenden versucht, und Allende war seit Ende der dreißiger Jahre als Abgeordneter, dann als Senator und mehrfacher Präsidentschaftskandidat der *Unidad Popular* (UP, »Volkseinheit«, ein Bündnis aus verschiedenen sozialdemokratischen und sozialistischen Parteien sowie der moskauorientierten KP) eine feste Größe in der chilenischen Politik. Für die Präsidentschaftswahl des Jahres 1964 setzte die CIA über 20 Millionen Dollar ein, um den Wahlkampf des aussichtsreichsten Gegenkandidaten Allendes,

---

die argentinische Botschaft. Nachdem er sein politisches Testament verfaßt hatte, beging er am 18. September 1891, dem chilenischen Unabhängigkeitstag, im Alter von 51 Jahren Selbstmord.

des Christdemokraten Eduardo Frei, zu finanzieren. Der US-Senat hielt in einer Enquete in nüchternen Worten fest:

> Zusätzlich zur Unterstützung für politische Parteien zog die CIA eine massive antikommunistische Propaganda-Kampagne auf. Es wurde umfassend Gebrauch von Presse, Radio, Film, Pamphleten, Postern, Prospekten, direkten Anschreiben, Papierwimpeln und Wandmalereien gemacht. Es war eine »Angst«-Kampagne, die sich in hohem Maße auf Bilder von Sowjetpanzern und kubanischen Exekutionskommandos stützte und sich speziell an Frauen richtete. Hunderttausende von Kopien des antikommunistischen Hirtenbriefs von Papst Pius XI. wurden von christlich-demokratischen Organisationen verteilt. Sie trugen die Bezeichnung »Privat von Bürgern ohne politische Zugehörigkeit gedruckt«, um ihre Inhalte noch breiter unter die Leute zu bringen.[313] [»privat von Bürgern«, eine Art *awaaz* ante datum sozusagen ...]

Im Radio war das Hämmern eines Maschinengewehrs zu hören, dann der Schrei einer Frau: »Sie haben mein Kind getötet – die Kommunisten!« Plakate zeigten Kinder, denen Hammer und Sichel auf die Stirn gestempelt waren. Juanita Castro, die Schwester des kubanischen Revolutionsführers und Staatschefs, die sich ins Lager der Reaktion geschlagen hatte und im Auftrag der CIA durch Südamerika tourte, sagte im chilenischen Rundfunk: »Wenn die Roten in Chile gewinnen, wird keine Art von religiöser Aktivität möglich sein [...] Chilenische Mutter, ich weiß, Du wirst es nicht erlauben, daß Deine Kinder von Dir genommen und in den Ostblock geschickt werden, wie es der Fall in Kuba ist!« Nützliche Dienste leistete in diesem Zusammenhang auch der belgische Jesuitenpriester Roger Vekemans, der seit 1957 ein vordergründig »humanitären« Zwecken gewidmetes Netzwerk mit 30 Millionen Dollar Jahresetat in Chile aufgebaut hatte und der nach eigener Aussage 10 Millionen Dollar aus amerikanischen Quellen erhalten hatte, um die Wahltrommel für den Christdemokraten Frei zu rühren. Für den verdeckten Krieg der CIA gegen die chilenischen Sozialisten wurde erstmals der Begriff »Destabilisierung« geprägt – eine Königsdisziplin, in der die US-Politik mittlerweile glänzt –, und das Kalkül des amerikanischen Geheimdienstes ging auf:

> Die Operation wirkte. Sie wirkte jenseits aller Erwartungen. Frei bekam 56 % der Stimmen im Gegensatz zu Allendes 39 %. Das [US-]Senatskomitee notierte, die CIA habe die »antikommunistische Angstkampagne als die am effektivsten unternommene Aktivität« betrachtet. Im besonderen war damit die Taktik gemeint, die sich an chilenische Frauen richtete. Es stellte sich heraus, daß Allende mit 67 000 Stimmen der männlichen Wähler vor Frei lag (in

Chile wählen Männer und Frauen getrennt), aber unter den Frauen führte Frei mit 469 000 Stimmen.

Und Allende, der Mann, der keiner Fliege etwas zuleide tun konnte, kommentierte das Wahlergebnis in der Manier des vollendeten Kavaliers (und hoffnungslosen Traumtänzers): »Die Frauen haben mir eine Wahlniederlage beigebracht, und bei mir zu Hause führen sie das Regiment, aber dennoch verneige ich mich mehr und mehr vor ihnen.«[314] Der Katholik Adenauer sah also sehr scharf, schärfer als der gutmütige, in seiner Gutmütigkeit etwas depperte chilenische Sozialist, als er die Frau als »das konservative Element in der Familie« bezeichnete.* Allende wäre der geeignete Mann gewesen, um zu Hause mit seinen Enkeln zu spielen, doch als Führer des chilenischen Volkes gegen einen zu allem entschlossenen Gegner erwies er sich als katastrophale Fehlbesetzung. Die Reaktion ging mit ganz anderem Schneid zu Werke: Sie unterstellte Allende, er wolle die Familie zerstören, und sagte ihm nach, ein Anhänger der »freien Liebe« zu sein. (Ein weiteres Plakat der klerikalen Konterrevolutionäre enthielt den Aufruf: »Chilenische Frau! Mach Dich endlich frei und gib Deine Kinder dem Staat! Stimme für Allende!«) Er, der treue Gatte und gütige Vater dreier Töchter? Allende hätte nicht einmal im Traum daran gedacht, nach dem Vorbild Lenins und Trotzkis die Sexualpolitik offensiv anzugehen, also beispielsweise die Registrierung sexueller Beziehungen durch Staat und Kirche aufzuheben, Homosexualität und Abtreibung zu legalisieren, die Kinderaufzucht und -erziehung gesellschaftlich zu organisieren, schließlich Großküchen einzurichten – noch waren Spülmaschinen u. ä. ja Raritäten –, um die abstumpfende, verblödende Abkapselung der Frau im Haushalt aufzuheben, sie in den Produktionsprozeß zu integrieren und ihre volle Teilhabe am öffentlichen Leben zu ermöglichen – also *faktisch* die Zwangsmonogamie mit Schließung der Standesämter zu beseitigen und durch die Humanisierung der Sexualität die Familie *wirklich* nach und nach »aufzulösen« (die Menschen kommen schnell auf den Geschmack der Freiheit, wenn man sie nur läßt). Nein: Allende war nicht ein Tausendstel so »schlimm«, wie die einheimischen Klerikalreaktionäre und die ausländischen Imperialisten

---

* Schon Allendes Vorname, für den er natürlich nichts konnte, ist Ausdruck dieses Tatbestands: Er wurde nach seinem Vater so benannt, und dieser hieß Salvador (»der Erlöser«), weil die Großmutter, eine glühende Katholikin, sich gegen den Großvater Ramón durchsetzte, den man zwar den »roten Allende« nannte, der sich aber als schlapper Freigeist der häuslichen Gewalt fügte. So trug der Enkel noch das Signum der religiösen Frauendominanz und kokettierte sogar damit.

ihm das unterstellten. Hatte er doch selbst in einem ausführlichen Interview mit der ›New York Times‹ im Oktober 1970 auf die Frage, ob er in der katholischen Kirche ein »Element der Opposition« gegen die Regierung der *Unidad Popular* erkenne, geantwortet:

> … Sie wissen ausgezeichnet, daß der Streit zwischen den Freimaurern und der Kirche beigelegt ist. Noch wichtiger ist, daß sich die katholische Kirche grundlegend gewandelt hat. Früher hat sie jahrhundertelang die Interessen, die Macht der Besitzenden verteidigt. Heute jedoch, nach Papst Johannes XXIII., ist die Kirche bestrebt, zumindest in manchen Gebieten, das Evangelium zu verwirklichen. […] Sie [die Bischöfe] gebrauchen heute dieselben Formulierungen wie wir, als wir uns vor dreißig Jahren politisch zu betätigen begannen. […] Ich glaube nicht, daß die Kirche ein Faktor sein wird, der sich gegen die Regierung der *Unidad Popular* wendet.[315]

Auf die klerikale Hetze gegen ihn fällt Allende also keine andere Antwort ein als – die Augen zu schließen und auf das II. Vatikanische Konzil zu verweisen, und er bemüht einen Sackvoll der abgestandensten und törichtsten Illusionen im Zusammenhang mit der vielgerühmten und heute so mausetoten »Theologie der Befreiung«, ohne zu bedenken, daß der erfolgreichste Organisationsgründer der Weltgeschichte Jesus in den Mund legen läßt, man solle die rechte Hand nicht wissen lassen, was die Linke tut. Ein wirklich hoffnungsloser Fall … Diese Asymmetrie der Zielsetzungen und der zur Anwendung gebrachten Mittel, die das Wesensmerkmal von Allendes gesamter Politik darstellte, sollte ihm das Genick brechen. Nach der Ermordung Allendes konnte auch die ›New York Times‹ Klartext sprechen: »Eduardo Frei Montalva genoß die finanzielle Unterstützung der katholischen Kirche und des amerikanischen Großkapitals. Die von diesem letzteren inspirierte Pressekampagne stellte in diplomatischen Kreisen in den USA Frei als ›die letzte Hoffnung Chiles‹, Allende dagegen als eine Marionette der Sowjetunion dar.«[316]

Wir sprachen zuvor von konterrevolutionärer Gewalt, die bislang lediglich in ihrer strukturellen Form vorgeführt wurde. Mit der trotz aller Obstruktionen erfolgreichen Wahl Allendes und seiner bevorstehenden Nominierung im Oktober 1970 wurde die Situation ernst: nun mußte Blut fließen. Am 15. September 1970 kam es zu einem internen Treffen der US-Führung, bei dem neben Nixon seine rechte Hand Henry Kissinger, der Justizminister John Mitchell und der CIA-Direktor Richard Helms zugegen waren. Den Notizen des Geheimdienstchefs ist zu entnehmen, wie der cholerische Präsident ihn schon fast flehentlich um energische Maßnahmen der *counter-insurgency* bat: »Die

Chancen stehen vielleicht 1:10, aber retten Sie Chile! [...] nicht besorgt um die enthaltenen Risiken [...] 10 000 000 Dollar verfügbar, mehr wenn nötig [...] bringen Sie die Wirtschaft zum Schreien [...]« Es waren indessen nicht nur Sabotage, Embargo und Boykott, die auf der Agenda der US-Regierung standen, sondern der politische Mord. Das größte Problem für eine Konterrevolution stellte die loyale, der Verfassung verpflichtete Militärführung Chiles dar, verkörpert durch ihren Oberkommandierenden General René Schneider; das Problem bestand darin, wie ein CIA-Stratege unübertrefflich formulierte, »die apolitische, verfassungsorientierte Trägheit des chilenischen Militärs zu überwinden«.[317] Verfassungsorientierte Trägheit! Das ist die Sprache des Putsches, des Mordes, des Terrors. Am frühen Morgen des 22. Oktober 1970 blockierten von der CIA gedungene Mörder mit sieben Autos die Straße, auf der sich General Schneider gewöhnlich zum Verteidigungsministerium begab. Die Attentäter streckten den Offizier mit vier Kugeln nieder, so daß er zwei Tage später seinen Verletzungen erlag. Noch bevor Allende den Amtseid ablegte, hatte die Konterrevolution den Bürgerkrieg eröffnet. Beim Begräbnis des Oberkommandierenden sagte Allende zu den Umstehenden: »Ich weiß, daß die Kugel, die General Schneider das Leben nahm, für mich bestimmt war.«[318]

Allende sollte recht behalten. Während die Christdemokraten als »legaler« parlamentarischer Arm der Konterrevolution agierten und mit ihrer Mehrheit die Gesetzesvorlagen der *Unidad Popular* blockierten oder wenigstens erschwerten, während sich der Präsident brav an alle »Spielregeln« des parlamentarischen Zirkusses hielt, anstatt sich an das Volk zu wenden, es zu mobilisieren und – ja! – zu bewaffnen, wurde das Land mit zahlreichen Machinationen, von denen hier vorläufig nur die Mordkomplotte interessieren sollen, erdrosselt. Die Reaktion, vom Volk als »Gorillas« oder »Mumien« bezeichnet, wurde aktiv, und zwar strikt »außerparlamentarisch«, um ein Modewort zu gebrauchen, und erstellte Todeslisten, an deren erster Stelle der gewählte Präsident rangierte. Für die Koordination und Logistik waren Hunderte von CIA-Agenten zuständig, die sich im Lande tummelten, zum Teil als solche bekannt waren und doch nichts zu befürchten hatten. Fürs Grobe besaß man zwei Optionen: zum einen gab es eine zivile Mordbande, die faschistische Organisation *Patria y Libertad* (»Vaterland und Freiheit«), eine Art SA, deren Sprengstoffanschläge und Attentate das Land erschütterten und seine Bewohner verunsicherten (»Rebellen« würden sie heute heißen). Oder man setzte auf die altbewährte Tradition, mit der die USA seit über eineinhalb Jahrhunderten hinweg ihren »Hinterhof« beherrschten: durch den Putsch gekaufter und entsprechend instruierter Militärs. Welcher dieser beiden Optionen der gewählte Präsident zum Opfer fallen sollte, blieb eine Zeitlang offen; in einige Attentatsversuche, die in letzter Minute vereitelt werden konnten, waren selbst Mitglieder des persönlichen Sicherheitsdienstes Allendes verwickelt. Allende war noch kein halbes Jahr im Amt, als die US-Zeitung ›National Observer‹ trocken konstatierte, ein Mord am chilenischen Präsidenten sei »unausbleiblich«.[319] Das Blatt sprach wohlgemerkt von Mord, nicht von Selbstmord.

Letzten Endes hatte, wie allgemein bekannt, die militärische Option den Ausschlag gegeben, der Putsch, angeführt vom Chef des Generalstabs, General Augusto Pinochet, der, während er seine Mordpläne schmiedete, drei Wochen vor dem Losschlagen verkündete: »Ich bin ein General, der die Verfassung achtet, und ich werde der Regierung gegenüber bis zum Ende loyal bleiben.«[320] Auch die bewußte Irreführung des Gegners durch gezielt lancierte Lügen zählte und zählt zum selbstverständlichen Instrumentarium der Konterrevolution, während Allende sich darüber erhaben fühlte, weil er dafür zu ehrlich, zu edel, zu töricht war. Er setzte lieber auf die moralische Instanz, die sich bekanntlich auf Wolke 7 befindet, als auf die revolutionäre Kraft des bewaffneten Volkes.

Dann ging alles sehr schnell, wie den Meldungen der Nachrichtenagenturen zu entnehmen ist. Der Journalist Steve Yolen kabelte aus Santiago am 11. September 1973 an UPI:

> Die längsten sechs Stunden meines Lebens habe ich eben hinter mich gebracht. Manchmal dachte ich, es würden meine letzten sein. Diesen Bericht schreibe ich auf meinem Bauch, unter einem Tisch liegend.
>
> Manchmal war der Kugelhagel so dicht, daß das Büro von einer dichten Staubwolke erfüllt war und wir nicht von einer Seite zur anderen sehen konnten. Doch das war noch gar nichts im Vergleich zu dem Bombardement des Präsidentenpalastes, der nur ein paar hundert Meter von unserem Büro entfernt liegt. Düsenjäger der Luftwaffe rasten unmittelbar über die Dächer hinweg und warfen mindestens 24 schwere Sprengbomben ab.

Weitere Meldungen der Agenturen zum 11. September erlauben eine genaue Rekonstruktion der Geschehnisse:

> *AP:* Um 1.00 Uhr läuft der Verband von chilenischen Kriegsschiffen wieder in den Hafen von Valparaiso ein, der erst am Vortage ausgelaufen war, um sich, wie amtlich mitgeteilt worden war, gemeinsam mit US-Einheiten am Flottenmanöver »Operation Unitas« zu beteiligen.* Der Putsch hatte begonnen. Um

---

* Bei diesem »Manöver« wurden die regierungsloyalen Offiziere und Matrosen erschossen und ihre Leichen ins Meer geworfen.

4 Uhr erhalten die Regimenter in der Provinz vom Verteidigungsministerium die Anweisung, alle Rundfunkstationen und Regierungsgebäude zu besetzen. Um 6.00 Uhr wird die 2. Panzerdivision in Santiago alarmiert. Um 8.30 Uhr läßt die Militärführung Truppen um die Hauptstadt aufmarschieren.

Prensa Latina: Um 8.45 Uhr wird der UP-Sender »Radio Cooperation« bombardiert. Um 9.00 Uhr schießen »Hawker-Hunter«-Flugzeuge die ersten Raketen auf die Moneda ab.

Es setzt ein allgemeines Gefecht ein. Um 11.00 Uhr verbreiten die Putschisten ihr Ultimatum. Doch Allende bekräftigt, daß er sich nicht ergeben wird. Alle Waffengattungen beginnen, den Palast zu beschießen. Allende verteidigt sich mit einer Maschinenpistole. Er stirbt zwischen 13.50 und 14.15 Uhr.

Aber wie kam Allende ums Leben? Für die Verteidiger des Regierungspalastes, die Bombardierung, Beschuß und Sturmangriff überlebt hatten, sowie für einige Mitglieder der Regierung Allende liegen verläßliche Nachrichten vor, etwa der Bericht des peruanischen Journalisten Jorge Luna vom 15. September:

Viele jener Männer und Frauen der Regierung der Unidad Popular, die in die Hände des militärischen Sicherheitsdienstes (SIM) fielen, wurden auf die grausamste Weise ermordet. Sie wurden auch aus Hubschraubern herausgestürzt. Durch besondere Grausamkeit zeichnet sich das in der »Tasna«-Kaserne stationierte Regiment aus. Hier wurden Angehörige der Leibwache des ermordeten [sic] Präsidenten Dr. Salvador Allende gegen Wände und Pfeiler geschleudert, mit eiskaltem Wasser nach stundenlangen Foltern übergossen, zertreten, erschlagen und erdrosselt.[321]

Haben all diese Personen nun, nach 40 Jahren, auch »Selbstmord« begangen? Über das Ende Allendes schreibt sein sowjetrussischer Biograph Lawrezki:

La Moneda brennt lichterloh. Panzer und Geschütze feuern eine Granate nach der anderen auf das von Toesca erbaute Gebäude. Um 13.30 Uhr schließlich brechen Panzer durch das Haupttor in den Palast ein. Ihnen folgen Infanteristen. Auf der Haupttreppe entbrennt ein erbitterter Kampf. Die Kräfte der Verteidiger schmelzen zusammen. Von den vierzig Mann ist nur noch die Hälfte am Leben, aber sie kämpfen, dem Beispiel ihres Präsidenten folgend, wie die Löwen.

Um 14.00 Uhr bricht der Gegner in das Obergeschoß durch. Die Verteidiger verbarrikadieren sich im Roten Saal. Die vom Hauptmann Garrido geführten Angreifer rammen die Tür ein und werden mit heftigem Feuer empfangen. Doch die Kräfte sind zu ungleich. Salvador Allende erhält einen Bauchschuß, schießt aber, auf einen Sessel gestützt, weiter. Garrido ist Scharfschütze. General Palacios, der beim Sturm auf den Präsidentenpalast das Kommando führt, hat Garrido befohlen, den Präsidenten zu töten. Eine MPi-Garbe durchsiebt die Brust Allendes. Er stürzt zu Boden. Aka, die Lieblingshündin des Präsidenten, stürzt sich auf den Mörder. Garrido schießt auf sie. Dann ziehen sich die Putschisten zurück, als seien sie selbst durch die Ungeheuerlichkeit ihres Verbrechens in Schrecken versetzt. Die Verteidiger verfolgen sie durch die Korridore des Präsidentenpalastes. Andere tragen Allende in sein Arbeitszimmer, legen ihn in den Präsidentensessel, streifen ihm die Präsidentenschärpe, das Wahrzeichen seiner Macht, über die Brust und bedecken seine Schultern mit der chilenischen Flagge … [322]

Liegt hier die typische sozialistische Märtyrer-Lyrik vor, wie das so peinliche wie irrelevante Detail des heldenhaften Hündchens nahelegt? Auch scheint die vermeintliche Reue der Mörder eher das abgegriffene Klischee vom »Fluch der bösen Tat« aus einer mittelmäßigen Tragödie zu sein; Berufssoldaten und Faschisten neigen nicht zu derlei Skrupeln und Sentimentalitäten. Aber läßt man diese ausmalenden, allzu pathetischen Torheiten beiseite, so dürfte der Ablauf des Geschehens im wesentlichen richtig wiedergegeben worden sein. Die amerikanische Zeitschrift ›Newsweek‹ meldete 13 Einschüsse, die bei der Obduktion der Leiche Allendes entdeckt worden waren, ein Abgeordneter des venezolanischen Parlaments sprach von 17 Einschüssen. Aber heute ist man ja bekanntlich viel weiter: »Selbstmord«!

Man kennt die Halbwertszeiten beim Zerfall von Isotopen, aber die Halbwertszeit beim Zerfall der Wahrheit verleiht dieser dreisten Lüge den Charakter des Unheimlichen: nicht einmal zwei Generationen sind vergangen, und schon ist alles »ganz anders«. Die hinsichtlich ihrer Zuverlässigkeit oft und zu Recht skeptisch betrachtete »oral history« erweist sich geradezu als ein Muster der Verläßlichkeit im Vergleich zu unserem gelenkten, weltweit im Gleichschritt gehaltenen »Informationszeitalter« (was für ein Orwellsches Wort, nebenbei). Die in zwei antagonistische Blöcke geteilte Welt sorgte als indirekte Folge dieses Antagonismus für eine längere Lebensdauer der jeweils unerwünschten Nachrichten: So wie der Westen dem Osten den »Einmarsch« in Ungarn und der Tschechoslowakei um die Ohren hauen konnte – man vergleiche diese beiden Ereignisse aber mit den Völkermord-Unternehmen in Korea und Vietnam! –, so konnte jener der »freien Welt« den Mord an Lumumba oder Allende vorhalten (wenn er es denn tat; der Westen war auch hier viel lärmiger und penetranter). Doch so gab es eben den ostdeutschen Major im Ministerium für Staatssicherheit Julius Mader, der bezeugt, daß der

Mörder Garrido »erbarmungslos auf seinen rechtmäßigen Präsidenten und Oberbefehlshaber« schoß, und der überdies mit der interessanten Information aufwartet, daß hinter dem Killer der westdeutsche Journalist Gerhard Eisenkolb vom Magazin ›Bunte‹ gestanden sei.[323] Ob dieser Angestellte des Burda-Imperiums, falls er noch lebt, heute ebenfalls der »Selbstmord«-Version anhängt? Denkbar wäre es durchaus.

In einem ersten Kommuniqué erklärten die Putschisten lediglich, daß sie die Leiche Allendes »aufgefunden« und Experten den Tod des Präsidenten bestätigt hätten; von dessen angeblichem Suizid war erst später die Rede. Der Witwe Hortensia Bussi wurde nicht erlaubt, einen letzten Blick auf ihren toten Gatten zu werfen. »Ein medizinisches Gutachten, das die Selbstmordversion bestätigt hätte, ist niemals veröffentlicht worden, obwohl Vertreter der Junta das versprochen hatten.«[324] Aber die Witwe begab sich zusammen mit ihren beiden Töchtern Beatriz und Isabel sowie weiteren Mitstreitern und Augenzeugen, die den faschistischen Terror überlebt hatten, nach Kuba, und sie berichteten dort über ihre Erlebnisse und Beobachtungen. Fidel Castro war dem chilenischen Präsidenten in kritischer Solidarität verbunden gewesen; er wertete die Berichte aus und verfaßte eigenhändig eine ausführliche Mitteilung über die letzten Minuten Allendes, deren abschließende Passage hier wiedergegeben sei[325]:

Gegen 13.30 Uhr begibt sich der Präsident in das Obergeschoß, um die dortigen Positionen zu kontrollieren. Zu diesem Zeitpunkt sind bereits zahlreiche Verteidiger durch das Maschinengewehrfeuer, die Explosionen oder die Flammen umgekommen. Der Journalist Augusto Olivares beeindruckte alle durch seine außergewöhnlich heldenhafte Haltung. Nach einer schweren Verwundung wird er im Arztzimmer des Palastes gepflegt und operiert, und als alle ihn im Krankenbett glauben, nimmt er mit der Waffe in der Hand erneut seinen Kampfposten im Obergeschoß neben dem Präsidenten ein.

Nach 13.30 Uhr bemächtigen sich die Faschisten des Erdgeschosses des Palastes; die Verteidigung organisiert sich im Obergeschoß, und der Kampf geht weiter. Die Faschisten versuchen, über die Haupttreppe nach oben zu gelangen. Gegen 14.00 Uhr gelingt ihnen die Besetzung eines Teiles des Obergeschosses. Der Präsident hat sich mit mehreren seiner Genossen in einer Ecke des Roten Salons verschanzt. Als er bis zu der Stelle vordringt, an der die Faschisten hereinbrechen, erhält er einen Bauchschuß, der ihn vor Schmerz vornüber sinken läßt, aber er hört nicht auf zu kämpfen. Auf einen Sessel gestützt, schießt er weiter auf die nur wenige Meter entfernten Faschisten, bis ihn ein zweiter Schuß in die Brust niederreißt, und bereits im Sterben wird er von Kugeln durchlöchert.

Als sie den Präsidenten fallen sehen, gehen die Angehörigen seines Persönlichen Schutzes energisch zum Gegenangriff über und treiben die Faschisten erneut bis zur Haupttreppe zurück.

Inmitten des Kampfes vollbringt man nun einen Akt außergewöhnlicher Würde: Man hebt den leblosen Körper des Präsidenten auf, trägt ihn in sein Arbeitszimmer, setzt ihn in den Präsidentensessel, legt ihm seine Schärpe um und hüllt ihn in eine chilenische Fahne ein.

Allende und Castro, November 1971

Aber Fidel ist ein Revolutionär und als solcher »parteilich«; er war Allende freundschaftlich verbunden und daher »voreingenommen«. Neben dem »Commandante« wurde bislang hauptsächlich ein sowjetrussischer Historiker und, Gipfel des Grauens, ein Stasi-Offizier zitiert. Mehr, so könnte ein hämischer Einwand lauten, habt ihr zur Erhärtung der Mord-Version nicht ins Feld zu führen? – Doch. Es sind die westlichen Medien selbst, die über das Feiern des »wissenschaftlichen« Selbstmord-Nachweises ganz »vergessen« haben, was sie vor rund vierzig Jahren schrieben. Am ausführlichsten berichtet und am gründlichsten »vergessen« hat der ›Spiegel‹, der den Tod Allendes »zu den umstrittensten Rätseln neuester Zeitgeschichte« zählte und der den Hintergründen dieses Geschehens eine dreiteilige Serie gewidmet hat (41–44/1975). Verfasser der ausführlichen Berichte ist Robinson Rojas Sandford, ehemaliger Polizeireporter einer großen Santiagoer Tageszeitung. Zwar besitzt auch er den entschiedenen »Nachteil«, Kommunist zu sein und als solcher »Quellen und Thesen extremer Allende-Anhänger« zu benutzen, aber der ›Spiegel‹ benennt auch seinen Vorzug: »Seine glaubwürdigste Quelle: Tonbandaufnahmen von Funksprüchen der Rebellen kurz nach dem Ende Allendes« (sie heißen also doch schon Rebellen!, P. P.). So kam ein lesenswerter Bericht in einem deutschen Massenblatt zustande, vor dem Untergang des Ostblocks und der weltweiten Monopolisierung der Medien und daher frei von wohlfeilen Brutkastenbabies, Massenvergewaltigungen, Chemiewaffeneinsätzen und Konzentrationslagern auf dem Gebiet des jeweiligen Landes, das gerade auf der Abschußliste der USA steht.

Tatsächlich hatte das chilenische Militär im Zuge seiner Putschplanungen zwei Optionen vorgesehen: Im ersten Fall wurde der Präsident ermordet; dann konnte sein Tod als Selbstmord eines »Trinkers, Wüstlings und Hedonisten« ausgegeben werden. Oder er fiel, zweitens, seinen Schergen lebendig in die Hände; dann galt es ihn so zu demütigen, daß Allende den Selbstmord einer weiteren Tortur vorzog. Sollten nach einenhalb Stunden der Folter keine »positiven Ergebnisse« eintreten, dann, so der Plan, »wird das Objekt bewegungslos gemacht und getötet, als habe es Selbstmord begangen.« Die Selbstmord-Lüge war um so notwendiger, als eine Nachricht über die Ermordung des Präsidenten den Widerstand der chilenischen Arbeiter weiter angefeuert hätte.

Das für die Putschisten »Dumme« war, daß weder Option 1 noch Option 2 eintrat: Allende fiel im Kampf, bei der Verteidigung des Präsidentenpalastes, unter Anwesenheit mehrerer Zeugen, die die Mörder für eine Zeitlang sogar zurückdrängen konnten. Also mußten sich diese etwas einfallen lassen, und dabei können Fehler passieren. Nachdem der Widerstand in der Moneda gebrochen war, kleideten die Mörder die mit Einschüssen übersäte Leiche Allendes neu ein, um sie für die Selbstmord-Version präsentabel zu machen. Das war der erste Fehler, denn das Habit der Leiche unterschied sich drastisch von der Kleidung des kämpfenden Präsidenten, wie ihn die letzten Fotos vor seinem gewaltsamen Tod zeigten. Dann setzte man die Leiche auf einen Sessel, was sich insofern schwierig gestaltete, als die Leichenstarre schon teilweise eingetreten war. Man plazierte die Leiche mit gespreizten Beinen, vornübergebeugt, stützte das Kinn auf die Maschinenpistole und betätigte den Abzug, so daß Hirn und Schädelknochen an die Decke spritzten. Nach einem solchen »Selbstmord« hätte die Leiche jedoch vornüber kippen und die Waffe unter sich begraben müssen. Statt dessen saß sie »friedlich« im Sessel, die MP auf den Knien; diese kriminaltechnische Unmöglichkeit war der Fehler Nummer zwo. Also mußte man einen »Augenzeugen« präparieren. Die Putschisten fanden ihn in Form eines Zivilisten, eines wimmernden Etwas, das im Gang des Präsidentenpalastes kauerte und um sein Leben bettelte. Das war Dr. Patricio Guijón Klein, der Leibarzt des toten Präsidenten. Er war kein politischer Aktivist, kein Mitglied der *Unidad Popular*, sondern er hatte diese Stelle in der Hoffnung angetreten, Karriere zu machen. Nun aber hatten ihn die rauhen Soldaten am Kragen gepackt und Anstalten getroffen, kurzen Prozeß mit ihm zu machen. Dazu der ›Spiegel‹ wörtlich: »Es wurde Guijóns Schicksal, ›Zeuge‹ eines Selbstmordes zu sein, der kein Selbstmord war – der Arzt hatte nur die Wahl, sich an der Täuschungsaktion zu beteiligen oder sein Leben zu verlieren. Er entschied sich, mitzumachen. Von 15 bis 16 Uhr lernte Dr. Guijón seine Rolle, bis er sie auswendig konnte.« Wie wir gesehen haben, hat er sie auch nach vierzig Jahren nicht vergessen.

Spät eingeschaltete und präparierte Mediziner wurden vom Militär angewiesen, sich nur die »typische Selbstmordwunde« am Kopf der Präsidentenleiche anzuschauen und auf die Suche nach weiteren Indizienbeweisen zu verzichten. Von den zahlreichen Ungereimtheiten und Widersprüchen in der offiziellen Version des Präsidenten-»Selbstmordes« sei nur eine weitere Panne erwähnt. Am Mordtag, dem 11. September, verbreitete ein Kurzwellen-Sender der chilenischen Faschisten um vier Uhr nachmittags folgende Nachricht: »Achtung, Chile … Achtung, die ganze Welt … Hier Santiago 33 … Hier ist das Freie Chile … Allende ist eine Leiche … Hauptmann Roberto Garrido hat den kommunistischen Tyrannen in seinem eigenen Palast hingerichtet. Hauptmann Garrido hat uns vom Marxismus befreit … Hier spricht der Bund der Freien Chilenen … Hier ist das Freie Chile …, Allende ist durch unsere glorreichen Soldaten hingerichtet worden …« Als die Putschisten in ihrem emsigen Bemühen, diese Spur zu verwischen, feststellen mußten, daß diese Nachricht direkt vom Verteidigungsministerium ausgestrahlt worden war, ordneten sie die Einstellung der »Untersuchungen« an.

Nach Sichtung aller verfügbaren Fakten gelangte der ›Spiegel‹ seinerzeit zu dem Fazit: »So bleibt auch für Skeptiker sein« – des Journalisten Sandford – »Fazit glaubwürdig: Salvador Allende hat keinen Selbstmord verübt.« – Wie leicht läßt sich doch nach vierzig Jahren lügen!

Zum unsäglichen Ärger der Yankees, ihrer Vasallen und faschistischen Zöglinge verbreitete sich die Kunde von der Ermordung des Präsidenten um die ganze Welt, wurde – von wenigen unrühmlichen und verachteten Ausnahmen abgesehen – *communis opinio*, so daß selbst die westlichen Massenblätter, wie wir gesehen haben, diese Nachricht scheinbar ganz selbstverständlich und fast ohne jedes Fragezeichen übernehmen mußten. In einem Punkt freilich irrte Castro, und das ganze realsozialistische Lager mit ihm: in ihrem törichten Zweckoptimismus. Noch während die Massenexekutionen im zum Konzentrationslager umfunktionierten Stadion von Santiago stattfanden – dieses KZ gab es wirklich, im Unterschied zum erfundenen, erlogenen serbischen KZ in Priština, von dem der damalige »Verteidigungs«minister Rudolf Scharping öffentlich delirierte –, kursierten trotzige Durchhalteparolen von *Venceremos!* und *No pasaran!*, und noch Jahre später war die zur Phrase heruntergekommene Parole »Das chilenische Volk wird siegen!« zu hören. Nein, das chilenische Volk siegte nicht. Wie im deutschen Faschismus wurde es vielmehr seiner besten, fähigsten und intelligentesten Teile beraubt, während der Rest in Resignation versank. Die zielgerichtete Selektion der deutschen wie der chilenischen Faschisten ist nicht folgenlos geblieben, denn man hat sie ja gerade zu dem Zweck durchgeführt, damit das Volk wieder regierbar wird, anstatt seine Angelegenheiten in die eigenen Hände zu nehmen. Henry Kissinger brachte dies mit dem ihm eigenen Zynismus auf den Punkt, als er sagte: »Ich sehe nicht ein, daß wir zulassen sollten, daß ein Land marxistisch wird, nur weil die Bevölkerung unzurechnungsfähig ist.« So wird dem gesamten chilenischen Volk mit fast unglaublicher Chuzpe die Mündigkeit abgesprochen, bevor man seine besten Vertreter umbringen läßt, und zwar, so der US-Chefdiplomat weiter, in einer »Grauzone, in der unsere Demokratie sich gezwungen sieht, mit ihren feindlichen Gruppen in Konkurrenz zu treten.«[326] Auch dies ist ein schöner Euphemismus für Massenmord.

Nein, das chilenische Volk hat nicht gesiegt. Wenn man heute einen der zahlreichen Straßenmusikanten in Santiago bittet, ein Lied des ebenfalls von Pinochets Schergen ermordeten, seinerzeit sehr populären Sängers Víctor Jara zu spielen, dann spürt man sofort die Atmosphäre der Angst, die heute noch regiert. Wenn der Bänkelsänger mutig ist und ein Lied des Barden vorträgt, kann es ohne weiteres geschehen, daß einige der Umstehenden sich ohne Scheu zu dem Schlächter Pinochet bekennen. Wer heute offenen Auges durch Santiago geht, wird auf sogenannte »Stolpersteine« im Straßenpflaster stoßen, auf denen die Namen sowie die Geburts- und Sterbedaten ermordeter Antifaschisten festgehalten sind. Vor einem bestimmten Haus in der Innenstadt massieren sie sich zu mehreren Dutzend: Hier befand sich die Geheimdienstzentrale Pinochets. Die hier umgebrachten, zu Tode gequälten Männer und Frauen wurden meist keine dreißig Jahre alt. Doch seltsam: Wenn überhaupt, so interessieren sich nur ein paar Touristen dafür; man muß sich nämlich bücken, um Namen und Daten lesen zu können. Viel gemütlicher sitzt es sich im netten Café gegenüber mit der freundlichen Bedienung. An seinen Wänden hängen farbenfrohe Bilder neben Parolen und Zeitungsausschnitten. Am auffälligsten sind zwei dämliche Spottkarikaturen über Marx und Lenin. Ansonsten ist alles ganz hipp und cool.

Nein, das chilenische Volk hat nicht gesiegt, sonst wäre eine solch umfassende und systematische Geschichtsrevision, eine solche faustdicke Lüge wie jene vom vorgeblichen Selbstmord Allendes nicht möglich. Was aber liegt der siegreichen Gegenseite nach so vielen Jahren daran? Angela Virjat hat in einem instruktiven Essay eine interessante »rhetorische« Frage gestellt: »Ist es wirklich Zufall, daß der Weltherrscher seine lückenlose neue Weltordnung, die wir schon ekelhaft und martialisch genug kennenlernen mußten, am **11. September, diesem unauslöschlichen Datum**, beginnen läßt? (aber 2001, nicht 1973!)«[327] (Die Überschrift zur Einleitung des verdienstvollen, aber grundlos zweckoptimistischen, von BARTSCH et al. erstellten ›Schwarzbuch Chile‹ lautet »Unauslöschliches Datum: 11. September 1973«). Natürlich: es ist »Nain-iläwwn«, das Datum der einstürzenden Hochbauten, des beginnenden weltumspannenden *war on terror*, welcher der beglückten Welt *Enduring Freedom* bringt! Aus einem Kapitalverbrechen der USA, dem Mord an einem ausländischen gewählten Staatsoberhaupt, wird so – ob Zufall oder doch nicht, denn Sinn für Symbolik, vgl. ALSOS, hat die CIA ja – der Gedenktag an ein spektakuläres Attentat, das die fast ahnungslosen USA in fast wehrlosem Zustand traf, so daß sie fast wider Willen zwei Länder überfallen, den irakischen Staatspräsident ermorden und etliche weitere Länder Nordafrikas, West- und Mittelasiens destabilisieren mußten. »Ground zero« befindet sich nicht mehr in Hiroshima, sondern in New York, wie wir gesehen haben. Und der 11. September gilt nicht länger dem Gedenken Allendes, sondern zweier verschwundener Bürotürme im besagten New York in den fast unschuldigen Vereinigten Staaten. Der »11. September« wird nicht einfach ausgelöscht, sondern umfunktioniert: ein weiteres Bravourstück imperialistischer »Erinnerungskultur«.

Damit zurück zu dem Vermächtnis des unglücklichen chilenischen Präsidenten. Die »Quadratur des Kreises«, aus bestimmten Gründen geometrisch nicht durchführbar, gilt als Metapher für eine schlechthin unlösbare Aufgabe. Mit denselben Worten ließe sich auch das Lebenswerk Allendes umschreiben, denn er war ein tätiger Verfechter der

☞ **Legende:** Ein »friedliches Hinüberwachsen« in den Sozialismus, Schritt für Schritt, auf parlamentarischem Wege, ohne Kampf und Blutvergießen, ist möglich.

Mit anderen Worten: Allende war Reformist, so je einer war, d.h. der ehrlichen Überzeugung, daß eine gerechte Gesellschaftsordnung kraft einfacher Abstimmung, guten Vorbilds und des besseren Arguments durchzusetzen sei. Im letzten Kapitel seines grundlegenden Werks über die Ökoanalyse von Marx und Engels hält Fritz Erik Hoevels, der Allende als einzigen »echten« historisch wirksamen, »darum weitaus tragischeren« Verfechter des Reformismus bezeichnet (im Gegensatz zur Sozialdemokratie, die das nur heuchlerisch vortäuscht), diesbezüglich fest:

In diesem Fall [*sc.* dem »Reformismus«] wird festgehalten, daß eine durch Streikerfolge erstarkte Arbeiterklasse diese Zuwächse in Gestalt jetzt möglich gewordener höherer Mitgliedsbeiträge an ihre Organisationen weitergibt, und zwar nicht nur an ihre ökonomischen, die sie als Streikkasse, Krankenkasse usw. verwenden können, sondern auch an ihre politischen, die durch ihre parlamentarische Aktivität dem Streik Flankenschutz gewähren können. Die sich akkumulierenden Streikerfolge erlauben es dann, die politische Vertretung immer weiter zu verstärken, bis schließlich Parlamentsbeschlüsse die Enteignung der bisher und somit jetzt nicht mehr herrschenden Klasse ermöglichen. Das soll der »friedliche« oder gar »parlamentarische Weg zum Sozialismus« sein; freilich ist ihm in der Realität noch immer der faschistische Joker dazwischengefahren, die von Engels vorausgeahnte »pro-slavery rebellion« auch ohne Sklavenhaltung, falls innerer Verrat in der Arbeiterpartei nicht zum gleichen Ergebnis führte.[328]

Es verhält sich gerade so, als hätte Allende die politische Bühne einzig zu dem Zweck betreten, um die Richtigkeit dieser Aussage zu bestätigen. Karl Marx hat verschiedentlich mit Nachdruck darauf verwiesen, daß der Reformismus kein gangbarer Weg sei, um den Kapitalismus zu beseitigen, etwa in ›Lohn, Preis, Profit‹, wo er dies gegen Ende hin mit der spezifisch kapitalistischen Ausbeutungsform begründet: der Aneignung von Mehrwert durch den Eigner der Produktionsmittel via erpreßter, unbezahlter Mehrarbeit seitens des dazu genötigten Arbeiters. Dem kapitalistischen Produktionsprozeß liegt also ein strukturelles Gewaltverhältnis zugrunde, dessen Hauptwiderspruch im Antagonismus von kollektiver Produktion versus privater Aneignung (nämlich des Mehrwerts) besteht (damit wird der Arbeitsplatz auch *strukturell* zur Tretmühle, auf der man zwar strampelt, aber nicht vorankommen kann). Eine Reform könnte allenfalls den Erpressungs*grad* mildern, nie aber die Erpressung als solche beseitigen; zudem kann sie nur aus einer Position relativer Stärke erfolgen, mittels erfolgreich geführter Streiks, mit denen die Arbeiter einen winzigen Teil des ihnen abgepreßten mehrwertförmigen Mehrprodukts nachträglich in die eigene Tasche umleiten. In den letzten beiden Kapiteln seines soeben erwähnten Werkes weist Fritz Erik Hoevels ausführlich und mit zahlreichen Belegen nach, daß der ökonomische Reformismus aufgrund objektiver Gründe und ganz handfester Hürden ein Ding der Unmöglichkeit ist: die durch kleine Rücklagen zu »Femto-Kapitalisten« gewordenen Arbeiter müßten über Hunderte von Generationen erfolgreiche Streiks durchführen, dabei genügsam leben, um ihre Rücklagen zu akkumulieren, ohne daß ihnen beispielsweise eine Inflation dazwischenführe, von einem »faschistischen

Joker« ganz zu schweigen. Diese erhellenden Ausführungen seien wie das gesamte Buch der aufmerksamen Lektüre empfohlen.[329] Ein Reformist zeichnet sich also dadurch aus, daß er die Unvereinbarkeit der ökonomischen Klassengegensätze leugnet und ebenso, darauf aufbauend, den Gewaltcharakter des Staates, dessen einzelne Abteilungen (Heer, Polizei, Justiz, Medien) ausschließlich der Niederhaltung der ausgebeuteten Klasse und der Verewigung dieses für die wenigen Besitzenden idyllischen Zustands dienen. Diese Blindheit wider mögliches besseres Wissen hat Allende mit seinem Leben bezahlt, und mit ihm Zigtausende Chilenen. Schauen wir uns einige Stationen dieses Niedergangs nun etwas genauer an.

Chile zählte zu jenen südamerikanischen Ländern, die, aufgrund ihrer Bodenschätze, die gefördert und verarbeitet werden mußten, eine relativ starke Arbeiterbewegung aufwiesen und deshalb ins Visier der USA rückten. Diese hatten mit Beginn des Kalten Krieges, in der zweiten Hälfte der vierziger Jahre, die ihnen nicht genehmen Regierungen in Bolivien, Ecuador, Costa Rica, Venezuela, El Salvador, Peru und Kolumbien »ausgewechselt« und in den »Vertrag zur Verteidigung der Westlichen Hemisphäre« (1947) gezwungen. Auch Chile konnte sich dem Druck des übermächtigen nördlichen Nachbarn nicht entziehen: Im September 1948 ließ Präsident Gonzáles Videla durch ein Gesetz zum »Schutz der Demokratie« – vom Volk als *Ley Maldita*, »Schandgesetz«, bezeichnet – die kommunistische Partei verbieten und Massenverhaftungen vornehmen. Tausende von Aktivisten wurden in Konzentrationslagern interniert oder auf die kargen Inseln im Süden verschleppt; ungefähr 50 000 Chilenen wurden der bürgerlichen Rechte einschließlich des Wahlrechts beraubt. Der bekannte Schriftsteller Pablo Neruda, zu jener Zeit Parlamentsabgeordneter der KP Chiles, äußerte seine Zuversicht, daß die Partei aus den Verfolgungen gestärkt hervorgehe und daß sie »unsterblich« sei, da sie aus den Leiden des Volkes geboren sei. Wir haben diesen Zweckoptimismus, der sich schnell in hohlem Pathos erschöpft, schon zur Genüge kennengelernt. Pablo Neruda starb übrigens wenige Tage nach dem faschistischen Putsch, am 23. September 1973, nach offizieller Version an den Folgen einer Krebserkrankung. Obwohl die Soldateska sein Haus verwüstet hatte, verlief die Bestattung in halbwegs geordneten Bahnen. Aber auch über die Umstände seines Todes ist noch nicht das letzte Wort gesprochen. Sein Chauffeur Manuel Araya ist davon überzeugt, daß Neruda an den Folgen einer Injektion starb, die er zwei Tage vor seinem Tod in einem Krankenhaus erhalten hatte: »Dieser verdammte Stich hat ihn getötet. Er war an Krebs erkrankt, aber er ertrug ihn gut. An diesem Tag konzentrierte er sich auf seine Reise nach

Mexiko, die zwei Tage später stattfinden sollte. Die Militärregierung wollte nicht, daß er das Land verläßt, und deshalb haben sie das getan.« Auch der ehemalige mexikanische Botschafter in Chile Gonzalo Martínez bestätigte, der Schriftsteller sei noch einen Tag vor seinem Tod »vollkommen klar« gewesen, und fügte hinzu: »Wenn ich Chilene wäre oder das in Mexiko geschehen wäre, würde ich zu denen gehören, die Anzeige erstatten.«[330] Mittlerweile soll sich eine Untersuchungskommission mit dem Fall befassen. Nun ja – es sind ja auch erst schlappe 39 Jahre vergangen…

Schwerer als die staatliche Repression wogen indessen die inneren Deformationen, die sich in der moskauorientierten KP Chiles und den anderen sozialistischen Organisationen vollzogen, als Konsequenz eben dieser Verfolgungen sowie der Stalinisierung der Sowjetunion. Die chilenischen Kommunisten, ohnehin gering an Zahl, verfolgten seit den dreißiger Jahren auf Moskauer Weisung die Politik der Volksfront (*Frente Popular*), in der sie – anders als Ho Chi Minhs Vietkong in der Viet Minh – mangels geeigneter Führung jedoch »aufgingen«, verkleinbürgerlichten, zu jenem Schwanz wurden, der nicht mit dem Hund wackeln kann. Von nun an trat die parlamentarische Debatte an die Stelle des Klassenkampfes, und die Arbeit in den Gewerkschaften – »das ganze Soziale« – verdrängte das Ziel des revolutionären Umsturzes. Andrés Pascal Allende, ein führender Aktivist der radikalen Linken und Neffe des berühmten Salvador, hält treffend fest: »…diese Linksparteien [haben sich] Ende der 1930er Jahre mit ihrer Entscheidung für die Volksfront von der Option des Volksaufstandes verabschiedet, den Weg der Zusammenarbeit über die Klassengrenzen hinweg gewählt und damit der parlamentarischen Arbeit und der Teilnahme an den Wahlen den Vorrang eingeräumt. Den Sozialismus sahen sie nun als Fernziel an, das es auf einer ›Revolution in Etappen‹ zu erreichen galt.«[331] Zur Schlüsselfigur dieser Politik der Mäßigung, des Ausgleichs, der klassenübergreifenden Verständigung sollte sein Onkel werden.

Salvador Allende war ausgebildeter Arzt, und er war in der ersten Volksfront-Regierung vom September 1939 Minister für das Gesundheits- und Sozialwesen gewesen. Er wußte, daß 600 000 chilenische Kinder debil waren, weil sie zu wenig zu essen hatten. Er wußte, daß die reichsten 2 % der Bevölkerung 46 % der Reichtümer Chiles besaßen. Und er wußte, daß die nordamerikanischen Trusts das Land aussogen, zuerst den Salpeter, dann das Kupfer als strategischen Rohstoff erster Güte; daß sie nach Profiten gierten und die Geschicke des Landes bestimmten. Er wußte, daß 60 % der chilenischen Offiziere ihre Ausbildung in den Militärcamps der Vereinigten Staaten erhielten. All das wußte er, wie er überhaupt in Zahlen und Statistiken unschlagbar war.

Und er hatte ein mitfühlendes Herz für die Nöte des Volkes. Salvador Allende war kein Kommunist, mit Einschränkungen vielleicht ein Sozialist, aber in erster Linie ein Humanist. Das war der US-Führung Mordgrund genug.

In einem Interview mit der sowjetischen Zeitung ›Prawda‹ umriß Salvador Allende 1954 die Ziele der *Frente Popular* wie folgt:

> Die Volksfront ist eine zutiefst patriotische Bewegung, darauf gerichtet, für die politische und wirtschaftliche Befreiung unseres Landes zu kämpfen. […] Das Programm der Front ist ziemlich breit angelegt, damit sich in ihr mit der Arbeiterklasse als Knochengerüst die Bauern und die progressiven Landbesitzer, die Frauen und die Jugend, Angestellte und Handwerker, Lehrer und Intellektuelle, Professoren, Kaufleute und Industrielle, denen die nationalen Interessen teuer sind, vereinigen … [332]

Damit war das klassenübergreifende und klassenversöhnende Prinzip, das der Politik der Volksfront zugrunde lag, benannt: Dies sollte der »chilenische Weg zum Sozialismus« sein. Das Problem bestand nur darin, daß es keine Industriellen gab, denen »die nationalen Interessen teuer« waren. Überdies sprach sich Allende für die Aufnahme diplomatischer Beziehungen zur Sowjetunion und zur Volksrepublik China aus, und er plädierte für die Legalisierung der chilenischen KP. Wenn das kein Mordgrund war … Bei den Präsidentschaftswahlen im Jahre 1958 unterlag Allende als Kandidat des Parteienbündnisses *Frente de Acción Popular* (FRAP, »Volksaktionsfront«) knapp mit 30 000 Stimmen Abstand zur politischen Reaktion, und die Schergen konnten ihre Revolver wieder in die Halfter stecken. Auch 1964 unterlag Allende, nunmehr langjähriger Senator, seinen Gegnern, die mit Dollars um sich werfen konnten: über 1,3 Milliarden Dollar war den US-Präsidenten die Verhinderung einer chilenischen Volksfrontregierung insgesamt wert. Aber Salvador Allende war zu einer festen Größe in der chilenischen Politik geworden, mit der zu rechnen war.

Am Vorabend der entscheidenden Wahl stand Allende der ›New York Times‹ Rede und Antwort, die sich natürlich brennend dafür interessierte, was die Vereinigten Staaten von einer chilenischen Volksfrontregierung zu erwarten hatten. Allende skizzierte deren Programm wie folgt:

> Wir beabsichtigen eine nationalistische, demokratische und revolutionäre Volksregierung aus mehreren Parteien zu bilden, die dem Sozialismus entgegengehen wird. Wir sagen nicht, daß wir die Absicht haben, morgen die sozialistische Ordnung zu errichten. Man kann den Sozialismus nicht durch ein Dekret aufzwingen. Das ist ein Prozeß der gesellschaftlichen Entwicklung … Unser Programm sieht die Bildung von drei Sektoren vor: Das sind

der staatliche, der gemischt privatwirtschaftlich-staatliche und der privatwirtschaftliche Sektor. Das ist ein Weg, der den realen Verhältnissen Chiles entspricht, und wir halten ihn für die Hauptetappe.

Vor allem müssen wir unsere Hauptressourcen zurückgewinnen, die sich in den Händen des Auslandskapitals, vor allem des USA-Kapitals, befinden: Kupfer, Eisenerz und Salpeter, die sich jetzt in Ihren Händen, in den Händen von USA-Monopolen befinden. Dann müssen wir die Monopole nationalisieren, die einen Einfluß auf die soziale und wirtschaftliche Entwicklung des Landes ausüben. Ergänzen müssen wir das durch eine ernsthafte, umfassende und tiefgreifende Agrarreform, durch die Nationalisierung der Banken und die staatliche Kontrolle über den Außenhandel.[333]

Danke, mochte sich der US-Präsident gesagt haben, das genügt. Hatte man nicht schon Präsidenten gestürzt, die es gewagt hatten, sich am Eigentum der »United Fruit« zu vergreifen, obwohl es sich – zugegeben – um brachliegendes Ödland gehandelt hatte? Und in Chile stand viel mehr auf dem Spiel: Die US-Konzerne Anaconda und Kennecott hatten sich bislang das chilenische Kupfer unter den Nagel gerissen; ITT (»International Telephone & Telegraph«) kontrollierte die Nachrichten-, Telefon- und Rundfunkanstalten des Landes. Unter den Chemiegiganten schöpften die Dow Chemical Company, die gerade Vietnam verseuchte, sowie DuPont de Nemours satte Profite ab. Das chilenische Ölgeschäft beherrschten die Gulf Oil Corporation, die Mobil Oil, Philipps Petroleum und Exxon. Den chilenischen Stahl fertigte Armco Steel, die Autos General Motors und Ford. Wie – all dies schöne Geld, mit dem sich so trefflich Kriege führen ließen, sollte nun zerlumpten Indios zugute kommen, nur weil ein schwärmerisch veranlagter Arzt das gerecht findet und es beim »unzurechnungsfähigen« chilenischen Volk zunehmend auf Zustimmung stößt? Auch wenn Allende innenpolitisch das Prinzip des »Tu allen wohl und niemand weh« verfolgte, so hatte er mit seinem gegen die US-Monopole gerichteten Verstaatlichungs-Vorhaben bereits sein Todesurteil unterschrieben.

Im Unterschied zu den vorangegangenen Präsidentschaftswahlen gestaltete sich die Situation im Jahr 1970 insofern günstiger, als das Lager der Reaktion diesmal in einen konservativen und einen offen faschistischen Flügel gespalten und dadurch geschwächt war, was gewöhnlich nur bei der politischen Linken zu beobachten ist. Selbst Fidel Castro ging davon aus, daß nun, in diesem konkreten Fall, im Chile des Jahres 1970, der Sozialismus durch Wahlen und in dem von der Verfassung vorgegebenen Rahmen gewinnen könnte. Und hatte Allende nicht angekündigt, im Falle seines Wahlsieges die dann

durchgeführten sozialistischen Errungenschaften mit allen Mitteln zu verteidigen? Von der ›New York Times‹ auf die Gefahr eines rechten Putsches angesprochen, entgegnete Allende mit Bestimmtheit: »Reaktionäre Gewalt werden
wir mit revolutionärer Gewalt beantworten. Wenn andere zur Gewalt greifen,
werden wir mit Gewalt antworten…« und nun folgte die bezeichnende Einschränkung: »…aber wir selbst haben nicht die Absicht, Gewalt anzuwenden,
wir lehnen den Terror prinzipiell ab und gehen dabei von unserer Ideologie
und unseren Überzeugungen aus sowie von humanen Erwägungen.«[334] Mit
anderen Worten: Allende räumte seinen Todfeinden das »Recht« ein, als erste
zuzuschlagen, und das ließen sie sich nicht zweimal sagen. Mochte dann die
Zukunft zeigen, wie diese »revolutionäre Gewalt« mit dem Samthandschuh
der humanen Erwägungen beschaffen sein würde…

Allende gewann die Wahl, und er hielt Wort, im Gegensatz zu jedem Sozialdemokraten, dem der Verrat wie eine zweite Haut angewachsen ist. Das erste
Regierungsjahr war die beste Zeit der *Unidad Popular*: Von nun an – dies war
ein besonderes Anliegen des Präsidenten – erhielt jedes Kind bis zum Alter
von 15 Jahren täglich gratis einen halben Liter Milch. Der Mindestlohn wurde
um zwei Drittel angehoben, die Durchschnittslöhne stiegen um 34,9 %, und
die Preise stabilisierten sich – man vergleiche allein diese Zahlen mit der »Ver-
hartzung« der BRD, der Politik der Massenverelendung seit SPD-Schröder!
Der Bau einer Untergrundbahn in Santiago sowie von 100 000 Wohnhäusern
wurde in Angriff genommen und dadurch die Arbeitslosenquote drastisch
gesenkt. Die medizinische Behandlung in den Polikliniken und Krankenhäusern erfolgte unentgeltlich. Die gesamte industrielle Produktion für den
Grundbedarf der Bevölkerung wurde in Staatseigentum überführt; dies betraf
die Sparten Textil, Chemie, Zement, Stahl, Fischerei, Kraftwerke, Banken und
die Fernsprechverbindungen (der Vizepräsident von ITT, William R. Merriam,
verfaßte sofort einen Brandbrief an Nixon, in dem er darauf drang, daß »die
strategische Wichtigkeit der chilenischen Ressourcen für die Sicherheit der
Vereinigten Staaten neu überdacht werden muß«; das kniefällige Dankschrei-
ben Kissingers mit der Versicherung, man habe verstanden, ist überliefert[335]).
1300 Latifundien mit einer Gesamtfläche von 3 Millionen Hektar wurden
enteignet, schließlich jeder Landbesitz, der die Fläche von 80 Hektar überstieg. Höhepunkt des Reformwerks war die angekündigte Verstaatlichung
der Schlüsselindustrien, der Erz- und Salzbergwerke, Guanolager, der Kohle-,
Kupfer-, Erdöl- und Erdgaslagerstätten. Dieser Tag – es war der 11. Juli 1971 –
wurde zum »Tag der Nationalen Würde« erklärt. Die Bilanz von einem Jahr
»Volkseinheit« konnte sich sehen lassen: »Ende 1971 produzierte der staatliche

Sektor bereits 50 % des Bruttosozialprodukts. Dieses selbst nahm im Laufe eines Jahres um 8,5 %, die Industrieproduktion um 13 % zu. Die Arbeitslosigkeit ging von 8,3 auf 3,8 % zurück.«[336]

Aber kaum jemand – mit Ausnahme der revolutionären Linken Chiles – blickte hinter die Kulissen und machte sich klar, daß diese zweifellosen Fortschritte an katastrophale Bedingungen geknüpft waren. Allende hatte sich dazu verpflichtet, sich einen Mühlstein um den Hals zu legen, bevor er ins Wasser sprang. Diese Bedingungen mußten mit zwangsläufiger Notwendigkeit in einen Bürgerkrieg führen – einen Bürgerkrieg, den die *Unidad Popular* nicht gewinnen konnte, weil sie sich präventiv zur Selbstentwaffnung verpflichtete. So nahm die Tragödie ihren Lauf.

Es mochte noch zu den Kuriosa zählen, daß sich die Regierung Allende bei allen ihren Maßnahmen strikt an das Prinzip der »Legalität« hielt. Nicht daß hier einem gesetzlosen Vorgehen das Wort geredet werden sollte, aber der Legalismus der UP nahm geradezu prinzipienreiterische Züge an, entwickelte sich zu einer Art Besessenheit, einem Rechtfertigungszwang, Gott und der Welt und sich selbst zu beweisen, daß man »im Recht« war. Kein Gramm Guano wechselte seinen Besitzer, ohne daß man zuvor eine entsprechende rechtliche Bestimmung aufgestöbert hätte (denn das Parteienbündnis der UP besaß im Parlament nicht die Mehrheit, hätte ein solches Gesetz also nicht durchbringen können). So machte sich ein Heer juristischer Beamter auf die Pirsch, um ameisenemsig in einem Dschungel von 20 000 Gesetzen, die sich im Laufe der Zeit angehäuft hatten, nach irgendeiner längst vergessenen Bestimmung zu suchen. Hatte man sie gefunden, freute man sich, hob sie ans Licht und staubte sie ab. Das war kurios, aber legal: der »chilenische Weg zum Sozialismus«.

Weit schlimmer war, daß die wohlmeinende *Unidad Popular* einschließlich der moskauhörigen KP, daß der wohlmeinende Präsident, der eine wohlmeinende Verwaltung eingerichtet hatte, sich von vornherein Ketten anlegen ließen. Denn die reaktionäre Mehrheit im Parlament nutzte jede Möglichkeit der Obstruktion, der Sabotage, und dies konsequent, energisch, unnachgiebig und manchmal auch kackfrech. Mochte Allende regieren – die Bedingungen stellte die Reaktion. Hören wir:

> Dazu gehörten die Verpflichtungen, die Tätigkeit der Oppositionsparteien nicht zu behindern, keine Zensur einzuführen, die Freiheit des Wortes nicht einzuschränken, das System der von der Kirche kontrollierten Privatschulen nicht anzurühren, die Autonomie der Universität zu wahren sowie sich nicht in die Beförderung der Armeeangehörigen einzumischen, die nach dem Dienstalter, nicht aber nach einem politischen Prinzip vorgenommen wurde.

Außerdem wurde verlangt, daß das Wahlsystem unverändert blieb, daß keine bewaffneten Zivilformationen vom Typ einer Volksmiliz aufgestellt und daß nicht irgendwelche von der Verfassung nicht vorgesehenen parallelen Machtorgane geschaffen wurden.

Und Allende gehorchte, lammfromm. Sein sowjetischer Biograph schrieb hierzu, die *Unidad Popular* sei »gezwungen« gewesen, »sich mit diesen Grundsätzen einverstanden zu erklären«, aber gab es da nicht noch so etwas wie das chilenische Volk, das man ansonsten ständig im Munde führte und dem diese »Grundsätze« überhaupt nicht gefallen hätten? Hier merkt man die Behäbigkeit des nachstalinistischen Bürokraten, dem konterrevolutionäre »Grundsätze« lieber sind als die Aufklärung und Aktion des Volkes, aber man spürt auch die letztlich durch Feigheit bedingte Affinität der Reformisten zum Kungeln und Mauscheln im Parlament. Bloß kein Aufsehen! Bloß keine »häßlichen Szenen«! Lieber sterben als erfolgreich sein! Da aber Feigheit und Schwäche die Begehrlichkeit wecken, setzten die Reaktionäre noch gleich eins drauf:

> Als Innenminister und als Verteidigungsminister sollten keine »Marxisten« (Mitglieder der Sozialistischen oder der Kommunistischen Partei) berufen werden; jede Veränderung in diesen Ministerien sollte nur mit dem Einverständnis der Führung (der Generalität) der Streitkräfte erfolgen … [337]

Diese letzte Forderung ging selbst dem lammfrommen Allende zu weit, der auf dem »Prärogativ« des Staatsoberhaupts bestand, aber was für eine zerknitterte Beamtenseele verbirgt sich doch hinter so einem Wort! Und wenn er seinen Widersachern entgegenschleuderte, er werde eifersüchtig über seine verfassungsmäßigen Rechte wachen – jawohl, eifersüchtig! –, dann brachte er die forschen Reaktionäre sicher nicht zum Zittern.

Ansonsten zeigte sich Allende einfach nur gefügig, Wachs in den Händen seiner Feinde. Bereits vor seiner Wahl hatte er der Generalität versprochen, sich nicht in die »inneren Angelegenheiten« des Militärs einzumischen, das Militärabkommen zwischen Chile und den USA nicht zu kündigen und die Besetzung der Kommandeursposten den höchsten Offizieren zu überlassen, die ihn freilich zuvor »konsultieren« sollten. Mit diesen Vereinbarungen schon im Vorfeld der Wahl hatte Allende die Blankounterschrift zu seinem Todesurteil geleistet. Zwar wurden die zuvor für Pogrome gegen die Arbeiter eingesetzten Abteilungen der Carabineros aufgelöst und neue Bürgermeister eingesetzt, aber das Gros der Beamtenschaft ließ Allende unangetastet, insbesondere in den Schlüsselpositionen der Innen-, Außen- und Verteidigungsministerien. Laut Gesetz konnte ein Beamter nur entlassen werden, wenn er Gesetzesverletzungen begangen hatte, und die Schaffung neuer Beamtenstellen lag in der Zuständigkeit des Parlaments – und das alles wollte man ja »respektieren«, nicht wahr? Allende, der Champion der »Legalität«, rechnete fest mit seiner Ermordung, aber auch das konnte seinen Frohsinn und Optimismus nicht trüben – Hauptsache, er hatte seine Todfeinde nicht gereizt:

> »Die Rechten können mich in keiner Weise beschuldigen. Die Freiheiten? Sie werden alle gewahrt: Versammlungs-, Meinungs-, Pressefreiheit usw. Der soziale Prozeß verschwindet nicht mit dem Verschwinden eines Führers. Diesen Prozeß kann man hemmen, seine Entwicklung verzögern, aber nicht aufhalten. Was Chile betrifft, so wird das Volk, falls man mich tötet, seinen Weg weiter beschreiten und den Kampf fortsetzen, vielleicht mit dem einzigen Unterschied, daß die Bedingungen wesentlich schwerer sein werden, daß es mehr Gewalt geben wird, denn die Massen werden dann eine objektive und überzeugende Lehre erhalten, aus der folgt, daß die Reaktionäre vor keinerlei Mitteln zurückschrecken.«[338]

Klingen diese letzten Worte nicht geradezu zynisch? Die »Massen« haben schließlich ihre »Lehre« erhalten, und die Währung, mit der sie bezahlten, war das Blut ihrer Besten, Aktivsten, Intelligentesten, während der Rest vor sich hin vegetierte. Allendes Ausführungen erinnern an die europäischen Führer der Sozialdemokratie, die im Vorfeld des 1. Weltkrieges sich an die jeweils herrschende Klasse ihres Landes angewanzt (»Burgfrieden geschlossen«) hatten und die verratenen Arbeiter ins Gemetzel schickten mit der feixenden Bemerkung, sie würden aus dem Stahlbad der Schlachten mit geschärftem Klassenbewußtsein zurückkehren, denn sie hätten dann gesehen und erfahren, wozu die Herrschenden in der Lage waren. Hier waltet keine Naivität mehr, sondern grobe Fahrlässigkeit bis, im Falle der Sozialdemokraten, kriminelle Energie. Es ist gerade so, als wollte man Kinder bei der Verkehrserziehung dazu anstiften, sich unter ein vorbeifahrendes Auto zu werfen, damit sie sehen, »wie das ist«. Aber wozu gibt es ein Vorstellungsvermögen? Liegt im Falle Allendes nicht eine geradezu tiefreligiöse Gläubigkeit an die Unaufhaltsamkeit und Zwangsläufigkeit eines abstrakten »Prozesses« vor, während er in klassisch Orwellschem Zwiedenk gleichzeitig behaupten konnte, daß »Menschen die Geschichte machen«? Menschen aber haben den Nachteil, daß man sie umbringen und einschüchtern kann. Keine Frage: Der Reformist und Legalist Allende war eine Katastrophe für die chilenische Arbeiterbewegung, die er sehenden Auges in den Untergang schickte.

Ängstlich darauf bedacht, den Feind nicht dazu zu reizen, »den Weg des Bürgerkriegs einzuschlagen«, wie der Sowjetbiograph formulierte[339] – die Taktik! die Taktik! –, forderte Allende durch sein Verhalten gerade dazu auf. Die reaktionäre Parlamentsmehrheit spielte mit dem Präsidenten Katz und Maus. Bald hatte sie durchgesetzt, daß jede Enteignung in jedem konkreten Fall von ihr gebilligt werden mußte, und schließlich galt jede ab dem 14. Oktober 1971 vorgenommene Enteignung als »ungesetzlich« und mußte rückgängig gemacht werden. Auch hier war Allende gefügig. Und weil es so Spaß machte, beschuldigte die Reaktion in regelmäßigen Abständen die Minister der *Unidad Popular* der Verfassungsverletzung, so daß Allende einen rekordhaften Verschleiß an seinen führenden Regierungsbeamten hatte: In drei Jahren bildete er sein Kabinett zwölfmal um.

Aber die parlamentarischen Obstruktionen bildeten nur die Begleitmusik zum Krieg gegen die Volksfrontregierung, der nun nicht mehr verdeckt, sondern zunehmend offen geführt wurde. Nixon hatte ja schon im April 1971 keinen Zweifel an seinen Absichten gelassen, als er öffentlich erklärte: »Wir dulden diese Art von Regierung des Marxisten Allende nicht.«[340] (Privat und in kleinem Kreis war er offenherziger, als er seine Absicht bekundete, den »Schweinehund« Allende eigenhändig umzubringen.) Alle Kredite wurden storniert und das gesamte Land einem lückenlosen Handelsembargo unterworfen. »Nicht einer Schraubenmutter oder einem Bolzen wird es erlaubt sein, Chile unter Allende zu erreichen«, äußerte der US-Botschafter Edward Korry. Damit wurde die Zielvorgabe des Konzerns ITT umgesetzt, festgehalten in einem Memorandum von 1970, »daß eine sich schnell verschlechternde Wirtschaft eine Welle von Gewalt in Gang bringen wird, die zu einem militärischen Staatsstreich führt.«[341] Die »Destabilisierung« Chiles nahm ihren Lauf. Auch Willy Brandt, der alte Heuchler, ließ – nunmehr Kanzler geworden – die Entwicklungshilfe für Chile »einfrieren« und den Handel mit dem Land »drosseln«. Die Knappheit an Gütern, Teuerungen und die Geldentwertung führten tatsächlich rasch zu Unzufriedenheit und Verunsicherung, aber auch zu Streiks und spontanen Werksbesetzungen. Die Attentate faschistischer Mordbanden auf Einzelpersonen und Parteibüros der *Unidad Popular*, auf Kraftwerke und Eisenbahnlinien häuften sich. Am 15. März 1971 und am 11. September 1972 scheiterten zwei von der CIA eingefädelte, von Killern der Organisation *Patria y Libertad* ausgeführte Attentate auf den Präsidenten. Wurde man der Täter habhaft, so verhängten die Gerichte milde Bewährungsstrafen – wie die Justiz der Weimarer Republik gegenüber der SA, der Bürgerkriegsarmee Hitlers –, oder man ließ sie gleich laufen. In einem Fall konnten rechtsradikale Auftragsmörder in die Botschaft Ecuadors flüchten; man gewährte ihnen freie Ausreise in ein Land ihrer Wahl. Den Höhepunkt der Destabilisierungskampagne stellte zweifelsohne der US-orchestrierte Streik von 40 000 privaten Fuhrunternehmern im August 1973 dar. Der ›Stern‹ schrieb seinerzeit: »Die Versorgung des Anden-Staates, der sich über 4300 Kilometer erstreckt, drohte durch den 47tägigen Ausstand zusammenzubrechen. Streikführer war ein von nordamerikanischen Fernfahrerkollegen* gedrillter Chilene. Er sorgte dafür, daß den Streikenden das Geld nicht ausging. Die Fahrer erhielten vierfachen Lohn, die ›Spenden‹ kamen in harter Währung – in Dollars.« – War das auch noch »legal«? Die US-Regierung im Rücken, Geld und Waffen der CIA in der Hand, erhob die Konterrevolution immer dreister ihr Haupt, und selbst der Mittelstand probte nun den Aufstand: Hunderttausende kleine Geschäftsleute, Ärzte und Angestellte schlossen sich den Lastwagenbesitzern an. Wohlgenährte Damen der gehobenen Gesellschaft begaben sich auf die Straße, schlugen mit Kochlöffeln auf leere Töpfe und demonstrierten der Weltöffentlichkeit, was Sozialismus bedeutete: nüscht zu fressen! – Nun meldete sich auch ein besorgter Fidel Castro zu Wort, der seinem chilenischen Amtskollegen schrieb:

> […] Ich sehe, daß Ihr Euch den sehr schwierigen Dialog mit den Christdemokraten vorgenommen habt, während sich so ernste Dinge abspielen wie der viehische Mord an Deinem Marineadjutanten** und der neue Streik der Fuhrunternehmer. Ich verstehe, daß das eine starke Spannung bewirkt hat. Ich verstehe auch Deinen Wunsch, Zeit zu gewinnen […] sowie, falls möglich, einen Weg zu finden, auf dem der revolutionäre Prozeß ohne Bürgerkrieg weiterentwickelt werden kann […] Die Arbeiterklasse ist in der Lage, auf Deinen Befehl hin die in Gefahr befindliche Revolution zu retten, die Verschwörer zu lähmen, die Unterstützung durch die Labilen zu sichern sowie, wenn notwendig, das weitere Schicksal Chiles in entscheidender Weise zu bestimmen. Der Feind muß wissen, daß die Arbeiterklasse auf der Hut und bereit ist, den Kampf aufzunehmen. Ihre Kraft und ihr Kampfgeist können das Kräfteverhältnis in der Hauptstadt zu Deinen Gunsten festlegen, auch dann, wenn es andere negative Umstände gibt. […][342]

Doch diese »mit brüderlichem Gruß« vorgebrachte, sehr, sehr schonende Kritik verhallte ungehört. Allende erteilte keinen so bitter nötigen Befehl – er, der einst angekündigt hatte, die Arbeiter »notfalls« zu bewaffnen. War dieser

---

* Deren Gewerkschaft AFL/CIO befand sich seit Jahrzehnten in den Händen der US-Mafia.
** Der Major Arturo Araya, ein persönlicher Freund Allendes, wurde am 26. Juli 1973 ermordet.

Notfall nicht schon längst eingetreten? Hatte er nicht drei Jahre zuvor in der ›New York Times‹ vollmundig angekündigt, rechter Gewalt mit revolutionärer Gewalt zu begegnen? Aber nichts dergleichen geschah, und der sowjetrussische Biograph Allendes weiß auch, warum: »Das Statut der Verfassungsgarantien verbot eindeutig eine Bewaffnung der Arbeiter. Allende konnte zwar davon sprechen, war aber nicht in der Lage, von den Worten zur Tat überzugehen, ohne Gefahr zu laufen, das Feuer der Streitkräfte auf sich zu ziehen.«[343] – Papperlapapp! Die wirklichen Ereignisse hatten längst Verhältnisse geschaffen, die eine solche »Rücksichtnahme« obsolet werden ließen: Allende stand schon längst unter Feuer, und zwar in wortwörtlichem Sinne. Man beginnt nun vielleicht zu verstehen, warum sich der Untergang der Sowjetunion so jämmerlich, so winselnd unterwürfig, so würdelos gestaltete.

Je mehr die chilenische Konterrevolution die Initiative ergriff, desto mehr intensivierte Allende seine Turnübungen im Parlament, gab er den Kasper in der Schwatzbude. Aus Armee, Luftwaffe und Marine gingen Hilferufe demokratischer und fortschrittlicher Offiziere, die man aufs Abstellgleis gestellt hatte, bei ihm ein; Unteroffiziere und Soldaten forderten die Maßregelung rechter Offiziere und die Entfernung reaktionärer Kommandeure von ihren Posten. Aber ihre Hilfeersuchen und Warnungen stießen auf taube Ohren. Hatte Allende nicht versprochen, sich nicht in die »inneren Angelegenheiten« des Militärs einzumischen? Je entschlossener die Konterrevolution agierte, desto mehr Generäle holte Allende in sein Kabinett, auf deren Verfassungstreue er fest baute. Er veranstaltete einen Tag der offenen Tür für seine zukünftigen Mörder, während er die chilenischen Arbeiter ins Messer laufen ließ.

Fidel Castro hatte recht: Nur die Bewaffnung der Arbeiter und ihre entschiedene Anleitung hätte das Ruder in letzter Minute herumreißen können, aber Allende war kein Trotzki. Und es gab diese klassenbewußten, kampfbereiten Arbeiter. In Dokumentarfilmen aus jener Zeit kann man Fernsehdiskussionen verfolgen, in denen ein Arbeiter eine Handvoll konservativer und gemäßigt fortschrittlicher Parteifunktionäre nach allen Regeln der Kunst auseinandernimmt: deshalb mußte der Faschismus installiert werden. Am Vorabend des Putsches demonstrierten eine Million Menschen in Santiago, zogen am Präsidentenpalast in endlosen Reihen vorbei und verlangten nach Waffen. Auf dem Balkon stand der gütige Landesvater, der ihnen mit mildem Lächeln zuwinkte, aber keine Waffen herausrückte. Am nächsten Tag war er tot, und die Schergen Pinochets veranstalteten ihre Treibjagd auf Arbeiter, Studenten und alle, die sie als Linke verdächtigten. Wenige Tage zuvor war an viele Häuserwände Santiagos ein aus einem Wort bestehender Slogan gepinselt worden: »Jakarta«. Jeder wußte, was dies bedeutete, denn es war gerade acht Jahre her, daß zum Auftakt eines Militärputsches in Indonesien eine halbe Million kommunistischer Arbeiter durch unter CIA-Anleitung stehende Banden massakriert und die stärkste KP der Welt außerhalb des Ostblocks und Chinas vollständig vernichtet wurden. Die ›Time‹ meldete am 17. Dezember 1965: »Mit machetenähnlichen Messern, sogenannten Parangs, bewaffnet, krochen Banden von Moslems bei Nacht in die Häuser von Kommunisten und töteten ganze Familien. Reisende berichten von Bächen und Flüssen, die mit Leichen im wahrsten Sinne des Wortes verstopft waren. Der Verkehr auf den Flüssen war an einigen Stellen ernsthaft behindert.«[344] Mit dem Sturz des Präsidenten Sukarno gehörte Indonesien nicht länger der Bewegung der blockfreien Staaten an, sondern wurde als Militärdiktatur in das US-geleitete Angriffsbündnis gegen die Sowjetunion und die Volksrepublik China integriert. – »Jakarta«: das war das Fanal zur Massenabschlachtung der wehrlosen chilenischen Arbeiter.

»Aber darauf zu vertrauen, daß die herrschende Klasse in Chile die demokratischen Institutionen respektieren würde, war eine Unverantwortlichkeit«, schreibt Andrés Pascal Allende völlig zu Recht, ohne allerdings seinen Onkel namentlich zu nennen. Doch auch diese treffenden Worte sind noch zu gutmütig, hatte doch Allende einen von den Christdemokraten eingebrachten Antrag auf »Waffenkontrolle«, der sich gegen die Bewaffnung der Arbeiter richtete, Anfang 1973 mit seiner Unterschrift in den Rang eines Gesetzes erhoben, also direkten Verrat an den Arbeitern begangen. – Der Neffe des Präsidenten fährt fort: »Wir waren sicher, daß sie« – die herrschende Klasse Chiles – »auf rechte bewaffnete Gruppen und auf das Militär zurückgreifen würde, um jedwede Linksregierung zu stürzen, die ihre Interessen beeinträchtigen würde, und um die revolutionäre Massenbewegung zu zerschlagen. Wir meinten, daß die Linke die militärische Frage nicht aussparen dürfe und daß wir in den sozialen Bewegungen dazu aufrufen sollten, unsere eigene Handlungs- und Reaktionsfähigkeit auszubauen, um die Fortschritte im Prozeß der revolutionären Umwälzungen zu verteidigen. Leider zeigt die Geschichte, daß unsere Befürchtungen und Vorstellungen gerechtfertigt waren.«[345]

Es war bereits zuvor von der radikalen Linken Chiles die Rede gewesen, und hier ist sie: Der *Movimiento de Izquierda Revolucionaria* (MIR), die »Bewegung der Revolutionären Linken«, die in ihrer Namensgebung eine etwas ungeschickte Tautologie aufweist – denn die »Linke« ist *per se* »revolutionär«, ansonsten betreibt sie Etikettenschwindel –, um sich von der reformistischen, auf Parlaments- und Gewerkschaftsarbeit beschränkten Volksfront abzugrenzen.

Damit hier kein anarchistisches Mißverständnis aufkommt, sei ausdrücklich betont, daß die Parlamentsarbeit ein wichtiges, ja unentbehrliches Moment für die Linke in ihrer *Aufstiegsphase* darstellt, wie Lenin in seiner Schrift über den (pseudo-) linken Radikalismus – welchen er etwas beschönigend als »Kinderkrankheit« des Kommunismus bezeichnet – ausführlich erörtert. Eine linke Organisation muß in dieser Phase der Fuchs im parlamentarischen Hühnerstall sein, muß den herrschaftsstützenden Charakter der gegnerischen Parteien durch ihre Anträge entlarven, also für die Bevölkerung sinnlich nachvollziehbar machen (lesen kann man vieles, aber man muß es *erleben*), um durch diese praktische Erziehungsarbeit neue Mitkämpfer zu gewinnen und die Macht ergreifen zu können. Ist ihr dies jedoch gelungen – und das ist ein steiniger, risikoreicher Weg, wie die Geschichte aller faschistischen Konterrevolutionen zeigt –, dann ist das Parlament überflüssiger als ein Kropf: denn nun steht die Selbstregierung der bewaffneten Massen in Räten (russisch »Sowjets«) an, beschlußfassenden und vollziehenden Organen in einem, nach einem Ausdruck Lenins »arbeitende Körperschaften« (was in heutigen Parlamentarierohren gräßlich klingen mag), deren Abgeordnete an die Weisungen ihrer Wähler gebunden sind (»imperatives Mandat«). Wird das Parlament in dieser Etappe nicht beseitigt, so wie man zerschlissene Kleidung ablegt – das historische Vorbild ist die bewaffnete Auflösung der russischen »Konstituante« (Verfassunggebende Versammlung) durch die Bolschewiki im Januar 1918 –, dann ist dieses Gremium nicht nur überflüssig, sondern schädlich, da es sich von diesem Zeitpunkt an in ein Instrument der Konterrevolution verwandelt.

All diese Zusammenhänge waren den rund 500 Anwesenden bewußt, die am 14./15. August 1965 auf Initiative des Medizinstudenten Miguel Enríquez zur Gründungskonferenz des MIR in Santiago zusammenkamen. Andrés Pascal Allende, der nach der Ermordung von Miguel Enríquez im Jahr 1974 den MIR als 2. Generalsekretär leitete, schreibt über die Zielsetzung dieser Organisation, die der Analyse ihrer Gründer zufolge in einem Land des (von den USA) »abhängigen Kapitalismus« ins Leben gerufen wurde:

> Die bürgerliche Macht sollte durch eine direkte proletarische Demokratie ersetzt werden, gestützt auf die Organe und die bewaffneten Milizen der Arbeiter und Bauern. Es wurde die Notwendigkeit der Schaffung einer revolutionären Avantgarde zur Leitung der Kämpfe betont, einer marxistisch-leninistischen Partei, organisiert nach den Prinzipien des demokratischen Zentralismus. Der Kongreß verabschiedete ein politisch-militärisches Grundsatzpapier, demzufolge Formen des bewaffneten Kampfes und des Aufstandes notwendig seien, um die bürgerliche Herrschaft zu stürzen.

Vor jedweder politischen Aktion stand jedoch die Selbstschulung, die diszipli-
nierte Aneignung von Wissen und Übersicht, um die ideologischen Niederschläge im eigenen Kopf zu erkennen und zu beseitigen. Die nachfolgenden
Sätze zählen zu den aufschlußreichsten im vorzüglichen Essay von Andrés
Pascal Allende:

> Wir alle wurden von Miguel mit diesem Interesse an der Vergangenheit un-
> seres Landes angesteckt und gelangten so zu einer Wahrnehmung der Ge-
> schichte Chiles, die total anders war als die offizielle Geschichtsschreibung.
> [...] Zahlreiche Bürgerkriege, Unterdrückung, Massaker und Militärregie-
> rungen füllen die Seiten der wirklichen Geschichte unseres Landes mit Blut.
> Von Kindheit an wurde uns der Mythos eingeredet, Chile sei »die Schweiz
> Amerikas«, sei europäisch geprägt, friedlich und achte die Demokratie, aber
> das war bereits lange vor der Diktatur Pinochets eine riesengroße Lüge.

Die Entrümpelung des eigenen Kopfes von Eltern- und Lehrersprüchen ist
wichtiger als jede noch so notwendige Müllabfuhr. – Von den Universitäten
aus begaben sich die Aktivisten des MIR zu den Industrie- und Minenarbeitern, aber auch zu den Bewohnern der Elendsviertel in den Großstädten
und zu den indigenen Mapuche in Zentralchile. Binnen zweier Jahre war der
Einfluß älterer Stalinisten und anderer Angehöriger aus dem traditionellen
»linken« Parteienspektrum überwunden; Miguel Enríquez wurde 1967 zum
Führer (1. Generalsekretär) des MIR gewählt und die Strategie des Volkskrieges als verbindliche Grundlage der politischen Arbeit benannt. Bei aller Entschlossenheit und dem Willen zur analytischen Klarheit wies auch der MIR,
das sei nicht verschwiegen, substantielle Mängel auf, so etwa die Fixierung auf
das Lumpenproletariat, hierin den Schwarzen Panthern in den USA ähnlich,
und entsprechend die Neigung zu »sozialarbeiterischen« Aktivitäten. Auch
bei der Beschaffung von Geldmitteln durch Banküberfälle, von Enríquez »revolutionäre Abkürzungen« genannt, legte der MIR pistolero-hafte und aben-
teuerliche Züge an den Tag. Geradezu fatal ist Enríquez' Idee zu nennen, im
Vorfeld solcher Unternehmungen ausgewählte Pressechefs zu informieren,
damit diese rechtzeitig ihre Redakteure an den Tatort schicken und über Vor-
fälle »richtig berichten« konnten. Daß dies gutging, ist eher dem sprichwörtlichen Glück als dem Verstand zuzuschreiben.

Davon abgesehen, war der MIR das bei weitem Beste, was das fortschrittliche Parteienspektrum in Chile aufzubieten hatte, denn seine politische Linie
folgte keinem Abenteurertum, sondern sorgfältig erstellten Analysen der gesellschaftlichen Machtverhältnisse: »... wir konnten uns nicht allein in einen

Krieg stürzen, also allein gegen die regulären Streitkräfte kämpfen. [...] die Mehrheit der Bevölkerung glaubte an Veränderungen innerhalb des politisch-parlamentarischen Systems.« Mit anderen Worten: Der äußerst schädliche Einfluß der *Unidad Popular* unter Salvador Allende stellte das Haupthindernis für die revolutionäre Tätigkeit des MIR dar, und erschwerend trat hinzu, daß Allende kein abgefeimter Heuchler und Liebediener der Reaktion wie etwa ein Aleksandr Kerenski oder Willy Brandt, sondern ein Reformist aus Überzeugung war, bei der Bevölkerung daher beliebt und in der Schädlichkeit seiner politischen Strategie weitaus schwieriger bloßzustellen. So blieb dem MIR nichts anderes übrig, als Lenins Devise zu folgen und »geduldig aufzuklären«. Die ihm angebotene Regierungsbeteiligung lehnte er ab – Enríquez hätte das letztlich bedeutungslose Gesundheitsministerium übernehmen können –, um die ohnehin festverwurzelten Illusionen in den Parlamentarismus nicht weiter zu zementieren (der Posten des Verteidigungsministers wäre hingegen etwas anderes gewesen, aber da war Salvador Allendes bereits zitiertes »Versprechen« vor). Statt dessen verfolgte der MIR die Politik der Eigenständigkeit gegenüber den reformistischen Einvernahme-Versuchen, in den Worten Enríquez' als »informelle faktische Allianz« bzw. als »kritische Unterstützung« der Volksfront-Regierung. Wie das gesamte chilenische Volk befand sich auch der MIR in einer fatalen Geiselhaft gegenüber der Allende-Regierung, und nichts könnte diesen Status besser wiedergeben als der Slogan jener Arbeiter, die ihre Fabrik besetzt hatten, aber auf Anweisung Allendes sie wieder an den enteigneten Besitzer zurückgeben sollten, am Vorabend des faschistischen Putsches: »Laßt uns diese Scheiß-Regierung unterstützen!« Denn sie war immer noch besser als alles andere, ihrer verhängnisvollen suizidalen Praxis zum Trotz.

Acht Jahre waren dem MIR verblieben, um das Steuer herumzureißen, und in diesem knappen Zeitraum hatte sich der studentische Verband von einst in eine schlagkräftige Organisation von 40 000–45 000 Aktivisten entwickelt. Statt nach anarchistisch-terroristischem Vorbild aus einer Position der (relativen) Schwäche den bewaffneten Kampf gegen Armee und Polizei aufzunehmen, unterstützte der MIR die spontanen Fabrikbesetzungen der Arbeiter sowie die Enteignung der Großgrundbesitzer durch die Mapuche und organisierte die Selbstverteidigung der Elendsviertel, in denen er die Kriminalität und insbesondere die Gewalt gegen Frauen und Kinder bekämpfte und die Volksgerichtsbarkeit einführte. Schon unter Salvador Allende fanden Polizeirazzien in den Vierteln statt, die mehrheitlich »MIRistisch« waren, und nach dem Putsch fanden dort regelrechte Massaker statt. Nicht zuletzt aufgrund seiner professionellen, auch optisch ansprechenden Agitationsarbeit konnte der MIR ein ständiges Wachstum verzeichnen, indem er die Skylla des Opportunismus und die Charybdis des Abenteurertums, also des provozierten oder von Verzweiflung diktierten verfrühten militärischen Losschlagens vermied. In den Worten Andrés Pascal Allendes: »Wir vertrauten nicht darauf, daß Arbeiter und Bauern über Wahlen die Macht erobern und den Sozialismus aufbauen könnten. Aber wir waren auch nicht blind und erkannten, daß breite Sektoren der Bevölkerung Allende unterstützten, daß sie an den ›chilenischen Weg zum Sozialismus‹ glaubten.« Als einzige fortschrittliche Organisation, die über einen »illegalen« bewaffneten, im Untergrund operierenden Arm verfügte, stellte der MIR sogar die Leibwache Allendes, den *Grupo de Amigos Personales* (GAP), die »Gruppe persönlicher Freunde« des Präsidenten. Ja, es gelang ihm selbst die Unterwanderung der faschistischen Mordbande *Patria y Libertad*, wodurch er Verschwörungen und Attentate rechtzeitig aufdecken konnte. Während die Volksfront die Regierung übernahm und Aktenberge wälzte, die Rechte im Parlament, im Obersten Rechnungshof und den Gerichten obstruierte und das Militär zunächst einmal abwartete, wuchs der MIR, aber er wuchs zu langsam, um die vor ihm stehende gewaltige Aufgabe des Volksaufstands bis zum siegreichen Ende anführen zu können. Erschwerend kam hinzu, daß sich die Spannungen mit der Allende-Regierung ab Mitte 1971 verschärften, es kam sogar zu pogromähnlichen Morden von Mitgliedern der spätstalinistischen KP Chiles unter Luis Corvalán an Aktivisten des MIR, so daß der Präsident schlichtend intervenieren mußte. Die Chilereise des kubanischen Präsidenten Fidel Castro sorgte kurzfristig für eine gewisse Entspannung, aber auch ihm waren bei der Bitte des MIR nach Waffen die Hände gebunden, da Salvador Allende von dergleichen nichts wissen wollte. Der MIR war hauptsächlich bei den Armen und den Jugendlichen verankert, und sein Programm, hier in der Aufzählung Andrés Pascal Allendes, war gut:

Sofortige Beschlagnahme aller nordamerikanischen Investitionen als Antwort auf ihren Wirtschaftsboykott und ihre Einmischung in die Vorbereitungen eines Putsches; die Enteignung aller Schlüsselunternehmen aus Industrie, Handel und Bau; die Ausweitung der Agrarreform auf Grundstücke über vierzig Hektar; Arbeiterkontrolle über alle Unternehmen des noch bestehenden privaten Sektors, Appell an die Truppe, einfache Soldaten, demokratische Unteroffiziere und Offiziere, den Vorbereitungen eines Putsches entgegenzutreten und sich dem Volk anzuschließen; Auflösung des Parlaments und Bildung von Organen der Volksmacht, ausgehend von den Kommunalen Räten der Arbeiter und Bauern.

Die Ausführung all dieser Punkte wäre das dringende Gebot der Stunde gewesen, aber derselbe Autor benennt auch die Faktoren, die ihrer Realisierung im Wege standen: »Wie wollte man diese Knappheit bekämpfen, die hauptsächlich die unteren und mittleren Schichten der Bevölkerung betraf, wenn das Gros der Konsumgüter produzierenden Industrie und die Warenverteilung in den Händen einer Bourgeoisie verblieben, die die Regierung boykottierte? Wie wollte man ideologisch gegen die Reaktion kämpfen, wenn von ihr mehr als 70 % der Medien kontrolliert wurden?« So verrann die Zeit, und aufgrund der hinhaltenden Politik der Volksfront-Regierung machten sich Orientierungslosigkeit, Lähmung und Resignation breit. Der Putsch stieß die *Unidad Popular* in den Abgrund, desgleichen den an sie geketteten MIR, und schließlich das führerlose und daher wehrlose Volk. Aufgrund einer katastrophalen Fehlentscheidung erging seitens des MIR die parteiinterne Weisung, im Land zu bleiben und gegen den Faschismus den Kampf aufzunehmen. Am 5. Oktober 1974 fiel Miguel Enríquez in einem Feuergefecht mit Carabineros, die das Haus umstellt hatten, in dem er mit seiner Lebensgefährtin Carmen wohnte. Binnen Jahresfrist war fast die Hälfte der Führungskader des MIR ermordet worden. 1976 gelang Andrés Pascal Allende die Flucht nach Kuba, wo er politisches Asyl erhielt und seitdem lebt. Die Nacht senkte sich über Chile herab, nicht nur mit Folter und Massenexekutionen, sondern mit allen Zutaten des »klassischen« Faschismus: Bücher wurden öffentlich verbrannt; Frauen, die Hosen trugen, wurden mißhandelt und Männer mit langem Haar auf den Straßen geschoren; das Nacktbaden sowie das Lied »Je t'aime«, gesungen von Serge Gainsbourg und Jane Birkin, wurden verboten: die Reaktion hat bei aller Brutalität den richtigen »Riecher« für die zentralen Manifestationen des Freiheitswillens. Auch die Kunstrichtung des »Kubismus« wurde verboten, weil Pinochet und seine Schergen argwöhnten, das Wort leite sich von »Kuba« ab (Reaktionäre sind eben noch nie besonders helle gewesen). Und während ein Franz Josef Strauß zu alledem meinte, wo gehobelt werde, »fallen auch Späne«, fanden jene, denen die Flucht gelungen war, in der DDR und anderen Ostblockländern Unterschlupf (womit ein weiteres Mal die Frage beantwortet ist, welches wohl der bessere deutsche Teilstaat gewesen ist). Als ferne Nachwirkung des untergegangenen Ostblocks mag schließlich gelten, daß Margot Honecker nicht erniedrigt und unbedrängt eines würdigen Todes in Chile sterben kann, wo sie wohlwollende Aufnahme gefunden hat – im Gegensatz zu ihrem unglücklichen Gatten (der gegen Ende seiner politischen Laufbahn allerdings mit dem beispiellos törichten Satz aufhorchen ließ: »Den Sozialismus in seinem Lauf / hält weder Ochs' noch Esel auf«; der Zweizeiler wird nicht besser, wenn er, was wohl stimmt, von August Bebel stammt).

Die Fratze des chilenischen Faschismus: Folter auf offener Straße und
Bücherverbrennungen

Es bleibt die rhetorische Frage: Haben sich die reformistischen Illusionen über das schrittweise »friedliche« Hinüberwachsen in den Sozialismus wirklich gelohnt? Hat es sich gelohnt, klüger als Lenin sein zu wollen, der in seinem Werk ›Staat und Revolution‹ ausführte: »Alle früheren Revolutionen haben die Staatsmaschinerie vervollkommnet, man muß sie aber zerschlagen, zerbrechen«? Lenin sagte dies nicht, weil er ein so rabiater Mensch war, sondern weil aus der Geschichte kein einziges Beispiel bekannt ist, daß die herrschende Klasse freiwillig ihre Macht abgegeben hätte, und weil der Staat als Zwangsinstrument der herrschenden Klasse gerade der *Unversöhnlichkeit* der Klassengegensätze entspringt. So kreisen Lenins Gedanken in der als sein politisches Testament konzipierten Schrift ›Staat und Revolution‹ immer wieder um diesen einen Punkt: »Beide Klassen« – die Arbeiter und Bauern als »das Volk« – »sind dadurch vereint, daß die ›bürokratisch-militärische Staatsmaschinerie‹ sie knechtet, bedrückt und ausbeutet. Diese Maschinerie zu *zerschlagen*, sie zu *zerbrechen* – das verlangt das wirkliche Interesse des ›Volkes‹, seiner Mehrheit, der Arbeiter und der Mehrzahl der Bauern, das ist die ›Vorbedingung‹ für ein freies Bündnis der armen Bauern mit den Proletariern, ohne dieses Bündnis aber ist die Demokratie nicht von Dauer und die sozialistische Gestaltung unmöglich.« Ein Teilabschnitt dieser grundlegenden Arbeit trägt die Überschrift ›Vernichtung des Schmarotzers Staat‹, und dort heißt es nochmals:

> Marx hat aus der ganzen Geschichte des Sozialismus und des politischen Kampfes gefolgert, daß der Staat verschwinden muß, daß die Übergangsform seines Verschwindens (der Übergang vom Staat zum Nichtstaat) das ›als herrschende Klasse organisierte Proletariat‹ sein wird. Marx unternahm es aber nicht, die politischen *Formen* dieser Zukunft zu *entdecken*. Er beschränkte sich auf eine genaue Beobachtung der französischen Geschichte, analysierte sie und zog die Schlußfolgerung, die sich aus dem Jahr 1851 ergab: Die *Zertrümmerung* der bürgerlichen Staatsmaschinerie wird auf die Tagesordnung gesetzt.[346]

Und wenn Salvador Allende schon nicht von Marx und Lenin lernen wollte, so hätte er sich wenigstens ein Beispiel an den Vorfahren der zentralchilenischen Mapuche, den heroischen Araukanern, nehmen können. Diesem Stamm gelang es als einzigem indianischen Volk ganz Meso- und Südamerikas, der spanischen Besatzungsmacht nach über einem Jahrhundert erbitterten Widerstandskampfes, als die Großreiche der Azteken und Inkas schon längst Geschichte waren, einen Friedensvertrag abzuringen. Aber wie bewerkstelligten sie das? »Wir wissen, daß der junge Araukaner früh mit der Waffe bekanntgemacht wurde. Die gefangenen Spanier wurden aufs grausamste gefoltert, und hier halfen die jungen Araukaner tapfer mit. Ein Araukaner, der sich zum Christentum bekannte, konnte von jedem getötet werden. Das gleiche galt für jeden, der von Frieden redete.«[347] Sollte ein Schöngeist an der Folterpraxis der Indianer Anstoß nehmen, so sei er dessen versichert, daß der spanische Konquistador Pedro de Valdivia, der Santiago (»Sankt Jakob«) gründete, gefangenen Araukanern Nase und Ohren abschneiden ließ, bevor er sie lebendigen Leibes verbrannte; jene also Gleiches mit Gleichem vergalten, was nur recht und billig ist: die Spanier hätten ja nicht damit anzufangen brauchen. Valdivia fiel übrigens nach der Schlacht von Tucapel im Dezember 1553 in die Hände des Araukanerhäuptlings Lautaro, der ihm ein bezeichnendes Ende bereitete: da er um die Goldgier des Spaniers wußte, ließ er Valdivia geschmolzenes Gold einflößen, welches diesem gewiß schwer im Magen lag.

Die Kriegskunst der Araukaner[348] bestand im wesentlichen darin, daß sie in kürzester Frist von den Feinden lernten. Sie warfen sich nicht vor den gepanzerten Reitern nieder, weil sie die »Pferdemenschen« als Gottheit verehrten – das Pferd war bis zur Ankunft der Weißen in Amerika unbekannt –, sondern sie stahlen die Tiere und brachten sich selbst das Reiten bei. Die araukanische Kavallerie war der spanischen bald an Schnelligkeit und Wendigkeit überlegen, und die Reitertruppen der Indianer waren gefürchtet, hatten sie Santiago doch zweimal – im Gründungsjahr 1541 und nochmals im Jahr 1602 – in Schutt und Asche gelegt. Von ihren waffentechnischen Innovationen sei lediglich die *macana* erwähnt, von den Araukanern *loncoquilquil*, von den Spaniern *rompecabeza* (»Schädelknacker«) genannt, eine vier bis fünf Meter lange Keule mit einer knieförmigen Abknickung am Ende. Der Spanier Gonzales de Nájera beschreibt seine erste Begegnung mit einem araukanischen »Macanero« wie folgt:

> Mit einem Schlag, den er dem Feind versetzt, macht er Schluß mit ihm, wirft ihn um, wie bewaffnet er auch sein mag. Denn die Waffe wird so wie sie ist mit zwei Händen gepackt, in die Höhe gestemmt und nur mit wenig Kraft fallen gelassen. Dabei zeigt die Krümmung nach hinten und das Knie nach vorne. Mit Hilfe ihres eigenen Gewichtes zerschneidet sie die Luft und vollführt dort, wo sie auftrifft, einen derart heftigen Schlag, daß kein Helm unzerbeult bleibt und es keinen Mann gibt, der nicht betäubt zu Boden stürzt. Diese Waffe ist so gewaltig, daß man einige Male beobachten konnte, wie sie ein Pferd straucheln oder durch einen einzigen Schlag zu Boden sinken ließ.[349]

Ansonsten rückten die Araukaner mit allem, was sie hatten, den Spaniern zu Leibe: mit Lanzen und Wurfspeeren, Äxten, Hämmern, Keulen, Schlingen und Wurfschleudern. Das Quechuawort *auca,* von dem sich die Bezeichnung »Araukaner« ableitet, bedeutete in der Sprache der Inkas Rebell, Feind, Aufständischer, wilder Krieger; und in der Tat hatten die später als Araukaner bezeichneten Mapuche alle Eroberungsversuche der Inkas zurückgeschlagen. Als sich die Spanier schließlich im Jahre 1641 den Forderungen der Araukaner beugen und widerwillig in den Friedensschluß einstimmen mußten, hatten die Besatzer 28 000 Mann verloren, die Araukaner hingegen rund 400 000 Menschen, das sind ungefähr 40 % der gesamten damaligen Bevölkerung, ein ungeheurer Blutzoll. Nicht nur die Relation von 7 : 100 (getötete Spanier zu getöteten Araukanern) erinnert an den Vietnamkrieg, bei dem das Verhältnis zwischen gefallenen US-Soldaten und getöteten Vietnamesen bei zurückhaltender Schätzung 2 : 100 betragen haben dürfte. Aufgrund ihres unbeugsamen Freiheitswillens, ihres Durchhaltevermögens und ihres sich über fünf Generationen erstreckenden Befreiungskrieges könnte man die Araukaner mit Fug und Recht als Vietkong unter den Indianern Amerikas bezeichnen. Und diese Tradition wirkte sich über die Jahrhunderte hinweg aus: »1970 standen alle Mapuchekaziken auf der Seite des Kandidaten Allende. 1973 ging die rechtsradikale Regierung Chiles zu harten Repressalien gegen die Araukaner über. Verschiedenen Berichten zufolge wurden zwischen 3000 und 5000 Mapuchearaukaner umgebracht.«[350] 1979 wurden ihre Reservate und Siedelgebiete zerschlagen und in Privateigentum überführt, so daß die halbe Million Mapuche heute ein Pariadasein fristen. Auch hier sorgten die Faschisten für die »Endlösung«.

Die triste Gegenwart sollte jedoch nicht den Blick darauf verstellen, daß der eigentliche Held dieses Abschnitts nicht Salvador Allende heißt, sondern Butapichún – so hieß jener Araukanerhäuptling, der durch seine Kriegstaten die Spanier zum Friedensschluß zwang.

Und Israel?

… ist der Pfahl des US-Imperialismus im Fleisch des arabischen Volkes, dürfte diese Rolle aber die längste Zeit gespielt haben.[*]

---

[*] Ich kenne kein anderes politisches Thema, das emotional derart aufgeladen ist, bei dem die Debatte so schnell die Form eines Glaubenskrieges annimmt und bei dem die deutschen zionistischen Dschihadisten besonders unangenehm auffallen. Ich kenne auch kein anderes Thema, das dermaßen mit Denkverboten und Sprachregelungen belegt ist und bei dem ein

ganzer Wust von Vorabversicherungen und Kautelen verlangt wird, bevor man sich zum Thema äußern kann. Also: Ich bekenne feierlich, daß ich weder an Jahwe noch an Allah, noch an den dreifaltigen Christengott glaube und daher die besten Voraussetzungen für eine objektive Beurteilung der Rolle Israels in der Welt mitbringe. Ich bekenne ferner feierlich, daß ich – um eine Wortschöpfung des Journalisten Wilhem Marr zu gebrauchen, die er 1879 geprägt hat – kein »Antisemit« bin, weil ich nichts gegen Araber habe, die laut biblischem Mythos die Nachfahren von Noahs Sohn Sem sein sollen. Genausowenig bin ich im übrigen »Antihamit«, d.h. ich habe nichts gegen Schwarze (allein an diesem Beispiel kann man erkennen, wie mit diesem Neologismus des 19. Jahrhunderts von der uralten christlichen Judenfeindschaft abgelenkt werden soll). Infolgedessen habe ich auch nichts gegen die Bewohner jenes kleinen Landes an der östlichen Mittelmeerküste, die sich mehrheitlich aus mittel- und osteuropäischen, nordafrikanischen, vor allem aber slawischen Einwanderern zusammensetzen. Schließlich bekenne ich feierlich, daß ich das sogenannte »Existenzrecht« Israels anerkenne, obwohl ich weiß, daß fortschrittliche Israelis allein schon dieses Wort als verunglückt empfinden und die orthodox gläubigen Juden dieses Existenzrecht *vor* der Ankunft des Messias bestreiten. Das mögen die Israelis unter sich ausmachen. Die PLO jedenfalls hat schon im Jahr 1993 das Recht Israels schriftlich anerkannt, »in Frieden und Sicherheit zu existieren«. Und damit könnte es eigentlich gut sein – wenn man den Palästinensern genau dasselbe Recht in ihrem eigenen souveränen Staat, der signifikant größer als Briefmarkenformat sein und einen Zugang zum Roten Meer haben müßte, zuerkennen würde. Doch genau das ist nicht der Fall.

Aber ich hasse solche Kautelen, die wie Glaubensbekenntnisse abgepreßt werden, wobei man widrigenfalls mit der Keule des »Faschismus«-Vorwurfs erschlagen wird. Und ich hasse nicht minder Geschichtslügen. Es ist mir zuwider, wenn unterschlagen wird, daß die israelische Staatsgründung auf dem Fundament der Massenvertreibung von 700 000 Menschen vollzogen wurde. Es ist mir zuwider, wenn diese Vertreibung – von den Palästinensern als *al-nakba*, »die Katastrophe«, bezeichnet – in zynischer Wortklauberei und Rabulistik als »Flucht« vor Kampfhandlungen umgedeutet wird, denn jeder Vertriebene zeichnet sich dadurch aus, daß er seine Heimstatt fluchtartig verläßt, was nie freiwillig geschehen dürfte. (Selbst bekennende Zionisten wie der israelische Historiker Benny Morris konstatieren, daß »das palästinensische Flüchtlingsproblem das Kernstück des gesamten Nahostproblems« darstelle [Jüdische Zeitung vom Februar 2011], und zionistischer braucht man nicht zu sein). Erst recht aber ist mir zuwider, wenn deutsche Oberzionisten darüber befinden, was Wissenschaftler jüdischer Abstammung (die in einem wissenschaftlichen Diskurs ja keine Rolle zu spielen hat) sagen dürfen und was nicht und im Falle des amerikanischen Politologen Norman G. Finkelstein, der ein äußerst lesenswertes Buch über die »Holocaust-Industrie« geschrieben hat (2001), für ein Auftritts- und Redeverbot in Deutschland plädierten und das auch durchsetzten – Zustände wie nach der Reichskristallnacht 1938. Und es ist mir schließlich äußerst zuwider, wenn deutsche Oberzionisten in Freiburg für das Verbot einer Ausstellung über die palästinensische Vertreibung in städtischen Räumen plädieren, der grüne Oberbürgermeister begeistert zustimmte und per Vertragsbruch ein nachträgliches Raumverbot erteilen wollte, während ältere in der Stadt lebende Juden sich öffentlich für diese Ausstellung aussprachen. Die Hintergründe zu diesen rekordhaft ekelerregenden Vorgängen entnehme man der instruktiven, von Abraham Melzer herausgegebenen Zeitschrift ›Der Semit‹ (Dezember 2010/Januar 2011).

Um es kurz zu machen: Der Völkermord der Nazis an den Juden kann nicht als Entschuldigung oder Rechtfertigung für das Unrecht herangezogen werden, das Israel seit Jahrzehnten unter folgenloser Mißachtung der einschlägigen UN-Bestimmungen an den Arabern verübt. Beim Begründer des politischen Zionismus, Theodor Herzl, mochte noch Naivität im Spiel gewesen sein, wenn bei seinem Projekt der jüdischen Staatsgründung in Palästina die dort lebenden Araber in seinen Überlegungen keine Rolle spielen, er wie selbstverständlich von einer wohlwollenden Aufnahme der jüdischen Einwanderer durch die ansässige arabische Bevölkerung ausging und ein Zusammenleben mit den Moslems als problemlos erachtete, denn man habe, wie er sagte, in Europa Toleranz gelernt. Herzl war ein areligiöser und fortschrittsgläubiger Humanist, der der festen Überzeugung war, daß das von den Einwanderern mitgebrachte hohe zivilisatorische und kulturelle Niveau Europas eine unfehlbare Attraktion für die Araber darstellen und gewissermaßen zwangsläufig für ein friedliches Miteinander sorgen würde. Die Wirklichkeit sah leider anders aus, und mit jeder »Alija« (Einwanderungswelle, wörtlich »Aufstieg«) Ende des 19., Anfang des 20. Jahrhunderts – also lange vor den Nazi-Verbrechen – verschärften sich die Spannungen.

Was den arabisch-israelischen Konflikt so unerquicklich und zäh gestaltet, sind bei oberflächlichem Blick religiös und ethnisch motivierte Querelen und Animositäten, die einem leidlich aufgeklärten Menschen zum Hals heraushängen können. Aber die eigentliche Tragik liegt tiefer begründet: So wie das Konzept des politischen Zionismus ohne den europäischen Imperialismus erst gar nicht entstanden wäre, läßt sich die Geschichte der jüdischen Ansiedlung in Palästina und des israelischen Staates erst recht nicht ohne die verhängnisvolle Verkettung mit den imperialistischen Interessen in dieser Region verstehen.

Die Emanzipation der Juden, ihre rechtliche und staatsbürgerliche Gleichstellung, ist die Frucht der Französischen Revolution von 1789 (siehe dazu PRISKIL 2003, S. 253–259); Deutschland zog wesentlich später mit der Reichsgründung 1871 nach. In dem Maße jedoch, wie sich die bürgerlichen Demokratien in imperialistische Staatsgebilde transformierten, kochte der mittelalterliche Dreck des Judenhasses in zeitgemäßer – »rassischer« oder »völkischer« – Gestalt wieder hoch, denn der religiöse Joker stach nicht mehr. Erst der sprunghaft ansteigende »Antisemitismus« im Deutschen Reich Ende des 19. Jahrhunderts – meßbar beispielsweise an der Zahl explizit judenfeindlicher Reichstagsabgeordneter – führte zur politischen Selbstorganisation der deutschen Juden im »Centralverein deutscher Staatsbürger jüdischen Glaubens«, einem ausdrücklich als solchen bezeichneten »Abwehrverein«, der gutmütigen Spöttern als ein »Centralverein jüdischer Staatsbürger deutschen Glaubens« – oder, in der Formulierung des von den Nazis ermordeten Carl von Ossietzky, »deutscher Staatsjuden bürgerlichen Glaubens« – galt. In Österreich leistete der in bewährter katholischer Tradition stehende Judenhaß eines Karl Lueger, der 1897 zum Wiener Bürgermeister gewählt wurde, genau dasselbe, in Frankreich schließlich der 1894/95 in Szene gesetzte Dreyfus-Prozeß mit den Ausschreitungen eines judenfeindlichen Mobs. Die antijüdischen Pogrome der russischen »Schwarzhunderter«, die zwischen 1880 und 1917 zwei Millionen russische Juden ins Ausland – nach Palästina, aber insbesondere in die Vereinigten Staaten – trieben, stellten damit nicht länger ein exklusives Spezifikum des Zarenreiches dar; mit der Fäulnis der bürgerlichen Demokratien begaben sich die genannten Länder auf die abschüssige Bahn in die Barbarei mit christlicher Tradition.

Kein jüdischer Inhaber eines florierenden Geschäftes, einer gutgehenden Arztpraxis oder einer lukrativen Rechtsanwaltskanzlei in Wien, Berlin, Budapest oder Paris wäre bis dahin auf die Idee gekommen, sein Glück mit der Aufzucht von Orangenbäumchen im öden Palästina zu versuchen; selbst der anfangs »assimilationswillige« Theodor Herzl träumte ursprünglich von einer freiwilligen Massenkonversion jüdischer Jugendlicher zum Katholizismus im Wiener Stephansdom. Aber wie er in seinem Tagebuch verbittert festhielt: Man ließ den Juden in Europa einfach keine Ruhe mehr. Der reaktionär gewordene bürgerliche Staat und der Imperialismus waren die Hebamme des politischen Zionismus.

Dies gilt erst recht für die jüdische Ansiedlung in den seinerzeit britischen (und französischen) Protektoraten des Nahen Ostens. Natürlich wollten sich diese Siedler die koloniale Bevormundung nicht gefallen lassen und setzten sich auch bewaffnet zur Wehr; ein britenfeindlicher veritabler Bombenleger schaffte später sogar den Sprung ins höchste israelische Staatsamt: Menachem Begin 1973. Und selbstverständlich regierten die britischen Besatzer nach dem altbewährten Modell des *divide et impera* und setzten den renitenten Juden in Gestalt von Mohammed Amin al-Husseini einen hardcore-Islamisten als Groß-Mufti von Jerusalem vor die Nase; dieser Husseini unterhielt später innige Beziehungen zu Hitler, worin ein paar deutsche Oberzionisten ein untrügliches Indiz für die Faschismus-Affinität »der« Palästinenser, wenn nicht »der« Araber erblicken wollen, dabei wohlweislich unterschlagend, daß die britische Ernennung Husseinis gegen das ausdrückliche Votum des Moslemischen Rats erfolgte. In einer 2012 erschienenen Publikation von Gilbert Achcar heißt es hierzu in gemäßigten, dafür zutreffenden Worten: »1921 ernannte die Mandatsmacht den jungen Husseini zum Mufti von Jerusalem (*Mufti al-Diyār al-Qudsiyya*), eine Stellung, die die Briten bereits zu Zeiten seines Vorgängers durch die Bezeichnung »Großmufti« (*al-Mufti al-Akbar*) gegenüber den anderen Muftis des Landes aufwerteten. […] Der knapp 26jährige Husseini […] zählte nicht einmal zu den drei führenden Anwärtern, die von den Vertretern des palästinensischen Islam ausgewählt worden waren; normalerweise wäre der Mufti aus ihrer Mitte ausgewählt worden.« (S. 129) Was die britischen Besatzer an diesem jungen Sproß aus reichem palästinensischen Hause besonders schätzten, war der Umstand, daß dessen Haß nicht den europäischen Besatzern, sondern den Juden galt. Das alte Spiel des *divide et impera* also. Undsoweiterundsoweiter …

Mit dem Ende des 2. Weltkriegs traten die USA auch im Nahen Osten das koloniale Erbe der europäischen imperialistischen Länder an, und damit war die Rolle Israels festgelegt: als permanenter, bald atomar aufgerüsteter Störenfried sollte es die arabischen Nachbarn – die, sofern sie von keinem Scheichsdreck regiert wurden, die Anlehnung an die Sowjetunion suchten bzw., siehe auch weiter oben, suchen mußten – ohne Unterlaß aufmischen. Befrage ich lediglich meine eigenen Erinnerungen, so fällt mir ein, daß wir Kinder während des Sechs-Tage-Krieges 1967 in der Schule für Israel beten mußten – für Vietnam dagegen nie. Uns Schülern wurde ja auch nie erzählt, daß der gefeierte Held dieses wie des nächsten (Yom Kippur-) Krieges, der israelische General Moshe Dajan mit der legendären Augenklappe, zuvor auf amerikanischer Seite fünf Wochen lang in Südvietnam an den Massakern gegen die Befreiungsfront FNL teilnehmen durfte. Ernsthaft schockiert hat mich als unpolitischer Jugendlicher, daß die israelische Präsidentin Golda Meïr – ein zwar häßliches, aber harmlos scheinendes Ömchen mit obligatorischer Handtasche – in den ersten Tagen des Yom-Kippur-Krieges, als die ägyptischen Truppen in einem Überraschungsangriff zunächst vorrückten, den Abwurf einer Atombombe auf Kairo erwog: ein atomarer »Holocaust« mit diesmal den Juden als Tätern? Massive amerikanische Militärhilfe und ein sich wendendes Kriegsglück machten diese Bestialität obsolet (so daß mir ein paar Jahre später bei der ersten Fernreise, im Kairoer Nationalmuseum beim ersten Kontakt mit einer frühen außereuropäischen Hochkultur, ein intensives Glücksgefühl möglich wurde, aber ein untergründiges Grausen blieb doch).

Dann die Massaker in den Palästinenserlagern Sabra und Chatila September 1982 in Beirut, unmittelbar im Gefolge des israelischen Überfalls auf den Libanon. Der geniale Jean Genet, der gerade dort weilte, besuchte die Stätte des Gemetzels und hielt seine Eindrücke in einem gerade durch seine Nüchternheit erschreckenden Bericht fest: »Die Schlächter taten ihre Arbeit, sicherlich zahlreich, und es waren Folterknechtsrotten, die Schädel öffneten, Schenkel aufschlitzten, Arme, Hände und Finger abschnitten, am Ende eines Stricks gefesselte Sterbende zu Tode schleiften, Männer und Frauen, die noch lebten [...] In meiner Erinnerung blieben ungefähr vierzig Leichen. Alle – ich sage bewußt alle – waren gefoltert worden, wahrscheinlich unter Alkohol, bei Gesang und Lachen, im Gestank des Staubs und der bereits verwesenden Leichen.« Wieder schiebt sich ein Grinsegesicht vors geistige Auge und säuselt süffisant: »Aber die Täter waren ja alle Libanesen.« O ja, Herr Oberzionist, es waren libanesische christliche Falangisten – die von der israelischen Armee grünes Licht und Rückendeckung bei ihren Schlächtereien erhalten hatten, und ich erkenne in dieser zynischen Abwiegelei die Worte des Ex-Terroristen Begin wieder: »In Chatila und in Sabra wurden Nicht-Juden von Nicht-Juden niedergemetzelt, was geht das uns an?« Nun, die israelische Armee war soeben in den nicht-jüdischen Libanon eingefallen, um die nicht-jüdische PLO zu liquidieren und ihre Führung ins tunesische Exil zu vertreiben, man hatte allein bei der Belagerung Beiruts 17 000 Palästinenser und Libanesen umgebracht, sonst nichts weiter ... Als Antwort auf diese Massaker führte das palästinensische Kommando »Schwarzer September«, das während des jordanischen Bürgerkriegs Anfang der 70er Jahre gegründet wurde, Vergeltungsanschläge und Flugzeugentführungen durch. Aber was vermochten solche Aktionen, deren Verzweiflungscharakter offensichtlich ist, gegen den von den USA gedeckten israelischen Staatsterror?

Damit genug, obwohl sich die Liste fast beliebig verlängern ließe, denn auch der politische Mord zählt zu den Privilegien Israels, dessen Geheimdienste in aller Welt herumbomben und -ballern. (Wie meinte der republikanische US-Präsidentschaftskandidat Rick Santorum bei seiner Vorstellung? »Ein Wissenschaftler, der im Iran am Atomprogramm mitgearbeitet hat, ist ums Leben gekommen. Ich meine, das ist eine wundervolle Sache, ehrlich gesagt. Ich denke, wir sollten eine klare Botschaft aussenden: Wenn du ein Wissenschaftler aus Rußland, Nordkorea oder aus dem Iran bist und du arbeitest an einem Atomprogramm mit, um für Iran eine Bombe zu entwickeln, dann ist dein Leben nicht sicher.« So sieht sie aus, die imperialistische Ökumene aus christlichen US-Fundamentalisten und Zionisten ... Hätte der Iran »die Bombe« und die erforderlichen Trägerraketen, was leider nicht der Fall ist, dann wäre er vor einem Überfall sicherer, den der israelische Stabschef General Benny Gantz mit den Worten ankündigte: »2012 wird voraussichtlich ein entscheidendes Jahr werden, was die Fortsetzung der (iranischen) Nuklearisierung, die inneren Veränderungen in der iranischen Führung, den zunehmenden Druck der internationalen Gemeinschaft und die Dinge, die ihnen auf unnatürliche Weise zustoßen werden, angeht.«)

Fragte man mich, welche Lösung ich in diesem Konflikt bevorzuge, dann würde ich antworten: eine saubere Zwei-Staaten-Lösung. »Sauber« bedeutet, daß Israelis und Palästinenser nach dem türkisch-griechischen Vorbild der Jahre 1922 ff. entflochten und in gleichberechtigten Staaten untergebracht werden. Denn die »Ringparabel« Lessings bleibt ein Märchen und macht sich nur auf der Bühne gut; »mit herzlicher Verträglichkeit, mit Wohltun, mit innigster Ergebenheit in Gott«, wie es in ›Nathan der Weise‹ heißt, kommt man im Nahen Osten keinen Millimeter weit. »Sauber« bedeutet auch, daß die 20 % Araber mit israelischer Staatsangehörigkeit in das neue Palästina ziehen müßten, eine Härte, zweifellos, aber Türken und Griechen haben vorexerziert, daß es leidlich funktioniert. Es bedeutet ferner, daß den Nachkommen der vertriebenen Palästinenser kein »Rückkehrrecht« nach Israel eingeräumt wird, denn das wäre angesichts der palästinensischen Geburtenraten der sichere »demographische Selbstmord« für die Israelis. »Sauber« bedeutet schließlich, daß das völkerrechtswidrige israelische Siedlungsprogramm in den besetzten Gebieten sofort einzustellen ist und daß dem zu schaffenden palästinensischen Staat nicht nur eine Hymne und eine Flagge zustehen, wie von israelischer Seite konzediert, sondern sichere Grenzen, eigenes Heer und eine selbständige Außenpolitik, wie es sich für einen ordentlichen Staat gehört. Und wenn man schon eine UNO hat, dann soll sie die Kontrolle über den Zankapfel Jerusalem übernehmen und streng die störungsfreie Verrichtung der religiösen Notdurft kontrollieren: Beten im Schichtbetrieb, 24 Stunden am Tag, bis einer heult …

In Wirklichkeit ist der Zug für eine einvernehmliche Lösung längst abgefahren: Israel hat sich auf Gedeih und Verderb dem US-Imperialismus verschrieben und die säkulare PLO unter Yassir Arafat viel zu lange gepiesackt und gedemütigt, so daß die mittlerweile mit Westgeldern völlig korrumpierte Organisation zunehmend radikalen Islamisten weichen muß – auch dies lag durchaus im Kalkül der israelischen Hardliner und ihrer amerikanischen Auftraggeber, für die die PLO zur Konkursmasse des Kalten Krieges zählt. Mit der Installierung von durchweg US-freundlichen Regierungen durch die arabischen *Fake*-»Revolutionen« sowie durch militärische Aggressionen wird aber der Kettenhund Israel tendenziell überflüssig; ein paar Rempeleien auf dem diplomatischen Parkett deuten an, daß die über Jahre hinweg zielstrebig islamisierte Türkei als neue regionale Hegemonialmacht der USA für den Nahen und Mittleren Osten vorgesehen ist. Gut möglich, daß der letzte Liebesdienst Israels an seinen Herrn in einem nuklearen Überfall auf den Iran besteht, und dann – wird Israel seinem Schicksal überlassen. Wer dabei Vorstellungsschwierigkeiten hat, rufe sich das Beispiel des südafrikanischen Apartheidregimes ins Gedächtnis: Während des Kalten Krieges Atommacht wie Israel, erfüllte es wie dieses dieselbe Funktion, indem es die afrikanischen Freiheitsbewegungen bekämpfte und Nachbarländer überfiel. Als der siegreiche Westen Südafrika nicht mehr benötigte und einfach fallenließ, implodierte das Regime fast geräuschlos, seine militärische Stärke zerrann zu nichts und machte einem unattraktiven Staat Platz, wie es Dutzende davon auf dem Schwarzen Kontinent gibt.

Würde man mich weiter fragen, welche Israelis ich sympathisch finde, dann würde ich antworten: die Soldatinnen und Soldaten der Organisation »Breaking the Silence«, die aus eigener Anschauung die israelische Besatzungspolitik verurteilen; diese Leute haben Mut und wissen, wovon sie reden, wenngleich ihr Einfluß gering ist.[351] Noch mehr Gefallen finde ich jedoch an etwas Unzeitgemäßem: zwei längst verstorbenen Schriftstellern jüdischer Abstammung, Erich Fried und Peter Weiss. Letzterer, der Auschwitz mit knapper Not entkommen war, schrieb über den Sechs-Tage-Krieg im schwedischen ›Aftonbladet‹ (17.6.1967): »In den sozialistischen Ländern hat man betont, daß Israel in seinem Kampf gegen die arabischen Staaten den Interessen des Imperialismus dient. Wir, die wir mit großer Sympathie die Aufbauarbeit in Israel verfolgt haben und die wir uns mit der Forderung nach der absoluten Lebensberechtigung des Staates Israel solidarisch fühlen, haben uns diese Auffassung nicht ganz zu eigen machen wollen. – Es wird indessen immer deutlicher, daß Israel nicht nur um sein Leben kämpfte, sondern daß seine Regierung und sein Militär die Mentalität eines Herrenvolkes gegenüber dem arabischen Volk angenommen haben. [...] Die israelische Bevölkerung ist einer aggressiven militärischen Politik verfallen, welche die friedliche Entwicklung im Mittleren Osten bedroht. Das Erbe der englischen Kolonialwelt, geschürt durch die Gegensätze zwischen Arabern und Juden, wird noch immer am Leben erhalten und benutzt, um einen Angriff als Verteidigung zu tarnen.«

Erich Fried, der Anfang der achtziger Jahre zusammen mit anderen prominenten Kunstschaffenden gegen die Raumverbote protestierte, die der Freiburger Universitätsrektor und Moraltheologe Stoeckle gegen sämtliche Veranstaltungen der Marxistisch-Reichistischen Initiative (MRI, heute Bund gegen Anpassung) verhängt hatte, schreibt im Vorwort seines 1993 erschienenen Gedichtbandes ›Höre Israel‹: »So protestierte ich gegen die Greuel in Algerien, gegen den Vietnamkrieg, gegen die Konterrevolution in Guatemala und im Kongo, gegen Justizmorde an Schwarzen in den Vereinigten Staaten und an den Weißen und Gelben in den letzten Jahren der Stalin-Ära. So kam ich auch dazu, gegen das zu protestieren, was Israelis den Palästinensern und anderen Arabern antaten und immer noch antun. […] Ich kann verstehen, daß jeder Vergleich der Untaten des Zionismus mit denen des Nationalsozialismus Empörung auslösen wird. Auch in mir empört sich einiges, wenn ich solche Vergleiche ziehe. Israel hat keine Gaskammern gebaut; auch die Entstehung des Konflikts und die Zahl der bisherigen Opfer entzieht sich dem Vergleich. Aber weil viele Israelis deutliche Zeichen des Übernehmens und Weitergebens von Verhaltensmustern ihrer Todfeinde von gestern zeigen, drängt sich dieser häßliche Vergleich manchmal auf…«

Lebten die beiden Schriftsteller noch, hätte man sie in Deutschland mit einem Rede- und Auftrittsverbot belegt, weil ein perverser Zeitgeist sie des »Antisemitismus« beschuldigen würde. –

Aber was ist mit Israel in seiner angeblichen Eigenschaft als »einziger Demokratie im Nahen Osten«? Na ja:

> »Im Oktober 2010 verbot der israelische Erziehungsminister die Benutzung eines Schulbuchs mit dem Titel *Lernen, wie die anderen Geschichte erzählen*. Es stellt die meist konträre israelische und palästinensische Darstellung historischer Ereignisse gleichberechtigt nebeneinander. Unter dem Datum 1948 wird links auf der Seite der Gründungsmythos des jüdischen Staates im Unabhängigkeitskrieg beschrieben, rechts findet sich die palästinensische Darstellung des Krieges und der Vertreibung. Der Erziehungsminister verbot generell die Verwendung des Begriffs ›Vertreibung‹ im Unterricht und erklärte das von einem israelischen und einem palästinensischem Wissenschaftler entwickelte Buch für ›antizionistisch‹.« (FULD 2012, S. 324 f.)

Zum Einstieg in die Thematik empfiehlt sich das informative Büchlein von BRENNER (2008), während die Analyse von HOEVELS (1991) immer noch aktuell und voller wertvoller Anregungen ist. Bei allen Propheten des Alten Testaments sei beschworen, daß der verärgerte Leser von nun an nicht mehr mit einer so langen Anmerkung gequält wird.

Anmerkungen:

1 BÜHLER/KOTHMANN 2010, S. 119.
2 Buchtitel der Autoren Lloyd B. Lewis (1985), William COLBY (1989), Jeffrey RECORD (1998), David H. HACKWORTH (1971), James William GIBSON 1988.
3 Beide Zitate in: SZCZESNY 1986, S. 115 f.
4 CHARISIUS/LAMBRECHT/DORST 1983, S. 72.
5 SZCZESNY 1986, S. 113 f.
6 Ebd., S. 122.
7 KINDER/HILGEMANN 1969, S. 237.
8 STÖVER 2008, S. 34.
9 Zit. in: BLUM 2008, S. 71.
10 BRUHN 1983, S. 68.
11 ELISEIT 1978, S. 377.
12 BRUHN 1983, S. 70.
13 BLUM 2008, S. 71 f.
14 Beide Zitate ebd., S. 72. BRUHN 1983, S. 70, wirft das Abstimmungsverhalten der Sowjetunion am 26. und 27. Juni 1950 irrigerweise zusammen.
15 TEVRES 2003, S. 12.
16 BLUM 2008, S. 72 f.
17 ELISEIT 1978.
18 MOHR 2000, S. 92.
19 Zit. in: TEVRES 2003, S. 28 Anm.
20 Zit. in: ELISEIT 1978, S. 199.
21 Beide Zitate in: MOHR 2000, S. 20 f., 27.
22 Siehe WERNING, in: ›konkret‹ 1/2012, S. 37.
23 ELISEIT 1978, S. 270.
24 Ebd., S. 271.
25 TEVRES 2003, S. 28 f.
26 So in ELISEIT 1978, S. 199.
27 BRUHN 1983, S. 67.
28 WERNING, in: ›junge Welt‹ vom 25. 6. 2010.
29 Ebd.
30 BLUM 2008, S. 74.
31 Zit. in: ebd., S. 75.
32 Ebd., S. 76.
33 BRUHN 1983, S. 65 f.
34 TEVRES 2003, S. 11.
35 Ebd., S. 10.
36 SZCZESNY 1986, S. 127.
37 WERNING, in: ›junge Welt‹, 25. 6. 2010.
38 SZCZESNY 1986, S. 135.
39 Die letzten Zitate in: BLUM 2008, S. 70.
40 Ebd.
41 Ebd., S. 68.
42 Zit. in: TEVRES 2003, S. 19.
43 Zit. in: BLUM 2008, S. 78.
44 Zit. bei: WERNING, in ›junge Welt‹ vom 26./27. 7. 2008.
45 In: GRONAU 1991, S. 124.
46 Zit. in: TEVRES 2003, S. 19.
47 Zit. bei WERNING in: ›junge Welt‹ vom 25. 6. 2010.
48 BLUM 2008, S. 78.
49 Zit. in: CHARISIUS/LAMBRECHT/DORST 1983, S. 82.
50 Zit. in: BRUHN 1983, S. 72 f. Zum folgenden ebd., S. 73 f.
51 Zit. in: GREINER/STEINHAUS 1980, S. 36.
52 Beide Zitate in: SZCZESNY 1986, S. 132.
53 Zit. in: GREINER/STEINHAUS 1980, S. 37.

54 Vgl. TEVRES 2003, S. 17 f.
55 CHARISIUS/LAMBRECHT/DORST 1983, S. 85.
56 Das britische Militärjahrbuch ›Brasseys Annual‹ (1951), zit. in: BLUM 2008, S. 82.
57 Die letzten Zitate in: BRUHN 1983, S. 75 f.
58 Zit. in: ebd., S. 75.
59 ELISEIT 1978, S. 35, 162.
60 Siehe SCHMID 2009.
61 Zit. in: BLUM 2008, S. 80 f.
62 Siehe das ausgezeichnete Buch von HEYNOWSKI/SCHEUMANN 1967.
63 Das Folgende nach SCHMID 2009. Ausführlich zum Thema auch McCOY 2006.
64 Zit. in: SZCZESNY 1986, S. 136.
65 Zur gesamten Thematik siehe neuerdings DU-YUL SONG/WERNING 2012.
66 CONRAD 2005, S. 116.
67 Ebd., S. 123.
68 Meyers Großes Taschenlexikon (1983), s. v. Zaire.
69 Mark Twain, Das Kriegsgebet. Skizzen, Leipzig 1960. – Siehe auch FUCHS 2012, S. 189 ff.
70 Zit. in: BAHAR, in: ›junge Welt‹ vom 17.1.2011.
71 Autorenkollektiv [1987], S. 52.
72 DESCHNER 1995, S. 305.
73 Zum folgenden BAHAR, in: ›junge Welt‹ vom 17.1.2011, und BLUM 2008, S. 259–263.
74 BUTCHER 2008, S. 49 f.
75 STÖVER 2008, S. 71 f.
76 ›junge Welt‹ vom 4.11.2011 (Sabine MATTHES).
77 GUEVARA 1981a, S. 17.
78 Ebd., S. 27.
79 Beide Zitate ebd., S. 33 f.
80 Ebd., S. 123.
81 Ebd., S. 28.
82 Vgl. ebd., S. 21–40.
83 GUEVARA 1978.
84 Beide Zitate in: ebd. S. 228.
85 GUEVARA 1981a, S. 23.
86 SZCZESNY 1986, S. 187.
87 Die Zitate in: GREINER 2010, S. 15 f., 40 f.
88 Alle Zitate in: ebd.
89 Zit. in: SZCZESNY 1986, S. 188.
90 BLUM 2008, S. 310 f.
91 Zit. in: SCHÄFER, in: ›junge Welt‹ vom 15.4.2011.
92 Ebd.
93 Zit. in: CHARISIUS/LAMBRECHT/DORST 1983, S. 111.
94 Dieses und die nachfolgenden Zitate von HERNÁNDEZ in: ›junge Welt‹ vom 16./17.4.2011 (Interview).
95 SZCZESNY 1986, S. 190.
96 Zit. in: SCHÄFER, in: ›junge Welt‹ vom 15.4.2011.
97 Zit. in: BLUM 2008, S. 319.
98 Zit. in: SZCZESNY 1986, S. 190.
99 Vgl. SCHÄFER, in: ›junge Welt‹ vom 15.4.2011.
100 Hierzu und zum folgenden siehe GREINER 2009.
101 Zit. in: ebd., S. 20.
102 Zit. in: DESCHNER 1995, S. 320.
103 Zit. in: GREINER 2009, S. 27.
104 Ebd.
105 Ebd.
106 Ebd., S. 7.
107 Ebd., S. 30.
108 Zit. in: BLUM 2008, S. 308.
109 Hierzu und zum folgenden GREINER 2009, S. 8, 46.
110 Ebd., S. 29.
111 Die letzten Zitate in: ebd., S. 37, 69 f.
112 Ebd., S. 8.

113 Die beiden letzten Zitate in: ebd., S. 52, 77.

114 Dieses Zitat und das folgende ebd., S. 66 f.

115 Vgl. ebd., S. 81.

116 Zit. in: ebd., S. 103 f.

117 Zit. in: ebd., S. 63.

118 Hierzu und zum folgenden siehe ebd., S. 71–81.

119 Ebd., S. 79 f.

120 Zit. in: ebd., S. 80.

121 Zit. in: ebd., S. 40.

122 Ebd., S. 86 f.

123 Vgl. ebd., S. 90 f.

124 Leserbrief in der ›Frankfurter Allgemeinen Zeitung‹ vom 7.12.2009.

125 Zum folgenden GREINER 2009, S. 95 f.

126 Zit. in: ebd., S. 101.

127 Ebd., S. 103.

128 Ebd., S. 105.

129 Die letzten Zitate in: ebd. S. 69, 109, 108.

130 Ebd., S. 118 f.

131 Abgedruckt in: GOSSWEILER 1997, S. 189–317.

132 Zit. in: ebd., S. 126 f. (Brief an den Genossen Rudolf Lindau).

133 GREINER 2009, S. 114.

134 DEMNY 2000, S. 28.

135 Siehe ebd., S. 24.

136 KEMPER 2010, S. 15.

137 Zit. in: LIPPEGAUS 2011, S. 130 ff.

138 Zit. in: SIEPMANN et al. 1993, S. 576 f.

139 Zit. in: DEMNY 2000, S. 36.

140 Zu ihm ausführlich PERRY 1993.

141 Zit. In: DEMNY 2000, S. 35 f.

142 Vgl. ebd., S. 43 ff.

143 Zit. in: ebd., S. 47.

144 Zit. in: ebd., S. 56.

145 Zit. in: ebd., S. 38.

146 Dazu grundlegend HOEVELS 1994.

147 Zit. in: DEMNY 2000, S. 62.

148 Zit. in: ebd., S. 64.

149 MEW Bd. 4, S. 472.

150 MEW Bd. 8, S. 161 f.

151 MEW Bd. 7, S. 26.

152 Vgl. FANON 1981.

153 Zum folgenden DEMNY 2000, S. 102 ff.

154 STEINIGER 2010.

155 Zum folgenden DEMNY 2000, S. 107 ff., 152 ff., und HEISER, in: ›junge Welt‹ vom 6.6.2011.

156 Zum folgenden ›junge Welt‹ vom 6.10.2011 und 6.3.2012 (Jürgen HEISER).

157 Dazu ZADAK 2007.

158 Der Artikel wurde als Nr. 1 der »Flugschrift Voltaire« (Frankfurt/M.) veröffentlicht und ist wiederabgedruckt in WEISS 1971, S. 51–62.

159 HALBERSTAM 1965, S. 28.

160 ROY 1965, S. 13.

161 WEISS 1991, S. 132 ff.

162 WEISS 1981, Bd. 1, S. 183.

163 WEISS 1991, S. 37 f.

164 Ebd., S. 43 f.

165 WEISS 1971, S. 87.

166 Vgl. BÜHLER/KOTHMANN 2010, S. 144 ff.

167 Zum folgenden vgl. GROSSHEIM 2011, *passim*.

168 Ebd., S. 64 f.

169 Zit. in: VO NGUYEN GIAP 2010, S. 384.

170 Zit. in: GROSSHEIM 2011, S. 22.

171 Zit. in: HORLEMANN/GÄNG 1966 [2008], S. 24.

172 LENIN 1920d, S. 231–233.

173 Vgl. GLASNECK 2010.

174 HORLEMANN/GÄNG 1966 [2008],

S. 28 f.

175 Ebd., S. 31.

176 Zit. in: ebd., S. 33.

177 Näheres bei Stengl 2011.

178 Grossheim 2011, S. 46.

179 Horlemann/Gäng 1966 [2008], S. 44.

180 Lenin 1920d, S. 228 f.

181 Vgl. Grossheim 2011, S. 31.

182 Ebd., S. 55.

183 Zit. in: ebd., S. 66.

184 Die beiden letzten Zitate in: ebd., S. 72 f.

185 Vgl. ebd., S. 102 f.

186 Zit. in: ebd., S. 128.

187 Zum folgenden siehe Bühler/Kothmann 2010, S. 141 ff., einem im übrigen von antikommunistischen Dumm- und Plattheiten strotzenden Reiseführer.

188 Ebd., S. 143.

189 Zit. in: Blum 2008, S. 198.

190 Die Zitate in: Szczesny 1986., S. 156 f.

191 Vgl. Grossmann 2011, S. 89 ff.

192 Beide Zitate in: Horlemann/Gäng 1966 [2008], S. 57, 189.

193 Zit. in: ebd., S. 63.

194 Roy 1965, S. 195 f.

195 Die Zitate in: ebd., S. 72 f, 98.

196 Vo Nguyen Giap 2009, S. 182 f.

197 Beide Zitate in: ebd., S. 14, 10.

198 Ebd., S. 11, 34.

199 Ebd., S. 172, 198.

200 Roy 1965, S. 154. Die anderen Informationen ebd., *passim*.

201 Zit. in: ebd., S. 205 f.

202 Beide Zitate in: Blum 2008, S. 201 f.

203 Roy 1965, S. 256.

204 Zit. in: ebd., S. 289.

205 Ebd., S. 314.

206 Zit. in: Bühler/Kothmann 2010, S. 327.

207 Roy 1965, S. 373.

208 Zit. in: Blum 2008, S. 201.

209 Bühler/Kothmann 2010, S. 146.

210 Zit. in: Horlemann/Gäng 1966 (2008), S. 196 f.

211 Zit. in: Szczesny 1986, S. 161.

212 Zit. in: Blum 2008, S. 205.

213 Horlemann/Gäng 1966 (2008), S. 93.

214 Halberstam 1965, S. 19 f.

215 Vgl. Horlemann/Gäng 1966 (2008), S. 88.

216 Ebd., S. 90.

217 Beide Zitate in: Halberstam 1965, S. 22, 27.

218 Horlemann/Gäng 1966 (2008), S. 89 f.

219 Vgl. Kühnl 1978.

220 Zit. in: Horlemann/Gäng 1966 (2008), S. 103.

221 Greiner 2009, S. 177.

222 Horlemann/Gäng 1966 (2008), S. 105.

223 Ebd., S. 136.

224 Halberstam 1965, S. 108 f.

225 Blum 2008, S. 208 f.

226 Beide Zitate in: Bühler/Kothmann 2010, S. 579.

227 Heynowski/Scheumann 1977, S. 73 ff.

228 Bakker Schut 1987, S. 322–334.

229 Blum 2008, S. 213.

230 Greiner 2009, S. 108.

231 Ebd., S. 155.

232 Zit in: Horlemann/Gäng 1966 (2008), S. 98.

233 Siehe Deschner 2012.

234 Cuoc Chien 2001, S. 178.

235 Zit. in: Horlemann/Gäng 1966 (2008), S. 199–205.

236 Fanon 1981.

237 Szczesny 1986., S. 162.

238 Blum 2008, S. 206.

239 Zit. in: Greiner 2009, S. 62 f.

240 Halberstam 1965, S. 61–63.

241 Ebd., S. 67 f.

242 Zit. in: Greiner 2009, S. 327.

243 Ebd., S. 330.

244 Halberstam 1965, S. 33.

245 In: Szczesny 1986, S. 161.

246 Bruhn 1983, S. 112.

247 Zit. in: Greiner 2009, S. 61.

248 Zit. in: Szczesny 1986, S. 156.

249 Zit. in: Greiner 2009, S. 62.

250 Die letzten Zitate in: ebd., S. 66, 72.

251 Walter in: Der Kalte Krieg (2010), S. 78.

252 Kemper 2010, S. 43.

253 Bruhn 1983, S. 110 f.

254 Halberstam, S. 119.

255 Ebd.

256 Ebd., S. 127 f.

257 Zit. in: Blum 2008, S. 208.

258 Page 2002, S. 49.

259 Ebd., S. 48.

260 Ebd., S. 50.

261 Blum 2008, S. 236 f.

262 Vgl. ebd., S. 221 ff.

263 Zit. in: Szczesny 1986, S. 170.

264 Page 2002, S. 109.

265 Das Zitat und die zuvor ausge-führten Fakten in: Horlemann/ Gäng 1966 (2008), S. 174–178.

266 Greiner 2009, S. 19.

267 Die letzten Zitate in: ebd., S. 197, 217, 228, 232, 238.

268 Ebd., S. 216.

269 In: ebd., S. 284–286.

270 Vgl. Hoevels 1983 (Editorial).

271 Zit. in: Greiner 2009, S. 488.

272 Ebd., S. 340.

273 Ebd., S. 488.

274 Beide Zitate in: Dusik 2009, S. 534.

275 Greiner 2009, S. 454.

276 Ebd., S. 499.

277 Zit. in: Dwars 2007, S. 206.

278 Zit. in: Greiner 2009, S. 365.

279 Maiwald/Mischler 1999, S. 161, 164

280 Die letzten Zitate in: ebd., S. 223, 225, 265 f., 268 f., 283, 322, 333, 354, 458, 509.

281 Vgl. ebd., S. 458. Das Nixon-Zitat ebd., S. 70.

282 Zit. in: ebd., S. 178.

283 Vgl. Tevres 2007 (2013).

284 Reich 1933 [1972], S. 127 f. (also nicht die spätere Umschreibung zur »Orgon«-Version!)

285 Vgl. dazu Schweizer 2008 sowie Müller 2012.

286 Greiner 2009, S. 181.

287 Ebd., S. 245 Anm. 136.

288 Zit in: ebd., S. 322.

289 Beide Zitate in: ebd., S. 344 f.

290 Ebd., S. 523.

291 Vgl. ebd., S. 520 ff.

292 Demney 2000, S. 98.

293 Ebd., S. 99.

294 Zit. in: Baumann/Meyer 2007, S. 48.

295 Die letzten beiden Zitate in: Demny 2000, S. 98 f.

296 Baumann/Meyer 2007, S. 54.

297 Zit. in: ebd., S. 58.

298 Ebd.

299 Dusik 2009, S. 36.

300 Greiner 2009, S. 41.

301 Charisius/Lambrecht/Dorst 1983, S. 130, 134 f.

302 Bühler/Kothmann 2010, S. 387.

303 Ebd., S. 150.

304 Greiner 2009, S. 53.f.

305 Szczesny 1986, S. 169.

306 Beide Zitate:: CARLENS, in: ›junge Welt‹ vom 11.8.2011.

307 Die Zitate in: ›junge Welt‹ vom 14.8.2012 (Gerhard FELDBAUER).

308 Beide Zitate in: SZCZESNY 1986, S. 170.

309 Zit. in: ebd., S. 171.

310 Zit. in: BLUM 2008, S. 214 f.

311 Dieses Zitat sowie die nachfolgenden in: ›Badische Zeitung‹ vom 21.7.2011 und ›junge Welt‹, 2.2. und 6.6.2011.

312 Zit. in: LAWREZKI 1975, S. 319.

313 Dieses und die folgenden Zitate in: BLUM 2008, S. 345–348.

314 Zit. in: LAWREZKI 1975, S. 100.

315 Ebd., S. 158.

316 Zit. in: ebd., S. 169.

317 Die beiden letzten Zitate in: BLUM 2008, S. 350, 352.

318 Zit. in LAWREZKI 1975, S. 168.

319 Ebd., S. 193.

320 Ebd., S. 291.

321 Die letzten Zitate in: BARTSCH et al. 1974, S. 121, 105, 123.

322 LAWREZKI 1975, S. 334 ff.

323 NIEBEL, in: ›junge Welt‹ vom 2.2.2011.

324 LAWREZKI, 1975, S. 344.

325 Das Dokument in: BARTSCH et al. 1974, S. 127–131.

326 Beide Zitate in: EFFENBERGER 2011, S. 169.

327 VIRJAT 2007, S. 39.

328 HOEVELS 2009a, S. 513.

329 Ebd., Kap. 26 (Die Arbeiterbewegung als ökonomischer Faktor) und Kap. 27 (Die Ökoanalyse und die Arbeiterbewegung).

330 Die Zitate in: ›junge Welt‹ vom 6.6.2011 (SCHEER).

331 A. P. ALLENDE, in: BAER/DELLWO 2011, S. 17.

332 Zit. in: LAWREZKI 1975, S. 83.

333 Ebd., S. 155.

334 Ebd., S. 159.

335 BARTSCH et al. 1974, S. 56 f.

336 LAWREZKI 1975, S. 188.

337 Die Zitate ebd., S. 162.

338 Ebd., S. 197.

339 Ebd., S. 199.

340 BARTSCH et al. 1974, S. 56.

341 Beide Zitate in: BLUM 2008, S. 353.

342 Zit. in: LAWREZKI 1975, S. 281 f.

343 Ebd., S. 243.

344 Zit. in: BLUM 2008, S. 323.

345 A. P. ALLENDE, in: BAER/DELLWO 2011, S. 36. Die folgenden Zitate ebd., S. 9–89.

346 Die Zitate in: LENIN 1917, S. 418, 429, 445.

347 SALENTINY 1980, S. 311 ff.

348 Dazu ausführlich LATCHAM 1915 [1988].

349 Zit. in: ebd., S. 98 f.

350 SALENTINY 1980, S. 316.

351 Dazu neuerdings Breaking the Silence 2012.

AHRIMAN-Verlag

Unser Programm ist die

Wiederkehr des Verdrängten

Habent sua fata libelli – warum Peter Priskils Buch über den Kalten Krieg nicht, wie angekündigt, bei Zambon, sondern bei Ahriman erscheint.

€ 4,50 / ISSN 0930-0503

Achtung! Bei Unregelmäßigkeiten des Versands bitten wir um Benachrichtigung. Wir sind werktags (Mo-Fr, 9-12 Uhr) immer erreichbar unter der Nummer 0761/502303.

Weitere Bücher von **Peter Priskil** bei AHRIMAN:

JACQUES-RENÉ HÉBERT

"Den Papst an die Laterne, die Pfaffen in die Klapse!"

SCHRIFTEN ZU KIRCHE UND RELIGION 1790 - 1794

ÜBERSETZT UND ERLÄUTERT VON PETER PRISKIL

AHRIMAN-Verlag

523 S., 31 Abb., 3 Übersichtskarten, mit Personen-register, Zeittafel und Literaturverzeichnis
€ 29,50 / ISBN 978-3-89484-600-8

Jacques-René Hébert (1757-1794) ist neben Marat der bedeutendste, freilich übel beleumundete und mittler-weile gänzlich in die Vergessenheit gestoßene Kämpfer und Agitator für Freiheit und Gleichheit der Französischen Revolution. Maßgeblich ihm ist die mehrmonatige Ent-christianisierung des revolutionären Frankreich zu ver-danken.

»*T*atsächlich aber war Hébert der wohl entschiedenste Prak-tiker der Aufklärung, der ›konsequent zu Ende geführte Holbach oder Helvetius‹, so der Historiker und Literaturwissenschaftler Peter Priskil. Hébert, so sein Urteil, stehe für ›die Einheit von tabuloser Aufklärung und revolutionärer Aktion, den gleich-zeitigen Kampf gegen Thron und Altar, gegen Despotie und Religion‹.«

Junge Welt

Die Karmaten, eine Ketzerbewegung im islamischen Frühmittelalter, gründeten den ersten religionslosen Staat der Weltgeschichte – kein Wunder, daß kaum jemand sie kennt. Der karmatische Staat währte 179 Jahre (899–1078), hatte damit doppelt so lange Bestand wie die Sowjetunion und war so übel beleumundet wie diese; Hamdan Qarmat war dem Kalifen so verhaßt wie Saddam Hussein dem US-Präsidenten. Zum ersten Mal seit über 100 Jahren, erstmals in deutscher Sprache überhaupt, werden alle verfügbaren, sorgsam in kleri-kalen oder akademischen Giftschränken verwahrten Quellen über die Lehre, Organisation und Geschichte der Karmaten vorgeführt und ausgewertet.

»*D*as Buch beginnt mit einem Paukenschlag: dem karmati-schen Überfall auf das götzendienerische Mekka. [...] Priskil beschreibt kenntnisreich, wie der polisartige ›Handwerker- und Soldatenstaat‹ der Karmaten den Kampf gegen Kalifat und Orthodoxie erfolgreich aufnahm und erklärt, warum er schließ-lich unterging.«

NEUES DEUTSCHLAND

Peter Priskil

DIE KARMATEN

oder:

Was arabische Kaufleute und Handwerker schon vor über 1000 Jahren wußten:

RELIGION MUSS NICHT SEIN

2. Auflage

AHRIMAN-Verlag

2. Auflage, 432 S., mit 3 Karten sowie Orts- und Personenregister, Literaturverzeichnis und Glossar
€ 24,80 / ISBN 978-3-89484-606-0

AHRIMAN hat noch viel mehr!
Hier klicken:

www.ahriman.com

Achtung! Bei Unregelmäßigkeiten des Versands bitten wir um Benachrichtigung. Wir sind werktags (Mo-Fr, 9-12 Uhr) immer erreichbar unter der Nummer 0761/502303.

FRITZ ERIK HOEVELS

WIE UNRECHT HATTE MARX WIRKLICH?

BAND I
GESELLSCHAFT UND WIRTSCHAFT

AHRIMAN-Verlag

Gebundene Ausgabe, 541 S., € 32,50, mit Literaturverzeichnis und Register der besprochenen Marx/Engels-Stellen / ISBN 978-3-89484-818-7

Nach der Vernichtung des »Ostblocks« durch atomare Umzingelung und eigene Mängel wurde Marx öffentlich nur angepöbelt; mit der seither eingetretenen ungefähren Halbierung des Lebensstandards im klassischen Westblock will man seinen Namen wieder eher hören. Aber ist seine Lehre im Kern nun stichhaltig oder nicht, »veraltet« oder mit den seriösen Teilen der modernen Wissenschaft vorzüglich vereinbar, wenn auch stellenweise präzisierungsbedürftig? Ohne das Schielen auf Staatsposten und vorgegebene Mehrheiten läßt sich diese Frage durchaus sachlich beantworten, in Hoevels' neuem Werk besonders unerschrocken.

Inhalt: Der verschriene »Marxismus« • Marx und die Ehestreitstrukturen • Biochemie der Freiheit • Biologie des Unrechts • Etwas Persönliches von Marx und Engels • Die Ideologie • Herrschaft und Memselektion • Ideologie und kognitive Dissonanzreduktion • Sinn und Unsinn der »Widerspiegelung« • Die Herrschaft und ihre Basis • Klassen und Klassenkampf • Klassenkampf und Krieg • Der sogenannte Fortschritt • Die sogenannte Wirtschaftstheorie • Doch noch etwas über Ware und Markt, Wert und Mehrwert • Der Krieg gegen die Werttheorie • Geld und Kapital • Mehrprodukt und Klassenherrschaft • Der Kapitalismus und die Sklavenhaltergesellschaft • Ein marginalisiertes Ideologem unter der Lupe • Kapital und Kapitalismus • Arbeit, Arbeitsteilung und Entfremdung • Heißer Brei Geburtenkontrolle – Marx und Malthus • Kapitalherrschaft und Geburtenkontrolle – die unterschätzte Modernität von Marx • Die Arbeiterbewegung als ökonomischer Faktor • Die Ökoanalyse und die Arbeiterbewegung